에듀윌과 함께 시작하면,
당신도 합격할 수 있습니다!

좁은 취업문에 좌절하지 않고
새로운 기회를 위한 자격증에 도전해 합격한 취준생

어렸을 때부터 운동만 해 공부가 막막했지만
무료 강의를 보며 공부를 시작해 합격한 수영 강사

바쁜 직장 생활 중에도
출퇴근 시간을 쪼개 가며 공부해 합격한 직장인

누구나 합격할 수 있습니다.
시작하겠다는 '다짐' 하나면 충분합니다.

마지막 페이지를 덮으면,

**에듀윌과 함께
스포츠지도사 합격이 시작됩니다.**

2026 에듀윌 스포츠지도사 필기
D-20 합격플래너

(3Day X 5과목) + 기출 5Set = 20일 완성

Day	선택과목	핵심이론	공부한 날	완료
1Day	PART 01 스포츠사회학	01 스포츠사회학의 이해	__월__일	☐
		02 스포츠와 정치	__월__일	☐
		03 스포츠와 경제	__월__일	☐
2Day		04 스포츠와 교육	__월__일	☐
		05 스포츠와 미디어	__월__일	☐
		06 스포츠와 사회 계급/계층	__월__일	☐
		07 스포츠와 사회화	__월__일	☐
3Day		08 스포츠와 일탈	__월__일	☐
		09 미래 사회의 스포츠	__월__일	☐
		적중예상문제 + 복습	__월__일	☐
1Day	PART 02 스포츠교육학	01 스포츠 교육의 배경 개념	__월__일	☐
		02 스포츠 교육의 정책과 제도	__월__일	☐
		03 스포츠 교육의 참여자 이해론	__월__일	☐
2Day		04 스포츠 교육의 프로그램론	__월__일	☐
		05 스포츠 교육의 지도 방법론 I	__월__일	☐
		06 스포츠 교육의 지도 방법론 II	__월__일	☐
3Day		07 스포츠 교육의 평가론	__월__일	☐
		08 스포츠 교육자의 전문적 성장	__월__일	☐
		적중예상문제 + 복습	__월__일	☐
1Day	PART 03 스포츠심리학	01 스포츠심리학의 개관	__월__일	☐
		02 인간 운동 행동의 이해 I	__월__일	☐
		03 인간 운동 행동의 이해 II	__월__일	☐
		04 스포츠 수행의 심리적 요인 I	__월__일	☐
		05 스포츠 수행의 심리적 요인 II	__월__일	☐
2Day		06 스포츠 수행의 심리적 요인 III	__월__일	☐
		07 스포츠 수행의 심리적 요인 IV	__월__일	☐
		08 스포츠 수행의 사회 심리적 요인 I	__월__일	☐
		09 스포츠 수행의 사회 심리적 요인 II	__월__일	☐
3Day		10 건강 운동 심리학	__월__일	☐
		11 스포츠 심리 상담	__월__일	☐
		적중예상문제 + 복습	__월__일	☐
1Day	PART 04 한국체육사	01 체육사의 의미	__월__일	☐
		02 선사·삼국 시대의 체육	__월__일	☐
		03 고려 시대의 체육	__월__일	☐
2Day		04 조선 시대의 체육	__월__일	☐
		05 개화기의 체육	__월__일	☐
		06 일제 강점기의 체육	__월__일	☐
3Day		07 광복 이후의 체육	__월__일	☐
		적중예상문제 + 복습	__월__일	☐

Day	선택과목	핵심이론	공부한 날	완료
1Day	PART 05 운동생리학	01 운동생리학의 개관	__월__일	☐
		02 에너지 대사와 운동	__월__일	☐
		03 신경 조절과 운동	__월__일	☐
2Day		04 골격근과 운동	__월__일	☐
		05 내분비계와 운동	__월__일	☐
		06 호흡·순환계와 운동	__월__일	☐
3Day		07 환경과 운동	__월__일	☐
		적중예상문제 + 복습	__월__일	☐
1Day	PART 06 운동역학	01 운동역학 개요	__월__일	☐
		02 운동역학의 이해	__월__일	☐
		03 인체 역학	__월__일	☐
2Day		04 운동학의 스포츠 적용	__월__일	☐
		05 운동역학의 스포츠 적용	__월__일	☐
		06 일과 에너지	__월__일	☐
3Day		07 다양한 운동 기술의 분석	__월__일	☐
		적중예상문제 + 복습	__월__일	☐
1Day	PART 07 스포츠윤리	01 스포츠와 윤리	__월__일	☐
		02 경쟁과 페어플레이	__월__일	☐
		03 스포츠와 불평등	__월__일	☐
2Day		04 스포츠에서 환경과 동물 윤리	__월__일	☐
		05 스포츠와 폭력	__월__일	☐
		06 경기력 향상과 공정성	__월__일	☐
		07 스포츠와 인권	__월__일	☐
3Day		08 스포츠 조직과 윤리	__월__일	☐
		적중예상문제 + 복습	__월__일	☐
1Day	기출문제	2017~2019 기출문제	__월__일	☐
2Day		2020~2022 기출문제	__월__일	☐
3Day		2023~2025 기출문제	__월__일	☐
4Day		모의고사 4회분	__월__일	☐
5Day		기출 + 모의고사 복습	__월__일	☐

* 적중예상문제와 2022~2017년 기출문제는 에듀윌 도서몰 (book.eduwill.net) > 도서자료실 > 부가학습자료에서 무료로 다운로드할 수 있습니다.

스포츠지도사
필기

5일 컷
빈출 이론
암축 노트
선택편

선택과목

01 스포츠사회학

1 스포츠의 사회적 기능

- 순기능: 사회 정서적 기능, 사회 통합 기능, 사회화 기능
- 역기능: 강제와 통제, 자본주의 사회의 소외와 갈등, 과도한 상업주의, 국수주의 및 군국주의 팽창, 성차별 및 인종 차별

2 스포츠사회학의 주요 이론

구조 기능 이론	• 사회를 하나의 유기체로 보며, 사회의 항상성(균형) 유지와 존속을 위한 사회적 구성 요소의 역할을 분석함 • 사회 구성원은 일반적으로 동일한 가치관을 지니고 있으며, 사회의 주요 부분인 가정, 교육, 경제, 정부, 종교, 스포츠는 상호 보완적이고 각 부분의 조화를 바람직한 것으로 인식함 • 구조 기능주의적 접근에서는 스포츠의 체제 유지 및 긴장 처리, 통합, 목표 성취, 적응에 기여하는 방법 등에 관심을 둠
갈등 이론	• 사회의 본질을 경쟁과 갈등의 관계로 이해함 • 이익이나 권력 등을 둘러싼 개인과 개인 사이, 집단과 집단 사이의 경쟁을 강조함
비판 이론	• 기존 사회를 평가·비판하여 사회의 본질을 명확하게 규명하는 것을 목표로 함 • 사회 현상의 이면에 있는 가치 판단이나 도덕적 충동을 강조함 • 인간의 삶과 관련된 사회 현상(노동 문제, 성 불평등, 성 담론) 등을 규명·폭로하고 비판하는 데 관심을 둠
상징적 상호 작용론	• 인간의 실체는 타자와 상호 과정에서 구성되기 때문에 이 실체는 행위자의 입장에서 이해해야 한다는 이론 • 사회·문화 현상에 대한 미시적 관점으로 개인의 능동적인 사고 과정과 행위의 선택, 타자와 의사소통 과정에 주목함
교환 이론	• 인간의 모든 행위는 비용 또는 투자와 보상의 교환에 의해서 이루어진다고 봄 • 흥정·거래·타협의 개념을 개인 간, 집단 간, 국가 간의 상호 작용을 이해하는 데 적용

3 파슨즈(T. Parsons)의 AGIL 모형

적응 (Adaptation)	스포츠가 사회 구성원에게 현실에 대한 적합한 사고, 감정, 행동 양식을 학습시켜 사회 구성원으로서 차질 없이 생활하도록 도움을 줌
목표 성취 (Goal attainment)	스포츠는 사회 제도의 목적 달성에 동원 가능한 수단을 합법화하고 그것을 재확인해 주는 기능을 함(타인과의 공정하고 정당한 경쟁을 통해 목표가 이루어졌을 때 비로소 가치 있고 의미 있는 것으로 인정)
사회 통합 (Integration)	스포츠가 사회 구성원을 결집시키고 조직에 대한 일체감을 조성함
체제 유지 및 관리 (Latent pattern maintenance)	스포츠는 전체 사회의 규범과 가치를 개인에게 학습하게 하고 내면화시킴으로써 사람들을 순응시키는 다양한 기능을 수행함

4 스포츠와 정치의 결합 방법

상징	• 어떤 특정한 의미와 의의를 가지며, 본질과는 다른 무엇을 대리하고 지칭하는 것 • 순수 스포츠의 경쟁 및 승리 = 지역, 국가의 경쟁 및 승리 • 국가주의, 민족주의, 인종주의, 지역주의, 분리주의 → 상징화
동일화	• 자아가 그 역할을 수행하기 원하는 타자에게 감정을 이입시키거나 타자와 일체가 되어 동화하는 것으로 타자와 자아가 혼동된 상태 • 사고, 감정을 동일하게 형성함으로써 관념을 공통된 행동으로 나타내도록 유도 • 스포츠의 승리를 국가 발전과 민족의 명예를 높이는 애국적 행동으로 동일화 • 기업, 팀, 국가를 자신의 존재 의의를 인식하는 수단으로 활용
조작	• 행동하고자 하는 욕구가 큰 상황에서 반응을 통제할 뿐만 아니라 계속 압력을 증대시키고자 하는 목적에서 행해지는 조정 • 윤리성과 합리성이 효율성과 수단 지향성에 매몰되기 쉬움 • 정치권력이 단기적 효과를 위해 상징·동일화보다 선동적 조작을 이용

5 에티즌(D. Eitzen)과 세이지(G. Sage)(1982)의 스포츠의 정치적 속성

• 대표성: 스포츠를 행하는 의식은 후원 기관에 대한 충성심을 상징적으로 재확인하는 기능이 있으며, 특히 올림픽이나 국제 경기에서의 성적은 각 나라의 정치적·경제적·문화적·군사적 우월성을 나타내는 중요한 수단임
• 권력 투쟁: 선수와 구단주 간, 경쟁 리그 간, 행정 기구 등의 스포츠 조직에는 불평등하게 배분되는 권력이 존재함
• 상호 의존성: 스포츠와 정치의 결합은 정부 기관이 관계될 때 확실히 드러나는데, 그 예로 일반 기업이 프로 스포츠 구단을 창설하게 되면 조세 감면 혜택을 받는 경우가 있음
• 보수성: 스포츠의 제도적 특성은 질서와 법의 표본으로, 스포츠는 보수적인 성향을 지니고 있기 때문에 현 상황을 지속하려는 경향이 있으며 스포츠 경기에 수반되는 애국심은 정치 체계를 더욱 강화시키는 역할을 함
• 긴장 관계: 각 나라의 정치적 관계에 따라 스포츠 경기에 상대국과의 긴장 관계가 형성됨

6 스포츠에 대한 정부의 정치적 개입

사회 통합 달성, 국가적 정체성 제고, 국가 통합과 민족주의 증진, 국가, 지역 사회의 경제 발전 촉진, 국위 선양, 지배 이데올로기에 부합하는 가치 및 성향의 강조
※ 훌리한(B. Houlihan)의 스포츠에 대한 정치적 개입의 목적: 공공질서 보호, 체력과 신체적 능력 유지, 집단·공동체·국가의 위신과 힘 증진, 동일성·소속감·통일성의 의미 증진, 지배적인 이데올로기와 함께 일관된 가치 강조, 경제성장 촉진

7 국제 정치에서의 스포츠의 역할

- 외교적 도구
- 국위 선양
- 외교적 항의
- 국가 경제력 표출
- 정치이념 선전
- 국제 이해 및 평화
- 갈등 및 적대감 표출

8 상업주의와 스포츠의 영향

스포츠 구조의 변화	규칙과 제도, 프로그램의 구성 변화 예 인기 종목의 결승전 경기 시간 조정, 농구에 대한 흥미를 위해 3점 슛 도입, 광고 수입 증대를 위해 저녁 시간으로 경기 시간 변경 등
스포츠 내용의 변화	• 경기 자체보다 세속적인 경기 외적 사실 중시 • 심미적 가치보다 영웅적 가치 중시 • 전시 효과에 대한 요구 증대
스포츠 목적의 변화	• 아마추어리즘보다 프로페셔널리즘 추구 • 스포츠 경기를 흥미와 재정적 이익 창출을 위한 위락적 부산물로 여김
스포츠 조직의 변화	• 대부분의 대회는 대중 매체, 팀 구단주, 대회 후원자의 목적 영위를 위한 '쇼(show)' • 대부분의 기업은 올림픽을 스포츠 경기보다는 기업 발전을 위한 시장 확대의 선전 매장으로 간주

9 프로 스포츠에서 시행되는 제도

- 보류 조항(reserve clause): 당해 연도 소속 선수 및 신고 선수 중 다음연도 선수 계약 체결 권리를 보류하여 자유로운 계약과 이적을 막는 조항
- 최저 연봉제(minimum salary): 신인 선수 계약에 최저 연봉을 보장하는 제도
- 샐러리 캡(salary cap): 선수의 연봉에 상한선을 두는 것으로, 한 팀 소속 선수의 연봉 총액이 일정액을 넘지 못하도록 제한하는 제도
- 트레이드(trade): 구단 간에 선수 대 선수 또는 현금 대 선수를 주고 받을 수 있는 제도
- 드래프트(draft): 각 팀이 뽑고 싶은 신인 선수를 지명하는 제도
- 자유 계약(Free Agent, FA): 일정 기간 자신이 속한 팀에서 활동한 뒤에 다른 팀과 자유롭게 계약을 맺어 이적할 수 있는 자유 계약 선수 또는 그 제도
- 선수대리인(agent): 선수와 선수대리인계약을 체결하여 소속 구단과 선수계약의 체결을 위해 협상하고, 선수로부터 위임받은 권리를 행사하는 등 선수대리인의 업무를 수행하는 자
- 웨이버 조항(waiver rule): 구단과 선수 간 계약이 존재하는 단체나 스포츠 리그에서 일어나는 상황으로 구단에서 해당 선수에 대한 권한을 포기하는 조항

10 스포츠의 교육적 기능

	순기능		역기능	
전인 교육	• 학업 활동의 격려 • 사회화 촉진 • 정서 순환	교육 목표 결핍	• 승리 제일주의 • 참가 기회의 제한 • 성차별	
사회 통합	• 학교 내 통합 • 학교와 지역 사회 통합	부정행위 조장	• 스포츠의 상업화 • 위선과 착취 • 일탈 조장	
사회 선도	• 여권 신장 • 장애인의 적응력 배양 • 평생 체육의 장려	편협한 인간 육성	• 독재적 코치 • 비인간적 훈련	

11 학원 스포츠의 기능

- 순기능: 학업 활동 촉진, 정서의 순화, 체육 활동에 대한 흥미 유발, 학교 내 통합, 지역 사회와 통합, 역량 개발의 기회 부여
- 역기능: 학습권 제한, 지도자의 폭력 문제, 인권 침해, 승리 지상주의, 비인간적 훈련, 성폭력

12 맥퍼슨(B.Mcpherson)의 스포츠 미디어의 이론

- 개인차 이론: 대중 매체가 관람자의 개인적 특성에 호소하는 메시지를 제공하고 개인은 자신의 특정한 욕구를 만족시키기 위해 미디어를 이용한다는 이론
- 사회 범주 이론: 인간은 자신이 속한 사회 구조적 위치나 배경에 영향을 받아 생각이나 행동 양식을 구성하게 되는데, 비슷한 환경에서 생활하면 생각이나 행동도 비슷해진다는 사회학적 입장을 기본으로 하는 이론
- 사회관계 이론: 인간의 정보 선택 및 해석에는 주변의 영향이 크게 작용하는데, 그중에서 특히 준거 집단의 영향이 주축을 이루며, 이에 따라서 스포츠 미디어와 접촉 양식도 인간이 속해 있는 사회의 중요 타자와 맺은 사회관계에 영향을 받는다고 보는 이론
- 문화 규범 이론: 대중 매체가 사회 규범에 영향을 미치고 수용자는 그 규범에 따라서 자신의 생각이나 행동을 취한다는 이론

13 맥루한(M. Mcluhan)의 매체 이론

구분	문자 미디어(핫 매체)	전자 미디어(쿨 매체)
정의	낮은 감각의 참여와 몰입 상태로 정보를 간접적으로 제공받음	높은 감각의 참여와 몰입으로 정보를 직접적으로 제공받음
유형	신문, 잡지, 사진, 화보 등	TV, 비디오, 영화, 게임, 인터넷, 소셜미디어, 모바일 등
특징	• 전달되는 메시지가 논리적 • 계획적이고 직접적으로 전달되는 메시지 • 메시지 자체의 높은 정의성	• 전달되는 메시지가 비논리적 • 즉흥적이고 일시적으로 전달되는 메시지 • 메시지 자체의 낮은 정의성
스포츠	• 정적 스포츠, 개인 스포츠 • 기록 스포츠, 공격과 수비가 구분된 스포츠 • 종목: 검도, 골프, 권투, 레슬링, 배드민턴, 볼링, 빙상, 사격, 수중 발레, 사이클, 스키, 태권도, 승마, 씨름, 야구, 양궁, 역도, 요트, 육상, 윈드서핑, 조정, 테니스, 체조, 카누, 펜싱, 수영 등	• 동적 스포츠, 팀 스포츠 • 득점 스포츠, 공격과 수비가 구분되지 않는 스포츠 • 종목: 경마, 농구, 럭비, 배구, 자동차 경주, 미식축구, 아이스하키, 하키, 축구, 핸드볼 등

14 스포츠와 미디어의 상호 작용 및 공생 관계

- 스포츠가 미디어에 미치는 영향: 미디어 콘텐츠 제공, 미디어 기술의 발전, 미디어 장비의 확대, 스포츠 보도 위상 제고, 미디어 이윤 창출 기여
- 미디어가 스포츠에 미치는 영향: 경기 규칙 개정, 경기 일정 및 시간의 변경, 경기 기술의 전문화와 표준화, 스포츠에 대한 관심과 참여 증대, 스포츠 용구의 변화, 뉴 스포츠 종목의 창출

15 투민(M. Tumin)의 스포츠 계층의 특성

사회성	스포츠 계층 체계는 항상 사회의 다른 측면과 관련을 맺고 있음
역사성	특정 시대의 사회·문화적 배경에 따라 상이하게 나타나며, 특히 사회 계층적 지위와 관련하여 스포츠 참여 및 관람의 특권이 다양하게 변천함
보편성 (편재성)	스포츠 계층은 어느 곳에서나 존재하고 어디에서든지 발견할 수 있는 보편적인 사회·문화적 현상임
다양성	평등주의적 가치를 반영한 계층 간의 사회적 상호 작용을 증진시킴
영향성	권력, 재산, 평가 및 심리적 만족의 불평등에 의하여 나타나는 결과는 생활 기회와 생활 양식에 변화를 가져오며, 스포츠 역할과 선호도 또한 사회 계층에 영향을 받음

16 투민(M. Tumin)의 스포츠 계층의 형성 과정

① 지위의 분화	모든 사회 체계는 효과적인 기능을 수행하기 위해 구성원 사이의 분업을 요구하며, 사회적 지위에 대해 각각 특정한 역할(일련의 권리와 책임)이 할당됨으로써 타 지위와 구별됨
② 지위의 서열화	역할 담당을 위해 개인적인 특성에 따라 서열이 형성되고, 특정 역할 수행에 필요한 숙련된 기능이나 능력에 따라 서열이 결정됨
③ 평가	가치나 유용성의 정도에 따라 상이한 각 위치에 지위를 적절하게 배열하는 것으로, 평가적 판단 요소는 권위, 호감, 인기 등으로 구성됨
④ 보수 부여	분화 및 서열화되어 있으며, 평가된 각 지위에 대하여 생활하는 데 필요한 여러 가지 자원이 배분되는 과정임

17 기든스(Giddens)의 사회 이동의 유형

이동 방향	• 수직 이동: 계층 구조 내에서 종전의 지위에 대한 상하 변화 • 수평 이동: 계층적 지위의 변화가 없는 이동으로 일종의 단순한 자리바꿈
시간적 거리 (기간)	• 세대 간 이동: 다음 세대로 이어지는 과정에서 발생하는 사회·경제적 지위의 변화 • 세대 내 이동: 개인의 생애를 통하여 발생하는 사회·경제적 지위의 변화
사회 이동의 주체	• 개인 이동: 개인의 능력과 노력에 입각하여 사회적 상승의 기회 실현 • 집단 이동: 유사한 집단이 어떤 촉매적 계기를 통하여 집합적으로 이동

18 스포츠 사회화의 과정

스포츠로의 사회화	개인이 스포츠에 참여한 경험에 대한 영향으로 스포츠 개입 수준을 증가 또는 감소시키는 것 예 아버지와 함께 야구 경기장을 방문한 후 리틀 야구단에 입단
스포츠를 통한 사회화	스포츠 활동에 지속적으로 참여함으로써 사회생활에 필요한 긍정적인 가치와 태도, 규범, 행동 양식 등을 습득하는 것 예 뛰어난 경기력으로 프로 구단에 입단
스포츠로부터의 탈사회화	자의나 타의로 스포츠 참가를 중단하는 것 예 갑작스런 부상으로 선수 생활 은퇴
스포츠로의 재사회화	스포츠에 참여했던 사람이 어떤 이유에서 스포츠로부터 탈사회화 과정을 거친 다음 다시 스포츠에 참여하게 되는 것 예 은퇴 선수가 지도자 수업을 듣고 코치로 재취업

19 사회 학습 이론

개념	사회적 행동을 습득하고 수행하는 과정을 밝히는 이론으로 인간의 심리적 특성과 사회적 행동이 사회적 과정을 통해 학습된다고 보며, 스포츠 역할의 학습 접근 방법은 강화, 코칭, 관찰 학습으로 구성됨
강화	• 상과 벌의 외적 보상에 의해 사회적 역할 습득 • 벌(부정적 강화)은 행동 억제, 상(긍정적 강화)은 행동 지속
코칭	사회화 주관자에 의해 새로운 지식과 기능 학습
관찰 학습	개인의 과제 학습과 수행은 타인의 행동을 관찰한 결과와 유사

20 머튼(R. K. Merton)의 아노미(Anomie) 이론

개념	• 사회 구성원이 일반적으로 받아들이는 '문화적 목표'와 그 사회가 인정하는 '제도적 수단' 사이 괴리로 인해 발생하는 갈등 현상을 '아노미'라고 함 • 아노미 이론에서는 승리 추구라는 목표와 공정 경쟁이라는 수단이 일치하지 않기 때문에 생기는 갈등을 해소하기 위한 선수의 일탈 행동을 동조주의, 혁신주의, 의례주의, 도피주의, 반역주의 5가지 유형으로 분류함
동조주의	사회의 문화적 목표를 받아들이고 그 목표를 성취하도록 제도화된 수단을 모두 수용
혁신주의	문화적 행동 목표는 수용하나 이를 성취하기 위한 수단은 거부하는 행위로, 수단과 방법을 가리지 않고 성공하려는 행위
의례주의	수단은 수용하지만 목표의 수용은 부정하는 행위로, 승패에 집착하지 않고 참가에 의의를 두며 경기 결과보다 과정을 중시
도피주의	문화적으로 승인된 목표와 사회적으로 용인된 수단을 모두 거부하는 행위
반역주의	새로운 목표와 수단을 주장하며 사회의 변혁에 노력하는 행위

21 스포츠 일탈의 특성

- 과소 동조: 훈련 또는 경기와 관련된 규칙이나 규범이 있다는 것을 몰랐거나 알면서도 무시하고 벌이는 일탈 행위
- 과잉 동조: 훈련 또는 경기와 관련된 규칙이나 규범을 무비판적으로 따름으로써 한계를 벗어난 행위로, 다음이 원인이 됨
  - 경기에 헌신할 것을 요구
  - 위험이나 고통을 자연스럽게 받아들임
  - 성공 추구 중 부딪치는 장애물은 모두 극복
  - 스포츠 집단의 특별한 연대감 형성에 기여
  - 스포츠 집단의 문화를 특수한 것으로 여김
  - 집단에서 인정과 존중을 받고 선수로서 정체성을 유지하는 것을 중요시함

22 코클리(J. Coakley)가 제시한 일탈적 과잉 동조를 유발하는 스포츠윤리 규범의 유형

몰입 규범	스포츠를 삶의 우선순위에 둠
인내 규범	경쟁 과정에서 발생하는 고통을 경기의 일부분으로 받아들임
도전 규범	목표를 지나치게 강조하여 성공해야 한다는 의무감으로 고난과 역경을 극복해 나가는 노력을 강조
구분 짓기 규범	타인 혹은 본인 스스로와 경쟁을 통해 기록을 갱신하는 것을 궁극적인 목표로 다른 선수와 차별성을 강조

23 세계화와 스포츠

- 국제 스포츠 경쟁에서 국가 간 경쟁은 축소되고, 국제 스포츠 조직의 확대를 통해 범세계적 교류가 증진되고 있음
- 기술과 정보의 혁명을 통한 교통·통신·전자 분야의 첨단 기술은 스포츠가 행해지는 공간적 거리를 무의미하게 만들었고, 스포츠 정보를 거래하는 데 드는 비용과 시간이 중요시되고 있음
- 전 세계에서 표준화된 스포츠 상품과 스포츠 문화를 소비하게 됨
- 다국적 기업의 개입 증가와 국제적 스폰서십 및 마케팅이 증가함
- 프로 스포츠의 이윤 극대화로 빈익빈 부익부 현상이 심화됨
- 국제 스포츠의 국가 간 배분의 불평등 문제는 많이 개선되었지만, 신자유주의 시대인 오늘날에는 서구 스포츠가 전 세계적 스포츠 문화 영역으로 확대될 가능성이 여전히 존재함

24 스포츠 세계화의 원인

- 제국주의
- 민족주의
- 종교
- 기술(테크놀로지)의 진보

선택과목 02 스포츠교육학

1 학교 체육 진흥법 제2조(정의)

학교 체육	학교에서 학생을 대상으로 이루어지는 체육 활동
학교	「유아 교육법」에 따른 유치원 및 「초·중등 교육법」에 따른 학교
학교 운동부	학생 선수로 구성된 학교 내 운동부
학생 선수	학교 운동부에 소속되어 운동하는 학생이나 「국민 체육 진흥법」에 따른 체육 단체에 등록되어 선수로 활동하는 학생
학교 스포츠 클럽	체육 활동에 취미를 가진 같은 학교의 학생으로 구성되어 학교가 운영하는 스포츠 클럽
학교 운동부 지도자	학교에 소속되어 학교 운동부를 지도·감독하는 사람
스포츠 강사	「초·중등 교육법」에 따른 초등학교에서 정규 체육 수업 보조 및 학교 스포츠 클럽 등을 지도하는 체육 전문 강사
학교 체육 진흥원	학교 체육 진흥을 위한 연구, 정책 개발, 연수 등을 실시하는 조직

2 학교 체육 진흥법 주요 내용

제10조 (학교 스포츠 클럽 운영)	① 학교의 장은 학생들이 신체 활동 프로그램에 참여할 수 있도록 학교 스포츠 클럽을 운영하여 학생들의 체육 활동 참여 기회를 확대하여야 한다. ② 학교의 장은 제1항에 따라 학교 스포츠 클럽을 운영하는 경우 학교 스포츠 클럽 전담 교사를 지정하여야 한다. ③ 제2항에 따른 학교 스포츠 클럽 전담 교사에게는 학교 예산의 범위에서 소정의 지도 수당을 지급한다. ④ 학교의 장은 학교 스포츠 클럽 활동 내용을 학교생활 기록부에 기록하여 상급 학교 진학 자료로 활용할 수 있도록 하여야 한다. ⑤ 학교의 장은 교육부령으로 정하는 바에 따라 일정 비율 이상의 학교 스포츠 클럽을 해당 학교의 여학생들이 선호하는 종목의 학교 스포츠 클럽으로 운영하여야 한다.
시행령 제3조 (학교 운동부 지도자의 자격 기준 등)	④ 학교의 장은 학교 운동부 지도자를 재임용할 때에는 다음 각 호의 사항을 평가한 후 그 결과에 따라 재임용 여부를 결정해야 한다. 1. 제3항 각 호의 직무수행 실적 2. 복무 태도 3. 학교 운동부 운영 성과 4. 학생 선수의 학습권 및 인권 침해 여부
시행령 제4조 (스포츠 강사의 자격 기준 등)	① 초등학교의 장은 법 제13조 제2항에 따라 「국민 체육 진흥법」 제2조 제6호에 따른 체육 지도자 중에서 스포츠 강사를 임용할 수 있다. ③ 초등학교의 장은 스포츠 강사를 재임용할 때에는 다음 각 호의 사항을 평가한 후 그 결과에 따라 재임용 여부를 결정하여야 한다. 1. 강사로서의 자질 2. 복무 태도 3. 학생의 만족도

3 국민 체육 진흥법 주요 내용

제11조 (체육 지도자의 양성)	③ 연수 과정에는 다음 각 호의 사항으로 구성된 스포츠윤리 교육 과정이 포함되어야 한다. 1. 성폭력 등 폭력 예방 교육 2. 스포츠 비리 및 체육계 인권침해 방지를 위한 예방 교육 3. 도핑 방지 교육 4. 그 밖에 체육의 공정성 확보와 체육인의 인권 보호를 위하여 문화체육관광부령으로 정하는 교육
제18조의3 (스포츠윤리 센터의 설립)	① 체육의 공정성 확보와 체육인의 인권 보호를 위하여 스포츠윤리센터를 설립한다. ④ 스포츠윤리센터의 운영, 이사회의 구성 및 권한, 임원의 선임, 감독 등 스포츠윤리센터의 정관에 기재할 사항은 대통령령으로 정한다. ⑤ 스포츠윤리센터의 장은 업무 수행에 필요하다고 인정될 때에는 문화체육관광부 장관의 승인을 받아 관계 행정 기관 소속 공무원이나 관계 기관·단체 소속 임직원의 스포츠윤리센터 파견 또는 지원을 요청할 수 있다. ⑥ 스포츠윤리센터가 아닌 자는 스포츠윤리센터 또는 이와 비슷한 명칭을 사용하지 못한다. ⑦ 스포츠윤리센터는 문화체육관광부 장관이 감독한다. 이 경우 문화체육관광부 장관은 스포츠 윤리센터가 제3항 각 호의 사업을 독립적으로 수행할 수 있도록 필요한 시책을 강구하고 보장하여야 한다.
시행령 제8조 (체육 지도자의 양성과 자질 향상)	② 체육 지도자의 자격은 18세 이상인 사람에게 부여한다.

4 국민 체력 100

- 국민의 체력 및 건강 증진에 목적을 두고 체력 상태를 과학적 방법에 의해 측정·평가하여 운동 상담 및 처방을 해주는 대국민 무상 스포츠 복지 서비스 사업
- 국민 체력 100 체력인증센터 제공 서비스
  - 체력 측정 서비스
  - 맞춤형 운동 처방
  - 국민체력인증서 발급

5 스포츠교육학이 추구하는 가치 영역

심동적(신체적) 가치	신체 건강 및 체력, 스포츠 기능
인지적 가치	학업 성적, 지적 기능, 문해력과 수리력
정의적 가치	심리적 건강, 사회적 기술, 도덕적 인격

6 슐만(Shulman)의 7가지 교사 지식

- 내용 지식: 가르칠 교과 내용에 대한 지식
- 지도 방법 지식: 모든 교과에 적용되는 지도법에 대한 지식
- 내용 교수법 지식: 특정 학생에게 어느 교과나 주제를 특정한 상황에서 지도할 수 있는 방법에 대한 지식
- 교육 과정 지식: 각 학년의 발달 단계에 적합한 내용과 프로그램에 대한 지식
- 교육 환경 지식: 수업 환경에 영향을 미치는 지식
- 학습자와 학습자 특성 지식: 수업에 영향을 미치는 학습자에 관한 지식
- 교육 목적 지식: 목적, 내용 및 교육 시스템의 구조에 관한 지식

7 교육 모형의 종류

① 직접 교수 모형

개요	• 교사가 수업의 리더 • 교사는 수업 내용, 관리, 학생의 참여에 대한 모든 의사 결정의 주도자 • 학생들에게 높은 비율의 학습 참여 기회와 피드백 제공
목적	학생이 연습 과제와 기능 연습에 높은 비율로 참여하도록 하기 위해 수업 시간과 자원을 가장 효율적으로 이용
학습 영역의 우선순위	1순위: 심동적 학습, 2순위: 인지적 학습, 3순위: 정의적 학습

② 개별화 지도 모형

개요	• 수업 진도는 학습자가 결정 • 각 학생에게 수업 운영 정보, 과제 제시, 과제 구조, 수행 기준과 오류 분석이 포함된 학습 활동 및 평가를 하나의 묶음으로 구성한 수업 자료를 제공하는 설계 • 학생은 학습 능력에 따라 자신의 속도에 맞춰 학습함
목적	• 학생에게 자기 주도적인 학습 제공 • 교사에게는 상호 작용이 필요한 학생과 많은 상호 작용 기회 제공 • 심동적 영역과 인지적 영역의 학습에 효과적인 모형
학습 영역의 우선순위	1순위: 심동적 학습, 2순위: 인지적 학습, 3순위: 정의적 학습

③ 협동 학습 모형

개요	• 서로를 위해 서로 함께 배우기 • 책임감 있는 팀원이 되고, 자신의 잠재 능력을 최대한 개발하는 수업 모형 • 팀의 성공을 위해 자신의 능력에 맞게 공헌하는 것을 의미 • 모든 학생에게 동등한 학습 참여 기회 보장, 교사 중심이 아닌 학생 중심으로 수업 운영 • 모든 학생이 활발히 상호 작용하며 협동하는 것을 배우는 것이 아니라 배우기 위해 협동함
목적	• 학생 사이에 협동적인 협력 학습 증진 • 긍정적인 팀 관계 독려 • 학생의 자아 존중감 개발 • 학업 성취력 향상

학습 영역의
우선순위
	• 주어진 과제가 인지적 학습에 초점을 두고 있는 경우
	  - 1순위: 정의적, 인지적 학습 - 2순위: 심동적 학습
	• 주어진 과제가 심동적 학습에 초점을 두고 있는 경우
	  - 1순위: 정의적, 심동적 학습 - 2순위: 인지적 학습

④ 스포츠 교육 모형

개요	• 유능하고 박식하며 열정적인 스포츠인으로 성장 • 스포츠 리그의 조직으로부터 파생 • 학생에게 스포츠 참여를 통해 다양한 경험과 학습을 할 수 있는 구조 제공 • 모든 학생은 선수이며 동시에 스포츠 리그가 운영되면서 한두 가지 이상의 역할을 습득 • 학생은 스포츠 리그 운영에 필요한 다양한 역할 경험을 통해 스포츠 속에 내재된 다양한 관점과 가치를 배움으로써 긍정적이고 교육적인 체험 습득
목적	• 유능한 스포츠인: 게임에 참여할 수 있는 충분한 기술이 있고, 게임의 난이도에 따라 적절한 전략을 이해·실행할 수 있으며, 경기 지식이 풍부한 스포츠 참여자 • 박식한 스포츠인: 스포츠의 규칙, 의례, 전통을 이해하고 그 가치를 알 수 있으며, 프로나 아마추어 스포츠를 막론하고 바람직한 수행과 그렇지 못한 수행을 구별할 수 있고, 스포츠팬이든지 관람자이든지 간에 스포츠 수행을 잘하는 참여자이자 안목 있는 소비자 • 열정적 스포츠인: 다양한 스포츠 문화를 보존하고 증진할 수 있도록 행동하고 참여하며, 스포츠 집단의 일원으로 지역, 국가 및 국제적 수준의 스포츠 경기에 참여하는 스포츠 참여자
학습 영역의 우선순위	1순위: 유능함(인지적 능력을 바탕으로 한 심동적 영역), 2순위: 박식함(인지적 영역), 3순위: 열정적(정의적 영역)

⑤ 동료 교수 모형

개요	• 나는 너를 가르치고, 너는 나를 가르친다. • 직접 교수 모형의 변형으로, 학생이 교사와 학습자의 역할을 번갈아 가며 수행하고 협력하여 주어진 과제 완수 • 학생의 인지 발달을 향상시킬 수 있는 잠재력을 지님 • 개인 교사는 교사가 제공하는 과제 제시와 과제 구조에 근거해서 학습자의 연습을 관찰하며 학습 단서와 피드백을 제시하고, 학습자는 개인 교사의 조언과 충고를 수용하며 주어진 과제에 대한 연습을 수행함
목적	• 다른 학생을 보조하기 위한 교수 기능 담당 • 사회성 학습 강조

학습 영역의
우선순위
	• 학습자
	  - 1순위: 심동적 - 2순위: 인지적 - 3순위: 정의적
	• 개인 교사
	  - 1순위: 인지적 - 2순위: 정의적 - 3순위: 심동적

⑥ 탐구 수업 모형

개요	• 문제 해결자로서의 학습자
	• 움직임 중심 지도 방법은 문제 해결, 탐색 지도, 학생 중심 교수, 발견식 교수, 간접 교수 등으로 불림
	• 교사의 질문이 지도 방식의 핵심
	• 질문 중심 수업의 독특한 성격과 그 속에 담겨 있는 유용한 전략들을 교사가 체육 시간에 학생의 사고력, 문제 해결력, 탐구력 등을 증진시키는 데 활용함
	• 탐구 수업 모형은 협동 학습 모형, 전술 게임 모형과 유사점 및 차이점이 있음
	  – 협동 학습 모형은 학습 활동을 위한 팀 구조에 바탕을 두며 루브릭을 가지고 학생과 의사소통을 하고, 전술 게임 모형은 상황 중심의 활동을 하기 때문에 이 두 모형에서 활용되는 질문과 움직임 범위는 좁게 나타남
	  – 탐구 수업 모형은 학생에게 창의적인 대답(인지적·심동적 차원)을 폭넓게 요구함

목적	움직임 중심의 프로그램이 목적
학습 영역의 우선순위	1순위: 인지적 학습, 2순위: 심동적 학습, 3순위: 정의적 학습

⑦ 전술 게임 모형

개요	• 이해 중심 게임 지도 • 벙커(Bunker)와 소프(Thorpe)의 이해 중심 게임 지도 모형과 동일한 전술 게임 모형은 기술 위주로 지도해 온 전통적인 게임 지도 방식에서 탈피하여 전술의 이해를 강조한 게임 지도 방식임 • 게임과 유사한 과제와 변형 게임으로 익힌 기술 수행을 정식 게임으로 실행할 때 적용할 수 있는 전술 지시의 발달을 강조 • 교사는 게임 수행에 필요한 가장 본질적인 전술을 결정하여 모형을 활용하고 각 전술 영역에서의 학습 활동을 설계함
목적	발달상 적합한 게임과 인지 활동 후 숙련된 운동 수행을 통한 전술 문제 해결에 초점을 둠
학습 영역의 우선순위	1순위: 인지적 학습, 2순위: 심동적 학습, 3순위: 정의적 학습

⑧ 개인적·사회적 책임감 지도 모형(TPSR)

개요	• 통합, 전이, 권한 위임, 교사-학생의 관계 • 체육에서 가르쳐야 하는 내용의 대부분이 학생 스스로와 타인에 대한 책임을 어떻게 져야 하는지 그 방법을 연습하고 배우는 기회를 제공함
목적	책임감과 신체 활동이 별개의 학습 성과가 아니므로 두 가지를 동시에 추구하고 성취하는 것임
학습 영역의 우선순위	• 현재 학습 활동의 어디에 중점을 두느냐에 따라 결정됨 • 계획된 학습 과제에서 이루어지는 학생 참여는 개인적·사회적 책임감을 발달시킬 기회를 갖게 하고, 이 목표가 우선순위가 됨

8 메츨러(M. Metzler)의 교수 학습 과정안(지도 계획안) 작성 요소

- 수업 맥락의 간단한 기술: 학습자의 특성, 시간, 장소, 수업 차시 등 총체적인 수업의 맥락에 대한 설명이 포함되어야 함
- 학습 목표: 맥락 분석과 내용 분석 결과를 고려하여 선정하며, 일반 목표와 행동 목표로 구분함
  - 일반 목표: 학습의 포괄적인 영역을 의미
  - 행동 목표: 성취해야 하는 특정한 운동 수행 기준을 3가지 목표로 구성
- 시간과 공간의 배정
  - 시간 배정: 각 활동마다 소요 시간을 대략적으로 추정하여 분 단위로 기록하며 수업 진행의 시작 시점과 종료 시점의 역할을 함
  - 공간 배정: 각 활동에 필요한 학습 환경의 조직을 쉽게 알아볼 수 있는 간단한 도해로 작성함
- 학습 활동 목록: 학습자 수행 과제 순서로 학습 활동 목록을 작성함
- 과제 제시와 과제 구조
  - 과제 제시: 필수 학습 과제를 학생에게 제시하기 위해 활용할 수 있는 전략
  - 과제 구조: 학생의 참여를 염두에 두고 학습 활동을 설계하는 방식
- 평가: 평가 시기나 평가 관리 및 절차상의 고려 사항(시간 배정, 평가 운영 방법, 필요한 기구 및 자료의 조직)을 포함함
- 학습 정리 및 종료: 질문을 통해 학생에게 학습 내용의 핵심 단서를 기억하게 하고, 무엇을 학습했으며 왜 그것이 중요한지를 재확인하는 학습 정리 과정을 포함하여 종료함

9 링크(J. Rink)의 내용 발달 단계

시작 (전달)	• 교사가 학생에게 가장 먼저 제시하는 과제 • 학생에게 새로 가르칠 기능이나 전략 • 수업을 시작하기 위한 최초의 과제이며 다른 과제로 이어지는 연속 과제

확대	• 내용의 발달적 분석은 확대 과제에서 시작되며, 학습 경험을 간단한 과제에서 복잡한 과제로 또는 쉬운 과제에서 어려운 과제로 발전시키는 것
	• 운동 수행의 복잡성과 난이도의 변화를 통해 이루어짐
	• 확대 과제를 조직하는 방법은 과제 간 발달과 과제 내 발달로 분류됨
	  - 과제 간 발달: 쉬운 기능에서 어려운 기능(다른 기능)으로 발전
	    예 배구의 언더핸드 서브를 학습한 다음 오버핸드 서브를 학습함
	  - 과제 내 발달: 같은 기능 내에서 단순한 내용에서 복잡한 내용으로 발전
	    예 언더핸드 서브를 가까운 거리에서 연습한 후 먼 거리에서의 서브로 발전함

세련	• 운동 수행의 질에 초점을 두고 목표의 범위를 좁히며 수행의 질적 발달에 대한 학습자의 책무성을 강하게 부여할 때 효과적임 • 지도자가 학습자에게 운동 수행의 결과 정보를 제공할 때 운동 수행의 질이 향상됨 • 지도자는 학습자에게 유익한 피드백을 제공할 수 있음
응용 (적용)	• 확대와 세련을 통해서 습득한 기능을 실제 또는 유사한 상황에서 사용할 수 있도록 지도 내용을 조직함 • 확대와 세련의 수준과 일치하여 배운 기능을 적용할 수 있는 과제여야 함 • 응용 과제는 지도의 전 과정에 배치될 수 있음(확대 과제를 제공하면서 응용 과제 제시)

10 지도자의 행동 수정 기법

- 행동 계약: 학생의 행동과 그에 따르는 보상 및 처벌에 대한 규칙을 학생과 함께 결정하는 방법
- 행동 공표: 행동 계약으로 결정된 보상과 처벌에 대해 공식적으로 공고 또는 게시
- 프리맥 원리: 좋아하는 활동을 이용하여 좋아하지 않는 활동에 학습 동기를 부여하는 것
- 토큰 시스템(토큰 수집): 어떤 행동을 할 때마다 쿠폰(점수)을 제공하여 일정 수준이 되면 보상을 받게 하는 방법
- 타임 아웃: 위반 행동에 대한 벌로 일정 시간 체육 수업 활동에 참가할 수 없도록 하는 행동 수정 방법

11 스포츠 지도를 위한 교수 스타일

지시형(명령식) 스타일 – 스타일 A	• 교사가 지시하는 대로 운동을 수행하거나 반응을 보이는 것 • 교사는 과제 활동 전·중·후의 모든 사항을 결정 • 학습자는 교사가 내린 결정 사항에 대해 교사가 지시하는 대로 따름
연습형(연습식) 스타일 – 스타일 B	• 피드백을 포함한 기억·모방 과제를 학습자가 개별적으로 연습하는 것 • 교사는 모든 교과 내용과 이에 따른 세부 운영 절차를 결정하고 피드백을 학습자에게 개별적으로 제공함 • 학습자는 9가지 특정 사항을 결정하는 한편, 기억·모방 과제를 개별적으로 수행 • 수업 장소, 수업 운영, 시작 시간, 속도와 리듬, 정지 시간, 질문, 인터벌, 자세, 복장과 외모 등 9가지 의사 결정 사항은 과제 활동 중 교사로부터 학습자에게로 이전됨
교류형(상호 학습형) 스타일 – 스타일 C	• 교사는 모든 교과 내용 및 기준을 정하고 세부 운영 절차와 관련된 결정을 내리며, 관찰자에게 피드백을 제공 • 학습자의 역할은 동료와 함께 짝을 이루어 움직임을 수행하는 것 • 학습자는 과제를 수행하고 9가지의 의사 결정을 내리며, 다른 학습자는 교사가 개발한 과제 활동지를 사용하여 피드백을 제공하는 관찰자의 역할을 함 • 처음 연습이 끝나면 서로 역할을 교대함
자기 점검형(자검식) 스타일 – 스타일 D	• 교사는 교과 내용, 평가 기준, 수업 운영 절차 등을 결정하고, 학생은 과제를 독립적으로 수행하며 교사의 평가 기준에 따라 자신의 과제 수행을 스스로 점검함 • 교사가 제공한 평가 기준이 제시된 과제 활동지를 보고 스스로 수행하며 평가 기준과 비교하여 점검함
포괄형(포괄식) 스타일 – 스타일 E	• 학습자가 자신이 수행할 수 있는 난이도의 관제를 선택함 • 교사는 각기 다른 기술 수준을 보유한 학습자들의 개인차를 수용하며, 과제의 난이도 선정, 교과 내용과 수업 운영 절차에 대한 모든 의사 결정을 함 • 학습자는 자신의 성취 가능 수준을 확인하고 필요에 따라 과제 수준을 수정하며, 평가 기준에 맞춰 자신의 수행을 점검함
유도 발견형 스타일 – 스타일 F	• 미리 예정되어 있는 해답을 학습자가 발견하도록 유도하는 일련의 계열적·논리적인 질문을 설계하는 것 • 교사는 학습자가 발견해야 할 목표 개념을 포함한 일련의 계열적 질문을 설계하고 모든 교과와 관련한 의사 결정을 함 • 학습자는 교사가 준 질문에 대한 해답을 발견하고, 교사가 정해준 과제 내에서 학습하는 내용의 일부분에 대해서만 의사 결정을 내릴 수 있음
수렴 발견형 스타일 – 스타일 G	• 미리 결정되어 있는 정확한 반응을 수렴적 과정을 통해 발견하는 것 • 논리적 규칙, 비판적 사고, 문제 해결과 같은 합리적 사고 과정으로 문제를 해결함 • 학습자 스스로가 추리력, 호기심, 논리적 사고를 동원해 문제에 대해 논리적으로 연결된 해답을 발견함

확산 발견형(확산 생산식) 스타일 - 스타일 H	• 구체적인 인지 작용을 통해 어느 한 문제 혹은 상황에서 확산적 반응을 발견하는 것 • 교사는 문제와 주제를 결정하고 학습자의 다양한 반응을 수용함 • 학습자는 특정 문제에 대한 다양한 설계, 해답, 반응을 발견함
자기 설계형 스타일 - 스타일 I	• 학습자가 각자 학습 프로그램을 설계·개발하며 학습 프로그램을 조직화하여 학습자에게 적합한 일련의 에피소드별 수업 과제를 제시할 수 있도록 하는 것 • 교사는 학습자가 학습 주제를 결정하기 위한 세부적인 공통 교과 내용을 선정하고 학습 진행 상황을 관찰하며, 주기적인 학습 질문과 그 해답을 경청함 • 학습자는 공통 교과 내용 안에서의 학습자 고유의 초점에 따른 질문 만들기, 학습 진행 방법 및 학습 진행 절차를 확인할 수 있는 질문 만들기, 해답 및 움직임 발견, 운동 수행 범위 등을 설정함
자기 주도형 스타일 - 스타일 J	• 학습의 설계와 학습 경험 등에 대한 책임이 학습자에게 있음 • 학습자는 과제 활동 전, 과제 활동 중 교수·학습 활동은 물론, 과제 활동 후 상황에서도 학습 평가 기준을 결정하고 자신을 위한 학습 프로그램을 설계하며, 교사의 과제 활동 참여 방법을 결정함 • 교사는 학습 경험을 주도하고자 하는 학습자의 의사 결정을 인정하고 학습자에게 필요한 공통의 학습 조건을 제공하며, 학습 진행 과정과 학습 결과를 인정함
자기 학습형 스타일 - 스타일 K	• 교과 내용과 학습 행동 목표를 개인이 계획하고, 개인별로 세운 교과 내용과 학습 행동 목표를 스스로 성취하게 되는 것 • 수업 전·중·후 모든 결정을 학생이 내리고 학생이 교사와 학생의 역할을 동시에 할 수 있어야 함 • 학습자가 자신을 가르치는 상황에서 존재할 수 있음

12 교수 기능의 연습 방법

- 1인 연습: 거울 앞에서 자신의 말을 들으며 교수 행위를 살펴보는 연습 방법
- 마이크로 티칭(축소 수업): 예비 지도자가 모의 상황에서 동료 또는 소수 참여자들을 대상으로 일정한 시간 내에 구체적인 내용으로 지도 기능을 연습하는 방법
- 동료 교수: 소집단의 동료들이 모의 수업 장면을 만들어 교수 기능을 연습하는 방법
- 반성적 교수: 학생들에게 수업의 목표와 평가 방법을 설명하고 수업 후 교수 내용에 대한 평가와 교수 방법을 평가하는 방법
- 실제 교수: 직전 교사(예비 교사)가 일정 기간 동안 여러 학급을 책임지고 실제로 수행하는 교수 실습 방법

13 쿠닌(J. Kounin)의 교수 기능

- 상황 이해: 교사가 학생들이 무엇을 하고 있는지 항상 알고 있다는 사실을 학생들에게 전달하는 것
- 동시 처리: 교사가 동시에 두 가지 일을 처리하는 것
- 유연한 수업 전개: 교사가 수업 활동의 흐름을 중단하지 않고 부드럽게 이끌어 가는 것
- 여세 유지: 교사가 수업 진행을 늦추거나 학생의 학습 활동을 중단시키지 않고 계속해서 활력 있는 수업을 전개하는 것
- 집단 경각: 교사가 모든 학생들을 과제에 몰두하도록 지도하는 것
- 학생의 책무성: 교사가 학생에게 수업 중 과제 수행에 대한 책임감을 부여하는 것

14 스포츠 교육 평가의 유형과 기능

진단 평가	• 교육 프로그램 실시 이전에 학습자(참여자)의 특성을 점검하는 평가 활동 • 학습자의 정보를 수집하고 교육 방향을 설정·수정하며, 학습 장애의 원인과 정도를 파악하기 위한 기능
형성 평가	• 교육 프로그램이나 지도 방법의 개발 단계에서 이루어지는 과정 중심의 평가 활동 • 지도 방법과 과정, 결과의 향상과 효율을 증진시키는 방향으로 프로그램과 지도 방법을 수정하기 위한 기능
총괄 평가	교육 프로그램과 지도 방법을 적용한 이후 일정 기간 마무리 시점에 학습자들의 성취도를 포함한 프로그램의 효과 및 효율성 등의 결과를 종합적으로 판단하기 위한 기능

15 스포츠 교육의 평가 기준 및 평가 기법

평가 기준	• 절대 평가(준거 지향 평가): 학습자의 교과별 학업 성취도를 평가할 때 집단 내의 다른 학습자들의 성취도와 비교하여 평가하는 것이 아니라 사전에 설정된 교수-학습 목표를 준거로 하여 그 목표의 달성도를 평가하는 방법 • 상대 평가(규준 지향 평가): 학업 성취도를 평가할 때 집단 내의 상대적인 서열을 중심으로 이루어지는 평가 방법 • 자기 지향 평가: 학습자로 하여금 지식과 기능을 활용하여 학습 과제를 수행하는 능력을 과시하도록 요구하는 평가 방법 • 수행 평가: 학생의 수행이나 산출물을 직접 관찰하거나 검토한 것을 토대로 수행이나 산출물의 질에 대해 전문적인 판단을 내리는 학생 평가 방법 • 실제 평가: 수행 평가의 한 형태로 실제 상황에서 요구되는 과제와 같거나 유사한 과제의 수행을 통하여 피평가자의 능력이나 특성을 측정하는 평가 방법
평가 기법	• 체크리스트: 측정 행동, 특성 등을 나열한 목록으로 어떤 사건이나 행동 발생 여부의 신속한 확인을 위해 사용함 • 평정 척도: 행동의 질적 차원을 양적으로 수집하기 위해 개발된 도구로, 교육 현장에서 자주 사용하는 평정 척도는 3단계, 5단계 척도이며 학습자가 스스로 운동 기능을 평가하기 용이한 평가 도구임 • 루브릭: 부여할 점수를 미리 결정하여 다양한 차원의 행동을 한꺼번에 관찰하는 것으로, 사전에 우수, 보통, 미흡 또는 우수=3, 보통=2, 미흡=1 등의 수치로 운동 수행의 질을 결정하고 그에 따른 평가를 실행함 • 관찰: 철학적 관점에서 인식의 기초로서 적극적인 의도를 가지고 살펴보는 것을 의미함 • 동료 평가: 교사가 제공한 점검표를 바탕으로 학생들끼리 서로 평가하는 방법 • 학습자 일지: 어떤 활동에 참가하거나 활동한 후 특성을 드러내는 것을 기록하는 데 유용함 • 학습자 면접과 설문지: 설문지나 면담을 통하여 교육 프로그램 등에 관한 학습자의 생각을 파악함

03 스포츠심리학

1 운동 제어의 문제 접근 방법

반사 이론	• 외부로부터 제시되는 자극에 의해서 운동 행동이 생성됨 • 움직임을 생성하는 과정보다 움직임의 결과에 관심을 둠 • 반사의 기본 구조: 수용기, 전도기, 효과기
정보 처리 이론	• 인간을 하나의 컴퓨터로 가정하여 유입된 자극 정보에 대한 능동적인 정보 처리자로 간주하며, 운동 행동이 생성되는 과정을 중시함 • 폐쇄 회로 이론과 개방 회로 이론의 장점만을 통합한 일반화된 운동 프로그램을 근거로 하여 도식 이론이 제안되었음 • 도식 이론은 과거의 유사한 운동 결과를 근거로 새로운 운동을 계획하는 회상 도식(빠른 움직임-개방 회로 이론)과 피드백 정보를 통해 잘못된 동작을 평가하고 수정하는 재인 도식(느린 움직임-폐쇄 회로 이론)으로 가정함
다이내믹 시스템 이론	운동 프로그램의 역할 대신 '지각-동작'의 연결 관계를 중시하고 인간 움직임의 협응 구조를 강조하며, 제한 요소인 유기체, 환경, 과제의 상호 작용 속에서 자기 조직의 원리와 비선형성의 원리에 의해 인간의 운동이 생성되고 조절됨
생태학적 이론	환경 정보에 대한 지각과 운동 동작의 관계를 강조하며, 운동 수행자는 과제를 지각하고 본인이 속한 환경적 특성에 따라 움직임을 일으킴

2 운동 제어와 운동 발달

운동 제어 체계	• 정보 처리 이론이나 일반화된 운동 프로그램 이론에서와 같이 자극에 대한 반응이 실질적인 행동으로 이어지는지를 확인하고 수정하는 과정
	• 단계: 감각·지각 단계 → 반응·선택 단계 → 반응·실행 단계
	  - 감각·지각 단계: 정보 자극을 받아들여 그 정보의 내용을 분석하여 의미를 부여하는 과정
	  - 반응·선택 단계: 자극에 대한 확인이 끝나고 나서 그 자극에 대하여 어떻게 반응해야 할지를 결정
	  - 반응·실행 단계: 반응을 실제의 행동으로 생성하기 위해 운동의 체계를 조직하는 단계
	• 심리적 불응기(psychological-refractory period): 먼저 제시된 자극에 대한 반응을 수행하고 있을 때 또 다른 자극을 제시할 경우, 두 번째 자극에 대한 반응 시간이 느려지는 현상
	• 반응시간 유형
	  - 단순반응시간: 하나의 자극 신호에 대하여 하나의 반응만 요구할 때 측정되는 반응시간
	  - 선택반응시간: 두 개 이상의 자극이 제시되고 각각의 자극 신호에 대하여 다른 반응을 요구할 때 측정되는 반응시간
	  - 변별반응시간: 두 개 이상의 자극이 제시되고 어느 특정한 자극에 대해서만 반응할 때 측정되는 반응시간

기억 체계	• 인간의 행동을 기억하고, 이러한 기억 위에 새로운 경험이 지속적으로 쌓여 간다고 보는 과정 • 단계: 지각 단계 → 저장 단계 → 인출 단계 • 명제적 기억: 운동 상황에서 무엇을 해야 하는지에 대한 정보를 포함함(경기 규칙, 특정 상황에서의 운동 기술의 하위 요소) • 절차적 기억: 수행하는 운동 과제가 어떤 순서나 절차에 의해서 진행될 때 사용할 수 있는 정보를 저장함(의식적인 주의 없이 자동적으로 수행이 이루어짐)
운동 발달	• 개념: 운동 행동의 시간적 흐름, 즉 연령에 따라 계열적, 연속적으로 변화하는 과정 • 운동 발달의 순서: 머리에서 발 방향으로 발달(머리-꼬리 원리), 중앙에서 말초로 발달(중앙-말초 원리)

3 갤러휴(Gallahue)가 제시한 운동 발달의 단계

시기	태아기	영아기	유아기	아동기	청소년기	성인 초기	성인 후기
연령	임신	1세	2세	6세	12세	18세	30세	70세
발달 단계	반사적 움직임 단계	초보적 움직임 단계	기본적 움직임 단계	스포츠 기술 단계	성장과 세련 단계	최고 수행 단계	퇴보 단계

4 운동 학습

개념	• 운동할 수 있는 능력을 습득하는 것 • 숙련된 운동 수행을 위한 개인적 능력에 상대적으로 영구적인 변화를 유도하는 내적 과정
특징	• 숙련되게 움직이는 능력을 획득하는 과정 • 훈련을 통해 얻을 수 있음 • 직접 측정을 할 수 없고, 행동을 통해 간접적으로 측정하여 평가할 수 있음
피드백	• 내재적 피드백 정보(감각 피드백): 운동을 수행함으로써 자동적으로 발생하는 정보 • 외재적 피드백 정보(보강적 피드백): 자신의 감각 정보가 아닌 외부로부터 제공되는 정보
연습	• 집중 연습: 연습과 연습 사이에 쉬는 시간이 상대적으로 짧고, 연습 시간이 쉬는 시간보다 긴 연습 방법 • 분산 연습: 쉬는 시간이 연습 시간과 같거나 오히려 더 긴 연습 방법 • 전습법: 학습자가 운동 기술 과제를 한꺼번에 전체적으로 학습하는 방법 • 분습법: 학습자가 운동 기술 과제를 여러 개의 하위 단위로 나누어 학습하는 방법(순수 분습법, 점진적 분습법, 반복적 분습법) • 구획(분단) 연습: 운동 기술의 하위 요소들을 순차적으로 연습. 한 동작을 여러 번 반복 연습한 후 다음 동작으로 넘어가는 방법 • 무선 연습: 선택된 운동 기술의 하위 요소들을 순서에 상관없이 무작위로 연습하는 방법 • 신체적 훈련: 운동 과제를 직접 수행하는 훈련 • 정신적 훈련: 운동 과제를 수행하기 전에 어떻게 수행할 것인지 인지적으로 연습하거나 움직임을 상상하는 훈련

5 번스타인(Bernstein)의 학습 단계 이론

자유도 고정 단계 (초보 단계)	• 동작 수행에 동원되는 신체의 자유도 고정 • 다양한 환경적 변화에 대한 적절한 대처가 힘듦
자유도 풀림 단계 (향상 단계)	• 고정했던 자유도를 풀어 사용 가능한 자유도 수 늘림 • 사용 가능한 자유도를 활용하여 하나의 기능적 단위(협응 구조) 형성 • 환경 변화에 쉽게 적응, 운동 수행의 다양성 • 동작과 관련된 운동 역학적 요인과 근육의 공동 작용, 관절의 상호 움직임 등에 변화가 나타남
반작용의 활용 단계 (숙련 단계)	• 운동 기술 수행자와 환경자 간 상호 작용에 의한 관성 또는 반작용 현상 • 내·외적인 힘을 활용하여 효율적 동작 형성을 위한 여분의 자유도 형성 • 지각과 동작의 역동적 순환을 계속적으로 수정하여 숙련된 동작 구현

6 불안과 수행의 관계 이론

추동(욕구) 이론	각성과 수행의 관계를 직선으로 보며, 각성 수준이 높아지면 수행도 이에 비례하여 증가하게 된다고 주장하는 이론
역U자 가설 또는 적정 수준 이론	각성 수준이 너무 낮거나 높으면 운동 수행이 낮으며, 적정한 각성 수준에서 최고의 수행을 보인다고 주장하는 이론
최적 수행 지역 이론 (ZOF)	역U자 가설을 바탕으로 한 이론으로, 선수별·운동 종목별 등에 따라 적정 각성 수준이 다를 뿐만 아니라 각성 수준이 특정 범위(지역) 안에 있을 때 높은 운동 수행 수준을 보일 수 있다고 주장하는 이론
다차원 불안 이론	불안을 인지적 불안과 신체적 불안으로 구분하였으며 인지적 불안과 신체적 불안이 모두 경기력에 영향을 미치지만 그 방식은 서로 다르게 나타난다고 주장하는 이론
카타스트로피 (격변) 이론	인지 불안과 신체적 각성을 동시에 고려하여 수행을 예측하는 3차원의 비선형적 관계 모형
반전(전환) 이론	높은 각성 수준을 유쾌한 흥분으로 지각할 수도 있고 불안으로 해석할 수도 있다고 주장하는 이론
마튼즈(Martens)의 심리 에너지 이론	각성을 어떻게 해석하느냐에 따라 긍정적 혹은 부정적 심리 에너지가 발생한다는 이론으로, 에너지가 운동 수행에도 영향을 미친다고 주장하는 이론

7 불안과 스트레스 관리 기법

① 신체 이완 기법

호흡 조절	천천히 깊게 호흡을 하는 것을 강조
점진 근육 이완	하나의 근육근을 긴장시킨 다음에 그 근육을 이완시키는 순서로 진행함
바이오 피드백	특수한 장비를 이용해서 심신의 반응을 측정하고 측정된 정보를 소리, 그래프 등의 형태로 피드백함으로써 자신의 이완이나 긴장 상태를 의지대로 조절하도록 하는 훈련 기법

② 인지 불안 감소 기법

자기 암시 (self-talk)	• 자신과 나누는 내면의 대화로, 자신의 생각이나 느낌, 행동을 강화하는 목적으로 사용하며 자기 암시가 인지조절의 핵심 • 부정적 자기 암시를 긍정적 자기 암시로 바꾸는 기법(사고 정지, 부정적 사고를 긍정적으로 바꾸기, 반격하기, 관점 바꾸기)
인지 재구성	비합리적이거나 부적응적인 생각 패턴을 찾아내서 중지시킬 수 있음. 간단하지만 효과가 뛰어난 방법
명상	마음을 이완시켜 몸의 이완을 유도(mind-to-body)하며 단순히 호흡에 집중함
자생 훈련	자기최면으로 따뜻함이나 무거움의 감각을 유도하는 6개의 단계를 통해 진행되기 때문에 수련에 수개월이 필요함
체계적 둔감화	불안이나 스트레스를 유발하는 자극에 노출될 때 불안 반응 대신 이완반응을 보임으로써 불안이나 스트레스에 대해 점차적으로 둔감하게 만드는 훈련 방법(부상 후 복귀 두려움, 골프 야구 등에서 트라우마 입스(yips)를 극복하는 데 효과가 뛰어난 기법)

8 동기 유발의 종류

무동기	스포츠에 참여하는 것에 대한 개인적 통제감이 없는 경우 무기력과 비슷한 상태로, 왜 스포츠에 참여해야 하는지에 대한 이해가 없는 것
외적 동기	외적인 보상을 위해 스포츠 활동에 참여하는 것(상금, 보상)
내적 동기	본인의 내적인 즐거움을 위해 스포츠에 참여하는 것(즐거움, 기쁨, 보람)

9 와이너(Weiner)의 3차원 귀인 모델

구분	귀인 요소			
	능력	노력	운	과제 난이도
내적 · 외적	내적	내적	외적	외적
안정적 · 불안정적	안정적	불안정적	불안정적	안정적
통제 가능 · 통제 불가능	통제 불가능	통제 가능	통제 불가능	통제 불가능

10 자기 효능감

- 자기 효능감의 개념: 특정한 상황에서 개인이 가진 능력을 고려할 때 주어진 과제를 성공적으로 달성할 수 있다는 믿음
- 자기 효능감에 영향을 미치는 요인
  - 수행성취(성공 경험): 자신의 성공 경험이 많을수록 자기 효능감이 향상되며, 4가지 요인 중에서 영향력이 가장 큼
  - 간접 경험(대리 경험): 자신과 실력이 유사한 사람이 성공하는 모습을 보면 자신 스스로도 해낼 수 있다는 자신감을 갖게 됨
  - 언어적(사회적) 설득: 타인(가족, 코치, 동료 등)으로부터 경기 수행을 잘 할 수 있다는 기대와 격려를 받음으로써 자신감을 고취시킬 수 있음
  - 생리 · 정서적 각성: 선수의 신체적, 정서적 상태는 경기 수행 시 자신감에 영향을 미침

11 심상

개념	• 모든 감각을 동원하여 마음속으로 어떠한 경험을 떠올리거나 새로 만드는 것 • 정신 연습, 심리 연습, 이미지 트레이닝, 정신 훈련, 정신적 리허설, 시각화 등과 유사한 개념임
영향을 미치는 요인	• 심상의 종류: 내적 심상과 외적 심상의 효과가 다르게 나타남 • 심상의 선명도: 떠올리는 이미지에 많은 감각을 활용할수록 이미지가 선명해짐 • 심상의 조절 능력: 원하는 이미지를 떠올릴 수 있는 능력으로, 긍정적인 이미지를 떠올리면 긍정적인 효과를 발생시킴 • 기술 수준: 선수 개인의 기술 수준이 높을수록 심상의 효과는 크게 나타남

12 주의 집중의 유형[니드퍼(Nideffer)의 TAIS]

넓은-외적 유형	• 상황을 빠르게 판단할 수 있음 • 환경 관련 모든 단서를 지각하는 데 필수적임 • 관련이 없거나 주의를 분산시키는 단서에 초점을 둘 수 있음 • 쉽게 속임수에 넘어갈 수 있음
넓은-내적 유형	• 한 번에 많은 정보 분석 가능 • 경기 계획이나 전략 개발에 필수적임 • 과도한 분석을 하게 될 수 있음 • 운동선수가 과제와 관련 없는 것까지 생각하면 생각이 너무 많아질 수 있음
좁은-외적 유형	• 1~2개의 주요 목표물에만 집중할 수 있음 • 주의 분산 요인 차단에 필수적임 • 주의의 폭이 너무 좁아서 중요한 단서를 놓칠 수 있음
좁은-내적 유형	• 하나의 생각이나 단서에만 초점을 둠 • 자신의 신체 지각, 에너지 관리, 심상에 필수적임 • 압박감을 느낄 수 있음 • 운동선수들의 내면의 상태로 인해 주의가 분산될 수 있고, 자신의 생각에 갇힐 수 있음

13 주의 집중의 향상 기법

- 주의가 산만한 환경에 노출
- 주의 초점의 전환을 반복적으로 연습
- 현재 수행에 전념
- 적정 각성 수준을 찾음
- 주의 집중 훈련 실시
- 조절이 가능한 것에 집중 훈련
- 수행 전 루틴 개발 및 연습

14 루틴

- 루틴의 개념: 선수들이 시합을 하는 동안 걱정, 주의 분산과 같은 부정적 상황에 노출될 경우 경기력 저하로 이어질 수 있기 때문에 이를 모면하기 위해 선수가 자신만의 독특한 동작이나 절차를 습관적으로 행하는 것
- 루틴의 효과
  - 철저한 경기 준비 가능(당일 루틴 변경 불가)
  - 조절할 수 있는 요인에 집중 가능(불안, 집중력 등)
  - 예상치 못한 상황에 대한 대처 능력 향상
  - 자기 자각을 가능하게 하여 외적 요인으로부터의 대처 능력 향상
  - 운동 행동과 관련한 신체적·심리적·행동적 요인들을 통합할 수 있음

15 집단 응집력 이론

- 집단 응집력의 개념: 집단 구성원들과의 관계에서 원활한 상호 작용을 위한 노력으로 개인이 집단에 관여하고 집단을 위해 헌신하는 것을 의미함
- 집단 응집력의 크기 결정 요인
  - 환경적 요인: 스포츠 집단의 응집력에 영향을 미치는 가장 일반적인 요인으로, 스포츠 집단의 환경 요소에는 계약상의 의무, 집단의 크기, 조직의 성향, 규범적 압력, 지리적 요인 등이 있음
  - 개인적 요인: 성향, 성별, 만족, 개인의 사회적 배경, 개인차 등이 있음 → 개인적 특성이 같은 사람들이 서로 모이기 쉬우며 강한 응집력을 가지는데, 구성원들의 인적 특성이 비슷하면 집단 응집력이 높아질 가능성이 큼
  - 리더십 요인: 리더의 행동, 리더십 스타일, 스포츠 집단에서의 커뮤니케이션 기술 등이 있음
  - 팀 요인: 집단 응집력이 높은 팀과 관련된 팀 요인에는 집단의 목표, 성공에 대한 열망, 팀 능력, 팀의 구조, 팀의 안정성 등이 있음

16 사회적 태만

- 의미: 집단에서 발생하는 동기 손실
- 원인
  - 할당 전략: 개인의 과제에서 능력을 발휘하기 위해 집단 안에서는 능력을 절약하고자 하는 의도
  - 최소화 전략: 최소한의 노력으로 목표한 바를 달성하고자 하는 의도
  - 무임승차 전략: 타인의 노력에 편승하여 노력 없이 혜택을 받으려고 하는 의도
  - 반무임승차 전략: 타인이 무임승차를 하지 않도록 하기 위해 본인 스스로도 노력하지 않으려는 의도
- 예방법
  - 구성원들이 각자 본인이 노력한 정도를 확인할 수 있도록 함
  - 팀 내의 상호 작용을 통해 개인의 책임감을 높임
  - 팀 목표와 더불어 개인적 목표를 설정함

17 강화와 처벌

정적 강화	긍정적인 자극이 제시되거나 사건이 발생함으로써 특정 행동의 빈도나 강도 증가
부적 강화	부정적이거나 회피하고 싶은 자극 또는 사건을 제거함으로써 행동의 빈도나 강도 증가
정적 처벌	특정 행동 뒤에 부정적이거나 회피하고 싶은 자극을 제시하거나 부여함으로써 행동의 빈도나 강도 약화
부적 처벌	'금지형' 처벌로 특정 행동 뒤에 긍정적인 자극을 제거하거나 박탈함으로써 행동의 빈도나 강도 약화

18 운동 심리 이론의 종류

합리적 행동 이론	• 투표 참가 행동을 예측하기 위해 개발되었으며, 개인의 '의도'가 행동을 유도하는 데 결정적인 원인으로 작용한다고 보는 이론 • 개인이 운동을 하려는 의도가 있으면 운동을 실천하고, 의도가 없으면 실천하지 않음
계획적 행동 이론	합리적 행동 이론에는 포함되지 않는 '지각된 행동 통제감'이라는 개념을 추가하여 확장한 이론
변화 단계 이론	• 인간의 행동은 시간을 두고 천천히 단계적으로 변화하기 때문에 운동하려는 의도가 생겼다고 해서 갑자기 운동하는 것은 아니라는 이론 • 프로차스카(J. Prochaska)의 운동 행동 변화 단계 이론: 무관심 → 관심 → 준비 → 실천 → 유지
생태학 이론	개인이 운동을 실천하거나 하지 않는 이유를 개인적인 관점에서만 찾는 것이 아니라 사회와 국가는 물론 자연환경까지도 포함시켜야 한다고 보는 이론
건강 신념 모형	질병이 발생할 수 있는 가능성과 질병에 걸리면 심각한 문제가 발생한다는 인식이 건강 행동의 실천에 영향을 준다는 이론
자기 효능감 이론	자기 효능감이란 특정 상황에서 주어진 과제를 성공적으로 수행할 수 있다는 믿음을 말하며, 자기 효능감이 높을수록 행동의 실현 가능성이 높아짐

19 운동 실천 중재 전략의 종류

행동 수정 전략	프롬프트	• 연기나 연설 중 어떠한 말을 해야 하는지 알려 주는 장치 • 프롬프트를 사용하는 행동 수정 전략은 운동에 도움이 되는 단서를 더 많이 사용하는 데 그 목적이 있음
	계약하기	운동 지도자와 서면 계약을 하면 운동 목표 달성에 더 효과적일 수 있음
	출석부 게시	회원들의 출석부를 게시하면 출석에 대한 동기 부여를 제공할 수 있음
	보상 제공	우수 회원 선정 및 보상 제공으로 지속적인 참여 유도 가능
인지 전략	목표 설정	반드시 객관적인 목표를 세워야 하며, 객관적인 목표를 달성하기 위해 더 노력해야 한다고 생각하도록 해야 함
	의사 결정	운동에 참여하지 않는 사람을 운동에 참여할 수 있도록 하는 전략으로, 운동을 하면 긍정적인 면이 더 많다는 정보를 제공하여 참여할 수 있게 해야 함
	동기 유발	운동에 참여하면 나타나는 긍정적인 변화를 통해 동기를 유발하고 스스로 운동에 참여할 수 있도록 해야 함

20 운동 실천에 영향을 미치는 요인

개인적 요인	개인 특성	성, 연령, 직업, 교육 수준, 건강 등
	인지 성격	태도, 재미, 자기 효능감, 기분, 운동에 대한 지식 등
	행동	다이어트, 과거 체육 프로그램 참가, 학교 운동부 등
환경적 요인	사회적 환경	친구·가족·배우자·동료로부터의 사회적 지지, 지도자의 사회적 지지, 집단 응집력 등
	물리적 환경	인식된 접근성, 실제 접근성, 운동 장비, 기후와 계절 등
운동 특성 요인	운동 특성	운동 강도, 인지된 노력, 단체 프로그램, 지도자 수준 등

21 스포츠 심리 상담 윤리(한국스포츠심리학회 제시)

- 상담, 감독을 받는 학생이나 고객과 이성 관계로 만나지 말아야 함
- 미성년자 고객의 가족과는 개인적, 금전적 또는 다른 관계로 만나지 말아야 함
- 특별한 경우를 제외하고는 고객과 상담실 밖에서의 사적인 관계를 유지하지 말아야 함
- 가까운 친구나 친인척 등을 내담자로 받아들이면 이중 관계가 되어 전문적 상담의 성과를 기대할 수 없으므로 다른 전문가에게 의뢰하여 도움을 주어야 함
- 스포츠 심리 상담사는 상담 과정에서 얻은 정보를 이용할 때 고객과 미리 상의해야 함
- 스포츠 심리 상담사는 상담에 참여한 사람으로부터 좋은 평가나 소감(증언)을 요구하지 않아야 함

22 상담의 기법

신뢰 형성	• 내담자가 원하는 바를 정확히 파악하여 도움을 줄 수 있는 인상을 주어야 함 • 내담자가 상담의 효과에 대해 긍정적인 기대를 갖도록 해야 함 • 상담자가 전문성을 가져야 함 • 학연, 지연, 운동 종목 등을 활용하여 내담자와 공감하고, 편안함을 느끼게 한다면 더욱 쉽게 신뢰를 형성할 수 있음 • 상담자는 정직, 솔직함, 비밀 엄수 등을 지키며 진지하고 개방적이어야 함
관심 집중	• 내담자를 향해 앉기 • 개방적인 자세 취하기 • 때때로 내담자를 향해 몸을 기울여 앉기 • 적절한 시선 맞추기 • 긴장 풀기
경청	• 언어적/비언어적 메시지 경청하기 • 경청 확인
공감적 이해	• 생각할 시간 갖기 • 반응 시간을 짧게 하기 • 내담자에게 맞게 반응하도록 자신을 지키기

선택과목 04 | 한국체육사

1 체육사 연구에서 사관(史觀) 및 사료(史料)

사관(史觀)	역사가의 역사에 대한 의식으로 과거의 사실을 확인할 때 역사가의 가치관과 해석 원리에 따라 그 기준이 달라지는 것
사료(史料)	역사를 고찰하는 데 있어 단서가 되는 자료 • 물적 사료: 유물, 유적, 현존하는 모든 물질적 유산 등 • 기록 사료: 문헌 등 • 구술 사료: 과거 기억에 대한 증언 등

2 부족 국가 시대의 신체 활동

- 농경 사회의 발달로 생산 기술과 전투 기술이 분화(농민과 병사가 점차 분리)
- 제천 행사를 통해 공동체와 개인의 일체감을 충족
- 고구려-동맹(10월), 신라-가배(8월), 부여-영고(12월), 동예-무천(10월), 삼한-수릿날(5월)/시월제(10월)

3 삼국 시대의 교육

고구려	• 태학: 국가의 관리 양성을 목적으로 귀족 자제의 교육을 담당 • 경당: 평민 자제의 교육을 담당
백제	박사: 교육 담당 관직으로 모시박사, 의박사, 역박사, 오경박사 등을 둠
신라	• 화랑도 - 세속오계(사군이충, 사친이효, 교우이신, 살생유택, 임전무퇴)를 바탕으로 문무를 겸비한 인재 양성에 목적을 둔 청소년 교육 단체 - 진흥왕 때 조직이 체계화됨 - 도덕적 품성과 미적 정조 함양, 신체적 단련을 통한 청소년 양성 • 국학: 유학의 교수 및 연구와 관리의 양성에 목적을 둔 귀족 자제의 교육 기관

4 삼국 시대의 무예

기마술(騎馬術)	말을 타고 달리는 것
궁술(弓術)	활을 중요한 무기, 교육 활동의 한 분야로 여김(고구려의 경당, 신라의 궁전법)
각저(角抵)	두 사람이 서로 맞잡고 힘을 겨루는 것으로, 각력, 각희, 상박, 쟁교 등으로 불림
수박(手搏)	겨루기 형식의 투기 스포츠로, 주로 손을 써서 겨룸

입산 수련(入山手鍊)	명승지를 찾아다니며 국토에 대한 애착심을 기르는 심신 수련
편력(遍歷)	화랑도의 야외 교육 활동 교육 과정으로 각종 신체 활동 및 음악 관련 활동 포함

5 삼국 시대의 민속 스포츠와 오락

수렵(狩獵)	사냥 활동으로, 군사 활동 또는 여가 활동으로 함
축국(蹴鞠)	가죽 주머니로 공을 만들어 발로 차는 공차기 놀이
석전(石戰)	한 부락 혹은 지방이 동편과 서편으로 나누어 하는 돌팔매질, 돌싸움
투호(投壺)	일정한 거리에 항아리를 놓고 화살을 던져 넣는 놀이
격구(擊毬)	말을 타고 달리거나 뛰어다니며 막대기로 공을 쳐서 승부를 겨루는 놀이
방응(放鷹)	매를 길러 꿩이나 새를 잡는 사냥 놀이(매사냥)
마상재(馬上才)	달리는 말 위에서 여러 가지 동작을 보이는 것
저포(樗蒲)	윷가락같이 만든 다섯 개의 나무를 던져 승부를 다투는 놀이
악삭(握抵)	주사위를 던져 그 수만큼 말을 이동시켜 먼저 적진(또는 궁)에 들어가면 이기는 게임
농주(弄珠)	여러 개의 구슬을 기술적으로 올렸다 받았다 하며 놀리는 공놀이
풍연(風鳶)	종이에 댓가지를 가로세로로 붙이고 실로 벌이줄을 매어 공중에 날리는 놀이
죽마(竹馬)	대나무를 휘어 가랑이에 넣고 달리는 놀이
도판희(跳板戱)	널뛰기를 말함. 음력 정초, 5월 단오, 8월 한가위 등 큰 명절 때 부녀자들이 즐기는 한국의 민속 놀이
사희(柶戱)	윷놀이를 말함. 정월 초하루부터 대보름까지 즐기며, 4개의 윷가락을 던지고 그 결과에 따라 말(馬)을 사용하여 승부를 겨루는 놀이
상희(象戱), 장기, 상기	두 사람이 장기판을 가운데 두고 마주 앉아 알을 번갈아 가며 두어서 승부를 내는 놀이

6 신라의 화랑도

- 신체미 숭배 사상: 신체의 미와 신체의 탁월성을 중시함
- 심신 일체론적 체육관: 신체 활동을 통한 수련을 덕(德)의 함양 수단으로 생각함
- 군사주의 체육 사상: 화랑도 조직은 전사 단체로서의 특성을 지닌 단체임
- 불국토 사상: 목숨을 바쳐서라도 부처의 나라인 국토(신라)를 지켜내야 한다는 사상으로, 불교와 편력 활동이 연계됨

7 고려 시대의 무예

국학 및 향학	• 국학: 강예재(講藝齋)는 국자감에 설치한 칠재(七齋)의 하나로, 무학(武學)을 전문으로 교육하는 분과이며 무학(武學)을 통해 장수(將帥) 육성 • 향학: 궁사와 음악을 즐김
무예 체육	• 수박(手搏): 두 사람이 맞붙어 손을 이용하여 상대방을 쓰러뜨리는 전통 무예로, 무인 선발의 기준과 수단이 됨 • 궁술(弓術): 관료나 병사에게 궁술을 익히게 하는 등 널리 권장함 • 마술(馬術): 말을 타고 여러 가지 자세나 기예를 보여 주는 것

8 고려 시대의 민속 스포츠와 오락

① 귀족 사회의 민속 스포츠와 오락

격구(擊毬)	• 말을 타고 달리거나 뛰어다니며 막대기로 공을 쳐 승부를 겨루는 전통 스포츠 • 군사 훈련의 수단으로 기창(旗槍), 기검, 기사를 능숙하게 하기 위한 용도
방응(放鷹)	• 매를 길러 꿩이나 기타 조류를 사냥하는 수렵 활동 • 고대부터 시작되어 고려 시대에 크게 번창 • 응방의 폐해가 심각하여 사냥용 매를 키우는 기관인 응방도감의 설치와 혁파가 반복됨
투호(投壺)	화살 같은 막대기를 일정한 거리에 있는 항아리 안에 던져 넣는 놀이

② 서민 사회의 민속 스포츠와 오락

씨름	• 두 사람이 서로 맞잡고 힘을 겨루는 것으로 각저(角抵), 각력(角力), 상박(相樸), 각지(角支), 각희(角戲)라고도 불림 • 충혜왕 때 전국적으로 성행, 공민왕 때 씨름꾼에게 벼슬을 주기도 함
추천(鞦韆)	• 주로 단오(음력 5월 5일)에 행해짐 • 부녀자들이 그네를 타고 노는 놀이 • 귀족, 서민 모두에게 민속 유희로 널리 성행
석전(石戰)	• 주로 정월대보름(음력 1월 15일)에 행해짐 • 돌을 던져 싸우거나 목봉으로 상대방을 물리쳐 기를 빼앗는 경기 • 민속 놀이, 군사 훈련, 구경거리 제공의 성격을 지님
연날리기 (풍연)	• 연을 공중에 띄우는 놀이 • 군사적 목적이었으나 놀이의 성격으로 고려 시대로 전승된 것으로 보임

9 조선 시대의 교육

관학	• 성균관: 고려 시대의 국자감과 같은 기능을 했으며, 생원과 진사를 대상으로 입학 자격을 부여, 덕의 함양을 위해 활쏘기를 실시하였으며, 활은 예궁 또는 각궁을 사용 • 사학: 성균관의 부속 학교의 성격으로 중등학교 수준의 교육 기관 • 향교: 전국적으로 설치된 중등 수준의 교육 기관으로, 양반이나 향리 자제들이 주로 입학
무학 교육 기관	• 훈련원(訓練院): 군사의 시재, 무예의 훈련 및 병서의 습득을 관장하는 무인 양성 관련 공식 교육 기관으로, 활쏘기, 마상무예 등의 훈련을 실시 • 사정(射亭): 활터에 세운 정자로 무사들이 평상시에 무과를 준비하고 훈련하는 교육 기관이며, 관설 사정과 민간 사정(오운정, 등룡정 등)으로 운영됨
과거 제도	문관, 무관, 기술관 채용 시험

10 무예 서적

무예제보 (武藝諸譜)	임진왜란 이후 한교가 편찬하였으며, 우리나라에서 가장 오래된 조선 시대 무예로, 6기(곤봉, 등패, 장창, 당파, 낭선, 쌍수도)를 수록하고 있음
무예신보 (武藝新譜)	사도세자가 모든 정사를 대리하던 중 기묘년(1759)에 명하여 12가지 기예를 넣어 편찬한 무예서
무예도보통지 (武藝圖譜通志)	정조 때 『무예제보』와 『무예신보』를 근간으로 한·중·일 삼국의 책 145종을 참고하여 1790년에 완성한 종합 무예서로, 정조의 명에 의해 규장각의 이덕무, 박제가가 장용영의 초관이었던 백동수, 장용영의 무사들과 함께 무예의 내용을 일일이 검토하여 만든 무예서적. 24가지의 무예가 실려 있으며, 활의 기술은 실려 있지 않음

11 조선 시대의 민속 스포츠

귀족의 스포츠	활쏘기, 봉희, 방응, 격구, 투호, 승경도 등
민중의 스포츠	장치기, 석전, 씨름, 추천, 줄다리기 등

12 개화기의 교육

관립 교육 기관	• 주로 통역관을 양성하기 위한 목적으로 설립 • 동문학(통변학교), 육영공원
민간 교육 기관	을사늑약 체결 이전 • 일본 제국주의에 대한 위기 의식으로 설립 • 원산학사, 흥화학교, 중교의숙

	을사늑약 체결 이후 • 을사늑약을 계기로 설립(교육=국권 회복) • 교육을 통해 인물을 양성하여 민족 독립의 중심 세력 구축 • 보성학교, 대성학교, 오산학교
선교 단체 교육 기관	• 외국 선교 단체에 의해 기독교 확장 수단으로 설립 • 배재학당, 이화학당, 경신학교, 숭실학교

13 교육입국조서(敎育立國詔書, 교육조서)

- 고종은 1895년 『교육입국조서』를 반포하고 이를 통해 덕양(德養), 체양(體養), 지양(智養), 즉 삼양(三養)을 강조(표기된 순서는 덕양, 체양, 지양)
- 소학교 및 고등 과정에 체조가 정식 과목으로 채택되는 데 영향
- 교육의 기회가 전 국민적으로 확대되는 데 기여

14 개화기 체육 단체의 결성

대한체육구락부 (1906)	• 우리나라 최초의 근대적인 체육 단체 • 근대 스포츠 보급(축구, 높이뛰기, 씨름 등) 및 지도
황성기독교 청년회운동부(1906)	• 개화기에 결성된 체육 단체 중 가장 활발한 활동 • 회장 터너와 총무 질레트 등의 노력으로 근대 스포츠 발달에 큰 역할
대한국민체육회 (1907)	• 근대 체육의 선구자 노백린 등이 창립 • 체육의 올바른 이념 정립과 체육 관련 정책의 개혁을 목표로 체육 단체 운영
대동체육구락부 (1908)	• 사회 진화론적 자강론에 입각하여 체육의 가치를 국가의 부강과 존폐의 근간으로 인식 • 체육 계몽 운동을 통해 강력한 국가 건설 지향
무도기계체육부 (1908)	1908년 9월 윤치오와 육군연성학교 교장 이희두가 기계체조 훈련기관인 무도기계체육부를 조직하는 데 동참하고, 기계체조 보급 사업의 후견인이 되었음

15 YMCA의 스포츠 활동

- 개화기부터 외국인 선교사가 근대 스포츠를 도입·보급하면서 한국 근대 스포츠의 발전에 많은 영향을 미침
- 독자적인 스포츠 활동을 전개함
- 강건한 기독교주의와 민족주의 사상을 바탕으로 함
- YMCA가 체육에 미친 영향: 야구, 농구, 배구 등의 서구 스포츠를 우리나라에 소개, 조직망을 통해 스포츠를 전국으로 확산, 많은 스포츠 종목의 지도자 배출

16 근대 스포츠 도입과 발달

- 서구의 근대 스포츠는 기독교 선교사들이 주로 소개
- 개화기: 체조, 육상, 검도, 축구, 수영, 씨름, 사격, 야구, 사이클, 유도, 농구, 빙상, 정구, 승마, 조정 등
- 일제 강점기: 권투, 탁구, 배구, 스키, 럭비, 역도, 골프, 경식 정구(테니스) 등

17 일제 강점기 체육의 변화

- 조선 교육령 공포기의 체육(1910~1914)
  - 체육의 자주성 박탈과 우민화 교육
  - 유희, 보통 체조, 병식 체조를 체조과 교재로 도입
  - 민족주의적 체육 활동 규제
- 학교 체조 교수요목의 제정과 개정기의 체육(1914~1927)
  - 학교 체육 체계에서 본격적으로 체육을 필수화함. 각 학교의 체조 교육을 통일하기 위한 조치임
  - 이전의 유희, 병식 체조, 보통 체조를 체조, 교련, 유희로 다시 구분
  - 유희는 경쟁적 유희, 발표적 동작을 주로 한 유희 등으로 구분
  - 과외 및 일상 활동으로 야구, 수영, 테니스 등과 같은 종목 실시
  - 체조 교육의 교수 방법, 목적, 개념 등을 구체적으로 제시
  - 『소학교 보통학교 체조 교수서』 개발(1916) 및 『소학교 보통학교 신편 체조 교수서』 편찬(1927)
- 학교 체육 교수요목 개편기의 체육(1927~1941)
  - 체조 중심에서 유희, 스포츠 중심으로 변경
  - 각종 운동 경기 대회 성행 및 국제 무대 진출
  - 다양한 종목(육상, 축구, 야구, 농구)의 대교 경기 활성

18 일제 강점기의 체육 단체

조선체육협회	• 1919년 2월 18일 일제 강점기 조선 내 스포츠 단체를 관리하기 위해 경성정구회와 경성야구협회를 통합하여 만든 근대 스포츠 단체 • 일본인들이 운영한 점, 일본이 대회를 주관한 점, 조선인이 설립한 조선체육회와 경쟁 관계에 있었던 점 등에서 한국 체육계의 어두운 과거였던 단체로 통함
조선체육회	• 1920년 현 대한체육회의 전신인 조선체육회 창립 • 한국 현대 올림픽 운동과 체육 및 스포츠 발전을 주도 • 1920년 제1회 전조선 야구 대회 개최(오늘날 전국 체육 대회의 시작) • 1938년 일제에 의해 해산되어 조선체육협회로 통합
관서체육회	• 1925년 평양 기독교 청년 회관에서 결성 • 씨름, 수상, 야구, 탁구 대회를 개최, 관서체육회 체육 대회, 전평양 농구 연맹전 등 • 전국적인 체육 단체, 민족주의적 체육 단체

19 광복 이후 각 정권의 스포츠

이승만 정권	• 최초로 제14회 런던 올림픽 경기 대회에 출전(1948) • 조선체육회가 '대한체육회'로 변경 • 보스턴 마라톤대회(1950)에서 함기용, 송길윤, 최윤칠 선수가 1~3위 차지 • 한국 전쟁으로 제1회 아시아 경기 대회(1951) 참가 및 제31회 전국 체육 대회(1950) 개최 무산
박정희 정권	• '체력은 국력'이라는 슬로건 채택, 국민 재건 체조 개정(1961) • 「국민 체육 진흥법」 공포, 체육의 날 제정, 체육 주간 제정(1962) • 「국민 체육 진흥법 시행령」 공포(1963) • 태릉선수촌 완공 및 대한체육회관 개관(1966) • 정부의 체육 조직 일원화 방침 공포, 대한체육회, 대한올림픽위원회(KOC), 대한학교체육회 등 3개 단체를 사단 법인 대한체육회로 통합(1968) • 학생들의 기초 체력을 향상시키기 위해 체력장 제도 실시(1971) • 우수 선수 병역 면제 제도 도입(1973), 메달리스트 종신 연금 계획 확정(1974) • 한국체육대학교 설립, 사회 체육 진흥 5개년 계획 발표(1976)
전두환 정권	• 제5공화국 시기로 체육부(1982) 신설, 우수 선수의 조기 발굴, 체육 과학 연구원 기능 강화, 국군 체육 부대 창설(1984) • 엘리트 스포츠 중심에서 대중 스포츠 중심으로 전환 • 서울 아시아 경기 대회(1986) 개최, 서울 올림픽 경기 대회(1988) 유치 • 대중 스포츠 운동(Sport for All Movement)으로 생활 체육의 확산에 관심 • 프로 야구(1982), 프로 축구(1983), 프로 씨름(1983)의 시대 열림
노태우 정권	• 제6공화국 시기로 서울 올림픽 경기 대회(1988) 개최 • 국민 생활 체육 진흥 종합 계획(일명 '호돌이 계획')을 세우고 국민생활체육협의회 설립(1991) • 스포츠 활동에 대한 국민 의식 개선 및 정부의 생활 체육 진흥에 강한 의지 보임

20 국제 스포츠 대회 참가 역사(한국의 올림픽 경기 대회 참가 역사)

- 광복 이후 처음으로 참가한 제5회 생모리츠 동계 올림픽 대회와 같은 해 제14회 런던 올림픽 경기 대회에 'KOREA'라는 이름으로 태극기를 들고 참가함(1948)
- 한국 전쟁 중 제15회 헬싱키 올림픽 경기 대회에 참가(1952)
- 제2회 마닐라 아시아 경기 대회 첫 참가(1954)
- 1973년 사라예보 세계선수권대회에서 탁구 단체전 우승 달성
- 제21회 몬트리올 올림픽 경기 대회에서 양정모(레슬링) 첫 올림픽 금메달 획득, 종합 순위 19위 달성, 구기 종목 사상 최초의 동메달 획득(1976)
- 한국은 처음으로 제10회 아시아 경기 대회(1986), 제24회 올림픽 경기 대회(1988)를 서울에서 개최, 여자 핸드볼 종목에서 당시 최강국(노르웨이)을 이기고 금메달을 획득
- 제16회 알베르빌 동계 올림픽 경기 대회에서 김기훈(쇼트트랙) 첫 금메달 획득(1992)
- 한국은 처음으로 제4회 동계 아시아 경기 대회를 강원도에서 개최(1999)
- 제27회 시드니 올림픽 경기 대회에서 태권도가 올림픽 정식 종목으로 채택(2000)
- 제17회 인천 아시아 경기 대회 개최(2014)
- 한국은 처음으로 제23회 동계 올림픽 경기 대회를 평창에서 개최, 남북 공동 입장,여자 아이스하키 남북 단일팀 구성(2018)

운동생리학

1 체력의 구분

건강 관련 체력	근력	근육이나 근육 그룹에서 발생되는 최대 힘
	근지구력	긴 시간 동안 근육이 일정한 힘의 수준으로 지속할 수 있는 능력
	심폐 지구력	심장, 허파, 순환계가 움직이는 근육에 효율적으로 산소를 공급하여 지속적으로 신체 활동을 할 수 있는 능력
	유연성	부상 없이 최대 관절 가동 범위에 걸쳐 부드럽게 관절을 움직이는 능력
	신체 조성	인체를 구성하는 기관이나 조직 등을 정량적 또는 상대적인 비율로 나타낸 것
운동 (기술) 관련 체력	민첩성	운동의 목적에 따라 신체를 신속하고 정확하게 조작하는 능력
	평형성	일정한 자세로 신체의 균형을 유지하는 능력
	협응성	신체의 움직임을 매끄럽고 정확하게 하는가에 대한 신체 각 분절의 조화
	스피드	움직임이 진행되는 빠르기
	순발력	근육이 순간적으로 빨리 수축하면서 나는 힘
	반응 시간	자극이 주어진 순간부터 반응이 일어날 때까지의 시간

2 ATP 생성 체계

근육 세포는 다음과 같이 1개 또는 3개의 대사 작용을 이용하여 ATP를 생산할 수 있음

ATP-PC 시스템 (인원질 체계)	• 가장 빠르고 쉽게 ATP 생성 • 순간적으로 강하게 근육이 수축하는 동안 가장 높게 나타나 ATP 재합성 • 근세포에 저장된 크레아틴인산(phosphocreatine: PC)이 ATP를 재합성하는 일차적 저장 연료
무산소성 해당 과정 (젖산 과정)	• 탄수화물에 의한 에너지 공급이 해당 과정으로부터 시작 • 포도당 또는 당원을 분해시켜 젖산 또는 피루브산을 형성 • ATP-PC 시스템에 의해 생성된 ATP가 고갈된 후 두 번째로 빠르게 ATP 생성 • ATP-PC와 함께 단기간의 고강도 근수축에 필요한 에너지 공급 체계 　과정 　혈당 또는 근세포에 저장된 글리코겐은 해당 과정을 거쳐 피루브산으로 분해되어 ATP 생성
유산소 시스템	• 충분한 산소가 공급되는 상태에서 글리코겐 또는 포도당이 분해되는 과정 • 크렙스 회로와 전자 전달계 2개의 대사 경로가 상호 협력 　과정 　해당 과정에서 형성된 피루브산은 산소가 충분할 경우 젖산으로 전환되지 않고 세포 내 미토콘드리아 안에서 아세틸 조효소 A(Acetyl-CoA)로 분해되어 크렙스 회로로 넘어가며, 지방(중성 지방)은 지방산과 글리세롤로 분해된다. 이 중 지방산은 아세틸 조효소 A(Acetyl-CoA)를 형성하기 위해 베타 산화라고 칭하는 일련의 반응 과정을 거쳐 크렙스 회로로 들어가게 됨

3 운동 강도에 따른 대사

- 고강도 운동(단시간): 인원질 과정＞젖산 과정＞유산소 과정(에너지원: 탄수화물＞지방)
- 저강도 운동(장시간): 유산소 과정＞젖산 과정＞인원질 과정(에너지원: 지방＞탄수화물)
- 단시간의 고강도 운동: 무산소 에너지 생성 체계를 통해 에너지를 공급, 사용되는 연료는 주로 탄수화물 3/4, 지방 1/4
- 장기간의 운동: 저강도 또는 중강도 운동을 장기간 지속할 경우, 주에너지원은 근육 내 저장된 글리코겐, 혈당, 지방산 순으로 3단계에 걸쳐 변화됨
- 저강도의 운동: 저강도에서 30분 이상 운동을 하는 초기에는 탄수화물이 연료로서 높은 비율을 차지하지만, 점차 시간이 지나면서 근글리코겐의 감소로 에너지원은 지방 쪽으로 옮겨감

4 트레이닝에 의한 대사적 적응

유산소(지구성) 트레이닝의 대사적 적응	무산소(저항성) 트레이닝의 대사적 적응

· 최대 산소 섭취량 증가(1회 박출량 증가가 원인): 최대 산소 섭취량 약 15% 증가, 비운동자에게는 더욱 높은 비율 향상
· 1회 박출량 증가: 심실로의 정맥 회귀 혈류량 증가와 심실의 이완기 말 혈액량의 증가는 심실의 수축력을 높여 1회 박출량을 증가시킴
· 미토콘드리아의 크기와 수의 변화와 모세 혈관 밀도 증가: 미토콘드리아 호흡 증가로 많은 양의 ATP 생성
· 미토콘드리아 적응 현상
  - 산화적 효소 활성화 증가
  - 지방 대사의 증가와 근육 글리코겐 활용 감소
  - 젖산 생성의 감소와 제거의 증가
· 골격근에서 지방 산화로부터 얻을 수 있는 에너지 생성 비율 증가
· 골격근으로의 모세 혈관 수의 증가로 운동 중 혈액 공급이 원활
· 마이오글로빈 함량의 증가: 유산소적 대사 능력의 개선에 기여
· 지근 섬유(ST 섬유, type I 섬유) 비율 증가: 지근 섬유 비율 증가로 지방을 에너지로 동원하는 데 효율적
	· 속근 섬유(FT 섬유, type II 섬유) 비율 증가
	· 근비대로 인한 근육량과 근력 증가
	· 동원되는 운동 단위 수의 증가, 십자형 가교 수의 증가
	· ATP-PC, 글리코겐 저장 능력 증가
	· ATP-PC 시스템과 무산소성 해당 과정에 필요한 효소 활동 증가
	· 건, 인대 조직의 양 증가(결합 조직의 변화)
	· 조골세포의 활동을 자극하여 골 무기질 함량이 증가됨
	· 단백질의 합성이 증가하여 근원세사의 단백질 양이 증가함

5 신경계의 흥분과 전달

안정 막전위	세포막 물질 수송	• 수동적 수송: 확산, 삼투, 여과 • 능동적 수송: 운반체를 사용하며 물질 이동 시 인체 에너지 사용
	안정 막전위 형성 – 분극 상태	• 자극을 받지 않는 상태(안정 시)에서 세포막 내외에 존재하는 전압차를 나타내는 것으로, 이러한 상태를 분극 상태라고 함 • 세포 밖에는 나트륨 이온(Na^+)이 많고 칼륨 이온(K^+)이 적으며 세포 내에서는 K^+이 많고 Na^+이 적음
활동 전위	활동 전위 형성 – 탈분극 상태	• 세포막 안팎의 전극을 역전시키기 위해 일정 정도 이상의 강도로 자극해야 함 • 조직을 자극하면 세포막의 Na^+, K^+의 투과성이 변화하여 안정 막전위가 깨짐 • 안정 막전위에서 세포막 안은 음(-)극이 양(+)극으로, 밖은 양(+)극이 음(-)극으로 역전함
	탈분극기	• 역치를 넘어선 후 급속하게 탈분극이 일어나고 세포막 안과 밖의 전위 역전이 일어나 절정에 이르기까지의 시기 • 세포막의 Na^+ 통로가 활성화되어 Na^+이 세포막 안으로 유입
	재분극기	• 절정에 이른 후 탈분극된 상태에서 안정 막전위로 돌아가는 시기 • 과분극: 재분극되어 가는 과정에 K^+이 세포 외부로 이동하게 되어 세포 내부가 음(-), 세포 외부가 양(+)이 되는데, 이때 분극 상태보다 그 전위차가 커지는 경우를 말함
	불응기	일정 시간 동안 또 다른 활동 전위가 즉각적으로 발생할 수 없는 시기

6 운동 단위

- 한 개의 운동 신경에 연결되는 근섬유
- 단일 운동 신경이 활성화되면 연결되어 있는 모든 근섬유들이 자극되어 수축하므로 연결된 근섬유 수가 많을수록 큰 힘을 내는 데 유리함
- 단일 운동 신경에 연결되어 있는 근섬유의 수를 자극 비율이라고 하며, 이는 근섬유의 수를 운동 신경으로 나눈 값으로, 섬세한 운동을 요구하는 근육들은 자극 비율이 낮음
- 지근 운동 단위의 신경 섬유는 축삭의 지름이나 척수 내 세포체의 크기가 속근 운동 단위의 신경 섬유에 비해 훨씬 작기 때문에 신경 자극의 전달 속도 역시 속근 운동 단위에 비해 느림
- 지근 운동 단위의 신경 섬유들은 속근 운동 단위보다 흥분 역치가 낮기 때문에 그로 인해 거의 모든 활동에 먼저 동원됨

7 자율 신경

- 심장, 민무늬근(평활근), 인체의 샘과 같이 불수의 구조들을 지배하는 신경 계통의 한 부분으로 중추 신경계와 말초 신경계 모두에 분포함
- 대뇌 조절 없이 호흡, 순환, 소화 등의 생명 유지에 관계하는 장기의 기능을 조절함
- 교감 신경: 몸의 급격한 변화 상황에 대처하기 위한 반응으로, 심장 박동 촉진, 호흡 운동 촉진, 동공 확대, 침 분비 억제, 소화액 분비 및 소화관 운동 억제, 방광 확장 등
- 부교감 신경: 안정화된 상태로 교감 신경의 반대 작용으로, 심장 박동 억제, 호흡 운동 억제, 동공 축소, 침 분비 촉진, 소화액 분비 및 소화관 운동 촉진, 방광 수축 등

8 근수축 기전

- 액틴에 있는 트로포닌과 트로포마이오신 단백질이 근수축 과정을 조절함
- 신경과 근세포가 만나는 지점인 '신경근 연접'에 이르는 신경 자극으로 시작 → 운동 신경으로부터 활동 전압은 신경근 연접의 시냅스 공간에서 아세틸콜린 방출 → 근육 세포의 활동 전위 발생
- 가로 세관을 타고 근섬유 내부로 전달
- 근형질 세망에 저장되어 있던 칼슘 이온 방출
- 칼슘 이온은 가는 세사의 트로포닌 분자와 결합
- 가는 세사와 굵은 세사 머리 간 결합을 차단하고 있는 트로포마이오신의 위치를 변화시켜 가는 세사(액틴)의 활동 부위가 노출되어 굵은 세사의 십자형 가교와 결합
- 가는 세사와 굵은 세사의 연결
- ATP 분해에 의한 에너지를 이용하여 운동(마이오신 머리가 액틴 세사를 당김)

9 근섬유 형태의 특성

속근 섬유 (Type Ⅱx, Type Ⅱa)	• 미토콘드리아 농도와 유산소성 대사 능력이 낮아 지근 섬유보다 피로에 대한 저항이 낮음 • 당원 저장과 해당 작용 효소가 풍부하여 무산소성 에너지 생산 능력이 높음 • 근수축을 개시하게 하는 칼슘의 신속한 분비 역할을 위한 근형질 세망의 발달 • Type Ⅱx섬유의 장력은 Type Ⅱa와 비슷하지만 지근 섬유보다는 큼 • Type Ⅱx섬유는 ATPase 활성이 높아 수축 속도가 가장 빠른 반면, 에너지 소비율이 높으므로 다른 섬유 유형에 비해 효율성이 낮음 • Type Ⅱa섬유는 Type Ⅰ과 Type Ⅱx섬유의 기능이 혼재되어 있는 수축 특성
지근 섬유 (Type Ⅰ)	• 수축 속도가 느린 근육의 형태 • 신경 섬유의 축삭 지름이나 척수 내 세포체의 크기가 속근 운동 단위의 신경 섬유에 비해 작기 때문에 신경 자극의 전달 속도가 속근 운동 단위에 비해 느림 • 미토콘드리아 농도와 산화 효소 능력이 높으며 속근 섬유보다 더 많은 모세 혈관 분포 • 속근 섬유보다 마이오글로빈의 농도가 더 높으므로 유산소성 대사 능력이 높아 피로에 대한 저항성 높음 • 속근 섬유에 비해 수축 속도와 장력이 낮으나 에너지 효율성은 높음

10 근수축의 종류

등척성 수축		근섬유의 길이와 관절각의 변화 없이 장력 발생
등장성 수축		근육의 길이와 관절각의 변화를 통한 수축으로 근력뿐만 아니라 신경계 적응도 유도함
	구심성 (단축성) 수축	• 근육이 짧아지면서 장력이 발생함 • 근수축의 속도가 느릴수록 더 큰 근육 힘을 생산(근수축 속도에 반비례)
	원심성 (신장성) 수축	• 근육이 길어지면서 장력이 발생함 • 근육 내부의 점성 저항이 근육 길이가 증가하는 데에 대한 저항으로 작용하여 수축 속도가 증가함에 따라 발휘되는 힘이 증가함(근수축 속도에 비례) • 근육뿐만 아니라 인대, 건과 같은 연결 조직의 장력이 발생하면서 구심성 수축보다 원심성 수축 시 더 큰 힘이 발생함

등속성 수축	• 관절각이 일정한 속도로 수축함 • 근상해나 통증의 위험이 적어 재활 훈련으로 적합함

11 근육 내 수용체(골격근의 감각 수용기)

화학 수용기	근육 내 pH, 세포 외 칼슘 농도, O_2와 CO_2의 압력 변화를 수용 및 반응하여 중추 신경에 정보를 전달
근방추	• 근육 내에서 근육이 늘어나는 것을 감지하여 적절한 근육 길이로 유지 • 근육 신전 감지 → 감각신경이 척수로 신호 보냄 → 감각신경이 알파 운동신경과 시냅스를 형성 → 알파 운동신경이 자극되어 근육 수축 → 근육 수축으로 근육 신전에 저항
골지 건기관	한 근육의 양쪽 끝에 있는 건 속의 기관으로 근수축 시 발생하는 장력을 지속적으로 감지하여 근육 수축을 예방하는 안전장치

12 내분비선과 호르몬의 작용

내분비선	호르몬	주요 기능	표적 조직
시상 하부	갑상선 자극 호르몬 방출 호르몬(TRH)	갑상선 자극 호르몬과 프로락틴 분비 자극	뇌하수체 전엽
	부신 피질 자극 호르몬 방출 호르몬(CRH)	부신 피질 자극 호르몬 분비	
	성장 호르몬 방출 호르몬(GHRH)	성장 호르몬 분비	
	성장 호르몬 억제 호르몬(GHIH)	성장 호르몬 분비 억제	
	성선 자극 호르몬 분비 호르몬(GnRH)	여포 자극 호르몬, 황체 형성 호르몬 분비	
	프로락틴 방출 호르몬(PRH)	프로락틴 분비 촉진	
	멜라닌 세포 자극 호르몬 방출 호르몬(MSHRH)	멜라닌 세포 자극 호르몬 분비 촉진	
뇌하수체 전엽	성장 호르몬	조직의 성장 촉진, 단백질 합성 속도 증가, 지방 사용 증가, 탄수화물 사용 속도 증가	모든 세포
	갑상선 자극 호르몬(TSH)	티록신과 트리요오드티로닌의 양 조절	갑상샘
	부신 피질 자극 호르몬(ACTH)	부신 피질 호르몬 분비 조절	부신 피질
	프로락틴	유방 발달과 유즙 분비 촉진	유방
	여포 자극 호르몬(FSH)	여포 성장, 정자 성숙	난소, 고환
	황체 형성 호르몬(LH)	황체 형성, 성 호르몬 합성	난소, 고환

뇌하수체 후엽	항이뇨 호르몬 (ADH, 바소프레신)	수분 재흡수 증가, 혈압 상승	콩팥 세뇨관
	옥시토신	혈관 수축으로 혈압 상승, 유즙 분비 자극, 자궁 수축	세동맥, 자궁, 젖샘
갑상선	티록신(T_4), 트리요오드티로닌(T_3)	세포 대사 속도 증가 심장 박동과 수축력 증가	모든 세포
	칼시토닌	뼈의 칼슘이 혈액으로 방출되는 것을 억제 (혈장 칼슘 농도 감소)	뼈
부갑상선	부갑상선 호르몬 (PTH)	뼈를 자극하여 칼슘을 혈장으로 방출함 (혈장 칼슘 농도 증가)	뼈, 소장, 콩팥
부신 피질	코티졸	각종 대사 조절과 항염증 작용	대부분의 세포
	알도스테론	Na^+ 재흡수, K^+과 H^+ 분비 촉진	콩팥
부신 수질	에피네프린	글리코겐 분해, 골격근으로의 혈액 흐름 증가; 심박수와 심장 근육의 수축력 증가	대부분의 세포
	노르에피네프린	세동맥과 세정맥 수축시켜 혈압 상승	
췌장	인슐린(베타 세포)	포도당 수준의 감소로 혈당 농도 조절; 포도당 사용과 지방 합성 증가	대부분의 세포
	글루카곤(알파 세포)	혈당 수준 증가; 단백질과 지방 분해 촉진	
정소	테스토스테론	남성 생식 기관 발달, 2차 성징 발현	성기관, 근육
난소	에스트로겐	여성 생식 기관 발달, 2차 성징 발현	다수의 조직, 뇌하수체 전엽, 자궁 근육
	프로게스테론	자궁 내분비계 활성, 임신 유지, 배란 억제	
콩팥	레닌	혈압 조절	부신 겉질
	에리스로포이에틴	적혈구 생산	뼈의 골수
	칼시페롤	칼슘 흡수의 증가	창자

13 운동 중 수분과 전해질 균형에 대한 호르몬의 영향

알도스테론과 레닌-안지오텐신의 작용	항이뇨 호르몬의 작용
• 운동은 땀의 분비를 촉진, 혈압을 상승 • 땀 분비는 혈장량과 신장으로의 혈액 흐름을 감소 • 신장의 감소된 혈액 흐름은 레닌이라는 효소를 생성 • 생성된 레닌은 안지오텐신 I의 형성을 가져오며, 이는 다시 안지오텐신 II로 바뀜 • 안지오텐신 II는 부신 피질로부터 알도스테론 분비를 촉진 • 알도스테론은 세뇨관으로부터 나트륨과 물의 재흡수를 증가(혈장량 증가)	• 운동 시 땀 분비는 혈장의 상실(혈액 농축과 삼투질 농도의 증가) • 혈액 삼투질 농도의 증가는 시상 하부를 자극 • 시상 하부는 뇌하수체 후엽을 자극 • 뇌하수체 후엽은 항이뇨 호르몬을 분비 • 항이뇨 호르몬은 신장에서 신장 집합관의 수분 투과성을 증가(수분 재흡수) • 운동 후 수분을 섭취(혈장량 증가, 혈액 삼투질 농도 감소)

14 운동과 호흡기계의 적응

용해되어 운반되는 산소	산소 분압이 100mmHg → 용해 산소량은 0.3Vol%
헤모글로빈에 의한 산소 운반	• 동맥혈 1L에 200mL의 산소가 있어 그중 3mL는 혈액에 녹아 있고 197mL는 헤모글로빈과 결합하여 운반됨 • 1개의 헤모글로빈은 4개의 산소 분자와 결합 • 산소와 결합된 헤모글로빈을 '산화 헤모글로빈', 산소와 결합되어 있지 않은 헤모글로빈을 '환원 헤모글로빈(탈산소 헤모글로빈)'이라고 함 • 100mL의 혈액은 10mg의 헤모글로빈을 가지며, 헤모글로빈 1mg은 1.34mL의 산소와 결합, 즉 혈액 100mL는 20mL의 산소를 운반 • 근육 내의 산소는 마이오글로빈과 결합하여 미토콘드리아로 운반
이산화 탄소의 운반	• 용해된 이산화 탄소 운반 • 중탄산염 이온(HCO_3^-)으로서의 이산화 탄소 운반(운반의 약 70% 차지) • 헤모글로빈 혹은 단백질과 결합해 카바미노 화합물로 운반(운반의 약 20% 차지) • 초과 산소 섭취량: 운동 후 신체의 산소 부채를 제거하기 위해 산소량이 증가되는 것을 의미함. ATP-PC를 다시 합성, 젖산 제거, 글리코겐 재합성, 체온 조절, 심장과 환기 작용을 위한 산소 소비 등에 이용
분압차 외 가스 교환에 영향을 미치는 요인	확산 경로의 길이, 폐포 주위 모세 혈관의 혈류량, 혈액 내 적혈구 수 또는 헤모글로빈, 폐포 환기량

15 1회 박출량의 의미와 결정 요인

의미	• 심장이 1회 수축하면서 내뿜는 혈액의 양 • 구출 전 심실의 혈액량인 이완기말 용적과 구출 후 심실에 남아 있는 혈액량인 수축기말 용적의 차이
결정 요인	• 심실 이완기말 용량: 교감 신경 작용으로 정맥을 수축시켜 정맥 환류량이 증가함 • 대동맥압력(평균 동맥압): 혈액을 방출하기 위해서는 좌심실이 유발하는 압력이 반드시 대동맥압을 초과해야 하며, 좌심실이 수축하면서 받는 저항을 후부하라 함. 즉, 1회 박출량은 심장의 후부하와 반비례함 • 심실 수축력: 에피네프린, 노르에피네프린과 심장 수축 촉진 신경을 통한 심장의 직접적인 교감 신경 자극의 영향 • 정맥혈 회귀(세정맥에서 우심장으로 혈액이 되돌아오는 경로): 근수축에 의한 펌프 작용과 호흡에 의한 펌프 작용에 의해 이루어짐

16 최대 산소 섭취량

- 계산식: 최대 1회 박출량×최대 심박수×최대 동정맥 산소차
- 결정 요인: 심장의 기능, 활동조직으로의 혈류 순환 능력, 근조직에서 산소를 이용하여 대사하는 능력
- 심장의 기능은 심박출량에 의해 반영되고, 조직에서의 산소 추출 및 이용 능력은 동정맥 산소차에 의해서 알 수 있음
- 결론적으로 최대 산소 섭취량은 최대 심박출량과 최대 동정맥 산소차에 의해 결정됨

17 운동에 대한 순환계의 반응

- 필요한 산소량을 공급하기 위해 폐포 환기량이 증가(폐포의 활발한 기체 교환)함
  - 운동 시작 직전: 환기량의 증가는 운동으로 인한 것이 아닌 운동을 예측한 대뇌 피질로부터 작용
  - 운동 시작 후: 환기량의 증가는 운동으로 인한 것이 아닌 근관절 수용기의 작용. 처음 급격히 증가했던 환기량이 점차 안정되어 점진적으로 최대가 됨
  - 운동 종료 후: 환기량이 급격히 감소
- 운동 중 심장에 부과되는 대사적 요구는 심근 산소 소비량으로 예측
- 심근 산소 소비량=심박수×수축기 혈압
- 주어진 산소 섭취량에서 팔운동보다 더 큰 근육 그룹인 다리 등이 관련될수록 더 많은 저항 혈관(세동맥)들이 확장되며, 더 낮은 혈압이 반영되어 심근 산소 소비량이 낮게 나타남

18 운동에 대한 순환계의 적응

- 운동으로 산소 소비량의 증가
- 폐포 수와 폐의 모세 혈관 증가로 확산 능력 향상
- 혈액량, 헤모글로빈 수 증가로 산소 운반 능력 향상
- 지구력 트레이닝으로 호흡근의 지구력 향상(폐 환기 능력 장시간 유지)
- 운동 중 심박수가 계속 증가하더라도 산소 소비와 혈압은 안정(심박출량이 계속해서 증가하기 때문)
- 지구성 트레이닝의 효과: 적혈구 수 10~20% 증가, 혈장량 20~30% 증가(혈액 이동과 산소 운반 능력 증가)
- 운동 시 심장의 형태적 변화: 심장 용적의 증대, 심장벽 두께의 증가
- 운동 시 심장의 기능적 변화: 심근 수축력의 증대, 1회 박출량 증가(환기량 증가), 최대 운동 시 최대 심박출량 증가, 안정 시 또는 최대하 운동 시 심박수 감소

19 운동 시 근육의 혈류 조절 기전

- 운동 시 골격근의 혈류는 자동 조절, 능동적 충혈 및 반응성 충혈과 같은 국소 조절에 따라 혈류가 증가함
- 골격근의 높은 신진대사 비율은 산소 분압의 감소와 이산화 탄소 분압, 산화 질소, 칼륨과 아데노신의 농도를 증가시키고, pH 지수를 감소시키는 국부적인 변화를 일으키며 이러한 변화는 수축성 골격근에 혈류를 공급해 주는 소동맥의 팽창과 함께 일어남
- 혈관의 확장은 혈류 저항을 감소시키고 이로 인해 혈류를 증가시킴
- 소동맥의 혈관 확장은 골격근 모세 혈관의 보강으로 더 많은 혈액 흐름을 조절함
- 운동 중 골격근에서 혈관의 기계적인 압박으로 순간적인 폐쇄가 일어나며, 폐쇄가 끝나면 반응성 충혈이 일어나 혈류 및 산소 부채를 제거하기 위하여 혈류를 증가시킴

20 고온에서 운동 시 생리적 반응

생리적 반응	• 시상 하부 전엽에서의 열 손실 증가를 위한 땀 발생, 외부 혈액량 증가 • 근육과 피부의 혈류 요구량 증가(지구력 저하) 　- 정맥 환류량 감소 → 1회 박출량 감소 → 심박수 증가 　- 최대 산소 섭취량 감소, 동정맥 산소차 감소 • 체내 수분 손실로 혈액의 농축 시 반응 　- 혈액량이 줄어들면서 더 많은 근육 글리코겐을 사용하고 더 많은 젖산을 생성하여 피로와 탈진의 원인이 됨(젖산 제거율을 감소시켜 혈중 젖산 농도를 상승시킴) 　- 피부 혈류의 감소로 인하여 체온이 과도하게 상승함 　- 혈장량 감소로 1회 박출량과 혈압이 감소함(순환 기능의 저하) • 뇌의 온도 증가는 근육의 신경 전달을 감소시키며, 이는 운동 단위의 활동을 감소시켜 근피로를 유발함
고온에서의 생리적 순응	• 반복되는 열 자극을 통해 체온 조절 기능에 적응(운동 수행력 향상) • 열 내성을 증가시키는 생리적인 적응 현상을 열 순응이라고 함 • 열 순응 과정은 피부 혈류 증가와 발한 반응 촉진으로 열을 효과적으로 제거 • 순응 후 발한량은 증가하고 농도는 희석되며, 그 결과 혈액의 피부 순환량 감소 • 피부 혈류량 감소로 여유 심박출량은 활동 근육으로 배분되어 운동 수행력 향상 • 최대하 운동 중 열 순응의 결과로 심박수와 심부 온도 감소 • 열 순응의 생리적 반응 현상: 혈장량 증가, 발한 시점의 조기화, 발한율 증가, 땀에 의한 염분 손실 감소, 피부의 혈류량 감소, 세포에서 열 상해 단백질 증가

06 운동역학

선택과목

1 운동역학의 개요

① 운동역학의 학문 영역

정역학	정적 평형 상태에 있는 어떠한 구조물 혹은 물체에 작용하는 힘을 연구하는 학문
동역학	물체의 힘과 운동의 관계, 가속에 영향을 받는 시스템을 연구하는 학문
운동학	공간이나 시간을 고려하여 움직임을 기술하는 학문
운동역학	운동을 유발하거나 변화시키는 원인인 힘에 대해 연구하는 학문
인체측정학	인체의 각 관절 등과 관련한 부위들을 측정하는 학문

② 운동역학의 목적: 경기력 향상, 스포츠 동작의 효율성 극대화, 상해 원인 분석, 운동 장비 개발

2 인체 해부학의 방향 용어

상(superior)	인체 중심의 위쪽
하(inferior)	인체 중심의 아래쪽
전(anterior)	인체 중심의 앞쪽
후(posterior)	인체 중심의 뒤쪽
내측(medial)	인체의 중심쪽
외측(lateral)	인체 중심의 바깥쪽
저측(plantar)	발바닥 쪽
배측(dorsal)	발등 쪽
근위(proximal)	몸통부에 가까운 쪽으로, 운동이나 근육이 시작하는 부분
원위(distal)	몸통부에서 먼 쪽으로, 운동이나 근육이 끝나는 부분
표층(superficial)	인체의 표면쪽
심층(deep)	인체의 내부, 신체 표면으로부터 멂

3 각 운동면의 관절 운동

좌우축(전후면)에서 일어나는 운동	굴곡, 신전, 배측 굴곡, 족저 굴곡
전후축(좌우면)에서 일어나는 운동	내전, 외전, 내번, 외번
장축(횡단면)에서 일어나는 운동	내회전, 외회전, 회내, 회의, 수평 내전과 수평 외전

4 운동의 형태

병진 운동	선 운동이라고도 하며, 신체의 모든 부분이 같은 시간에 동일한 거리와 동일한 방향으로 움직이는 운동
회전 운동	각운동이라고도 하며, 고정된 축(회전축)을 중심으로 같은 시간에 동일한 방향으로 동일한 각을 움직일 때 일어나는 운동
복합 운동	병진 운동(선 운동)과 회전 운동(각운동)이 동시에 일어나는 운동

5 체중(무게)과 질량의 물리적 특성

체중(무게)	크기와 방향을 가지는 벡터(vector)의 특성을 가지며, 단위는 뉴턴(N)임
질량	크기만 있는 스칼라(scalar)의 특성을 가지며, 단위는 킬로그램(kg)임

6 인체의 무게 중심

개념	• 지구의 중력은 무게 중심에 집중되며, 인체의 중심은 모든 질량이나 중량이 한 점에 집중된 것으로 생각됨 • 무게 중심은 팔을 옆에 대고 똑바로 서 있는 자세에서 대부분의 성인 남자는 배꼽보다 1인치 위에 위치하고, 여자의 경우에는 배꼽보다 약간 낮은 지점에 위치함(남자는 어깨 쪽의 질량이 상대적으로 크고, 여자의 경우 엉덩이 쪽의 질량이 상대적으로 크기 때문임) • 일반적으로 여성의 무게 중심이 남성에 비해 낮고, 동양인의 무게 중심이 서양인보다 낮으며, 유아의 무게 중심은 성인에 비해 높은 편임
무게 중심의 이동	• 인체의 무게 중심은 동일한 위치에 머무르지 않으며, 인체의 움직임에 따라 인체의 질량이 재분배되어 위치가 항상 변화함 • 무게 중심이 이동한 거리는 얼마나 많은 질량이 얼마나 많이 움직였는지에 따라 달라짐
무게 중심의 특성	• 무게 중심은 토크(torque)의 합이 '0'인 지점 • 무게 중심은 인체를 벗어나서 위치할 수 있음 • 무게 중심의 위치는 자세의 변화에 따라 달라짐 • 물체 전체 질량의 중심점으로, 이를 질량 중심이라 함

7 기저면과 안정성

개념	• 기저면은 물체가 지면에 접촉하고 있을 때 그 접촉점들을 연결시킨 면적을 의미함 • 기저면은 크면 클수록 안정성이 높아짐
인체의 안정성을 결정짓는 요인	• 무게 중심선이 기저면 밖에 있으면 인체는 불안정한 상태에 놓이게 됨 • 무게 중심선이 기저면 중앙에 가까울수록 안정성은 높아지게 됨 • 무게 중심선이 기저면 가장자리에 근접할수록 평형이 깨져 인체는 불안정한 상태에 놓이게 됨 • 기저면의 크기가 클수록 안정성이 증가함 • 안정성을 크게 하기 위해서는 가능한 한 중심의 이동이 기저면 밖에 위치하지 않도록 기저면을 넓히는 것이 중요함

8 인체 지레

1종 지레	• 가위와 같이 작용점(R)과 힘점(F) 사이에 받침점(A)이 있는 지레(힘점-축-작용점) • 가운데 받침점이 있는 유형 ◎ 시소, 저울, 연탄집게, 손톱깎이, 팔을 위로 뻗을 때 위팔세갈래근의 역할 등 • 역학적 이득(기계적 이득)은 다양함
2종 지레	• 종이 절단기처럼 받침점과 힘점 사이에 작용점이 있는 유형의 지레(축-작용점-힘점) • 작용점이 가운데 있으며 힘팔(FA)이 작용팔(RA)보다 항상 큼 ◎ 뒤꿈치 들기, 팔 굽혀 펴기 동작 등 • 힘의 이득과 거리의 손해 • 역학적 이득(기계적 이득)은 항상 1보다 큼
3종 지레	• 핀셋과 같이 힘점이 작용점과 받침점 사이에 있는, 즉 가운데서 힘이 작용되는 유형의 지레(축-힘점-작용점) • 힘점이 가운데 있기 때문에 작용팔(RA)이 항상 큼 ◎ 팔꿈치 굽히기 • 기구를 이용하는 대부분의 운동이 해당되며 바벨을 들고 하는 운동이 대표적임 • 힘의 손해와 거리의 이득(인체 지레의 대부분은 3종 지레에 해당되어 힘에서 이득을 보지 못함) • 역학적 이득(기계적 이득)은 항상 1보다 작음

9 거리, 변위, 속력, 속도, 가속도

거리	물체가 한 위치에서 다른 위치로 이동한 길이, 즉 그 물체가 지나간 궤적의 총 길이를 말하며, 크기를 나타내는 스칼라량임
변위	이동 거리라는 크기에 방향성을 더한 물리량으로 그 물체의 이동 시점과 종점 사이의 직선거리를 말하며, 크기와 방향을 나타내는 벡터량임
속력	• 일정 시간 동안 이동한 거리로 물체의 빠르기를 나타냄(스칼라량) • 단위: m/s, cm/s, m/min, km/h 등 • 계산식: 속력=이동 거리/소요 시간
속도	• 단위 시간(1초) 동안 이동한 변위로 물체의 빠르기를 나타냄(벡터량) • 단위: 속력과 동일 • 계산식: 속도=변위/소요 시간

가속도	• 시간에 대한 속도 변화의 비율, 즉 단위 시간당 속도의 변화량 • 단위: m/s² • 계산식: 가속도=(나중 속도−처음 속도)/소요 시간 • 가속도는 물체에 작용하는 힘의 크기와 방향과 관계 있음 • 가속도는 속도의 크기뿐만 아니라 속도의 방향이 변해도 발생함 • 등속도 운동과 등가속도 운동: 등속도 운동은 물체의 속도가 변하지 않는 운동으로 가속도는 0인 운동이고, 등가속도 운동은 가속도가 일정한 운동임

10 포물선 운동

- 포물선 운동 시 수평 속도는 초기 속도와 수평 성분이 같은 등속도 운동을 함(공기 저항이 없는 경우)
- 포물선 운동 시 수직 속도는 중력($9.8m/s^2$)이라는 외력이 존재하기 때문에 등가속도 운동을 함
- 투사된 물체의 공중 최고 지점에서의 수직 속도는 0m/sec임
- 포물선 운동의 3요소: 투사 높이, 투사 각도, 투사 속도
- 투사된 물체에 영향을 주는 요인: 공기 저항, 중력

11 각운동의 요소

각거리	물체가 한 지점에서 다른 지점으로 이동하였을 때 물체가 이동한 경로를 측정한 총 각도의 크기로 스칼라량임
각변위	• 회전하는 물체의 최초 지점의 각위치와 최후 지점의 각위치 간의 차이 값으로 벡터량임 • 방향을 가지고 있어서 일반적으로 시계 방향(−) 또는 반시계 방향(+)으로 표시
각속력	$\dfrac{각거리}{소요 시간}$ (각거리는 0~360°)로 계산하며 스칼라량임
각속도	$\dfrac{각변위}{소요 시간}$ 로 계산하며 벡터량임
각가속도	• 각속도가 변하는 정도를 나타내는 변인으로, $\dfrac{마지막 각속도−처음 각속도}{시간}$ 로 계산하며 벡터량임 • 각가속도가 "0"이면 속도가 유지되는 상태일 수도 있고, 정지 상태일 수도 있음

12 힘의 단위와 벡터적 특성

- 힘=질량×가속도
- N(뉴턴)과 kgf(킬로그램힘, 킬로그램중)
- 속도나 가속도와 마찬가지로 힘도 크기 외에 작용하는 방향 및 방향을 지정해야 하는 양, 즉 벡터량으로 나타낼 수 있음
- 힘의 3요소: 크기, 방향, 작용점

13 힘의 종류

근력	근육 수축에 의해 생기는 근육의 힘
중력	• 지구의 만유인력과 자전에 의한 원심력을 합한 힘 • 물체의 질량과 중력 가속도(9.8m/s2)의 곱으로 나타냄 • 물체가 공중으로 상승하는 과정에서는 중력 가속도의 영향을 받음
마찰력	• 마찰력=마찰 계수×수직 반력(반작용의 힘) • 최대 정지 마찰력은 운동 마찰력보다 항상 큼 • 추진력으로 사용 가능 • 접촉면의 형태에 영향을 받음(마찰 계수) • 물체가 무거울수록 마찰력은 증가(수직 반력) • 물체의 이동 방향과 반대 방향으로 작용 • 미끄럼 마찰력보다 구름 마찰력이 더 작음
부력	• 물체를 둘러싼 물이나 공기와 같은 유체가 물체를 위로 밀어올리는 힘으로, 방향은 수직이고, 크기는 유체와 같음 • 유체의 밀도가 커질수록 부력은 커지며, 물의 온도가 올라갈수록 부력은 작아짐
항력	• 유체에서 이동하는 물체가 운동 방향의 정면으로 받게 되는 힘 • 이동 방향에서 본 물체의 단면적의 크기에 비례하고, 이동 속도의 제곱에 비례함
양력	• 이동하는 물체 주변의 유체의 상대 속도 차이에 의해 물체의 이동 방향에 수직으로 작용하는 힘 • 유체의 속도가 증가할수록 그 유체에 작용하는 압력이 감소하고, 유체의 속도가 감소할수록 압력이 증가함(=베르누이의 원리) • 물체의 중심선과 진행하는 방향이 이루는 공격각(angle of attack)에 의해 발생함 예 야구에서 투구 시 공에 회전을 넣어 커브 구질을 만드는 것은 양력의 작용
마그누스 효과	회전하는 공의 이동 시 공의 한 부분은 회전의 방향과 공기의 흐름이 충돌하게 되어 속도가 낮고 압력이 높은 지점을 형성하고, 반대 부분은 공기의 흐름과 같은 방향으로 회전하여 속도가 높고 압력이 낮은 지점을 형성하는데, 이로 인해 압력이 높은 지점에서 낮은 지점으로 공이 이동하는 현상 예 야구의 커브볼, 골프의 슬라이스 등
압력	• 주어진 면적에 분포되어 있는 힘으로 정의하며, 압력(P)=힘(F)/면적(A) • 단위는 N/m²와 파스칼(Pa)이며, 1파스칼(Pa)은 1N/m²임

14 운동량과 충격량

운동량	• 물체의 질량과 속도를 곱한 값으로 표현하는 벡터량으로, 질량을 증가시키거나 질량이 일정할 때 속도를 증가시킴으로써 증가시킬 수 있음 • 라켓 운동선수들은 스윙 시 마지막 타격점에서 팔을 뻗어 회전 반경을 늘림으로써 운동량을 크게 함 • 씨름 선수가 질량을 증가시키는 최선의 방법은 지방보다 근육의 질량을 증가시키는 것임
충격량	• 일정 시간 동안 어떤 물체에 작용한 힘의 총합을 의미함 • 단위: N·s(실제 운동량의 단위 kg·m/s) • 충격량=힘(충격력)×작용 시간=충돌 후 운동량−충돌 전 운동량=운동량의 변화량 • '충격량=운동량의 변화량'이므로 운동량의 변화가 커질수록 충격량도 증가함

15 충돌의 형태

- 완전 탄성 충돌(반발 계수 1): 충돌 후 상대 속도와 충돌 전 상대 속도가 같은 경우
- 완전 비탄성 충돌(반발 계수 0): 충돌 후 상대 속도와 충돌 전 상대 속도가 0인 경우
- 불완전 탄성 충돌(반발 계수 0~1): 충돌 후 에너지 손실로 속도가 작아지는 경우

16 토크와 관성 모멘트

① 토크의 개념: '힘의 모멘트'라고도 하며, 물체의 회전을 일으키는 원인이 되는 것
② 토크의 계산: 편심력×모멘트 팔=관성 모멘트×각가속도
③ 내적 토크와 외적 토크

내력(내적 토크)	• 인체 지레의 3요소(주동근 수축에 의한 장력) • 물체가 외부로부터 힘을 받았을 때 스스로의 형상을 유지하기 위해 내부에서 버티는 힘 • 인체 관절의 90°의 각도에서 가장 큰 내적 토크가 발생됨 예 근수축에 의한 근력이나 관절 사이에 작용하는 반작용력, 관절 내부에 작용하는 마찰력 등
외력(외적 토크)	• 인체 지레의 3요소(분절의 무게 중심에 작용하는 외력) • 물체가 외부로부터 받는 힘 • 외부 환경과의 상호작용으로 인체 또는 도구에 작용하는 힘 예 중력, 공기 저항, 지면 반력, 부력, 압력, 원심력과 구심력 등

④ 근수축 형태

내적 토크 > 외적 토크	• 근육이 외력을 이기고 짧아지면서 수축 • 단축성 수축
내적 토크 < 외적 토크	• 근육이 외력에 의해 늘어나면서도 버티는 수축 • 신장성 수축
내적 토크 = 외적 토크	• 관절이 움직이지 않고 길이 유지 • 등척성 수축

⑤ 관성 모멘트의 개념 : 선운동에서의 관성인 질량과 유사한 개념으로 회전 운동에서의 관성을 의미함(각운동에 대한 저항을 의미함)

$$\text{관성 모멘트} = \text{질량} \times \text{회전 반경}^2$$

⑥ 각관성의 크기를 결정하는 주요 요인
- **물체의 질량**: 물체의 질량이 클수록 회전에 대한 저항이 커짐
- **질량 분포**: 회전하는 축에 대한 그 물체의 질량 분포(위치) 상태를 의미함

⑦ 모멘트 팔
- 회전축과 힘의 작용선 사이의 가장 짧은(수직) 거리
- 사지의 각 근육은 관절에 작용하여 모멘트 팔을 따라 토크(회전력)를 생성함
- 단축성 수축은 순토크와 관절 운동이 같은 방향으로 일어나는 토크로 근육의 길이가 짧아짐

- 등척성 수축은 근육의 길이가 변하지 않으며, 근육의 장력이 발생하지만 관절에서는 어떠한 움직임도 발생하지 않음
- 신장성 수축은 관절 운동의 반대 방향 토크이며, 저항하는 관절 토크가 작아 근육이 길어지는 수축임

17 각종 법칙(선 운동과 각운동에 각각 적용 가능)

① 뉴턴의 3법칙

관성의 법칙(제1법칙)	외력이 작용하지 않는 한 모든 물체는 그 상태를 계속 유지하려고 함
가속도의 법칙(제2법칙)	물체의 가속도는 힘이 작용하는 방향과 운동을 일으키는 힘에 비례(F=ma)
작용·반작용의 법칙(제3법칙)	한 물체가 다른 물체에 힘을 작용하면 다른 물체로 힘을 작용한 물체에 크기가 같고 방향이 반대인 힘이 작용

② 운동량 보존의 법칙: 외력이 작용하지 않는 한, 한 시스템 내에서 어떠한 힘이 상호 작용하고 있더라도 총 운동량은 변하지 않음

18 구심력과 원심력

구심력	• 물체가 원운동(혹은 곡선 운동)을 할 때 원의 중심 방향으로 작용하는 힘 • 구심력은 질량과 선속도의 제곱에 비례하고 반지름에 반비례함 • 각속도의 구심력은 질량과 회전 반경, 각속도의 제곱에 비례함
원심력	• 원운동을 하는 물체가 궤도를 이탈하려는 힘, 즉 원의 중심으로부터 멀리 벗어나려고 하는 힘으로 구심력과 크기가 같고 방향은 반대임 • 물체는 직선으로 움직이려는 특성 때문에 원 궤도를 이탈하려 함 • 구심력이 사라지면 원심력도 사라짐 • 원심력은 구심력과 크기가 같으므로 원심력도 질량과 선속도의 제곱에 비례하고 반지름에 반비례함

19 일과 에너지

① 일의 개념: 일정한 거리에 걸쳐 지면에 대항하는 힘이 작용. 단위는 J(Joule, 줄)

$$일(W) = 힘(F) \times 거리(d), \ 1J = 1N \times 1m$$

② 일률의 개념: 일하고 있는 시간 비율 혹은 단위 시간당 일의 양. 단위는 W(Watt, 와트)

$$일률(P) = \frac{일의 양(W)}{소요 시간(t)} = \frac{F \times d}{t} = F \times v, \ 1W = \frac{J}{t}$$

(t: 소요 시간, d: 이동 변위, v: 속도)

20 역학적 에너지

- 역학적 에너지의 개념: 여러 종류의 에너지 중 운동 에너지와 위치 에너지를 합한 것
- 역학적 에너지 보존의 법칙: 운동하는 모든 물체는 외력이 작용하지 않는 한 형태만 바뀔 뿐, 에너지의 총합은 일정함
- 역학적 에너지의 변환
  - 물체의 높이가 증가 → 운동 에너지가 위치 에너지로 전환
  - 물체의 높이가 감소 → 위치 에너지가 운동 에너지로 전환

21 영상 분석

① 영상 분석으로 추출 가능한 변인: 각도(자세), 가속도, 속도 등
② 2차원 영상 분석과 3차원 영상 분석

2차원 영상 분석	한 개의 영상 기록을 통해 2차원 평면상의 운동을 분석
3차원 영상 분석	두 개 이상의 영상 기록을 통해 입체적인 3차원 공간상의 운동을 분석

22 힘 측정 방법과 활용

지면 반력기	• 인체가 지면에 가한 힘에 대한 반작용(작용·반작용 법칙의 원리)으로 지면 반력 발생 • 작용·반작용 법칙의 원리로 한 압력판을 사용하며, 압력판 위에서의 인체의 압력 중심에 대한 정보를 이용하여 안정성의 분석에도 이용 • 수직으로 누르는 힘, 수평으로 미는 마찰력에 영향을 받음 • 상하, 좌우, 전후 세 방향의 힘과 압력 중심점, 토크, 모멘트, 힘의 작용 시간 등 산출 • 지면 반력기와 보행 분석 　- 보행 시 지면 반력기에 발이 착지하면서 앞으로 미는 힘은 제동력 　- 발 앞꿈치가 지면 반력기에서 떨어지기 전에 뒤로 미는 힘은 추진력
스트레인 게이지	• 물체가 외력으로 변형될 때 변형을 측정하는 측정기 • 사용 기구에 부착하여 힘을 측정·분석
근전도기	• 근수축이 일어나고 있는 근육 주위에는 아주 미세하지만 전위차가 생기는 현상이 발생하는데, 그 미세한 전위차를 증폭시켜 근육의 활동을 추정할 수 있도록 개발된 측정기 • 골격근의 수축에 수반하여 일어나는 근활동 전류를 유도해서 증폭을 기록한 것으로 근수축 효과의 말초적 표면을 검사할 수 있음 • 근전도 검사의 활용 　- 대뇌의 운동 영역으로부터 신경을 통해 근육에 전달되는 운동 명령은 전기 충격파로 근육의 운동 단위에 도달하여 근육을 수축시킬 때 전기적인 파형을 생성함 　- 전기적인 파형은 근수축의 세기와 밀접한 관계가 있으므로 활동 근육의 종류, 시기, 활동 정도를 분석하여 특정 부위의 근육 내부에서 일어나는 활동을 이해할 수 있음 　- 근전도 분석을 통해 추출 가능한 변인에는 근육 활성도, 근육 피로도, 근육 수축 시점(타이밍)이 있음

선택과목

07 스포츠윤리

1 스포츠의 윤리적 기초

도덕	사회 구성원들이 양심 혹은 관습 등에 의해 스스로 마땅히 지켜야 할 행동 준칙이나 규범의 총체
윤리	사회를 구성하는 데 있어 지켜야 할 이치 혹은 도리로, 외면적이면서 약간은 강제적인 도리
선	개인이 지니는 도덕적 강조점으로 긍정적 평가의 대상이 되는 모든 것을 지칭하며, 윤리와 도덕은 선을 나타내는 표상임
사실 판단	• 관찰이나 과학적 혹은 역사적 탐구 등과 같이 객관적인 사실에 근거한 판단 • 사실 판단은 갈등 해결의 실마리를 제공
가치 판단	• 좋고 나쁨, 옳고 그름, 아름다움과 추함 등 주관적 가치에 근거한 판단 • 사리 분별적인 가치 판단, 미적인 가치 판단, 도덕적인 가치 판단으로 구분

2 레스트(J. Rest)의 도덕성 4구성 요소

도덕적 민감성	스포츠 상황에서 어떻게 행동해야 하는지에 대해 지각하게 되는 것
도덕적 판단력	스포츠 상황에서 옳고 그름을 판단하게 하는 것
도덕적 동기화	도덕적 가치를 다른 가치보다 우선시하는 것
도덕적 품성화	스포츠 상황에서 장애 요인을 극복하여 실천할 수 있는 강한 의지, 용기, 인내 등의 품성을 갖는 것

3 윤리 이론

목적론적 윤리 (공리주의)	• 인간이 추구해야 할 어떤 근본적인 목적이 존재하고, 그 목적을 달성하기 위해 윤리나 도덕이 필요하다고 봄 • 궁극적인 목적은 넓은 의미로는 행복을, 좁은 의미로는 쾌락을 의미함 • 인간 행위의 옳고 그름을 행위의 결과나 목적 달성 여부로 판단함 • 감각적 경험에 대한 신뢰를 토대로 목적의 성취와 일의 효용성을 강조함 • 공리주의: 행위가 최대 다수의 최대 행복을 가져오는지를 윤리적 행위의 목적으로 봄

의무론적 윤리	• 인간이면 도덕적 원리를 마땅히 지켜야 한다고 봄
	• 행위의 결과와 상관없이 행위 자체의 옳고 그름과 행위자의 의도 및 동기로 판단함
	• 행위에 대한 도덕적 책무나 의무를 중시함
	• 자율적인 도덕 법칙에 어긋나는 행위는 그른 행위임
	• 이성의 보편타당성을 추구함
	• 칸트(Kant)의 의무론적 윤리
	  – 행위의 결과나 목적과 무관하게 행위 그 자체로써 도덕적 가치에 따르는 것(정언적 명령)
	  – 의무에서 나온 행위: 도덕 법칙을 내면에서 자율적으로 따르는 행위 → 도덕적 가치 ○
	  – 의무에 합치하는 행위: 결과적으로 옳지만 외적 동기에 따른 행위 → 도덕적 가치 ×

덕론적 윤리	• 마땅히 되어야 할 인간 또는 존재가 되기 위해 어떤 덕들을 지녀야 하는지 탐구 • 어떤 행위에서 사람의 덕성 판단을 중시하고, 도덕적 행동은 행위자의 덕(품성)에 의해 정해진다고 봄

4 아곤과 아레테

아곤(agon)	아레테(arete)
• 경쟁과 승리 추구 • 스포츠 경기는 자유로운 경쟁을 의미함 • 경쟁 상대의 성과와 비교함으로써 가치를 평가함 • 일반적인 경쟁 스포츠에 해당함 • 아곤보다 아레테가 더 가치 있는 것으로 받아들여짐	• 탁월성의 추구 • 덕, 탁월함, 훌륭함을 의미함 • 타인과의 경쟁이나 비교 없이 자신의 고유한 기능으로 가치를 평가함 • 극기 스포츠 또는 미적 스포츠에 해당함 • 아레테가 아곤보다 더 포괄적인 개념으로 인식됨

5 상대방 설득에 필요한 3가지(아리스토텔레스)

• 로고스(이성): 이성적·과학적인 것을 가리키는 것으로, 사고 능력, 이성 등
• 파토스(감성): 감각적·신체적·예술적인 것을 가리키며, 격정, 정념, 충동 등
• 에토스(도덕성): 사람에게 도덕적 감정을 갖게 하는 보편적인 도덕적·이성적 요소

6 스포츠맨십과 페어플레이

스포츠맨십	• 스포츠인이 갖추어야 할 바람직한 정신과 태도로, 비정상적인 이득을 위해 바람직하지 못한 일을 행하지 않고 경쟁 상대에게 예의를 지키는 등 선수가 지녀야 하는 기본적인 자세를 의미함 • 일반 도덕이 아닌 스포츠 철학에 근거를 두고 접근해야 함 • 스포츠 퍼슨십: 최근에는 양성평등적인 용어로 사용함
페어플레이	• 스포츠 행위를 실천할 때 요구되는 정신 • 스포츠 경기 중 규칙 및 규율을 지키는 것 • 스포츠인이 지켜야 할 정정당당한 행위로 경기 중 경쟁자에 대한 배려도 포함함

7 스포츠 윤리와 관련한 스포츠 규칙의 구분

구성적 규칙	스포츠 경기를 진행하는 방법을 규정하는 것으로, 스포츠를 수행하는 목적, 수단, 공간, 시간, 용품, 벌칙 등을 정하는 것
규제적 규칙	각 종목의 특성에 따라 적용되는 규칙에 의해 수행되는 개인의 행동 규제
형식주의	경기 규칙에 명시되어 있는 것만을 경기 규칙으로 보는 견해
비형식주의	경기마다 규칙뿐만 아니라 관습이라고 하는 윤리적인 면도 규칙에 포함시키려는 견해

8 스포츠와 불평등

성차별	• 과거의 성차별: 여성의 능력에 대한 편견, 여성이 남성보다 생리적·신체적·사회적으로 열등하다는 편견 등 • 현재의 성차별: 여성 선수의 성(性)적 상품화, 참여 종목의 차별, 여성 선수의 취업 기회 불평등, 여성 선수 지원의 불평등 등
인종 차별	• 과거의 인종 차별: 유색 인종과 흑인 선수에 대한 스포츠 참여 제한 • 현재의 인종 차별: 흑인 선수의 경기력은 발생학적이고, 백인 선수는 후천적 노력의 결과로 봄
장애인 차별	체육 시설 이용의 차별, 체육용 기구의 차별, 체육 지도자의 차별, 이용 프로그램의 차별, 신체적·생리적 능력의 차별, 경기 참가의 차별 등

9 스포츠에 적용 가능한 환경 윤리학의 이론

생태 중심주의 (인간+동물+생물+무생물)	• 알도 레오폴드: 생물과 무생물이 어우러져 있는 대지에도 도덕적 지위를 부여함 • 한스 요나스: 환경 문제의 해결에는 종래와는 다른 새로운 책임의 개념이 필요함 • 가토 히사타케: 타인 위해 가능성, 세대 간 윤리, 보존의 완전 의무를 원칙으로 해야 한다고 주장함 • 아르네 네스(심층 생태주의): 모든 유기체는 생명의 연결망 속에 본래적으로 연결되어 있다고 주장함
자연(생명) 중심주의 (인간+동물+생물)	• 폴 테일러: 인간과 동물, 즉 지구에 존재하는 모든 생명체는 평등한 관계라고 주장하였으며 자연 중심주의를 깨닫기 위한 인간의 의무를 제시함 – 비상해(불침해)의 규칙, 불간섭의 규칙, 신뢰의 규칙, 보상적 정의의 규칙 • 알베르트 슈바이처: 생명은 그 자체로 선이며 본래적 가치를 지닌다고 주장함

10 스포츠에서의 종 차별주의 문제

① 종 차별주의(인간 중심주의)

토마스 아퀴나스	모든 피조물은 신의 계획과 의도에 의한 것으로 신은 궁극적인 선이며, 선악을 판단하고 처벌할 권리를 제외한 자연물에 대한 모든 권한은 인간에게 있다고 주장함
데카르트	이성을 가진 인간은 이성이 없는 자연을 지배할 권리가 있으며, '나는 생각한다. 그러므로 나는 존재한다.'라고 주장함
베이컨	자연은 인간에게 순종해야 하고 정복되어야 하는 대상이라고 주장하였으며, '일체의 지식의 의의는 인간의 삶에 새로운 발명과 편의를 제공하는 데 있다.'라고 주장함
프로타고라스	'인간은 만물의 척도'라고 주장함
아리스토텔레스	동물은 인간을 위해서 존재하는 것이라고 주장함
칸트	자연은 오직 인간에 의해서만 그 의미와 가치를 부여받게 된다고 주장함
패스모어	인간을 위해 다른 생명체를 보호해야 하며, 기존의 도덕 원리(과거의 방식으로도)만으로도 생태계를 해결할 수 있다고 주장함
베르크	인간 주체성과 환경 자체를 연결하는 존재론적 혁명은 모든 사람의 가장 기본인 인간의 안전 지속 가능성의 조건임을 주장함

② 반종 차별주의(인간+동물)

피터싱어	'이익의 평등한 고려 원칙'에 근거하여 인간과 동물을 동등하게 대해야 한다고 주장함
제레미 벤담	'중요한 것은 그들이 이성을 가지는가, 그들이 말을 하는가가 아니라 그들이 고통을 느끼는가이다.'라고 주장함
레건	'삶의 주체'로서 자신의 삶을 영위할 권리를 가진 동물의 도덕적 지위를 인정해야 한다고 주장함

11 한나 아렌트와 악의 평범성

'악의 평범성(banality of evil)'은 독일의 정치 철학자인 한나 아렌트의 저서 『예루살렘의 아이히만』에 나오는 내용이다. 한나 아렌트는 홀로코스트와 같은 역사 속 악행이 광신자나 반사회성 인격장애자들이 아니라 국가에 순응하며 자신들의 행동을 보통이라고 여기는 평범한 사람들에 의해 행해진다고 주장했다. 즉, '악의 평범성'은 '악이란 시스템을 무비판적으로 받아들이는 것이다.'라고 정의할 수 있다. 그리고 이를 멈추기 위한 방법은 사유와 이성을 통해 자신의 행위에 대한 성찰과 책임을 자각하는 데 있다.

12 관중 폭력

의미	스포츠에서 관중은 스포츠를 소비하는 소비자로 자신이 좋아하는 팀을 응원하는 것뿐만 아니라 강한 소속감을 느껴 팀에 대한 애정을 과시하려 하는데, 이러한 과정에서 나타나는 폭력성을 의미함
원인	• 군중의 분위기와 익명성을 빌미로 공격적이고 파괴적인 행동이 나타남 • 군중 속에서는 개별성과 책임성이 없음 • 선수들의 폭력이 군중에게 동조감을 주어 관중의 난동으로 발전시킴 • 상대편 관중과 신체적인 접촉이 일어나기 쉬운 환경에서 폭력이 발생할 수 있음 • 승리 지상주의가 폭력성을 유발함

13 도핑

금지 이유	• 공정성의 훼손 • 건강상의 부작용 • 코치나 감독 등의 권유를 통한 강제적 발생 가능성 • 유명 선수를 따라 모방적 행위를 할 가능성
금지 방안	• 도핑 행위를 밝힐 수 있는 정확한 검사 도구의 지속적인 개발 • 도핑 검사의 의무화 • 스포츠 관계자의 윤리·도덕 교육 강화 • 적발 시 강력한 처벌을 하는 등 법적 처벌 강화

14 용·기구와 생체 공학 기술 활용

- 전신 수영복 착용 금지 이유: 장비에 의존한 경기가 될 수 있음, 스포츠 자체에 대한 의미 퇴색, 형평성과 공정성에 어긋남
- 스포츠에서 이용되는 과학 기술(Maschke)
  - 안전을 위한 기술: 매트류, 신발류, 모자류, 호구류 등
  - 감시를 위한 기술: 도핑 검사, 사진 판독, 시간 계측 장비 등
  - 수행 능력 향상을 위한 기술: 골프공, 디스크 자전거, 유리 섬유 장대, 전신 수영복 등

15 최저 학력 제도

- 학생 선수의 학습권을 보장하면서 운동을 병행할 수 있는 환경을 조성하기 위하여 실시
- 학생 선수에게 다양한 진로 선택과 필요한 교양을 갖출 수 있는 기회를 제공함
- 최저 성적 기준을 명시하여 기준에 미달하는 학생 선수의 활동을 제한함

16 심판의 도덕적 조건(심판의 자질)

- 객관성 및 공정성을 유지해야 함
- 기본적인 자질인 도덕성을 갖춰야 함
- 공명정대하고 책임감이 강해야 함
- 사심 없이 심판의 임무를 완수해야 함

17 윤리와 관련된 원칙과 정의

평등의 원칙	기본권에 대해 모두가 평등해야 함을 의미
차등의 원칙	사회의 경제적 불평등을 규정하는 원칙으로 '최소 수혜자에게 최대 혜택'을 주어야 한다는 의미를 내포하며, 사회적 약자에게 더 많은 기회를 주어야 함을 의미
기회 균등의 원칙	사회 구성원들에게 공정한 경쟁 조건을 제공하며, 실질적인 기회의 평등을 보장하는 것을 의미
자유의 원칙	시민의 기본적인 자유가 동등하게 적용되는 것을 의미
원초적 원칙	자신의 사회적 지위, 능력 등에 대해 무지하며, 자신이 최악의 위치에 놓일 가능성을 염두하여 판단하는 것을 의미
절차적 정의	어떤 것을 결정하고 판단하는 데 있어 공정했는지, 또는 그 과정이 공정했는지를 의미
평균적 정의	개인 상호 간에 균형을 이루게 하는 것을 의미
분배적 정의	어떤 것을 분배하고자 할 때 어떠한 방법으로 하는 것이 공정한지를 의미
법률적 정의	단체가 규정하고 있는 법령을 개인이 잘 이행하고 있는지를 의미
자연적 정의	광의적인 의미로 어디서나 동등함을 의미

18 윤리적 관점

- 윤리적 상대주의: 개인이나 사회에 따라 옳고 그름에 대한 기준이 다르기 때문에 윤리적 가치는 시대와 장소에 따라 상대적이라고 보는 관점(성차별, 문화 차별, 인종 차별 등)
- 윤리적 절대주의: 정의, 용기, 절제, 지혜와 같은 덕목들이 이데아 세계에 존재하는 절대적인 가치라고 주장
- 윤리적 회의주의: 도덕적 믿음의 정당화를 부정
- 윤리적 객관주의: 도덕 원리는 보편적이고 객관적 타당성을 지니며, 도덕적 규범은 예외를 허용할 수 없다고 주장

에듀윌이
너를
지지할게
ENERGY

시작하는 방법은
말을 멈추고
즉시 행동하는 것이다.

– 월트 디즈니(Walt Disney)

에듀윌 스포츠지도사

필기 한권끝장+무료특강

선택편 2급 전문 | 2급 생활

INTRO

정수봉

■ 학력사항
- The City University of New York
- 국민대학교 대학원 이학박사

■ 경력사항
- 現 홈짐(HomeGym) 대표
- 現 (사)한국스포츠레저교육협회 교육이사
- 前 명지대학교 미래교육원 객원교수

■ 자격사항
- 생활 스포츠지도사
  (보디빌딩, 배드민턴, 축구, 게이트볼)

오늘도 꿈만 꾸는가

대학 강단에서 체육을 전공하는 학생들에게 항상 질문을 한다. "오늘날과 같이 전문성을 요구하는 시대에 여러분은 무엇을 준비해야 하는가?" 정답은 여러분의 능력을 증명하는 자격증이다.

의료·복지 및 기술은 전 세계 경제 분야 중 가장 빠르게 성장하는 분야 중 하나이다. 특히 인구 고령화가 급속도로 진행되고 있는 대한민국에서 국민의 건강과 행복을 증진시키는 체육 활동은 삶의 한 부분으로 스며들고 있다. 이러한 체육 활동을 가르치는 지도자로서 전문성을 갖추기 위해 스포츠지도사 자격증을 취득하는 것은 필수불가결하다.

오늘도 꿈만 꾸지 말고, 본 수험서를 통해 수험생 여러분의 목표에 한발 다가가기를 간절히 바란다.

이준영

■ 학력사항
- 한국체육대학교 대학원 석사
- 건국대학교 대학원 이학박사

■ 경력사항
- 現 PMP 운동재활연구소 소장
- 前 경운대학교 조교수

■ 자격사항
- 생활 스포츠지도사
  (보디빌딩)

스포츠 복지가 더 개발되고, 실천되어야

체육을 먼저 전공한 선배로서 이 책을 구입하여 공부할 후배들을 생각하니 가슴이 흐뭇하다. 선진국으로 발전하면 할수록 스포츠는 그 가치와 의미가 더 커지는 분야이다. 내가 공부하던 시대와 비교하자면 정말 많이 발전한 대한민국 스포츠의 위상을 느끼며, 체육을 전공한 것을 자랑스럽게 생각한다.

스포츠지도사 국가 자격 제도는 과거의 시험 제도와 비교해보면 더욱 체계적이고, 전문적으로 변화했다. 스포츠지도사를 준비하고 있는 학생이 자격을 취득한 뒤 스포츠 분야에서 자신의 분야를 개척하고 연구한다면 미래에는 더 좋은 기회와 성공이 함께 할 것이다.

원효리

■ 학력사항
- 고려대학교 대학원 석사
- 국민대학교 대학원 이학박사

■ 경력사항
- 前 (사)건강과학연구소 이사
- 前 남서울 대학교 보건의료복지대학 외래교수
- 前 국민대학교 평생교육원 외래교수

■ 자격사항
- 생활 스포츠지도사
  (보디빌딩, 에어로빅)

스포츠 생활화로 건강하고 행복한 삶을 기대하며

100세 시대가 도래한 오늘날 건강과 관련된 다양한 체육 시설이 늘어남에 따라 전문적인 지식과 소양을 갖춘 스포츠 지도자에 대한 요구가 커지고 있다. 이에 스포츠지도사 자격시험을 준비하는 수험생에게 실질적인 도움이 될 수 있도록 교재를 집필하였다.

국민의 건강 관리를 위해 전문적으로 운동을 지도하는 스포츠지도사는 운동 방법을 알려줄 뿐만 아니라 운동을 생활화할 수 있도록 재미를 주고 동기 부여도 해야 한다. 스포츠지도사 자격증을 취득하고 각자의 전공 분야를 지도할 여러분이 국민의 건강과 행복한 삶을 보장해 준다는 책임감과 자부심을 갖길 바란다.

지덕체(智德體)를 겸비한 스포츠 지도자

오늘날 스포츠는 과학과 기술의 발전과 함께 엄청난 속도로 발전하고 있다. 이러한 발전은 훈련과 지도 방법에도 많은 영향을 주고 있으며, 이제 지도자에게 과학적이고 전문적인 지식의 함양은 필수가 되었다.

그러나 아직까지도 일부 현장에서는 과거의 비과학적인 훈련과 지도 방법이 답습되고 있다. 이러한 체육이 종식되기 위해서는 스포츠 지도자가 전문적인 지식과 체계화된 지도 능력을 갖춰야 한다.

이 책으로 공부하는 체육 전공자 및 수험생 모두가 우수한 실기 능력, 올바른 인성, 전문화된 지식을 갖추어 지덕체(智德體)를 겸비한 지도자가 되기를 바란다.

이성열

■ 학력사항
- 용인대학교 대학원 석사
- 용인대학교 대학원 체육학박사

■ 경력사항
- 現 용인대학교 일반대학원 객원교수
- 前 용인대학교 운동역학실험실 연구원

■ 자격사항
- 생활 스포츠지도사
  (보디빌딩, 복싱, 배드민턴)
- 노인 스포츠지도사
  (배드민턴)
- 유소년 스포츠지도사
  (배드민턴)

더 빨리, 더 높이, 더 강하게 그리고 더 윤리적으로

"내가 인생을 살아가는 데 필요한 모든 것은 축구로부터 배웠다." 프랑스 작가 알베르 카뮈의 이 말처럼, 스포츠는 단순한 경기 그 이상이며, 우리 삶에 깊이 뿌리내린 문화이자 가치이다. 오늘날 스포츠는 단지 신체 활동이 아닌, 인격과 공동체의 윤리를 반영하는 거울이자, 사회를 변화시키는 힘으로 작용하고 있다.

저자 역시 어린 시절부터 스포츠를 삶의 중심에 두고 살아온 '뼛속까지 스포츠인'이자 체육학자이다. 그런 만큼 이 책은 단순히 스포츠지도사 자격증 취득을 위한 수험서에 머무르지 않고, 스포츠를 학문적으로 이해하고 삶을 풍족하게 만드는 데 보탬이 되기를 희망한다.

이 책이 스포츠인, 체육학도, 그리고 스포츠를 사랑하는 모든 이들이 '더 윤리적인 스포츠 지도자'로 성장하는 데 작은 디딤돌이 되기를 진심으로 바란다.

임다연

■ 학력사항
- 국민대학교 교육학 석사(체육교육 전공)
- 국민대학교 교육학 체육학 박사
  (스포츠윤리학 전공)

■ 경력사항
- 現 국립목포해양대학교
  해양스포츠학과 교수
- 前 극동대학교 사회체육학과 교수
- 前 국민대학교 스포츠윤리연구소
  학술연구 교수
- 前 수영 국가 대표

■ 자격사항
- 전문스포츠지도사
  (수영, 수상스키)
- 생활 스포츠지도사
  (수영)

시험의 모든 것

1 스포츠지도사란?

[전문/생활 스포츠지도사]   자격 종목에 대하여 전문 체육이나 생활 체육을 지도하는 사람

[장애인 스포츠지도사]   장애 유형에 따른 운동 방법 등에 대한 지식을 갖추고 자격 종목에 대하여 장애인들을 대상으로 전문 체육이나 생활 체육을 지도하는 사람

[유소년 스포츠지도사]   유소년(만 3세부터 중학교 취학 전)의 행동 양식, 신체 발달 등에 대한 지식을 갖추고 자격 종목에 대하여 유소년을 대상으로 체육을 지도하는 사람

[노인 스포츠지도사]   노인의 신체적·정신적 변화 등에 대한 지식을 갖추고 자격 종목에 대하여 노인을 대상으로 생활 체육을 지도하는 사람

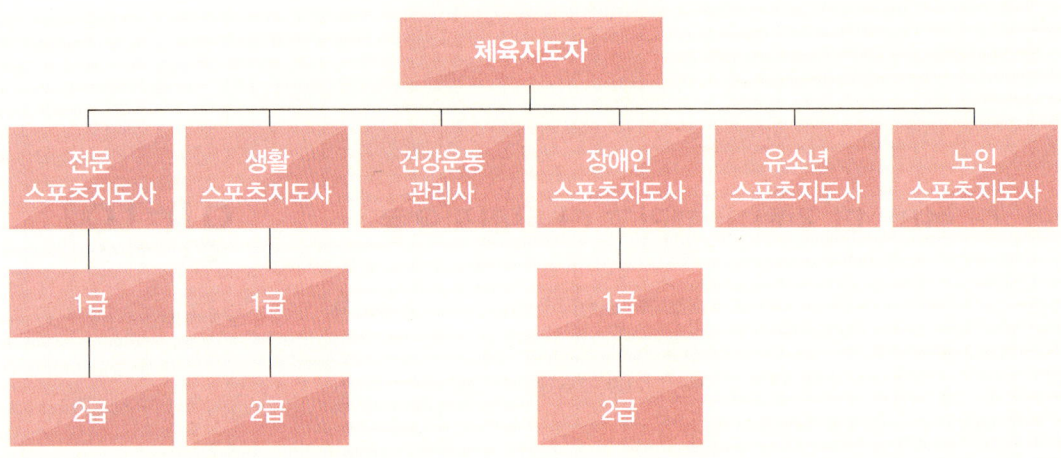

2 양성 과정

3 필기시험 주요 과정

※ 해당 내용은 변경될 수 있으므로 반드시 시험 공고를 확인하세요.

4 필기시험 개요(2025년 기준)

[일 시] 2025년 4월 26일(건강운동관리사는 6월 14일 시험)
[장 소] 별도 홈페이지 공고
[시험 방법] 객관식 4지 선다형/100문항(20문항×5과목)
[시험 과목]   ● 선택과목   ○ 필수과목(○ 1급 및 건강운동관리사)

시험 과목	전문 스포츠지도사 1급 (필수 4과목)	전문 스포츠지도사 2급 (선택 5과목)	생활 스포츠지도사 1급 (필수 4과목)	생활 스포츠지도사 2급 (선택 5과목)	장애인 스포츠지도사 1급 (필수 4과목)	장애인 스포츠지도사 2급 (선택 4과목 + 필수 1과목)	노인 스포츠지도사 (선택 4과목 + 필수 1과목)	유소년 스포츠지도사 (선택 4과목 + 필수 1과목)	건강운동관리사 (필수 8과목)
스포츠심리학		●		●		●	●	●	○
운동생리학		●		●		●	●	●	○
스포츠사회학		●		●		●	●	●	
운동역학		●		●		●	●	●	
스포츠교육학		●		●		●	●	●	
스포츠윤리		●		●		●	●	●	
한국체육사		●		●		●	●	●	
특수체육론						○			
노인체육론							○		
유아체육론								○	
운동상해	○		○		○				○
체육측정평가론	○		○		○				
트레이닝론	○		○		○				
스포츠영양학	○								
건강교육론			○						
장애인스포츠론					○				
기능해부학									○
건강·체력평가									○
운동처방론									○
병태생리학									○
운동부하검사									○

[시험 시간]

구분	시간	주요 내용	비고
입실 완료	08:30~09:30	응시생 고사실 입실	답안지는 시험 종료 후 전량 회수
시험 안내	09:30~10:00	유의 사항 설명, 문제지 배부	
시험	10:00~11:40	응시	

5 합격자 발표(2025년 기준)

[합격 기준]   과목마다 만점의 40% 이상 득점하고 전 과목 총점 60% 이상 득점
[합격자 발표]   5월 16일(건강운동관리사는 6월 30일)
※ 국민체육진흥공단 홈페이지에서 자세한 2026년 시험 일정 공고를 꼭 확인하세요.

이 책의 강점

1 효율적인 분리 구성
2급 전문/2급 생활 스포츠지도사, 2급 장애인/유소년/노인 스포츠지도사 분권!

[2급 전문/2급 생활 스포츠지도사 대비]

[2급 장애인/유소년/노인 스포츠지도사 대비]

선택 7과목
- 스포츠교육학
- 스포츠사회학
- 스포츠심리학
- 스포츠윤리
- 운동생리학
- 운동역학
- 한국체육사

필수 3과목
- 특수체육론
- 유아체육론
- 노인체육론

스포츠지도사는 지도 분야에 따라 전문 스포츠지도사와 생활 스포츠지도사로, 생애 주기별 대상에 따라 장애인 스포츠지도사, 노인 스포츠지도사, 유소년 스포츠지도사로 세분화되었습니다. 이러한 세분화에 따라 각 자격 검정 시험 과목도 구분되어 전문·생활 스포츠지도사 자격증을 취득할 경우 선택 7과목 중에서 5과목에 응시, 장애인·노인·유소년 스포츠지도사 자격을 취득할 경우 필수 1과목과 선택 7과목 중 4과목에 응시하여 합격 점수를 취득해야 합니다. 〈에듀윌 스포츠지도사 필기 한권끝장+모의고사 4회분〉은 이러한 자격 체계 및 과목 구분에 따라 가장 효율적으로 학습할 수 있도록 2급 전문/2급 생활 스포츠지도사편(선택과목 대비)과 2급 장애인/유소년/노인 스포츠지도사편(필수과목 대비)으로 분권하여 구성했습니다.

2 시작부터 끝까지 한 권에

과목매칭 체크리스트+미니테스트 PDF,
5일 컷, 빈출 이론 압축 노트 제공!

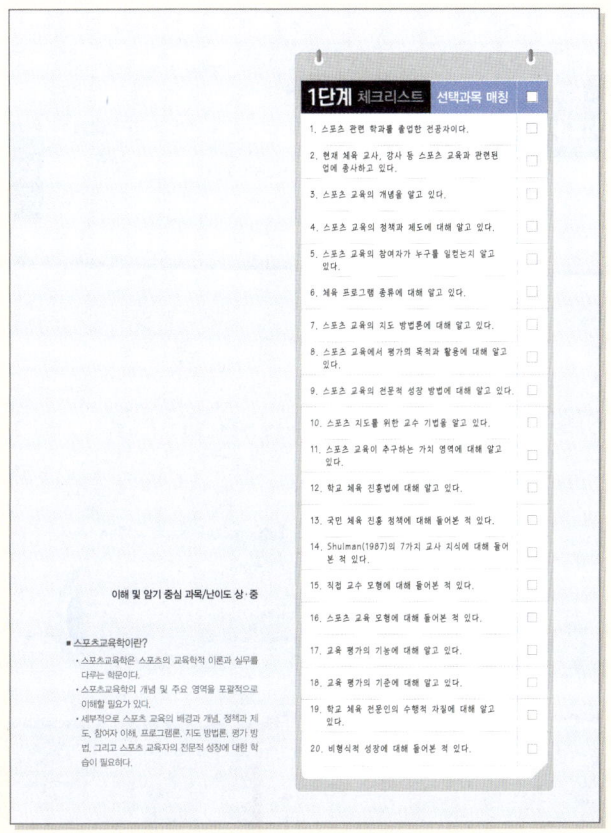

[과목매칭 체크리스트+미니테스트 PDF]

[특별부록] 5일 컷, 빈출 이론 압축 노트

- 과목별 소개와 특징
- 선택과목 매칭 체크리스트
- 미니테스트(○× / 빈칸채우기 / 객관식)

※ 에듀윌 도서몰(book.eduwill.net) 로그인 →
   도서자료실(부가학습자료) → '스포츠지도사' 검색

- 선택 7과목 + 필수 3과목 빈출 이론
- 언제 어디서나 이론 암기

선택 7과목 중에서 전문·생활 스포츠지도사는 5과목, 장애인·노인·유소년 스포츠지도사는 4과목을 선정한 후 시험에 응시해야 하는데, 이때 수험생들은 과목 선택에 대해 많은 어려움을 호소합니다. 이러한 수험생들의 선택의 문제를 돕기 위해 전문 저자진들과 함께 과목별 소개와 선택과목 매칭 체크리스트, 그리고 간단한 미니테스트(○×/빈칸채우기/객관식)를 구성하였습니다. 선택과목 미니테스트 PDF를 통해 현명하게 선택과목을 결정할 수 있습니다. 또한 시험장에서 마지막까지 이론 암기가 가능한 5일 컷, 빈출 이론 압축 노트를 제공합니다. 〈에듀윌 스포츠지도사 필기 한권끝장+모의고사 4회분〉으로 자격 시험 준비의 시작과 끝을 한꺼번에 대비할 수 있습니다.

3 출제우선순위 핵심테마
개념정리와 암기를 동시에!

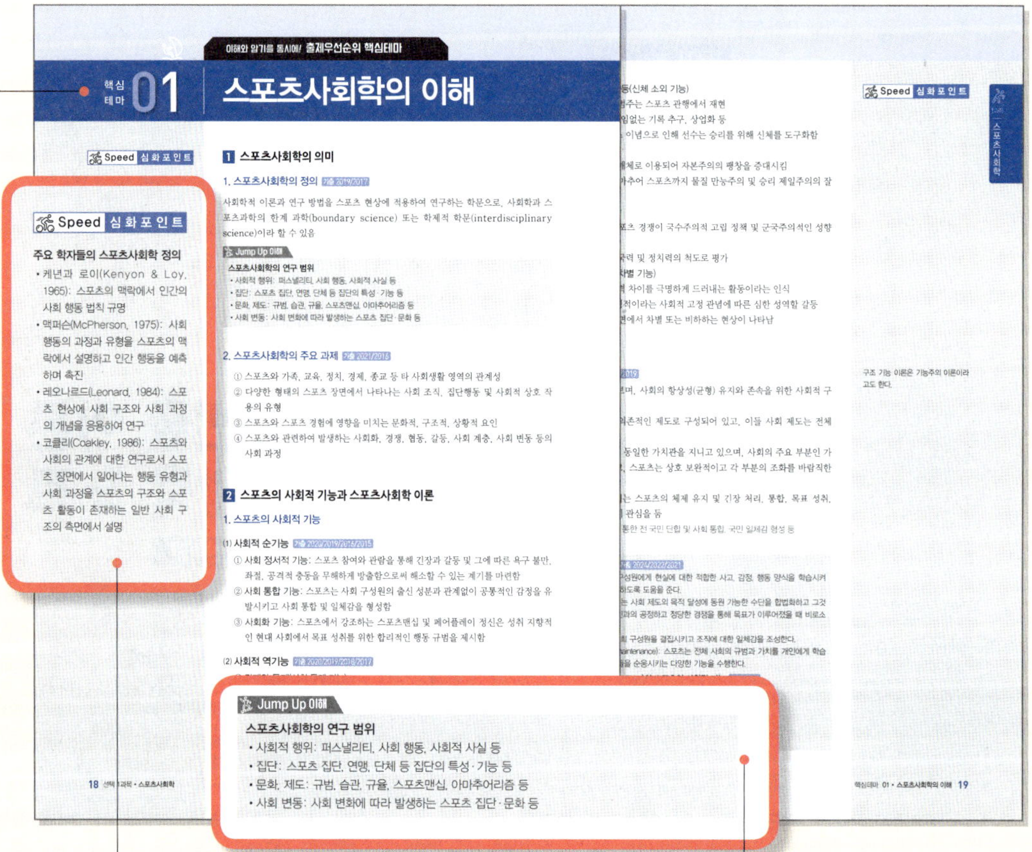

출제우선순위 핵심테마
전문 교수진이 선정한 출제확률 100% 핵심 이론을 정리했습니다.

Speed 심화포인트
알아두면 고득점 합격에 도움이 되는 심화 내용을 보조단에 보기 쉽게 정리했습니다. 이해와 암기를 동시에 하면서 학습 효율을 높일 수 있습니다.

Jump Up 이해
이론 학습 중 깊이 있는 이해가 필요한 부분은 별도 박스에 깔끔하게 정리했습니다.

방대한 출제범위 중에서 출제확률이 가장 높은 핵심이론을 선정하여 핵심테마를 구성하였습니다. 또한 깊이 있는 학습을 위해 보조단에 심화포인트를 정리하여 낯설고 어려운 이론을 학습함과 동시에 암기할 수 있도록 효율적으로 구성하였습니다.

4 꼭 풀어야 할 대표문제
출제 0순위 공략!

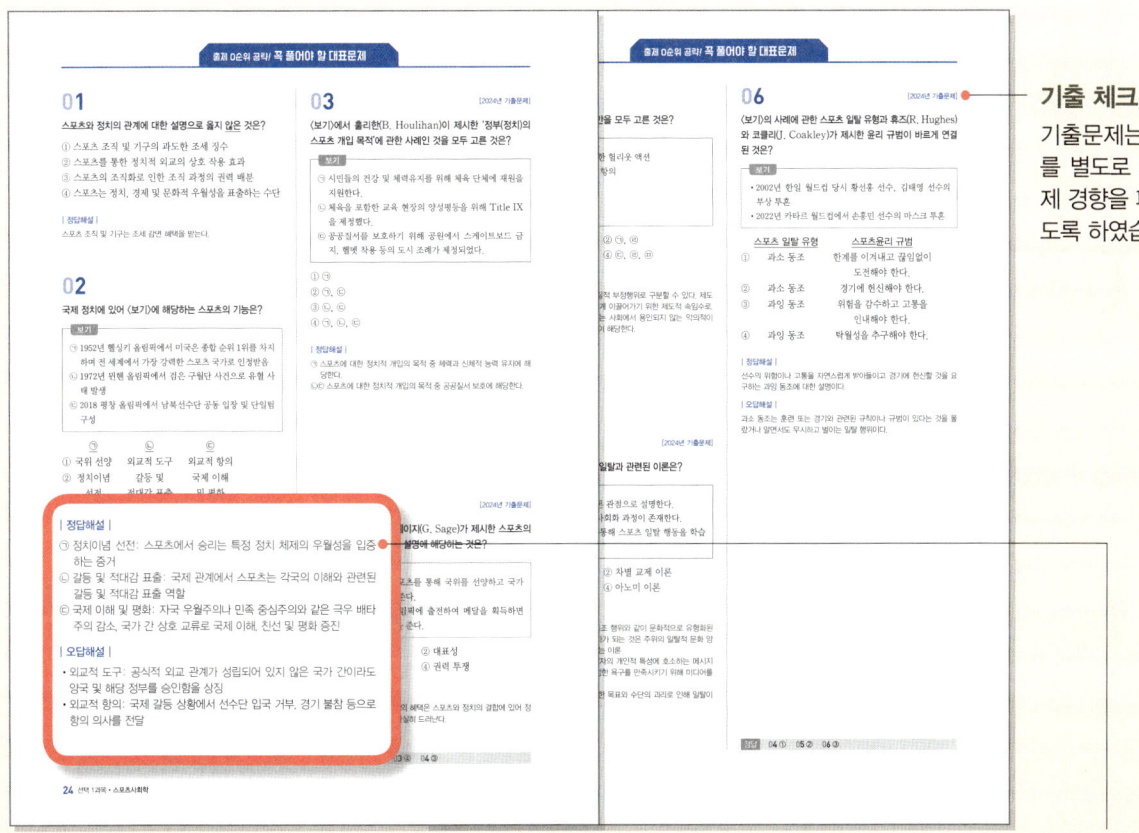

기출 체크
기출문제는 출제 연도를 별도로 표시하여 출제 경향을 파악할 수 있도록 하였습니다.

친절한 해설
완벽한 이해를 위해 정답과 오답에 대한 해설을 제공합니다.

꼭 풀어야 할 대표문제
핵심이론 학습 후 완벽한 이해를 점검해 볼 수 있는 대표문제를 통해 문제유형을 익힐 수 있습니다.

핵심테마와 관련된 꼭 풀어야 할 대표문제를 수록하여 핵심테마에서 학습한 이론을 문제를 통해 응용해 볼 수 있도록 했습니다. 자주 출제되는 문제유형을 학습할 수 있을 뿐만 아니라 기출문제를 통해 최신 출제경향까지 파악할 수 있습니다.

5 적중예상문제(PDF 제공)
과목별 핵심 마무리!

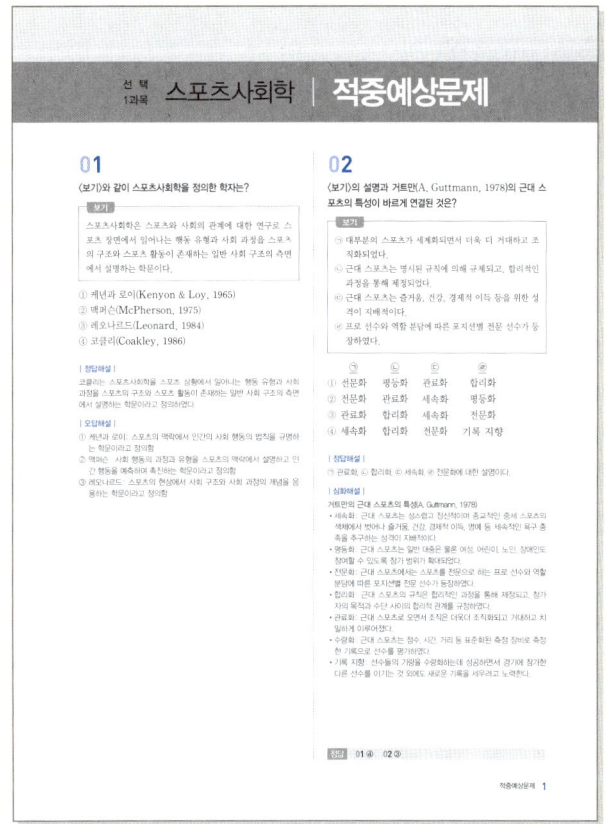

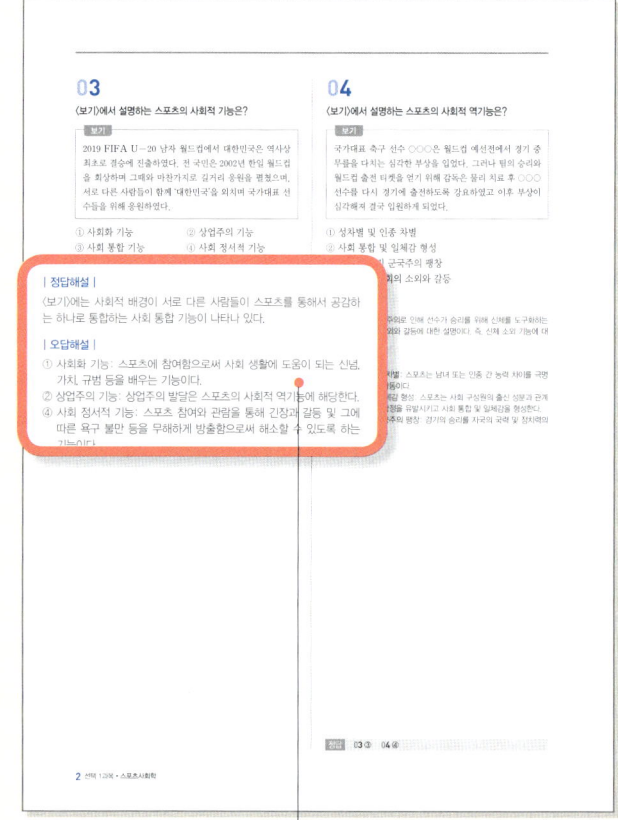

과목별 적중예상문제
한 과목을 최종으로 정리할 수 있는 단계의 마무리 문제들입니다. 꼼꼼한 정답해설과 오답해설도 수록했습니다.

※ 에듀윌 도서몰(book.eduwill.net) 로그인 →
　도서자료실(부가학습자료) → '스포츠지도사' 검색

친절한 해설
헷갈리는 문제를 바로바로 확인하고 정리할 수 있습니다.

출제우선순위 핵심테마로 이론학습을 하고, 꼭 풀어야 할 대표문제를 통해 출제경향과 문제유형을 파악한 후에 마지막 점검을 할 수 있는 과목별 적중예상문제를 PDF로 제공합니다. 각 분야 전문가들이 엄선한 출제예상문제를 통해 빈틈없이 학습한다면, 합격에 한 걸음 더 가까워질 수 있습니다.

6 9개년 기출문제 + 모의고사
(2017~2022년은 PDF 제공)

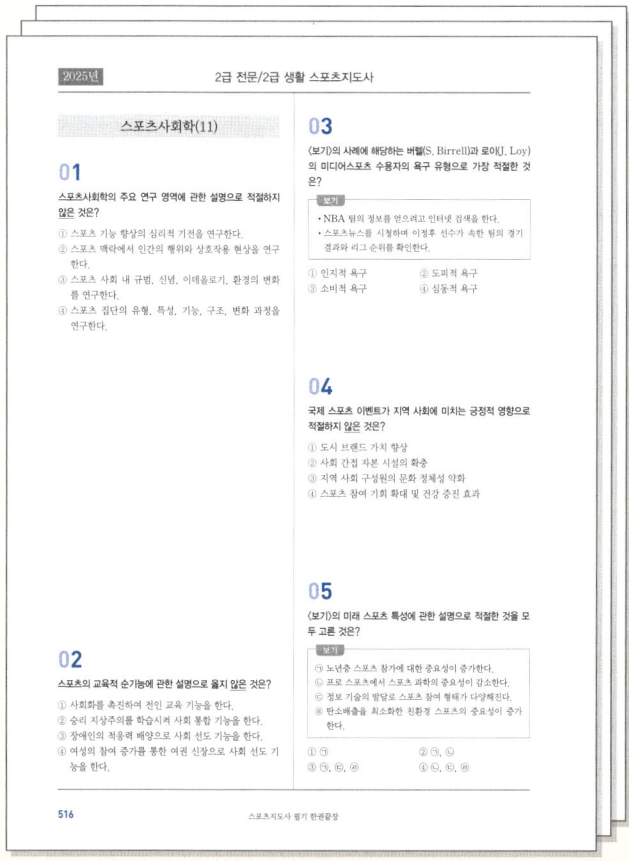

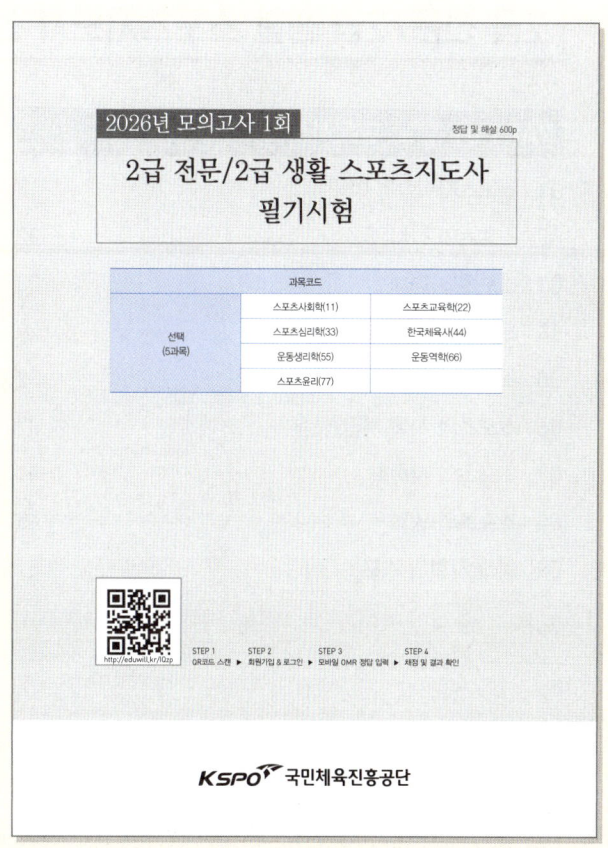

2017~2025년 9개년 기출문제 제공
기출문제와 꼼꼼하고 상세한 정답해설&오답해설을 제공합니다.

※ 2017~2022년 기출문제
에듀윌 도서몰(book.eduwill.net) 로그인 → 도서자료실(부가학습자료) → '스포츠지도사' 검색

실전 감각 업그레이드 모의고사
자주 출제되었던 유형의 문제를 실제 시험지와 유사하게 구성했습니다. 마지막에 풀어 보면서 실전처럼 대비할 수 있습니다.

※ 선택편/필수편 각 목차 하단의 QR코드로 온라인 모의고사 3회분 응시

어떤 자격시험이든 가장 기본이 되는 것은 기출문제에 대한 완벽한 준비입니다. 2017~2025년의 9개년 기출문제를 제공합니다. 또한 실전 모의고사를 통해 문제유형은 물론 최신경향까지 완벽하게 준비할 수 있습니다. 실제 시험과 동일한 환경에서 문제를 풀어보고, 시험장으로 가세요!

차례

특별부록 5일 컷, 빈출이론 압축노트
- INTRO
- 시험의 모든 것
- 이 책의 강점

2급 전문/2급 생활 스포츠지도사 선택과목

PART 01 | 스포츠사회학

01	스포츠사회학의 이해	18
02	스포츠와 정치	22
03	스포츠와 경제	25
04	스포츠와 교육	29
05	스포츠와 미디어	32
06	스포츠와 사회 계급/계층	37
07	스포츠와 사회화	41
08	스포츠와 일탈	45
09	미래 사회의 스포츠	51

PART 02 | 스포츠교육학

01	스포츠 교육의 배경 개념	56
02	스포츠 교육의 정책과 제도	61
03	스포츠 교육의 참여자 이해론	72
04	스포츠 교육의 프로그램론	76
05	스포츠 교육의 지도 방법론 I	82
06	스포츠 교육의 지도 방법론 II	98
07	스포츠 교육의 평가론	110
08	스포츠 교육자의 전문적 성장	115

PART 03 | 스포츠심리학

01	스포츠심리학의 개관	120
02	인간 운동 행동의 이해 I	124
03	인간 운동 행동의 이해 II	136
04	스포츠 수행의 심리적 요인 I	148
05	스포츠 수행의 심리적 요인 II	153
06	스포츠 수행의 심리적 요인 III	167
07	스포츠 수행의 심리적 요인 IV	176
08	스포츠 수행의 사회 심리적 요인 I	182
09	스포츠 수행의 사회 심리적 요인 II	192
10	건강 운동 심리학	198
11	스포츠 심리 상담	206

PART 04 | 한국체육사

01	체육사의 의미	214
02	선사·삼국 시대의 체육	217
03	고려 시대의 체육	222
04	조선 시대의 체육	227
05	개화기의 체육	232
06	일제 강점기의 체육	238
07	광복 이후의 체육	244

PART 05	운동생리학	
01	운동생리학의 개관	252
02	에너지 대사와 운동	257
03	신경 조절과 운동	265
04	골격근과 운동	274
05	내분비계와 운동	283
06	호흡·순환계와 운동	291
07	환경과 운동	306

PART 07	스포츠윤리	
01	스포츠와 윤리	358
02	경쟁과 페어플레이	364
03	스포츠와 불평등	369
04	스포츠에서 환경과 동물 윤리	374
05	스포츠와 폭력	379
06	경기력 향상과 공정성	384
07	스포츠와 인권	389
08	스포츠 조직과 윤리	395

PART 06	운동역학	
01	운동역학 개요	314
02	운동역학의 이해	317
03	인체 역학	322
04	운동학의 스포츠 적용	328
05	운동역학의 스포츠 적용	334
06	일과 에너지	347
07	다양한 운동 기술의 분석	351

2급 전문/2급 생활 스포츠지도사 기출문제		
2023년	2급 전문/2급 생활 스포츠지도사	403
2024년	2급 전문/2급 생활 스포츠지도사	461
2025년	2급 전문/2급 생활 스포츠지도사	515

2급 전문/2급 생활 스포츠지도사 실전 모의고사		
2026년	2급 전문/2급 생활 스포츠지도사	571

*2017~2022년 기출문제는 에듀윌 도서몰(book.eduwill.net)에서 PDF로 무료 제공합니다.

온라인 모의고사 1회

http://eduwill.kr/Yece

온라인 모의고사 2회

http://eduwill.kr/Jpce

온라인 모의고사 3회

http://eduwill.kr/oQzp

STEP 1 QR코드 스캔 ▶ STEP 2 회원가입 & 로그인 ▶ STEP 3 모바일 OMR 정답 입력 ▶ STEP 4 채점 및 결과 확인

PART 01

스포츠사회학

01 스포츠사회학의 이해
02 스포츠와 정치
03 스포츠와 경제
04 스포츠와 교육
05 스포츠와 미디어
06 스포츠와 사회 계급/계층
07 스포츠와 사회화
08 스포츠와 일탈
09 미래 사회의 스포츠

■ **2025년 출제 경향**
- 매년 난이도 '중' 정도의 문제가 출제되었다.
- 작년에 비해 어려운 문제는 없었으며, 교재 내용에 충실하였다면 모든 문제를 쉽게 풀 수 있을 정도의 수준으로 출제되었다.
- 모든 파트에서 골고루 문제가 출제되었으며, 파트별 핵심 중요 이론에서 문제가 출제되었다.
- 단순 암기가 아닌 사회학 관련 이론과 용어 이해, 사회 변화와 현상 파악 등의 방법으로 접근해야 한다.

출제 기준 & 8개년 기출 분석(2급 전문/2급 생활/2급 장애인/유소년/노인)

주요 항목	세부 항목	세세 항목
스포츠사회학의 이해 (8%)	스포츠사회학의 의미	1. 스포츠사회학의 정의 2. 스포츠사회학의 주요 과제 3. 스포츠사회학의 연구 범위 4. 스포츠와 유사 용어 5. 거트만의 근대 스포츠의 특성
	스포츠의 사회적 기능과 스포츠사회학 이론	1. 스포츠의 사회적 기능 2. 스포츠사회학의 주요 이론
스포츠와 정치 (12%)	스포츠와 정치의 결합	1. 스포츠와 정치의 관계 2. 스포츠의 정치적 기능 3. 스포츠와 정치의 결합 방법 4. 스포츠에 대한 정부의 정치적 개입
	스포츠와 국제 정치	1. 국제 정치에서의 스포츠의 기능 2. 올림픽 경기의 정치화 요인과 정치도구화
스포츠와 경제 (8%)	스포츠와 상업주의	1. 상업주의와 스포츠의 변화 2. 프로 스포츠
	스포츠 메가 이벤트의 경제	1. 스포츠 메가 이벤트의 기능 2. 스포츠 메가 이벤트의 경제적 가치
스포츠와 교육 (10%)	스포츠의 교육적 기능	1. 스포츠의 교육적 순기능 2. 스포츠의 교육적 역기능
	우리나라의 학원 스포츠	1. 학원 스포츠의 기능 2. 학원 스포츠의 문화적 특성 3. 학원 스포츠 정상화를 위한 제도의 변화
스포츠와 미디어 (10%)	스포츠와 미디어의 이해	1. 스포츠 미디어의 의미 2. 맥퍼슨의 스포츠 미디어 이론 3. 맥루한의 매체 이론
	스포츠와 미디어의 상호 관계	1. 스포츠와 미디어의 상호 작용 및 공생 관계 2. 스포츠 미디어 윤리
스포츠와 사회 계급/계층 (12%)	사회 계층과 스포츠 계층의 이해	1. 사회 계층의 개념 2. 투민(M.Tumin)의 스포츠 계층
	사회 계층과 스포츠 참가	1. 사회 계층에 따른 스포츠 참가 유형과 종목의 차이 2. 상류 계층이 개인 스포츠에 많이 참여하는 이유
	스포츠와 계층 이동	1. 스포츠와 사회 이동 2. 사회 이동 기제로써의 스포츠
스포츠와 사회화 (12%)	스포츠 사회화의 의미와 과정	1. 스포츠 사회화의 의미 2. 스포츠 사회화의 과정 3. 스포츠 사회화 이론
	스포츠로의 사회화와 스포츠를 통한 사회화	1. 스포츠로의 사회화 2. 스포츠를 통한 사회화
	스포츠로부터의 탈사회화와 스포츠로의 재사회화	1. 스포츠로부터의 탈사회화 2. 스포츠로의 재사회화
스포츠와 일탈 (14%)	스포츠 일탈의 이해	1. 스포츠 일탈의 개념과 관점 2. 스포츠 일탈의 원인과 특성
	스포츠 일탈의 기능, 형태, 유형	1. 스포츠 일탈의 기능 2. 스포츠 일탈의 형태 3. 스포츠 일탈의 유형
미래 사회의 스포츠 (14%)	미래 사회의 스포츠 변화 요인	1. 기술(테크놀로지)의 발달 2. 통신과 전자 매체의 발달 3. 조직화 및 합리화 4. 상업화 및 소비 성향의 변화 5. 문화의 융합
	스포츠 세계화	1. 스포츠 세계화의 의미 2. 스포츠 세계화의 원인

핵심테마 01 | 스포츠사회학의 이해

이해와 암기를 동시에! 출제우선순위 핵심테마

Speed 심화포인트

주요 학자들의 스포츠사회학 정의
- 케년과 로이(Kenyon & Loy, 1965): 스포츠의 맥락에서 인간의 사회 행동 법칙 규명
- 맥퍼슨(McPherson, 1975): 사회 행동의 과정과 유형을 스포츠의 맥락에서 설명하고 인간 행동을 예측하며 촉진
- 레오나르드(Leonard, 1984): 스포츠 현상에 사회 구조와 사회 과정의 개념을 응용하여 연구
- 코클리(Coakley, 1986): 스포츠와 사회의 관계에 대한 연구로서 스포츠 장면에서 일어나는 행동 유형과 사회 과정을 스포츠의 구조와 스포츠 활동이 존재하는 일반 사회 구조의 측면에서 설명

거트만의 근대 스포츠의 특성 기출 2025
- 세속화
- 전문화
- 관료화
- 기록 추구
- 평등화
- 합리화
- 계량화

1 스포츠사회학의 의미

1. 스포츠사회학의 정의 기출 2019/2017

사회학적 이론과 연구 방법을 스포츠 현상에 적용하여 연구하는 학문으로, 사회학과 스포츠과학의 한계 과학(boundary science) 또는 학제적 학문(interdisciplinary science)이라 할 수 있음

Jump Up 이해

스포츠사회학의 연구 범위
- 사회적 행위: 퍼스낼리티, 사회 행동, 사회적 사실 등
- 집단: 스포츠 집단, 연맹, 단체 등 집단의 특성·기능 등
- 문화, 제도: 규범, 습관, 규율, 스포츠맨십, 아마추어리즘 등
- 사회 변동: 사회 변화에 따라 발생하는 스포츠 집단·문화 등

2. 스포츠사회학의 주요 과제 기출 2025/2021/2016

① 스포츠와 가족, 교육, 정치, 경제, 종교 등 타 사회생활 영역의 관계성
② 다양한 형태의 스포츠 장면에서 나타나는 사회 조직, 집단행동 및 사회적 상호 작용의 유형
③ 스포츠와 스포츠 경험에 영향을 미치는 문화적, 구조적, 상황적 요인
④ 스포츠와 관련하여 발생하는 사회화, 경쟁, 협동, 갈등, 사회 계층, 사회 변동 등의 사회 과정

2 스포츠의 사회적 기능과 스포츠사회학 이론

1. 스포츠의 사회적 기능

(1) 사회적 순기능 기출 2020/2019/2016/2015

① 사회 정서적 기능: 스포츠 참여와 관람을 통해 긴장과 갈등 및 그에 따른 욕구 불만, 좌절, 공격적 충동을 무해하게 방출함으로써 해소할 수 있는 계기를 마련함
② 사회 통합 기능: 스포츠는 사회 구성원의 출신 성분과 관계없이 공통적인 감정을 유발시키고 사회 통합 및 일체감을 형성함
③ 사회화 기능: 스포츠에서 강조하는 스포츠맨십 및 페어플레이 정신은 성취 지향적인 현대 사회에서 목표 성취를 위한 합리적인 행동 규범을 제시함

(2) 사회적 역기능 기출 2020/2019/2018/2017

① 강제와 통제(사회 통제 기능)
  ㉠ 열심히 훈련하고 인내하면 승리를 쟁취할 수 있다는 가치관 강조
  ㉡ 스포츠 현실에서 질서의 상태는 스포츠의 본질적인 모습이 아닌 강제적으로 만들어진 가치관이며, 이러한 가치관을 강조하여 사회를 통제함

② 자본주의 사회의 소외와 갈등(신체 소외 기능)
　㉠ 스포츠의 성취 지향, 끊임없는 기록 추구, 상업화 등
　㉡ 승리 제일주의적 스포츠 이념으로 인해 선수는 승리를 위해 신체를 도구화함
③ 과도한 상업주의
　㉠ 재정적 이익이나 선전 매체로 이용되어 자본주의 팽창을 증대시킴
　㉡ 프로 스포츠는 물론 아마추어 스포츠까지 물질 만능주의 및 승리 제일주의의 잘못된 가치관이 팽배
④ 국수주의 및 군국주의 팽창
　㉠ 올림픽과 같은 국제 스포츠 경쟁이 국수주의적 고립 정책 및 군국주의적인 성향 유발
　㉡ 경기의 승리를 자국의 국력 및 정치력의 척도로 평가
⑤ 성차별 및 인종 차별(사회 차별 기능)
　㉠ 여성 운동선수는 비여성적이라는 사회적 고정 관념에 따른 심한 성역할 갈등
　㉡ 인종적·생물학적인 측면에서 차별 또는 비하하는 현상이 나타남

2. 스포츠사회학의 주요 이론

(1) 구조 기능 이론 기출 2024/2023/2019

① 사회를 하나의 유기체로 보며, 사회의 항상성(균형) 유지와 존속을 위한 사회적 구성 요소의 역할을 분석함
② 사회란 본질적으로 상호 의존적인 제도로 구성되어 있고, 이들 사회 제도는 전체 사회의 안정에 기여함
③ 사회 구성원은 일반적으로 동일한 가치관을 지니고 있으며, 사회의 주요 부분인 가정, 교육, 경제, 정부, 종교, 스포츠는 상호 보완적이고 각 부분의 조화를 바람직한 것으로 인식함
④ 구조 기능주의적 접근에서는 스포츠의 체제 유지 및 긴장 처리, 통합, 목표 성취, 적응에 기여하는 방법 등에 관심을 둠
　예 국제 스포츠 이벤트 개최를 통한 전 국민 단합 및 사회 통합, 국민 일체감 형성 등

> 구조 기능 이론은 기능주의 이론이라고도 한다.

Jump Up 이해

파슨즈(T. Parsons)의 AGIL 모형 기출 2024/2022/2021
- 적응(Adaptation): 스포츠가 사회 구성원에게 현실에 대한 적합한 사고, 감정, 행동 양식을 학습시켜 사회 구성원으로서 차질 없이 생활하도록 도움을 준다.
- 목표 성취(Goal attainment): 스포츠는 사회 제도의 목적 달성에 동원 가능한 수단을 합법화하고 그것을 재확인해 주는 기능을 한다(타인과의 공정하고 정당한 경쟁을 통해 목표가 이루어졌을 때 비로소 가치 있고 의미 있는 것으로 인정).
- 사회 통합(Integration): 스포츠가 사회 구성원을 결집시키고 조직에 대한 일체감을 조성한다.
- 체제 유지 및 관리(Latent pattern maintenance): 스포츠는 전체 사회의 규범과 가치를 개인에게 학습하게 하고 내면화시킴으로써 사람들을 순응시키는 다양한 기능을 수행한다.

스티븐슨(C. Stevenson)과 닉슨(J. Nixon)의 스포츠의 사회적 기능 기출 2024
- 사회·정서적 기능
- 사회화 기능
- 사회 통합 기능
- 사회 정치적 기능
- 사회계층 이동 기능

핵심테마 01 스포츠사회학의 이해

Speed 심화포인트

(2) 갈등 이론 [기출 2020]
① 사회의 본질을 경쟁과 갈등의 관계로 이해함
② 이익이나 권력 등을 둘러싼 개인과 개인 사이, 집단과 집단 사이의 경쟁을 강조함
③ 자본주의 사회에서 스포츠는 지배 계급의 이익을 증대하는 수단으로 권력과 경제적 자원을 지닌 소수 이익 집단에 의하여 형성되고 왜곡된 형태의 신체 활동임
   예) 제5공화국 시절의 3S(Sex, Screen, Sports) 정책으로 대중들이 정치에 관심을 끊도록 유도함

(3) 비판 이론
① 기존 사회를 평가·비판하여 사회의 본질을 보다 명확하게 규명하는 것을 목표로 함
② 사회 현상의 이면에 있는 가치 판단이나 도덕적 충돌을 강조함
③ 인간의 삶과 관련된 사회 현상(노동 문제, 성 불평등, 성 담론) 등을 규명·폭로하고 비판하는 데 관심을 둠
   예) 여성 운동선수들의 성 상품화 및 권력 과시를 위한 스포츠 이벤트 개최

(4) 상징적 상호 작용론 [기출 2025/2022/2021]
① 인간의 실체는 타자와 상호 과정에서 구성되기 때문에 이 실체는 행위자의 입장에서 이해해야 한다는 이론
② 사회·문화 현상에 대한 미시적 관점으로 개인의 능동적인 사고 과정과 행위의 선택, 타자와 의사소통 과정에 주목함
③ 인간의 능동적인 사고와 행위의 측면을 사람들이 서로 의미를 교환하고 상황을 정의하는 과정을 통해 설명함
   예) 스포츠 문화에 따라서 선호하는 스포츠 활동과 스포츠에 부여하는 의미가 다름

(5) 교환 이론
① 인간의 모든 행위는 비용 또는 투자와 보상의 교환에 의해서 이루어진다고 봄
② 인간은 비용과 보상의 교환을 통해 이익을 추구하는 합리적인 존재라고 봄
③ 흥정·거래·타협의 개념을 개인 간, 집단 간, 국가 간의 상호 작용을 이해하는 데 적용
   예) 경기에서 좋은 성적을 보인 선수에게 더 많은 보상을 줌

> **Jump Up 이해**
>
> **부르디외(P. Bourdieu)의 문화자본 유형** [기출 2023]
> - 객체화된(objectified) 문화자본: 문화적 생산물을 말함(작품, 도서, 기념물 등)
> - 체화된(embodied) 문화자본: 자신의 계층에 속해 살아가면서 행동하게 되는 방식(언어, 소양, 매너, 스포츠 기술 등)
> - 제도화된(institutionalized) 문화자본: 자신이 가지고 있는 문화자본이 사회적으로 인정받을 수 있는 상태로 공식적으로 증명되는 것(자격증, 졸업장 등)

출제 0순위 공략! 꼭 풀어야 할 대표문제

01

스포츠사회학에 대한 설명으로 옳지 <u>않은</u> 것은?

① 스포츠사회학은 사회관계의 망 또는 인간의 조직을 의미한다.
② 스포츠사회학은 사회 행동의 과정과 유형을 스포츠의 맥락에서 설명한다.
③ 스포츠사회학은 스포츠의 맥락에서 인간의 사회 행동의 법칙을 규명한다.
④ 스포츠사회학은 스포츠 현상에서 사회 구조와 사회 과정의 개념을 응용한다.

| 정답해설 |
사회관계의 망 또는 인간의 조직은 스포츠사회학이 아니라 사회학에서 다루는 사회 구조에 대한 설명이다.

| 심화해설 |
사회학과 스포츠사회학
- 사회학 ┌ 사회 구조: 사회관계의 망 또는 인간의 조직
         └ 사회 과정: 개인과 집단 상호 관계 및 상호 작용의 유형
- 스포츠사회학 → 스포츠 ┌ 행동 유형: 개인, 집단행동
                        └ 사회 과정: 사회적 환경

02

〈보기〉에서 설명하고 있는 스포츠의 사회적 역기능은?

> **보기**
> - 올림픽과 같은 국제 스포츠 경쟁이 국수주의적 고립 정책과 군국주의적인 성향을 유발한다.
> - 경기의 승리를 자국의 국력 및 정치력의 척도로 평가한다.

① 강제와 통제
② 상업주의의 발달
③ 성차별 및 인종 차별
④ 국수주의 및 군국주의 팽창

| 정답해설 |
국제 스포츠 경기에서의 승리는 해당 국가 국민의 자긍심을 고취시키는 데 기여하나, 민족 우월주의나 맹목적인 애국심과 같은 극단적인 국수주의 의식을 심화시킬 수 있다.

03
[2025년 기출문제]

〈보기〉의 내용에 해당하는 거트만(A. Guttmann)이 제시한 근대스포츠의 특징은?

> **보기**
> ㉠ 인종·성별과 관계없이 누구나 스포츠에 참여할 기회를 동등하게 부여받는다.
> ㉡ 현대 축구가 발전하면서 점차 수비수, 미드필더, 공격수 등의 포지션이 다양화되었다.
> ㉢ 현대스포츠 참여자는 신에 대한 숭배가 아니라 기분 전환과 오락, 이익과 보상을 추구한다.
> ㉣ 국제스포츠연맹은 규칙 제정, 기록 공인, 국제대회 운영 및 관리, 종목 진흥 등의 역할을 담당한다.

	㉠	㉡	㉢	㉣
①	합리화	평등성	세속화	관료화
②	합리화	수량화	전문화	세속화
③	평등성	관료화	세속화	전문화
④	평등성	전문화	세속화	관료화

| 정답해설 |
㉠ 평등성: 기회의 평등과 공정한 경쟁이 이루어지는 환경을 조성하였다는 측면
㉡ 전문화: 경기장 내·외부에서 역할의 전문화가 이루어졌다는 점을 설명
㉢ 세속화: 제례의식에서 출발한 스포츠의 목적이 근대로 오며 즐거움, 건강, 물질적 보상과 같은 세속적인 목적으로 바뀌었다는 측면을 설명
㉣ 관료화: 근대 스포츠의 구성적 요인으로 스포츠의 전문화와 합리화가 이루어지려면 동일한 틀을 마련해 줄 관료조직이 필요하다는 측면을 설명

04
[2024년 기출문제]

〈보기〉에서 스티븐슨(C. Stevenson)과 닉슨(J. Nixon)이 구조 기능주의 관점으로 설명한 스포츠의 사회적 기능 중 옳은 것만을 모두 고른 것은?

> **보기**
> ㉠ 사회·정서적 기능   ㉡ 사회 갈등 유발 기능
> ㉢ 사회 통합 기능   ㉣ 사회계층 이동 기능

① ㉠, ㉡
② ㉠, ㉢
③ ㉡, ㉣
④ ㉠, ㉢, ㉣

| 오답해설 |
㉡ 사회 갈등 유발 기능은 갈등 이론 관점에서 접근한 기능이다.

정답 01 ① 02 ④ 03 ④ 04 ④

핵심테마 02 | 스포츠와 정치

Speed 심화포인트

스포츠의 정치적 기능

순기능	• 외교적 수단의 기능 • 국민 화합 및 구성원 결속, 일체감 조성 • 경쟁 스포츠를 통한 생산성 제고 • 사회 운동의 수단
역기능	• 국제적 갈등 및 대립 • 권력의 형성과 유지를 위한 지배의 정당성 요구 • 국수주의 및 군국주의 조장

1 스포츠와 정치의 결합

1. 스포츠와 정치의 관계 [기출 2020]

① 스포츠는 정치, 경제 및 문화적 우월성을 표출하는 수단
② 스포츠의 조직화로 인한 조직 과정의 권력 배분
③ 스포츠 조직 및 기구의 조세 감면 혜택
④ 스포츠를 통한 정치적 외교의 상호 작용 효과
⑤ 스포츠의 제도적 특성에 기인

Jump Up 이해

에티즌(D. Eitzen)과 세이지(G. Sage)(1982)의 스포츠의 정치적 속성 [기출 2024/2023/2022/2020]

- **대표성**: 스포츠를 행하는 의식은 후원 기관에 대한 충성심을 상징적으로 재확인하는 기능이 있으며, 특히 올림픽이나 국제 경기에서의 성적은 각 나라의 정치적·경제적·문화적·군사적 우월성을 나타내는 중요한 수단이다.
- **권력 투쟁**: 선수와 구단주 간, 경쟁 리그 간, 행정 기구 등의 스포츠 조직에는 불평등하게 배분되는 권력이 존재한다.
- **상호 의존성**: 스포츠와 정치의 결합은 정부 기관이 관계될 때 확실히 드러나는데, 그 예로 일반 기업이 프로 스포츠 구단을 창설하게 되면 조세 감면 혜택을 받는 경우가 있다.
- **보수성**: 스포츠의 제도적 특성은 질서와 법의 표본으로, 스포츠는 보수적인 성향을 지니고 있기 때문에 현 상황을 지속하려는 경향이 있으며 스포츠 경기에 수반되는 애국심은 정치 체계를 더욱 강화시키는 역할을 한다.
- **긴장 관계**: 각 나라의 정치적 관계에 따라 스포츠 경기에 상대국과의 긴장 관계가 형성된다.

2. 스포츠와 정치의 결합 방법 [기출 2025/2022/2020/2019/2018/2015]

상징	• 어떤 특정한 의미와 의의를 가지며, 본질과는 다른 무엇을 대리하고 지칭하는 것 • 순수 스포츠의 경쟁 및 승리 = 지역, 국가의 경쟁 및 승리 • 국가주의, 민족주의, 인종주의, 지역주의, 분리주의 → 상징화 예 국가 연주, 국기 게양 등
동일화	• 자아가 그 역할을 수행하기 원하는 타자에게 감정을 이입시키거나 타자와 일체가 되어 동화하는 것으로 타자와 자아가 혼동된 상태 • 사고, 감정을 동일하게 형성함으로써 관념을 공통된 행동으로 나타내도록 유도 • 스포츠의 승리를 국가 발전과 민족의 명예를 높이는 애국적 행동으로 동일화 • 기업, 팀, 국가를 자신의 존재 의의를 인식하는 수단으로 활용 예 지역 연고제, 팬덤 현상 등
조작	• 행동하고자 하는 욕구가 큰 상황에서 반응을 통제할 뿐만 아니라 계속 압력을 증대시키고자 하는 목적에서 행해지는 조정 • 윤리성과 합리성이 효율성과 수단 지향성에 매몰되기 쉬움 • 정치권력이 단기적 효과를 위해 상징·동일화보다 선동적 조작을 이용 예 한일 스포츠 대결을 앞두고 일본 극우 세력이 과거사 관련 발언으로 우리나라에 대한 적대감을 불러일으켜 이용하는 경우

3. 스포츠에 대한 정부의 정치적 개입 기출 2021/2019/2015

① 사회 통합 달성
② 국가적 정체성 제고
③ 국가 통합과 민족주의 증진
④ 국가, 지역 사회의 경제 발전 촉진
⑤ 국위 선양
⑥ 지배 이데올로기에 부합하는 가치 및 성향의 강조

Jump Up 이해

훌리한(B. Houlihan)의 스포츠에 대한 정치적 개입의 목적 기출 2024
- 공공질서 보호
- 체력과 신체적 능력 유지
- 집단·공동체·국가의 위신과 힘 증진
- 동일성·소속감·통일성의 의미 증진
- 지배적인 이데올로기와 함께 일관된 가치 강조
- 경제성장 촉진

2 스포츠와 국제 정치

1. 국제 정치에서의 스포츠의 기능 기출 2025/2024/2023/2022/2021/2020/2019/2018/2017/2015

① **외교적 도구**: 공식적 외교 관계가 성립되어 있지 않은 국가 간이라도 양국 및 해당 정부를 승인함을 상징
　예) 1971년 미국 탁구 선수단이 중국을 방문한 핑퐁 외교는 탁구를 통해 미국과 중국이 수교를 튼 스포츠 외교의 결과임
② **정치이념 선전**: 스포츠에서 승리는 특정 정치 체제의 우월성을 입증하는 증거
　예) 1936년 베를린 올림픽 대회에서 히틀러가 나치의 권위와 위대성을 표출하고자 올림픽을 이용한 것은 극단적인 민족주의 과시를 위한 것임
③ **국위 선양**: 스포츠를 통해 자국의 존재 및 가치에 대한 의식을 고취
　예) 2018년 평창 동계올림픽에서 윤성빈 선수의 스켈레톤 금메달 획득
④ **국제 이해 및 평화**: 자국 우월주의나 민족 중심주의와 같은 극우 배타주의 감소, 국가 간 상호 교류로 국제 이해, 친선 및 평화 증진
　예) 통일을 위한 한국 정부의 남북 대화 및 교류 증진
⑤ **외교적 항의**: 국제 갈등 상황에서 선수단 입국 거부, 경기 불참 등으로 항의 의사를 전달
　예) 인종 차별 정책(아파르트헤이트, apartheid)을 실시한 남아프리카공화국에 대해 국제 스포츠 참여를 배제함
⑥ **갈등 및 적대감 표출**: 국제 관계에서 스포츠는 각국의 이해와 관련된 갈등 및 적대감 표출 역할
　예) 1972년 뮌헨 올림픽에서 팔레스타인의 과격 단체 '검은 구월단'이 이스라엘 선수를 살해한 사건임
⑦ **국가 경제력 표출**: 메가 이벤트를 유치하여 인프라의 확보 및 기반 시설 건설로 경제 발전 유도, 개최 국가의 경제력을 선보이는 계기 마련
　예) 올림픽, 월드컵 등의 개최는 개최 국가에 천문학적인 금액이 요구되는 메가 이벤트

Speed 심화포인트

올림픽 경기의 정치화 요인 기출 2025/2017
- 민족주의 심화
- 상업주의 팽창
- 정치권력 강화·보상

올림픽 경기의 정치도구화 기출 2025/2016
- 그리스와 적대 관계로 터키(튀르키예) 불참(아테네, 1896)
- 제1차 세계 대전의 패전국과 러시아의 참가가 거부됨(안트베르펜, 1920)
- 히틀러 정부가 나치의 권위와 위대성 과시를 위한 도구로 활용(베를린, 1936)
- 제2차 세계 대전을 일으킨 책임을 물어 독일, 일본 참가 금지(런던, 1948)
- 미국과 소련의 세력 각축장으로 변모하는 계기(헬싱키, 1952)
- 소련의 헝가리 침공에 대한 항의로 서방 국가 불참(멜버른, 1956)
- 검은 구월단 사건으로 유혈 사태 발생(뮌헨, 1972)
- 아프리카 국가들의 뉴질랜드 참가 저지(몬트리올, 1976)
- 소련의 아프가니스탄 침공에 대한 항의로 미국 불참(모스크바, 1980)
- 소련과 공조한 사회주의 14개국 불참(로스앤젤레스, 1984)

출제 0순위 공략! 꼭 풀어야 할 대표문제

01

스포츠와 정치의 관계에 대한 설명으로 옳지 않은 것은?

① 스포츠 조직 및 기구의 과도한 조세 징수
② 스포츠를 통한 정치적 외교의 상호 작용 효과
③ 스포츠의 조직화로 인한 조직 과정의 권력 배분
④ 스포츠는 정치, 경제 및 문화적 우월성을 표출하는 수단

| 정답해설 |
스포츠 조직 및 기구는 조세 감면 혜택을 받는다.

02

국제 정치에 있어 〈보기〉에 해당하는 스포츠의 기능은?

보기
㉠ 1952년 헬싱키 올림픽에서 미국은 종합 순위 1위를 차지하며 전 세계에서 가장 강력한 스포츠 국가로 인정받음
㉡ 1972년 뮌헨 올림픽에서 검은 구월단 사건으로 유혈 사태 발생
㉢ 2018 평창 올림픽에서 남북선수단 공동 입장 및 단일팀 구성

	㉠	㉡	㉢
①	국위 선양	외교적 도구	외교적 항의
②	정치이념 선전	갈등 및 적대감 표출	국제 이해 및 평화
③	국위 선양	갈등 및 적대감 표출	국가 경제력 표출
④	정치이념 선전	외교적 도구	외교적 항의

| 정답해설 |
㉠ 정치이념 선전: 스포츠에서 승리는 특정 정치 체제의 우월성을 입증하는 증거
㉡ 갈등 및 적대감 표출: 국제 관계에서 스포츠는 각국의 이해와 관련된 갈등 및 적대감 표출 역할
㉢ 국제 이해 및 평화: 자국 우월주의나 민족 중심주의와 같은 극우 배타주의 감소, 국가 간 상호 교류로 국제 이해, 친선 및 평화 증진

| 오답해설 |
- 외교적 도구: 공식적 외교 관계가 성립되어 있지 않은 국가 간이라도 양국 및 해당 정부를 승인함을 상징
- 외교적 항의: 국제 갈등 상황에서 선수단 입국 거부, 경기 불참 등으로 항의 의사를 전달

03

[2024년 기출문제]

〈보기〉에서 훌리한(B. Houlihan)이 제시한 '정부(정치)의 스포츠 개입 목적'에 관한 사례인 것을 모두 고른 것은?

보기
㉠ 시민들의 건강 및 체력유지를 위해 체육 단체에 재원을 지원한다.
㉡ 체육을 포함한 교육 현장의 양성평등을 위해 Title IX을 제정했다.
㉢ 공공질서를 보호하기 위해 공원에서 스케이트보드 금지, 헬멧 착용 등의 도시 조례가 제정되었다.

① ㉠
② ㉠, ㉢
③ ㉡, ㉢
④ ㉠, ㉡, ㉢

| 정답해설 |
㉠ 스포츠에 대한 정치적 개입의 목적 중 체력과 신체적 능력 유지에 해당한다.
㉡㉢ 스포츠에 대한 정치적 개입의 목적 중 공공질서 보호에 해당한다.

04

[2025년 기출문제]

〈보기〉의 사례에 해당하는 정치가 스포츠를 이용하는 방법으로 가장 적절한 것은?

보기
스포츠는 정치인에게 권력을 강화하는 수단이 되기도 한다. 12.12 군사쿠테타와 5.18 민주화운동을 거치며, 당시 사회는 극도의 불안감과 정권에 대한 불신이 극에 달했다. 정권은 언론을 통제하고 정치적 발언을 통제하려 했지만, 뜻대로 되지 않았다. 그래서 국민의 관심을 돌리고 정권을 유지하기 위해 프로스포츠를 장려했다.
출처: M사, 시사교양(2005.6.)

① 상징
② 조작
③ 동일화
④ 전문화

| 정답해설 |
〈보기〉는 정치인이 권력을 강화하는 수단으로 단기적 효과를 위해 선동적 조작으로 스포츠를 이용한 사례이다.

정답 01 ① 02 ② 03 ④ 04 ②

핵심테마 03 | 스포츠와 경제

1 스포츠와 상업주의

1. 상업주의와 스포츠의 변화

(1) **상업주의와 스포츠의 영향** 기출 2024/2023/2022/2021/2020/2019/2018/2017

① **스포츠 구조의 변화**: 규칙과 제도, 프로그램의 구성 변화
   - 예) 인기 종목의 결승전 경기 시간 조정, 농구에 대한 흥미를 위해 3점 슛 도입, 광고 수입 증대를 위해 저녁 시간으로 경기 시간 변경 등

② **스포츠 내용의 변화**
   ㉠ 경기 자체보다 세속적인 경기 외적 사실 중시
   ㉡ 심미적 가치보다 영웅적 가치 중시
   ㉢ 전시 효과에 대한 요구 증대

③ **스포츠 목적의 변화**
   ㉠ 아마추어리즘보다 프로페셔널리즘 추구
   ㉡ 스포츠 경기를 흥미와 재정적 이익 창출을 위한 위락적 부산물로 여김

④ **스포츠 조직의 변화**
   ㉠ 대부분의 대회는 대중 매체, 팀 구단주, 대회 후원자의 목적 영위를 위한 '쇼(show)'
   ㉡ 대부분의 기업은 올림픽을 스포츠 경기보다는 기업 발전을 위한 시장 확대의 선전 매장으로 간주

> **Jump Up 이해**
>
> **코클리(J. Coakley)의 상업주의와 관련된 스포츠 변화 예시** 기출 2024
> - 인기 종목의 결승전이 있을 때 경기 시간을 조정한다.
> - 순위가 결정되는 경기 중 역전될 때 광고 시간을 삽입하거나 연장한다.
> - 광고 수입과 골든아워 비율을 증가시키기 위해 저녁으로 경기 시간을 변경한다.
> - 결승전다운 경기가 많이 거행되도록 경기 팀 조정 및 리그의 게임 순위를 조정한다.
> - 경기에 대한 흥미를 끌기 위해 농구의 3점 슛 같은 규칙을 개정한다.
> - 경기 전문인이 아닌 연예인을 스포츠 캐스터로 고용한다.
> - 경기 결과에 대한 흐름과 예상 및 선수의 부상 정도를 코멘트함으로써 시청자의 도박 심리를 유도한다.
> - 상업 목적으로 경기 종료 전이라도 중계를 완료한다.
> - 경기의 재미와 흥미 증진을 위해 경기 득점이 증가하도록 규칙을 개정한다.

2. 프로 스포츠

(1) **프로 스포츠에서 시행되는 제도** 기출 2023/2022/2019/2016

① **보류 조항(reserve clause)**: 당해 연도 소속 선수 및 신고 선수 중 다음연도 선수 계약 체결 권리를 보류하여 자유로운 계약과 이적을 막는 조항
② **최저 연봉제(minimum salary)**: 신인 선수 계약에 최저 연봉을 보장하는 제도
③ **샐러리 캡(salary cap)**: 선수의 연봉에 상한선을 두는 것으로, 한 팀 소속 선수의 연봉 총액이 일정액을 넘지 못하도록 제한하는 제도
④ **트레이드(trade)**: 구단 간에 선수 대 선수 또는 현금 대 선수를 주고 받을 수 있는 제도
⑤ **드래프트(draft)**: 각 팀이 뽑고 싶은 신인 선수를 지명하는 제도

Speed 심화포인트

상업주의 스포츠 출현의 사회·경제적 조건 기출 2025/2019
- 스포츠 기반 시설 구축을 위한 거대 자본
- 인구가 밀집되어 있는 도시
- 자본주의적 시장 경제 체제
- 소비 문화의 발전
- 교통과 통신의 발달

핵심테마 03 스포츠와 경제

Speed 심화포인트

⑥ 자유 계약(Free Agent, FA): 일정 기간 자신이 속한 팀에서 활동한 뒤에 다른 팀과 자유롭게 계약을 맺어 이적할 수 있는 자유 계약 선수 또는 그 제도
⑦ 선수대리인(agent): 선수와 선수대리인계약을 체결하여 소속 구단과 선수계약의 체결을 위해 협상하고, 선수로부터 위임받은 권리를 행사하는 등 선수대리인의 업무를 수행하는 자
⑧ 웨이버 조항(waiver rule): 구단과 선수 간 계약이 존재하는 단체나 스포츠 리그에서 일어나는 상황으로 구단에서 해당 선수에 대한 권한을 포기하는 조항

(2) 상업주의에 의한 프로 스포츠의 기능

① 순기능 기출 2021
   ㉠ 스포츠 관람을 통해 각종 스트레스를 해소하고, 생활의 활력소 역할
   ㉡ 대중이 동류의식을 갖도록 융합시키는 사회 통합의 기능 및 지역 사회 연대감 증대
   ㉢ 아마추어 선수에게 진로 개척과 희망 제공 및 스포츠계의 활성화 촉진
   ㉣ 경제 발전 및 고용 증대에 이바지하며, 스포츠 용품의 개발에도 큰 기여
② 역기능 기출 2016
   ㉠ 프로 스포츠의 급속한 발전으로 아마추어리즘 및 스포츠 본질의 퇴조
   ㉡ 스포츠가 삶의 수단적 가치를 추구하는 매개체로 전락
   ㉢ 고도로 발전한 프로 스포츠로 인하여 도박 행위 심화

2 스포츠 메가 이벤트의 경제

1. 스포츠 메가 이벤트의 기능 기출 2025/2015

구분	긍정적 기능	부정적 기능
경제적 측면	• 지역 경제의 활성화와 및 관광객 증가 • 도시 인프라 구축과 도시 발전 촉구 • 스포츠 관련 산업 발전의 계기 마련	• 막대한 재원 투입 • 개최 도시의 재정 부담
사회적 측면	• 개최 지역에 여가 생활 기회 제공 • 지역 주민의 화합과 단결 • 개최 지역의 인지도 상승 • 스포츠 인프라를 통한 지역 주민의 스포츠 참여 증대	• 지역 주민 복지와 관련된 예산 축소 • 지역 주민의 과도한 세금 부담
정치적 측면	개최 국가 및 개최 도시의 위상과 이미지 제고	정치 세력의 권위 및 정당성 강화

2. 스포츠 메가 이벤트의 경제적 가치 기출 2016

① 스포츠 메가 이벤트 자체가 가지는 경제성과 스포츠 메가 이벤트를 통해 얻을 수 있는 무형의 경제적 가치로 구분
② 스포츠 메가 이벤트의 경제적 효과
   ㉠ 직접 효과: 경기장 및 도로 등 시설 인프라 구축, 관광 소비 지출 증가, 신규 일거리 창출로 인한 지역의 고용 촉진 등
   ㉡ 간접 효과: 국가 이미지 개선으로 인한 수출 증대, 외국인 투자 촉진, 국가 이미지 및 브랜드 홍보 효과, 자국 내 기업 이미지 제고 등

01

상업주의로 인한 스포츠의 변화가 아닌 것은?

① 스포츠 규칙의 변화
② 스포츠 제도의 변화
③ 물질 만능주의 강화
④ 아마추어리즘의 부활

| 정답해설 |

시대의 변화에 따라 국가주의와 상업주의가 대두하고, 금전적·물질적 이익을 추구하는 프로 스포츠가 발달하면서 아마추어리즘은 점차 퇴조하고 있다.

02

프로 스포츠의 기능 중 성격이 다른 하나는?

① 경제 발전 및 고용 증대
② 스포츠 관람을 통해 스트레스 해소
③ 스포츠를 삶의 수단적 가치로 추구
④ 아마추어 선수에게 진로 개척과 희망 제공

| 정답해설 |

스포츠가 삶의 수단적 가치를 추구하는 매개체로 전락하는 것은 프로 스포츠의 역기능에 대한 설명이며, ①②④는 프로 스포츠의 순기능에 대한 설명이다.

03

스포츠 메가 이벤트의 기능 중 성격이 다른 것은?

① 지역 주민의 화합과 단결
② 지역 주민의 과도한 세금 부담
③ 개최 지역에 여가 생활 기회 제공
④ 스포츠 인프라를 통한 지역 주민의 스포츠 참여 증대

| 정답해설 |

지역 주민의 과도한 세금 부담은 사회적 측면에서 스포츠 메가 이벤트의 부정적 기능이며, ①③④는 사회적 측면에서 본 스포츠 메가 이벤트의 긍정적 기능이다.

04 [2025년 기출문제]

코클리(J. Coakley)가 제시한 상업주의 스포츠 출현의 사회적·경제적 조건에 해당하지 않는 것은?

① 자본주의 시장경제 체제
② 스태그플레이션(stagflation)
③ 소비가 장려되는 문화 형성
④ 인구 밀도가 높은 대도시 형성

| 정답해설 |

스태그플레이션(stagflation)은 경제 침체와 물가 상승이 동반되는 현상으로, 이는 상업주의 스포츠의 출현과 직접적인 관련이 없다.

| 심화해설 |

상업주의 스포츠 출현의 사회·경제적 조건
- 스포츠 기반 시설 구축을 위한 거대 자본
- 인구가 밀집되어 있는 도시
- 자본주의적 시장 경제 체제
- 소비 문화의 발전
- 교통과 통신의 발달

정답 01 ④ 02 ③ 03 ② 04 ②

05
[2023년 기출문제]

〈보기〉에서 코클리(J. Coakley)의 상업주의에 따른 스포츠의 변화에 관한 설명으로 옳은 것을 모두 고른 것은?

> 보기
> ㉠ 스포츠 조직의 변화: 스포츠 조직은 경품 추첨, 연예인의 시구와 같은 의전행사에 관심을 갖게 되었다.
> ㉡ 스포츠 구조의 변화: 스포츠의 심미적 가치보다 영웅적 가치를 중시하게 되었다.
> ㉢ 스포츠 목적의 변화: 아마추어리즘보다 흥행에 입각한 프로페셔널리즘을 추구하게 되었다.
> ㉣ 스포츠 내용의 변화: 프로 농구의 경우, 전·후반제에서 쿼터제로 변경되었다.

① ㉠, ㉡
② ㉠, ㉢
③ ㉡, ㉢, ㉣
④ ㉠, ㉢, ㉣

| 정답해설 |
- 스포츠의 구조의 변화: 규칙과 제도, 프로그램의 구성 변화
- 스포츠 내용의 변화
  - 경기 자체보다 세속적인 경기 외적 사실 중시
  - 심미적 가치보다 영웅적 가치 중시
  - 전시 효과에 대한 요구 증대
- 스포츠 목적의 변화(㉢)
  - 아마추어리즘보다 프로페셔널리즘 추구
  - 스포츠 경기를 흥미와 재정적 이익 창출을 위한 위락적 부산물로 여김
- 스포츠 조직의 변화(㉠)
  - 대부분의 대회는 대중 매체, 팀 구단주, 대회 후원자의 목적 영위를 위한 '쇼(show)'
  - 대부분의 기업은 올림픽을 스포츠 경기보다는 기업 발전을 위한 시장 확대의 선전 매장으로 간주

06
[2023년 기출문제]

〈보기〉에서 설명하는 프로 스포츠의 제도는?

> 보기
> • 프로스포츠 구단이 소속 선수와의 계약을 해지하고 다른 구단에게 해당 선수를 양도받을 의향이 있는지 공개적으로 묻는 제도이다.
> • 기량이 떨어지거나 심각한 부상을 당한 선수를 방출하는 수단으로 이용하고 있다.

① 보류 조항(reserve clause)
② 웨이버 조항(waiver rule)
③ 선수대리인(agent)
④ 자유계약(free agent)

| 정답해설 |
웨이버 조항은 구단과 선수 간 계약이 존재하는 단체나 스포츠 리그에서 일어나는 상황으로 구단에서 해당 선수에 대한 권한을 포기하는 조항이다.

| 오답해설 |
① 보류 조항(reserve clause): 당해 연도 소속 선수 및 신고 선수 중 익년도 선수 계약 체결 권리를 보류하여 자유로운 계약과 이적을 막는 조항이다.
③ 선수대리인(agent): 선수와 선수대리인계약을 체결하여 소속 구단과 선수계약의 체결을 위해 협상하고, 선수로부터 위임받은 권리를 행사하는 등 선수대리인의 업무를 수행하는 자를 의미한다.
④ 자유계약(Free Agent, FA): 일정 기간 자신이 속한 팀에서 활동한 뒤에 다른 팀과 자유롭게 계약을 맺어 이적할 수 있는 자유 계약 선수 또는 그 제도이다.

정답 05 ② 06 ②

핵심테마 04 | 스포츠와 교육

1 스포츠의 교육적 기능

1. 스포츠의 교육적 순기능 기출 2025/2023/2022/2020/2017/2015

(1) 전인 교육

학업 활동의 격려	스포츠 참여는 학생에게 새로운 교육 기회를 제공하고, 학업 활동에 대한 흥미를 유발함
사회화 촉진	학생은 스포츠를 통해 목표에 대한 도전, 스포츠맨십, 팀워크 등의 긍정적 가치를 학습함
정서 순환	스포츠 활동은 신체 활동에 대한 학생의 기본적 욕구를 충족시켜주고, 현대 사회의 구조적, 문화적 변동으로 파생된 학생 비행을 예방하고 치유함

(2) 사회 통합

학교 내 통합	스포츠는 학교에 공동 목표를 제공하여 교내의 모든 사람들에게 '우리'의 학교라는 공동체 의식을 형성시키고, 학교에 대한 애정과 소속감이 낮고 상이한 계층에 속해 있는 학생 및 교직원을 하나로 통합시킴
학교와 지역 사회 통합	스포츠 프로그램은 학교에 대한 지역 사회의 관심을 환기시키고 지역 주민들에게 위락을 제공하며, '학교와 주민' 사이의 이해 부족을 해소함

(3) 사회 선도

여권 신장	여학생의 스포츠 참여는 성평등 관점에서의 의식 개선과 함께 자신의 권리를 신장시키는 데 도움을 주며, 사회 전반에 대한 관심과 기회를 증대시킴
장애인의 적응력 배양	장애인의 소외를 해소하고, 신체 기능의 퇴화 방지 및 회복을 돕기도 하여 원만한 사회생활을 영위하도록 장려함
평생 체육의 장려	체육 활동의 참가자 및 일반 학생에게 평생 동안 즐길 수 있는 신체 활동의 유형이나 실천 방법, 기능, 지식, 태도 등을 전수함으로써 미래의 삶을 보다 가치 있게 향유하게 함

2. 스포츠의 교육적 역기능 기출 2025/2024/2021/2018

(1) 교육 목표의 결핍

승리 제일주의	참가보다는 승리, 즐거움보다는 노동으로 스포츠의 가치를 변질시키며, 과도한 훈련이나 경쟁을 유발하여 선수의 정신과 육체에 치명적 상해를 줌
참가 기회의 제한	자신의 신체적 재능과 기능을 발달시키고 발현해 볼 수 있는 기회를 모두에게 제공하는 것이 아니라 신체 및 기능이 우수한 소수에게 집중시킴으로써 엘리트 의식을 조장시킴
성차별	성평등을 실현하고자 하는 교육 목표와 달리 여성의 스포츠 참여에 대한 불평등이 학교 운동부 구조에 존재함

핵심테마 04 스포츠와 교육

Speed 심화포인트

(2) 부정행위의 조장

스포츠의 상업화	승리에 대한 경제적, 상징적 보상이 크며 승률이 높은 팀에서 흔히 발생함
위선과 착취	성적 위조, 선수를 학교의 경영 수단으로 이용하는 등 운동선수가 제도적 무기력을 경험하게 됨
일탈 조장	선수는 스포츠로 살아남기 위해 경쟁의식과 부도덕한 가치관을 내재화함

(3) 편협한 인간 육성

독재적 코치	코치는 선수 개인과 팀의 성공을 위해서 자신에게 무조건적이고 절대적인 권한이 있어야 한다고 생각할 뿐만 아니라, 이미 부여되어 있다고 믿음
비인간적 훈련	코치가 자신의 성공을 위해 선수를 잔인하고 무자비하게 훈련시킴으로써 선수는 학교의 목적 달성을 위한 도구로 전락하여 인간성을 상실함

학원 스포츠의 문화적 특성

섬 문화	그들만의 공동체 문화를 형성하고 동질감을 바탕으로 새로운 문화 형성
승리 지상주의 문화	과도한 훈련이나 경쟁을 유발하여 승리 쟁취만이 최고라고 판단
군사주의 문화	코치 자신에게 절대적인 권한이 부여되어야 한다고 생각할 뿐만 아니라 이미 부여되어 있다고 믿음
신체 소외 문화	선수를 잔인하고 무자비하게 훈련시킴으로써 선수는 학교의 목적 달성을 위한 도구로 전락

2 우리나라의 학원(엘리트) 스포츠

1. 학원 스포츠의 기능 기출 2022/2019/2016/2015

순기능	역기능
• 학업 활동 촉진 • 정서의 순화 • 체육 활동에 대한 흥미 유발 • 학교 내 통합 • 지역 사회와 통합 • 역량 개발의 기회 부여	• 학습권 제한 • 지도자의 폭력 문제 • 인권 침해 • 승리 지상주의 • 비인간적 훈련 • 성폭력

Jump Up 이해

스포츠클럽법 제9조(지정스포츠클럽) 기출 2024
① 문화체육관광부장관은 다음 각 호의 사업을 추진하기 위하여 스포츠클럽 중에서 지정스포츠클럽을 지정할 수 있다.
  1. 스포츠클럽과 「학교체육 진흥법」에 따른 학교스포츠클럽 및 학교운동부와의 연계
  2. 종목별 전문선수의 육성
  3. 연령·지역·성별 특성을 반영한 스포츠 프로그램의 운영
  4. 장애인 선수의 육성 및 장애 유형과 정도, 성별 등의 특성을 반영한 스포츠 프로그램의 운영
  5. 대통령령으로 정하는 기초 종목 및 비인기 종목의 육성
  6. 그 밖에 대통령령으로 정하는 사항
② 문화체육관광부장관은 지정스포츠클럽이 제1항 각 호의 사업을 추진하는 데 필요한 비용을 지원할 수 있다.
③ 지정스포츠클럽의 지정 요건 및 절차 등에 관하여 필요한 사항은 대통령령으로 정한다.

스포츠 육성 정책 모형 기출 2025/2024
• 피라미드 모형: 스포츠 참여의 기반이 확대되면, 이를 바탕으로 우수한 선수가 배출된다는 모형으로 생활 스포츠의 중요성을 강조할 때 근거로 활용한다(생활 스포츠 우선).
• 낙수효과 모형: 엘리트 스포츠의 발전으로 우수한 선수가 배출되면, 이를 바탕으로 생활 스포츠 참여도 확대된다는 모형으로 엘리트 스포츠의 중요성을 강조할 때 근거로 활용한다(엘리트 스포츠 우선).
• 선순환 모형: 피라미드 모형(생활 스포츠)과 낙수효과 모형(엘리트 스포츠)을 통합한 모형이다.

출제 0순위 공략! 꼭 풀어야 할 대표문제

01

스포츠의 교육적 기능 중 성격이 다른 하나는?

① 스포츠의 상업화
② 학업 활동의 격려
③ 장애인의 적응력 배양
④ 학교와 지역 사회 통합

| 정답해설 |
스포츠의 상업화는 스포츠의 교육적 역기능이고, ②③④는 스포츠의 교육적 순기능이다.

02

<보기>에서 우리나라 학원 스포츠 정상화를 위한 방법만을 모두 고른 것은?

보기
㉠ 최저 학력제 도입
㉡ 학습권 보장을 위한 합숙 훈련 실시
㉢ 평일 및 주말 리그제 운영
㉣ 학교 운동부 운영의 투명성

① ㉠, ㉣
② ㉡, ㉢
③ ㉠, ㉡, ㉣
④ ㉡, ㉢, ㉣

| 오답해설 |
㉡ 학습권 보장을 위해 합숙 훈련은 근절되어야 한다.
㉢ 평일이 아닌 주말에만 리그제를 운영한다.

| 심화해설 |
학원 스포츠 정상화를 위한 제도의 변화
- 학생 선수의 학업을 위한 새로운 가이드라인 설정
- 최저 학력 보장 프로그램을 운영하여 최저 학력이 보장되도록 노력(최저 학력제 도입)
- 각종 지원을 통해 학생 선수의 학업 성취를 높일 수 있도록 장려
- 미래 사회생활을 위한 학업 성취의 중요성 전파
- 주말 리그제 시행
- 학교 운동부 운영 투명화

03 [2025년 기출문제]

스포츠의 교육적 순기능에 관한 설명으로 옳지 않은 것은?

① 사회화를 촉진하여 전인 교육 기능을 한다.
② 승리 지상주의를 학습시켜 사회 통합 기능을 한다.
③ 장애인의 적응력 배양으로 사회 선도 기능을 한다.
④ 여성의 참여 증가를 통한 여권 신장으로 사회 선도 기능을 한다.

| 정답해설 |
승리 지상주의(승리 제일주의)는 스포츠의 교육 목표가 왜곡된 결과로 나타나는 역기능에 해당한다. 이는 지나친 경쟁과 상대방에 대한 배려 부족, 비윤리적 행동 등을 조장할 수 있어, 전인 교육이나 사회 통합과는 오히려 반대되는 요소로, 스포츠의 교육적 역기능에 해당한다.

04 [2024년 기출문제]

<보기>의 ㉠~㉢에 해당하는 스포츠 육성 정책 모형이 바르게 제시된 것은?

보기
㉠ 학생들의 스포츠 참여 저변이 확대되면, 이를 기반으로 기량이 좋은 학생 선수가 배출된다.
㉡ 우수한 학생 선수들을 육성하면 그들의 영향으로 학생들의 스포츠 참여가 확대된다.
㉢ 스포츠 선수들의 우수한 성과는 청소년의 스포츠 참여를 촉진하고, 이를 통해 형성된 스포츠 참여 저변 위에서 우수 스포츠 선수들이 성장한다.

	㉠	㉡	㉢
①	선순환 모형	낙수효과 모형	피라미드 모형
②	피라미드 모형	선순환 모형	낙수효과 모형
③	피라미드 모형	낙수효과 모형	선순환 모형
④	낙수효과 모형	피라미드 모형	선순환 모형

| 정답해설 |
㉠ 피라미드 모형, ㉡ 낙수효과 모형, ㉢ 선순환 모형에 해당한다.

정답 01 ① 02 ① 03 ② 04 ③

핵심테마 05 | 스포츠와 미디어

1 스포츠와 미디어의 이해

1. 스포츠 미디어의 의미

(1) 미디어의 개념
① 자신의 의사나 감정 또는 정보를 서로 주고받을 수 있도록 마련된 수단
② 소수가 다수의 사람에게 동시에 의사 교환을 할 수 있는 연결 과정(신속성↑)
③ 문화적 가치, 신념, 규범을 창조하고 심미적 경험, 흥분과 쾌감을 제공함

(2) 버렐(Birrell)과 로이(Loy)의 스포츠 미디어로 충족할 수 있는 욕구 유형 기출 2025/2023/2020

① 인지적 욕구: 스포츠에 대한 지식, 경기 결과 및 통계적 지식 제공
② 정의적 욕구: 스포츠에 대한 즐거움, 흥미, 관심 등을 불러일으킴
③ 통합적 욕구: 스포츠에 대한 사회 구성원들의 관심을 하나로 묶어서 사회를 통합함
④ 도피적 욕구: 스포츠를 통해 불안, 좌절, 스트레스 등의 감정을 해소하는 데 도움

2. 맥퍼슨(B.Mcpherson)의 스포츠 미디어의 이론 기출 2022/2021/2019

(1) 개인차 이론

대중 매체가 관람자의 개인적 특성에 호소하는 메시지를 제공하고 개인은 자신의 특정한 욕구를 만족시키기 위해 미디어를 이용한다는 이론이다. 미디어 수용자는 인지적·정의적·도피적·통합적 욕구를 충족시키기 위해 스포츠를 주제로 다루는 대중 매체를 이용한다.

(2) 사회 범주 이론

인간은 자신이 속한 사회 구조적 위치나 배경에 영향을 받아 생각이나 행동 양식을 구성하게 되는데, 비슷한 환경에서 생활하면 생각이나 행동도 비슷해진다는 사회학적 입장을 기본으로 하는 이론이다. 사회 범주 이론에 따르면 미디어의 영향력은 연령, 성별, 경제 수준 등에 따라 달라질 수 있으며, 서로 다른 하위 집단의 구성원들에게 획일적으로 미치지 않을 수 있다.

(3) 사회관계 이론

인간의 정보 선택 및 해석에는 주변의 영향이 크게 작용하는데, 그중에서 특히 준거 집단의 영향이 주축을 이루며, 이에 따라서 스포츠 미디어와 접촉 양식도 인간이 속해 있는 사회의 중요 타자와 맺은 사회관계에 영향을 받는다고 보는 이론이다.

(4) 문화 규범 이론

대중 매체가 사회 규범에 영향을 미치고 수용자는 그 규범에 따라서 자신의 생각이나 행동을 취한다는 이론이다.

3. 맥루한(M. Mcluhan)의 매체 이론 기출 2022/2020/2016

매체 자체의 정의성과 수용자의 감각 참여성, 감각 몰입성을 기준으로 매체를 핫 매체(hot media)와 쿨 매체(cool media)로 구분한다.

(1) 핫 매체와 쿨 매체의 특징

구분	문자 미디어(핫 매체)	전자 미디어(쿨 매체)
정의	낮은 감각의 참여와 몰입 상태로 정보를 간접적으로 제공받음	높은 감각의 참여와 몰입으로 정보를 직접적으로 제공받음
유형	신문, 잡지, 사진, 화보 등	TV, 비디오, 영화, 게임, 인터넷, 소셜미디어, 모바일 등
특징	• 전달되는 메시지가 논리적 • 계획적이고 직접적으로 전달되는 메시지 • 메시지 자체의 높은 정의성	• 전달되는 메시지가 비논리적 • 즉흥적이고 일시적으로 전달되는 메시지 • 메시지 자체의 낮은 정의성

(2) 핫 매체와 쿨 매체의 스포츠

핫 매체 스포츠	쿨 매체 스포츠
• 정적 스포츠, 개인 스포츠 • 기록 스포츠, 공격과 수비가 구분된 스포츠 • 종목: 검도, 골프, 권투, 레슬링, 배드민턴, 볼링, 빙상, 사격, 수중 발레, 사이클, 스키, 태권도, 승마, 씨름, 야구, 양궁, 역도, 요트, 육상, 윈드서핑, 조정, 테니스, 체조, 카누, 펜싱, 수영 등	• 동적 스포츠, 팀 스포츠 • 득점 스포츠, 공격과 수비가 구분되지 않는 스포츠 • 종목: 경마, 농구, 럭비, 배구, 자동차 경주, 미식축구, 아이스하키, 하키, 축구, 핸드볼 등

2 스포츠와 미디어의 상호 관계

1. 스포츠와 미디어의 상호 작용 및 공생 관계

(1) **스포츠가 미디어에 미치는 영향** 기출 2025/2019/2017/2016/2015
  ① 미디어 콘텐츠 제공: 다양한 방송 및 기사 제공
  ② 미디어 기술의 발전: 진보된 방송 기술을 접목하여 수요자의 욕구 충족
  ③ 미디어 장비의 확대: 경기장의 다양한 지역 및 각도에 장비를 보급하여 시청자들에게 경기장에서 직접 관람하는 것과 같은 영상 제공
  ④ 스포츠 보도 위상 제고: 대중을 주목시키는 스포츠를 중계함으로써 자사의 방송 인지도를 높일 수 있는 계기 마련
  ⑤ 미디어 이윤 창출 기여: 올림픽과 같은 스포츠 메가 이벤트의 경우 미디어는 중계권료로 거대한 이윤 창출

(2) **미디어가 스포츠에 미치는 영향** 기출 2025/2022/2020/2019/2018
  ① 경기 규칙 개정: 시청자들의 지루함을 없애고 보다 박진감 넘치는 경기 제공을 위한 신규 규칙 적용 및 기존의 규칙 개정
    예 농구의 24초 룰, 쿼터제 도입, 광고를 위한 작전 타임 횟수 추가 등
  ② 경기 일정 및 시간의 변경: 시청률 증대를 위한 경기 일정 및 시간의 변경
    예 대부분의 국내 프로 스포츠는 저녁에 경기가 진행됨

핵심테마 05 스포츠와 미디어

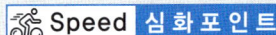

③ **경기 기술의 전문화와 표준화**: 미디어를 통한 선진 기술 도입으로 경기 기술 및 전략의 전문화
　　예 스포츠 영상 분석 및 기록 분석을 이용하여 팀에 새로운 기술 및 전술 전파
④ **스포츠에 대한 관심과 참여 증대**: 스포츠 전문 채널 출현과 방송 기술의 발달로 스포츠를 접할 기회 증가
⑤ **스포츠 용구의 변화**: 미디어에서 식별하기 쉽도록 유니폼 및 장비의 색상 변화
　　예 축구, 야구 등의 유니폼에 등 번호 및 컬러 도입, 야구 배트, 축구화, 배구 및 탁구의 컬러 공
⑥ **뉴 스포츠 종목의 창출**: 다양한 소비자의 욕구를 충족시키기 위한 새로운 종목 창출
　　예 익스트림 스포츠, 스케이트보드, 묘기 자전거(BMX) 등

🏃 Jump Up 이해
스포츠와 미디어의 공생 관계
- 스포츠를 통해 미디어는 광고료, 중계권료 등 방송 기간을 이용한 수익을 창출한다.
- 미디어를 통해 스포츠는 관련 상품을 관람자 및 스포츠 팬에게 판매하고 광고료 수익을 얻어 재정 자립을 할 수 있다.
- 스포츠와 미디어는 성공을 위한 상호 보완 및 의존적인 관계이다.

2. 스포츠 미디어 윤리 [기출 2024/2023/2017]

(1) 스포츠 미디어의 이데올로기
① **자본주의 이데올로기**: 스포츠의 승패를 떠나 경제적 가치를 우선시하는 사상
② **성(성차별) 이데올로기**: 여성이 신체 활동에 소극적이라는 전통적인 성차별 이데올로기를 재생산, 대중 매체의 편향적 보도
③ **성공 이데올로기**: 미디어 스포츠는 승자와 패자, 최종 스코어만 강조, 승자에게만 초점
④ **소비주의 이데올로기**: 상업적 속성에 근거하여 소비 생활을 조장
⑥ **국가주의 이데올로기**: 민족주의나 국민적 일체감과 같은 주제를 강조
⑦ **개인주의 이데올로기**: 선수의 개인적 노력을 강조함으로써 사회적 모순을 개인의 노력에 의해 극복할 수 있다는 잘못된 메시지 전달

(2) 스포츠 저널리즘의 윤리적 문제 [기출 2018]
독자들의 관심과 주목을 끌기 위해 특정 선수 및 관계자를 비평하고, 의도적으로 사생활을 침범하는 등 과도하게 취재하며 선정적·비도덕적인 기사를 보도하는 옐로 저널리즘(yellow journalism)의 문제가 발생할 수 있음

🏃 Jump Up 이해
보편적 접근권(universal access)
어느 누구나 국민적 관심이 높은 스포츠 경기나 이벤트 등을 볼 수 있도록 하는 권리를 말한다. 즉, 스포츠 경기 중계 방송을 공공재(public goods)로 간주하여 국민이 시청할 권리를 보장하기 위한 주장이다.

저널리즘의 유형
- 옐로 저널리즘: 대중의 관심과 주목을 끌기 위해 선정적·비도덕적으로 취재·보도하는 저널리즘
- 팩 저널리즘: 보도에 개성이 없고 획일적이며 독창성이 없는 단조로운 저널리즘
- 하이에나 저널리즘: 사회적 지위나 권력이 약한 사람들을 집중적으로 매도하는 저널리즘
- 뉴 저널리즘: 기존의 저널리즘 방식이 아닌 소설 작가의 기법을 적용하여 사건과 상황에 대한 표현을 독자에게 실감나게 전달하는 저널리즘

출제 0순위 공략! 꼭 풀어야 할 대표문제

01 [2023년 기출문제]

〈보기〉는 버렐(S. Birrell)과 로이(J. Loy)의 스포츠 미디어를 통해 충족할 수 있는 욕구에 관한 설명이다. ㉠~㉢에 해당하는 용어가 바르게 연결된 것은?

보기
- (㉠) 욕구: 스포츠 경기의 결과, 선수와 팀에 대한 통계적 지식을 제공해 준다.
- (㉡) 욕구: 스포츠에 대한 흥미와 흥분을 제공해 준다.
- (㉢) 욕구: 다른 사회집단과 경험을 공유하게 하며 공동체의식을 갖게 한다.

	㉠	㉡	㉢
①	정의적	인지적	통합적
②	인지적	통합적	정의적
③	정의적	통합적	인지적
④	인지적	정의적	통합적

| 정답해설 |
㉠ 인지적 욕구에 대한 설명이다.
㉡ 정의적 욕구에 대한 설명이다.
㉢ 통합적 욕구에 대한 설명이다.

02

〈보기〉에서 핫(hot) 매체 스포츠에 해당되는 내용만을 고른 것은?

보기
㉠ 낮은 감각의 참여와 몰입
㉡ 메시지의 정의성 높음
㉢ 즉흥적이고 일시적 메시지 전달
㉣ 축구
㉤ 테니스
㉥ 핸드볼

① ㉠, ㉡, ㉣ ② ㉠, ㉡, ㉤
③ ㉡, ㉢, ㉤ ④ ㉢, ㉣, ㉥

| 오답해설 |
㉢㉣㉥ 쿨(cool) 매체 스포츠에 해당한다.

03

〈보기〉에서 스포츠가 미디어에 미치는 영향만을 고른 것은?

보기
㉠ 경기 규칙 개정
㉡ 경기 기술의 전문화
㉢ 미디어 콘텐츠 제공
㉣ 미디어 기술의 발전
㉤ 스포츠 보도 위상 제고

① ㉠, ㉡, ㉢ ② ㉠, ㉡, ㉣
③ ㉡, ㉢, ㉤ ④ ㉢, ㉣, ㉤

| 오답해설 |
㉠㉡ 미디어가 스포츠에 미치는 영향에 해당한다.

04 [2025년 기출문제]

〈보기〉 중 스포츠가 미디어에 미친 영향에 해당하는 것으로만 묶은 것은?

보기
㉠ 탁구공의 색이 흰색에서 주황색으로 변경되었다.
㉡ 월드컵, 올림픽은 미디어 보급 및 확산에 기여하였다.
㉢ 정지 화면, 느린 화면, 클로즈업 등의 방송 기법이 발달하였다.
㉣ 스포츠 관람 인구가 증가하고, 스포츠 활동이 생활의 일부로 확산되었다.

① ㉠, ㉡ ② ㉠, ㉣
③ ㉡, ㉢ ④ ㉡, ㉣

| 오답해설 |
㉠㉢ 미디어가 스포츠에 미친 영향이다.

정답 01 ④ 02 ② 03 ④ 04 ③

05

[2024년 기출문제]

스포츠 미디어가 생산하는 성차별 이데올로기에 관한 설명으로 옳지 않은 것은?

① 경기의 내용보다는 성(性)적인 측면을 강조한다.
② 여성 선수를 불안하고 취약한 존재로 묘사한다.
③ 여성들이 참여하는 경기를 '여성 경기'로 부른다.
④ 여성성보다 그들의 성과에 더 많은 관심을 보인다.

| 정답해설 |

스포츠 미디어에 있어 성차별 이데올로기는 경기의 성과보다 여성성에 더 많은 관심을 보인다.

06

미디어가 스포츠에 미치는 영향으로 옳은 것은?

① 방송 인지도 제고를 위해 인기 스포츠를 중계한다.
② 미디어를 통한 경기 기술의 전문화와 표준화가 일어난다.
③ 수요자의 요구를 충족시키기 위해 방송 기술이 발전한다.
④ 스포츠와 관련된 다양한 방송 기사를 위해 새로운 콘텐츠를 제공한다.

| 정답해설 |

미디어를 통한 선진 기술의 도입으로 경기 기술 및 전략이 전문화되고 표준화되었다.

| 오답해설 |

①③④ 스포츠가 미디어에 미치는 영향에 대한 설명이다.

정답 05 ④ 06 ②

핵심테마 06 | 스포츠와 사회 계급/계층

1 사회 계층과 스포츠 계층의 이해

1. 투민(M.Tumin)의 스포츠 계층

(1) 스포츠 계층의 정의 `기출 2016`

개인의 사회적, 문화적, 생물학적 특성에 따라 권력, 부, 사회적 평가, 심리적 만족 등이 특정 집단이나 개인 및 종목에 따라 차별적으로 배분되어 상호 서열의 위계적 체계를 이루고 있는 현상을 의미한다.

(2) 스포츠 계층의 특성 `기출 2025/2024/2023/2018/2016`

① 사회성: 스포츠 계층 체계는 항상 사회의 다른 측면과 관련을 맺고 있음
② 역사성: 특정 시대의 사회·문화적 배경에 따라 상이하게 나타나며, 특히 사회 계층적 지위와 관련하여 스포츠 참여 및 관람의 특권이 다양하게 변천함
③ 보편성(편재성): 스포츠 계층은 어느 곳에서나 존재하고 어디에서든지 발견할 수 있는 사회·문화적 현상임
④ 다양성: 평등주의적 가치를 반영한 계층 간의 사회적 상호 작용을 증진시킴
⑤ 영향성: 권력, 재산, 평가 및 심리적 만족의 불평등에 의한 결과는 생활 기회와 생활 양식에 변화를 가져오며, 스포츠 역할과 선호도 또한 사회 계층에 영향을 받음

(3) 스포츠 계층의 형성 과정 `기출 2022/2021/2020/2018/2015`

① 지위의 분화: 모든 사회 체계는 효과적인 기능을 수행하기 위해 구성원 사이의 분업을 요구하며, 사회적 지위에 대해 각각 특정한 역할(일련의 권리와 책임)이 할당됨으로써 타 지위와 구별됨 예 구단주, 감독, 코치, 선수 등
② 지위의 서열화: 역할 담당을 위해 개인적인 특성에 따라 서열이 형성되고, 특정 역할 수행에 필요한 숙련된 기능이나 능력에 따라 서열이 결정됨
예 선수의 능력에 따라 선발 또는 후보 결정
③ 평가: 가치나 유용성의 정도에 따라 상이한 각 위치에 지위를 적절하게 배열하는 것으로, 평가적 판단 요소는 권위, 호감, 인기 등으로 구성됨
예 선수의 경기력으로 선수 등급 평가
④ 보수 부여: 분화 및 서열화되어 있으며, 평가된 각 지위에 대하여 생활하는 데 필요한 여러 가지 자원이 배분되는 과정임 예 평가에 따라 보수 및 연봉 결정

2 사회 계층과 스포츠 참가

1. 사회 계층에 따른 종목의 차이 `기출 2020/2017/2016`

① 스포츠 종목마다 역사성, 경제성, 공간성, 시간성 등의 특성이 상이하기 때문에 이를 통해 사회 계층적 차이를 분명하게 파악할 수 있음
② 상류층은 테니스, 골프, 수영과 같이 경제적 여유를 전제로 하는 개인 스포츠에 가장 많이 참여하고, 중·하류층은 축구, 야구, 복싱, 씨름 등과 같이 단체 스포츠 및 투기 스포츠에 참여율이 높음

스포츠 계층의 형성 과정

지위의 분화
↓
지위의 서열화
↓
평가
↓
보수 부여

스포츠 참가 유형의 차이

- 상류층일수록 참여 스포츠를 선호함
- 부유층, 귀족 계급의 재력·사회적 지위 과시 수단임
- 상대적으로 경제적 어유나 시간이 풍부하지 못한 하류층의 스포츠 참가가 제한됨

핵심테마 06 스포츠와 사회 계급/계층

Speed 심화포인트

2. 상류 계층이 개인 스포츠에 많이 참여하는 이유 기출 2020
① 경제적 측면: 개인 스포츠를 하류층이 즐기기에는 과중한 비용이 부담됨
② 스포츠 사회화 과정: 개인 스포츠 종목을 강조하는 생활 습관의 분위기
③ 과시 소비: 사치스러운 활동을 주위 사람들에게 인식시키기 위함
④ 직업적 특성: 일과 시간에 기인함

3 스포츠와 계층 이동

1. 스포츠와 사회 이동

(1) 사회 이동의 의미
집단, 개인이 어떤 사회적 위치에서 다른 사회적 위치로 이동 또는 변화하는 현상이다.

(2) 기든스(Giddens)의 사회 이동의 유형 기출 2025/2024/2022/2020/2015

이동 방향에 따른 구분	• 수직 이동: 계층 구조 내에서 종전의 지위에 대한 상하 변화 • 수평 이동: 계층적 지위의 변화가 없는 이동으로 일종의 단순한 자리바꿈
시간적 거리(기간)에 따른 구분	• 세대 간 이동: 다음 세대로 이어지는 과정에서 발생하는 사회·경제적 지위의 변화 • 세대 내 이동: 개인의 생애를 통해 발생하는 사회·경제적 지위의 변화
사회 이동의 주체에 따른 구분	• 개인 이동: 개인의 능력과 노력에 입각하여 사회적 상승의 기회가 실현 • 집단 이동: 유사한 집단이 어떤 촉매적 계기를 통하여 집합적으로 이동

2. 사회 이동 기제로써의 스포츠 기출 2021/2019/2016

(1) 사회 이동의 기제로써 스포츠의 역할에 동의하는 입장

동의하는 입장	• 스포츠 참가는 사회적 상승 이동을 촉진하는 매개체 역할을 함 • 조직적인 스포츠 참가는 은퇴 후 직업적 후원을 받을 수 있어 대인 관계에 도움이 됨 • 조직적인 스포츠 참가는 직간접적으로 교육적 성취도를 향상시킴 • 스포츠 참가는 사회생활을 하는 데 있어 태도 및 사회적 기준을 발달시킴 • 전문 직종의 기술을 습득할 수 있는 능력을 획득할 수 있음
부정하는 입장	• 과도한 훈련과 잦은 경기 및 활동으로 인하여 교육 성취도가 저하됨 • 학교 재원을 과다하게 소모하여 교육의 본래적 기능이 왜곡될 수 있음

Jump Up 이해

로이(J. Loy)와 레오나르드(G. Leonard)가 제시한 사회 이동 기제로써 스포츠의 역할
• 어린 시절부터 조직적인 스포츠에 참가함으로써 최소한의 교육을 받고서도 프로 스포츠와 같은 전문 직종에 입문할 수 있는 신체적 기량 및 능력이 고도로 발달한다.
　예 고등학교 졸업 후 바로 프로 진출이 가능하여 비슷한 교육 수준의 또래보다 많은 급여와 사회적 주목을 받음
• 조직적인 스포츠 참가는 직간접적으로 교육적 성취도를 향상시킨다.
　예 운동 경기 참여는 졸업을 위한 최소 학점 이수를 학교가 보장하며, 학업 성적이 우수하지 않더라도 전국 규모 대회에서 우수한 성적을 기록하면 상급 학교 특기자로 진학할 수 있는 혜택을 받음
• 조직적인 스포츠 참가는 다양한 형태의 직접적 후원을 받을 수 있는 기회를 제공한다.
　예 프로 선수는 기업으로부터 광고 및 금전적 지원을 받으며, 우수한 성적을 거둔 선수에게는 체육 훈장과 체육 연금을 지급함
• 스포츠 참가는 일반 직업 영역에서 가치 있게 여겨지는 태도 및 행동 양식의 발달을 유도하여 사회적 상승 이동을 촉진한다.
　예 리더십, 대인 관계, 팀워크 등은 사회생활에 매우 가치 있는 요인으로 다른 사회 영역에서 성공할 수 있는 잠재적 가능성을 제고시킴

01

〈보기〉에서 사회 계층에 따른 스포츠 참가에 대한 옳은 설명만을 모두 고른 것은?

보기

㉠ 상류층은 재력이나 사회적 지위를 과시하기 위해 단체 스포츠 참여율이 높다.
㉡ 스포츠 참가는 관람에 비해 경제적 부담과 시간이 요구된다.
㉢ 하류층은 다른 사회 계층에 비하여 참여 스포츠를 선호한다.
㉣ 스포츠는 주로 시간과 경제적 여유가 있는 계급이 사회적 지위를 과시하는 수단이다.
㉤ 스포츠 종목마다 특이성이 상이하기 때문에 사회 계층적 차이를 파악할 수 있다.

① ㉠, ㉡, ㉢
② ㉠, ㉢, ㉣
③ ㉡, ㉣, ㉤
④ ㉢, ㉣, ㉤

| 정답해설 |

㉡ 스포츠 참가는 스포츠 관람에 비해 장비 구입이나 시설 이용에 지출되는 비용이 과중하므로 경제적 부담이 발생하고 시간이 필요하다.
㉣ 스포츠는 주로 시간과 경제적 여유가 풍부한 부유층이나 상류층이 참가하여 재력이나 사회적 지위를 과시하는 수단이 된다.
㉤ 스포츠 종목마다 역사성, 경제성, 공간성, 시간성 등의 특성이 상이하기 때문에 이를 통해 사회 계층적 차이를 분명하게 파악할 수 있다.

| 오답해설 |

㉠ 상류층은 테니스, 골프, 수영과 같이 경제적 여유를 전제로 하는 개인 스포츠에 많이 참여하고, 중·하류층은 축구, 야구, 복싱, 씨름 등과 같은 단체 스포츠 및 투기 스포츠에 많이 참여한다.
㉢ 상류층이 중류층이나 하류층에 비하여 참여 스포츠를 선호한다.

02

스포츠 계층의 특성에 대한 설명으로 옳지 <u>않은</u> 것은?

① 사회성: 스포츠 계층 체계는 항상 사회의 다른 측면과 관련을 맺고 있음
② 다양성: 평등주의적 가치를 반영한 계층 간의 사회적 상호 작용을 증진시킴
③ 보편성: 스포츠 계층은 사회적 상황에 따라 다르게 형성되는 보편적인 사회·문화적 현상임
④ 역사성: 특정 시대의 사회·문화적 배경에 따라 상이하게 나타나며, 특히 사회 계층적 지위와 관련하여 스포츠 참여 및 관람의 특권이 다양하게 변천함

| 정답해설 |

보편성은 스포츠 계층은 어느 곳에서나 존재하고 어디에서든지 발견할 수 있는 사회·문화적 현상이다.

03

〈보기〉에서 설명하는 사회 이동의 유형은?

보기

스포츠 팀에서 후보 선수로 있다가 주전 선수가 되었다든지, 선수에서 코치나 감독으로 승진 이동 또는 2군 감독에서 1군 감독으로 소속이 변경되는 이동이다.

① 수직 이동
② 수평 이동
③ 집단 이동
④ 세대 간 이동

| 정답해설 |

사회 이동의 유형에는 수직 이동과 수평 이동, 세대 간 이동, 세대 내 이동, 개인 이동, 집단 이동 등이 있다. 수직 이동은 계층 구조 내에서 집단 또는 개인이 지녔던 종전의 지위에 대한 상하 변화를 의미한다.

| 오답해설 |

② 수평 이동: 계층적 지위의 변화가 없는 이동으로, 일종의 단순한 자리 바꿈
③ 집단 이동: 유사한 집단이 어떤 촉매적 계기를 통하여 집합적으로 이동
④ 세대 간 이동: 한 세대에서 다음 세대로 이어지는 과정에서 발생하는 사회·경제적 지위의 변화

정답 01 ③ 02 ③ 03 ①

04 [2025년 기출문제]

〈보기〉에서 ㉠에 해당하는 투민(M. Tumin)의 계층 특성과 ㉡에 해당하는 베블런(T. Veblen)의 이론은?

보기

㉠ 민철이는 취미로 골프를 시작하려 했지만, 골프 장비가 비싸서 포기했다. 결국 민철이는 초기 비용이 적게 드는 배드민턴을 하기로 했다. 반면, 부유한 집안에서 자란 준형이는 어렸을 때부터 부모님을 따라 자연스럽게 골프를 접할 수 있었고, 현재도 일주일에 한 번은 골프를 하고 있다.

㉡ 선영이는 요트에 흥미가 없지만 주변 지인들에게 자신의 경제력을 자랑하려고 요트를 구매했다. 선영이는 지인들과 요트를 함께 즐기면서 자연스럽게 자신의 부를 드러낸다.

	㉠	㉡
①	영향성	자본론
②	영향성	유한계급론
③	역사성	자본론
④	역사성	유한계급론

| 정답해설 |

- ㉠ 영향성: 권력, 재산, 평가 및 심리적 만족의 불평등에 의한 결과는 생활 기회와 생활 양식에 변화를 가져오며, 스포츠 역할과 선호도 또한 사회 계층에 영향을 받을 수 있다는 영향성에 대한 설명이다.
- ㉡ 유한계급론: 자신의 지위를 자랑하기 위한 과시적 소비, 최신 유행을 무작정 따라가는 모방적 소비, 순간적인 욕구에 휘말리는 충동적인 소비 등은 유한계급의 과시적 소비와 여가에 대한 설명이다.

| 오답해설 |

- 역사성: 특정 시대의 사회·문화적 배경에 따라 상이하게 나타나며, 특히 사회 계층적 지위와 관련하여 스포츠 참여 및 관람의 특권이 다양하게 변화한다.
- 자본론: 자본주의 사회에서 나타나는 가격, 이윤, 생산자, 소비자 등의 경제 현상들이 사실은 자본주의 사회 구조 속에서만 그렇게 나타나는 것이라고 주장한 이론이다.

05

사회적 상승 이동의 매개체로써 스포츠의 역할에 대한 입장이 다른 하나는?

① 사회적 상승 이동을 촉진한다.
② 스포츠를 통해 학교 재원을 소모한다.
③ 직업적 후원의 다양한 기회를 제공한다.
④ 교육 기회를 제공하고 성취도를 향상시킨다.

| 정답해설 |

스포츠를 통해 학교 재원을 소모하는 것은 교육의 본래적 기능이 왜곡될 수 있다고 볼 수 있으므로, 사회 이동의 기제로써 스포츠의 역할에 부정하는 입장이다. ①③④는 사회 이동의 기제로써 스포츠의 역할에 동의하는 입장이다.

06 [2022년 기출문제]

〈보기〉의 내용을 기든스(A. Giddens)의 사회 계층 이동 준거와 유형으로 바르게 묶은 것은?

보기

- K는 가난한 가정에서 태어나 끊임없는 훈련을 통해 축구 월드 스타가 되었다.
- 월드 스타가 되고 난 후, 축구 장학 재단을 만들어 개발도상국에 축구 학교를 설립하여 후진 양성에 큰 역할을 하고 있다.

	이동 주체	이동 방향	시간적 거리
①	개인	수직 이동	세대 내 이동
②	개인	수평 이동	세대 간 이동
③	집단	수직 이동	세대 간 이동
④	집단	수평 이동	세대 내 이동

| 정답해설 |

〈보기〉는 사회 계층 이동의 준거와 유형에 대한 내용이다. 사회 이동의 주체는 K라는 개인이고, 가난한 가정에서 노력을 통해 축구 월드 스타가 되었기 때문에 수직 이동하였다. 또한 축구 장학 재단을 통해 후진 양성을 하는 것은 개인의 생애에서 발생하는 변화이므로 세대 내 이동에 해당한다.

정답 04 ② 05 ② 06 ①

핵심테마 07 | 스포츠와 사회화

1 스포츠 사회화의 의미와 과정

1. 스포츠 사회화의 의미
개인이 스포츠를 통하여 집단 구성원의 공통 가치관, 신념, 태도 등을 집단 내의 다른 구성원과 상호 작용하여 자신의 지위에 상응하도록 습득하는 과정임

2. 스포츠 사회화의 과정 기출 2025/2022/2021/2020/2018
① **스포츠로의 사회화**: 개인이 스포츠에 참여한 경험에 대한 영향으로 스포츠 개입 수준을 증가 또는 감소시키는 것
  예) 아버지와 함께 야구 경기장을 방문한 후 리틀 야구단에 입단
② **스포츠를 통한 사회화**: 스포츠 활동에 지속적으로 참여함으로써 사회 생활에 필요한 긍정적인 가치와 태도, 규범, 행동 양식 등을 습득하는 것
  예) 뛰어난 경기력으로 프로 구단에 입단
③ **스포츠로부터의 탈사회화**: 자의나 타의로 스포츠 참가를 중단하는 것
  예) 갑작스러운 부상으로 선수 생활 은퇴
④ **스포츠로의 재사회화**: 스포츠에 참여했던 사람이 어떤 이유에서 스포츠로부터 탈사회화 과정을 거친 다음 다시 스포츠에 참여하게 되는 것
  예) 은퇴 선수가 지도자 수업을 듣고 코치로 재취업

3. 스포츠 사회화 이론 기출 2025/2024/2023/2022/2021/2019/2017

(1) **사회 학습 이론**
사회적 행동을 습득하고 수행하는 과정을 밝히는 이론으로 인간의 심리적 특성과 사회적 행동이 사회적 과정을 통해 학습된다고 보며, 스포츠 역할의 학습 접근 방법은 강화, 코칭, 관찰 학습으로 구성됨

강화	• 상과 벌의 외적 보상에 의해 사회적 역할 습득 • 벌(부정적 강화)은 행동 억제, 상(긍정적 강화)은 행동 지속
코칭	사회화 주관자에 의해 새로운 지식과 기능 학습
관찰 학습	개인의 과제 학습과 수행은 타인의 행동을 관찰한 결과와 유사

(2) **역할 이론**
사회 구조 속에서 사회적 지위를 유지하기 위한 역할 기대 또는 행동 양식을 획득하는 과정에 관한 이론으로, 사회화 과정을 통해 집단의 구성원으로 적응해 나가는 역할을 설명함

스포츠에서의 사회화 모형

```
스포츠로의 개인의 사회화
스포츠로의 사회화
      ↓
   스포츠 참가
      ↓
  스포츠 참가의 결과
 스포츠를 통한 사회화
      ↓
  스포츠 참가의 중단
 스포츠로부터의 탈사회화
      ↓
  스포츠로의 재사회화
```

역할 학습에 관련된 사회화 과정
- 개인적 특성: 성, 연령, 사회·경제적 지위 등
- 중요 타자: 가족, 동료, 교사, 대중 매체 등
- 사회화 상황: 집단 구조, 참여의 자발성 등

핵심테마 07 스포츠와 사회화

Speed 심화포인트

(3) 준거 집단 이론

특정 집단이나 타인의 행동, 태도, 감정 등을 자신의 판단 준거로 삼는 이론으로, 사회화 주관자 준거 집단은 규범 집단, 비교 집단, 청중 집단으로 구성됨

규범 집단	규범의 설정과 가치관 형성을 위한 개인 행동 지침을 제공하는 집단
비교 집단	특정한 역할 수행의 기능적 의미를 제시하는 역할 모형 집단
청중 집단	타 집단의 가치와 태도에 부합되게 행동하려는 집단

2 스포츠로의 사회화와 스포츠를 통한 사회화

1. 스포츠로의 사회화

(1) 스포츠로의 사회화의 의미 기출 2023/2019/2015

① 어린 시절부터 성인 시기에 이르기까지 스포츠에 참여한 경험에서 긍정적 혹은 부정적 영향을 받아 스포츠에 대한 개입 수준을 증가 또는 감소시키는 것
② 스포츠로의 사회화를 통하여 참여 형태, 참여 수준, 경기 성향 등이 결정됨
③ 스포츠에 대한 개입 수준은 스포츠에 투자하는 시간과 돈, 에너지의 양을 결정함

스포츠 활동에 대한 개입을 유지하고 증진시키는 요소
- 스포츠 활동에서 얻는 즐거움
- 승리·금전·건강 등과 같은 외적 보상 기대
- 상대방의 인정을 받고 느끼는 만족감
- 부정적 제재로부터의 회피
- 스포츠계에 의존하고 있는 개인의 정체 의식

(2) 스포츠 사회화의 주관자 기출 2025/2018/2015

스포츠 사회화는 특정의 기능, 특질, 가치 등에 의해 스포츠 역할이 수행되는 과정이므로 이를 전달해 주는 실체가 존재함

가족	• 부모: 스포츠 참가에 대한 부모의 영향력은 부모가 역할 모형으로서 직접 스포츠에 참가하거나 관심과 격려를 수반할 때 발생함 • 형제자매: 형제자매 간의 영향력도 참가의 중요한 변수임
동료 집단	• 같은 관심을 지니는 또래 집단을 의미함 • 청소년기에 가장 큰 영향력을 미치는 사회화 주관자임
학교	지식과 기능, 도덕적 규범이나 가치 체계를 함양시키고, 정규 체육인 교과 체육과 기타 프로그램을 통해 스포츠 사회화의 경험을 제공함
지역 사회	주민에게 다양한 체육 활동 기회를 제공하여 스포츠에 참가할 기회를 제공함
대중 매체	매체를 접하는 대상은 스포츠와 친숙해질 수 있는 기회를 제공받을 수 있으며, 행동적 경쟁에 대한 역할 모형으로서 스포츠 역할을 창출함

2. 스포츠를 통한 사회화 기출 2020/2018/2017/2016/2015

스포츠를 통한 사회화는 특정 사회에서 생존과 성공에 필요한 자질을 습득하는 과정에서 스포츠 활동의 경험을 통하여 가치나 태도 및 행동을 학습하는 것을 의미하며, 하나의 사회 체계인 스포츠 장면에서 학습된 기능, 특성, 가치, 태도, 지식 및 성향 등이 다른 사회 현상으로 전이 또는 일반화되는 과정임

① 참가의 유형

행동적 참가	• 일차적 참가: 스포츠에 참가하는 승자, 패자, 주전 선수, 후보 선수 • 이차적 참가: 선수로서의 참가가 아닌 그 외에 스포츠 생산과 소비 과정에 참여하는 형태 　-생산자: 지도자(직접), 구단주, 기업가(간접) 　-소비자: 관중(직접), 팬(간접)

인지적 참가	학교, 사회 기관, 매스컴, 대회 등을 통하여 스포츠에 관한 일정 정보(스포츠 역사, 규칙, 기술, 전술, 경기 전적 등)를 수용함으로써 이루어지는 참가
정의적 참가	간접적으로 특정 선수나 팀 또는 경기 상황에 대하여 감정적 태도나 성향을 표출하는 참가

② 참가의 정도

참가 빈도	참가하는 횟수
참가 기간	참가하는 시기와 경과 정도
참가 강도	참가하여 개입 또는 몰입하는 정도

③ 참가의 형태

일상적 참가	스포츠 활동에 정기적으로 참가
주기적 참가	일정 간격을 유지하면서 스포츠에 지속적으로 참가
일탈적 참가	• 일차적 일탈 참가: 자신의 직업을 등한시하거나 포기하고 스포츠 활동에 참가 • 이차적 일탈 참가: 관람의 차원을 넘어 도박으로 스포츠 관람을 탐닉하는 상태

④ 참가의 수준
  ㉠ 조직적 스포츠 참가: 비교적 지속적이며 안정된 체제 구축
    예) 운동부나 스포츠 동호회에 소속되어 주기적인 스포츠활동 참여
  ㉡ 비조직적 스포츠 참가: 불안정하며 지속적이지 못함

3 스포츠로부터의 탈사회화와 스포츠로의 재사회화

1. 스포츠로부터의 탈사회화

(1) **스포츠로부터의 탈사회화의 의미**
   스포츠에 참가하여 활동을 지속하던 개인이 여러 요인으로 스포츠를 중단, 탈락, 은퇴하게 되는 경우를 의미함

(2) **스포츠로부터의 탈사회화 제약 요인** 기출 2024
   ① 내재적 제약: 개인의 심리 상태, 태도, 성격, 능력, 지식, 경험 등과 같은 내적인 요소로 인해 발생
   ② 대인적 제약: 가족, 친구, 동료, 지역사회, 문화 등 다양한 대인적 요소로 인해 발생
   ③ 구조적 제약: 사회적, 경제적, 기술적 요인 등 외부적인 구조적 요소로 인해 발생

2. 스포츠로의 재사회화

운동선수가 스포츠 활동으로부터 중단, 탈락 및 은퇴하는 탈사회화 이후, 스포츠 현장으로 복귀하여 스포츠로의 사회화 과정을 다시 경험하는 것을 의미함

Speed 심화포인트

스포츠 사회화의 전이 조건
기출 2023
• 참여의 정도
• 참여의 자발성
• 사회관계의 본질성
• 참가의 개인적·사회적 특성
• 사회화 주관자의 위신 및 위력

스포츠로부터의 탈사회화에 영향을 미치는 요인 기출 2017/2016/2015
• 환경 요인
• 취업 요인
• 정서 요인
• 역할 사회화 요인
• 인간관계 요인

스포츠로의 재사회화의 유형
기출 2017/2016/2015
• 다른 유사 종목으로 재사회화
• 스포츠 관련 직업 또는 역할 선택으로 재사회화
• 직접 참가에서 간접 참가로 재사회화

출제 0순위 공략! 꼭 풀어야 할 대표문제

01

〈보기〉에서 설명하는 사회화 과정으로 가장 적합한 것은?

> **보기**
>
> 어린 시절부터 성인 시기에 이르기까지 스포츠에 참여한 경험에서 긍정적 혹은 부정적 영향을 받아 스포츠에 대한 개입 수준을 증가 또는 감소시킨다.

① 스포츠로의 사회화
② 스포츠로의 재사회화
③ 스포츠를 통한 사회화
④ 스포츠로부터의 탈사회화

| 정답해설 |
〈보기〉는 스포츠로의 사회화에 대한 설명이다.

02 [2025년 기출문제]

스포츠 사회화 이론에 관한 설명으로 적절하지 <u>않은</u> 것은?

① 사회 학습 이론에서는 다른 구성원의 행동을 관찰 학습하여 사회화가 이루어진다고 설명한다.
② 사회 학습 이론에서는 모방, 강화 등을 통해 새로운 행동을 학습하여 사회화가 이루어진다고 설명한다.
③ 준거 집단 이론에서는 구성원이 속한 집단의 규칙을 따르지 않아도 사회화가 이루어진다고 설명한다.
④ 역할 이론에서는 개인을 무대 위의 특정 역할을 부여받은 배우로 간주하여 그 역할을 수행하며 사회화가 이루어진다고 설명한다.

| 정답해설 |
준거 집단 이론은 타인의 행동, 태도, 감정 등을 자신의 판단 준거로 삼는 이론이다. 따라서 구성원이 속한 집단의 규칙이 사회화에 준거가 될 수 있다.

| 심화해설 |
- 사회 학습 이론: 사회적 행동을 습득하고 수행하는 과정을 밝히는 이론으로 인간의 심리적 특성과 사회적 행동이 사회적 과정을 통해 학습되어 사회화가 이루어진다고 설명하는 이론이다.
- 역할 이론: 사회 구조 속에서 사회적 지위를 유지하기 위한 역할 기대 또는 행동 양식을 획득하는 과정에 관한 이론으로, 사회화 과정을 통해 집단의 구성원으로 적응해 나가는 역할을 설명하는 이론이다.

03

스포츠로부터의 탈사회화와 스포츠로의 재사회화에 대한 설명으로 옳지 <u>않은</u> 것은?

① 운동선수의 스포츠로부터의 탈사회화는 선수 은퇴를 말한다.
② 모든 운동선수는 은퇴 후 스포츠로의 재사회화 과정을 겪는다.
③ 운동선수가 스포츠로부터의 탈사회화를 겪게 되는 요인에는 환경, 취업, 정서 등이 있다.
④ 스포츠로부터의 탈사회화 이후 스포츠 현장으로 복귀하여 스포츠 사회화 과정을 다시 경험하는 것을 스포츠로의 재사회화라고 한다.

| 정답해설 |
모든 운동선수들이 탈사회화 이후 스포츠로의 재사회화 과정을 겪는 것은 아니다.

04 [2024년 기출문제]

레오나르드(W. Leonard)의 사회 학습 이론에서 〈보기〉의 설명과 관련된 사회화 기제는?

> **보기**
>
> - 새로운 운동기능과 반응이 학습된다.
> - 학습자에게 동기를 부여할 수 있게 된다.
> - 지도자가 적합하다고 생각하는 새로운 지식을 알게 된다.

① 강화
② 코칭
③ 보상
④ 관찰 학습

| 정답해설 |
사회화 주관자에 의해 새로운 지식과 기능 학습이 이루어지는 코칭에 대한 설명이다.

정답 01 ① 02 ③ 03 ② 04 ②

핵심테마 08 | 스포츠와 일탈

1 스포츠 일탈의 이해

1. 스포츠 일탈의 개념과 관점

(1) 스포츠 일탈의 의미
스포츠 자체의 규범적 체계 기준에서 벗어나는 행동은 일탈로 규정함

(2) 스포츠 일탈에 대한 관점 기출 2023/2020/2017
① 절대론적 접근
  ㉠ 어떤 사회에서든 통용되는 보편적 기준이 있다는 관점
  ㉡ 스포츠맨십, 법률, 기타의 가치 체계에 대한 준수 여부로 일탈을 구분
  ㉢ 일탈 행위에 대한 절대적 기준이 있고 그 기준을 준수해야 함
  ㉣ 개인적인 차원의 행위로 일탈을 판단
② 상대론적 접근
  ㉠ 특정 사회 구조나 제도와의 일치 여부로 일탈을 판단하는 관점
  ㉡ 동일한 행위도 사회 제도와 문화에 따라 다르게 평가
  ㉢ 스포츠 규칙의 변화에 개방적임
  ㉣ 사회 구조적인 문제로 일탈을 판단

(3) 일탈의 스포츠사회학 이론 기출 2025/2024
① **문화 규범 이론**: 일탈 행위는 동조행위와 같이 문화적으로 유형화된 행위라는 데 초점을 두고 일탈자가 되는 것은 주위의 일탈적 문화 양식을 습득하기 때문에 발생한다는 이론
② **차별 교제 이론**: 문화 규범 이론과 관련된 이론으로 일탈적인 사회 환경 속에서 일탈자들과 접촉하며 그들의 문화와 행동을 학습한 결과를 일탈로 보는 이론
③ **사회 통제 이론**: 규범 위반이 일반적으로 흥미롭고 이로운 것이기 때문에 대부분의 사람은 이를 위반하려는 동기가 있는 데 반해, 결과적으로 규범을 위반하는 사람은 왜 소수에 불과한가를 설명하고자 하는 이론
④ **낙인 이론**: 행위 자체의 속성이 나쁜 것이 아니라 남들이 일탈이라고 낙인을 찍었기 때문에 일탈이 된 것이라고 설명하는 이론
⑤ **아노미 이론**: 선수의 승리에 대한 목표와 수단의 괴리로 인해 일탈이 발생한다는 이론

Jump Up 이해

머튼(R. Merton)의 아노미(anomie) 이론 기출 2025/2022/2021/2020/2018
- 사회 구성원이 일반적으로 받아들이는 '문화적 목표'와 그 사회가 인정하는 '제도적 수단' 사이 괴리로 인해 발생하는 갈등 현상을 '아노미'라고 한다.
- 스포츠의 목표 – 수단 괴리와 적응 모형: 아노미 이론에서는 승리 추구라는 목표와 공정 경쟁이라는 수단이 일치하지 않기 때문에 생기는 갈등을 해소하기 위한 선수의 일탈 행동을 동조주의, 혁신주의, 의례주의, 도피주의, 반역주의 5가지 유형으로 분류하였다.

유형	설명	목적	수단
동조주의	사회의 문화적 목표를 받아들이고 그 목표를 성취하도록 제도화된 수단을 모두 수용	○	○

핵심테마 08 스포츠와 일탈

Speed 심화포인트

혁신주의	문화적 행동 목표는 수용하나 이를 성취하기 위한 수단은 거부하는 행위로, 수단과 방법을 가리지 않고 성공하려는 행위	○	×
의례주의	수단은 수용하지만 목표의 수용은 부정하는 행위로, 승패에 집착하지 않고 참가에 의의를 두며 경기 결과보다 과정을 중시	×	○
도피주의	문화적으로 승인된 목표와 사회적으로 용인되는 수단을 모두 거부하는 행위	×	×
반역주의	새로운 목표와 수단을 주장하며 사회의 변혁에 노력하는 행위	○	○

스포츠 일탈의 원인

- 과도한 승리에 대한 집착은 스포츠맨십과 페어플레이 정신에 어긋나는 행동 유발
- 공식적으로 규정된 훈련 시간 이외 시간에 훈련
- 학생 선수로서 수업과 연습에 참여해야 하는 상황에서 두 역할에 대한 기대를 모두 충족시키고자 할 경우 역할 갈등이 발생
- 감독과 코치 사이에 발생하는 기대치로 인한 역할 기대 간 불일치 발생

2. 스포츠 일탈의 특성

(1) 스포츠 일탈의 특성 기출 2024/2023/2020/2019

① 과소 동조: 훈련 또는 경기와 관련된 규칙이나 규범이 있다는 것을 몰랐거나 알면서도 무시하고 벌이는 일탈 행위

② 과잉 동조
  ㉠ 의미: 훈련 또는 경기와 관련된 규칙이나 규범을 무비판적으로 따름으로써 한계를 벗어난 행위
  ㉡ 원인
   - 경기에 헌신할 것을 요구
   - 위험이나 고통을 자연스럽게 받아들임
   - 성공 추구 중 부딪치는 장애물은 모두 극복
   - 스포츠 집단의 특별한 연대감 형성에 기여
   - 스포츠 집단의 문화를 특수한 것으로 여김
   - 집단에서 인정과 존중을 받고 선수로서 정체성을 유지하는 것을 중요시함

Jump Up 이해

코클리(J. Coakley)가 제시한 일탈적 과잉 동조를 유발하는 스포츠윤리 규범의 유형
기출 2024/2022/2021/2019

- 몰입 규범: 스포츠를 삶의 우선순위에 두고 경기 및 팀을 위해 자신을 희생하여 경기에 헌신하는 유형이다.
- 인내 규범: 경쟁 과정에서 발생하는 고통을 경기의 일부분으로 받아들이고 고통을 견뎌 내야 진정한 운동선수로 인정받을 수 있다고 강조한다.
- 도전 규범: 목표를 지나치게 강조하여 성공해야 한다는 의무감으로 고난과 역경을 극복해 나가는 노력을 강조한다.
- 구분 짓기 규범: 타인 혹은 본인 스스로와 경쟁을 통해 기록을 경신하는 것을 궁극적인 목표로 다른 선수와 차별성을 강조하며, 승리를 성취하고자 하는 노력을 의미하는 탁월성을 추구한다.

2 스포츠 일탈의 기능, 형태, 유형

1. 스포츠 일탈의 기능 기출 2023/2018

(1) 순기능

스포츠 일탈은 원칙적으로 역기능으로 작용하지만 특정한 경우에는 순기능으로 작용하기도 함
① 규범의 존재를 재확인시켜 주기 때문에 규범에 대한 동조를 강화함
② 부분적인 스포츠 일탈은 사회적 안전판 역할을 함
③ 사회에 개혁과 창의성을 가져다주는 역할을 함

(2) 역기능

스포츠 일탈 행동으로 전체적인 질서와 기능이 마비되는 경우는 드물지만, 장기간 지속되면 심각하고 부정적인 결과를 초래할 수 있음
① 스포츠 체계의 질서 및 예측 가능성을 위협하고 긴장과 불안을 조성함
② 스포츠 참가자의 사회화에 부정적인 영향을 미침

2. 스포츠 일탈의 형태 기출 2020/2016

① 부정적 일탈(반규범적): 일반적인 일탈로 규범을 위반하는 행동
  예 승부 조작, 스포츠 도박, 약물 복용 등
② 긍정적 일탈(규범적)
  ㉠ 일반적으로 적절하다고 여기는 관용 한계를 초월하는 행동
  ㉡ 사회적으로 문제시되지 않고 사회가 지향해야 할 바람직한 행동 유형으로 인정

3. 스포츠 일탈의 유형

(1) 폭력 행위 기출 2016

폭력은 중대한 일탈 행동으로 취급되며 법적으로 형사 처벌 대상임
① 적대적 공격: 주요 목적은 타인의 고통이나 부상 예 빈볼
② 도구적 공격: 주요 목적은 승리, 금전 등 다른 외적 보상이나 목표를 획득하는 것

(2) 약물 복용

운동선수의 육체적·심리적 기능을 인위적으로 항진시키기 위하여 화학적 합성물 혹은 천연 물질을 사용하는 것

(3) 부정행위 기출 2018/2016

① 제도적 부정행위: 경쟁 상황을 유리하게 이끌어가기 위한 제도적 속임수
  예 헐리웃 액션, 경기 지연을 위한 빈번한 항의 등
② 일탈적 부정행위: 사회에서 용인되지 않기 때문에 엄격한 제재를 받는 행위로, 제도적 부정행위와 달리 그 정도가 심각하고 악의적이며 격렬한 비난의 대상
  예 상대편 경기 용구 훼손, 승부 조작, 약물 사용 등

(4) 조직적 일탈

사회에서 영향력 있는 개인이나 집단, 조직, 기관 등에 의해 이루어지는 비윤리적이고 불법적인 규범 위반 행위

Speed 심화포인트

사회학적 연구는 부정적 일탈 중심이었으나, 최근에는 긍정적 일탈 연구에 관심이 높아짐

핵심테마 08 스포츠와 일탈

Speed 심화포인트

(5) 관중 폭력 `기출 2020/2016/2015`
① 경기에 대한 과도한 몰입과 승부에 대한 집착으로 나타나는 과잉 행동
② 관중들이 경기 결과에 대하여 집단적으로 자발적, 비구조화되어 발생하는 폭력 행위
③ 지역 감정, 전통, 문화적 영향력에 의해 발생함
④ 구조적으로 통제력이 약화될 때 발생함

Jump Up 이해

집단행동의 발생을 설명하는 이론 `기출 2021`
- 전염 이론: 병이 전염되듯이 군중 속의 한 사람 또는 몇몇 사람의 영향을 받아 관중 폭력이 발생한다는 이론이다.
- 수렴 이론: 개인들이 평소에 가지고 있던 반사회적 생각이 하나로 모여 군중이라는 익명성을 방패 삼아 표출된 것이 관중 폭력이라는 이론이다.
- 규범 생성 이론: 동질성이 거의 없던 개인들이 큰 집단으로 발전하는 과정에서 핵심적인 구성원이 적절한 행동을 암시하고, 나머지 구성원이 그에 동조하여 새로운 규범이 만들어지면 집단행동이 발생한다고 보는 이론이다.
- 부가 가치 이론(사회 변형 이론): 집단행동이 일어나기 위해서는 어떤 요인이나 조건들이 순차적으로 조합을 이루어야 한다고 보는 이론이다.

스미스(M. Smith)의 경기장 내 신체 폭력 유형 `기출 2024`
- 경계 폭력: 경기의 규칙에 위반되지만 스포츠의 예절 및 규범, 유용한 경쟁 전략에는 부합되는 것으로 선수들과 코치들에게 받아들여지는 폭력을 의미한다. 야구의 빈볼성 투구, 축구 및 농구의 팔꿈치, 무릎 등 사용이 경계 폭력에 해당한다.
- 범죄 폭력: 법을 위반하는 행위로 이유 불문하고 비난받게 되고 범죄로 기소될 수 있는 폭력을 의미한다. 계획적 폭행으로 죽거나 불구에 이를 정도의 심각한 폭행 등이 해당한다.
- 유사 범죄 폭력: 경기 규범과 공공 법을 위반하는 행위이며 선수들 사이의 비공식적 규범 등을 위반하는 폭력을 의미한다. 비열한 플레이, 불시의 공격, 선수들 신체에 위협을 가하고 규범을 어기는 심한 파울 등이 해당한다.
- 격렬한 신체 접촉: 충돌, 가격, 태클, 방해, 부딪힘 그 외의 다른 부상을 유발할 수 있는 형태의 강한 신체적 접촉을 의미한다. 선수들 사이에서 스포츠 참가의 일부로 받아들이며 사회 대부분 사람들은 이를 불법 및 범죄로 분류하지 않고 징계의 필요성도 느끼지 않는다.

출제 0순위 공략! 꼭 풀어야 할 대표문제

01 [2022년 기출문제]

〈보기〉의 설명은 머튼(R. Merton)의 아노미(anomie) 이론에 대한 것이다. ㉠~㉢에 해당하는 적응 유형이 바르게 연결된 것은?

보기
- 도피주의 − 스포츠에 내재된 비인간성, 승리 지상주의, 상업주의, 학업 결손 등에 염증을 느껴 스포츠 참가 포기
- (㉠) − 승패에 집착하지 않고 참가에 의의를 두는 것, 결과보다는 경기 내용 중시
- (㉡) − 불법 스카우트, 금지 약물 복용, 경기장 폭력, 승부 조작 등
- (㉢) − 전략적 시간 끌기 작전, 경기 규칙이 허용하는 범위 내에서의 파울 행위 등

	㉠	㉡	㉢
①	혁신주의	동조주의	의례주의
②	의례주의	혁신주의	동조주의
③	의례주의	동조주의	혁신주의
④	혁신주의	의례주의	동조주의

| 정답해설 |

머튼(R. Merton)의 아노미(anomie) 이론에서는 사회 구성원이 일반적으로 받아들이는 문화적 목표와 그 사회가 인정하는 제도적 수단 사이의 괴리로 인해 발생하는 갈등 현상을 아노미라고 말한다. 아노미 이론에서는 승리 추구라는 목표와 공정 경쟁이라는 수단이 일치하지 않기 때문에 생기는 갈등을 해소하기 위해 선수들이 하는 일탈 행동을 동조주의, 혁신주의, 의례주의, 도피주의, 반역주의 5가지 유형으로 분류하였다.
㉠ 결과보다 경기 내용을 중시하는 것은 의례주의에 해당한다.
㉡ 목표 성취를 위해 수단과 방법을 가리지 않고 성공하려는 행위는 혁신주의에 해당한다.
㉢ 제도화된 수단을 따르며 목표를 성취하려는 행위는 동조주의에 대한 설명이다.

02

스포츠 일탈의 역기능만을 〈보기〉에서 모두 고른 것은?

보기
㉠ 스포츠의 공정성과 질서 체계를 훼손한다.
㉡ 스포츠 참가자의 사회화에 부정적인 영향을 미친다.
㉢ 사회적 안전판 역할을 한다.
㉣ 고정 관념에서 벗어나는 창의성을 가져다주는 역할을 한다.

① ㉠
② ㉠, ㉡
③ ㉠, ㉡, ㉢
④ ㉡, ㉢, ㉣

| 정답해설 |
㉠㉡ 스포츠 일탈의 역기능에 해당한다.

| 오답해설 |
㉢㉣ 스포츠 일탈의 순기능에 해당한다.

03 [2024년 기출문제]

〈보기〉의 사례에 관한 스포츠 일탈 유형과 휴즈(R. Hughes)와 코클리(J. Coakley)가 제시한 윤리 규범이 바르게 연결된 것은?

보기
- 2002년 한일 월드컵 당시 황선홍 선수, 김태영 선수의 부상 투혼
- 2022년 카타르 월드컵에서 손흥민 선수의 마스크 투혼

	스포츠 일탈 유형	스포츠윤리 규범
①	과소 동조	한계를 이겨내고 끊임없이 도전해야 한다.
②	과소 동조	경기에 헌신해야 한다.
③	과잉 동조	위험을 감수하고 고통을 인내해야 한다.
④	과잉 동조	탁월성을 추구해야 한다.

| 정답해설 |
선수의 위험이나 고통을 자연스럽게 받아들이고 경기에 헌신할 것을 요구하는 과잉 동조에 대한 설명이다.

| 오답해설 |
과소 동조는 훈련 또는 경기와 관련된 규칙이나 규범이 있다는 것을 몰랐거나 알면서도 무시하고 벌이는 일탈 행위이다.

정답 01 ② 02 ② 03 ③

04

폭력 행위 중 도구적 공격에 해당하는 것은?

① 농구에서 팔꿈치로 상대방을 가격하는 행위
② 야구에서 투수가 타자의 신체를 위협하는 공을 던지는 행위
③ 축구에서 상대방 선수를 가격하기 위해 다리를 높게 드는 행위
④ 유격수에게 과감한 슬라이딩으로 더블 플레이를 방해 하는 행위

| 정답해설 |

도구적 공격은 상대의 고통이 목적이 아닌 승리, 금전 등 다른 외적 보상이나 목표를 획득하기 위한 폭력 행위이다. 더블 플레이를 방해하는 것은 승리를 위한 공격이므로 도구적 공격으로 볼 수 있다.

| 오답해설 |

①②③ 적대적 공격에 해당한다. 빈볼 등 적대적 공격의 주요 목적은 타인의 고통이나 부상이다.

05

〈보기〉에서 제도적 부정행위만을 모두 고른 것은?

보기
㉠ 반칙 판정을 유도하기 위한 헐리웃 액션
㉡ 경기 지연을 위한 빈번한 항의
㉢ 상대편 경기 용구의 훼손
㉣ 의도적인 승부 조작
㉤ 경주마에 약물 투여

① ㉠, ㉡
② ㉠, ㉣
③ ㉡, ㉢, ㉤
④ ㉢, ㉣, ㉤

| 정답해설 |

부정행위는 제도적 부정행위와 일탈적 부정행위로 구분할 수 있다. 제도적 부정행위는 경쟁 상황을 유리하게 이끌어가기 위한 제도적 속임수로, ㉠㉡이 해당한다. 일탈적 부정행위는 사회에서 용인되지 않는 악의적이고 격렬한 비난의 대상으로 ㉢㉣㉤이 해당한다.

06

[2025년 기출문제]

〈보기〉의 사례에 해당하는 베커(H. Becker)의 스포츠 일탈 이론은?

보기
생활 체육 배드민턴 동호회에서 신입 회원이 실력이 부족하다는 이유로 민폐 회원이라는 별명을 듣게 되었다. 어떤 회원은 게임에서 그를 배제하거나 눈치를 주었고, 몇몇은 노골적으로 비난했다. 시간이 지날수록 신입 회원은 자신이 정말 방해가 된다고 느끼며 위축되었고, 결국 동호회를 그만두고 운동도 포기하였다.

① 중화 이론(neutralization theory)
② 낙인 이론(labeling theory)
③ 욕구 위계 이론(hierarchy of needs theory)
④ 인지 발달 이론(cognitive development theory)

| 정답해설 |

〈보기〉는 행위 자체의 속성이 나쁜 것이 아니라 남들이 일탈이라고 낙인을 찍었기 때문에 일탈이 된 것이라고 설명하는 낙인 이론의 사례이다.

| 오답해설 |

① 중화 이론: 자기의 행위가 나쁘다는 것을 알면서도 죄의식 없이 비행을 저지르는 것으로 자신들의 죄의식을 피할 수 있게 해주는 방식으로 그 행동을 정당화한다는 이론이다.
③ 욕구 위계 이론: 인간의 욕구는 위계적으로 조직되어 있으며 하위 단계의 욕구 충족이 상위 계층 욕구의 발현을 위한 조건이 된다는 이론이다.
④ 인지 발달 이론: 인간의 인지 능력이 나이에 따라 어떻게 발달하는지에 대한 이론이다.

정답 04 ④ 05 ① 06 ②

핵심테마 09 | 미래 사회의 스포츠

1 미래 사회의 스포츠 변화 요인 _{기출 2025/2024/2021/2017/2016/2015}

기술(테크놀로지)의 발달	• 스포츠의 과학화를 위한 첨단 장비의 개발 • 신체적 능력 및 경기력 향상을 위한 프로그램 개발 • 효율적인 훈련 방법 개발 • 기록 향상을 위한 스포츠 장비의 성능 향상과 안전 제고
통신과 전자 매체의 발달	• TV, 인터넷 등의 발달로 다양한 스포츠 종목 시청 가능 • 스포츠 현장의 정보 수집을 위한 콘텐츠 제작
스포츠 조직의 합리화	• 스포츠 참가의 즐거움보다 결과 중시 • 스포츠의 다양성이 배제되고 획일적 기준에 따라 목표 달성에 치중하게 되어 스포츠의 즐거움, 자발성 등이 저하
상업화 및 소비 성향의 변화	• 소비자의 소비 활동 촉진 및 소비 성향 조장 예 장비 및 회원권 구입 • 스포츠의 콘텐츠 자체보다 경기 결과에 따른 이익에 대한 관심 증가
문화의 융합	• 국가와 민족이라는 경계가 희미해지고 동서양의 문화가 융합되어 새로운 형태의 문화가 형성됨 • 다양한 인종과 문화가 공존하는 사회로 진화하면 스포츠도 서로 융합되어 변화될 것으로 예상됨
노년층 스포츠 참가에 대한 관심 증가	• 노령화함에 따라 노년층에 대한 신체 활동의 중요성이 증가 • 노년층의 스포츠용품 및 서비스 시장의 규모가 성장할 것으로 전망
친환경 스포츠의 중요성 증가	• 소비자들의 환경에 대한 인식 변화로 친환경 스포츠 제품과 이벤트에 대한 수요 증가 • 스포츠 기업들의 지속 가능한 재료의 사용, 생산 과정에서의 에너지 절약 등을 통해 환경 보호에 기여

2 스포츠 세계화

1. 스포츠 세계화의 의미

(1) **세계화와 스포츠** _{기출 2024/2022/2021/2019/2017/2016}

① 국제 스포츠 경쟁에서 국가 간 경쟁은 축소되고, 국제 스포츠 조직의 확대를 통해 범세계적 교류가 증진되고 있음
② 기술과 정보의 혁명을 통한 교통·통신·전자 분야의 첨단 기술은 스포츠가 행해지는 공간적 거리를 무의미하게 만들었고, 스포츠 정보를 거래하는 데 드는 비용과 시간이 중요시되고 있음
③ 전 세계에서 표준화된 스포츠 상품과 스포츠 문화를 소비하게 됨
④ 다국적 기업의 개입 증가와 국제적 스폰서십 및 마케팅이 증가함
⑤ 프로 스포츠의 이윤 극대화로 빈익빈 부익부 현상이 심화됨
⑥ 국제 스포츠의 국가 간 배분의 불평등 문제는 많이 개선되었지만, 신자유주의 시대인 오늘날에는 서구 스포츠가 전 세계적 스포츠 문화 영역으로 확대될 가능성이 여전히 존재함

스포츠 세계화의 장단점

장점	• 이윤 창출 극대화 • 선수의 기술 수준 향상 및 선수 생활의 가능성 확대
단점	• 일부 리그의 경제적 독점으로 주변국의 자국 리그는 황폐화됨 • 전 세계 어디에서나 동일한 스포츠를 소비하며 전통 스포츠는 쇠퇴함

핵심테마 09 미래 사회의 스포츠

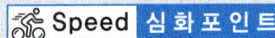

> **Jump Up 이해**
>
> **매기(J. Magee)와 서덴(J. Sugden)의 스포츠 노동 이주 유형** 기출 2025/2023/2021
> - 유목민형(nomadic cosmopolitan): 여러 지역을 찾아다니며 이동 생활을 하는 유형
> - 정착민형(settler): 영구적인 거주지를 가지고 1년 주기로 이어지는 생활을 하는 유형
> - 개척자형(pioneers): 새로운 영역, 운명, 진로 등을 처음으로 열어 나가는 유형
> - 귀향민형(returnee): 타지역에서 고향으로 돌아갔거나 돌아온 유형
> - 추방자형(exile): 자국에서 운동선수로 활동이 불가능하여 망명하는 유형
> - 용병형(mercenary): 돈이 주목적으로 돈 버는 데만 관심이 있는 유형

(2) 스포츠 세계화와 관련된 용어 기출 2025

① **세방화**(glocalization): 세계화를 추구하면서도 현지의 문화와 특성을 반영하는 것으로, 세계화(globalization)와 현지화(localization)를 합성한 용어

② **스포츠화**(sportization): 무분별한 신체적 활동이 스포츠 경기를 지배하는 규칙과 제도를 갖춘 스포츠로 문명화되는 과정

③ **미국화**(americanization): 미국의 다양한 제도와 문화 가치 등이 미국 외 다른 국가에 영향을 미치는 현상과 과정

④ 세계 표준화(global standardization): 전 세계적으로 자재나 제품의 종류, 품질, 모양, 크기 등을 일정한 기준에 따라 통일하는 것

2. 스포츠 세계화의 원인 기출 2024/2023/2020/2019/2018

(1) 제국주의

① 스포츠를 피식민지 국민에 대한 동화 정책의 문화적 수단으로 활용함
② 체제의 지배는 강압보다는 동의를 얻는 방식으로 이루어짐
　예 과거 영국의 식민지 국가에서 크리켓과 럭비가 인기 있는 현상

(2) 민족주의

① 스포츠를 통해 민족에 대한 소속감, 정체성을 확인할 수 있음
② 사람들을 하나로 결속시키는 민족 형성에 결정적 영향을 미침
　예 손기정 선수의 일장기 말소 사건

(3) 종교

① 스포츠는 종교와 연계되어 종교적 거부감을 해소할 수 있음
② 종교와 결합하여 스포츠가 내포하는 협동, 희생, 건강, 페어플레이 등의 가치를 강조함
　예 기독교 단체인 YMCA는 한국에 근대 스포츠(야구, 농구, 배구)를 전파함

(4) 기술(테크놀로지)의 진보

① 기술 발전으로 전 세계에서 열리는 스포츠 경기를 실시간으로 확인할 수 있음
② 교통, 통신, 미디어의 발달은 스포츠 세계화에 결정적 영향을 미침
　예 올림픽, 월드컵, 해외 유명 프로 리그(NFL, MLB, NBA, NHL) 등의 실시간 시청

01

미래 사회의 스포츠 변화에 대한 설명으로 옳지 않은 것은?

① 스포츠 상업화로 인한 도박 감소
② 스포츠 장비 개발 및 경기력 향상
③ 기술의 발전을 통해 새로운 스포츠 등장
④ 전자 매체의 발달로 다양한 스포츠 제공

| 정답해설 |
스포츠의 상업화로 인해 경기 조작, 부정행위, 도박 등이 증가할 것이다.

02　[2025년 기출문제]

〈보기〉의 미래 스포츠 특성에 관한 설명으로 적절한 것을 모두 고른 것은?

> 보기
> ㉠ 노년층 스포츠 참가에 대한 중요성이 증가한다.
> ㉡ 프로 스포츠에서 스포츠 과학의 중요성이 감소한다.
> ㉢ 정보 기술의 발달로 스포츠 참여 형태가 다양해진다.
> ㉣ 탄소배출을 최소화한 친환경 스포츠의 중요성이 증가한다.

① ㉠
② ㉠, ㉡
③ ㉠, ㉢, ㉣
④ ㉡, ㉢, ㉣

| 오답해설 |
㉡ 과학 기술의 발달로 프로스포츠에서 스포츠과학의 중요성이 증가하게 되었다.

03

기술(테크놀로지)의 발달에 따른 미래 스포츠의 변화로 옳지 않은 것은?

① 경기력 향상에 도움
② 스포츠의 위험성 증가
③ 스포츠 첨단 장비의 개발
④ 효율적인 훈련 방법 개발

| 정답해설 |
스포츠와 관련된 장비 및 도구의 성능 향상으로 스포츠의 위험성은 감소될 것이다.

04　[2025년 기출문제]

〈보기〉의 ㉠에 해당하는 로버트슨(R. Robertson)이 제시한 스포츠 세계화의 결과와 ㉡에 해당하는 매기(J. Magee)와 서덴(J. Sugden)이 제시한 스포츠 노동 이주 유형으로 가장 적절한 것은?

> 보기
> ㉠ 스포츠 업체는 글로벌 브랜드 정체성을 유지하면서 뉴질랜드 럭비 대표팀인 올 블랙스(All Blacks)의 경기 전 의식으로 잘 알려진 마오리족의 하카(haka)댄스를 광고에 포함함으로써 지역 문화를 브랜드 메시지에 자연스럽게 녹여냈다.
> ㉡ 축구 선수 B는 현재 베트남의 C팀에서 활동 중이다. 그의 관심은 오로지 더 높은 연봉을 제시하는 팀으로 이적하는 것이다. 베트남의 문화를 즐긴다거나 사람과의 관계를 맺는 것에는 관심이 없다. 그는 언제든 떠날 준비를 하고 있다. 이전에 활동했던 중국의 D팀, 사우디의 E팀이 위치한 지역에 오래 머무른 적도 없다.

	㉠	㉡
①	세방화 (glocalization)	용병형 (mercenaries)
②	세방화 (glocalization)	개척자형 (pioneers)
③	국제적 고립 (global isolation)	용병형 (mercenaries)
④	국제적 고립 (global isolation)	개척자형 (pioneers)

| 정답해설 |
㉠ 세방화: 세계화를 추구하면서도 현지의 문화와 특성을 반영하는 것으로, 세계화(globalization)와 현지화(localization)를 합성한 용어이다.
㉡ 용병형: 돈이 주목적으로 돈 버는 데만 관심이 있는 유형이다.

정답　01 ①　02 ③　03 ②　04 ①

PART 02

스포츠교육학

01 스포츠 교육의 배경 개념
02 스포츠 교육의 정책과 제도
03 스포츠 교육의 참여자 이해론
04 스포츠 교육의 프로그램론
05 스포츠 교육의 지도 방법론 Ⅰ
06 스포츠 교육의 지도 방법론 Ⅱ
07 스포츠 교육의 평가론
08 스포츠 교육자의 전문적 성장

■ **2025년 출제 경향**
- 난이도 '상'의 문제들이 작년에 비해 많이 출제되었다.
- 〈보기〉 문제에 대한 포괄적인 이해를 요구하며, 깊이 있는 이론 학습이 안 될 경우 접근하기 어려운 문제들이 많아졌다.
- '스포츠 지도를 위한 교육 모형'과 '스포츠 지도를 위한 교수 기법'에서 50% 이상 출제되는 높은 비율을 보였다.
- 각 파트별 핵심 이론에 대한 암기 및 포괄적인 이해를 바탕으로 학습을 해야 한다.

출제 기준 & 8개년 기출 분석 (2급 전문/2급 생활/2급 장애인/유소년/노인)

주요 항목	세부 항목	세세 항목
스포츠 교육의 배경 개념 (5%)	스포츠 교육의 발전 과정	1. 19세기 초·중반 2. 19세기 후반부터 20세기 초반 3. 20세기 중반 이후
	스포츠 교육의 개념	1. 스포츠 교육의 의미 2. 스포츠 교육의 실천 영역
스포츠 교육의 정책과 제도 (17%)	학교 체육 정책과 제도	1. 국가 수준 체육과 교육 과정 2. 학교 체육 진흥법 3. 학교 체육 진흥법 시행령
	생활 체육 정책과 제도	1. 국민 체육 진흥법 2. 국민 체육 진흥 정책
	전문 체육 정책과 제도	1. 국민 체육 진흥법 2. 국민 체육 진흥 정책
	체육 지도자	1. 스포츠지도사 2. 건강운동관리사 3. 장애인 스포츠지도사 4. 유소년 스포츠지도사 5. 노인 스포츠지도사
스포츠 교육의 참여자 이해론 (3%)	스포츠 교육 지도자 유형	1. 체육 교육 전문가 2. 스포츠 강사 3. 전문 스포츠지도사 4. 생활 스포츠지도사
	스포츠 교육 학습자	1. 스포츠 교육 학습자의 상태 2. 생애 주기별 발달의 특징과 체육 활동
	스포츠 교육 행정가	1. 스포츠 교육 행정가의 의미 2. 스포츠 교육 행정가의 구분
스포츠 교육의 프로그램론 (5%)	학교 체육 프로그램	1. 학교 체육 프로그램의 개발 및 실천 2. 학교 스포츠 클럽의 개발 및 실천
	생활 체육 프로그램	1. 생활 체육 프로그램의 개발 2. 생활 체육 프로그램의 실천
	전문 체육 프로그램	1. 전문 체육 프로그램의 개념 2. 전문 체육 프로그램의 개발을 위한 단계
스포츠 교육의 지도 방법론 (50%)	스포츠 지도를 위한 교육 모형	1. 교육 모형의 의미와 구조 2. 교육 모형의 종류
	스포츠 지도를 위한 교수 기법	1. 지도 계획안의 설계 2. 지도 내용 전달 3. 과제 제시의 전략 4. 효과적인 관리 운영 5. 피드백 6. IT 매체의 효과적 활용
	세부 지도 목적에 따른 교수 기법	1. 스포츠 지도를 위한 교수 스타일 2. 교수 기능의 연습 방법
스포츠 교육의 평가론 (15%)	평가의 이론적 측면	1. 평가의 개념과 기능 2. 평가의 단계와 양호도
	평가의 실천적 측면	1. 평가의 기준 2. 평가의 기법
스포츠 교육자의 전문적 성장 (5%)	스포츠 교육 전문인의 전문 역량	1. 학교 체육 전문인의 핵심 역량 개발 2. 생활 체육 전문인의 핵심 역량 개발 3. 전문 체육 지도자의 핵심 역량 개발
	장기적 전문인 성장 및 발달	1. 형식적 성장 2. 무형식적 성장 3. 비형식적 성장

핵심테마 01 | 스포츠 교육의 배경 개념

Speed 심화포인트

스포츠 교육의 발전 과정
- 19세기 초·중반: 신체의 교육 및 체조 중심의 교육
- 19세기 후반~20세기 초반: 신체를 통한 교육, 놀이, 게임의 의미로 확대
- 1950년대 이후: 휴먼 무브먼트와 움직임 교육
- 1960년대 이후: 인간주의 체육 교육과 학문화 운동
- 1970년대 이후: 놀이 교육과 스포츠 교육
- 1990년대 이후: 신체 운동학

1 스포츠 교육의 발전 과정

1. 19세기 초·중반

① 신체의 교육 및 체조 중심의 교육: 민족주의적 유럽식 체조 체육과 신체적·도덕적 혜택 및 건강상의 이익을 강조하는 미국식 체조 체육으로 구분
② 건강 중심적 기독교주의
  ㉠ 산업과 도시의 발달로 청교도주의의 영향력 축소
  ㉡ 종교, 스포츠, 건강을 하나로 통합시켜 새로운 시민 종교로 탄생함
③ 이상적인 남성상과 여성상
  ㉠ 체육에 대한 남성 중심의 폐쇄적인 고정 관념이 일반적이었고, 미국이 강대국이 되려면 남성이 좀 더 남성다워져야 한다고 생각함
  ㉡ 여성의 미덕으로 동정심, 순결, 복종, 가정 중심적 사고방식 등을 강조함

2. 19세기 후반부터 20세기 초반 기출 2018

① 아마추어리즘과 페어플레이 정신
  ㉠ 19세기 후반 스포츠가 부흥하자 아마추어리즘과 페어플레이 정신을 구현함
  ㉡ 1896년 제1회 올림픽에서 아마추어리즘과 페어플레이 정신을 명확하게 보여 줌
  ㉢ 1896년 제1회 올림픽이 개최되며 스포츠라는 개념이 국제적으로 통용되기 시작함
② 신(新)체육
  ㉠ 신체의 교육에서 신체를 통한 교육으로서의 체육으로 전환
  ㉡ 미국 진보주의 교육 운동의 대표적인 학자 존 듀이(John Dewey)는 교육이 지적, 도덕적, 신체적 결과를 제공한다고 주장함
③ 유럽의 교육 사상
  ㉠ 루소(Rousseau): 개인이 완전한 자유 속에서 성장할 수 있도록 도와주는 자연주의 교육 프로그램 주장함
  ㉡ 바제도우(Basedow): 독일에 '박애학교'를 설립하고 루소의 자연주의 철학을 실현함
  ㉢ 페스탈로치(Pestalozzi): 경험 학습을 이용하고 신체 훈련을 중요한 교육 내용에 포함함
  ㉣ 프뢰벨(Fröbel): 스포츠와 게임은 아동의 신체 능력과 지력, 성격 함양에 공헌한다고 주장함
④ 놀이가 철학적 개념과 교육 이론의 대상으로 자리 잡음
  ㉠ 20세기 초 미국에서 만연한 '놀이터 증가 운동'
  ㉡ YMCA와 기독교 청년회 단체들이 스포츠와 체력 증강 운동을 광범위하게 채택함
⑤ 체육 교육 철학을 형성하기 시작
  ㉠ 체육 교육 철학은 약 50년간 체육의 전 분야에 지배적인 영향을 미침
  ㉡ 체육이 청소년의 성장에 중요한 역할을 하므로 학교에 체육 과목을 포함시켜야 한다고 믿음

3. 20세기 중반 이후 `기출 2021/2016`

① 휴먼 무브먼트(Human movement)와 움직임 교육(1950년대 이후)
   ㉠ 1948년 라반(Laban)은 『현대 교육 무용』에서 휴먼 무브먼트 철학의 이론적 기반이 되는 내용을 기술했고, 이는 대학, 초·중·고 체육 교과의 개선을 위한 기초 역할을 함 → 체육 학문화 운동 발달의 초석이 됨
   ㉡ 움직임 교육의 교육 과정은 교육 체조, 교육 무용, 교육 게임으로 구분되고, 교육 방법으로 탐색과 발견이 활용됨

② 인간주의 체육 교육과 학문화 운동(1960년대 이후)
   ㉠ 헬리슨의 『인간주의적 체육 교육』은 인간 중심적 체육 교육을 위한 이론적 기초를 제공
   ㉡ 학교 체육의 일차적 목표로 인성 발달, 자기 표현력 함양, 대인 관계 향상 등 강조
   ㉢ 1964년 미국 캘리포니아 대학의 헨리(Henry) 교수가 체육을 하나의 학문 영역으로 만들기 위한 노력을 시작하였으며, 1960년대 말 미국체육학회는 공식적으로 체육학의 세부 학문을 체육 철학 및 체육사, 체육 행정 및 관리학, 운동생리학, 생체 역학, 스포츠심리학 및 사회학, 체육 교육 과정 등 6개 부문으로 크게 구분하고 연구함
   ㉣ 이후 체육은 신체를 통한 교육 또는 신체 교육이라는 교육의 이미지에서 이론적 연구를 주된 목적으로 하는 학문의 이미지로 변화함

③ 놀이 교육과 스포츠 교육(1970년대 이후)
   ㉠ 놀이 교육의 목적은 아이들이 운동 기술을 습득하고, 신체 활동에 애정을 갖도록 돕는 것임
   ㉡ 스포츠 교육의 목적은 아이들에게 스포츠 기능, 지식, 태도를 교육시킴으로써 아이들 스스로가 스포츠를 즐기고 참여하면서 건전한 스포츠 문화에 보다 적극적인 공헌자가 되도록 돕는 것임

④ 신체 운동학(1990년대 이후)
   ㉠ 오늘날의 스포츠 교육은 신체 활동을 교육 내용으로 구성하고 있으며, 스포츠 교육의 목적과 내용을 보다 확장시킴
   ㉡ 신체 운동에는 골격근에 의한 신체 움직임을 통해 일상생활에서 이루어지는 활동 및 스포츠, 운동, 게임, 무용 등이 포함됨

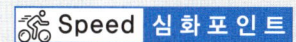

2 스포츠 교육의 개념

1. 스포츠 교육의 의미

(1) 스포츠 교육의 광의적·협의적 의미
① 광의적 의미: 신체 활동을 넘어 실천적 건강 영역과 건강 습관을 위한 영역까지 확대하는 것을 목표로 하는 교육
② 협의적 의미: 신체 활동을 매개로 인간의 가능성을 이끌어 내고 지속적으로 변화시키는 교육

(2) 스포츠 교육학의 연구 영역
① 체육 교사(지도자) 교육
② 체육 교수(수업) 방법
③ 체육 교육 과정(프로그램)

핵심테마 01 스포츠 교육의 배경 개념

2. 스포츠 교육의 실천 영역

(1) 학교 체육

① 체육 교과
  ㉠ 국가 수준 체육과 교육 과정에서 활동의 목표와 내용, 방법과 평가를 제시함
  ㉡ 모든 학생들이 체육 수업을 통해 다양한 학습을 경험하도록 하는 교육

② 비교과 체육 활동
  학생들이 다양한 스포츠 활동을 경험하며 건강 및 인성의 발달을 도모할 수 있도록 제공하는 교육으로, 방과 후 체육 활동(스포츠 활동), 토요 스포츠 데이 활동 등이 있음

(2) 생활 체육

① 스포츠의 교육적 측면과 목표 달성보다는 신체적·정신적 건강과 여가 생활을 위해 개인의 선택에 따라 참여하는 스포츠 활동
② 참여자들은 다양한 스포츠 활동을 통해 삶의 질 향상을 추구함

(3) 전문 체육

① 전문 운동선수와 지도자를 양성하기 위한 체육
② 경기력을 향상하기 위해 경기 활동에 참여하는 것으로, 국가의 위상을 높이고 국민 통합과 단결력을 강화시키는 역할을 함

Jump Up 이해

체육 수업 연구 방법 기출 2024
- 문헌 연구: 책, 논문 등 인쇄된 자료의 소재를 파악하여 종합하고 분석하는 연구
- 실험 연구: 실험을 통하여 얻은 결과를 분석하여 원인과 결과에 대한 이론을 정립하는 연구
- 근거이론 연구: 특정한 사회현상에 대하여 알려진 사실이 거의 없거나 혹은 기존의 사회현상에 대하여 새로운 이해를 얻기 위해서 실제적 분야를 탐색하여 수집된 자료를 근거로 하여 체계적으로 분석하여 이론을 생성하는 연구
- 현장 개선 연구: 교사가 자신의 일을 전보다 잘 이해하고 그것을 보다 나은 방향으로 '개선'하는 것으로 교육 활동의 이해와 개선을 동시에 추구하는 연구

현장 개선 연구
- '문제 파악 → 계획 → 실행 → 관찰 → 반성'의 단계를 순환적 사이클로 문제가 해결될 때까지 계속적으로 진행
- 동료 교사나 연구자의 도움을 받아 지도자 자신의 교육 실천을 스스로 체계적, 반성적으로 탐구하여 개선
- 집단적(협동적), 역동적, 연속적으로 이루어짐

01

스포츠 교육의 발전 과정에 대한 설명으로 옳지 않은 것은?

① 휴먼 무브먼트 철학의 이론적 기반은 20세기 초반부터 시작하였다.
② 스포츠의 개념이 국제적으로 통용되기 시작한 것은 19세기 후반 이후이다.
③ 19세기 후반의 체육은 신체의 교육에서 신체를 통한 교육으로서의 체육으로 전환하였다.
④ 19세기 초반에 체육은 남성 중심의 신체 활동으로 인식되었다.

| 정답해설 |
휴먼 무브먼트 철학의 이론적 기반은 20세기 중반 이후부터 시작하였다.

| 오답해설 |
② 1896년 제1회 올림픽이 개최되며 스포츠라는 개념이 국제적으로 통용되기 시작하였다.
③ 19세기 후반부터 20세기 초반은 진보주의 교육 이론에 근거하여 신체의 교육에서 신체를 통한 교육으로서의 체육 철학으로 넘어가는 시기이다.
④ 19세기 초반의 체육은 남성 중심으로 이루어졌다. 남성이 남성다움을 추구해야 이상적이라고 생각한 반면, 여성은 가정 중심적 사고방식 등을 강조하였다.

02

〈보기〉의 설명에 대한 개념으로 적절한 것은?

> 보기
>
> 아이들에게 스포츠 기능, 지식, 태도를 교육시킴으로써 아이들 스스로가 스포츠를 즐기고 참여하면서 건전한 스포츠 문화에 보다 적극적인 공헌자가 되도록 돕는 것이다.

① 놀이 교육
② 신(新)체육
③ 스포츠 교육
④ 체육 교육 철학

| 정답해설 |
〈보기〉는 20세기 중반 이후의 스포츠 교육에 대한 설명이다.

| 오답해설 |
① 놀이 교육: 아이들이 운동 기술을 습득하고, 신체 활동에 애정을 갖도록 돕는 것이다.
② 신(新)체육: 19세기 후반부터 20세기 초반에 신체의 교육에서 신체를 통한 교육으로서의 체육으로 전환하였다.
④ 체육 교육 철학: 체육이 청소년 성장에 중요 역할을 하므로 학교에 체육 과목을 포함해야 한다고 주장하였다.

03

〈보기〉의 ㉠, ㉡에 해당하는 용어가 바르게 연결된 것은?

> 보기
>
> 19세기 후반부터 20세기 초반, 신체의 교육에서 (㉠)으로 전환하는 철학적 근거를 마련하였으며 (㉡)가 철학적 개념과 교육 이론의 대상으로 자리 잡는 계기가 되었다.

	㉠	㉡
①	건강 중심 교육	체조
②	체육 교육	종교
③	신체를 통한 교육	놀이
④	움직임 교육	체조

| 정답해설 |
19세기 후반부터 20세기 초반에 신체의 교육에서 신체를 통한 교육(㉠)으로서의 체육으로 전환이 일어났다. 놀이(㉡)가 철학적 개념과 교육 이론의 대상으로 자리 잡았으며 체육 교육 철학을 형성하기 시작하였다.

04

스포츠교육학에 관한 설명으로 옳지 않은 것은?

① 학교 체육, 생활 체육, 전문 체육을 모두 포괄한다.
② 교육적 관점에서 모든 연령층의 신체 활동을 다룬다.
③ 체육 교육 과정, 체육 수업 방법, 체육 교사 교육 등을 연구 영역으로 한다.
④ 스포츠교육학은 1920년대에 체육 학문화 운동으로 학문적 체계를 갖추었다.

| 정답해설 |
스포츠교육학은 1960년대 이후 체육학의 학문적 위상을 정립하려는 체육 학문화 운동의 영향을 받아 미국을 중심으로 체계화되었다.

| 오답해설 |
①② 학교 체육, 생활 체육, 전문 체육을 모두 포괄하여 모든 연령층의 신체 활동을 다룬다.
③ 스포츠교육학의 연구 영역에는 체육 교사 교육, 체육 교수(수업) 방법, 체육 교육 과정(프로그램) 등이 있다.

정답 01 ① 02 ③ 03 ③ 04 ④

05

스포츠 교육의 실천 영역 중 〈보기〉의 내용에 해당하는 것은?

| 보기 |

스포츠의 교육적 측면과 목표 달성보다는 개인의 선택에 따라 신체적, 정신적 건강과 여가 생활을 위해 참여하는 스포츠 활동이다.

① 생활 체육
② 학교 체육
③ 전문 체육
④ 특수 체육

| 오답해설 |

② 학교 체육: 국가 수준 체육과 교육 과정에서 활동의 목표와 내용, 방법과 평가를 제시하여 모든 학생들이 체육 수업으로 다양한 학습을 경험하도록 하는 교육이다.
③ 전문 체육: 전문 운동선수와 지도자를 양성하기 위한 체육으로, 경기력 향상을 위해 경기 활동에 참여하는 것이다.
④ 특수 체육: 신체에 장애가 있는 사람이 참여하는 체육 활동으로, 장애인들의 신체적 한계를 신체 활동으로 극복하는 특수 체육 활동이다.

06

[2024년 기출문제]

〈보기〉에서 설명하는 체육수업 연구 방법으로 적절한 것은?

| 보기 |

- 연구의 특징은 집단적(협동적), 역동적, 연속적으로 이루어짐
- 연구의 절차는 '문제 파악 → 개선 계획 → 실행 → 관찰 → 반성' 등으로 순환하는 과정임
- 연구의 주체는 지도자가 동료나 연구자의 도움을 받아 자신의 수업을 탐구함

① 문헌(literature) 연구
② 실험(experiment) 연구
③ 현장 개선(action) 연구
④ 근거이론(grounded theory) 연구

| 오답해설 |

① 문헌 연구: 책, 논문 등 인쇄된 자료의 소재를 파악하여 종합하고 분석하는 연구
② 실험 연구: 실험을 통하여 얻은 결과를 분석하여 원인과 결과에 대한 이론을 정립하는 연구
④ 근거이론 연구: 특정한 사회현상에 대하여 알려진 사실이 거의 없거나 혹은 기존의 사회현상에 대하여 새로운 이해를 얻기 위해서 실제적 분야를 탐색하여 수집된 자료를 근거로 하여 체계적으로 분석하여 이론을 생성하는 연구

정답 05 ① 06 ③

핵심테마 02 | 스포츠 교육의 정책과 제도

1 학교 체육 정책과 제도

1. 국가 수준 체육과 교육 과정

국가 수준 체육과 교육 과정은 초·중·고 체육 수업에 필요한 체육 교과 목표, 교육 내용, 교수·학습 방법, 평가 등을 포함하고 있는 국가 발행 공식 문서를 의미함

Jump Up 이해

「**스포츠 기본법**」 기출 2023/2022

제3조(정의) 이 법에서 사용하는 용어의 뜻은 다음과 같다.
1. "스포츠"란 건강한 신체를 기르고 건전한 정신을 함양하며 질 높은 삶을 위하여 자발적으로 행하는 신체 활동을 기반으로 하는 사회 문화적 행태를 말하며, 「국민 체육 진흥법」 제2조 제1호에 따른 체육을 포함한다.
2. "전문 스포츠"란 「국민 체육 진흥법」 제2조 제4호에 따른 선수(이하 "선수"라 한다.)가 행하는 스포츠 활동을 말한다.
3. "생활 스포츠"란 건강과 체력 증진을 위하여 행하는 자발적이고 일상적인 스포츠 활동을 말한다.
4. "장애인 스포츠"란 장애인이 참여하는 스포츠 활동(생활 스포츠와 전문 스포츠를 포함한다.)을 말한다.
5. "학교 스포츠"란 학교(「유아 교육법」 제2조 제2호에 따른 유치원, 「초·중등 교육법」 제2조 및 「고등 교육법」 제2조에 따른 학교를 말한다. 이하 같다.)에서 이루어지는 스포츠 활동(학교 과정 외의 스포츠 활동과 「국민 체육 진흥법」 제2조 제8호에 따른 운동 경기부의 스포츠 활동을 포함한다.)을 말한다.
6. "스포츠 산업"이란 스포츠와 관련된 재화와 서비스를 통하여 부가 가치를 창출하는 산업을 말한다.
7. "스포츠 클럽"이란 회원의 정기적인 체육 활동을 위하여 「스포츠 클럽법」 제6조에 따라 등록을 하고 지역 사회의 체육 활동 진흥을 위하여 운영되는 법인 또는 단체를 말한다.

제7조(스포츠 정책 수립·시행의 기본원칙) 국가와 지방자치단체는 스포츠에 관한 정책을 수립하고 시행할 때에는 다음 각 호의 사항을 충분히 고려하여야 한다.
1. 스포츠권을 보장할 것
2. 스포츠 활동을 존중하고 사회 전반에 확산되도록 할 것
3. 국민과 국가의 스포츠 역량을 높이기 위한 여건을 조성하고 지원할 것
4. 스포츠 활동 참여와 스포츠 교육의 기회가 확대되도록 할 것
5. 스포츠의 가치를 존중하고 스포츠의 역동성을 높일 수 있을 것
6. 스포츠 활동과 관련한 안전사고를 방지할 것
7. 스포츠의 국제 교류·협력을 증진할 것

2. 학교 체육 진흥법 기출 2025/2024/2023/2022/2021/2020/2019/2018/2017/2016/2015

제1조(목적) 이 법은 학생의 체육 활동 강화 및 학교 운동부 육성 등 학교 체육 활성화에 필요한 사항을 정함으로써 학생들이 건강하고 균형 잡힌 신체와 정신을 가질 수 있도록 하는 데 기여함을 목적으로 한다.

제2조(정의) 이 법에서 사용하는 용어의 뜻은 다음과 같다.
1. "학교 체육"이란 학교에서 학생을 대상으로 이루어지는 체육 활동을 말한다.
2. "학교"란 「유아 교육법」 제2조 제2호에 따른 유치원 및 「초·중등 교육법」 제2조에 따른 학교를 말한다.
3. "학교 운동부"란 학생 선수로 구성된 학교 내 운동부를 말한다.
4. "학생 선수"란 학교 운동부에 소속되어 운동하는 학생이나 「국민 체육 진흥법」 제33조와

핵심테마 02 스포츠 교육의 정책과 제도

Speed 심화포인트

제34조에 따른 체육 단체에 등록되어 선수로 활동하는 학생을 말한다.

5. "학교 스포츠 클럽"이란 체육 활동에 취미를 가진 같은 학교의 학생으로 구성되어 학교가 운영하는 스포츠 클럽을 말한다.
6. "학교 운동부 지도자"란 학교에 소속되어 학교 운동부를 지도·감독하는 사람을 말한다.
7. "스포츠 강사"란 「초·중등 교육법」 제2조 제2호에 따른 초등학교에서 정규 체육 수업 보조 및 학교 스포츠 클럽을 지도하는 체육 전문 강사를 말한다.
8. "학교 체육 진흥원"이란 학교 체육 진흥을 위한 연구, 정책 개발, 연수 등을 실시하는 조직을 말한다.

제6조(학교 체육 진흥의 조치 등) ① 학교의 장은 학생의 체력 증진과 체육 활동 활성화를 위하여 다음 각 호의 조치를 취하여야 한다.

1. 체육 교육 과정 운영 충실 및 체육 수업의 질 제고
2. 제8조에 따른 학생 건강 체력 평가 및 제9조에 따라 비만 판정을 받은 학생에 대한 대책
3. 제10조에 따른 학교 스포츠 클럽 및 제11조에 따른 학교 운동부 운영
4. 학생 선수의 학습권 보장 및 인권 보호
5. 여학생 체육 활동 활성화
6. 유아 및 장애 학생의 체육 활동 활성화
7. 학교 체육 행사의 정기적 개최
8. 학교 간 경기 대회 등 체육 교류 활동 활성화
9. 교원의 체육 관련 직무 연수 강화 및 장려
10. 그 밖에 학교 체육 활성화를 위하여 필요한 사항

② 학교의 장은 제1항에 따른 조치를 시행하기 위하여 필요한 경비를 학교 예산의 범위에서 확보하여야 한다.

③ 교육부 장관과 교육감은 제1항에 따른 조치가 적절하게 취하여지고 있는지를 대통령령으로 정하는 바에 따라 주기적으로 감독하여야 한다.

제7조(학교 체육 시설 설치 등) ① 국가 및 지방 자치 단체는 학생의 체육 활동에 필요한 운동장, 체육관 등 기반 시설을 확충하여야 한다.

② 학교의 장은 교육부 장관이 정하는 바에 따라 학생의 체육 활동 진흥에 필요한 체육 교재 및 기자재, 용품 등을 확보하여야 한다.

③ 학교의 장은 대통령령으로 정하는 바에 따라 학생에 대한 폭력, 성폭력 등 인권 침해의 우려가 있는 학교 체육 시설 관련 주요 지점에 「개인 정보 보호법」 제2조 제7호에 따른 고정형 영상 정보 처리 기기를 설치·관리할 수 있다.

④ 이 법에서 정한 사항 외에 고정형 영상 정보 처리 기기의 설치·관리 등에 관한 사항은 「개인 정보 보호법」에 따른다.

⑤ 제1항에 따른 체육 활동 기반 시설 확충과 제2항에 따른 체육 교재 및 기자재, 용품 등의 확보에 필요한 사항은 교육부령으로 정한다.

제9조(건강 체력 교실 등 운영) ① 학교의 장은 제8조에 따른 학생 건강 체력 평가에서 저체력 또는 비만 판정을 받은 학생을 대상으로 건강 체력 증진을 위하여 정규 또는 비정규 프로그램(이하 "건강 체력 교실"이라 한다.)을 운영하여야 한다.

② 건강 체력 교실 등의 설치 및 운영 등에 관하여 필요한 사항은 교육부령으로 정한다.

제10조(학교 스포츠 클럽 운영) ① 학교의 장은 학생들이 신체 활동 프로그램에 참여할 수 있도록 학교 스포츠 클럽을 운영하여 학생들의 체육 활동 참여 기회를 확대하여야 한다.

② 학교의 장은 제1항에 따라 학교 스포츠 클럽을 운영하는 경우 학교 스포츠 클럽 전담 교사를 지정하여야 한다.

③ 제2항에 따른 학교 스포츠 클럽 전담 교사에게는 학교 예산의 범위에서 소정의 지도 수당

을 지급한다.

④ 학교의 장은 학교 스포츠 클럽 활동 내용을 학교생활 기록부에 기록하여 상급 학교 진학 자료로 활용할 수 있도록 하여야 한다.

⑤ 학교의 장은 교육부령으로 정하는 바에 따라 일정 비율 이상의 학교 스포츠 클럽을 해당 학교의 여학생들이 선호하는 종목의 학교 스포츠 클럽으로 운영하여야 한다.

제11조(학교 운동부 운영 등) ① 학교의 장은 학생 선수가 일정 수준의 학력 기준(이하 "최저학력"이라 한다.)에 도달하지 못한 경우에는 교육부령으로 정하는 경기대회의 참가를 허용하여서는 아니 된다. 다만, 학생선수가 제2항에 따른 기초 학력 보장 프로그램을 이수한 경우에는 그 참가를 허용하여야 한다.

② 학교의 장은 최저학력에 도달하지 못한 학생선수에게 별도의 기초 학력 보장 프로그램을 제공하여야 한다.

③ 최저 학력의 기준 및 실시 시기에 필요한 사항과 기초 학력 보장 프로그램의 운영 등에 필요한 사항은 교육부령으로 정한다.

④ 학교의 장은 학생 선수의 학습권 보장 및 신체적·정서적 발달을 위하여 학기 중의 상시 합숙 훈련이 근절될 수 있도록 노력하여야 한다. 다만, 경기대회 참가 등을 위하여 불가피하게 합숙훈련을 실시하는 경우에는 학생선수의 안전 및 인권보호를 위하여 필요한 조치를 하여야 한다.

⑤ 학교의 장은 원거리에서 통학하는 학생 선수를 위하여 기숙사를 운영할 수 있다. 이 경우 필요한 사항은 교육부령으로 정한다.

⑥ 학교의 장은 학교 운동부 관련 후원금을 「초·중등 교육법」 제30조의2에 따라 설치된 학교회계에 편입시켜 운영하여야 한다.

⑦ 국가 및 지방 자치 단체는 예산의 범위에서 학교 운동부 운영과 관련된 경비를 지원할 수 있다.

제13조의2(여학생 체육 활동 활성화 지원) ① 교육부 장관은 여학생의 체육 활동 활성화에 필요한 기본 지침을 수립하여 교육감 및 학교의 장에게 통보하여야 하고, 학교의 장은 기본 지침에 따라 매년 여학생 체육 활동 활성화 계획을 수립·시행하여야 한다.

② 교육부 장관은 제1항에 따른 계획의 수립·시행에 대하여 평가하고 그 평가 결과를 반영하여 「지방 교육 재정 교부금법」에 따른 교부금을 대통령령으로 정하는 바에 따라 특별 지원할 수 있다.

③ 국가 및 지방 자치 단체는 여학생의 체육 활동 활성화 지원에 필요한 시설을 갖추어야 한다.

④ 교육부 장관은 여학생의 체육 활동 활성화를 지원하기 위한 체육 교재, 기자재, 용품 등의 확보 기준을 따로 정하여야 한다.

⑤ 제2항에 따른 평가 방법 및 항목, 그 밖에 필요한 사항은 교육부령으로 정한다.

제14조(유아 및 장애 학생 체육 활동 지원) ① 국가 및 지방 자치 단체는 「유아 교육법」 제8조에 따라 설립된 유치원에 재원 중인 유아 및 「장애인 등에 대한 특수 교육법」 제17조에 따라 일반 학교 또는 특수 학교에 배치된 특수 교육 대상자에 대하여 적절한 체육 활동 프로그램을 운영하여야 한다.

② 유치원의 장 및 학교의 장은 제1항에 따른 체육 활동 프로그램의 운영을 대통령령으로 정하는 관련 단체 및 「고등 교육법」 제2조 제1호에 따른 대학의 체육 계열 학과 등에 위탁할 수 있다.

핵심테마 02 스포츠 교육의 정책과 제도

 **Speed 심화포인트**

3. 학교 체육 진흥법 시행령 `기출 2024/2023/2019`

제3조(학교 운동부 지도자의 자격 기준 등) ① 학교의 장은 법 제12조 제7항에 따라 「국민 체육 진흥법」 제2조 제6호에 따른 체육 지도자 중에서 학교 운동부 지도자를 임용할 수 있다.

② 학교 운동부 지도자의 급여는 학교의 장이 지도경력과 실적을 고려하여 정한다.

③ 학교 운동부 지도자는 다음 각 호의 직무를 수행한다.

1. 학생 선수에 대한 훈련계획 작성, 지도 및 관리
2. 학생 선수의 각종 대회 출전 지원 및 인솔
2의 2. 훈련 및 각종 대회 출전 시 학생 선수의 안전관리
3. 경기력 분석 및 훈련일지 작성
4. 훈련장의 안전관리

④ 학교의 장은 학교 운동부 지도자를 재임용할 때에는 다음 각 호의 사항을 평가한 후 그 결과에 따라 재임용 여부를 결정해야 한다.

1. 제3항 각 호의 직무수행 실적
2. 복무 태도
3. 학교 운동부 운영 성과
4. 학생 선수의 학습권 및 인권 침해 여부

제4조(스포츠 강사의 자격 기준 등) ① 초등학교의 장은 법 제13조 제2항에 따라 「국민 체육 진흥법」 제2조 제6호에 따른 체육 지도자 중에서 스포츠 강사를 임용할 수 있다.

② 초등학교의 장은 스포츠 강사를 1년 단위로 계약하여 임용할 수 있다.

③ 초등학교의 장은 스포츠 강사를 재임용할 때에는 다음 각 호의 사항을 평가한 후 그 결과에 따라 재임용 여부를 결정하여야 한다.

1. 강사로서의 자질
2. 복무 태도
3. 학생의 만족도

2 생활 체육 정책과 제도

1. 국민 체육 진흥법 `기출 2024/2023/2022/2021/2020/2019/2018`

제1조(목적) 이 법은 국민 체육을 진흥하여 국민의 체력을 증진하고, 체육 활동으로 연대감을 높이며, 공정한 스포츠 정신으로 체육인 인권을 보호하고, 국민의 행복과 자긍심을 높여 건강한 공동체의 실현에 이바지함을 목적으로 한다.

제2조(정의) 이 법에서 사용하는 용어의 뜻은 다음과 같다.

1. "체육"이란 운동 경기·야외 운동 등 신체 활동을 통하여 건전한 신체와 정신을 기르고 여가를 선용하는 것을 말한다.
2. "전문 체육"이란 선수들이 행하는 운동 경기 활동을 말한다.
3. "생활 체육"이란 건강과 체력 증진을 위하여 행하는 자발적이고 일상적인 체육 활동을 말한다.
4. "선수"란 경기 단체에 선수로 등록된 자를 말한다.
4의2. "국가대표 선수"란 대한체육회, 대한장애인체육회 또는 경기 단체가 국제 경기 대회(친선 경기 대회는 제외한다.)에 우리나라의 대표로 파견하기 위하여 선발·확정한 사람을 말한다.
5. "학교"란 「초·중등 교육법」 제2조 및 「고등 교육법」 제2조에 따른 학교를 말한다.
6. "체육 지도자"란 학교·직장·지역 사회 또는 체육 단체 등에서 체육을 지도할 수 있도록 이 법에 따라 다음 각 목의 어느 하나에 해당하는 자격을 취득한 사람을 말한다.

가. 스포츠지도사
나. 건강운동관리사
다. 장애인 스포츠지도사
라. 유소년 스포츠지도사
마. 노인 스포츠지도사

7. "체육 동호인 조직"이란 같은 생활 체육 활동에 지속적으로 참여하는 자의 모임을 말한다.
8. "운동 경기부"란 선수로 구성된 국가, 지방 자치 단체, 학교나 직장 등의 운동부를 말한다.
9. "체육 단체"란 체육에 관한 활동이나 사업을 목적으로 설립된 다음 각 목의 어느 하나에 해당하는 법인이나 단체를 말한다.
    가. 제5장에 따른 대한체육회, 시·도체육회 및 시·군·구체육회(이하 "지방체육회"라 한다.), 대한장애인체육회, 시·도장애인체육회 및 시·군·구장애인체육회(이하 "지방장애인체육회"라 한다.), 한국도핑방지위원회, 서울올림픽기념국민체육진흥공단
    나. 제11호에 따른 경기 단체
    다. 「태권도 진흥 및 태권도 공원 조성 등에 관한 법률」 제19조에 따른 국기원 및 같은 법 제20조에 따른 태권도진흥재단
    라. 「전통 무예 진흥법」 제5조에 따른 전통 무예 단체
    마. 「스포츠 산업 진흥법」 제20조에 따른 사업자 단체
    바. 「체육 시설의 설치·이용에 관한 법률」 제34조에 따른 체육시설업협회
    사. 국내 대회, 국제 대회 등 대회 개최를 위하여 설립된 대회 조직 위원회
    아. 그 밖의 체육 활동 법인 또는 단체
10. "도핑"이란 선수의 운동 능력을 강화시키기 위하여 문화체육관광부 장관이 고시하는 금지 목록에 포함된 약물 또는 방법을 복용하거나 사용하는 것을 말한다.
11. "경기 단체"란 특정 경기 종목에 관한 활동과 사업을 목적으로 설립되고 대한체육회나 대한장애인체육회에 가맹된 법인이나 단체 또는 문화체육관광부 장관이 지정하는 프로 스포츠 단체를 말한다.
11의2. "스포츠 비리"란 체육의 공정성을 저해하는 다음 각 목의 어느 하나에 해당하는 행위를 말한다.
    가. 체육 단체의 운영 중 발생하는 회계 부정, 배임, 횡령 및 뇌물 수수 등 체육 단체의 투명하고 민주적인 운영을 저해하는 행위
    나. 운동 경기 활동 중 발생하는 승부 조작, 편파 판정 등 운동 경기의 공정한 운영을 저해하는 행위
11의3. "체육계 인권침해"란 운동경기, 훈련, 체육단체의 운영 등과 관련하여 선수, 체육지도자, 심판, 체육단체의 임직원 등 간에 발생하는 인권침해 또는 정당한 사유 없이 성별·학력·장애·사회적 신분 등을 이유로 차별하는 행위를 말한다.
12. "체육 진흥 투표권"이란 운동 경기 결과를 적중시킨 자에게 환급금을 내주는 표(票)로서 투표 방법과 금액, 그 밖에 대통령령으로 정하는 사항이 적혀 있는 것을 말한다.

제8조(지방 체육의 진흥) ① 지방 자치 단체는 지역 주민의 건강과 체력 증진을 위하여 건전한 체육 활동을 생활화할 수 있도록 시설 등 여건을 조성하고 지원하여야 한다.
② 지방 자치 단체는 그 행정 구역 단위로 연 1회 이상 체육 대회를 직접 개최하거나 체육 단체로 하여금 이를 개최하도록 지원하여야 한다.
③ 지방 자치 단체는 직장인 체육 대회를 연 1회 이상 개최하여야 한다.

제10조(직장 체육의 진흥) ① 국가와 지방 자치 단체는 직장 체육 진흥에 필요한 시책을 마련하여야 한다.
② 직장의 장은 대통령령으로 정하는 바에 따라 체육 동호인 조직과 체육진흥관리위원회를 설치하는 등 직장인의 체력 증진과 체육 활동 육성에 필요한 조치를 마련하여야 한다.
③ 대통령령으로 정하는 직장에는 직장인의 체력 증진과 체육 활동 지도·육성을 위하여 체육 지

핵심테마 02 스포츠 교육의 정책과 제도

Speed 심화포인트

도자를 두어야 한다.

④ 「공공 기관의 운영에 관한 법률」에 따른 공공 기관 중 대통령령으로 정하는 기관(이하 "공공 기관"이라 한다)과 대통령령으로 정하는 직장에는 한 종목 이상의 운동 경기부를 설치·운영하고 체육 지도자를 두어야 한다.

⑤ 제2항부터 제4항까지의 규정에 따른 직장 체육에 관한 업무는 시장·군수·구청장(자치구의 구청장을 말한다. 이하 같다.)이 지도·감독한다.

제11조(체육 지도자의 양성) ① 국가는 국민 체육 진흥을 위한 체육 지도자의 양성과 자질 향상을 위하여 필요한 시책을 마련하여야 한다.

② 문화체육관광부 장관은 대통령령으로 정하는 자격 요건을 갖춘 사람으로서 체육 지도자 자격 검정(이하 "자격 검정"이라 한다.)에 합격하고 체육 지도자 연수 과정(이하 "연수 과정"이라 한다.)을 이수한 사람에게 문화체육관광부령으로 정하는 바에 따라 체육 지도자의 자격증을 발급한다. 다만, 학교 체육 교사 및 선수(문화체육관광부 장관이 지정하는 프로 스포츠 단체에 등록된 프로 스포츠 선수를 포함한다.) 등 대통령령으로 정하는 사람에게는 대통령령으로 정하는 바에 따라 자격 검정이나 연수 과정의 일부(제3항에 따른 스포츠윤리교육은 제외한다.)를 면제할 수 있다.

③ 연수 과정에는 다음 각 호의 사항으로 구성된 스포츠윤리 교육 과정이 포함되어야 한다.

1. 성폭력 등 폭력 예방 교육
2. 스포츠 비리 및 체육계 인권침해 방지를 위한 예방 교육
3. 도핑 방지 교육
4. 그 밖에 체육의 공정성 확보와 체육인의 인권 보호를 위하여 문화체육관광부령으로 정하는 교육

④ 제2항에 따라 자격 검정이나 연수를 받거나 자격증을 발급 또는 재발급 받으려는 사람은 문화체육관광부령으로 정하는 바에 따라 수수료를 납부하여야 한다.

⑤ 체육 지도자의 종류·등급·검정 및 자격 부여 등에 필요한 사항은 대통령령으로 정한다.

제13조(체육 시설의 설치 등) ① 국가와 지방 자치 단체는 국민의 체육 활동에 필요한 시설의 적정한 확보와 이용에 필요한 시책을 마련하여야 한다.

② 국가와 지방 자치 단체는 장애인 체육 활동에 필요한 시설의 설치와 운영에 필요한 시책을 마련하여야 하며, 장애인이 체육 시설을 우선적으로 이용할 수 있도록 필요한 조치를 할 수 있다.

③ 국가와 지방 자치 단체는 노인과 유소년 체육 활동에 필요한 시설의 적정한 확보와 그 운영에 필요한 시책을 마련하여야 한다.

④ 직장의 장은 종업원의 체육 활동에 필요한 시설을 설치·운영하여야 하며, 학교의 체육 시설은 학교 교육에 지장이 없는 범위에서 지역 주민에게 개방·이용되어야 한다.

⑤ 국가와 지방 자치 단체는 민간의 체육 시설 설치를 권장하고 건전하게 운영되도록 하여야 한다.

⑥ 제1항부터 제5항까지에 따른 체육 시설의 설치·이용 등에 필요한 사항은 따로 법률로 정한다.

제18조의3(스포츠윤리센터의 설립) ① 체육의 공정성 확보와 체육인의 인권 보호를 위하여 스포츠윤리센터를 설립한다.

② 스포츠윤리센터는 법인으로 한다.

③ 스포츠윤리센터는 다음 각 호의 사업을 한다.

1. 다음 각 목에 해당하는 체육계 인권 침해 및 스포츠 비리 등에 대한 신고 접수와 조사
   가. 선수에 대한 체육 지도자 등의 성폭력 등 폭력에 관한 사항
   나. 승부 조작 또는 편파 판정 등 불공정에 관한 사항
   다. 체육 관련 입시 비리에 관한 사항
   라. 체육 단체·경기 단체 및 그 임직원의 횡령·배임 및 뇌물 수수 및 「보조금 관리에 관한 법률」 제22조에 따른 보조금 및 「지방 재정법」 제32조의4에 따른 지방 보조금의 용도 외 사용 금지 위반에 관한 사항

　　마. 그 밖에 체육계 인권 침해 및 스포츠 비리에 해당된다고 인정되는 사항
2. 신고자 및 피해자에 대한 치료 및 상담, 법률 지원, 임시 보호 및 연계
3. 긴급 보호가 필요한 신고자 및 피해자를 위한 임시 보호 시설 운영
4. 체육계 현장의 인권 침해 조사·조치 상황 등을 상시 점검할 수 있는 인권 보호관 운영
5. 스포츠 비리 및 체육계 인권 침해에 대한 실태 조사 및 예방을 위한 연구
6. 스포츠 비리 및 체육계 인권 침해 방지를 위한 예방 교육
7. 그 밖에 체육의 공정성 확보 및 체육인의 인권 보호를 위하여 필요한 사업
④ 스포츠윤리센터의 운영, 이사회의 구성 및 권한, 임원의 선임, 감독 등 스포츠윤리센터의 정관에 기재할 사항은 대통령령으로 정한다.
⑤ 스포츠윤리센터의 장은 업무 수행에 필요하다고 인정될 때에는 문화체육관광부 장관의 승인을 받아 관계 행정 기관 소속 공무원이나 관계 기관·단체 소속 임직원의 스포츠윤리센터 파견 또는 지원을 요청할 수 있다.
⑥ 스포츠윤리센터가 아닌 자는 스포츠윤리센터 또는 이와 비슷한 명칭을 사용하지 못한다.
⑦ 스포츠윤리센터는 문화체육관광부 장관이 감독한다. 이 경우 문화체육관광부 장관은 스포츠윤리센터가 제3항 각 호의 사업을 독립적으로 수행할 수 있도록 필요한 시책을 강구하고 보장하여야 한다.
⑧ 스포츠윤리센터에 관하여 이 법에서 정한 것을 제외하고는 「민법」중 재단 법인에 관한 규정을 준용한다.

제18조의4(체육계 인권 침해 및 스포츠 비리의 신고) ① 누구든지 체육계 인권 침해 및 스포츠 비리에 해당하는 사항이 발생하였음을 알게 된 경우에는 스포츠윤리센터 또는 수사 기관에 신고할 수 있다.
② 체육 단체의 임직원, 체육 지도자, 심판, 선수, 제18조의14에 따른 선수 관리 담당자 및 시장·군수·구청장 등 문화체육관광부령으로 정하는 사람은 체육계 인권 침해 및 스포츠 비리를 알게 된 경우나 그 의심이 있을 경우 스포츠윤리센터 또는 수사 기관에 즉시 신고하여야 한다.
③ 누구든지 제2항에 따른 신고자의 인적 사항 또는 신고자임을 미루어 알 수 있는 사실을 다른 사람에게 알려주거나 공개 또는 보도하여서는 아니 된다. 다만, 신고자가 동의한 범위에서는 그러하지 아니하다.

제18조의11(성폭력 등 폭력 예방 교육의 실시) ① 문화체육관광부 장관은 체육계의 성폭력 등 폭력 방지를 위하여 예방 교육을 실시하여야 한다.
② 제1항에 따른 성폭력 등 폭력 예방 교육의 내용 및 방법, 대상, 기간 등 필요한 사항은 문화체육관광부령으로 정한다.

2. 국민 체육 진흥법 시행령 기출 2025

제6조(학교 체육의 진흥을 위한 조치) 법 제9조에 따라 학생의 체력 증진과 체육 활동의 육성을 위하여 학교가 취하여야 할 조치는 다음 각 호와 같다.
1. 운동회나 체육대회의 실시
2. 학생에 대한 한 종목 이상의 운동 권장과 지도
3. 체육동호인조직의 결성 등 학생의 자발적 체육 활동의 육성·지원
4. 운동경기부와 선수의 육성·지원
5. 그 밖에 학교 체육의 진흥을 위하여 필요한 사항

핵심테마 02 스포츠 교육의 정책과 제도

 Speed 심화포인트

3. 생활 체육 진흥법 [기출 2025]

> 제3조(국민의 생활 체육 권리) ① 모든 국민은 건강한 신체 활동과 건전한 여가 선용을 위하여 생활 체육을 즐길 권리를 가진다.
> ② 모든 국민은 생활 체육에 관하여 어떠한 차별도 받지 아니하고 평등하게 누릴 수 있어야 한다.
> ③ 국가 및 지방자치단체는 국민의 생활 체육권 보장을 위하여 노력할 의무를 진다.
> 제6조(생활 체육 진흥 기본계획의 수립 등) ① 문화체육관광부 장관은 생활 체육의 진흥을 위한 기본계획(이하 "기본계획"이라 한다)을 5년마다 수립·시행하여야 한다.
> 제8조(생활 체육강좌의 설치) ① 국가 및 지방자치단체는 국민이 적극적으로 생활 체육을 누릴 수 있도록 생활 체육강좌 설치 기관 또는 단체를 지정하여 생활 체육을 보급할 수 있다.
> ② 국가 및 지방자치단체는 생활 체육 강좌의 설치·운영에 드는 경비를 지원할 수 있다.

4. 국민 체육 진흥 정책 [기출 2024/2022/2018/2016]

(1) 국민 체력 100
① 국민의 체력 및 건강 증진에 목적을 두고 체력 상태를 과학적 방법에 의해 측정·평가하여 운동 상담 및 처방을 해주는 대국민 무상 스포츠 복지 서비스 사업
② 국민 체력 100 체력인증센터 제공 서비스
  ㉠ 체력 측정 서비스
  ㉡ 맞춤형 운동 처방
  ㉢ 국민체력인증서 발급

(2) 직장 체육 진흥 정책

> 제10조(직장 체육의 진흥) ① 국가와 지방 자치 단체는 직장 체육 진흥에 필요한 시책을 마련하여야 한다.
> ② 직장의 장은 대통령령으로 정하는 바에 따라 체육 동호인 조직과 체육 진흥 관리위원회를 설치하는 등 직장인의 체력 증진과 체육 활동 육성에 필요한 조치를 마련하여야 한다.
> ③ 대통령령으로 정하는 직장에는 직장인의 체력 증진과 체육 활동 지도·육성을 위하여 체육 지도자를 두어야 한다.

(3) 동호인 체육 진흥 정책
① 계층별 동호회 육성과 리그 지원을 지속적으로 확대해 나감
② 여성 동호회 활동을 지원하고 종목별 여성 동호회 리그를 개최하며, 복합 체육 프로그램을 운영·지원함

(4) 소외 계층 체육 진흥 정책
① 스포츠 강좌 이용권 사업
  ㉠ 기초 생활 수급 가정의 유·청소년들과 장애인에게 스포츠 강좌 이용권 카드(체크 카드)를 지급하여 스포츠 강좌 이용권 지정 시설을 이용할 때 강좌비를 일정 부분 지원받을 수 있도록 하는 복지 사업
  ㉡ 건전한 여가 활동으로 취약 계층 유·청소년의 삶의 질 향상과 사회 통합 및 국민 행복을 견인하여 스포츠 복지 사회 구현에 기여함
② 행복 나눔 스포츠 교실
  ㉠ 소외 계층 청소년을 대상으로 스포츠 체험 기회를 제공하는 프로그램
  ㉡ 건전한 여가 활동 환경 조성과 다양한 종목을 대상으로 한 체험 교실 운영을 목

적으로 함
③ 스포츠 버스
  ㉠ 소외 계층 청소년을 대상으로 다양한 체육 활동 참여 기회 제공
  ㉡ 건전한 여가 활동 여건 조성 및 스포츠 참여 형평성 제고, 사회 적응력 배양에 기여하여 지역 사회를 통합하고 생활 체육이 소외되거나 부재한 지역에 체육 기회를 마련해 주는 것을 목적으로 함
④ 여성 체육 활동 지원
  ㉠ 초·중·고 여학생 대상 종목별 스포츠 교실 운영(15종목 600여 개소)
  ㉡ 생애 주기(임신기, 출신 후, 육아기, 갱년기) 여성 체육 활동 지원
  ㉢ 여성 환우를 대상으로 찾아가는 나의 체력 교실 사업 지원
⑤ 기타 정책
  ㉠ 스포츠 버스 프로그램과 연계한 스포츠 푸드 트럭 운영으로 소외 지역 주민들에게 건강한 밥상을 제공하고 건강한 체육 활동에 참여하는 계기 마련
  ㉡ 스포츠 꿈나무들에게 찾아가는 선수촌 식사 제공 및 스포츠 스타와 멘토링 활동을 통해 미래의 국가대표 선수로 도약하도록 동기 부여

3 체육 지도자 기출 2019

체육 지도자란 학교·직장·지역 사회 또는 체육 단체 등에서 체육을 지도할 수 있도록 「국민 체육 진흥법」에 따라 자격을 취득한 사람을 말함

1. 스포츠지도사
전문 스포츠지도사 1·2급, 생활 스포츠지도사 1·2급으로 구분됨

전문 스포츠 지도사	학교 운동부, 실업팀, 프로 스포츠 단체 등에 소속된 코치, 감독 등의 지도자로서, 선수와 팀의 기량을 최대로 끌어올릴 수 있는 스포츠 과학 전문 지식을 지녀서 종목을 체계적이고 전문적으로 지도할 수 있는 능력을 갖춘 사람
생활 스포츠 지도사	다양한 스포츠 시설이나 체육 동호회 및 사회단체에서 자발적으로 운동에 참여하는 일반인들을 지도하는 체육 전문가로서, 해당 분야에 대한 실기 능력과 함께 건강 지식과 책임감을 바탕으로 일반인들이 운동을 통해 행복과 삶의 질 향상을 꾀할 수 있도록 조력하는 사람

2. 건강운동관리사
개인의 체력적 특성에 적합한 운동 형태, 강도, 빈도 및 시간 등 운동 방법을 지도·관리하는 사람을 말함

3. 장애인 스포츠지도사
장애 유형에 따른 운동 방법 등에 대한 지식을 갖추고 해당 자격 종목에 대하여 장애인을 대상으로 전문 체육이나 생활 체육을 지도하는 사람을 말함

4. 유소년 스포츠지도사
유소년(만 3세부터 중학교 취학 전)의 행동 양식, 신체 발달 등에 대한 지식을 갖추고 해당 자격 종목에 대하여 유소년을 대상으로 체육을 지도하는 사람을 말함

5. 노인 스포츠지도사
노인의 신체적·정신적 변화 등에 대한 지식을 갖추고 해당 자격 종목에 대하여 노인을 대상으로 생활 체육을 지도하는 사람을 말함

2급 생활 스포츠지도사 응시 자격
- 18세 이상인 사람
- 2급 생활 스포츠지도사 자격을 가지고 보유한 자격 종목이 아닌 다른 종목의 자격을 취득하려는 사람
- 해당 자격 종목의 유소년 또는 노인 스포츠지도사 자격을 가지고 동일한 종목의 자격을 취득하려는 사람
- 2급 장애인 스포츠지도사 자격을 가지고 보유한 자격 종목이 아닌 다른 종목(「국민 체육 진흥법 시행령」 별표1 제3호의 비고에서 다른 종목으로 보는 경우를 포함)의 자격을 취득하려는 사람
- 유소년 또는 노인 스포츠지도사 자격을 가지고 보유한 자격 종목이 아닌 다른 종목의 자격을 취득하려는 사람

출제 0순위 공략! 꼭 풀어야 할 대표문제

01

「학교 체육 진흥법」의 내용에 해당하지 않는 것은?

① 여학생 체육 활동 활성화
② 체육 교육 과정 운영 충실
③ 우수 선수와 체육 지도자 육성
④ 교원의 체육 관련 직무 연수 강화

| 정답해설 |
우수 선수와 체육 지도자 육성은 「국민 체육 진흥법」 제14조(선수 등의 육성)와 관련한 내용이다. ①②④는 「학교 체육 진흥법」 제6조에 해당한다.

02

〈보기〉에서 「학교 체육 진흥법」에 관한 옳은 설명만을 모두 고른 것은?

보기
㉠ 최저 학력에 도달하지 못한 학생 선수에게 별도의 기초 학력 보장 프로그램을 제공하여야 한다.
㉡ 저체력 및 비만 판정을 받은 학생을 위한 건강 체력 교실을 운영해야 한다.
㉢ 학생들의 체육 활동 참여 기회 확대를 위해 학교 스포츠 클럽을 운영해야 한다.
㉣ 초등학교에서는 스포츠 강사를 의무적으로 배치해야 한다.

① ㉠, ㉡
② ㉠, ㉣
③ ㉠, ㉡, ㉢
④ ㉡, ㉢, ㉣

| 정답해설 |
㉠ 「학교 체육 진흥법」 제11조 제2항 학교 운동부 운영 등
㉡ 「학교 체육 진흥법」 제9조 건강 체력 교실 등 운영
㉢ 「학교 체육 진흥법」 제10조 학교 스포츠 클럽 운영

| 오답해설 |
㉣ 국가 및 지방 자치 단체는 학생의 체육 수업 흥미 제고 및 체육 활동 활성화를 위하여 「초·중등 교육법」 제2조 제2호에 따른 초등학교에 스포츠 강사를 배치할 수 있다(「학교 체육 진흥법」 제13조 스포츠 강사의 배치). 따라서 의무 사항은 아니다.

03

생활 체육을 진흥시키기 위한 정책으로 옳지 않은 것은?

① 직장 체육 진흥 정책
② 동호인 체육 진흥 정책
③ 국제 스포츠 경쟁력 강화
④ 소외 계층 체육 진흥 정책

| 정답해설 |
국제 스포츠 경쟁력 강화는 전문 체육 진흥을 위한 정책으로, 올림픽에서의 우수 성적 달성, 우수 선수 발굴 및 육성, 국제 스포츠 선진국 위상 강화 등의 목적을 위해 프로그램을 지원한다.

| 오답해설 |
① 직장 체육 진흥 정책: 「국민 체육 진흥법」 제10조에 따른 정책이다.
② 동호인 체육 진흥 정책: 계층별 동호회 육성 및 리그 지원을 지속적으로 확대해 나간다. 여성 동호회 활동 지원 및 종목별 여성 동호회 리그를 개최하고, 복합 체육 프로그램을 운영 및 지원한다.
④ 소외 계층 체육 진흥 정책: 스포츠 강좌 이용권, 행복 나눔 스포츠 교실, 스포츠 버스 등을 통해 소외 계층 청소년 및 기초 생활 수급 가정을 위한 다양한 체육 활동 참여 기회를 제공한다. 건전한 여가 활동 여건 조성 및 스포츠 참여 형평성 제고, 사회 적응력 배양에 기여하여 생활 체육이 소외된 지역에 체육 기회를 마련한다.

04

전문 체육 정책 및 제도에 대한 설명으로 옳지 않은 것은?

① '운동 경기부'란 선수로 구성된 국가, 지방 자치 단체, 학교나 직장 등의 운동부를 말한다.
② '도핑'이란 선수의 운동 능력을 강화시키기 위하여 문화체육관광부 장관이 고시하는 허용 목록에 포함된 약물을 복용하거나 방법을 사용하는 것을 말한다.
③ 국가와 지방 자치 단체는 우수 선수와 체육 지도자 육성을 위하여 필요한 표창 제도를 마련하여야 한다.
④ 국가와 지방 자치 단체는 선수와 체육 지도자에 대하여 필요한 육성을 하여야 한다.

| 정답해설 |
'도핑'이란 선수의 운동 능력을 강화시키기 위하여 문화체육관광부 장관이 고시하는 금지 목록에 포함된 약물을 복용하거나 금지된 방법을 사용하는 것을 말한다.

| 오답해설 |
① 「국민 체육 진흥법」 제2조의8
③ 「국민 체육 진흥법」 제14조 제2항
④ 「국민 체육 진흥법」 제14조 제1항

정답 01 ③ 02 ③ 03 ③ 04 ②

핵심테마 02 | 스포츠 교육의 정책과 제도

05 [2025년 기출문제]

「생활 체육 진흥법」(2024.2.9. 시행)의 내용에 해당하지 <u>않는</u> 것은?

① 모든 국민은 건강한 신체 활동과 건전한 여가 선용을 위해 생활 체육을 즐길 권리를 가진다.
② 국가 및 지방자치단체는 생활 체육 강좌의 설치·운영에 드는 경비를 지원할 수 있다.
③ 문화체육관광부 장관은 생활 체육의 진흥을 위한 기본 계획을 10년마다 수립·시행해야 한다.
④ 지방 자치 단체는 그 지역주민의 생활 체육 활동을 위하여 체육동호인 조직의 육성에 필요한 시책을 마련할 수 있다.

| 정답해설 |
문화체육관광부 장관은 생활 체육의 진흥을 위한 기본계획을 5년마다 수립·시행하여야 한다(생활 체육 진흥법 제6조).

| 오답해설 |
① 「생활 체육 진흥법」 제3조(국민의 생활 체육 권리)
②④ 「생활 체육 진흥법」 제8조(생활 체육 강좌의 설치)

06 [2024년 기출문제]

〈보기〉에서 「국민 체육 진흥법」(시행 2024. 3. 15.) 제11조의 '스포츠윤리 교육 과정'에 관한 내용으로 옳은 것만을 모두 고른 것은?

보기
㉠ 도핑 방지 교육
㉡ 성폭력 등 폭력 예방 교육
㉢ 교육부장관령으로 정하는 교육
㉣ 스포츠 비리 및 체육계 인권침해 방지를 위한 예방 교육

① ㉠, ㉡
② ㉡, ㉢, ㉣
③ ㉠, ㉡, ㉣
④ ㉠, ㉡, ㉢, ㉣

| 정답해설 |
「국민 체육 진흥법」 제11조
③ 연수 과정에는 다음 각 호의 사항으로 구성된 스포츠윤리 교육 과정이 포함되어야 한다.
1. 성폭력 등 폭력 예방 교육
2. 스포츠 비리 및 체육계 인권침해 방지를 위한 예방 교육
3. 도핑 방지 교육
4. 그 밖에 체육의 공정성 확보와 체육인의 인권 보호를 위하여 문화체육관광부령으로 정하는 교육

07

「학교 체육 진흥법」과 동 시행령에서 규정하고 있는 '스포츠 강사'의 재임용 평가 사항이 <u>아닌</u> 것은?

① 복무 태도
② 학생의 만족도
③ 강사로서의 자질
④ 전국 대회 입상 실적

| 정답해설 |
스포츠 강사의 재임용 평가 사항에는 강사로서의 자질, 복무 태도, 학생의 만족도가 있다. 전국 대회 입상 실적은 스포츠 강사의 재임용 평가 사항과 무관하다.

08 [2025년 기출문제]

〈보기〉에서 「국민 체육 진흥법」(2024.10.31. 시행) 제6조 '학교 체육의 진흥을 위한 조치'의 내용 중 학생 체력증진 및 체육 활동 육성을 위한 학교의 역할을 모두 고른 것은?

보기
㉠ 운동회나 체육대회의 실시
㉡ 운동경기부와 선수의 육성·지원
㉢ 학생에 대한 한 종목 이상의 운동 권장과 지도
㉣ 체육동호인조직의 결성 등 학생의 자발적 체육 활동의 육성·지원

① ㉠, ㉢
② ㉠, ㉡, ㉢
③ ㉠, ㉡, ㉣
④ ㉠, ㉡, ㉢, ㉣

| 정답해설 |
학교 체육의 진흥을 위한 조치(국민 체육 진흥법 제6조)
법 제9조에 따라 학생의 체력 증진과 체육 활동의 육성을 위하여 학교가 취하여야 할 조치는 다음 각 호와 같다.
1. 운동회나 체육대회의 실시
2. 학생에 대한 한 종목 이상의 운동 권장과 지도
3. 체육동호인조직의 결성 등 학생의 자발적 체육 활동의 육성·지원
4. 운동경기부와 선수의 육성·지원
5. 그 밖에 학교 체육의 진흥을 위하여 필요한 사항

정답 05 ③ 06 ③ 07 ④ 08 ④

핵심테마 03 | 스포츠 교육의 참여자 이해론

이해와 암기를 동시에! 출제우선순위 핵심테마

Speed 심화포인트

스포츠 교육 지도자 유형
- 체육 교육 전문가(체육 교사)
- 스포츠 강사
- 전문 스포츠지도사
- 생활 스포츠지도사

체육 교사의 역할
- 학습 안내자로서의 역할
- 인성 지도자로서의 역할
- 모델로서의 역할
- 조력자로서의 역할

체육 교사의 자질
- 전문가의 모습
- 인간을 존중하는 태도
- 깊은 이해심과 사랑 및 봉사의 마음
- 리더십
- 다양한 업무 능력

스포츠 강사의 역할 기출 2018
- 정규 체육 수업 보조
- 체육 수업의 흥미 유발과 즐거운 경험의 기회 제공
- 학교 스포츠 클럽 지도
- 전문가, 개발자, 안내자, 보조자 등의 역할
- 학교 스포츠 클럽과 정규 수업 후 방과 후 체육 활동 지도

1 스포츠 교육 지도자 유형 기출 2018/2016

체육 교육 전문가 (체육 교사)	• 체육 교육에 대한 전문 지식과 교사로서의 인격과 자질을 갖추고, 체육 교사 자격증을 소지하여 학교에 체육 교사로 재직하고 있는 체육 교육 전문가 • 학생들이 신체 활동을 매개로 신체적, 정신적, 사회적 건강을 추구하며 성장할 수 있도록 지도하고, 학교 체육의 계획, 조직, 조정, 예산, 관리 등의 업무를 관장함
스포츠 강사	• 초·중·고등학교의 학교 스포츠 클럽 및 방과 후 체육 활동을 지도하는 체육 지도자 • 체육 관련 학과를 이수 및 졸업하고 초등학교 2급 정교사, 중등학교 2급 정교사, 실기 교사 자격증 및 생활 스포츠지도사 2급 이상의 지도자 자격을 갖춘 사람
전문 스포츠지도사	• 프로 및 실업팀, 학교 운동부 등에 소속된 코치 및 감독으로 선수의 경기력과 팀의 역량을 높이는 스포츠지도사 • 스포츠 과학의 전문 지식과 종목에 대한 체계적이고 전문적인 지도 능력을 소지 • 전문 지식 습득, 선수 파악 능력, 사명감과 도덕성 등의 자질 요구
생활 스포츠지도사	• 스포츠 시설 및 단체에서 적합한 생활 체육 프로그램을 제공하고, 지속적으로 스포츠 활동에 참여할 수 있도록 도와주는 스포츠지도사 • 생활 체육 활동의 목표는 운동을 통한 행복과 삶의 질 향상임 • 효율적인 지도 기법, 원활한 인간관계, 프로그램 개발의 자질 요구

Jump Up 이해

스포츠지도사의 자질 기출 2021
- 의사 전달 능력: 체육 지도의 성패는 참가자와 지도자 간 의사소통에 좌우되므로 이는 지도의 선결 요인이다.
- 투철한 사명감: 투철한 사명감을 지닌 지도자는 참가자의 과도한 긴장이나 불안을 해소시켜 줌으로써 생산적 활동을 주도하고, 자발적 의지로 자신이나 집단의 목표를 성취하도록 한다.
- 활달하고 강인한 성격: 체육 참가자로 하여금 지도자에 대한 친근감 및 신뢰감을 형성시켜 주며 참가 집단의 우호적 분위기 조성에 기여한다.
- 도덕적 품성: 체육 참가자를 유인하는 매력 중 하나로 작용하며 참가자와 원만한 인간관계를 형성하게 한다.
- 칭찬의 미덕: 참가자의 행동 및 태도에 대한 지도자의 칭찬은 참가자의 과제 수행에 대한 긍정적 동기 유발을 촉진한다.
- 공정성: 일반 대중의 삶의 질 향상을 위해 모든 참가자를 참가자의 사회·경제적 배경에 따른 편견 없이 평등하게 대우하고 균등하게 지도해야 한다.

로젠샤인(B. Rosenshine)과 퍼스트(N. Furst)의 학습 성취와 관련된 지도자 변인 기출 2023
- 내용 제시의 명확성
- 수업 활동의 다양성
- 교사의 열의
- 과제 지향성
- 학생의 학습 기회

2 스포츠 교육 학습자

1. 스포츠 교육 학습자의 상태

① 효율적인 학습을 위해 스포츠 교육 학습자 상태를 파악하는 것이 중요함
② 스포츠 교육 학습자에게 영향을 주는 내적 요인(학습자 상태 고려 사항) 기출 2021/2016
  ㉠ 학습자의 기능 수준
  ㉡ 학습자의 체격 및 체력
  ㉢ 학습자의 동기 유발 수준
  ㉣ 학습자의 인지적 능력
  ㉤ 학습자의 감정 코칭 능력
  ㉥ 학습자의 발달 수준

2. 생애 주기별 발달의 특징과 체육 활동 기출 2022/2021/2015

유아	특징	• 대근육 운동 능력이 발달되어 움직임이 증가함 • 언어를 습득하고 발전시키는 시기로, 인지 지능이 급속하게 발달함 • 주변 환경을 탐색하며, 기본 생활 습관과 사회 규칙을 습득함
	체육 활동	• 신체 구조와 기능이 가장 빠르게 발달하는 시기 • 놀이가 중심이며, 다양한 신체 활동을 포함한 움직임 교육에 중점을 둠 예) 각종 놀이 기구를 이용하는 걷기, 뛰기, 던지기, 잡기 등의 기초 운동
아동	특징	• 사람들과 어울리면서 사회성이 발달함 • 운동 기술의 발달과 논리적 사고 가능 • 적절한 영양 공급과 신체 활동 필요
	체육 활동	• 신체 활동뿐만 아니라 지적 호기심과 탐구심이 왕성해지고, 일상생활에서 행동이나 말씨, 마음 씀씀이가 성숙하는 시기 • 다양한 경험의 기회를 제공하고 건강한 생활 습관, 올바른 판단력을 가진 인간으로 성장할 수 있는 토대 마련 예) 달리기, 뜀뛰기, 체조, 조직성이 낮은 간이 경기, 물놀이, 춤과 리듬 활동 등
청소년	특징	• 급속한 신체적 변화에 따라 태도와 행동에 변화가 나타남 • 2차 성징이 나타남 • 추상적·가설적 사고를 통해 지적 과업 성취 • 또래들과 어울리면서 부모로부터 독립하려는 마음이 생기기 시작함
	체육 활동	• 생애 주기에 있어 신체적·심리적·사회적 성숙을 경험함 • 신체 발달, 체력 육성, 정서 안정, 교우 관계 개선 등 평생 체육의 기틀 마련 • 신체 활동과 학교 체육을 기초로 수영, 등산, 야영 등 야외 활동 병행
성인	특징	• 신체적·심리적으로 성숙되며, 일생 중 가장 활력이 넘치고 활동적인 시기 • 중년기로 가면서 감각 능력의 감소로 인해 지각 능력이 약화되고 기억력이 감소함 • 여성의 폐경기와 남성의 갱년기 등 중년의 위기가 나타남
	체육 활동	• 가장 활발한 사회적 활동을 전개하는 시기 • 성인병 예방, 긴장과 불안 해소 및 삶의 의욕을 제고시켜야 함 • 골프, 체조, 수영, 테니스 등 유산소 운동과 저항 운동을 적절히 배분해야 함
노인	특징	• 신체 능력과 감각·지각 능력이 쇠퇴함 • 소외감, 상실감 등 정신 건강 문제가 발생함 • 변화에 융통성 있게 대처하면서 건강에 주의를 기울여야 함
	체육 활동	• 신체적·정신적 기능이 쇠퇴하는 시기 • 노년 생활의 활력, 노화의 지연, 건강의 유지 및 생활에 균형을 제공해야 함 • 걷기, 산책, 체조, 등산, 배드민턴, 게이트볼 등 활동형 레크리에이션

Speed 심화포인트

스포츠 교육 프로그램의 지도 원리 기출 2025

- **통합성의 원리**: 학습자에게 통합된 경험을 제공할 수 있도록 교육과정을 조직하는 것으로, 교수, 학습 내용의 다양화와 신체 활동의 총체적 체험을 할 수 있도록 지도하는 원리
- **개별성의 원리**: 학습자가 지닌 개인차를 고려하여 다양한 수준별 학습 활동의 기회를 마련하도록 지도하는 원리
- **자발성의 원리**: 학습자가 자발적으로 학습 활동에 적극 참여하여 내용을 파악하고 문제를 해결하도록 지도하는 원리
- **적합성의 원리**: 지도자의 창의적인 지도 활동의 선정과 활용의 원리

출제 0순위 공략! 꼭 풀어야 할 대표문제

01

〈보기〉에서 설명하는 스포츠 교육 지도자는?

> **보기**
> - 스포츠 과학의 전문 지식과 종목에 대한 체계적이고 전문적인 지도 능력을 소지해야 한다.
> - 전문 지식 습득, 선수 파악 능력, 사명감과 도덕성 등의 자질이 요구된다.

① 스포츠 강사
② 체육 교육 전문가
③ 전문 스포츠지도사
④ 생활 스포츠지도사

| 오답해설 |
① 스포츠 강사: 초·중·고등학교에서 학교 스포츠 클럽 및 방과 후 체육 활동을 지도하는 체육 지도자
② 체육 교육 전문가: 학교에서 이루어지는 정규 체육 및 방과 후 체육의 지도자로, 체육 교육에 대한 전문 지식과 교사로서 인격과 자질을 갖추고 체육 교사 자격증을 소지하여 학교에 체육 교사로 재직하고 있는 체육 교육 전문가
④ 생활 스포츠지도사: 다양한 스포츠 시설 및 단체에서 생활 체육 참여자들을 대상으로 적합한 체육 프로그램을 제공하고, 지속적으로 스포츠 활동에 참여할 수 있도록 안내하며, 운동으로 삶의 질을 향상하고 행복을 누릴 수 있도록 도와주는 스포츠지도사

02

생활 스포츠지도사에 대한 설명으로 옳지 않은 것은?

① 프로 스포츠팀에 소속되어 선수와 팀의 경기력을 높여준다.
② 효율적인 지도 기법, 원활한 인간관계 등의 자질이 필요하다.
③ 운동으로 삶의 질을 향상시키고 행복을 누릴 수 있도록 도와준다.
④ 체육 참여자들이 지속적으로 스포츠 활동에 참여할 수 있도록 안내한다.

| 정답해설 |
프로 및 실업 팀, 학교 운동부 등에 소속된 코치 및 감독으로 선수의 경기력과 팀의 역량을 높이는 스포츠지도사는 전문 스포츠지도사이다.

03

〈보기〉에서 스포츠 교육 학습자에게 영향을 주는 내적 요인에 해당하는 것만을 고른 것은?

> **보기**
> ㉠ 기능 수준
> ㉡ 동기 유발 수준
> ㉢ 유전 요인
> ㉣ 인지적 능력
> ㉤ 경제적 수준

① ㉠, ㉡, ㉢
② ㉠, ㉡, ㉣
③ ㉡, ㉢, ㉤
④ ㉡, ㉣, ㉤

| 오답해설 |
㉢㉤ 유전 요인과 경제적 수준은 내적 요인이라고 볼 수 없다.

04

[2022년 기출문제]

〈보기〉의 발달 특성을 가진 대상을 위한 스포츠 프로그램 구성 시 고려 사항으로 적절하지 않은 것은?

> **보기**
> - 신체적·정서적·사회적 발달이 뚜렷하다.
> - 개인의 요구와 흥미가 뚜렷하게 나타난다.
> - 2차 성징이 나타난다.

① 생활 패턴 고려
② 개인의 요구와 흥미 고려
③ 정적 운동 위주의 프로그램 구성
④ 스포츠 프로그램의 지속적 참여 고려

| 정답해설 |
〈보기〉는 청소년기의 발달 특징에 대한 설명이다. 이 시기의 경험이 인격 및 태도 형성에 큰 영향을 미치므로 신체 발달, 체력 육성, 정서 안정, 교우 관계 개선, 여가 선용, 자아 실현 등 바람직한 가치를 경험할 수 있는 동적 운동 위주의 체육 활동을 하도록 해야 한다.

정답 01 ③ 02 ① 03 ② 04 ③

05 [2021년 기출문제]

〈보기〉에서 설명하는 스포츠 지도자가 고려해야 할 학습자 특성은?

> **보기**
>
> 학습자의 성별, 연령, 환경적 요인 등 학습자의 개인차를 고려해서 학습 단계를 결정하는 것이 중요하다.

① 감정 조절
② 발달 수준
③ 공감 능력
④ 동기 유발 상태

| 정답해설 |

학습자의 성별, 연령, 환경적 요인 등 학습자의 개인차를 고려해서 학습 단계를 결정하는 것은 학습자의 발달 수준을 고려한 것이다.

06 [2025년 기출문제]

〈보기〉에서 설명하는 생활 스포츠 교육 프로그램의 지도 원리로 가장 적절한 것은?

> **보기**
>
> - 프로그램의 다양화를 지향한다.
> - 직접 참여 활동과 간접 학습 활동을 균형 있게 제공한다.
> - 스포츠 활동을 총체적으로 체험시켜 스포츠 학습의 질을 높인다.

① 개별성
② 자발성
③ 적합성
④ 통합성

| 정답해설 |

〈보기〉에서 제시된 내용은 프로그램의 다양화를 지향하고, 직접 참여 활동과 간접 학습 활동을 균형 있게 제공하며, 스포츠 활동을 총체적으로 체험하게 한다는 점에서 공통적으로 통합적인 교육 경험을 강조하고 있다. 이는 학습자에게 다양한 학습 내용을 유기적으로 연결하여 제공하고, 신체 활동을 전체적으로 체험하게 함으로써 스포츠 학습의 질을 높이려는 접근이다. 이러한 점에서 해당 보기의 설명은 생활 스포츠 교육 프로그램의 지도 원리 중 통합성에 가장 부합한다.

07 [2023년 기출문제]

로젠샤인(B. Rosenshine)과 퍼스트(N. Furst)가 제시한 학습 성취와 관련된 지도자 변인에 해당하지 않는 것은?

① 지도자의 경력
② 명확한 과제 제시
③ 지도자의 열의
④ 프로그램의 다양화

| 정답해설 |

지도자의 경력은 학습 성취와 관련된 지도자 변인에 해당하지 않는다.

정답 05 ② 06 ④ 07 ①

핵심테마 04 | 스포츠 교육의 프로그램론

1 학교 체육 프로그램

1. 학교 체육 프로그램의 개발 및 실천

(1) 학교 체육 프로그램의 개념

교과 활동	대표적인 학교 체육 프로그램으로 체육과 교육 과정을 바탕으로 수립한 체계적인 계획을 통해 제공되는 체육 수업
비교과 활동	체육 수업과 관계없이 스포츠 활동에 취미를 갖고 있는 학교의 학생들이 자율적으로 참여하는 체육 활동

(2) 체육 프로그램의 목표 기출 2023/2021/2020

① 심슨과 해로우(Simpson & Harrow)의 심동적 영역

유형	특징
반사 동작	자극에 반응하여 일어나는 무의식적인 행위 예 학생은 스스로 올바른 자세를 취할 수 있다.
기초 기능	반사적 움직임의 결합에 의해 형성된 선천적인 움직임 패턴 예 학생은 달리고 걷고 뛰고 도약할 수 있다.
지각 능력	감각을 통한 자극의 해석으로 나타나는 행위 또는 자극의 전이로 인한 행동 예 학생은 던져진 공을 향해 쫓아갈 수 있다.
신체 능력	기초 기능과 지각 능력을 결합시켜 단순 기술 움직임 생성 예 학생은 체조를 할 수 있다.
복합 기술	효율성, 체력, 신체 능력의 결합을 요구하는 상위 기술 예 학생은 장애물 통과 훈련을 완수할 수 있다.
운동 해석 능력	신체 움직임을 통해 의사소통을 할 수 있는 능력 예 학생은 관중들에게 행복을 나타내는 춤을 창작할 수 있다.

② 블룸(B. Bloom)의 인지적 영역

유형	특징
지식	사전에 학습된 정보를 회상할 수 있는 능력 예 학생은 테니스 라켓의 각 부분을 말할 수 있다.
이해	정보의 의미를 이해하는 능력 예 학생은 풋워크의 중요성을 설명할 수 있다.
적용	정보를 새롭고 구체적으로 적용할 수 있는 능력 예 학생은 보다 공정한 시합을 위해 게임 규칙을 적용할 수 있다.
분석	자료를 구성 요소로 분류하고 이 요소들 간의 상호 관계를 이해하는 능력 예 학생은 동료의 수행을 관찰하고 실수를 찾아낼 수 있다.
종합	부분을 전체로 통합할 수 있는 능력 예 학생은 플래그 풋볼에서 공격적인 경기를 계획할 수 있다.
평가	상반되는 의견이 있는 상황에서 가치를 판단하는 능력 예 학생은 체조 시합을 판정할 수 있다.

스포츠교육학이 추구하는 가치 영역
- 심동적(신체적) 가치: 신체 건강 및 체력, 스포츠 기능
- 인지적 가치: 학업 성적, 지적 기능, 문해력과 수리력
- 정의적 가치: 심리적 건강, 사회적 기술, 도덕적 인격

③ 크래스홀(Krathwhol)의 정의적 영역

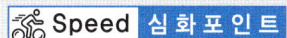

유형	특징
수용화	정보를 얻기 위해 관심을 기울이고 보고 듣는 능력 예 학생은 미국의 여성 스포츠 역사를 읽을 수 있다.
반응화	학습자가 보고 들은 것에 대해 논쟁, 토론 또는 동의(비동의)하는 능력 예 학생은 자신이 체육을 좋아하는 이유 5가지를 나열할 수 있다.
가치화	행위 또는 행사의 중요도를 결정할 수 있는 능력 예 학생은 사람들이 정기적으로 운동해야 하는 이유를 이해한다.
조직화	가치를 비교하여 결정하고 판단과 선택을 위해 조직화하는 능력 예 학생은 건강 체력 활동의 중요성을 말할 수 있다.
인격화	가치를 내면화하여 학생이 일상생활에서 실천하는 능력 예 학생은 수업 시간 이외의 활동에서 게임 규칙과 예절을 지킬 수 있다.

Jump Up 이해

움직임 기능 분류 기출 2024

비이동 운동 기능	공간 이동이 없고, 물체, 도구를 사용하지 않는 기능 예 서기, 앉기, 정지, 정적 균형, 구부리기, 뻗기, 비틀기, 돌기
이동 운동 기능	물체, 도구 사용 없이 공간을 이동하는 기능 예 걷기, 달리기, 두 발 뛰기, 한 발 뛰기, 피하기
물체 조작 기능	물체를 손이나 몸에 고정시키지 않은 상태에서 조작하는 기능 예 공, 훌라후프, 바톤, 셔틀콕 등 손이나 발에 의한 던지기, 토스하기, 차기, 잡기, 튀기기 등
도구 조작 기능	도구를 동시에 통제할 수 있는 능력이 요구되는 기능 예 배트, 라켓, 글러브 등을 이용한 치기, 배팅, 튀기기, 드리블, 잡기 등
전략적 움직임과 기능	운동 기능과 상황적 의사 결정이 결합된 형태의 역동적인 상황(일반적인 게임)에 적용되는 기능 예 축구에서 수비, 야구에서 도루, 미식축구에서 패스 패턴을 따라 달리기 등 그룹 프로젝트를 해결하는 활동
움직임 주제	기본 운동 기능(비이동 운동, 이동 운동, 물체 조작 운동, 도구 조작 운동)과 움직임 개념(공간, 노력, 관계)을 결합한 것
표현 및 해석적 움직임	느낌, 개념, 생각, 주제를 표현하기 위한 움직임 예 춤, 발레, 모던댄스, 재즈와 같은 움직임 표현

(3) 슐만(Shulman)의 7가지 교사 지식 기출 2024/2021

① 내용 지식: 가르칠 교과 내용에 대한 지식
② 지도 방법 지식: 모든 교과에 적용되는 지도법에 대한 지식
③ 내용 교수법 지식: 특정 학생에게 어느 교과나 주제를 특정한 상황에서 지도할 수 있는 방법에 대한 지식
④ 교육 과정 지식: 각 학년의 발달 단계에 적합한 내용과 프로그램에 대한 지식
⑤ 교육 환경 지식: 수업 환경에 영향을 미치는 지식
⑥ 학습자와 학습자 특성 지식: 수업에 영향을 미치는 학습자에 관한 지식
⑦ 교육 목적 지식: 목적, 내용 및 교육 시스템의 구조에 관한 지식

(4) 메츨러(M. Metzler)의 3가지 교사 지식 기출 2020

① 명제적 지식: 교사가 구두나 문서로 표현할 수 있는 지식으로 체육 수업에 필요한 여러 가지 내용에 대한 지식과 관련된 정보(규칙, 원리, 내용, 움직임)

핵심테마 04 스포츠 교육의 프로그램론

Speed 심화포인트

수업 계획의 기능
- 수업 시작 및 종료 시기가 명료해지고, 수업 시간을 효율적으로 사용할 수 있음
- 수업 진행 과정을 점검할 수 있고, 장·단기 의사 결정의 시점을 알려줌
- 수업 계획안 수정·보완에 필요한 토대가 되며, 계획한 수업과 실제로 이루어진 수업을 비교함으로써 수업을 평가할 수 있음

② 절차적 지식: 교사가 수업 전·중·후에 실제로 적용할 수 있는 지식이며 수업 관리에 필요한 지식으로 명제적 지식을 활용하는 능력
③ 상황적 지식: 교사가 특수한 상황에서 적절한 의사 결정을 언제, 왜 해야 하는지에 관한 지식

(5) 학교 체육 프로그램 개발 시 고려 사항 〔기출 2021〕
① 구체적이고 체계적인 지도 계획의 수립
② 창의·인성을 지향하는 학습 환경의 조성
③ 통합적 교수 학습 활동 및 효율적 교수 학습 방법의 활용
④ 학교 내·외적 환경의 고려

2. 학교 스포츠 클럽의 개발 및 실천

(1) 학교 스포츠 클럽의 개념
스포츠 활동에 취미를 가진 동일 학교의 학생들로 구성되어 자율적으로 운영되는 스포츠 클럽 또는 체육 동아리

(2) 학교 스포츠 클럽과 학교 스포츠 클럽 활동 〔기출 2015〕

학교 스포츠 클럽 프로그램 구성 시 고려 사항
- 활동 시간의 다양화
- 학생 주도의 자발적 참여 유도
- 스포츠 인성 함양 및 흥미 유도
- 스포츠 문화의 체험 기회 제공

구분	학교 스포츠 클럽	학교 스포츠 클럽 활동
개념	방과 후 체육 활동에 취미를 가진 동일 학교의 학생으로 구성·운영되는 스포츠 동아리	정규 학교 교육 과정 중 창의적 체험 활동 시간에 이루어지는 클럽 단위 스포츠 활동
활동 형태	정규 교육 과정 외	정규 교육 과정 내
활동 시간	방과 후, 점심시간, 토요일 등	창의적 체험 활동 시간
활동 근거	「학교 체육 진흥법」 제10조	초·중등학교 교육 과정 총론, 중학교 교육 과정 편성·운영 지침

(3) 학교 스포츠 클럽의 운영 〔기출 2025/2017〕

구분	세부 유형	장점	단점
리그	통합 리그	• 경기 수 많음 • 우승 팀의 권위	경기력 편차(순위 고착화)
	조별 리그	빠른 진행	경기 수 적음
	스플릿 리그 (상위/하위 리그)	경기력 평준화	동일한 팀과의 경기 수 많음
토너먼트	녹다운 토너먼트	간단한 경기 방식	• 경기 수 적음 • 우승 팀 외 순위 산정 어려움
	더블 엘리미네이션 토너먼트(패자 부활전)	• 적절한 경기 수 • 모든 팀 순위 산정 가능	경기력 외 요소 작용 가능
	스플릿 토너먼트	모든 팀의 동일한 경기 수 보장	• 복잡한 경기 방식 • 패자전 관심 저하
리그 + 토너먼트	조별 리그 후 토너먼트	짧은 시즌	조 간 경기력 편차
	통합 리그 후 플레이오프	적절한 경기 수	하위팀 동기 저하

2 생활 체육 프로그램

1. 생활 체육 프로그램의 개발

(1) 생활 체육 프로그램의 개념
① '국민 체육, 평생 체육, 사회 체육'이라는 용어와 함께 사용됨
② 학교 체육과 전문 체육의 범위에서 생활 체육으로 확대됨
③ 모든 연령과 집단을 대상으로 생활 체육의 전반적인 진행 방향을 설정함

(2) 생활 체육 프로그램의 목표 기출 2022/2017
① 프로그램을 통해 달성하고자 하는 상태 및 운동 능력을 명시할 것
② 프로그램을 구성하는 스포츠 활동 내용을 구체적·세부적으로 기술할 것
③ 프로그램 전개에 있어 목표가 일관된 지침 역할을 하도록 설정할 것
④ 프로그램 시행 후에는 항상 평가를 실시하여 목표 달성 여부를 검토하도록 기술할 것

> **Speed 심화포인트**
>
> **생활 스포츠 교육 프로그램의 내용 선정 원리** 기출 2025
> - 목표 달성을 위해 다양한 학습경험 제공해야 함
> - 현재 수준에서 실천 가능해야 함
> - 참여자의 흥미와 관심에 기초해야 함
> - 목표 달성에 필요한 기회를 제공해야 함
> - 교육 목표 성취를 위한 적합한 내용을 선정해야 함

3 전문 체육 프로그램

1. 전문 체육 프로그램의 개념

운동선수들이 행하는 운동 경기 활동으로, 대한체육회에 등록한 엘리트 선수와 프로스포츠협회에 등록한 프로 선수들이 행하는 스포츠를 의미함

2. 전문 체육 프로그램의 개발을 위한 단계(R. Martens) 기출 2025/2022/2017

구분	내용
1단계	코치가 가장 우선적으로 해야 할 일은 선수에게 필요한 기술을 파악하는 것임
2단계	• 선수 이해 • 선수들의 신체적, 심리적, 사회적 발달 단계 파악
3단계	• 상황 분석 • 지도 계획 수립을 위해 먼저 주변 상황 분석
4단계	• 우선순위 결정 및 목표 설정 • 현재 상황에서 언제, 무엇을, 어떻게 할지에 대한 순서를 결정하고, 목표는 단기, 중기, 장기로 설정함
5단계	• 지도 방법 선택 • 우선순위와 목표를 바탕으로 체계적으로 지도할 수 있는 지도 방법 선택
6단계	• 연습 계획 수립 • 무엇을 가르치고 무엇을 연습해야 할지에 대한 내용이 결정되면 시즌 계획과 일일 지도 계획 수립

01

〈보기〉에서 체육 프로그램의 목표 중 인지적 영역에 해당하는 것을 고른 것은?

보기

㉠ 학생은 미국 스포츠의 역사를 읽을 수 있다.
㉡ 학생은 행복을 나타내는 춤을 창작할 수 있다.
㉢ 학생은 축구 인사이드 패스에 대해 설명할 수 있다.
㉣ 학생은 공정한 시합을 위해 게임 규칙을 적용할 수 있다.

① ㉠, ㉡
② ㉠, ㉢
③ ㉡, ㉢
④ ㉢, ㉣

| 정답해설 |
㉢ 인지적 영역의 이해에 해당한다.
㉣ 인지적 영역의 적용에 해당한다.

| 오답해설 |
㉠ 정의적 영역의 수용화에 해당한다.
㉡ 심동적 영역의 운동 해석 능력에 해당한다.

02

〈보기〉의 생활 체육 프로그램의 목표에 대한 설명으로 옳은 것은?

보기

㉠ 프로그램의 목표는 일관된 지침 역할을 하도록 설정한다.
㉡ 프로그램의 목표는 명시된 프로그램의 목적을 달성하기 위해 제시된 구체적인 성취 내용이다.
㉢ 참여자의 운동 능력, 요구 사항, 참여 동기, 사회적 배경 등을 고려하여 장단기 목표를 설정한다.
㉣ 프로그램 시행 후 평가는 목표 달성 여부와 무관하기 때문에 기술하지 않는다.

① ㉠, ㉡
② ㉡, ㉢
③ ㉠, ㉡, ㉢
④ ㉡, ㉢, ㉣

| 오답해설 |
㉣ 프로그램 시행 후에는 평가를 통해 목표 달성 여부를 검토할 수 있도록 기술해야 한다.

03

〈보기〉에서 설명하고 있는 체육 지도자가 갖춰야 할 지식은?

보기

특정 학생에게 어느 교과나 주제를 특정한 상황에서 지도할 수 있는 방법에 대한 지식

① 내용 지식
② 교육 목적 지식
③ 지도 방법 지식
④ 내용 교수법 지식

| 정답해설 |
슐만(Shulman)의 7가지 교사 지식 중 내용 교수법 지식에 대한 내용이다.

| 오답해설 |
① 내용 지식: 가르칠 교과 내용에 대한 지식
② 교육 목적 지식: 목적, 내용 및 교육 시스템의 구조에 관한 지식
③ 지도 방법 지식: 모든 교과에 적용되는 지도법에 대한 지식

04

학교 스포츠 클럽과 학교 스포츠 클럽 활동에 대한 설명으로 옳은 것은?

① 학교 스포츠 클럽은 창의적 체험 활동 시간에 이루어진다.
② 학교 스포츠 클럽 활동은 정규 교육 과정 외에 이루어진다.
③ 학교 스포츠 클럽 활동은 「학교 체육 진흥법」 제10조를 따른다.
④ 학교 스포츠 클럽은 방과 후에 동일 학교의 학생으로 운영되는 스포츠 동아리를 말한다.

| 정답해설 |
학교 스포츠 클럽은 방과 후 체육 활동에 취미를 가진 동일 학교의 학생으로 구성·운영되는 스포츠 동아리를 의미한다.

| 오답해설 |
① 학교 스포츠 클럽은 방과 후, 점심시간 등을 이용하여 이루어진다.
② 학교 스포츠 클럽 활동은 정규 학교 교육 과정 중 창의적 체험 활동 시간에 이루어지는 클럽 단위 스포츠 활동이다.
③ 학교 스포츠 클럽 활동은 초·중등학교 교육 과정 총론, 중학교 교육 과정 편성·운영 지침을 따른다.

정답 01 ④　02 ③　03 ④　04 ④

핵심테마 04 | 스포츠 교육의 프로그램론

05 [2024년 기출문제]

슐만(L. Shulman)의 '교사 지식 유형' 중 가르칠 교과목 내용에 관한 지식에 해당하는 것은?

① 내용 지식(content knowledge)
② 내용 교수법 지식(pedagogical content knowledge)
③ 교육 환경 지식(knowledge of educational contexts)
④ 학습자와 학습자 특성 지식(knowledge of learners and their characteristics)

| 정답해설 |
가르칠 교과목 내용에 대한 지식은 슐만(L. Shulman)의 교사 지식 중 내용 지식에 해당한다.

06 [2025년 기출문제]

생활 스포츠 교육 프로그램의 내용 선정 원리에 관한 설명으로 적절하지 않은 것은?

① 좋은 교육 내용이라면 실천 가능성과 관계없이 선정한다.
② 스포츠의 가치를 경험할 수 있도록 다양한 활동을 구성한다.
③ 생활 스포츠의 교육 목표를 성취하는 데 적합한 내용을 선정한다.
④ 참여자의 성별, 연령별 흥미와 요구를 반영하기 위한 조사를 실시한다.

| 정답해설 |
프로그램을 구성하는 스포츠 활동 내용은 실천 가능하게 구체적·세부적으로 기술하여 선정한다.

07 [2022년 기출문제]

〈보기〉에서 생활 스포츠 프로그램의 교육 목표 진술에 관한 설명으로 옳은 것만을 모두 고른 것은?

보기
㉠ 프로그램의 목표는 추상적으로 진술한다.
㉡ 학습 내용과 기대되는 행동을 동시에 진술한다.
㉢ 스포츠 참여자에게 기대하는 행동의 변화에 따라 동사를 다르게 진술한다.
㉣ 해당 스포츠 활동이 끝났을 때 참여자에게 나타난 최종 행동 변화 용어로 진술한다.

① ㉠, ㉡
② ㉢, ㉣
③ ㉠, ㉡, ㉢
④ ㉡, ㉢, ㉣

| 오답해설 |
㉠ 생활 체육 프로그램의 목표는 명시된 프로그램의 목적을 달성하기 위해 구체적으로 진술해야 한다.

08 [2025년 기출문제]

학교 스포츠 클럽 대회 운영 방식에 관한 설명으로 적절하지 않은 것은?

① 통합리그 유형은 조별리그 유형보다 경기 수가 많다.
② 스플릿(split) 리그는 통합리그의 성적을 바탕으로 그룹을 나누어 리그전을 진행하는 방식이다.
③ 더블 엘리미네이션(double elimination) 토너먼트는 모든 팀의 순위 산정이 가능한 방식이다.
④ 싱글 엘리미네이션(single elimination) 또는 녹아웃(knockout) 토너먼트의 패배 팀은 패자부활전으로 상위 라운드 진출이 가능하다.

| 정답해설 |
싱글 엘리미네이션(single elimination) 또는 녹아웃(knockout) 토너먼트는 이기면 다음 라운드 진출, 지면 탈락이라는 경기의 간결함이 있다. 즉, 한 번 지면 탈락하므로 패자부활전은 없다.

| 오답해설 |
① 통합리그는 경기 수가 많은 반면, 조별리그는 경기 수가 적다.
② 스플릿(split) 리그는 상위와 하위로 나누어 리그를 진행한다.
③ 더블 엘리미네이션(double elimination) 토너먼트는 패자부활전이 있기 때문에 모든 팀 순위 산정이 가능하다.

정답 05 ① 06 ① 07 ④ 08 ④

핵심테마 05 | 스포츠 교육의 지도 방법론 I

Speed 심화포인트

1 스포츠 지도를 위한 교육 모형

1. 교육 모형의 의미와 구조

(1) 교육 모형의 의미
① 교육 모형: 교사가 사용하는 수업 모형
② 체육 수업 모형: 체육 수업의 구조와 특징을 파악할 수 있는 수업 설계도로, 체육 교사는 수업의 학습 목표를 달성하기 위해 체육 수업 모형을 활용함

(2) 교육 모형의 구조
① 개요
　각 모형마다 심동적·인지적·정의적 학습 영역 중 추구하는 학습 영역이 있으며, 효과적인 학습 영역의 우선순위가 있음
② 교수-학습의 주도성
　㉠ 교사와 학생 간의 상호 작용 유형을 주도성이라고 함
　㉡ 각 수업 모형의 교수-학습 주도성은 내용 선정, 수업 운영, 과제 제시, 참여 형태, 교수적 상호 작용, 학습 진도, 과제 전개에 따라 다름
　㉢ '직접적' 측면은 교사에게 거의 모든 의사 결정 권한 부여, '간접적' 측면은 학생에게 많은 의사 결정 권한 부여, '상호 작용적' 측면은 교사와 학생 간의 원활한 상호 작용 수준 유지 정도를 나타냄

2. 교육 모형의 종류

교육 모형의 종류
- 직접 교수 모형
- 개별화 지도 모형
- 협동 학습 모형
- 스포츠 교육 모형
- 동료 교수 모형
- 탐구 수업 모형
- 전술 게임 모형
- 개인·사회적 책임감 지도 모형

(1) 직접 교수 모형　기출 2025/2023/2020/2019/2017/2015

> 교사가 수업의 리더

① 개요
　㉠ 행동주의 심리학자인 스키너(B. Skinner)의 조작적 조건화 이론에서 파생된 것
　㉡ 교사는 수업 내용, 관리, 학생의 참여에 대한 모든 의사 결정의 주도자
　㉢ 학생들에게 높은 비율의 학습 참여 기회와 피드백 제공
② 목적: 학생이 연습 과제와 기능 연습에 높은 비율로 참여하도록 하기 위해 수업 시간과 자원을 가장 효율적으로 이용
③ 수업의 6단계
　㉠ 전시 과제 복습(1단계): 수업 도입으로 이전 수업 내용을 간단히 복습한 후 시작
　㉡ 새로운 과제 제시(2단계)
　　• 교사가 새로운 내용을 학생에게 설명하거나 시범을 통해 과제 제시
　　• 학생은 새로운 개념과 그 수행 방법을 언어적·시각적 정보로 얻게 됨
　　• 새로운 과제는 학생의 연령과 발달 단계에 맞게 제공되어야 함
　㉢ 초기 과제 연습(3단계)
　　• 과제 제시는 곧바로 구조화된 연습으로 이어지고, 학생은 주어진 과제를 능숙하게 수행하기 위해 연습 시작

- 연습 과제는 학생이 80%의 성공률에 도달할 때까지 계속 진행
ⓔ 피드백 및 교정(4단계)
  - 교사의 피드백과 교정 사항에 대한 설명은 초기 학습 과제가 이루어질 때나 과제 연습의 각 과제 사이에 이루어짐
  - 교사는 학생이 다음 과제로 이동할 준비가 되었는지를 확인하기 위해 몇 가지 주요 운동 수행 단서를 가르치거나 몇 가지 이전 학습 과제를 되풀이할 수 있음
ⓜ 독자적 연습(5단계): 교사는 학생이 기본적인 연습 과제에 능숙해졌다는 확신이 들면 학생이 독립적으로 연습하도록 계획 수립
ⓗ 본시 복습(6단계): 교사는 학생이 수업 내용을 얼마나 기억하고 있는지 확인

④ 학습 영역의 우선순위

- 1순위: 심동적 학습
- 2순위: 인지적 학습
- 3순위: 정의적 학습

⑤ 교수-학습의 수업 주도성
  ㉠ 내용 선정: 교사는 내용 선정, 학습 과제 순서, 학생의 수행 기준 결정
  ㉡ 수업 운영: 교사는 지도 단원의 관리 계획, 수업 방침 및 규정, 세부적인 행동 결정
  ㉢ 과제 제시: 교사는 모든 과제 제시를 계획하고 통제함
  ㉣ 참여 형태: 교사는 각 학습 과제의 다양한 학생 참여 유형 결정
  ㉤ 교수적 상호 작용: 모든 상호 작용의 시작과 통제는 교사가 주도
  ㉥ 학습 진도: 교사는 초기 학습 진도 결정(A), 학생은 연습 단계에서 스스로 진도 결정(B)
  ㉦ 과제 전개: 교사는 학습 과정의 이동에 대한 시기를 결정

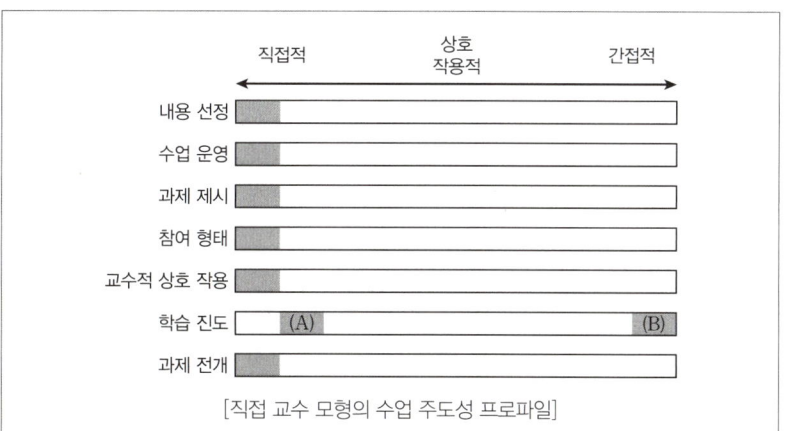

[직접 교수 모형의 수업 주도성 프로파일]

(2) 개별화 지도 모형 기출 2025/2023/2021

> 수업 진도는 학습자가 결정

① 개요
  ㉠ 각 학생에게 수업 운영 정보, 과제 제시, 과제 구조, 수행 기준과 오류 분석이 포함된 학습 활동 및 평가를 하나의 묶음으로 구성한 수업 자료를 제공하는 설계
  ㉡ 학생은 학습 능력에 따라 자신의 속도에 맞춰 학습함
  ㉢ 학생은 자기 주도적인 학습자가 되고, 교사는 상호 작용이 필요한 학생과 더 많은 상호 작용을 할 수 있음

Speed 심화포인트

복습의 4가지 주요 기능
- 이전 수업에서 얼마나 학습했는지를 이해하는 데 도움이 됨
- 이전에 배웠던 내용을 좀 더 최근의 기억으로 회상하도록 도와줌
- 전 시간에 배웠던 내용을 생각하게 함으로써 학습 환경을 즉각적으로 조성할 수 있도록 함
- 이전 수업과 현재 수업의 학습 과제를 연결할 수 있음

유능한 교사가 제공하는 과제 제시의 여덟 가지 특징(Graham, 1988)
- 설명을 분명히 할 것
- 중요한 내용을 강조할 것
- 새로운 내용을 구성할 것
- 주의 집중을 유도할 것
- 정보를 요약하고 반복할 것
- 학생들의 인지도를 확인할 것
- 생산적인 학습 환경을 제공할 것
- 평가 지침을 제공할 것

핵심테마 05 스포츠 교육의 지도 방법론 I

Speed 심화포인트

② 목적
  ㉠ 학생에게 자기 주도적인 학습 제공
  ㉡ 교사에게는 상호 작용이 필요한 학생과 많은 상호 작용 기회 제공
  ㉢ 심동적 영역과 인지적 영역의 학습에 효과적인 모형

③ 학습 영역의 우선순위

• 1순위: 심동적 학습 • 2순위: 인지적 학습 • 3순위: 정의적 학습

④ 교수–학습의 수업 주도성
  ㉠ 내용 선정: 교사는 그 단원에 포함되어야 할 내용과 학습 과제의 계열 순서, 각 과제 숙달을 위한 수행 기준을 결정함
  ㉡ 수업 운영: 교사는 관리 계획, 학습 규칙, 구체적 절차를 결정함
  ㉢ 과제 제시
    • 교사로부터 독립을 유도하고, 학습 내용을 통한 개별 학습 진도를 촉진함
    • 단원을 시작할 때 전체 학습자를 대상으로 과제를 제시하고, 학생이 새로운 기능이나 지식 영역을 시작할 때 소규모 과제를 제시함
  ㉣ 참여 형태: 학생은 교사와 다른 학생으로부터 독립적으로 연습하고, 학습 과제는 개별적 연습을 위해 설계하거나 소수의 학생이 파트너 또는 소집단에 참여할 수 있도록 설계함
  ㉤ 교수적 상호 작용: 학생에게 높은 수준의 교수 상호 작용 제공
  ㉥ 학습 진도: 학생은 학습 과제에 참여할 때 자신의 속도에 맞춰 진도 결정
  ㉦ 과제 전개: 학생의 능력과 노력에 따라 계열화된 과제를 얼마나 빨리 진행시킬지 결정하고, 과제 진도의 결정은 학생 자신이 함

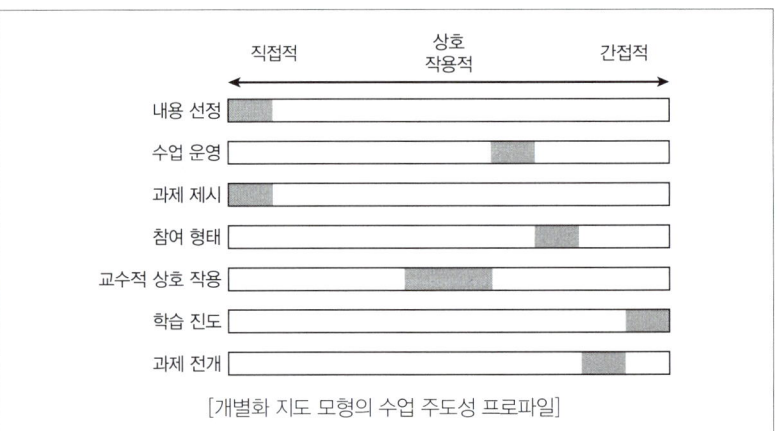

[개별화 지도 모형의 수업 주도성 프로파일]

(3) **협동 학습 모형** 기출 2024/2022/2021/2019/2016

서로를 위해 서로 함께 배우기

① 개요
  ㉠ 책임감 있는 팀원이 되고, 자신의 잠재 능력을 최대한 개발하는 수업 모형
  ㉡ 팀의 성공을 위해 자신의 능력에 맞게 공헌하는 것을 의미
  ㉢ 모든 학생에게 동등한 학습 참여 기회 보장, 교사 중심이 아닌 학생 중심으로 수업 운영
  ㉣ 모든 학생이 활발히 상호 작용하며 협동하는 것을 배우는 것이 아니라 배우기 위해 협동함

② 특성
  ㉠ 협동 학습 모형의 개념: 팀 보상, 개인 책무성, 학습 성공에 대한 평등한 기회 제공

팀 보상	교사가 제시한 기준에 도달하는 팀에게 특혜, 공개적인 인정 또는 점수 등의 보상을 제공함
개인 책무성	모든 팀원의 수행이 팀 점수 또는 평가에 포함되기 때문에 모든 학생은 팀의 과제 수행을 위해 노력함
학습 성공에 대한 평등한 기회 제공	소집단으로 구성하여 전체 팀의 운동 수행 능력이 평등하도록 구성해야 하기 때문에 팀원 선정 과정이 중요함

  ㉡ 교수 전략 기출 2025/2022/2021

학생 팀-성취 배분 (STAD)	• 교사는 모든 팀에게 동일한 학습 과제와 필요한 자원 제공 • 교사는 팀별로 학습하게 하고 연습할 시간을 제공하는데, 이 시간에 과제를 명료화하고 팀에게 필요한 다른 자원을 제공함 • 각 팀의 모든 팀원은 학습한 지식이나 기능에 대해 평가를 받고, 팀 점수는 모든 팀원의 점수를 합쳐서 계산 • 팀은 동일 과제를 수행하고 2차 연습 시간을 가짐 • 2차 연습 시간에는 팀 점수가 1차 시험보다 높아야 한다는 것을 알려주며, 팀은 협동심을 강조하고 모든 팀원의 점수 상승에 중점을 둠
팀 게임 토너먼트 (TGT)	• 학생을 팀별로 나누고, 할당된 학습 과제를 1차 연습하며 모든 팀의 팀원은 1차 연습이 끝나면 팀별로 시험을 봄 • 각 팀에서 1등, 2등, 3등, 4등 점수를 받은 사람은 다른 팀에서 같은 등수인 학생의 점수와 비교하여 같은 등수에서 높은 점수를 얻은 학생에게 일정한 상점을 부여한 후 2차 연습 실시 • 2차 연습 후 1차 평가 때와 마찬가지로 같은 등수끼리 점수를 비교하고, 게임이 끝난 후에 가장 높은 점수를 받은 팀이 승리 팀이 됨
팀-보조 수업 (TAI)	• 교사는 학생에게 수행 기준과 학습 과제가 제시된 목록을 제공하는데, 이 목록에는 학생이 학습해야 할 기술과 지식 영역이 쉬운 단계에서 어려운 단계로 나누어 제시되어 있음 • 각 팀원은 개별 또는 다른 팀원의 도움을 받아 해당 과제를 연습하고, 학생이 수행 기준에 따라 과제를 완수하면 다른 팀원이 과제 수행 여부를 체크하고, 학생은 다음 과제로 이동 • 팀 성적은 매주 각 팀이 수행한 과제 수를 점수로 환산 또는 개별별로 시험을 본 후 개인 점수를 합산하여 계산

직소(Jigsaw)	• 직소 1(E. Aronson)
	  − 각 팀원이 주제 또는 기술의 전문가가 되기 위해 서로 다른 학습 요소를 배움
	    예 A팀 학생 1은 체스트 패스, 학생 2는 오버헤드 패스, 학생 3은 게임 방법 및 규칙 등을 학습함
	  − 팀별로 동일한 기술을 학습한 학생끼리 모여 전문가 집단을 구성
	  − 전문가 집단은 다시 자신의 팀으로 돌아가 배운 것을 동료 교수의 방식으로 팀원에게 가르침
	• 직소 2(R. Slavin)
	  − 직소 1의 단점을 보완하기 위해 개발되었으며 기존의 직소 1에 학생 팀-성취 배분(STAD) 방식을 결합
	  − 수업 후 단원 전체에 대해 퀴즈나 경기를 실시한 후 결과에 따라 학생에게 보상을 제공
	  − 직소 1에서는 학습할 내용에 대한 정보를 분할하여 따로 제공하지만 직소 2에서는 모든 학생에게 제공하고 대신 특정 영역을 집중하여 정리하거나 연구하게 하여 전문가를 양성

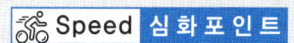

핵심테마 05 스포츠 교육의 지도 방법론 I

Speed 심화포인트

	• 직소 3 – 직소 2에 퀴즈 평가를 대비하여 학습 정리 시간을 따로 부여함 – 바로 평가하지 않고 일정 기간 배운 것을 정리하는 시간을 부여 – 그 후 다시 소집하여 평가에 대해 준비 – 학생의 성취를 평가하고 학생 팀–성취 배분(STAD)의 향상 점수를 계산
집단 연구(GI)	• 팀이 학습 과정에서 협동하고 학습 결과를 공유하는 데 사용 • 팀이 선정되고 과제가 할당되면 각 팀은 3주 안에 과제를 완성해야 하며, 학생은 수업 시간 및 그 외 시간을 이용하여 과제 수행 • 발표는 단체 프로젝트 형식으로 이루어지며, 포스터, 콜라주, 영상, 컴퓨터 그래픽, 보고서 등의 매체를 이용

③ 학습 영역의 우선순위
  ㉠ 주어진 과제가 인지적 학습에 초점을 두고 있는 경우

  | • 1순위: 정의적, 인지적 학습 | • 2순위: 심동적 학습 |

  ㉡ 주어진 과제가 심동적 학습에 초점을 두고 있는 경우

  | • 1순위: 정의적, 심동적 학습 | • 2순위: 인지적 학습 |

④ 교수–학습의 수업 주도성
  ㉠ 내용 선정: 교사 중심으로 실행
  ㉡ 수업 운영: 팀이 과제에 참여하기 전까지 교사 중심으로 운영하고(A), 팀이 과제를 시작하면 그 운영권을 각 협동 집단 내에 있는 학생에게 이양함(B)
  ㉢ 과제 제시: 교사의 과제 제시 없이 과제 완수를 위해 지켜야 할 기본 규칙만 설명
  ㉣ 참여 형태: 학생 주도형 참여(B)와 학생의 사회성 발달을 위한 상호 작용형(A)으로 구분함
  ㉤ 교수적 상호 작용: 팀원이 과제를 수행하는 동안에는 학생 중심(B), 교사가 학생에게 질문할 때에는 상호 작용형(A)에 해당함
  ㉥ 학습 진도: 팀 선정 및 학습 과제 선정은 교사 중심(A)이지만 학습 진도는 학생(B)이 조절함
  ㉦ 과제 전개: 새로운 과제는 교사가 결정하고(A) 팀은 과제를 완수하는 데 필요한 단계와 각 과제를 언제 끝마칠 것인지 결정함(B)

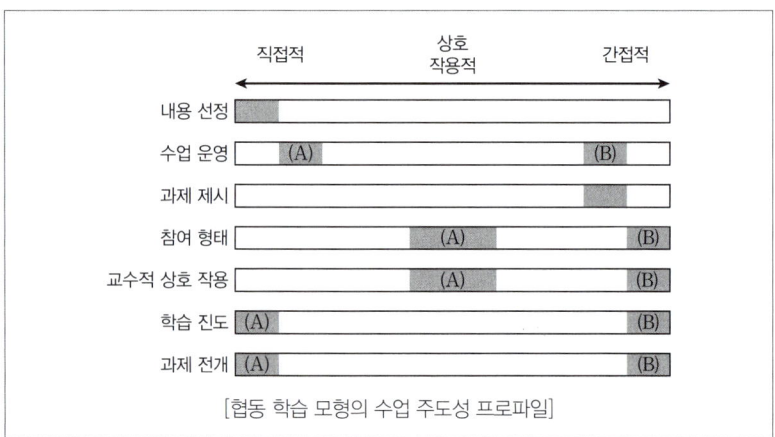

[협동 학습 모형의 수업 주도성 프로파일]

> 협동 학습 모형에서 '교사의 과제 제시 없이'의 의미는 과제가 전혀 없다는 것이 아니다. 직접적으로 과제를 전달해 주지 않는다는 의미이며, 교사는 과제에 대한 단계를 설정해 주거나 과제 완수를 위해 각 팀이 지켜야 할 기본 규칙만을 설명해 준다.

(4) 스포츠 교육 모형 기출 2025/2024/2021/2019/2017/2016

> 유능하고 박식하며 열정적인 스포츠인으로 성장

① 개요
  ㉠ 스포츠 리그의 조직으로부터 파생
  ㉡ 학생에게 스포츠 참여를 통한 다양한 경험과 학습을 할 수 있는 구조 제공
  ㉢ 모든 학생은 선수이며 동시에 스포츠 리그가 운영되면서 한두 가지 이상의 역할을 습득
  ㉣ 학생은 스포츠 리그 운영에 필요한 다양한 역할 경험을 통해 스포츠 속에 내재된 다양한 관점과 가치를 배움으로써 긍정적이고 교육적인 체험 습득

② 목적(Siedentop, 1994)
  ㉠ 유능한 스포츠인: 게임에 참여할 수 있는 충분한 기술이 있고, 게임의 난이도에 따라 적절한 전략을 이해·실행할 수 있으며, 경기 지식이 풍부한 스포츠 참여자
  ㉡ 박식한 스포츠인: 스포츠의 규칙, 의례, 전통을 이해하고 그 가치를 알 수 있으며, 프로나 아마추어 스포츠를 막론하고 바람직한 수행과 그렇지 못한 수행을 구별할 수 있고, 스포츠팬이든지 관람자이든지 간에 스포츠 수행을 잘하는 참여자이자 안목 있는 소비자
  ㉢ 열정적 스포츠인: 다양한 스포츠 문화를 보존하고 증진할 수 있도록 행동하고 참여하며, 스포츠 집단의 일원으로 지역, 국가 및 국제적 수준의 스포츠 경기에 참여하는 스포츠 참여자

Jump Up 이해

스포츠 교육 모형의 6가지 요소 기출 2021

시즌	• 체육 수업의 전통적인 내용 단원보다는 시즌이라는 개념을 사용함 • 시즌은 연습 기간, 시즌 전 기간, 정규 시즌 기간, 최종 경기를 포함하는 장시간의 기간을 의미
팀 소속	• 학생은 전체 시즌 동안 한 팀의 일원으로서 수업에 참여함 • 공동 목표를 위해 함께 일하고, 팀의 의사 결정 과정에 참여하며, 성공과 실패를 함께 경험함 • 스스로 팀의 정체성을 확립하여 정의적·사회적 발달 목표를 성취함
공식 경기	• 학생은 시즌을 조직하고 운영하는 의사 결정에 참여함 • 경기 일정 동안 팀과 선수는 지속적으로 경기를 연습하고 준비함 • 학생은 경기의 공정성과 더 나은 경기 참여를 위해 규칙을 수정할 수 있음
결승전 행사	• 시즌은 토너먼트, 팀 경쟁, 혹은 개인 경쟁 등 다양한 형태의 이벤트로 마무리됨 • 학생은 단지 관중으로 참여하는 것이 아니라 각자가 적절한 역할 속에서 능력을 발휘하며 참여할 수 있도록 해야 함
기록 보존	• 게임은 경기 수행에 대한 많은 기록을 양산함 • 기록은 전략을 가르치거나 학생의 학습을 평가하는 데 사용됨 • 기록으로 자신의 팀 전력뿐만 아니라 상대 팀의 전력도 분석할 수 있음
축제화	• 스포츠 이벤트는 축제의 성격을 지님 • 교사는 시즌과 경기가 축제 분위기 속에서 축하하는 자리가 될 수 있도록 유도해야 함

핵심테마 05 스포츠 교육의 지도 방법론 I

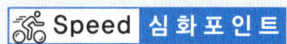 **Speed 심화포인트**

③ 학습 영역의 우선순위: 유능함(인지적 능력을 바탕으로 한 심동적 영역), 박식함(인지적 영역), 열정적(정의적 영역)

조직적 의사 결정	• 1순위: 인지적	• 2순위: 정의적	
선수로서의 시즌 전 연습	• 1순위: 심동적	• 2순위: 인지적	• 3순위: 정의적
코치로서의 시즌 전 연습	• 1순위: 인지적	• 2순위: 정의적	• 3순위: 심동적
임무 역할의 학습 (심판, 기록자, 트레이너 등)	• 1순위: 인지적	• 2순위: 정의적	• 3순위: 심동적
팀원으로서의 임무	• 1순위: 정의적	• 2순위: 인지적	• 3순위: 심동적
선수로서의 경기 수행	• 1순위: 심동적	• 2순위: 인지적	• 3순위: 정의적
코치로서의 경기 진행	• 1순위: 인지적	• 2순위: 정의적	• 3순위: 심동적

④ 교수 – 학습의 수업 주도성
  ㉠ 내용 선정: 교사는 스포츠 교육 시즌 중 어떤 스포츠를 제공할지에 대한 두 가지 선택을 할 수 있음. 첫 번째는 교사가 종목을 선정하고 학생에게 정보를 제공하는 직접적인 선택이고, 두 번째는 학생에게 선택의 범위를 제공하고 학생이 각 시즌의 스포츠 종목을 선택하게 하는 것임. 두 번째는 맥락적 요인을 고려한 상태에서 학생의 선택에 교사가 조언하는 상호 작용적인 성격임
  ㉡ 수업 운영
    • 교사는 시즌에 대한 전반적인 구조를 제시하는 초기 수업 운영에 대해 결정
    • 초기 수업 운영과 관련된 내용은 팀이 어떻게 선정되고, 게임을 하지 않을 때의 의무는 무엇이며, 학생에게 의무를 어떻게 할당할지, 시즌은 얼마나 지속되어야 하며, 용·기구와 시설은 어떻게 준비하는지 등의 시즌에 대한 전반적인 기본 규칙 제공임
    • 교사의 결정이 수립되고 학생에게 전달되면 학생은 거의 모든 통제를 스스로 하며, 시즌 동안 매일의 수업 관리 과제를 계획하고 수행하게 됨
  ㉢ 과제 제시
    • 시즌 전과 시즌 중에 팀 연습의 맥락 속에서 초래됨
    • 학생이 동료 교수와 협동 학습의 형태로 구성(B)하고, 교사가 각 임무의 핵심 내용을 미니 워크숍 형식으로 제공(A)함
  ㉣ 참여 형태: 선수 역할과 비선수 역할에 따라 달라지며 팀원으로서 학생은 동료 교수와 소집단 협동 학습 과제에 참여하고, 비선수 역할의 학생은 각 임무에 주어진 과제에 대한 지식, 기술 및 절차를 학습하는 적극적인 참여자가 되어야 함
  ㉤ 교수적 상호 작용: 학생이 동료 또는 협동 학습 활동에서 팀으로 일할 때 학생 사이의 상호 작용이 발생(B)하고 교사는 자료 제공자(A)가 됨
  ㉥ 학습 진도: 팀 구성원은 시즌 경쟁에 대한 준비와 시즌 전 계획을 보충하는 데 무엇이 필요한지 결정함
  ㉦ 과제 전개: 팀은 시즌을 준비하고 게임 사이의 과제 순서에 대한 의사 결정을 주도하며, 각 팀의 내용 목록은 팀에 속한 선수의 특정 능력에 따라 달라짐

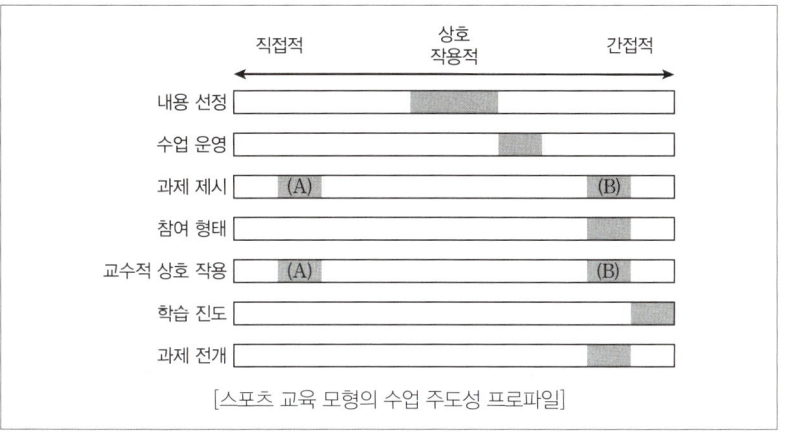

[스포츠 교육 모형의 수업 주도성 프로파일]

(5) 동료 교수 모형 [기출 2025/2024/2022/2019/2017]

> 나는 너를 가르치고, 너는 나를 가르친다.

① 개요
  ㉠ 직접 교수 모형의 변형으로, 학생이 교사와 학습자의 역할을 번갈아 가며 수행하고 협력하여 주어진 과제 완수
  ㉡ 학생의 인지 발달을 향상시킬 수 있는 잠재력을 지님
  ㉢ 개인 교사는 교사가 제공하는 과제 제시와 과제 구조에 근거해서 학습자의 연습을 관찰하며 학습 단서와 피드백을 제시하고, 학습자는 개인 교사의 조언과 충고를 수용하며 주어진 과제에 대한 연습을 수행함

② 학습 영역의 우선순위

학습자	• 1순위: 심동적	• 2순위: 인지적	• 3순위: 정의적
개인 교사	• 1순위: 인지적	• 2순위: 정의적	• 3순위: 심동적

③ 교수-학습의 수업 주도성
  ㉠ 내용 선정: 교사는 내용의 순서를 조정하고 단원에 포함될 내용, 학습 과제의 위계를 선정하며 수행 평가 기준을 결정함
  ㉡ 수업 운영: 교사는 학생이 준수해야 할 관리 계획, 학습 규칙, 세부 절차를 결정함
  ㉢ 과제 제시: 교사가 개인 교사에게 수행 단서, 과제 구조, 숙달 기준을 안내할 때 발생하며, 개인 교사가 학습자에게 주어진 과제 연습을 시작하도록 정보를 제공함
  ㉣ 참여 형태: 교사는 각 역할에 대한 학생의 임무와 과제 내에서 교대 계획을 결정함
  ㉤ 교수적 상호 작용: 교사와 개인 교사 사이(A), 개인 교사와 학습자 사이(B)에서 상호 작용이 발생함
  ㉥ 학습 진도: 교사가 개인 교사에게 과제를 제시하고 구조 정보를 제공하면, 개인 교사는 학습자에게 이를 전달하고 학습자는 자신의 학습 속도로 연습을 시작함
  ㉦ 과제 전개: 교사는 각 단원의 내용 목록과 그 안에서 학습 활동이 바뀌는 시기를 결정함

동료 교수 모형의 주요 용어
- 개인 교사(tutor): 임시로 교사의 역할을 담당하는 학생
- 학습자(learner): 개인 교사의 관찰 및 감독하에서 연습하는 학생
- 조(짝, dyad): 개인 교사 - 학습자가 짝으로 구성된 단위
- 학생(student): 개인 교사나 학습자의 역할을 수행하지 않는 학생

핵심테마 05 스포츠 교육의 지도 방법론 I

Speed 심화포인트

[동료 교수 모형의 수업 주도성 프로파일]

(6) 탐구 수업 모형 기출 2023/2017/2015

> 문제 해결자로서의 학습자

① 개요
- ㉠ 움직임 중심의 프로그램이 목적
- ㉡ 움직임 중심의 지도 방법은 문제 해결, 탐색 지도, 학생 중심 교수, 발견식 교수, 간접 교수 등으로 불림
- ㉢ 교사의 질문이 지도 방식의 핵심
- ㉣ 질문 중심 수업의 독특한 성격과 그 속에 담겨 있는 유용한 전략들을 교사가 체육 시간에 학생의 사고력, 문제 해결력, 탐구력 등을 증진시키는 데 활용함
- ㉤ 탐구 수업 모형은 협동 학습 모형, 전술 게임 모형과 유사점 및 차이점이 있음
  - 협동 학습 모형은 학습 활동을 위한 팀 구조에 바탕을 두며 루브릭을 가지고 학생과 의사소통을 하고, 전술 게임 모형에서는 상황 중심의 활동을 하기 때문에 이 두 모형에서 활용되는 질문과 움직임 범위는 좁게 나타남
  - 탐구 수업 모형은 학생에게 창의적인 대답(인지적·심동적 차원)을 폭넓게 요구함

② 학습 영역의 우선순위

> - 1순위: 인지적 학습
> - 2순위: 심동적 학습
> - 3순위: 정의적 학습

③ 교수-학습의 수업 주도성
- ㉠ 내용 선정: 학생이 단원과 수업에서 배울 모든 내용은 교사가 결정하며, 인지적 지식, 개념, 움직임 패턴으로 해결해야 할 문제 등이 포함
- ㉡ 수업 운영: 교사가 관리 계획과 특정 수업 절차를 결정
- ㉢ 과제 제시: 교사가 학생의 사고와 움직임을 자극하면서 의사소통하는 질문 형태로 과제 제시
- ㉣ 참여 형태: 교사가 문제를 설정하고 학생에게 답을 찾기 위한 기회 제공
- ㉤ 교수적 상호 작용: 학생이 문제 해결에 몰입할 때 높은 수준의 상호 작용 발생
- ㉥ 학습 진도: 교사는 전체 단원과 각 수업 진도를 결정하는데 언제 새로운 과제를 시작할 것인지, 얼마의 시간을 할당할 것인지를 결정(A)하고, 학생은 해답을 찾기 위해 요구되는 시간과 연습량, 언제 문제를 해결할 수 있는지를 판단(B)함
- ㉦ 과제 전개: 교사는 인지적, 심동적, 정의적 영역의 능력을 발달시키고, 학생이 점점 더 복잡한 과제를 해결하도록 과제를 전개함

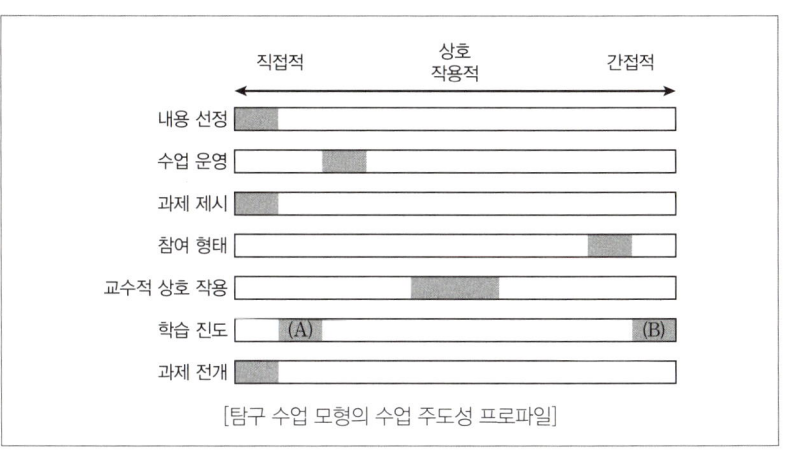

[탐구 수업 모형의 수업 주도성 프로파일]

(7) 전술 게임 모형 기출 2025/2022/2017

이해 중심 게임 지도

① 개요
  ㉠ 벙커(Bunker)와 소프(Thorpe)(1982)의 이해 중심 게임 지도 모형과 동일한 전술 게임 모형은 기술 위주로 지도해 온 전통적인 게임 지도 방식에서 탈피하여 전술의 이해를 강조한 게임 지도 방식임
  ㉡ 발달상 적합한 게임과 인지 활동 후 숙련된 운동 수행을 통한 전술 문제 해결에 초점을 둠
  ㉢ 게임과 유사한 과제와 변형 게임으로 익힌 기술 수행을 정식 게임으로 실행할 때 적용할 수 있는 전술 지시의 발달을 강조
  ㉣ 교사는 게임 수행에 필요한 가장 본질적인 전술을 결정하여 모형을 활용하고 각 전술 영역에서의 학습 활동을 설계함

② 전술 게임 모형의 6단계 기출 2025

게임 소개 → 게임 이해 → 전술 인지 → 의사 결정 → 기술 연습 → 실제 게임 수행

③ 학습 영역의 우선순위

• 1순위: 인지적 학습　　• 2순위: 심동적 학습　　• 3순위: 정의적 학습

④ 교수 – 학습의 수업 주도성
  ㉠ 내용 선정: 교사는 학생이 각 단원에서 해결해야 하는 전술 문제의 계열성에 따라 내용을 제시함
  ㉡ 수업 운영: 교사는 관리 계획, 수업 규칙, 특정 절차를 결정함
  ㉢ 과제 제시: 교사가 과제를 부과하며, 교사는 학생이 모의 상황에 참여하기 전 전술과 기능을 결합하기 위해 문제를 해결할 수 있도록 연역적 질문을 사용함
  ㉣ 참여 형태: 교사는 모든 학습 과제와 구조를 결정하고 학생이 전술 문제를 해결하게 하며, 모의 상황 또는 연습을 실행할 수 있도록 지도함
  ㉤ 교수적 상호 작용: 교사는 학생이 게임 모의 상황과 연습을 하는 동안 전략적 문제를 해결할 수 있도록 연역적 질문을 활용하고 단서, 안내 및 피드백을 제공함으로써 상호 작용을 시작함

핵심테마 05 스포츠 교육의 지도 방법론 I

Speed 심화포인트

ⓗ 학습 진도: 학생이 게임 상황에 참여하면 연습 시작 및 종료 시점을 스스로 결정함
ⓘ 과제 전개: 교사 중심으로, 교사는 각 학습 활동이 끝나고 학생이 다음 전술 문제와 학습 과제로 이동하는 시기를 결정함

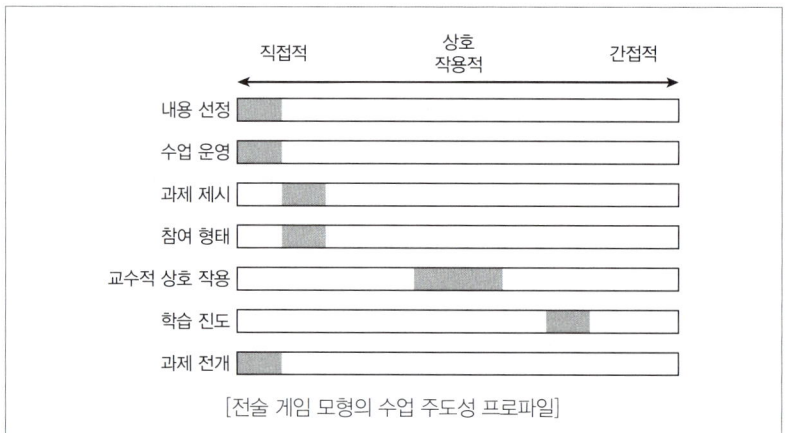

[전술 게임 모형의 수업 주도성 프로파일]

Jump Up 이해

그리핀(L. Griffin), 미첼(S. Mitchell), 오슬린(J. Oslin)의 이해 중심 게임 모형에서 변형 게임 구성 시 반영해야 할 핵심 개념 `기출 2023/2022`

변형 게임은 반드시 정식 게임을 대표할 수 있어야 하며(대표성), 전술 기능 개발에 초점을 둘 수 있도록 상황이 과장되어야 한다(과장성).

- 대표성: 게임 형식은 학생이 정식 게임에 참여할 때 접하는 실제 상황을 포함해야 한다.
  - 예) 야구의 출루를 가르칠 때 교사는 규정대로 베이스 사이의 거리를 유지하고 모든 선수가 정확한 위치에 있게 해야 함
- 과장성: 학생이 오직 움직임의 전술 문제에만 초점을 두도록 게임 형식이 설정되어야 한다.
  - 예) 하나의 수행 단위를 분절화해서 반복 수행과 다양한 참여 방식을 결합시킴으로써 게임 형식의 과장된 특징을 드러나게 함

알몬드(L. Almond)의 게임 유형 `기출 2022/2021`

- 게임 분류라는 개념을 제시하여 유사한 형태로 분류될 수 있는 게임 간의 공통 속성을 규명하였다.
- 동일하게 분류된 게임은 많은 공통점이 있으며, 그 범주에서 다른 게임을 이해하고 수행하는 데 도움을 줄 수 있다.
  - 예) 축구, 농구, 하키에서 유사한 전술과 기능을 배우면서 3가지 게임을 일반화하는 방식으로 수비 위치와 포지션의 개념을 알 수 있음

게임 분류	게임
침범형	농구, 하키, 풋볼, 라크로스, 넷볼, 축구, 프리스비
네트형/벽면형	네트형(배드민턴, 피클볼, 탁구, 배구), 벽면형(라켓볼, 스쿼시)
필드형	야구, 크리켓, 킥볼, 소프트볼
표적형	당구, 볼링, 골프

게임 수행 평가 도구(GPAI)를 활용한 학생의 게임 수행 능력 측정법 `기출 2025`

- 게임 분류라는 개념을 제시하여 유사한 형태로 분류될 수 있는 게임 간의 공통 속성을 규명하였다.
- 동일하게 분류된 게임은 많은 공통점이 있으며, 그 범주에서 다른 게임을 이해하고 수행하는 데 도움을 줄 수 있다.
  - 예) 축구, 농구, 하키에서 유사한 전술과 기능을 배우면서 3가지 게임을 일반화하는 방식으로 수비 위치와 포지션의 개념을 알 수 있음

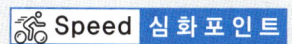

항목	계산법
의사 결정 (DMI)	적절한 의사결정 수÷(적절한 의사결정 수+부적절한 의사결정 수)×100
기술 실행 (SEI)	효과적 기술 실행의 횟수÷(효과적 기술 실행의 횟수+비효과적 기술 실행의 횟수)×100
보조하기 (SI)	적절한 보조 움직임의 횟수÷(적절한 보조 움직임의 횟수+부적절한 보조 움직임의 횟수)×100
게임 수행	[DMI+SEI+SI]÷3(사용된 항목 수)

(8) 개인적·사회적 책임감 지도 모형(Teaching for Personal Social Responsibility: TPSR)

기출 2024/2022/2020/2017/2015

> 통합, 전이, 권한 위임, 교사-학생의 관계

① 개요
  ㉠ 체육에서 가르쳐야 하는 내용의 대부분이 학생 스스로와 타인에 대한 책임을 어떻게 져야 하는지 그 방법을 연습하고 배우는 기회를 제공함
  ㉡ 모형의 핵심은 책임감과 신체 활동이 별개의 학습 성과가 아니므로 두 가지를 동시에 추구하고 성취하는 것임
  ㉢ 모형의 주제와 책임감 수준

수준	특징	의사 결정과 행동의 사례
5단계	전이	• 지역 사회 환경에서 타인 가르치기 • 집에서 개인적 체력 프로그램 실행하기 • 청소년 스포츠 코치로 자원하기 • 학교 밖에서 훌륭한 역할 본보기 되기
4단계	돌봄과 배려	• 먼저 단정하지 않고 경청하고 대응하기 • 거드름 피우지 않고 돕기 • 타인의 요구와 감정 인정
3단계	자기 방향 설정	• 교사 감독 없이 과제 완수 • 자기 평가 가능 • 자기 목표 설정 가능 • 부정적인 외부 영향에 대응 가능
2단계	참여와 노력	• 자기 동기 부여 있음 • 의무감 없는 자발적 참여 • 열심히 시도하는 학습
1단계	타인의 권리와 감정 존중	• 다른 사람을 방해하지 않고 참여하기 • 자기 통제 보임 • 타인을 고려하면서 안전하게 참여하기 • 평화로운 갈등 해결 시도
0단계	무책임감	• 참여 의지 없음 • 자기 통제 능력 없음 • 어떠한 수준의 책임감도 수용할 의사 없음 • 다른 사람들을 방해하는 시도

② 학습 영역의 우선순위
  ㉠ 현재 학습 활동의 어디에 중점을 두느냐에 따라 결정됨
  ㉡ 계획된 학습 과제에서 이루어지는 학생 참여는 개인적·사회적 책임감을 발달시킬 기회를 갖게 하고, 이 목표가 우선순위가 됨

핵심 테마 05 스포츠 교육의 지도 방법론 I

③ 교수 – 학습의 수업 주도성
  ㉠ 내용 선정: 교사가 학생의 현재 책임감 수준을 확인하고 수업 내용을 결정함
  ㉡ 수업 운영: 학생이 낮은 수준의 책임감을 가지고 있을 때 교사는 수업 관리와 관련된 의사 결정과 행동에 대해 직접적인 통제를 하며(A), 학생이 높은 수준의 책임감을 보이면 교사는 학생에게 수업 관리 운영을 넘어선 투입과 통제를 위임함(B)
  ㉢ 과제 제시: 교사의 관찰과 학생의 현재 수준 평가를 토대로 교사가 과제를 제시함
  ㉣ 참여 형태: 교사가 학생의 참여 형태를 결정함
  ㉤ 교수적 상호 작용: 교사가 학생들과 상호 작용함
  ㉥ 학습 진도: 교사는 학생이 다음 수준으로 가는 시기를 결정함
  ㉦ 과제 전개: 교사가 학습 과제의 전환 시기를 결정함

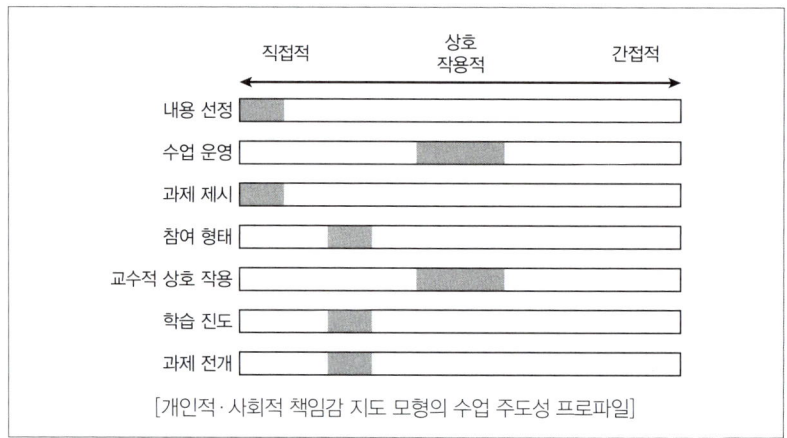

[개인적·사회적 책임감 지도 모형의 수업 주도성 프로파일]

01

〈보기〉에서 설명하는 수업 모형은?

> **보기**
> - 학생에게 스포츠 참여를 통해 다양한 경험과 학습을 할 수 있는 구조를 제공한다.
> - 학생은 기술, 의사 결정, 관습, 책임감에 따라 자신의 역할을 결정한다.
> - 학생은 다양한 역할 경험을 통해 스포츠 속에 내재된 다양한 관점과 가치를 배움으로써 긍정적이고 교육적인 체험을 습득한다.

① 직접 교수 모형
② 동료 교수 모형
③ 협동 학습 모형
④ 스포츠 교육 모형

| 정답해설 |
〈보기〉는 스포츠 교육 모형에 대한 설명이다.

| 오답해설 |
① 직접 교수 모형: 교사가 수업의 리더이며, 교사는 수업 내용, 관리, 학생의 참여에 대한 모든 의사 결정의 주도자
② 동료 교수 모형: 직접 교수 모형의 변형으로, 학생이 교사와 학습자의 역할을 번갈아 가며 수행하고 협력하여 주어진 과제 완수
③ 협동 학습 모형: 모든 학생에게 동등한 학습 참여 기회 보장, 교사 중심이 아닌 학생 중심으로 수업 운영

02

협동 학습 모형에 대한 설명으로 옳은 것은?

① 교사는 직접적인 과제 제시가 아닌 과제 구조 및 수행 기준만 전달한다.
② 내용 선정은 학생 중심적으로 실행한다.
③ 팀이 과제를 시작하면 수업의 운영권은 교사에게 넘어간다.
④ 학습 과제는 학생이 소개하고 학습 진도는 교사가 조절한다.

| 오답해설 |
② 내용 선정은 교사 중심적으로 실행한다.
③ 팀이 과제에 참여하기 전까지 교사 중심적으로 수업을 운영하고, 팀이 과제를 시작하면 그 운영권은 각 협동 집단 내 학생에게 이양된다.
④ 학습 과제는 교사가 소개하지만 학습 진도는 학생이 조절한다.

03

[2024년 기출문제]

〈보기〉는 시덴탑(D. Siedentop)이 제시한 '스포츠 교육 모형'의 특징을 설명한 것이다. ㉠~㉢에 들어갈 용어가 바르게 제시된 것은?

> **보기**
> - 이 모형의 주제 중에 (㉠)은 스포츠를 참여하는 태도와 관련된 정의적 영역이다.
> - 시즌 중 심판으로서 역할을 할 때 학습영역 중 우선하는 것은 (㉡) 영역이다.
> - 학습자 수준에 적합하게 경기방식을 (㉢)해서 참여를 유도한다.

	㉠	㉡	㉢
①	박식	정의적	고정
②	열정	인지적	변형
③	열정	정의적	변형
④	박식	인지적	고정

| 정답해설 |
㉠ 열정적 스포츠인은 다양한 스포츠 문화를 보존하고 증진할 수 있도록 행동하고 참여하며, 스포츠 집단의 일원으로 지역, 국가 및 국제적 수준의 스포츠 경기에 참여하는 스포츠 참여자를 의미한다. 따라서 열정은 스포츠를 참여하는 태도와 관련된 정의적 영역에 해당한다.
㉡ 시즌 중 임무 역할(심판, 기록자, 트레이너 등)에 있어 우선시하는 학습영역은 인지적 영역이다. 인지적 영역은 스포츠 유형과 문화를 이해하고 감상하는 능력으로 스포츠 교육 모형의 주제에 있어 박식함에 해당한다.
㉢ 학습자는 자신의 발달 단계에 맞는 스포츠를 직접 설계하고 수행할 수 있는 결정을 할 수 있어야 한다. 이는 자신의 수준에 적합하게 경기방식을 변형해서 참여를 유도할 수 있다.

정답 01 ④ 02 ① 03 ②

04 [2025년 기출문제]

그리핀(L. Griffin), 미첼(S. Mitchell), 오슬린(J. Oslin)의 게임 수행 평가 도구(GPAI)를 활용하여 학생의 게임 수행 능력을 측정한 표이다. 게임 수행 점수가 높은 학생 순으로 바르게 나열한 것은?

측정 항목 이름	의사 결정		기술 실행		보조하기	
	적절	부적절	효율적	비효율적	적절	부적절
다은	3회	1회	3회	1회	3회	1회
세연	2회	2회	5회	0회	2회	2회
유나	2회	2회	2회	0회	2회	0회

① 유나 → 세연 → 다은
② 다은 → 세연 → 유나
③ 유나 → 다은 → 세연
④ 다은 → 유나 → 세연

| 정답해설 |

게임 수행 평가 도구(GPAI)는 학생의 전술적 지식을 평가하기 위해 여러 유형의 게임에 적용할 수 있는 기본적인 평가 기법이다.

항목	계산법
의사 결정 (DMI)	적절한 의사결정 수÷(적절한 의사결정 수+부적절한 의사결정 수)×100
기술 실행 (SEI)	효과적 기술 실행의 횟수÷(효과적 기술 실행의 횟수+비효과적 기술 실행의 횟수)×100
보조하기 (SI)	적절한 보조 움직임의 횟수÷(적절한 보조 움직임의 횟수+부적절한 보조 움직임의 횟수)×100
게임 수행	[DMI+SEI+SI]÷3(사용된 항목 수)

- 다은: [75+75+75]÷3=75
- 세연: [50+100+50]÷3=67
- 유나: [50+100+100]÷3=83

따라서 게임 수행 점수가 높은 학생 순서는 '유나 → 다은 → 세연'이다.

05 [2025년 기출문제]

〈보기〉에서 인지적 영역이 학습 영역의 1순위인 학습자를 모두 고른 것은?

> 보기
> ㉠ 직접 교수 모형에서의 학습자
> ㉡ 개별화 지도 모형에서의 학습자
> ㉢ 전술 게임 모형에서의 학습자
> ㉣ 스포츠 교육 모형에서 코치의 역할을 부여받은 학습자
> ㉤ 동료 교수 모형에서 개인교사 역할을 부여받은 학습자

① ㉠, ㉡, ㉤
② ㉡, ㉢, ㉣
③ ㉢, ㉣, ㉤
④ ㉡, ㉢, ㉣, ㉤

| 정답해설 |

㉢ 인지적 학습, 심동적 학습, 정의적 학습 순이다.
㉣㉤ 인지적 학습, 정의적 학습, 심동적 학습 순이다.

| 오답해설 |

㉠㉡ 심동적 학습, 인지적 학습, 정의적 영역 학습 순이다.

정답 04 ③ 05 ③

핵심테마 05 | 스포츠 교육의 지도 방법론 I

06 [2024년 기출문제]

글로버(D. Glover)와 앤더슨(L. Anderson)이 인성을 강조한 수업 모형 중 〈보기〉의 ㉠, ㉡에 해당하는 것을 바르게 제시한 것은?

보기

㉠ '서로를 위해 서로 함께 배우기'를 통해 팀원 간 긍정적 상호 의존, 개인의 책임감 수준 증가, 인간관계 기술 및 팀 반성 등을 강조한 수업

㉡ '통합, 전이, 권한 위임, 교사와 학생의 관계'를 통해 타인의 권리와 감정 존중, 자기 목표 설정 가능, 훌륭한 역할 본보기 되기 등을 강조한 수업

	㉠	㉡
①	스포츠 교육 모형	협동 학습 모형
②	협동 학습 모형	개인적·사회적 책임감 지도 모형
③	협동 학습 모형	스포츠 교육 모형
④	개인적·사회적 책임감 지도 모형	협동 학습 모형

| 정답해설 |

㉠ 협동 학습 모형: 팀의 성공을 위해 자신의 능력에 맞게 공헌하는 것으로 책임감 있는 팀원이 되고 자신의 잠재 능력을 최대한 개발하는 수업 모형으로, 서로를 위해 서로 함께 배우기를 강조하는 수업 모형이다.

㉡ 개인적·사회적 책임감 지도 모형: 체육에서 가르쳐야 하는 내용의 대부분이 학생 스스로와 타인에 대한 책임을 어떻게 져야 하는지 그 방법을 연습하고 배우는 기회를 제공하는 것으로, 통합, 전이, 권한 위임, 교사와 학생의 관계를 강조하는 수업 모형이다.

| 오답해설 |

스포츠 교육 모형: 학생에게 스포츠 참여를 통한 다양한 경험과 학습을 할 수 있는 구조를 제공하며, 유능하고 박식하며 열정적인 스포츠인으로 성장하는 것을 강조하는 수업 모형이다.

정답 06 ②

핵심테마 06 | 스포츠 교육의 지도 방법론 Ⅱ

1 스포츠 지도를 위한 교수 기법

1. 지도 계획안의 설계 기출 2019

스포츠 지도 과정에서 주어진 시간, 노력, 자원 등을 효과적으로 활용하여 효율적이고 효과적으로 지도하기 위해 필요한 과정

(1) 메츨러(M. Metzler)의 교수 학습 과정안(지도 계획안) 작성 요소 기출 2022/2021/2019

① 수업 맥락의 간단한 기술: 학습자의 특성, 시간, 장소, 수업 차시 등 총체적인 수업의 맥락에 대한 설명이 포함되어야 함

② 학습 목표: 맥락 분석과 내용 분석 결과를 고려하여 선정하며, 일반 목표와 행동 목표로 구분함
  ㉠ 일반 목표: 학습의 포괄적인 영역을 의미
  ㉡ 행동 목표: 성취해야 하는 특정한 운동 수행 기준을 3가지 목표로 구성

> **Jump Up 이해**
>
> **매이거(R. Mager)가 제시한 학습 목표 설정 요소** 기출 2023
> - 운동 수행에 필요한 상황과 조건
> - 성취해야 하는 행동, 기능, 지식
> - 설정된 운동 수행 기준

③ 시간과 공간의 배정
  ㉠ 시간 배정: 각 활동마다 소요 시간을 대략적으로 추정하여 분 단위로 기록하며 수업 진행의 시작 시점과 종료 시점의 역할을 함
  ㉡ 공간 배정: 각 활동에 필요한 학습 환경의 조직을 쉽게 알아볼 수 있는 간단한 도해로 작성함

④ 학습 활동 목록: 학습자 수행 과제 순서로 학습 활동 목록을 작성함

⑤ 과제 제시와 과제 구조
  ㉠ 과제 제시: 필수 학습 과제를 학생에게 제시하기 위해 활용할 수 있는 전략
  ㉡ 과제 구조: 학생의 참여를 염두에 두고 학습 활동을 설계하는 방식

⑥ 평가: 평가 시기나 평가 관리 및 절차상의 고려 사항(시간 배정, 평가 운영 방법, 필요한 기구 및 자료의 조직)을 포함함

⑦ 학습 정리 및 종료: 질문을 통해 학생에게 학습 내용의 핵심 단서를 기억하게 하고, 무엇을 학습했으며 왜 그것이 중요한지를 재확인하는 학습 정리 과정을 포함하여 종료함

교사가 할당하고 기대하는 학습 시간 기출 2025
- 할당 시간(AT): 체육에 할당된 공식적인 학습 시간
- 운동 참여 시간(MET): 체육 활동에 학습자들이 소비한 시간으로 출석 점검, 이동 시간, 대기 시간, 학생 통제 시간, 정리 시간 등으로 설정된 시간
- 과제 참여 시간(TOT): 학습자가 학습과제에 실제로 참여한 시간
- 실제 학습 시간(ALT): 학습자가 목표관련 신체 활동에 성공을 경험하며 소비한 시간

2. 지도 내용 전달

(1) 지도 내용의 발달적 조직 기출 2025/2022/2021/2019

① 링크(J. Rink)의 내용 발달 단계

구분	내용
시작 (전달)	• 교사가 학생에게 가장 먼저 제시하는 과제 • 학생에게 새로 가르칠 기능이나 전략 • 수업을 시작하기 위한 최초의 과제이며 다른 과제로 이어지는 연속 과제

확대	• 내용의 발달적 분석은 확대 과제에서 시작되며, 학습 경험을 간단한 과제에서 복잡한 과제로 또는 쉬운 과제에서 어려운 과제로 발전시키는 것
	• 운동 수행의 복잡성과 난이도의 변화를 통해 이루어짐
	• 확대 과제를 조직하는 방법은 과제 간 발달과 과제 내 발달로 분류됨
	  – 과제 간 발달: 쉬운 기능에서 어려운 기능(다른 기능)으로 발전
	    예) 배구의 언더핸드 서브를 학습한 다음 오버핸드 서브를 학습함
	  – 과제 내 발달: 같은 기능 내에서 단순한 내용에서 복잡한 내용으로 발전
	    예) 언더핸드 서브를 가까운 거리에서 연습한 후 먼 거리에서의 서브로 발전함

세련	• 운동 수행의 질에 초점을 두고 목표의 범위를 좁히며 수행의 질적 발달에 대한 학습자의 책무성을 강하게 부여할 때 효과적임 • 지도자가 학습자에게 운동 수행의 결과 정보를 제공할 때 운동 수행의 질이 향상됨 • 지도자는 학습자에게 유익한 피드백을 제공할 수 있음
응용 (적용)	• 확대와 세련을 통해서 습득한 기능을 실제 또는 유사한 상황에서 사용할 수 있도록 지도 내용을 조직함 • 확대와 세련의 수준과 일치하여 배운 기능을 적용할 수 있는 과제여야 함 • 응용 과제는 지도의 전 과정에 배치될 수 있음(확대 과제를 제공하면서 응용 과제 제시)

② 기능의 속성에 따른 내용 발달
  ㉠ 폐쇄 기능의 발달: 환경의 변화에 영향을 받지 않는 기능(정적)
    예) 양궁, 골프, 사격 등
  ㉡ 개방 기능의 발달: 환경 변화에 따라 기능의 요구 조건이 변화하는 기능(동적)
    예) 팀 스포츠와 관련된 기능

Jump Up 이해

체육수업 활동 유형 기출 2024

• 학습센터(스테이션 수업): 학생을 소집단으로 나눠서 연습 장소 주변에 지정된 몇 개의 센터를 순회하는 유형
• 기능 연습: 1~2가지 기능 요소를 단순하고 통제된 상황에서 여러 번 반복하여 연습하는 유형
• 리드–업 게임: 정식 게임을 단순화한 형태로 몇 가지 기능 연습의 특징과 정식 게임의 특징을 포함하는 것으로, 단순한 기능을 습득하도록 하게 하여 나중에 보다 복잡한 형태의 게임으로 전이될 수 있도록 하는 유형
• 변형 게임: 필드나 코트의 크기, 골대와 목표물의 크기, 팀의 인원수, 게임 규칙 등을 변형시켜 보다 많은 전략과 전술의 활용 기회를 늘려주는 유형
• 스크리미지(전술연습 게임): 게임이 진행되는 도중 티칭 모멘트가 발생할 경우 언제든지 게임을 멈출 수 있는 특징을 가진 완전 게임의 형태로 게임 중의 특정 장면을 반복 수행하도록 함으로써 학생이 몇 가지 게임 상황에 대한 또 다른 시각을 가질 수 있게 하는 유형
• 역할 수행: 다양한 역할(경기 위원, 심판, 점수 기록자, 코치 등)을 수행하면서 스포츠에 관해 더욱 많이 학습하게 하는 유형
• 협동 과제: 과제에 대해 학생들을 소집단으로 편성하여 협동 학습 활동을 하게 하는 유형

핵심테마 06 스포츠 교육의 지도 방법론 II

Speed 심화포인트

젠틀(A. Gentile)의 스포츠 기술 기출 2025/2022

환경의 안정성은 수행자가 어떤 과제를 수행하고 있을 때 환경적 요소들이 시간적, 공간적으로 동적인지 아니면 정적인지를 의미한다. 이를 기준으로 동적인 조건의 환경에서 수행되는 기술을 개방 기술, 정적인 조건에서 수행되는 기술을 폐쇄 기술이라고 한다.
- 폐쇄 기술: 정적인 조건의 환경에서 수행되는 기술 예 골퍼가 정지된 물체를 맞추는 스윙
- 개방 기술: 동적인 조건의 환경에서 수행되는 기술 예 타자가 움직이고 있는 물체를 맞추는 스윙

(2) **지도자의 행동 수정 기법** 기출 2023/2020

① 행동 계약: 학생의 행동과 그에 따르는 보상 및 처벌에 대한 규칙을 학생과 함께 결정하는 방법
② 행동 공표: 행동 계약으로 결정된 보상과 처벌에 대해 공식적으로 공고 또는 게시
③ 프리맥 원리: 좋아하는 활동을 이용하여 좋아하지 않는 활동에 학습 동기를 부여하는 것
④ 토큰 시스템(토큰 수집): 어떤 행동을 할 때마다 쿠폰(점수)을 제공하여 일정 수준이 되면 보상을 받게 하는 방법
⑤ 타임 아웃: 위반 행동에 대한 벌로 일정 시간 체육 수업 활동에 참가할 수 없도록 하는 행동 수정 방법

효과적인 벌 전략의 사용
- 삭제 훈련: 학생이 어떤 행동을 하지 않는 데 따른 보상을 제공하는 행동 수정 기법
- 적극적 연습(회복적 과수정): 학생이 부적절한 행동을 할 때마다 그에 반대되는 적절한 행동을 반복하게 함으로써 부적절한 행동을 제거하는 행동 수정 기법
- 타임 아웃: 위반 행동의 벌로 일정 시간 체육 수업 활동에 참가할 수 없도록 하는 행동 수정 기법
- 보상 손실: 학생이 부적절한 행동을 함으로써 당연히 누릴 수 있는 보상을 상실하게 하는 행동 수정 기법

(3) **학습자 행동 수정의 기본 전략** 기출 2021

① 구체적으로 진술하라: 지도자는 학습자가 수정해야 할 행동이 무엇인지 이해할 수 있도록 함
② 행동 수정의 수반성을 신중하게 처리하라: 행동을 수정했을 경우 어떤 긍정적 혹은 부정적 일들이 일어날 것인가와 같은 행동에 대한 결과를 명시함
③ 조금씩 변화시켜라: 비록 작지만 중요한 문제부터 변화시키려고 노력해야 함
④ 단계적 변화를 추구하라: 작고 지속적인 향상에 만족해야 함
⑤ 일관성을 유지하라: 결정한 수반성을 숙지하고 항상 똑같은 방법으로 적용함
⑥ 현재 수준에서 출발하라: 시급한 문제부터 시작해 점차적으로 그 폭을 넓혀감

3. 과제 제시의 전략 기출 2019/2018

(1) **학습자 주의 집중 기술**

① 학습 방해 요인 통제
② 주의 집중 신호와 절차 확립 및 연습
③ 지도자 가까이에 모이게 하여 설명
④ 과제를 간략하게 제시

Jump Up 이해

상황별 주의 집중 전략 기출 2020/2018

종류	특성
소란하고 산만한 환경	• 주의가 소란하면 그 원인을 먼저 제거 • 목소리를 높이는 것은 일시적으로만 효과 • 학습자와 사전에 약속된 신호를 사용하고 반복적으로 연습
다른 환경 원인에 몰두	• 스포츠 지도 상황에서는 기구를 사용 • 기구를 정해진 장소에 보관한 후 집합하여 지도자의 설명을 듣도록 함
보고 듣는 능력 결여	• 내용이 간단하거나 제시되는 내용이 새롭지 않을 때는 개별적으로 지도 • 내용이 복잡하거나 새로운 것일 때는 전체 집합 후 지도하는 것이 좋음
햇빛에 눈이 부신 경우	지도자가 해를 보고, 학습자가 해를 등지게 함

(2) 과제 전달 방법
   ① 언어적 전달
      ㉠ 전체 학습자를 대상으로 많은 양의 내용을 설명할 때 효율적
      ㉡ 운동 기능 또는 스포츠 기능에 대한 경험이 높지 않은 학습자에게 언어적 전달만으로 과제를 전달하는 것은 한계가 있음
   ② 시범
      ㉠ 의미: 학습자에게 시각적 단서를 제공하여 학습자의 이해를 높이는 전달 방법
      ㉡ 시범 시 고려 사항
         • 정확한 시범
         • 연습 조건과 일치하는 시범
         • 기능의 수행 이유 설명
         • 학습자 시범의 활용
         • 문제 해결 과제에서의 시범
         • 시범 후 학습자 이해 확인
   ③ 매체
      ㉠ 필요한 부분이나 강조할 부분을 반복해서 관찰하기 용이하게 느린 동작으로 제공
      ㉡ 말이나 행동만으로 정보를 전달하는 것은 한계가 있어 운동장이나 체육관에서는 이동식 칠판이 유용함

> **Jump Up 이해**
> **링크(J. Rink)의 학습 과제 연습 방법**
> • 규칙 변형: 경기 규칙의 변화를 통해 난이도를 조절(학습자 수준에 맞도록)하는 방법
> • 역순 연쇄: 과제를 발생 순서에 반대되는 순서에 따라 가르치는 지도 방법
> • 반응 확대: 학습한 것을 새로운 활동에 적응할 수 있는 경험으로 발전시키는 방법
> • 운동 수행의 목적 전환: 효율적인 운동 수행 경험을 위해 운동 수행의 난이도를 조절하는 방법

(3) 효과적인 단서의 특징과 단서의 유형
   ① 효과적인 단서의 특징
      ㉠ 단서의 정확성
      ㉡ 단서의 요점과 간결성
      ㉢ 단서의 양적 적절성
      ㉣ 학습자의 연령과 수준에 적합한 단어
   ② 단서의 유형
      ㉠ 언어 단서: 운동 수행의 향상 방법에 대한 구두 정보
      ㉡ 비언어적 단서: 정확한 동작이나 부정확한 동작에 대한 제스처와 시범
      ㉢ 시청각 단서: 동영상, 그림 및 사진과 같은 시청각 매체를 통해 제공하는 단서
      ㉣ 조작 단서: 교사가 의사 결정을 위해 학생의 신체 일부를 이동시키는 방법

(4) 질문 활용 기출 2025/2021/2019
   ① 학습의 인지적 참여를 독려하는 데 중요한 역할
   ② 학습자의 동기를 유발하는 역할
   ③ 질문의 구분
      ㉠ 회고적(회상형) 질문: 기억 수준의 대답만 필요로 하는 질문
         예) 농구에서 슛을 할 때 시선은 어디에 두는가?
      ㉡ 수렴적(집중적) 질문: 이전에 경험했던 내용의 분석 및 통합에 필요한 질문
         예) 4쿼터를 10초 남겨두고 1점차로 지고 있다면 수비 시 무엇을 해야 하는가?
      ㉢ 확산형(분산적) 질문: 이전에 경험하지 않은 문제 해결에 필요한 질문
         예) 속공 시 1명의 수비만 있다면 3점 슛을 던질 것인가, 아니면 2점 슛을 던질 것인가?

Speed 심화 포인트

효과적인 과제 제시 방법 기출
기출 2025

• 정상적인 속도로 수행할 기술의 전체 모습이 반드시 포함될 수 있도록 함
• 다양한 각도에서 시범을 보임
• 실제 상황처럼 정확한 시범을 보임
• 연습 조건과 일치하는 시범을 보임
• 쉬운 이해를 위해 동작 설명과 시각적 정보를 함께 활용함
• 빠른 이해를 위해 은유와 비유를 적절히 활용함

ㄹ) 가치적(가치형) 질문: 사실 문제보다 가치 문제를 다루는 것으로 취사선택, 태도, 의견 등을 표현하는 데 필요한 질문
예) 상대 팀의 공격적인 흐름을 끊기 위해 의도적으로 파울을 하는 것을 어떻게 생각하는가?

4. 효과적인 관리 운영 기출 2024/2020/2019

(1) 상규적 활동
① 스포츠 지도 시간에 빈번하고 반복적으로 일어나는 활동
② 수업 시작, 출석 점검, 화장실에 가거나 물을 마시는 행동 등
③ 상규적 활동을 루틴으로 확립하여 학습자에게 적용하면 학습 과제 시간 증가에 도움

(2) 예방적 수업 운영
① 직접적으로 학습 지도를 하지 않지만 수업 자체를 관리
② 수업 시간의 엄수, 출석 점검 시간의 절약, 주의 집중 신호의 반복 연습, 격려와 주의 환기, 높은 비율의 피드백과 긍정적인 상호 작용의 활용 등

(3) 수업 흐름의 관리
① 학습자의 학습 시간이나 학습 기회를 높이는 데 목적을 둠
② 교사나 지도자가 지나치게 간섭하여 학습자들의 학습 활동을 중단시키는 일이 없어야 함

> **Jump Up 이해**
> **지도자의 행동 유형과 개념** 기출 2024/2020
> - 비기여 행동: 수업 내용에 기여할 가능성이 전혀 없는 행동으로 학습 지도에 부정적인 효과(예) 소방 연습, 전달 방송, 학부모 등의 외부 손님과의 대화 등)
> - 간접 기여 행동: 학습과 관련 있지만 수업 내용 자체에 직접 기여하지는 않는 행동(예) 부상당한 학습자의 처리, 과제 외 문제 토론에 참여, 학습 활동에 직접 참여 및 경기 운영과 관련된 행동 등)
> - 직접 기여 행동: 지도 행동과 운영 행동으로 구분(예) 학습자의 반응 관찰과 분석, 과제의 명료화와 강화, 안전한 학습 환경의 유지, 개인과 소집단을 위한 과제의 변화 및 수정, 피드백의 제공 등)

(4) 학습자 관리 기술
① 학습자들이 적절한 행동을 많이 하게 하는 데 목적을 둠
② 수업에 방해가 되거나 부적절한 행동을 하지 않게 하는 것

> **Jump Up 이해**
> **올스테인(A. Ornstein)과 레빈(D. Levine)의 파괴적인 행동을 감소시키는 데 효과적인 교수 행동** 기출 2025/2020
> - 신호 간섭: 시선의 마주침, 손 움직임 등 학습자의 부주의한 행동을 감소시키는 교사 행동을 이용하는 것
> - 접근 통제: 방해 행동을 하는 학생에게 교사가 가까이 접근하거나 접촉하는 것
> - 긴장 완화: 긴장을 완화시키는 유머를 이용하는 것
> - 상규적 행동의 지원: 스케줄, 과제, 루틴 등 수업의 일상적 행동을 활용하는 것
> - 유혹적인 대상의 제거: 운동 용구 등 부주의나 파괴적 행동을 조장하는 것들의 제거
> - 학습자 제거: 수업에서 파괴적인 행동을 하는 학생에게 물을 떠오게 하거나 심부름을 보내는 것 등

(5) 학습 전이의 유형 기출 2023

전이란 앞서 학습하거나 연습한 것이 다음에 수행하는 운동이나 학습에 영향을 미치는 것을 말함
① 정적 전이: 선행학습이 후행 학습에 도움이 되는 경우
② 부적 전이: 선행학습의 결과가 후행학습에 방해를 일으키는 경우
③ 순행 전이: 이전의 과제 수행 경험이 나중에 수행하는 과제 학습에 영향을 주는 경우
④ 역행 전이: 나중에 배운 과제수행이 전에 학습한 기능에 영향을 주는 경우
⑤ 중립적 전이: 선행학습이 후행학습에 전혀 영향을 미치지 않는 경우
⑥ 과제 간 전이: 한 가지 기능이나 과제의 학습이 다른 기능이나 과제로 전이되는 경우
⑦ 과제 내 전이: 한 가지 조건에서 학습한 기능이 다른 조건으로 전이되는 경우
⑧ 대칭적 전이: 한쪽 팔과 다리로 연습한 것이 반대쪽 팔과 다리의 연습에 영향을 주는 경우

(6) 안전한 학습 환경 유지를 위한 고려 사항 기출 2022/2021
① 학습장에서 안전 규칙 개발 및 공지: 학습장에서 타인과 함께 운동하는 방법, 시설이나 기구의 적절한 사용법, 잠재적으로 불안전한 영역 또는 상황을 포함한다.
② 규칙 점검: 안전 규칙을 잊는 경우가 많으므로 학습자에게 안전 규칙을 상기시킨다.
③ 일관성 있는 관리: 학습자가 안전하게 행동하면 체계적으로 보상하고, 규칙을 위반하는 위험한 행동에 대해 벌을 주는 등 행동 수정 기법을 일관되게 적용한다.
④ 동료 경고 체계: 학습자끼리 짝을 짓거나 소집단을 편성하여 구성원에게 서로의 안전을 지켜볼 수 있도록 요청한다.
⑤ 학습자가 활동에 참여하기 시작할 때 감독하기: 새로운 연습 과제나 게임이 시작될 때 지도자가 지속적으로 학습자를 감독한다.

5. 피드백 기출 2022/2019/2016

학습자들이 연습을 할 때 교사는 학습자들에게 적절한 피드백을 제공함

구분	종류
피드백 제공자 (정보의 출처)	• 내재적 과제: 스스로 운동 기능을 수행한 결과를 관찰하여 얻는 피드백 • 외재적 과제: 다른 사람이나 대리자로부터 운동 수행 정보가 제공됨
피드백 정확성	• 정확한 피드백: 운동 수행 정보가 운동 기능을 정확히 설명 • 부정확한 피드백: 운동 수행 정보가 운동 기능을 부정확하게 설명
피드백 양식	• 언어 피드백: 운동 수행 결과를 언어로만 제공 • 비언어 피드백: 운동 수행 결과를 행동으로 제공 • 언어와 비언어 결합 피드백: 언어와 비언어를 함께 적용
피드백 평가 (운동 수행 결과에 대한 만족·불만족 표시)	• 긍정적 피드백: 운동 수행 결과에 만족 • 부정적 피드백: 운동 수행 결과에 불만족 • 중립적 피드백: 만족과 불만족 표시가 불분명
교정적 특성 (실수 교정에 관한 정보와의 관련성)	• 비교정적 피드백: 교정적 정보는 제공하지 않고 잘못된 부분의 정보만 제공 • 교정적 피드백: 다음 수행 개선과 관련된 방법들을 함께 제공
피드백 방향성 (피드백 대상)	• 개별적 피드백: 학습자 한 명 한 명에게 제공 • 집단 피드백: 수업에서 구분한 집단에게 제공 • 전체 수업 피드백: 수업에 참여하는 모든 학습자에게 제공

핵심테마 06 스포츠 교육의 지도 방법론 II

Speed 심화포인트

Jump Up 이해

피드백의 4가지 유형 기출 2022

교정적 피드백	• 다음 수행의 개선과 관련된 방법을 제공하는 피드백 • 문제점을 규정하고 운동 수행의 정확성에 초점을 두어 과제를 재연습시켜 실책 최소화 • 교과 내용, 행동 및 운영 절차에 대한 운동 수행 기준과 세부 사항을 명료화 예 "몸 앞으로 글러브를 위치시켜라.", "공에 눈을 떼지 말고 팔로우스로우를 해라."
가치적 피드백	• 긍정적 또는 부정적 판단(가치)의 단어가 포함되는 피드백 • 다른 피드백에 대한 판단을 결정짓는 영향력을 가짐 • 학습 과정에 도움이 되거나 방해가 될 수 있음 • 학습자가 수용자이고 피드백에 영향을 받는 사람일지라도 교사의 가치 체계에 기초하여 판단이 표출되고 확산될 수 있음 예 "드리블할 때 공을 앞에다 두면서도 중심 이동을 잘 하고 있구나.", "상대 팀이 모욕감을 느끼게 했을 때 아주 잘 참아냈다. 잘했어."
중립적 피드백	• 만족과 불만족 표시가 불분명한 피드백 • 사실적으로 행동을 기술하며, 판단이나 수정 지시를 하지 않으나 피드백 진술의 의미를 변경할 수 있음 • 종종 의미가 없고 실제성이 없는 것으로 간주하고, 학습자의 수용을 인정하며 결론을 도출하지 않음 • 최종 평가 결정에 대한 기회가 의도적으로 학습자에게 이양됨 예 "네가 많이 화가 난 것을 알겠구나.", "너는 모든 스테이션 과제를 완수했구나.", "그래, 가능한 움직임 구성이다.", "천천히 해. 듣고 있어."
불분명한 피드백	• 활동 수행에 관하여 어떤 정확한 정보를 제공하지 않는 피드백 • 해석이 필요하거나 잘못된 해석의 가능성을 가지고 있음 • 구체적인 가치 판단을 나타내지 않고, 실수를 규정하거나 명확한 수정을 하지 않음 • 학습자가 교사의 지적에 대한 의미 해석을 위한 결론을 요구하며, 의도적으로 특정한 입장 표명을 회피하도록 하고 학습자에게 피드백에 대한 의미 해석을 허용함 • 학습을 방해하며 잘못된 이해에 대한 원인이 되기도 함 예 "다시 한 번 해봐."는 왜 다시 해야 하는지 정보 제공이 없음 "독창적인데 나는 흉내도 못내겠어."는 칭찬인지 비아냥인지 알 수 없음

2 세부 지도 목적에 따른 교수 기법

1. 스포츠 지도를 위한 교수 스타일 기출 2025/2024/2023/2021/2020/2019/2018

- 모스턴(M. Mosston)의 체육 교수 스타일의 전체 구조는 '수업 활동은 연속되는 의사 결정의 과정이다.'라는 전제에서부터 시작
- 교수(수업) 스타일의 구조는 과제 활동 전의 의도를, 과제 활동 중의 행위를, 과제 활동 후의 평가를 규정
- 교수와 학생 모두 교수 스타일의 구조 속에서 의사 결정을 할 수 있음
- 교수 스타일의 구조는 모방과 창조라는 인간의 두 가지 기본 능력을 반영
- 각 교수 스타일은 풍부한 교수학습 목표의 능동적인 부분을 담당하고 있기에 수업현상의 비 대비(non versus) 관점이 있음
- A~E까지의 교수 스타일은 기존 지식의 재생산을 강조하는 수업 방식(모방)
- F~K까지의 교수 스타일은 발견 역치(discovery threshold)를 넘어 새로운 지식을 생산하는 능력을 강조하는 수업 방식(창조)

(1) 지시형(명령식) 스타일 – 스타일 A
  ① 교사가 지시하는 대로 운동을 수행하거나 반응을 보이는 것

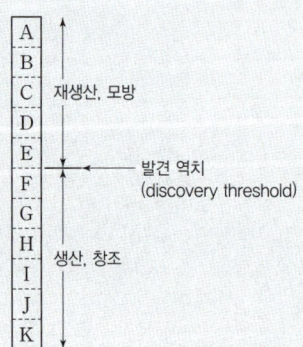

② 교사는 과제 활동 전·중·후의 모든 사항을 결정함
③ 학습자는 교사가 내린 결정 사항에 대해 교사가 지시하는 대로 따름

(2) 연습형(연습식) 스타일 – 스타일 B 기출 2020
① 피드백을 포함한 기억·모방 과제를 학습자가 개별적으로 연습하는 것
② 교사는 모든 교과 내용과 이에 따른 세부 운영 절차를 결정하고 피드백을 학습자에게 개별적으로 제공함
③ 학습자는 9가지 특정 사항을 의사 결정하는 한편, 기억·모방 과제를 개별적으로 수행함
④ 9가지 의사 결정은 수업 장소, 수업 운영, 시작 시간, 속도와 리듬, 정지 시간, 질문, 인터벌, 자세, 복장과 외모임
⑤ 9가지 특정 의사 결정 사항들이 과제 활동 중 교사로부터 학습자에게로 이전됨

(3) 교류형(상호 학습형) 스타일 – 스타일 C 기출 2024/2016
① 교사는 모든 교과 내용 및 기준을 정하고 세부 운영 절차와 관련된 결정을 내리며, 관찰자에게 피드백을 제공함
② 학습자의 역할은 동료와 함께 짝을 이루어 움직임을 수행하는 것
③ 학습자는 과제를 수행하고 9가지의 의사 결정을 내리며, 다른 학습자는 교사가 개발한 과제 활동지를 사용하여 피드백을 제공하는 관찰자의 역할을 함
④ 처음 연습이 끝나면 서로 역할을 교대함

(4) 자기 점검형(자검식) 스타일 – 스타일 D 기출 2021
① 교사는 교과 내용, 평가 기준, 수업 운영 절차 등을 모두 결정하고, 학생은 과제를 독립적으로 수행하며 교사가 마련한 평가 기준에 따라 자신의 과제 수행을 스스로 점검함
② 교사가 제공한 평가 기준이 제시된 과제 활동지를 보고 스스로 수행하며 평가 기준과 비교하여 점검함

(5) 포괄형(포괄식) 스타일 – 스타일 E 기출 2025/2023/2016
① 학습자가 자신이 수행할 수 있는 난이도의 과제를 선택함
② 교사는 각기 다른 기술 수준을 보유한 학습자들의 개인차를 수용하며, 과제의 난이도 선정, 교과 내용과 수업 운영 절차에 대한 모든 의사 결정을 함
③ 학습자는 자신의 성취 가능 수준을 확인하고 필요에 따라 과제 수준을 수정하며, 평가 기준에 맞춰 자신의 수행을 점검함

(6) 유도 발견형 스타일 – 스타일 F 기출 2023/2018/2016
① 미리 예정되어 있는 해답을 학습자가 발견하도록 유도하는 일련의 계열적·논리적인 질문을 설계하는 것
② 교사는 학습자가 발견해야 할 목표 개념을 포함한 일련의 계열적 질문을 설계하고 모든 교과와 관련한 의사 결정을 함
③ 학습자는 교사가 준 질문에 대한 해답을 발견하고, 교사가 정해준 과제 내에서 학습하는 내용의 일부분에 대해서만 의사 결정을 내릴 수 있음

(7) 수렴 발견형 스타일 – 스타일 G
① 미리 결정되어 있는 정확한 반응을 수렴적 과정을 통해 발견하는 것
② 논리적 규칙, 비판적 사고, 문제 해결과 같은 합리적 사고 과정으로 문제를 해결함

핵심테마 06 스포츠 교육의 지도 방법론Ⅱ

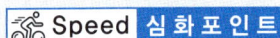

③ 학습자 스스로가 추리력, 호기심, 논리적 사고를 동원해 문제에 대해 논리적으로 연결된 해답을 발견함

(8) 확산 발견형(확산 생산식) 스타일 – 스타일 H 기출 2020
① 구체적인 인지 작용을 통해 어느 한 문제 혹은 상황에서 확산적인 반응을 발견하는 것
② 교사는 문제와 주제를 결정하고 학습자의 다양한 반응을 수용함
③ 학습자는 특정 문제에 대한 다양한 설계, 해답, 반응을 발견함

(9) 자기 설계형 스타일 – 스타일 I
① 학습자가 각자 학습 프로그램을 설계·개발하며 학습 프로그램을 조직화하여 학습자에게 적합한 일련의 에피소드별 수업 과제를 제시할 수 있도록 하는 것
② 교사는 학습자가 학습 주제를 결정하기 위한 세부적인 공통 교과 내용을 선정하고, 학습 진행 상황을 관찰하며, 주기적인 학습 질문과 그 해답을 경청함
③ 학습자는 공통 교과 내용 안에서의 학습자 고유의 초점에 따른 질문 만들기, 학습 진행 방법 및 학습 진행 절차를 확인할 수 있는 질문 만들기, 해답 및 움직임 발견, 운동 수행 범위 등을 설정함
④ 학습자는 개인적인 프로그램에 맞추어 학습하기 때문에 자신이 일련의 학습을 설계하고, 순서를 결정하며, 학습과 학습을 연결하는 책임이 있음

(10) 자기 주도형 스타일 – 스타일 J
① 학습의 설계와 학습 경험 등에 대한 책임이 학습자에게 있음
② 학습자는 과제 활동 전, 과제 활동 중 교수·학습 활동은 물론 과제 활동 후 상황에서도 학습 평가 기준을 결정하고, 자신을 위한 학습 프로그램을 설계하며, 교사의 과제 활동 참여 방법을 결정함
③ 교사는 학습 경험을 주도하고자 하는 학습자의 의사 결정을 인정하고, 학습자에게 필요한 공통의 학습 조건을 제공하며, 학습 진행 과정과 학습 결과를 인정함

(11) 자기 학습형 스타일 – 스타일 K
① 교과 내용과 학습 행동 목표를 개인이 계획하고, 개인별로 세운 교과 내용과 학습 행동 목표를 스스로 성취하게 되는 것
② 수업 전·중·후 모든 결정을 학생이 내리고, 학생이 교사와 학생의 역할을 동시에 할 수 있어야 함
③ 학습자가 자신을 가르치는 상황에서 존재할 수 있음

Jump Up 이해
모스턴(M. Mosston)의 교수 스타일의 인지(사고) 과정 기출 2024
- 인지(사고) 과정 단계(SDMR): 자극(Stimulus) → 인지적 불일치(Dissonance) → 사색(Mediation), 반응(Response)
- '사고'는 어떠한 것이 기억, 발견, 창조에 관여하기 위해 뇌를 유인할 때 이루어 짐
- 알고자 하는 욕구를 불러일으키는 불안정한 상태나 흥분을 유도하는 특별한 자극(Stimulus)으로 볼 수 있음
- 자극은 사람을 인지적 부조화(Dissonance) 상태, 즉 불안정하거나 흥분 상태, 해답을 찾고자 하는 욕구에 의해 나타나는 상황으로 이동시킴
- 부조화를 줄이는 해답, 해결책이나 반응에 대한 탐색은 기억 과정, 발견 과정, 창조 과정 또는 모든 3가지 과정으로 이루어지는 데 이 단계는 사색(Mediation)으로 볼 수 있음
- 사색이 마무리될 때 반응(Response)은 해답, 해결, 새로운 아이디어 또는 새로운 움직임 패턴 형태로 양산됨

2. 교수 기능의 연습 방법 기출 2024/2023/2016

① 1인 연습: 거울 앞에서 자신의 말을 들으며 교수 행위를 살펴보는 연습 방법
② 마이크로 티칭(축소 수업): 예비 지도자가 모의 상황에서 동료 또는 소수 참여자들을 대상으로 일정한 시간 내에 구체적인 내용으로 지도 기능을 연습하는 방법
③ 동료 교수: 소집단의 동료들이 모의 수업 장면을 만들어 교수 기능을 연습하는 방법
④ 반성적 교수: 학생들에게 수업의 목표와 평가 방법을 설명하고 수업 후 교수 내용에 대한 평가와 교수 방법을 평가하는 방법
⑤ 실제 교수: 직전 교사(예비 교사)가 일정 기간 동안 여러 학급을 책임지고 실제로 수행하는 교수 실습 방법

Jump Up 이해

쿠닌(J. Kounin)의 교수 기능 기출 2024/2023
- 상황 이해: 교사가 학생들이 무엇을 하고 있는지 항상 알고 있다는 사실을 학생들에게 전달하는 것
- 동시 처리: 교사가 동시에 두 가지 일을 처리하는 것
- 유연한 수업 전개: 교사가 수업 활동의 흐름을 중단하지 않고 부드럽게 이끌어 가는 것
- 여세 유지: 교사가 수업 진행을 늦추거나 학생의 학습 활동을 중단시키지 않고 계속해서 활력 있는 수업을 전개하는 것
- 집단 경각: 교사가 모든 학생들을 과제에 몰두하도록 지도하는 것
- 학생의 책무성: 교사가 학생에게 수업 중 과제 수행에 대한 책임감을 부여하는 것

3. 스포츠 지도를 위한 교수 전략 기출 2025

① 상호 작용 교수: 지도자가 모든 교과 내용 및 기준을 정하고 세부 운영 절차 및 구체적인 피드백 제공을 통해 학습자의 반응을 이끌어내는 수업 방법
② 과제 교수(스테이션 교수): 교육 목표나 내용에 따라 학생들을 나누고, 수업 공간을 여러 개 두어 여러 과제를 동시에 진행하는 수업 방법
③ 동료 교수: 짝이나 작은 그룹으로 팀을 만들어 서로를 가르쳐주는 방법
④ 유도 발견 학습: 지도자의 발문을 통해 과제를 제공하여 학습자 스스로 문제를 해결하는 수업 방법
⑤ 학습자 설계 교수: 학습자 중심의 학습 설계를 통한 능동적으로 과제를 수행하는 방법

01

학습자 관리 기술 중 적절한 행동을 향상시키는 기술이 아닌 것은?

① 다양한 방법을 사용하라.
② 수업 규칙을 분명히 하라.
③ 부적합한 행동 단서를 주목하라.
④ 긍정적 상호 작용을 통해 적절한 행동을 유도하라.

| 정답해설 |
부적합한 행동 단서는 무시한다.

02 [2025년 기출문제]

〈보기〉에서 모스턴(M. Mosston)의 교수 스타일에 관한 설명으로 옳은 것을 모두 고른 것은?

> 보기
> ㉠ 교수 스타일은 비대비 접근 방식에 근거를 둔다.
> ㉡ 교수 스타일마다 의사결정의 주도권은 교사에게 있다.
> ㉢ 교수 스타일의 A~E까지는 창조(production)가 중심이 된다.
> ㉣ 교수 스타일은 과제 활동 전, 중, 후의 의사결정으로 구분된다.

① ㉠, ㉡
② ㉠, ㉣
③ ㉠, ㉢, ㉣
④ ㉡, ㉢, ㉣

| 정답해설 |
- 각 교수 스타일은 풍부한 교수학습 목표의 능동적인 부분을 담당하고 있기에 수업현상의 비 대비(non versus) 관점이 있다. 즉, 어느 한 스타일도 완벽하지 않기에 각 스타일은 지향하는 목표를 가장 잘 성취할 수 있는 최상의 스타일이 될 수 있다.
- 교수(수업) 스타일의 구조는 과제 활동 전의 의도를, 과제 활동 중의 행위를, 과제 활동 후의 평가로 구분된다.

| 오답해설 |
㉡ 교수와 학생 모두 교수 스타일의 구조 속에서 의사 결정을 할 수 있음
㉢ A~E까지의 교수 스타일은 기존 지식의 재생산을 강조하는 모방 중심

03

지도 시간에 제시한 개념을 확인하는 데 적합한 질문으로 옳은 것은?

① 집중적 질문, 회고적 질문
② 분산적 질문, 집중적 질문
③ 가치적 질문, 집중적 질문
④ 가치적 질문, 분산적 질문

| 정답해설 |
집중적 질문이나 회고적 질문은 창의적 사고보다 제시한 개념을 확인하는 데 적합하다.

| 오답해설 |
- 확산형(분산적) 질문: 이전에 경험하지 않은 문제의 해결에 필요한 질문
- 가치적(가치형) 질문: 사실 문제보다 가치 문제를 다루는 것으로 취사 선택, 태도, 의견 등을 표현하는 데 필요한 질문

04 [2024년 기출문제]

〈보기〉의 ㉠~㉢에 들어갈 교사 행동에 관한 용어가 바르게 제시된 것은?

> 보기
> - (㉠)은 안전한 학습 환경, 피드백 제공
> - (㉡)은 학습 지도 중에 소방 연습과 전달 방송 실시
> - (㉢)은 학생의 부상, 용변과 물 마시는 활동의 관리

	㉠	㉡	㉢
①	직접 기여 행동	간접 기여 행동	비기여 행동
②	직접 기여 행동	비기여 행동	간접 기여 행동
③	비기여 행동	직접 기여 행동	간접 기여 행동
④	간접 기여 행동	비기여 행동	직접 기여 행동

| 정답해설 |
㉠ 직접 기여 행동: 지도 행동과 운영 행동으로 구분(학습자의 반응 관찰과 분석, 과제의 명료화와 강화, 안전한 학습 환경의 유지, 개인과 소집단을 위한 과제의 변화 및 수정, 피드백의 제공 등)
㉡ 비기여 행동: 수업 내용에 기여할 가능성이 전혀 없는 행동으로 학습 지도에 부정적인 효과(소방 연습, 전달 방송, 학부모 등의 외부 손님과의 대화 등)
㉢ 간접 기여 행동: 학습과 관련 있지만 수업 내용 자체에 직접 기여하지는 않는 행동(부상당한 학습자의 처리, 과제 외 문제 토론에 참여, 학습 활동에 직접 참여 및 경기 운영과 관련된 행동 등)

정답 01 ③ 02 ② 03 ① 04 ②

핵심테마 06 | 스포츠 교육의 지도 방법론 II

05 [2024년 기출문제]

〈보기〉에서 설명하는 시덴탑(D. Siedentop)의 교수(teaching) 기능 연습법에 해당하는 용어는?

보기

김 교사는 교수 기능의 향상을 위해 다음과 같은 절차로 연습을 했다.
- 학생 6~8명의 소집단을 대상으로 학습 목표와 평가 방법을 설명한 후, 수업을 진행한다.
- 수업에 참여한 학생들의 질문지 자료를 토대로 김 교사와 학생, 다른 관찰자들이 모여 김 교사의 교수법에 대해 '토의'를 한다.
- 객관적인 자료를 근거로 교수 기능 효과를 살핀다.

① 동료 교수
② 축소 수업
③ 실제 교수
④ 반성적 교수

| 정답해설 |

〈보기〉는 학생들에게 수업의 목표와 평가 방법을 설명하고 수업 후 교수 내용에 대한 평가와 교수 방법을 평가하는 반성적 교수 기능 연습법이다.

| 오답해설 |

① 동료 교수: 소집단의 동료들이 모의 수업 장면을 만들어 교수 기능을 연습하는 방법
② 축소 수업: 마이크로 티칭이라고 하며, 예비 지도자가 모의 상황에서 동료 또는 소수 참여자들을 대상으로 일정한 시간 내에 구체적인 내용으로 지도 기능을 연습하는 방법
③ 실제 교수: 직전 교사(예비 교사)가 일정 기간 동안 여러 학급을 책임지고 실제로 수행하는 교수 실습 방법

06

〈보기〉의 설명에 대해 교사들의 학습 과제 연습 방법을 바르게 연결한 것은?

보기

㉠ 교사: 농구 슛 연습을 위해 골대의 높이를 낮추거나, 농구공보다 가벼운 배구공을 사용하였다.
㉡ 교사: 골프 퍼팅 연습을 위해 홀에서 시작하여 퍼팅 거리를 넓혀가는 방법을 사용하였다.

	㉠	㉡
①	규칙 변형	반응 확대
②	규칙 변형	역순 연쇄
③	반응 확대	역순 연쇄
④	반응 확대	운동 수행 목적 전환

| 정답해설 |

링크(J. Rink)의 학습 과제 연습 방법
- 규칙 변형: 경기 규칙의 변화를 통해 난이도를 조절(학습자 수준에 맞도록)하는 방법
- 역순 연쇄: 과제를 발생 순서에 반대되는 순서에 따라 가르치는 지도 방법
- 반응 확대: 학습한 것을 새로운 활동에 적응할 수 있는 경험으로 발전시키는 방법
- 운동 수행의 목적 전환: 효율적인 운동 수행 경험을 위해 운동 수행의 난이도를 조절하는 방법

정답 05 ④ 06 ②

핵심테마 07 | 스포츠 교육의 평가론

1 평가의 이론적 측면

1. 평가의 개념과 기능

(1) 평가의 개념 기출 2019

① 평가는 측정보다는 포괄적인 개념으로 교육 과정, 교수 활동, 교육 환경 등과 같은 평가 대상의 가치를 판단하는 과정
② 평가는 교육 활동에 대한 피드백이고, 교육 목적을 달성하기 위한 수단
③ 평가 결과에 따라서 현재의 교수-학습 활동을 계속할 것인지 중단할 것인지, 수정·보완해서 적용할 것인지를 결정해야 함

(2) 평가의 유형과 기능 기출 2025/2022/2020/2019/2017/2016/2015

진단 평가	• 교육 프로그램 실시 이전에 학습자(참여자)의 특성을 점검하는 평가 활동 • 학습자의 정보를 수집하고 교육 방향을 설정·수정하며, 학습 장애의 원인과 정도를 파악하기 위한 기능
형성 평가	• 교육 프로그램이나 지도 방법의 개발 단계에서 이루어지는 과정 중심의 평가 활동 • 지도 방법과 과정, 결과의 향상과 효율을 증진시키는 방향으로 프로그램과 지도 방법을 수정하기 위한 기능
총괄 평가	교육 프로그램과 지도 방법을 적용한 이후 일정 기간 마무리 시점에 학습자들의 성취도를 포함한 프로그램의 효과 및 효율성 등의 결과를 종합적으로 판단하기 위한 기능

2. 평가의 양호도

(1) 평가의 양호도 기출 2023/2017/2015

① 타당도: 스포츠 지도자가 측정하고자 하는 것을 정확하고 적합한 측정 도구로 측정하는지에 관한 정보

　　예 초등학생을 대상으로 하는 설문지를 성인을 대상으로 사용하면 타당도는 낮다고 볼 수 있다.

내용 타당도	• 검사 문항이 측정하려고 하는 내용을 얼마나 잘 대표하고 있는지의 정도 • 내용 전문가가 논리적 사고와 분석 과정을 통해 검사 문항이 의도한 바를 측정하는 데 적합한지를 판단함으로써 평가
준거 타당도	• 측정 도구의 측정 결과가 준거가 되는 다른 측정 결과와 관련이 있는 정도 • 미래의 측정 결과와의 연관성을 '예측 타당도', 현재의 다른 측정 결과와의 연관성을 '공인 타당도'라고 함 　- 예측 타당도: 측정 결과가 미래의 행동을 정확하게 예측할 수 있는 정도의 준거 관련 타당도 지수임 　- 공인 타당도: 검사 결과가 이미 타당성을 인정받고 있는 다른 검사 결과와 일치하는 정도로 검사의 타당도를 추정함
구인 타당도	인간의 심리적 특징과 같이 정의하기 어려운 심리적 구인을 조작적 정의한 후, 조작적 정의를 기준으로 측정하고자 하는 심리적 특성의 구인을 얼마나 제대로 측정하고 있는가를 나타냄

② 신뢰도: 측정 도구를 시간의 경과와 관계없이 반복하여 사용할 수 있으며, 일관성 있는 측정 결과를 도출할 수 있는 정도

Speed 심화포인트

측정과 검사에는 가치 판단이 포함되어 있지 않지만, 평가는 지도자의 교육 활동을 개선하는 것이 진정한 목적이기 때문에 가치 지향적인 활동

평가의 양호도

타당도	• 내용 타당도 • 준거 타당도 • 구인 타당도
신뢰도	• 검사-재검사 • 동형 검사 • 내적 일관성 검사 • 반분 신뢰도 검사

예 초등학생을 대상으로 설문 조사를 할 경우 A 초등학교와 B 초등학교에 동일한 설문지를 사용하면 신뢰도가 높다고 볼 수 있다.

검사-재검사	시간차를 두고서 개념이나 변인 측정을 두 번 실시하여 여기서 나온 점수 간의 상관관계로 신뢰도를 추정
동형 검사	동일한 구인을 측정하는 두 개의 검사지를 개발하여 이로부터 나온 점수들 간의 상관관계를 구하여 신뢰도를 추정
내적 일관성 검사	• 하나의 측정 도구 내 문항들 간의 연관성 유무를 통해 내적으로 일관성을 파악함으로써 측정 문항의 신뢰도를 추정 • 주로 크론바흐 알파(Cronbach α) 계수를 사용하며, 계수의 값이 0.7 이상(일부 문헌은 0.6 이상)이면 측정 문항 간에 내적 일관성이 있는 것으로 판단
반분 신뢰도 검사	한 번 실시한 검사를 두 부분으로 나누어 두 부분 간 상관관계로 신뢰도를 추정

2 평가의 실천적 측면

1. 평가 기준 기출 2021/2020/2016/2015

① **절대 평가(준거 지향 평가)**: 학습자의 교과별 학업 성취도를 평가할 때 집단 내의 다른 학습자들의 성취도와 비교하여 평가하는 것이 아니라 사전에 설정된 교수-학습 목표를 준거로 하여 그 목표의 달성도를 평가하는 방법
② **상대 평가(규준 지향 평가)**: 학업 성취도를 평가할 때 집단 내의 상대적인 서열을 중심으로 이루어지는 평가 방법
③ **자기 지향 평가**: 학습자로 하여금 지식과 기능을 활용하여 학습 과제를 수행하는 능력을 과시하도록 요구하는 평가 방법
④ **수행 평가**: 학생의 수행이나 산출물을 직접 관찰하거나 검토한 것을 토대로 수행이나 산출물의 질에 대해 전문적인 판단을 내리는 학생 평가 방법
⑤ **실제 평가**: 수행 평가의 한 형태로 실제 상황에서 요구되는 과제와 같거나 유사한 과제의 수행을 통하여 피평가자의 능력이나 특성을 측정하는 평가 방법

2. 평가 기법 기출 2024/2023/2022/2021/2019/2018

(1) **체크리스트**
① 측정 행동, 특성 등을 나열한 목록으로 어떤 사건이나 행동 발생 여부의 신속한 확인을 위해 사용함
② 제작하기가 용이한 반면, 좋은 목록을 구성하기 위해서는 세심한 주의가 필요함
③ 자료 수집 시 어떤 행동의 발생 여부를 '예, 아니요'로 답하지만, 운동 기능의 질적인 측면을 평가하는 경우에는 '우수, 보통, 미흡' 등의 평가도 가능함
④ 관찰 도구나 질문지로 활용함

(2) **평정 척도**
① 행동의 질적 차원을 양적으로 수집하기 위해 개발된 도구임
② 행동의 적절성, 운동 기능의 향상 정도, 운동 기능의 형태적 특성 등에 관한 자료를 수집하기 위한 도구로 사용함
③ 교육 현장에서 자주 사용하는 평정 척도는 3단계, 5단계 척도이며 학습자가 스스로 운동 기능을 평가하기 용이한 평가 도구임

핵심테마 07 스포츠 교육의 평가론

Speed 심화포인트

관찰 유형 기출 2025

- 사건 기록법: 관찰하고자 하는 행동 범주를 결정하여 수업 중 발생한 빈도를 체크한 후 그 행동의 빈도로 평가하는 방법
- 지속시간 기록법: 학습 과정에서 관찰되어야 할 행동을 선정하여 그 행동의 시간이 얼마나되는지 측정하는 방법
- 동간 기록법: 일정한 시간에 일어난 행동들을 관찰하여 미리 결정된 행동의 범주들 중 어떤 행동이 그 시간을 대표하는지 결정하는 방법
- 순간적 시간 표집법: 특정 순간 학생들을 관찰하여 각각의 학생이 특정 행동 범주에 참여하는 숫자를 세어 기록하는 방법
- 집단 시간 표집법: 일정 시간 간격을 두고 전체 학생들을 관찰한 다음 특정 행동에 참가하고 있는 학생들의 숫자를 세어 기록하는 방법
- 자기 기록법: 관심 있는 행동을 스스로 기록하는 방법

④ 선택점이 많으면 행동이나 특징을 정확하게 나타낼 수 있지만 신뢰성이 떨어지고, 선택점이 적으면 신뢰성은 높지만 정보의 정확성이 떨어짐

(3) 루브릭
① 평가자에게 평가 시 활용할 수 있도록 각각의 수행 수준의 특징에 대한 정보를 명제화하여 제공하는 기법임
② 부여할 점수를 미리 결정하여 다양한 차원의 행동을 한꺼번에 관찰하는 것
③ 사전에 우수, 보통, 미흡 또는 우수＝3, 보통＝2, 미흡＝1 등의 수치로 운동 수행의 질을 결정하고 그에 따른 평가를 실행함

(4) 관찰
① 철학적 관점에서 인식의 기초로서 적극적인 의도를 가지고 살펴보는 것을 의미함
② 스포츠 교육에서 관찰은 경기 관람, 촬영 영상, 경기 영상 등을 통해 이루어짐

(5) 동료 평가
① 교사가 제공한 점검표를 바탕으로 학생들끼리 서로 평가하는 방법
② 학생들끼리 서로 평가함으로써 비평 능력이 향상될 수 있음

(6) 학습자 일지
① 어떤 활동에 참가하거나 활동한 후 특성을 드러내는 것을 기록하는 데 유용함
② 학습자 일지는 자기 기록으로, 자신이 기록한 자기 정보의 정확성을 확인하는 데 유용함

(7) 학습자 면접과 설문지
① 설문지나 면담을 통하여 교육 프로그램 등에 관한 학습자의 생각을 파악함
② 학습자 정보는 교육 현장에서 발생하는 다양한 문제를 원만하게 풀 수 있는 좋은 자원이며, 새로운 교육 프로그램의 기획 및 지도자의 전문성 함양에 도움이 됨

출제 0순위 공략! 꼭 풀어야 할 대표문제

01

〈보기〉에서 설명하는 평가의 유형은?

> **보기**
> 교육 프로그램이나 지도 방법의 개발 단계에서 이루어지는 과정 중심의 평가 활동으로, 지도 방법과 과정, 결과의 향상과 효율을 증진시키는 방향으로 프로그램과 지도 방법을 수정하기 위한 기능이다.

① 진단 평가 ② 형성 평가
③ 총괄 평가 ④ 상대 평가

| 오답해설 |
① 진단 평가: 교육 프로그램 실시 이전에 학습자(참여자)의 특성을 점검하는 평가 활동으로, 학습자의 정보를 수집하고 교육 방향을 설정·수정하며 학습 장애의 원인과 정도를 파악하기 위한 기능을 한다.
③ 총괄 평가: 교육 프로그램과 지도 방법을 적용한 이후 일정 기간 마무리 시점에 학습자들의 성취도를 포함한 프로그램의 효과 및 효율성 등의 결과를 종합적으로 판단하기 위한 기능을 한다.
④ 상대 평가: 학업 성취도를 평가할 때 집단 내의 상대적인 서열을 중심으로 이루어지는 평가 방법이다.

02

〈보기〉에서 설명하는 평가의 양호도는?

> **보기**
> 하나의 측정 도구 내 문항들 간의 연관성 유무를 통해 내적으로 일관성을 파악함으로써 측정 문항의 신뢰도를 추정하는 방법이다.

① 동형 검사 ② 구인 타당도
③ 내용 타당도 ④ 내적 일관성

| 오답해설 |
① 동형 검사: 동일한 구인을 측정하는 두 개의 검사지를 개발하여 검사지로부터 나온 점수들 간의 상관관계를 구하여 신뢰도를 추정하는 방법이다.
② 구인 타당도: 인간의 심리적 특성과 같이 정의하기 어려운 심리적 구인을 조작적 정의한 후 조작적 정의를 기준으로 측정하고자 하는 심리적 특성의 구인을 얼마나 제대로 측정하고 있는가를 나타내는 타당도이다.
③ 내용 타당도: 내용 전문가가 논리적 사고와 분석 과정을 통해 검사 문항이 의도한 바를 측정하는 데 적합한지를 판단함으로써 평가한다.

03

평가의 기준에 대한 설명으로 옳지 <u>않은</u> 것은?

① 준거 지향 평가: 사전에 설정된 교수-학습 목표를 준거로 하여 그 목표의 달성도를 평가하는 방법이다.
② 규준 지향 평가: 집단 내의 상대적인 서열을 중심으로 이루어지는 평가 방법이다.
③ 자기 지향 평가: 프로그램의 효과 및 효율성 등의 결과를 종합적으로 평가하는 방법이다.
④ 수행 평가: 수행이나 산출물의 질에 대해 전문적인 판단을 내리는 학생 평가 방법이다.

| 정답해설 |
자기 지향 평가는 학습자로 하여금 지식과 기능을 활용하여 학습 과제를 수행하는 능력을 과시하도록 요구하는 평가 방법이다.

04

〈보기〉에서 설명하는 평가의 기준은?

> **보기**
> 학습자들의 교과별 학업 성취도를 평가할 때 집단 내의 다른 학습자들의 성취도와 비교하여 평가하는 것이 아니라 사전에 설정된 교수-학습 목표를 준거로 하여 그 목표의 달성도를 평가하는 방법을 말한다.

① 절대 평가 ② 상대 평가
③ 수행 평가 ④ 자기 지향 평가

| 오답해설 |
② 상대 평가(규준 지향 평가): 학업 성취도를 평가할 때 집단 내의 상대적인 서열을 중심으로 이루어지는 평가 방법이다.
③ 수행 평가: 학생의 수행이나 산출물을 직접 관찰하거나 검토한 것을 토대로 수행이나 산출물의 질에 대해 전문적인 판단을 내리는 학생 평가 방법이다.
④ 자기 지향 평가: 학습자로 하여금 지식과 기능을 활용하여 학습 과제를 수행하는 능력을 과시하도록 요구하는 평가 방법이다.

정답 01 ② 02 ④ 03 ③ 04 ①

05

[2025년 기출문제]

다음 설문지를 활용하는 데 가장 적절한 평가 단계는?

행동	질문 내용	응답('✓' 표기)
준비	준비된 개인 장비는?	□ 라켓 □ 운동화 □ 운동복
	테니스 강습 시 희망하는 강습 형태는?	□ 개인강습 □ 그룹강습 □ 상관없음
	최근 3년 이내 테니스 강습을 받은 경험은?	□ 있다 □ 없다
수준	포핸드 그립을 잡을 수 있는가?	□ 그렇다 □ 보통이다 □ 아니다
	백핸드 그립을 잡을 수 있는가?	□ 그렇다 □ 보통이다 □ 아니다
	스플릿 스텝을 할 수 있는가?	□ 그렇다 □ 보통이다 □ 아니다

① 진단평가
② 종합평가
③ 형성평가
④ 총괄평가

| 정답해설 |

진단평가는 교육 프로그램 실시 이전에 학습자(참여자)의 특성을 점검하는 평가 활동으로 학습자의 정보를 수집하고 교육 방향을 설정·수정하며, 학습 장애의 원인과 정도를 파악하기 위한 기능을 한다. 제시된 설문지는 테니스 수업에 앞서 학습자의 준비 상태(장비 보유 여부, 희망 강습 형태, 과거 강습 경험 등)와 기술 수준(그립 잡기, 스플릿 스텝 가능 여부 등)을 파악하기 위한 목적으로 구성되어 있으므로 진단평가에 해당한다.

| 심화해설 |

- 종합평가: 총괄평가와 동일한 의미로 교육 프로그램과 지도 방법을 적용한 이후 일정 기간 마무리 시점에 학습자들의 성취도를 포함한 프로그램의 효과 및 효율성 등의 결과를 종합적으로 판단하기 위한 기능이다.
- 형성평가: 교육 프로그램이나 지도 방법의 개발 단계에서 이루어지는 과정 중심의 평가 활동이다.
- 총괄평가: 교육 프로그램과 지도 방법을 적용한 이후 일정 기간 마무리 시점에 학습자들의 성취도를 포함한 프로그램의 효과 및 효율성 등의 결과를 종합적으로 판단하기 위한 기능이다.

06

[2025년 기출문제]

다음은 지도자의 교수 행동을 사건 기록법으로 관찰·기록한 표이다. 이 체계적 관찰 방법에 관한 설명으로 가장 적절한 것은?

행동	피드백 유형			
	긍정적	부정적	교정적	가치적
횟수	正正正正	正正	正正正	正
합계	20회	10회	15회	5회
비율	40%	20%	30%	10%

① 교수-학습에 관한 질적 정보를 얻기 위해 주로 활용한다.
② 지도자와 학생의 상호작용에 관한 기록을 간단히 측정할 수 있다.
③ 일정한 시간 간격을 기준으로 학생의 행동을 관찰하고 측정한다.
④ 교수-학습 시간 활용에 관한 구체적 정보가 필요할 때 사용한다.

| 정답해설 |

제시된 표는 관찰하고자 하는 행동 범주를 결정하여 수업 중 발생한 빈도를 체크한 후 그 행동의 빈도로 평가하는 방법으로 지도자와 학생의 상호작용에 관한 기록을 간단히 측정할 수 있다.

| 심화해설 |

① 사건기록법은 질적 정보보다는 양적 정보가 필요할 때 유용하게 사용된다.
③ 동간 기록법에 대한 설명이다. 동간 기록법은 일정한 시간에 일어난 행동들을 관찰하여 미리 결정된 행동의 범주들 중 어떤 행동이 그 시간을 대표하는지 결정하는 방법이다.
④ 지속시간 기록법에 대한 설명이다. 지속시간 기록법은 학습 과정에서 관찰되어야 할 행동을 선정하여 그 행동의 시간이 얼마나 되는지 측정하는 방법이다.

정답 05 ① 06 ②

핵심테마 08 | 스포츠 교육자의 전문적 성장

1 스포츠 교육 전문인의 전문 역량

1. 학교 체육 전문인의 핵심 역량 개발

인지적 자질	• 학생 개인의 특성과 신체 활동 학습 및 발달 정도 이해 • 체육 교과에 관한 전문 지식 소유
수행적 자질	• 교육 교과, 학생, 교육 상황에 적합한 교육 과정의 개발 및 운영 • 학생의 신체 활동 관련 학습의 관찰 및 평가 • 체육 공동체 구성원들과 협력 관계 구축
태도적 자질	• 전문성 개발을 위한 끊임없는 반성과 실천 • 건전한 인성과 교직에 대한 사명감 소유

Jump Up 이해

학교 체육 전문인의 전문적 자질 기출 2024
- 지식: 인지적인 측면으로 학교체육 전문인으로서 알고 있어야 하는 것(학습자의 이해, 교과 지식)
- 수행: 현장에서 실천할 수 있는 능력(교육과정 운영 및 개발, 수업 계획 및 운영, 학습 모니터 및 평가, 협력관계 구축)
- 태도: 바른 성품과 인성을 함양하고 이를 행동으로 보여줄 수 있는 자질(교직 인성·사명감, 전문성 개발)

2. 생활 체육 전문인의 핵심 역량 개발 기출 2016

인지적 자질	• 생활 체육 참여자에 대한 지식 • 종목 내용 지식 • 교수 내용 지식 • 교육 환경 지식
기능적 자질	• 프로그램 개발 • 종목 지도 관리 등의 능력 및 지식
인성적 자질	참여자의 신체적·심리적·사회적 특성을 이해해야 함

3. 전문 체육 전문인의 핵심 역량 개발

전문적 자질 영역에는 철학 및 윤리, 안전 및 상해 예방, 신체적 컨디셔닝, 성장 및 발달, 지도법 및 커뮤니케이션, 운동 기능 및 전술, 조직과 운영, 평가가 있음

핵심테마 08 스포츠 교육자의 전문적 성장

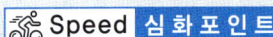

2 장기적 전문인 성장 및 발달

스포츠 교육의 전문적 성장에서 장기적 전문인 성장 및 발달은 스포츠 교육 전문인으로서의 성장을 의미한다. 성장 방법으로는 아래 세 가지가 있음

1. 형식적 성장 기출 2015

(1) 개념
① 체육 전문인의 교육을 통하여 성장
② 고도로 제도화되고, 관료적인 교육 과정에 의해 조직된 교육
③ 교육 이수를 통해 성적, 학위 및 자격증을 부여하는 교육

(2) 사례
대학 학위 과정, 체육 지도자 연수 과정, 체육 관련 단체 및 협회의 자격증 제도 등

2. 무형식적 성장 기출 2015

(1) 개념
① 공식화된 교육 기관 밖에서 행해지는 조직적인 학습의 기회에 참여함으로써 성장
② 단기간에 자발적으로 이루어지며, 더 많은 지식을 가진 누군가에게 배울 수 있는 포럼의 기회를 제공

(2) 사례
코칭 컨퍼런스, 세미나, 워크숍, 소수의 특정 그룹, 비정규적 수업

3. 비형식적 성장 기출 2017/2015

(1) 개념
① 일상적인 경험으로부터 얻는 배움의 형식
② 실제적인 경험에 대한 반성을 통해 전문성의 성장에 도움
③ 자기 주도적인 학습이라고도 함

(2) 사례
과거의 선수 경험, 비형식적 멘토링, 실제적인 코칭 경험, 동료 코치나 선수들과의 대화, 인터넷, 독서, 저널, 잡지, 스포츠 과학 관련 영상 시청 등

01

<보기>에서 스포츠교육학이 추구하는 가치 영역을 바르게 연결한 것은?

보기
㉠ 신체 건강 및 체력, 스포츠 기능
㉡ 학업 성적, 지적 기능, 문해력과 수리력
㉢ 심리적 건강, 사회적 기술, 도덕적 인격

	㉠	㉡	㉢
①	인지적	정의적	심동적
②	정의적	인지적	심동적
③	심동적	인지적	정의적
④	심동적	정의적	인지적

| 정답해설 |
㉠ 심동적 가치: 신체 건강 및 체력, 스포츠 기능
㉡ 인지적 가치: 학업 성적, 지적 기능, 문해력과 수리력
㉢ 정의적 가치: 심리적 건강, 사회적 기술, 도덕적 인격

02

형식적 성장에 대한 설명으로 옳은 것은?

① 정규적인 수업의 형식을 취하지 않는다.
② 과거의 선수 경험으로부터 얻는 형식이다.
③ 세미나, 워크숍 등을 통해 학습 기회를 얻는다.
④ 대학의 학위 과정에 포함된 교육 프로그램이 예이다.

| 정답해설 |
형식적 성장은 제도화되고, 관료적인 교육 과정에 의해 조직된 교육으로, 교육 이수를 통해 성적, 학위, 자격증 등을 부여한다.

| 오답해설 |
①③ 무형식적 성장에 해당한다.
② 비형식적 성장에 해당한다.

03

<보기>에서 최 코치가 추천한 스포츠 교육 전문인의 성장 방법은?

보기
민　수: 코치님, 어떻게 하면 제가 훌륭한 스포츠 교육 전문가가 될 수 있을까요?
최 코치: 여러 가지가 있겠지만 나는 네가 선수 시절 경험을 정리해 보거나, 코칭 관련 책과 잡지를 읽으면서 다양한 지식을 얻었으면 좋겠어.

① 형식적 성장
② 의도적 성장
③ 비형식적 성장
④ 무형식적 성장

| 정답해설 |
<보기>에서 최 코치는 일상적인 경험으로부터 얻는 배움의 형식인 비형식적 성장의 방법을 추천하고 있다.

04

[2024년 기출문제]

<보기>에서 '학교체육 전문인 자질'로 ㉠~㉢에 들어갈 용어를 바르게 제시한 것은?

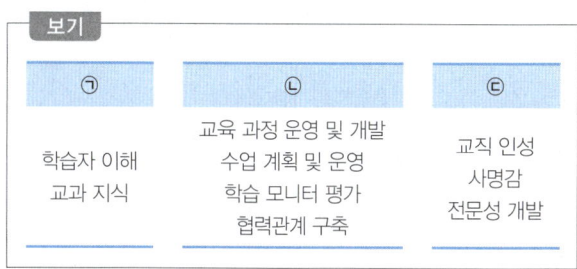

	㉠	㉡	㉢
①	교수	기능	태도
②	지식	수행	태도
③	지식	기능	학습
④	교수	수행	학습

| 정답해설 |
㉠ 지식: 인지적인 측면으로 학교체육 전문인으로서 알고 있어야 하는 것(학습자의 이해, 교과 지식)
㉡ 수행: 현장에서 실천할 수 있는 능력(교육 과정 운영 및 개발, 수업 계획 및 운영, 학습 모니터 및 평가, 협력관계 구축)
㉢ 태도: 바른 성품과 인성을 함양하고 이를 행동으로 보여줄 수 있는 자질(교직 인성·사명감, 전문성 개발)

정답 01 ③ 02 ④ 03 ③ 04 ②

PART 03

스포츠심리학

01 스포츠심리학의 개관
02 인간 운동 행동의 이해 Ⅰ
03 인간 운동 행동의 이해 Ⅱ
04 스포츠 수행의 심리적 요인 Ⅰ
05 스포츠 수행의 심리적 요인 Ⅱ
06 스포츠 수행의 심리적 요인 Ⅲ
07 스포츠 수행의 심리적 요인 Ⅳ
08 스포츠 수행의 사회 심리적 요인 Ⅰ
09 스포츠 수행의 사회 심리적 요인 Ⅱ
10 건강 운동 심리학
11 스포츠 심리 상담

■ **2025년 출제 경향**
- 전반적인 난도는 중하 수준으로 비교적 평이하게 출제되었다.
- 특히, 기존에 비해 운동 학습, 운동 제어, 운동 발달 영역의 출제비율이 감소하였으며, 대신 스포츠 수행 심리적 요인 및 사회 심리적 요인인 불안, 목표 설정, 자신감, 동기, 팀 응집력, 리더쉽 등에서 출제 비율이 증가하였다.
- 스포츠 심리학의 효율적인 학습으로는 핵심이론 및 개념에 대한 전반적인 이해가 필요하며 기출문제, 모의고사 그리고 적중예상문제를 반복적으로 풀어가면서 대비하기를 제안한다.

출제 기준 & 8개년 기출 분석 (2급 전문/2급 생활/2급 장애인/유소년/노인)

주요 항목	세부 항목	세세 항목	
스포츠심리학의 개관 (5%)	스포츠심리학의 이해	1. 스포츠심리학의 정의 및 의의	2. 스포츠심리학의 발전 과정(역사)
	스포츠심리학의 영역과 역할	1. 스포츠심리학의 연구 영역	2. 스포츠심리학자의 역할
인간 운동 행동의 이해 (35%)	운동 제어	1. 운동 제어의 개념 및 문제 접근 방법 3. 운동 프로그램의 개념과 특성	2. 운동 제어 체계 및 기억 체계
	운동 발달	1. 운동 발달의 의미와 원리 3. 갤러휴가 제시한 운동 발달의 단계	2. 운동 발달에 영향을 미치는 요인
	운동 학습	1. 운동 학습의 개념 및 특징 3. 운동 학습 시 주요 요인	2. 운동 학습의 과정
	운동 기술의 이해	1. 운동 기술의 개념 3. 젠타일의 이차원 분류	2. 운동 기술의 분류(일차원적 분류)
스포츠 수행의 심리적 요인 (35%)	성격	1. 성격의 개념과 구조 3. 성격의 측정 5. 모건의 정신 건강 모형(빙산형 프로파일)	2. 성격 이론 4. 성격의 5요인 모형
	정서와 시합 불안	1. 스포츠 전념, 스포츠 재미 및 몰입 3. 각성	2. 스트레스와 탈진 4. 불안
	동기	1. 동기의 개념 및 관점 3. 동기 이론	2. 동기 유발의 기능(효과) 및 종류 4. 귀인과 귀인 재훈련
	목표 설정	1. 스포츠에서의 목표의 정의와 유형 3. 집단 목표 설정	2. 목표 설정과 수행 향상 4. 목표 설정 가이드라인
	자신감	1. 자신감의 개념 및 특성	2. 자신감 이론
	심상	1. 심상의 개념 및 유형 3. 스포츠에서 심상의 측정 및 활용	2. 심상의 이론과 실천
	주의 집중	1. 주의 집중의 개념 및 특성 2. 스포츠 상황에서의 주의 집중 유형 및 측정 3. 주의 집중과 경기력의 관계 4. 주의 집중의 향상 기법	
	루틴	1. 루틴의 개념 및 유형 3. 인지 재구성의 개념 및 활용	2. 루틴의 활용 및 효과 4. 자기 암시의 개념 및 활용
스포츠 수행의 사회 심리적 요인 (10%)	집단 응집력	1. 집단 응집력의 개념 및 구분 3. 집단 응집력과 운동 수행 결과의 관계 5. 사회적 태만	2. 집단 응집력 이론 4. 팀 빌딩과 집단 응집력 향상 기법
	리더십	1. 리더십의 정의 및 이론 3. 강화와 처벌	2. 효과적인 리더십의 구성 요인
	사회적 촉진	1. 사회적 촉진의 개념 및 이론 3. 모델링 방법 및 효과	2. 경쟁과 협동의 효과 4. 주요 타자의 사회적 영향
	사회성 발달	1. 공격성의 개념 및 이론 3. 스포츠 참가와 인성 발달	2. 스포츠에서 공격성의 원인 및 결과
건강 운동 심리학 (10%)	운동의 심리적 효과	1. 운동과 성격 3. 신체 활동의 심리 측정 4. 운동의 심리적 효과와 관련한 주요 가설	2. 운동의 심리 생리적 효과
	운동 심리 이론	1. 운동 심리 이론의 의미	2. 운동 심리 이론의 종류
	운동 실천 중재 전략	1. 운동 실천 중재 전략의 개념 및 종류	2. 운동 실천에 영향을 미치는 요인
스포츠 심리 상담 (5%)	스포츠 심리 상담의 개념	1. 스포츠 심리 상담의 이해	2. 스포츠 심리 상담의 모형
	스포츠 심리 상담의 적용	1. 상담의 절차 3. 심리 기술 훈련	2. 상담의 기법

핵심테마 01 | 스포츠심리학의 개관

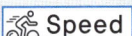

1 스포츠심리학의 이해

1. 스포츠심리학의 정의 및 의미

(1) 스포츠심리학의 정의 `기출 2021`

① 스포츠와 운동 상황에서 인간과 인간 행동을 과학적으로 연구하고, 그 지식을 실천적으로 적용하는 학문
② 심리적 요인이 개인의 운동 수행에 어떤 영향을 주는가를 알아보는 것이며, 스포츠와 운동 실천이 개인의 심리적 발달에 어떤 영향을 주는지를 이해하는 것을 목적으로 하는 학문
③ 스포츠심리학의 목적 예시

심리적 요인 → 운동 수행	운동 수행 → 심리적 요인
• 불안이 농구 자유투에 어떤 영향을 주는가? • 수영 자신감이 수영 학습에 어떤 영향을 주는가? • 이미지 트레이닝이 장거리 달리기에 어떤 영향을 주는가? • 목표 설정이 시즌 기록에 어떤 영향을 주는가?	• 달리기는 우울증을 낮추는가? • 스포츠 클럽 참가는 사회성과 집중력을 높이는가? • 생활 체육 참가는 자기 존중감을 높이는가? • 아동의 태권도 수련은 인성 발달에 도움이 되는가?

(2) 스포츠심리학의 의미 `기출 2017/2016`

① 광의의 스포츠심리학: 운동 학습 및 운동 제어, 운동 발달, 스포츠심리학을 모두 포함하는 관점
② 협의의 스포츠심리학: 스포츠심리학만을 지칭하는 관점으로 구분하기도 함(운동심리학을 포함함)

(3) 스포츠심리학의 연구 동향 `기출 2023`

인지적 접근과 현장 연구, 경험주의에 기초한 성격 연구, 사회적 촉진 및 각성과 운동 수행의 관계 연구

2. 스포츠심리학의 발전 과정(역사) `기출 2025`

(1) 태동기(1895년~1920년)

① 노먼 트리플릿(Norman Triplett)이 사이클 경기의 집단효과로 스포츠심리학을 최초로 연구함(1898년)
② 카를 디엠(Carl Diem)이 독일의 라이프치히에서 스포츠 심리실험실을 설립함

(2) 그리피스 시대(1921년~1938년)

① 콜먼 그리피스(Coleman Griffith)가 미국 일리노이 주립대학에 운동 연구소를 설립하였고, 북미 스포츠심리학의 아버지라 불림
② 퓨니(Puni)는 구소련의 레닌그라드에 체육문화연구소를 설립해 스포츠심리학이 훌륭한 학문으로 발전하는 기초가 됨

레빈의 장이론 `기출 2022`

레빈(K. Lewin)은 인간의 행동을 개인과 환경의 함수 관계로 보았다. 학습을 개인이 지각하는 외부의 장과 개인의 내적·개인적 영역의 심리적 장의 관계에서 일어나는 인지 구조의 성립이나 변화로 설명하였는데, 이를 장이론이라고 한다. 장이론에서 인간의 행동을 B=f(P, E) 공식으로 나타냈다. 공식에서의 B는 행동(behavior), P는 사람(person), E는 환경(environment)을 의미한다.

우리나라의 스포츠심리학의 의미

한국스포츠심리학회(KSSP)는 창립부터 현재까지 스포츠심리학, 운동 학습, 운동 제어, 운동 발달을 포함하는 광의의 스포츠심리학 관점을 따르고 있음(2000년대 이후부터 운동 심리학 분야 포함)

(3) 학문 준비기(1965년~1979년)
① 1965년 국제스포츠심리학회(ISSP) 창설
② 1967년 북미스포츠심리학회(NASPSPA) 결성
③ 레이너 마튼스(Rainer Martens)는 스포츠운동심리학의 새로운 방향을 제시함. 스포츠 현장관련연구, 응용연구가 크게 증가

(4) 연구와 컨설팅 발전기(1980년~2000년)
① 미국 올림픽위원회(USOC)는 스포츠심리학위원회 공식 출범 및 채용
② AASP 창립, 미국심리학회(APA)의 47번 분과로 공식 인정

(5) 현재의 스포츠심리학(2000년~현재)
① 유럽에서 Psychology of Sport and Exercise 저널 창간(2000년)
② 웰니스와 의료비용 감소 효과에 대한 기대로 특히 대학에서 운동심리학이 발전

> **Speed 심화포인트**
>
> **우리나라의 스포츠심리학**
> - 1945년: 경북대학교에서 체육심리학 과목 개설
> - 1953년: 한국체육학회 창립
> - 1988년: 서울올림픽 국제스포츠과학 학술대회 개최
> - 1989년: 한국스포츠심리학회 창립
> - 1990년: 한국스포츠심리학회지 발간
> - 2004년: 한국스포츠심리학회 스포츠 심리 상담사 자격제도 시행
> - 2018년: 아시아남태평양스포츠심리학회 학술대회 개최

2 스포츠심리학의 영역과 역할

1. 스포츠심리학의 연구 영역 기출 2019/2018/2017

스포츠 심리학	운동 경기 또는 스포츠 상황에 응용되는 심리학의 한 분야로, 인간의 운동 수행과 관련한 심리적 요인들 간의 영향 관계를 연구하는 학문
운동 심리학	스포츠 활동에 참여하기 위한 방법과 운동이 심리·사회에 미치는 영향에 대해 연구하는 학문
운동 제어	인간의 운동이 생성되는 기전과 운동의 원리를 규명하는 학문
운동 학습	스포츠에서 개인의 특성을 바탕으로 하여 경험과 학습을 통한 변화 과정을 연구하는 학문
운동 발달	운동 기능 발달과 유전적 요소의 관계 및 효과를 연구하는 학문
응용 스포츠심리학	운동선수의 경기력을 높여 개인의 성장을 이루고 신체 활동의 참여를 강화시키기 위해 적용할 수 있는 심리학적 측면에서의 이론과 기술에 대해 이해하고 연구하는 학문
건강 심리학	건강 증진, 건강 위험 요인 분류, 건강 관리 체계 향상, 질병의 예방 및 치료, 건강과 관련한 여론 형성 등 인간의 건강과 연관된 분야에 심리학적 기술을 사용하는 학문
건강 운동 심리학	건강 운동과 운동 실천의 인식, 운동 참가 동기, 운동 참여의 지속, 정신 건강 등과 관련하여 심리학적 측면에서 폭넓게 연구하는 학문

2. 스포츠심리학자의 역할 기출 2025/2015

① **연구**: 대학이나 연구 기관에서 스포츠심리학 연구를 수행
② **교육**: 대학에서 스포츠심리학, 스포츠 운동 심리학, 운동 심리학, 운동 학습 등의 과목 강의
③ **상담**: 선수와 팀, 지도자를 대상으로 심리 기술 훈련을 하거나 심리 상담을 해주는 역할

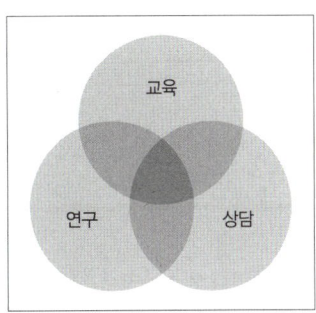

> **스포츠심리학의 주요 연구 과제** 기출 2015
> - 동기 유발 전략
> - 상담 기술 및 방법
> - 불안 감소 전략
> - 스포츠 수행 능력 향상

출제 0순위 공략! 꼭 풀어야 할 대표문제

01 [2021년 기출문제]

스포츠와 운동의 참여가 개인의 심리적 발달에 미치는 영향에 관한 연구 주제로 적절하지 않은 것은?

① 달리기는 우울증을 조절하는가?
② 스포츠 클럽 활동은 사회성과 집중력을 높이는가?
③ 태권도 수련은 아동의 인성 발달에 도움이 되는가?
④ 수영에 대한 자신감이 수영 학습에 어떤 영향을 주는가?

| 정답해설 |

수영에 대한 자신감이 수영 학습에 어떤 영향을 주는지에 대한 연구에서는 자신감이라는 심리적 요인이 독립 변인에 해당하고, 수영 학습에 미치는 영향은 종속 변인에 해당한다.

| 오답해설 |

①②③ 스포츠와 운동 수행이 심리적 요인에 미치는 영향에 관한 연구에서는 스포츠와 운동 수행이 독립 변인이고, 심리적 요인이 종속 변인이다. 달리기, 스포츠 클럽 활동, 태권도 수련은 스포츠와 운동 수행에 해당하고, 우울증, 사회성과 집중력, 인성 발달은 심리적 요인에 해당한다. 따라서 ①②③은 스포츠와 운동 수행이 독립 변인이고, 종속 변인인 심리적 요인에 미치는 영향에 관한 연구 주제에 해당한다.

02 [2023년 기출문제]

스포츠심리학의 주된 연구의 동향과 영역에 포함되지 않는 것은?

① 인지적 접근과 현장 연구
② 경험주의에 기초한 성격 연구
③ 생리학적 항상성에 관한 연구
④ 사회적 촉진 및 각성과 운동 수행의 관계 연구

| 정답해설 |

생리학적 항상성은 생체의 각 기관이 기능을 발휘하는 동시에 상호 조화를 이루며 안정적인 상태를 유지하는 성질을 말한다. 스포츠심리학은 심리적 요인이 운동 수행에 어떤 영향을 미치는지, 운동 실천이 심리적 발달에 어떤 영향을 주는지 연구하는 학문이다.

03 [2022년 기출문제]

〈보기〉는 레빈(K. Lewin, 1935)이 주장한 내용이다. ㉠, ㉡에 들어갈 개념으로 바르게 묶인 것은?

| 보기 |

- 인간의 행동은 (㉠)와/과 (㉡)에 의해 결정된다.
- (㉠)와/과 (㉡)의 상호 작용으로 행동은 변화한다.

	㉠	㉡
①	개인(person)	환경(environment)
②	인지(cognition)	감정(effect)
③	감정(effect)	환경(environment)
④	개인(person)	인지(cognition)

| 정답해설 |

레빈(K. Lewin)의 장이론에서는 인간의 행동을 B=f(P, E) 공식으로 나타냈다. 공식에서의 B(behavior)는 행동, P는 사람(person), E는 환경(environment)을 의미한다.

04 [2025년 기출문제]

스포츠심리학자의 역할로 적절하지 않은 것은?

① 스포츠심리학 이론을 가르친다.
② 체력 향상을 위한 의약품을 판매한다.
③ 스포츠심리학 관련 연구를 수행하고 현장에 응용한다.
④ 심리기술훈련을 적용해 선수들의 경기력 향상을 돕는다.

| 정답해설 |

스포츠심리학자는 교육, 연구, 심리 상담 및 심리기술훈련을 담당하는 전문가로, 약물 판매나 의약품 처방은 역할 범위를 벗어난 행위이다.

정답 01 ④   02 ③   03 ①   04 ②

핵심테마 01 | 스포츠심리학의 개관

05
[2025년 기출문제]

〈보기〉에 해당하는 학자는?

> **보기**
> - 주요 활동은 1921~1938년
> - 최초로 스포츠심리학 실험실 설립
> - 북미 스포츠심리학의 아버지라고 불림
> - 시카고 컵스 야구팀 스포츠 심리 상담사
> - 코칭심리학(Psychology of Coaching, 1926) 책 출판

① 프랭클린 헨리(Franklin Henry)
② 콜먼 그리피스(Coleman Griffith)
③ 레이너 마틴즈(Rainer Martens)
④ 노먼 트리플렛(Norman Triplett)

| 오답해설 |

① 프랭클린 헨리(Franklin Henry): 체육을 과학적 학문 분야로 격상시키는 데 큰 역할을 했으며 스포츠심리학과 운동학의 발전에 크게 기여한 미국의 학자이다.
③ 레이너 마틴즈(Rainer Martens): 스포츠심리학 교수이며 스포츠경쟁불안검사지(SCAT)를 개발하였고 스포츠심리학 코칭 분야에서 학문적 기여를 한 인물로 평가받았다.
④ 노먼 트리플렛(Norman Triplett): 일반심리학자이며 스포츠심리학의 최초 논문(사이클 선수가 혼자 탈 때보다 둘이나 단체로 탈 때 속도가 빨라지는 현상을 분석)을 발표하였고, 이 연구는 사회적 영향과 수행의 관계를 연구하는 데 기여했다.

06
[2019년 기출문제]

〈보기〉에서 ㉠에 해당하는 스포츠심리학의 하위 분야는?

> **보기**
> - 야구에서 공을 잡은 외야수는 2루 주자의 주력과 경기 상황을 고려하여 홈으로 송구하기로 결정한다. 그리고 홈까지의 거리와 위치를 확인하고 공을 던진다.
> - (㉠) 분야에서는 외야수가 경기 상황에서의 여러 정보를 종합·판단하여 어떻게 동작을 생성하고 조절하는지와 관련된 원리와 법칙을 밝히는 데 관심을 가진다.

① 운동 제어   ② 운동 발달
③ 운동 심리학 ④ 건강 심리학

| 정답해설 |

운동 제어는 인간의 운동이 생성되는 기전과 운동의 원리를 규명하는 학문이다.

| 오답해설 |

② 운동 발달: 운동 기능 발달과 이에 영향을 미치는 요인인 유전적 요소와 연령에 따라 계열적이고 연속적으로 변해 가는 과정의 관계 및 효과를 연구하는 학문이다.
③ 운동 심리학: 스포츠 활동에 참여하기 위한 방법과 운동이 심리·사회에 미치는 영향에 대해 연구하는 학문이다.
④ 건강 심리학: 건강 증진, 건강 위험 요인 분류, 건강 관리 체계 향상, 질병의 예방 및 치료, 건강과 관련한 여론 형성 등 인간의 건강과 연관된 분야에 심리학적 기술을 사용하는 학문이다.

정답 05 ② 06 ①

핵심테마 02 | 인간 운동 행동의 이해 I

Speed 심화포인트

운동제어의 세 가지 요소
- 개인(individual): 지각, 인지, 동작 (제한 요소)
- 과제(task): 이동성, 조정성, 안정성 (제한 요소)
- 환경(environment): 조절환경, 비조절환경(제한 요소)

1 운동 제어

1. 운동 제어의 개념 및 문제 접근 방법

(1) 운동 제어의 개념

인간(유기체), 환경, 과제의 상호 작용 속에서 나타나는 복잡한 인간 행동의 원리를 동작, 지각, 인지적인 측면에서 규명하는 연구를 말함

(2) 운동 제어의 문제 접근 방법 기출 2024/2022/2020/2019/2018/2017

반사 이론	• 외부로부터 제시되는 자극에 의해서 운동 행동이 생성된다는 이론 • 움직임을 생성하는 과정보다 움직임의 결과에 관심을 둠 • 반사의 기본 구조: 수용기(receptor), 전도기(conductor), 효과기(effector)
정보 처리 이론	• 인간을 하나의 컴퓨터로 가정해 유입된 자극 정보에 대한 능동적인 정보 처리자로 간주하며, 운동 행동이 생성되는 과정을 중시하는 이론 • 운동 행동이 피드백에 의해 조절되는 폐쇄 회로 이론과 대뇌에 저장된 운동 프로그램(motor program)에 의해 조절되는 개방 회로 이론으로 구분됨 • 폐쇄 회로 이론과 개방 회로 이론의 장점만을 통합한 일반화된 운동 프로그램(generalized motor program)을 근거로 하여 도식 이론이 제안되었음 • 도식 이론은 과거의 유사한 운동 결과를 근거로 새로운 운동을 계획하는 회상 도식(빠른 움직임-개방 회로 이론)과 피드백 정보를 통해 잘못된 동작을 평가하고 수정하는 재인 도식(느린 움직임-폐쇄 회로 이론)으로 가정함
다이내믹 시스템 이론	• 운동 프로그램의 역할 대신 '지각-동작'의 연결 관계를 중시하고 인간 움직임의 협응 구조를 강조하며, 제한 요소인 인간(유기체), 환경, 과제의 상호 작용 속에서 자기 조직의 원리와 비선형성의 원리에 의해 인간의 운동이 생성되고 조절된다는 이론 • 운동 프로그램과 같은 기억 표상의 구조가 필요하지 않다는 것을 전제로 함 • 제한 요소의 변화에 따라 운동 유형이 새로운 조건에 적합한 상변이 현상이 발생함
생태학적 이론	• 환경 정보에 대한 지각과 운동 동작의 관계를 강조하며, 운동 수행자는 과제를 지각하고 본인이 속한 환경적 특성에 따라 움직임을 일으킨다는 이론 • 동일한 과제도 상황적 차이에 의해 다르게 수행됨 • 환경 정보는 그 자체에 의미가 있기 때문에 어떠한 인지적 과정을 거치지 않고도 동작을 일으킬 수 있음

Jump Up 이해

폐쇄 회로 이론과 개방 회로 이론

폐쇄 회로 이론	개방 회로 이론
• 인간의 모든 운동이 기억 체계에 저장되어 있는 정확한 동작과 실제로 이루어진 동작 간의 오류를 수정하는 노력에 의해 이루어진다고 봄 • 동작의 오류를 수정하는 데 피드백이 중요하게 작용한다고 봄 • 정보 처리 이론에 의하면 '운동 → 피드백 → 수정(제어) → 운동 → 피드백 → 수정'으로 조절함	• 움직임이 발생하기 이전에 이미 비슷한 경험을 한 적이 있기 때문에 동작에 대한 운동 프로그램이 저장되어 있다고 봄 • 피드백을 통한 조절 과정이 불필요하다고 보며, 매우 빠른 움직임을 설명할 수 있음 • 운동 프로그램 이론에 의하면 '운동 명령 → 실행, 운동 명령 → 실행'으로 조절함

2. 운동 제어 체계 및 기억 체계

(1) 운동 제어 체계 기출 2024/2023/2021/2019/2016

① 정보 처리 이론이나 일반화된 운동 프로그램 이론에서와 같이 자극에 대한 반응이 실질적인 행동으로 이어지는지를 확인하고 수정하는 과정

② 단계: 감각·지각 단계 → 반응·선택 단계 → 반응·실행 단계

감각·지각 단계	정보 자극을 받아들여 그 정보의 내용을 분석하여 의미를 부여하는 과정 • 환경의 정보 자극에 대한 탐지 기능: 자극의 명확성, 강도에 의해 영향 • 유형에 대한 인식 기능: 자극의 특징, 특정한 유형을 추출 • 스트룹 효과(stroop effect): 일치하지 않은 자극을 보고 그 자극을 실행할 때, 일치하는 자극을 보고 실행할 때보다 반응 시간이 더 늦어지는 현상 • 칵테일파티 효과(cocktail party effect): 주변 환경의 소음은 받아들이지 않고 필요한 특정 정보만 선택적 지각으로 주의를 기울이거나 의식하게 되는 현상
반응·선택 단계	자극에 대한 확인이 끝나고 나서 그 자극에 대하여 어떻게 반응해야 할지를 결정
반응·실행 단계	반응을 실제의 행동으로 생성하기 위해 운동의 체계를 조직하는 단계

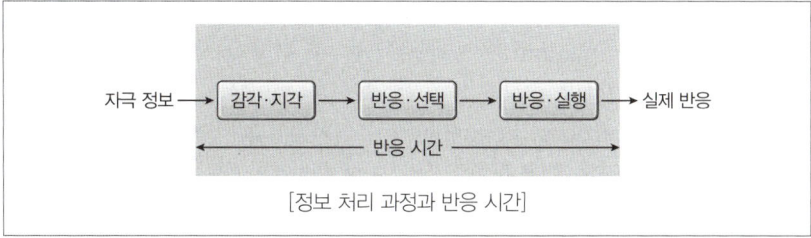

[정보 처리 과정과 반응 시간]

③ 심리적 불응기(psychological-refractory period) 기출 2024/2022
   ㉠ 먼저 제시된 자극에 대한 반응을 수행하고 있을 때 또 다른 자극을 제시할 경우, 두 번째 자극에 대한 반응 시간이 느려지는 현상을 의미함
   ㉡ 첫 번째 자극과 두 번째 자극을 하나의 자극으로 간주하는 현상을 집단화라고 함

④ 반응시간 유형 기출 2025
   ㉠ 단순반응시간: 하나의 자극 신호에 대하여 하나의 반응만 요구할 때 측정되는 반응시간을 의미함
   ㉡ 선택반응시간: 두 개 이상의 자극이 제시되고 각각의 자극 신호에 대하여 다른 반응을 요구할 때 측정되는 반응시간을 의미함
   ㉢ 변별반응시간: 두 개 이상의 자극이 제시되고 어느 특정한 자극에 대해서만 반응할 때 측정되는 반응시간을 의미함

(2) 기억 체계 기출 2020/2015

① 인간의 행동을 기억하고, 이러한 기억 위에 새로운 경험이 지속적으로 쌓여 간다고 보는 과정

② 단계: 지각 단계 → 저장 단계 → 인출 단계

지각 단계	기억해야 할 내용이 무엇인지를 알아차리는 단계
저장 단계	지각한 내용들을 잘 저장하는 단계
인출 단계	저장한 기억을 회상하는 단계

핵심테마 02 인간 운동 행동의 이해 I

Speed 심화포인트

③ 기억의 단계: 감각 기억단계 → 단기 기억단계 → 장기 기억단계

감각 기억	받아들여진 자극이 분석되기 전에 잠시 유지된 본래의 자료 형태
단기 기억	감각 기관을 통해 들어온 정보가 주의 집중을 통해 잠깐 기억되는 유형
장기 기억	경험한 것을 수개월에서 길게는 평생 의식 속에 유지하는 기억 작용

④ 명제적 기억과 절차적 기억 [기출 2024]

명제적 기억 (declarative memory)	운동 상황에서 무엇을 해야 하는지에 대한 정보를 포함함(경기 규칙, 특정 상황에서의 운동 기술의 하위 요소)
절차적 기억 (procedural memory)	수행하는 운동 과제가 어떤 순서나 절차에 의해서 진행될 때 사용할 수 있는 정보를 저장함(의식적인 주의 없이 자동적으로 수행이 이루어짐)

⑤ 뇌의 구성 [기출 2023]
  ㉠ 척수(spinal cord): 피부와 관절 그리고 근육으로부터 정보를 모아 뇌로 전달하는 연결통로 역할
  ㉡ 뇌간(brain stem): 숨쉬기, 의식, 체온조절, 생명기능 조절
  ㉢ 소뇌(cerebellum): 동작의 오차 감지 및 수정을 담당, 균형 유지와 사지협응 및 자세 제어 역할
  ㉣ 간뇌(diencephalon): 시상과 시상 하부로 구성, 시상 하부는 자율 신경계와 내분비계를 조절
  ㉤ 대뇌반구(cerebral hemisphere): 대뇌겉질과 바닥핵을 포함하며, 대뇌겉질은 목표물 인식, 행동과정을 선택, 움직임을 계획

3. 운동 프로그램의 개념 및 특성

(1) 운동 프로그램의 개념
① 특정한 자극에 대한 반응이 대뇌 피질 속에 미리 저장되어 있으며 그 형태를 운동 프로그램이라고 함
② 기본적으로 하나의 운동 프로그램이 하나의 반응과 1:1 대응 관계를 갖는 운동 명령에 의해서 운동이 조절된다는 것을 전제로 함
③ 위계에 따라 하위 중추로 전달되어 움직임이 실행됨
④ 운동 프로그램에 의해 내려진 명령은 운동 수행 중에 오류가 발생하여도 수정되지 않고 사전에 계획된 대로 움직임을 수행하게 됨
⑤ 연습에 따른 운동 기술 수행의 질적인 변화에 대하여 동작을 계획하는 프로그램 자체가 변하는 것으로 설명함

(2) 일반화된 운동 프로그램 특성 [기출 2023/2022]
① 운동 프로그램에서는 동작 하나 하나에 대한 운동 명령만을 강조하고 인간의 오류 수정 능력에 대한 고려가 없어, 슈미트(Schmidt)는 운동 프로그램과 피드백 정보를 동시에 적용시켜 융통성이 있는 일반화된 운동 프로그램으로 발전시킴
② 특정한 환경적인 요구에 적응하기 위하여 움직임의 형태를 조절하는 데에 관여하는 두 개의 매개 변수인 불변 매개 변수와 가변 매개 변수에 의하여 운동 프로그램이 바뀌게 됨
③ 불변 매개 변수는 프로그램 내에 변하지 않는 상태로 존재하며 가변 매개 변수의 조합에 의해 동작의 다른 유형을 생성하여 연습하게 되면 가변 매개 변수의 값이 최적화되어 보다 효율적인 운동 기술 동작으로 나타날 수 있음

불변 매개 변수
- 요소의 순서(order of element): 동작이나 반응 요소의 순서
- 시상(phasing): 근수축의 시간 구조
- 상대적인 힘(relative force): 근육이 활동하는 데 필요한 전체 힘의 양을 선택된 각 근육에 적절한 비율로 분배하는 과정

가변 매개 변수
- 전체 지속 시간(overall duration): 매 동작마다 일정하지 않음
- 전체 힘(overall force): 동원되는 근수축에 의해 발휘되는 힘의 양을 조절
- 근육 선택(muscle selection): 동작 생성에 관련된 각각의 근육이 운동 프로그램에 저장되지 않고 동작에 따라 다르게 선택됨

④ 두 가지 독립적인 기전으로 회상 도식과 재인 도식의 기억 상태를 가정한 도식 이론을 통하여 구체화되어 인간의 움직임의 생성과 조절에 적절한 체계로 발전함
⑤ 도식 이론은 빠른 움직임과 느린 움직임의 생성과 변화에 대한 설명을 비교적 논리적으로 설명하지만, 수많은 동작에 대한 각각의 도식을 모두 저장할 만큼 인간의 기억 용량이 무한한지에 대한 물음과 이전에 경험이 없는 동작에 대해서는 도식이 어떻게 형성되는지에 대한 물음에 해답을 제시하지 못하는 한계가 있음

(3) 운동 프로그램의 역할
① 동작을 수행하는 데 필요한 근육을 선정함
② 근육이 수축되는 힘의 크기를 결정함
③ 근육이 수축하는 순서를 결정함
④ 수축의 상대적 타이밍을 결정함
⑤ 수축의 지속 시간을 결정함

2 운동 발달

1. 운동 발달의 의미 및 원리 [기출 2022/2021/2017/2016/2015]

(1) 운동 발달의 의미
① 운동 행동의 시간적 흐름, 즉 연령에 따라 계열적·연속적으로 변화하는 과정
② 기능적 분화와 복잡화, 통합화를 통해 환경에 잘 적응하는 과정으로서 하나의 상태에서 다른 상태로 변화하는 과정

(2) 게셀(A. Gesell)과 에임스(I. Ames)의 운동 발달 원리
① 운동 발달은 일정한 위계와 순서에 따름
② 운동 발달은 일련의 방향성을 가짐
③ 머리에서 발 방향으로 발달(머리-꼬리 원리), 중앙에서 말초로 발달(중앙-말초 원리)
④ 운동 기술을 습득하는 과정에서 몸통이나 어깨 근육을 조절하는 능력을 먼저 갖추고, 이후에 팔, 손목, 손, 그리고 손가락 근육을 조절하는 능력을 갖춤
⑤ 양측-동측-교차 운동 협응의 원리

양측	상지 혹은 하지의 양측을 동시에 움직이는 형태를 보임
동측	상하지를 동시에 움직이는 형태를 보임
교차	상하지를 동시에 움직이는 형태를 보임

(3) 운동 발달의 주요 특징 [기출 2021]
① 운동 발달은 유전과 환경의 상호 작용임
② 운동 발달은 분화와 통합의 과정을 거침
③ 운동 발달 과정에는 반드시 개인차가 존재함
④ 운동 발달은 결정적 시기가 존재함
⑤ 운동 발달 상황에서 공통적으로 나타나는 행동을 계통발생적 운동 행동이라 함
⑥ 운동 발달 과정에서 환경적 요인에 영향을 받아 꾸준한 연습과 경험을 통하여 획득하는 행동을 개체발생적 운동 행동이라 함

Speed 심화포인트

도식 이론(Schema Theory)
- 회상 도식: 현재 수행하려는 운동과 유사한 과거의 운동 결과를 바탕으로 새로운 운동을 계획. 주로 빠르고 예측 가능한 움직임에 사용
- 재인 도식(정확성 참조 준거): 감각 귀결, 초기 조건 등의 관계를 바탕으로 한 피드백 정보를 통해 현재 수행 중인 동작의 정확도를 평가하고 수정하는 과정. 주로 피드백이 중요한 느리고 정확성이 필요한 움직임에서 사용
- 느린 운동 과제의 제어: 200ms 이상의 시간이 필요한 느린 운동 과제의 제어에는 움직임을 계획하고(회상 도식), 실행 중에 피드백을 통해 수정(재인 도식)할 수 있기 때문에 회상 도식과 재인 도식이 모두 동원됨

직접 지각
- 불변특성(invariant feature): 지각에 안정성을 부여하고, 물체 본래의 모습을 알게 하며, 이를 통해 적절한 동작을 할 수 있도록 하는 속성
- 동작유도성(affordance): 어포던스라고도 하며, 인간(유기체), 환경, 과제의 상호 관계 속에서 나타날 수 있는 동작의 가능성을 말함

타이밍의 개념
- 상대적 타이밍(relative timing): 전체 시간에 대한 각 하위 요소의 시간적 비율을 나타내는 것으로 요소의 순서, 시상, 상대적 힘 등과 같이 불변적 특성을 지님
- 절대적 타이밍(absolute timing): 목표가 되는 전체 시간과 실제 전체 시간에 대하여 산출된 값으로 나타나는데, 전체 힘, 근육 선택 등과 같이 가변적 특성을 지님

핵심테마 02 인간 운동 행동의 이해 I

(4) 운동 발달의 시기적 특성

태아기	발달의 시작 시기로, 임신부터 출생까지의 시기
영아기	기어 다니기, 걷기 등의 이동 기술이 시작되는 시기로, 양손 사용 발달의 시기
유아기	기본적 운동 기술과 지각 활동 등이 이루어지는 시기
아동기	기본적 운동 기술에 더욱 익숙해지는 시기
청소년기	운동 기술이 완벽해지는 시기(운동 발달은 거의 청소년기까지를 의미함)
성인기	신체적 기능이 점차적으로 저하되는 시기로, 운동 행동의 쇠퇴기

(5) 발달적 변화의 특징 기출 2022

NASPE(National Association for Sports and Physical Education)에서는 인간의 발달적 변화를 질적·계열적·종합적·방향적·다차원적·개인적 측면에서 특징화하고 있음

질적(qualitative) 측면	움직임의 효율성이 높아지는 것과 같은 동작의 질적 변화가 반드시 수반됨
계열적(sequential) 측면	운동 형태가 일정한 순서에 의하여 나타나듯이, 운동 발달 과정에서도 순차적인 특성이 있음
종합적(cumulative) 측면	현재 나타나고 있는 움직임의 형태는 과거의 움직임이 축적되어 종합적으로 나타나는 것임
방향적(directional) 측면	발달에 궁극적인 목적이 있으며, 훈련이나 연습의 결과 또는 노화나 질병 등으로 운동 발달은 진보 또는 퇴보할 수 있음
다차원적(multifactorial) 측면	개인의 신체적·정서적 특성과 같은 내적 요인과 사회 환경이나 연습 조건과 같은 외적 요인으로 나눌 수 있음
개인적(individual) 측면	발달에 영향을 미치는 많은 요인이 개인마다 달라서 나타나는 현상임

> **Jump Up 이해**
> **아동의 운동 발달 평가 시 심리적 안정을 위한 주의 사항** 기출 2022
> - 평가 대상자가 도착하자마자 평가를 바로 진행하지 않고 환경을 탐색할 시간을 준다.
> - 평가 대상자가 관심을 둘 수 있는 주제에 관한 대화를 통하여 공감대를 형성한다.
> - 평가 동안 평가 대상자가 민감하게 반응할 수 있으므로 평가라는 단어는 쓰지 않는다.
> - 도구를 사용하여 평가한다면 평가 대상자가 도구를 탐색할 기회를 제공한다.

(6) 운동 발달의 모델 기출 2023

① 뉴웰(Newell)의 운동 발달 모델: 운동 행동은 움직임을 수행하는 개인, 움직임이 발생하는 환경, 수행 과제의 상호 작용에서 나타난다는 것 제시
  ㉠ 개인 제한 요소: 구조적 측면은 장시간에 걸쳐 변화하는 신체 물리적 특성(키, 몸무게, 근육의 질량, 신체형태), 기능적 측면은 짧은 시간에 변화하는 인지적 요인(기억, 주의형태)
  ㉡ 환경 제한 요소: 환경적(온도, 습도, 중력, 지지면), 사회 문화적 측면(성별, 문화, 인종) 요인
  ㉢ 과제 제한 요소: 운동 행동 과제 자체(운동 목표, 규칙, 사용 장비)의 요인
② 갤러휴(Gallahue)의 운동 발달 모델: 인간(유기체), 과제, 환경의 세 가지 제한 요소를 표현한 삼각형과 시간의 흐름을 의미하는 모래시계가 결합한 형태
  ㉠ 운동 발달의 초기단계: 영유아기의 운동 발달 순서는 예측 가능, 계통발생적, 이후 환경적인 요인에 따라 개체발생적 요인이 나타남

㉡ 기본 움직임 단계가 지나게 되면 역학적, 신체적 요소보다 사회적, 문화적 요소에 영향을 받는 형태
㉢ 10대 후반, 20대 초반 개인 삶의 방식 달라지므로 개인마다 기술과 움직임의 종류, 환경의 영향으로 인하여 기술의 숙련성 정도가 달라짐
③ Clark과 Metcalfe의 운동 발달 모델: 환경 속에서 인간이 개인의 구조적, 기능적 특성을 통합해 가는 과정이 전 생애에 걸쳐 일어나는 적응의 기능을 발달이라고 정의
㉠ 전 생애에 걸쳐 반사기, 전 적응기, 기본 패턴기, 맥락 특화기, 숙련기, 보상기 등 6개의 시기로 구분
㉡ 모든 단계는 다음 단계를 위한 기술 습득에 영향을 미침
㉢ 발달적 변화는 연령과 관계있으나, 반드시 개인의 연령 변화에 의해서만 일어나지 않음
㉣ 시간의 흐름과 경험의 정도에 따라 개인의 운동 발달 수준이 달라지며, 모든 사람이 특화된 기술과 숙련된 움직임 수준에 도달할 수 없다는 점을 강조

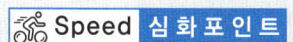

2. 운동 발달에 영향을 미치는 요인

(1) 개인적 요인
① 유전과 영양: 성장과 성숙에 영향을 줌
② 체력의 발달: 심폐 지구력, 근력, 근지구력, 유연성 등의 발달은 운동 발달에 영향을 미침
③ 심리적 요인: 본인 스스로 가지고 있는 신체적 능력, 가치, 동기 등이 영향을 줌

(2) 사회·문화적 요인
① 성 역할: 남녀의 성 역할이 운동 발달에 영향을 미침
② 대중 매체: 매체를 통한 스포츠 정보의 제공은 운동 발달에 간접적 영향을 미침
③ 문화적 배경: 수행자가 속한 집단의 가치가 운동 발달에 영향을 미침
④ 사회적 지지자: 부모, 가족 등 사회적 지지자들이 가진 운동에 대한 인식과 태도에 따라 영향을 받음

3. 갤러휴(Gallahue)가 제시한 운동 발달의 단계 기출 2024/2021/2018

(1) 반사적 움직임 단계
① 출생 후 1년 이내에 해당하며, 본인의 의지보다 반사적 움직임을 보임
② 태아의 생명 유지를 위한 본능적 수행
③ 눈과 손의 협동 동작, 도달 동작, 잡기 동작 등이 점차적으로 가능해짐

(2) 기초적 움직임 단계
① 2세까지로, 수의적(자기 의지대로) 움직임 가능
② 시력의 발달, 기어 다니기, 걷기, 이동, 물체 잡기 등 가능
③ 물건의 크기, 모양, 무게에 따라 물건을 구분할 수 있음
④ 오른손잡이와 왼손잡이를 구분할 수 있음
⑤ 큰 근육에서 작은 근육으로 발달함

핵심테마 02 인간 운동 행동의 이해 I

(3) 기본적 움직임 단계
① 2~6세로, 운동 능력이 빠르게 발달하는 시기
② 신체 인식 및 균형 감각 등의 지각 운동 능력 발달
③ 감각 기관의 능력 향상 및 주위 환경 해석 가능
④ 던지기, 차기, 회전하기, 굽히기 등의 다양한 운동 기술 가능

(4) 스포츠 기술 단계
① 초등학생 시기로, 숙련된 움직임과 효율적인 움직임이 가능함
② 동작의 연결과 일관된 동작 수행 등의 협응력 발달
③ 스포츠 또는 레크리에이션 활동에 적극적으로 참여 가능
④ 본인의 흥미에 따른 스포츠 선택 및 참여

(5) 성장과 세련 단계
① 청소년기로, 운동 발달이 가장 급격히 나타나는 시기
② 남녀 성별에 따른 운동 발달의 차이가 발생함
③ 신체적 성장뿐만 아니라 사회·문화적 현상에도 영향을 받는 시기
④ 호르몬 분비 등 신체적 변화로 인한 2차 성징이 일어남

(6) 최고 수행 단계
① 18~30세이며, 최상의 운동 수행 시기(한국 나이 20세는 생일 전 만 18세)
② 근력, 심폐 지구력, 신경 활동 등의 능력이 최고인 시기

(7) 퇴보 단계
① 30세 이상에 해당하며, 운동 발달이 쇠퇴하는 시기
② 신경 기능, 근육 기능, 폐 호흡 기능, 유연성 등의 운동 능력이 점차 감소
③ 신체 반응 속도가 느려짐
④ 적극적인 운동 수행을 통해 퇴보의 시기를 지연시킬 수 있음

시기	태아기	영아기	유아기	아동기	청소년기	성인 초기	성인 후기
연령	임신	1세	2세	6세	12세	18세	30세	70세
발달 단계	반사적 움직임 단계	초보적 움직임 단계	기본적 움직임 단계	스포츠 기술 단계	성장과 세련 단계	최고 수행 단계	퇴보 단계

출제 0순위 공략! 꼭 풀어야 할 대표문제

01 [2024년 기출]

〈보기〉의 ㉠, ㉡에 들어갈 정보처리 단계를 바르게 나열한 것은?

보기
- (㉠): 테니스 선수가 상대 코트에서 넘어오는 공의 궤적, 방향, 속도에 관한 환경정보를 탐지한다.
- (㉡): 환경정보를 토대로 어떤 종류의 기술로 어떻게 받아쳐야 할지 결정한다.

	㉠	㉡
①	반응 선택	자극 확인
②	자극 확인	반응 선택
③	반응/운동 프로그래밍	반응 선택
④	반응/운동 프로그래밍	자극 확인

| 정답해설 |

운동 제어 체계
- 감각·지각 단계: 환경의 정보 자극을 수용하고 자극의 명확성, 강도, 유형 등을 인식하여 분석 및 의미화하는 단계이다.
- 반응·선택 단계: 입력된 자극을 통해 어떠한 반응을 보일 것인지를 선택하는 단계이다.
- 반응·실행 단계: 반응을 실제의 행동으로 생성하기 위해 운동의 체계를 조직하는 단계이다.

02 [2024년 기출]

〈보기〉에서 정보 처리 이론에 관한 설명으로 옳은 것만을 모두 고른 것은?

보기
㉠ 정보 처리 이론은 인간을 능동적인 정보처리자로 설명한다.
㉡ 도식 이론은 기억 흔적과 지각 흔적의 작용으로 움직임을 생성하고 제어한다고 설명한다.
㉢ 개방 회로 이론은 대뇌 피질에 저장된 운동 프로그램을 통해 움직임을 생성하고 제어한다고 설명한다.
㉣ 폐쇄 회로 이론은 정확한 동작에 관한 기억을 수행 중인 움직임과 비교한 피드백 정보를 활용하여 움직임을 생성하고 제어한다고 설명한다.

① ㉠, ㉡
② ㉢, ㉣
③ ㉠, ㉡, ㉣
④ ㉠, ㉢, ㉣

| 오답해설 |

㉡ 도식 이론은 과거의 유사한 운동 결과를 근거로 새로운 운동을 계획하는 회상 도식(빠른 움직임-개방 회로 이론)과 피드백 정보를 통해 잘못된 동작을 평가하고 수정하는 재인 도식(느린 움직임-폐쇄 회로 이론)으로 가정한 이론이다.

정답 01 ② 02 ④

03 [2023년 기출]

〈보기〉에서 설명하는 게셀(A. Gesell)과 에임스(L. Ames)의 운동 발달의 원리가 아닌 것은?

> **보기**
> - 머리에서 발 방향으로 발달한다.
> - 운동 발달은 일련의 방향성을 갖는다.
> - 운동 협응의 발달 순서가 있다.
>   - 양측: 상지 혹은 하지의 양측을 동시에 움직이는 형태를 보인다.
>   - 동측: 상하지를 동시에 움직이는 형태를 보인다.
>   - 교차: 상하지를 동시에 움직이는 형태를 보인다.
> - 운동 기술의 습득 과정에서 몸통이나 어깨 근육을 조절하는 능력을 먼저 갖추고, 이후에 팔 손목 손 그리고 손가락 근육을 조절하는 능력을 갖춘다.

① 머리 꼬리 원리(cephalocaudal principle)
② 중앙 말초 원리(proximodistal principle)
③ 개체발생적 발달 원리(ontogenetic development principle)
④ 양측-동측-교차 운동 협응의 원리[bilateral-unilateral(ipsilateral)-crosslateral principle]

| 정답해설 |

개체발생적 발달 원리(ontogenetic development principle)는 뉴웰(Newell)이 주장한 것으로 환경적 요인에 영향을 받아 학습 과정을 통하여 획득되는 운동을 말한다.

| 심화해설 |

운동 발달의 원리로는 머리에서 발 방향으로 발달하는 머리 꼬리 원리, 신체 중심에서 말초 부위로 발달하는 중앙 말초 원리, 운동 협응의 발달 순서에 따른 양측-동측-교차 운동 협응의 원리가 있다.

04 [2022년 기출]

〈보기〉에 제시된 일반화된 운동 프로그램(Generalized Motor Program: GMP)에 관한 설명으로 바르게 묶인 것은?

> **보기**
> ㉠ 인간의 운동은 자기 조직(self-organization)과 비선형성(nonlinear)의 원리에 의해 생성되고 변화한다.
> ㉡ 불변 매개 변수(invariant parameter)에는 요소의 순서(order of element), 시상(phasing), 상대적인 힘(relative force)이 포함된다.
> ㉢ 가변 매개 변수(variant parameter)에는 전체 동작 지속 시간(overall duration), 힘의 총량(overall force), 선택된 근육군(selected muscles)이 포함된다.
> ㉣ 환경 정보에 대한 지각 그리고 동작의 관계(perception-action coupling)를 강조한다.

① ㉠, ㉡
② ㉠, ㉢
③ ㉡, ㉢
④ ㉢, ㉣

| 정답해설 |

㉡㉢ 일반화된 운동 프로그램(Generalized Motor Program: GMP)은 불변 매개 변수(invariant parameter)와 가변 매개 변수(variant parameter)로 구성된다. 불변 매개 변수에는 요소의 순서(order of element), 시상(phasing), 상대적인 힘(relative force)이 있으며, 가변 매개 변수에는 전체 동작 지속 시간(overall duration), 힘의 총량(overall force), 선택된 근육군(selected muscles) 등이 있다.

| 오답해설 |

㉠ 인간의 운동이 자기 조직(self-organization)과 비선형성(nonlinear)의 원리에 의해 생성되고 변화한다고 보는 이론은 다이내믹 시스템 이론이다.
㉣ 환경 정보에 대한 지각과 동작의 관계(perception-action coupling)를 강조한 이론은 생태학적 이론이다.

정답 03 ③ 04 ③

핵심테마 02 | 인간 운동 행동의 이해 I

05 [2024년 기출]

운동 발달의 단계가 순서대로 바르게 제시된 것은?

① 반사 단계 → 기초 단계 → 기본 움직임 단계 → 성장과 세련 단계 → 스포츠 기술 단계 → 최고 수행 단계 → 퇴보 단계
② 기초 단계 → 기본 움직임 단계 → 반사단계 → 스포츠 기술 단계 → 성장과 세련 단계 → 최고 수행 단계 → 퇴보 단계
③ 반사 단계 → 기초 단계 → 기본 움직임 단계 → 스포츠 기술 단계 → 성장과 세련 단계 → 최고 수행 단계 → 퇴보 단계
④ 기초 단계 → 기본 움직임 단계 → 반사단계 → 성장과 세련단계 → 스포츠 기술 단계 → 최고 수행 단계 → 퇴보 단계

| 정답해설 |

갤러휴(Gallahue)가 제시한 운동 발달의 단계 순서는 '반사적 움직임 단계 → 초기 움직임 단계 → 기본 움직임 단계 → 스포츠 기술 단계 → 성장과 세련 단계 → 최고 수행 단계 → 퇴보 단계'이다.

06 [2024년 기출]

〈보기〉가 설명하는 개념은?

| 보기 |

농구 경기에서 수비수가 공격수의 첫 번째 페이크 슛 동작에 반응하면서, 바로 이어지는 두 번째 실제 슛 동작에 제대로 반응하지 못하는 현상이 발생한다.

① 스트룹 효과(Stroop effect)
② 무주의 맹시(inattention blindness)
③ 지각 협소화(perceptual narrowing)
④ 심리적 불응기(psychological-refractory period)

| 정답해설 |

심리적 불응기는 먼저 제시된 자극에 대한 반응을 수행하고 있을 때 또 다른 자극을 제시할 경우, 두 번째 자극에 대한 반응 시간이 느려지는 현상을 말한다.

| 오답해설 |

① 스트룹 효과: 일치하지 않은 자극을 보고 그 자극을 실행할 때, 일치하는 자극을 보고 실행할 때보다 반응시간이 더 늦어지는 현상을 말한다.
② 무주의 맹시: 주의가 다른 곳에 있어서 눈이 향하는 위치의 대상이 지각되지 못하는 현상을 말한다.
③ 지각 협소화: 운동 수행 시 각성 수준이 높아져 주의를 기울일 수 있는 폭이 점차 좁아지는 현상을 말한다.

정답 05 ③ 06 ④

07 [2022년 기출]

인간 발달의 특징에 관한 설명으로 옳지 <u>않은</u> 것은?

① 개인적 측면은 발달에 영향을 미치는 요인이 개인마다 달라서 나타나는 현상이다.
② 다차원적 측면은 개인의 신체적·정서적 특성과 같은 내적 요인 그리고 사회 환경과 같은 외적 요인으로 나눌 수 있다.
③ 계열적 측면은 기기와 서기의 단계를 거친 후에야 자신의 힘으로 스스로 걸을 수 있게 되는 것이다.
④ 질적 측면은 현재 나타나고 있는 움직임 양식이 과거 움직임의 경험이 축적되어 나타나는 것이다.

| 정답해설 |

제시된 내용은 종합적 측면에 대한 설명이다. 질적 측면은 반드시 움직임의 효율성이 높아지는 것과 같은 동작의 질적 변화가 수반된다는 것이다.

| 심화해설 |

NASPE의 인간 발달의 특징

NASPE(National Association for Sports and Physical Education)에서는 인간의 발달적 변화를 질적·계열적·종합적·방향적·다차원적·개인적 측면에서 특징화하고 있다.

질적(qualitative) 측면	움직임의 효율성이 높아지는 것과 같은 동작의 질적 변화가 반드시 수반됨
계열적(sequential) 측면	운동 형태가 일정한 순서에 의하여 나타나듯이, 운동 발달 과정에서도 순차적인 특성이 있음
종합적(cumulative) 측면	현재 나타나고 있는 움직임의 형태는 과거의 움직임이 축적되어 종합적으로 나타나는 것임
방향적(directional) 측면	발달에 궁극적인 목적이 있으며, 훈련이나 연습의 결과 또는 노화나 질병 등으로 운동 발달은 진보 또는 퇴보할 수 있음
다차원적(multifactorial) 측면	개인의 신체적·정서적 특성과 같은 내적 요인과 사회 환경이나 연습 조건과 같은 외적 요인으로 나눌 수 있음
개인적(individual) 측면	발달에 영향을 미치는 많은 요인이 개인마다 달라서 나타나는 현상임

08 [2023년 기출]

〈보기〉에서 설명하는 일반화된 운동 프로그램(generalized motor program)의 불변 특성(invariant feature) 개념은?

보기

A 움직임 시간(movement time)=500ms			
하위 움직임 1 =25%	하위 움직임 2 =25%	하위 움직임 3 =25%	하위 움직임 4 =25%

B 움직임 시간(movement time)=900ms			
하위 움직임 1 =25%	하위 움직임 2 =25%	하위 움직임 3 =25%	하위 움직임 4 =25%

- A 움직임 시간은 500ms, B 움직임 시간은 900ms로 서로 다르다.
- 4개의 하위 움직임 구간의 시간적 구조 비율은 변하지 않는다.
- 단, A와 B 움직임은 모두 동일인이 수행한 동작이며, 하위 움직임 구성도 4개로 동일함

① 어트랙터(attractor)
② 동작유도성(affordance)
③ 상대적 타이밍(relative timing)
④ 절대적 타이밍(absolute timing)

| 정답해설 |

상대적 타이밍(relative timing)은 전체 시간에 대한 각 하위 요소의 시간적 비율을 나타내는 것으로 요소의 순서, 시상, 상대적 힘 등과 같이 불변적 특성을 지닌다.

| 오답해설 |

① 어트랙터(attractor): 매우 안정된 상태로 그 시스템이 선호하는 행동 상태이다.
② 동작유도성(affordance): 인간(유기체), 환경, 과제의 상호 관계 속에서 나타날 수 있는 동작의 가능성이다.
④ 절대적 타이밍(absolute timing): 목표가 되는 전체 시간과 실제 전체 시간에 대하여 산출된 값으로 나타나는데 전체 힘, 근육 선택 등과 같이 가변적 특성을 지니며, 매개 변수화 및 수량화 학습을 하는 데 지표로 사용된다.

정답 07 ④ 08 ③

09 [2025년 기출]

〈보기〉의 스포츠 상황과 반응시간 유형이 바르게 연결된 것은?

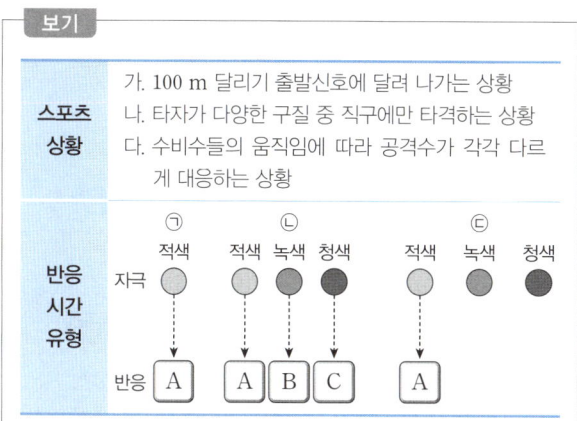

	가	나	다
①	㉠	㉡	㉢
②	㉠	㉢	㉡
③	㉡	㉢	㉠
④	㉢	㉠	㉡

| 정답해설 |

가. 하나의 자극 신호에 대하여 하나의 반응만을 요구할 때 측정되는 단순반응시간이다(㉠).
나. 두 가지 이상의 자극이 제시되고 어느 특정한 자극에 대해서만 반응할 때 측정되는 변별반응시간이다(㉡).
다. 두 개 이상의 자극이 제시되고 각각의 자극 신호에 대하여 다른 반응을 요구할 때 측정되는 선택반응시간이다(㉢).

10 [2023년 기출]

뉴웰(K. Newell)이 제시한 움직임 제한(constraints) 요소의 유형이 다른 것?

① 운동 능력이 움직임을 제한한다.
② 인지, 동기, 정서상태가 움직임을 제한한다.
③ 신장, 몸무게, 근육 형태가 움직임을 제한한다.
④ 과제 목표와 특성 규칙 장비가 움직임을 제한한다.

| 정답해설 |

뉴웰이 제시한 제한 요소 중에 과제 제한 요소에 대한 설명이다.

| 오답해설 |

①③ 제한 요소 중에 개인 제한 요소의 구조적 측면을 설명한 것이다.
② 제한 요소 중에 개인 제한 요소의 기능적 측면을 설명한 것이다.

11 [2023년 기출]

균형 유지와 사지협응 및 자세 제어에 주된 역할을 하는 뇌 구조(영역)는?

① 소뇌(cerebellum)
② 중심고랑(central sulcus)
③ 대뇌 피질의 후두엽(occipital lobe of cerebrum)
④ 대뇌 피질의 측두엽(temporal lobe of cerebrum)

| 정답해설 |

소뇌(cerebellum)는 동작의 오차 감지 및 수정을 담당, 균형 유지와 사지협응 및 자세 제어 역할을 한다.

| 오답해설 |

② 중심고랑(central sulcus): 전두엽과 두정엽이 나뉘는 경계선으로, 앞쪽에는 전두엽 피질, 뒤쪽에는 두정엽 피질이 있다.
③ 대뇌 피질의 후두엽(occipital lobe of cerebrum): 시각 기능을 담당한다.
④ 대뇌 피질의 측두엽(temporal lobe of cerebrum): 관자놀이에 위치하며 청각, 언어, 후각 기능을 담당한다.

정답 09 ② 10 ④ 11 ①

핵심테마 03 | 인간 운동 행동의 이해 Ⅱ

1 운동 학습

1. 운동 학습의 개념 및 특징

(1) 운동 학습의 개념 기출 2019/2017/2016
① 개인적 특성을 바탕으로 연습이나 경험을 통해 과제와 환경적인 변화에 부합하는 변화를 가져오는 것을 의미함
② 운동할 수 있는 능력을 습득하는 것
③ 숙련된 운동 수행을 위한 개인적 능력에 상대적으로 영구적인 변화를 유도하는 내적 과정

(2) 운동 학습의 특징 – 슈미트(Schmidt)와 리(Lee)
① 숙련되게 움직이는 능력을 획득하는 과정
② 훈련을 통해 얻을 수 있음
③ 직접 측정할 수 없고, 행동을 통해 간접적으로 측정하여 평가할 수 있음
④ 상대적으로 영구적인 행동의 변화를 가져옴

> **Jump Up 이해**
>
> **힉의 법칙(Hick's law)** 기출 2024
> 자극-반응의 대안 수가 증가함에 따라서 선택 반응 시간이 증가하는 현상으로 힉-하이먼의 법칙(Hick-Hyman law)이라고도 하며, 반응 시간과 자극-반응 대안 간의 관계를 나타내는 법칙이다.
>
> **피츠의 법칙(Fitts' law)**
> 동작의 속도와 정확성의 관계를 수학적 원리로 설명한다. 목표물의 크기가 작고 움직이는 거리가 증가할수록 운동 시간이 늘어난다는 것으로, 정확성이 많이 필요할수록 운동 속도가 느려지고, 속도가 증가하면 정확성이 줄어든다.
>
> **파워 법칙(power law)**
> 시간과 연습량 증가에 따라 수행 능력이 좋아지는 것으로, 연습 시행 횟수가 증가할수록 선택 반응 시간이 감소하여 운동 수행력이 높게 나타난다.
>
> **임펄스 가변성 이론(impulse variability theory)**
> 임펄스란 단위 시간에 작용한 힘의 양이며, 근육 수축을 통해 생성된 힘이 사지를 움직이는 데 사용된 양이다. 임펄스가 사지의 움직임 등의 인간 운동 형태를 결정하고, 임펄스 가변성에 따라 움직임의 정확성이 변한다는 것이 임펄스 가변성 이론이다.

2. 운동 학습의 과정

(1) 학습의 과정
① 움직임의 역동성에 대한 자각: 학습은 운동 수행에 대한 자각에서부터 시작됨. 즉, 운동 기술에서의 학습 과정은 수행자가 해야 할 학습을 미리 경험하는 것으로부터 시작되며, 학습 과정의 전체를 미리 학습 후 수행해야 할 운동 기술 특성에 대한 정보를 얻음
② 움직임 구성 수준의 결정: 수행자의 움직임 구성 수준은 장력의 수준, 근육과 관절의 연결 수준, 공간 수준, 동작 수준 4가지로 구분됨

Speed 심화포인트

운동 학습과 운동 수행의 비교

운동 학습	운동 수행
• 직접적 관찰 불가능	• 직접적 관찰 가능
• 비교적 영구적	• 일시적
• 연습과 경험	• 특정한 목적

속도-정확성 상쇄 현상(speed-accuracy trade-off)
일반적으로 운동 속도가 빨라지면 운동의 정확성이 감소하는 현상

고원현상 기출 2025
• 운동기술 학습 시 일시적으로 수행력이 정체되는 현상으로, 이 기간에는 수행은 정체되지만 학습은 진행됨
• 새로운 협응구조 형성시기로, 양적 변화 정체 속에서도 질적 변화가 나타남
• 피로, 감소된 수행동기 또는 주의 부족 등과 같은 심리적·신체적 원인에 의해 발생할 수 있음

③ 운동 구조의 형성: 움직임의 구성 수준을 확인한 후 운동 수행과 움직임을 구성하는 데 있어 복잡하고 연속적인 기술 동작을 구성하기 위해 각각의 움직임을 연결하는 운동 구조가 필요함
④ 오류 수정: 움직임에 대한 감각 오류는 내부적으로 이를 어떻게 느끼고 있는지 알고, 수정하기 위한 해답을 찾아야 함
⑤ 자동화와 안정성 습득: 다른 학습보다 많은 노력이 필요하고, 운동 수행에 대한 질적 변화를 통해 알 수 있으며 운동 수행과 관련하여 간접적인 영향을 미치는 요인에 대해 대처할 수 있는 전환 능력을 갖출 필요가 있음

(2) 학습 단계 이론 기출 2018

① 피츠(Fitts)와 포스너(Posner)의 학습 단계 이론 기출 2020

인지 단계	• 운동 과제를 안전하게 수행하기 위한 방법을 배움 • 움직임을 인지하고 움직임의 연속성에 대해 생각 • 시행착오가 많이 발생
연합 단계 (고정 단계)	• 오류가 적어지는 단계 • 운동 조절을 잘하려고 노력하는 단계 • 일관성 있고 효율적인 움직임을 위해 노력하는 단계 • 동작 능숙, 신뢰성, 동작을 부분적으로 자동 조절하는 단계
자동화 단계	• 일관성 있고 효율적인 수행이 가능한 단계 • 학습한 움직임이 무의식적으로 실행되는 단계 • 이중 과제의 수행이 가능한 단계 • 환경과 과제의 변화에도 잘 적응하는 단계

② 번스타인(Bernstein)의 학습 단계 이론 기출 2023/2022/2016

자유도 고정 단계 (초보 단계)	• 동작 수행에 동원되는 신체의 자유도 고정 • 운동 동작을 수행하는 데 동원되는 모든 관절의 각도를 일정하게 유지시킴 • 다양한 환경적 변화에 대한 적절한 대처가 힘듦
자유도 풀림 단계 (향상 단계)	• 고정했던 자유도를 풀어 사용 가능한 자유도 수 늘림 • 사용 가능한 자유도를 활용하여 하나의 기능적 단위(협응 구조) 형성 • 환경 변화에 쉽게 적응, 운동 수행의 다양성 • 동작과 관련된 운동 역학적 요인과 근육의 공동 작용, 관절의 상호 움직임 등에 변화가 나타남
반작용의 활용 단계 (숙련 단계)	• 운동 기술 수행자와 환경자 간 상호 작용에 의한 관성 또는 반작용 현상 • 내·외적인 힘을 활용하여 효율적 동작 형성을 위한 여분의 자유도 형성 • 지각과 동작의 역동적 순환을 계속적으로 수정하여 숙련된 동작 구현

③ 젠타일(Gentile)의 학습 단계 이론

움직임의 개념 습득 단계	• 움직임의 형태에 대한 이해 • 움직임의 형태뿐만 아니라 환경적 특징을 구분 • 필요 정보와 필요하지 않은 정보 구분
고정화 및 다양화 단계	• 운동 기술 수행의 고정화 필요: 운동 기술 움직임에 대한 기술 향상에 중점 • 운동 기술 수행의 다양화 필요: 다양하게 변하는 환경과 동작의 요구에 맞는 움직임 적응에 중점

핵심테마 03 인간 운동 행동의 이해II

④ 뉴웰(Newell)의 학습 단계 이론

협응 단계	기본적인 협응 동작 형성
제어 단계	• 협응 형태 형성 • 다양한 변화에 따른 협응 형태 변화 가능
기술 단계	움직임과 협응에 필요한 변화를 기술적으로 대응

3. 운동 학습 시 주요 요인 기출 2020/2019/2017/2016

(1) 학습 동기
인간이 행동하는 근원적인 힘, 행동의 방향을 결정해 주는 심리적 요인을 의미함

(2) 학습의 전이
① 이전 학습 내용이 후속 학습 내용에 영향을 주는 것
② 종류: 긍정적 전이, 부정적 전이, 수평적 전이, 수직적 전이, 양측 전이, 정적 전이, 과제 내 전이

긍정적 전이	사전 학습이 후속 학습의 이해를 촉진, 긍정적 작용
부정적 전이	사전 학습이 후속 학습의 이해를 방해, 부정적 작용
수평적 전이	한 분야에서 학습한 내용을 다른 분야의 학습에 적용
수직적 전이	기본 학습을 이후의 고차원적, 복잡한 학습에 적용
양측 전이	몸의 한쪽에서 습득한 학습이 다른 쪽으로 전이되는 현상
정적 전이	어떤 과제의 학습이 다른 과제의 학습이나 수행을 돕거나 촉진하는 현상
과제 내 전이	과제의 요소가 학습자의 개별적인 자극과 반응을 촉진하는 현상

(3) 기억
① 학습 경험의 내용을 저장했다가 재생하여 인출하는 과정
② '기명 → 파지 → 재생 → 재인'의 단계를 거쳐 현재의 사실이 이전 학습 경험의 사실과 같다는 것을 확인함
③ 기억 강화 방법: 심상, 조직화 및 정교화, 시연, 의미화, 주의 집중

(4) 망각
① 기억한 정보가 시간의 경과, 미사용 등의 이유로 약화되거나 소멸되어 다시 재생되지 않는 현상
② 망각의 원인: 소멸설, 간섭설, 억압설
③ 간섭 이론: 다른 정보의 간섭으로 망각이 발생한다고 주장하는 이론

(5) 자기 충족 예언
어떤 기대가 실현될 것이라는 믿음을 갖고 그것을 실현시키기 위해 노력함으로써 결국 원래 기대를 현실로 실현시키는 것을 의미함

(6) 피드백 기출 2023/2021/2020/2018/2015
① 목표 상태와 수행 간의 차이에 대한 정보를 되돌림으로써 수행자에게 동작 그 자체 또는 운동 수행의 결과나 평가에 대한 정보를 제공하는 것

기억 4단계
- 1단계 기명(memorizing): 자극을 지각하거나 정보를 받아들여 정리하는 과정
- 2단계 파지(retention): 기명된 것을 일정 기간 동안 기억 흔적으로 간직하는 것
- 3단계 재생(reproduction): 파지하고 있는 내용을 생각하여 의식화하는 과정
- 4단계 재인(recognition): 기명된 내용과 재생된 내용이 일치하는지를 의식하는 것

② 피드백 구분

내재적 피드백 (감각 피드백)	• 운동을 수행함으로써 자동적으로 발생하는 정보 • 근육과 건, 그리고 관절 등에 위치한 관절수용기에서 발생한 운동 감각 정보 등 학습자의 내부의 감각 시스템으로부터 제공됨
외재적 피드백 (보강 피드백)	• 자신의 감각 정보가 아닌 교사나 코치, 또는 동료들에 의해 제공되거나 영상 매체를 통해 외부로부터 제공되는 정보 • 수행의 결과나 수행 유형 자체에 대한 정보를 수행하는 동안에 또는 수행 후에 언어적·비언어적인 방법을 통해 제공 • 영상 자료 활용: 비디오, 컴퓨터 등 영상 매체를 활용하여 구체적인 정보를 주는 것 • 바이오 피드백: 정서 상태를 간접적인 방법으로 알아낼 수 있는 생체 신호를 측정하여 정보를 제공하는 것으로, 근육 활동 수준, 관절 위치 등 눈으로 확인할 수 없는 정보 등이 속함 • 언어적 보강 정보: 수행과 관련한 정보를 언어적으로 제공하는 것

Jump Up 이해

피드백 정보의 내용에 따른 구분

구분	결과 지식	수행 지식
공통점	언어와 시각으로 제공. 움직임 종료 후 제공된다.	
차이점	• 환경적 목적 관점에서의 결과에 대한 정보이다. • 내재적 피드백과 중복되어 사용된다. • 실험실 상황에서 유용하게 사용된다.	• 움직임 생성과 움직임 패턴에 관한 정보이다. • 내재적 피드백과 구별되어 사용된다. • 실제 경기 과제에서 유용하게 사용된다.

③ 피드백의 기능

정보 기능	운동 학습에서 교사나 지도자가 제공하는 피드백 등은 중요한 정보의 역할을 함
강화 기능	• 피드백은 정보 자체가 잘된 동작에 대한 칭찬 효과와 잘못된 동작에 대한 질책 효과를 가짐 • 정적 강화와 부적 강화로 구분할 수 있음
동기 유발 기능	보강적 피드백은 학습자가 운동 기술을 수행할 수 있는 동기를 유발시킴으로써 지속적으로 목표를 성취할 수 있도록 유도하며, 정보의 내용에 따라 결과 지식과 수행 지식으로 구분할 수 있음

④ 피드백 정보 특성에 따른 범주화(Newell)

처방 정보	학습자에게 완료된 움직임의 운동학적 정보를 제공하는 것으로, 언어적 설명 혹은 시범을 통해 전달함
정보 피드백	학습자가 수행한 움직임의 이전 상태 혹은 현재 상태의 정보를 제공하는 것으로, 움직임의 연속성과 완료된 움직임에 대한 정보와 관련이 깊음
전환 정보	적합한 협응의 형태를 구성하는 지각·운동 활동의 영역 탐색을 활성화하는 제어 변수로 작용하며, 움직임의 제어에 적합한 정보를 제공하고 이후 수행할 동작을 구성하는 데 도움을 줌

핵심테마 03 인간 운동 행동의 이해 II

Speed 심화포인트

(7) 파지 기출 2023

운동 연습으로 향상된 운동 수행 능력을 오랫동안 유지할 수 있는 능력

> **Jump Up 이해**
>
> **파지에 영향을 미치는 요인**
> - 운동 과제의 특성: 학습하고자 하는 운동 과제의 특성이 가장 큰 영향을 미치기 때문에 과제의 특성을 정확하게 이해하고 환경이 요구하는 것에 대한 학습이 이루어져야 한다.
> - 환경의 특성: 환경의 제한적인 요소가 운동 기술의 학습과 긴밀한 관련이 있기 때문에 학습자들의 효율적인 운동 기술의 습득 및 향상을 위해서는 적절한 학습 환경을 제공해야 한다.
> - 학습자의 특성: 운동 기술의 파지는 학습자 개개인의 특성에 따라 다르게 나타난다.
> - 연습: 연습량은 운동 기술의 습득 및 파지에 영향을 주지만, 일정 수준의 운동 기술에 도달하게 되면 많은 연습을 해도 운동 기술이 크게 향상되지 않을 수 있기 때문에 연습량을 조절할 필요가 있다.

(8) 연습 기출 2025/2024/2021/2020/2018/2017/2016

① 새로운 경험이나 행동 획득을 목표로 정하고 그 목표에 도달하기 위해 끊임없이 운동하는 전체 과정으로, 연습 방법과 운동 과제의 특성에 따라 구분함

② 연습의 구분

집중 연습	연습과 연습 사이에 쉬는 시간이 상대적으로 짧고, 연습 시간이 쉬는 시간보다 긴 연습 방법이다.
분산 연습	쉬는 시간이 연습 시간과 같거나 오히려 더 긴 연습 방법이다.
전습법	학습자가 운동 기술 과제를 한꺼번에 전체적으로 학습하는 방법이다.
분습법	학습자가 운동 기술 과제를 여러 개의 하위 단위로 나누어 학습하는 방법이다(순수 분습법, 점진적 분습법, 반복적 분습법).
구획(분단) 연습	• 운동 기술의 하위 요소들을 순차적으로 연습한다. • 한 동작을 여러 번 반복 연습한 후 다음 동작으로 넘어가는 방법이다.
무선 연습	선택된 운동 기술의 하위 요소들을 순서에 상관없이 무작위로 연습하는 방법이다.
신체적 훈련	운동 과제를 직접 수행하는 훈련이다.
정신적 훈련	운동 과제를 수행하기 전에 어떻게 수행할 것인지 인지적으로 연습하거나 움직임을 상상하는 훈련이다.

순수 분습법
각 부분을 따로 연습한 후 전체 기술을 종합적으로 연습

점진적 분습법
전체 운동 기술 중에 첫 번째와 두 번째 요소를 각각 연습한 후 그 두 요소를 결합하고 이 후 다음 요소를 연습하는 과정을 거쳐 전체 기술을 습득

> **Jump Up 이해**
>
> **분습법의 구분**
> 와이트먼(Wightman)과 린턴(Lintern)은 분습법을 분절화, 단순화, 부분화로 구분하여 제시하였다.
>
> | 분절화 | 학습할 전체 기술을 특정한 시공간적인 영역으로 나누어 연습한 후 각각의 기술이 특정 수준에 도달하면 전체 기술로 결합하여 연습하는 방법이다. |
> |---|---|
> | 단순화 | 운동 기술을 수행할 때 과제 요소를 줄여 기술 수행의 난이도나 복잡성을 낮추는 방법이다. |
> | 부분화 | 운동 과제에 포함되는 하위 요소를 하나 또는 둘 이상으로 분리하여 각각 연습하는 방법이다. |

(9) 운동 숙련

스포츠에서의 숙련은 특정 영역의 과제를 지속적으로 뛰어나게 수행하는 것이자, 하나의 영역을 넘어서는 운동 수행의 일관적인 우수성

① 운동숙련의 요소

㉠ 생리적 숙련: 무산소적 순발력과 유산소 능력, 근섬유 형태와 분포, 신체 구조와

분절의 크기, 높이, 유연성 포함
- ⓒ 기술적 숙련: 감각 운동적 협응을 나타내는 것으로 세련되고, 능률적이며 효과적으로 움직임 패턴이 일어나는 것
- ⓒ 인지적 숙련: 전술적 기술(운동선수의 전반적인 인지 기술수준), 의사결정 능력(순간적인 결정을 만들어내는 선수의 의사결정 능력)
- ⓔ 정서적 숙련: 정서적 조절(기쁨, 즐거움, 슬픔)과 심리적 기술(동기, 목표설정 전략, 자신감)이라는 두 영역으로 나누어짐
② 운동 숙련의 단계
- ⓗ 해당 영역의 고유한 기준에 근거한 위계성을 가짐
- ⓒ 숙련의 위계적 구조: 동호회 수준, 지역 수준, 국가 수준, 국제 수준, 세계 수준 구분
③ 시각 차단 기법
- ⓗ 수행 이전에 수행과 관련된 정보를 예측하기 위한 단서를 규명하는 방법
- ⓒ 시간 차단 기법: 일정 시간 동안의 수행 장면에 대한 영상을 차단한 상황에서 예측 능력을 검사하는 방법
- ⓒ 공간 차단 기법: 제시되는 정보의 특정 부분을 차단하여 유용한 예측 단서를 확인하는 데 사용

(10) **주의와 시각 탐색** 기출 2022
① **시각 탐색**: 운동 수행 환경으로부터 제공되는 다양한 정보 중에서 적절한 단서에 시각적 주의를 기울이는 과정
② 시각 탐색을 위한 빠른 움직임
- ⓗ 빠른 움직임(saccadic movement): 수행자가 관심을 가진 위치의 상을 순간적으로 안구의 속오목으로 이동시킴
- ⓒ 부드러운 추적 움직임(smooth pursuit movement): 목표물의 움직이는 속도와 안구의 움직임 속도를 일치시키는 움직임
- ⓒ 전정 안구 반사(VOR: vestibulo-ocular reflex): 머리의 회전에 대한 안구의 움직임
- ⓔ 빠른 움직임과 추적 움직임이 적절하게 조화를 이루는 움직임(Optokinetic nystagmus)

2 운동 기술의 이해

1. 운동 기술의 개념 기출 2023

구스리(Guthrie)는 운동 기술을 최소한의 시간과 에너지를 소비하여 최대의 확실성을 갖고 목표를 달성할 수 있는 능력이라고 정의함
① 운동 기술은 특정한 목적을 가져야 하며 반드시 수의적인 운동이어야 함
② 운동 기술은 행동의 목적을 달성하기 위해 신체 또는 사지의 움직임이 반드시 있어야 함
③ 동작은 신체 또는 사지의 움직임으로 구성되는 목표 지향적인 반응을 말하는 것으로, 운동 기술을 구성하는 최소의 단위
④ 동작은 융통성, 독특성, 항상성, 수정 가능성 등의 특성 지님

핵심테마 03 인간 운동 행동의 이해 II

Speed 심화포인트

2. 운동 기술의 분류(일차원적 분류) 기출 2024

① 근육의 크기에 의한 분류
  ㉠ 대근육 운동 기술: 스포츠 상황에서 쉽게 접할 수 있는 달리기, 던지기 등
  ㉡ 소근육 운동 기술: 쓰기, 피아노 치기 등과 같은 비교적 작은 근육을 쓰는 기술

② 움직임의 연속성에 의한 분류
  ㉠ 불연속적 운동 기술: 시작과 끝이 명확하게 구분이 되고 짧은 시간에 끝나는 특징을 가지며 야구의 타격, 투구 등이 있음
  ㉡ 계열적 운동 기술: 불연속적 운동 기술이 여러 개 더해진 것으로, 야구의 받기, 던지기 운동 기술은 각각 불연속적 운동 기술이지만 수비수가 공을 받고 목표 지점에 던지는 수비 기술은 계열적 운동 기술에 해당함
  ㉢ 연속적 운동 기술: 시작과 끝이 명확히 구분되지 않으며 특정 동작이 계속 반복되는 운동 기술로, 수영이나 달리기 등이 있음

③ 환경의 안정성에 의한 분류
  ㉠ 폐쇄 운동 기술: 환경이 안정된 상태에서 수행하는 것으로, 사격과 체조 등이 있음
  ㉡ 개방 운동 기술: 지속적으로 환경이 변화되는 것으로, 농구와 축구 등이 있음

3. 젠타일(A. Gentile)의 이차원 분류 기출 2023

① **환경적 맥락**: 조절 조건과 동작 간 가변성으로 구성
  ㉠ 조절 조건: 움직임에 영향을 주는 환경의 특성을 의미
    • 안정 상태: 환경적 상황이 변하지 않는 상태
    • 운동 상태: 환경적 상황이 변화하는 상태
  ㉡ 동작 간 가변성: 수행하는 동안 나타나는 동작의 가변성의 여부를 의미하는 것으로 '있다' 또는 '없다'로 구분

② **동작의 기능**: 운동 기술이 신체의 움직임을 포함하는지에 따라 다른 물체를 조작하는 것을 포함함. 신체 이동과 물체 조작 구분
  ㉠ 양궁, 사격은 운동 기술의 신체의 위치가 변하지 않음
  ㉡ 수영, 달리기, 구기종목은 신체의 위치가 계속적으로 변함
  ㉢ 야구, 테니스는 볼과 배트 또는 라켓과 같은 도구 사용
  ㉣ 마라톤, 맨손 체조 운동 기술은 물체를 조작하지 않음

③ 운동 기술 분류

Gentile은 환경적 맥락과 동작의 기능에 근거한 운동 기술 분류 방법을 제시함

구분			동작의 기능(요구)			
			신체 이동 없음		신체 이동	
			물체 조작 없음	물체 조작 있음	물체 조작 없음	물체 조작 있음
환경적 맥락	안정 상태 조절 조건 (운동 상태 안정적)	동작 간 가변성 없음	제자리에서 균형잡기	농구 자유투 하기	계단 오르기	책들고 계단 오르기
		동작 간 가변성 있음	수화로 대화 하기	타이핑하기	평균대 위에서 체조기술 연기하기	리듬체조에서 곤봉 연기하기
	운동 상태 조절 조건 (운동 상태 비안정적)	동작 간 가변성 없음	움직이는 버스 안에서 균형잡기	같은 속도로 던져지는 야구공 받기	움직이는 버스 안에서 걸어가기	물이 든 컵을 들고 일정한 속도로 걷기
		동작 간 가변성 있음	트레드밀 위에서 장애물 피하기	자동차 운전 하기	축구경기에서 드리블하는 선수 수비하기	수비를 따돌리며 드리블 해 나가기

Jump Up 이해

운동 기술 연습에서 발생하는 효과 기출 2019/2017

맥락 간섭	학습해야 할 자료와 학습 시간 중간에 개입한 사건 혹은 경험 사이에 갈등으로 인해 학습이나 기억에 방해를 받는 것
맥락 간섭 효과	운동 기술을 연습할 때 다양한 요소들 간에 간섭 현상이 일어나는 것

가이던스와 정신 연습의 활용

- 가이던스 기법의 활용: 가이던스는 신체적·시각적·언어적 방법을 사용하여 학습자의 운동 수행에 직접적인 도움을 주는 과정으로, 학습자의 수행 오류를 감소시키고 동작 수행에 대한 두려움 혹은 부상 등을 예방하기 위해 사용한다.
- 정신 연습의 활용: 운동 학습과 수행을 촉진하기 위한 것으로, 대근 운동이 일어나지 않은 상태에서 수행 과제를 상징적·인지적·언어적으로 연습하는 것을 의미한다.

천장 효과와 바닥 효과 기출 2024

- 천장 효과(ceiling effect): 운동 기술 과제가 너무 쉬울 때 점수가 분포된 범위의 상한(최고점)에 몰리는 경향이 있는 경우
- 바닥 효과(floor, effect): 운동 기술 과제가 너무 어려울 때 점수가 분포된 범위의 하한(최저점)에 몰리는 경향이 있는 경우

출제 0순위 공략! 꼭 풀어야 할 대표문제

01 [2023년 기출문제]

〈보기〉에서 구스리(E. Guthrie)가 제시한 '운동 기술 학습으로 인한 변화'에 관한 설명으로 옳은 것을 모두 고른 것은?

보기
㉠ 최대의 확실성(maximum certainty)으로 운동과제를 수행할 수 있다.
㉡ 최소의 인지적 노력(minimum cognitive effort)으로 운동과제를 수행할 수 있다.
㉢ 최소의 움직임 시간(minimum movement time)으로 운동과제를 수행할 수 있다.
㉣ 최소의 에너지 소비(minimum energy expenditure)로 운동과제를 수행할 수 있다.

① ㉠, ㉡, ㉢
② ㉠, ㉢, ㉣
③ ㉡, ㉢, ㉣
④ ㉠, ㉡, ㉢, ㉣

| 정답해설 |
구스리(E.Guthrie)는 운동 기술의 정의를 최소한의 시간과 에너지를 소비하여 최대의 확실성을 갖고 운동 과제를 달성할 수 있는 능력이라고 제시하였다. 따라서 구스리(E.Guthrie)가 제시한 '운동 기술 학습으로 인한 변화'에 관한 설명은 ㉠㉢㉣이다. 최소의 인지적 노력(㉡)은 신체 또는 사지의 움직임을 필요로 하지 않고 인지적인 과정을 중요시하기 때문에 운동 기술이라고 할 수 없다.

02 [2024년 기출]

〈보기〉에서 연습 방법에 관한 설명으로 옳은 것만을 모두 고른 것은?

보기
㉠ 집중 연습은 연습구간 사이의 휴식 시간이 연습 시간보다 짧게 이루어진 연습 방법이다.
㉡ 무선 연습은 선택된 연습 과제들을 순서에 상관없이 무작위로 연습하는 방법이다.
㉢ 분산 연습은 특정 운동 기술 과제를 여러 개의 하위 단위로 나누어 연습하는 방법이다.
㉣ 전습법은 한 가지 운동 기술 과제를 구분동작 없이 전체적으로 연습하는 방법이다.

① ㉠, ㉡
② ㉢, ㉣
③ ㉠, ㉡, ㉣
④ ㉠, ㉢, ㉣

| 오답해설 |
㉢ 분산 연습: 쉬는 시간이 연습 시간과 같거나 오히려 더 긴 연습 방법이다.

03 [2024년 기출]

〈보기〉의 ㉠, ㉡에 들어갈 운동 수행에 관한 개념이 바르게 제시된 것은?

보기
• 운동 기술 과제가 너무 쉬울 때 (㉠)가 나타난다.
• 운동 기술 과제가 너무 어려울 때 (㉡)가 나타난다

	㉠	㉡
①	학습 고원 (learning plateau)	슬럼프 (slump)
②	천장 효과 (ceiling effect)	바닥 효과 (floor effect)
③	웜업 감소 (warm-up decrement)	수행 감소 (performance decrement)
④	맥락 간섭 효과 (contextual-interference effect)	부적 전이 (negative transfer)

| 정답해설 |
㉠ 천장 효과(ceiling effect): 운동 기술 과제가 너무 쉬울 때 나타난다.
㉡ 바닥 효과(floor effect): 운동 기술 과제가 너무 어려울 때 발생한다.

| 오답해설 |
• 맥락 간섭 효과(contextual interference effect): 운동 기술을 연습할 때에는 다양한 요소들 간의 간섭 현상이 발생한다.
• 부적 전이(negative transfer): 사전 학습이 후속 학습의 이해를 방해, 부정적으로 작용한다.
• 학습 고원(learning plateau): 상승 곡선을 그리던 학습 효과가 일정 기간 상승하지 않고 정체되는 현상을 말한다.

정답 01 ② 02 ③ 03 ②

핵심테마 03 | 인간 운동 행동의 이해 II

04 [2025년 기출문제]

그림에서 ㉠의 고원현상에 관한 설명으로 옳지 않은 것은?

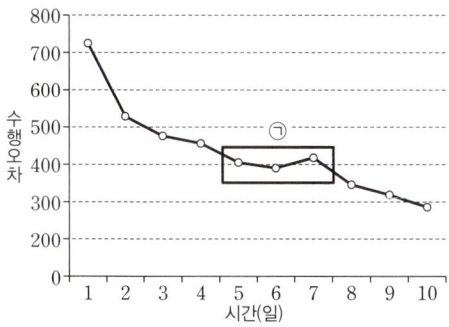

① 수행은 정체되지만, 학습은 진행된다.
② 연습 기간에 쌓인 피로나 동기 저하로 인해서 발생할 수 있다.
③ 협응 구조가 완성되어 더 이상의 질적인 변화가 없는 시기이다.
④ 하나의 동작 유형에서 다른 동작 유형으로 전환이 발생하는 시기이다.

| 정답해설 |

고원현상은 운동기술 학습 시 초기에는 성과가 향상되다가 어느 시점에서 일시적으로 수행력이 정체되는 현상을 의미하며, 이 기간에는 수행은 정체되지만, 학습은 진행된다. 고원기간은 새로운 협응 구조가 형성되는 과정으로서 양적 변화의 정체 속에서도 다양한 질적 변화가 계속하여 발생하는 시기이다.

| 심화해설 |

고원현상의 발생 원인
- 피로, 감소된 수행동기 또는 주의 부족 등과 같은 심리적·신체적 원인에 의해 발생할 수 있다.
- 학습은 지속되지만, 측정 도구의 한계로 인해 수행 향상이 나타나지 않는 것처럼 보일 수 있음
- 일부 경우에는 기술의 복잡성이나 과제 특성 등 수행 자체의 특성도 고원현상에 영향을 미칠 수 있음

05 [2023년 기출문제]

〈보기〉에서 설명하는 피드백 유형은?

보기

높이뛰기 도약 스텝 기술을 연습하게 한 후에 지도자는 학습자의 정확한 도약 기술 습득을 위해 각 발의 스텝번호(지점)를 바닥에 표시해주었다.

① 내적 피드백(intrinsic feedback)
② 부적 피드백(negative feedback)
③ 보강 피드백(augmented feedback)
④ 부적합 피드백(incongruent feedback)

| 정답해설 |

보강 피드백(augmented feedback)은 학습자가 수행하면서 스스로 감지하여 받아들일 수 있는 자연스러운 정보가 아닌, 교사나 코치, 또는 동료들에 의해 제공되거나 영상 매체를 통해 외부로부터 제공되는 정보를 의미한다.

| 심화해설 |

내적 피드백(intrinsic feedback): 운동을 수행함으로써 자동적으로 발생하는 정보로, 근육과 건, 그리고 관절 등에 위치한 관절수용기에서 발생한 운동 감각 정보 등 학습자의 내부의 감각 시스템으로부터 제공된다.

정답 04 ③ 05 ③

출제 0순위 공략! 꼭 풀어야 할 대표문제

06 [2022년 기출문제]

〈보기〉에 제시된 번스타인(N. Bernstein)의 운동 학습 단계에 대한 설명으로 바르게 묶인 것은?

> **보기**
> ㉠ 스케이트를 탈 때 고관절, 슬관절, 발목 관절을 활용하여 추진력을 갖게 한다.
> ㉡ 체중 이동을 통해 추진력을 확보하며 숙련된 동작을 실행하게 한다.
> ㉢ 스케이트를 신고 고관절, 슬관절, 발목 관절을 하나의 단위체로 걷게 한다.

	㉠	㉡	㉢
①	자유도 풀림	반작용 활용	자유도 고정
②	반작용 활용	자유도 풀림	자유도 고정
③	자유도 풀림	자유도 고정	반작용 활용
④	반작용 활용	자유도 고정	자유도 풀림

| 정답해설 |

번스타인은 운동 학습의 단계를 '자유도 고정 단계 ⇨ 자유도 풀림 단계 ⇨ 반작용의 활용 단계'로 구분하였다.
㉠ 자유도 풀림 단계 사례에 해당한다.
㉡ 반작용 활용 단계 사례에 해당한다.
㉢ 자유도 고정 단계 사례에 해당한다.

07 [2024년 기출]

개방 운동 기술(open motor skills)에 해당하지 않는 것은?

① 농구 경기에서 자유투하기
② 야구 경기에서 투수가 던진 공을 타격하기
③ 자동차 경주에서 드라이버가 경쟁하면서 운전하기
④ 미식축구 경기에서 쿼터백이 같은 팀 선수에게 패스하기

| 정답해설 |

농구 경기에서 자유투하기는 움직이지 않는 목표물을 정확하게 골을 넣는 운동 기술로서 환경이 안정되어 있기 때문에 수행자가 자신의 리듬과 의지에 따라서 시작할 수 있는 특징이 있다. 따라서 폐쇄 운동 기술에 해당한다.

08 [2024년 기출]

〈보기〉가 설명하는 기억의 유형은?

> **보기**
> • 학창시절 자전거를 타고 등하교했던 A는 오랜 기간 자전거를 타지 않았음에도 불구하고 여전히 자전거를 탈 수 있다.
> • 어린 시절 축구선수로 활동했던 B는 축구의 슛 기술을 어떻게 수행하는지 시범을 보일 수 있다.

① 감각 기억(sensory memory)
② 일화적 기억(episodic memory)
③ 의미적 기억(semantic memory)
④ 절차적 기억(procedural memory)

| 정답해설 |

절차적 기억은 수행하는 운동 과제가 어떤 순서나 절차에 의해서 진행될 때 사용할 수 있는 정보를 저장한다. 일단 학습이 되면 의식적인 주의 없이 자동적으로 수행이 이루어지는 기억을 의미한다

| 오답해설 |

① 감각 기억: 환경으로부터 들어온 자극이 처리될 때까지 여러 가지 감각 시스템을 사용하여 정보를 잠시 유지하는 정보 저장고다.
② 일화적 기억: 개인이 경험한 사건에 대해서 그 일이 언제 어떻게 발생하였는지를 구체적으로 영상과 같은 형태를 보유하는 기억을 말한다 (예 첫 경기대회 출전하는 날, 특정한 생일 파티).
③ 의미적 기억: 일반적이고 체계적인 지식을 보유하는 것을 의미한다 (예 단어의 의미, 운동 종목의 이름).

정답 06 ① 07 ① 08 ④

핵심테마 03 | 인간 운동 행동의 이해 II

09　[2022년 기출]

〈보기〉에서 설명하는 개념은?

> **보기**
> - 자극 반응 대안 수가 증가할수록 선택 반응 시간도 증가한다.
> - 투수가 직구와 슬라이더 구종에 커브 구종을 추가하여 무작위로 섞어 던졌을 때 타자의 반응 시간이 길어졌다.

① 피츠의 법칙(Fitts' law)
② 파워 법칙(power law)
③ 임펄스 가변성 이론(impulse variability theory)
④ 힉의 법칙(Hick's law)

| 정답해설 |

자극-반응의 대안 수가 증가함에 따라서 선택 반응 시간이 증가하는 현상은 힉의 법칙(Hick's law)이다. 힉-하이먼의 법칙(Hick-Hyman law)이라고도 하며 반응 시간과 자극-반응 대안 간의 관계를 나타내는 법칙이다.

| 오답해설 |

① 피츠의 법칙(Fitts' law): 동작의 속도와 정확성의 관계를 수학적 원리로 설명한다. 목표물의 크기가 작고 움직이는 거리가 증가할수록 운동 시간이 늘어난다는 것으로, 정확성이 많이 필요할수록 운동 속도가 느려지고, 속도가 증가하면 정확성이 줄어든다.
② 파워 법칙(power law): 시간과 연습량 증가에 따라 수행 능력이 좋아지는 것을 의미한다. 연습 시행 횟수가 증가할수록 선택 반응 시간이 감소하여 운동 수행력이 높게 나타난다.
③ 임펄스 가변성 이론(impulse variability theory): 임펄스란 단위 시간에 작용한 힘의 양이며, 근육 수축을 통해 생성된 힘이 사지를 움직이는 데 사용된 양이다. 임펄스가 사지의 움직임 등의 인간 운동 형태를 결정하고, 임펄스 가변성에 따라 움직임의 정확성이 변한다는 것이 임펄스 가변성 이론이다.

10　[2025년 기출문제]

〈보기〉는 맥락간섭의 양에 따른 연습 형태이다. ㉠~㉢에 해당하는 코치를 바르게 나열한 것은?

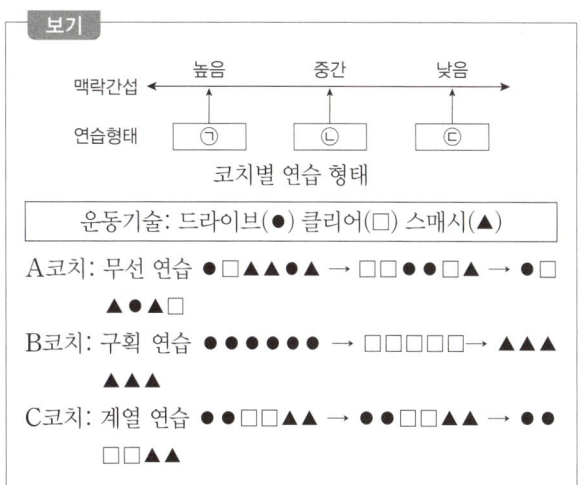

	㉠	㉡	㉢
①	A코치	B코치	C코치
②	B코치	C코치	A코치
③	C코치	A코치	B코치
④	A코치	C코치	B코치

| 정답해설 |

㉠ 맥락간섭이 높을 때는 무선 연습(공의 방향과 구질을 무선적으로 제시)이 효과적이다.
㉡ 맥락간섭이 중간일 때는 계열 연습(두 세가지 기술을 정해진 순서)이 기술 간 연결력을 향상시키는 데 효과적이다.
㉢ 맥락간섭이 낮을 때는 구획 연습(하나의 기술만 반복 연습 후 다음 동작으로 넘어가는 연습)이 효과적이다.

정답　09 ④　10 ④

핵심테마 04 | 스포츠 수행의 심리적 요인 Ⅰ

Speed 심화포인트

1 성격

1. 성격의 개념 및 구조 기출 2015

(1) 성격의 개념
① 다른 사람들과 구분되는 개인의 성질과 특성
② 행동 특성과 관련하여 비교적 일관된 행동을 보이는 개인의 독특한 심리적 특성

(2) 성격의 구조 기출 2018
① 심리적 핵
  ㉠ 성격의 가장 기초적인 단계로, 본인의 태도, 흥미, 동기, 가치 등을 포함함
  ㉡ 가장 핵심적인 부분으로, 외부 상황의 변화에 거의 영향을 받지 않음
② 전형적 반응
  ㉠ 환경에 적응하여 외부 상황에 반응함
  ㉡ 환경과의 상호 작용에 의해 학습되었다고 할 수 있음
③ 역할 행동
  ㉠ 본인의 사회적 위치를 고려하여 나타나는 행동
  ㉡ 역할과 관련된 행동을 보고 성격 특성을 평가하는 것은 오류를 범할 수 있음

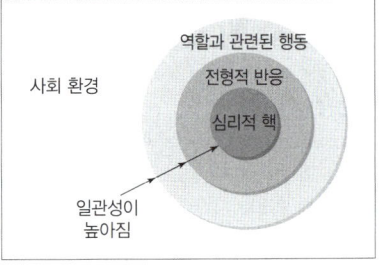

(3) 성격의 특성
① 독특성: 다른 사람과 구별이 가능한 독특한 존재로 받아들여지는 것
② 일관성: 시간 또는 상황에 따라 변화가 거의 없는 것
③ 경향성: 성격의 내용에 따라 개인들 간 반응 방식이 다르게 나타나는 것

2. 성격 이론 기출 2024

(1) 커텔(Cattell)과 노먼(Norman)의 이론에 근거한 특성 이론
① 특성 이론은 개인의 성격을 기술하는 이론임
② 개인의 성격 특성이 비교적 오랫동안 유지된다고 봄
③ 특정한 개인이 어떤 성격적 요소에 영향을 받는지에 따라 성격 유형을 분류함

(2) 프로이트(Freud)의 심리(정신) 역동 이론

인간의 성격은 '원초적인 자신', '현실적인 자아', '자기 통제'의 3가지 자아가 끊임없이 갈등하고 타협하는 상호 작용을 통해 지배된다고 보는 이론

구분	원초아(id)	자아(ego)	초자아(superego)
의미	지극히 본능적	원초적인 욕구에 대한 반응	순수한 이상적인 도덕 욕구
의식성	무의식	의식	의식 및 무의식
내용	본능적 욕구, 만족 추구	원초아와 초자아 중재	이상과 도덕 추구
기능	즉각적, 비합리적, 충동적	현실적, 합리적, 논리적	지시, 비평, 금지

(3) 셀던(Sheldon)과 크레치머(Kretschmer)의 체형 이론

① 체형이나 체격은 유전적인 요인, 성격과 깊은 관련이 있다고 보는 이론
② 인간의 체형을 비만형, 근육형, 세장형으로 구분하고, 이에 따라 내배엽형, 중배엽형, 외배엽형의 성격이 있다고 주장함

내배엽형	부드럽고 둥글며, 소화 기관이 매우 발달됨	내장 긴장형	자세가 이완되어 있고 먹기를 좋아하며 사교성이 풍부함
중배엽형	근육이 잘 발달되었고, 체격이 단단하고 각이 졌으며, 신체가 강함	신체 긴장형	에너지가 왕성하고 주장이 강하며 용기 있음
외배엽형	키가 크고 허약하며, 대뇌가 크고 신경계가 예민함	대뇌 긴장형	조심스럽고 두려워하며 내향적이고 예술적임

(4) 매슬로(Maslow)의 욕구 위계 이론 기출 2017

① 인간의 성격적 본질은 인간의 내적 욕구 체계에 의해 결정되고 5가지 욕구가 위계적으로 존재한다고 주장하는 이론
② 5가지 욕구: '생리적 욕구 → 안전의 욕구 → 애정의 욕구 → 존경의 욕구 → 자아실현의 욕구'로 구분

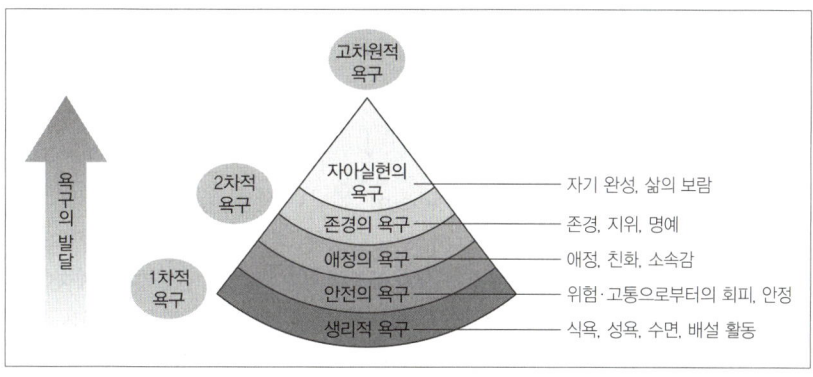

(5) 반두라(Bandura)의 사회 학습 이론

어떤 상황 속에 놓인 인간이 환경의 영향을 받아 다른 사람의 행동을 모방하고 관찰함으로써 인지 과정을 학습한다는 이론

3. 성격의 측정

(1) 면접법(평정 척도법)

사전에 다양한 질문을 준비한 뒤 적절한 질문을 선택하여 연구 참여자를 인터뷰하거나 관찰하여 평가하는 것

(2) 질문지법

사전에 구조화된 질문지를 작성한 뒤 이를 연구 참여자가 자기 기입식 설문지를 통해 각 문항에 체크하여 평가하는 것으로, 사전·사후 관리와 수량화에 용이함

다면적 인성 검사 (MMPI)	미네소타 대학의 정신과 및 심리학과 교수들이 개발한 것으로, 14가지 요인을 측정함
Big Five 검사 (성격 5요인 검사)	안정성, 외향성, 개방성, 우호성, 성실성의 5가지에 대한 질문에 응답하게 하여 성격 유형을 판단하는 검사

핵심테마 04 스포츠 수행의 심리적 요인 Ⅰ

 **Speed 심화포인트**

EPI 검사	내향성/외향성, 안정성/불안정성의 2차원으로 성격을 측정하는 검사
MBTI 검사	4가지 항목(에너지 방향, 인식 기능, 판단 기능, 생활 양식)을 2가지 유형으로 다시 구분하여 총 16가지 유형으로 성격을 분류하여 측정하는 검사
16PF 검사	16개의 성격 요인을 측정할 수 있도록 개발한 검사
Eysenck의 한국판 성격 차원 검사	신경증적 경향성, 정신병적 경향성을 비롯하여 허위성을 측정하는 검사
선수 수행 프로파일	운동선수들의 심리 기술을 밝히고 측정하는 기술로 선수들의 성격적인 특성을 살펴볼 수 있는 검사

(3) 투사법 기출 2025

그림 또는 해석이 어려운 과제를 통해 그에 대한 반응을 살펴보고 개인의 성격을 진단하는 방법

로르샤흐 검사 (Rorschach Test)	스위스의 정신과 의사가 개발한 방법으로, 잉크 얼룩을 활용한 검사 방법
주제 통각 검사 (Thematic Apperception Test, TAT)	20~30장의 그림을 보여 주고 이야기를 꾸며 내게 하여 피험자의 성격을 진단하는 방법
문장 완성 검사 (Sentence Completion Test)	미완성된 문장을 완성하도록 하여 피험자의 투사를 유도하는 심리 검사

4. 성격 5요인 모형(Big 5 model)

① 정서적 불안정성(신경성, neuroticism): 예민한 신경, 불안, 우울, 분노
② 외향성(extraversion): 열정, 사교성, 단호함, 활동적(반대는 내향성)
③ 개방성(openness to experience): 독창성, 다양성 추구, 호기심, 예술적 민감성
④ 호감성(agreeableness): 상냥함, 이타성, 겸손(반대는 자기 중심 주의, 자기 도취증, 비관주의)
⑤ 성실성(conscientiousness): 절제, 성취 지향성, 자제력

5. 모건(Morgan)의 정신 건강 모형(빙산형 프로파일)

① 우수 선수의 특징을 나타내는 프로파일임
② 우수 선수는 활력이 평균(T점수 50)보다 높고, 긴장, 우울, 불안, 피로, 혼동과 같은 부정적 요인이 평균보다 낮음

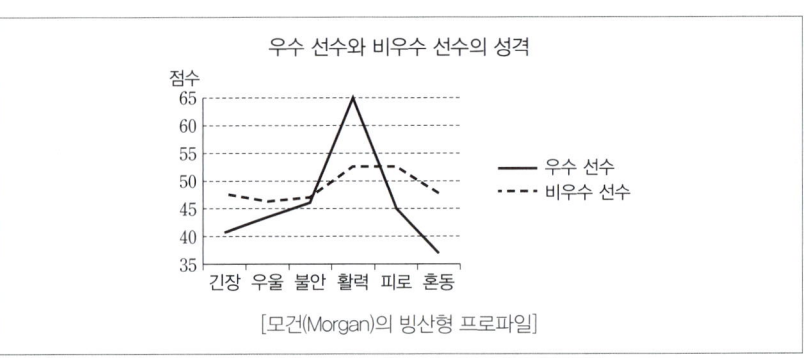

[모건(Morgan)의 빙산형 프로파일]

출제 0순위 공략! 꼭 풀어야 할 대표문제

01
[2017년 기출문제]

매슬로(Maslow)가 제안한 욕구 위계 이론에서 다른 욕구가 충족되었을 때 마지막에 나타나는 최상위 욕구는?

① 안전 욕구
② 생리적 욕구
③ 자아실현 욕구
④ 소속 욕구

| 정답해설 |
매슬로(Maslow)의 욕구 위계 이론은 인간의 성격적 본질이 인간의 내적 욕구 체계에 의해 결정되고 5가지의 욕구가 위계적으로 존재한다고 주장하는 이론이다. 5가지 욕구는 '생리적 욕구(최하위 욕구) → 안전의 욕구 → 애정의 욕구 → 존경의 욕구 → 자아실현의 욕구(최상위 욕구)' 순으로 존재한다.

02

〈보기〉에서 설명하는 성격 이론은?

> 보기
> 인간의 성격은 '원초적인 자신', '현실적인 자아', '자기 통제'의 3가지 자아가 끊임없이 갈등하고 타협하는 상호 작용을 통해 지배된다고 보는 이론이다.

① 프로이트의 심리 역동 이론
② 커텔의 특성 이론
③ 매슬로의 욕구 위계 이론
④ 반두라의 사회 학습 이론

| 정답해설 |
프로이트의 심리 역동 이론에 따르면 인간의 성격은 '원초적인 자신', '현실적인 자아', '자기 통제'의 3가지 자아가 끊임없이 갈등하고 타협하는 상호 작용을 통해 지배된다.

| 오답해설 |
② 커텔의 특성 이론: 개인의 성격을 기술하는 이론으로, 개인의 성격 특성이 비교적 오랫동안 유지된다고 보며, 특정한 개인이 어떤 성격적 요소에 영향을 받는지에 따라 성격 유형을 분류한다.
③ 매슬로의 욕구 위계 이론: 인간의 성격적 본질은 인간의 내적 욕구 체계에 의해 결정되고 5가지 욕구가 위계적으로 존재한다고 주장하는 이론이다.
④ 반두라의 사회 학습 이론: 어떤 상황 속에 놓인 인간이 환경의 영향을 받아 다른 사람의 행동을 모방하고 관찰함으로써 인지 과정을 학습한다는 이론

03
[2018년 기출문제]

〈보기〉에서 설명하는 홀랜더(E. P. Hollander)의 성격 구조는?

> 보기
> - 깊숙이 내재되어 있는 실제 이미지를 의미한다.
> - 자아, 태도, 가치, 흥미, 동기 등을 포함한다.
> - 일관성이 가장 높다.

① 심리적 핵
② 전형적 역할
③ 역할 행동
④ 전형적 반응

| 정답해설 |
심리적 핵은 성격의 가장 기초적인 단계로, 태도, 자아, 동기, 흥미 등을 포함한다.

| 심화해설 |
- 역할 행동: 본인의 사회적인 위치를 고려하여 나타나는 행동을 의미한다.
- 전형적 반응: 환경에 적응하여 외부 상황에 반응하는 것을 의미한다.

04

커텔(Cattell)과 노먼(Norman)이 제시한 성격 이론과 관련이 없는 것은?

① 특성 이론은 개인의 성격을 기술하는 이론이다.
② 개인의 성격 특성이 비교적 오랫동안 유지된다고 본다.
③ 특정한 개인이 어떤 성격적 요소에 영향을 받는지에 따라 성격 유형을 분류한다.
④ 체형이나 체격은 유전적인 요인, 성격과 깊은 관련이 있다고 본다.

| 정답해설 |
체형이나 체격이 유전적인 요인, 성격과 깊은 관련이 있다고 보는 이론은 셸던(Sheldon)과 크레치머(Kretschmer)의 체형 이론이다.

정답 01 ③ 02 ① 03 ① 04 ④

출제 0순위 공략! 꼭 풀어야 할 대표문제

05 [2025년 기출]

질문지 측정법 도구가 아닌 것은?

① POMS(Profile of Mood States)
② MBTI(Myers Briggs Type Indicator)
③ 16PF(16 Personality Factor Questionnaire)
④ 주제 통각 검사(Thematic Apperception Test)

| 정답해설 |

질문지 측정도구란 미리 만들어진 선택지에 답하는 방식이다(OX, 1~5점 척도에 답하는 방식). 주제 통각 검사(Thematic Apperception Test, TAT)는 투사법 검사로써 모호한 그림을 보여주고 전문가의 해석이 필요한 검사이므로 질문지 측정법 도구가 아니다.

| 오답해설 |

① POMS(Profile of Mood States): 기분 상태(정서 상태)를 측정하는데 사용되는 심리검사 도구이다.
② Big Five Model(성격 5요인 검사): 사람의 성격을 5가지로 나눠서 측정하는 심리검사 도구이다(개방성, 성실성, 외향성, 우호성, 신경성).
③ MBTI(Myers Briggs Type Indicator): 사람의 성격 유형을 16가지로 나누는 성격 검사 도구이다.

06 [2024년 기출]

〈보기〉가 설명하는 성격 이론은?

> **보기**
>
> 자기가 좋아하는 국가대표선수가 무더위에서 진행된 올림픽 마라톤 경기에서 불굴의 정신력으로 완주하는 모습을 보고, 자기도 포기하지 않는 정신력으로 10km 마라톤을 완주하였다.

① 특성 이론
② 사회 학습 이론
③ 욕구 위계 이론
④ 정신 역동 이론

| 정답해설 |

어떤 상황 속에 놓인 인간이 환경의 영향을 받아 다른 사람의 행동을 모방하고 관찰함으로써 인지 과정을 학습한다는 사회 학습 이론이다.

| 오답해설 |

① 특성 이론: 상황, 환경의 영향보다는 개인이 갖고 있는 본성을 더 중요하게 고려하는 이론
③ 욕구 위계 이론: 인간의 내적 욕구 체계에 의해 결정되며, 5가지 욕구가 위계적으로 존재한다는 이론
④ 정신 역동 이론: 인간의 성격은 원초적인 자신, 현실적인 자아, 자기 통제의 3가지 자아가 끊임없이 갈등하고 타협하는 상호 작용을 통해 지배된다고 보는 이론

정답 05 ④   06 ②

핵심테마 05 | 스포츠 수행의 심리적 요인 Ⅱ

1 정서와 시합 불안

1. 스포츠 전념, 스포츠 재미 및 몰입

(1) **스포츠 전념**

스포츠에 지속적으로 참가하려는 개인의 욕구와 결심을 반영하는 동기이자 힘

① 스포츠 전념의 6요인
  ㉠ 스포츠 재미: 기분 좋음, 즐거움, 활동 자체를 즐기는 것 등 긍정적 느낌
  ㉡ 가치 있는 기회: 스포츠를 지속적으로 참여해야만 얻을 수 있는 중요한 기회
  ㉢ 다른 중요한 활동: 다른 일의 중요도를 의미(스포츠 참가를 어렵게 만드는 요인)
  ㉣ 개인적 투자: 스포츠에 투자한 개인적 자원
  ㉤ 사회적 제약: 스포츠에 지속적으로 참여해야 한다는 기대를 부모, 지도자, 스폰서, 팬을 통해 느끼는 의무감
  ㉥ 사회적 지지: 지도자, 부모, 동료로부터 받는 지지와 격려

② 6요인 중에서 '다른 중요한 활동'은 스포츠 전념과 부정적 관계를 보이며, 다른 5요인은 긍정적 관계를 보임

③ 스포츠 재미, 가치 있는 기회, 개인적 투자, 사회적 제약, 사회적 지지에 대해서 높게 생각할수록 전념 수준이 높음

(2) **스포츠 재미** [기출 2022]

어떠한 것에 흥미를 느끼고 만족하는 감정으로 긍정적인 심리 상태

① 스포츠 재미는 스포츠를 지속하게 하는 중요한 요인

② 스포츠 재미 요인은 내적 요인과 외적 요인 모두의 영향이 있다는 특징을 가짐
  ㉠ 내적 요인: 성취, 기술 향상, 동작에서의 감각적 즐거움
  ㉡ 외적 요인: 진학, 사회적 소속감

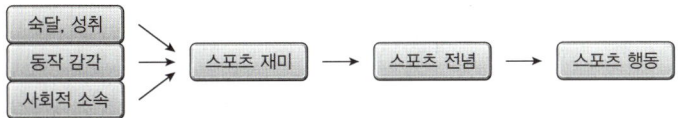

(3) **스포츠 몰입** [기출 2023]

칙센트미하이(M. Csikszentmihalyi)에 따르면 최적의 몰입(flow)은 기술(실력)이 도전(과제)과 균형을 이루는 상황에서 수행에 완전히 집중하는 것을 의미함

① 도전과 기술에 대한 인식수준이 평균 이상일 때 '몰입'이 발생하고 둘 모두가 평균 이하면 '무관심'을 느낌

② 도전이 높고 기술이 낮으면 불안을, 도전이 낮고 기술이 높으면 이완을 느낌

③ 몰입의 9개 차원
  ㉠ 도전과 기술 균형   ㉥ 통제감
  ㉡ 행동과 인식 일치   ㉦ 자의식 상실
  ㉢ 명확한 목표   ㉧ 변형된 시간 감각
  ㉣ 구체적 목표   ㉨ 자기 목적적 경험
  ㉤ 과제 집중

핵심테마 05 스포츠 수행의 심리적 요인 II

2. 스트레스와 탈진

(1) 스트레스
① 적응이 힘든 환경에 있을 때 나타나는 신체적·심리적 상태
② 스트레스 반응: 근육 긴장 증가, 주변의 시각적 둔화, 주의 산만 증가
③ 스트레스 과정: 환경적 요구 → 환경 요구의 지각 → 스트레스 반응 → 행동 결과 → 다시 1단계(피드백)

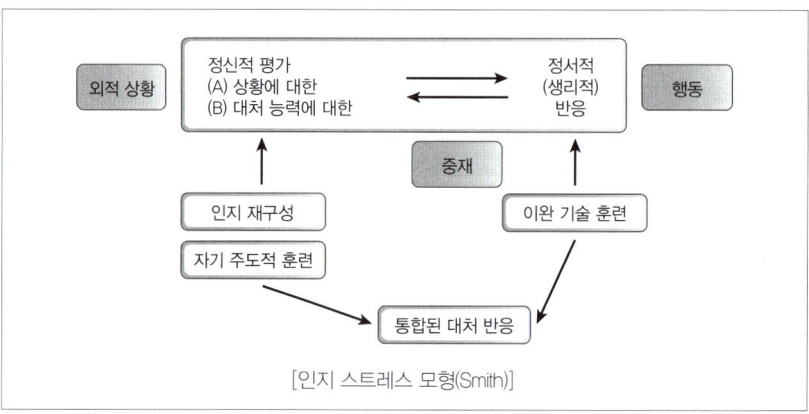

[인지 스트레스 모형(Smith)]

(2) 탈진(번아웃) 기출 2022
스트레스로 인해 정서적으로 기운이 소진된 상태를 말함
① 탈진의 하위 영역
   ㉠ 성취감 저하: 수행이 눈에 띄게 상당히 뒤처짐
   ㉡ 스포츠 평가 절하: 시합과 훈련에서 의미를 찾지 못함
   ㉢ 신체적 정서적 고갈: 신체적·정신적 에너지가 소진된 상태임
② 레이데크와 스미스(T. Raedeke & A. Smith)의 운동선수 탈진 질문지(ABQ) 세 가지 측정 요인
   ㉠ 성취감 저하(reduced sense of accomplishment)
   ㉡ 스포츠 평가 절하(sport devaluation)
   ㉢ 신체적/정서적 고갈(physical/emotional exhaustion)
③ 탈진의 과정: 인간 소외 → 개인적 성취감 감소 → 고립 → 신체적·정서적 스포츠 탈진
④ 탈진의 원인
   ㉠ 코칭 행동과 동기 분위기
   ㉡ 과훈련
   ㉢ 지나친 목표 성향과 동기
   ㉣ 완벽주의
⑤ 탈진 대처 방안
   ㉠ 건강과 에너지
   ㉡ 긍정적 신념
   ㉢ 문제 해결 기술
   ㉣ 물질적 자원
   ㉤ 사회적 기술
   ㉥ 사회적 지지

3. 각성 기출 2020

(1) 각성의 개념
깊은 수면에서부터 높은 흥분에 이르는 연속선상에서 변화하는 유기체의 일반적인 생리적, 심리적 활성화 정의
① 각성은 호흡, 심박수, 피부 온도, 땀 수준을 평가
② 지각 협소화: 운동 수행 시 각성 수준이 높아져 주의를 기울일 수 있는 폭이 점차 좁아지는 현상
③ 단서유용가설: 최적의 수행을 위해 부적절한 단서를 배제하고 유용한 단서를 수용하는 적절한 주의와 각성 수준을 가정

(2) 각성의 효과 기출 2020
① 스트룹 효과: 일치하지 않는 자극을 보고 그 자극을 실행할 때, 일치하는 자극을 보고 실행할 때보다 반응 시간이 더 늦어지는 현상
② 지각 협소화: 운동 수행 시 각성 수준이 높아져 주의를 기울일 수 있는 폭이 점차 좁아지는 현상
③ 칵테일파티 효과: 여러 정보를 모두 받아들이지 않고 필요한 특정 정보에 선택적 지각으로 주의를 기울이거나 의식하게 되는 현상
④ 맥락 간섭 효과: 운동 기술을 연습할 때 다양한 요소들 간 간섭 현상이 일어나는 것

4. 불안

(1) 불안 기출 2020/2017
① 불안의 개념: 신체의 활성화와 각성이 어느 정도 존재하는 상태에서 체험하는 초조함, 걱정, 우려 등의 부정적인 정서 상태를 의미함
② 불안의 구분: 불안은 상태 불안과 특성 불안으로 나뉘며, 상태 불안은 다시 인지 불안과 신체 불안으로 나뉨

구분	의미	예시
상태 불안	상황에 따라 변하는 정서 상태로 자율 신경계의 활성화나 각성과 관련되어 주관적·의식적으로 느끼는 우려나 긴장감	경기장에 도착하는 순간, 불안이 급격하게 상승하는 것
특성 불안	객관적으로는 비위협적인 상황을 위협적으로 지각하여, 객관적 위협의 강도와 관계없이 상태 불안 반응을 나타내는 개인의 동기나 후천적으로 습득된 행동	상황에 따라 쉽게 변하지 않는 성격적인 불안 특성
인지적 상태 불안	상황에 따라 변하는 걱정이나 부정적 생각	시합이 다가오면 시합 결과를 걱정하는 것
신체적 상태 불안	상황에 따라 변하는 지각된 생리적 반응	페널티 킥 직전에 호흡이 가빠지고 몸이 굳는 것

③ 불안의 측정 기출 2021
  ㉠ 심리적 척도
   • 선수들의 운동 수행과 관련한 불안을 측정하기 위해 자기 기입식 형태의 다양한 불안 측정 방법이 존재함
   • 심리적 방법을 활용한 불안 측정 도구에는 상태-특성 불안 척도(STAI), 스포츠 경쟁 불안 척도(SCAT, CSAL-2), 표출 불안 척도(MAS)가 있음

경쟁 불안이 생기는 원인 기출 2018

- 실패에 대한 공포
- 자신감 결여
- 부적감(부적합한 느낌)
- 통제력 상실
- 죄의식

핵심테마 05 스포츠 수행의 심리적 요인 II

Speed 심화포인트

스필버거(Spielberger)의 상태-특성 불안 척도	상태 불안과 특성 불안을 함께 측정할 수 있다는 점에서 간편한 자기 보고식 형태의 단일 척도로, 성인의 불안 현상을 조사하기 위한 도구로 제작됨
마튼즈(Martens)의 스포츠 경쟁 불안 척도	• SCAT: 스포츠 경쟁 불안을 측정할 수 있는 도구로, 아동용과 성인용으로 구분되며, 이 측정은 시합 중이 아닌 평상시에 실시되어야 함 • CSAL-2: SCAT와 달리 시합 직전의 상태 불안을 측정하는 도구로, 신체 불안, 인지 불안, 자신감을 분리하여 측정함
테일러(Taylor)의 표출 불안 척도	일상생활에서 높은 불안 수준을 보이는 사람은 더 반응을 보이며, 이는 선천적인 요구 수준을 나타낸다고 가정하여 불안을 측정하는 방법

ⓒ 생리적 척도
- 스트레스를 받을 경우 호흡, 순환 기능, 소화기 계통, 혈류 등으로부터 신체 내로 흘러 근수축이 강해져 위험한 상황에 빠질 수 있음
- 불안의 생리적 측정 방법으로는 뇌파(EEG) 검사, 피부 전기 저항(GSR), 심전도(EKG), 근전도(EMG), 심박수, 혈압 등이 있음

뇌파(EEG) 검사	• 두피에 전극을 붙여서 뇌의 전기적 활동을 기록하여 측정하는 방법 • 신경 질환 혹은 의식적 장애 등을 파악하는 데 유용하게 활용됨
피부 전기 저항(GSR)	• 피부에 전극을 대고 전기 저항 혹은 활동 전위의 변화를 파악하여 이를 증폭해서 기록하는 방법으로 측정함 • 감정, 정서 등과 관련된 문제를 연구할 때 주로 사용되며, '거짓말 탐지기'라고 불리는 도구는 GSR을 응용했다고 볼 수 있음
심전도(EKG)	• 심장의 박동에 따라 심근에 발생하는 활동 전류를 3종류의 유도를 활용하여 기록하는 방법 • 심장의 기능 검사에도 널리 유용하게 활용되고 있음
근전도(EMG)	• 인체의 피부 표면에 전극을 붙이는 표면 도출법과 침상 전극을 근육에 꽂아 근육 내 지점에 발생한 활동 전위를 검출하는 바늘 전극법으로 구분함 • 운동 기능 이상의 원인을 측정할 수도 있음
심박수	심장의 박동수를 의미하며, 요골 동맥의 맥박수와 일치함
혈압	• 혈관의 이름을 따라 동맥 혈압, 모세관 혈압, 정맥 혈압 등으로 구분함 • 보통 혈압은 심장 박동에 의해 변동됨

ⓒ 행동적 척도: 행동적으로 나타나는 불안의 증상 혹은 어떤 과제의 수행 상태를 측정하고, 그에 따른 수행의 차이에 의해 불안 상태를 파악하는 방법

(2) 불안과 수행의 관계 이론 기출 2025/2022/2021/2019/2018/2017/2016/2015

① 추동(욕구) 이론(drive theory): 각성과 수행의 관계를 직선으로 보며, 각성 수준이 높아지면 수행도 이에 비례하여 증가하게 된다고 주장하는 이론

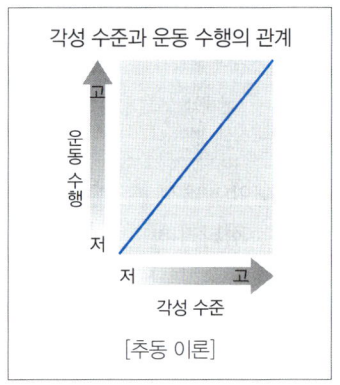

[추동 이론]

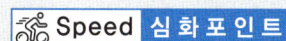

② **역U자 가설(inverted-U hypothesis) 또는 적정 수준 이론(optimal level theory)**: 각성 수준이 너무 낮거나 높으면 운동 수행이 낮으며, 적정한 각성 수준에서 최고의 수행을 보인다고 주장하는 이론

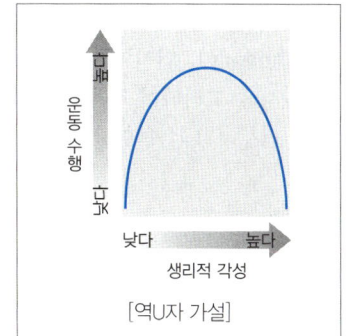

[역U자 가설]

③ **최적 수행 지역 이론(zone of optimal functioning theory)**: 역U자 가설을 바탕으로 한 이론으로, 선수별·운동 종목별 등에 따라 적정 각성 수준이 다를 뿐만 아니라 각성 수준이 특정 범위(지역) 안에 있을 때 높은 운동 수행 수준을 보일 수 있다고 주장하는 이론

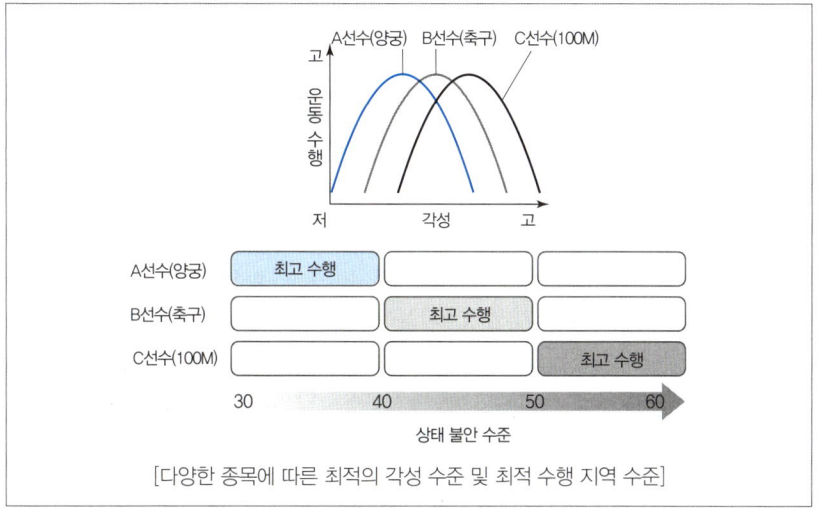

[다양한 종목에 따른 최적의 각성 수준 및 최적 수행 지역 수준]

④ **다차원 불안 이론(multidimensional anxiety theory)**: 불안을 인지적 불안과 신체적 불안으로 구분하였으며 인지적 불안과 신체적 불안이 모두 경기력에 영향을 미치지만 그 방식은 서로 다르게 나타난다고 주장하는 이론

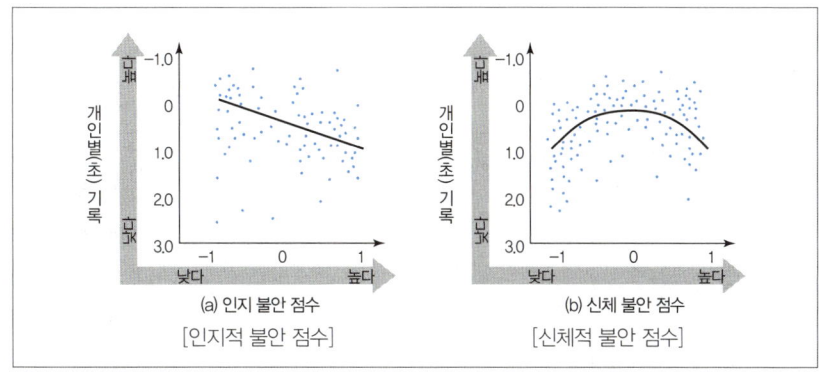

[인지적 불안 점수]   [신체적 불안 점수]

핵심테마 05 스포츠 수행의 심리적 요인 II

> **Speed 심화포인트**

⑤ **카타스트로피(격변) 이론(catastrophe theory)**: 인지 불안과 신체적 각성을 동시에 고려하여 수행을 예측하는 3차원의 비선형적 관계 모형

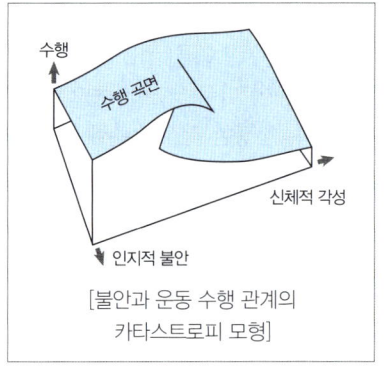

[불안과 운동 수행 관계의 카타스트로피 모형]

⑥ **반전(전환) 이론(reversal theory)**: 높은 각성 수준을 유쾌한 흥분으로 지각할 수도 있고 불안으로 해석할 수도 있다고 주장하는 이론

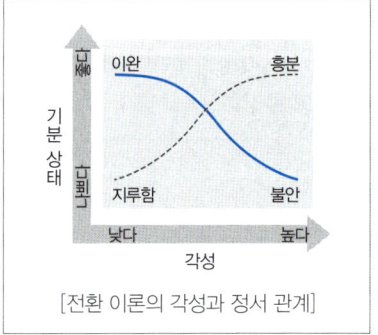

[전환 이론의 각성과 정서 관계]

⑦ **마튼즈(Martens)의 심리 에너지 이론**: 각성을 어떻게 해석하느냐에 따라 긍정적 혹은 부정적 심리 에너지가 발생한다는 이론으로, 에너지가 운동 수행에도 영향을 미친다고 주장하는 이론

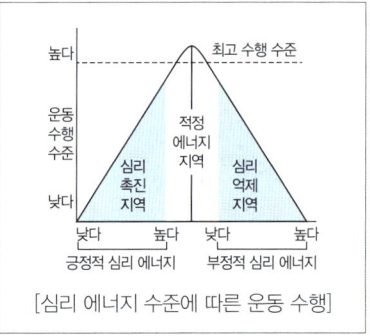

[심리 에너지 수준에 따른 운동 수행]

(3) 불안과 스트레스 관리 기법 기출 2025/2024/2022/2020/2019

① 신체 이완 기법

호흡 조절	천천히 깊게 호흡을 하는 것을 강조한다. 약 4초 동안 숨을 들이마시고, 다시 4초 동안 숨을 참는다. 마지막으로 4초 동안 숨을 내쉰다.
점진 근육 이완	• 하나의 근육근을 긴장시킨 다음에 그 근육을 이완시키는 순서로 진행한다. • 시합 전 팔이나 다리를 흔드는 모습, 농구 선수가 자유투 직전에 어깨에 힘을 주었다가 풀어주는 것은 점진 근육의 한 형태라고 할 수 있다.
바이오 피드백	특수한 장비를 이용해서 심신의 반응을 측정하고 측정된 정보를 소리, 그래프 등의 형태로 피드백함으로써 자신의 이완이나 긴장 상태를 의지대로 조절하도록 하는 훈련 기법이다.

② 인지 불안 감소 기법

자기 암시 (self-talk)	• 자신과 나누는 내면의 대화이다. 자신의 생각이나 느낌, 행동을 강화하는 목적으로 사용하며, 자기 암시가 인지조절의 핵심이다. • 부정적 자기 암시를 긍정적 자기 암시로 바꾸는 기법이다(사고 정지, 부정적 사고를 긍정적으로 바꾸기, 반격하기, 관점 바꾸기).

인지 재구성	비합리적이거나 부적응적인 생각 패턴을 찾아내서 중지시킬 수 있다. 간단하지만 효과가 뛰어난 방법이다.
명상	마음을 이완시켜 몸의 이완을 유도(mind-to-body)하며 단순히 호흡에 집중한다.
자생 훈련	자기최면으로 따뜻함이나 무거움의 감각을 유도하는 6개의 단계를 통해 진행되기 때문에 수련에 수개월이 필요하다.
체계적 둔감화	불안이나 스트레스를 유발하는 자극에 노출될 때 불안 반응 대신 이완반응을 보임으로써 불안이나 스트레스에 대해 점차적으로 둔감하게 만드는 훈련 방법이다(부상 후 복귀 두려움, 골프 야구 등에서 트라우마 입스(yips)를 극복하는 데 효과가 뛰어난 기법).

2 동기

1. 동기의 개념 및 관점

(1) 동기의 개념
① 개인이 어떤 욕구를 만족시키기 위해 어떻게 행동하겠다고 마음을 먹는 것
② 노력의 방향과 강도를 결정해 주는 것
③ 자신의 욕구를 강화시키거나 행동의 방향을 설정하게 하는 것

(2) 동기를 보는 관점
① 특성 지향적 관점: 인간의 행동은 성격, 목표 성향, 태도 등의 개인적인 특성에 의해 결정된다고 보는 관점
② 상황 지향적 관점: 환경의 영향을 받아 동기가 결정된다고 보는 관점
③ 상호 작용적 관점: 개인적 특성과 환경적 요인의 상호 작용에 의해 동기가 결정된다고 보는 관점

2. 동기 유발의 기능(효과) 및 종류

(1) 동기 유발의 기능(효과)
① 활성화 기능: 어떤 행동을 유발시키는 기능으로, 한 개인을 스포츠에 참가할 수 있도록 함
② 지향 기능: 행동의 방향을 설정하고 목표를 달성하기 위해 해야 할 행동을 결정하게 하는 기능
③ 선택 기능: 목표를 달성하기 위해 특정 행동을 선택하게 하는 기능
④ 강화 기능: 행동의 결과가 좋으면 정적 강화, 행동의 결과가 나쁘면 부적 강화를 제공함

(2) 동기 유발의 종류 기출 2024/2017/2015
① 무동기: 스포츠에 참여하는 것에 대한 개인적 통제감이 없는 경우 무기력과 비슷한 상태로, 왜 스포츠에 참여해야 하는지에 대한 이해가 없는 것
② 외적 동기: 외적인 보상을 위해 스포츠 활동에 참여하는 것(상금, 보상)
③ 내적 동기: 본인의 내적인 즐거움을 위해 스포츠에 참여하는 것(즐거움, 기쁨, 보람)

내적 동기를 높이는 방법
기출 2025
- 성공 경험
- 언어·비언어적 칭찬
- 목표 설정과 의사 결정에 참여
- 연습 내용의 구성과 순서 다양화
- 실현 가능한 목표 제시
- 과정·과제 지향적인 성격이나 동기 강조

핵심테마 05 스포츠 수행의 심리적 요인 II

Speed 심화포인트

(3) 동기 유발의 방법
① 명확한 목표를 설정해야 함
② 연습 목적을 제시해야 함
③ 결과에 대한 지식을 제공해야 함
④ 물질적 보상을 제공해야 함
⑤ 성공 및 실패 경험을 부여해야 함
⑥ 동료와 경쟁 및 협동을 경험할 수 있도록 함
⑦ 칭찬, 벌 등을 제공해야 함
⑧ 내적 흥미를 부여해야 함
⑨ 도전 의식을 제공해야 함

3. 동기 이론

(1) 성취 목표 성향 이론 기출 2021/2019
성공과 실패는 그 사람의 능력을 어떻게 정의하는가에 따라 달라짐

① 과제 목표 성향과 자기 목표 성향

과제 목표 성향	• 비교의 준거가 자신인 절대적 평가 • 실현 가능하거나 약간 어려운 과제 제시 • 내적 동기와 몰입 체험 증가 • 노력, 협동을 통해 성공 경험
자기 목표 성향	• 비교의 준거가 타인인 상대적 평가 • 달성이 불가능하거나 매우 쉬운 과제 제시 • 내적 동기와 몰입 체험 감소 • 상대 압도(승리)를 통해 성공 경험

② 성공 접근과 실패 회피 동기
  ㉠ 접근 동기(approach motivation): 자신의 유능감을 보여주기 위해 노력하는 것
  ㉡ 회피 동기(avoidance motivation): 무능감을 보여 주지 않고 무능감을 회피하기 위해 노력하는 것

③ 목표 성향과 목표 관여

목표 성향 (goal orientation)	성공과 실패를 정의하는 방식에 따라 목표 성향을 과제 성향 또는 자기 성향으로 구분하는 것은 성향 수준(disposition level)에서 분류하는 것
목표 관여 (goal involvement)	• 개인이 처한 어떤 상황에서 작동 또는 발휘되는 목표 • 상황 수준(situational level)에서 목표를 의미 • 목표 관여는 지도자가 조성하는 분위기에 크게 영향을 받음

성취 목표 2원 분류와 예시
- 숙달 접근: 단거리 선수가 자신의 이전 기록을 깨기 위해 열심히 하는 것
- 수행 접근: 메달이나 상금의 획득이 가능한 대회만 골라서 출전하는 것
- 숙달 회피: 실전에서 실수가 많이 나올 것 같아 평소보다 낮은 조에 등록을 하는 것
- 수행 회피: 패배의 모습을 보여주기 싫어 컨디션 핑계로 대회에 출전하지 않는 것

(2) 동기 분위기
지도자가 만드는 보상 구조를 선수나 학생이 인식하는 것을 동기 분위기(motivational climate)라고 함

과제 관여적(task-involving) 분위기 (숙달 분위기, mastery climate)	• 선수나 학생이 자기 기준에서 성공과 유능감을 판단하도록 분위기 조성 • 지도자는 학생이 개인적·도전적인 목표를 세우도록 도와주고 노력과 향상을 중시하며 그에 따른 격려와 칭찬을 함

자아 관여적(ego-involving) 분위기 (수행 분위기, performance climate)	• 타인과 비교해서 좋은 평가를 받거나 남보다 잘하는 것이 중요하다고 믿음 • 지도자는 경쟁을 통해 이기는 학생이나 선수를 인정하고 보상함

(3) 인지 평가 이론(cognitive evaluation theory) 기출 2021/2018

어떤 직무에 관련하여 내재적인 동기가 유발되어 있는 경우 외재적인 보상을 주면 내재적 동기가 감소된다는 이론으로, 내재적인 동기를 촉진하거나 저해하는 환경에 초점이 맞춰져 있음

(4) 자기 결정성 이론(self-determination theory) 기출 2023/2021/2019

① 자기 결정의 연속선상에서 외적 동기와 내적 동기를 설명하는 인지적 동기 이론으로, 개인의 행동이 스스로에게 동기 부여가 되고 스스로 결정된다는 것에 초점을 둠
② 자기 결정성 이론의 기본적 심리욕구
  ㉠ 자율성: 운동을 하고 안 하고는 주로 내가 결정함
  ㉡ 유능성: 다른 사람들이 나에게 운동을 잘한다고 함
  ㉢ 관계성: 주변에 있는 사람들과 평소에 관계를 잘 유지

Jump Up 이해

자기 결정성 동기의 6가지 유형(Ryan & Deci, 2000)

	무동기	스포츠 참가에 대해 의미를 못 느끼는 상태를 말하며, 무기력과 비슷한 상태로, 왜 스포츠에 참여해야 하는지에 대한 이해가 없다.
외재적 동기	외적 조절	• 외적 조절은 외재적 동기 중 가장 자율성이 낮은 형태로, 내재적 동기를 저해한다. • 외적 보상을 받기 위해 또는 압력, 벌을 피하기 위해 행동하므로 자기 결정성이 없는 타율적인 동기 유형이다.
	의무감 규제 (부과된 조절)	자신 혹은 타인의 인정을 추구하며 죄책감이나 불안 등의 자기 비난을 모면하기 위해 동기화된 행동이다.
	확인 규제 (확인된 조절)	내적 흥미보다 개인적 중요성과 자신이 설정한 목표를 달성하기 위해 동기화된 행동이다.
	통합 규제 (통합된 조절)	외적 동기의 가장 자율적인 동기 유형으로 볼 수 있으며, 동일시된 조절이 자신의 일부로 받아들여진 가치, 목표, 욕구가 통합될 때 나타나지만, 과제 자체에 대한 관심과 기쁨보다 중요한 결과를 달성하기 위해 행동한다.
내재적 동기	내적 동기	자신의 완전한 의지와 결정에 따라 행동하는 동기 유형으로, 자기 내면의 즐거움, 호기심, 만족 등에 의해 동기화되어 행동한다.

(5) 유기적 통합 이론

동기를 단순히 내재적, 외재적으로 나누어 영향을 개별 평가하는 것이 아니라 각 동기가 복합적으로 상호 작용하고 있음을 나타내는 것으로, 행동의 원인을 내·외재의 이분법적 동기가 아닌 다양한 관점에서 접근하고자 함

4. 귀인과 귀인 재훈련

(1) 귀인(attribution)

사건과 행동의 결과가 나온 다음에 결과의 원인을 어떻게 해석하는가를 말하며, 성공과 패배의 원인이 무엇인지 지각하는 것을 의미함

핵심테마 05 스포츠 수행의 심리적 요인 II

(2) 3차원 분류법의 주요 귀인 개념
　① 개인능력(ability): 내적이며, 안정적이고, 통제 불가능
　② 노력(effort): 내적이며(타인의 노력은 외적임), 불안정적, 통제 가능
　③ 운(luck): 외적이며, 불안정적, 통제 불가능
　④ 과제 난이도(task difficulty): 외적, 안정적이며, 통제 불가능

(3) 귀인 전략
　① 기능적 귀인 전략: 신체 기능 숙달
　② 비기능적 귀인 전략: 쉬운 과제 선택 및 자기 능력에 맞는 상대 선택
　③ 부적응 귀인 패턴: 자기 비하, 비관적 귀인 패턴
　④ 논리적 귀인: 자기방어, 자기 분석 철저

(4) 귀인 재훈련(attribution retraining) 기출 2023
　① 바람직하지 못한 귀인을 변화시켜 보다 긍정적이고 미래 지향적인 사고로 이끌어 바람직한 귀인 패턴으로 발전시키는 것
　② 훈련을 통해서 실패의 원인을 노력 부족이나 전략의 미흡으로 받아들이게 하는 것
　③ 귀인 재훈련의 효과는 최소 훈련 3주 후까지 지속되는 것으로 나타남

Jump Up 이해

와이너(Weiner)의 3차원 귀인 모델 기출 2022/2020/2019/2017

구분	귀인 요소			
	능력	노력	운	과제 난이도
내적 · 외적	내적	내적	외적	외적
안정적 · 불안정적	안정적	불안정적	불안정적	안정적
통제 가능 · 통제 불가능	통제 불가능	통제 가능	통제 불가능	통제 불가능

귀인 재훈련 모형

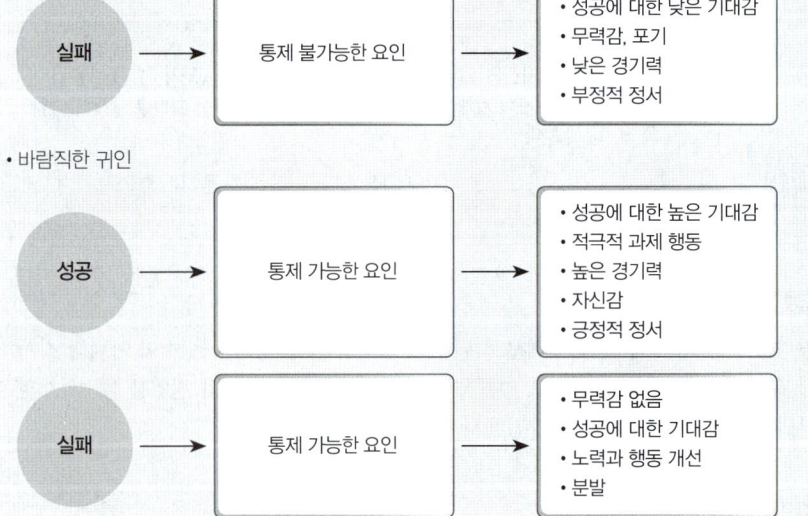

출제 0순위 공략! 꼭 풀어야 할 대표문제

01 [2023년 기출문제]

〈보기〉는 칙센트미하이(M. Csikszentmihalyi)가 주장한 몰입의 개념이다. ㉠~㉣에 들어갈 개념이 바르게 연결된 것은?

보기

- (㉠)과 (㉡)이 균형을 이루는 상황에서 운동 수행에 완벽히 집중하는 것을 몰입(flow)이라 한다.
- (㉡)이 높고, (㉠)이 낮으면 (㉢)을 느낀다.
- (㉡)이 낮고, (㉠)이 높으면 (㉣)을 느낀다.

	㉠	㉡	㉢	㉣
①	기술	도전	불안	이완
②	도전	기술	각성	무관심
③	기술	도전	각성	불안
④	도전	기술	이완	지루함

| 정답해설 |

최적의 몰입(flow)은 기술(실력)(㉠)이 도전(과제)(㉡)과 균형을 이루는 상황에서 수행에 완전히 집중하는 것을 의미한다. 따라서 도전이 높고, 기술이 낮으면 불안(㉢)을 느끼며, 도전이 낮고, 기술이 높으면 이완(㉣)을 느낀다.

02 [2021년 기출문제]

인지 평가 이론(cognitive evaluation theory)에서 내적 동기를 높일 수 있는 방법으로 옳지 <u>않은</u> 것은?

① 타인과의 관계성을 높여 준다.
② 자신의 능력에 대해 유능감을 높여 준다.
③ 행동을 결정하는 데 있어 자율성을 갖게 한다.
④ 행동 결과에 대한 보상의 연관성을 강조한다.

| 정답해설 |

데시(Deci)가 주장한 인지 평가 이론은 원래 내재적으로 동기화된 행동에 외적 보상이 주어졌을 때 내재적 동기가 감소되고 타인에 의해 통제된다는 느낌을 발생시켜 오히려 행동에 대한 흥미를 감소시키게 된다는 이론이다. 내적 동기를 높이기 위해서는 외적 보상이 통제적으로 작용하지 않도록 행동과 보상의 연관성이 생기지 않게 해야 한다.

03 [2021년 기출문제]

〈보기〉의 사례와 관련 있는 데시(E.L. Deci)와 라이언(R. M. Ryan)의 자결성 이론(self-determination theory)의 구성 요인이 바르게 연결된 것은?

보기

㉠ 현우는 뛰는 것을 그다지 좋아하지는 않지만, 체중 조절과 건강 증진을 위해서 매일 1시간씩 조깅을 한다.
㉡ 승아는 필라테스를 그다지 좋아하지는 않지만, 개인 강습비를 지원해 준 부모님에 대한 죄책감 때문에 학원에 다닌다.

	㉠	㉡
①	확인 규제 (identified regulation)	의무감 규제 (introjected regulation)
②	외적 규제 (external regulation)	의무감 규제 (introjected regulation)
③	내적 규제 (internal regulation)	확인 규제 (identified regulation)
④	의무감 규제 (introjected regulation)	확인 규제 (identified regulation)

| 정답해설 |

㉠ 현우는 체중 조절과 건강 증진을 위해 조깅을 하기로 본인이 결정하였지만 그다지 좋아하지 않으므로 외적 동기의 확인 규제(identified regulation)에 해당한다.
㉡ 승아는 필라테스를 그다지 좋아하지 않지만 개인 강습비를 지원해 주는 부모님에 대한 죄책감 때문에 필라테스 학원을 다니고 있으므로 활동의 이유를 내면화시켜 내면적 보상과 연계시키는 외적 동기의 의무감 규제(introjected regulation)에 해당한다.

| 심화해설 |

자결성으로 구분한 내적 및 외적 동기

구분	규제 종류	동기 유형	자결성
무동기	무규제	스포츠 참여에 대한 이해가 없음	낮음
외적 동기	외적 규제	외적인 보상을 받으려는 욕구가 활동의 원동력임	보통
	의무감 규제	활동의 이유를 내면화시켜 내면적 보상과 연계함	
	확인 규제	활동은 자신이 결정한 것이지만 즐겁지 않음	
내적 동기	내적 규제	활동은 자신이 결정한 것이며 즐거움이 활동의 원동력임	높음

정답 01 ① 02 ④ 03 ①

04　[2024년 기출]

〈보기〉의 ㉠~㉢에 들어갈 개념을 바르게 나열한 것은?

보기
- (㉠): 노력의 방향과 강도로 설명된다.
- (㉡): 스포츠 자체가 좋아서 참여한다.
- (㉢): 보상을 받거나 처벌을 피하고자 스포츠에 참여한다.

	㉠	㉡	㉢
①	동기	외적 동기	내적 동기
②	동기	내적 동기	외적 동기
③	귀인	내적 동기	외적 동기
④	귀인	외적 동기	내적 동기

| 정답해설 |
㉠ 동기: 노력의 방향과 강도를 결정해 주는 것이다.
㉡ 내적 동기: 자신의 내적인 즐거움을 위해 스포츠에 참여하는 것이다 (즐거움, 기쁨, 보람 등).
㉢ 외적 동기: 외적인 보상을 위해 스포츠 활동에 참여하는 것을 말한다 (상금, 보상 등).

05　[2025년 기출문제]

〈보기〉 중 내적 동기를 향상하는 전략으로 옳은 것만을 모두 고른 것은?

보기
㉠ 성공 경험을 갖게 한다.
㉡ 언어적, 비언어적 칭찬을 자주 한다.
㉢ 팀의 의사결정에 선수를 참여시킨다.
㉣ 물질적 보상과 처벌을 주로 활용한다.
㉤ 최대한 높은 결과목표를 설정하여 도전하게 한다.

① ㉠, ㉡, ㉢
② ㉠, ㉡, ㉣
③ ㉡, ㉢, ㉣
④ ㉢, ㉣, ㉤

| 오답해설 |
㉣ 물질적 보상과 처벌은 외적 동기에 영향을 주는 요소로, 지속적이고 자발적인 참여를 해치며 내적 동기를 떨어뜨릴 수 있다.
㉤ 도전적 목표가 항상 나쁜 것은 아니지만, 달성 불가능하거나 과도한 목표는 실패 경험과 좌절감을 유발하여 내적 동기를 약화시킬 수 있다.

정답　04 ②　05 ①

핵심테마 05 | 스포츠 수행의 심리적 요인 II

06 [2021년 기출문제]

〈보기〉의 내용과 관련 있는 불안 이론은?

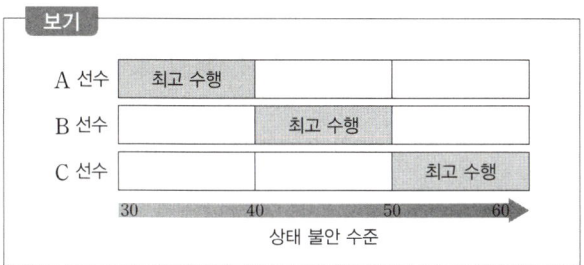

① 적정 수준 이론(optimal level theory)
② 전환 이론(reversal theory)
③ 다차원 불안 이론(multidimensional anxiety model)
④ 최적 수행 지역 이론(zone of optimal functioning theory)

| 정답해설 |

최적 수행 지역 이론(zone of optimal functioning theory)은 역U자 가설을 바탕으로 한 이론으로, 선수별·운동 종목별 등에 따라 적정 각성 수준이 다를 뿐만 아니라 각성 수준이 특정 범위(지역) 안에 있을 때 높은 운동 수행 수준을 보일 수 있다고 주장한다.

| 오답해설 |

① 적정 수준 이론(optimal level theory): 역U자 가설(inverted-U hypothesis)이라고도 하며, 각성 수준이 점차적으로 상승함에 따라 수행이 점차적으로 상승하다가 각성이 적정 수준을 넘어서면 수행이 다시 점차적으로 하강하여 적정 수준의 각성이 최고의 수행을 가져온다고 주장하는 이론이다.
② 전환 이론(reversal theory): 반전 이론이라고도 하며, 각성과 정서의 관계는 각성을 어떻게 해석하느냐에 따라 긍정적인 것을 부정적으로 전환시킬 수 있고 부정적인 것을 긍정적으로 전환시킬 수도 있으므로 높은 각성이 흥분(유쾌감)이나 불안(불안감)으로도 느껴질 수 있고, 낮은 각성은 지루함이나 편안함으로도 느껴질 수 있다고 보는 이론이다.
③ 다차원 불안 이론(multidimensional anxiety model): 불안은 다차원적인 개념을 가지고 있으나 대부분의 불안을 걱정인 인지적 불안(cognitive anxiety)과 정서인 신체적 불안(somatic anxiety)으로 구분하여 신체적 불안은 적정 수준까지는 수행에 도움을 주지만 그 수준보다 높아지면 수행력이 감소하게 되는 역U자 관계를 보이고, 인지적 불안은 주의를 분산시키고 부적절한 단서에 주의를 기울이게 하는 특성이 있기 때문에 수행에 부정적인 영향을 미친다고 본다.

07 [2025년 기출문제]

추동이론(drive theory)에 관한 설명으로 옳은 것은?

① 각성수준과 운동수행은 비례한다.
② 각성을 어떻게 해석하느냐에 따라 각성과 정서의 관계가 달라진다.
③ 인지적 불안과 신체적 불안이 각성수준에 따라 수행에 다르게 영향을 미친다.
④ 적절한 각성수준에서는 최고의 수행을 보이고 각성수준이 낮거나 높으면 운동수행이 감소한다.

| 오답해설 |

② 전환이론: 자신의 각성수준을 어떻게 '해석'하느냐에 따라 각성과 정서의 관계가 달라진다고 주장하는 이론이다.
③ 다차원불안이론: 인지불안과 신체불안이 각성수준에 따라 수행에 다르게 영향을 미친다고 주장하는 이론이다.
④ 역U가설(적정 수준 이론): 각성이 지나치게 높거나 아주 낮으면 수행에 방해가 되고 적절한 각성수준이 최고의 운동수행을 발휘한다고 주장하는 이론이다.

08 [2022년 기출문제]

와이너(B. Weiner)의 경기 승패에 대한 귀인 이론에 관한 설명으로 옳지 않은 것은?

① 노력은 내적이고 불안정하며 통제 가능한 요인이다.
② 능력은 내적이고 안정적이며 통제 불가능한 요인이다.
③ 운은 외적이고 불안정하며 통제 불가능한 요인이다.
④ 과제 난이도는 외적이고 불안정하며 통제할 수 있는 요인이다.

| 정답해설 |

와이너(Weiner)의 3차원 귀인 모델에서 과제 난이도는 외적이고, 안정적이며, 통제가 불가능하다.

정답 06 ④ 07 ① 08 ④

출제 0순위 공략! 꼭 풀어야 할 대표문제

09 [2025년 기출문제]

〈보기〉가 설명하는 심리 기술 훈련은?

> **보기**
> - 1958년 월피(J. Wolpe)가 개발함
> - 불안을 일으키는 상황을 중요도 순서에 따라 10단계 정도를 준비함
> - 불안이 낮은 순서부터 극도의 불안을 일으키는 중요도가 높은 순서로 배열하고 훈련함
> - 불안이나 스트레스를 유발하는 자극에 노출될 때 불안 반응 대신 편안한 반응을 나타냄으로써 불안이나 스트레스를 감소하는 기법임

① 자생훈련(autogenic training)
② 점진적 이완(progressive relaxation)
③ 인지 재구성(cognitive restructuring)
④ 체계적 둔감화(systematic desensitization)

| 오답해설 |

① 자생훈련(autogenic training): 명상과 유사한 형태의 자기최면이다. 따뜻함, 무거움의 감각을 유도하는 6개의 단계를 통해 진행되기 때문에 수련에 수개월이 필요하다.
② 점진적 이완(progressive relaxation): 신체근육을 이완시킴으로써 마음의 이완이 따라오게 한다(body-to-mind).
③ 인지 재구성(congnitive restructuring): 비합리적이거나 부적응적인 생각 패턴을 찾아내서 중지시킬 수 있는 간단하지만 효과가 뛰어난 방법이다.

10 [2024년 기출]

〈보기〉에서 설명하는 심리 기술 훈련 기법은?

> **보기**
> - 멀리뛰기의 도움닫기에서 파울을 할 것 같은 부정적인 생각이 든다.
> - 부정적인 생각은 그만하고 연습한 대로 구름판을 강하게 밟자고 생각한다.
> - 스스로 통제할 수 있는 것에 집중하자고 다짐한다.

① 명상
② 자생 훈련
③ 인지 재구성
④ 인지적 왜곡

| 정답해설 |

인지 재구성(Cognitive Restructuring: CR): 비합리적, 부정적 생각을 알아내 중지시키고, 합리적·긍정적 사고로 전환시킨다. 간단하지만 효과가 뛰어난 인지 불안 감소 기법이다.

| 심화해설 |

- 명상: 마음을 이완시켜 몸의 이완을 유도한다(mind-to body 접근).
- 자생 훈련: 자기 최면상태에 도달하여 따뜻함, 무거움의 감각을 유도한다.

정답 09 ④   10 ③

핵심테마 06 | 스포츠 수행의 심리적 요인 Ⅲ

1 목표 설정

1. 스포츠에서의 목표의 정의와 유형

(1) 목표의 정의
- ① 목표: 개인이 달성하고자 하는 것, 도달하려는 대상
- ② 목표 설정: 행동을 통해 이루고자 하는 최종적인 결과를 설계하는 것
- ③ 목표의 내용(content): 달성하고자 하는 목적이나 결과
- ④ 목표의 강도(intensity): 목표 달성을 위해 투자하는 시간이나 노력

(2) 목표의 유형 기출 2023

주관적 목표	'최선을 다하겠다', '재미있게 하겠다'와 같은 목표
객관적 목표	'다음 시합에서 기록을 1초 단축한다'와 같이 구체적인 수치나 객관적인 기준을 설정한 목표
결과 목표	시합의 결과에 중점을 둔 목표(대회 우승, 메달을 획득)
수행 목표	자신의 수행에 대한 목표를 달성하는 데 중점을 두는 목표로 달성의 기준점이 자신의 과거 기록이 되는 목표
과정 목표	동작을 잘 수행하기 위해서 핵심적으로 필요한 행동에 중점을 두는 목표. 자기 효능감과 자신감을 높이고 인지 불안을 낮추는 데 도움이 됨

2. 목표 설정과 수행 향상

(1) 로크(Locke)와 래섬(Latham)의 목표 설정 모형
- ① 목표 설정이 수행을 증진시키는 메커니즘
- ② 주의 집중, 노력, 인내심, 새로운 학습 전략 개발
- ③ 목표 설정 모형의 핵심
  - ㉠ 목표는 과제의 핵심에 주의를 집중시킴
  - ㉡ 목표는 수행자가 노력하게 도와줌
  - ㉢ 목표는 노력하게 할 뿐 아니라 노력을 지속시킴
  - ㉣ 목표는 새로운 학습 전략을 개발하게 함
  - ㉤ 구체적인 목표가 모호한 목표에 비해 더 효과적임
  - ㉥ 쉬운 목표에 비해 실현 가능한 약간 어려운 목표가 더 효과적임
  - ㉦ 단기 목표는 융통적이고 통제 가능하며, 장기 목표도 중요한 역할을 함
  - ㉧ 긍정적 목표(할 것)가 부정적 목표(하지 말 것)에 비해 효과적임
  - ㉨ 개인 목표만큼 집단 목표가 수행을 증진시키는 데 도움을 줌

(2) 버튼(Burton)의 인지 이론
- ① 스포츠 상황에만 적용되는 전문 이론으로 선수의 목표가 불안, 동기, 자신감과 밀접하게 연관됨
- ② 스포츠에서 결과 목표와 과제 목표를 세웠을 때 수행에 미치는 영향을 불안, 동기, 자신감과 연계시켜 예측함

핵심테마 06 스포츠 수행의 심리적 요인 Ⅲ

결과 목표에 집중	• 미래에 대한 비현실적인 기대로 인한 자신감 저하 • 인지적 불안 상승 • 노력을 덜 투입 • 수행 저하
수행 목표에 집중	• 선수가 목표를 통제, 융통성 있게 조절 가능 • 시합 결과에 대한 현실적인 기대 • 자신감, 인지 불안, 동기 측면에서 적절한 수준 유지 • 궁극적으로 수행 향상

3. 집단 목표 설정

(1) 집단 목표
  정해진 시간 안에 집단이 달성해야 할 특정 기준을 의미함

(2) 팀의 목표가 수행에 미치는 영향을 높이기 위한 원칙
  ① 장기 목표를 먼저 설정하기
  ② 장기 목표에 도달하기까지 여러 단기 목표를 분명하게 설정하기
  ③ 팀 목표 설정의 과정에 모든 구성원을 참여시키기
  ④ 팀 목표 달성에 대해 보상을 부여하기
  ⑤ 팀 목표에 대한 팀 자신감과 유능감을 높이기

(3) 집단 목표의 4가지 유형
  ① 선수 개인의 자기 목표 예) 팀 내 랭킹 1위 달성
  ② 팀을 위한 개인의 목표 예) 팀의 결승전 진출을 위해 자기 경기 승리하기
  ③ 팀의 목표 예) 이번 시즌 우승
  ④ 개인을 위한 집단 목표 예) 우리 팀 에이스 선수 다승 1위

4. 목표 설정 가이드라인

(1) 목표 설정의 원칙 기출 2025/2023
  ① 구체적인 목표를 설정하기
  ② 현실적이면서도 도전적인 목표를 설정하기
  ③ 단기 목표와 장기 목표 모두 설정하기
  ④ 연습 목표와 경기 목표를 모두 설정하기
  ⑤ 목표를 기록하기
  ⑥ 목표 달성을 위한 전략을 개발하기
  ⑦ 과정 목표, 수행 목표, 결과 목표의 우선순위를 정하기
  ⑧ 긍정적 목표를 설정하기
  ⑨ 개인 목표와 팀 목표를 모두 설정하기
  ⑩ 목표 달성을 위한 지원책을 마련하기
  ⑪ 목표를 평가하기

(2) SSMARTER 목표 설정
  ① Self-determined: 스스로 결정한 목표가 내적 동기를 높임
  ② Specific: 목표는 정확히 무엇을 해야 하는지 나타나야 함
  ③ Measurable: 목표는 측정이 가능하게 세워야 함

④ Action oriented: 목표는 행동 실천 전략을 포함해야 함
⑤ Realistic: 현실적으로 달성할 수 있는 목표를 세워야 함
⑥ Time based: 목표 달성 기한을 정해야 함
⑦ Evaluate: 피드백을 반영해서 목표를 조정해야 함
⑧ Revise: 목표를 달성하면 새로운 목표를 설정해야 함

2 자신감

1. 자신감의 개념 및 특성

(1) 자신감의 개념

자신의 능력이나 가치를 믿는 신념 또는 의지를 말함

(2) 자신감의 특성

① 선천적으로 타고나는 것이 아니라 후천적으로 나타나는 것
② 일반적으로 긍정적인 피드백은 자신감을 높여 줌
③ 성공은 자신감을 향상시키며 실수는 자신감을 저하시키지만 절대적인 것은 아님

2. 자신감 이론

(1) 자기 효능감 기출 2024/2019/2018

① 자기 효능감은 특정한 상황에서 개인이 가진 능력을 고려할 때 주어진 과제를 성공적으로 달성할 수 있다는 믿음임
② 자기 효능감의 원천

수행성취(성공 경험)	자신의 성공 경험이 많을수록 자기 효능감이 향상되며, 4가지 요인 중에서 수행성취 영향력이 가장 큼
간접 경험(대리 경험)	자신과 실력이 유사한 사람이 성공하는 모습을 보면 자신 스스로도 해낼 수 있다는 자신감을 갖게 됨
언어적(사회적) 설득	타인(가족, 코치, 동료 등)으로부터 경기 수행을 잘 할 수 있다는 기대와 격려를 받음으로써 자신감을 고취시킬 수 있음
생리·정서적 각성	선수의 신체적, 정서적 상태는 경기 수행 시 자신감에 영향을 미침

(2) 베일리(R. Vealey)의 스포츠 자신감 기출 2025

① 스포츠 상황에서 성공하기 위한 능력을 갖고 있다는 확신의 정도나 신념을 의미함
② 스포츠 자신감의 원천

성취 경험	연습을 통한 기술 향상, 시합에서의 좋은 성과 등
자기 조절	경기 수행에 필요한 기술 및 전략에 집중, 자신의 능력에 대한 자부심 등
사회적 분위기	주변 사람들의 지지와 인정, 좋은 지도자 및 동료로부터의 학습 등

(3) 유능성 동기 이론 기출 2023

① 사람은 자신이 유능하다는 것을 남에게 보여 주고 싶은 유능성 동기가 처음부터 있음
② 스포츠의 성취 영역에서 유능감을 느끼기 위해 숙련되기를 시도함
③ 성공하면 유능성 동기가 높고, 실패하면 유능성 동기가 낮아짐

자신감 있는 선수들의 특징
- 차분하게 경기에 임함
- 주의 집중을 잘함
- 훈련과 경기 참여에 노력함
- 목표를 성취하기 위해 노력함
- 적절한 경기 전략을 활용함
- 회복 탄력성이 높음

자신감의 유사 개념
- 자기 효능감: 특정 문제 해결이나 목표를 달성하는 데 자신 스스로의 능력으로 할 수 있다고 보는 믿음
- 낙관주의: 자신의 미래에 좋은 일들이 있을 것이라고 생각하는 긍정적 기대감
- 스포츠 자신감: 스포츠 상황 중 목표를 성공적으로 수행할 수 있다는 믿음
- 유능감: 자신의 능력을 통해 자신이 원하는 방향으로 주어진 환경을 변화시킬 수 있다는 기대감

핵심테마 06 스포츠 수행의 심리적 요인Ⅲ

Speed 심화포인트

④ 유능성 동기가 낮아진 상태에서 숙달행동을 다시 시도해서 성공하면 유능성 동기가 회복되지만, 실패하면 포기하게 됨

⑤ 유능성 동기 모델

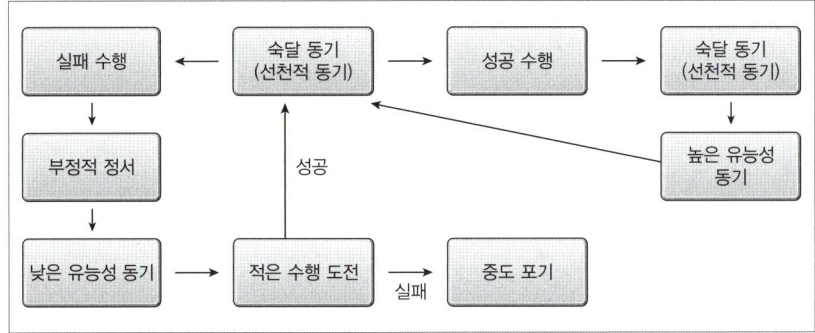

(4) 신체적 자기 개념 기출 2022

① 자기 신체에 대한 능력과 상태 측면에서의 자기 개념을 의미하며, 자신의 신체에 대해 자신이 느끼는 정도를 말함

② 폭스(K. Fox)의 모형에서는 자기 신체에 대한 지각 정도를 스포츠 유능감, 신체적 힘, 신체 매력, 신체적 컨디션 등의 4가지 차원으로 지각하고, 이를 통해 신체에 대한 자기 가치를 느끼게 되어 총체적인 자기 개념을 느낄 수 있도록 영향을 준다고 주장함

③ 신체적 자기 가치는 신체적 자아에 대한 행복, 만족, 자부심, 존중, 자신감에 대한 일반적인 느낌을 의미함

스포츠 유능감	운동 능력, 스포츠 기술 학습 능력, 스포츠에서 자신감
신체적 힘	근력, 근력 발달, 근력이 요구되는 상황에서 자신감
신체 매력	외모에 대한 매력 인식, 매력적 신체를 유지하는 능력, 외모에 대한 자신감
신체적 컨디션	신체 컨디션, 스태미나, 체력에 대한 인식, 운동을 지속할 수 있는 능력, 운동과 피트니스 상황에서의 자신감

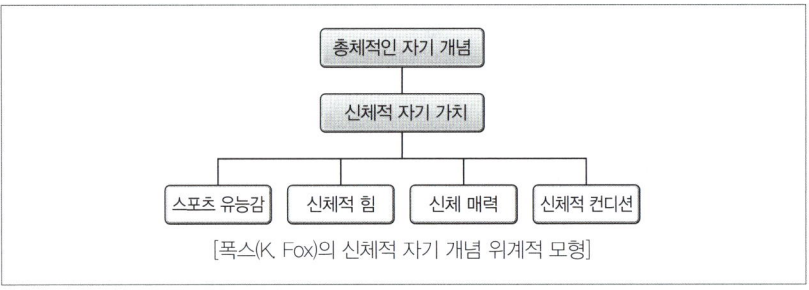

[폭스(K. Fox)의 신체적 자기 개념 위계적 모형]

3 심상

1. 심상의 개념 및 유형

(1) 심상의 개념 기출 2016
① 모든 감각을 동원하여 마음속으로 어떠한 경험을 떠올리거나 새로 만드는 것
② 정신 연습(mental practice), 심리 연습, 이미지 트레이닝(image training), 정신 훈련(mental training), 정신적 리허설(mental rehearsal), 시각화(visualization) 등과 유사한 개념임

(2) 심상의 유형

내적 심상	• 수행자의 관점에서 수행 장면을 상상하는 것 • 운동 감각을 느끼기 위한 것에 적합 • 스스로 수행한 동작 전체를 신체 안의 위치나 입장에서 감각을 동원하여 시연
외적 심상	• 관찰자의 관점에서 수행 장면을 상상하는 것 • 잘못된 동작을 수정하기 위한 것에 적합 • 수행한 동작을 비디오로 촬영한 다음 모니터에 비춰 나타난 상을 외부 관찰자의 입장에서 뇌에 그리는 것

(3) 심상의 활용 목적 기출 2025
① 집중력 향상
② 스포츠 기술 습득
③ 동기 강화
④ 자신감 구축
⑤ 전략 습득 및 연습
⑥ 감정 통제

(4) 심상의 효과에 영향을 미치는 요인 기출 2024
① 심상의 종류: 내적 심상과 외적 심상의 효과가 다르게 나타남
② 심상의 선명도: 떠올리는 이미지에 많은 감각을 활용할수록 이미지가 선명해짐
③ 심상의 조절 능력: 원하는 이미지를 떠올릴 수 있는 능력으로, 긍정적인 이미지를 떠올리면 긍정적인 효과를 발생시킴
④ 기술 수준: 선수 개인의 기술 수준이 높을수록 심상의 효과는 크게 나타남

2. 심상의 이론 및 실천

(1) 심상의 이론 기출 2022/2018
① 심리 신경근 이론: 심상 연습을 하면 실제로 운동하는 것과 같은 자극이 근육과 신경에 가해진다는 이론
② 상징 학습 이론: 운동을 하면 그 운동의 요소들이 뇌에 상징으로 기록되며, 심상 연습이 그 상징들을 연습할 수 있는 기회를 제공한다는 이론
③ 생물 정보 이론: 심상 또는 이미지를 기능적으로 조직되어 뇌의 장기 기억에 저장된 구체적인 전제(proposition)라고 하며, 여기에는 상상해야 할 상황의 조건인 자극 전제(stimulus proposition), 심상의 결과로 일어나는 반응을 나타내는 반응 전제(response proposition)가 있음

Speed 심화포인트

운동 심상
- 운동 기술: 완벽한 운동 기술을 개발하는 데 도움이 되는 심상
- 에어로빅 루틴: 루틴을 개발하는 데 도움이 되는 심상
- 운동 배경: 특정 장면이나 환경을 만들기 위한 심상
- 외모 심상: 자신이 원하는 몸의 이미지를 떠올리는 심상
- 경쟁 결과: 경쟁에서 잘하는 모습을 떠올리는 심상(시합 우승, 수행 향상)
- 피트니스의 건강 결과: 자신의 피트니스나 건강 개선과 관련된 심상
- 심상과 관련된 감정과 느낌: 각성 촉진, 스트레스 완화 심상
- 운동 자기 효능감: 운동 유지에 자신감을 주는 목적의 심상

핵심테마 06 스포츠 수행의 심리적 요인Ⅲ

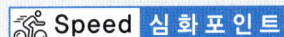

④ **각성 활성화 이론**: 심상 훈련을 하면 운동하기에 적합할 정도로 각성 수준이 활성화 된다는 이론

(2) **심상의 실천 방법** 기출 2015
① 주위의 방해를 받지 않도록 적합한 장소를 선택해야 함
② 편안한 상태에서 이완이 필요함
③ 운동 수행에 대한 확실한 동기가 필요함
④ 모든 감각을 동원하여 연습 상황이 아닌 실제 시합과 같은 상황이라고 상상해야 함
⑤ 자신의 운동 장면을 영상으로 제작함
⑥ 실제 시간과 속도를 상상함
⑦ 심상 일지를 작성함

3. 스포츠에서 심상의 측정 및 활용 기출 2017

(1) **심상의 측정**
마튼즈(Martens)의 스포츠 심상 질문지로 측정하며, 4가지 상황으로 구분함
① **혼자서 연습하는 상황**: 아무도 없는 상황에서 혼자 그 동작을 수행하는 장면을 상상
② **타인이 보고 있는 상황**: 주변에 감독, 코치, 동료 등의 타인이 자신이 운동하는 모습을 지켜보는 장면을 상상
③ **동료 선수를 관찰하는 상황**: 동료 선수의 기술적인 부분, 경기력 등과 관련한 장면을 상상
④ **시합 출전 상황**: 자신이 경기에 참여하는 모습과 관중의 반응을 상상

(2) **심상의 활용**
① **스포츠 기술 연습**: 마음속의 상상을 통해 기술의 특정한 부분을 반복적으로 연습하거나 실수한 부분만 선택적으로 수정하는 연습
② **스포츠 전략 연습**: 상대방을 상상하여 개인의 전략을 연습하거나 팀의 전략을 시험
③ **집중력 및 자신감 향상**: 경기 상황에서 사용할 기술의 우선순위를 선정하고 경기 집중 훈련을 통해 실전에서 계획한 대로 실행에 옮길 수 있음
④ **감정 조절**: 긴장과 불안 등의 부정적인 상황을 긍정적 상황으로 변화시키는 심상 훈련을 통해 감정을 조절
⑤ **스트레스 해소**: 스트레스 해소에 도움이 될 수 있는 것을 심상함으로써 스트레스를 해소하는 데 도움
⑥ **부상 회복의 촉진**: 실제 연습이 불가능한 상황에서 심상을 통한 연습으로 기능 저하를 방지할 수 있고, 빠르게 실제 연습에 투입될 수 있는 가능성이 높아짐

출제 0순위 공략! 꼭 풀어야 할 대표문제

01 [2023년 기출문제]

〈보기〉에서 설명하는 목표의 유형은?

보기
- 운동 기술을 잘 수행하기 위해서 필요한 핵심 행동에 중점을 둔다.
- 자기 효능감과 자신감을 높이고 인지 불안을 낮추는 데 도움이 된다.
- 자신의 운동 수행에 대한 목표를 달성하는 데 중점을 두는 목표로 달성의 기준점이 자신의 과거 기록이 된다.

① 과정 목표와 결과 목표
② 수행 목표와 과정 목표
③ 수행 목표와 객관적 목표
④ 객관적 목표와 주관적 목표

| 정답해설 |
- 수행 목표: 자신의 운동 수행에 대한 목표를 달성하는 데 중점을 두는 목표로 달성의 기준점이 자신의 과거 기록이 된다.
- 과정 목표: 운동 기술을 잘 수행하기 위해 필요한 핵심 운동에 중점을 두며, 자기 효능감과 자신감을 높이고 인지 불안을 낮추는 데 도움이 된다.

02 [2025년 기출문제]

목표설정 원리로 적절하지 않은 것은?

① 수행 목표보다 결과 목표를 강조한다.
② 구체적이고 객관적인 목표를 설정한다.
③ 부정적인 목표보다 긍정적인 목표를 강조한다.
④ 단기 목표, 중기 목표, 장기 목표를 함께 설정한다.

| 정답해설 |
이론적으로는 결과 목표보다 수행 목표를 우선시해야 하며, 특히 초보자나 청소년의 경우 결과보다는 노력과 기술 향상 등 과정 중심 목표가 동기 유발과 자기효능감 향상에 효과적이다.

03 [2025년 기출문제]

〈보기〉의 ㉠~㉢에 해당하는 베일리(R. Vealey)의 스포츠 자신감 원천을 바르게 연결한 것은?

보기
㉠ 시합에서 좋은 성과를 낸다.
㉡ 주변 사람들이 나를 믿어준다.
㉢ 시합에 필요한 체력, 전략, 정신력을 갖춘다.

	㉠	㉡	㉢
①	성취 경험	자기 조절	사회적 분위기
②	자기 조절	사회적 분위기	성취 경험
③	성취 경험	사회적 분위기	자기 조절
④	사회적 분위기	성취 경험	자기 조절

| 정답해설 |
베일리(R. Vealey)는 스포츠 자신감의 원천을 성취 경험, 자기 조절, 사회적 분위기의 세 가지 영역으로 구분하였다.
㉠ 성취 경험: 연습을 통해 기술을 향상시키고, 시합에서 긍정적인 성과를 거둔 경험을 의미한다.
㉡ 사회적 분위기: 주변 사람들(지도자, 동료, 가족 등)으로부터의 지지와 인정, 그리고 좋은 지도자 및 동료 선수로부터의 학습을 포함한다.
㉢ 자기 조절: 경기 수행에 필요한 기술, 전술, 전략에 집중하고, 자신의 준비 상태와 능력에 대해 자부심을 갖는 것을 의미한다.

정답 01 ② 02 ① 03 ③

04 [2023년 기출문제]

〈보기〉에서 하터(S. Harter)의 유능성 동기 이론 모형에 관한 설명으로 옳은 것을 고른 것은?

> **보기**
> ㉠ 심리적 요인과 관련된 단일차원의 구성개념이다.
> ㉡ 실패 경험은 부정적 정서를 갖게 하여 유능성 동기를 낮추고, 결국에는 운동을 중도 포기하게 한다.
> ㉢ 성공 경험은 자기 효능감과 긍정적 정서를 갖게 하여 유능성 동기를 높이고, 숙달(mastery)을 경험하게 한다.
> ㉣ 스포츠 상황에서 성공하기 위한 능력이 있다는 확신의 정도나 신념으로 특성 스포츠 자신감과 상태 스포츠 자신감으로 구분한다.

① ㉠, ㉡
② ㉠, ㉣
③ ㉡, ㉢
④ ㉡, ㉣

| 오답해설 |
㉠ 심리적 요인과 관련된 다차원적 구성 개념이다.
㉣ 빌리(Vealey)의 스포츠 자신감 모형에 관한 설명이다.

05 [2022년 기출문제]

〈보기〉에 제시된 폭스(K. Fox)의 위계적 신체적 자기 개념 가설(hypothesized hierarchical organization of physical self-perception)에 관한 설명으로 바르게 묶인 것은?

> **보기**
> ㉠ 신체적 컨디션은 매력적 신체를 유지하는 능력이다.
> ㉡ 신체적 자기 가치는 전반적 자기 존중감의 상위 영역에 속한다.
> ㉢ 신체 매력과 신체적 컨디션은 신체적 자기 가치의 하위 영역에 속한다.
> ㉣ 스포츠 유능감은 스포츠 능력과 스포츠 기술 학습 능력에 대한 자신감이다.

① ㉠, ㉡
② ㉠, ㉢
③ ㉡, ㉣
④ ㉢, ㉣

| 오답해설 |
㉠ 신체적 컨디션은 신체 컨디션, 스태미나, 체력에 대한 인식, 운동을 지속할 수 있는 능력, 운동과 피트니스 상황에서의 자신감을 뜻한다. 매력적 신체를 유지하는 능력은 신체 매력에 해당한다.
㉡ 신체적 자기 가치는 전반적 자기 존중감의 하위 영역에 속한다. 폭스의 모델에서 전반적 자기 존중감(자아 존중감)은 여러 하위 영역 중 하나인 신체적 자기 가치를 포함한다.

06 [2025년 기출]

심상에 관한 설명으로 옳지 <u>않은</u> 것은?

① 동기를 유발하고 강화한다.
② 감정을 조절하는 데 도움이 된다.
③ 스포츠 전략을 습득하고 연습할 수 있다.
④ 통증과 부상을 대처하는 데 도움이 되지 않는다.

| 정답해설 |
심상은 부상 회복과 통증 완화에도 실질적으로 활용된다.

정답 04 ③ 05 ④ 06 ④

핵심테마 06 | 스포츠 수행의 심리적 요인 Ⅲ

07 [2023년 기출문제]

〈보기〉에서 연구 결과를 통해 확인할 수 있는 목표 설정에 관한 설명으로 옳은 것을 고른 것은?

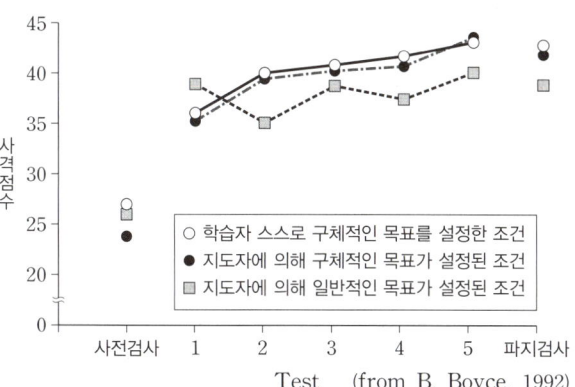

보기
㉠ 목표 설정이 운동의 수행과 학습에 효과적이다.
㉡ 학습자에게 어려운 목표를 설정하도록 조언해야 한다.
㉢ 구체적인 목표를 설정했던 집단에서 더 높은 학습 효과가 나타났다.
㉣ 구체적이고 도전적인 목표를 향해 전념하도록 격려하는 것은 운동의 수행과 학습의 효과를 감소시킨다.

① ㉠, ㉡ ② ㉠, ㉢
③ ㉡, ㉢ ④ ㉡, ㉣

| 정답해설 |
㉠㉢ 연구 결과를 통해 구체적인 목표를 설정한 것이 운동 수행을 증진시키는 데 도움을 주는 것을 알 수 있다.

| 오답해설 |
㉡ 학습자에게 구체적인 목표를 설정하도록 조언해야 한다.
㉣ 구체적인 목표를 설정하는 것은 학습에 있어 더 효과적임을 알 수 있다.

08 [2022년 기출문제]

〈보기〉에 제시된 심상에 대한 이론과 설명이 바르게 묶인 것은?

보기
㉠ 심리 신경근 이론에 따르면 심상을 하는 동안에 실제 동작에서 발생하는 근육의 전기 반응과 유사한 전기 반응이 근육에서 발생한다.
㉡ 상징 학습 이론에 따르면 심상은 인지 과제(바둑)보다 운동 과제(역도)에서 더 효과적이다.
㉢ 생물 정보 이론에 따르면 심상은 상상해야 할 상황 조건인 자극 전제와 심상의 결과로 일어나는 반응 전제로 구성된다.
㉣ 상징 학습 이론에 따르면 생리적 반응과 심리 반응을 함께 하면 심상의 효과는 낮아진다.

① ㉠, ㉡ ② ㉠, ㉢
③ ㉡, ㉢ ④ ㉢, ㉣

| 정답해설 |
㉠ 심리 신경근 이론: 심상 연습을 하면 실제로 운동할 때와 매우 유사한 전기 자극이 발생하여 근육과 신경에 가해진다는 이론이다.
㉢ 생물 정보 이론: 심상 또는 이미지를 기능적으로 조직되어 뇌의 장기 기억에 저장된 구체적인 전제(proposition)라고 하며, 여기에는 상상해야 할 상황의 조건인 자극 전제(stimulus proposition), 심상의 결과로 일어나는 반응을 나타내는 반응 전제(response proposition)가 있다.

| 오답해설 |
㉡㉣ 상징 학습 이론: 심상은 운동의 패턴을 이해하는 데 필요한 코딩 체계(coding system)의 역할을 하며, 동작을 부호로 만들어 그 동작을 잘 이해하도록 만들고 자동화시키는 역할을 한다. 심상을 하면서 동작을 정신적으로 부호화시키도록 했을 때 운동 수행이 향상되었고, 인지적 요소가 거의 없는 운동 과제(역도)보다는 인지적 요소가 많은 인지 과제(바둑)를 대상으로 할 때 심상의 효과가 더 좋다는 연구 결과가 있다.

정답 07 ② 08 ②

핵심테마 07 | 스포츠 수행의 심리적 요인 Ⅳ

1 주의 집중

1. 주의 집중의 개념 및 특성

(1) 주의 집중의 개념
① 교사가 학습자의 관심과 에너지를 학습 목표 구현의 방향으로 일관되게 이끄는 일
② 개인이 필요한 자료를 얻기 위해 외부 환경을 탐색하는 적극적이고 선택적인 힘

(2) 주의 집중의 특성
① 모건(Morgan)
  ㉠ 용량성: 한 번에 관심을 기울일 수 있는 정보의 양은 한계를 가짐
  ㉡ 선택성: 특정 대상을 선택 후 관심의 초점을 맞춤
  ㉢ 배분성: 몇 가지의 대상들에게 관심을 배분하여 기울일 수 있음
  ㉣ 경계성(준비성): 갑자기 발생하는 자극에 순간적으로 반응할 수 있는 경계심을 가짐
② 로빈슨(Robinson)
  ㉠ 선택적 특성: 모든 정보가 아닌, 특정한 정보만 선택하여 주의를 기울임
  ㉡ 제한적 특성: 한 번에 여러 가지 정보에 주의를 기울일 수 없음
  ㉢ 개인의 부분적 통제: 인간은 특별한 정보를 선택하여 집중할 뿐 아니라 부분적 통제로 인해 주의를 집중할 수 있음

2. 스포츠 상황에서의 주의 집중 유형 및 측정 [기출 2021/2018/2017]

(1) 주의 집중의 유형
① 니드퍼(Nideffer)의 TAIS(Test of Attentional and Interpersonal Style)는 주의 집중의 유형을 측정할 수 있는 검사지로 총 17개의 하위 척도와 144개의 문항으로 구성되어 있음
② 니드퍼는 이후 선수들의 주의 집중의 유형을 보다 간편하게 적용하기 위해 6개 척도와 12개 문항으로 구성된 간편형 TAIS를 제시함
③ 주의의 폭과 방향에 따른 장단점

구분	넓은	좁은
내적	넓은 – 내적 '내면의 큰 그림을 분석한다.' 장점 • 한 번에 많은 정보 분석 가능 • 경기 계획이나 전략 개발에 필수적임 단점 • 과도한 분석을 하게 될 수 있음 • 운동선수가 과제와 관련 없는 것까지 생각하면 생각이 너무 많아질 수 있음	좁은 – 내적 '내면의 생각에 초점을 둔다.' 장점 • 하나의 생각이나 단서에만 초점을 둠 • 자신의 신체 지각, 에너지 관리, 심상에 필수적임 단점 • 압박감을 느낄 수 있음 • 운동선수들의 내면의 상태로 인해 주의가 분산될 수 있고, 자신의 생각에 갇혀 버릴 수 있음

주의의 폭과 방향
주의는 폭(좁은, 넓은)과 방향(내적, 외적)의 두 가지 차원으로 구성

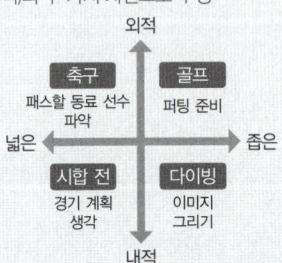

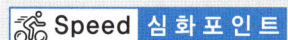

	넓은 – 외적 '외부 환경을 평가한다.' 장점 • 상황을 빠르게 판단할 수 있음 • 환경 관련 모든 단서를 지각하는 데 필수적임 단점 • 관련이 없거나 주의를 분산시키는 단서에 초점을 둘 수 있음 • 쉽게 속임수에 넘어갈 수 있음	좁은 – 외적 '하나의 대상에 초점을 둔다.' 장점 • 1~2개의 주요 목표물에만 집중할 수 있음 • 주의 분산 요인 차단에 필수적임 단점 주의의 폭이 너무 좁아서 중요한 단서를 놓칠 수 있음
외적		

(2) 주의 집중의 측정
① 주의를 측정함으로써 운동선수의 주의력에 대한 장단점을 인식하는 것이 가능함
② 주의 측정법: 뇌전도 검사, 심박수 검사(HR), 피질의 과제 잠재력 검사(ERP) 등

(3) 주의 집중 요소(Etzel)

용량	주어진 스포츠 상황에서 과제 관련 정보의 처리를 위해 요구되는 정신적 주의 에너지의 총량
지속성 (경계성)	집중할 수 있는 주의 지속 시간
융통성	수행자가 주의의 범위와 초점을 정하거나 전환시킬 수 있는 능력
선택성	정보를 분석적으로 처리하여 주의를 선택하는 능력

3. 주의 집중과 경기력의 관계
① 선수의 정서 상태와 주의 집중 능력 사이에는 깊은 관계가 있음
② 과제 수행에 필요한 주의 형태와 선수가 잘하는 주의 유형에 따라 수행 능력에 차이가 발생함
③ 수행자의 주의 초점 능력과 주의 전환 능력에 따라 수행에 차이가 발생함
④ 오랫동안 주의를 집중할 수 있는 능력에 따라 수행에 차이가 발생함

4. 주의 집중의 향상 기법 기출 2025/2020/2018/2015
① 주의가 산만한 환경에 노출
② 주의 초점의 전환을 반복적으로 연습
③ 현재 수행에 전념
④ 적정 각성 수준을 찾음
⑤ 주의 집중 훈련 실시
⑥ 조절이 가능한 것에 집중 훈련
⑦ 수행 전 루틴 개발 및 연습

핵심테마 07 스포츠 수행의 심리적 요인 Ⅳ

Speed 심화포인트

2 루틴

1. 루틴의 개념 및 유형 기출 2017/2016

(1) 루틴의 개념

선수들이 시합을 하는 동안 걱정, 주의 분산과 같은 부정적 상황에 노출될 경우 경기력 저하로 이어질 수 있기 때문에 이를 모면하기 위해 선수가 자신만의 독특한 동작이나 절차를 습관적으로 행하는 것을 말함

(2) 루틴의 유형

수행 전 루틴	• 수행 전 또는 경기 전에 실시하는 루틴 • 신체적이고 기술적인 준비 운동, 장비의 준비, 동료와의 대화 등을 모두 포함
수행 간 루틴	• 수행 중 또는 경기 중 실시하는 루틴 • 수행 간 루틴은 반드시 휴식, 재정비, 재집중을 포함 • 경기 시간이 긴 골프 또는 다이빙 같은 종목에서 주로 실시
수행 후 루틴	• 운동 수행 또는 경기 후 실시하는 루틴 • 성공 또는 실패와 관계없이 경험을 바탕으로 더욱 성장할 수 있는 토대를 만듦
미니 루틴	• 특정한 동작 직전에 실시하는 루틴 • 짧은 시간 동안 수행이 끝나는 동작을 시행하기 직전에 실시

2. 루틴의 활용 및 효과 기출 2025/2019

(1) 루틴의 활용

① 운동과 무관한 것을 차단할 수 있게 함
② 다음 수행에 대한 상기 및 과정을 촉진시킴
③ 다음 수행에 대한 친근감을 제공함
④ 일관된 수행 보조가 가능함

재집중 루틴 만들기
• 주의 분산 요인을 인지
• 어디에 주의 초점을 둘 것인지 결정
• 주의 집중을 위한 준비
• 주의 집중 단서를 만듦
• 자신만의 재집중 루틴을 만듦

(2) 루틴의 효과

① 철저한 경기 준비 가능(당일 루틴 변경 불가)
② 조절할 수 있는 요인에 집중 가능(불안, 집중력 등)
③ 예상치 못한 상황에 대한 대처 능력 향상
④ 자기 자각을 가능하게 하여 외적 요인으로부터의 대처 능력 향상
⑤ 운동 행동과 관련한 신체적·심리적·행동적 요인들을 통합할 수 있음
⑥ 심상, 혼잣말, 특정 행동 등이 포함

3. 인지 재구성의 개념 및 활용

(1) 인지 재구성의 개념

부정적 생각을 긍정적인 생각으로 대체하는 것과 연관이 있는 인지적 기법

(2) 인지 재구성의 활용

비합리적으로 나타난 사고 유형을 합리적인 사고 유형으로 변화시켜 체계적으로 재구성하여 활용하는 것

> **Jump Up 이해**
>
> 엘리스(Ellis)의 ABC모델

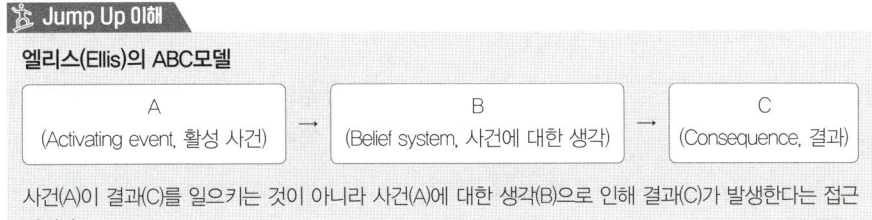

사건(A)이 결과(C)를 일으키는 것이 아니라 사건(A)에 대한 생각(B)으로 인해 결과(C)가 발생한다는 접근법이다.

4. 자기 암시의 개념 및 활용

(1) 자기 암시의 개념

① 본인의 머릿속에서 이루어지는 내면적 대화
② 부정적인 자기 암시: 자기 비난형 자기 암시, 부정 예측형 자기 암시
③ 긍정적인 자기 암시: 긍정적 예측으로 인한 자신감 상승, 훈련의 모든 영역과 연관

(2) 자기 암시의 활용

① 사고 중지: 부정적 생각을 멈춘 뒤 긍정적 생각으로 변화시킴
② 긍정적 자기 암시 활용: 긍정적인 자기 암시를 통한 자신감 상승 및 긍정적 결과 실현

출제 0순위 공략! 꼭 풀어야 할 대표문제

01 [2025년 기출문제]

주의 집중을 높이는 방법으로 가장 적절한 것은?

① 테니스 선수가 경기 중 루틴을 변경해 서브를 시도한다.
② 야구 선수가 지난 이닝의 수비 실책을 생각하면서 수비한다.
③ 멀리뛰기 선수가 1등의 최고 기록을 직접 확인하고 도움닫기를 한다.
④ 골프 선수가 실제 시합과 유사한 상황을 만들어 놓고 모의훈련을 한다.

| 정답해설 |
① 루틴(routine)은 경기 중 집중력 유지와 심리적 안정을 위해 설정된 일련의 동작이다. 경기 중 루틴을 바꾸는 것은 오히려 집중을 흐트러뜨리는 요인이 될 수 있다.
② 이전 실수에 대한 생각은 현재의 수행에 주의를 분산시키며, 주의의 시간적 초점이 과거에 머무르게 만든다. 현재 수행에 전념에 전념하는 것이 좋다.
③ 다른 선수의 기록에 주의를 두는 것은 자기 수행에 필요한 내적 집중을 방해할 수 있으며, 불안이나 긴장을 유발할 가능성이 있다.

02 [2018년 기출문제]

〈보기〉의 상황에 해당하는 니드퍼(R. M. Nideffer)의 주의 유형으로 가장 적절한 것은?

> 보기
> 사격 선수인 효운이는 시합에서 오로지 표적만을 바라보며 조준하고 있다.

① 넓은 – 내적
② 좁은 – 내적
③ 넓은 – 외적
④ 좁은 – 외적

| 정답해설 |
〈보기〉의 상황은 하나 또는 두 개의 단서에 전적으로 주의를 집중하는 '좁은 – 외적 유형'에 해당한다.

03 [2021년 기출문제]

나이데퍼(R. Nideffer)의 주의 초점 모형을 근거로, 〈보기〉의 내용에 해당하는 주의의 폭과 방향은?

> 보기
> 배구 선수가 서브를 준비하면서 상대 진영을 살핀 후, 빈 곳을 확인하여 그곳으로 공을 서브하였다.

① 광의 외적에서 협의 외적으로
② 광의 내적에서 광의 외적으로
③ 협의 내적에서 광의 외적으로
④ 협의 외적에서 협의 외적으로

| 정답해설 |
주의의 폭은 한 번에 얼마나 많은 것에 주의를 기울일 수 있는지를 의미한다. 주의의 폭이 넓을 때에는 많은 것에 주의를 기울일 수 있지만, 주의의 폭이 좁을 때에는 하나 혹은 몇 개의 것에만 좀 더 구체적으로 주의를 기울인다. 주의의 방향은 내적 또는 외적으로 구분되며, 내적 주의는 자신의 생각이나 느낌에 초점을 두는 것을 의미하고, 외적 주의는 환경 같은 외부에 초점을 두는 것을 말한다.
〈보기〉에서 배구 선수가 서브를 준비하면서 상대 진영을 살피는 것은 외부 환경의 넓은 범위를 주의하는 것이므로 광의 – 외적에 해당하고, 빈 곳을 확인하여 그곳으로 공을 서브하는 것은 외부 환경의 좁은 범위를 주의하는 것이므로 협의 – 외적에 해당한다.

04 [2020년 기출문제]

주의 집중 방법으로 적절하지 않은 것은?

① 테니스 서브를 루틴에 따라 실행한다.
② 축구 경기에서 관중의 방해를 의식하지 않는다.
③ 골프 경기에서 마지막 홀에 있는 해저드에 대해 생각한다.
④ 야구 경기에서 지난 이닝의 수비 실책은 잊고 현재 수행에 몰입한다.

| 정답해설 |
골프 경기에서 마지막 홀에 있는 해저드에 대해 생각하는 것은 오히려 주의 집중에 방해가 된다.

| 오답해설 |
①②④ 주의 집중하는 방법으로 적절하며, 주의 집중을 향상시키는 기법으로 사용된다.

정답 01 ④ 02 ④ 03 ① 04 ③

핵심테마 07 | 스포츠 수행의 심리적 요인 Ⅳ

05 [2017년 기출문제]

〈보기〉가 설명하고 있는 것은?

> **보기**
> 메시(Messi)는 페널티 킥을 할 때 항상 같은 동작으로 준비를 한다. 우선 공을 양손으로 들고, 페널티 마크에 공을 위치시키면서 자기가 찰 곳을 보고 골키퍼 위치를 보고 다시 공을 본 후에 뒤로 네 걸음 걷고 나서 심호흡을 한다.

① 심상(imagery)
② 루틴(routine)
③ 이완(relaxation)
④ 주의(attention)

| 정답해설 |
〈보기〉는 루틴에 해당한다. 선수들은 시합을 하는 동안 걱정, 주의 분산과 같은 부정적 상황에 노출된다. 이는 경기력의 저하로 이어질 수 있기 때문에 이러한 상황을 피하기 위해 선수가 자신만의 독특한 동작이나 절차를 습관적으로 행하는데, 이를 루틴이라고 한다.

| 오답해설 |
① 심상: 모든 감각을 동원하여 마음속으로 어떠한 경험을 떠올리거나 새로 만드는 것을 의미한다.
③ 이완: 뻣뻣해진 근육 또는 긴장한 상태가 풀리는 것을 말한다.
④ 주의: 어떤 한곳이나 일에 집중하여 관심을 기울이는 것을 말한다.

06

〈보기〉에서 설명하는 루틴의 유형으로 옳은 것은?

> **보기**
> 특정한 동작 직전에 실시하는 루틴으로, 짧은 시간 동안 수행이 끝나는 동작을 시행하기 직전에 실시한다.

① 수행 전 루틴
② 미니 루틴
③ 수행 간 루틴
④ 수행 후 루틴

| 오답해설 |
① 수행 전 루틴: 수행 전 또는 경기 전에 실시하는 루틴
③ 수행 간 루틴: 수행 중 또는 경기 중 실시하는 루틴
④ 수행 후 루틴: 운동 수행 또는 경기 후 실시하는 루틴

07 [2025년 기출문제]

루틴(routine)에 관한 설명으로 적절하지 않은 것은?

① 다음 수행을 준비할 때 도움이 된다.
② 경기 직전에 수정하면 경기력 향상에 도움이 된다.
③ 정신이 산만해질 때 운동과 무관한 것을 차단해 준다.
④ 최고의 경기력을 위해 필요한 자신만의 심리적·행동적 절차이다.

| 정답해설 |
루틴은 선수들이 시합을 하는 동안 걱정, 주의 분산과 같은 부정적 상황에 노출될 경우 경기력 저하로 이어질 수 있기 때문에 이를 모면하기 위해 선수가 자신만의 독특한 동작이나 절차를 습관적으로 행하는 것이다. 따라서 경기 직전에 루틴을 수정하는 것은 경기력 향상에 전혀 도움이 되지 않는다.

08

자기 암시(self-talk)에 대한 설명으로 옳지 않은 것은?

① 자신과 나누는 내면의 대화이다.
② 자신의 생각이나 느낌, 행동을 강화하는 목적으로 사용된다.
③ 자기 암시는 기술의 습득과 수행 강화, 주의력 통제, 자신감 형성에 도움을 준다.
④ 모든 감각을 동원하여 마음속으로 어떠한 경험을 떠올리거나 새로 만드는 것이다.

| 정답해설 |
모든 감각을 동원하여 마음속으로 어떠한 경험을 떠올리거나 새로 만드는 것은 심상이다.

정답 05 ② 06 ② 07 ② 08 ④

핵심테마 08 | 스포츠 수행의 사회 심리적 요인 I

1 집단 응집력

1. 집단 응집력의 개념 및 구분

(1) 집단 응집력의 개념
① 집단 구성원들과의 관계에서 원활한 상호 작용을 위한 노력으로 개인이 집단에 관여하고 집단을 위해 헌신하는 것을 의미함
② 집단 구성원들 간에 정서적으로 친밀감과 애착을 느끼는 정도, 집단 구성원들이 서로 좋아하고 집단의 일원으로 지속적으로 머물고 싶어 하는 정도

(2) 집단 응집력의 구분

과제 응집력	공통의 과제를 달성하기 위해 서로 협력하는 것으로, 과제 응집력이 높은 집단은 팀의 목표를 가장 중요시하는 경향이 있고, 이 경우 집단의 긍정적인 성과를 가져옴
사회적 응집력	집단의 구성원끼리 인간적으로 서로 좋아해서 생기는 것으로, 팀의 목표에만 모든 노력을 기울이지는 않음

(3) 집단 응집력의 특징
① 여러 요인으로 구성된 다차원적 개념
② 정의적 영역이 포함됨
③ 역동적인 집단 과정에 의해 지속적으로 변화하는 역동적 개념
④ 그 자체가 하나의 운동 수행을 위한 수단
⑤ 집단 구성원에 따라 달라짐

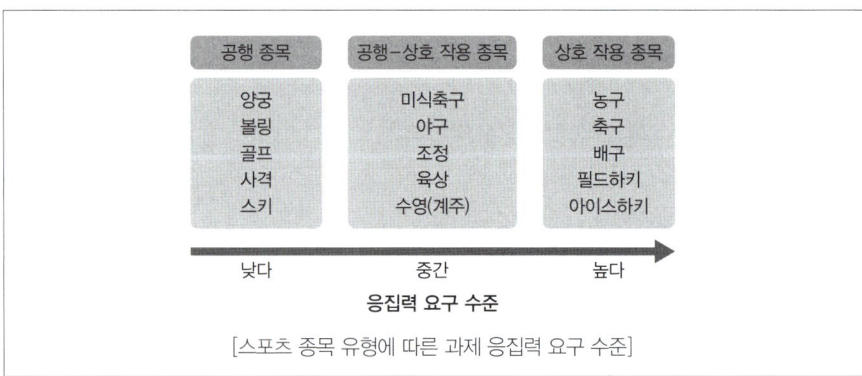

[스포츠 종목 유형에 따른 과제 응집력 요구 수준]

2. 집단 응집력 이론

(1) 집단 응집력의 크기 결정 요인 기출 2024/2021/2019/2017

캐런(Carron)이 제시한 스포츠 팀의 응집력 모형에 따르면 집단 응집력의 크기는 환경적 요인, 개인적 요인, 리더십 요인, 팀 요인 등에 의해 결정됨

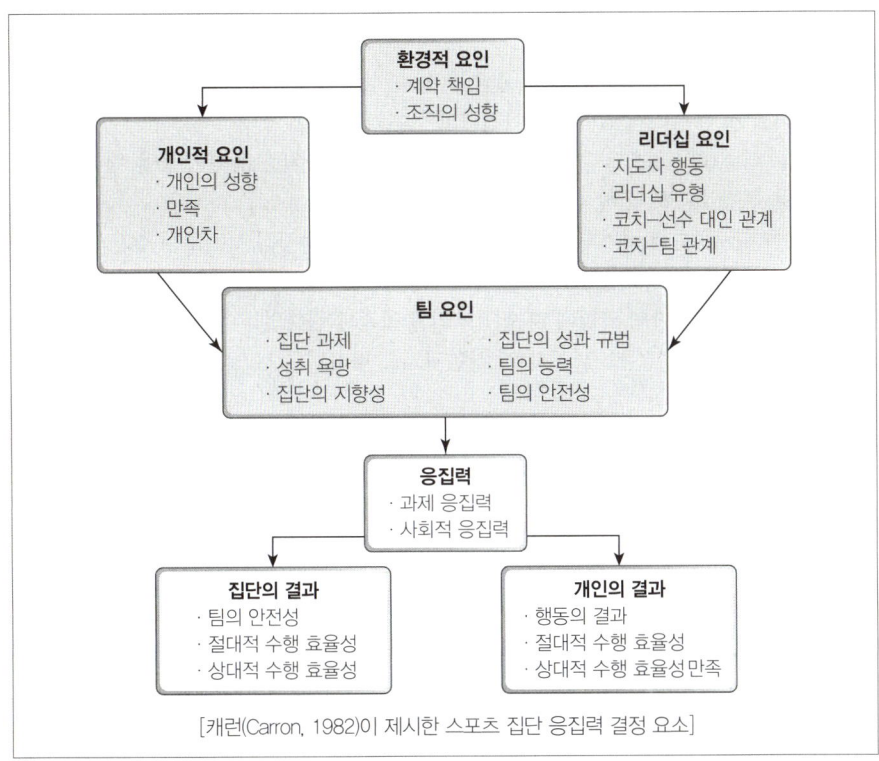

[캐런(Carron, 1982)이 제시한 스포츠 집단 응집력 결정 요소]

① **환경적 요인**: 스포츠 집단의 응집력에 영향을 미치는 가장 일반적인 요인으로, 계약상의 의무, 집단의 크기, 조직의 성향, 규범적 압력, 지리적 요인 등이 있음
② **개인적 요인**: 성향, 성별, 만족, 개인의 사회적 배경, 개인차 등이 있음. 개인적 특성이 같은 사람들이 서로 모이기 쉬우며 강한 응집력을 가지는데, 구성원들의 인적 특성이 비슷하면 집단 응집력이 높아질 가능성이 큼
③ **리더십 요인**: 리더의 행동, 리더십 스타일, 스포츠 집단에서의 커뮤니케이션 기술 등이 있음
④ **팀 요인**: 집단의 목표, 성공에 대한 열망, 팀 능력, 팀의 구조, 팀의 안정성 등이 있음

(2) **집단 응집력 이론(스타이너 이론의 정의)**
① 집단에 소속한 개인이 가지고 있는 능력과 집단이 어떠한 성과를 나타내는지에 관한 이론으로, 집단의 실제 생산성은 잠재적 생산성과 과정 손실에 의해 결정됨
② 집단의 실제 생산성＝잠재적 생산성－과정 손실

Jump Up 이해

잠재적 생산성과 과정 손실
- 잠재적 생산성: 집단의 구성원들이 실력을 최대로 발휘했을 때 목표를 달성할 수 있는 최상의 결과를 말한다.
- 과정 손실: 조정 손실과 동기 손실로 구분한다.

조정 손실	집단의 구성원들 간 엇나간 타이밍 또는 잘못된 전략으로 팀의 잠재적 생산성에 부정적 영향을 미치는 것
동기 손실	코치(감독)와 선수 등 집단 구성원이 자신이 발휘할 수 있는 최대의 노력을 수행하지 않을 때 생기는 손실

핵심테마 08 스포츠 수행의 사회 심리적 요인 I

Speed 심화포인트

3. 집단 응집력과 운동 수행 결과의 관계

① 집단의 응집력과 운동 수행의 결과는 높은 상관관계를 갖고 있지는 않지만, 팀이 승리할 경우 팀의 응집력은 좋아진다고 볼 수 있음
② 상호 의존적인 성향을 갖는 스포츠 집단에서는 집단의 응집력이 좋을 경우 집단의 운동 수행 결과도 긍정적이라고 볼 수 있음
③ 집단의 운동 수행 결과와 개인의 운동 수행 결과를 독립적으로 보는 집단의 경우 팀의 응집력과 팀 성적은 거의 상관관계가 없음
④ 경기 종목과 집단의 상황에 따라 집단의 응집력과 집단의 운동 수행 결과가 정적 상관관계를 나타낼 수도 있고, 부적 상관관계를 나타낼 수도 있음

4. 팀 빌딩과 집단 응집력 향상 기법

(1) 팀 빌딩
① 새로운 팀을 구성하거나 팀을 재정비하여 팀의 발전을 도모한다는 것을 의미함
② 팀 빌딩의 4가지 방법: 목표 설정, 임무 분담, 문제 해결, 팀원 간 관계 개선

(2) 집단(팀) 응집력을 향상시킬 수 있는 방법
① 다른 팀과의 차별성을 만들고 구성원끼리 가까워질 수 있는 기회를 제공해야 함
② 팀 내 각자의 역할을 명확히 이해하고 이를 수용할 수 있도록 함
③ 달성 가능한 목표를 설정하고 의사 결정 과정에 구성원들을 참여시킴
④ 팀 구성원들 간의 상호 작용 기회를 증가시킴
⑤ 팀의 규범에 순응할 수 있도록 함

5. 사회적 태만

(1) 사회적 태만의 의미 기출 2025/2020
① 사회적 태만이란 집단에서 발생하는 동기 손실을 의미함
② 집단의 인원수가 늘어날수록 구성원 개개인의 공헌도가 낮아지는 현상을 '링겔만 효과'라고 함

(2) 사회적 태만의 원인 기출 2018/2017
① 할당 전략: 개인의 과제에서 능력을 발휘하기 위해 집단 안에서는 능력을 절약하고자 하는 의도
② 최소화 전략: 최소한의 노력으로 목표한 바를 달성하고자 하는 의도
③ 무임승차 전략: 타인의 노력에 편승하여 노력 없이 혜택을 받으려고 하는 의도
④ 반무임승차 전략: 타인이 무임승차를 하지 않도록 하기 위해 본인 스스로도 노력하지 않으려는 의도

(3) 사회적 태만의 예방법 기출 2021
① 구성원들이 각자 본인이 노력한 정도를 확인할 수 있도록 함
② 팀 내의 상호 작용을 통해 개인의 책임감을 높임
③ 팀 목표와 더불어 개인적 목표를 설정함
④ 선수와 선수 간, 선수와 지도자 간에 적극적인 상호 작용이 이루어질 수 있도록 함
⑤ 개인의 독특성이나 창의성을 이용하여 팀에 공헌할 수 있도록 유도함
⑥ 강도 높은 훈련 뒤에 휴식을 취하고 영양을 섭취함으로써 재충전의 기회를 제공함

⑦ 서로 다른 포지션을 연습할 수 있는 기회를 제공하여 팀 전체에 긍정적인 영향을 미칠 수 있도록 유도함

2 리더십

1. 리더십의 정의 및 이론

(1) 리더십의 정의
공동의 일을 달성하기 위해 한 사람이 다른 사람들에게 지지와 도움을 얻는 것으로, 집단의 공통적인 목표를 효과적으로 달성할 수 있도록 방향을 유도하는 것을 말함

(2) 리더십 이론
① **특성적 접근**: 지도자에게 필요한 인성이나 특성은 타고나는 것이라고 보는 이론
② **행동적 접근**: 집단을 효율적으로 이끌기 위해서는 필요한 보편적인 행동이 있으며, 이는 학습에 의해 성취되는 것이라고 보는 이론
③ **상황적 접근**: 지도자의 특성과 행동보다 추종자의 능력과 태도, 리더십이 발휘되는 조직 내의 상황 등이 더 큰 영향을 미친다고 보는 이론

(3) 리더십 모형
① **다차원 리더십 모형** 기출 2022/2018
리더십의 효율성은 상황적 요인과 코치와 선수의 특성에 의해 결정된다고 주장함
㉠ 3가지 리더십 행동(규정 행동, 실제 행동, 선호 행동)이 일치할수록 수행 결과와 선수 만족에 긍정적 영향을 줌
㉡ 실제 행동과 선호 행동이 다르면 선수 만족도가 떨어짐
㉢ 선호 행동과 실제 행동이 일치할수록 수행이 좋아짐

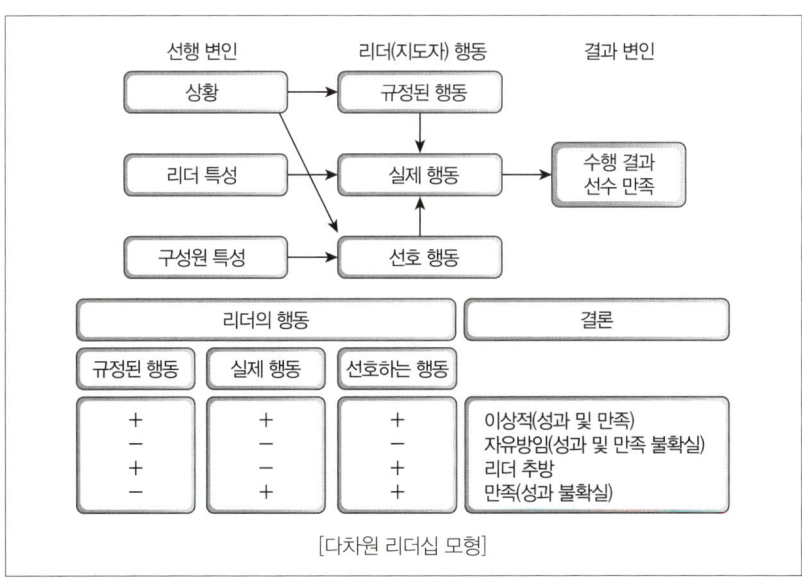

[다차원 리더십 모형]

② **인지 매개 리더십 모형**

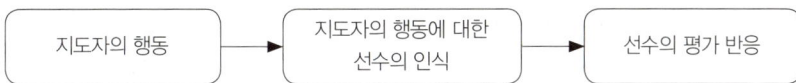

핵심테마 08 스포츠 수행의 사회 심리적 요인 I

③ 상황 부합 모형 [기출 2024]
  ㉠ 리더: 과제 지향 리더(task-oriented leader)와 관계 지향 리더(relationship-oriented leader)로 나눔

유형	특성	예시
과제 지향 리더	과제 수행과 목표 달성에 중점을 둠	• 규칙 정립 및 실행 • 순차적인 절차 및 방법 활용 • 조직 관리
관계 지향 리더	상호 대인 관계에 중점을 둠	• 개방적인 의사소통 • 긍정적인 분위기 형성 • 의리, 존중, 배려, 신뢰

  ㉡ 조직

고(高) 통제 상황	명확한 과제 구조 형성, 리더의 막강한 권한을 갖고 있는 상황
중간 상황	구성원과의 관계가 원만하고 과제 복잡 또는 관계가 원만하지 않고 과제 단순 상황
저(低) 통제 상황	구성원과의 관계가 원만하지 않고, 과제 복잡, 리더의 영향력을 발휘하지 못하는 상황

  ㉢ 상황 부합 리더쉽 모형
    • 과제 지향 리더: 상황이 아주 유리하거나 아주 불리할 때(고통제 또는 저통제 상황) 효과적
    • 관계 지향 리더: 유리하지도 불리하지도 않은 상황(중간 상황)일 때 효과적

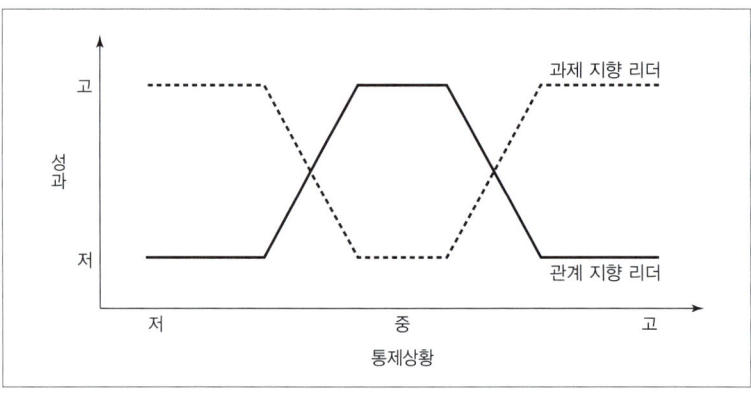

④ 변혁적 리더십
  ㉠ 변혁적 리더는 구성원들에게 영감을 주고, 동기를 높임으로써 구성원의 변화를 이끌어 냄
  ㉡ 변혁적 리더십 4요인
    • 이상적 영향력(idealized influence): 윤리적·도덕적 모범, 팀과 선수로부터 신뢰와 존경
    • 영감적 동기 부여(inspirational motivation): 미래 지향적인 비전 제시, 영감, 동기 향상
    • 지적 자극(intellectual stimulation): 혁신적·창의적 생각으로 문제 해결 적극 지지, 지속적 배움 추구
    • 개별화된 배려(individualized consideration): 구성원의 개별적인 관심사, 필요, 욕구 등에 관심을 갖고 개방적인 의사소통 유지

⑤ 진성 리더십(authentic leadership)
  ㉠ 리더의 진정성을 강조함
  ㉡ 진성 리더십은 긍정적 자기 개발을 이루면서 구성원과 함께 일하는 리더로서, 긍정적인 심리 수용력과 긍정적인 윤리 분위기를 증진시킴
  ㉢ 진성 리더십 측정 척도(Authentic Leadership Questionnaire, ALQ)
    • 자아 인식(self-awareness): 지속적 자기 성찰, 자신에 대한 이해 높임
    • 내면화된 도덕적 시각(internalized moral perspective): 외부의 압력이나 변화에 순응하지 않고 자기 조절 내재화
    • 균형 잡힌 정보 처리(balanced processing): 관련 정보 분석, 객관적 판단
    • 관계적 투명성(relational transparency): 진정한 자신 드러내기, 솔직한 생각과 감정 공유

2. 효과적인 리더십의 구성 요인

마튼즈(Martens)는 리더십이 충분한 효과를 발휘하기 위해서는 다음과 같은 구성 요인이 필요하다고 제시하였음

(1) 지도자 특성

지도자의 특성은 필요조건일 뿐 충분조건이 될 수 없는데, 이는 공통적인 특성을 갖고 있다고 해서 반드시 훌륭한 지도자가 되는 것은 아니며, 훌륭한 지도자가 되기 위해서는 그러한 특성을 갖추어야 할 필요가 있다는 것을 의미함

(2) 다니엘 골먼(Daniel Goleman)의 리더십 스타일

집단을 운영해 가는 과정에서 나타나는 다양한 요구들을 처리할 때 한 개의 리더십 유형으로는 처리가 불가능하며, 필요한 유형을 상황에 맞게 선택하여 효율적으로 활용할 수 있어야 함
① 전망 제시형 리더: 새로운 공동의 목표로 구성원들을 이끎
② 민주형 리더: 구성원들의 지식과 기술을 활용하고 목표를 달성하도록 집단적인 헌신을 이끎
③ 코치형 리더: 개인의 성과를 향상시킬 수 있는 방법을 제시하고 개인의 목표와 집단의 목표를 결부시키도록 하며, 개인의 발전에 초점을 둠
④ 관계 중시형 리더: 팀워크의 중요성을 강조하고 구성원들을 서로 연대시켜 유대감을 조성함
⑤ 선도형 리더: 더 좋은 성과를 빨리 내는 데 집착하며 모든 구성원에게 같은 요구를 하는 특성으로, 집단의 사기 저하, 집단의 목표 실패 등을 느낄 수 있으므로 반드시 필요할 경우에만 제한적으로 활용해야 함
⑥ 지시형 리더: 권위적인 스타일의 리더십으로, 칭찬은 인색하고 비난은 자주 하여 구성원들의 사기 및 집단의 만족도를 저하시킴

(3) 구성원의 특성

구성원의 성별, 연령, 성격, 운동 수행 수준, 거주지, 경력 등에 따라 지도자의 리더십은 달라질 수 있음

(4) 상황 요인

지도자는 여러 상황에서 민첩하게 대응할 수 있는 능력을 갖추어야 함

핵심테마 08 스포츠 수행의 사회 심리적 요인 I

3. 강화와 처벌

(1) 강화 기출 2017

① 원하는 행동이 나타난 다음에 자극을 줌으로써 미래에 그러한 반응이 나타날 가능성을 증가시키는 것

② 효과적인 강화
  ㉠ 즉각적인 강화를 일관성 있게 유지해야 함
  ㉡ 성취적 결과보다 과정의 결과에도 반응해야 함
  ㉢ 배우는 것이 모두 축적될 수 없다는 것을 인지해야 함
  ㉣ 바람직한 행동을 유지할 수 있는 강화를 제시해야 함

③ 강화의 종류 기출 2019

정적 강화	어떤 반응의 빈도를 높이기 위해 강화하는 것
부적 강화	원하지 않는 어떤 특정한 것(주로 혐오하는 상황이나 사물 등)을 제거해 줌으로써 바람직한 행동의 강도와 빈도를 증가시키는 것
1차적 강화	물질이나 물건으로 강화하는 것
2차적 강화	칭찬, 미소 등과 같이 코치와 선수의 사회적 관계를 이용하여 강화하는 것
연속 강화	바람직한 행동이 있을 때마다 강화하는 것
간헐 강화	바람직한 행동이 있더라도 강화를 하지 않을 때도 있는 것

④ 긍정적 강화의 적용
  ㉠ 효과적인 강화물 적용

사회형	• 얼굴 표정: 미소 짓기, 고개 끄덕이기, 윙크하기 • 손짓, 몸짓: 박수치기, 엄지 들어주기, 일어나서 박수치기, 만세, 주먹 불끈 쥐기 • 신체 접촉: 어깨나 등 두들겨 주기, 악수하기, 껴안아 주기 • 개인 칭찬: 잘했다, 훌륭했다, 좋았다, 자랑스럽다 등의 칭찬하기 • 기술 칭찬: 구체적 기술(던지기 폼, 백핸드 등)을 칭찬하기
활동형	자유 연습 시간, 연습 게임, 지도자 역할 대신하기, 시범 보이기, 포지션 바꿔서 연습하기, 주장직과 부주장직, 포지션 리더
물질형	장려금(보너스), 유니폼, 훈련복, 비품 지급, 트로피, 상장, 감사패, 완장(리본)
특별 행사형	스포츠 영화 감상, 스포츠 시설 견학, 단체 회식, 시합 관람, 프로팀 연습 훈련 참관, 선배 선수나 스포츠 유명인 초대 행사

  ㉡ 효과적인 행동 강화: 행동 조형(shaping)은 최종 목표 행동(target behavior)을 성공적으로 수행하기 위해 단계적이고 점진적으로 접근하는 강화 기법으로 학습 초기 단계에 유용함

(2) 처벌 기출 2021

① 원하지 않는 행동이 나타났을 때 자극을 가함으로써 그 행동을 회피하는 것
② 처벌의 구분
  ㉠ 정적 처벌: 어떤 행동이 나타난 후에 불쾌하거나 혹은 고통스러운 자극을 제시하거나 부여함으로써 그 반응의 빈도를 낮추는 것
  ㉡ 부적 처벌: '금지형' 처벌이라고도 하며, 어떤 반응이 일어났을 때 확률을 감소시키기 위해 완전히 제거되거나 박탈되는 자극을 주는 것
    예 선수의 경기 출전을 제한함

③ 처벌의 부정적 효과
  ㉠ 때로는 행동 통제에 비효과적임
  ㉡ 처벌 대상에 대한 혐오를 학습할 수 있음
  ㉢ 학습된 무기력감을 가질 수 있음
  ㉣ 처벌은 학습됨
  ㉤ 심한 처벌은 상대방의 자아 존중감을 하락시킴
  ㉥ 행동에 대한 대안이 없음
④ 효과적인 처벌 행동지침 기출 2025
  ㉠ 처벌의 효과보다 처벌의 부정적 영향이 더 클 수 있음에 주의해야 함
  ㉡ 규칙 위반에 대해 동등한 처벌이 이루어져야 함
  ㉢ 사람이 아닌 행동을 처벌해야 함
  ㉣ 규칙 위반 규정은 지도자 및 구성원의 합의하에 작성해야 함
  ㉤ 신체적 활동을 처벌 방법으로 이용하지 말아야 함
  ㉥ 연습 중에 실수한 것에 대해서는 처벌하지 않아야 함
  ㉦ 개인적인 잘못을 집단 전체의 잘못으로 돌리지 않아야 함

Jump Up 이해

강화와 처벌

구분	의미	예시
정적 강화 (positive reinforcement)	긍정적인 자극이 제시되거나 사건이 발생함으로써 특정 행동의 빈도나 강도 증가	• 멋진 태클로 공격을 저지했을 때, 감독의 칭찬 • 경기 MVP에게 상금 지급
부적 강화 (negative reinforcement)	부정적이거나 회피하고 싶은 자극 또는 사건을 제거함으로써 행동의 빈도나 강도 증가	• 최고 기록을 달성한 선수에게 체력 훈련 1회 휴식권 부여 • 목표한 훈련량을 채웠을 때, 나머지 훈련 열외
정적 처벌 (positive punishment)	특정 행동 뒤에 부정적이거나 회피하고 싶은 자극을 제시하거나 부여함으로써 행동의 빈도나 강도 약화	• 잘못된 기술을 수행했을 때 고함을 질러서 꾸중 • 시합 중 실수를 했을 때, 관중의 야유
부적 처벌 (negative punishment)	'금지형' 처벌로 특정 행동 뒤에 긍정적인 자극을 제거하거나 박탈함으로써 행동의 빈도나 강도 약화	• 중대한 반칙을 범한 운동선수에게 두 게임 출장 금지 • 선수가 팀 규율을 어길 경우 자유 시간 제한

스미스(R. Smith)와 스몰(F. Smoll)의 지도자 훈련 프로그램(CET)
지도자의 행동을 관찰하여 기록하는 코칭 행동 평가 체계를 이용한 연구를 바탕으로 유소년 지도자 훈련 프로그램인 CET(Coach Effectiveness Training) 5가지 핵심 원칙 개발함
• 발달 모델: 노력 중심, 긍정적인 발달 환경을 제공할 것
• 긍정적 접근: 격려, 칭찬 등의 긍정적 강화를 하고, 처벌과 같은 적대적인 대응은 자제할 것
• 상호 지원: 선수들 간 상호 의무를 중시하게 하고, 팀원들의 단결 촉진할 것
• 선수 참여: 의사 결정 시 선수도 참여시켜 의견을 반영할 것
• 자기 관찰: 지도자 스스로 자기 코칭 행동을 관찰할 것

출제 0순위 공략! 꼭 풀어야 할 대표문제

01 [2021년 기출문제]

캐런(A.V. Carron)의 팀 응집력 모형에서 응집력의 결정 요인으로만 묶인 것은?

① 리더십 요인(leadership factor), 발달 요인(development factor), 환경 요인(environment factor), 팀 요인(team factor)
② 리더십 요인(leadership factor), 팀 요인(team factor), 개인 요인(personal factor), 발달 요인(development factor)
③ 팀 요인(team factor), 리더십 요인(leadership factor), 환경 요인(environment factor), 개인 요인(personal factor)
④ 팀 요인(team factor), 발달 요인(development factor), 환경 요인(environment factor), 개인 요인(personal factor)

| 정답해설 |

캐런(Carron)은 스포츠 팀에서의 응집력을 집단의 목적과 목표를 추구하기 위해 집단에 단결하여 남으려고 하는 경향성에서 나타난 역동적 과정이라고 하였다. 응집력을 결정하는 요인을 크게 환경 요인, 개인적 요인, 리더십 요인, 팀 요인(team factor)으로 구분하고, 응집력의 결과는 집단적 성과와 개인적 성과의 두 가지 일반적인 결과로 구분하였다.

02 [2021년 기출문제]

사회적 태만(social loafing) 현상을 극복하기 위한 지도 전략으로 옳지 않은 것은?

① 사회적 태만 허용 상황을 미리 설정하지 않게 한다.
② 대집단보다는 소집단(포지션별)을 구성하여 훈련한다.
③ 지도자는 선수 개개인의 노력을 확인하고 이를 인정한다.
④ 선수들이 자신의 포지션뿐만 아니라 다른 역할도 경험하게 한다.

| 정답해설 |

사회적 태만이란 집단 속에 참여하는 개인의 수가 증가하는 만큼 성과가 그에 비례해서 커지지 않는 것으로 성과에 대한 1인당 공헌도가 떨어지는 현상이다. 개인별 수행이 확인 불가능한 과제나 상황에서 나타나고, 집단 인원이 많을수록 발생하기 쉽다. 운동선수들이 강도 높은 훈련 뒤에 휴식을 취하고 영양 섭취를 통해 재충전할 수 있는 기회가 주어지지 않는다면 과정 손실이 더 생길 수 있으므로 사회적 태만 허용 상황을 미리 설정해야 한다.

03 [2024년 기출]

〈보기〉는 피들러(F. Fiedler)의 상황 부합 리더십 모형이다. 〈보기〉의 ㉠, ㉡에 들어갈 내용을 바르게 나열한 것은?

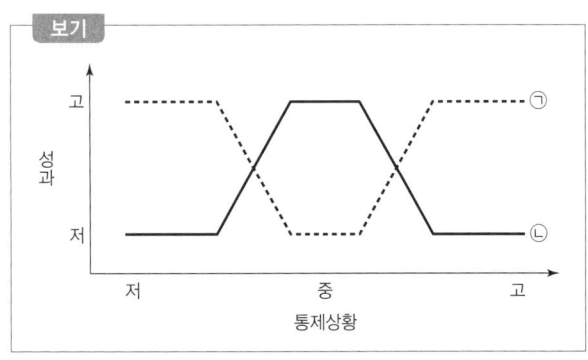

	㉠	㉡
①	관계 지향 리더	과제 지향 리더
②	과제 지향 리더	관계 지향 리더
③	관계 지향 리더	권위 주의 리더
④	과제 지향 리더	권위 주의 리더

| 정답해설 |

상황 부합 모형에서는 리더를 과제 지향 리더와 관계 지향 리더로 분류한다. 상황이 아주 유리하거나 아주 불리할 때(고통제 또는 저통제 상황)에는 과제 지향의 리더가 효과적이며, 유리하지도 불리하지도 않은 상황(중간 상황)일 때는 관계 지향 리더가 효과적이라고 본다.

정답 01 ③ 02 ① 03 ②

핵심테마 08 | 스포츠 수행의 사회 심리적 요인 I

04 [2022년 기출문제]

〈보기〉에 제시된 첼라드라이(P. Chelladerai)의 다차원 리더십 모델에 관한 설명으로 옳게 묶인 것은?

보기
㉠ 리더의 특성은 리더의 실제 행동에 영향을 준다.
㉡ 규정 행동은 선수에게 규정된 행동을 말한다.
㉢ 선호 행동은 리더가 선호하거나 바라는 선수의 행동을 말한다.
㉣ 리더의 실제 행동과 선수의 선호 행동이 다르면 선수의 만족도가 낮아진다.

① ㉠, ㉡
② ㉠, ㉣
③ ㉡, ㉢
④ ㉢, ㉣

| 정답해설 |
㉠ 리더(지도자)의 행동에 영향을 미치는 선행 변인에는 상황의 요인, 리더의 특성, 구성원의 특성이 있으며, 리더의 특성은 리더의 실제 행동에 영향을 준다.
㉣ 리더(지도자)의 실제 행동과 선수의 선호 행동이 차이가 있으면 선수의 수행 결과나 만족도는 낮아진다.

| 오답해설 |
㉡ 규정 행동: 리더가 조직이나 상황에 의해 요구되는 행동
㉢ 선호 행동: 선수들이 리더에게서 보고 싶어하거나 기대하는 행동

05 [2025년 기출문제]

〈보기〉의 ㉠, ㉡에 해당하는 용어가 바르게 나열된 것은?

보기
• 교사: 줄다리기의 경우, 집단이 내는 힘의 총합은 개인의 힘을 모두 합친 것보다 작아지게 된다. 이것을 (㉠) 효과라고 해.
• 학생: "나 하나쯤이야." 하는 생각 때문에 힘을 덜 쓰는 거 같아요.
• 교사: 게으름을 피우는 사람으로 인해 집단 내에 동기의 손실이 생기는데 이것을 (㉡)이라고 해.

	㉠	㉡
①	링겔만	사회적 태만
②	링겔만	사회적 촉진
③	플라시보	사회적 태만
④	플라시보	사회적 촉진

| 정답해설 |
㉠ 링겔만의 효과(Ringelmann effect): 집단의 인원수가 늘어날수록 구성원의 개개인의 공헌도가 낮아지는 현상을 말한다.
㉡ 사회적 태만(social loafing): 집단에서 발생하는 동기손실을 말한다.

| 오답해설 |
• 플라시보 효과(placebo Effect): 위약효과라고도 하며, 실제 효과가 없는 치료를 받았음에도 불구하고 심리적 믿음이나 기대감 때문에 긍정적 변화가 나타나는 현상을 말한다.
• 사회적 촉진: 타인의 존재가 운동 수행에 영향을 미치는 것을 의미한다.

06 [2025년 기출문제]

지도자의 처벌 행동 지침으로 옳은 것은?

① 처벌이 필요한 경우에는 처벌의 이유를 정확하게 말한다.
② 동일한 규칙을 위반하면 주장과 상급 학년 선수부터 처벌한다.
③ 규칙 위반에 대한 처벌 규정을 정할 때 선수의 의견은 반영하지 않는다.
④ 처벌이 필요할 때는 단호함을 보여주고 전체 선수 앞에서 본보기로 삼는다.

| 정답해설 |
처벌이 필요한 선수에게는 처벌의 이유를 정확하게 설명하는 것이 바람직하다.

정답 04 ② 05 ① 06 ①

핵심테마 09 | 스포츠 수행의 사회 심리적 요인 Ⅱ

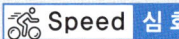

1 사회적 촉진

1. 사회적 촉진의 개념 및 이론 기출 2024

(1) 사회적 촉진의 개념
① 타인의 존재가 운동 수행에 영향을 미치는 것을 사회적 촉진이라고 하며, 사회적 촉진에는 관중 효과와 공행 효과가 모두 포함됨
② 타인의 존재가 수행을 향상시키거나 방해할 수도 있음
③ 단순한 과제 또는 숙련자는 우세 반응, 복잡한 과제 또는 초보자는 열세 반응

(2) 사회적 촉진 이론
① 자이언스(Zajonc)의 단순 존재 가설: 타인의 존재만으로도 각성 반응을 일으킬 수 있으며, 이는 우세 반응을 일으키도록 한다는 이론
② 코트렐(Cottrell)의 평가 우려 가설: 타인의 존재가 수행자를 평가할 수 있다는 것을 인지해야 하며, 타인들의 평가가 수행자에게 긍정적 또는 부정적 영향을 주었던 경험이 있어야 한다는 이론
③ 샌더스의 주의 분산/갈등 이론: 타인의 존재는 주의를 분산시킴으로써 주어진 과제에 집중하는 것을 방해하여 수행을 떨어뜨리거나 수행자의 추동 수준을 증가시켜서 더 많은 노력을 기울이도록 한다는 주장
④ 본드(Bond)의 자아 이론: 타인이 존재할 때 수행자가 타인으로부터 인정을 받고자 하는 욕구가 강해져 이로 인해 동기가 촉진될 수 있다는 이론
⑤ 위클런드(Wicklund)와 듀발(Duval)의 객관적 자기 인식 이론: 자기 인식 상태에 있는 수행자는 자신의 과제 수행과 이상적 수행 간의 차이에 주목하며, 수행자는 이러한 차이를 감소시키려는 동기가 촉진된다는 이론
⑥ 게랭(Guerin)의 자기 감시적 분석: 사회적 추동의 원인을 시각적 감시가 불가능한 타인들의 존재에 있다고 가정하며, 수행자에게 해를 끼치지 않는 타인들이 주기적으로 감시될 수 있다면 타인의 존재는 추동 수준을 증가시키지 않을 것이라고 주장하는 이론

2. 경쟁과 협동의 효과(Johnson & Johnson)

협동적 노력은 경쟁적 노력이나 단독적 노력보다 성취 수준과 생산성이 더 높고, 사회적 지지를 더 많이 받으며, 자기 존중감이 더 높음

3. 모델링 방법 및 효과

(1) 모델링의 기능 기출 2016/2015
① 반두라(Bandura)는 모델링의 기능을 반응의 촉진, 행동의 억제와 탈억제, 관찰 학습의 유발로 구분하여 설명함
② 관찰 학습은 '주의 집중 → 파지 → 재생 → 동기화'의 과정을 거쳐 이루어짐

Speed 심화포인트

관중 효과
다른 사람들(관중) 앞에서 어떤 행동을 하고 있을 때, 그 행동의 양이나 속도, 질 등이 달라지는 현상으로, 운동 선수가 관중이 있을 때 더 잘하는 경우를 예로 들 수 있음

사회적 촉진에 영향을 미치는 변인
- 개인적 변인: 개인의 성격과 개인의 능력 수준
- 과제 변인: 과제의 수준, 과제의 운동 기능
- 상황적 변인: 관중의 특성(연령, 성별, 크기 등), 수행자의 특성(수행자의 규모나 크기, 사전 경험 여부 등)

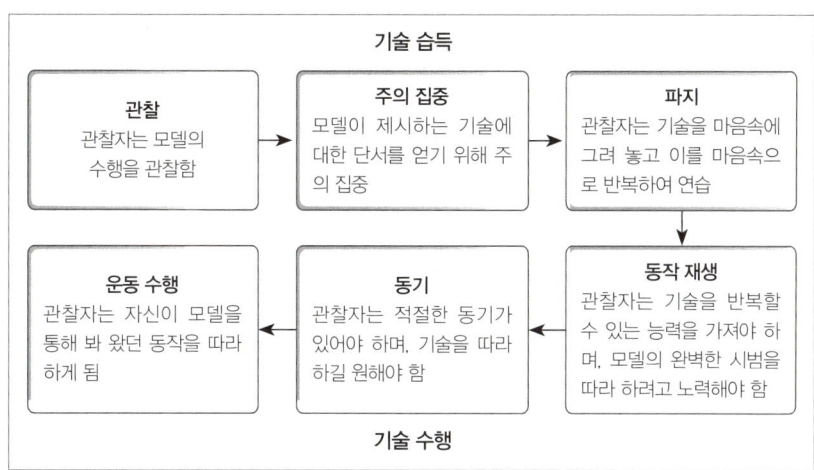

(2) 모델링의 효과

① 몇 가지 단계로 구성되며, 비교적 복잡한 운동 과제일 때 모델링의 효과가 큼
② 기술이 뛰어난 모델이 좋은 모델이라고 간주되지만, 학습자와 비슷한 모델도 학습 효과가 좋음
③ 4~5세 이하의 아동들에게는 비언어적 모델링이 더 효과적임
④ 수영에 대해 공포가 있는 어린이는 언어적 모델링도 불안 극복에 효과가 있음
⑤ 모델링은 자신감을 향상시킴
⑥ 선수들의 공격적인 행동에 청소년들이 민감하게 반응하므로 주의해야 함
⑦ 스포츠 스타의 인격적 행동, 봉사 활동이 청소년의 사회성 발달에 긍정적 영향을 줌

4. 주요 타자의 사회적 영향

(1) 부모에 의한 영향

① 아동기에는 부모의 영향이 더 많이 작용하고, 청소년기에는 동료 또는 지도자의 영향력이 더 큼
② 부모의 행동은 자녀의 신념과 가치에 영향을 주고 아동의 행동을 결정하는 역할을 함
③ 부모가 아이의 신체 수행 능력이 높다고 판단할 경우, 아이는 스스로 유능감을 느껴 신체 수행을 더 많이 하려고 함
④ 부(父)가 갖는 아이의 신체 수행 능력에 대한 인식은 아이에게 전달됨
⑤ 아이에 대한 기대가 높을 경우, 아이에게 불안, 스트레스, 탈진 등이 나타날 수 있음

(2) 동료에 의한 영향

① 동료와 함께한다는 것은 스포츠 참가의 중요한 동기 요인이 될 수 있음
② 운동 수행 능력이 좋은 동료에게 호감을 갖게 됨
③ 동료와의 원활한 커뮤니케이션은 도덕적 발달에 긍정적인 영향을 미침
④ 긍정적인 동료와의 관계는 유능감, 동기, 재미, 자기 존중감, 스포츠 몰입 등을 높임

(3) 지도자에 의한 영향

① 사회적으로 다양한 활동을 하는 지도자는 참가자의 사회적 촉진을 불러일으킴
② 수행자에게 사회적 지지 제공 시 수행자의 자기 효능감 증가와 피로 감소에 도움
③ 지도자의 실제 행동, 선수의 선호도와 상황적 요인의 요구 수준이 일치할수록 집단의 수행과 집단 구성원의 만족 정도는 높아질 수 있음

핵심테마 09 스포츠 수행의 사회 심리적 요인 Ⅱ

 Speed 심화포인트

2 사회성 발달

1. 공격성의 개념 및 이론

(1) 공격성의 개념 기출 2017
① 상대에게 해를 입히려는 성질이며, 과감하고 적극적인 성질임
② 타인을 해치려고 하는 행동, 수행자보다 평가자가 공격적이라고 여기는 가해적·파괴적인 행동, 상대방에게 해를 입히거나 상해를 입히려는 의도적인 행위 등

(2) 공격성의 특성
① 태도나 정서가 아니라 행동이며, 언어적·비언어적 행동 모두 공격성에 포함됨
② 우연히 남에게 피해를 주는 것은 공격성이라고 보기 힘듦
③ 상대에게 부상을 입히려 했지만 부상을 입지 않은 것도 공격성으로 간주함
④ 생물을 위해하는 것은 공격성이지만, 무생물을 위해하는 것은 공격성에 해당하지 않음
⑤ 자기 자신을 학대(자해)하거나 자살하는 것도 공격성에 해당함

(3) 공격성 이론 기출 2025/2023

본능 이론	사람에게는 본능적으로 공격성이 있고, 거기에서 분출되는 에너지가 공격 행동을 일으킨다는 이론
좌절-공격 가설	어떤 목표를 달성하려고 할 때 방해를 받으면 좌절하게 되고, 좌절하면 공격한다는 이론
사회 학습 이론	공격적인 행동을 포함해서 인간의 행동은 환경 속에서 모방과 보상에 의해 학습된다는 이론(모방 이론, 관찰 학습 이론이라고도 불림)
수정된 좌절-공격 가설	좌절이 무조건 공격 행동을 유발하지 않고, 공격 행동이 적절하다는 외부적 단서가 있을 때 나타남

(4) 공격 행위의 종류

적대적 공격 행위	상대에게 피해를 입히려는 목적으로 한 공격 행위로, 분노가 발생함
수단적 공격 행위	승리 또는 금전이나 칭찬을 획득할 목적으로 한 공격 행위로, 분노가 없음
권리적 행위	합법적인 폭력 행위로, 해를 입힐 의도가 없음

2. 스포츠에서 공격성의 원인 및 결과

(1) 스포츠에서 접근 방식에 따른 공격성 원인

생물학적 접근	신체적 특성과 생리학적 특성 등을 공격성의 원인으로 보며, 구체적으로 규명되지는 않았지만 인내 부족, 조바심 등과 관련 있다고 봄
심리학적 접근	초자아가 발달이 덜 되어 지나치게 억압되어 있었던 원초아가 비정상적·위협적인 방식으로 한 번에 표현되기 때문에 나타난다고 봄
사회 환경적 접근	개인의 내적 차원보다 외적 차원인 환경을 공격성의 원인으로 보며, 빈부 격차, 사회적 분위기, 갈등, 범죄 노출 등과 관련 있다고 봄

(2) 스포츠 수행과 공격 행위

① 공격성의 원인과 결과

종목의 특성	신체적 접촉이 많은 스포츠가 그렇지 않은 스포츠보다 공격성이 높음
초청 경기와 방문 경기	원정 경기는 상대 팀 선수, 관중과도 싸우려 하기 때문에 더 민감하게 반응함
팀의 순위	순위가 낮은 팀이 공격적인 행위를 더 많이 하는 것으로 나타남
경기의 시점	시합의 전반보다 후반에 공격성이 더 높아짐
성	공격성에 대한 전체적인 점수는 남자 선수가 더 높게 나타남
스코어 차이	경기가 막상막하일 때 공격 행위는 감소하나, 점수 차이가 많이 날 때에는 공격 행위가 증가하는 것으로 나타남
경력과 경기 수준	운동 경력이 많고 경기 수준이 높을수록 공격성이 더 높음

② 스포츠 수행과 공격 행위의 결과
　㉠ 상대방을 공격하는 것에 주의를 빼앗기므로 과제로부터 주의를 분산시킴
　㉡ 공격 행위는 분노, 적개심 등을 동반하므로 증가된 각성이 주의의 폭을 좁힘으로써 스포츠 수행을 방해함

(3) 공격성의 통제 방법

① **부모의 훈련**: 부모의 자녀 양육 방식 혹은 부모와 자녀 간의 커뮤니케이션 형태가 아동의 공격성과 밀접한 관계를 가지기 때문에 부모를 훈련시켜 아동의 공격성을 통제할 수 있음
② **조망 수용**: 타인의 상태를 그 사람의 입장에서 이해할 수 있는 능력을 의미하며, 자신의 공격성으로 인해 타인이 느낄 감정, 신체적 결과를 느끼고 인식할 수 있는 기회를 제공함
③ **공감 훈련**: 분노를 공감으로 대체, 공감을 높이는 훈련을 통해 공격성을 감소시킴

3. 스포츠 참가와 인성 발달

(1) 스포츠 참가의 분류

심동적	선수가 운동을 수행하기 위해 신체를 활용하여 스포츠 경기에 직접 참여하거나 선수 활동 이외의 스포츠와 관련한 분야에 참여하는 것
정의적	선수가 실제로 스포츠 경기에 참여하지는 않지만, 동료 선수들의 스포츠 경기를 통해 본인이 직접 그 경기에 임하는 선수와 동일시하여 개입하는 것
인지적	대중 매체, 학교, 동료, 관련 기관으로부터 스포츠에 대한 정보를 제공받음으로써 스포츠에 참여하게 되는 것

(2) 스포츠 참가를 통한 인성 발달
① 인내력을 향상시킬 수 있고, 사회성을 발달시킴
② 정서적으로 안정화되고, 스포츠 규칙을 준수할 수 있게 됨

(3) 스포츠를 통한 인성 발달 전략 [기출 2023]
① 상황에 맞는 바람직한 행동을 설명함
② 바람직한 행동을 강화하고, 적대적 공격행동은 처벌함
③ 도덕적으로 적절한 행동에 대하여 설명함

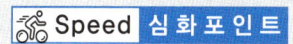

출제 0순위 공략! 꼭 풀어야 할 대표문제

01 [2023년 기출문제]

〈보기〉에 제시된 공격성에 관한 설명과 이론(가설)이 바르게 연결된 것은?

> **보기**
> - (㉠) 환경에서 관찰과 강화로 공격 행위를 학습한다.
> - (㉡) 인간의 내부에는 공격성을 유발하는 에너지가 존재한다.
> - (㉢) 좌절(예 목표를 추구하는 행위가 방해받는 경험)이 공격 행동을 유발한다.
> - (㉣) 좌절이 무조건 공격행동을 유발하지 않고 공격행동이 적절하다는 외부적 단서가 있을 때 나타난다.

	㉠	㉡	㉢	㉣
①	사회 학습 이론	본능 이론	좌절-공격 가설	수정된 좌절-공격 가설
②	사회 학습 이론	본능 이론	수정된 좌절-공격 가설	좌절-공격 가설
③	본능 이론	사회 학습 이론	좌절-공격 가설	수정된 좌절-공격 가설
④	본능 이론	사회 학습 이론	수정된 좌절-공격 가설	좌절-공격 가설

| 정답해설 |
㉠ 사회 학습 이론: 공격성은 환경 속에서 학습된다는 것이 사회 학습 이론이며, 모방 이론 또는 관찰 학습 이론으로 불리기도 한다.
㉡ 본능 이론: 사람에게는 본능적으로 공격성이 있고, 거기에서 분출되는 에너지가 공격 행동을 일으킨다는 이론이다.
㉢ 좌절-공격 가설: 어떤 목표를 달성하려고 할 때 방해를 받으면 좌절하게 되고, 좌절하면 공격한다는 이론이다.
㉣ 수정된 좌절-공격 가설: 좌절이 항상 공격으로 나타나지 않고, 감정적 준비가 되어 있고, 공격이 적절하다는 환경적 단서가 있을 때 일어난다는 주장이다.

02 [2025년 기출문제]

본능이론(instinct theory)에 관한 설명으로 옳은 것은?

① 인간은 목표 달성이 좌절되면 공격성을 표출한다.
② 인간은 사회적 행위와 관찰학습으로 공격성을 배우고 표출한다.
③ 인간의 내부에는 공격성을 유발하는 에너지가 있어 공격성을 표출한다.
④ 인간은 목표가 좌절되면 무조건 공격행동을 유발하지 않고, 공격행동이 적절하다는 단서가 있을 때 공격성을 표출한다.

| 오답해설 |
① 좌절-공격 가설: 어떤 목표를 달성하려고 할 때 방해를 받으면 좌절하게 되고, 좌절되면 공격성을 표출한다는 이론이다.
② 사회 학습 이론: 인간의 행동은 환경 속에서 관찰학습으로 공격성이 학습된다는 이론이다.
④ 수정된 좌절-공격 가설: 좌절이 무조건 공격 행동을 유발하지 않고, 공격 행동이 적절하다는 외부적 단서가 있을 때 공격성을 표출한다는 이론이다.

03 [2023년 기출문제]

스포츠를 통한 인성 발달 전략에 대한 설명으로 옳지 <u>않은</u> 것은?

① 상황에 맞는 바람직한 행동을 설명한다.
② 도덕적으로 적절한 행동에 대하여 설명한다.
③ 바람직한 행동을 강화하고 적대적 공격 행동은 처벌한다.
④ 격한 상황에서 자신의 감정을 공격적으로 표출하도록 격려한다.

| 정답해설 |
격한 상황에서 자신의 감정을 공격적으로 표출하지 않도록 격려하는 것이 바람직하다.

정답 01 ① 02 ③ 03 ④

핵심테마 09 | 스포츠 수행의 사회 심리적 요인 II

04 [2024년 기출]

〈보기〉의 ㉠~㉢에 들어갈 개념을 바르게 나열한 것은?

> **보기**
> - (㉠): 타인의 존재가 과제수행에 미치는 영향을 말한다.
> - (㉡): 타인의 존재만으로도 각성과 욕구가 생긴다.
> - (㉢): 타인의 존재가 운동과제에 대한 집중을 방해하기도 하지만, 수행자의 욕구 수준을 증가시키기도 한다.

	㉠	㉡	㉢
①	사회적 촉진	단순 존재 가설	주의 분산/갈등 가설
②	사회적 촉진	단순 존재 가설	평가 우려 가설
③	단순 존재 가설	관중 효과	주의 분산/갈등 가설
④	단순 존재 가설	관중 효과	평가 우려 가설

| 정답해설 |
㉠은 사회적 촉진, ㉡은 단순 존재 가설, ㉢은 주의 분산/갈등 가설에 해당한다.

| 오답해설 |
- 평가 우려 가설: 타인의 존재가 수행자를 평가할 수 있다는 것을 인지해야 하며, 타인들의 평가가 수행자에게 긍정적 또는 부정적 영향을 주었던 경험이 있어야 한다는 가설이다.
- 관중 효과: 다른 사람들(관중) 앞에서 어떤 행동을 하고 있을 때, 그 행동의 양이나 속도, 질 등이 달라지는 현상이다. 운동선수가 관중이 있을 때 더 잘하는 경우를 예로 들 수 있다.

정답 04 ①

핵심테마 10 | 건강 운동 심리학

1 운동의 심리적 효과

1. 운동과 성격
① 내성적인 사람보다 외향적인 사람이 신체 활동을 더 많이 하고 오래 지속함
② 장기적인 운동의 실천은 정서적 안정감을 가져다줌
③ 우울감 또는 불안을 자주 느끼는 성격을 가진 사람의 경우 운동을 지속하기가 어려움
④ 정서적으로 불안정한 사람은 운동 참여 활동에 적극적이지 못함
⑤ 지속적인 운동 참여는 성격을 변화시킬 수도 있음

2. 운동의 심리 생리적 효과 기출 2018/2016/2015

(1) 운동이 불안에 미치는 효과
① 유산소 운동은 불안을 감소시키는 반면, 고강도의 무산소 운동은 불안 감소의 효과가 없거나 오히려 더 증가시킴
② 운동 기간과 불안의 해소는 상관관계가 있음
③ 장기간 운동을 실시하면 특성 불안을 감소시키지만, 일회성 운동은 상태 불안을 일시적으로 감소시킴

(2) 운동이 우울증에 미치는 효과
① 운동은 연령과 관계없이 우울증의 증상을 감소시킴
② 운동 기간이 길거나 운동 빈도가 높을수록 우울증의 치료 효과가 큼
③ 운동 강도와 우울증은 상관관계가 없음

(3) 운동이 스트레스에 미치는 효과
① 유산소 운동을 하면 스트레스에 덜 민감하게 반응함
② 단기간 운동보다 장기간 운동이 스트레스 해소에 더 효과적임
③ 높은 수준의 스트레스보다 낮은 수준의 스트레스를 견디는 데 더 효과적임
④ 심박수가 빠르게 회복되며, 불안 수준이 낮게 나타남
⑤ 체력이 우수한 사람이 스트레스에 덜 민감하게 반응함

3. 신체 활동의 심리 측정

(1) 심리적 측정 방법
① 보그(Borg)의 운동 자각도(RPE) 측정
  ㉠ 운동 강도에 대해 응답자가 주관적으로 느끼는 정도를 측정하는 방법
  ㉡ 운동 자각도 척도는 운동 강도의 기록 및 처방을 목적으로 이용
② 고딘(Godin)과 셰파드(Shephard)의 여가 활동 질문지(LEQ)
  ㉠ 일주일 동안 여가 시간에 한 운동의 양을 조사하고, 운동을 진행하면서 소비된 에너지의 양을 대략 계산하여 단위를 절대 강도(MET)로 나타내는 측정 방법
  ㉡ 15분 이상 운동을 하는 횟수를 기준으로 질문지를 작성함

③ 맥네어(McNair)의 기분 상태 검사(POMS)
　㉠ 운동 정서를 심리적으로 측정하는 것으로, 자신이 일주일 동안 느꼈던 느낌을 65개의 문항에 응답하는 방식으로 측정하는 방법
　㉡ 6가지의 정서(긴장, 분노, 우울, 피로, 혼동, 활력 등)로 구분하여 분석할 수 있도록 되어 있으며, 정서별로 득점할 수 있는 점수가 다름
④ 왓슨(Watson)의 긍정적·부정적 감정 스케줄(PANAS)
　㉠ 현재의 감정 상태를 측정하는 것으로, 이는 느낌이나 정서에 대한 상태를 20개의 문항으로 구성한 척도
　㉡ 현재의 느낌과 일주일 동안의 느낌을 표시하고 이를 비교하여 측정하는 방법

(2) 신체 활동 측정의 중요성
① 신체 활동을 정확하게 측정하는 것은 운동 수행 수준을 정확히 파악하는 것과 더불어 목표를 설정하는 데 매우 중요함
② 건강 증진을 위한 효과적인 운동을 실시하기 위해서는 각 개인의 수준에 맞는 운동량과 빈도, 강도, 형태 등을 제시할 필요가 있음

4. 운동의 심리적 효과와 관련한 주요 가설 [기출 2025/2018]

(1) 열 발생 가설
운동을 하면 체온이 상승하고, 체온이 상승하면 뇌에서 근육에 이완 명령을 내리기 때문에 편안해짐

(2) 주의 분리 가설
운동을 하면 일상적인 생활 패턴에서 분리되기 때문에 적절한 불안과 생리적 활성화가 발생함

(3) 모노아민 가설
운동을 하면 신경 전달 물질의 분비가 증가하기 때문에 정서에 변화(운동이 우울증에 효과가 있다는 가설에 대한 근거를 설명)가 나타남

(4) 뇌 변화 가설
운동을 하면 뇌의 혈관이 많아지기 때문에 인지 능력이 향상됨

(5) 생리적 강인함 가설
운동을 규칙적으로 하면 스트레스를 규칙적으로 가하는 것이기 때문에 스트레스에 견디는 능력이 향상되어 정서적으로 안정됨

(6) 사회 심리적 가설
① 사람들은 운동을 하면 기분이 좋아진다는 기대 가설
② 다른 사람으로부터 받는 긍정적 주의로 자신의 가치가 강화되는 주의효과 가설
③ 운동을 지속하면 근육이 발달하고 외모에 대한 생각이 좋아지는 자아상 개선 가설
④ 운동을 실천하면 자신의 삶의 일부 활동인 운동에 대해서 통제감을 느끼는 자신감(통제감) 가설

2 운동 심리 이론

1. 운동 심리 이론의 의미
개인이 건강 또는 취미로 운동을 시작하게 된 원인 또는 그 과정을 설명하는 이론을 의미함

2. 운동 심리 이론의 종류

(1) 합리적 행동 이론
① 투표 참가 행동을 예측하기 위해 개발되었으며, 개인의 '의도'가 행동을 유도하는 데 결정적인 원인으로 작용한다고 보는 이론
② 개인이 운동을 하려는 의도가 있으면 운동을 실천하고, 의도가 없으면 실천하지 않음

(2) 계획적 행동 이론 기출 2024/2021

합리적 행동 이론에는 포함되지 않는 '지각된 행동 통제감'이라는 개념을 추가하여 확장한 이론

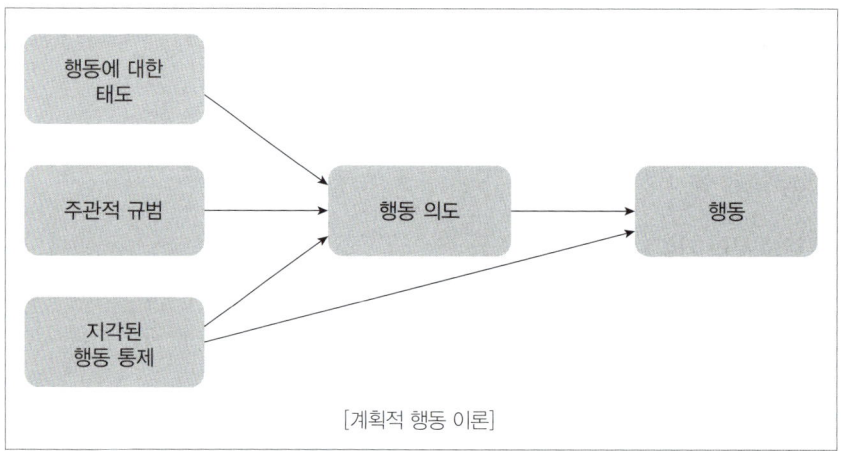

[계획적 행동 이론]

(3) 변화 단계 이론 기출 2025/2022/2021/2020/2018
① 인간의 행동은 시간을 두고 천천히 단계적으로 변화하기 때문에 운동하려는 의도가 생겼다고 해서 갑자기 운동하는 것은 아니라는 이론
② 프로차스카(J. Prochaska)의 운동 행동 변화 단계 이론

무관심	현재 운동을 하지 않으며, 6개월 이내에 운동을 시작할 의도가 없음
관심	현재 운동을 하지 않고 6개월 이내 운동을 시작할 의도가 있음
준비	현재 운동을 하고 있지만, 가이드라인을 채우지 못하고 30일 내에 가이드라인을 충족하는 수준으로 운동을 시작할 의도가 있음
실천	가이드라인을 충족하는 수준의 운동을 하지만 아직 6개월 미만임
유지	가이드라인을 충족하는 수준의 운동을 6개월 이상 하여 안정 상태에 접어들었음

(4) 생태학 이론 기출 2022
① 개인이 운동을 실천하거나 하지 않는 이유를 개인적인 관점에서만 찾는 것이 아니라 사회와 국가는 물론 자연환경까지도 포함시켜야 한다고 보는 이론
② 사회적 환경 요인에는 운동을 지지해 주는 행동, 사회적 분위기, 문화, 운동에 대한 인센티브 정책, 운동을 위한 자원과 시설에 대한 정책 등이 포함됨

(5) 건강 신념 모형

질병이 발생할 수 있는 가능성과 질병에 걸리면 심각한 문제가 발생한다는 인식이 건강 행동의 실천에 영향을 준다는 이론

(6) 자기 효능감 이론

① 자기 효능감이란 특정 상황에서 주어진 과제를 성공적으로 수행할 수 있다는 믿음을 말하며, 자기 효능감이 높을수록 행동의 실현 가능성이 높아짐
② 자기 효능감은 성공 경험, 간접 경험, 언어적 설득, 신체와 정서 상태라는 4가지 원천에 의해 결정되는데, 이 중에서 과거의 성공 경험이 자기 효능감 형성에 큰 역할을 함

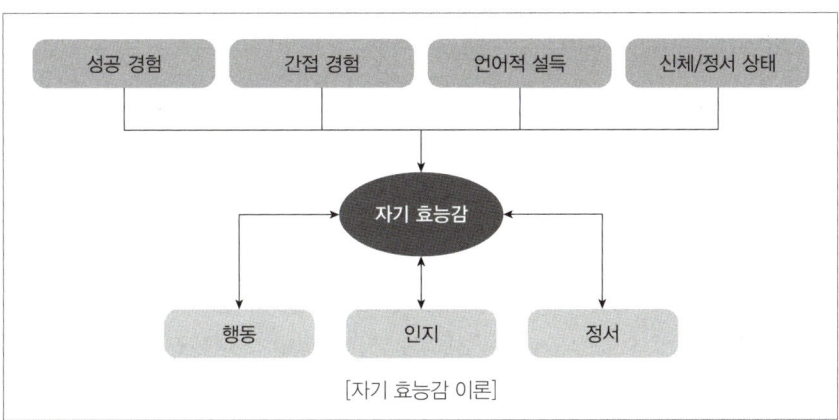

[자기 효능감 이론]

3 운동 실천 중재 전략

1. 운동 실천 중재 전략의 개념 및 종류

(1) 운동 실천 중재 전략의 개념

운동을 실천하고 있지 않은 사람이 운동을 하도록 만드는 것을 말함

(2) 운동 실천 중재 전략의 종류 기출 2020

① 행동 수정 전략 기출 2021

프롬프트	• 연기나 연설 중 어떠한 말을 해야 하는지 알려 주는 장치 • 프롬프트를 사용하는 행동 수정 전략은 운동에 도움이 되는 단서를 더 많이 사용하는 데 목적이 있음
계약하기	운동 지도자와 서면 계약을 하면 운동 목표 달성에 더 효과적일 수 있음
출석부 게시	회원들의 출석부를 게시하면 출석에 대한 동기 부여를 제공할 수 있음
보상 제공	우수 회원 선정 및 보상 제공으로 지속적인 참여 유도 가능

② 인지 전략 기출 2018

목표 설정	반드시 객관적인 목표를 세워야 하며, 객관적인 목표를 달성하기 위해 더 노력해야 한다고 생각하도록 해야 함
의사 결정	운동에 참여하지 않는 사람을 운동에 참여할 수 있도록 하는 전략으로, 운동을 하면 긍정적인 면이 더 많다는 정보를 제공하여 참여할 수 있게 해야 함
동기 유발	운동에 참여하면 나타나는 긍정적인 변화를 통해 동기를 유발하고 스스로 운동에 참여할 수 있도록 해야 함

핵심테마 10 건강 운동 심리학

2. 운동 실천에 영향을 미치는 요인 [기출 2016]

(1) 개인적 요인 [기출 2017]

개인 특성	성, 연령, 직업, 교육 수준, 건강 등
인지 성격	태도, 재미, 자기 효능감, 기분, 운동에 대한 지식 등
행동	다이어트, 과거 체육 프로그램 참가, 학교 운동부 등

(2) 환경적 요인 [기출 2024]

사회적 환경	친구·가족·배우자·동료로부터의 사회적 지지, 지도자의 사회적 지지, 집단 응집력 등
물리적 환경	인식된 접근성, 실제 접근성, 운동 장비, 기후와 계절 등

(3) 운동 특성 요인

운동 특성	운동 강도, 인지된 노력, 단체 프로그램, 지도자 수준 등

Jump Up 이해

사회적 지지의 요인 [기출 2018/2017]

정서적 지지	타인을 격려하고 걱정하는 과정에서 생기는 지지
도구적 지지	어떠한 도구적 힘을 활용하여 타인을 돕고자 하는 과정에서 생기는 지지
비교 확인 지지	타인을 격려하기 위해 지속적인 경쟁자와의 비교, 과거의 잘못된 운동 수행과의 비교를 통해 긍정적인 힘을 주기 위한 과정에서 생기는 지지
정보적 지지	타인의 운동 수행을 돕기 위해 정보를 제공하는 과정에서 생기는 지지

운동 실천 관련 이론에 근거한 전략 [기출 2015]

혜택 인식	건강과 체력 증진, 정신적·정서적 건강 향상, 대인 관계 개선, 외모와 체형 개선
방해 요인 극복	• 실제 방해 요인: 생태적·신체적 제약, 편리성, 환경 등 • 인식된 방해 요인: 시간 부족, 흥미 부족 등 • 신체적 방해 요인: 부상, 피로, 질병 등
자기 효능감 향상	과거의 수행 경험, 간접적인 경험, 언어적인 설득, 신체와 감정 상태 등

출제 0순위 공략! 꼭 풀어야 할 대표문제

01 [2024년 기출]

〈보기〉는 아이젠(I. Ajzen)의 계획 행동 이론이다. 〈보기〉의 ㉠~㉣에 들어갈 개념을 바르게 나열한 것은?

> **보기**
>
> (㉠)는 행동을 수행하는 것에 대한 개인의 정서적이고 평가적인 요소를 반영한다. (㉡)은/는 어떤 행동을 할 것인지 또는 안 할 것인지에 대해 개인이 느끼는 사회적 압력을 말한다. 어떠한 행동은 개인의 (㉢)에 따라 그 행동 여부가 결정된다. (㉣)은/는 어떤 행동을 하기가 쉽거나 어려운 정도에 대한 인식 정도를 의미한다.

	㉠	㉡	㉢	㉣
①	태도	의도	주관적 규범	행동 통제 인식
②	의도	주관적 규범	행동 통제 인식	태도
③	태도	주관적 규범	의도	행동 통제 인식
④	의도	태도	행동 통제 인식	주관적 규범

| 정답해설 |

계획적 행동 이론(theory of planned behavior)
합리적 행동 이론은 의도에 따라 행동을 예측하는 결정적 요인이라 보는 이론으로, 의도는 행동에 대한 태도, 주관적 규범에 의해 형성된다고 본다. 그러나 의도가 있어도 행동을 통제할 수 있는 자신감이 없다면 의도가 행동으로 잘 연결되지 않을 수 있다고 하여, 방해요인을 통제할 수 있는 요인 행동 통제 인식 개념을 추가한 것이 계획 행동 이론이다. 계획 행동 이론은 의도, 행동에 대한 태도, 주관적 규범, 행동 통제 인식으로 구성된다.
㉠ 태도(attitude): 어떤 행동의 실천에 대해 개인이 갖고 있는 긍정적·부정적 생각을 말하며, 평가가 태도에 영향을 준다.
㉡ 주관적 규범(subjective norm): 어떠한 행동을 하는 데 있어 사회적 압력을 얼마나 받는지를 의미한다.
㉢ 의도(intention): 개인의 의도가 행동을 유도하는 결정적인 원인이라고 본다.
㉣ 행동 통제 인식(perceived behavioral control): 어떤 행동에 대해 개인이 얼마나 통제감을 느끼는지를 의미한다.

02 [2024년 기출]

〈보기〉에서 운동 실천을 위한 환경적 영향 요인을 모두 고른 것은?

> **보기**
>
> ㉠ 지도자 ㉡ 교육 수준
> ㉢ 운동 집단 ㉣ 사회적 지지

① ㉠, ㉡
② ㉢, ㉣
③ ㉠, ㉡, ㉣
④ ㉠, ㉢, ㉣

| 정답해설 |

운동 실천을 위한 환경적 요인에는 사회적 환경요인과 물리적 환경요인이 있다. 사회적 환경요인으로는 친구와 동료의 사회적 지지, 지도자의 사회적 지지, 집단 응집력 등이 있으며, 물리적 환경요인으로는 기후와 계절, 시설에 대한 접근성, 가정용 운동장비 등이 있다.

| 오답해설 |

㉡ 교육 수준은 운동 실천을 위한 개인적 요인이다.

03 [2021년 기출문제]

운동 실천을 위한 행동 수정 중재 전략으로 적절하지 <u>않은</u> 것은?

① 운동화를 눈에 잘 띄는 곳에 둔다.
② 구체적이고 실현 가능한 목표를 설정한다.
③ 지각이나 결석이 없는 회원에게 보상을 제공한다.
④ 출석 상황과 운동 수행 정도를 공공장소에 게시한다.

| 정답해설 |

구체적이고 실현 가능한 목표 설정은 스포츠 수행 시 목표 설정의 속성 중 구체성에 대한 설명이다.

| 심화해설 |

행동 수정 중재 전략
운동 습관에 영향을 줄 수 있는 환경적인 요소에 변화를 주어 지속적으로 운동하게 만드는 전략이며, 프롬프트, 계약하기, 출석부 게시, 보상 제공 등의 방법이 있다.

정답 01 ③ 02 ④ 03 ②

출제 0순위 공략! 꼭 풀어야 할 대표문제

04 [2021년 기출문제]

신체 활동은 일련의 단계를 거쳐 변화한다는 것을 기본적인 전제로 하는 운동 행동 이론은?

① 계획 행동 이론(theory of planned behavior)
② 건강 신념 모형(health belief model)
③ 변화 단계 이론(transtheoretical model)
④ 합리적 행동 이론(theory of reasoned action)

| 정답해설 |
변화 단계 이론은 운동 행동을 예측하는 운동 심리 이론 중 하나로, 인간의 행동은 시간을 두고 천천히 단계적으로 변화하는 5단계의 운동 행동의 변화 단계에 따라 진행된다는 이론이다. 운동 행동의 변화는 '무관심 → 관심 → 준비 → 실천 → 유지'의 순서이다.

| 오답해설 |
① 계획 행동 이론: 행동을 실천하고자 하는 의도가 있는지를 알면 행동을 예측할 수 있다고 보는 합리적 행동 이론에 운동 행동을 방해하는 요인을 통제할 수 있는 자신감을 의미하는 행동 통제 인식이라는 개념이 추가된 이론이다.
② 건강 신념 모형: 질병이 발생할 수 있는 가능성과 질병에 걸리면 심각한 문제가 발생한다는 인식이 건강 행동의 실천에 영향을 준다는 이론이다.
④ 합리적 행동 이론: 행동을 실천하고자 하는 의도가 있는지를 알면 행동을 예측할 수 있다고 보는 이론으로, 의도는 행동에 대한 태도, 주관적 규범이라는 두 가지 요인에 의해 형성된다.

05 [2022년 기출문제]

프로차스카(J. O. Prochaska)의 운동 변화 단계 모형(Transtheoretical Model)에 관한 설명으로 옳은 것은?

① 변화 단계와 자기 효능감과의 관계는 U자 형태다.
② 인지적·행동적 변화 과정을 통해 운동 단계가 변화한다.
③ 변화 단계가 높아짐에 따라 운동에 대해 기대할 수 있는 혜택은 점진적으로 감소한다.
④ 무관심 단계는 현재 운동에 참여하지 않지만, 6개월 이내에 운동을 시작할 의도가 있다.

| 정답해설 |
인지적 과정은 개인이 행동을 변화시킬 때 사용하는 인지 관련 기술을 의미하고, 행동적 과정은 행동 관련 기술을 의미한다. 운동 단계를 진행하는 데 이와 같은 변화 과정이 사용된다.

| 오답해설 |
① 변화 단계와 자기 효능감의 관계는 비례해서 직선적으로 높아지는 경향을 보인다.
③ 변화 단계가 높아짐에 따라 운동에 대해 기대할 수 있는 혜택 인식은 증가한다.
④ 무관심 단계는 현재 운동을 하고 있지 않고, 6개월 이내에 운동을 할 의도가 없는 단계이다.

정답 04 ③ 05 ②

핵심테마 10 | 건강 운동 심리학

06 [2022년 기출문제]

〈보기〉에서 설명하는 운동 심리 이론(모형)은?

| 보기 |

- 지역 사회가 여성 전용 스포츠 센터를 확충한다.
- 정부가 운동 참여에 대한 인센티브 정책을 수립한다.
- 가정과 학교에서 운동 참여를 지지해 주는 분위기를 만든다.

① 사회 생태 모형(social ecological model)
② 합리적 행동 이론(theory of reasoned action)
③ 자기 효능감 이론(self-efficacy theory)
④ 자결성 이론(self-determination theory)

| 정답해설 |

사회 생태 모형은 개인이 운동하거나 안 하는 이유를 개인적인 관점에서만 찾지 말고, 사회와 국가는 물론이고 자연환경 등의 다른 차원의 요인도 포함시켜 고려해야 한다는 이론이다. 사회적 환경 요인에는 운동을 지지해 주는 행동, 사회적 분위기, 문화, 운동에 대한 인센티브 정책, 운동을 위한 자원과 시설에 대한 정책 등이 포함된다.

| 오답해설 |

② 합리적 행동 이론은 개인이 운동하려는 의도가 있으면 운동하고, 의도가 없으면 운동을 하지 않는다는 이론이다.
③ 자기 효능감 이론은 특정 상황에서 주어진 과제를 성공적으로 수행할 수 있다는 신념을 말한다.
④ 자결성 이론은 자기 결정성의 연속선상에서 외적 동기와 내적 동기를 설명하는 인지적 동기 이론으로, 개인의 행동이 스스로에게 동기 부여가 되고 스스로 결정된다는 것에 초점을 둔다.

07 [2025년 기출문제]

〈보기〉가 설명하는 가설은?

| 보기 |

운동은 세로토닌, 노르에피네프린, 도파민과 같은 신경전달물질 분비를 증가시켜 우울증을 개선한다.

① 열발생 가설
② 모노아민 가설
③ 사회 심리적 가설
④ 생리적 강인함 가설

| 오답해설 |

① 열발생 가설: 운동을 통해 체온이 상승하면, 뇌에서 근육의 이완과 심리적 안정을 유도하는 신경 반응이 일어나며, 이로 인해 불안 감소나 기분 개선 효과가 나타난다는 가설이다.
③ 사회 심리적 가설: 운동이 심리적 요인을 통해 정서 개선에 영향을 미친다는 가설이다. 모두 외부 환경이나 인지적 요소가 심리적 효과에 영향을 준다고 보는 접근이다.
④ 생리적 강인함 가설: 운동을 규칙적으로 하면 스트레스에 대한 신체적·정서적 회복력을 높여준다는 가설이다.

08 [2025년 기출문제]

그림에서 무관심 단계의 운동 실천 전략으로 가장 적절한 것은?

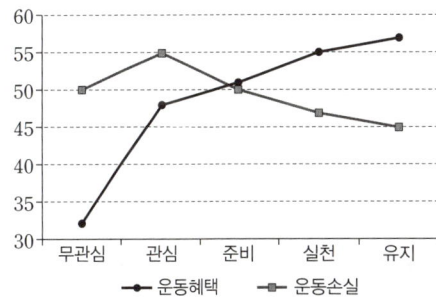

프로차스카(J. Prochaska) 운동 변화 단계 이론

① 장시간 고강도 운동에 참여하도록 조언한다.
② 다른 사람의 운동 멘토 역할을 하도록 한다.
③ 운동의 긍정적 효과에 관한 정보를 제공한다.
④ 운동중독의 위험성에 관한 자료를 공유한다.

| 정답해설 |

무관심 단계는 현재 운동을 하지 않으며, 6개월 이내에 운동을 시작할 의도가 없는 단계를 말한다. 이 단계에는 고강도 운동 참여 또는 다른 사람의 운동 멘토 역할보다는 운동의 긍정적 효과에 대한 정보를 제공하여 운동에 관심을 갖고 실천할 수 있게 하는 전략이 가장 적절하다.

정답 06 ① 07 ② 08 ③

핵심테마 11 | 스포츠 심리 상담

 Speed 심화포인트

1 스포츠 심리 상담의 개념

1. 스포츠 심리 상담의 이해 기출 2017

(1) 스포츠 심리 상담의 개념
스포츠 상황에서 참여자를 대상으로 경기력을 향상시키거나 인간적인 성장을 도와주기 위해 심리 기술 훈련과 상담을 적용하여 중재하는 과정을 의미함

(2) 스포츠 심리 상담의 목표
① 운동 수행 능력의 향상
② 운동 지속 시간 및 기간 증가
③ 사회성의 발달 및 개선
④ 운동 참여에 대한 만족도 향상
⑤ 운동과 관련된 심리적인 요인에 대한 문제 해결 및 개선

(3) 스포츠 심리 상담사의 역할 기출 2015
① 개인, 집단, 팀 등에 스포츠와 관련된 심리적 요인의 역할에 대한 정보를 전달할 수 있어야 함
② 스포츠 상황에서 적용할 수 있는 인지, 행동, 정서적 기술 등을 지도할 수 있어야 함
③ 운동이나 스포츠 상황에서 여러 심리적 요인의 이해와 측정, 경기력 향상을 위한 도움을 제공할 수 있어야 함
④ 운동에 지속적으로 참여할 수 있는 방안과 의사소통, 프로그램 개발 및 평가 등을 할 수 있어야 하며, 관련 내용을 개인, 집단, 팀 등을 위해 교육할 수 있어야 함

> **Jump Up 이해**
>
> **스포츠 심리 상담사의 자격 및 역할**
>
> | | |
> |---|---|
> | 1급 | • 심리학 분야의 박사 학위 소지자로 2급 스포츠 심리 상담사 자격을 취득한 자
• 스포츠 심리 상담과 관련한 전문적인 지식 함양
• 스포츠 심리와 관련한 프로그램을 개발 및 감독
• 2급 및 3급 스포츠 심리 상담사를 양성
• 스포츠 심리 측정 및 분석 서비스 등을 수행 |
> | 2급 | • 스포츠 심리 분야 석사 학위 소지자로 3급 스포츠 심리 상담사 자격을 취득한 자
• 스포츠심리학과 관련된 전문 지식 함양
• 운동 참가자를 대상으로 심리 상태 평가 및 심리 기법 적용
• 적절한 상담과 심리 기술 훈련 등 수행 |
> | 3급 | • 학력 제한은 없으며 스포츠와 운동 관련 현장에서 2년 이상 근무 경험자 또는 체육 및 건강 관련 자격증 소지자, 체육 관련 학과 재학생 이상
• 스포츠심리학과 관련한 기본적 지식 함양
• 스포츠 현장에서 참가자의 참여 및 수행을 촉진하는 역할 수행 |

(4) 스포츠 심리 상담 윤리(한국스포츠심리학회 제시) 기출 2025/2024/2022/2019/2015
① 상담, 감독을 받는 학생이나 고객과 이성 관계로 만나지 말아야 함
② 미성년자 고객의 가족과는 개인적, 금전적 또는 다른 관계로 만나지 말아야 함

③ 특별한 경우를 제외하고는 고객과 상담실 밖에서의 사적인 관계를 유지하지 말아야 함
④ 가까운 친구나 친인척 등을 내담자로 받아들이면 이중 관계가 되어 전문적 상담의 성과를 기대할 수 없으므로 다른 전문가에게 의뢰하여 도움을 주어야 함
⑤ 스포츠 심리 상담사는 상담 과정에서 얻은 정보를 이용할 때 고객과 미리 상의해야 함
⑥ 스포츠 심리 상담사는 상담에 참여한 사람으로부터 좋은 평가나 소감(증언)을 요구하지 않아야 함

> **Jump Up 이해**
>
> **스포츠 심리 상담 윤리** 기출 2019
> - 일반 원칙: 전문성, 정직성, 책무성, 인권 존중, 사회적 책임
> - 일반 윤리: 권력 남용과 위협, 의뢰와 위임, 상담 비용, 물품, 부적절한 관계, 비밀 보장

2. 스포츠 심리 상담의 모형

(1) 인지 재구성 모형
스포츠 심리 상담을 받으러 온 선수가 비합리적인 생각이나 신념을 가지고 있어 경기에 방해가 된다고 판단될 때 사용하는 모형

(2) 교육적 모형
내담자가 처음 찾아왔을 때 어떤 방법으로 심리 기술 훈련을 할 것인지 정하기 위해 적용하는 모델

> **Jump Up 이해**
>
> **교육적 모형의 4단계**
>
>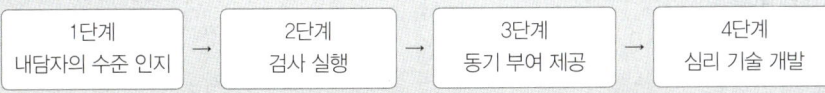
> 1단계 내담자의 수준 인지 → 2단계 검사 실행 → 3단계 동기 부여 제공 → 4단계 심리 기술 개발
>
> - 1단계(내담자의 수준 인지): 내담자의 현재 운동 수준을 알아보기 위해 운동 역학 및 생리적 기능 검사를 수행하는 단계
> - 2단계(검사 실행): 심리 검사지를 활용한 설문지 형식으로 실시되는 검사 단계로, 설문 조사 단계라고도 함
> - 3단계(동기 부여 제공): 상담자와 내담자가 상의하여 동기 부여 방법에 대한 방안을 결정하는 단계
> - 4단계(심리 기술 개발): 운동하기에 적합한 심리 상태를 갖기 위한 훈련 방법을 결정하는 단계

(3) 멘탈 플랜 모형
스포츠 수행의 심리적 요인인 심상과 루틴에서 배운 것을 활용하는 모형

2 스포츠 심리 상담의 적용

1. 상담의 절차

(1) 초기 접촉
내담자와 상담자가 상담의 진행 절차와 내용 등과 관련한 사항을 묻기 위해 직접 방문 또는 전화, 메일 등을 활용하여 최초 접촉을 시도하는 단계

(2) 접수 상담
내담자가 상담 신청서를 작성하는 단계로, 내담자의 인적 사항, 상담 목적, 상담 시간, 상담 비용 등과 관련한 내용 등을 주고받음

핵심테마 11 스포츠 심리 상담

Speed 심화포인트

스포츠 심리 상담의 절차

초기 접촉
↓
접수 상담
↓
심리 검사
↓
상담 결정
↓
상담 초기
↓
상담 중기
↓
상담 말기

(3) 심리 검사
내담자의 상태를 알기 위해 심리 검사를 실시하는 단계로, 측정 도구는 상황에 따라 적용되며, 상담사의 필요에 의해 검사지를 활용함

(4) 상담 결정
내담자와 상담사가 상담에 대한 계약 내용을 확인하고 이를 결정하는 단계로, 상담 내용, 시간, 횟수, 비용, 실천 계획 등을 결정함

(5) 상담 초기
내담자와 상담자의 각 역할에 대해 협의 및 공유하고, 비밀 보장 등을 약속하며, 내담자의 적극적인 상담 참여를 유도하는 단계

(6) 상담 중기
내담자의 자기 통찰력이 높아지고, 상담에 대한 신뢰와 적극적 참여, 자신의 문제에 대한 현실적 판단 등이 가능한 단계

(7) 상담 말기
내담자의 행동 변화 평가, 상담 진행에 대한 평가, 상담 종료 또는 연장 등을 결정하는 단계

2. 상담의 기법 기출 2021/2020/2017/2015

신뢰 형성	• 내담자가 원하는 바를 정확히 파악하여 도움을 줄 수 있다는 인상을 주어야 함 • 내담자가 상담의 효과에 대해 긍정적인 기대를 갖도록 해야 함 • 상담자가 전문성을 가져야 함 • 학연, 지연, 운동 종목 등을 활용하여 내담자와 공감하고, 편안함을 느끼게 한다면 더욱 쉽게 신뢰를 형성할 수 있음 • 상담자는 정직, 솔직함, 비밀 엄수 등을 지키며 진지하고 개방적이어야 함
관심 집중	• 내담자를 향해 앉기 　　　　　• 적절한 시선 맞추기 • 개방적인 자세 취하기 　　　　• 긴장 풀기 • 때때로 내담자를 향해 몸을 기울여 앉기
경청	• 언어적/비언어적 메시지 경청하기 　　• 경청 확인
공감적 이해	• 생각할 시간 갖기 　　　　　• 반응 시간을 짧게 하기 • 내담자에게 맞게 반응하도록 자신을 지키기

Jump Up 이해

상담 시 비밀 보장의 문제와 예외
상담자와 내담자 간의 약속된 비밀은 반드시 지켜져야 한다. 그러나 내담자가 자신이나 타인에게 위험한 행동을 할 경우, 미성년 내담자가 근친상간, 강간, 아동 학대 등 여타의 범죄의 희생자라고 판단될 경우, 내담자가 입원할 필요가 있다고 판단될 경우 등의 법적 문제가 있다고 판단될 경우 등의 예외가 존재한다.

3. 심리 기술 훈련(Psychological Skills Training, PST) 기출 2021

(1) 심리 기술 훈련의 정의
① 최상의 경기력을 발휘할 수 있도록 선수들에게 자기 조절적인 기술을 습득하도록 도움을 주는 훈련 과정
② 다양한 심리 기법을 연습하고 훈련하여 심리 기술을 향상시키는 것을 의미함

(2) 효과
① 경기력을 효과적으로 향상시킴
② 선수들의 잠재력을 발휘하고 능력을 최대치로 올리는 데 도움을 줌
③ 실제 심리 기술을 개발하고 적용하기까지는 최소 3~6개월이 필요함
④ 연령, 성별, 경기 수준과 상관없이 모든 운동선수들에게 적용될 수 있음

(3) 심리 기술과 심리 기법
① 심리 기술(skills)
　㉠ 심리 기법을 통해 얻을 수 있는 자질
　㉡ 최고의 수행을 위해 도달되어 있어야 하는 자질(자신감, 동기, 의지, 최적의 신체 상태, 정신 상태)
② 심리 기법(methods)
　㉠ 심리 기술을 훈련하기 위한 기법이나 절차 기술
　㉡ 심리 기술을 훈련하기 위한 절차나 기술(각성 조절, 심상, 목표 설정, 주의 집중, 혼잣말, 사고 조절)

(4) 빌리(Vealey, 2007)의 심리 기술의 분류

심리 기술	세부 요인	정의
기본 기술	성취 욕구	힘들고 어려운 일을 극복해 내려는 강한 욕망
	자기 의식	최고 수행 시 나타나는 자신의 생각과 감정 파악
	건설적인 생각	과거 경험을 토대로 새로운 것을 개발하는 사고 과정
	자신감	어떠한 것을 할 수 있다는 믿음
수행 기술	지각-인지 기술	생각하는 기술
	주의 집중	집중력을 유지
	에너지 관리	자신의 에너지를 관리
개인 성장 기술	정체성 달성	자기 정체성을 명확하게 하는 것
	대인 관계 유능감	타인과 효과적인 상호 작용이 가능하다는 믿음
팀 기술	리더십	타인이 팀의 성공을 위해 생각하고 행동하도록 만드는 능력이나 팀의 사회 심리적 환경
	의사소통	팀의 성공과 선수의 복지를 촉진하는 팀 내의 대인 관계 상호 작용
	응집력	팀의 목표를 달성하기 위해 서로 일치·단결하는 것
	팀 자신감	팀원 모두가 느끼는 팀의 강점에 대한 믿음

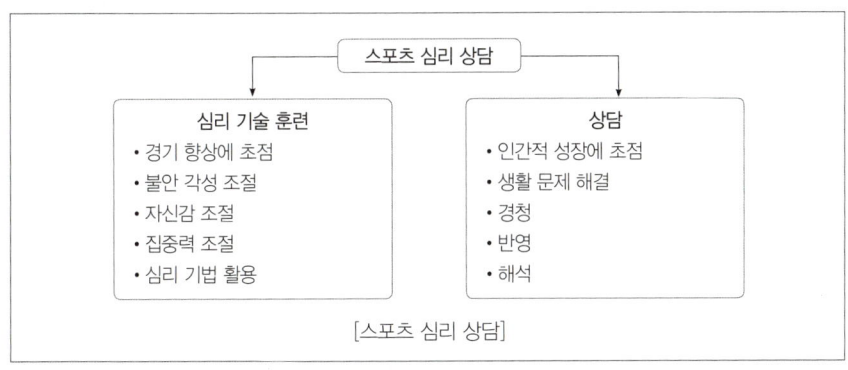

[스포츠 심리 상담]

출제 0순위 공략! 꼭 풀어야 할 대표문제

01

스포츠 심리 상담의 교육적 모형 4단계의 순서로 옳은 것은?

① 검사 실행 → 내담자의 수준 인지 → 동기 부여 제공 → 심리 기술 개발
② 내담자의 수준 인지 → 동기 부여 제공 → 검사 실행 → 심리 기술 개발
③ 내담자의 수준 인지 → 검사 실행 → 동기 부여 제공 → 심리 기술 개발
④ 검사 실행 → 동기 부여 제공 → 내담자의 수준 인지 → 심리 기술 개발

| 정답해설 |

교육적 모형의 4단계
- 1단계 내담자의 수준 인지: 내담자의 현재 운동 수준을 알아보기 위해 운동 역학 및 생리적 기능 검사를 수행하는 단계
- 2단계 검사 실행: 심리 검사지를 활용한 설문지 형식으로 실시되는 검사 단계로, 설문 조사 단계라고도 함
- 3단계 동기 부여 제공: 상담자와 내담자가 상의하여 동기 부여 방법에 대한 방안을 결정하는 단계
- 4단계 심리 기술 개발: 운동하기에 적합한 심리 상태를 갖기 위한 훈련 방법을 결정하는 단계

02 [2024년 기출]

미국응용스포츠심리학회(AAASP)의 스포츠 심리 상담 윤리 규정이 아닌 것은?

① 스포츠에 참여하는 모든 사람과 전문적인 상담을 진행한다.
② 직무수행상 자신의 한계를 인식하고 한계를 넘는 주장과 행동은 하지 않는다.
③ 회원 스스로 윤리적인 행동을 실천하고 남에게 윤리적 행동을 하도록 적극적으로 권장한다.
④ 다른 전문가에 의한 서비스 수행 촉진, 책무성 확보, 기관이나 법적 의무 완수 등의 목적을 위해 상담이나 연구 결과를 기록으로 남긴다.

| 정답해설 |

스포츠에 참여하는 모든 사람과 전문적인 상담을 진행한다는 것은 스포츠 심리 상담 윤리규정과 맞지 않다.

03 [2015년 기출문제]

스포츠 심리 상담사의 상담 윤리 중 바람직한 행동이 아닌 것은?

① 상담, 감독을 받는 학생이나 고객과 이성 관계로 만나지 않는다.
② 알고 지내는 사람에 한해 전문적인 상담을 진행하도록 한다.
③ 미성년자 고객의 가족과는 개인적, 금전적 또는 다른 관계로 만나지 않는다.
④ 특별한 경우를 제외하고는 고객과 상담실 밖에서의 사적인 관계를 유지하지 않는다.

| 정답해설 |

가까운 친구나 친인척 등을 내담자로 받아들이면 이중 관계가 되어 전문적 상담의 성과를 기대할 수 없으므로 다른 전문가에게 의뢰하여 도움을 준다.

04 [2021년 기출문제]

스포츠 심리 상담에서 상담자가 활용할 수 있는 기법에 관한 설명으로 옳지 않은 것은?

① 적극적 경청: 내담자의 말에 적절하게 행동으로 반응한다.
② 관심 집중: 내담자의 말이 끝날 때까지 내담자를 계속 관찰한다.
③ 신뢰 형성: 내담자 개인의 정신적 고민이나 감정적 호소에 귀 기울인다.
④ 공감적 이해: 내담자에게는 생각할 시간을 충분히 주고, 상담자는 반응을 짧게 한다.

| 정답해설 |

내담자에게 관심을 갖고 집중하는 것은 상담의 기본 조건이다. 내담자를 계속 관찰하기보다 내담자가 원하는 것이 무엇인지를 주의를 기울여서 들어야 한다. 관심 집중 기술에는 내담자를 향해 앉기, 개방적인 자세 취하기, 때때로 내담자를 향해 몸을 기울여 앉기, 적절한 시선 맞추기, 긴장 풀기가 있다.

정답 01 ③ 02 ① 03 ② 04 ②

핵심테마 11 | 스포츠 심리 상담

05 [2021년 기출문제]

스포츠 심리 기술 훈련에 관한 설명으로 옳지 않은 것은?

① 경기력 향상에 즉각적 효과를 줄 수 있다.
② 평소 연습과 통합되어 지속적으로 진행되어야 한다.
③ 심상, 루틴, 사고 조절 등의 심리 기법이 활용된다.
④ 연령, 성별, 경기 수준과 관계없이 모든 선수들에게 적용될 수 있다.

| 정답해설 |
스포츠 심리 기술 훈련을 통해 경기력 향상 효과를 얻기까지는 운동 종목과 선수 개인에 따라 차이는 있지만, 일반적으로 어느 정도의 오랜 시간이 필요하다.

06

<보기>의 ㉠, ㉡에 들어갈 용어를 바르게 연결한 것은?

보기
- (㉠)은 심리 기법을 통해 얻을 수 있는 자질을 말하며, 기본 기술(의지, 동기, 자신감), 수행 기술(최적의 신체 상태, 정신 상태)을 포함한다.
- (㉡)은 심리 기술을 개발하기 위해 사용하는 절차나 기술을 말하며, 각성 조절, 심상, 목표 설정, 주의 집중 등의 방법을 사용한다.

	㉠	㉡
①	심리 기술	심리 기법
②	심리 기법	심리 기술
③	심리 기술 훈련	자기 조절
④	자기 조절	심리 기술 훈련

| 정답해설 |
㉠ 심리 기술, ㉡ 심리 기법에 대한 설명이다.

| 오답해설 |
- 심리 기술 훈련: 최상의 경기력을 발휘할 수 있도록 선수에게 자기 조절적인 기술을 습득하도록 도움을 주는 훈련 과정이다.
- 자기 조절: 어떤 목적을 달성하기 위해 자신의 행동을 관리하는 과정이다.

07 [2020년 기출문제]

스포츠 심리 상담사에 관한 설명으로 적절하지 않은 것은?

① 내담자와 공감하며 경청한다.
② 내담자와 라포(rapport)를 형성한다.
③ 내담자와 일상생활에서 개인적 관계를 맺는다.
④ 내담자의 비언어적 메시지에도 관심을 가진다.

| 정답해설 |
스포츠 심리 상담사는 내담자와 일상생활에서 개인적 관계를 맺어서는 안 된다.

08 [2022년 기출문제]

한국스포츠심리학회가 제시한 스포츠 심리 상담사 상담 윤리에 대한 설명으로 옳지 않은 것은?

① 스포츠 심리 상담사는 자신의 전문 영역과 한계 영역을 명확하게 인식해야 한다.
② 스포츠 심리 상담사는 상담 과정에서 얻은 정보를 이용할 때 고객과 미리 상의해야 한다.
③ 스포츠 심리 상담사는 상담 효과를 알리기 위해 상담에 참여한 사람으로부터 좋은 평가나 소감을 요구해야 한다.
④ 스포츠 심리 상담사는 타인에게 역할을 위임할 때는 전문성이 있는 사람에게만 위임하여야 하며 그 타인의 전문성을 확인해야 한다.

| 정답해설 |
스포츠 심리 상담사는 상담에 참여한 사람으로부터 좋은 평가나 소감(증언)을 요구하지 않는다(「스포츠 심리 상담사 윤리 강령」 제2장 일반 윤리 제6조 권력 남용과 위협).

| 오답해설 |
① 스포츠 심리 상담사는 자신의 전문 영역과 한계 영역을 명확하게 인식해야 한다(「스포츠 심리 상담사 윤리 강령」 제1장 일반 원칙 제1조 전문성).
② 스포츠 심리 상담사는 상담 과정에서 얻은 정보를 이용할 때 고객과 미리 상의해야 한다(「스포츠 심리 상담사 윤리 강령」 제2장 일반 윤리 제11조 비밀 보장).
④ 스포츠 심리 상담사는 타인에게 역할을 위임할 때는 전문성이 있는 사람에게만 위임하여야 하며 그 타인의 전문성을 확인해야 한다(「스포츠 심리 상담사 윤리 강령」 제2장 일반 윤리 제7조 의뢰와 위임).

정답 05 ① 06 ① 07 ③ 08 ③

PART 04

한국체육사

01 체육사의 의미
02 선사·삼국 시대의 체육
03 고려 시대의 체육
04 조선 시대의 체육
05 개화기의 체육
06 일제 강점기의 체육
07 광복 이후의 체육

■ 2025년 출제 경향
- 모든 시대를 아우르는 체육사 전반에서 균형 있게 출제되었으나, 특히 개화기~현대사 구간의 교육기관, 인물, 정책 변화에 대한 문제가 높은 비중을 차지하였다.
- 고대 시대부터 조선 시대까지의 민속놀이, 제천행사, 체육 기관 등에 대한 전통사 문항은 사료 해석력 및 용어 구분 능력을 요구하는 형태로 출제되었다.
- 단편적 사실 암기보다 시기, 제도, 인물, 사상 간의 연계 사고력을 요구하는 문항이 증가하는 추세이다.

출제 기준 & 8개년 기출 분석(2급 전문/2급 생활/2급 장애인/유소년/노인)

주요 항목	세부 항목	세세 항목
체육사의 의미 (10%)	체육사의 정의 및 의의	1. 체육사의 정의 2. 체육사의 의의
	체육사의 연구	1. 체육사의 연구 대상과 영역 2. 체육사의 연구 방법
	체육사의 시대 구분	1. 전통 체육기 2. 태동·성장기 3. 융성기 4. 암흑기 5. 발전기
선사·삼국 시대의 체육 (15%)	선사 및 부족 국가 시대의 체육	1. 선사 및 부족 국가 시대의 생활과 문화 2. 선사 및 부족 국가 시대의 신체 활동
	삼국 및 통일 신라 시대의 체육	1. 삼국 시대의 사회와 교육 2. 삼국 시대의 체육
고려 시대의 체육 (10%)	고려 시대의 사회와 교육	1. 고려 시대의 사회 2. 고려 시대의 교육
	고려 시대의 무예	1. 국학 및 향학의 무예 2. 무예 체육
	고려 시대의 민속 스포츠와 오락	1. 귀족 사회의 민속 스포츠와 오락 2. 서민 사회의 민속 스포츠와 오락
조선 시대의 체육 (15%)	조선 시대의 사회와 교육	1. 조선 시대의 사회 2. 조선 시대의 교육
	조선 시대의 무예와 체육	1. 조선 시대의 무예 2. 조선 시대의 체육 사상 3. 조선 시대 건강법
	조선 시대의 민속 스포츠와 오락	1. 귀족 사회의 민속 스포츠 2. 민중 사회의 유희와 스포츠
개화기의 체육 (10%)	개화기의 체육	1. 개화기의 사회와 교육 2. 개화기 체육의 발전 단계
	개화기의 스포츠	1. 학교 스포츠의 발달 2. 근대 스포츠의 도입과 보급 3. 체육 단체의 결성
	개화기의 체육 사상과 체육 사상가	1. 개화기의 체육 사상 2. 개화기 체육 사상가
일제 강점기의 체육 (10%)	일제 강점기의 체육	1. 일제 강점기의 사회와 교육 2. 일제 강점기 체육의 변화
	일제 강점기의 스포츠	1. 근대 스포츠의 도입과 발달 2. 민족주의적 체육 활동 3. 체육과 스포츠의 시련
	일제 강점기의 체육 사상	1. 민족주의 체육 2. 민족주의적 체육 운동의 결실 3. 일제 강점기의 체육인
광복 이후의 체육 (30%)	광복 이후의 체육	1. 광복 이후의 사회와 교육 2. 광복 이후의 스포츠
	광복 이후의 체육 사상	1. 건민주의 2. 국가주의와 엘리트주의

핵심테마 01 | 체육사의 의미

 **Speed 심화포인트**

1 체육사의 정의 및 의의

1. 체육사의 정의 기출 2024/2022
① 사회적·시간적 변화에 따라 나타나는 인류 문화의 성격과 특성을 판단하고, 스포츠와 체육과의 관련성을 탐구하는 학문
② 인간이 수행해 온 신체 활동의 역사이며, 인간 운동을 본질적으로 이해하기 위한 학문
③ 체육과 스포츠를 역사적 방법으로 연구하는 학문

2. 체육사의 의의 기출 2018/2017
① 인간의 역사를 이해하고 나아가 삶의 풍요를 가져다주기 위함
② 과거에 어떠한 사실이 있었는가를 탐구
③ 과거 사람들의 이상과 관계, 전후 세대와 관계, 역사적 사실과 종교, 정치, 문화, 경제, 교육, 예술, 군사, 지리적 환경 등과의 관계를 밝히는 데 도움

2 체육사의 연구

1. 체육사의 연구 대상과 영역
① 체육사의 연구 대상
  ㉠ 신체 운동으로 일어나는 모든 영역
  ㉡ 그 시대와 사회에서 행하여진 인간 운동의 전반적인 모습
  ㉢ 신체나 신체 활동에 관한 사상이나 제도의 변천을 취급하는 것
② 체육사의 연구 영역 기출 2016/2015
  ㉠ 전 시대와 전 지역에 걸쳐 통관한 종합적 역사
  ㉡ 어떤 시대나 특정 지역을 한정하여 시도하는 역사 연구
  ㉢ 특정 스포츠의 사적 내용을 연구할 때 개별적이고 특수한 상황적 측면을 고려

Jump Up 이해

체육사 연구에서 사관(史觀) 및 사료(史料) 기출 2025/2023/2022/2021/2019/2018

사관(史觀)	역사가의 역사에 대한 인식으로, 과거의 사실을 확인할 때 역사가의 가치관과 해석 원리에 따라 그 기준이 달라지는 것
사료(史料)	역사를 고찰하는 데 있어 단서가 되는 자료 • 물적 사료: 유물, 유적, 현존하는 모든 물질적 유산 등 • 기록 사료: 문헌 등 • 구술 사료: 과거 기억에 대한 증언 등

2. 체육사의 연구 방법

일반 역사 연구의 방법과 유사함
① 역사적 문제에 대한 선택
② 대상 자료에 대한 수집 및 분류, 비판
③ 해당 자료의 상태와 사건을 설명하는 가설의 구성
④ 새로운 사실의 발견과 사실에 대한 해석 및 서술

3 체육사의 시대 구분 기출 2024/2023/2021/2020

구분	중심적 활동		시대 구분	
전통 체육기	무사 체육 시대	무예	원시 부족 사회 삼국 및 통일 신라 고려 조선	
태동·성장기	형식 체조 중심 시대	병식 체조 보통 체조 학교 체조 (근대 체육)	1894 1895	갑오경장 근대 학교
			1910 ~ 1914	경술국치 (한일 병합) 학교 체조 교수요목
		스웨덴 체조		
융성기	스포츠·유희 중심 시대		1927	경기 단체 결정
암흑기	군사 훈련 중심 시대(체육 통제)		1939~1945	제2차 세계 대전
발전기	현대 체육 활동 시대		1945~	해방

Speed 심화포인트

체육사 시대 구분에서의 주요 사건
- 1894년 갑오경장
- 1895년 정규 교육 과정에 체육 편성
- 1910년 경술국치
- 1914~1927년 체조 교수요목 제정 및 개정
- 1927~1941년 체육 교수요목 개편
- 1941~1945년 태평양 전쟁
- 1945년 해방

출제 0순위 공략! 꼭 풀어야 할 대표문제

01 [2023년 기출문제]

체육사 연구에서 사관(史觀)에 관한 설명으로 적절하지 않은 것은?

① 유물사관, 관념사관, 진보사관, 순환사관 등이 있다.
② 체육 역사에 대한 견해, 해석, 관념, 사상 등을 의미한다.
③ 체육 역사가의 관점으로 다양한 과거의 역사적 사실을 해석한다.
④ 과거 체육과 관련된 사실을 담고 있는 역사 자료를 의미한다.

| 정답해설 |
과거 체육과 관련된 사실을 담고 있는 역사 자료는 사료이다.

02 [2022년 기출문제]

〈보기〉에서 체육사 연구의 사료(史料)에 관한 설명으로 옳은 것만을 모두 고른 것은?

보기
㉠ 기록 사료는 문헌 사료와 구전 사료가 있다.
㉡ 물적 사료는 물질적 유산인 유물과 유적이 있다.
㉢ 기록 사료 중 민요, 전설, 시가, 회고담 등은 문헌 사료이다.
㉣ 전통적인 분류 방식에 따르면, 물적 사료와 기록 사료로 구분된다.

① ㉠, ㉡
② ㉡, ㉢
③ ㉠, ㉡, ㉣
④ ㉡, ㉢, ㉣

| 정답해설 |
㉠ 기록 사료는 문헌, 구전 등과 같은 사료를 의미한다.
㉡ 물적 사료는 유물, 유적, 현존하는 모든 물질적 유산 등을 의미한다.
㉣ 사료는 전통적 방식으로 물적 사료와 기록 사료로 구분한다.

| 오답해설 |
㉢ 민요, 전설, 시가, 회고담 등은 구술 사료에 해당한다.

03 [2023년 기출문제]

〈보기〉의 ㉠~㉢에 들어갈 용어가 바르게 연결된 것은? (단, 시대구분은 나현성의 방식을 따름)

보기
• (㉠) 이전은 무예를 중심으로 한 무사 체육 등의 (㉡) 체육을 강조하였다.
• (㉠) 이후는 『교육입국조서(敎育立國詔書)』를 통한 학교 교육에 기반을 둔 (㉢) 체육을 강조하였다.

	㉠	㉡	㉢
①	갑오경장(1894)	전통	근대
②	갑오경장(1894)	근대	전통
③	을사늑약(1905)	전통	근대
④	을사늑약(1905)	근대	전통

| 정답해설 |
갑오경장(갑오개혁) 이전에는 전통 체육의 무사 체육 시대로 무예를 중심으로 하는 전통 체육을 강조하였으며, 갑오개혁 이후에는 형식 체조 중심의 시대로 근대 체육을 강조하였다.

04

체육사의 의의에 대한 설명으로 옳지 않은 것은?

① 체육과 관련된 과거 현상을 밝혀내고 이해하게 해준다.
② 체육과 관련된 현재의 사건을 파악하여 미래를 예측하게 해준다.
③ 체육의 역사를 통해 현재를 인식할 수 있는 기준을 마련해 준다.
④ 현재에 대한 근거를 파악하고 체육이라는 문화적 현상을 이해하는 데 도움을 준다.

| 정답해설 |
체육사는 체육과 관련된 과거와 현재의 사건을 파악하여 표면 뒤에 가려져 있는 의미를 해석하는 것이지 미래를 예측하게 해줄 수는 없다.

정답 01 ④ 02 ③ 03 ① 04 ②

핵심테마 02 | 선사 · 삼국 시대의 체육

1 선사 및 부족 국가 시대의 체육

1. 선사 및 부족 국가 시대의 생활과 문화

① 주로 자연에 의존하면서 야생 동물과 같은 생활
② 직립 보행, 불의 사용, 도구의 제작, 식물 채집 등을 통해 경험과 지식을 축적해 나감
③ 시간이 흐르면서 촌락을 형성하여 공동체를 이루고, 수렵과 채집 생활 및 생존을 위한 신체 기량이 중시됨

2. 선사 및 부족 국가 시대의 신체 활동

(1) **선사 시대의 신체 활동** 기출 2025/2020

① 생존을 위한 신체 활동
  ㉠ 궁술 및 사냥이 발달
  ㉡ 달리기(주), 던지기(투), 때리기(격)
② 경험을 통한 체력 단련의 방법 체득
  ㉠ 사냥돌: 구석기 시대에 사용했던 사냥돌의 사용법을 익혀야 함
  ㉡ 활: 후기 구석기 시대 또는 토기 시대에 수렵에 활용했던 활도 신체 활동의 한 부분
③ 생산과 전투를 위한 타제 석기의 사용은 스포츠 기술이기도 하며, 생존을 위한 신체 활동이 놀이 및 유희의 수단이 됨
④ 성년 의식과 주술의 신체 문화
  ㉠ 부족의 신화를 계승하는 '춤'을 익힘
  ㉡ 수렵과 채집에서 농경 사회로 접어들면서 성년 의식을 시작함

> **Jump Up 이해**
>
> **성년 의식(成年儀式)** 기출 2024
> 원시 사회에서 일정한 연령에 도달한 소년 혹은 소녀에게 사회의 일원으로서 필요한 규범, 가치, 부족의 역사, 생활에 필요한 기술과 지식 등을 가르치고 성인이 됨을 축하하기 위해 행하던 의식으로 보통 성년식(成年式)이라 한다.

(2) **부족 국가 시대의 신체 활동** 기출 2025/2024/2022/2019/2018/2017

① 농경 사회의 발달로 생산 기술과 전투 기술이 분화(농민과 병사가 점차 분리)
② 무기가 생산되면서 궁술(弓術)과 기마술(騎馬術)이 발달
③ 제천 행사를 통해 공동체와 개인의 일체감을 충족

고구려	동맹(10월)
신라	가배(8월)
부여	영고(12월)
동예	무천(10월)
삼한	• 수릿날(5월) • 시월제(10월)

핵심테마 02 선사·삼국 시대의 체육

2 삼국 및 통일 신라 시대의 체육

1. 삼국 시대의 사회와 교육

(1) **삼국 시대의 사회**
① 유교와 불교가 도입되어 정치와 교육, 문화 전반에 큰 영향을 미침
② 불교는 삼국 시대의 사회, 문화, 교육 등 전반에 큰 영향을 미침
③ 한자와 유교가 문자 생활과 교육 활동의 주요 수단

(2) **삼국 시대의 교육** 기출 2025/2022/2016/2015

고구려	• 태학: 국가의 관리 양성을 목적으로 귀족 자제의 교육을 담당 • 경당: 평민 자제의 교육을 담당
백제	박사: 교육 담당 관직으로 모시박사, 의박사, 역박사, 오경박사 등을 둠
신라	• 화랑도 　- 세속오계를 바탕으로 문무를 겸비한 인재 양성에 목적을 둔 청소년 교육 단체 　- 진흥왕 때 조직이 체계화됨 　- 도덕적 품성과 미적 정조 함양, 신체적 단련을 통한 청소년 양성 • 국학: 유학의 교수 및 연구와 관리의 양성에 목적을 둔 귀족 자제의 교육 기관

Jump Up 이해

세속오계(世俗五戒) 기출 2022/2020/2018/2017/2016/2015
신라 진평왕 때 승려 원광(圓光)이 화랑에게 일러 준 다섯 가지 계율
• 사군이충(事君以忠): 충성으로 임금을 섬김
• 사친이효(事親以孝): 효심으로 부모를 섬김
• 교우이신(交友以信): 신의를 바탕으로 벗을 사귐
• 살생유택(殺生有擇): 생명체를 함부로 죽이지 않음
• 임전무퇴(臨戰無退): 전쟁에 임할 때는 후퇴를 삼감

『구당서』 기출 2025
중국 당나라에서 편찬한 정사로, 고구려에 대한 기록을 일부 포함하고 있다. 이 사료는 고구려 사회에서 독서를 즐기는 풍습과 함께, 청소년 교육 기관인 경당(扃堂)의 존재를 보여준다. 경당은 고구려의 지방 평민 자제들을 위한 교육 기관으로, 독서와 궁술 등 문무를 함께 교육하였다.

2. 삼국 시대의 체육

(1) **삼국 시대의 무예** 기출 2024/2023/2018/2017/2016/2015
① 기마술(騎馬術): 말을 타고 달리는 것
② 궁술(弓術): 활은 중요한 무기, 교육 활동의 한 분야(고구려의 경당, 신라의 궁전법)
③ 각저(角抵): 두 사람이 서로 맞잡고 힘을 겨루는 것으로, 각력, 각희, 상박, 쟁교 등으로도 불림
④ 수박(手搏): 겨루기 형식의 투기 스포츠로, 주로 손을 써서 겨룸
⑤ 입산 수련(入山修鍊): 명승지를 찾아다니며 국토에 대한 애착심을 기르는 심신 수련
⑥ 편력(遍歷): 화랑도의 야외 교육 활동 교육 과정으로 각종 신체 활동 및 음악 관련 활동 포함

(2) **삼국 시대의 민속 스포츠와 오락** 기출 2025/2023/2021/2019/2018/2017/2016/2015
① 수렵(狩獵): 사냥 활동으로, 군사 활동 또는 여가 활동으로 함
② 축국(蹴鞠): 가죽 주머니로 공을 만들어 발로 차는 공차기 놀이
③ 석전(石戰): 한 부락 혹은 지방이 동편과 서편으로 나누어 하는 돌팔매질, 돌싸움
④ 투호(投壺): 일정한 거리에 항아리를 놓고 화살을 던져 넣는 놀이
⑤ 격구(擊毬): 말을 타고 달리거나 뛰어다니며 막대기로 공을 쳐서 승부를 겨루는 놀이

⑥ 방응(放鷹): 매를 길러 꿩이나 새를 잡는 사냥 놀이(매사냥)
⑦ 마상재(馬上才): 달리는 말 위에서 여러 가지 동작을 보이는 것
⑧ 저포(樗蒲): 윷가락같이 만든 다섯 개의 나무를 던져 승부를 다투는 놀이
⑨ 악삭(握槊): 주사위를 던져 그 수만큼 말을 이동시켜 먼저 적진(또는 궁)에 들어가면 이기는 게임
⑩ 농주(弄珠): 여러 개의 구슬을 기술적으로 올렸다 받았다 하며 놀리는 공놀이
⑪ 풍연(風鳶): 종이에 댓가지를 가로세로로 붙이고 실로 벌이줄을 매어 공중에 날리는 놀이
⑫ 죽마(竹馬): 대나무를 휘어 가랑이에 넣고 달리는 놀이
⑬ 도판희(跳板戲): 널뛰기를 말함. 음력 정초, 5월 단오, 8월 한가위 등 큰 명절 때 부녀자들이 즐기는 한국의 민속 놀이
⑭ 사희(柶戲): 윷놀이를 말함. 정월 초하루부터 대보름까지 즐기며, 4개의 윷가락을 던지고 그 결과에 따라 말(馬)을 사용하여 승부를 겨루는 놀이
⑮ 상희(象戲), 장기, 상기: 두 사람이 장기판을 가운데 두고 마주 앉아 알을 번갈아 가며 두어서 승부를 내는 놀이

(3) 삼국 시대의 체육 사상
① 삼국 시대의 교육은 '문무의 균형', '심신의 조화', '지덕체의 병행'을 추구
② 고구려의 경당과 신라의 화랑도 체육은 효(孝), 신(信) 등의 윤리를 강조하는 도의체육(道義體育)으로, 심신의 조화를 바탕으로 신체의 덕을 함양하는 것이 목적
③ 화랑도 체육은 광명정대(光明正大) 사상을 기초로 신체적 단련을 통해 심신의 발달을 강조

Jump Up 이해
화랑도의 체육 사상 기출 2023/2022/2021
- 신체미 숭배 사상: 신체의 미와 신체의 탁월성을 중시함
- 심신 일체론적 체육관: 신체 활동을 통한 수련을 덕(德)의 함양 수단으로 생각함
- 군사주의 체육 사상: 화랑도 조직은 전사 단체로서의 특성을 지닌 단체임
- 불국토 사상: 목숨을 바쳐서라도 부처의 나라인 국토(신라)를 지켜내야 한다는 사상으로, 불교와 편력 활동이 연계됨

화랑도 체육의 역사적 의미
- 고대 사회에 체육의 체계적인 유형이 존재함
- 체육 활동을 통해 역동적인 국민성 함양을 추구함
- 심신 일체론적 사상을 바탕으로 전인 교육을 지향함

출제 0순위 공략! 꼭 풀어야 할 대표문제

01 [2020년 기출문제]

〈보기〉에서 설명하는 의례는?

> **보기**
> - 부족의 신화를 계승하는 춤을 익혔다.
> - 식량 확보를 위한 수렵과 채집 활동을 하였다.
> - 『삼국지』의 「위지동이전」에 '큰사람'으로 부른 기록이 있다.

① 영고(迎鼓)
② 무천(舞天)
③ 동맹(東盟)
④ 성년 의식(成年儀式)

| 정답해설 |

성년 의식(成年儀式)에 대한 설명이다. 성년 의식은 원시 사회에서 일정한 연령에 도달한 소년 혹은 소녀에게 그 사회의 일원으로서 필요한 규범, 가치, 부족의 역사, 생활에 필요한 기술과 지식 등을 가르치고 성인이 됨을 축하하기 위해 행해지던 의식으로 보통 성년식(成年式)이라 한다.

| 오답해설 |

① 영고(迎鼓): 부여(夫餘)에서 매년 음력 12월에 행했던 집단적 제천 행사
② 무천(舞天): 동예(東濊)에서 매년 음력 10월에 행했던 제천 행사
③ 동맹(東盟): 고구려에서 매년 10월 국중대회(國中大會)를 열고 가진 제천 행사

02 [2020년 기출문제]

〈보기〉에서 설명하는 화랑도의 정신은?

> **보기**
> - 사친이효(事親以孝): 효심으로 부모를 섬김
> - 교우이신(交友以信): 신의를 바탕으로 벗을 사귐
> - 살생유택(殺生有擇): 생명체를 함부로 죽이지 않음
> - 임전무퇴(臨戰無退): 전쟁에 임할 때는 후퇴를 삼감

① 삼강오륜(三綱五倫)
② 세속오계(世俗五戒)
③ 문무겸비(文武兼備)
④ 사단칠정(四端七情)

| 정답해설 |

화랑도 정신의 세속오계(世俗五戒)에 대한 설명이다. 세속오계는 신라 진평왕 때 승려 원광(圓光)이 화랑에게 일러 준 다섯 가지 계율이다. 화랑도는 '세속오계'를 바탕으로 문무를 겸비한 인재 양성에 목적을 둔 교육 단체이다. 화랑도의 기능으로는 도덕적 품성과 미적 정조 함양, 신체적 단련을 통한 청소년 양성 등이 있다.

| 오답해설 |

① 삼강오륜(三綱五倫): 유교(儒敎)의 도덕 사상에서 기본이 되는 3가지의 강령(綱領)과 5가지의 인륜(人倫)
③ 문무겸비(文武兼備): 문예(글 솜씨)와 무예를 두루 갖춘 것
④ 사단칠정(四端七情): 성리학(性理學)의 철학적 개념 가운데 하나로 사단(四端)은 인간의 본성에서 우러나오는 마음씨, 즉 선천적이며 도덕적인 능력을 말하며, 칠정(七情)은 인간의 본성이 사물을 접하면서 표현되는 인간의 자연적인 감정을 의미함

정답 01 ④ 02 ②

핵심테마 02 | 선사·삼국 시대의 체육

03 [2023년 기출문제]

〈보기〉에서 설명하는 민속 놀이는?

보기
- 사희(柶戲)라고도 불리었다.
- 부여의 사출도(四出道)라는 관직명에서 유래되었다.
- 남녀노소 누구나 즐길 수 있으며, 장소에 크게 구애받지 않은 놀이였다.

① 바둑 ② 장기
③ 윷놀이 ④ 주사위

| 오답해설 |
① 바둑 – 위기(圍碁): 순수한 우리말인 '바돌', '바독', '바둑' 등으로도 불리는데, 광복 후부터 '바둑'으로 통일되어 오늘에 이르고 있다.
② 장기 – 상희(象戲): 두 사람이 장기판을 가운데 두고 마주 앉아 알을 번갈아 가며 두어서 승부를 내는 민속 놀이이다.
④ 주사위 – 악삭(握槊): 주사위를 던져 그 수만큼 말을 이동시켜 먼저 적진(또는 궁)에 들어가면 이기는 게임이다.

04 [2022년 기출문제]

〈보기〉에서 화랑도에 관한 설명으로 옳은 것만을 모두 고른 것은?

보기
㉠ 법흥왕 때에 종래 화랑도 제도를 개편하여 체계화되었다.
㉡ 한국의 전통 사상과 세속오계(世俗五戒)를 근간으로 두었다.
㉢ 국선도(國仙徒), 풍류도(風流徒), 원화도(源花徒)라고도 불리었다.
㉣ 편력(遍歷), 입산 수행(入山修行), 주행천하(周行天下) 등의 활동을 했다.

① ㉠, ㉡ ② ㉡, ㉢
③ ㉠, ㉡, ㉣ ④ ㉡, ㉢, ㉣

| 정답해설 |
㉡㉢㉣ 화랑도는 '세속오계'를 바탕으로 문무를 겸비한 인재 양성에 목적을 둔 수련 단체이다. 도덕적 품성과 미적 정조 함양, 신체적 단련을 통한 청소년 양성 등의 기능을 하였다.

| 오답해설 |
㉠ 진흥왕 때 종래 화랑도 제도를 개편하여 체계화하였다.

05

삼국 시대에 행해졌던 무예에 대한 설명으로 옳지 않은 것은?

① 매를 길러 꿩이나 새를 잡는 사냥을 하였다.
② 달리는 말 위에서 여러 가지 동작을 선보이기도 하였다.
③ 주로 손을 써서 상대를 공격하거나 수련을 하는 맨손 무예를 하였다.
④ 삼국 시대의 무예는 교육적 목적으로도 군사적 목적으로도 인정받지 못하였다.

| 정답해설 |
삼국 시대 무예는 화랑도를 포함해서 군사적, 교육적 목적으로 활용되었다.

06 [2021년 기출문제]

화랑도의 교육 방법에 관한 설명으로 옳지 않은 것은?

① 입산 수행은 화랑도 교육 활동의 하나였다.
② 심신 일체론적 사상을 바탕으로 전인 교육을 지향하였다.
③ 편력(遍歷)은 명산대천을 돌아다니며 수련하는 야외 활동이었다.
④ 삼강오륜(三綱五倫)의 붕우유신(朋友有信)을 바탕으로 도의 교육을 실시하였다.

| 정답해설 |
화랑도란 세속오계를 바탕으로 문무를 겸비한 인재 양성에 목적을 둔 교육 단체이다. 삼강오륜은 유교 윤리에서의 세 가지 기본 강령과 다섯 가지 실천적 도덕 강목이며 붕우유신은 친구 사이의 도리는 믿음에 있다는 의미의 오륜 중 하나이다.

| 심화해설 |
세속오계
신라 진평왕 때 승려 원광이 화랑에게 알려준 다섯 가지 계율이다.
- 사군이충: 충성으로 임금을 섬김
- 사친이효: 효심으로 부모를 섬김
- 교우이신: 신의를 바탕으로 벗을 사귐
- 살생유택: 생명체를 함부로 죽이지 않음
- 임전무퇴: 전쟁에 임할 때는 후퇴를 삼감

정답 03 ③ 04 ④ 05 ④ 06 ④

핵심테마 03 | 고려 시대의 체육

1 고려 시대의 사회와 교육

1. 고려 시대의 사회

(1) 고려 시대의 특징
① 호족들이 연합하여 구성되었으며, 일부 호족은 문벌 귀족화됨
② 중국의 관료 제도를 받아들였으며, 사상적인 측면에서 불교와 유교를 동시에 수용함
[불교는 수신(修身)의 도(道), 유교는 치국(治國)의 도(道)]
③ 금속 활자의 발명, 상감 청자의 발달 등 독창적 문화유산에 기여함

(2) 고려 시대의 주요 사건
① 이자겸의 난: 1126년(인종 4년)에 최고 권력자였던 척신 이자겸(李資謙) 등이 '십팔자(十八子)'가 왕이 될 것이라는 도참설(圖讖說)을 내세워 인종을 폐위시키고 스스로 왕위에 오르고자 일으켰던 반란
② 묘청의 난: 1135년(인종 13년)에 묘청(妙淸)이 풍수지리의 이상을 표방하고, 서경(西京)으로 천도할 것을 주장하면서 일으킨 반란
③ 무신 정변(武臣政變): 1170년(의종 24년)에 무신들이 정변을 일으켜 권력을 차지한 사건으로 문신들과 달리 제대로 대접을 받지 못했던 무신들이 불만을 품고 일으킨 반란

2. 고려 시대의 교육 기출 2020/2016/2015

(1) 고려 시대 교육의 특징
① 유교적 정치 이념에 입각한 문치주의 교육의 표방과 사학의 발달
② 도덕적 합리주의에 입각한 중앙 집권적 귀족 정치의 실현

(2) 고려 시대의 교육 기관
① 관학
  ㉠ 국자감(國子監): 고려 시대 최고의 종합 교육 기관으로, 고급 관리를 양성할 목적으로 설립함

> **Jump Up 이해**
>
> **7재** 기출 2024/2022
> 국자감 안에 설치한 7개의 전문 강좌로, 주역(周易)을 공부하는 여택재(麗澤齋), 상서(尙書)를 공부하는 대빙재(待聘齋), 모시(毛詩)를 공부하는 경덕재(經德齋), 주례(周禮)를 공부하는 구인재(求仁齋), 대례(戴禮)를 공부하는 복응재(服膺齋), 춘추(春秋)를 공부하는 양정재(養正齋), 무학(武學)을 공부하는 강예재(講藝齋)로 구성되었다.

  ㉡ 향교(鄕校): 지방의 교육을 위하여 설치된 교육 기관으로, 유학의 전파와 지방민의 교화에 목적이 있음
  ㉢ 학당(學堂): 국자감의 부속 학교의 성격을 가지고 있으며, 지방의 향교와 유사한 교육 기관

② 사학
　㉠ 12도(十二徒): 최충 등에 의해 설립된 교육 기관으로, 인격 완성과 과거 준비를 목적으로 함
　㉡ 서당(書堂): 향촌의 부락에 설치된 민간의 자생적인 사설 교육 기관
③ 과거 제도: 국가의 고위 관리가 되기 위한 필수적인 과정으로, 시험을 통하여 관리를 선발하는 것이 중요한 특징임

2 고려 시대의 무예 기출 2022/2021/2019/2018/2017/2015

1. 국학 및 향학의 무예

① 국학: 강예재(講藝齋)는 국자감에 설치한 칠재(七齋)의 하나로, 무학(武學)을 전문으로 교육하는 분과이며 무학(武學)을 통해 장수(將帥) 육성
② 향학: 궁사와 음악을 즐김

2. 무예 체육 기출 2024/2023

고려 시대의 무예는 삼국 시대의 것이 계승되었다.
① **수박(手搏)**: 두 사람이 맞붙어 손을 이용하여 상대방을 쓰러뜨리는 전통 무예로, 무인 선발의 기준과 수단이 됨
② **궁술(弓術)**: 관료나 병사에게 궁술을 익히게 하는 등 널리 권장함
③ **마술(馬術)**: 말을 타고 여러 가지 자세나 기예를 보여 주는 것

수박희(手搏戱)
- 두 사람이 일정한 거리를 두고 마주 서서 주로 손으로 겨루는 놀이
- 승자에게 벼슬이 주어져 출세를 위한 방법으로 활용됨
- 무신 정변(武臣政變)의 주요 원인 중 하나

3 고려 시대의 민속 스포츠와 오락

1. 귀족 사회의 민속 스포츠와 오락 기출 2024/2021/2020/2017/2015

(1) **격구(擊毬)**
① 말을 타고 달리거나 뛰어다니며 막대기로 공을 쳐 승부를 겨루는 전통 스포츠
② 군사 훈련의 수단으로 기창(旗槍), 기검, 기사를 능숙하게 하기 위한 용도
③ 귀족들의 오락 및 여가 활동

(2) **방응(放鷹)**
① 매를 길러 꿩이나 기타 조류를 사냥하는 수렵 활동
② 고대부터 시작되어 고려 시대에 크게 번창
③ 왕이나 귀족들의 유희이자 스포츠
④ 응방의 폐해가 심각하여 사냥용 매를 키우는 기관인 응방도감의 설치와 혁파가 반복됨

(3) **투호(投壺)**
① 화살 같은 막대기를 일정한 거리에 있는 항아리 안에 던져 넣는 놀이
② 왕실과 귀족 사회에 매우 성행했던 유희

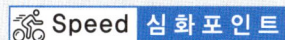 Speed 심화포인트

핵심테마 03 고려 시대의 체육

2. 서민 사회의 민속 스포츠와 오락 [기출 2024/2023/2021/2019/2018]

(1) 씨름
① 두 사람이 서로 맞잡고 힘을 겨루는 것으로 각저(角抵), 각력(角力), 상박(相撲), 각지(角支), 각희(角戱)라고도 불림
② 충혜왕 때 전국적으로 성행, 공민왕 때 씨름꾼에게 벼슬을 주기도 함

(2) 추천(鞦韆)
① 주로 단오(음력 5월 5일)에 행해짐
② 부녀자들이 그네를 타고 노는 놀이
③ 귀족, 서민 모두에게 민속 유희로 널리 성행

(3) 석전(石戰)
① 주로 정월 대보름(음력 1월 15일)에 행해짐
② 돌을 던져 싸우거나 목봉으로 상대방을 물리쳐 기를 빼앗는 경기
③ 민속 놀이, 군사 훈련, 구경거리 제공의 성격을 지님

(4) 연날리기(풍연)
① 연을 공중에 띄우는 놀이
② 군사적 목적이었으나 놀이의 성격으로 고려 시대로 전승된 것으로 보임

출제 0순위 공략! 꼭 풀어야 할 대표문제

01
[2021년 기출문제]

〈보기〉의 ( ) 안에 들어갈 용어는?

> **보기**
> 고려 시대 최고의 교육 기관인 국자감에는 7재(七齋)를 두었는데, 그중 무학을 공부하는 ( )가 있었다. 이를 통해 고려의 관학에서는 무예 교육이 중시되었음을 알 수 있다.

① 강예재(講藝齋)
② 대빙재(待聘齋)
③ 경덕재(經德齋)
④ 양정재(養正齋)

| 정답해설 |

강예재는 국자감에 설치한 칠재 중 하나로, 무학을 전문으로 교육하는 분과이며 무학을 통해 장수를 육성하였다.

02

〈보기〉에서 설명하는 고려 시대의 무예는?

> **보기**
> • 손을 써서 상대를 공격
> • 승자에게 벼슬을 주어 출세를 위한 방법으로 활용
> • 무신 반란의 주요 원인 중 하나

① 방응(放鷹)
② 추천(鞦韆)
③ 석전(石戰)
④ 수박희(手搏戲)

| 정답해설 |

〈보기〉의 내용은 수박희에 대한 설명이다. 수박희는 맨손을 이용한 격투 기술로, 삼국 시대의 무예를 그대로 계승한 고려 시대의 대표적인 체육이다.

| 오답해설 |

① 방응(放鷹): 매를 잡았다가 놓아주면서 사냥하는 것
② 추천(鞦韆): 그네뛰기로 단오절에 가장 많이 행해짐
③ 석전(石戰): 돌을 던져 싸우거나 목봉으로 상대방을 물리쳐 기를 빼앗는 경기

03
[2022년 기출문제]

〈보기〉에서 고려 시대 무예의 특징으로 옳은 것만을 모두 고른 것은?

> **보기**
> ㉠ 격구(擊毬)는 군사 훈련의 수단이었다.
> ㉡ 수박희(手搏戲)는 무인 인재 선발의 중요한 방법이었다.
> ㉢ 마술(馬術)은 육예(六藝) 중 어(御)에 속하며, 군자의 중요한 덕목 중 하나였다.
> ㉣ 궁술(弓術)은 문인과 무인의 심신 수양과 인격 도야의 방법으로 중시되었다.

① ㉠
② ㉡, ㉢
③ ㉡, ㉢, ㉣
④ ㉠, ㉡, ㉢, ㉣

| 정답해설 |

㉠ 격구는 말을 타고 달리거나 뛰어다니며 막대기로 공을 쳐 승부를 겨루는 전통 스포츠이다.
㉡ 수박희는 두 사람이 일정한 거리를 두고 마주 서서 주로 손으로 겨루는 놀이로 승자에게 벼슬이 주어져 출세를 위한 방법으로 활용되었다.
㉢ 마술은 말을 타고 여러 가지 자세나 기예를 보여주는 것으로, 육예 중 어에 속한다. 육예 중 예는 예법, 악은 음악, 사는 활쏘기, 어는 마술(말타기), 서는 서예, 수는 수학에 해당한다.
㉣ 궁술은 문무를 겸비한 인재 양성의 목적으로 고려 시대에도 널리 권장되었다.

정답 01 ① 02 ④ 03 ④

출제 0순위 공략! 꼭 풀어야 할 대표문제

04 [2020년 기출문제]

〈보기〉에서 설명하는 고려 시대의 사건은?

보기

1170년 의종이 문신들과 보현원에 행차하였다. …(중략)… 대장군 이소응이 젊은 병사와 오병수박희(五兵手搏戲)를 겨루었고 패하였다. 그러자 젊은 문신 한뢰가 대장군 이소응의 뺨을 때리며 비웃었다. 이 광경을 보던 정중부와 이의방 등이 선동하여 반란을 일으켰다.

① 무신 정변
② 묘청의 난
③ 이자겸의 난
④ 삼별초의 난

| 정답해설 |
고려 의종 때인 1170년에 무신에 대한 차별 대우와 군인전 지급 문제로 하급 군인들의 불만이 높아지면서 정중부, 이의방 등이 주도하여 무신 정변을 일으켰다.

| 오답해설 |
② 묘청의 난: 1135년에 묘청(妙淸)이 풍수지리의 이상을 표방하고, 서경(西京)으로 천도할 것을 주장하면서 일으킨 반란이다.
③ 이자겸의 난: 1126년에 최고 권력자였던 척신(戚臣) 이자겸(李資謙) 등이 '십팔자(十八子)'가 왕이 될 것이라는 도참설(圖讖說)을 내세워 인종을 폐위시키고 스스로 왕위에 오르고자 일으켰던 반란이다.
④ 삼별초의 난: 1270년에 삼별초가 몽골과의 강화와 개경 환도에 반발하여 일으킨 반란이다.

05 [2023년 기출문제]

〈보기〉에서 민속 놀이와 주요 활동 계층이 바르게 연결된 것으로만 묶인 것은?

보기

㉠ 풍연(風鳶) – 귀족
㉡ 격구(擊毬) – 서민
㉢ 방응(放鷹) – 귀족
㉣ 추천(鞦韆) – 서민

① ㉠, ㉡
② ㉢, ㉣
③ ㉠, ㉣
④ ㉡, ㉢

| 정답해설 |
㉢ 방응(放鷹): 매를 길러 꿩이나 새를 잡는 사냥 놀이(매사냥)로 귀족 사회의 민속 스포츠에 해당한다.
㉣ 추천(鞦韆): 부녀자들이 그네를 타고 노는 놀이로 서민 사회의 민속 스포츠에 해당한다.

| 오답해설 |
㉠ 연날리기(풍연): 연을 공중에 띄우는 놀이로 서민 사회의 민속 스포츠에 해당한다.
㉡ 격구(擊毬): 말을 타고 달리거나 뛰어다니며 막대기로 공을 쳐 승부를 겨루는 전통 스포츠로, 귀족 사회의 민속 스포츠에 해당한다.

06 [2023년 기출문제]

고려 시대 수박(手搏)에 관한 설명으로 옳지 않은 것은?

① 관람형 무예 경기로 성행되었다.
② 응방도감(鷹坊都監)에서 관장하였다.
③ 무인 선발의 기준과 수단이 되었다.
④ 무예 수련과 군사 훈련 등의 목적으로 활용되었다.

| 정답해설 |
응방도감은 매의 사육과 매 사냥을 맡은 관청이다.

정답 04 ① 05 ② 06 ②

핵심테마 04 | 조선 시대의 체육

1 조선 시대의 사회와 교육

1. 조선 시대의 사회
① 유교적 관료 국가로 정치, 경제, 사회, 문화, 교육 등 모든 분야에 있어 유교를 바탕으로 체제 구축
② 사농공상이라는 엄격한 틀로 사회 계급 구분
③ 신분은 양인(양반, 중인, 상민)과 천인(천민)으로 구성
④ 유학(성리학)이 발달하였으며, 퇴계 이황, 율곡 이이 등 학식과 덕망을 갖춘 인재 배출

2. 조선 시대의 교육 기출 2025/2023/2021/2020/2018/2017/2015
국가에서 운영하는 관학(官學)과 개인이 운영하는 사학(私學)으로 구분함

(1) 관학(官學) – 기본 학제는 고려와 비슷함
① 성균관: 고려 시대의 국자감과 같은 기능을 했으며, 생원과 진사를 대상으로 입학 자격을 부여, 덕의 함양을 위해 활쏘기를 실시하였으며, 활은 예궁 또는 각궁을 사용
② 사학(四學): 성균관의 부속 학교의 성격으로 중등학교 수준의 교육 기관
③ 향교: 전국적으로 설치된 중등 수준의 교육 기관, 양반이나 향리 자제들이 입학
④ 잡학 교육과 무학: 역학, 율학, 의학, 천문학 등의 잡학 교육과 훈련원에서 무예 교육을 실시

(2) 사학(私學) – 양반의 교육에 대한 관심 증가로 번성
① 서원: 조선 시대에 등장한 고등 교육 기관으로, 성리학 교육을 담당하였으며, 학문을 연마할 목적으로 만들어졌으나 과거를 준비하는 교육 기관의 기능을 수행
② 서당: 천자문과 사서오경의 강독 등을 가르치는 교육 기관

(3) 무학 교육 기관
① 훈련원(訓練院): 군사의 시재, 무예의 훈련 및 병서의 습득을 관장하는 무인 양성 관련 공식 교육 기관으로, 활쏘기, 마상무예 등의 훈련을 실시
② 사정(射亭): 활터에 세운 정자로 무사들이 평상시에 무과를 준비하고 훈련하는 교육 기관이며, 관설 사정과 민간 사정(오운정, 등룡정 등)으로 운영됨

(4) 과거 제도: 문관, 무관, 기술관 채용 시험

> **Jump Up 이해**
>
> **조선 시대 과거 제도 – 무과** 기출 2025/2022/2020
> - 3년에 한 번씩 정기적으로 실시되는 식년 무과(式年武科)와 그 밖에 임시로 특설되는 증광시(增廣試), 별시(別試), 알성시(謁聖試), 정시(庭試), 춘당대시(春塘臺試) 등 비정기적으로 실시되는 무과가 있었다.
> - 시험은 1단계인 초시(무예), 2단계인 복시(무예+강서), 3단계인 전시(무예)로 시행하였다.
> - 초시에는 원시(院試), 향시(鄕試)가 있으며, 원시는 훈련원(訓練院)이 주관해 70인을 선발하고, 향시는 각 도의 병마절도사가 주관해서 모두 120인을 선발하였다.
> - 시험 과목은 무예, 무경(武經)이었으며, 무예와 별도로 무경 시험을 부과한 것은 조선 시대 무과 제도의 특징이다.
> - 식년무과(式年武科)는 3년마다 정기적으로 시행된 무관 채용시험으로, 초시(지역별 무예 실기 및 체력시험)와 복시(중앙에서 실시하는 실기 및 필기시험)로 나뉜다.

성균관(成均館)
- 교육 목표 중 덕의 함양을 위해 활쏘기를 실시
- 육일각(六一閣)에서 대사례를 거행
- 활은 예궁(禮弓) 또는 각궁(角弓) 사용

핵심테마 04 조선 시대의 체육

Speed 심화포인트

궁술의 의의

조선 시대에는 궁술이 군사 훈련의 중요한 수단 중 하나로 무과(武科) 시험의 필수 과목이었을 뿐만 아니라 무예 이상의 의미를 가지고 있어 심신 수련과 인격 도야를 위한 학사 사상(學射思想)이 강조되었다.

2 조선 시대의 무예와 체육

1. 조선 시대의 무예 [기출 2025/2024/2019/2017/2016/2015]

(1) 궁술
① 조선 시대의 주요 무예 중 하나로, 체육과 스포츠의 성격을 지님
② 체육 및 무예 교육으로서의 궁술과 스포츠로서의 궁술로 구분
　㉠ 체육 및 무예 교육적 궁술: 육예(六藝)의 하나로 활쏘기를 통해 인간 형성을 지향하는 유교적 교육의 한 방식으로 인식
　㉡ 스포츠 성격의 궁술: 무술로 발달하여 스포츠로 변화하였으며, 전쟁 기술이 아닌 일종의 게임으로 승부
③ 편사(便射): 사원(射員)들이 자신이 속한 사정(射亭)에 따라 편을 나누어 활쏘기를 겨루는 일

(2) 격구
① 귀족 스포츠로서 능숙한 승마 기술과 무예적 기량이 요구됨
② 체육의 성격을 지닌 무예 활동으로 국방력 강화 차원에서 하나의 무예로 장려

Jump Up 이해

무예 서적 [기출 2024/2023/2020]

- 『무예제보(武藝諸譜)』: 임진왜란 이후 한교가 편찬하였으며 현존하는 우리나라에서 가장 오래된 조선 시대 무예서로, 6기(곤봉, 등패, 장창, 당파, 낭선, 장도)를 수록하고 있다.
- 『무예제보번역속집(武藝諸譜飜譯續集)』: 광해군의 명에 따라 『무예제보』에 수록되지 않은 권법, 청룡언월도, 협도곤, 왜검 등 4기의 무예를 수록, 간행하였다.
- 『무예신보(武藝新譜)』: 사도세자가 모든 정사를 대리하던 중 기묘년(1759)에 명하여 18가지 기예를 넣어 편찬한 무예서이다.
- 『무예도보통지(武藝圖譜通志)』: 정조 때 『무예제보』와 『무예신보』를 근간으로 한·중·일 삼국의 책 145종을 참고하여 1790년에 완성한 종합 무예서로, 정조의 명에 의해 규장각의 이덕무, 박제가가 장용영의 초관이었던 백동수, 장용영의 무사들과 함께 무예의 내용을 일일이 검토하여 만든 무예서적이다. 24가지의 무예가 실려 있으며, 활의 기술은 실려 있지 않다.

2. 조선 시대의 체육 사상 [기출 2022]

① 숭문천무(崇文賤武): 글을 숭상하고 무력을 천시한다는 의미
② 문무겸전(文武兼全): 문식(文識)과 무략(武略)을 다 갖춘다는 의미
③ 학사 사상: 심신 수련으로서의 활쏘기로 교육적 가치가 있음(투호도 비슷함)

Jump Up 이해

숭문천무와 문무겸전의 대립 [기출 2023/2018]

숭문천무 (崇文賤武)	• '글을 숭상하고 무력을 천시한다'라는 뜻으로 조선 시대는 성리학과 유교주의적 특성으로 인해 문과에 비해 무인 교육에 소홀한 편이었음 • 유교와 성리학은 도덕과 인을 중시했기 때문에 신체적 힘을 기른다는 것은 전쟁이나 폭력, 싸움을 유발할 수 있다고 판단했음 • 무예나 신체 활동 문화의 발달을 저해하는 요인이 됨
문무겸전 (文武兼全)	• '문식(文識)과 무략(武略)을 다 갖춘다'라는 뜻으로 정조는 천시되었던 무에 대한 새로운 인식을 끌어내 국정 운영의 철학으로 발전시켰으며, 이는 '무적(武的) 기풍 확산을 통한 국정 쇄신'이라고 할 수 있음 • 정조는 기존 법전의 병전(兵典)에 많은 조문을 추가하여 보완하고, 『병학통(兵學通)』과 『무예도보통지』 등의 병서를 간행함

3. 조선 시대 건강법 기출 2020/2015

(1) 도인(導引) 체조

도교의 수행법 중 하나로 안마 체조라고도 불리는 건강법

(2) 이황(李滉)의 『활인심방(活人心方)』

명나라의 『활인심(活人心)』을 토대로 재구성한 대표적 의료 서적
① 심신의 조화로운 발달을 도모하기 위해 신체 건강법과 정신 건강법으로 구분
② 8단 도인법(導引法): 목 돌리기, 마찰, 다리의 굴신 등의 보건 체조
③ 사계양생가(四季養生歌): 춘하추동으로 나누어 호흡하는 방법
④ 활인심서(活人心序): 기를 조절하고, 식욕을 줄이며, 욕망을 절제하는 방법

3 조선 시대의 민속 스포츠와 오락 기출 2024/2022/2021/2019

1. 귀족 사회의 민속 스포츠

① 활쏘기: 활터인 사정(射亭)에서 시합을 하며 민속 무예, 스포츠, 오락의 성격을 띰
② 봉희(棒戱): 공을 막대로 쳐서 구멍에 넣는 놀이(골프와 유사)
③ 방응(放鷹): 매를 훈련시켜 꿩이나 토끼 종류의 사냥감을 잡는 것
④ 격구(擊毬): 말을 타고 달리며 막대기로 공을 쳐 승부를 겨루는 것
⑤ 투호(投壺): 병을 일정한 거리에 놓고, 병 속에 화살을 던져 넣은 후 그 개수로 승부를 가리는 놀이
⑥ 승경도(陞卿圖): 조선 시대 귀족 사회의 민속 놀이로 종정도(從政圖)라고도 함

2. 민중 사회의 유희와 스포츠

① 장치기: 서양의 필드하키와 비슷한 놀이로, 나무 채로 나무 공을 쳐서 경쟁하는 놀이
② 석전(石戰): 한 부락 혹은 지방이 동편과 서편으로 나누어 돌이나 몽둥이를 들고 싸우는 집단적 민속 놀이
③ 씨름: 삼국 시대부터 지금까지 행하여지고 있는 대표적인 민속 스포츠로, 각저(角抵), 각력(角力)이라고도 함
④ 추천(鞦韆): 그네뛰기를 말하는 것으로, 단오절(음력 5월 5일)에 가장 많이 행하여짐
⑤ 줄다리기: 촌락 공동체의 의례적 연중행사로 성행하였으며, 삭전(索戰), 조리지희, 갈전(葛戰)이라고도 불림
⑥ 이 외에도 제기차기, 연날리기, 팽이치기, 썰매, 널뛰기, 줄넘기 등

Jump Up 이해

『활인심방』 기출 2025
질병 치료보다 예방과 건강 유지를 중시한 조선 초기 의학서로, 현대적 관점에서 보면 체육과 보건교육이 결합된 공중보건자료로 볼 수 있다.

정초 새해 길흉을 점치기 위한 놀이로 줄다리기를 시행함

01

조선 시대의 교육에 대한 설명으로 옳지 않은 것은?

① 무학 교육 기관에는 훈련원과 사정이 있었다.
② 성균관에서는 덕의 함양을 위해 활쏘기를 실시하였다.
③ 서당에서는 천자문 강독, 문장 공부인 제술 등을 교육하였다.
④ 향교는 중등 정도의 교육 기관으로 서민들이 주로 입학하였다.

| 정답해설 |
향교는 고려와 조선 시대에 지방에 설립된 중등학교 수준의 교육 기관으로, 양반이나 향리 자제들이 주로 입학하였다.

02

조선 시대 체육 활동으로 옳지 않은 것은?

① 추천(鞦韆): 궁정에서 행해진 유희적 스포츠이다.
② 봉희(棒戱): 공을 쳐서 구멍에 넣는 놀이로 골프와 유사하다.
③ 투호(投壺): 화살을 일정한 거리에 있는 항아리 안에 던져 넣는 놀이이다.
④ 격구(擊毬): 능숙한 승마 기술과 무예적 기량을 요구하여 귀족 스포츠에 속한다.

| 정답해설 |
추천(鞦韆)은 그네뛰기를 말하는 것으로, 민중 사회에서 행하였다.

03

[2022년 기출문제]

조선 시대 무과 제도에 관한 설명으로 옳지 않은 것은?

① 초시, 복시, 전시 3단계로 실시되었다.
② 무과는 강서와 무예 시험으로 구성되었다.
③ 증광시, 별시, 정시는 비정규적으로 실시되었다.
④ 선발 정원은 제한이 없었으며, 누구나 응시할 수 있었다.

| 정답해설 |
조선 시대 무과에는 정규적으로 실시되는 식년 무과와 증광시, 별시, 알성시, 정시, 춘당대시 등의 비정규 무과가 있었으며 선발 인원이 정해져 있었다.

04

[2020년 기출문제]

『활인심방(活人心方)』에 대한 설명으로 적절하지 않은 것은?

① 이이(李珥)가 『활인심방』이라는 책을 펴냈다.
② 도인법(導引法)은 목 돌리기, 마찰, 다리의 굴신 등의 보건 체조이다.
③ 사계양생가(四季養生歌)는 춘하추동으로 나누어 호흡하는 방법이다.
④ 활인심서(活人心序)는 기를 조절하고, 식욕을 줄이며, 욕망을 절제하는 방법이다.

| 정답해설 |
『활인심방(活人心方)』은 이황(李滉)이 펴낸 책이다.

정답 01 ④ 02 ① 03 ④ 04 ①

핵심테마 04 | 조선 시대의 체육

05
조선 시대의 무예 서적에 해당하지 <u>않는</u> 것은?

① 무예신보
② 문무겸전
③ 무예제보
④ 무예도보통지

| 정답해설 |
문무겸전은 '문식(文識)과 무략(武略)을 다 갖춘다'라는 뜻의 체육 사상이다. 정조는 천시되었던 무예에 대한 새로운 인식을 끌어내 국정 운영의 철학으로 발전시켰으며, 이는 '무적(武的) 기풍 확산을 통한 국정 쇄신'이라고 할 수 있다.

06 [2021년 기출문제]
조선 시대 사정(射亭)에 관한 설명으로 옳지 <u>않은</u> 것은?

① 전국에 사정(射亭)을 설치하고 습사(習射)를 장려하였다.
② 관설 사정(官設射亭)과 민간 사정(民間射亭)이 있었다.
③ 병서(兵書) 강습과 마상(馬上) 무예 훈련을 주로 하였다.
④ 민간 사정(民間射亭)으로 오운정(五雲亭), 등룡정(登龍亭) 등이 있었다.

| 정답해설 |
병서 강습과 마상 무예 훈련을 주로 한 곳은 사정이 아니라 훈련원이다.

정답 05 ② 06 ③

핵심테마 05 | 개화기의 체육

1 개화기의 체육

1. 개화기의 사회와 교육

(1) 개화기의 사회

개화기(1876~1910)에는 수많은 시련과 격동을 겪으며 근대화를 위한 노력을 통해 반봉건적 근대화 정서와 반제국주의적 민족주의 정서가 동시에 분출되었음

(2) 개화기의 교육 기출 2024/2020/2019/2018/2017/2016

① 문호 개방 후, 해외 시찰단 파견, 근대 학교 설립 등을 통해 이루어짐
② 당시 근대 학교의 설립 주체는 정부, 민간인, 선교사로 구분됨(신교육과 신문화 수용, 부국강병의 자각적 민족주의 확립)

관립 교육 기관		• 주로 통역관을 양성하기 위한 목적으로 설립 • 동문학(통변학교), 육영공원
민간 교육 기관	을사늑약 체결 이전	• 일본 제국주의에 대한 위기 의식으로 설립 • 원산학사, 흥화학교, 중교의숙
	을사늑약 체결 이후	• 을사늑약을 계기로 설립(교육=국권 회복) • 교육을 통해 인물을 양성하여 민족 독립의 중심 세력 구축 • 보성학교, 대성학교, 오산학교
선교 단체 교육 기관		• 외국 선교 단체에 의해 기독교 확장 수단으로 설립 • 배재학당, 이화학당, 경신학교, 숭실학교

(3) 개화기 민족 사립 학교 기출 2025/2024/2023

① 원산학사
　㉠ 1883년(고종 20년) 원산에 세워진 우리나라 최초의 근대식 사립 학교
　㉡ 교과 과정은 문무반 공통으로 산수, 과학, 기계, 농업 등 실용적인 과목과 특수 과목으로 문예반의 경서, 무예반의 병서가 있었음
　㉢ 문예반 50명, 무예반 200명을 선발하였으며, 무비자강(武備自强)을 강조하였음
② 대성학교
　㉠ 1908년 국권 회복 운동의 일환으로 도산 안창호가 설립
　㉡ 대한제국군 출신이 체육 교사로 부임함
　㉢ 일반 체조를 포함하여 군대식 조련을 실시함
③ 오산학교
　㉠ 1907년에 이승훈이 민족 교육을 위해 평안북도 정주에 세운 4년제 중등 과정의 학교
　㉡ 민족의식을 가진 실력 있는 인재를 길러 나라의 자주독립을 이루는 것을 목표로 함
④ 숭실학교: 1897년 평양에 설립되었던 중·고등 교육 기관으로, 미국 북 장로교 선교사 베어드(W. M. Baird)가 기독교 정신에 입각한 중등교육을 실시하고자 창설하였으며, 스스로 교장이 됨

 **Speed 심화포인트**

선교 단체가 설립한 교육 기관
외국 선교 단체가 기독교 확장 수단으로 교육 기관을 설립하기도 하였다.
• 배재학당: 외국인이 세운 우리나라 최초의 근대식 중등학교로 아펜젤러가 설립하였다.
• 이화학당: 여성을 위한 최초의 근대식 학교로 메리 스크랜턴이 설립하였다.
• 경신학교: 고아들을 위해 설립된 학교로 H. G. 언더우드가 설립하였다.

한국 YMCA(Young Men's Christian Association)
• 1903년 황성기독교청년회(YMCA)로 창립
• 1906년 4월 11일 황성기독교청년회운동부 설립

2. 개화기 체육의 발전 단계 기출 2017/2016/2015

1876년 개항과 더불어 서구 문화가 도입되면서 전통적인 무예 및 민속적 유희 중심의 체육 활동이 체조, 유희, 스포츠 등으로 확대됨

근대 체육의 태동기 (제1기 1876~1884)	무예 학교와 원산학사의 정규 교육 과정에 무예 체육 포함
근대 체육의 수용기 (제2기 1885~1904)	• 운동회 및 체육 동호회의 활동 활성화 • 배재학당, 이화학당, 경신학교 등과 같은 미션 스쿨 설립 • 관립 외국어 학교 설립(1895)과 한국 YMCA(황성기독교청년회) 조직(1903)으로 인해 서구 스포츠 유입 • 관립·공립 학교에서도 근대적인 체육 교육 실시
근대 체육의 정립기 (제3기 1905~1910)	• 기독교계 사립 학교를 비롯하여 일부 학교 체계에 학교 체조, 병식 체조, 유희 등이 도입됨 • 1905년 을사늑약의 체결로 대한 제국의 교육 제도를 대대적으로 개편

Speed 심화포인트

개화기 체육의 발전 단계

근대 체육의 태동기
(제1기 1876~1884)
↓
근대 체육의 수용기
(제2기 1885~1904)
↓
근대 체육의 정립기
(제3기 1905~1910)

Jump Up 이해

교육입국조서(教育立國詔書, 교육조서) 기출 2024/2023/2019/2017
- 고종은 1895년 『교육입국조서』를 반포하고 이를 통해 덕양(德養), 체양(體養), 지양(智養), 즉 삼양(三養)을 강조하였다.
- 삼양(三養)이 표기된 순서는 덕양(德養), 체양(體養), 지양(智養)이다.
- 소학교 및 고등 과정에 체조가 정식 과목으로 채택되는 데 영향을 주었다.
- 교육의 기회가 전 국민적으로 확대되는 데 기여하였다.

2 개화기의 스포츠 기출 2020/2017

1. 학교 스포츠의 발달 기출 2014

① 과외 활동의 일환으로 영어 학교나 기독교계 학교를 중심으로 운동회 확산
② 운동회에서 실시된 종목은 주로 육상에서 축구, 씨름 등으로 확대
③ 최초의 운동회인 화류회(花柳會)가 영어 학교에서 개최
④ 운동회 개최의 목적
  ㉠ 주민과 향촌의 공동체 의식 강화
  ㉡ 민족주의와 애국심 고취
  ㉢ 사회 체육의 발달 촉진

개화기 스포츠의 특징
- 근대적 스포츠로의 전환기
- 민족주의적 근대 스포츠
- 민족주의적 노력

Jump Up 이해

최초의 운동회 화류회(花柳會)
- 1896년 5월 2일에 영국인 교사 허치슨(Hutchison)의 지도 아래 평양의 삼선평(三仙坪)으로 소풍을 가서 '화류회'라는 운동회를 열었던 것이 시초이다.
- 당시의 운동회는 열강의 침탈에 대한 민족의 울분과 교육 구국 의지를 다지고, 단체 경기를 통한 협동과 단결 정신을 배양하기 위한 성격을 띠었다.
- 운동회에서 최초로 시행한 종목은 주로 육상으로, 300, 600, 1,350보 경주와 공 던지기, 대포알 던지기, 멀리뛰기, 높이뛰기, 이인삼각, 당나귀 달리기, 동아줄 끌기(12인조) 등이 진행되었다.

병식체조 기출 2025
- 개화기 교육기관에서 국가주의적, 군사주의적 신체 훈련 수단으로 도입된 체조이다.

핵심테마 05 개화기의 체육

Speed 심화포인트

2. 근대 스포츠의 도입과 보급 기출 2022/2020/2018

① 체조: 한성사범학교의 교과목으로 도입(1895)
② 육상: 운동회(화류회)에서 처음 시작(1896)
③ 수영: 무관 학교 칙령에서 수영 도입의 기록 확인(1898)
④ 축구: 구기 종목 중 우리나라에 가장 먼저 소개되었으며(1882), 정식 축구의 보급은 서울의 관립 외국어 학교에서 축구가 체육 과목으로 채택되면서부터임(1904)
⑤ 야구: 황성기독교청년회(YMCA)의 질레트에 의해 야구단이 창단되었으며(1904), 한국에서의 최초의 야구 경기는 덕어 학교와의 경기임(1906)
⑥ 농구: 황성기독교청년회(YMCA)의 질레트가 소개(1907)
⑦ 연식 정구(척구): 미국인 푸트(L. Foote)가 보급(1884)
⑧ 검도: 경무청과 육군연무학교에서 검술 과목이 채택되면서 일본식 검도 보급(1896)
⑨ 유도: 일본인 우치다 료헤이가 소개(1906)
⑩ 씨름: 관립·사립 학교 운동회에서 정식 종목 채택(1899)
⑪ 빙상: 미국인 알렌 부부가 소개(1890년대 후반)
⑫ 사격: 육군연성학교에서 정규 교과목으로 선정(1904)
⑬ 사이클: 첫 사이클 경기 개최(1906)
⑭ 승마: 근위 기병대 군사들이 경마회를 개최(1909)

개화기 체육 단체의 결성
기출 2021
- 대한체육구락부(1906)
- 황성기독교청년회운동부(1906)
- 대한국민체육회(1907)
- 대동체육구락부(1908)
- 대한흥학회운동부(1909)
- 체조연구회(1909)
- 사궁회(1909)
- 청강체육구락부(1910)

3. 체육 단체의 결성 기출 2024/2023/2022/2021/2018/2016/2015

대한체육구락부 (1906)	• 우리나라 최초의 근대적인 체육 단체 • 근대 스포츠 보급(축구, 높이뛰기, 씨름 등) 및 지도
황성기독교 청년회운동부(1906)	• 개화기에 결성된 체육 단체 중 가장 활발한 활동 • 회장 터너와 총무 질레트 등의 노력으로 근대 스포츠 발달에 큰 역할
대한국민체육회 (1907)	• 근대 체육의 선구자 노백린 등이 창립 • 체육의 올바른 이념 정립과 체육 관련 정책의 개혁을 목표로 체육 단체 운영
대동체육구락부 (1908)	• 사회 진화론적 자강론에 입각하여 체육의 가치를 국가의 부강과 존폐의 근간으로 인식 • 체육 계몽 운동을 통해 강력한 국가 건설 지향
무도기계체육부 (1908)	1908년 9월 윤치오와 육군연성학교 교장 이희두가 기계체조 훈련기관인 무도기계체육부를 조직하는 데 동참하고, 기계체조 보급 사업의 후견인이 되었음

3 개화기의 체육 사상과 체육 사상가

1. 개화기의 체육 사상 기출 2018/2016

유교주의와 체육	• 19세기 말까지 유교적인 전통이 지속되면서 민족의 역동적인 기질이 약화됨 • 유교의 왜곡으로 개화기 체육과 스포츠의 도입 및 확산에 역기능
사회 진화론적 민족주의	• 다원주의적인 민족주의 사상 전제 • 국권 상실이란 민족의 위기를 진화론적 인식을 바탕으로 민족주의적 이데올로기로 잉태
체육 사상가	일본 제국주의의 팽창 정책으로 국권 상실의 위기를 맞게 되자 민족 지도자들은 체육과 스포츠의 필요성을 인식하고 체육의 강화를 주장

2. 개화기 체육 사상가

① **이기**: 사회 진화론을 수용한 실학주의 교육자로 대한자강회를 조직하여 민중 계몽에 헌신하면서 지육, 덕육, 체육의 균형적인 교육을 강조

② **문일평**
  ㉠ 『태극학보』에 「체육론」을 실었고, 신체의 중요성은 정신에 선행한다고 했으며, 육체의 단련은 정신의 그릇에 대한 단련이라고 평가
  ㉡ 체육 학교 설치 및 체육 교사 양성, 학술 연구를 위한 청년의 해외 파견 등을 주장
  ㉢ 「조선일보」 편집 고문으로 체육을 국가의 운명을 결정하는 중요한 영역으로 인식

③ **이기동**: 휘문의숙의 체육 교사를 역임한 교육자로, 『최신 체조 교수서』를 출판하고 체조 연구회를 조직

④ **이종만**
  ㉠ 개화기 체육의 중요성을 강조한 대표적인 인물
  ㉡ 국민의 완전한 정신은 반드시 건강한 신체의 작용으로부터 나오는 것이므로 체육을 통해 용맹스러운 국민을 육성할 수 있다고 주장
  ㉢ 체육은 국민의 단결력을 형성시켜주므로 체육을 통해 국민의 내부적인 단합을 이끌어 낼 수 있음을 강조
  ㉣ '체육은 20세기 국제 경쟁 시대에 국가 자강, 즉 강력한 국가 건설의 기초'라고 설명

⑤ **조원희** [기출 2020]
  ㉠ 휘문의숙 체육 교사직과 학감을 지낸 인물로, 학교 체조에 지대한 관심을 갖고 이론적·실천적 개선을 위하여 노력
  ㉡ 종래 병식 체조의 문제점을 지적하고 일반 학도들에게 근대식 학교 체조를 보급

⑥ **노백린** [기출 2024]
  ㉠ 신민회에 참여하여 구국 운동을 전개하고 만주에 독립 운동 전초 기지를 건설하기 위한 계획을 세웠으며, 고향인 송화에 민립 학교인 '광무학당'을 설립하는 등 구국 교육 운동을 전개
  ㉡ 구한말 정부의 육군 참위로서 영재 양성에 남다른 관심을 쏟았으며, 체육을 지·덕 두 가지 교육과 함께 국민 교육에 필수적인 영역이라고 주장
  ㉢ '대한국민체육회'의 설립 과정에 발기인으로 참여, 병식 체조 일변도의 학교 체육 문제점을 바로잡기 위하여 1907년 우리나라 최초의 체조 강습회를 개최

⑦ **이종태**
  ㉠ 1905년 관립 외국어 학교 교장을 지낸 인물
  ㉡ 지교, 덕교, 체교를 교육의 필수적인 세 영역으로 파악, 체육 시간을 피하는 폐습이 많음을 개탄

출제 0순위 공략! 꼭 풀어야 할 대표문제

01 [2021년 기출문제]

개화기 이화학당에 관한 설명으로 옳은 것은?

① 스크랜턴(M. Scranton)이 설립한 학교로 체조를 교과목으로 편성했다.
② 아펜젤러(H. Appenzeller)가 설립한 학교로 각종 서구 스포츠를 도입했다.
③ 이승훈이 설립한 학교로 민족정신의 고취와 체력 단련을 위해 체육을 강조했다.
④ 개화파 관리들이 중심이 되어 설립한 학교로 무사 양성을 위한 무예반을 설치했다.

| 오답해설 |
② 배재학당은 1885년 외국인이 세운 한국 최초의 근대식 중등 교육 기관으로 미국인 선교사 아펜젤러가 설립하였다.
③ 1907년에 이승훈이 민족 교육을 위해 평안북도 정주에 중등 과정 학교인 오산학교를 설립하였다.
④ 개화기의 교육 기관인 원산학사에 대한 설명이다.

02

개화기 체육 발전 양상에 대한 설명으로 옳지 <u>않은</u> 것은?

① 을사늑약의 체결로 교육 제도가 개편되었다.
② YMCA를 통해 고유의 민속 스포츠를 보존하였다.
③ 학교 체조, 병식 체조, 유희 등이 도입되었다.
④ 무예 학교와 원산학사의 정규 교육 과정에 무예 체육이 포함되었다.

| 정답해설 |
YMCA가 체육에 미친 영향
• 야구, 농구, 배구 등과 같은 서구 스포츠를 우리나라에 소개
• 조직망을 통해 스포츠를 전국으로 확산
• 많은 스포츠 종목의 지도자 배출

| 심화해설 |
①③ 근대 체육의 정립기, ④ 근대 체육의 태동기이다.

03 [2020년 기출문제]

〈보기〉에서 설명하는 개화기 사립 학교는?

> 보기
> • 무비자강(武備自强)을 강조하였다.
> • 문예반 50명, 무예반 200명을 선발하였다.
> • 1883년에 설립된 최초의 근대식 학교이다.

① 대성학교(大成學校)
② 오산학교(五山學校)
③ 원산학사(元山學舍)
④ 동래무예학교(東萊武藝學校)

| 정답해설 |
〈보기〉는 1883년 함경남도 원산에 세워진 한국 최초의 근대식 사립 교육 기관인 원산학사(元山學舍)에 대한 설명이다.

| 오답해설 |
① 대성학교(大成學校): 1908년 안창호가 평양에 세운 교육 기관으로, 독립 정신과 실력을 고루 갖춘 인재를 기르고자 했으며, 민족 운동 단체인 신민회는 물론이고 일부 평양 주민들도 설립을 도왔다.
② 오산학교(五山學校): 1907년 이승훈이 민족 교육을 위해 평안북도 정주에 세운 4년제 중등 과정의 학교로, 민족의식을 가진 실력 있는 인재를 길러 나라의 자주독립을 이루는 것이 목표였다.
④ 동래무예학교(東萊武藝學校): 1878년 부산 동래 지역에 설립된 무예 학교이다.

04

개화기 운동회에 대한 내용으로 옳지 <u>않은</u> 것은?

① 민족주의와 애국심 고취
② 엘리트 체육의 발달을 촉진
③ 주민과 향촌의 공동체 의식 강화
④ 영어 학교나 기독교 학교를 중심으로 운동회 확산

| 정답해설 |
개화기 학교 운동회의 특색
• 주민과 향촌의 공동체 의식 강화
• 민족주의와 애국심 고취
• 사회 체육의 발달을 촉진

정답 01 ① 02 ② 03 ③ 04 ②

핵심테마 05 | 개화기의 체육

05
[2020년 기출문제]

개화기에 도입된 스포츠에 대한 설명으로 옳지 <u>않은</u> 것은?

① 조원희는 교육 체조를 보급하였다.
② 우치다(內田)는 검도를 보급하였다.
③ 질레트(P. Gillett)는 야구와 농구를 보급하였다.
④ 푸트(L. Foote)는 연식 정구(척구)를 보급하였다.

| 정답해설 |
일본인 우치다는 1906년 유도를 소개하였다. 검도는 1896년 경무청에서의 경찰 훈련과 육군연무학교의 군사 훈련 과목에 검술 과목이 채택되면서 보급되기 시작하였다.

| 심화해설 |
① 조원희는 종래 병식 체조의 문제점을 지적하고 일반 학도들에게 근대식 학교 체조를 보급하였다.
③ 황성기독교청년회(YMCA)의 질레트(P. Gillett)는 야구와 농구를 보급하였다.
④ 연식 정구(척구)는 미국인 푸트(L. Foote)가 보급하였다.

06

〈보기〉에서 설명하는 개화기의 체육 단체는?

> [보기]
> - 우리나라 최초로 조직된 근대적 체육 친목 단체
> - 회원 간의 운동회 개최 및 각종 친선 경기 등을 통해 우리나라 체육계에 기여
> - 청년의 기개 함양, 오락을 베풀며, 국민의 원기 진작을 목적으로 함

① 대한체육구락부
② 대동체육구락부
③ 대한국민체육회
④ 황성기독교청년회운동부

| 정답해설 |
대한체육구락부는 우리나라에서 최초로 조직된 근대적인 체육 친목 단체로, 1906년 3월 11일 서울 교동(지금의 종로구 공평동)에 위치한 김기정의 집에서 현양운, 신봉휴, 한상우 등 30여 명의 발기로 결성되었다.

07

개화기 최초의 운동회와 실시된 종목이 바르게 연결된 것은?

① 화류회 – 육상
② 무관 학교 – 수영
③ 한성사범학교 – 체조
④ 황성기독교청년회 – 농구

| 정답해설 |
최초의 운동회는 1896년 5월 2일 영어 학교에서 개최한 화류회이며 육상 종목이 실시되었다.

| 오답해설 |
② 수영: 무관 학교 칙령에서 수영 도입의 기록을 확인할 수 있다(1898).
③ 체조: 한성사범학교의 교과목으로 도입되었다(1895).
④ 농구: 황성기독교청년회(YMCA)의 질레트에 의해 소개되었다(1907).

08

개화기의 체육 단체와 이에 대한 설명이 바르게 연결된 것은?

① 대한체육구락부 – 근대 체육의 선구자 노백린 등이 창립하였다.
② 황성기독교청년회운동부 – 우리나라 최초의 근대적인 체육 단체이다.
③ 대동체육구락부 – 사회진화론적 자강론에 입각한 강력한 국가 건설을 목표로 했다.
④ 대한국민체육회 – 회장 터너와 총무 질레트의 노력으로 근대 스포츠 발달에 이바지했다.

| 정답해설 |
대동체육구락부는 사회진화론적 자강론에 입각하여 체육의 가치를 국가의 부강과 존폐의 근간으로 인식하였으며 체육 계몽 운동을 통해 강력한 국가 건설을 지향하였다.

| 오답해설 |
① 대한체육구락부: 우리나라 최초의 근대적인 체육 단체이다. 근대 스포츠를 보급하고 지도하였다.
② 황성기독교청년회운동부: 회장 터너와 총무 질레트 등의 노력으로 근대 스포츠 발달에 큰 역할을 했다.
④ 대한국민체육회: 근대 체육의 선구자 노백린 등이 창립하였다. 체육의 올바른 이념 정립과 체육 관련 정책의 개혁을 목표로 하였다.

정답 05 ② 06 ① 07 ① 08 ③

핵심테마 06 | 일제 강점기의 체육

1 일제 강점기의 체육

1. 일제 강점기의 사회와 교육

(1) 일제 강점기의 사회

1910년 일본은 조선을 강제로 병합하여 식민 통치를 하였으며, 국민의 주권을 빼앗았다. 일제 강점기는 민족이 주권을 잃고 국가 활동이 단절되어 버린 비극의 시대 및 독립을 위한 투쟁의 시대이다.

(2) 일제 강점기의 교육 [기출 2020/2017]
  ① 1차 조선 교육령(1911): 조선의 우민화 교육 착수
    ㉠ 무단 정치를 배경으로 이루어진 '충량한 국민화'
    ㉡ 일본어 사용의 강요, 일본 문화와 생활 양식 동화
  ② 2차 조선 교육령(1922): 3·1운동 이후 한국인의 불만 무마
    ㉠ 일본과 유사하게 학교의 편제와 수업 연한을 조정
    ㉡ 대학 교육의 기회 제공
  ③ 3·4차 조선 교육령(1938~1945): 한민족 말살 정책기 또는 황국 신민화 정책기
    ㉠ 군국주의 정치하에 황국 신민 교육
    ㉡ 황민화의 수단으로 '내선일체' 교육 강화
    ㉢ 중등학교 과목에서 조선어 삭제
    ㉣ 국어 사용자와 비사용자의 구분을 철폐하여 '내선융화' 도모

2. 일제 강점기 체육의 변화 [기출 2024]

(1) 조선 교육령 공포기의 체육(1910~1914)
  ① 체육의 자주성 박탈과 우민화 교육
  ② 유희, 보통 체조, 병식 체조를 체조과 교재로 도입
  ③ 민족주의적 체육 활동 규제

(2) 학교 체조 교수요목의 제정과 개정기의 체육(1914~1927) [기출 2020/2018]
  ① 학교 체육 체계에서 본격적으로 체육을 필수화함. 각 학교의 체조 교육을 통일하기 위한 조치임
  ② 이전의 유희, 병식 체조, 보통 체조를 체조, 교련, 유희로 다시 구분
  ③ 유희는 경쟁적 유희, 발표적 동작을 주로 한 유희 등으로 구분
  ④ 과외 및 일상 활동으로 야구, 수영, 테니스 등과 같은 종목 실시
  ⑤ 체조 교육의 교수 방법, 목적, 개념 등을 구체적으로 제시
  ⑥ 『소학교 보통학교 체조 교수서』 개발(1916) 및 『소학교 보통학교 신편 체조 교수서』 편찬(1927)

(3) 학교 체육 교수요목 개편기의 체육(1927~1941) [기출 2020/2017]
  ① 체조 중심에서 유희, 스포츠 중심으로 변경
  ② 각종 운동 경기 대회 성행 및 국제 무대 진출

Speed 심화포인트

일제 강점기의 체육의 변화(정치·사회 통치 관점) [기출 2025]
- 체조 교습기(1895~1910): 개화기. 일본의 체조가 처음 도입되었으며, 병식체조 위주의 교육이 실시된 초기 시기
- 무단 통치기(1910~1919): 헌병 경찰 중심의 폭력적 지배가 핵심으로, 체육보다는 통제와 감시에 초점
- 문화 통치기(1920~1931): 겉보기 유화 정책. 체육은 일부 허용되었으나 일본식 교육 강화 단계로, 아직 '황국 신민 체조'는 도입 전임
- 민족 말살기(1930년대 후반~1945)는 일본 제국주의가 조선을 정신·문화적으로 완전히 동화시키기 위해 황국 신민화 정책을 강력히 추진한 시기

③ 다양한 종목(육상, 축구, 야구, 농구)의 대교 경기 활성

Jump Up 이해

황국 신민 체조의 성격 기출 2025/2020
- 1937년 10월 8일 조선 총독부가 식민지 사람에게 무사도 정신을 갖게 할 목적으로 만든 체조
- 검을 이용하여 일본의 '무사도 정신'을 습득함으로써 황국 신민으로서의 신념을 체득
- 단체 훈련을 행하여 규율을 지키고 협동을 숭상하며 복종 정신의 함양에 중점

(4) **체육 통제기의 체육(1941~1945)**
① 전시 체제에 맞게 체조과를 체련과로 변경
② 학제가 개편되어 체육 군사화
③ 전쟁 수행을 위해 각종 체육 경기 완전 통제
④ 전투 체력의 강화를 위한 체육 활동 실시(중량 운반, 수류탄 투척, 행군 등)

2 일제 강점기의 스포츠

1. 근대 스포츠의 도입과 발달 기출 2020/2019/2017

① 서구의 근대 스포츠는 기독교 선교사들이 주로 소개
② 체조, 육상, 검도, 축구, 수영, 씨름, 사격, 야구, 사이클, 유도, 농구, 빙상, 정구, 승마, 조정 등과 같은 스포츠는 개화기에 도입
③ 일제 강점기의 각종 스포츠 도입과 보급

종목	내용
권투	박승필이 유각권구락부를 조직하면서부터 시작(1912)
탁구	경성일일신문사 주최 핑퐁 경기 대회 개최(1924), 조선중앙기독교청년회(YMCA)에서 제1회 조선 탁구 대회 개최(1928)
배구	조선중앙기독교청년회와 세브란스 병원 직원 간에 최초로 공식 시합 개최(1916)
스키	일본인 나카무라가 소개(1921)
럭비	조선철도국 사카구치가 소개(1924)
역도	일본체육회 체조 학교를 졸업한 서상천이 국내에 소개(1926)
골프	영국인 던트에 의해 효창원 골프 코스가 만들어지면서부터 시작(1921)
경식 정구(테니스)	조선철도국에서 소개(1919)

2. 민족주의적 체육 활동

(1) **YMCA의 스포츠 운동** 기출 2023/2019/2017
① 일제의 무단 통치기에 비교적 활발히 스포츠 활동 전개
② 1916년 한국 YMCA에 한국 최초로 실내 체육관 건립, 스포츠에 참여하는 계기 제공

(2) **YMCA의 스포츠 활동**
① 개화기부터 외국인 선교사가 근대 스포츠를 도입·보급하면서 한국 근대 스포츠의 발전에 많은 영향을 미침
② 독자적인 스포츠 활동을 전개함
③ 강건한 기독교주의와 민족주의 사상을 바탕으로 하였음

핵심테마 06 일제 강점기의 체육

Speed 심화포인트

(3) YMCA가 체육에 미친 영향
① 야구, 농구, 배구 등의 서구 스포츠를 우리나라에 소개하였음
② 조직망을 통해 스포츠를 전국으로 확산시킴
③ 많은 스포츠 종목의 지도자 배출함

(4) 체육 단체의 결성과 청년회 활동 기출 2022/2021/2019/2016

청년 운동과 민족 운동은 긴밀히 관련되어 있으며, 전국 각지에서 교육 활동을 펼쳤다.

조선 체육회	• 1920년 동아일보사 후원으로 현 대한체육회의 전신인 조선체육회 창립 • 한국 현대 올림픽 운동과 체육 및 스포츠 발전을 주도 • 1920년 제1회 전조선 야구 대회 개최(오늘날 전국 체육 대회의 시작) • 1938년 일제에 의해 해산되어 조선체육협회로 통합
관서 체육회	• 1925년 평양 기독교 청년 회관에서 결성 • 씨름, 수상, 야구, 탁구 대회를 개최, 관서체육회 체육 대회, 전평양 농구 연맹전 등 • 전국적인 체육 단체, 민족주의적 체육 단체

Jump Up 이해

조선체육협회와 조선체육회 기출 2024/2022

- **조선체육협회(1919)**: 1919년 2월 18일 일제 강점기 조선 내 스포츠 단체를 관리하기 위해 경성정구회와 경성야구협회를 통합하여 만든 근대 스포츠 단체이다. 재조선 일본인을 중심으로 운영되었으며, 조선 신궁 대회의 개최 및 메이지 신궁 경기 대회 조선 대표 선발·출전을 주관하였다. 일본인들이 운영한 점, 일본이 대회를 주관한 점, 조선인이 설립한 조선체육회와 경쟁 관계에 있었던 점 등에서 한국 체육계의 어두운 과거였던 단체로 통한다.
- **조선체육회(1920)**: 1920년 7월 13일 동아일보의 적극적인 후원을 바탕으로 국내 체육인, 일본 유학 출신자들이 한국체육 통합 단체로 창립하였다. 조선 체육계를 대표하는 조선체육회는 운동가를 양성하고 운동을 장려할 뿐만 아니라 운동가에 대한 편의를 도모할 수 있는 중요한 역할을 하였다. 조선체육회가 주최한 최초의 대회인 제1회 전조선 야구 대회를 개최하였으며, 창립 10주년엔 야구와 정구·육상 3개 종목 경기를 경성운동장에서 동시 개최하는 종합 대회를 개최하였고, 15주년엔 축구와 농구가 추가되었다. 육상경기연구위원회를 구성하여 육상 경기에 대한 과학적 연구를 하기도 했다. 그러나 조선체육회는 1938년 일제의 탄압으로 조선체육협회에 강제 흡수되었으며, 광복 후 부활된 조선체육회는 1948년 런던올림픽 직전 이름을 대한체육회로 변경하였다.

(3) 민족 전통 경기의 부활과 보전 운동

활쏘기와 씨름	우리 민족의 대표적인 민속 전통 스포츠
궁술	• 심신의 수양뿐만 아니라 위생상에도 도움 • 국민의 민족의식을 고취시키는 국민 운동으로 그 의미가 있음

3. 체육과 스포츠의 시련

① **체육의 교련화와 연합 운동회의 탄압**: 1930년대 전후로 학교 체육을 군사적 팽창에 필요한 인력 양성 교육의 수단으로 활용
② **체육 단체의 해산과 통합**: 조선체육회의 해산과 통합, 무도계의 일인 단체 흡수 및 통합, 조선학생체육총연맹의 흡수와 통합
③ **일장기 말소 사건과 일제의 탄압** 기출 2020/2018/2017/2016/2015
   ㉠ 베를린 올림픽 경기 대회에 참가하기까지 일본인들에게 많은 차별을 받음
   ㉡ 1936년 제11회 베를린 올림픽 경기 대회 마라톤 종목에서 손기정 선수는 1위를, 남승룡 선수는 3위를 기록

ⓒ 손기정 선수가 금메달을 따고 일장기를 단 채로 시상대에 오른 사진이 보도되자 동아일보 기자 이길용은 이 사진에서 일장기를 지워 버린 채 보도하여 혹독한 고문을 받고, 동아일보는 무기 정간 처분을 받았음
ⓔ 체육을 통해 일제에 항거하는 민족주의적 투장 정신을 표출했음

3 일제 강점기의 체육 사상

1. 민족주의 체육

① 체육과 스포츠 활동을 통해 민족정신의 고취와 민족 문화의 창달
② 독립을 위한 기반을 구축함

2. 민족주의적 체육 운동의 결실

우리 민족의 정체성을 지키고 민족의식의 회복에 큰 영향을 미침

3. 일제 강점기의 체육인 기출 2025/2024/2023/2022/2021

① 유억겸(1896~1947): 조선기독교청년회 회장, 미군정청 문교 부장, 조선체육회 회장 등을 역임
② 서상천(1902~미상): 일제 강점기 역도연맹 회장과 대한씨름협회 회장을 역임하며, 우리나라에 역도를 도입하고 『현대체력증진법』 등을 저술한 체육인으로, 조선체력증진법연구회를 설립해 체력 단련 운동을 전개하며 민족 체육 발전에 크게 기여함
③ 이상백(1904~1966): 한국체육회 회장과 한국 올림픽 위원회 위원장으로서 한국의 체육 발전과 국제적 지위 향상에 크게 기여하였으며, 우리나라 출신의 두 번째 IOC(국제 올림픽 위원회) 위원임
④ 이길용(1899~미상): 1924년 11월 조선체육회 실무 위원이 되었으며, 1925년 제1회 전조선 축구 선수권 대회 임원, 전조선 중학교 농구 선수권 대회 위원 등을 역임
⑤ 손기정(1912~2002): 1936년 베를린 올림픽 경기 대회의 마라톤 금메달리스트로 해방 이후 대한체육회 부회장, 육상경기연맹 회장 등을 역임
⑥ 최승희(1911~1969): 우리나라 최초로 서구식 현대적 기법의 춤을 창작하고 공연함
⑦ 박승필(1875~1932): 1912년 10월 7일 유각권구락부를 설립해 우리나라에 권투를 소개함
⑧ 여운형(1886~1947): 조선체육회 회장 역임, 스포츠를 민족 의식의 수단으로 보아 스포츠계에 적극적 활동, 국내 체육 활성화 등 대중적인 활동

Jump Up 이해

일제 강점기의 체육 시설 기출 2020
경성 운동장(1925~1945)의 옛 이름은 서울 운동장이었으나, 서울 종합 운동장이 개장하면서 1985년부터 동대문 운동장으로 개칭하였다. 전국 규모의 대회와 올림픽 경기 대회 예선전 등이 열렸으며, 축구장, 야구장, 정구장, 수영장의 시설을 갖춘 복합 경기장이었다.

01

일제 강점기에 YMCA가 한국 스포츠 발전에 미친 영향으로 옳지 않은 것은?

① 많은 스포츠 종목의 지도자를 배출하였다.
② 조선의 독립을 위해 스포츠를 전파하였다.
③ 야구, 농구, 배구와 같은 서구식 스포츠를 한국에 도입하였다.
④ 선교를 바탕으로 스포츠를 전국적으로 확산시키는 역할을 하였다.

| 정답해설 |

일제 강점기 YMCA는 민족주의 운동과 연계하여 스포츠를 전국적으로 확산시키며 민족 운동과 기독교 복음주의를 결속시켰으나, 조선의 독립을 위해 스포츠를 전파한 것은 아니다.

02

일제 강점기의 스포츠 단체 결성과 활동에 대한 설명으로 옳지 않은 것은?

① 1920년 조선 스포츠계를 대표하는 조선체육회가 설립되었다.
② 조선체육협회는 일제 강점기 조선에서 스포츠 활동을 주도한 단체이다.
③ 1919년 조선체육협회는 경성정구회와 경성야구협회를 통합하여 만들어졌다.
④ 조선체육회는 일제 강점기를 대표하는 스포츠 단체로 오늘날까지 운영되고 있다.

| 정답해설 |

1937년 중일 전쟁이 일어나자 조선 총독부는 1938년 조선체육회를 비롯한 전국의 각종 체육 단체를 일본인 체육 단체인 조선체육협회에 통합시켰다. 해방 이후 일제에 의해 조선체육협회에 통합됐던 조선체육회는 1945년 11월 재건되었으며, 1948년 대한민국 정부 수립 후에는 대한체육회로 명칭을 변경하고 현재에 이르고 있다.

03 [2020년 기출문제]

일제 강점기 스포츠 종목의 도입에 대한 설명으로 옳지 않은 것은?

① 권투 — 1914년 경성구락부에서 소개하였다.
② 경식 정구 — 1919년 조선철도국에서 소개하였다.
③ 스키 — 1921년 나카무라(中村)가 소개하였다.
④ 역도 — 1926년 서상천이 소개하였다.

| 정답해설 |

권투는 1912년 단성사(團成社) 주인 박승필(朴承弼)이 유각권구락부(柔角拳俱樂部)를 조직하면서부터 시작되었다.

04 [2020년 기출문제]

일제 강점기 황국 신민 체조에 대한 설명으로 적절하지 않은 것은?

① 군국주의 함양을 위한 것이다.
② 무사도 정신을 고취하기 위한 것이다.
③ 식민지 통치 체제의 일환으로 실시되었다.
④ 유희 중심의 체조 지도 원리에 따라 교육되었다.

| 정답해설 |

황국 신민 체조는 1937년 10월 8일 조선 총독부가 식민지 사람들에게 무사도 정신을 갖게 할 목적으로 만든 체조이다. 이 시기는 체육 교수요목 개편기로, 심신의 건전한 발달을 도모하는 동시에 단체 훈련을 행하여 규율을 지키고 협동을 숭상하며, 복종 정신의 함양에 중점을 두었다.

정답 01 ② 02 ④ 03 ① 04 ④

핵심테마 06 | 일제 강점기의 체육

05 [2019년 기출문제]

〈보기〉에서 설명하는 단체의 활동으로 옳은 것은?

보기
- 1903년 '황성기독교청년회'라는 이름으로 창설된 단체이다.
- 외국인 선교사를 주축으로 근대 스포츠를 도입, 보급하여 한국 근대 스포츠 발전에 많은 영향을 미쳤다.
- 1910년 한일 병합 이후에도 스포츠 보급 활동에 기여하였다.

① 첫 사업으로 제1회 전조선 야구 대회를 개최했다.
② 1916년 우리나라 최초의 체육관을 개관하여 스포츠 활동의 활기를 도모했다.
③ 조선에서 최초의 종합 경기 대회라고 할 수 있는 조선 신궁 경기 대회를 개최했다.
④ 우리나라 근대 체육의 선구자였던 노백린이 병식 체조 중심의 체육을 비판하며 설립한 단체였다.

| 정답해설 |
〈보기〉는 한국 YMCA에 대한 설명이다. 1906년 우리나라 청소년의 체질을 강건하게 할 목적으로 황성기독교청년회운동부를 설립하였으며, 1916년 한국 YMCA에 한국 최초로 실내 체육관이 건립됨에 따라 많은 사람들이 스포츠에 참여하게 되는 계기를 마련하였다.

| 오답해설 |
① 1920년에 제1회 전조선 야구 대회를 개최한 것은 조선체육회이다.
③ 조선 신궁 경기 대회를 개최한 것은 조선체육협회이다.
④ 근대 체육의 선구자 노백린이 체육의 올바른 이념 정립과 체육 관련 정책의 개혁을 목표로 대한국민체육회(1907)를 설립하였다.

06 [2022년 기출문제]

광복 이전 조선체육회에 관한 설명으로 옳지 <u>않은</u> 것은?

① 조선체육협회보다 먼저 창립되었다.
② 조선의 체육을 지도, 장려하는 것이 목적이었다.
③ 첫 사업인 제1회 전조선 야구 대회는 전국 체육 대회의 효시이다.
④ 고려구락부를 모태로 하였고, 조선체육협회에 강제 통합되었다.

| 정답해설 |
1919년에 조선체육협회가 창립되었으며, 이후 1920년에 조선체육회가 창립되었다.

07 [2018년 기출문제]

일제 강점기의 학교 체조 교수요목(1914)에 대한 설명으로 옳지 <u>않은</u> 것은?

① 식민지 통치하 학교 체육을 본격적 궤도에 올려놓았다.
② 유희, 보통 체조, 병식 체조가 체조과 교재로 도입되었다.
③ 일본식 유희가 도입되었다.
④ 체조과 교수 시간 이외에 여러 가지 운동을 실시하였다.

| 정답해설 |
유희, 보통 체조, 병식 체조가 체조과 교재로 도입된 것은 조선교육령 공포기 체육(1910~1914)의 시기이다.

08 [2021년 기출문제]

〈보기〉에 해당하는 체육 단체에 관한 설명으로 옳지 <u>않은</u> 것은?

보기
- 고려구락부를 모체로 설립된 단체이다.
- 1920년 7월 동아일보사의 후원으로 일본 유학생과 국내 체육인들이 조선인의 체육을 장려할 목적으로 설립하였다.

① 1920년 전조선 야구 대회를 개최했다.
② 스포츠 보급의 일환으로 운동구점을 설치하고 운영하였다.
③ 1925년 경성 운동장 개장을 기념하기 위해 조선 신궁 경기 대회를 개최했다.
④ 육상 경기의 연구를 위한 육상경기위원회 조직과 육상 경기 규칙을 편찬했다.

| 정답해설 |
〈보기〉의 내용은 일제 강점기에 창립된 조선체육회에 대한 설명이다. 조선 신궁 경기 대회를 개최한 것은 조선체육협회이다.

정답 05 ② 06 ① 07 ② 08 ③

핵심테마 07 | 광복 이후의 체육

Speed 심화포인트

1 광복 이후의 체육

1. 광복 이후의 사회와 교육

① 6·25 전쟁 이후 정치, 경제, 사회적으로 혼란스러운 가운데 민주주의 이념이 확산되고, 빠른 속도의 경제적 성장이 이루어지기 시작함
② 해방 이후 미국식 체육 제도 및 신체육(New Physical Education)의 영향을 받아, 자율성과 개인의 흥미를 중시하는 체육관이 도입됨

2. 광복 이후의 스포츠

(1) 체육 및 스포츠 진흥 운동의 전개 양상

① 정치·경제적으로 안정된 사회를 기반으로 대중 스포츠의 발달
② 정치·사회적 이데올로기를 바탕으로 특정 단체나 정권이 스포츠 운동을 주도함

(2) 학교 스포츠의 발달 기출 2016

박정희 정권(1961~1979)부터 본격적인 학교 체육 진흥 정책이 펼쳐짐

교기 육성 제도	• 청소년들의 체력 강화를 위한 체육 정책 • 지리 환경이나 사회 상황에 적합한 하나의 스포츠 종목을 채택, 발굴·육성하는 정책
소년 체전	• 우수 선수를 육성하기 위한 엘리트 스포츠 정책 • 강인하고 건전한 청소년을 육성하며, 우수 선수 조기 발굴 및 육성에 의의를 둠

(3) 사회 스포츠의 발달

대한체육회	• '건민(健民)'과 '저항'을 이념으로 한 조선체육회를 창립(1920) • 1938년 7월 4일 일제에 의해 강제 해산되었으나, 해방과 함께 1945년 11월 26일 부활 • 조선체육회 내에 올림픽 대책 위원회 설치(1946) • 대한체육회 및 대한 올림픽 위원회(KOC)로 개칭(1948) • 사단 법인 대한체육회 인가(1954)
경기 단체의 설립	조선체육회의 재건과 함께 각종 경기 단체 설립
전국 체육 대회(전국 체전)	제1회 전조선 야구 대회를 제1회 전국 체육 대회로 취급(1920)
국제 활동	조선 올림픽 위원회(KOC)가 국제 올림픽 위원회(IOC)에 가입(1947)하고 올림픽 경기 대회 참가(1948)

Jump Up 이해

광복 이후 각 정권기의 스포츠 기출 2025/2022

이승만 정권 (1948~1960) 기출 2016	• 최초로 제14회 런던 올림픽 경기 대회에 출전(1948) • 조선체육회가 '대한체육회'로 변경 • 보스턴 마라톤대회(1950)에서 함기용, 송길윤, 최윤칠 선수가 1~3위 차지 • 한국 전쟁으로 제1회 아시아 경기 대회(1951) 참가 및 제31회 전국 체육 대회(1950) 개최 무산

대한체육회의 역할
• 대한체육회는 「국민 체육 진흥법」상에 명시된 특수 법인이자 「민법」상 사단 법인으로 한국의 아마추어 스포츠를 육성하고 경기 단체를 지도·감독한다. 국제적으로는 대한민국을 대표하는 국가 올림픽 위원회(NOC)이다.
• 체육 운동의 범국민화, 학교 체육 및 생활 체육의 진흥, 우수 선수 양성으로 국위 선양, 가맹 경기 단체 지원·육성, 올림픽 운동 확산 및 보급을 목적으로 한다.

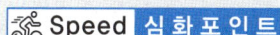

박정희 정권 (1963~ 1979) 기출 2023/ 2019/ 2018/ 2017/ 2016/ 2015	• '체력은 국력'이라는 슬로건 채택, 국민 재건 체조 제정(1961) • 「국민 체육 진흥법」 공포, 체육의 날 제정, 체육 주간 제정(1962) • 「국민 체육 진흥법 시행령」 공포(1963) • 태릉선수촌 완공 및 대한체육회관 개관(1966) • 정부의 체육 조직 일원화 방침 공포, 대한체육회, 대한 올림픽 위원회(KOC), 대한학교체육회 등 3개 단체를 사단 법인 대한체육회로 통합(1968) • 학생들의 기초 체력을 향상시키기 위해 체력장 제도 실시(1971) • 우수 선수 병역 면제 제도 도입(1973), 메달리스트 종신 연금 계획 확정(1974) • 한국체육대학교 설립, 사회 체육 진흥 5개년 계획 발표(1976)
전두환 정권 (1980~ 1988) 기출 2021/ 2020	• 제5공화국 시기로 체육부 신설(1982), 우수 선수의 조기 발굴, 체육 과학 연구원 기능 강화, 국군 체육 부대 창설(1984) • 엘리트 스포츠 중심에서 대중 스포츠 중심으로 전환 • 서울 아시아 경기 대회(1986)와 서울 올림픽 경기 대회(1988) 유치 • 대중 스포츠 운동(Sport for All Movement)으로 생활 체육의 확산에 관심 • 프로 야구(1982), 프로 축구(1983), 프로 씨름(1983)의 시대 열림
노태우 정권 (1988~ 1993) 기출 2020	• 제6공화국 시기로 서울 올림픽 경기 대회(1988) 개최 • 국민 생활 체육 진흥 종합 계획(일명 '호돌이 계획')을 세우고 국민생활체육협의회 설립(1991) • 스포츠 활동에 대한 국민 의식 개선 및 정부의 생활 체육 진흥에 강한 의지 보임

Jump Up 이해

국민 체육 진흥 정책 기출 2020
- 제1차 국민 체육 진흥 5개년 계획은 김영삼 정권기의 문민 정부 체육 정책
- 제2차 국민 체육 진흥 5개년 계획은 김대중 정권기의 국민 정부 체육 정책
- 제3차 국민 체육 진흥 5개년 계획은 노무현 정권기의 참여 정부 체육 정책

(4) 한국의 국제 스포츠 대회 참가 역사 기출 2025/2024/2023/2021/2019/2018/2017/2016

① 광복 이후 처음으로 참가한 제5회 생모리츠 동계 올림픽 대회와 같은 해 제14회 런던 올림픽 경기 대회에 'KOREA'라는 이름으로 태극기를 들고 참가함(1948)
② 한국 전쟁 중 제15회 헬싱키 올림픽 경기 대회에 참가(1952)
③ 제2회 마닐라 아시아 경기 대회 첫 참가(1954)
④ 1973년 사라예보 세계선수권대회에서 탁구 단체전 우승 달성
⑤ 제21회 몬트리올 올림픽 경기 대회에서 양정모(레슬링) 첫 올림픽 금메달 획득, 종합 순위 19위 달성, 구기 종목 사상 최초의 동메달 획득(1976)
⑥ 한국은 처음으로 제10회 아시아 경기 대회(1986), 제24회 올림픽 경기 대회(1988)를 서울에서 개최, 여자 핸드볼 종목에서 당시 최강국(노르웨이)을 이기고 금메달을 획득
⑦ 제16회 알베르빌 동계 올림픽 경기 대회에서 김기훈(쇼트트랙) 첫 금메달 획득(1992)
⑧ 한국은 처음으로 제4회 동계 아시아 경기 대회를 강원도에서 개최(1999)
⑨ 제27회 시드니 올림픽 경기 대회에서 태권도가 올림픽 정식 종목으로 채택(2000)
⑩ 제17회 인천 아시아 경기 대회 개최(2014)
⑪ 한국은 처음으로 제23회 동계 올림픽 경기 대회를 평창에서 개최, 남북 공동 입장, 여자 아이스하키 남북 단일팀 구성(2018)

핵심테마 07 광복 이후의 체육

Speed 심화포인트

체육 정책 담당 부처의 변천 순서
- 체육부(1982): 체육에 관련된 업무를 독립적으로 담당하던 시기
- 문화체육부(1993): 문화부와 체육청소년부가 통합되며 문화체육부 발족
- 문화체육관광부(2008): 문화관광부, 국정홍보처, 정보통신부(디지털 콘텐츠 업무) 기능을 통합하여 문화체육관광부로 재편됨

조선체육동지회(1945) 기출 2025
체육인들의 자발적 결사체로, 민족체육의 부흥과 자주 체육운동의 시발점이 되었다.

학도호국단(1949) 기출 2025
준군사조직으로, 학교 현장에서 반공교육과 국가 수호 의식 고취를 목적으로 운영되었다. 당시 체육 교사들은 학도호국단의 교관 역할을 맡아 군사훈련과 체력단련을 지도하였으며, 이는 체육의 군사화 경향을 보여주는 사례이다.

(5) **남북의 체육 교류** 기출 2025/2023/2021/2019/2018/2015
① 남북 통일 축구 대회(1990)
② 1991년 제41회 지바 세계 탁구 선수권 대회와 제6회 포르투갈 세계 청소년 축구 선수권 대회에서 남북 단일팀을 구성하여, 여자 탁구 단체전 우승과 축구 8강 진출의 성과를 거둠(1991)
③ 남북 통일 농구 대회, 남북 노동자 축구 대회(1999)
④ 남북 통일 탁구 대회, 시드니 올림픽 경기 대회 공동 입장(2000)
⑤ 태권도 시범 경기(2002)
⑥ 제주도 민족 통일 평화 축전(2003)
⑦ 제28회 아테네 올림픽 경기 대회 공동 입장(2004)
⑧ 제23회 평창 동계 올림픽 경기 대회 남북 공동 입장 및 여자 아이스하키 남북 단일팀 구성(2018)

2 광복 이후의 체육 사상 기출 2016

1. 건민주의

박정희 정권이 주도한 체육과 스포츠 진흥 운동은 범국민적인 체육과 스포츠 진흥을 통해 건전하고 강인한 국민성을 함양하려는 '건민주의(健民主義)' 사상을 토대로 함

Jump Up 이해

광복 이후의 우리나라 체육인 기출 2022
- 박봉식: 1948년 제14회 런던 올림픽 경기 대회에 출전한 한국 국가대표 선수 중 유일한 여성 선수이며 원반던지기에 출전함
- 박신자: 1967년 세계 여자 농구 선수권 대회에 출전하여 최우수상을 수상함
- 조오련: 1970년 제6회 방콕 아시아 경기 대회 수영 자유형, 1974년 제7회 테헤란 아시아 경기 대회 수영 자유형에서 금메달을 획득하였으며 2008년 독도를 33바퀴 회영함
- 서향순: 우리나라 역사상 첫 올림픽 여자 금메달리스트로, 1984년 제23회 로스앤젤레스 올림픽 경기 대회에서 양궁 개인전 금메달을 획득함
- 황영조: 1992년 제25회 바르셀로나 올림픽 경기 대회 남자 마라톤 금메달, 1994년 제12회 히로시마 아시아 경기 대회 남자 마라톤 금메달을 획득함
- 이봉주: 1996년 제26회 애틀랜타 올림픽 경기 대회에서 남자 마라톤 은메달을 획득함
- 김연아: 2010년 제21회 밴쿠버 동계 올림픽 경기 대회에 출전하여 피겨 스케이팅 여자 싱글 금메달, 2014년 제22회 소치 동계 올림픽 경기대회에서 여자 싱글 은메달을 획득함

2. 국가주의와 엘리트주의

국가주의에 바탕을 둔 엘리트 체육 정책은 체육과 스포츠의 대중화와 우수 선수 육성을 위한 다양한 조치와 법안의 입안으로 이어짐

출제 0순위 공략! 꼭 풀어야 할 대표문제

01 [2022년 기출문제]

〈보기〉의 설명과 관련 있는 정권은?

> **보기**
> - 호돌이 계획 시행
> - 국민생활체육회(구 국민생활체육협의회) 창설
> - 1988년 서울 올림픽 경기 대회의 성공적인 개최
> - 제41회 지바 세계 탁구 선수권 대회 남북 단일팀 출전

① 박정희 정권
② 전두환 정권
③ 노태우 정권
④ 김영삼 정권

| 정답해설 |
〈보기〉에 제시된 내용은 노태우 정권기의 스포츠에 관한 설명이다.

02 [2020년 기출문제]

〈보기〉에서 대한체육회에 대한 옳은 설명을 모두 고른 것은?

> **보기**
> ㉠ 1920년 – 조선체육회가 창립되었다.
> ㉡ 1948년 – 대한체육회로 개칭되었다.
> ㉢ 1966년 – 태릉선수촌을 건립하였다.
> ㉣ 2016년 – 국민생활체육회와 통합되었다.

① ㉡, ㉢
② ㉡, ㉣
③ ㉠, ㉡, ㉢
④ ㉠, ㉡, ㉢, ㉣

| 정답해설 |
대한체육회는 1920년 7월 13일 '건민(健民)'과 '저항'을 이념으로 창립한 조선체육회를 모체로 하여 출발하였다(㉠). 조선체육회는 1938년 7월 4일 일제에 의해 강제 해산되었으나, 해방 이후 1945년 11월 26일 부활했다. 1946년 7월 15일 조선체육회 내에 올림픽 대책 위원회를 설치한 후 1948년 9월 3일 대한체육회 및 대한 올림픽 위원회(KOC)로 개칭하였으며, 1954년 3월 16일 사단 법인 대한체육회가 되었다(㉡). 1966년부터는 태릉선수촌을 운영하고(㉢), 2016년 3월 「국민 체육 진흥법」(법률 제13246호)이 개정·공포됨에 따라 국민생활체육회와 통합되었다(㉣).

03 [2019년 기출문제]

〈보기〉에서 설명하는 정부가 시행한 체육 정책에 해당하지 않는 것은?

> **보기**
> 이 정부는 '체력은 국력'이란 슬로건을 채택했으며, '국민 재건 체조'를 제정하고 대한체육회의 예산을 정부가 지원하기로 결정했다. 그 외 「국민 체육 진흥법」 공포(1961), 「체육 진흥법 시행령」 공포(1963), 체육의 날 제정(1962), 매월 마지막 주의 '체육 주간' 제정 등과 같은 조치가 이루어졌다.

① 태릉선수촌의 건립
② 국군 체육 부대의 창설
③ 우수 선수 병역 면제 시행
④ 메달리스트 체육 연금 제도 도입

| 정답해설 |
〈보기〉는 박정희 정권기의 체육 정책에 대한 설명이다. 국군 체육 부대의 창설은 전두환 정권기에 대한 설명이다.

04 [2021년 기출문제]

〈보기〉의 내용을 실시한 정권의 스포츠 정책이 아닌 것은?

> **보기**
> 1982년 중앙 정부 행정 조직에 체육부를 신설하고, 아시안 게임과 올림픽 경기 대회의 준비, 우수 선수 육성 및 지도자의 양성 등 스포츠 진흥 운동을 전개했다.

① 프로 축구의 출범
② 프로 야구의 출범
③ 태릉선수촌의 건립
④ 국군 체육 부대의 창설

| 정답해설 |
〈보기〉의 내용은 전두환 정권기의 스포츠 활동에 해당한다. 태릉선수촌은 박정희 정권기에 건립되었다.

정답 01 ③ 02 ④ 03 ② 04 ③

05 [2020년 기출문제]

〈보기〉에서 설명하는 최초의 체육 진흥 계획은?

> **보기**
> - 국민생활체육협의회가 설립되었다.
> - 서울 올림픽 기념 생활관이 건립되었다.
> - '호돌이 계획'으로 생활 체육 진흥을 도모하는 계기가 되었다.

① 국민 생활 체육 진흥 종합 계획
② 제1차 국민 체육 진흥 5개년 계획
③ 제2차 국민 체육 진흥 5개년 계획
④ 참여 정부 국민 체육 진흥 5개년 계획

| 정답해설 |

〈보기〉는 노태우 정권기의 스포츠 활동에 대한 설명이다. 1989년 11월에 '호돌이 계획(국민 생활 체육 진흥 종합 계획)'을 수립하였으며, 계획에 따라 1990년 7월 처음으로 시·군·구생활체육협의회가 결성되었다. 이후 1991년 1월 사단 법인 국민생활체육협의회가 창립 총회를 거쳐 정식 출범하였다. 서울 올림픽 기념 생활관은 제24회 서울 올림픽 경기 대회의 성공 개최를 기념하고 올림픽 정신의 전승과 시민 체력 증진을 위해 전국 광역시, 도 단위로 1개소씩 건립하였다.

| 오답해설 |

② 제1차 국민 체육 진흥 5개년 계획은 김영삼 정권기의 문민 정부 체육 정책이다. 생활 체육의 범국민적 확산, 전문 체육의 지속적 육성, 국제 체육 협력의 증진, 체육 과학의 진흥, 체육 행정 체제의 보강 등을 추진했다.
③ 제2차 국민 체육 진흥 5개년 계획은 김대중 정권기의 국민 정부 체육 정책이다. 주요 정책으로 국민의 체육 활동 참여 기회 확대, 체육 지도자 양성, 다양한 여가 생활을 위한 복합 체육 시설 확충, 경기 단체 재정 자립 기금 지원 및 법인화, 체육 용·기구 품질 향상 지원, 2002 한일 월드컵 축구 경기 대회 준비 등을 추진했다.
④ 참여 정부 국민 체육 진흥 5개년 계획은 노무현 정권기의 정책이다. 주요 정책으로 생활 체육 활성화를 통한 국민의 삶의 질 향상, 과학적 훈련 지원을 통한 전문 체육의 경기력 향상, 스포츠 산업을 새로운 국가 전략 사업으로 육성, 국제 체육 교류 협력을 통한 국가 이미지 제고, 체육 과학의 진흥 및 정보화, 체육 행정 시스템의 혁신과 체육 진흥 재원 확충 등을 추진했다.

06 [2022년 기출문제]

〈보기〉의 ㉠, ㉡에 들어갈 알맞은 용어로 바르게 연결된 것은?

> **보기**
> - (㉠) 경기 대회는 우리나라 여성이 최초로 금메달을 획득한 대회로, 서향순이 양궁 개인전에서 금메달을 획득했다.
> - (㉡) 경기 대회는 우리나라가 광복 후 최초로 마라톤에서 금메달을 획득한 대회로, 황영조가 마라톤에서 금메달을 획득했다.

	㉠	㉡
①	1984년 로스앤젤레스 올림픽	1988년 서울 올림픽
②	1984년 로스앤젤레스 올림픽	1992년 바르셀로나 올림픽
③	1988년 서울 올림픽	1988년 서울 올림픽
④	1988년 서울 올림픽	1992년 바르셀로나 올림픽

| 정답해설 |

㉠ 1984년 제23회 로스앤젤레스 올림픽 경기 대회는 우리나라 여성이 최초로 금메달을 획득한 대회로, 서향순이 양궁 개인전에서 금메달을 획득했다.
㉡ 1992년 제25회 바르셀로나 올림픽 경기 대회는 우리나라가 광복 후 최초로 마라톤에서 금메달을 획득한 대회로, 황영조가 마라톤에서 금메달을 획득했다.

정답 05 ① 06 ②

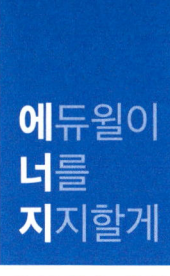

한계는 없다.
도전을 즐겨라.

– 칼리 피오리나(Carly Fiorina)

PART 05

운동생리학

01 운동생리학의 개관
02 에너지 대사와 운동
03 신경 조절과 운동
04 골격근과 운동
05 내분비계와 운동
06 호흡·순환계와 운동
07 환경과 운동

- **2025년 출제 경향**
  - 모든 영역에서 다양하게 출제되었으며, 영역 간 내용들의 상호관계를 서로 연결할 수 있는 학습이 필요하다.
  - 특히 '에너지 대사와 운동'과 '호흡·순환계' 항목에서 가장 높은 비율로 출제되었으며, '신경조절과 운동'에서는 전년에 비해 출제 비율이 다소 줄어들었다.
  - 하나의 문제에서 여러 항목에서의 내용을 동시에 유추해야 하는 문제들이 다소 등장하여 통합적 관점에서 학습해야 한다.

출제 기준 & 8개년 기출 분석(2급 전문/2급 생활/2급 장애인/유소년/노인)

주요 항목	세부 항목	세세 항목
운동생리학의 개관 (3%)	운동생리학의 주요 용어	1. 운동 2. 신체 활동 3. 체력 4. 트레이닝의 원리 5. 운동과 항상성
	운동생리학의 개념	1. 운동생리학의 역사와 정의 2. 운동생리학의 기능과 인접 학문 3. 운동의 특이성 4. 반응과 적응
에너지 대사와 운동 (21%)	에너지 대사의 개념과 대사 작용	1. 에너지 대사의 개념 2. 물질 대사 작용 3. 생물학적 에너지 전환
	인체의 에너지 대사	1. 근수축 에너지원 2. ATP 재합성 방법 3. ATP 생성 체계 4. 운동과 에너지 공급 5. 에너지 소비량의 측정
	트레이닝에 의한 대사적 적응	1. 유산소 트레이닝의 대사적 적응 2. 무산소 트레이닝의 대사적 적응
신경 조절과 운동 (12%)	신경계의 구조와 기능	1. 신경 세포(뉴런)의 구조 2. 신경 세포(뉴런)의 기능적 분류 3. 신경계의 기능
	신경계의 특성	1. 감응성, 전도성, 통합성의 특성 2. 흥분과 전달 3. 시냅스에서의 흥분 전달
	신경계의 운동 기능 조절	1. 신경계의 분류 2. 감각-운동 신경계의 반응 과정 3. 중추 신경계의 운동 기능 조절 4. 말초 신경계의 운동 기능 조절
골격근과 운동 (25%)	골격근의 구조와 기능	1. 근육의 종류 2. 골격근의 기능 3. 골격근의 구조 4. 근수축 기전 5. 근이완 기전
	골격근과 운동	1. 근섬유의 형태의 특성 2. 근수축의 종류 3. 근육의 힘(근력) 조절 4. 근육 내 수용체(골격근의 감각 수용기) 5. 근력 훈련의 과부하와 특이성의 원리 적용 6. 근력을 증가시키는 생리적 기전
내분비계와 운동 (9%)	내분비계	1. 호르몬의 일반적 기능 2. 호르몬의 분비량 조절 3. 혈액 호르몬 농도 4. 내분비선과 호르몬의 작용 5. 호르몬에 의한 대사 조절
	운동과 호르몬 조절	1. 호르몬 변화에 영향을 미치는 요인 2. 운동 시 기질 동원을 위한 호르몬 조절 3. 체온 조절 호르몬 4. 운동 중 수분과 전해질 균형에 대한 호르몬의 영향 5. 운동 유무에 따른 내분비 반응 6. 일회적인 운동 시 호르몬 현상
호흡·순환계와 운동 (25%)	호흡계의 구조와 기능	1. 호흡계의 구조 및 호흡의 과정 2. 호흡기의 기능별 구분 3. 호흡계의 기능
	운동에 대한 호흡기계의 반응과 적응	1. 운동과 호흡기계의 반응 2. 운동과 호흡기계의 적응 3. 운동 시 환기 작용 4. 허파 용적 및 허파 용량 호흡 곡선 5. 운동 시 허파 용량과 허파 부피의 변화
	순환계의 구조와 기능	1. 심혈관계 2. 심장 3. 혈관 4. 혈액
	운동에 대한 순환계의 반응과 적응	1. 운동에 대한 순환계의 반응 2. 운동에 대한 순환계의 적응
환경과 운동 (5%)	체온 조절과 운동	1. 체온 조절 기전 2. 고온에서 운동 시 생리적 반응 3. 저온에서 운동 시 생리적 반응 4. 열 관련 장애 5. 운동 시 탈수 현상
	인체 운동에 대한 환경 영향	1. 고지 환경의 특성과 영향 2. 수중 환경의 특성과 영향 3. 대기 오염의 영향

핵심테마 01 운동생리학의 개관

 Speed 심화포인트

1 운동생리학의 주요 용어

1. 체력

(1) 체력의 정의
① 생명 활동의 기초가 되는 몸을 움직이는 힘으로, 과도한 피로 없이 직업적·여가적 일상생활을 할 수 있는 능력
② 건강 관련 체력, 운동(기술) 관련 체력의 종합적인 신체 능력과 정신 영역을 포함함

(2) 체력의 구분 기출 2025/2023/2022/2019
① 건강 관련 체력

근력	근육이나 근육 그룹에서 발생되는 최대 힘
근지구력	긴 시간 동안 근육이 일정한 힘의 수준으로 반복 및 지속할 수 있는 능력
심폐 지구력	심장, 허파, 순환계가 움직이는 근육에 효율적으로 산소를 공급하여 지속적으로 신체 활동을 할 수 있는 능력
유연성	부상 없이 최대 관절 가동 범위에 걸쳐 부드럽게 관절을 움직이는 능력
신체 조성	인체를 구성하는 기관이나 조직 등을 정량적 또는 상대적인 비율로 나타낸 것

② 운동(기술) 관련 체력 기출 2016

민첩성	운동의 목적에 따라 신체를 신속하고 정확하게 조작하는 능력
평형성	일정한 자세로 신체의 균형을 유지하는 능력
협응성	신체의 움직임을 매끄럽고 정확하게 하는지에 대한 신체 각 분절의 조화
스피드	움직임이 진행되는 빠르기
순발력	근육이 순간적으로 빨리 수축하면서 발생되는 힘
반응 시간	자극이 주어진 순간부터 반응이 일어날 때까지의 시간

2. 트레이닝의 원리 기출 2022/2019

① **과부하의 원리**: 수행자의 능력보다 강한 자극(부하)을 제공하여 적응 수준을 높임
② **점증 부하의 원리**: 신체가 적응함에 따라 점차적으로 운동 강도와 빈도를 증가시킴
③ **특수성(특이성)의 원리**: 트레이닝이 적용된 근육 동작, 부위, 형태 등에 따라 효과가 달라짐
④ **다양성의 원리**: 운동과 휴식, 강도, 트레이닝 방법 등을 다양하게 변경하여 흥미를 유발함
⑤ **개별성의 원리**: 수행자의 체력 수준, 건강, 목적 등을 고려하여 프로그램을 제공함
⑥ **반복성의 원리**: 체력은 일회성으로 발달되는 것이 아니므로 반복적으로 실시함
⑦ **전면성의 원리**: 신체 능력을 향상시키기 위해 다양한 운동을 규칙적으로 실시함
⑧ **가역성의 원리**: 과부하가 이루어지지 않거나 운동이 중지되었을 때 운동 적응이 운동 전 상태로 감소함

3. 운동과 항상성

(1) 항상성
인체 조절 체계는 내부 환경이 일정한 안정성을 유지하고 있는데, 이러한 내부 환경의 불변성 또는 계속적인 유지를 의미함
- 예) 혈압의 정상 범위는 확장기의 경우 60~80mmHg, 수축기의 경우 90~120mmHg

(2) 항상성 조절 구성
① 항상성 조절의 작동 과정은 자극에 의한 내부 환경의 변화에서부터 시작되며, 감지기(수용기)는 정보를 통합기(통합 센터)로 보냄
② 통합기는 장애 요인을 제거하는 데 필요한 반응의 양을 평가하여 적절한 신호를 효과기에 보냄
③ 효과기는 장애 요인을 수정하여 자극을 제거함

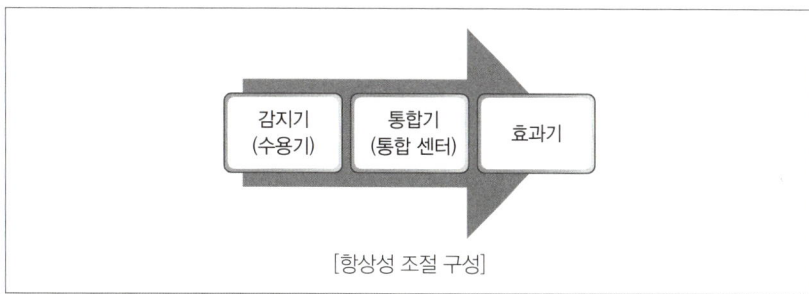

[항상성 조절 구성]

(3) 항상성 조절 기전 기출 2023

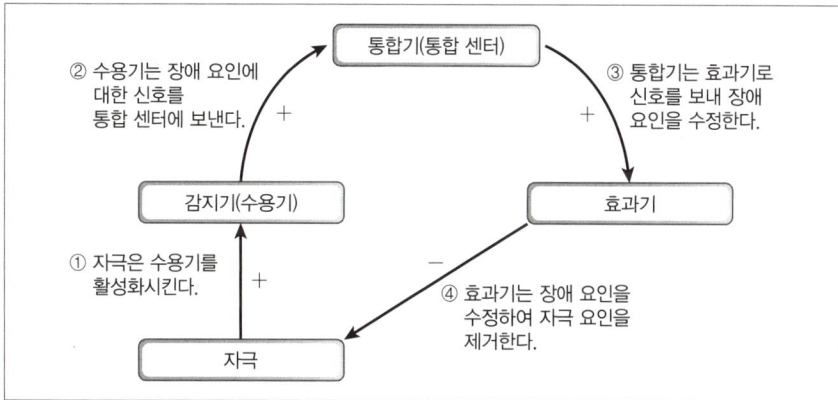

① 음성 피드백
  ㉠ 효과기에 의한 반응이 감지기에 대한 자극과 반대로 억제하는 반응
  ㉡ 인체의 대부분의 조절 체계
    예) 체온 조절
② 양성 피드백
  ㉠ 음성 피드백과 반대로 조절하는 체계
  ㉡ 원인을 촉진하는 조절 체계
    예) 분만 시 옥시토신의 분비로 자궁 경부의 수축 작용이 증가하고, 이것은 다시 옥시토신 분비를 더욱 촉진시킴

핵심테마 01 운동생리학의 개관

 Speed 심화포인트

(4) 항정 상태(steady state)
신체의 요구에 따른 반응의 균형으로, 생리학적으로 변하지 않고 일정한 상태를 유지하는 것을 의미함
- 예) 일정한 운동 강도가 지속되면 그 강도에 순응하여 일정한 심박수를 유지함

2 운동생리학의 개념

1. 운동생리학의 역사와 정의

(1) 운동생리학의 역사 기출 2016

미국 운동생리학의 역사는 1920년대 호흡 생리학의 권위자인 헨더슨(L. Henderson)이 설립한 하버드 피로연구소에서 시작되었으며, 이곳에서 최대 산소 섭취량과 산소 부채, 탄수화물과 지방 대사, 환경 생리학, 임상 생리학, 노화, 혈액 및 체력 등 여러 분야의 연구가 수행됨

(2) 운동생리학의 정의 기출 2018/2017

① 일회적이거나 반복적인 운동 수행 시 인체에서 나타나는 생리적인 변화를 분석하고, 그 법칙성과 기전을 밝히는 학문(생리학의 한 분야)
② 운동을 통해 나타나는 인체의 반응과 적응에 대한 원인을 규명하여 인체 기능뿐만 아니라 수행력과 건강 등에 미치는 생리적 의미를 연구함

2. 운동생리학의 기능과 인접 학문

(1) 운동생리학의 기능
신체적 활동, 체력 향상, 경기력 향상 및 재활 프로그램 등에 생리학적 기초를 제공함

(2) 운동생리학의 인접 학문 기출 2015

① **생리학(인체 생리학)**: 생물(사람)의 기능과 활동의 원리를 연구하는 학문
② **해부학**: 인체 내부의 구조와 기구를 연구하는 학문
③ **운동 처방학**: 체력 향상과 건강 증진을 목적으로 운동에 대한 기준과 지침을 제시하는 학문
④ **스포츠 의학**: 의학적 지식을 바탕으로 스포츠와 인체의 관계를 연구하고 반영하는 학문
⑤ **운동 영양학**: 운동 및 스포츠 분야에서 영양의 역할과 식사법 등을 실험하고 연구하는 학문

출제 0순위 공략! 꼭 풀어야 할 대표문제

01

〈보기〉에서 설명하는 용어로 적절한 것은?

보기

운동의 방향성을 신속히 바꿀 수 있고 정확하게 조작하는 능력이다.

① 민첩성 ② 협응성
③ 순발력 ④ 신체 조성

| 오답해설 |

② 협응성: 신체의 움직임을 매끄럽고 정확하게 하는지에 대한 신체 각 분절의 조화를 의미한다.
③ 순발력: 근육이 순간적으로 빨리 수축하면서 발생되는 힘을 의미한다.
④ 신체 조성: 인체를 구성하는 기관이나 조직 등을 정량적 또는 상대적인 비율로 나타낸 것을 의미한다.

02 [2022년 기출문제]

〈보기〉에서 설명하는 트레이닝의 원리는?

보기

- 트레이닝의 효과는 운동에 동원된 근육에서만 발생한다.
- 근력 향상을 위해서는 저항성 트레이닝이 적합하다.

① 특이성의 원리 ② 가역성의 원리
③ 과부하의 원리 ④ 다양성의 원리

| 정답해설 |

특이성의 원리는 운동 중에 사용된 근육에만 영향을 미치는, 즉 동원된 근육 형태가 무엇인지, 유산소성 또는 무산소성 중 어떤 에너지 체계를 주로 사용하는지, 근육의 수축 형태가 어떠한지에 따라 운동의 효과가 달라진다는 원리이다.

| 오답해설 |

② 가역성의 원리: 과부하가 이루어지지 않거나 운동이 중지되었을 때 운동 적응이 운동 전 상태로 감소한다는 원리이다.
③ 과부하의 원리: 수행자의 능력보다 강한 자극(부하)을 제공하여 적응 수준을 높이는 원리이다.
④ 다양성의 원리: 운동과 휴식, 강도, 트레이닝 방법 등을 다양하게 변경하여 흥미를 유발하는 원리이다.

03 [2025년 기출문제]

〈보기〉에서 건강 관련 체력 요인으로 옳은 것만을 모두 고른 것은?

보기

㉠ 근력 ㉡ 유연성
㉢ 근지구력 ㉣ 신체구성
㉤ 심폐 지구력

① ㉠, ㉡, ㉣
② ㉠, ㉢, ㉤
③ ㉡, ㉢, ㉣, ㉤
④ ㉠, ㉡, ㉢, ㉣, ㉤

| 정답해설 |

건강 관련 체력 요소에는 근력, 근지구력, 심폐 지구력, 유연성, 신체 조성이 포함된다. 반면, 운동(기술) 관련 체력 요소에는 민첩성, 평형성, 협응성, 스피드, 순발력, 반응 시간이 해당한다.

04 [2025년 기출문제]

〈보기〉의 괄호 안에 들어갈 용어로 옳은 것은?

보기

운동생리학은 운동을 통해 나타나는 인체의 (㉠)과 (㉡)에 대한 원인을 규명하여 인체 기능뿐만 아니라 수행력과 건강 등에 미치는 생리적 의미를 연구하는 것이다.

	㉠	㉡
①	반응	적응
②	선택	수용
③	반응	수용
④	선택	적응

| 정답해설 |

운동생리학은 운동을 통해 나타나는 인체의 반응과 적응에 대한 원인을 규명하여 인체 기능뿐만 아니라 수행력과 건강 등에 미치는 생리적 의미를 연구하는 것이다

정답 01 ① 02 ① 03 ④ 04 ①

05 [2019년 기출문제]

〈보기〉에서 설명하는 운동 훈련의 원리는?

> **보기**
> - 운동 훈련에 의한 효과는 운동량이 일상생활 수준보다 높을 때 일어난다.
> - 운동량은 운동의 빈도, 강도 또는 지속 시간을 증가시킴으로써 늘릴 수 있다.

① 가역성의 원리
② 개별성의 원리
③ 과부하의 원리
④ 특이성의 원리

| 정답해설 |
과부하의 원리는 수행자의 능력보다 강한 자극(부하)을 제공하여 적응 수준을 높인다는 원리이다.

| 오답해설 |
① 가역성의 원리: 과부하가 이루어지지 않거나 운동이 중지되었을 때 운동 적응이 운동 전 상태로 감소한다는 원리이다.
② 개별성의 원리: 수행자의 체력 수준, 건강, 목적 등을 고려하여 프로그램을 제공해야 한다는 원리이다.
④ 특이성의 원리: 트레이닝이 적용된 근육 동작, 부위, 형태 등에 따라 운동의 효과가 달라진다는 원리이다.

06

〈보기〉의 ㉠~㉡에 해당하는 항상성 조절 체계를 바르게 나열한 것은?

> **보기**
> - (㉠): 원인을 촉진하는 조절 체계
> - (㉡): 자극과 반대로 억제하는 반응

	㉠	㉡
①	양성 피드백	음성 피드백
②	음성 피드백	양성 피드백
③	효과 피드백	제거 피드백
④	제거 피드백	효과 피드백

| 정답해설 |
㉠ 양성 피드백은 원인을 촉진하는 조절 체계이다. 분만 시 옥시토신의 분비로 자궁 경부의 수축 작용이 증가하고, 이것이 다시 옥시토신 분비를 더욱 촉진시키는 작용을 하는 것을 예로 들 수 있다.
㉡ 음성 피드백은 효과기에 의한 반응이 감지기에 대한 자극과 반대로 억제하는 것으로, 인체의 대부분의 조절 체계는 음성 피드백에 해당한다. 체온 조절을 예로 들 수 있다.

07 [2022년 기출문제]

건강 체력 요소 측정으로만 나열되지 않은 것은?

① 오래달리기 측정, 생체 전기 저항 분석(bioelectric impedance analysis)
② 앉아 윗몸 앞으로 굽히기 측정, 윗몸 일으키기 측정
③ 배근력 측정, 제자리높이뛰기 측정
④ 팔 굽혀 펴기 측정, 악력 측정

| 정답해설 |
제자리높이뛰기는 순발력 측정으로, 순발력은 운동(기술) 관련 체력 요소에 해당한다.

| 심화해설 |
건강 관련 체력 요소에는 근력, 근지구력, 심폐 지구력, 유연성, 신체 조성(구성) 등이 있다.
① 오래달리기는 심폐 지구력, 생체 전기 저항 분석은 신체 조성을 측정하는 것이다.
② 앉아 윗몸 앞으로 굽히기는 유연성, 윗몸 일으키기는 근지구력을 측정하는 것이다.
④ 팔 굽혀 펴기는 근지구력, 악력은 근력을 측정하는 것이다.

정답 05 ③ 06 ① 07 ③

핵심테마 02 | 에너지 대사와 운동

1 에너지 대사의 개념과 대사 작용 기출 2015

1. 에너지 대사의 개념

① 인체 내에서 일어나고 있는 에너지의 방출, 전환, 저장 및 이용의 모든 과정을 말함
② 인체는 우리가 섭취한 음식물로부터 화학적 에너지를 얻고 그것을 기계적 에너지로 전환시키며, 화학적 에너지로부터 생리적인 일을 수행함

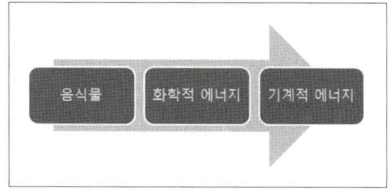

2. 물질 대사 작용 기출 2025/2016/2015

① 동화 작용: 물질을 합성하여 에너지를 저장
② 이화 작용: 물질을 분해하여 에너지를 소비

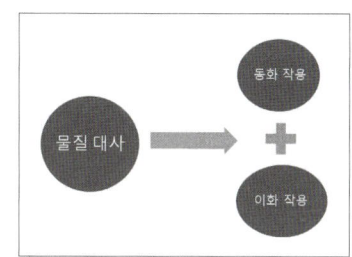

2 인체의 에너지 대사

1. 근수축 에너지원

① 인체는 신체 활동 등 생명 유지를 위해 탄수화물, 지방, 단백질의 이화 작용을 통해 획득한 에너지로, 아데노신 삼인산(Adenosine Tri-Phosphate: ATP)을 만들어 냄
② 에너지원은 근세포 속에서 이용되기 위해 ATP 형태로 변환함
③ ATP는 근육 속에 소량으로 저장되어 있어 지속적으로 재합성해야 함

2. ATP 재합성 방법 기출 2016

무산소성 과정	산소를 사용하지 않고 ATP 합성[세포의 원형질(근형질)에서 반응]
유산소성 과정	산소를 사용하여 ATP 합성(미토콘드리아 내에서 반응)

- 무산소성 과정
  - 인원질 체계(ATP-PC 시스템)
  - 무산소성 해당 과정(젖산 과정)
- 유산소성 과정
  - 유산소 시스템

핵심테마 02 에너지 대사와 운동

Speed 심화포인트

효소

인체 내에서 일어나는 세포의 화학 반응 속도는 효소의 촉매 작용에 의해 조절된다.

베타 산화 작용 기출 2022

체내에 저장된 중성지방은 지방을 방출하기 위해서 지방산으로 유리해야 하고, 이 지방산은 유산소성 대사 작용을 위한 연료로 사용하기 위해 β-산화에 의해 아세틸 조효소 A로 전환되어야 한다. 베타 산화는 지방산을 산화시켜 아세틸 조효소 A를 형성하는 과정으로 미토콘드리아에서 일어난다.

지방산의 세포 내 유입 기출 2025

혈중의 유리지방산(FFA)은 혈장단백질인 알부민과 결합한 상태로 조직 세포까지 운반된다. 조직에 도달하면 지방산은 알부민에서 분리된 후, 지방산 수송 단백질(FAT/CD36 등) 또는 수동 확산을 통해 세포 내로 유입된다.

3. ATP 생성 체계 기출 2025/2024/2023/2022/2020/2018/2017/2016

근육 세포는 다음과 같이 1개 또는 3개의 대사 작용을 이용하여 ATP를 생산할 수 있다.

ATP-PC 시스템 (인원질 체계)	• 가장 빠르고 쉽게 ATP 생성 • 순간적으로 강하게 근육이 수축하는 동안 가장 높게 나타나 ATP 재합성 • 근세포에 저장된 크레아틴인산(phosphocreatine : PC)이 ATP를 재합성하는 일차적 저장 연료 **과정** 근수축 활동 중 ATP가 아데노신 이인산(Adenosine diphosphate : ADP)과 무기 인산(Pi)으로 분해, 동시에 PC가 효소인 크레아틴키나아제(creatine kinase)에 의해 Pi+creatine으로 분해 └ PC가 분해되면서 방출되는 에너지는 ADP와 Pi를 결합시켜 ATP를 재합성
무산소성 해당 과정 (젖산 과정)	• 탄수화물에 의한 에너지 공급이 해당 과정으로부터 시작 • 포도당과 젖산 사이의 반응과정을 에너지 투자 단계와 에너지 생산 단계로 2단계로 구분함 • 근육세포의 근형질에서 이루어지며 포도당 한 분자당 2개의 순수 ATP와 피루브산 또는 젖산 2분자를 생산 • 해당 작용의 화학반응을 지속하기 위해 수소이온을 받아들일 수 있는 적정량의 NAD가 있어야 하며, NAD가 수소 이온을 받아들임과 동시에 환원되어 NADH를 형성 • 포도당 또는 당원을 분해시켜 젖산 또는 피루브산을 형성 • ATP-PC 시스템에 의해 생성된 ATP가 고갈된 후 두 번째로 빠르게 ATP 생성 • ATP-PC와 함께 단기간의 고강도의 근수축에 필요한 에너지 공급 체계 **과정** 혈당 또는 근세포에 저장된 글리코겐은 해당 과정을 거쳐 피루브산으로 분해되어 ATP 생성 └ 산소가 충분히 공급되지 않으면 피루브산을 거쳐 젖산으로 전환(최종 산물인 젖산이 생기면서 ATP를 생성하기 때문에 젖산 체계라고 함) └ 젖산은 간에서 코리 사이클(cori cycle) 과정을 거쳐 포도당으로 전환되어 에너지원으로 다시 사용 └ 무산소성 해당 과정의 결과 생성된 젖산은 두 가지 경로에 의해 제거된다. 하나는 미토콘드리아로 보내져 산화되는 것이고, 또 하나는 간으로 보내져 글리코겐으로 재합성한다. 이러한 경로를 코리 사이클이라고 한다.
유산소 시스템	• 충분한 산소가 공급되는 상태에서 글리코겐 또는 포도당이 분해되는 과정 • 크렙스 회로와 전자 전달계 2개의 대사 경로가 상호 협력 **과정** 해당 과정에서 형성된 피루브산은 산소가 충분할 경우 젖산으로 전환되지 않고 세포 내 미토콘드리아 안에서 아세틸 조효소 A(Acetyl-CoA)로 분해되어 크렙스 회로(krebs cycle)로 넘어가며, 지방(중성지방)은 지방산과 글리세롤로 분해된다. 이 중 지방산은 아세틸 조효소 A(Acetyl-CoA)를 형성하기 위해 베타 산화라고 칭하는 일련의 반응 과정을 거쳐 크렙스 회로로 들어가게 됨 └ 피루브산은 크렙스 회로에 들어가서 Acetyl-CoA로 전환된 기질들을 이산화 탄소와 수소 원자로 분해하며, 이 과정에서 이산화 탄소가 생성되고 수소 이온(H^+)과 전자가 분리(탄수화물, 지방, 단백질이 Acetyl-CoA로 전환되어 크렙스 회로를 위한 주요 연료로 사용) └ ATP 합성을 위해 전자를 크렙스 회로의 중간체로부터 미토콘드리아의 전자 전달계로 확산 └ 전자 전달계는 해당 과정과 크렙스 회로에서 방출된 전자 및 수소 이온이 호흡 과정을 통한 산소와 결합하여 물을 형성 └ 수소에서 산소로 전자가 전달되면서 생성된 많은 에너지로 ATP를 합성

Jump Up 이해

1개의 포도당 분해에 따른 유산소성 ATP 계산

대사적 과정	고에너지 생산	산화적 인산화를 통한 ATP의 생성	ATP소계
해당 과정	2ATP	—	2(무산소성일 때)
	2NADH	5	7(유산소성일 때)
피루브산에서 아세틸-CoA 까지	2NADH	5	12
크렙스 회로	2GTP	—	14
	6NADH	15	29
	2FADH	3	32
총계			32ATP

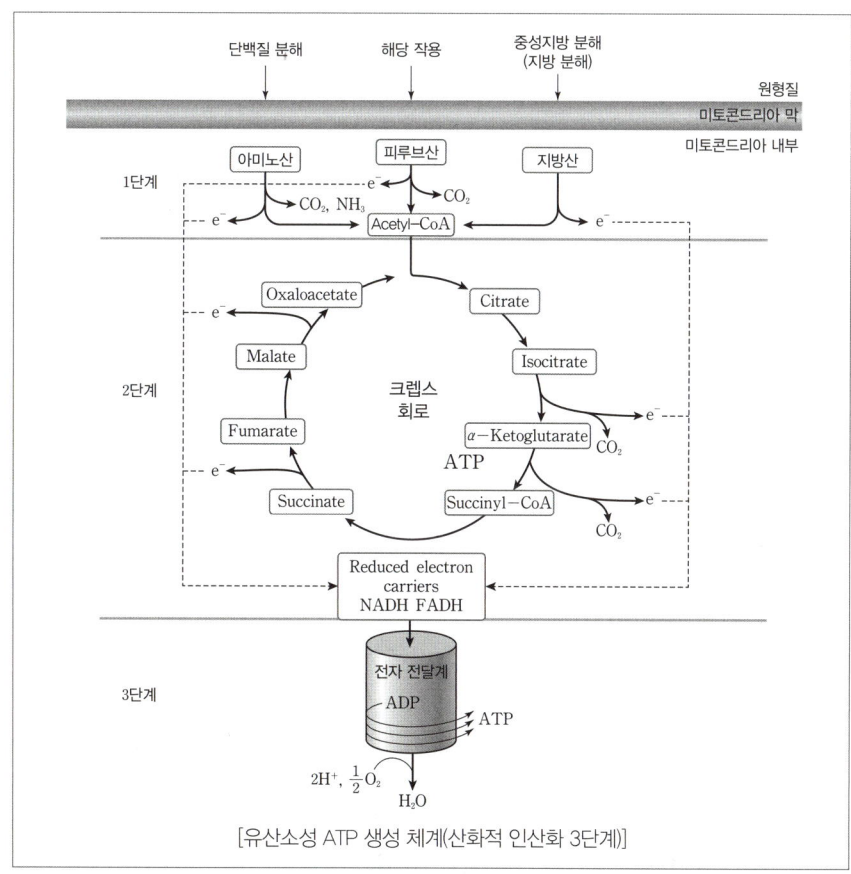

[유산소성 ATP 생성 체계(산화적 인산화 3단계)]

핵심테마 02 에너지 대사와 운동

Speed 심화포인트

4. 생체에너지 조절 기출 2024

ATP를 생산하는 생화학적 체계는 각각의 경로에 특별한 효소에 의해 촉진되며, 특히 속도 조절 역할을 하는 효소는 특정한 대사 과정의 속도를 결정함

ATP-PC 체계의 조절	크레아틴인산의 분해는 크레아틴 키나아제(creatine kinase) 활동에 의해 조절됨
해당 작용의 조절	가장 중요한 속도 조절 효소는 인산 과당 분해 효소(phosphofructokinase, PFK)
크렙스 회로와 전자 전달계 조절	• 크렙스 회로의 속도 조절 효소는 이소구연산탈수소효소(isocitrate dehydrogenase) • 전자전달계는 시토크롬 산화효소(cytochrome oxidase)를 자극하여 유산소성 ATP를 생산

5. 운동과 에너지 공급 기출 2019/2018/2016

(1) 운동 강도에 따른 대사

① 고강도 운동(단시간): 인원질 과정 > 젖산 과정 > 유산소 과정(에너지원: 탄수화물 > 지방)

② 저강도 운동(장시간): 유산소 과정 > 젖산 과정 > 인원질 과정(에너지원: 지방 > 탄수화물)

소요 시간	주에너지 시스템	해당 운동 종목
30초 이내	인원질 과정	100m 달리기, 투포환, 높이뛰기, 멀리뛰기, 역도 등
30~90초	인원질 과정과 젖산 과정	200m 달리기, 400m 달리기, 500m 스피드 스케이팅, 100m 수영 등
90~180초	젖산 과정과 유산소 과정	800m 달리기, 200~400m 수영, 복싱, 태권도, 유도 등
180초 이상	유산소 과정	마라톤, 1,500m 수영, 크로스컨트리 등

※ 안정 시 및 일상적인 활동은 유산소 과정을 주로 사용(지방 > 탄수화물)

(2) 운동 시 에너지원 이용 과정 기출 2023

① 단시간의 고강도 운동
  ㉠ 무산소 에너지 생성 체계를 통해 에너지를 공급
  ㉡ 사용되는 연료는 주로 탄수화물 3/4, 지방 1/4

② 장기간의 운동
  ㉠ 저강도 또는 중강도 운동을 장기간 지속할 경우, 주에너지원은 근육 내 저장된 글리코겐, 혈당, 지방산 순으로 3단계에 걸쳐 변화됨
  ㉡ 장기간 지속되는 운동(90분 이상)에서는 탄수화물이 고갈되는 것을 방지하기 위해 지방을 더 많이 사용

③ 저강도의 운동
  ㉠ 저강도에서 30분 이상 운동을 하는 초기에는 탄수화물이 연료로서 높은 비율을 차지하지만, 점차 시간이 지나면서 근글리코겐의 감소로 에너지원은 지방 쪽으로 옮겨감
  ㉡ 운동 강도가 저강도에 해당하는 25% $\dot{V}O_{2Max}$에서는 혈중 유리 지방산이, 고강도에 해당하는 85% $\dot{V}O_{2Max}$에서는 글리코겐이 에너지원으로 높은 비율로 사용됨

대사 과정에서 사용되는 에너지원의 특성

인체는 탄수화물, 지방, 단백질을 통해 필요한 에너지를 공급받는다.

영양소	발생 에너지
탄수화물	4kcal/g
지방	9kcal/g
단백질	4kcal/g

6. 에너지 소비량의 측정 [기출 2021]

인체 대사에 의해 방출된 열의 양을 정량화하는 방법을 열량 측정법이라고 함

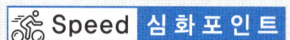

(1) 열량 측정법의 분류

직접 측정법	인체에 의한 열 손실을 직접 측정하는 방법
간접 측정법	산소 소비량을 측정하여 에너지양으로 환산하는 방법

(2) 호흡 교환율 [기출 2024/2018/2017]

① 이산화 탄소의 생성량(VCO_2)과 산소의 섭취량(VO_2) 사이의 비율을 호흡 지수(Respiratory Quotient: RQ)라고 하며, 이는 호흡 교환율(Respiratory Exchange Ratio: RER)과 동일함
② RQ는 세포 내 호흡을 반영, RER는 폐의 외호흡으로부터 환기된 공기에서 측정함
③ 순수한 탄수화물이 분해될 때 RQ는 1.0, 지질이 분해될 때 RQ는 0.71임
④ 운동 강도가 증가하면 RER도 증가함

(3) METs 대사당량(운동 강도 단위) [기출 2023]

① 1 METs=3.5mL/kg/min(안정 시 1분에 체중당 3.5mL의 산소를 사용)
② 대사 방정식

$$(METs \times 3.5 \times kg)/200 = kcal/min$$

3 트레이닝에 의한 대사적 적응 [기출 2025/2024/2023/2022/2021/2020/2019/2015]

1. 유산소(지구성) 트레이닝의 대사적 적응

① 최대 산소 섭취량 증가(1회 박출량 증가가 원인): 최대 산소 섭취량 약 15% 증가, 비운동자에게는 더욱 높은 비율 향상
② 1회 박출량 증가: 심실로의 정맥 회귀 혈류량 증가와 심실의 이완기말 혈액량의 증가는 심실의 수축력을 높여 1회 박출량을 증가시킴
③ 미토콘드리아의 크기와 수의 변화와 모세 혈관 밀도 증가: 미토콘드리아 호흡 증가로 많은 양의 ATP 생성
④ 미토콘드리아 적응 현상
  ㉠ 산화적 효소 활성화 증가
  ㉡ 지방 대사의 증가와 근육 글리코겐 활용 감소
  ㉢ 젖산 생성의 감소와 제거의 증가
  ㉣ 미토파지 관련 단백질의 발현을 증가시켜 손상된 미토콘드리아의 효율적인 제거를 촉진
⑤ 골격근에서 지방 산화로부터 얻을 수 있는 에너지 생성 비율 증가
⑥ 골격근으로의 모세 혈관 수의 증가로 운동 중 혈액 공급이 원활
⑦ 마이오글로빈 함량의 증가: 유산소적 대사 능력의 개선에 기여
⑧ 지근 섬유(ST 섬유, type I 섬유) 비율 증가: 지근 섬유 비율 증가로 지방을 에너지로 동원하는 데 효율적

핵심테마 02 에너지 대사와 운동

2. 무산소(저항성) 트레이닝의 대사적 적응

① 속근 섬유(FT 섬유, type II 섬유) 비율 증가
② 근 비대로 인한 근육량과 근력 증가
③ 동원되는 운동 단위 수의 증가, 십자형 가교 수의 증가
④ ATP-PC, 글리코겐 저장 능력 증가
⑤ ATP-PC 시스템과 무산소성 해당 과정에 필요한 효소 활동 증가
⑥ 건, 인대 조직의 양 증가(결합 조직의 변화)
⑦ 조골세포의 활동을 자극하여 골 무기질 함량이 증가됨
⑧ 단백질의 합성이 증가하여 근원세사의 단백질 양이 증가함
⑨ ATP-PC 시스템과 무산소성 해당 과정을 조절하는 인산과당분해효소(PFK)의 활성도가 증가함

출제 0순위 공략! 꼭 풀어야 할 대표문제

01 [2025년 기출문제]

400m 트랙을 약 60초로 전력 질주 시 가장 많이 기여하는 에너지 공급 시스템에서 1분자의 글루코스(glucose) 분해로 얻을 수 있는 ATP 수는?

① 2
② 4
③ 16
④ 18

| 정답해설 |

400m 트랙을 약 60초 동안 전력 질주할 경우, 인체는 주로 무산소성 해당 과정(anaerobic glycolysis)을 통해 에너지를 공급받는다. 이 과정에서는 산소 없이 포도당(글루코스)을 젖산(lactate)으로 분해하며 빠르게 ATP를 생성한다. 무산소성 해당 과정에서는 1개의 포도당(글루코스)이 무산소성으로 분해되어 2개의 ATP를 생산한다.

02 [2023년 기출문제]

장기간 규칙적 유산소 훈련의 결과로 최대 운동 시 나타나는 심폐 기능의 적응으로 옳은 것을 모두 고른 것은?

보기
㉠ 최대 산소 섭취량 증가
㉡ 심장 용적과 심근 수축력 증가
㉢ 심박출량 증가

① ㉠, ㉡
② ㉠, ㉢
③ ㉡, ㉢
④ ㉠, ㉡, ㉢

| 정답해설 |

일정한 기간의 유산소 훈련은 심장의 구조적·기능적 변화를 초래한다.

형태적 변화	심장 용적의 증대, 심장벽 두께의 증가
기능적 변화	심근 수축력의 증대, 심장의 1회 박출량 증대, 최대 심박출량 증대, 안정 시 및 최대하 운동 시 심박수 감소

03 [2022년 기출문제]

스프린트 트레이닝 후 나타나는 생리적 적응이 바르게 나열된 것은?

① 속근 섬유 비대 - 해당 과정을 통한 ATP 생산 능력 향상
② 지근 섬유 비대 - 해당 과정을 통한 ATP 생산 능력 향상
③ 속근 섬유 비대 - 해당 과정을 통한 ATP 생산 능력 저하
④ 지근 섬유 비대 - 해당 과정을 통한 ATP 생산 능력 저하

| 정답해설 |

스프린트 트레이닝은 무산소성 형태의 운동으로 인원질 과정 또는 무산소성 해당 과정에 해당한다. 인원질 과정은 가장 빠르고 쉽게 ATP를 생성하고, 무산소성 해당 과정은 인원질 과정에서 생성된 ATP가 고갈된 후 두 번째로 빠르게 ATP를 생성한다. 또한 수축 속도가 빠른 속근 섬유의 비대가 일어난다.

정답 01 ① 02 ④ 03 ①

04

〈보기〉에서 설명하는 에너지 생성 시스템은?

> **보기**
> - 400m 전력 달리기 시 필요한 ATP 공급
> - 아데노신 이인산(ADP) 및 무기 인산(Pi)에 의한 인산과 당분해 효소(Phosphofructokinase: PFK)의 활성
> - 대사 분해에 의한 피루브산염(pyruvate)의 생성

① ATP-PC 시스템
② 해당 작용(glycolysis) 시스템
③ 유산소 시스템
④ 단백질 대사

| 정답해설 |

해당 작용(glycolysis) 시스템에서는 근육 속에 저장되어 있는 ATP-PC 체계에 의해 생성된 ATP가 고갈되면 탄수화물(포도당)만을 이용하여 ATP를 생성한다. 즉, 혈당 또는 근세포에 저장된 글리코겐은 해당 작용을 거치면서 피루브산(초성 포도산)으로 분해되어 ATP를 생성한다. 이때 산소가 충분히 공급되지 않으면 피루브산을 거쳐 젖산으로 전환되며 최종 산물인 젖산이 생기면서 ATP를 생성하기 때문에 젖산 체계라고 한다. 이는 400m나 800m 달리기와 같이 1~3분 사이에 최대 능력을 발휘해야 하는 종목의 주에너지 시스템에 해당한다.

| 오답해설 |

① ATP-PC 시스템: 30초 이내의 짧은 시간 동안 강한 강도로 하는 운동, 50m 달리기, 100m 달리기 등
③ 유산소 시스템: 운동 시간이 3분 이상 소요되는 운동, 마라톤, 3,000m 장애물 달리기 등
④ 단백질 대사: 글리코겐의 축적이 불충분할 때 단백질 분해가 증가. 심한 기아 상태나 장시간의 운동 시, 마라톤의 마지막 구간 등

05

[2022년 기출문제]

〈보기〉 중 저항성 트레이닝 후 생리적 적응으로 적절한 것을 모두 고른 것은?

> **보기**
> ㉠ 골 무기질 함량 증가
> ㉡ 액틴(actin) 단백질 양 증가
> ㉢ 시냅스(synapse) 소포 수 감소
> ㉣ 신경근 접합부(neuromuscular junction) 크기 감소

① ㉠
② ㉠, ㉡
③ ㉠, ㉡, ㉢
④ ㉠, ㉡, ㉢, ㉣

| 정답해설 |

㉠ 저항성 운동은 조골세포의 활동을 자극하고 골의 칼슘 유입을 촉진하여 골 무기질 함량을 증가시킨다.
㉡ 저항성 운동 시 단백질의 합성과 이화가 함께 증가하며, 합성 속도가 이화 속도를 능가하기 때문에 근원세사의 단백질 양이 증가한다.

| 오답해설 |

㉢ 저항성 트레이닝은 일반적으로 신경 전달 능력을 향상시키며, 이는 시냅스 소포 수가 증가하거나 시냅스 기능이 강화되는 방향으로 변화한다.
㉣ 저항성 트레이닝은 신경근 접합부의 크기와 효율성을 증가시킨다.

06

[2024년 기출문제]

지구성 훈련에 의한 지근 섬유(Type I)의 생리적 변화로 옳지 않은 것은?

① 모세 혈관 밀도 증가
② 마이오글로빈 함유량 감소
③ 미토콘드리아의 수와 크기 증가
④ 절대 운동 강도에서의 젖산 농도 감소

| 정답해설 |

지구성 훈련에 의한 유산소적 대사 능력은 근육 세포막에서 미토콘드리아로 산소를 운반하는 역할을 하는 마이오글로빈 함유량이 증가하면서 개선된다. 따라서 속근 섬유보다 지근 섬유에 더 많은 마이오글로빈이 함유되어 있다.

정답 04 ② 05 ② 06 ②

핵심테마 03 | 신경 조절과 운동

1 신경계의 구조와 기능

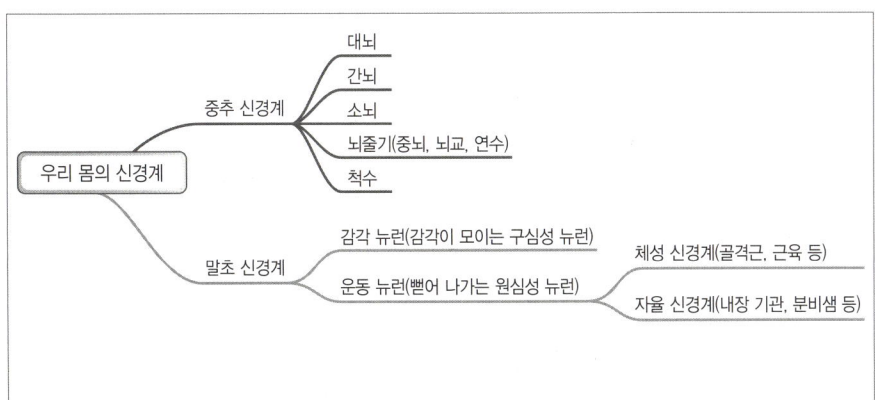

Speed 심화포인트

신경계의 조직
신경계는 중추 신경계, 말초 신경계로 구분한다. 중추 신경계는 뇌, 척수를 포함하고, 말초 신경계는 중추 신경 외의 신경을 말한다.

신경계의 기능
- 신체 내외부의 환경에서 일어나는 사건들에 반응하고 인식하는 몸의 전달 체계
- 신체 활동 통합, 수의적 움직임 조절
- 사전에 경험한 반응 형태 파악 또는 인지, 경험 저장

Jump Up 이해

인체 움직임과 신경 조절
- 신경계의 궁극적인 역할은 주어진 정보에 따라 인체의 항상성 유지와 신체 활동을 조절하는 것이다.
- 골격근의 수축, 내장 기관의 민무늬근 수축, 내외 분비샘의 분비 조절을 한다.
- 근육 수축에 대한 일차 명령은 대뇌, 전두엽의 운동 겉질(motor cortex)에서부터 시작된다.
- 운동 겉질의 명령은 척수의 알파 운동 신경 세포를 통해 근육에 전달되고 그 결과 인체는 운동한다.
- 근육의 흥분은 다른 근육의 억제를 동반한다.
- 인체가 운동을 할 때 작용근(주동근)과 협동근(협력근)은 흥분시키고, 반대로 대항근(길항근)은 억제시킨다. 이를 상호 억제라고 하고, 상호 억제와 같은 상호 연관성을 일으키는 신경 회로를 상호 신경 지배라고 한다.

1. 신경 세포(뉴런)의 구조 기출 2016/2015

(1) 신경 세포(뉴런)

① 구조와 기능
  ㉠ 신경계를 구성하는 주된 세포
  ㉡ 다른 세포와 달리 전기적인 방법으로 신호를 전달
  ㉢ 인접한 신경 세포와 시냅스라는 구조를 통해 신호를 주고받음으로써 다양한 정보를 받아들이고 저장하는 기능

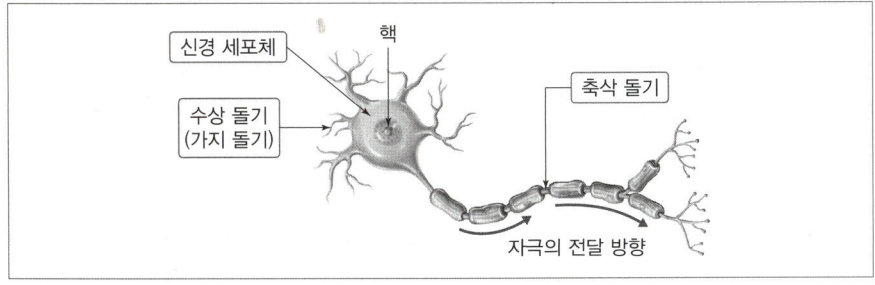

신경 세포(뉴런)의 기능적 분류

감각 뉴런	몸의 감각 수용기에서 받아들인 자극에 대한 정보를 중추 신경계로 전달
운동 뉴런	자극의 적절한 반응에 대한 정보를 몸의 반응기로 전달
중간 뉴런	감각 뉴런에서 전달된 정보를 분석하고 통합하여 적절한 반응에 대한 명령을 생성하여 운동 뉴런을 통해 반응기로 전달

핵심테마 03 신경 조절과 운동

② 신경 세포체
  ㉠ 핵과 세포질을 포함하고 있는 신경원의 활동 중추
  ㉡ 신경 세포의 생명 활동으로 세포체에 영양을 공급하며 외부 물질에 대한 식세포 작용을 수행
③ 수상 돌기(가지 돌기)
  ㉠ 세포체로부터 가늘게 뻗어 나온 세포질
  ㉡ 주로 신경 세포가 신호를 받아들이는 부분
④ 축삭 돌기
  ㉠ 세포체로부터 아주 길게 뻗어 나가는 부분
  ㉡ 수상 돌기와 세포체를 거쳐 전달된 신호를 다른 신경 세포나 세포에 전달하는 부분

(2) 뉴런의 전기적 활동
① 뉴런은 감응성과 전도성을 특성으로 하는 흥분성 조직임(신경계의 특성 참조)
② 신경 자극은 축삭에 전달된 전기적 신호이며, 이러한 전기적 신호는 신경의 정상적인 전위에 변화를 일으키는 특정 자극에 의해 발생함
③ 세포 막전위 → 안정 막전위(분극 상태) → 활동 전위(탈분극 상태) → 탈분극기 → 재분극기 → 불응기 형태로 전달(흥분과 전달 참조)

2 신경계의 특성

1. 흥분과 전달 기출 2023/2022/2021/2020/2018/2017

(1) 안정 막전위
① 세포막 물질 수송

수동적 수송	• 세포막을 통해 물질이 이동될 때 농도 또는 경사를 따라 움직임(확산) • 운반체와 인체 에너지를 사용하지 않음(확산, 삼투, 여과) • 운반체를 이용한 물질의 이동(운반체 확산, 촉진 확산 또는 소통 확산)
능동적 수송	• 농도 또는 에너지 경사를 따르지 않음(역행) • 운반체를 사용하며 물질 이동 시 인체 에너지 사용(Na^+-K^+ 펌프, Na^+-Cotransport, Na^+-Counter transport)

② 안정 막전위 형성 - 분극 상태
  ㉠ 자극을 받지 않는 상태(안정 시)에서 세포막 내외에 존재하는 전압차를 나타내는 것으로, 이러한 상태를 분극 상태라고 함
  ㉡ 세포 밖에는 나트륨 이온(Na^+)이 많고 칼륨 이온(K^+)이 적으며 세포 내에서는 K^+이 많고 Na^+이 적음
  ㉢ 신경 세포가 안정 상태에 있을 때 K^+은 세포막을 비교적 쉽게 투과하나 Na^+의 투과성은 K^+의 1/100 수준에 불과하여 Na^+은 K^+에 비해 막을 투과하기 어려움
  ㉣ 세포막 안쪽이 음전위, 바깥쪽은 양전위의 성질임
  ㉤ 세포막에 위치한 통합단백질 분자 중 일부 Na^+-K^+ 펌프는 에너지로 1분자의 ATP를 사용하여 3분자의 Na^+을 세포 외부로 내보내고 동시에 2분자의 K^+을 세포의 내부로 들여오는 능동수송을 함
  ㉥ 세포막을 경계로 하는 두 전극 사이의 전위차(전압)는 신경에서 -70mV임

(2) 활동 전위

① 활동 전위 형성 – 탈분극 상태
  ㉠ 세포막 안팎의 전극을 역전시키기 위해 일정 정도 이상의 강도로 자극해야 함
  ㉡ 조직을 자극하면 세포막의 Na^+, K^+의 투과성이 변화하여 안정 막전위가 깨짐
  ㉢ 안정 막전위에서 세포막 안은 음(-)극이 양(+)극으로, 밖은 양(+)극이 음(-)극으로 역전함

② 탈분극기
  ㉠ 역치를 넘어선 후 급속하게 탈분극이 일어나고 세포막 안과 밖의 전위 역전이 일어나 절정에 이르기까지의 시기
  ㉡ 세포막의 Na^+ 통로가 활성화되어 Na^+이 세포막 안으로 유입

③ 재분극기
  ㉠ 절정에 이른 후 탈분극된 상태에서 안정 막전위로 돌아가는 시기
  ㉡ Na^+의 세포막 투과성은 현저하게 감소하며 Na^+의 세포막 내 유입을 막고, K^+이 세포막 밖으로 수동적으로 확산되어 다량 유출됨
  ㉢ 과분극: 재분극되어 가는 과정에 K^+이 세포 외부로 이동하게 되어 세포 내부가 음(-), 세포 외부가 양(+)이 되는데, 이때 분극 상태보다 그 전위차가 커지는 경우를 말함

④ 불응기
  일정 시간 동안 또 다른 활동 전위가 즉각적으로 발생할 수 없는 시기

절대 불응기	이차 자극이 주어져도 전기적 변화가 일어나지 않음
상대 불응기	강한 자극이 주어질 때 활동 전위 발생

⑤ 실무율
  ㉠ 신경 자극 시 역치 이상의 경우에 반응
  ㉡ 역치 이하의 경우에는 활동 전위가 발생되지 않고 흥분성의 변화만 있음

⑥ 신경 섬유의 자극 전도

말이집 신경 섬유 (유수 신경)	• 말이집(수초)이 전기적 절연체로 작용 • 말이집 신경의 줄기에서 말이집(수초)으로 덮여 있지 않은 부분을 랑비에르 결절이라고 함 • 말이집이 싸고 있지 않은 부분, 즉 신경 섬유 마디에서만 탈분극 • 신경 전도 속도가 빠름
민말이집 신경 섬유 (무수 신경)	• 세포막 전체 길이에 연속적 탈분극 • 신경 전도 속도가 느림

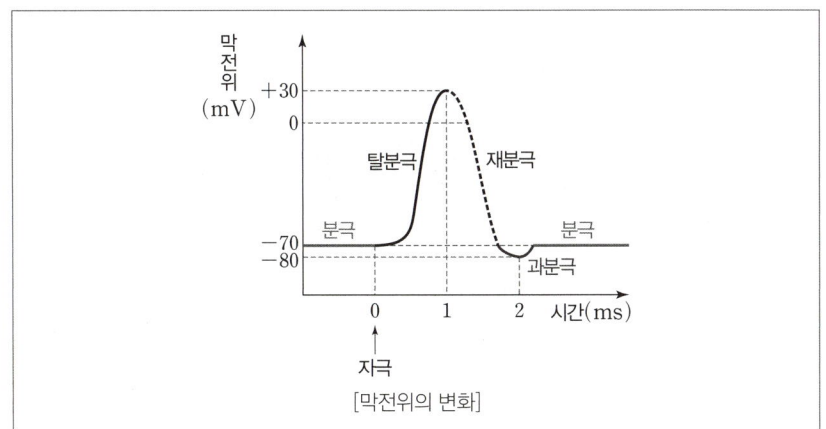

[막전위의 변화]

Speed 심화포인트

역치
활동 전위를 유발할 수 있는 최소한의 자극 강도

흥분과 전달
- 신경원은 환경의 물리적, 화학적 변화에 반응하는 세포로서 안정 시 세포의 외부는 양전하, 내부는 음전하를 띠고 있으며 이러한 전기적 전하의 차이를 안정 시 막전위라고 한다.
- 신경의 작용은 막의 투과성에 의해 발생한다. 나트륨이 세포 내부로 유입되어 세포를 탈분극시키고 탈분극이 역치에 이르면 활동 전압(신경 전달)이 시작된다. 탈분극 후에 칼륨의 세포막 투과성이 증가하고 나트륨 투과성이 감소함에 따라 재분극이 일어난다.

핵심테마 03 신경 조절과 운동

> **Speed 심화포인트**
>
> **시냅스에서의 흥분 전달**
> - 한 뉴런에서 다른 세포로 신호를 전달하는 연결 지점을 시냅스라고 한다.
> - 신경은 시냅스를 통해 다른 신경과 연결된다. 시냅스 전 신경원에서 신경 전달 물질(아세틸콜린)이 방출되고 방출된 신경 전달 물질이 세포막의 수용체와 결합한다.

2. 시냅스에서의 흥분 전달

(1) 신경 전달 물질과 신경근 연접 [기출 2021]

① 신경 자극을 통한 활동 전위가 시냅스 이전 축삭에 도달
② 세포 내로 칼슘 유입
③ 시냅스 소포에서 신경 전달 물질(아세틸콜린) 방출
④ 시냅스 후 뉴런으로 아세틸콜린 확산
⑤ 시냅스 이후 근섬유막의 아세틸콜린 수용체의 통로가 열림
⑥ 나트륨에 대한 막 투과성이 커져 탈분극
⑦ 활동 전위 발생하여 자극 전달
⑧ 활동 전위는 T세관 내로 전달 후 근수축 과정 시작

(2) 운동 단위 [기출 2025/2020/2019]

① 한 개의 운동 신경에 연결되는 근섬유
② 단일 운동 신경이 활성화되면 연결되어 있는 모든 근섬유들이 자극되어 수축하므로 연결된 근섬유 수가 많을수록 큰 힘을 내는 데 유리함
③ 단일 운동 신경에 연결되어 있는 근섬유의 수를 자극 비율이라고 하며, 이는 근섬유의 수를 운동 신경으로 나눈 값으로, 섬세한 운동을 요구하는 근육들은 자극 비율이 낮음
④ 지근 운동 단위의 신경 섬유는 축삭의 지름이나 척수 내 세포체의 크기가 속근 운동 단위의 신경 섬유에 비해 훨씬 작기 때문에 신경 자극의 전달 속도 역시 속근 운동 단위에 비해 느림
⑤ 지근 운동 단위의 신경 섬유들은 속근 운동 단위보다 흥분 역치가 낮기 때문에 그로 인해 거의 모든 활동에 먼저 동원됨

3 신경계의 운동 기능 조절

1. 감각 – 운동 신경계의 반응 과정 [기출 2021]

감각 수용기 → 구심성 신경 → 중추 신경(뇌·척수) → 원심성 신경 → 효과기(심장, 내장, 골격근)

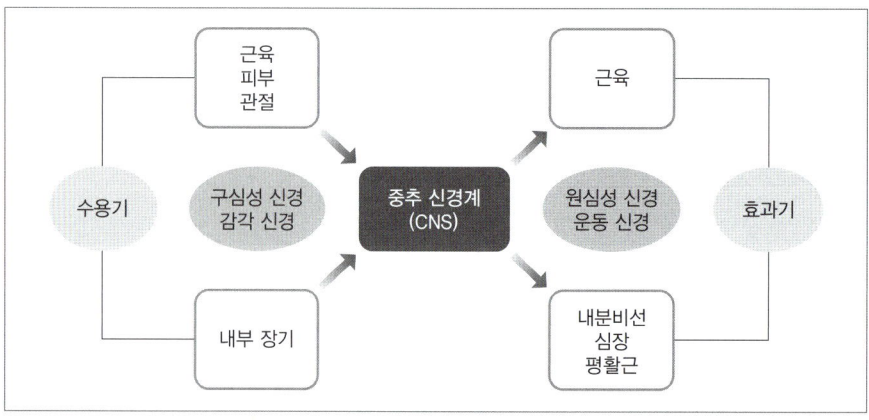

Jump Up 이해

반사 기출 2024
- 반사 신경의 목적은 통증의 자극으로부터 사지의 움직임을 빠르게 하도록 하는 것
- 반사 경로는 수용기로부터 중추 신경까지와 중추 신경에서 운동 신경을 따라 움직임을 일으키는 효과기관까지의 신경 전달 과정임
- 신경반사의 전달 과정
  - 감각 신경의 통증 수용기는 척수에 신경 자극을 보냄
  - 척수 내의 연결 신경이 흥분되어 운동 신경을 자극함
  - 흥분된 연결 신경은 통증의 원인이 되는 신체를 수축하는 데 필요한 굴곡을 조절하는 특정 운동 신경을 탈분극시키고, 동시에 신근과 같은 상반되는 근육 그룹은 억제성 연접 후 막전압으로 억제함
- 도피반사의 특징은 부상 부위를 움직이는 동안에 반대쪽 부위를 신전시켜 신체를 지탱할 수 있도록 하는 것으로 이러한 현상을 교차신근반사라함

2. 중추 신경계의 운동 기능 조절 기출 2025/2023/2022/2016

대뇌		• 오른쪽과 왼쪽 반구로 구성 • 복잡한 운동의 조절 • 학습된 경험의 저장(기억, 사고, 판단의 통합) • 지각 정보(시각, 청각, 촉각 등)의 수용 • 수의적 운동과 가장 관련이 깊은 부분은 운동 피질 • 운동 피질은 입력된 정보를 모아 최종의 움직임을 설정하고 척수로 운동 명령을 보냄

뇌간	간뇌	• 시상: 감각 정보와 운동 정보를 처리하여 대뇌로 보내는 기능
		• 시상 하부
		  - 항상성 유지를 위한 중추로 작용
		  - 내분비계와 자율 신경계의 기능을 조절
		  - 체온 유지, 삼투압 유지, 음식 섭취 조절, 생식 기능 조절
		• 뇌하수체
		  - 신경 호르몬을 분비하는 역할
		  - 다른 기관에서의 호르몬 분비 조절

	중간뇌	안구 운동, 홍채 조절의 역할
	교뇌	• 소뇌와 대뇌 사이의 정보 전달 중계 • 연수(숨뇌)와 함께 호흡 조절의 역할
	연수	호흡, 순환, 소화 등 생명에 직접적으로 영향을 미칠 수 있는 자율 신경 기능이 집약
소뇌		• 운동 근육의 조정과 제어, 신체의 자세와 균형 조절 • 운동 명령을 공유하여 운동의 순서를 결정 • 고유수용기로부터 유입되는 정보를 활용하여 운동 명령을 수정하고 수정된 명령을 전달 • 빠르게 근육 활동의 타이밍과 연속 동작을 조절
척수		• 뇌와 말초 신경 사이의 자극과 명령을 전달하는 통로 • 반사 작용의 중추(방광 조절이나 항문 조임근 조절, 통각 자극 회피)

핵심테마 03 신경 조절과 운동

Speed 심화포인트

3. 말초 신경계의 운동 기능 조절 기출 2017

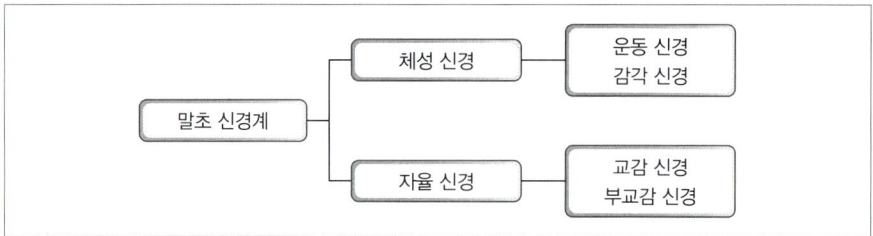

(1) 체성 신경(대뇌의 조절)

중추 신경과 각 운동기 및 감각기를 연결함

운동 신경	중추 신경계의 명령을 운동 기관으로 전달
감각 신경	감각 기관에서의 자극을 중추 신경계로 전달

(2) 자율 신경 기출 2022/2020/2019/2018

① 심장, 민무늬근(평활근), 인체의 샘과 같이 불수의 구조들을 지배하는 신경 계통의 한 부분으로 중추 신경계와 말초 신경계 모두에 분포함
② 대뇌 조절 없이 호흡, 순환, 소화 등의 생명 유지에 관계하는 장기의 기능을 조절함
③ 교감 신경은 운동이나 스트레스 상황, 긴급 상황에 대비하여 인체가 에너지를 활발하게 소비하는 상황에서 인체를 준비하도록 하는 것으로, 더 많은 혈액을 활동 근육에 보내기 위하여 소화 기관에 분포된 혈관을 수축하여 연동 활동을 억제함
④ 부교감 신경은 정상적으로 휴식 상태에서 보다 활발히 작용함

Jump Up 이해

교감 신경과 부교감 신경의 구분

교감 신경(흥분성)	부교감 신경(억제성)
몸의 급격한 변화 상황에 대처하기 위한 반응 • 심장 박동 촉진 • 호흡 운동 촉진 • 동공 확대 • 침 분비 억제 • 소화액 분비 및 소화관 운동 억제 • 방광 확장	안정화된 상태로 교감 신경의 반대 작용 • 심장 박동 억제 • 호흡 운동 억제 • 동공 축소 • 침 분비 촉진 • 소화액 분비 및 소화관 운동 촉진 • 방광 수축

01 [2021년 기출문제]

〈보기〉에서 설명하는 신경 세포 활동 전위의 단계는?

> **보기**
> - 칼륨(K^+) 채널이 열려 있고, 칼륨이 세포 외로 이동하면서 세포 내는 음전하를 띠게 되는 단계
> - 이 단계 이후 칼륨 채널이 닫히고, 칼륨의 세포 외 유출이 적어짐에 따라 안정 막전위로 복귀

① 과분극 ② 탈분극
③ 재분극 ④ 불응기

| 정답해설 |

재분극되어 가는 과정에 K^+이 세포 외부로 이동하게 되어 세포 내부가 음(−), 세포 외부가 양(+)이 되는데, 이때 분극 상태보다 그 전위차가 커지는 경우를 과분극이라고 한다.

| 오답해설 |

② 탈분극: 역치를 넘어선 후 급속하게 탈분극이 일어난다. 세포막 안과 밖의 전위 역전[세포막 안은 음(−)극이 양(+)극으로, 밖은 양(+)극이 음(−)극으로]이 일어나 절정에 이르기까지의 시기로, 세포막의 Na^+ 통로가 활성화되어 Na^+이 세포막 안으로 유입된다.
③ 재분극: 절정 이후 탈분극된 상태에서 안정 막전위로 돌아가는 시기이다. Na^+의 세포막 투과성은 현저하게 감소하여 Na^+의 세포막 내 유입을 막고, K^+이 세포막 밖으로 수동적으로 확산되어 다량 유출된다.
④ 불응기: 일정 시간 동안 또 다른 활동 전위가 즉각적으로 발생할 수 없는 시기를 말한다.

02

근섬유 수축을 위한 신경 활동 전위의 내용 중 옳지 <u>않은</u> 것은?

① 탈분극기: 세포막의 K^+ 통로가 활성화되어 K^+이 세포막 안으로 유입
② 재분극기: 절정에 이른 후 탈분극된 상태에서 안정 막전위로 돌아가는 시기
③ 과분극: 재분극되어 가는 과정에 분극 상태보다 그 전위차가 커지는 경우
④ 불응기: 일정 시간 동안 또 다른 활동 전위가 즉각적으로 발생할 수 없는 시기

| 정답해설 |

탈분극기
㉠ 역치를 넘어선 후 급속하게 탈분극이 일어나고 세포막 안과 밖의 전위 역전이 일어나 절정에 이르기까지의 시기
㉡ 세포막의 Na^+ 통로가 활성화되어 Na^+이 세포막 안으로 유입

03 [2022년 기출문제]

〈그림〉은 막전위의 변화를 나타낸 것이다. ㉠~㉣ 중 탈분극(depolarization)에 해당하는 시점은?

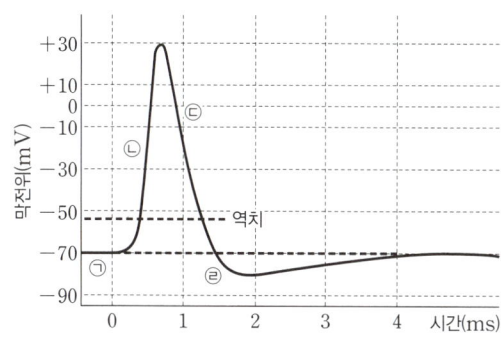

① ㉠ ② ㉡
③ ㉢ ④ ㉣

| 정답해설 |

자극이 역치에 도달할 때 Na^+ 통로가 열리고 Na^+이 세포 안으로 들어오면 탈분극이 일어난다. 따라서 탈분극은 ㉡이다.

| 오답해설 |

㉠ 안정 막전위(막전위는 약 −70mV)이다.
㉢ K^+ 통로가 열려 K^+이 세포 밖으로 유출되면서 재분극이 일어난다.
㉣ 막의 전압이 안정 막전압보다 음성으로 되며 과분극이 일어난다.

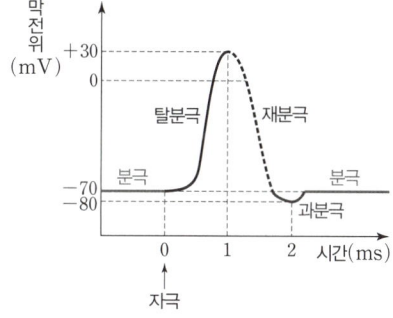

정답 01 ① 02 ① 03 ②

04 [2020년 기출문제]

〈보기〉의 신경 세포 구조 및 전기적 활동에 관한 적절한 설명을 고른 것은?

보기

㉠ 안정 시 신경 세포막의 안쪽은 Na^+의 농도가 높고, 바깥쪽은 K^+의 농도가 높다.
㉡ 역치(threshold)는 신경 세포막의 차등성 전위(graded potential)가 안정 막전위(resting membrane potential)로 바뀌는 시점을 말한다.
㉢ 활동 전위(action potential)는 신경 세포막의 탈분극(depolarization)을 유도한다.
㉣ 신경 세포는 신경–근접합부(neuromuscular junction)를 통해 근섬유와 상호 신호 전달을 한다.

① ㉠, ㉡ ② ㉠, ㉣
③ ㉡, ㉢ ④ ㉢, ㉣

| 정답해설 |
㉢ 활동 전위는 안정 막전위에서 세포막 안은 음(−)극이 양(+)극으로, 밖은 양(+)극이 음(−)극으로 역전되어 탈분극을 일으킨다.
㉣ 운동 신경으로부터의 자극은 근수축을 시작하는 신호가 되며, 신경과 근세포가 만나는 지점을 신경근 연접이라고 한다. 이 연접 부분에서 신경 자극을 근세포에 전달하는 부위의 근섬유막을 운동 말판이라고 한다.

| 오답해설 |
㉠ 안정 시 신경 세포의 세포 밖에는 나트륨 이온(Na^+)이 많고 칼륨 이온(K^+)이 적으며, 세포 내에서는 K^+이 많고 Na^+이 적다.
㉡ 활동 전위를 유발할 수 있는 최소한의 자극 강도를 역치라고 한다.

05

신경 섬유의 자극 전도에 있어서 말이집 신경 섬유(유수 신경)의 작용이 아닌 것은?

① 말이집(수초)이 전기적 절연체로 작용한다.
② 신경 섬유 마디에서만 탈분극이 나타난다.
③ 신경 전도 속도가 빠르다.
④ 세포막 전체 길이에 연속적 탈분극이 나타난다.

| 정답해설 |
말이집 신경 섬유(유수 신경)는 말이집(수초)이 전기적 절연체로 작용하여, 말이집이 싸고 있지 않은 부분, 즉 신경 섬유 마디에서만 탈분극하여 신경 전도 속도가 빠르다. 반면, 민말이집 신경 섬유(무수 신경)는 세포막 전체 길이에 연속적 탈분극을 해야 하므로 신경 전도 속도가 느리다.

06 [2021년 기출문제]

〈보기〉에서 설명하는 용어는?

보기

- 운동 뉴런의 말단과 근섬유가 접합되어 있는 기능적 연결 부위
- 신경 전달 물질이 분비되는 공간
- 시냅스 전 축삭 말단, 시냅스 간극, 근섬유 원형질막의 운동 종판으로 구성

① 시냅스(synapse, 연접)
② 운동 단위(motor unit)
③ 랑비에르 결절(node of Ranvier)
④ 신경근 접합부(neuromuscular junction)

| 정답해설 |
신경근 접합부
- 신경 자극을 통한 활동 전위가 시냅스 이전 축삭에 도달
- 세포 내로 칼슘 유입
- 시냅스 소포에서 신경 전달 물질(아세틸콜린) 방출
- 시냅스 후 뉴런으로 아세틸콜린 확산
- 시냅스 이후 근섬유막의 아세틸콜린 수용체의 통로가 열림
- 나트륨에 대한 막 투과성이 커져 탈분극
- 활동 전위 발생하여 자극 전달
- 활동 전위는 T세관 내로 전달 후 근수축 과정 시작

| 오답해설 |
① 시냅스: 한 뉴런에서 다른 세포로 신호를 전달하는 연결 지점이다.
② 운동 단위: 한 개의 운동 신경에 연결되는 근섬유이다.
③ 랑비에르 결절: 말이집 신경의 줄기에서 말이집(수초)으로 덮여 있지 않은 부분이다.

정답 04 ④ 05 ④ 06 ④

07 [2022년 기출문제]

〈보기〉에서 설명하는 중추 신경계 기관은?

> **보기**
> - 시상과 시상 하부로 구성된다.
> - 시상은 감각을 통합·조절한다.
> - 시상 하부는 심박수와 심장 수축, 호흡, 소화, 체온, 식욕 및 음식 섭취를 조절한다.

① 간뇌(diencephalon)
② 대뇌(cerebrum)
③ 소뇌(cerebellum)
④ 척수(spinal cord)

| 정답해설 |
간뇌는 시상, 시상 하부, 뇌하수체로 구성된다. 시상은 감각 정보와 운동 정보를 대뇌로 보내는 기능을 하고, 시상 하부는 항상성 유지와 내분비계와 자율 신경을 조절하며, 뇌하수체는 신경 호르몬 분비 역할을 한다.

| 오답해설 |
② 대뇌: 복잡한 운동 조절, 학습된 경험 저장, 지각 정보 수용 등의 역할을 한다.
③ 소뇌: 운동 근육의 조정과 제어, 신체의 자세와 균형 조절을 담당한다.
④ 척수: 뇌와 말초 신경 사이의 자극과 명령을 전달하는 통로 역할을 한다.

08

반사 신경에 대한 내용으로 옳지 <u>않은</u> 것은?

① 통증의 자극으로부터 사지의 움직임을 빠르게 하도록 하는 것
② 통증의 원인이 되는 근육의 신전을 조절하는 특정 운동 신경을 탈분극
③ 교차신근반사는 부상 부위의 반대쪽 부위를 신전시켜 신체를 지탱하는 것
④ 감각 신경의 통증 수용기는 척추에 신경 자극을 보낸 후 운동 신경을 자극

| 정답해설 |
반사 신경은 통증의 원인이 되는 신체를 수축하는 데 필요한 굴곡을 조절하는 특정 운동 신경을 탈분극시키고, 동시에 신근과 같은 상반되는 근육 그룹은 억제성 연접 후 막전압으로 억제한다.

09 [2023년 기출문제]

운동 중 소뇌의 기능에 대한 설명으로 옳은 것을 모두 고른 것은?

> **보기**
> ㉠ 골격근 운동 조절의 최종 단계 역할
> ㉡ 빠른 동작의 정확한 수행을 위한 통합 조절
> ㉢ 고유수용기로부터 유입되는 정보를 활용하여 동작 수정

① ㉠, ㉡　　② ㉠, ㉢
③ ㉡, ㉢　　④ ㉠, ㉡, ㉢

| 오답해설 |
㉠ 대뇌의 운동 피질에 대한 내용이다.

10 [2020년 기출문제]

운동 시 교감 신경계의 활성화에 따른 반응으로 적절하지 <u>않은</u> 것은?

① 심박수가 증가한다.
② 소화기계 활동이 증가한다.
③ 골격근의 혈류량이 증가한다.
④ 호흡수 및 가스 교환율이 증가한다.

| 정답해설 |
운동 시 교감 신경계가 활성화되면 소화액 분비 및 소화관 운동이 억제되고, 부교감 신경계가 활성화되면 소화액 분비 및 소화관 운동이 촉진된다.

정답 07 ①　08 ②　09 ③　10 ②

핵심테마 04 | 골격근과 운동

1 골격근의 구조와 기능

1. 근육의 종류

(1) 모양에 따른 분류

가로무늬근	골격근	뼈 또는 피부에 부착된 근육
(횡문근)	심장근	심장의 벽을 이루는 근육
민무늬근(평활근)	내장근	내장의 기관이나 혈관 등의 벽을 이루는 근육

(2) 기능에 따른 분류 기출 2021/2018

근육을 지배하는 신경의 종류에 따라 수의근과 불수의근으로 구분함

수의근	체성 신경계의 지배를 받아 수의적 운동을 수행하는 수의근(예 골격근)
불수의근	자율 신경계의 지배를 받아 불수의적으로 운동(예 심장근과 민무늬근)

골격근의 기능
- 수의 운동 시 운동과 호흡을 위한 근수축
- 자세를 유지하기 위한 근수축
- 내장의 보호
- 근수축으로 열을 생산하여 체온 유지

2. 골격근의 구조 기출 2021/2015

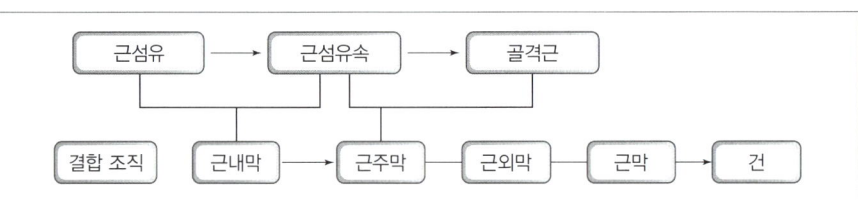

① **근원섬유**: 수축 단백질을 포함한 수많은 필라멘트가 싸고 있는 구조이며, 마이오신(myosin)이라는 굵은 필라멘트와 액틴(actin)이라는 가는 필라멘트로 구성
② **근섬유**: 골격근을 이루는 세포로, 근세포라고 불리기도 하며(하나의 근섬유는 여러 개의 근원섬유로 구성), 긴 다핵 세포로 가로무늬를 가지고 있고, 근내막에 의해 덮여 있음
③ **근섬유속**: 근섬유의 다발
④ **근내막**: 근섬유를 묶어 근섬유속을 이루게 하는 결체 조직
⑤ **근주막**: 여러 개의 근섬유속을 연결
  ㉠ 근주막의 외측은 근외막과 근막이라는 결체 조직으로 둘러싸임
  ㉡ 근막은 근육을 이루는 외측의 결체 조직으로서 건으로 이행하여 뼈에 부착
⑥ **골격근의 구조적 순서**: 근다발 ⇨ 근섬유 ⇨ 근원섬유 ⇨ 필라멘트(근세사) ⇨ 액틴/마이오신

골격근의 구조적 순서
근다발 ↓ 근섬유 ↓ 근원섬유 ↓ 근세사 ↓ 액틴/마이오신

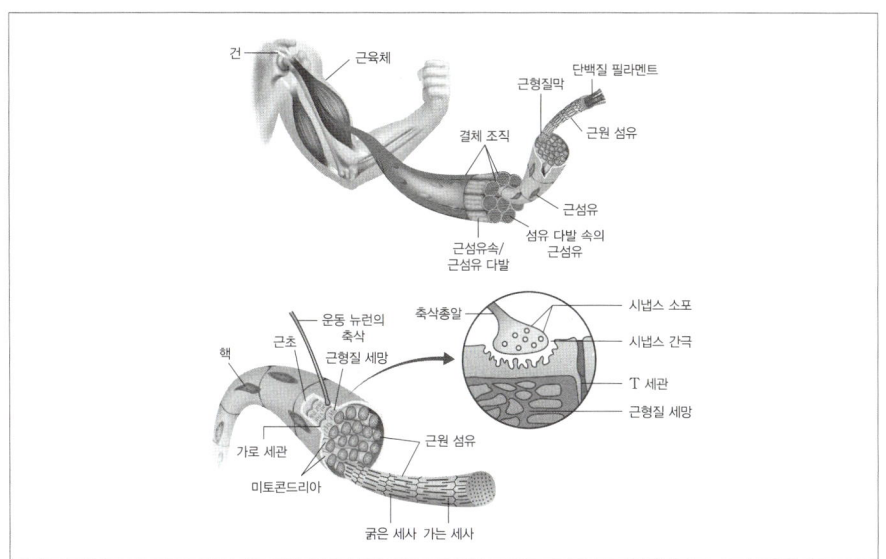

Speed 심화포인트
위성 세포 기출 2021
• 근세포를 둘러싸고 있는 세포막을 근초라고 하며, 박막과 근초 위에 위치하고 있는 독립된 세포 그룹
• 근육의 성장과 재생에 중요한 역할
• 부상 또는 질환 등으로 근섬유가 손상되면 위성 세포로부터 새로운 섬유가 형성되어 손상 부위를 복원함
• 근력 훈련 시 위성 세포는 기존의 근섬유에 더 많은 핵을 제공하여 근단백질을 합성하는 능력을 향상시킴으로써 근육 성장에 기여

3. 근수축 기전 기출 2025/2024/2023/2022/2020/2019/2018/2017

액틴에 있는 트로포닌과 트로포마이오신 단백질이 근수축 과정을 조절한다.

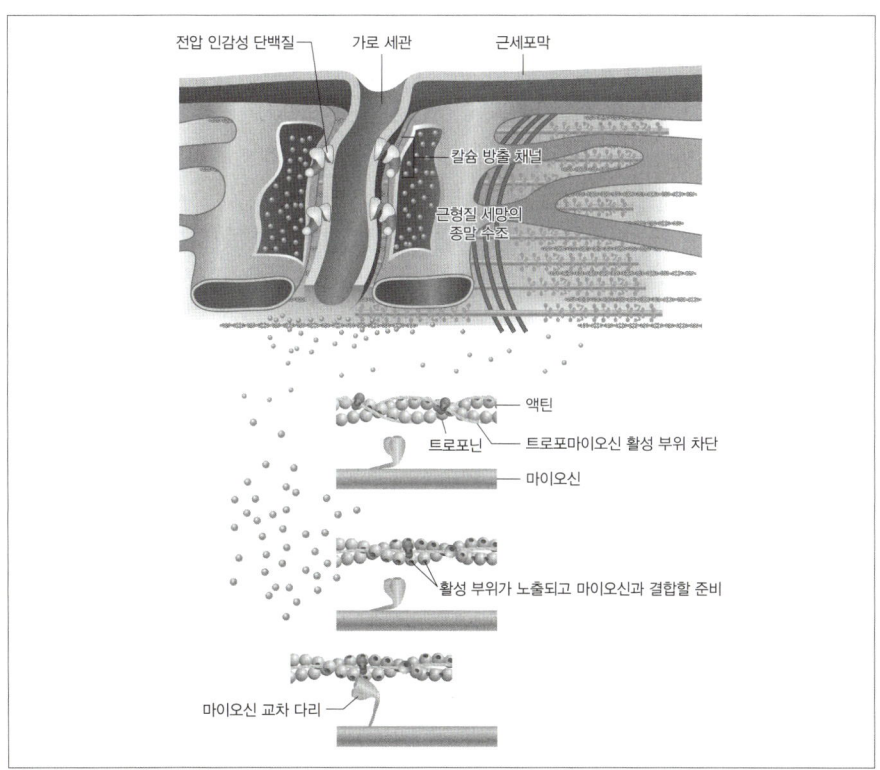

① 신경과 근세포가 만나는 지점인 '신경근 연접'에 이르는 신경 자극으로 시작 → 운동 신경으로부터의 활동 전압은 신경근 연접의 시냅스 공간에서 아세틸콜린 방출 → 근육 세포의 활동 전위 발생
② 가로 세관을 타고 근섬유 내부로 전달
③ 근형질 세망에 저장되어 있던 칼슘 이온 방출
④ 칼슘 이온은 가는 세사의 트로포닌 분자와 결합

골격근 수축 과정

신경 전달은 가로 세관을 통과하여 근형질 세망에 도달하여 칼슘 방출
↓
칼슘은 트로포닌 단백질과 결합
↓
트로포닌은 트로포마이오신의 위치를 이동시켜 액틴 분자의 결합 부위로부터 트로포마이오신을 떨어지게 하며 액틴과 마이오신을 결합
↓
근수축은 칼슘이 트로포닌에 결합하고 에너지가 허용되는 한 지속

핵심테마 04 골격근과 운동

⑤ 가는 세사와 굵은 세사 머리 간 결합을 차단하고 있는 트로포마이오신의 위치를 변화시켜 가는 세사(액틴)의 활동 부위가 노출되어 굵은 세사의 십자형 가교와 결합
⑥ 가는 세사와 굵은 세사의 연결
⑦ ATP 분해에 의한 에너지를 이용하여 운동(마이오신 머리가 액틴 세사를 당김)

4. 근수축의 단계적 과정

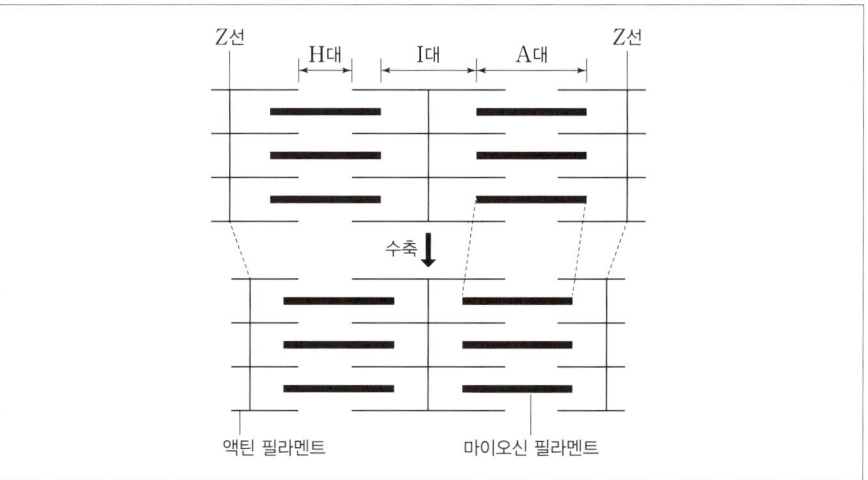

① 근수축 시 근섬유 분절에 연결되어 있는 액틴세사는 서로를 향해 마이오신 세사 위를 미끄러져 지나가며, 이러한 결과로 Z판은 서로 가까워지고 근섬유 분절이 짧아짐
② 액틴 세사가 마이오신 세사 위로 미끄러지면서 H대와 I대는 짧아지며, 마이오신 세사의 길이는 변동이 없기 때문에 A대는 길이의 변화가 없음
③ 완전한 수축이 일어났을 경우, 액틴 세사가 서로 겹치기 때문에 H대는 없어짐

Jump Up 이해

신경근 연접(근신경 연접)
- 신경과 근세포가 만나는 지점을 신경근 연접이라고 한다.
- 연접 부분에서 신경 자극을 근세포에 전달하는 부위의 근섬유막을 운동 말판이라고 한다.
- 운동 신경의 끝부분은 근섬유와 물리적인 접촉을 하지 않으며, 신경근 공간이라 불리는 좁은 간격으로 분리된다.
- 신경 자극이 운동 신경의 말단에 이르면 신경 전달 물질인 아세틸콜린이 방출되고 운동 말판에 있는 수용체 부분과 결합하기 위해 공간 틈새로 확산된다.
- 나트륨 이온에 대한 근섬유막의 투과력이 증가하면서 말판 전위라고 부르는 탈분극이 일어남으로써 근수축을 유발한다.

5. 근이완 기전

① 신경 전달 중지
② 트로포닌과 결합한 칼슘은 근형질 세망으로 재저장
③ 트로포마이오신은 액틴의 결합 부위를 다시 차단
④ 마이오신과 액틴의 결합 해제
⑤ 다음 신경이 전달될 때까지 근육 이완

2 골격근과 운동

1. 근섬유 형태의 특성 기출 2025/2024/2023/2020/2019/2017/2016

(1) 속근 섬유 형태와 지근 섬유 형태의 특성

속근 섬유 (Type II x, Type II a)	• 미토콘드리아 농도와 유산소성 대사 능력이 낮아 지근 섬유보다 피로에 대한 저항이 낮음 • 당원 저장과 해당 작용 효소가 풍부하여 무산소성 에너지 생산 능력이 높음 • 근수축을 개시하게 하는 칼슘의 신속한 분비 역할을 위한 근형질 세망의 발달 • Type II x 섬유의 장력은 Type II a와 비슷하지만 지근 섬유보다 큼 • Type II x 섬유는 ATPase 활성이 높아 수축 속도가 가장 빠른 반면, 에너지 소비율이 높으므로 다른 섬유 유형에 비해 효율성이 낮음 • Type II a 섬유는 Type I과 Type II x 섬유의 기능이 혼재되어 있는 수축 특성
지근 섬유 (Type I)	• 수축 속도가 느린 근육의 형태 • 신경 섬유의 축삭 지름이나 척수 내 세포체의 크기가 속근 운동 단위의 신경 섬유에 비해 작기 때문에 신경 자극의 전달 속도가 속근 운동 단위에 비해 느림 • 미토콘드리아 농도와 산화 효소 능력이 높으며 속근 섬유보다 많은 모세 혈관 분포 • 속근 섬유보다 마이오글로빈의 농도가 더 높으므로 유산소성 대사 능력이 높아 피로에 대한 저항성 높음 • 속근 섬유에 비해 수축 속도와 장력이 낮으나 에너지 효율성은 높음

(2) 근섬유 형태와 운동 수행 능력

① 일반인들은 지근 섬유 비율이 약 47~53%임
② 스프린터와 같은 파워 스타일의 운동선수들은 속근 섬유 비율이 더 높음
③ 중장거리 선수와 같은 지구력 운동선수들은 지근 섬유 비율이 더 높음

Jump Up 이해

속근 섬유와 지근 섬유

특성	속근 섬유(백근 섬유)		지근 섬유(적근 섬유)
	Type II x	Type II a	Type I
미토콘드리아 수	적음	많음/중간	많음
피로도 저항	낮음	높음/중간	높음
에너지 체계	무산소	유·무산소	유산소
ATPase 활동	가장 높음	높음	낮음
수축 속도(Vmax)	가장 빠름	중간	낮음
효율성	낮음	중간	높음
장력	높음	높음	중간
스포츠 적용	순발력과 스피드 운동 (역도, 100m 달리기)		지구성 운동 (마라톤)

운동에 의한 골격근의 변화
• 장기간의 지구력 훈련에 의해 근섬유 Type II x가 Type I 으로 전환된다.
• 지구력 훈련과 저항 운동 모두에서 속근 섬유의 하위 단위인 Type II a 와 Type II x 간에는 훈련 강도에 따라 상호 전환 가능하다.
• 저항성 근력 훈련을 통한 근육 크기의 증가는 근섬유의 단면적이 증가하는 근 비대 현상으로 나타난다.
• 근지구력 훈련은 근육 크기나 근력을 증가시키지는 않지만 미토콘드리아 수를 비롯한 근육의 유산소 대사 능력은 향상된다.

핵심테마 04 골격근과 운동

(3) 운동 강도 증가에 따른 근섬유 동원 형태

TypeⅠ섬유 → TypeⅡa섬유 → TypeⅡx섬유

(4) 근섬유의 산화 능력
① 근섬유의 산화 능력은 미토콘드리아의 수와 근섬유를 둘러싸고 있는 모세 혈관의 수 및 근섬유 내 마이오글로빈의 양에 의해 결정됨
② 미토콘드리아의 수가 많으면 유산소성 ATP를 제공할 수 있는 능력이 높아지며, 이러한 유산소성 능력은 근섬유를 둘러싸고 있는 모세 혈관의 수와 근섬유 내의 마이오글로빈의 양에 의해서도 영향을 받음

(5) 골격근의 수축 특성 기출 2024

근섬유의 최대 근력 발휘	• 근 횡단면적당 발휘하는 힘의 양으로, 특이장력을 근섬유의 크기로 나눈 값 • 특이장력 = 근력 / 근 횡단면적
근섬유의 수축 속도	• 각 섬유의 최대 수축 속도를 측정하여 평가함 • 근섬유는 십자형 가교의 움직임에 의해서 수축하기 때문에 최대 근수축 속도는 십자형 가교 사이클의 비율에 의해 결정됨 • 따라서 근섬유의 최대 수축 속도를 결정하는 생화학적 요인은 미오신 APTase 효소의 활동성임 • 근파워 = 힘 × 수축 속도
근섬유의 효율성	• 근섬유의 경제성으로 평가함 • ATP를 사용한 에너지양을 발휘된 근력으로 나눈 값으로 평가함

2. 근수축의 종류 기출 2024/2023/2022/2020/2018/2015

(1) 등척성 수축
① 근섬유의 길이와 관절각의 변화 없이 장력 발생
② 장단점

장점	• 시간 소요가 적고 특별한 장비가 필요하지 않으며, 어느 장소에서나 가능함 • 근 통증을 거의 유발하지 않고, 재활 프로그램에 유용함
단점	근력 개선 효과가 등장성이나 등속성 운동에 비해 적음

(2) 등장성 수축
① 근육 길이, 관절각의 변화를 통한 수축으로 근력뿐만 아니라 신경계 적응도 유도함
② 구심성(단축성) 수축과 원심성(신장성) 수축

구심성(단축성) 수축	• 근육이 짧아지면서 장력이 발생함 • 근수축의 속도가 느릴수록 더 큰 근육 힘을 생산(근수축 속도에 반비례)
원심성(신장성) 수축	• 근육이 길어지면서 장력이 발생함 • 근육 내부의 점성 저항이 근육의 길이가 증가하는 데에 대한 저항으로 작용하여 수축 속도가 증가함에 따라 발휘되는 힘이 증가함(근수축 속도에 비례) • 근육뿐만 아니라 인대, 건과 같은 연결 조직의 장력이 발생하면서 구심성 수축보다 원심성 수축 시 더 큰 힘이 발생함

(3) 등속성 수축
① 관절각이 일정한 속도로 수축
② 근상해나 통증의 위험이 적어 재활 훈련으로 적합함

3. 근육의 힘(근력) 조절 기출 2021

① 동원된 운동 단위의 형태와 숫자: 수축할 때 자극을 받는 근섬유 숫자에 따라 근력이 다름
② 근육의 초기 길이: 최대 근력을 발휘하는 적정 길이가 있으며 적정 길이보다 길거나 짧으면 근력이 감소함
   ㉠ 근육 길이가 적정 길이일 때: 근절이 2.0~2.5μm 정도의 적정 길이인 휴지기에 액틴 필라멘트와 마이오신 필라멘트의 교차 결합 수는 최대가 되어 최대 장력이 됨
   ㉡ 근육 길이가 적정 길이보다 길 때: 두 개의 필라멘트는 반대 방향으로 당겨져 서로 겹치지 않는 부위가 생기며 교차 결합의 수는 줄어들어 장력도 약해짐
   ㉢ 근육 길이가 적정 길이보다 짧을 때: 근육이 수축하게 되면 교차 결합끼리 중첩이 일어나 교차 결합의 수는 줄어들게 되고 장력이 감소됨
③ 운동 단위의 신경 자극 특성: 운동 단위의 신경 자극 빈도에 따라 근력이 다름

4. 근육 내 수용체(골격근의 감각 수용기) 기출 2025/2024/2023/2019/2017

화학 수용기	근육 내 pH, 세포 외 칼슘 농도, O_2와 CO_2의 압력 변화를 수용 및 반응하여 중추 신경에 정보를 전달
근방추	• 근육 내에서 근육이 늘어나는 것을 감지하여 적절한 근육 길이로 유지 • 근육 신전 감지 → 감각신경이 척수로 신호 보냄 → 감각신경이 알파 운동신경과 시냅스를 형성 → 알파 운동신경이 자극되어 근육 수축 → 근육 수축으로 근육 신전에 저항
골지 건기관	한 근육의 양쪽 끝에 있는 건 속의 기관으로 근수축 시 발생하는 장력을 지속적으로 감지하여 근육 수축을 예방하는 안전장치

5. 근력 훈련의 과부하와 특이성의 원리 적용 기출 2023/2020

① 고부하 훈련(2~10RM 부하)은 근력이 증가함
② 저부하 훈련(20RM 이상 부하)은 근력 변화는 적고 근지구력은 증가함

6. 근력을 증가시키는 생리적 기전 기출 2020

(1) 신경적인 요인
① 훈련 초기 근력 증가는 근육 크기 증대 때문이 아니고 신경 적응 현상 때문에 나타남
② 근력 훈련에서 신경의 적응 현상은 운동 단위의 동시 발화성의 향상, 동원 능력의 향상에서 나타남

(2) 근육의 크기 증대
① 근력 훈련은 Type I과 Type II 섬유 형태의 크기를 증대시키고, Type I보다 Type II 섬유 형태에서 더 많은 변화가 일어남
② 근 비대가 일어남

(3) 근력 결정 요인 기출 2023
① 근육 횡단면적: 근섬유의 최대 근력 발현은 단위 근 횡단면적(cross sectional area: CSA)당 발현되는 힘의 양을 나타냄. 특이장력(specific tension)을 근섬유의 크기로 나눈 값

핵심테마 04 골격근과 운동

② **근절의 적정 길이**: 근절은 2.0~2.5μm 정도의 적정 길이인 휴지기로, 액틴 필라멘트와 마이오신 필라멘트의 교차 결합 수는 최대가 되어 최대 장력이 됨
③ **근섬유 구성비**: 지근과 속근 섬유의 근수축적 특성과 생화학적 특성

Jump Up 이해

운동 유발성 근육 경직 기출 2022

의미	운동 관련 근육 경직은 운동 직후 혹은 운동 중에 일어나는 골격근의 고통스러움, 경련성, 불수의적 수축으로 규정함
발생 원인	• 근육 경직이 높은 발한율과 관련되면서 체액과 전해질의 불균형에 의해서 발생함 • 척수 수준에서의 비정상적인 조절에 의해 발생하는 지속적인 알파 운동 신경원의 활동에 의해 발생함 • 근육 피로는 근방추 활동 증가, 건기관 활성도 감소 등 골지 건기관과 근방추에 미치는 영향으로 발생함
방지법	• 근육 피로의 발생을 감소시키기 위해서 신체가 충분히 잘 단련되어 있어야 함 • 근육 경직이 발생하기 쉬운 근육은 규칙적으로 스트레칭해야 함 • 체액, 전해질 및 탄수화물 저장량을 유지해야 함 • 필요 시 운동 강도와 지속 시간을 감소시켜야 함

지연성 근통증 기출 기출 2024
- 운동이 끝난 후에 시간이 경과되어 운동 근육에서 느껴지는 통증 현상
- 운동 후 24~72시간 사이에 근통증 정도가 크게 나타나며, 단축성 운동보다는 신전성 운동에 주로 나타남

출제 0순위 공략! 꼭 풀어야 할 대표문제

01 [2022년 기출문제]

〈보기〉에서 운동 유발성 근육 경직(exercise-associated muscle cramps)을 방지하기 위한 방법으로 적절한 것을 모두 고른 것은?

보기

㉠ 발생하기 쉬운 근육을 규칙적으로 스트레칭한다.
㉡ 필요 시 운동 강도와 지속 시간을 감소시킨다.
㉢ 수분과 전해질의 균형을 유지한다.
㉣ 탄수화물 저장량을 낮춘다.

① ㉠
② ㉠, ㉡
③ ㉠, ㉡, ㉢
④ ㉠, ㉡, ㉢, ㉣

| 오답해설 |

㉣ 탄수화물은 운동 시 사용되는 에너지원이기 때문에 저장량을 낮추면 근 피로를 더 유발할 수 있다.

02 [2025년 기출문제]

〈보기〉에서 설명하는 감각수용기는?

보기

- 주동근의 수축을 억제한다.
- 근육 손상을 예방하는 기능을 한다.
- 근육-건 복합체의 장력 변화를 감지한다.

① 근방추
② 파치니소체
③ 골지건기관
④ 마이스너소체

| 정답해설 |

골지건기관은 근육과 건이 만나는 부위에 위치하며, 근육 수축 시 발생하는 장력의 변화를 감지하는 감각수용기이다. 장력이 과도하게 증가하면, 골지건기관은 주동근의 수축을 억제하고 길항근을 활성화하여 근육과 힘줄의 손상을 예방하는 보호 반사를 유도한다.

| 심화해설 |

골격근의 감각 수용기는 화학 수용기, 근방추, 골지건기관을 포함한다.
① 근방추: 근육 내부에 있으며, 근육이 늘어나는 것을 감지해 주동근을 수축시킨다.
② 파치니소체: 피부나 관절 등에 위치하며, 압력 변화나 진동을 감지한다. 근육 수축 조절이나 장력 감지와는 관련이 없다.
④ 마이스너소체: 피부의 얕은 층에 있어 가벼운 촉각 자극을 감지한다. 근육 기능과 무관하다.

03 [2025년 기출문제]

〈보기〉의 골격근 수축 과정에 관한 설명 중 ㉠~㉢에 들어갈 용어로 옳은 것은?

보기

- 활동전위(action potential)는 가로 세관(T-tubles)으로 이동하여 (㉠)에서 (㉡) 방출을 자극한다.
- (㉠)에서 방출된 (㉡)이 트로포닌(troponin)과 결합하게 되면 (㉢)의 위치를 이동시켜 마이오신 머리(myosin head)와 액틴필라멘트(actin filament)가 강하게 결합하게 한다.

	㉠	㉡	㉢
①	원형질막	아세틸콜린	근절
②	원형질막	칼슘 이온	트로포마이오신
③	근형질 세망	아세틸콜린	근절
④	근형질 세망	칼슘 이온	트로포마이오신

| 정답해설 |

근수축 기전 순서
1. 신경과 근세포가 만나는 지점인 '신경근 연접'에 이르는 신경 자극으로 시작 → 운동 신경으로부터의 활동 전압은 신경근 연접의 시냅스 공간에서 아세틸콜린 방출 → 근육 세포의 활동 전위 발생
2. 가로 세관을 타고 근섬유 내부로 전달
3. 근형질 세망에 저장되어 있던 칼슘 이온 방출
4. 칼슘 이온은 가는 세사의 트로포닌 분자와 결합
5. 가는 세사와 굵은 세사 머리 간 결합을 차단하고 있는 트로포마이오신의 위치를 변화시켜 가는 세사(액틴)의 활동 부위가 노출되어 굵은 세사의 십자형 가교와 결합
6. 가는 세사와 굵은 세사의 연결
7. ATP 분해에 의한 에너지를 이용하여 운동(마이오신 머리가 액틴 세사를 당김)

정답 01 ③ 02 ③ 03 ④

04 [2023년 기출문제]

상완 이두근의 움직임에 대한 근육 수축 형태로 옳지 않은 것은?

① 자세를 유지할 때 − 등척성 수축
② 턱걸이 올라갈 때 − 단축성 수축
③ 턱걸이 내려갈 때 − 신장성 수축
④ 공을 던질 때 − 등속성 수축

| 정답해설 |

등속성 수축은 관절각이 일정한 속도로 수축하는 것을 말한다. 운동은 모든 관절의 각도에서 일정한 속도로 움직이도록 미리 프로그램이 된 특수한 기구를 이용하며, 밀거나 당길 때의 구분 없이 전 운동 범위에 걸쳐 일정한 속도로 근육이 최대의 수축을 유지하게 한다. 따라서 공을 던질 때의 근수축 속도는 위치에 따라 다르므로 등속성 수축에 해당하지 않는다.

| 심화해설 |

- 등척성 수축: 근육 길이와 관절각의 변화 없이 장력이 발생하는 수축을 의미한다. 자세의 유지는 상완 이두근의 길이 변화가 없는 상태로서 등척성 수축에 해당한다.
- 단축성 수축: 신체의 일부가 움직이면서 근육의 길이가 짧아지는 경우에 해당한다. 턱걸이 올라갈 때는 상완 이두근이 짧아지는 형태의 운동으로 단축성 수축에 해당한다.
- 신장성 수축: 근육의 길이가 늘어나면서 장력이 발생하는 경우에 해당한다. 턱걸이 내려갈 때는 이두근이 늘어나며 장력이 발생하므로 신장성 수축에 해당한다.

05 [2025년 기출문제]

골격근의 운동 단위(motor unit) 동원에 관한 설명으로 옳지 않은 것은?

① 동원된 운동 단위의 증가는 근수축력 증가로 이어진다.
② 운동 단위는 운동 신경과 그에 연결된 근섬유를 지칭한다.
③ 저강도 운동(예 VO_2max 30% 이하) 시 Type IIx 근섬유가 가장 먼저 동원된다.
④ Type I 근섬유의 운동 단위는 Type II 근섬유 운동 단위보다 활성화 역치가 낮다.

| 정답해설 |

저강도 운동에서는 신경 섬유의 축삭 지름이나 척수 내 세포체의 크기가 Type II의 신경 섬유에 비해 작고, 신경 자극의 전달속도가 느린 Type I 근섬유가 먼저 동원된다

06 [2024년 기출문제]

지근 섬유(Type I)와 비교되는 속근 섬유(Type II)의 특성으로 옳은 것은?

① 높은 피로 저항력
② 근형질 세망의 발달
③ 마이오신 ATPase의 느린 활성
④ 운동 신경 세포(뉴런)의 작은 직경

| 정답해설 |

근형질 세망은 근수축을 개시하게 하는 칼슘을 신속하게 분비하는 역할을 하기 때문에 속근 섬유에서 더 발달되어 있다.

| 오답해설 |

① 장시간 동안 에너지를 생성하는 능력이 우월한 지근 섬유가 피로에 대해 높은 저항력을 갖는다.
③ 마이오신 ATPase는 효소 활성도가 클수록 더욱 빠른 수축 속도를 갖게 되어 속근 섬유에서 활성도가 빠르다.
④ 지근 운동 단위의 신경 섬유는 축삭의 지름이나 척수 내 세포체의 크기가 속근 운동 단위의 신경 섬유에 비해 훨씬 작기 때문에, 신경 자극의 전달속도 역시 속근 운동 단위에 비해 느리다.

07

근섬유의 산화 능력에 영향을 주는 요인에 해당하지 않는 것은?

① 미토콘드리아의 수
② 모세 혈관의 수
③ 마이오글로빈의 양
④ 아세틸콜린의 양

| 정답해설 |

근섬유의 산화 능력은 미토콘드리아의 수와 근섬유를 둘러싸고 있는 모세 혈관의 수 및 근섬유 내 마이오글로빈의 양에 의해 결정된다. 아세틸콜린은 신경의 말단에서 분비되며, 신경의 자극을 근육에 전달하는 화학 물질이다.

정답 04 ④ 05 ③ 06 ② 07 ④

핵심테마 05 | 내분비계와 운동

1 내분비계

1. 호르몬의 일반적 기능

① 내적인 환경 유지
② 스트레스 환경에 대응
③ 성장 발달 유도
④ 생식 기능 조절
⑤ 적혈구 생산 조절
⑥ 순환 및 소화기계 조절

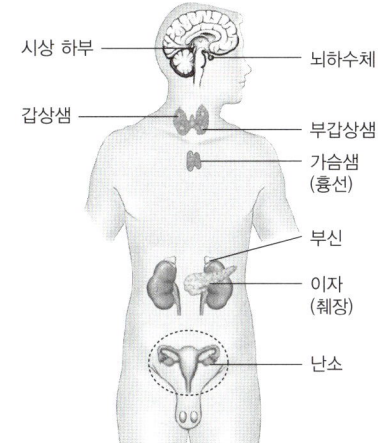

2. 호르몬의 분비량 조절

① 시상 하부와 뇌하수체의 조절 작용으로 호르몬 분비량이 조절됨
② 호르몬 분비량 조절 원리(피드백 작용)

음성 피드백 작용	중추에 의해 최종적으로 분비된 호르몬이나 변화가 중추의 기능을 억제하여 호르몬의 분비량을 일정하게 유지 예) 티록신 등 대부분의 호르몬 분비량 조절
양성 피드백 작용	호르몬 분비의 결과가 원인을 촉진하는 조절 방식 예) 뇌하수체 후엽에서 분비되는 옥시토신은 자궁 수축을 촉진하며, 자궁 수축이 촉진될수록 옥시토신의 분비가 촉진되어 출산이 이루어짐

3. 내분비선과 호르몬의 작용 기출 2025/2024/2023/2022/2021/2020/2018/2017/2016

내분비선	호르몬	주요 기능	표적 조직
시상 하부	갑상선 자극 호르몬 방출 호르몬(TRH)	갑상선 자극 호르몬과 프로락틴 분비 자극	뇌하수체 전엽
	부신 피질 자극 호르몬 방출 호르몬(CRH)	부신 피질 자극 호르몬 분비	
	성장 호르몬 방출 호르몬(GHRH)	성장 호르몬 분비	
	성장 호르몬 억제 호르몬(GHIH)	성장 호르몬 분비 억제	
	성선 자극 호르몬 분비 호르몬(GnRH)	여포 자극 호르몬, 황체 형성 호르몬 분비	
	프로락틴 방출 호르몬(PRH)	프로락틴 분비 촉진	
	멜라닌 세포 자극 호르몬 방출 호르몬(MSHRH)	멜라닌 세포 자극 호르몬 분비 촉진	

Speed 심화포인트

성장 호르몬
뇌하수체 전엽에서 분비되어 조직의 성장에 관여하며, 운동중 지방 조직에서 지방산의 활용을 증가시켜 혈중 포도당 수준을 유지하는 역할을 한다.

핵심테마 05 내분비계와 운동

Speed 심화포인트

갑상선 호르몬(T_4, T_3)
세포 대사 속도 증가, 심장 박동과 수축력 증가 역할을 한다. 칼시토닌은 뼈의 칼슘이 혈액으로 방출되는 것을 억제하여 혈장 칼슘 농도를 감소시키고 칼슘이 뼈에 침착하도록 작용한다.

부신 피질
- 코티졸과 알도스테론을 분비한다.
- 알도스테론은 콩팥의 원위세뇨관에서 Na^+의 재흡수를 촉진하고 K^+의 배출을 촉진하는 작용을 통해서 혈중 Na^+ 농도와 K^+ 농도를 일정하게 조절한다.

코티졸
- 스트레스에 반응하여 포도당, 유리 지방산 등의 연료를 동원하고 손상된 조직을 보상하기 위해 아미노산을 만들며 항염증 작용을 한다.
- 중성지방으로부터 유리 지방산으로 분해를 촉진한다.

부신 수질
- 카테콜아민인 에피네프린과 노르에피네프린을 분비한다.
- 에피네프린과 노르에피네프린은 심박수와 심장 근육의 수축력을 증가시키고 지방 조직의 지방산 동원 등 세포를 활성화시킨다.
- 에피네프린과 노르에피네프린은 지방 조직으로부터 유리 지방산을 동원하는 강한 작용을 갖고 있으며, 췌장으로부터 인슐린 분비를 억제하는 인슐린 길항 작용을 갖고 있다.

카테콜아민에 대한 신체적 반응

수용기 종류	조직에서의 작용
β1	심박수↑, 당원 분해↑, 지방 분해↑
β2	기관지 확장↑, 혈관 확장↑
α1	혈관 수축↑
α2	β1, β2 수용기의 반대 작용

뇌하수체 전엽	성장 호르몬	조직의 성장 촉진, 단백질 합성 속도 증가, 지방 사용 증가, 탄수화물 사용 속도 증가	모든 세포
	갑상선 자극 호르몬 (TSH)	티록신과 트리요오드티로닌의 양 조절	갑상샘
	부신 피질 자극 호르몬 (ACTH)	부신 피질 호르몬 분비 조절	부신 피질
	프로락틴	유방 발달과 유즙 분비 촉진	유방
	여포 자극 호르몬(FSH)	여포 성장, 정자 성숙	난소, 고환
	황체 형성 호르몬(LH)	황체 형성, 성 호르몬 합성	난소, 고환
뇌하수체 후엽	항이뇨 호르몬 (ADH, 바소프레신)	수분 재흡수 증가, 혈압 상승	콩팥 세뇨관
	옥시토신	혈관 수축으로 혈압 상승, 유즙 분비 자극, 자궁 수축	세동맥, 자궁, 젖샘
갑상선	티록신(T_4), 트리요오드티로닌(T_3)	세포 대사 속도 증가, 심장 박동과 수축력 증가	모든 세포
	칼시토닌	뼈의 칼슘이 혈액으로 방출되는 것을 억제(혈장 칼슘 농도 감소)	뼈
부갑상선	부갑상선 호르몬 (PTH)	뼈를 자극하여 칼슘을 혈장으로 방출함 (혈장 칼슘 농도 증가)	뼈, 소장, 콩팥
부신 피질	코티졸	각종 대사 조절과 항염증 작용	대부분의 세포
	알도스테론	Na^+ 재흡수, K^+과 H^+ 분비 촉진	콩팥
부신 수질	에피네프린	글리코겐 분해, 골격근으로의 혈액 흐름 증가: 심박수와 심장 근육의 수축력 증가	대부분의 세포
	노르에피네프린	세동맥과 세정맥 수축시켜 혈압 상승	
췌장	인슐린(베타 세포)	포도당 수준의 감소로 혈당 농도 조절: 포도당 사용과 지방 합성 증가	대부분의 세포
	글루카곤(알파 세포)	혈당 수준 증가: 단백질과 지방 분해 촉진	
정소	테스토스테론	남성 생식 기관 발달, 2차 성징 발현	성 기관, 근육
난소	에스트로겐	여성 생식 기관 발달, 2차 성징 발현	다수의 조직, 뇌하수체 전엽, 자궁 근육
	프로게스테론	자궁 내분비계 활성, 임신 유지, 배란 억제	
콩팥	레닌	혈압 조절	부신 겉질
	에리스로포이에틴	적혈구 생산	뼈의 골수
	칼시페롤	칼슘 흡수의 증가	창자

4. 호르몬에 의한 대사 조절

(1) 당대사와 호르몬 기출 2025

① 혈중 글루코스 농도를 낮추는 호르몬

인슐린	혈중 글루코스 농도는 음식에 의해 상승하므로 당대사와 혈중 글루코스 농도의 항상성 유지에는 인슐린의 역할이 큼

② 혈중 글루코스 농도를 높이는 호르몬

글루카곤	혈당치가 너무 낮아지는 것을 방지하기 위해 간에서 글리코겐 분해를 촉진하거나 글리코겐 합성 효소를 억제
에피네프린	간 및 골격근의 β아드레날린 수용체에 결합되어 글리코겐 분해를 촉진하고 혈중 글루코스를 높이는 활동

Speed 심화포인트

혈중 글루코스 농도를 높이는 호르몬에는 글루카곤과 에피네프린 외에 갑상샘 호르몬, 성장 호르몬, 글루코코티코이드 등이 있음

(2) **지질 대사와 호르몬** 기출 2024
　① 인슐린
　　㉠ 지질 단백질 리파아제의 활성을 상승시켜 지방 세포 내의 중성지방 저장량 증가
　　㉡ 호르몬 감수성 리파아제의 활성을 저하시켜 중성지방 분해를 억제
　② 지방 분해 작용: 에피네프린, 노르에피네프린, 글루카곤, 갑상샘 자극 호르몬, 글루코코티코이드, 성장 호르몬

(3) **단백질 대사와 호르몬**
　① 성장 호르몬: 근육에서 혈액으로부터 아미노산 흡수를 증가, 근육 단백질 합성 촉진
　② 테스토스테론: 단백 동화 작용을 하는 스테로이드 호르몬

2 운동과 호르몬 조절

1. 호르몬 변화에 영향을 미치는 요인

① 호르몬의 소실과 재생 속도인 대사적 교체율 또는 제거율
② 분비율의 증가
③ 호르몬 교체율 또는 제거의 감소
④ 발한에 의한 혈장량의 감소
⑤ 트레이닝의 정도
⑥ 심리적 상태 변화
⑦ 저산소증
⑧ 운동 강도 불안정

2. 운동 시 기질 동원을 위한 호르몬 조절

(1) **근육의 당원 이용**
　① 당원 분해는 에피네프린－순환성 AMP와 칼슘 이온, 칼모듈린의 복합적 조절에 의함
　② 운동 시 근형질 세망으로부터 칼슘 이온 증가에 기인하여 더욱 활성화(수축 활동 증가)

(2) **운동 시 혈당의 항상성**
　① 천천히 작용하는 호르몬
　　㉠ 티록신, 코티졸, 성장 호르몬은 다른 호르몬 활동을 돕기 위해 서서히 활동
　　㉡ 성장 호르몬과 코티졸은 운동 시 탄수화물과 지방 대사에 천천히 작용
　② 빠르게 작용하는 호르몬
　　㉠ 에피네프린과 노르에피네프린, 인슐린과 글루카곤은 혈장 포도당을 빠르게 정상으로 되돌아오게 함
　　㉡ 혈장 포도당은 운동 중에 간 포도당 동원의 증가, 혈장 유리 지방산의 사용, 당신생 합성의 증가, 조직에 의한 포도당 섭취의 감소를 통해 유지

핵심테마 05 내분비계와 운동

3. 체온 조절 호르몬

고온 시 반응	• 갑상선 자극 호르몬의 분비 억제로 티록신 분비 감소(물질 대사 억제) • 열 발생 억제, 열 발산 촉진
저온 시 반응	• 아드레날린, 당질 코르티코이드 분비 촉진(혈당량 증가) • 티록신에 의한 물질 대사 촉진 • 열 발생 촉진, 열 발산 억제

4. 운동 중 수분과 전해질 균형에 대한 호르몬의 영향 기출 2024/2018/2016

(1) 알도스테론과 레닌 – 안지오텐신의 작용
① 운동은 땀의 분비를 촉진, 혈압을 상승
② 땀 분비는 혈장량과 신장으로의 혈액 흐름을 감소
③ 신장의 감소된 혈액 흐름은 레닌이라는 효소를 생성
④ 생성된 레닌은 안지오텐신 I의 형성을 가져오며, 이는 다시 안지오텐신 II로 바뀜
⑤ 안지오텐신 II는 부신 피질로부터 알도스테론 분비를 촉진
⑥ 알도스테론은 세뇨관으로부터 나트륨과 물의 재흡수를 증가(혈장량 증가)

(2) 항이뇨 호르몬의 작용
① 운동 시 땀 분비는 혈장의 상실(혈액 농축과 삼투질 농도의 증가)
② 혈액 삼투질 농도의 증가는 시상 하부를 자극
③ 시상 하부는 뇌하수체 후엽을 자극
④ 뇌하수체 후엽은 항이뇨 호르몬을 분비
⑤ 항이뇨 호르몬은 신장에서 신장 집합관의 수분 투과성을 증가(수분 재흡수)
⑥ 운동 후 수분을 섭취(혈장량 증가, 혈액 삼투질 농도 감소)

5. 운동 유무에 따른 내분비 반응

호르몬	운동 시 반응	운동 후 반응
항이뇨 호르몬(ADH)	증가	운동 시 더 조금 증가
성장 호르몬	지속 운동 시 증가	운동 시 더 조금 증가
갑상선 자극 호르몬(TSH)	무변화	불명확
부신 피질 자극 호르몬(ACTH)	증가	운동 시 더 많이 증가
프로락틴 호르몬	증가	불명확
베타엔도르핀	증가	불명확
갑상선 호르몬(T_3, T_4)	총량 무변화, 유리 T_4 증가	총량은 약간 감소, 유리 T_4 증가
부갑상선 호르몬(PTH)	무변화	불명확
칼시토닌	불명확	불명확
코티졸	고강도 운동 시 증가	현저한 증가 없음
알도스테론	증가	무변화
카테콜아민	증가	동일 부하 시 더 조금 증가
인슐린	감소	휴식 시 감소, 동일 부하 시 더 조금 감소

글루카곤	지속 운동 시 증가	동일 부하 시 더 조금 증가
테스토스테론	약간 증가	무변화
에스트라디올, 프로게스테론	증가	동일 부하 시 더 조금 증가

6. 일회적인 운동 시 호르몬 현상 기출 2023

① 인슐린 분비가 억제됨
  ㉠ 인슐린은 포도당이나 아미노산과 같은 영양소들이 혈액에서 조직으로 들어가는 것을 촉진하며 혈당을 조절함
  ㉡ 운동 중에는 혈당이 저하될 수 있으므로 인슐린의 분비가 감소함
② 글루카곤, 카테콜아민, 성장 호르몬, 코르티솔 등의 혈중 농도는 운동 강도와 시간에 따라 차이가 있지만 증가되는 양상을 보임
  ㉠ 글루카곤: 이자(췌장)에 있는 랑게르한스섬의 α세포에서 분비되는 호르몬으로, 주로 간에 작용하여 포도당 신생을 통해 혈액으로 포도당을 방출하여 혈당을 상승시키는 작용을 함. 운동 시 근육의 혈액 내 포도당 활용이 높아지면 혈당이 낮아지게 되어 글루카곤의 분비는 증가함
  ㉡ 에피네프린: 카테콜아민 중 하나로, 주로 심장에 작용하여 심박수를 증가시키고 간이나 근육에서 당원 분해를 촉진하며 간에서 혈액으로의 포도당 방출을 증가시켜 혈당 상승에 기여함. 운동 시간과 비례하여 증가함
  ㉢ 성장 호르몬: 운동 시 필요한 에너지를 원활히 제공하기 위해 분비가 촉진됨. 운동 강도가 강할수록, 그리고 운동 시간이 길수록 더 증가함
  ㉣ 코르티솔: 조직 내의 단백질을 분해하여 아미노산 생성을 돕고 간에서 아미노산을 이용하여 포도당 신생 과정을 촉진하여 혈액으로 포도당 방출을 증가시킴. 운동 강도가 증가할수록 혈장 코르티솔의 농도는 증가함
③ 운동 중 급격하게 증가되는 대사 수요에 대해 인체 내분비계가 적절히 대처함

출제 0순위 공략! 꼭 풀어야 할 대표문제

01 [2021년 기출문제]

〈보기〉의 ㉠, ㉡에 들어갈 호르몬이 바르게 연결된 것은?

보기

규칙적인 신체 활동을 통해 골 형성을 자극하거나 활동 부족으로 골 손실을 자극하는 칼슘(Ca^{2+}) 조절 호르몬의 역할에 대한 설명이다.
- (㉠)은 혈중 칼슘 농도가 증가하면 뼈의 칼슘 방출을 감소시킨다.
- (㉡)은 혈중 칼슘 농도가 감소하면 뼈의 칼슘 방출을 증가시킨다.

	㉠	㉡
①	인슐린	부갑상선 호르몬
②	안드로겐	티록신
③	칼시토닌	부갑상선 호르몬
④	글루카곤	티록신

| 정답해설 |

㉠ 칼시토닌: 갑상선에서 분비되며 혈장의 칼슘 농도를 조절한다. 뼈의 칼슘이 혈액으로 방출되는 것을 억제하여 혈장 칼슘 농도를 감소시키고 칼슘이 뼈에 침착하도록 작용한다.

㉡ 부갑상선 호르몬: 혈장의 칼슘 농도가 낮으면 부갑상선에서는 부갑상선 호르몬을 분비하여 뼈를 자극하고 칼슘을 혈장으로 방출시키며 동시에 콩팥의 세뇨관에서 칼슘의 재흡수를 증가시켜 혈장 칼슘 농도를 증가시킨다.

| 오답해설 |

- 인슐린: 이자(췌장)의 β 세포에서 분비되며 음식 흡수 과정에서 영양소들이 소장에서 혈액으로 들어올 때 가장 중요한 호르몬으로 작용한다. 인슐린은 포도당이나 아미노산과 같은 영양소들이 혈액에서 조직으로 들어가는 것을 촉진한다.
- 안드로겐: 남성 생식계의 성장과 발달에 영향을 미치는 호르몬의 총칭이다.
- 티록신: 갑상선에서 분비되며 세포 대사 속도를 증가시키고, 심장 박동과 수축력을 증가시킨다.
- 글루카곤: 이자의 랑게르한스섬의 α 세포에서 분비되는 호르몬으로 주로 간에 작용하여 포도당 신생을 통해 혈액으로 포도당을 방출하고 혈당을 상승시키는 작용을 한다. 즉, 글루카곤은 간에서 글리코겐을 분해하여 포도당을 만들고 아미노산으로부터 포도당을 합성하는 데 기여한다.

02 [2022년 기출문제]

〈보기〉 중 적절한 것으로만 나열된 것은?

보기

㉠ 인슐린(insulin)은 혈당을 증가시킨다.
㉡ 성장 호르몬(growth hormone)은 단백질 합성을 감소시킨다.
㉢ 에리스로포이에틴(erythropoietin)은 적혈구 생산을 촉진시킨다.
㉣ 항이뇨 호르몬(antidiuretic hormone)은 수분 손실을 감소시킨다.

① ㉠, ㉡   ② ㉠, ㉢
③ ㉡, ㉣   ④ ㉢, ㉣

| 정답해설 |

㉢ 에리스로포이에틴은 콩팥에서 분비되며 표적 조직은 뼈의 골수로, 적혈구 생산을 촉진한다.

㉣ 항이뇨 호르몬은 체액이 너무 적거나 혈액의 삼투압이 너무 높을 때 뇌하수체 후엽에서 분비되며 콩팥의 원위 세뇨관과 집합관에 작용하여 콩팥에서의 수분 재흡수를 증가시키고 수분 손실을 감소시킨다.

| 오답해설 |

㉠ 인슐린은 혈당이 높을 때 분비되어 혈액 내 포도당을 근육이나 간, 지방 조직에 유입되도록 도와주고 아미노산이 단백질로 합성되는 것을 돕는다.

㉡ 성장 호르몬은 신체의 발육과 성장을 촉진시키는 것으로 세포에서 단백질 합성을 촉진하고 세포의 크기와 수를 증가시킨다.

정답 01 ③ 02 ④

핵심테마 05 | 내분비계와 운동

03 [2023년 기출문제]

1시간 이내의 중강도 운동 시 시간 경과에 따라 혈중 농도가 점차 감소하는 호르몬은?

① 에피네프린(epinephrine)
② 인슐린(insulin)
③ 성장 호르몬(growth hormone)
④ 코르티솔(cortisol)

| 정답해설 |

인슐린은 포도당이나 아미노산과 같은 영양소들이 혈액에서 조직으로 들어가는 것을 촉진하며 혈당을 조절한다. 운동을 시작하면 대부분의 호르몬은 분비가 증가하지만, 인슐린은 분비가 현저히 감소하는 양상을 보인다. 인슐린의 가장 중요한 작용은 혈액 내에 정상치보다 많은 포도당을 조직으로 유입시킴으로써 혈당치를 유지시키는 것이다. 그러나 운동 중에는 혈당이 저하될 수 있으므로 인슐린의 분비가 감소한다.

| 오답해설 |

① 에피네프린: 주로 심장에 작용하여 심박수를 증가시키고 간이나 근육에서 당원 분해를 촉진하며 간에서 혈액으로의 포도당 방출을 증가시켜 혈당 상승에 기여한다. 운동시간과 비례하여 증가한다.
③ 성장 호르몬: 운동을 하는 동안 성장 호르몬은 운동 시 필요한 에너지를 원활히 제공하기 위해 분비가 촉진된다. 일반적으로 운동에 따른 성장 호르몬의 증가량은 운동 강도가 강할수록, 그리고 운동 시간이 길수록 더 많아진다.
④ 코르티솔: 조직 내의 단백질을 분해하여 아미노산 생성을 돕고, 간에서 아미노산을 이용하여 포도당 신생 과정을 촉진하여 혈액으로 포도당 방출을 증가시킨다. 일반적으로 운동 강도가 증가할수록 혈장 코티솔의 농도는 증가한다.

04 [2020년 기출문제]

〈보기〉가 설명하는 호르몬은?

| 보기 |

• 부신 수질로부터 분비된다.
• 운동의 강도와 시간이 증가함에 따라 분비가 증가하며, 지방 조직과 근육 내 지방의 분해를 촉진하는 역할을 한다.

① 인슐린(insulin)
② 글루카곤(glucagon)
③ 에피네프린(epinephrine)
④ 알도스테론(aldosterone)

| 정답해설 |

부신 수질에서 분비되는 호르몬 중 75%는 아드레날린으로 불리는 에피네프린이고, 약 25% 정도는 노르아드레날린이라고 불리는 노르에피네프린이다. 에피네프린은 주로 심장에 작용하여 심박수를 증가시키고 간이나 근육에서 당원 분해를 촉진하며 간에서 혈액으로의 포도당 방출을 증가시켜 혈당 상승에 기여한다.

| 오답해설 |

① 인슐린: 이자(췌장)의 β 세포에서 분비되며 음식 흡수 과정에서 영양소들이 소장에서 혈액으로 들어올 때 가장 중요한 호르몬으로 작용한다. 인슐린은 포도당이나 아미노산과 같은 영양소들이 혈액에서 조직으로 들어가는 것을 촉진한다.
② 글루카곤: 이자(췌장)에 있는 랑게르한스섬의 α 세포에서 분비되는 호르몬으로, 주로 간에 작용하여 포도당 신생을 통해 혈액으로 포도당을 방출하여 혈당을 상승시키는 작용을 한다. 즉, 글루카곤은 간에서 글리코겐을 분해하여 포도당을 만들고 아미노산으로부터 포도당을 합성하는 데 기여한다.
④ 알도스테론: 콩팥의 원위 세뇨관에서 Na^+의 재흡수와 K^+의 배출을 촉진하는 작용을 통해 혈중 Na^+ 농도와 K^+ 농도를 일정하게 조절한다.

정답 03 ② 04 ③

05 [2025년 기출문제]

〈보기〉에서 설명하는 호르몬은?

보기
- 간의 글리코겐을 분해한다.
- 췌장 알파세포에서 분비된다.
- 혈중 글루코스 농도를 높인다.

① 인슐린
② 코티졸
③ 글루카곤
④ 에피네프린

| 정답해설 |

글루카곤은 췌장 알파세포에서 분비되며 혈중 글루코스 농도를 높이는 호르몬으로 혈당치가 너무 낮아지는 것을 방지하기 위해 간에서 글리코겐 분해를 촉진하거나 글리코겐 합성 효소를 억제한다.

| 오답해설 |

① 인슐린: 췌장 베타세포에서 분비되며 혈당을 낮추는 역할을 한다.
② 코티졸: 부신피질에서 분비되며 각종 대사 조절과 항염증 작용을 한다.
④ 에피네프린: 부신수질에서 분비되는 호르몬으로 글리코겐 분해를 촉진하고 심박수와 심장근육의 수축력을 증가시킨다.

06

내분비선과 분비되는 호르몬의 연결이 올바르지 않은 것은?

	㉠	㉡
①	뇌하수체 후엽	옥시토신
②	갑상선	칼시페롤
③	부신피질	코티졸
④	췌장	글루카곤

| 정답해설 |

갑상선에서 분비되는 호르몬은 티록신(T4), 트리요오드티로닌(T3), 칼시토닌이다. 칼시페롤은 콩팥에서 분비되는 호르몬이다.

07 [2020년 기출문제]

〈보기〉가 설명하는 호르몬은?

보기
- 운동 시 뇌하수체 전엽에서 분비된다.
- 트리요오드티로닌(T_3)과 티록신(T_4) 호르몬의 분비를 조절한다.

① 갑상선 자극 호르몬(thyroid-stimulating hormone)
② 노르에피네프린(norepinephrine)
③ 성장 호르몬(growth hormone)
④ 인슐린(insulin)

| 정답해설 |

갑상선 자극 호르몬(Thyroid Stimulating Hormone: TSH)은 갑상샘에 작용하여 갑상샘 호르몬의 합성 및 분비를 촉진시키며 갑상샘의 상피 세포를 증대시키기도 한다. 갑상선 자극 호르몬은 시상 하부에서 분비되는 갑상선 자극 호르몬 분비 호르몬(Thyrotropin Releasing Hormone: TRH)의 분비량에 의해 조절되고, 티록신과 트리요오드티로닌의 양을 조절한다.

| 오답해설 |

② 노르에피네프린: 부신 수질에서 분비되며, 말초 혈관을 수축시켜 혈압을 상승시키는 작용을 하고, 혈관 수축, 동공 확대, 소화관의 운동 억제 및 소화액의 분비 억제 등의 작용을 한다.
③ 성장 호르몬: 뇌하수체 전엽에서 분비되며, 신체의 발육과 성장을 촉진시킨다.
④ 인슐린: 이자(췌장)의 β 세포에서 분비되며, 음식 흡수 과정에서 영양소들이 소장에서 혈액으로 들어올 때 가장 중요한 호르몬으로 작용한다. 인슐린은 포도당이나 아미노산과 같은 영양소들이 혈액에서 조직으로 들어가는 것을 촉진한다.

08 [2024년 기출문제]

운동 중 지방 분해를 촉진하는 요인으로 옳지 않은 것은?

① 인슐린 증가
② 글루카곤 증가
③ 에피네프린 증가
④ 순환성(cyclic) AMP 증가

| 정답해설 |

인슐린은 지질 단백질 리파아제의 활성을 상승시켜 지방 세포 내의 중성지방 저장량을 증가시키고, 호르몬 감수성 리파아제의 활성을 저하시켜 중성지방 분해를 억제한다.

정답 05 ③ 06 ② 07 ① 08 ①

핵심테마 06 | 호흡·순환계와 운동

1 호흡계의 구조와 기능

① 허파 꽈리(폐포)의 산소 분압을 허파 꽈리의 모세 혈관 혈액보다 높게 유지하고 이산화 탄소 분압을 더욱 낮게 유지하여 기체 교환을 하는데, 이를 호흡이라고 함
② 이렇게 받아들여진 산소는 혈액을 따라 온몸의 조직 세포에 공급되고, 조직 세포에서 배출되는 이산화 탄소는 허파 꽈리 쪽으로 확산되어 입이나 코를 통해 밖으로 배출됨

1. 호흡계의 구조 및 호흡의 과정 [기출 2020]

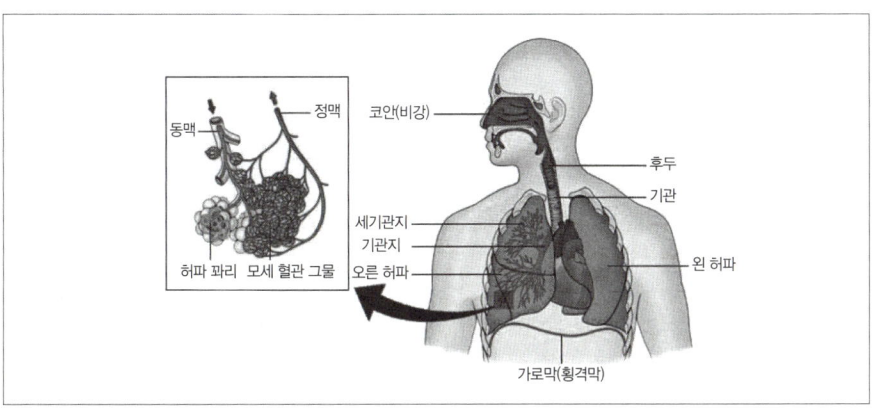

① 호흡의 출입구: 인두, 후두가 열리고 식도는 닫힘
② 호흡 조절: 기관과 좌우 기관지, 세기관지를 지나 허파 꽈리로 이동
③ 산소 교환: 허파 꽈리(폐포)에서 가스 교환이 이루어짐

2. 호흡기의 기능별 구분 [기출 2021]

(1) 전도 영역
① 호흡 시 공기의 통로가 되는 부분으로 인두, 후두, 기관, 기관지 및 종말 세기관지로 구성되어 있음
② 들숨 공기를 따뜻하고 습기가 풍부하게 할 뿐 아니라 이물질을 제거하는 기능을 함 (기도의 가온, 가습, 여과의 기능)
③ 후두는 음식이나 삼킨 이물질이 호흡기 내로 유입되는 것을 방지하고, 기관의 섬모 원주 상피는 점액을 후두 쪽으로 밀어내며 기침과 함께 허파에서 불순물이나 흡입된 먼지 등을 내보내는 역할을 함

(2) 호흡 영역
① 호흡 세기관지, 허파 꽈리관(폐포관)으로 구성되며 실제로 가스 교환이 발생함
② 총단면적이 크고 벽의 두께가 얇아 가스 교환(확산)이 용이하도록 되어 있음
③ I형(type I) 허파 꽈리 상피는 세포 소기관이 없고 기체 교환에 이용되며, 허파 꽈리-모세 혈관막은 혈액과 공기가 마주치므로 혈액-가스계면이라고도 함. 혈액-가스계면이 넓고 얇을수록 가스 교환 속도가 빠르며 효과적임
④ II형(type II) 허파 꽈리 상피는 표면 활성 물질을 생성하며, 표면 활성 물질은 인지질로 되어 있고 허파 꽈리의 표면 장력을 줄여 줌

Speed 심화포인트

가스 교환
- 허파 꽈리의 가스 교환은 가스 분압차에 의해 확산(분압이 높은 곳에서 낮은 곳으로 이동)된다.
- 허파 꽈리 공기의 산소 분압은 100mmHg, 모세 혈관 산소 분압은 40mmHg, 60mmHg의 분압차로 모세 혈관으로 산소가 확산된다.
- 이산화 탄소의 모세 혈관 분압은 46mmHg, 허파 꽈리의 이산화 탄소 분압은 40mmHg, 6mmHg의 분압차로 이산화 탄소가 허파 꽈리로 확산된다.

핵심테마 06 호흡·순환계와 운동

Speed 심화포인트

헤모글로빈과 마이오글로빈 기출 2025

- 헤모글로빈: 적혈구 세포 내에 철분을 함유한 단백질로 산소를 조직으로 운반하며 적혈구 세포 내에서 완충제로서의 역할을 한다.
- 마이오글로빈: 근육 속의 단백질로 산소와 결합하여 산소분압이 낮을 때 방출하며, 모세혈관에서 미토콘드리아까지의 산소 확산을 돕는다.

3. 호흡계의 기능

① 산소 교환을 위한 이동 경로이자 넓은 면적 제공
② 공기 접촉 부분의 탈수, 온도 변화 및 환경적 요인으로부터 보호
③ 병균의 침투로부터 보호 기능과 음성 발생

2 운동에 대한 호흡기계의 반응과 적응

1. 운동과 호흡기계의 반응 기출 2018

흡기(들숨) ※ 능동적 과정	• 가로막(횡격막)과 바깥갈비뼈사이근(외늑간근)이 수축하여 가슴우리의 용적을 증가 • 가슴우리의 용적이 커지며 공기가 허파 속으로 이동
호기(날숨) ※ 안정 시 – 수동적 과정 ※ 운동 시 – 능동적 과정	• 들숨에 작용했던 근육과 가로막의 이완 • 허파 조직의 탄성 복원력에 의해 가슴우리가 원래 크기로 돌아옴 • 허파 속의 압력 증가로 공기를 밖으로 이동 • 호기 시 가장 중요한 근육은 배곧은근(복직근)과 배속빗근(내복사근)

2. 운동과 호흡기계의 적응

(1) 산소의 운반 기출 2020/2019/2017

① 용해되어 운반되는 산소: 산소 분압이 100mmHg → 용해 산소량은 0.3Vol%
② 헤모글로빈에 의한 산소 운반
  ㉠ 동맥혈 1L에 200mL의 산소가 있어 그중 3mL는 혈액에 녹아 있고 197mL는 헤모글로빈과 결합하여 운반됨
  ㉡ 1개의 헤모글로빈은 4개의 산소 분자와 결합
  ㉢ 산소와 결합된 헤모글로빈을 '산화 헤모글로빈', 산소와 결합되어 있지 않은 헤모글로빈을 '환원 헤모글로빈(탈산소 헤모글로빈)'이라고 함
  ㉣ 100mL의 혈액은 15mg의 헤모글로빈을 가지며, 헤모글로빈 1mg은 1.34mL의 산소와 결합, 즉 혈액 100mL는 20mL의 산소를 운반
  ㉤ 근육 내의 산소는 마이오글로빈과 결합하여 미토콘드리아로 운반
③ 동정맥 산소 차이
  ㉠ 동맥혈과 정맥혈 사이의 산소 농도 차이를 말함
  ㉡ 정맥의 산소는 우심방의 혈액 산소 농도, 즉 전신의 활동 조직 및 비활동조직에서 오는 혈액의 산소 농도 평균치를 나타냄
  ㉢ 산소가 섭취되는 양의 크기는 유산소 에너지를 생산하는 데 사용되는 산소의 양에 비례함. 즉 산소의 사용률이 높아지면 동정맥 산소 차이는 증가함

④ 헤모글로빈의 산소 해리 곡선 기출 2025/2023
   ㉠ 산소 분압과 헤모글로빈의 산소 포화도의 상관관계를 곡선으로 표시

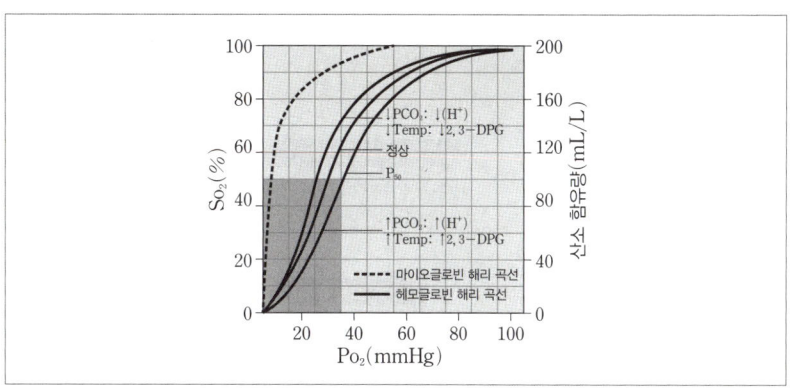

   ㉡ 온도, pH, 이산화 탄소 분압에 의해 좌우 방향으로 이동
   ㉢ pH 감소, 이산화 탄소 분압(PCO_2) 증가, 온도 상승이 해리 곡선을 오른쪽으로 이동시키며 조직으로의 O_2 분리가 증가되어 산소 친화력이 감소함
   ㉣ pH 상승, 이산화 탄소 분압 감소, 온도 하강이 해리 곡선을 왼쪽으로 이동시키며 조직으로의 O_2 분리가 감소되어 산소 친화력이 증가함
   ㉤ 운동하는 근육의 이산화 탄소 분압은 높고 온도도 높으며 pH는 낮은데, 이때 해리 곡선은 오른쪽으로 이동되며, 헤모글로빈에 결합되었던 산소가 증가된 조직의 산소 요구도에 부응함
   ㉥ 이렇게 혈액의 산도와 이산화탄소의 농도에 의해 산화 헤모글로빈 곡선이 우측으로 이동하는 것을 '보어효과'라고 함

(2) **이산화 탄소의 운반** 기출 2017/2015
   ① 용해된 이산화 탄소 운반
   ② 중탄산염 이온(HCO_3^-)으로서의 이산화 탄소 운반(운반의 약 70% 차지)
   ③ 헤모글로빈 혹은 단백질과 결합해 카바미노 화합물로 운반(운반의 약 20% 차지)

초과 산소 섭취량 기출 2019	• 운동 후 신체의 산소 부채를 제거하기 위해 산소량이 증가되는 것을 의미함 • ATP-PC를 다시 합성, 젖산 제거, 글리코겐 재합성, 체온 조절, 심장과 환기 작용을 위한 산소 소비 등에 이용
젖산 역치	• 운동 부하를 점증시켜 나갈 때 혈중 젖산 농도를 급격히 증가시키는 시점의 운동 강도 • 유산소성 대사를 통한 에너지 공급에 의해서만 충족시키지 못해 근육 내 산소량 감소, 속근 섬유 사용률이 증가되며 무산소성 해당 과정을 통한 에너지 공급도 필요
무산소성 역치	• 환기량이 급격하게 증가하는 시점 • 무산소성 대사에 의한 에너지 공급이 가속화

(3) **분압차 외 가스 교환에 영향을 미치는 요인** 기출 2022
   ① 확산 경로의 길이
   ② 폐포 주위 모세 혈관의 혈류량
   ③ 혈액 내 적혈구 수 또는 헤모글로빈
   ④ 폐포 환기량

핵심테마 06 호흡·순환계와 운동

Speed 심화포인트

사점(dead point)

의미	운동 초기에 느끼는 극단적인 고통의 시점
원인	• 무산소 에너지의 고갈 • 적응 못한 호흡과 순환 기능 • 근혈류량 충족을 위한 심장의 부담 • 호흡성 산증과 대사성 산증의 증가로 근육 자극

세컨드 윈드(second wind)

의미	발한과 함께 사점에서 고통이 줄어드는 상태
원인	• 호흡, 순환 기능의 적응 • 산소 수요량에 맞는 적절한 산소 섭취 • 심장 부담 감소 • 호흡성 산증과 대사성 산증의 감소로 근육통 감소

3. 운동 시 환기 작용 기출 2021

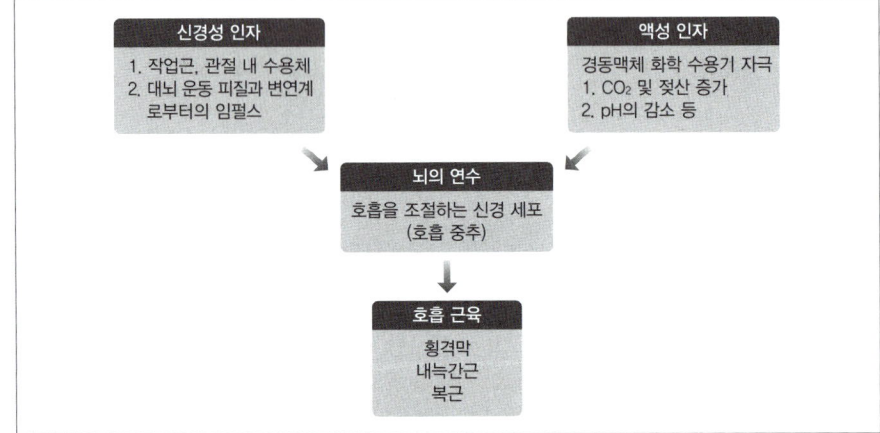

4. 허파 용적 및 허파 용량 호흡 곡선 기출 2022

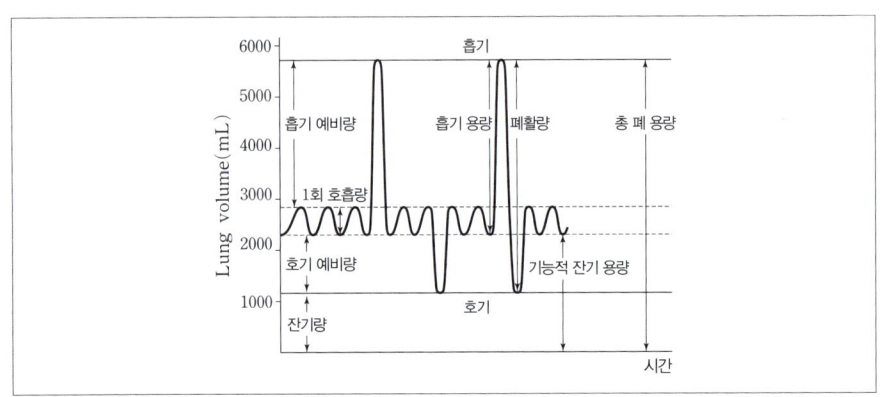

5. 운동 시 허파 용량과 허파 부피의 변화 기출 2022

① 운동 중에는 1회 호흡량이 증가하여 분당 환기량 증가에 영향을 주는데(상대적으로 잔기량 및 기능적 잔기량 감소), 1회 호흡량의 증가는 흡기(들숨) 예비량과 호기(날숨) 예비량을 활용함(들숨 예비량이 더 큰 작용을 함)

② 운동 중 총 폐 용량(총 허파 용량)과 폐활량(허파 활량)이 약간 감소하는데, 이는 허파 혈류량이 증가하면 허파 모세 혈관을 흐르는 혈액량이 증가하여 공기가 들어갈 수 있는 기체 부피가 감소하기 때문임

6. 폐에서의 환기 기출 2024

분당 환기량	• 분당 환기되는 가스의 양 • 호흡 빈도수와 1회 호흡으로 운반되는 가스의 양인 1회 호흡량의 곱 • 계산식: 분당 환기량(V)＝1회 호흡량(Vt)×분당 호흡 빈도수(f)
사강 환기량	사용하지 않은 환기량
폐포 환기량	• 호흡 영역에 도달한 흡기가스의 용적 • 분당 총 환기량은 사강 환기량과 폐포 환기량 부분으로 나누어짐 • 계산식: 폐포 환기량＝(1회 호흡량－사강 환기량)×호흡률

Jump Up 이해

폐 용적과 폐 용량 기출 2022

폐 용적	1회 호흡량, 호기 예비량, 흡기 예비량, 잔기량 네 가지로 구분되며, 체격, 성, 연령, 질병, 신체 활동의 영향을 받음 • 1회 호흡량: 안정 상태에서 1회 들이마시거나 내쉬는 공기의 양 • 호기 예비량: 1회 호흡량을 내쉰 후 다시 최대로 내쉴 수 있는 공기의 양 • 흡기 예비량: 1회 호흡량을 들이쉰 후 다시 최대로 들이쉴 수 있는 공기의 양 • 잔기량: 최대로 숨을 내쉬었을 때 예비 호기량을 내보내고도 폐 안에 남은 공기의 양
폐 용량	두 가지 이상의 용적을 합한 것으로 총 폐용량, 폐활량, 흡기량, 기능적 잔기량 네 가지로 구분함 • 총 폐 용량: 최대로 공기를 흡입했을 때 폐 속에 있는 공기를 말하며, 폐활량과 잔기량을 합한 값 • 폐활량: 최대로 공기를 들이쉰 후 최대한 내쉴 수 있는 공기의 양으로, 흡기 예비량에 1회 호흡량과 호기 예비량을 합한 값 • 흡기량: 1회 호흡량과 예비 흡기량을 합한 값 • 기능적 잔기량: 안정 시 날숨 후 폐에 남아 있는 공기의 양으로, 예비 호기량과 잔기량을 합한 값

3 순환계의 구조와 기능

1. 심혈관계

(1) 심혈관계의 구조

① 심장, 혈관 및 혈액으로 이루어짐
② 심장의 우측과 좌측은 각각 2개의 심방과 심실로 되어 있고, 심방과 심실은 방실판막이라는 일방향 판막으로 연결됨

(2) 심혈관계의 주요 기능 기출 2025/2016

① 운송 기능: 혈액을 통해 산소, 영양분 등 운송
② 제거 기능: 탄산 가스, 노폐물 등을 배설 기관으로 이동시켜 몸 밖으로 배출
③ 운반 기능: 호르몬을 체내의 필요한 위치로 운반시킴
④ 유지 기능: 체온, 체내 pH 등을 일정 기준으로 유지
⑤ 방어 기능: 세균 감염 방지(혈액 중 백혈구)

(3) 심혈관계 순환 기출 2017

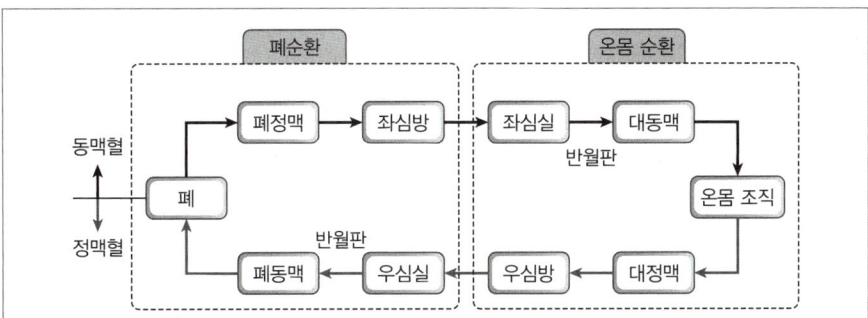

① 체순환(온몸 순환)
  ㉠ 좌심실에서 산소로 포화된 혈액을 온몸으로 내보냄
  ㉡ 좌심실 → 대동맥 → 조직 모세 혈관 → 대정맥 → 우심방

② 폐순환(심장과 폐 사이의 혈액 순환)
   ㉠ 우심실에서 이산화 탄소 함유량이 많은 혈액을 폐로 내보냄
   ㉡ 우심실 → 폐동맥 → 폐 조직의 모세 혈관 → 폐정맥 → 좌심방

(4) **혈압과 혈류 순환** 기출 2025/2018
   ① 혈압: 혈관을 흐르는 혈액이 혈관 내벽을 미는 힘
      ㉠ 수축기: 심장 수축 시 대동맥벽에 미치는 혈압의 최고치
      ㉡ 이완기: 심장 이완 시 혈압이 낮아져서 최저치에 이를 때의 혈압
   ② 정맥혈 회귀(세정맥에서 우심장으로 혈액이 되돌아오는 경로): 근수축에 의한 펌프 작용과 호흡에 의한 펌프 작용에 의해 이루어짐
   ③ 정맥 혈관이 기계적으로 압박되어 혈액이 심장쪽으로 밀려서 흐르게 되는데, 정맥 혈관에 있는 수 많은 판막에 의해 혈액이 역류되지 않음

(5) **폐로의 혈류** 기출 2022
   ① 폐순환은 우심실에서 나온 정맥혈이 들어가는 폐동맥에서 시작(혼합 정맥혈)되며, 혼합 정맥혈은 폐 모세 혈관을 순환하며 가스 교환을 함
   ② 폐순환 시 혈관 저항이 낮아 폐순환의 압력은 체순환과 비교하여 상대적으로 낮음
   ③ 혈관 팽창과 사용하지 않았던 모세 혈관의 사용 때문에 운동 중 폐의 혈액 흐름이 증가하는 시기에 폐혈관계의 압력이 감소함
   ④ 혈관 저항 감소는 운동 중 폐동맥압의 증가를 상대적으로 작게 유지한 채 폐의 혈액 흐름을 증가시킴
   ⑤ 직립 상태에서는 하체로부터 상체로의 혈액 흐름이 선형적으로 감소하며 폐의 상위 부위에 도착하는 혈액도 감소하지만, 운동 시에는 폐의 상위 부분으로의 혈액 흐름이 증가하여 가스 교환을 증진시키는 데 유리함

(6) **혈관 저항 원인** 기출 2022
   ① 기관을 통한 혈액의 흐름을 규정하는 근본적 요소는 혈관의 반지름임
   ② 혈액은 혈관 수축과 팽창의 변화 정도에 따라 한 기관에서 다른 기관으로 이동되어 고강도 운동 중에 수축하는 골격근으로 더 많은 혈류를 보냄
   ③ 혈액의 흐름에서 가장 큰 혈관의 저항은 소동맥(세동맥)에서 일어나며 평균 동맥압의 약 70~80%의 감소가 소동맥을 가로질러 발생함

(7) **1회 박출량** 기출 2022/2019
   ① 심장이 수축하면서 박출되는 혈액의 양
   ② 구출 전 심실의 혈액량인 이완기말 용적과 구출 후 심실에 남아 있는 혈액량인 수축기말 용적의 차이임

(8) **1회 박출량을 결정하는 요인** 기출 2024/2023/2022/2021
   ① 심실 이완기말 용량: 교감 신경 작용으로 정맥을 수축시켜 정맥 환류량이 증가함
   ② 심실 수축력: 에피네프린, 노르에피네프린과 심장 수축 촉진 신경을 통한 심장의 직접적인 교감 신경 자극의 영향
   ③ 정맥혈 회귀(세정맥에서 우심장으로 혈액이 되돌아오는 경로): 근수축에 의한 펌프 작용과 호흡에 의한 펌프 작용에 의해 이루어짐
   ④ 대동맥압력(평균 동맥압): 혈액을 방출하기 위해서는 좌심실이 유발하는 압력이 반드시 대동맥압을 초과해야 하며, 좌심실이 수축하면서 받는 저항을 후부하라 함. 즉, 1회 박출량은 심장의 후부하와 반비례함

(9) 심박출량과 정맥 환류량
   ① 심박출량: 심실에서 1분 동안 박출하는 혈액량으로 1회 박출량과 심박수에 의존함
   ② 정맥 환류량: 정맥에서 동맥으로 돌아오는 혈액량
   ③ 안정 상태에서 심박출량=정맥 환류량
   ④ 정맥 혈류량의 증가를 조절하는 요인: 골격근 수축에 의한 근육의 펌프 작용, 호흡계의 펌프 작용, 정맥 수축

(10) 최대 산소 섭취량($V\dot{O}_{2MAX}$) 기출 2024/2023
   ① 계산식: 최대 1회 박출량 × 최대 심박수 × 최대 동정맥 산소차
   ② 결정 요인
      ㉠ 심장의 기능
      ㉡ 활동조직으로의 혈류 순환 능력
      ㉢ 근조직에서 산소를 이용하여 대사하는 능력
   ③ 심장의 기능은 심박출량에 의해 반영되고, 조직에서의 산소 추출 및 이용 능력은 동정맥 산소차에 의해서 알 수 있음
   ④ 결론적으로 최대 산소 섭취량은 최대 심박출량과 최대 동정맥 산소차에 의해 결정됨

> **Jump Up 이해**
>
> **트레드밀의 운동량 측정** 기출 2024
> 경사도를 고려한 트레드밀의 운동량 측정은 대상자 체중과 전체 수직 이동 거리를 곱한 값으로, 단위는 kpm이다.
> • 수직 이동 거리=트레드밀 속도(m/분) × 경사도 × 운동시간
> • 트레드밀의 운동량(kpm)=체중(kg) × 전체 수직 이동 거리

2. 심장 기출 2021/2018

(1) 심방과 심실
   ① 심방: 심장 중에서 정맥과 직접 연결되어 있는 부분
   ② 심실: 심장 중에서 동맥과 직접 연결되어 있는 부분

(2) 판막
   ① 혈액의 역류를 막기 위해 심장에 존재하는 막
   ② 심장의 수축과 이완에 맞추어 열리거나 닫히며 혈액을 일정한 방향으로 흐르도록 하며, 혈액의 역류를 방지
   ③ 반월판: 대동맥과 좌심실 사이, 폐동맥과 우심실 사이에 있음

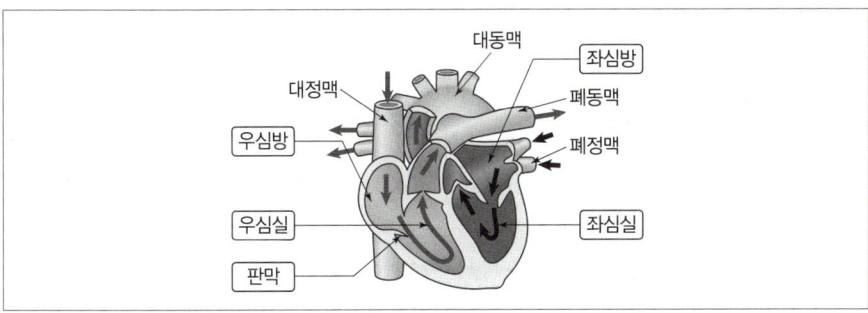

핵심테마 06 호흡·순환계와 운동

Speed 심화포인트

(3) **심근**
① 심근 세포는 활동 전위를 자발적으로 생성(자율 박동 세포라는 특수화된 심근 세포에서 기원)
② 심근 세포는 가로무늬근(횡문근)
③ 사이원반(개재판)이 잘 발달되어 심근 세포가 거의 동시에 수축
④ 심근이 수축할 때를 수축기, 이완할 때를 이완기라고 함
⑤ 심장근 자체에서 혈액을 공급해 주는 혈관을 관상 동맥이라고 함

Jump Up 이해

심장의 전기적 활동 기출 2025/2020/2017

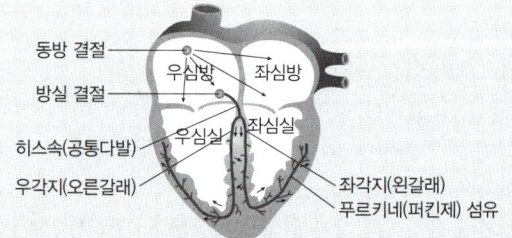

- 심장의 주기적인 수축과 이완은 우심방의 안쪽 상대정맥의 입구에 자율적인 흥분을 발생시키는 동방 결절에 의해 이루어지며, 심장의 주기적인 수축을 조절하는 기능을 가지기 때문에 페이스 조절기로 불린다.
- 동방 결절은 나트륨 투과성이 좋은 특수화된 심장근 섬유 집단으로 이루어져 더 빠르게 탈분극이 일어나 전도체계 중 가장 빠른 내인성 박동률을 가진다.
- 동방 결절이 탈분극 역치에 도달했을 때 파장은 심방 전체로 퍼져 심방수축이 일어나게 된다. 탈분극 파는 심실 안으로 직접 전달되지 않으며 특별한 전도조직인 방실 결절이라 불리는 작은 근육조직을 통해 퍼져나간다.
- 방실 결절은 좌/우 속가지라 부리는 한 쌍의 전도경로에 의해 심실과 심방을 연결한다.
- 동방 결절의 심방에서 전달된 탈분극은 대략 0.01초만큼 지연된다. 시간 지연은 심실 탈분극과 수축 이전에 심방 혈액을 심실로 비우기 위해 심방이 수축하도록 하기 때문에 중요하다.
- 활동 전압이 심실에 이르면 퍼킨제 섬유라 불리는 더 작은 섬유들로 가지를 뻗고, 심실 전체로 탈분극의 파장을 전파시킨다.
- '동방 결절 → 방실 결절 → 방실 다발 → 퍼킨제 섬유' 순으로 자극이 전달된다

(4) **심전도** 기출 2021
① 심전도는 심장의 전기적 활성도를 반영하는 것
② 심방은 심실보다 먼저 탈분극되고 이후 심실이 순차적으로 탈분극되며, 심방은 심실이 탈분극되는 동안 재분극되고 심실도 순차적으로 재분극됨

P파	• 심방의 탈분극을 일컫는 용어 • P파의 지속 기간은 심방을 통한 전도 시간과 관련 있음 • 심방을 통한 전도 속도가 감소한다면 P파는 넓어지게 됨
PR간격 (interval)	• 심방에서의 최초 탈분극으로부터 심실에서의 최초 탈분극까지 걸리는 시간을 의미함 • PR간격은 P파와 PR간격을 포함
QRS복합파 (complex)	• 심실에서의 탈분극을 일컫는 용어 • 심박수는 QRS복합파(혹은 R파)의 숫자를 계산함으로써 측정할 수 있음
T파	심실에서의 재분극을 일컫는 용어
QT간격 (interval)	• QRS군, ST분절, T파형을 포함하며, 최초 심실 탈분극에서 마지막 심실 탈분극까지를 의미함 • ST분절이란 심실의 활동 전위에서 QT간격의 기준선임

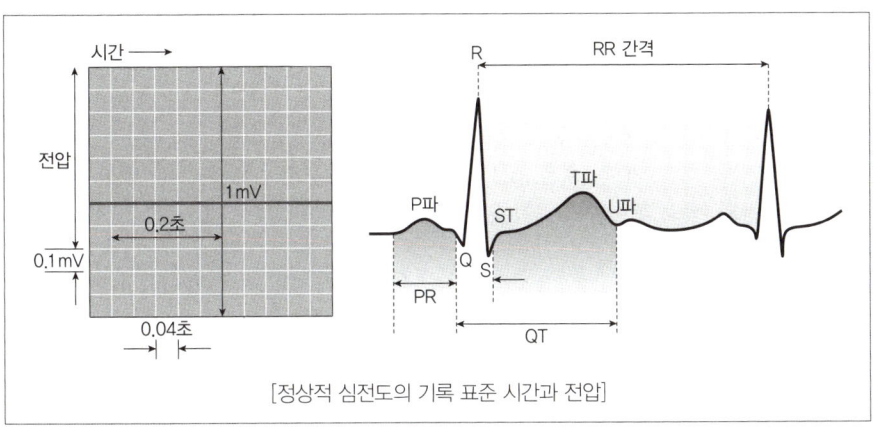

[정상적 심전도의 기록 표준 시간과 전압]

(5) **좌심실의 압력-용적 곡선 분석** 기출 2025

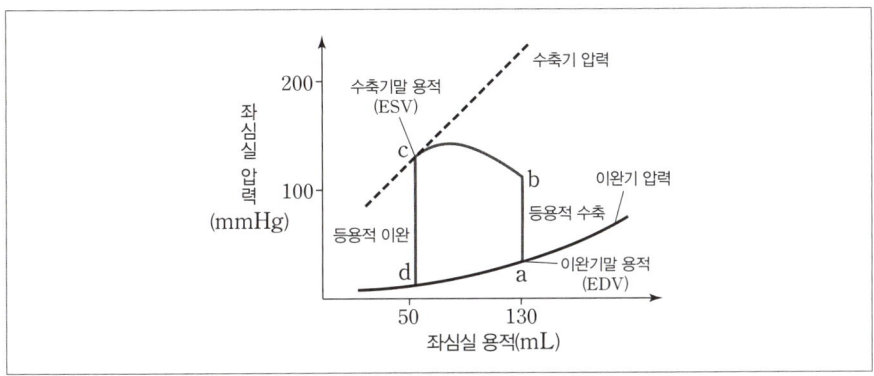

① **좌심실의 이완기**: 심실의 용적(부피)은 증가하고 심실 내압은 d에서 a까지 증가한다. 이 구간은 심방의 혈액은 심실로 들어오고, 심실 부피는 증가한다. 혈액이 유입되면 이완하고 있는 심실은 팽창하여 들어오는 혈액을 수용하기 때문에 심실의 부피는 증가하지만, 압력은 거의 증가하지 않는다. a지점에서 혈액의 최대부피에 도달되고 이완기 용적(EDV)이라고 한다

② **등용적 심실 수축기**: 심실 내압은 a에서 b까지 급격히 상승한다. 심실 수축이 시작되는 a지점에서 이첨판이 닫히게 되고, 이첨판과 반월판이 모두 닫혀있기 때문에 심실의 수축에 의해 심실의 압력은 빠르게 상승하게 된다.

③ **심실 분출기**: 좌심실의 분출기 동안 b에서 c로 변화된다. b지점에서 대동맥반월판이 열린다. 심실 수축으로 압력은 증가한 후, 혈액이 대동맥으로 나가게 되면 심실의 부피는 감소하고, 압력은 조금 감소한다. c지점에서 혈액의 양은 최소가 되며 수축기말 용적(ESV)이라고 한다.

④ **등용적 심실 이완기**: c지점에서 대동맥반월판이 닫히고, 등용적 이완기 동안 심실 내압은 c에서 d까지 감소하지만 등용적이란 말대로 심실의 용적은 변하지 않는다. d지점에서 이첨판은 열리게 된다.

핵심테마 06 호흡·순환계와 운동

Speed 심화포인트

3. 혈액

(1) **혈액의 기능**
① 운반 기능: 산소, 영양소 등을 필요한 곳에 운반
② 조절 기능: 호흡, 체액, 체온, pH 등 조절
③ 출혈 방지 기능: 혈소판의 혈액 응고 인자와 결합(지혈)
④ 면역 기능: 감염 방어

(2) **혈액의 구성**

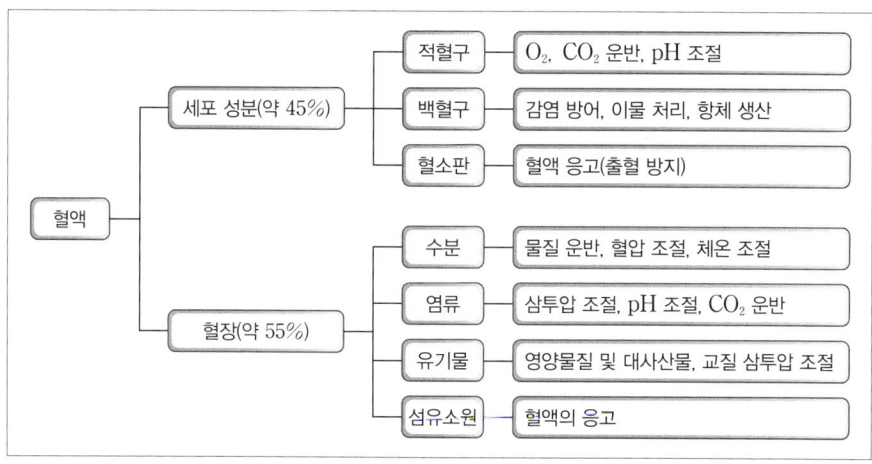

> 혈액 점성에 기여하는 중요한 요인 중 하나는 적혈구의 농도이다.

(3) **혈구 용적률** 기출 2025
① 혈액에서 세포 성분을 차지하는 비율
② 적혈구는 혈액에서 발견되는 가장 큰 구성 성분
③ 혈구 용적률은 적혈구 수의 증가나 감소에 의해 영향을 받음
④ 평균 혈구 용적률은 남자가 여자에 비해 높음

4 운동에 대한 순환계의 반응과 적응

1. 운동에 대한 순환계의 반응 기출 2024/2023

① 필요한 산소량을 공급하기 위해 폐포 환기량이 증가(폐포의 활발한 기체 교환)함

운동 시작 직전	환기량의 증가는 운동으로 인한 것이 아닌 운동을 예측한 대뇌 피질로부터 작용
운동 시작 후	• 환기량의 증가는 운동으로 인한 것이 아닌 근관절 수용기의 작용 • 처음 급격히 증가했던 환기량이 점차 안정되어 점진적으로 최대가 됨 • 최대하 운동 시: 환기량이 점진적으로 증가하며 항정 상태 유지 • 최대 운동 시: 운동이 끝날 때까지 환기량 계속 증가(최대 운동 시간이 짧기 때문) • 대사활동 결과 생성된 혈중 CO_2 및 젖산농도의 증가, 그로 인한 혈액 pH의 감소는 경동맥체와 대동맥궁에 존재하는 화학수용기를 자극
운동 종료 후	환기량이 급격히 감소(근육과 관절에서의 자극 감소, H^+와 CO_2 생성량 감소로 인한 화학수용체의 자극 감소)

② 운동 중 심장에 부과되는 대사적 요구는 심근 산소 소비량으로 예측함
   심근 산소 소비량＝심박수×수축기 혈압
③ 주어진 산소 섭취량에서 팔운동보다 더 큰 근육 그룹인 다리 등이 관련될수록 더 많은 저항 혈관(세동맥)들이 확장되며, 더 낮은 혈압이 반영되어 심근 산소 소비량이 낮게 나타남

2. 운동에 대한 순환계의 적응 기출 2023/2022/2018/2016

① 운동으로 산소 소비량 증가
② 폐포 수와 폐의 모세 혈관 증가로 확산 능력 향상
③ 혈액량, 헤모글로빈 수 증가로 산소 운반 능력 향상
④ 지구성 트레이닝으로 호흡근의 지구력 향상(폐 환기 능력 장시간 유지)
⑤ 운동 중 심박수가 계속 증가하더라도 산소 소비와 혈압은 안정(심박출량이 계속해서 증가하기 때문)
⑥ 지구성 트레이닝의 효과
   ㉠ 적혈구 수 10~20% 증가
   ㉡ 혈장량 20~30% 증가(혈액 이동과 산소 운반 능력 증가)
⑦ 운동 시 심장의 형태적·기능적 변화
   ㉠ 형태적 변화
     • 심장 용적의 증대
     • 심장벽 두께의 증가
   ㉡ 기능적 변화
     • 심근 수축력의 증대
     • 1회 박출량 증가(환기량 증가)
     • 최대 운동 시 최대 심박출량 증가
     • 안정 시 또는 최대하 운동 시 심박수 감소

Jump Up 이해

운동 중 혈액의 재분배량 기출 2025
• 운동 시 골격근의 산소 요구량에 충족시키기 위해 비활동조직(간, 신장, 췌장)에는 혈류량이 감소하고, 활동근 혈류량은 증가한다.
• 안정 시에는 총 심박출량의 15~20% 정도가 골격근 쪽으로 향하고, 최대 운동 시에는 총심박량의 80~90% 정도가 수축하는 골격근으로 간다(피부와 복부조직에서의 혈류량 감소).

운동 시 근육의 혈류 조절 기전 기출 2024/2022
• 운동 시 골격근의 혈류는 자동 조절. 능동적 충혈 및 반응성 충혈과 같은 국소 조절에 따라 혈류가 증가한다.
• 골격근의 높은 신진대사 비율은 산소 분압의 감소 이산화 탄소 분압, 산화 질소, 칼륨과 아데노신의 농도를 증가시키고, pH 지수를 감소시키는 국부적인 변화를 일으키며 이러한 변화는 수축성 골격근에 혈류를 공급해 주는 소동맥의 팽창과 함께 일어난다.
• 혈관의 확장은 혈류 저항을 감소시키고 이로 인해 혈류를 증가시킨다.
• 소동맥의 혈관 확장은 골격근 모세 혈관의 보강으로 더 많은 혈액 흐름을 조절한다.
• 운동 중 골격근에서 혈관의 기계적인 압박으로 순간적인 폐쇄가 일어나며, 폐쇄가 끝나면 반응성 충혈이 일어나 혈류 및 산소 부채를 제거하기 위하여 혈류를 증가시킨다.

 Speed 심화포인트

출제 0순위 공략! 꼭 풀어야 할 대표문제

01 [2022년 기출문제]

지구성 트레이닝 후 최대 동-정맥 산소차(maximal arterial-venous oxygen difference) 증가에 기여하는 요인으로 적절하지 않은 것은?

① 미토콘드리아 크기 증가
② 미토콘드리아 수 증가
③ 모세 혈관 밀도 감소
④ 총 혈액량 증가

| 정답해설 |
지구성 트레이닝 후 모세 혈관의 밀도가 증가되어 산소 공급과 영양물질의 공급, 이산화 탄소와 노폐물의 배출에 기여한다.

| 심화해설 |
지구성(유산소) 트레이닝의 대사적 적응과 순환계 적응
지구성 트레이닝의 대사적 적응으로 미토콘드리아의 크기와 수가 증가하여 많은 양의 ATP를 생성할 수 있으며, 순환계의 적응으로 적혈구 수, 혈장량이 증가하여 총 혈액량도 증가한다.

02 [2024년 기출문제]

〈보기〉의 조건으로 트레드밀 운동 시 운동량은?

> **보기**
> - 체중: 50kg
> - 트레드밀 속도: 12km/h
> - 운동시간: 10분
> - 트레드밀 경사도: 5%
> (단, 운동량(일): 힘×거리)

① 300kpm
② 500kpm
③ 5,000kpm
④ 30,000kpm

| 정답해설 |
경사도를 고려한 트레드밀의 운동량 측정은 대상자 체중과 전체 수직 이동 거리를 곱한 값으로 단위는 kpm이다.
수직 이동 거리=트레드밀 속도(m/분)×경사도×운동시간이므로 200m/분(12km/h)×0.05(경사도 5%)×10분=100m이다.
따라서 트레드밀의 운동량(kpm)=체중(kg)×전체 수직 이동 거리=50×100=5000kpm이다.

03 [2022년 기출문제]

직립 상태에서 폐-혈액 간 산소 확산 능력은 안정 시와 비교하여 운동 시 증가한다. 이에 기여하는 요인으로 적절한 것은?

① 폐포와 모세 혈관 사이의 호흡막(respiratory membrane) 두께 증가
② 증가한 혈압으로 인한 폐 윗부분(상층부)으로의 혈류량 증가
③ 폐정맥 혈액 내 높은 산소 분압
④ 폐동맥 혈액 내 높은 산소 분압

| 정답해설 |
직립 상태에서는 하체에서 상체로의 혈액 흐름이 선형적으로 감소하며 폐의 상위 부위에 도착하는 혈액이 감소하지만, 운동 시에는 심박출량이 증가하여 폐의 상위 부분으로의 혈액 흐름이 증가하여 가스 교환을 증진시키는 데 유리하다.

| 심화해설 |
운동 시 폐-혈액 간 산소 확산 능력의 변화
운동 시 심박출량이 증가하여 더 많은 혈액이 폐동맥으로 보내짐에 따라 휴식 시 폐쇄되었던 대부분의 폐 모세 혈관이 혈액으로 채워진다. 이로 인해 폐포 내 공기로부터 혈액으로의 확산 면적이 증가한다.

04 [2025년 기출문제]

순환계의 구조와 기능에 관한 설명으로 옳지 않은 것은?

① 혈액의 역류를 막기 위해 하지동맥 내에 판막이 존재한다.
② 호르몬 수송 및 면역기능 조절은 순환계의 기능 중 하나이다.
③ 관상동맥(coronary artery)은 심장근에 혈액을 공급하는 혈관이다.
④ 폐순환의 주요 기능은 폐에서의 가스 교환(예 이산화탄소 배출)이다.

| 정답해설 |
정맥혈관은 외부의 기계적 압박(근육 수축 등)을 받아 혈액이 심장 쪽으로 흐르게 되며, 이때 혈액이 역류하지 않도록 정맥 내에 있는 다수의 판막이 작용한다.

정답 01 ③ 02 ③ 03 ② 04 ①

05 [2022년 기출문제]

〈보기〉 중 지구성 트레이닝 후 1회 박출량(stroke volume) 증가에 기여하는 요인으로 적절한 것만 나열된 것은?

> **보기**
> ㉠ 동일한 절대 강도 운동 시 확장기말 용적(end-diastolic volume) 감소
> ㉡ 동일한 절대 강도 운동 시 수축기말 용적(end-systolic volume) 증가
> ㉢ 동일한 절대 강도 운동 시 확장기(diastolic) 혈액 충만 시간 증가
> ㉣ 동일한 절대 강도 운동 시 심박수 감소

① ㉠, ㉡
② ㉠, ㉢
③ ㉡, ㉢
④ ㉢, ㉣

| 정답해설 |
㉢ 확장기 혈액 충만 시간의 증가는 심장의 확장기말 용적이 증가되어 1회 박출량 증가로 이어진다.
㉣ 1회 박출량의 증가는 상대적으로 심박수가 감소한다는 의미로, 동일한 일을 수행하는 데 따른 심장의 작업 부담이 줄어든다는 것이다.

| 오답해설 |
㉠㉡ 운동 시 1회 박출량 증가는 확장기말 용적 증가와 수축기말 용적 감소로 이루어진다.

06 [2021년 기출문제]

유산소 운동 중 호흡계의 환기량 증가 요인에 관한 설명으로 옳지 <u>않은</u> 것은?

① 중추 화학적 수용체인 경동맥체와 대동맥체는 동맥의 산소 분압 증가에 따라 환기량 증가를 자극한다.
② 근육 내 화학적 수용체는 칼륨(K^+)과 수소(H^+)의 농도 증가에 따라 환기량 증가를 자극한다.
③ 근방추나 골지 힘줄 기관의 구심성 신경 자극 증가는 환기량 증가를 자극한다.
④ 사용된 근육의 운동 단위 증가는 환기량 증가를 자극한다.

| 정답해설 |
경동맥체와 대동맥체에 존재하는 화학 수용기 자극은 산소 분압 증가가 아닌 혈중 CO_2 및 젖산 농도의 증가로 인한 혈액 pH의 감소를 감지하고 환기량 증가를 자극한다.

07

다음 〈보기〉에 들어갈 용어로 옳은 것은?

> **보기**
> (㉠)은 근육 속의 단백질로 산소와 결합하여 산소분압이 (㉡) 방출하며, 모세혈관에서 미토콘드리아까지의 산소 확산을 돕는다.

	㉠	㉡
①	헤모글로빈	높을 때
②	마이오글로빈	낮을 때
③	헤모글로빈	낮을 때
④	마이오글로빈	높을 때

| 정답해설 |
마이오글로빈은 근육 속의 단백질로 산소와 결합하여 산소분압이 낮을 때 방출하며, 모세혈관에서 미토콘드리아까지의 산소 확산을 돕는다.

| 오답해설 |
헤모글로빈은 적혈구 세포 내에 철분을 함유한 단백질로 산소를 조직으로 운반하며 적혈구 세포 내에서 완충제로서의 역할을 한다.

정답 05 ④ 06 ① 07 ②

08

[2025년 기출문제]

〈보기〉에서 동방 결절(SA node)에 관한 특성으로 옳은 것만을 모두 고른 것은?

> **보기**
>
> ㉠ 심장의 페이스메이커(pacemaker)로 불림
> ㉡ 전도체계 중 가장 빠른 내인성 박동률을 가짐
> ㉢ 심실이 혈액을 충만하게 모을 수 있도록 자극전도 시간을 지연시킴
> ㉣ 다른 심장 전도 시스템보다 약 6배 빠르게 전기적 자극을 심실 전체로 전달하여 심실의 거의 모든 부위가 동시에 수축할 수 있게 함

① ㉠, ㉡
② ㉠, ㉡, ㉢
③ ㉠, ㉢, ㉣
④ ㉡, ㉢, ㉣

| 정답해설 |

㉠ 심장의 주기적인 수축과 이완은 우심방의 안쪽 상대정맥의 입구에 자율적인 흥분을 발생시키는 동방 결절에 의해 이루어지며 심장의 주기적인 수축을 조절하는 기능을 가지기 때문에 페이스 메이커(페이스 조절기)로 불린다.
㉡ 동방 결절은 나트륨 투과성이 좋은 특수화된 심장근 섬유 집단으로 이루어져 더 빠르게 탈분극이 일어나 전도체계 중 가장 빠른 내인성 박동률을 가진다.

| 오답해설 |

㉢ 동방 결절의 심방에서 전달된 탈분극은 대략 0.01초만큼 지연된다. 시간지연은 심실 탈분극과 수축 이전에 심방 혈액을 심실로 비우기 위해 심방이 수축하도록 하기 때문에 중요하다.
㉣ 동방 결절이 탈분극 역치에 도달했을 때 파장은 심방 전체로 퍼져 심방수축이 일어나게 된다.

09

정맥혈 회귀에 대한 설명으로 옳지 않은 것은?

① 세정맥에서 우심장으로 혈액이 되돌아오는 경로이다.
② 호흡 시 복강 내압과 가슴압의 변화가 도움을 준다.
③ 운동 시 다리와 복부 골격근의 수축이 도움을 준다.
④ 수축하는 근육 부위에 있는 동맥이 압박되면서 도움을 준다.

| 정답해설 |

수축하는 근육 부위에 있는 정맥이 압박되면서 도움을 준다.

| 심화해설 |

정맥혈 회귀

- 정맥혈 회귀는 세정맥에서 우심장으로 혈액이 되돌아오는 경로이며, 근수축에 의한 펌프 작용과 호흡에 의한 펌프 작용에 의해 이루어진다.
- 호흡 시 복강 내압과 가슴(흉강)압이 변하며, 이것은 혈액이 심장으로 돌아오는 것을 돕는다.
- 운동 시 다리와 복부의 골격근이 수축하는 동안, 수축하는 근육 부위에 있는 정맥과 흉강의 정맥이 압박되면서 혈액을 심장 쪽으로 밀어 올린다.

정답 08 ① 09 ④

10 [2023년 기출문제]

운동에 따른 환기량의 변화로 옳은 것을 모두 고른 것은?

> **보기**
>
> ㉠ 운동 시작 직전에는 운동 수행에 대한 기대감으로 환기량이 증가할 수 있다.
> ㉡ 운동 초기 환기량 변화의 주된 요인은 경동맥에 위치한 화학수용기 반응이다.
> ㉢ 운동 강도가 증가하면 1회 호흡량은 감소하고 호흡수는 현저히 증가한다.
> ㉣ 회복기 환기량은 운동 중 생성된 체내 수소 이온 및 이산화 탄소 농도와 관련 있다.

① ㉠, ㉡
② ㉠, ㉢
③ ㉠, ㉣
④ ㉡, ㉢, ㉣

| 오답해설 |

㉡ 운동 초기 환기량 변화의 주된 요인은 근관절 수용기의 작용이다.
㉢ 운동 중에는 1회 호흡량과 호습수가 모두 증가한다.

정답 10 ③

핵심테마 07 | 환경과 운동

1 체온 조절과 운동

1. 체온 조절 기전 기출 2021/2017

(1) 열 생성과 열 손실

① 열 생성: 대사 과정을 통해 내부의 열을 생성
  ㉠ 수의적: 운동
  ㉡ 불수의적: 오한, 근육의 떨림, 티록신과 카테콜아민과 같은 호르몬의 분비에 의한 생화학적 열 생성

② 열 손실
  ㉠ 복사: 물리적 접촉 없이 서로 다른 물체의 표면으로 열 전달
  ㉡ 전도: 직접적인 분자 접촉을 통해 한 물질에서 다른 물질로의 열 이동
  ㉢ 대류: 열이 한 장소에서 다른 장소로 이동되는 것
  ㉣ 증발: 운동 중 열 발산을 위한 땀의 증발로 열 제거

(2) 체온 조절의 기전

수용기	체온의 변화를 감지, 중추 수용기(시상 하부)와 말초 수용기(피부)로 구분
시상 하부	인체의 온도 조절 장치(일정한 온도 유지)
효과기	땀샘, 동맥의 민무늬근, 골격근 및 내분비샘의 작용

(3) 운동 중 신체의 열 저장

① 생성된 열은 손실되지 않으면 인체 조직 내 저장
② 높아진 체온은 열 생성과 열 손실의 차이로 계산
③ 열에너지는 개인의 체중과 비열에 의해 좌우(비열은 체중 1kg을 1℃ 높이는 데 필요한 열의 양)

(4) 열 손실 기전

① 피부 혈관의 확장
  ㉠ 피부 혈류의 증가는 인체 심부로부터 대기로의 열전도율을 높임
  ㉡ 발생한 열에 의해 따뜻해진 혈액은 피부로 이동하여 복사, 전도 및 대류에 의해 열을 방출함
  ㉢ 열 손실률에 영향을 미치는 요인에는 심부 온도, 또는 혈액 온도와 말초의 피부 온도 사이, 피부와 주변 환경 사이의 온도차가 있음
  ㉣ 말초 조직의 온도가 심부 조직의 온도보다 낮을수록, 피부 온도보다 외부의 환경 온도가 낮을수록 쉽게 열 손실이 일어남

② 발한
  ㉠ 심부 온도가 일정 수준 이상 상승하면 땀의 분비가 급속히 증가하는데, 이때의 체온을 발한 역치라고 함
  ㉡ 체열 발산에 불리한 환경 조건은 무덥고 습도가 높은 기후(증발의 저해)임

2. 고온에서 운동 시 생리적 반응 기출 2024/2022/2021/2020/2018/2017

생리적 반응	• 시상 하부 전엽에서의 열 손실 증가를 위한 땀 발생, 외부 혈액량 증가
	• 근육과 피부의 혈류 요구량 증가(지구력 저하)
	  – 정맥 환류량 감소 → 1회 박출량 감소 → 심박수 증가
	  – 최대 산소 섭취량 감소, 동정맥 산소차 감소
	• 체내 수분 손실로 혈액의 농축 시 반응
	  – 혈액량이 줄어들면서 더 많은 근육 글리코겐을 사용하고 더 많은 젖산을 생성하여 피로와 탈진의 원인이 됨(젖산 제거율을 감소시켜 혈중 젖산 농도를 상승시킴)
	  – 피부 혈류의 감소로 인하여 체온이 과다하게 상승함
	  – 혈장량 감소로 1회 박출량과 혈압이 감소함(순환 기능의 저하)
	• 뇌의 온도 증가는 근육의 신경 전달을 감소시키며, 이는 운동 단위의 활동을 감소시켜 근피로를 유발함

고온에서의 생리적 순응	• 반복되는 열 자극을 통해 체온 조절 기능에 적응(운동 수행력 향상)
	• 열 내성을 증가시키는 생리적인 적응 현상을 열 순응이라고 함
	• 열 순응 과정은 피부 혈류 증가와 발한 반응 촉진으로 열을 효과적으로 제거
	• 순응 후 발한량은 증가하고 농도는 희석되며, 그 결과 혈액의 피부 순환량 감소
	• 피부 혈류량 감소로 여유 심박출량은 활동 근육으로 배분되어 운동 수행력 향상
	• 최대하 운동 중 열 순응의 결과로 심박수와 심부 온도 감소
	• 열 순응의 생리적 반응 현상
	  – 혈장량 증가 – 발한 시점의 조기화
	  – 발한율 증가 – 땀에 의한 염분 손실 감소
	  – 피부의 혈류량 감소 – 세포에서 열 상해 단백질 증가

Speed 심화포인트

온도에 따른 생리적 반응
- 고온 상태에서의 운동: 시상 하부 전엽에서의 열 손실 증가를 위한 땀 발생과 외부 혈액량이 증가한다.
- 저온 상태에서의 반응: 시상 하부 후엽에서의 열 생성 증가를 위한 골격근의 떨림이 발생하고, 피부 혈관이 수축된다.

고온(열 환경) 운동 시 생리적 순응

구분	생리 기전	생리적 순응
순환계	심박수	증가
	1회 박출량	감소
	혈장량	증가
	혈압	안정적 조절
	피부 혈류	감소, 반응의 적절성
발한 기전	발한율	증가
	발한 역치	감소
	땀 중 염분 농도	감소

3. 저온에서 운동 시 생리적 반응 기출 2022

생리적 반응	• 피부 혈관 수축 • 골격근의 떨림 • 열 생산 증가 • 열 손실을 줄이기 위해 많은 혈액이 인체 심부로 흐름(외부와 심부의 단열 효과) • 심부 혈류의 증가로 정맥 환류량과 1회 박출량 증가 • 심박수는 감소하기 때문에 심박출량은 변하지 않음 • 혈압의 상승은 압력 수용기를 자극하여 심장 활동을 억제하며 심박수는 감소 • 심부 및 근육의 온도 감소에 의해 최대 유산소 능력 감소 • 근육의 온도 저하로 순발력 저하
저온에서의 생리적 순응	• 오한이 시작되는 평균 피부 온도 감소(낮은 피부 온도에서 떨림 시작) • 노르에피네프린의 분비 증가로 대사적 열 생성 증가 • 순응된 사람은 추위 노출 시 손과 발의 평균 온도를 높게 유지하여 손, 발의 혈류 증가(말초 혈관 확장 신경 증가) • 추운 환경에서 수면 능력 향상 • 추위에 적응하는 데는 약 1주일 정도 소요

4. 열 관련 장애 기출 2021

① **열경련**: 골격근의 심한 경련이 발생하며 운동 중에 가장 심하게 사용된 근육에서 제일 먼저 발생한다. 과다한 발한 작용으로 수반되는 무기질 손실과 탈수로 인해 야기된다.
② **열 탈진**: 발한 작용에 의한 과다한 수분 상실이나 무기질 상실로 혈액량이 감소될 때 주로 발생한다. 심박수의 증가, 직립 자세에서의 혈압 저하, 두통, 현기증 및 무력증 등의 증상을 보이지만 높은 직장 온도를 수반하지는 않는다(39℃ 이하).

③ **열사병**: 지나친 체온 상승에 의해 체온 조절 기전이 작동하지 못하는 상태로, 체온 조절 기능이 마비되면 땀이 멎고 피부가 건조해지며 체온이 위험 수준(40℃ 이상)을 초과하여 순환계에 큰 부담을 준다.
④ **저나트륨 혈증**: 운동 시 과다 수분 공급으로 인하여 체내의 나트륨의 수치가 비정상적으로 낮은 상태로, 메스꺼움이나 발작이 발생한다.

5. 운동 시 탈수 현상

① 탈수 현상에 의한 체내 수분 손실은 혈액의 농축을 심화시켜 혈액량이 감소한다.
② 정맥 환류의 양이 점차 감소하여 심박수가 점차 증가한다.
③ 혈액의 손실에 의해 피부로의 체온 조절성 혈류와 작업근으로의 활동을 위한 혈류에 대한 수분 여유력은 더욱 부족해진다.
④ 인체 순환 및 체온 조절 부담이 가중된다.

2 인체 운동에 대한 환경 영향

1. 고지 환경의 특성과 영향

(1) 고지에서의 생리적 반응 기출 2018

① 산소 분압 감소로 인해 동맥혈의 산화 헤모글로빈 포화도 감소
② 환기량의 증가에 따른 호흡기 수분 손실 발생
③ 수면 장애
④ 인지 능력 감소
⑤ 급성 고산병, 고산 뇌부종 및 고산 폐부종

(2) 고지에서의 운동 반응 기출 2021/2017

① 폐 환기량 증가: 말초 화학 수용체의 민감도(Sensitivity)가 증가함
② 동맥혈 산화 헤모글로빈 포화도는 크게 감소하거나 변화를 보이지 않음
③ 최대하 운동 시 동맥혈 내에 산소가 부족하므로 이를 보상하기 위해 심장은 더 많은 혈액을 분출해야 함. 심박출량은 최대하 운동 중 이미 최대치에 도달하거나 심근의 저산소증으로 인해 오히려 감소되기도 하므로 심박수가 증가해야 더 많은 혈액을 분출할 수 있음
④ 최대 산소 섭취량의 감소(고도에 비례)로 유산소 운동 능력 감소

(3) 고지 적응 기출 2025/2019

① 조혈 촉진 인자의 방출 → 적혈구와 헤모글로빈의 농도 증가 → 산소 운반 능력 향상
② 근육 내의 모세 혈관 증식 → 근육 내 마이오글로빈 양 증가 → 미토콘드리아의 산화 효소 활동 증가(미토콘드리아의 양 증가)

2. 수중 환경의 특성과 영향

(1) 입수에 의한 생리적 반응 – 중앙 심혈관계의 변화

① 혈액이 재분배되는 과정의 결과로 방뇨 발생
② 혈액의 재분배는 신체 말단 부위의 혈액이 중앙 심혈관계(심장) 쪽으로 몰려 혈액량이 증가하는 현상을 말함

(2) 수중에서의 운동 반응 기출 2023

체온 반응	• 떨림을 통한 열 생산, 육체적 활동을 통한 열 생산 - 체온 유지 • 수중에서 체온 유지의 조건: 물의 온도가 높을수록, 체지방량이 많을수록, 운동 강도가 높을수록, 높은 운동 강도를 유지할 수 있는 능력을 가질수록 유리 • 더운 물에서의 운동: 말초 혈류 확장, 심박수 증가, 혈장량 감소, 말초 저항 감소를 유발하여 운동 능력을 현격하게 감소시킴
운동 능력 반응 – 저강도 운동	• 산소 섭취량이 증가함에도 불구하고 동반적인 1회 박출량과 심박출량의 증가를 동반하지 않음 • 근육 혈류량과 환기량은 증가 • 최대 심박출량, 최대 심박수, 최대 혈류량, 산소 운반 능력, 무산소 능력은 대기에 비해 약 15% 감소
수중 적응	• 폐 용량 및 호흡 능력: 폐 용량에서 최대 흡기압과 폐활량이 높음 • 고탄산 혈증과 저산소증에 적응

(3) 열중립온도(thermoneutral temperature)
① 체온이 일정하게 유지될 수 있는 환경의 온도
② 수중 환경의 경우 사람마다 다르며 체구의 크기와 체지방량, 내분비계의 활동성 및 기능, 연령과 인종에 따라 다르게 나타남
③ 체구가 클수록 또는 체표면적이나 체중이 클수록, 청년일수록, 내분비 활동이 왕성할수록 에너지대사량이 높고 열중립온도는 낮음
④ 체지방이 많을수록 열 손실량이 적어 낮은 수온에서도 견딜 수 있게 됨

3. 대기 오염의 영향

(1) 공기 오염 물질

1차 오염 물질	자동차나 공장에서 직접적으로 배출되는 물질(성분이 거의 변하지 않는 것) 예 일산화 탄소, 산화 황, 산화 질소, 분진
2차 오염 물질	1차 오염 물질이 상호 작용하여 생성된 물질 예 오존, 질산 과산화 아세틸, 연무

(2) 오염 공기 환경에서의 운동과 반응

일산화 탄소
(CO)
	• 탄소 성분이 불완전 연소 시 발생하는 유독성 가스로 공장이나 자동차의 불완전 연소에 의해 생성
	• 산소 운반 능력 제한
	  – 산소에 비해 혈액의 헤모글로빈과의 친화력이 상대적으로 높음
	  – 일산화 탄소 혈색소가 헤모글로빈 분자와 결합하여 이동하는 산소의 해리를 방해함
	• 허파의 확산 능력과 최대 유산소 능력을 감소시켜 운동 지속 시간과 최대 산소 섭취량 감소

산화 황 (SO)	• 화석 연료의 연소에 의해 발생 • 이산화 황, 황산, 황산염 • 기도에 상당한 불편함을 주며, 기관지를 수축시킴
오존 (O_3)	• 태양의 자외선 복사 에너지가 탄화수소와 이산화 질소를 반응시켜 대기에서 만든 기체 • 강력한 기도 자극제로 상기도의 반사적 기도 수축 유발 • 강한 운동 강도에서는 기도의 불쾌감과 폐 기능의 감소로 운동 능력 감소

출제 0순위 공략! 꼭 풀어야 할 대표문제

01 [2022년 기출문제]

체온 저하 시 생리적 반응으로 적절한 것은?

① 심박수 증가
② 피부 혈관 확장
③ 땀샘의 땀 분비 증가
④ 골격근 떨림(shivering) 증가

| 정답해설 |
체온 저하 시 체온 유지를 위해 말초 혈관의 수축이나 근육의 떨림 현상이 발생한다.

| 오답해설 |
①②③ 고온 환경에서의 생리적 반응에 해당한다.

02 [2025년 기출문제]

〈보기〉에서 고지대 환경에서 장기간 노출 시 나타나는 생리학적 적응으로 옳은 것만을 모두 고른 것은?

보기
㉠ 심박출량 증가
㉡ 모세혈관 밀도 증가
㉢ 근육 단면적 증가
㉣ 산소 운반 능력 증가

① ㉠, ㉢
② ㉡, ㉣
③ ㉠, ㉢, ㉣
④ ㉡, ㉢, ㉣

| 정답해설 |
고지대 환경에 장기간 노출되면 낮은 산소 분압에 적응하기 위해 다양한 생리학적 변화가 일어난다. 먼저, 저산소 상태에 적응하기 위해 조혈 촉진 인자가 분비되며, 이에 따라 적혈구 수와 헤모글로빈 농도가 증가하여 산소 운반 능력이 향상된다(㉣). 또한, 근육 내의 모세혈관 밀도가 증가하여 조직 내 산소 공급이 보다 효율적으로 이루어지게 된다(㉡).

| 오답해설 |
심박출량(㉠)은 고지 환경에 처음 노출되었을 때 일시적으로 증가할 수 있으나, 장기간 적응이 이루어지면 안정되거나 감소하는 경향이 있어 지속적인 증가로 보기는 어렵다. 또한, 근육 단면적(㉢)은 고지에서 에너지 부족과 체중 감소 등으로 인해 오히려 감소하는 경우가 많아, 증가는 고지 적응의 일반적인 반응이 아니다.

03

수중 운동 시 열중립온도에 대한 내용으로 옳은 것은?

① 수중 운동 시 체온이 일정하게 상승될 수 있는 환경의 온도이다.
② 수중 환경에서 연령과 인종에 관계없이 동등하게 나타난다.
③ 체표면적이나 체중이 클수록 열중립온도는 낮다.
④ 내분비 활동이 왕성할수록 에너지대사량이 높아 열중립온도도 높다.

| 오답해설 |
① 열중립온도는 체온이 일정하게 유지될 수 있는 환경의 온도이다.
② 수중 환경의 경우 사람마다 다르며 체구의 크기와 체지방량, 내분비계의 활동성 및 기능, 연령과 인종에 따라 다르게 나타난다.
④ 체구가 클수록 또는 체표면적이나 체중이 클수록, 청년일수록, 내분비 활동이 왕성할수록 에너지대사량이 높고 열중립온도는 낮다.

04 [2021년 기출문제]

〈보기〉에서 설명하는 것은?

보기
• 고온 환경의 운동 중 극도의 피로, 혼란, 혼미, 현기증, 구토
• 심한 탈수 현상으로 심혈관계가 인체의 요구에 적절히 대처하지 못함
• 심부 체온 40℃ 미만

① 열사병
② 열 탈진
③ 열 순응
④ 저나트륨 혈증

| 오답해설 |
① 열사병: 지나친 체온 상승에 의해 체온 조절 기전이 작동하지 못하는 상태이다. 체온 조절 기능이 마비되면 땀이 멎고 피부가 건조해지며 체온이 위험 수준(40℃ 이상)을 초과하여 순환계에 큰 부담을 준다.
③ 열 순응: 반복되는 열 자극으로 체온 조절 기능이 적응을 하게 되면 이후의 열 노출 시 운동 수행력이 향상되고 열사병이나 열 탈진의 발생 가능성이 감소한다. 이처럼 열 내성을 증가시키는 생리적인 적응 현상이 열 순응이다.
④ 저나트륨 혈증: 운동 시 과다 수분 공급으로 인하여 체내의 나트륨의 수치가 비정상적으로 낮은 상태로 메스꺼움이나 발작이 발생한다.

정답 01 ④ 02 ② 03 ③ 04 ②

05 [2021년 기출문제]

해수면과 비교하여 고지 환경에서 운동 시 생리적 반응으로 옳지 않은 것은?

① 최대하 운동 시 폐 환기량이 증가한다.
② 최대하 운동 시 심박수와 심박출량은 감소한다.
③ 최대하 운동 시 동맥혈 산화 헤모글로빈 포화도는 감소한다.
④ 무산소 운동 능력보다 유산소 운동 능력이 더 감소한다.

| 정답해설 |
고지대에서는 동맥혈 내에 산소가 부족하므로 그것을 보상하기 위해 심장이 더 많은 혈액을 분출해야 한다. 심박출량은 최대하 운동 중 이미 최대치에 도달하거나 심근의 저산소증으로 인해 오히려 감소되기도 하므로 심박수가 증가되어야 더 많은 혈액을 분출할 수 있다.

06 [2023년 기출문제]

수중 운동 시 체온 유지를 위한 요인으로 옳지 않은 것은?

① 폐활량
② 체지방량
③ 운동 강도
④ 물의 온도

| 정답해설 |
수중 운동 시 체온 유지에 유리한 조건은 물의 온도가 높을수록, 체지방량이 많을수록, 운동 강도가 높을수록, 그 높은 운동 강도를 유지할 수 있는 능력을 가질수록 유리하다.

07 [2021년 기출문제]

〈보기〉에서 설명하는 열 손실 기전은?

> 보기
> • 피부의 땀이나 호흡을 통하여 체열을 손실시킨다.
> • 실내 트레드밀 달리기 중 열 손실의 가장 주된 기전이다.
> • 대기 조건(습도, 온도)과 노출된 피부 표면적의 영향을 받는다.

① 복사   ② 대류
③ 증발   ④ 전도

| 정답해설 |
운동 중 열 발산을 위한 땀의 증발로 열을 제거한다.

| 오답해설 |
① 복사: 물리적 접촉 없이 서로 다른 물체의 표면으로 열을 전달하는 것이다.
② 대류: 열이 한 장소에서 다른 장소로 이동되는 것이다.
④ 전도: 직접적인 분자 접촉을 통해 한 물질에서 다른 물질로 열이 이동하는 것이다.

08 [2024년 기출문제]

〈보기〉에서 고온 환경의 장시간 최대하 운동 시 운동 수행 능력을 저하시키는 요인으로 옳은 것만을 모두 고른 것은? (단, 심각한 탈수 현상은 발생하지 않는 환경)

> 보기
> ㉠ 글리코겐 고갈 가속   ㉡ 근혈류량 감소
> ㉢ 1회 박출량 감소   ㉣ 운동 단위 활성 감소

① ㉠, ㉢
② ㉠, ㉡, ㉣
③ ㉡, ㉢, ㉣
④ ㉠, ㉡, ㉢, ㉣

| 정답해설 |
㉠ 고온에서의 운동은 저혈당을 촉진시키고 근당원의 대사를 가속화시켜 저혈당증과 근당원 저장의 감소로 근피로를 유발한다.
㉡ 고온에서의 운동 시 체온이 상승하면 혈액은 체온을 낮추기 위해서 수축 근육에서 피부쪽으로 이동하여 근육 혈류량이 감소한다.
㉣ 뇌의 온도 증가는 근육의 신경전달을 감소시키며 이는 운동 단위의 활동을 감소시켜 근피로를 유발한다.

| 오답해설 |
㉢ 심각한 탈수 현상이 없는 최대하 운동 시에는 혈장량의 감소가 크지 않아 1회 박출량은 유지할 수 있다.

정답 05 ② 06 ① 07 ③ 08 ②

PART 06

운동역학

01 운동역학 개요
02 운동역학의 이해
03 인체 역학
04 운동학의 스포츠 적용
05 운동역학의 스포츠 적용
06 일과 에너지
07 다양한 운동 기술의 분석

■ **2025년 출제 경향**
- 2024년과 마찬가지로 전 영역에서 고르게 문제가 출제되었으며, 특히 '운동학의 스포츠 적용'과 '운동역학의 스포츠 적용'의 출제 비중이 높았다.
- 일부 계산 문제가 포함되었지만, 복잡한 계산보다는 이론적 이해를 평가하는 유형이 주로 출제되었다.
- 운동역학에서는 운동 사슬, 역학적 부하, 충돌 시 선운동량 보존 법칙, 수직 낙하 시 반발계수, 압력 개념 등을 다룬 새로운 유형의 문제가 등장했다.

출제 기준 & 8개년 기출 분석 (2급 전문/2급 생활/2급 장애인/유소년/노인)

주요 항목	세부 항목	세세 항목
운동역학 개요 (5%)	운동역학의 정의	1. 운동역학의 정의 2. 운동역학과 유사 개념 3. 운동역학의 학문 영역
	운동역학의 목적과 내용	1. 운동역학의 목적 및 필요성 2. 운동역학의 주요 연구 영역 3. 운동역학의 연구 방법
운동역학의 이해 (5%)	해부학적 기초	1. 인체의 근골격계 2. 해부학적 자세와 방향 용어 3. 인체의 축(axis)과 운동면(plane) 4. 관절 운동
	운동의 종류	1. 운동의 정의와 원인 2. 운동의 형태
인체 역학 (15%)	인체의 물리적 특성	1. 체중과 질량 2. 인체의 무게 중심
	인체 평형과 안정성	1. 평형과 안정성 2. 기저면과 안정성
	인체의 구조적 특성	1. 인체 지레 2. 바퀴와 축
운동학의 스포츠 적용 (20%)	선 운동의 운동학적 분석	1. 거리와 변위 2. 속력과 속도 3. 가속도 4. 포물선 운동
	각운동의 운동학적 분석	1. 각운동 2. 각속도의 운동 3. 선속도와 각속도
운동역학의 스포츠 적용 (35%)	선 운동의 운동역학적 분석	1. 힘의 정의와 단위 2. 힘의 벡터적 특성 3. 힘의 종류 4. 뉴턴의 선 운동 법칙(3법칙) 5. 선 운동량과 충격량 6. 선 운동량 보존의 법칙 7. 충돌
	각운동의 운동역학적 분석	1. 토크(힘의 모멘트) 2. 관성 모멘트 3. 뉴턴의 각운동 법칙 4. 각운동량과 회전 충격량 5. 각운동량의 보존과 전이 6. 구심력과 원심력
일과 에너지 (10%)	일과 일률	1. 일(work) 2. 일률(power)
	에너지	1. 에너지(energy)의 개념과 종류 2. 역학적 에너지 보존의 법칙 3. 인체 에너지 효율
다양한 운동 기술의 분석 (10%)	동작 분석	1. 동작 분석과 영상 분석 2. 영상 분석의 구분
	힘 분석	1. 힘 측정 원리 2. 다양한 힘 측정 방법 3. 지면 반력 측정의 활용
	근전도 분석	1. 근전도의 원리 2. 근전도의 측정 3. 근전도의 분석과 활용

핵심테마 01 | 운동역학 개요

1 운동역학(sport biomechanics)의 정의

1. 운동역학의 정의 기출 2023/2018
① 역학, 생리학, 해부학적 기초 지식을 활용하여 인체 운동을 보다 쉽게 이해하기 위한 응용과학
② 물체의 운동을 일으키는 힘(도구)과 힘의 작용 결과로 인해 발생하는 물체의 운동 및 효과를 연구하는 학문

2. 운동역학과 유사 개념
① 운동기능학(kinesiology, 키네시올로지): 'kinesis(운동)+logos(학문, 진리)'의 합성어로, 인체 운동의 효율성 제고를 목표로 하는 학문
② 생체역학(biomechanics): 'bio(생물체)+mechanics(역학)'의 합성어로, 역학의 제 원리가 생물체에 적용된 학문
③ 인체측정학: 신체 분절의 부피나 무게를 다루는 것과 관련된 학문

3. 운동역학의 학문 영역 기출 2024/2020/2019/2018/2017/2016
① 정역학(statics): 정적 평형 상태에 있는 어떠한 구조물 혹은 물체에 작용하는 힘을 연구하는 학문으로, 물체에 작용하는 미지의 힘을 알아내는 데 적합함
② 동역학(dynamics): 물체의 힘과 운동의 관계, 가속에 영향을 받는 시스템을 연구하는 학문
③ 운동학(kinematics)
  ㉠ 공간이나 시간을 고려하여 움직임을 기술하는 학문
  ㉡ 운동의 원인이 되는 힘과는 직접적으로 관계없는 위치, 속도, 각도, 각속도 등과 같은 운동 상태를 다루는 분야
  ㉢ 최대 속도 계산, 이동 거리 측정, 구간별 속도 측정, 발목 관절의 각도 측정, 궤적 측정, 각속도 측정 등을 함
④ 운동역학(kinetics)
  ㉠ 운동을 유발하거나 변화시키는 원인인 힘에 대해 연구하는 학문
  ㉡ 스포츠와 관련된 움직임을 전문적으로 다루는 분야를 한정하여 부르는 용어
  ㉢ 근력, 지면 반력, 토크, 관성 모멘트, 운동량, 충격량, 마찰력, 양력 등을 연구
  ㉣ 지면 반력 측정, 무릎 관절의 모멘트 계산, 압력의 크기 측정, 근활성도 측정 등을 함
⑤ 인체측정학(anthropometry): 체육 측정 평가에서 연구하는 부분으로, 인체의 각 관절 등과 관련한 부위들을 측정하는 학문

2 운동역학의 목적과 내용

1. 운동역학의 목적 및 필요성 기출 2019/2017/2016/2015

(1) 운동역학의 목적 기출 2025/2021

① 스포츠 동작 신기술 개발을 통한 경기력 향상
② 역학적 이해를 통한 스포츠 동작의 효율성 극대화
③ 스포츠 상황에서 역학적으로 발생하는 상해 원인 분석
④ 경기력 향상을 위한 운동 장비 개발

(2) 운동역학의 필요성

① 스포츠 지도자는 운동역학적 지식을 토대로 운동 학습의 효과를 극대화시킬 수 있음
② 스포츠 과학자는 운동역학적 지식을 현장에 적용시키기 위해 스포츠 지도자와 협력적인 관계를 지속적으로 유지해야 함
③ 스포츠 과학자는 운동역학적 이론을 현장에 적용하여 경기력 향상에 크게 이바지함

2. 운동역학의 주요 연구 영역

(1) 운동 동작의 분석과 개발

코치나 지도자가 운동 수행 상황을 파악하여 단점을 분석하고, 문제점을 찾아내어 피드백(feedback)을 제공함으로써 기술 동작의 오류를 수정함

(2) 운동 기구의 개발과 평가

최근 과학 기술의 발달로 인해 급속도로 발전하고 있는 분야로 특히, 선수의 운동 수행 능력의 증진과 상해 방지에 중점을 두고 있음

(3) 측정 방법과 자료 처리 기술의 개발

운동 기술의 올바른 측정 방법 및 자료 처리 기술의 발달은 정확하면서 빠른 기술 분석을 가능하게 하며, 이는 곧 현장에 기술을 빠르게 적용시킬 수 있게 함

3. 운동역학의 연구 방법 기출 2025/2022

(1) 정성적 분석(qualitative analysis)

① 동작을 측정하거나 계산하지 않는 비수치적 방법으로 지도자의 시각적 관찰로 움직임의 오류를 찾아 분석하는 방법임
② 현장에서 즉각적인 분석이 가능한 장점이 있음
③ 지도자 성향에 따라 결과가 달라지며, 분석결과의 객관성을 담보할 수 없음

(2) 정량적 분석(quantitative analysis)

① 다양한 장비를 활용하여 수치적 자료를 통해 동작, 힘을 분석하는 방법임
② 정성적 분석과 달리 객관적이고 정확한 정보를 획득하며, 주관적인 판단을 배제함
③ 필수적이지만, 자료 처리의 시간이 비교적 많이 소모되므로 현장 적용에 한계가 있음

출제 0순위 공략! 꼭 풀어야 할 대표문제

01 [2023년 기출문제]

운동역학(sports biomechanics)에 관한 내용으로 적절한 것은?

① 스포츠 현상을 사회학적 연구 이론과 방법으로 설명하는 학문이다.
② 운동에 의한 생리적·기능적 변화를 기술하고 설명하는 학문이다.
③ 스포츠 수행에 영향을 주는 심리적 요인을 설명하는 학문이다.
④ 스포츠 상황에서 인체에 발생하는 힘과 그 효과를 설명하는 학문이다.

| 정답해설 |
운동역학은 역학, 생리학, 해부학적 기초 지식을 활용하여 인체 운동을 보다 쉽게 이해하기 위한 응용과학으로, 인체에 발생하는 힘과 힘의 작용 결과로 발생하는 인체의 운동 및 효과를 연구하는 학문이다.

02 [2025년 기출문제]

〈보기〉에서 설명하는 동작 분석 방법으로 옳지 않은 것은?

> **보기**
> 동작을 측정하거나 계산하지 않는 비수치적 방법으로 지도자의 시각적 관찰로 움직임의 오류를 찾아 운동 기술 향상을 도모한다.

① 정량적 자료로 분석한다.
② 현장에서 즉각적인 분석이 가능하다.
③ 지도자 성향에 따라 결과가 달라진다.
④ 분석의 결과는 객관성을 담보할 수 없다.

| 정답해설 |
〈보기〉에서 설명하는 동작 분석 방법은 정성적 분석에 관한 내용이다. 정성적 분석은 비수치적 방법으로, 수치나 장비 없이 시각적 관찰을 통해 움직임을 분석한다. 정량적 자료는 정량적 분석의 특징이다.

| 오답해설 |
② 정성적 분석은 장비나 복잡한 계산 없이 지도자의 눈으로 분석하므로, 즉각적인 피드백이 가능하다. 이는 정성적 분석의 장점이다.
③ 정성적 분석은 주관적인 해석에 의존하기 때문에, 지도자의 관점이나 경험에 따라 결과가 달라질 수 있다.
④ 정성적 분석은 객관적 기준이 부족해, 객관성을 확보하기 어렵다는 단점이 있다.

03 [2020년 기출문제]

수영 동작의 운동학(kinematics)적 분석이 아닌 것은?

① 저항력(drag force) 분석
② 턴 거리(turn distance) 분석
③ 스트로크 길이(stroke length) 분석
④ 추진 속도(propelling velocity) 분석

| 정답해설 |
저항력 분석은 운동역학(kinetics) 분야에서 연구하는 내용이다.

04 [2025년 기출문제]

운동역학의 내용과 목적이 아닌 것은

① 운동 기술의 향상
② 운동 수행 시 힘의 측정
③ 운동 수행 안전성의 향상
④ 인체 내 에너지 대사의 측정

| 정답해설 |
인체 내 에너지 대사의 측정은 운동역학의 연구 목적이 아니라 운동생리학의 연구 목적 해당한다.

| 오답해설 |
① 운동 기술의 향상: 동작 분석을 통해 기술을 개선하는 것은 운동역학의 주요 목적이다.
② 운동 수행 시 힘의 측정: 운동역학은 움직임에 작용하는 힘을 측정하고 분석하는 학문이다.
③ 운동 수행 안전성의 향상: 부상 예방과 동작의 안전성 확보도 운동역학의 중요한 내용이다.

정답 01 ④ 02 ① 03 ① 04 ④

핵심테마 02 | 운동역학의 이해

1 해부학적 기초

1. 인체의 근골격계

(1) 근골격계
우리 몸을 이루고 있는 골격과 근육을 통틀어 이르는 말임

(2) 근골격계의 근육 `기출 2024`
① 골격과 골격을 연결하여 관절을 유기적으로 움직이게 하는 역할을 함
② 작용근(주동근): 의도한 움직임을 발생시키는 근육
③ 대항근(길항근): 작용근에 상반되는 작용을 하는 근육
④ 협동근: 움직임을 만들어 내기 위하여 함께 작용하는 근육
⑤ 인대: 뼈와 뼈 사이를 연결하는 결합조직의 형태
⑥ 건: 골격근을 근육에 연결시키는 역할

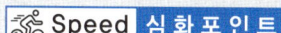

2. 해부학적 자세와 방향 용어

(1) 인체의 해부학적 자세 `기출 2015`
① 시선은 앞을 쳐다보고, 내린 팔의 손바닥은 앞을 향하며, 발을 붙이고 똑바로 서 있는 상태를 의미함
② 해부학적 자세에서 상부는 항상 머리쪽, 하부는 발끝을 의미함

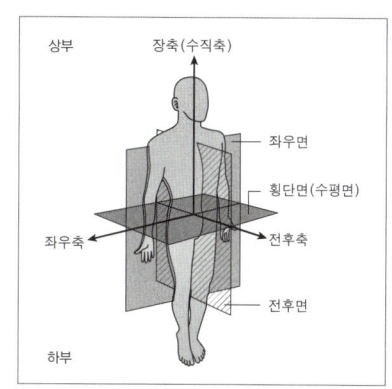

(2) 인체해부학의 방향 용어 `기출 2021/2019/2018`
① 상(superior): 인체 중심의 위쪽
② 하(inferior): 인체 중심의 아래쪽
③ 전(anterior): 인체 중심의 앞쪽
④ 후(posterior): 인체 중심의 뒤쪽
⑤ 내측(medial): 인체의 중심쪽
⑥ 외측(lateral): 인체 중심의 바깥쪽
⑦ 저측(plantar): 발바닥 쪽
⑧ 배측(dorsal): 발등 쪽
⑨ 근위(proximal): 몸통부에 가까운 쪽으로, 운동이나 근육이 시작하는 부분
⑩ 원위(distal): 몸통부에서 먼 쪽으로, 운동이나 근육이 끝나는 부분
⑪ 표층(superficial): 인체의 표면쪽
⑫ 심층(deep): 인체의 내부, 신체 표면으로부터 멂

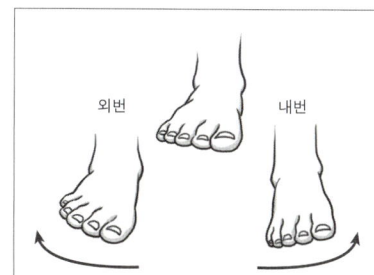

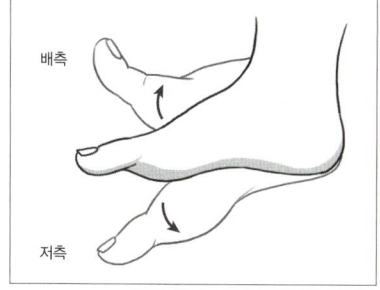

핵심테마 02 운동역학의 이해

Speed 심화포인트

3. 인체의 축(axis)과 운동면(plane)

(1) **운동축**
① 좌우축(mediolateral axis): 인체의 좌우를 통과하는 축
② 전후축(anteroposterior axis): 인체의 전후를 통과하는 축
③ 장축/수직축(longitudinal/vertical axis): 인체의 위아래를 통과하는 축

(2) **운동면** 기출 2017/2016
① 전후면/시상면(sagittal plane): 인체의 전후로 형성되어 인체를 좌우로 나누는 평면
② 좌우면/관상면(frontal plane): 인체의 좌우로 형성되어 인체를 앞뒤로 나누는 평면
③ 횡단면/수평면(transverse plane/horizontal plane): 인체의 수평으로 형성되어 인체를 상하로 나누는 평면

(3) **운동면과 수직인 축(운동축)**
① 좌우축: 전후면과 수직
② 전후축: 좌우면과 수직
③ 장축: 횡단면과 수직
④ 수직축: 수평면과 수직

4. 관절 운동 기출 2023/2022/2019/2018/2015

(1) **좌우축(전후면)에서 일어나는 운동**
① 굴곡: 관절을 형성하는 두 분절 사이의 각이 감소하는 운동
② 신전: 관절을 형성하는 두 분절 사이의 각이 증가하는 운동
③ 배측 굴곡: 발등 쪽으로 발목을 굽히는 운동
④ 족저 굴곡: 발바닥 쪽으로 발목을 굽히는 운동

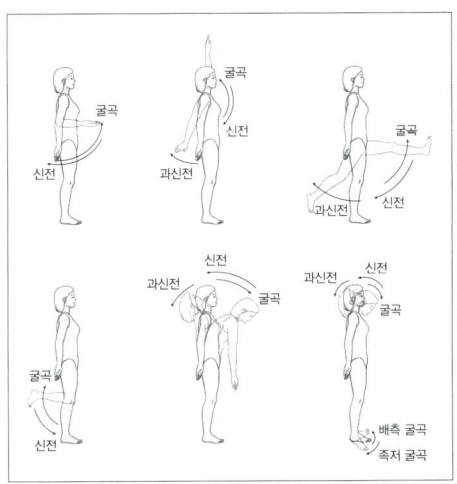

(2) **전후축(좌우면)에서 일어나는 운동**
① 내전: 인체 분절이 중심선에 가까워지는 운동
② 외전: 인체 분절이 중심선에서 멀어지는 운동
③ 내번: 발바닥 안쪽을 드는 동작
④ 외번: 발바닥 바깥쪽을 드는 동작

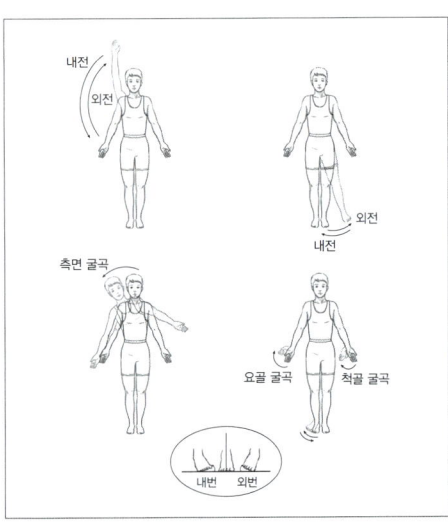

(3) 장축(횡단면)에서 일어나는 운동
  ① 내회전: 분절의 장축을 중심으로 인체 중심선으로 향하는 회전
  ② 외회전: 분절의 장축을 중심으로 인체 중심선으로부터 바깥으로 향하는 회전
  ③ 회내: 아래팔과 손이 내측으로 회전하는 운동
  ④ 회외: 아래팔과 손이 외측으로 회전하는 운동
  ⑤ 수평 내전과 수평 외전: 수평면에서 이루어지는 내전과 외전

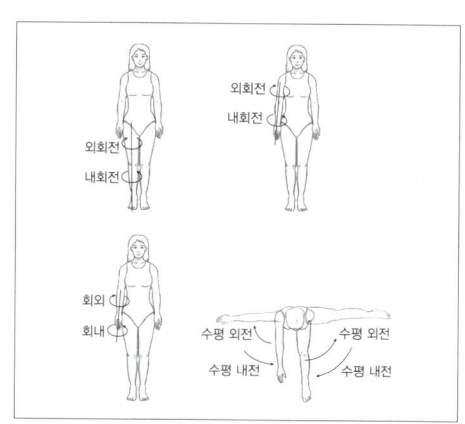

(4) 복합면상에서 일어나는 운동
  휘돌림은 분절의 원뿔을 그리는 형태의 운동이며, 굴곡·신전·외전·내전 운동의 결합을 의미함

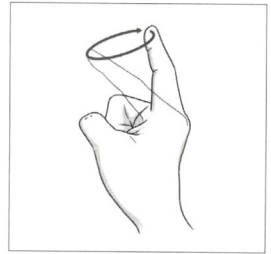

(5) 회전축에 따른 가동 관절의 종류
  ① 자유도
    ㉠ 관절에서 허용되는 독립적인 움직임 방향의 수 의미
    ㉡ 하나의 관절이 움직일 때 몇 개의 운동면에서 관절 운동이 가능한지를 말함
  ② 가동 관절의 종류

무축 관절	미끄럼 관절 (활주 관절)	• 표면이 서로 평평하거나 약간 오목하고 볼록한 표면이 마주 보는 구조 • 관절이 미끄러지며 운동이 발생 예 손목뼈, 발목뼈, 견쇄 관절
1축성 관절 (자유도1)	경첩 관절 (접번 관절)	• 경첩처럼 볼록한 표면이 오목한 표면과 마주한 구조 • 굴곡, 신전 운동에 사용 예 팔꿈치, 무릎, 손가락 관절
	중쇠 관절 (차축 관절)	• 세로축 방향으로 형성된 오목한 뼈에 축모양의 돌기를 가진 뼈가 회전하는 구조 • 회전 운동에 사용 예 팔꿈치에서 아래팔이 회내 혹은 회외 동작 시
2축성 관절 (자유도2)	타원 관절 (과상 관절)	• 타원 모양의 오목한 뼈의 면이 볼록한 뼈의 면과 만나는 형태 • 타원의 장축과 단축을 중심으로 회전하는 운동에 사용 예 손목뼈 관절
	안장 관절 (안상 관절)	• 한쪽 관절 표면이 한 방향은 오목하게 들어가 있고 다른 쪽은 볼록하게 나와 있는 구조 • 굽힘, 신전, 모음, 벌림 운동에 사용 예 손목뼈, 손바닥뼈 관절
3축성 관절 (자유도3)	절구 관절	• 공 모양의 뼈 머리가 절구처럼 오목하게 들어가 뼈에 끼워진 구조 • 모든 운동면에서 회전이 가능한 운동에 사용 예 어깨 관절, 엉덩 관절

핵심테마 02 운동역학의 이해

5. 운동역학적 사슬(kinematic chain) 기출 2025

(1) 운동역학적 사슬의 개념
　① 힘의 적용 대상이 연결된 일련의 사슬고리
　　　예) 하지관절인 발목, 무릎, 엉덩관절의 연결
　② 사슬에 있는 연결 동작은 힘 전달에 영향을 미침
　　　예) 공을 던질 때 어깨, 팔꿈치, 손목의 순차적인 연결은 동작은 힘이 공에 효과적으로 전달됨

(2) 운동역학적 사슬의 종류
　① 닫힌형 운동역학 사슬(CKC)
　　　㉠ 손이나 발이 고정된 상태에서 몸통 쪽이 움직이는 운동을 의미함
　　　㉡ 실제 스포츠에 특화되며 스쿼트, 팔굽혀펴기 동작이 대표적임
　② 열린형 운동역학 사슬(OKC)
　　　㉠ 손이나 발이 자유롭게 움직일 수 있는 상태에서 발생하는 운동을 의미함
　　　㉡ 재활 또는 특정 근육의 근비대에 효과되며 덤벨 숄더 프레스, 바벨 컬 동작이 대표적임

2 운동의 종류

1. 운동의 정의와 원인

(1) 운동의 정의
　① 위치나 장소를 바꾸는 작용
　② 스포츠 활동의 필수가 되며 힘이 가해지지 않는 한 일어나지 않는데, 이 힘은 대부분 근수축에 의해 발생함

(2) 운동의 원인 기출 2024
　① 모든 물체에 힘이 작용함
　② 모든 물체는 관성을 가지고 있는데 관성의 크기는 질량에 비례함
　③ 전신을 움직이거나 분절을 움직일 때에는 근육에서 생성되는 힘, 즉 근육의 단면적에 비례하는 힘인 근력이 작용함

2. 운동의 형태 기출 2025/2023/2021/2020/2016

병진 운동 (선 운동)	• 신체의 모든 부분이 같은 시간에 동일한 거리와 동일한 방향으로 움직이는 운동 • 신체의 특정한 지점이 동일한 시간에 같은 거리를 평행하게 움직였는지 아닌지를 알아봄 • 무게 중심이 직선으로 움직이는 직선 운동과 곡선으로 움직이는 곡선 운동으로 구분 • 물체의 질량 중심점으로 힘이 작용했을 때 선 운동이 일어남
회전 운동 (각운동)	• 고정된 축(회전축)을 중심으로 같은 시간에 동일한 방향으로 동일한 각을 움직일 때 일어나는 운동 • 회전 운동, 스핀, 스윙, 원운동 등으로도 표현 • 모든 회전 운동(각운동)은 관절을 축으로 하여 이루어짐
복합 운동	• 병진 운동(선 운동)과 회전 운동(각운동)이 동시에 일어나는 운동 • 인체의 운동도 각 관절에서 분절이 회전 운동을 한 결과

출제 0순위 공략! 꼭 풀어야 할 대표문제

01 [2022년 기출문제]

인체의 움직임을 표현하는 용어로 옳지 <u>않은</u> 것은?

① 굽힘(굴곡, flexion)은 관절을 형성하는 뼈들이 이루는 각이 작아지는 움직임이다.
② 폄(신전, extension)은 관절을 형성하는 뼈들이 이루는 각이 커지는 움직임이다.
③ 벌림(외전, abduction)은 뼈의 세로축이 신체의 중심선으로 가까워지는 움직임이다.
④ 발등 굽힘(배측 굴곡, dorsi flexion)은 발등이 정강이뼈(경골, tibia) 앞쪽으로 향하는 움직임이다.

| 정답해설 |
벌림(외전, abduction)은 인체 분절이 중심선에서 멀어지는 움직임이다.

02 [2023년 기출문제]

인체의 시상(전후)면(sagittal plane)에서 수행되는 움직임이 <u>아닌</u> 것은?

① 인체의 수직축(종축)을 중심으로 회전하는 피겨스케이팅 선수의 몸통 분절 움직임
② 페달링하는 사이클 선수의 무릎관절 굴곡/신전 움직임
③ 100m 달리기를 하는 육상 선수의 발목관절 저측/배측굴곡 움직임
④ 앞구르기를 하는 체조 선수의 몸통 분절 움직임

| 정답해설 |
수직축을 중심으로 회전하는 움직임은 수평면에서 발생한다.

03 [2021년 기출문제]

해부학적 자세에서 몸의 중심을 기준으로 한 방향 용어의 사용이 옳지 <u>않은</u> 것은?

① 복장뼈(흉골: sternum)는 어깨의 가쪽(외측: lateral)에 있다.
② 손목 관절은 팔꿈치 관절보다 먼 쪽(원위: distal)에 있다.
③ 엉덩이는 무릎보다 몸쪽(근위: proximal)에 있다.
④ 머리는 발보다 위(상: superior)에 있다.

| 정답해설 |
복장뼈(흉골: sternum)는 어깨의 안쪽(내측: medial)에 있다.

04 [2025년 기출문제]

운동의 종류에 관한 설명으로 옳지 <u>않은</u> 것은?

① 직선 운동은 병진 운동의 한 종류이다.
② 곡선 운동은 회전 운동에 포함되는 운동이다.
③ 병진 운동은 직선 운동과 곡선 운동 모두를 말한다.
④ 복합 운동은 병진 운동과 회전 운동이 혼합된 운동이다.

| 정답해설 |
곡선운동은 병진 운동(선운동)에 포함된다.

정답 01 ③ 02 ① 03 ① 04 ②

핵심테마 03 | 인체 역학

1 인체의 물리적 특성

1. 체중과 질량 `기출 2021`

(1) 체중(무게)
① 일반적 의미: 체중계에서 저울의 스프링을 눌러 압축된 정도를 수량화하여 표현한 것
② 역학적 의미: 역학적 체중은 지구가 신체를 끌어당기는 힘인 중력으로 지구를 당기는 신체의 인력
③ 특성: 크기와 방향을 가지는 벡터(vector)의 특성을 가지며, 단위는 뉴턴(N)임

(2) 질량 `기출 2022`
① 의미: 물질이나 물체를 의미하는 것으로, 어떠한 물체가 물질을 가지고 공간을 차지하고 있다면 이것은 질량을 가지고 있는 것임
② 특징: 한 물체가 질량을 가진다면 질량을 가진 다른 물체를 당길 수 있는 인력을 가지고 있는 것임
③ 특성: 크기만 있는 스칼라(scalar)의 특성을 가지며, 단위는 킬로그램(kg)임

> **Jump Up 이해**
>
> **스칼라량과 벡터량**
> - 스칼라량
>   - 숫자로 표시되는 크기에 단위만을 붙여 나타내는 물리량
>   - 길이(m), 질량(kg), 시간(sec), 사람(명), 속력 등
> - 벡터량
>   - 스칼라량의 크기와 단위 이외에 방향의 특성을 함께 갖는 물리량
>   - 힘(N), 속도(m/sec), 변위(m) 등

(3) MKS 단위계 `기출 2015`
가장 널리 사용되는 단위계로서 길이는 미터(m), 질량은 킬로그램(kg), 시간은 초(s)로 표시한다.

2. 인체의 무게 중심 `기출 2024/2023/2022/2021/2020/2019/2017/2016/2015`

(1) 인체의 무게 중심의 개념
① 지구의 중력은 무게 중심에 집중되며, 인체의 중심은 모든 질량이나 중량이 한 점에 집중된 것으로 생각됨
② 인체의 유연성과 변하기 쉬운 내부 구조는 중심의 위치를 찾는 것을 어렵게 하는데, 무게의 중심은 순간적으로 고정된 자세에 따라 결정되기 때문임
③ 무게 중심은 팔을 옆에 대고 똑바로 서 있는 자세에서 대부분의 성인 남자는 배꼽보다 1인치 위에 위치하고, 여자의 경우에는 배꼽보다 약간 낮은 지점에 위치함(남자는 어깨 쪽의 질량이 상대적으로 크고, 여자의 경우 엉덩이 쪽의 질량이 상대적으로 크기 때문임)

④ 일반적으로 여성의 무게 중심이 남성에 비해 낮고, 동양인의 무게 중심이 서양인보다 낮으며, 유아의 무게 중심은 성인에 비해 높은 편임

(2) 인체의 무게 중심의 이동
① 인체의 무게 중심은 동일한 위치에 머무르지 않으며, 인체의 움직임에 따라 인체의 질량이 재분배되어 위치가 항상 변화함
② 무게 중심이 이동한 거리는 얼마나 많은 질량이 얼마나 많이 움직였는지에 따라 달라짐
  예 무거운 바벨을 머리 위로 들어올렸을 때의 선수와 바벨을 합친 무게 중심은 상체 쪽으로 많이 이동

(3) 무게 중심의 특성
① 무게 중심은 토크(torque)의 합이 '0'인 지점
② 무게 중심은 인체를 벗어나서 위치할 수 있음
③ 무게 중심의 위치는 자세의 변화에 따라 달라짐
④ 물체 전체 질량의 중심점으로, 이를 질량 중심이라 함

2 인체 평형과 안정성

어떤 운동 기술은 안정성을 최대로 유지해야 유리한 반면, 어떤 운동 기술은 안정성을 감소시켜야 유리한 경우가 있으므로 효율적인 운동을 하기 위해서는 안정성, 균형, 평형에 관련된 운동역학적 원리들을 숙지하고 있어야 함

1. 평형과 안정성 기출 2015

(1) 평형과 균형
협응과 조절을 의미하며, 균형 감각이 뛰어나면 평형 상태를 유지하면서 운동 수행을 방해하는 여러 가지 힘을 적절하게 조절할 수 있음

(2) 균형의 유지
스포츠 상황에서 신체의 움직임이 거의 없는 운동 기능을 발휘할 때와 역동적인 운동 기능을 발휘할 때 모두 균형을 유지해야 함

(3) 안정성
평형 상태를 깨뜨리기 어려운 정도를 일컫는 것으로, 안정성이 높은 운동체는 넘어뜨리거나 뒤집기 어렵다는 것을 의미함

(4) 정적 평형 상태
① 물체에 작용하는 모든 힘의 수직 성분의 합은 0이 되어야 함
② 물체에 작용하는 모든 힘의 수평 성분의 합은 0이 되어야 함
③ 모든 토크의 합은 0이 되어야 함

2. 기저면과 안정성 기출 2025/2024/2023/2022/2021/2017

(1) 기저면
물체가 지면에 접촉하고 있을 때 그 접촉점들을 연결시킨 면적을 의미함

핵심테마 03 인체 역학

Speed 심화포인트

(2) 기저면과 안정성의 관계

기저면은 크면 클수록 안정성이 높아짐

- 평균대에서 한 발로 균형을 유지하면서 서 있을 경우, 한 발의 면적만이 기저면이 되지만, 두 발로 서 있을 경우 기저면이 커져 안정성이 높아짐
- 물구나무서기를 할 때 한 손으로 물구나무를 서 있는 사람은 한 손바닥만큼의 기저면을 갖지만, 머리를 대고 양손으로 물구나무를 선 사람은 머리와 양손을 연결한 삼각형의 모양의 기저면을 갖게 되어 안정성이 더 높음

(3) 인체의 안정성을 결정짓는 요인

① 무게 중심선이 기저면 밖에 있으면 인체는 불안정한 상태에 놓이게 됨
② 무게 중심선이 기저면 중앙에 가까울수록 안정성은 높아지게 됨
③ 무게 중심선이 기저면 가장자리에 근접할수록 평형이 깨져 인체는 불안정한 상태에 놓이게 됨
④ 기저면의 크기가 클수록 안정성이 증가함
⑤ 안정성을 크게 하기 위해서는 가능한 한 중심의 이동이 기저면 밖에 위치하지 않도록 기저면을 넓히는 것이 중요함

Jump Up 이해

인체 중심의 높이와 인체 중심선의 위치	
인체 중심의 높이	• 인체 중심이 높으면 높을수록 불안정하고, 낮으면 낮을수록 안정된 자세임 • 우리 몸에서 인체 중심을 제일 높게 하는 것은 양손을 들고 뒤꿈치를 드는 동작임 • 일반적으로 성인 남자의 인체 중심의 높이는 발끝에서 54~56% 지점에 있고, 여자는 52~54% 지점에 있음
인체 중심선 위치	• 인체 중심선은 인체의 중심으로부터 수직 하방을 향하는 선을 말함 • 인체 중심선이 기저면의 중앙 위치에 올수록 안정되고, 기저면의 한쪽 끝에 위치할수록 불안정한 자세가 되며, 기저면 밖으로 나가는 순간 넘어지게 됨

3 인체의 구조적 특성

1. 인체 지레

(1) 개요

① 인체는 근수축력과 분절의 가동력을 이용하여 지레, 바퀴와 축, 도르래 등과 같은 간단한 기계적 작용을 수행함으로써 복잡한 신체 활동을 원활히 행하도록 도와줌
② 모든 지레는 받침점(회전축), 저항점(작용점), 힘점이 존재하는데, 특히 인체의 경우에는 분절이 지렛대의 역할을 수행하고, 그 뼈를 움직이는 근육의 정지점에는 힘점이, 움직이는 분절의 무게 중심에는 저항점이 위치하고 있으며, 운동하는 관절은 받침점의 위치가 됨

(2) 인체 지레의 요소

① **지레의 3요소**: 받침점(관절), 저항점(작용점, 분절의 무게 중심이며 뼈는 지렛대 역할), 힘점(주동근의 착점)
② **힘팔**: 힘이 작용되는 지점에서부터 받침점(축)까지의 수직 거리
③ **작용팔(저항팔)**: 저항이 작용하는 지점에서 받침점(축)까지의 수직 거리

(3) **지레의 종류와 특징** 기출 2024/2023/2022/2021/2020/2019/2018

① 1종 지레
㉠ 가위와 같이 작용점(R)과 힘점(F) 사이에 받침점(A)이 있는 지레(힘점-축-작용점)
㉡ 가운데 받침점이 있는 유형
  예 시소, 저울, 연탄집게, 손톱깎이, 팔을 위로 뻗을 때 위팔세갈래근의 역할 등
㉢ 힘팔과 작용팔의 상대적 길이에 따라 다양함
㉣ 역학적 이득(기계적 이득)은 다양함

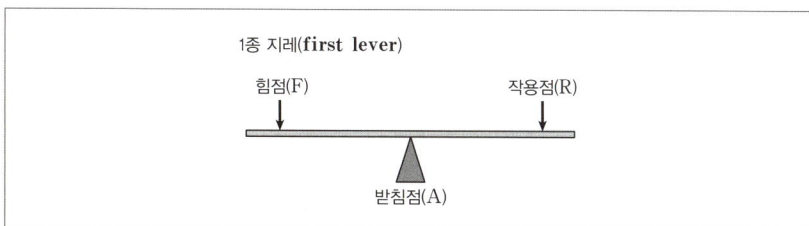

② 2종 지레
㉠ 종이 절단기처럼 받침점과 힘점 사이에 작용점이 있는 유형의 지레(축-작용점-힘점)
㉡ 작용점이 가운데 있으며 힘팔(FA)이 작용팔(RA)보다 항상 큼
  예 뒤꿈치 들기, 팔 굽혀 펴기 동작 등
㉢ 힘의 이득과 거리의 손해
㉣ 역학적 이득(기계적 이득)은 항상 1보다 큼

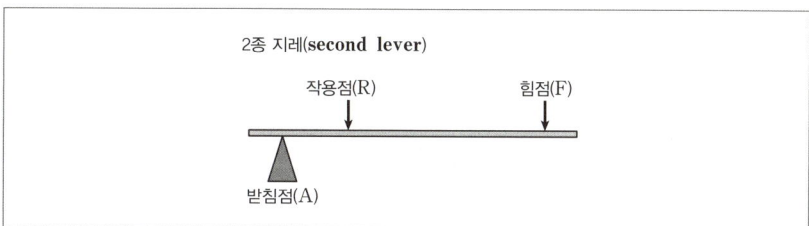

③ 3종 지레
㉠ 핀셋과 같이 힘점이 작용점과 받침점 사이에 있는, 즉 가운데서 힘이 작용되는 유형의 지레(축-힘점-작용점)
㉡ 힘점이 가운데 있기 때문에 작용팔(RA)이 항상 큼
  예 팔꿈치 굽히기
㉢ 기구를 이용하는 대부분의 운동이 해당되며 바벨을 들고 하는 운동이 대표적임
㉣ 힘의 손해와 거리의 이득(인체 지레의 대부분은 3종 지레에 해당되어 힘에서 이득을 보지 못함)
㉤ 역학적 이득(기계적 이득)은 항상 1보다 작음

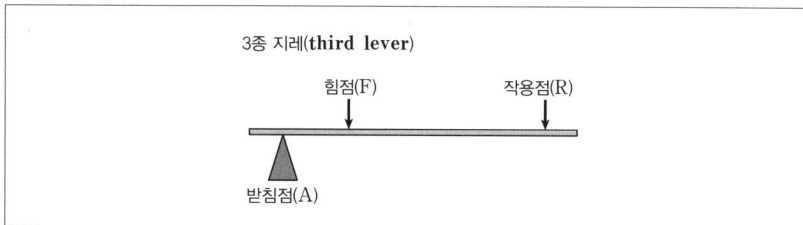

핵심테마 03 인체 역학

(4) 지레의 사용 목적

구분	1종 지레			2종 지레	3종 지레
힘팔과 저항팔의 길이	힘팔>작용팔	힘팔<작용팔	힘팔=작용팔	힘팔>작용팔	힘팔<작용팔
힘의 크기	이익	손해	방향만 바꿈	이익	손해
이동 거리	손해	이익	변화 없음	손해	이익

2. 바퀴와 축

(1) 바퀴와 축의 원리
척추 운동에서 주변의 근육이 수축할 때 몸통 전체의 방향이 바뀌게 되는데, 이는 바퀴와 축의 원리를 이용한 것임

(2) 도르래의 원리
힘의 작용 방향을 바꿔 줄 때 도르래를 사용하며, 관절을 지나는 근육이 수축하는 것은 도르래의 원리를 이용한 것임

(3) 바퀴와 축의 제1유형과 제2유형
① 제1유형
  ㉠ 바퀴에 힘을 가해 축에서 보다 큰 힘을 얻고자 하는 유형
  ㉡ 2종 지레와 유사
② 제2유형
  ㉠ 축에 힘을 가해 바퀴에서 빠른 회전력을 얻고자 하는 유형
  ㉡ 3종 지레와 유사

출제 0순위 공략! 꼭 풀어야 할 대표문제

01 [2024년 기출문제]

인체의 무게 중심에 관한 설명으로 옳지 않은 것은?

① 무게 중심은 인체 외부에 위치할 수 있다.
② 무게 중심의 위치는 안정성에 영향을 준다.
③ 무게 중심은 토크의 합이 '0'인 지점이다.
④ 무게 중심의 위치는 동작의 변화와 관계없이 일정하다.

| 정답해설 |
인체의 무게 중심은 동일한 위치에 머무르지 않으며, 인체의 움직임에 따라 인체의 질량이 재분배되어 위치가 항상 변화한다.

02 [2021년 기출문제]

인체의 물리량과 물리적 특성에 관한 설명으로 옳은 것은?

① kg은 무게의 단위이다.
② 질량은 스칼라(scalar)이고, 무게는 벡터(vector)이다.
③ 무게 중심의 위치는 자세와 상관없이 항상 인체 내부에 있다.
④ 질량은 인체가 가지고 있는 관성의 척도로 장소에 따라 크기가 변한다.

| 정답해설 |
질량은 물체가 가지고 있는 고유한 성질로, 크기만 가지고 있으므로 스칼라(scalar)이며, 무게는 중력의 영향을 받아 크기와 방향이 존재하므로 벡터(vector)이다.

| 오답해설 |
① 역학적 의미로 'kg'은 질량을 의미하는 단위이다.
③ 무게 중심의 위치는 자세의 영향을 받으므로 항상 변화한다.
④ 인체가 가지고 있는 관성의 척도로 장소에 따라 변하는 것은 무게이다.

03 [2024년 기출문제]

인체에 적용되는 지레(levers)의 원리에 관한 설명으로 옳지 않은 것은?

① 1종 지레에서 축(받침점)은 힘점과 저항점(작용점) 사이에 위치하고 역학적 이점이 1보다 크거나 작을 수 있다.
② 2종 지레는 저항점이 힘점과 축 사이에 위치하고 역학적 이점이 1보다 크다.
③ 3종 지레에서 힘점은 축과 저항점 사이에 위치하고 역학적 이점이 1보다 크다.
④ 지면에서 수직 방향으로 발뒤꿈치를 들고 서는 동작(calf raise)은 2종 지레이다.

| 정답해설 |
3종 지레에서 힘점은 축과 저항점 사이에 위치하고 역학적 이점이 1보다 작다.

04 [2025년 기출문제]

인체의 안정성을 결정짓는 요인이 아닌 것은?

① 기저면의 크기와 관련이 있으며 형태와는 관련이 없다.
② 무게중심선이 기저면 밖에 있으면 불안정한 상태가 된다.
③ 무게중심선이 기저면의 중심에 가까울수록 안정성은 높아진다.
④ 무게중심의 높이와 관련이 있으며 낮을수록 안정성은 높아진다.

| 정답해설 |
기저면은 인체나 물체가 지면에 접촉하는 지점을 연결한 면적을 말하며, 크기뿐만 아니라 형태 또한 안정성에 영향을 준다. 예를 들어 같은 면적이라도 넓게 퍼진 형태일수록 안정성이 높아질 수 있다. 따라서 기저면의 '형태'는 안정성과 관련이 있다.

정답 01 ④ 02 ② 03 ③ 04 ①

핵심테마 04 운동학의 스포츠 적용

Speed 심화포인트

1 선 운동의 운동학적 분석

1. 거리와 변위 기출 2025/2022/2016/2015

(1) 거리와 변위의 개념
① 거리: 물체가 한 위치에서 다른 위치로 이동한 길이, 즉 그 물체가 지나간 궤적의 총 길이를 말하며, 크기를 나타내는 스칼라량임
② 변위: 이동 거리라는 크기에 방향성을 더한 물리량으로 그 물체의 이동 시점과 종점 사이의 직선 거리를 말하며, 크기와 방향을 나타내는 벡터량임

(2) 거리와 변위의 차이
거리는 방향성이 없고 크기만 존재하지만, 변위는 방향성과 크기를 모두 지님
  예) 20m 왕복 달리기를 해서 원래 위치로 돌아온 경우, 방향성이 없는 거리는 이동 거리를 모두 합한 40m가 되지만, 방향성을 지닌 변위는 처음 이동한 변위(+20m)와 원래 위치로 돌아온 변위(-20m)를 합한 0m가 됨

2. 속력과 속도 기출 2023/2021/2019

속력	• 일정 시간 동안 이동한 거리로 물체의 빠르기를 나타냄(스칼라량) • 단위: m/s, cm/s, m/min, km/h 등 • 계산식: 속력 = $\dfrac{\text{이동 거리}}{\text{소요 시간}}$
속도	• 단위 시간(1초) 동안 이동한 변위로 물체의 빠르기를 나타냄(벡터량) • 단위: 속력과 동일 • 계산식: 속도 = $\dfrac{\text{변위}}{\text{소요 시간}}$
속력과 속도의 차이	20초에 20m 왕복 달리기를 한 경우 속력은 초속 2m/s(40m/20s)가 되지만, 속도는 초속 0m/s[0m/20초 또는 2+(-2)m/s]가 됨

3. 가속도 기출 2021/2020/2017

① 시간에 대한 속도 변화의 비율, 즉 단위 시간당 속도의 변화량
② 속력이 증가할 때 정적 가속도(가속도), 속력이 감소할 때 부적 가속도(감속도)라고 함
③ 단위: m/s^2
④ 계산식: 가속도 = $\dfrac{(\text{나중 속도} - \text{처음 속도})}{\text{소요 시간}}$ = $\dfrac{\text{속도의 변화량}}{\text{시간의 변화량}}$
⑤ 등속도 운동
  ㉠ 물체의 속도가 변하지 않음
  ㉡ 가속도는 0

등속도 운동과 등가속도 운동
• 등속도 운동: 물체의 속도가 변하지 않고 일정한 운동으로, 가속도가 0인 운동이다.
• 등가속도 운동: 가속도가 일정한 운동을 말한다.

⑥ 가속도의 해석
  ㉠ 가속도는 물체에 작용하는 힘의 크기와 방향과 관계 있음
    예) 100m 달리기 출발 초기에는 진행 방향으로 힘이 작용하고 속도가 증가하여 가속도가 양(+)인 반면, 결승선을 지난 후에는 반대 방향으로 힘이 작용하기 때문에 속도가 감소하고 가속도는 음(-)이 됨
  ㉡ 가속도는 속도의 크기뿐만 아니라 속도의 방향이 변해도 발생함
    예) 곡선 주로를 같은 크기의 빠르기로 돌고 있다면 운동 방향이 변하기 때문에 가속도가 존재하며, 운동장 중심으로 향하는 힘이 작용하고 있음

4. 포물선 운동 기출 2023/2022/2019/2016

(1) 포물선 운동
① 던지거나 쏘는 행위를 투사라고 하며, 투사된 물체를 투사체, 스포츠 경기에서 투사로 인해 선수 또는 물체가 공중에서 포물선을 그리는 운동을 투사체 운동이라고 함
② 포물선 운동 시 수평 속도는 초기 속도와 수평 성분이 같은 등속도 운동을 함(공기 저항이 없는 경우)
③ 포물선 운동 시 수직 속도는 중력($9.8m/s^2$)이라는 외력이 존재하기 때문에 등가속도 운동을 함
④ 투사된 물체의 공중 최고 지점에서의 수직 속도는 0m/sec임

투사된 물체에 영향을 주는 요인
공기 저항, 중력

(2) 투사 높이, 투사 각도, 투사 속도(포물선 운동의 3요소)

투사 높이	• 투사점이 h만큼 높을 경우 h만큼 멀리 나가며, 그만큼 역학적 일을 적게 함 • 높이 없이 원점에서 투사될 경우 투사체의 상승 시간과 하강 시간은 같음
투사 각도	• 투사체의 비행 경로의 형태는 투사 각도에 의해 결정됨 • 투사 거리와 관련하여 투사점과 착지점의 높이가 같고 외력이 작용하지 않는 한 이론적 각도는 45°에서 가장 큰 투사 거리를 나타냄 • 투사 높이가 증가할수록 투사 각도는 작아짐

투사 속도	• 투사 속도가 빠를수록 투사체의 최고점 높이는 증가함
	• 도약 경기에서는 도약 속도가 빠를수록 더 높이 올라감
	• 투사 각도와 다른 요소가 일정할 때 투사 속도는 투사체 궤도의 크기와 길이를 결정함
	• 투사 속도의 원리
	  - 수평 속도가 빠를수록 투사 거리가 증가함
	  - 수직 속도가 빠를수록 투사 높이가 증가함
	  - 투사 속도는 수평 속도와 수직 속도의 합력으로 나타남

투사체의 수평 거리에 영향을 주는 요인
• 투사체를 던진 투사 높이
• 투사 각도(궤적 각도)
• 투사되는 순간의 투사 속도

공기 저항을 무시한 공의 비행 경로의 형태
• 공을 똑바로 위로 던지면 공은 곧바로 위로 올라간 후 중력에 의해 똑바로 아래로 떨어짐(이때 비행 경로는 직선이며 중력은 공이 올라갈 때에는 감속, 내려올 때에는 가속시키는 역할을 함)
• 공을 45° 이상으로 던지면 거리보다 높이에 우세, 공을 45° 이하로 던지면 높이보다 거리에 우세

2 각운동의 운동학적 분석

1. 각운동 기출 2025/2024/2022/2020/2019/2016

(1) 각운동의 개념
각운동의 운동학은 회전 운동이나 각운동을 다루게 되는데, 이와 관련된 기본 개념은 직선 운동과 매우 밀접한 관계가 있음

핵심테마 04 운동학의 스포츠 적용

Speed 심화포인트

각도의 단위
도(degree), 라디안(radian), 회전(revolution)

라디안(radian)
- 각운동과 선 운동의 운동학적 양을 변환하는 데 사용하는 각도 측정 단위
- 원호의 길이 s를 반지름 r로 나눈 것으로, 세타(θ)=s/r로 표시
- 1rad은 호의 길이가 반지름과 같을 때의 중심각
- 1rad = 360°/2π = 57.3°
- 1° = 1rad/57.3° = 0.0175rad
- 180° = 1πrad = $\frac{1}{2}$회전
- 360° = 2πrad = 1회전

(2) 각운동의 요소

각거리	• 물체가 한 지점에서 다른 지점으로 이동하였을 때 물체가 이동한 경로를 측정한 총 각도의 크기 • 스칼라량
각변위	• 회전하는 물체의 최초 지점의 각위치와 최후 지점의 각위치 간의 차이 값 • 방향을 가지고 있어서 일반적으로 시계 방향(−) 또는 반시계 방향(+)으로 표시 • 벡터량
각속력	• $\frac{각거리}{소요 시간}$(각거리는 0~360°)로 계산 • 스칼라량
각속도	• $\frac{각변위}{소요 시간}$로 계산 • 벡터량
각가속도	• 각속도가 변하는 정도를 나타내는 변인으로, $\frac{마지막 각속도 - 처음 각속도}{시간}$로 계산 • 각가속도가 "0"이면 속도가 유지되는 상태일 수도 있고, 정지 상태일 수도 있음 • 벡터량

2. 각속도의 운동

신체 분절의 선속도가 일정할 때의 각속도는 회전 반경을 짧게 함으로써 증가시킬 수 있음
- 예) 야구에서 타자는 상완을 겨드랑이에 밀착시켜 회전 반경을 작게 함으로써 스윙 시 각속도 증가
- 예) 달리기 선수가 질주 시 무릎을 구부리는 것은 다리 각속도를 늘려 피치 수를 늘리기 위한 것

3. 선속도와 각속도 기출 2022/2020

① 선속도와 각속도의 관계
  ㉠ 회전하는 물체의 선속도는 각속도와 회전 반경의 곱으로 결정

  > 선속도 = 각속도(라디안 각도 적용) × 회전 반경

  ㉡ 각속도가 동일하다면 회전축으로부터 가까운 지점의 선속도보다 먼 지점의 선속도가 더 크며, 이는 회전 반경이 클수록 선속도가 크다는 것을 의미함
  - 예) 골프 스윙에서 클럽의 회전 속도(각속도)가 동일하다면 길이가 긴 클럽의 선속도가 짧은 클럽의 선속도보다 크며 공을 보다 멀리 보낼 수 있음
  ㉢ 회전 반경이란 회전하는 물체의 한 지점에서 회전축까지의 거리(반지름)를 의미함
  ㉣ 회전 운동에서 반시계 방향은 양(+)의 방향, 시계 방향은 음(−)의 방향임

② 인체 운동과 선속도−각속도의 관계
  ㉠ 배구 스파이크, 골프 스윙, 야구 배팅, 배드민턴 스매싱 등의 충격 상황에서 도구의 선속도는 중요한 역학적 변인임
  ㉡ 선속도를 증가시키기 위해 각속도와 회전 반경을 증가시켜야 함
   - 각속도 증가: 충격 이전의 회전 운동에서는 관절을 굽혀 질량을 회전축에 가깝게 하여(관성 모멘트 감소) 각속도를 증가시킴
   - 회전 반경의 증가: 충격 직전에 관절을 신전시켜 회전 반경을 늘림
   - 예) 골프 스윙 동작 시 임팩트 전까지 손목 코킹(cocking)을 통해 각속도를 증가시키고, 임팩트 시점에는 팔꿈치를 펴고 언코킹(uncocking)을 통해 회전 반경을 증가시킴

출제 0순위 공략! 꼭 풀어야 할 대표문제

01 [2023년 기출문제]

농구 자유투에서 투사된 농구공의 운동에 대한 설명으로 옳은 것은? (단, 공기 저항은 무시함)

① 농구공 질량 중심의 수직 속도는 일정하다.
② 최고점에서 농구공 질량 중심의 수평 속도는 0m/s가 된다.
③ 최고점에서 농구공 질량 중심은 수평 방향으로 등속도 운동을 한다.
④ 최고점에서 농구공 질량 중심은 수직 방향으로 등속도 운동을 한다.

| 정답해설 |

투사된 물체는 수평 방향으로 투사된 직후부터 착지 직전까지 등속도 운동을 한다.

| 오답해설 |

① 농구공 질량 중심의 수직 속도는 등가속도 운동을 한다.
② 최고점에서 농구공 질량 중심의 수평 속도는 투사된 직후부터 착지 직전까지 일정하다.
④ 최고점에서 농구공 질량 중심은 수직 방향으로 등가속도 운동을 한다.

02 [2022년 기출문제]

투사체 운동에 대한 설명으로 옳은 것은? (단, 공기 저항은 고려하지 않음)

① 투사체에 작용하는 외력은 존재하지 않는다.
② 투사체의 수평 속도는 초기 속도의 수평 성분과 크기가 같다.
③ 투사체의 수직 속도는 9.8m/s로 일정하다.
④ 투사 높이와 착지 높이가 같을 경우, 38.5°의 투사 각도로 던질 때 최대의 수평 거리를 얻을 수 있다.

| 정답해설 |

투사체 운동은 수평 방향으로는 등속도 운동을 하기 때문에 초기 속도의 수평 성분과 크기가 같다.

| 오답해설 |

① 투사된 물체에 영향을 주는 요인은 공기 저항과 중력이다. 공기 저항은 고려하지 않지만, 중력의 영향은 존재한다.
③ 투사체의 수직 속도는 일정하지 않고 중력에 의한 수직 가속도가 $9.8m/s^2$으로 일정하다.
④ 투사 높이와 착지 높이가 같을 경우 45°의 투사 각도로 던질 때 최대 수평 거리를 얻을 수 있다.

03 [2021년 기출문제]

〈보기〉는 200m 달리기 경기에서 경과 시간에 따른 평균 속도 변화이다. 이에 관한 설명으로 옳지 <u>않은</u> 것은?

보기

경과 시간 (초)	0	1	3	5	7	9	11	13	15	17	19	21	23
평균 속도 (m/s)	0	2.4	8.4	10	10	9.6	9.5	8.9	8.7	8.6	8.5	8.4	8.3

① 평균 가속도가 0인 구간이 존재한다.
② 처음 1초 동안 2.4m를 이동하였다.
③ 후반부의 평균 속도는 감소되고 있다.
④ 최대 평균 가속도는 5초와 7초 사이에 나타난다.

| 정답해설 |

가속도는 시간당 속도의 변화량이다. 각 구간별 속도의 변화를 살펴보면 1초와 3초(8.4m/s-2.4m/s) 사이에 6m/s로 가장 큰 변화가 나타났다. 또한 소요된 시간은 2초(3초-1초)이므로 가속도는 $3m/s^2$이다. 〈보기〉에서 최대 평균 가속도 구간은 1초와 3초 사이에 나타난다.

| 심화해설 |

$$가속도 = \frac{(나중\ 속도) - (처음\ 속도)}{소요\ 시간}$$

정답 01 ③ 02 ② 03 ④

04　　　[2025년 기출문제]

〈보기〉에서 설명한 A 선수의 이동 거리와 변위가 옳은 것은?

> **보기**
>
> 육상 장거리 종목의 선수 A는 트랙의 길이가 400m인 경기장을 총 25바퀴를 달렸고, 28분 30초의 기록으로 결승점을 통과했다.

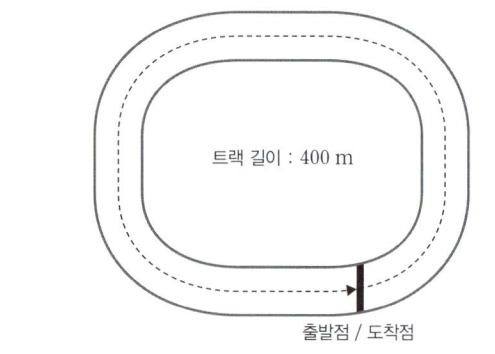

	이동거리(m)	변위(m)
①	0	400
②	0	10,000
③	10,000	10,000
④	10,000	0

| 정답해설 |

이동 거리는 실제 움직임의 경로를 의미하며, 변위는 이동 시점과 종점 사이의 직선거리를 의미한다. 따라서 이동 거리는 400m 운동장을 25바퀴 달린 거리인 10,000m(=400×25)이고, 변위는 처음과 시작의 위치가 동일하기 때문에 0m이다.

05　　　[2024년 기출문제]

〈보기〉에서 각운동에 관한 설명으로 옳은 것만 고른 것은?

> **보기**
>
> ㉠ 각속력은 벡터이고, 각속도(angular velocity)는 스칼라이다.
> ㉡ 각속력(angular speed)은 시간당 각거리(angular distance)이다.
> ㉢ 각가속도(angular acceleration)는 시간당 각속도의 변화량이다.
> ㉣ 각거리는 물체의 처음과 마지막 각위치의 변화량이다.

① ㉠, ㉡　　　　② ㉠, ㉣
③ ㉡, ㉢　　　　④ ㉢, ㉣

| 오답해설 |

㉠ 각속력은 스칼라이고, 각속도는 벡터이다.
㉣ 각거리는 물체가 한 지점에서 다른 지점으로 이동하였을 때 물체가 이동한 경로를 측정한 총 각도의 크기이다.

06　　　[2022년 기출문제]

골프 스윙 동작에서 임팩트 시 클럽 헤드의 선속도를 증가시키는 방법으로 옳지 <u>않은</u> 것은?

① 스윙 탑에서부터 어깨 관절을 축으로 회전 반지름을 최대한 크게 해서 빠른 몸통 회전을 유도한다.
② 임팩트 전까지 손목 코킹(cocking)을 최대한 유지하여 빠른 몸통 회전을 유도한다.
③ 임팩트 시점에는 팔꿈치를 펴서 회전 반지름을 증가시킨다.
④ 임팩트 시점에는 언코킹(uncocking)을 통해 회전 반지름을 증가시킨다.

| 정답해설 |

골프 스윙 시 클럽 헤드의 선속도를 증가시키기 위해서는 임팩트 이전의 시점에서 팔꿈치 관절을 굽히고 코킹(cocking)을 통해 질량을 회전축에 가깝게 하여(관성 모멘트 감소) 각속도를 증가시켜야 한다. 이후에는 임팩트 직전에 팔꿈치를 신전시키고 언코킹(uncocking)을 통해 회전 반경을 증가시켜야 한다. 따라서 임팩트 이전부터 회전 반경을 최대한 크게 하는 것은 선속도를 증가시키지 못한다.

정답　04 ④　05 ③　06 ①

핵심테마 04 | 운동학의 스포츠 적용

07 [2020년 기출문제]

〈보기〉의 그래프에 대한 설명으로 옳은 것은?

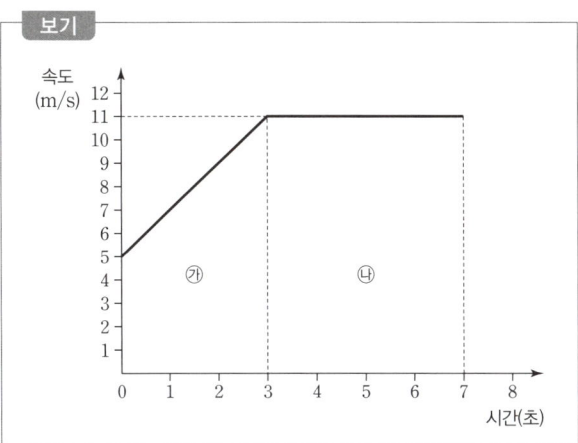

① ㉮ 구간의 가속도는 증가한다.
② ㉯ 구간의 가속도는 $1m/s^2$ 이다.
③ ㉮ 구간의 가속도가 ㉯ 구간의 가속도보다 크다.
④ ㉯ 구간은 정지한 상태이다.

| 정답해설 |

가속도는 시간에 대한 속도 변화의 비율이다. ㉮ 구간은 속도가 점점 증가하고 있으므로, 가속도가 0보다 크며, ㉯ 구간은 속도가 일정한 등속도 운동을 하고 있으므로 가속도가 0이다. 따라서 ㉮ 구간의 가속도가 ㉯ 구간의 가속도보다 크다.

| 오답해설 |

① 속도-시간 그래프에서 기울기는 가속도를 의미한다. ㉮ 구간에서는 속도는 점점 증가하고 있으나, 선의 그래프의 기울기가 일정하다. 따라서 가속도가 일정한 운동으로 등가속도 운동 상태이다.
② ㉯ 구간은 속도가 일정한 등속도 운동을 하고 있으므로 가속도가 0이다.
④ ㉯ 구간은 정지한 상태가 아닌 일정한 속도로 운동을 하고 있다.

08 [2025년 기출문제]

스포츠에 적용된 각속도(angular velocity)에 관한 사례로 옳지 않은 것은?

① 숙련된 운동선수일수록 각속도를 잘 조절한다.
② 철봉의 대차돌기(휘돌기) 하강 국면에서 발의 무게중심점은 일정한 각속도를 유지한다.
③ 골프 클럽헤드의 각속도는 0에서 시작하여 최댓값으로 증가했다가 다시 0으로 돌아온다.
④ 야구에서 배트의 각속도가 일정하다면 회전반경이 클수록 임팩트된 공의 선속도는 증가한다.

| 정답해설 |

하강 국면은 중력의 영향을 직접적으로 받는 구간으로, 이때 신체는 점점 속도를 얻으며 회전하게 된다. 따라서 각속도는 시간에 따라 증가하며, 일정하게 유지되지 않는다.

| 오답해설 |

① 숙련자는 몸의 회전 속도를 기술적으로 조절하여 경기력 향상에 기여할 수 있다.
③ 백스윙 시작 시 각속도는 0이고, 스윙 과정에서 점점 증가하여 임팩트 지점에서 최대가 되며, 팔로스루 구간에서 다시 줄어든다.
④ '선속도=각속도×회전반경(반지름)'이므로, 각속도가 일정할 때 회전반경이 클수록 선속도는 증가한다.

정답 07 ③ 08 ②

핵심테마 05 | 운동역학의 스포츠 적용

Speed 심화포인트

1 선 운동의 운동역학적 분석

1. 힘의 정의와 단위

(1) 힘의 정의 및 특성
① 운동체의 운동을 유발하는 근원으로, 그 작용 효과는 운동 상태에서뿐만 아니라 형태의 변화에서도 나타남
② 사람이나 물체를 밀거나 당겨서 운동 상태를 변화시키거나 그러한 경향
③ 정지해 있는 물체를 움직이게 하거나 움직이고 있는 물체의 운동 속도와 방향 변화 또는 그 물체의 형태를 변형시키기 위해서는 반드시 그 물체가 지닌 관성(저항)을 이겨낼 수 있는 힘이 작용해야만 함

(2) 힘의 단위 `기출 2024/2022/2020`
① 힘＝질량×가속도
② N(뉴턴)과 kgf(킬로그램힘, 킬로그램중)
③ N은 물체에 힘이 작용할 때 속력이 변하는 정도를 비교하여 약속한 힘의 단위로 힘을 나타내는 절대 단위이며, kgf은 지구에서의 중력과 관련된 무게의 단위임

힘의 효과
- 추진력(추진 토크): 운동을 유발하는 힘
- 저항력(저항 토크): 운동을 방해하는 힘

2. 힘의 벡터적 특성

(1) 힘 벡터의 개념 및 표기 `기출 2024/2022/2019/2017/2016`
① 속도나 가속도와 마찬가지로 힘도 크기 외에 작용하는 방향 및 방향을 지정해야 하는 양, 즉 벡터량으로 나타낼 수 있음
② 힘 벡터는 화살표를 사용하여 힘의 3요소(크기, 방향, 작용점)를 나타냄

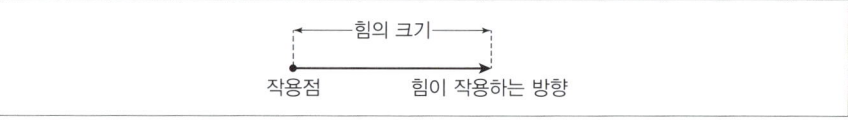

(2) 힘의 합성과 분해 `기출 2022`
① 힘의 합성
  ㉠ 동일 선상에 있는 경우: 같은 방향은 두 크기를 합한 값으로, 반대 방향은 두 값을 합한 절댓값으로 표기
  ㉡ 직각을 이루는 경우: (수평 성분력의 제곱＋수직 성분력의 제곱)의 제곱근
  ㉢ 일반 각(θ)을 이루는 경우

$$\sqrt{Fx^2+Fy^2+2Fx \cdot Fy \cdot \cos\theta}$$

※ Fx: 수평 성분력, Fy: 수직 성분력

② 힘의 분해(벡터의 분해): 하나의 벡터는 수평 성분과 수직 성분으로 각각 나누어지는데 하나의 벡터를 두 개의 성분으로 나누는 것을 분해라고 함

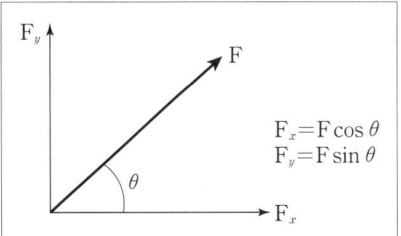

3. 힘의 종류

(1) 근력 기출 2020/2019
① 근육 수축에 의해 생기는 근육의 힘
② 최대 강축에서 발생되는 힘을 절대 근력이라고 함

(2) 중력 기출 2024/2018
① 지구의 만유인력과 자전에 의한 원심력을 합한 힘
② 스포츠나 일상생활에 작용하는 주요한 외적 힘으로 물체와 지구 사이에 작용하는 인력으로, 고도나 지역에 따라 그 크기는 다름
③ 물체의 질량과 중력 가속도($9.8m/s^2$)의 곱으로 나타냄
④ 물체가 공중으로 상승하는 과정에서는 중력 가속도의 영향을 받음

(3) 마찰력 기출 2024/2022/2021/2019/2018
① 마찰력 = 마찰 계수 × 수직 반력(반작용의 힘)
② 최대 정지 마찰력: 움직이지 않는 두 개체의 표면 사이에서 발생하는 마찰력의 최대량
③ 운동 마찰력: 운동하는 동안 접촉하는 두 개체의 표면 사이에서 발생하는 일정한 크기의 마찰력
④ 마찰 계수: 접촉하는 두 개체의 표면에 상호 작용하는 마찰력의 지표로 사용되는 수(F_1/N)
⑤ 수직 반력: 일정하게 접촉하는 두 개체의 표면에 수직으로 작용하는 힘
⑥ 지면 반력: 물체가 지면에 힘을 가할 때 지면이 반대로 작용하는 힘
⑦ 마찰력의 형태

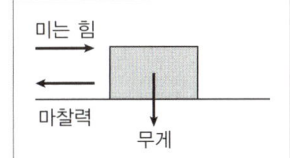

정지 마찰력	정지해 있는 두 물체의 접촉면 사이에 존재하며, 운동 시작을 방해하는 저항력
미끄럼 마찰력	두 물체가 접촉한 상태에서 미끄러질 때 서로에 대해 발생하는 상대적 마찰력 • 극대화하는 예: 핸드볼 송진 가루, 100m 스파이크화 • 극소화하는 예: 썰매, 스키
구름 마찰력	공이나 바퀴 같은 물체가 지지하거나 접촉하는 면 위를 구를 때, 어느 한쪽 또는 양쪽 물체의 형태가 접촉면에서 변형됨으로써 생기는 마찰력 • 구름 마찰이 큰 예: 젖은 잔디, 폭이 넓은 타이어(저압) • 구름 마찰이 작은 예: 마른 잔디, 폭이 좁은 타이어(고압)

⑧ 마찰력의 특징
㉠ 최대 정지 마찰력은 운동 마찰력보다 항상 큼
㉡ 추진력으로 사용 가능
㉢ 접촉면의 형태에 영향을 받음(마찰 계수)
㉣ 물체가 무거울수록 마찰력은 증가(수직 반력)
㉤ 물체의 이동 방향과 반대 방향으로 작용
㉥ 미끄럼 마찰력보다 구름 마찰력이 더 작음

Speed 심화포인트

근수축의 종류
• 등척성 수축: 근육의 길이와 관절의 각도가 변하지 않고 힘이 들어가는 수축 동작으로, 이에 대한 기계적 일은 0을 의미함
• 신장성(원심성) 수축: 근육의 길이가 길어지면서 힘이 발생되는 동작으로, 이에 대한 기계적 일은 음(−)을 의미함
  예 점프 후 착지 시 햄스트링 근육의 작용
• 단축성(구심성) 수축: 근육의 길이가 짧아지면서 힘이 발생하는 동작으로, 이에 대한 기계적 일은 양(+)을 의미함
  예 점프 시 대퇴사두근 근육의 작용

핵심테마 05 운동역학의 스포츠 적용

Speed 심화포인트

(4) **부력** 기출 2024
① 물체를 둘러싼 물이나 공기와 같은 유체가 물체를 위로 밀어올리는 힘으로, 방향은 수직이고, 크기는 유체와 같음
② 물이나 공기 중에 물체가 뜨는 원리이며, 특히 수중에서 물에 잠긴 신체의 부피에 비례하여 수직으로 밀어 올리는 힘
③ 유체의 밀도가 커질수록 부력은 커지며, 물의 온도가 올라갈수록 부력은 작아짐
④ 부력 중심의 위치는 수중에서의 자세 변화에 따라 달라짐

(5) **항력** 기출 2024
① 유체에서 이동하는 물체가 운동 방향의 정면으로 받게 되는 힘
② 이동 방향에서 본 물체의 단면적의 크기에 비례하고, 이동 속도의 제곱에 비례함
③ 운동 방향에서 본 단면적의 크기에 비례하지만, 단면적이 같을 경우 유선형에 가까울수록 적게 작용함
  예 파도와 같이 물과 공기의 접촉면에서 형성된 난류에 의하여 발생하기도 함

(6) **양력** 기출 2024/2022/2018
① 이동하는 물체 주변의 유체의 상대 속도 차이에 의해 물체의 이동 방향에 수직으로 작용하는 힘
② 유체의 속도가 증가할수록 그 유체에 작용하는 압력이 감소하고, 유체의 속도가 감소할수록 압력이 증가함(=베르누이의 원리)
③ 물체의 모양과 회전(spin)은 공기 흐름의 형태에 영향을 주기 때문에 인체는 자세에 따라 양력의 크기가 달라짐
④ 물체의 중심선과 진행하는 방향이 이루는 공격각(angle of attack)에 의해 발생함
  예 야구에서 투구 시 공에 회전을 넣어 커브 구질을 만드는 것은 양력의 작용

(7) **마그누스 효과** 기출 2023/2021/2018
① 회전하는 공의 이동 시 공의 한 부분은 회전의 방향과 공기의 흐름이 충돌하게 되어 속도가 낮고 압력이 높은 지점을 형성하고, 반대 부분은 공기의 흐름과 같은 방향으로 회전하여 속도가 높고 압력이 낮은 지점을 형성하는데, 이로 인해 압력이 높은 지점에서 낮은 지점으로 공이 이동하는 현상
  예 야구의 커브볼, 골프의 슬라이스 등
② 탑스핀하는 공의 경우 위쪽 부분은 공기의 흐름과 충돌하게 되어 속도가 낮고 압력이 높은 지점을 형성하고, 아래쪽 부분은 공기의 흐름과 같은 방향으로 회전하여 속도가 높고 압력이 낮은 지점을 형성하는데, 이로 인해 공이 더 **빠르게** 떨어지며 낮고 **빠르게** 리바운드됨
③ 백스핀하는 공의 경우 아랫부분이 공기의 흐름과 충돌하게 되어 속도가 낮고 압력이 높은 지점을 형성하며, 윗부분은 공기의 흐름과 같은 방향으로 회전하여 속도가 높고 압력이 낮은 지점을 형성하는데, 이로 인해 공이 위로 솟아올라 오랜 시간 공중에 떠있어 경기 시 상대방의 타이밍을 뺏음

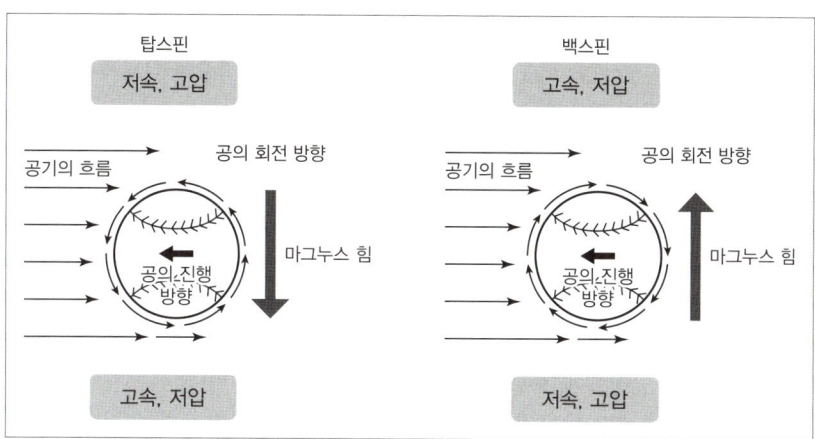

(8) **압력** 기출 2024/2022

① 주어진 면적에 분포되어 있는 힘으로 정의함

$$압력(P) = \frac{힘(F)}{면적(A)}$$

② 면적이 커질수록 감소하며, 면적이 작을수록 증가함
③ 단위는 N/m^2와 파스칼(Pa)이며, 1파스칼(Pa)은 $1N/m^2$임
   예 유도에서 낙법으로 신체가 지면에 닿은 면적을 늘려 압력을 감소시키거나, 복싱에서 주먹을 비껴 맞도록 하여 타격 면적을 늘리고 압력을 감소시킴

(9) **역학적 부하(load)** 기출 2025

① 신체에 가해지는 물리적 힘이나 변형을 의미함
② 역학적 부하의 종류
   ㉠ 전단응력(shear): 조직의 장축을 따라 비대칭으로 가해지는 힘
   ㉡ 인장응력(tension): 두 힘이 서로 떨어지게끔 반대 방향으로 가해지는 힘
   ㉢ 압축응력(compression): 반대쪽의 두 힘이 서로 향하는 방향으로 가해지는 힘
   ㉣ 휨(bending): 축에서 벗어나는 두 힘이 가해져 한쪽에서 인장응력, 다른 한쪽에서 압축응력이 발생하는 힘

4. 뉴턴의 선 운동 법칙(3법칙) 기출 2024/2022/2021/2018

(1) **관성의 법칙(제1법칙)**

외력이 작용하지 않는 한 모든 물체는 그 상태를 계속 유지하려고 함(직선 운동, 정지 상태 모두)
   예 출발하거나 정차하는 버스 등

(2) **가속도의 법칙(제2법칙)**

어떤 물체에 작용하는 힘은 그 물체에 작용하는 힘의 크기에 비례하는 가속도를 유발하고, 작용한 힘의 직선 방향을 향하여 일어나며, 질량에 반비례하는 크기의 가속도를 유발시킴

$$F = ma$$
※ m: 질량, a: 가속도

핵심테마 05 운동역학의 스포츠 적용

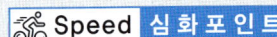

(3) 작용·반작용의 법칙(제3법칙)

한 물체가 다른 물체에 힘을 작용하면 다른 물체로 힘을 작용한 물체에 크기가 같고 방향이 반대인 힘이 작용함

5. 선 운동량과 충격량

(1) 운동량 `기출 2018`

① 운동량의 개념
- ㉠ 물체의 질량과 속도를 곱한 값으로 표현하는 벡터량으로, 질량을 증가시키거나 질량이 일정할 때 속도를 증가시킴으로써 증가시킬 수 있음
- ㉡ 인체 3종 지레에 의한 각운동의 경우, 각속도가 일정할 때 회전 반경을 크게 해 선속도를 증가시킴으로써 운동량을 증가시킬 수 있음
- ㉢ 합력에 의해 진행되는 운동의 경우, 수직 속도와 수평 속도를 증가시킴으로써 운동량을 증가시킬 수 있음

$$\text{운동량}(p) = \text{물체의 질량}(m) \times \text{속도}(v)$$

- ㉣ 충돌 상황에서 두 물체가 정면으로 충돌할 때, 두 물체 모두 더 큰 운동량을 가진 물체의 운동 방향으로 움직임

> **스포츠 상황에서의 운동량 증가**
> 라켓 운동선수들은 스윙 시 마지막 타격점에서 팔을 뻗어 회전 반경을 늘림으로써 운동량을 크게 함

(2) 충격량 `기출 2025/2024/2023/2022/2021/2020/2019/2018/2017`

① 충격량의 개념
- ㉠ 일정 시간 동안 어떤 물체에 작용한 힘의 총합을 의미함
- ㉡ 단위: N·s (실제 운동량의 단위 kg·m/s)
- ㉢ 큰 힘을 오랫동안 물체에 작용할수록 충격량은 증가함
- ㉣ 시간에 대한 힘의 곡선을 적분한 값
- ㉤ '충격량=운동량의 변화량'이므로 운동량의 변화가 커질수록 충격량도 증가함

$$\text{충격량} = \text{힘(충격력)} \times \text{작용 시간}$$
$$= \text{충돌 후 운동량} - \text{충돌 전 운동량}$$
$$= \text{운동량의 변화량}$$

② 스포츠 상황에서 충격량
- ㉠ 육상 스타트에서의 충격량
  - 번치 스타트: 출발이 빠르고 충격량이 작음 → 출발 이후 수평 속도 느림
  - 일롱게이티드 스타트: 출발이 느리고 충격량이 큼 → 출발 이후 수평 속도 빠름
- ㉡ 창던지기에서의 충격량
  - 선 운동: 힘을 증가시키거나 힘의 작용 시간을 길게 해야 함(근력, 유연성). 팔의 근력 분절의 채찍 효과와 팔꿈치를 이용한 채찍 효과의 극대화, 후방 경사를 이용한 기저, 인체 분절의 같은 방향 이동, 팔로우 스루 등은 충격량을 증가시킴
  - 각운동: 관성 모멘트를 크게 하고 각가속도를 크게 하여 토크를 증가시키고, 작용 시간도 길게 함

③ 충격력의 증가
  ㉠ 작용 시간을 단축
  ㉡ 태권도 격파, 권투의 펀치: 손의 강력한 힘을 매우 짧은 시간 동안 집중적으로 작용
④ 충격력의 감소
  ㉠ 작용 시간을 연장
  ㉡ 높이뛰기나 멀리뛰기에서의 착지, 야구에서 공의 캐칭 또는 슬라이딩, 유도의 낙법은 작용 시간을 길게 할 수 없을 때 충격력을 분산시킴

6. 선 운동량 보존의 법칙 기출 2025/2019

① 외력이 작용하지 않는 한, 한 시스템 내에서 어떠한 힘이 상호 작용하고 있더라도 총 운동량은 변하지 않음
② 충돌 시 선 운동 외부에서 힘이 작용하지 않는다면, 두 물체의 전체 운동량의 합은 충돌 전·후로 같음

$$(m_A \times V_{A1}) + (m_B \times V_{B1}) = (m_A \times V_{A2}) + (m_B \times V_{B2})$$

※ m_A=물체 A 질량, m_B=물체 B 질량
V_{A1}=물체 A 충돌 전 속도, V_{B1}=물체 B 충돌 전 속도
V_{A2}=물체 A 충돌 후 속도, V_{B2}=물체 B 충돌 후 속도

③ 뉴턴의 3법칙 중 제3법칙에 적용

7. 충돌 기출 2025/2022/2020

(1) 충돌의 이해
① 라켓으로 공 타격, 선수끼리의 충돌, 공의 바운드 등
② 두 물체가 충돌할 때 각각의 물체는 일시적으로 압축되며 변형되지만 탄성에 의해 원래의 형태로 복원하려는 성질이 존재함
③ 탄성은 충돌하는 물체의 재질, 온도, 충돌 강도 등에 따라 그 정도가 달라짐
④ 일반적으로 충돌할 때 운동 에너지의 일부가 열이나 소리 등의 다른 에너지 형태로 변형되지만, 전체 에너지는 그대로 보존됨

(2) 충돌의 형태
① 완전 탄성 충돌(반발 계수 1): 충돌 후 상대 속도와 충돌 전 상대 속도가 같은 경우
  예 당구
② 완전 비탄성 충돌(반발 계수 0): 충돌 후 두 물체가 한 덩어리가 되는 충돌, 충돌 후 상대 속도가 0인 경우
  예 양궁
③ 불완전 탄성 충돌(반발 계수 0~1): 충돌 후 에너지 손실로 속도가 작아지는 경우
  예 바운드된 공, 골프 임팩트 등

(3) 반발 계수(충돌 계수)
충돌 전의 상대 속도와 충돌 후의 상대 속도의 비, 즉 충돌 전 두 물체가 가까워지는 속력과 충돌 후 두 물체가 멀어지는 속력의 비를 의미함

핵심테마 05 운동역학의 스포츠 적용

Speed 심화포인트

$$선\ 운동\ 충돌\ 시\ 반발계수 = \frac{충돌\ 후\ 상대\ 속도}{충돌\ 전\ 상대\ 속도}$$

$$수직\ 낙하\ 시\ 반발계수 = \sqrt{\frac{반발\ 높이}{낙하\ 높이}}$$

2 각운동의 운동역학적 분석

1. 토크(힘의 모멘트) 기출 2024/2019/2018/2016

(1) 토크의 개념
① '힘의 모멘트'라고도 하며, 물체의 회전을 일으키는 원인이 되는 것
② 인체의 지레는 한 개의 축을 중심으로 회전이 일어나기 때문에 항상 토크라는 회전력, 즉 회전 효과를 생성함

(2) 토크의 계산

$$편심력 \times 모멘트\ 팔 = 관성\ 모멘트 \times 각가속도$$

(3) 토크의 구분
생성 원인에 따라 내적 토크와 외적 토크가 있으며, 추진 토크와 저항 토크로도 작용함

(4) 힘의 생성 원인 기출 2025/2018/2016

① 내적 토크와 외적 토크

내력 (내적 토크)	• 인체 지레의 3요소(주동근 수축에 의한 장력) • 물체가 외부로부터 힘을 받았을 때 스스로의 형상을 유지하기 위해 내부에서 버티는 힘 • 인체 관절의 90°의 각도에서 가장 큰 내적 토크가 발생됨 ⑩ 근수축에 의한 근력이나 관절 사이에 작용하는 반작용력, 관절 내부에 작용하는 마찰력 등
외력 (외적 토크)	• 인체 지레의 3요소(분절의 무게 중심에 작용하는 외력) • 물체가 외부로부터 받는 힘 • 외부 환경과의 상호작용으로 인체 또는 도구에 작용하는 힘 ⑩ 중력, 공기 저항, 지면 반력, 부력, 압력, 원심력과 구심력 등

② 근수축 형태

내적 토크 > 외적 토크	• 근육이 외력을 이기고 짧아지면서 수축 • 단축성 수축
내적 토크 < 외적 토크	• 근육이 외력에 의해 늘어나면서도 버티는 수축 • 신장성 수축
내적 토크 = 외적 토크	• 관절이 움직이지 않고 길이 유지 • 등척성 수축

2. 관성 모멘트 기출 2025/2024/2023/2022/2018/2016

(1) 관성 모멘트의 개념
① 관성: 물체의 운동 상태에서 변화에 대한 저항
  - 예 버스가 출발하거나 멈출 때 버스에 타고 있는 승객은 멈추거나 계속 진행하려는 성격을 지님
② 관성 모멘트

> 관성 모멘트 = 질량 × 회전 반경^2

  ㉠ 선 운동에서의 관성인 질량과 유사한 개념으로 회전 운동에서의 관성을 의미함
  ㉡ 각운동에 대한 저항을 의미함
  - 예 다이빙 동작에서 몸을 펴면 회전 반경이 커져 관성 모멘트가 증가하고, 몸을 굽히면 회전 반경이 작아져 관성 모멘트가 감소함
  ㉢ 관성 모멘트는 각운동량과 비례하고, 각속도에 반비례함
③ 모든 물체나 사람은 초기에 회전에 저항하고, 토크가 가해져 회전이 일어나면 회전을 계속하려는 경향을 가짐

(2) 각관성의 크기를 결정하는 주요 요인 기출 2025/2021
① 물체의 질량: 물체의 질량이 클수록 회전에 대한 저항이 커짐
② 질량 분포: 회전하는 축에 대한 그 물체의 질량 분포(위치) 상태를 의미함

(3) 모멘트 팔(moment arm) 기출 2025/2021/2019
① 회전축과 힘의 작용선 사이의 가장 짧은(수직) 거리
② 사지의 각 근육은 관절에 작용하여 모멘트 팔을 따라 토크(회전력)를 생성함
③ 단축성 수축은 순토크와 관절 운동이 같은 방향으로 일어나는 토크로 근육의 길이가 짧아짐
④ 등척성 수축은 근육의 길이가 변하지 않으며, 근육의 장력이 발생하지만 관절에서는 어떠한 움직임도 발생하지 않음
⑤ 신장성 수축은 관절 운동의 반대 방향 토크이며, 저항하는 관절 토크가 작아 근육이 길어지는 수축임

3. 뉴턴의 각운동 법칙

(1) 각관성의 법칙(제1법칙)
외적 토크가 작용하지 않는 모든 물체의 회전체는 동일 축을 중심으로 일정한 각운동량을 가지고 회전 상태를 계속 유지하려고 함

(2) 각가속도의 법칙(제2법칙)
물체에 토크가 가해지면 가해진 토크에 비례하고 관성 모멘트에 반비례하는 각가속도가 토크의 방향과 동일한 방향으로 발생함

> $F = m\alpha$
> ※ m: 질량, α: 각가속도

(3) 각반작용의 법칙(제3법칙)
한 물체에 의해 발휘된 모든 토크는 물체에 발휘되는 크기가 같고 방향이 반대인 토크가 존재함

근육의 수축에 따른 모멘트의 작용
- 단축성 수축: 힘의 모멘트가 저항 모멘트보다 큼
- 신장성 수축: 힘의 모멘트가 저항 모멘트보다 작음

핵심테마 05 운동역학의 스포츠 적용

 Speed 심화포인트

4. 각운동량과 회전 충격량

(1) 각운동량
① 회전하는 사람이나 물체가 가지는 운동의 양
② 관성 모멘트가 클수록, 빠른 각속도로 움직일수록 각운동량이 큼

(2) 회전 충격량
① 주어진 시간 동안 가해진 회전력의 총량
② 각운동량의 변화 원인

5. 각운동량의 보존과 전이

(1) 각운동량의 구성 요인과 계산 기출 2024/2021

구성 요인으로는 질량, 회전하는 물체의 질량 분포, 회전 또는 스윙의 비율(각속도)이 있음

$$각운동량 = 관성\ 모멘트 \times 각속도(I \times \omega)$$

(2) 각운동량의 보존과 전이 기출 2024/2021/2017

보존	각운동량의 전이가 일어날 때 회전체에 어떤 순수한 외적 토크가 가해지지 않는 한 전체 각운동량은 일정하게 보존됨
전이	• 전체 각운동량에 어떤 변화가 없다면 물체의 어떤 부분으로부터 다른 부분으로, 물체 전체로부터 그 물체의 어떤 부분으로, 물체의 어떤 부분으로부터 물체 전체로 각운동량이 전이될 수 있음 • 물체 내에 운동량이 재분배되는 과정

6. 구심력과 원심력 기출 2024/2020/2017

(1) 구심력
① 물체가 원운동(혹은 곡선 운동)을 할 때 원의 중심 방향으로 작용하는 힘
② 물체는 직선 운동을 하려는 특성이 있으므로 원의 중심으로 작용하는 힘이 작용해야 원운동(혹은 곡선 운동)을 함
③ 구심력은 질량과 선속도의 제곱에 비례하고 반지름에 반비례함
  ㉮ 선수의 체중이 무거울수록, 빠르게 달릴수록, 트랙의 반경이 짧을수록 곡선 주로를 달리는 데 필요한 구심력이 증가함

$$선속도의\ 구심력 = \frac{질량(m) \times 선속도^2(v^2)}{회전\ 반경(r)}$$

④ 각속도의 구심력은 질량과 회전 반경, 각속도의 제곱에 비례함

$$각속도의\ 구심력 = 질량(m) \times 회전\ 반경(r) \times 각속도^2(\omega^2)$$

⑤ 선속도와 각속도의 구심력을 구하는 공식을 통해 구심력의 크기에 회전 속도가 가장 큰 영향을 미치는 것을 알 수 있음

(2) **원심력**
① 원운동을 하는 물체가 궤도를 이탈하려는 힘, 즉 원의 중심으로부터 멀리 벗어나려고 하는 힘으로 구심력과 크기가 같고 방향은 반대임
② 물체는 직선으로 움직이려는 특성 때문에 원 궤도를 이탈하려 함
③ 구심력이 사라지면 원심력도 사라짐
　예) 해머 던지기에서 해머를 돌리다가 줄을 놓으면 구심력은 사라지고 해머는 직선 방향으로 날아감

(3) **스포츠와 원심력**
① 해머 던지기의 경우 해머는 선수의 손에 의해 구심력이 발생하고, 해머에는 회전에 의해 원심력이 발생함
② 스포츠에서 원심력을 줄이기 위한 경사각을 결정할 때 운동체의 무게, 속도, 반경을 고려해야 함
③ 선수의 속도가 빠를수록, 회전 반경이 짧을수록 안쪽으로 원심력과 구심력이 커지므로 몸을 기울여 경사각을 작게 만들어야 함
　예) 쇼트트랙 경기 시 몸을 기울여 경사각을 작게 만들면 원심력의 영향을 적게 받을 수 있음

Speed 심화포인트

원심력은 구심력과 크기가 같으므로 원심력도 질량과 선속도의 제곱에 비례하고 반지름에 반비례한다.

출제 0순위 공략! 꼭 풀어야 할 대표문제

01 [2024년 기출문제]

〈보기〉에서 힘(force)에 관한 설명으로 옳은 것을 모두 고른 것은?

> **보기**
> ㉠ 움직임을 일으키는 원인으로 에너지이다.
> ㉡ 질량과 가속도의 곱으로 결정된다.
> ㉢ 단위는 N(Newton)이다.
> ㉣ 크기를 갖는 스칼라(scalar)이다.

① ㉠, ㉡
② ㉠, ㉣
③ ㉡, ㉢
④ ㉢, ㉣

| 정답해설 |
㉡ 힘＝질량×가속도
㉢ 힘의 단위는 N(뉴턴)과 kgf(킬로그램힘, 킬로그램중)이다.

| 오답해설 |
㉠ 움직임을 일으키는 원인은 힘이다.
㉣ 크기와 방향을 갖는 벡터(vector)이다.

02 [2024년 기출문제]

뉴턴(I. Newton)의 3가지 법칙과 관련이 없는 것은?

① 외력이 가해지지 않으면 정지하고 있는 물체는 계속 정지하려 한다.
② 가속도는 물체에 가해진 힘에 비례한다.
③ 수직 점프를 할 때 지면을 강하게 눌러야 높게 올라갈 수 있다.
④ 외력이 가해지지 않으면 물체가 가진 각운동량은 변하지 않는다.

| 정답해설 |
①②③은 뉴턴의 선 운동 3법칙, ④는 뉴턴의 각운동 3법칙에 해당한다. 따라서 모두 정답처리 되었다.

03 [2024년 기출문제]

선 운동량 또는 충격량에 관한 설명으로 옳은 것은?

① 선 운동량은 질량과 속도를 더하여 결정되는 물리량이다.
② 충격량은 충격력과 충돌이 가해진 시간의 곱으로 결정되는 물리량이다.
③ 시간에 따른 힘 그래프에서 접선의 기울기는 충격량을 의미한다.
④ 충격량이 선 운동량으로 전환되기 위해서는 먼저 충격량이 토크로 전환되어야 한다.

| 정답해설 |
충격량＝힘(충격력)×작용 시간

| 오답해설 |
① 선 운동량＝물체의 질량×속도
③ 시간에 따른 힘 그래프에서 접선의 기울기는 힘의 증가율 또는 감소율을 의미한다.
④ 충격량은 운동량의 변화량으로, 선 운동량으로 전환되기 위해 토크로 전환이 요구되지 않는다.

정답 01 ③ 02 ①, ②, ③, ④ 03 ②

04 [2024년 기출문제]

〈보기〉와 같이 조건을 (A)에서 (B)로 변경하였을 때, ㉠~㉢에 들어갈 내용으로 바르게 나열한 것은? (단, 각운동량 그리고 줄과 공의 질량은 변화가 없는 것으로 가정)

보기

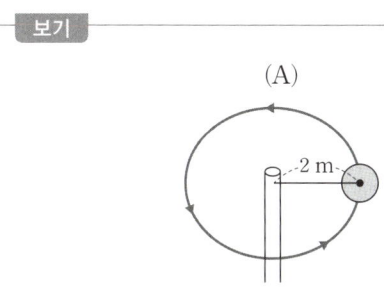

(A)

- 회전축에서 공의 중심까지 거리: 2m
- 회전속도: 1회전/sec

⇩

(B)

회전축에서 공까지의 거리를 1m로 줄이면, 회전반경이 (㉠)로 줄어들고 관성 모멘트가 (㉡)로 감소하기 때문에 공의 회전속도는 (㉢)로 증가한다.

	㉠	㉡	㉢
①	$\frac{1}{2}$	$\frac{1}{2}$	2회전/sec
②	$\frac{1}{2}$	$\frac{1}{4}$	2회전/sec
③	$\frac{1}{4}$	$\frac{1}{2}$	4회전/sec
④	$\frac{1}{2}$	$\frac{1}{4}$	4회전/sec

| 정답해설 |

회전축에서 공까지의 거리를 2m에서 1m로 줄이면 회전반경이 반$\left(\frac{1}{2}\right)$으로 감소한다. 관성 모멘트=질량×회전반경²이므로, 회전반경이 반으로 감소하면, 관성 모멘트는 $\frac{1}{4}$로 감소한다. 각운동량의 공식은 $\frac{각운동량}{관성 모멘트}$으로 변환이 가능하고, 각운동량이 변화 없는 조건에서 관성 모멘트가 $\frac{1}{4}$로 감소하면 회전속도는 4회전/sec로 증가한다.

05 [2024년 기출문제]

〈보기〉의 ㉠~㉣에 들어갈 내용이 바르게 제시된 것은?

보기

- (㉠)가 커질수록 부력도 커진다.
- (㉡)가 올라갈수록 부력은 작아진다.
- (㉢)는 수중에서의 자세 변화에 따라 달라진다.
- (㉣)은 물에 잠긴 신체의 부피에 비례하여 수직으로 밀어올리는 힘이다.

	㉠	㉡	㉢	㉣
①	신체의 밀도	신체의 온도	무게 중심의 위치	부력
②	유체의 밀도	신체의 온도	무게 중심의 위치	항력
③	신체의 밀도	물의 온도	부력 중심의 위치	항력
④	유체의 밀도	물의 온도	부력 중심의 위치	부력

| 정답해설 |

부력
- 물체를 둘러싼 물이나 공기와 같은 유체가 물체를 위로 밀어올리는 힘으로, 방향은 수직이고 크기는 유체와 같음 (㉣)
- 유체의 밀도가 커질수록 부력도 커짐 (㉠)
- 물의 온도가 올라갈수록 부력은 작아짐 (㉡)
- 부력 중심의 위치는 수중에서의 자세 변화에 따라 달라짐 (㉢)

정답 04 ④ 05 ④

06 [2024년 기출문제]

쇼트트랙 경기에서 원운동을 할 때 원심력과 구심력에 관한 설명으로 옳은 것은?

① 원심력과 구심력은 크기가 같고, 방향이 반대이다.
② 원심력은 원운동을 하는 선수의 질량과 관계가 없다.
③ 원심력을 극복하는 방법으로 반지름을 작게 하여 원운동을 한다.
④ 신체를 원운동 중심의 방향으로 기울이는 것은 접선속도를 크게 만들기 위함이다.

| 정답해설 |
원심력은 구심력이 작용할 때 반대 방향으로 발생하는 힘으로 원심력과 구심력은 크기가 같다.

| 오답해설 |
②③ 원심력은 질량과 선속도의 제곱에 비례하고 반지름에 반비례한다. 따라서 질량과 관계가 있으며, 반지름을 크게 하여 원심력을 줄일 수 있다.
④ 쇼트트랙 경기 시 몸을 기울여 경사각을 작게 만드는 것은 원심력의 영향을 적게 받기 위해서이다.

07 [2025년 기출문제]

마찰력에 관한 설명으로 옳지 않은 것은?

① 최대 정지 마찰력은 운동 마찰력보다 크다.
② 마찰력은 마찰 계수와 물체 질량의 곱으로 구한다.
③ 마찰력은 물체 표면에 수직으로 작용하는 힘(수직 항력, normal force)과 관계가 있다.
④ 마찰력은 접촉면과 평행하게 작용하며 물체의 운동 방향과 반대 방향으로 작용한다.

| 정답해설 |
마찰력은 마찰계수와 수직 반력(반작용의 힘)의 곱으로 구한다.

08 [2025년 기출문제]

인체의 움직임에서 토크(torque)에 관한 개념이 적용된 사례로 옳지 않은 것은?

① 사지의 근육은 각 관절을 돌림시키는 토크를 생성한다.
② 덤벨 컬 시 덤벨의 무게는 팔꿈치를 폄하는 토크를 가진다.
③ 외적 토크보다 내적 토크가 크면 근육은 신장성 수축을 한다.
④ 동일한 힘을 낼 때 팔꿈치 각도 90°보다 굽히거나 폄에 따라 모멘트팔이 짧아져 내적 토크도 감소한다.

| 정답해설 |
외적 토크보다 내적 토크가 크면 근육은 단축성 수축을 한다. 반대로 외적 토크가 크면 신장성 수축을 한다.

정답 06 ① 07 ② 08 ③

핵심테마 06 | 일과 에너지

1 일과 일률

1. 일(work) 기출 2025/2024/2023/2021/2018/2017/2016

(1) 일의 개념

역학적으로 일을 했다는 것은 일정한 거리에 걸쳐 지면에 대항하는 힘이 작용되었다는 것을 말하며, 단위는 J(Joule, 줄)로 나타냄

(2) 일의 계산

힘을 주는 방향으로 물체가 움직였을 때 정적일이라고 하고, 반대 방향으로 움직였을 때 부적일이라고 함

$$일(W) = 힘(F) \times 거리(d),\ 1J = 1N \times 1m$$

2. 일률(power) 기출 2025/2024/2023/2022/2021/2019/2018/2017

(1) 일률의 개념

① 일하고 있는 시간 비율 혹은 단위 시간당 일의 양을 말하며, 단위는 W(Watt, 와트) 또는 J/s, N·m/s로 나타냄
② 대부분의 스포츠에서는 강력한 파워를 요구하고 있으며, 운동 기능을 성공적으로 수행하기 위해서는 힘을 빠르게 작용시켜야 함

(2) 일률의 계산

$$일률(P) = \frac{일의\ 양(W)}{소요\ 시간(t)} = \frac{F \times d}{t} = F \times v,\ 1W = \frac{J}{t}$$

※ t: 소요 시간, d: 이동 변위, v: 속도

2 에너지

1. 에너지(energy)의 개념과 종류 기출 2025/2021/2020/2016

(1) 에너지의 개념

① 선수나 물체가 일을 할 수 있는 능력을 말함
② 에너지 값은 방향이 없고 크기만 있는 스칼라량임
③ 단위는 일의 단위와 같은 J을 씀

핵심테마 06 일과 에너지

🚴 Speed 심화포인트

(2) 에너지의 종류

운동 에너지 (kinetic energy)	• 운동으로 인해 물체가 갖는 에너지 • 운동 에너지는 운동체 속도의 제곱에 비례하고, 운동량은 속도에 비례함 • $KE = \frac{1}{2}mv^2$ (m: 질량, v: 속도)
위치 에너지 (potential energy)	• 물체 또는 선수가 놓여 있는 위치에 따라 저장된 에너지 • 중력에 의한 위치 에너지: 지구상의 모든 물체는 일정한 중력의 작용을 받으며, 질량의 변화가 없다면 위치 에너지는 물체의 위치에 의해 결정됨 • $PE = mgh = m \times 9.8 m/s^2 \times h$ (g: 중력 가속도, h: 높이)
탄성 에너지 (strain energy)	• 저장 에너지의 한 형태 • 물체의 형태가 변했다가 원래의 형태로 복원시킬 수 있는 에너지 • 달리고 뛰는 운동에서의 근육의 반동도 탄성 에너지에 속함 • $SE = \frac{1}{2}kx^2$ (k: 탄성 계수, x: 변형의 크기)

2. 역학적 에너지 보존의 법칙 기출 2023

(1) 역학적 에너지의 개념

여러 종류의 에너지 중 운동 에너지와 위치 에너지를 합한 것을 말함

(2) 역학적 에너지 보존의 법칙

① 운동하는 모든 물체는 외력이 작용하지 않는 한 형태만 바뀔 뿐, 에너지의 총합은 일정함

② 역학적 에너지의 계산

> 역학적 에너지 = 운동 에너지($\frac{1}{2}mv^2$) + 위치 에너지(mgh) → 항상 일정

(3) 역학적 에너지의 변환 기출 2025/2022/2021

형태	위치 에너지	운동 에너지	역학적 에너지 전환
물체 ↑	높이 증가 (위치 에너지 증가)	속도 감소 (운동 에너지 감소)	운동 에너지 → 위치 에너지
물체 ↓	높이 감소 (위치 에너지 감소)	속도 증가 (운동 에너지 증가)	위치 에너지 → 운동 에너지

3. 인체 에너지 효율

(1) 인체 에너지 효율의 개념

① 인체가 소모한 에너지양과 역학적 일의 양과의 관계를 말함

② 생리학적으로 계산한 인체가 소모한 에너지양과 역학적인 일의 양이 같아질 경우 인체의 에너지 효율은 높은 상태임

(2) 인체 에너지 효율의 계산

> 인체 에너지 효율 = $\frac{역학적\ 일의\ 양}{소모한\ 에너지\ 양}$

스포츠 상황에서 에너지의 변환

• 다이버가 높은 스프링보드에 서 있는 상황에서는 지상에서 보드 높이만큼의 위치 에너지를 가진다. 다이버가 다이빙을 시작하면 다이버의 위치 에너지는 운동 에너지로 변환된다.

• 스키 선수가 높은 곳에서 낮은 곳으로 위치가 낮아짐에 따라 위치 에너지는 감소하는데, 이는 위치 에너지가 사라지는 것이 아니라 운동 에너지로 변환되어 속도가 증가하는 것을 의미한다.

출제 0순위 공략! 꼭 풀어야 할 대표문제

01 [2023년 기출문제]

스키점프 동작의 역학적 에너지에 대한 설명으로 옳지 <u>않은</u> 것은? (단, 공기 저항은 무시함)

① 운동 에너지는 지면 착지 직전에 가장 크다.
② 위치 에너지는 수직 최고점에서 가장 크다.
③ 운동 에너지는 스키점프대 이륙 직후부터 지면 착지 직전까지 동일하다.
④ 역학적 에너지는 스키점프대 이륙 직후부터 지면 착지 직전까지 보존된다.

| 정답해설 |
물체가 떨어지면 높이 감소(위치 에너지 감소), 속력 증가(운동 에너지 증가)이므로 운동 에너지는 증가한다.

02 [2022년 기출문제]

〈그림〉의 장대높이뛰기에서 역학적 에너지의 변화 과정을 순서대로 나열한 것은?

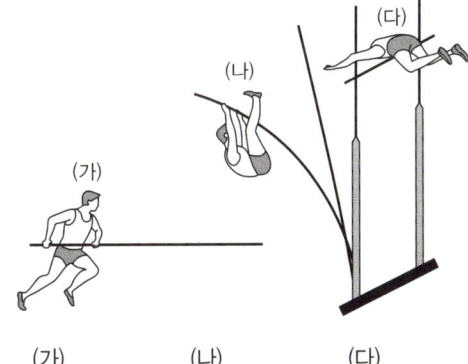

	(가)	(나)	(다)
①	탄성 에너지 → 운동 에너지 → 위치 에너지
②	탄성 에너지 → 위치 에너지 → 운동 에너지
③	위치 에너지 → 운동 에너지 → 탄성 에너지
④	운동 에너지 → 탄성 에너지 → 위치 에너지

| 정답해설 |
(가) 구간에서는 선수가 달려 나가면서 운동 에너지가 발생하고, (나) 구간에서는 장대의 탄성에 의해 탄성 에너지가 발생하며, (다) 구간에서는 선수가 공중에 위치하면 위치 에너지가 발생한다.

03 [2025년 기출문제]

〈보기〉에서 수행한 일과 일률이 바르게 나열된 것은?

> **보기**
> 물체에 2초 동안 2N의 힘을 가하여 2m를 움직였을 때 수행한 일은 (㉠)J이며 일률은 (㉡)J/s이다(단, 힘의 작용 방향과 물체의 이동 방향은 일치함).

	㉠	㉡
①	2	1
②	2	2
③	4	2
④	4	4

| 정답해설 |
- 일(work)=힘×거리이므로 일은 4J(=2N×2m)이다.
- 일률(P)=$\frac{\text{일의 양(W)}}{\text{소요 시간(t)}}$이므로 일률은 2J/s($=\frac{4J}{2초}$)이다.

04 [2021년 기출문제]

에너지에 관한 설명으로 옳지 <u>않은</u> 것은?

① 에너지의 단위는 Joule이다.
② 일을 수행할 수 있는 능력이다.
③ 운동 에너지는 물체의 속도뿐만 아니라 질량과도 관계가 있다.
④ 위치 에너지는 물체의 질량과는 관계가 있으나 높이와는 관계가 없다.

| 정답해설 |
위치 에너지의 계산은 PE=m(질량)×g(중력 가속도)×h(높이)이다. 따라서 질량뿐만 아니라 높이와도 관계가 있다.

정답 01 ③ 02 ④ 03 ③ 04 ④

출제 0순위 공략! 꼭 풀어야 할 대표문제

05 [2023년 기출문제]

역학적 일(work)을 하지 않은 것은?

① 역도 선수가 바닥에 있던 100kg의 바벨을 1m 높이로 들어 올렸다.
② 레슬링 선수가 상대방을 굴려서 1m 옆으로 이동시켰다.
③ 체조 선수가 철봉에 매달려 10초 동안 정지해 있었다.
④ 육상 선수가 달려서 100m를 이동했다.

| 정답해설 |

역학적으로 일을 했다는 것은 일정한 거리에 걸쳐 지면에 대항하는 힘이 작용되었다는 것을 말하는데, 철봉에 매달려 정지해 있었기 때문에 일(work)한 것으로 볼 수 없다.

06 [2024년 기출문제]

역학적 일(work)과 일률(power)의 개념을 바르게 설명한 것은?

① 일의 단위는 Watt 또는 Joule/sec이다.
② 일률은 힘과 속도의 곱으로 산출한다.
③ 일률은 이동한 거리를 고려하지 않는다.
④ 일은 가해진 힘의 크기에 반비례한다.

| 정답해설 |

일률 = $\dfrac{\text{힘} \times \text{이동 변위}}{\text{소요 시간}}$ = 힘 × 속도

| 오답해설 |

① 일의 단위는 J(줄)로 나타낸다.
③ 일률은 이동한 거리(이동 변위)를 고려한다.
④ 일은 힘과 거리의 곱으로 산출한다. 따라서 가해진 힘의 크기에 비례한다.

07 [2025년 기출문제]

일과 에너지에 관한 설명으로 옳지 않은 것은?

① 에너지는 일을 할 수 있는 능력이다.
② 위치 에너지는 운동 에너지로 변환될 수 있다.
③ 질량이 일정하면 속도 변화는 운동 에너지의 변화를 의미한다.
④ 어떤 물체가 에너지를 갖기 위해서는 움직임이 있어야만 한다.

| 정답해설 |

에너지는 운동이 있을 때뿐 아니라, 정지 상태에서도 존재할 수 있다. 높은 곳에 위치한 정지된 물체는 위치에너지를 갖고 있으며, 이는 움직이지 않아도 에너지를 보유하고 있는 상태이다.

| 오답해설 |

① 에너지의 정의 그대로이며, 기본 개념에 해당한다.
② 운동하는 모든 물체는 외력이 작용하지 않는 한 형태만 바뀔 뿐, 에너지의 총합은 일정하다.
③ 운동 에너지는 $KE = \dfrac{1}{2}mv^2$ (m: 질량, v: 속도)이므로 질량이 일정할 때 속도의 변화는 운동 에너지를 변화시킨다.

정답 05 ③   06 ②   07 ④

핵심테마 07 | 다양한 운동 기술의 분석

1 동작 분석

1. 동작 분석과 영상 분석

(1) 동작 분석의 개념
① 인체 운동의 구성 요소인 동작을 다양한 방법으로 분석하는 것
② 운동역학에서 활용도가 높으며, 영상 분석을 가장 많이 사용함

(2) 영상 분석의 개념 `기출 2024/2022/2021/2016/2015`
① 분석 대상이 되는 선수의 동작이나 움직임을 필름이나 테이프에 기록한 후, 그 장면을 재생시키면서 분석하여 필요한 자료를 추출하는 모든 과정
② 전통적으로 16mm 필름에 촬영하여 동작을 분석하였으나, 최근에는 초고속 비디오 카메라 등을 사용하여 재생까지의 시간을 단축시켜 수행한 동작을 즉시 재생하고 분석하여 선수나 지도자에게 동작의 개선점 등을 제공할 수 있게 됨
③ 영상 분석을 통해 추출 가능한 변인에는 각도(자세), 가속도, 속도 등이 있음

(3) 운동학적(kinematics) 분석 방법
① 영상 분석
② 고니오미터(수동식 각도계) 각도 분석
③ 움직임을 공간적·시간적으로 분석
④ 분석 요인에는 신체 중심점의 위치 변화, 관절의 각도, 속도, 가속도 등이 있음

2. 영상 분석의 구분 `기출 2024/2020/2019/2017`

(1) 2차원 영상 분석
① 한 개의 영상 기록을 통해 2차원 평면상의 운동을 분석
② 운동 평면상의 실제 좌표와 영상 좌표 사이의 일정한 배율 관계를 이용
③ 카메라를 실제 운동면에 직각(직교)이 되게 설치하며, 기준자를 이용하여 분석 대상 크기를 실제 운동 평면에의 크기를 조정하기 위해서 사용
④ 단일 평면상에서 이루어지는 운동을 분석, 이를 운동 대상이 벗어나면 투시 오차가 발생
  ● 철봉의 대차 돌기, 직선 걷기, 100m 달리기 등

(2) 3차원 영상 분석
① 두 개 이상의 영상 기록을 통해 입체적인 3차원 공간상의 운동을 분석
② 특정한 점에 대한 실제 공간상의 위치와 최소 두 방향에서 촬영된 2차원의 영상 정보들 간의 기하학적 관계를 이용하여 3차원 공간 정보를 추출
③ 2차원 분석에 비해 오차가 적음
④ 야구 피칭, 골프 스윙, 체조의 공중회전 또는 트위스트 등과 같은 공간상에서 입체적으로 이루어지는 운동을 분석

핵심테마 07 다양한 운동 기술의 분석

2 힘 분석

1. 힘 측정 원리
① 힘이 가해지면 물체가 변형되거나 이동하는 변화 상태를 이용하여 측정하는 것
② 근전도기나 지면 반력기를 통해 직접 측정하고 분석하는 것이 바람직함

2. 다양한 힘 측정 방법 기출 2021/2020/2019/2018/2016

힘은 육안으로 관찰하거나 측정할 수 없으므로 대부분 힘에 비례하여 변하는 물체의 늘어나는 정도를 전기의 세기가 변하는 장치로 측정함

지면 반력기	• 도약 등과 같은 여러 가지 운동 상황에서 사람이 지면에 가하는 힘의 세기를 직접 측정하여 운동 특성을 분석 • 작용·반작용 법칙의 원리로 한 압력판을 사용하며, 압력판 위에서의 인체의 압력 중심에 대한 정보를 이용하여 안정성의 분석에도 이용
스트레인 게이지	• 물체가 외력으로 변형될 때 변형을 측정하는 측정기 • 사용 기구에 부착하여 힘을 측정·분석
근전도기	근수축이 일어나고 있는 근육 주위에는 아주 미세하지만 전위차가 생기는 현상이 발생하는데, 그 미세한 전위차를 증폭시켜 근육의 활동을 추정할 수 있도록 개발된 측정기

3. 지면 반력 측정의 활용 기출 2024/2023/2022/2020
① 인체가 지면에 가한 힘에 대한 반작용(작용·반작용 법칙의 원리)으로 지면 반력 발생
② 수직으로 누르는 힘, 수평으로 미는 마찰력에 영향을 받음
③ 상하, 좌우, 전후 세 방향의 힘과 압력 중심점, 토크, 모멘트, 힘의 작용 시간 등 산출
④ 지면 반력기와 보행 분석
  ㉠ 보행 시 지면 반력기에 발이 착지하면서 앞으로 미는 힘은 제동력
  ㉡ 발 앞꿈치가 지면 반력기에서 떨어지기 전에 뒤로 미는 힘은 추진력
⑤ 압력중심점(center of pressure, COP)의 분석
  ㉠ 지면에 접촉하는 부분 중 지면반력 전체가 작용된다고 가정되는 어느 한 점을 의미함
  ㉡ 압력중심점은 균형능력을 평가하기 위한 자료로 활용됨
  ㉢ 보행 시 COP는 '뒤꿈치→발바닥 중앙→발가락' 순으로 이동
  ㉣ 압력 중심점은 지면과의 접촉 시 발생하기 때문에 기저면 안에만 존재할 수 있음

3 근전도 분석 기출 2019

1. 근전도의 원리
① 골격근의 수축에 수반하여 일어나는 근활동 전류를 유도해서 증폭을 기록한 것으로 근수축 효과의 말초적 표면을 검사할 수 있음
② 근수축을 일으키는 원인이 되는 운동 신경계의 활동 상황을 알 수 있으며, 최근에는 미소 전극을 근에 꽂고 단일 신경근 단위의 활동 상황을 탐지
③ 자세 유지나 특수한 신체 운동을 시키는 골격근의 종류를 탐지할 수 있을 뿐만 아니라 안근이나 손가락 운동과 같은 섬세한 근 활동 분석에도 이용할 수 있음

2. 근전도의 측정

(1) 표면 전극
① 큰 근육이나 근육군의 활동 분석 시 적절
② 실험 과정이 간편하고 다양한 상황에 적용 가능

(2) 침전극 및 극세선 전극
① 심층 근육이나 미세 근육 분석 시 운동 단위 수준에서 활동 전위에 대한 정보를 얻고자 할 때 사용
② 인체의 안정성 및 활동에 제약이 많음

3. 근전도의 분석과 활용

(1) 근전도(EMG, electromyography) 분석의 개념 기출 2020/2019

인체가 움직일 때 발생하는 미세한 전기를 수집한 후 상태를 증폭시켜 여러 가지 분석을 하는 것을 말함

Jump Up 이해

근전도 신호의 처리 방법

- 정류(rectification): 근전도 신호의 절댓값을 얻는 과정에서 후속적인 자료 처리를 위한 준비 과정이다. 근전도 신호는 양(+)과 음(−)의 값을 동시에 가지는데, 이를 평균할 경우 그 값이 '0'에 가까워진다. 따라서 이러한 신호를 그대로 사용할 경우 신호의 특성이 왜곡될 수 있기 때문에 신호의 절댓값을 구한다.
- 선형 포락선(linear envelope): 정류된 신호는 원신호의 고주파수 성분을 포함하고 있는데, 정류 신호를 6Hz 정도의 차단 주파수로 저역 통과 필터링(LPF, Low Pass Filter)하게 되면 근육의 활동 추이를 단순화할 수 있다. 정류된 신호를 필터링하여 얻은 신호를 선형 포락선이라고 하며, 이를 통해 근육의 활동을 명확히 알 수 있다.
- 적분 근전도(integrated EMG): 정류된 신호를 시간에 대해 적분한 것으로 측정된 근전도 신호를 누적한 것이다. 적분 근전도는 근육의 활동이나 장력의 크기와 깊은 관련이 있기 때문에 근전도 분석에서 자주 사용되는 변인이다. 근전도 신호의 적분값은 시간의 경과에 따라 지속적으로 증가하는데, 일정 시간 간격의 구간에 대해 적분하거나 일정 수준에 도달하면 다시 적분을 시작하는 방법을 사용하기도 한다.

(2) 근전도 검사의 활용 기출 2024/2022/2021

① 대뇌의 운동 영역으로부터 신경을 통해 근육에 전달되는 운동 명령은 전기 충격파로 근육의 운동 단위에 도달하여 근육을 수축시킬 때 전기적인 파형을 생성함
② 전기적인 파형은 근수축의 세기와 밀접한 관계가 있으므로 활동 근육의 종류, 시기, 활동 정도를 분석하여 특정 부위의 근육 내부에서 일어나는 활동을 이해할 수 있음
③ 근전도 분석을 통해 추출 가능한 변인에는 근육 활성도, 근육 피로도, 근육 수축 시점(타이밍)이 있음

Speed 심화포인트

운동역학의 현장 적용 사례
- 다이빙에서 각운동량 산출을 위한 3차원 영상 분석
- 멀리뛰기에서 도약력 측정을 위한 지면 반력 분석
- 축구에서 운동량 측정을 위한 웨어러블 센서의 활용

출제 0순위 공략! 꼭 풀어야 할 대표문제

01 [2024년 기출문제]

2차원 영상 분석에서 배율법(multiplier method)에 관한 설명으로 옳지 않은 것은?

① 동작이 수행되는 평면에 직교하게 카메라를 설치한다.
② 분석 대상이 운동 평면에서 벗어나면 투시 오차(perspective error)가 발생할 수 있다.
③ 체조의 공중회전(somersault)과 트위스트(twist)와 같은 운동 동작을 분석하는 데 주로 활용된다.
④ 기준자(reference ruler)는 영상 평면에서의 분석 대상 크기를 실제 운동 평면에서의 크기로 조정하기 위해 사용된다.

| 정답해설 |
체조의 공중회전과 트위스트와 같은 운동 동작을 분석할 때에는 3차원 영상 분석이 활용된다.

02 [2022년 기출문제]

달리기 출발 구간 분석에서 〈표〉의 ㉠, ㉡, ㉢에 들어갈 측정 장비가 바르게 나열된 것은?

보기

측정 장비	분석 변인
㉠	넙다리 곧은근(대퇴직근, rectus femoris)의 활성도
㉡	압력 중심의 위치
㉢	무릎 관절 각속도

	㉠	㉡	㉢
①	동작 분석기	GPS 시스템	지면 반력기
②	동작 분석기	지면 반력기	지면 반력기
③	근전도 분석기	GPS 시스템	동작 분석기
④	근전도 분석기	지면 반력기	동작 분석기

| 정답해설 |
㉠ 근전도 분석기: 근육 활성도, 근육 피로도, 근육 수축 시점(타이밍) 등을 분석한다.
㉡ 지면 반력기: 상하, 좌우, 전후 세 방향의 힘과 압력 중심점, 토크, 모멘트 등을 분석한다.
㉢ 영상(동작) 분석기: 각도(자세), 가속도, 속도 등을 분석한다.

정답 01 ③ 02 ④

에듀윌이 너를 지지할게

ENERGY

누구에게나 기회는 오지만 누구나 준비하지 않습니다.
기회를 바란다면 기회가 온 것처럼 준비하면 됩니다.

기회보다 언제나 준비가 먼저입니다.

– 조정민, 『인생은 선물이다』, 두란노

PART 07

스포츠윤리

01 스포츠와 윤리
02 경쟁과 페어플레이
03 스포츠와 불평등
04 스포츠에서 환경과 동물 윤리
05 스포츠와 폭력
06 경기력 향상과 공정성
07 스포츠와 인권
08 스포츠 조직과 윤리

■ **2025년 출제 경향**
- 스포츠 분야에서 발생하는 윤리적 문제에 윤리 이론을 적용하는 '스포츠와 윤리' 테마는 여전히 높은 비중을 차지하였다. 특히 실제 스포츠 현장에서 발생한 사례를 중심으로 윤리 이론을 해석·적용하는 문제들이 다수 출제되었다.
- 스포츠와 폭력, 인권 침해, 성차별 및 불평등 이슈에 대한 구체적 사례 기반의 출제 비중이 크게 증가하였다. 최근 사회적으로 주목받는 선수 인권, 성차별 등 실제 이슈들이 지문으로 활용되며, 이러한 문제를 윤리 이론과 학자들의 관점에 근거하여 분석할 수 있는 역량이 요구되었다.
- 앞으로도 스포츠윤리학은 현장 사례 중심의 분석력, 윤리적 판단 능력, 그리고 윤리 이론의 실천적 적용력을 중심으로 출제될 것으로 예상된다.

출제 기준 & 8개년 기출 분석 (2급 전문/2급 생활/2급 장애인/유소년/노인)

주요 항목	세부 항목	세세 항목
스포츠와 윤리 (45%)	스포츠의 윤리적 기초	1. 도덕, 윤리, 선의 개념 2. 사실 판단과 가치 판단 3. 도덕 원리의 검토 방법
	스포츠윤리의 이해	1. 일반 윤리와 스포츠윤리 2. 스포츠윤리의 목적과 필요성 3. 스포츠인의 윤리
	윤리 이론	1. 목적론적 윤리와 의무론적 윤리 2. 덕론적 윤리 3. 동양 사상과 윤리 체계 4. 가치 충돌의 문제와 대안
경쟁과 페어플레이 (15%)	스포츠 경기의 목적	1. 아곤과 아레테 2. 승리 추구와 탁월성 성취
	스포츠맨십	1. 투쟁적 놀이로서의 스포츠 2. 놀이의 도덕: 규칙 준수와 게임 자체의 존중 3. 스포츠에서 도덕적 행동과 좋은 스포츠 경기
	페어플레이	1. 페어플레이 2. 의도적인 파울 3. 승부 조작
스포츠와 불평등 (10%)	성차별	1. 스포츠에서 성차별의 과거와 현재 2. 스포츠에서 성평등을 이루기 위한 방안 3. 성전환 선수의 문제
	인종 차별	1. 스포츠에서 인종 차별의 과거와 현재 2. 다문화 사회 3. 인종 차별을 극복하기 위한 방안
	장애인 차별	1. 장애인의 스포츠 권리 2. 스포츠에서 장애인 차별 3. 장애인의 스포츠 참여를 위한 스포츠 조건 및 개선 방안
스포츠에서 환경과 동물 윤리 (10%)	스포츠와 환경 윤리	1. 스포츠에서 파생되는 환경 윤리적인 문제들 2. 스포츠에 적용 가능한 환경 윤리학의 이론 3. 지속 가능한 스포츠 발달의 윤리적 전제
	스포츠와 동물 윤리	1. 스포츠에서의 종 차별주의 문제 2. 스포츠와 관련된 종 차별주의 3. 동물 실험 시 지켜야 할 원칙(3R의 원칙)
스포츠와 폭력 (5%)	스포츠 폭력	1. 스포츠 폭력 2. 격투 스포츠의 윤리적 논쟁
	선수 폭력	1. 선수 폭력의 유형, 규정 사항, 근절되지 못하는 이유 2. 스포츠 폭력 예방 활동 강화 내용
	관중 폭력	1. 경기 중 관중의 폭력 2. 관중 폭력이 발생하는 원인 3. 관중 폭력의 예방
경기력 향상과 공정성 (5%)	도핑	1. 도핑의 의미 2. 도핑의 원인 3. 도핑을 금지해야 하는 이유 4. 효과적인 도핑 금지 방안 5. 선수의 책임과 역할 6. 선수의 도핑 후 제재 7. 치료 목적 사용 면책
	유전자 조작	1. 유전자 조작의 의미 2. 유전자 조작을 반대해야 하는 이유 3. 유전자 조작의 산업적 이용 분야
	용기구와 생체 공학 기술 활용	1. 스포츠와 과학 기술의 결합에서 생기는 윤리적 문제 2. 전신 수영복 착용을 금지하는 이유 3. 의족 장애 선수의 일반 경기 참가에 대한 문제 4. 스포츠에서 이용되는 과학 기술
스포츠와 인권 (5%)	학생 선수의 인권	1. 스포츠 인권과 학생 선수의 인권 문제 2. 학생 선수의 학습권 3. 최저 학력 제도 4. 체육 특기자 제도 5. 주말 리그제
	스포츠 지도자의 윤리	1. 스포츠 지도자에 의한 폭력이 발생하는 이유 2. 스포츠 지도자의 선수 체벌 3. 성폭력 문제 4. 교육자로서의 책임과 권한
	스포츠와 인성 교육	1. 어린이 운동선수를 보호하기 위한 방안 2. 학교 체육의 인성 교육적 가치 3. 새로운 학교 문화를 위한 스포츠의 역할
스포츠 조직과 윤리 (5%)	스포츠와 정책 윤리	1. 스포츠와 정치의 유사성 2. 정치가 스포츠에 개입하는 이유 3. 스포츠의 사회적 이슈와 윤리성 문제
	심판의 윤리	1. 심판의 도덕적 조건(심판의 자질) 2. 심판의 수행 직무 3. 심판의 사회적 역할과 과제
	스포츠 조직의 윤리 경영	1. 스포츠 경영자의 윤리적 의식(윤리적 리더십) 2. 스포츠 조직의 불공정 행위와 윤리적 조직 행동 3. 스포츠 조직에서의 조직 윤리의 개념

핵심테마 01 | 스포츠와 윤리

Speed 심화포인트

아리스토텔레스
인간이 덕을 지니고 살아가는 것이 중요하다고 주장함

1 스포츠의 윤리적 기초

1. 도덕, 윤리, 선의 개념 [기출 2019/2018/2015]

(1) 도덕과 윤리의 의미
① 도덕의 의미
  ㉠ 사회 구성원들이 양심 혹은 관습 등에 따라 스스로 마땅히 지켜야 할 행동 준칙이나 규범의 총체
  ㉡ 윤리를 존중하는 개인의 심성 혹은 덕행을 가리킴
② 윤리의 의미
  ㉠ 사회를 구성하는 데 있어 지켜야 할 이치 혹은 도리
  ㉡ 외면적이면서 약간은 강제적인 도리
  ㉢ 윤리는 개인의 특성이라는 의미가 강조됨

(2) 선의 의미 [기출 2022]
① 개인이 지니는 도덕적 강조점으로 긍정적 평가의 대상이 되는 모든 것을 지칭함
② 윤리와 도덕은 선을 나타내는 표상임

(3) 레스트(J. Rest)의 도덕성 4구성 요소 [기출 2022/2021/2019]
① 도덕적 민감성: 스포츠 상황에서 어떻게 행동해야 하는지에 대해 지각하게 되는 것
② 도덕적 판단력: 스포츠 상황에서 옳고 그름을 판단하게 하는 것
③ 도덕적 동기화: 도덕적 가치를 다른 가치보다 우선시하는 것
④ 도덕적 품성화: 스포츠 상황에서 장애 요인을 극복하여 실천할 수 있는 강한 의지, 용기, 인내 등의 품성을 갖는 것

가치 판단
- 사리 분별적인 가치 판단: 일반적인 상식에서 무엇이 옳고 그른 행동인지를 개인이 판단하는 것
- 미적인 가치 판단: 실질적인 목적에 대한 판단이 아닌, 어떤 사물의 눈에 보이지 않는 가치를 고려한 것
- 도덕적인 가치 판단: 나뿐만 아니라 상대방까지 고려하여 어떤 것이 옳은 것인지에 대한 가치를 고려한 것

2. 사실 판단과 가치 판단 [기출 2025/2022/2021/2020/2018/2017/2016]

사실 판단	• 관찰이나 과학적 혹은 역사적 탐구 등과 같이 객관적인 사실에 근거한 판단 • 사실 판단은 갈등 해결의 실마리를 제공함 예 2020년 도쿄 올림픽 경기 대회에서 한국은 금메달 6개를 획득했다.
가치 판단	• 좋고 나쁨, 옳고 그름, 아름다움과 추함 등 주관적 가치에 근거한 판단 • 사리 분별적인 가치 판단, 미적인 가치 판단, 도덕적인 가치 판단으로 구분 예 2020년 도쿄 올림픽 경기 대회는 아름다웠다.

3. 도덕 원리의 검토 방법 [기출 2021]

역할 교환 검사	제시된 도덕 원리가 입장을 바꾸어 적용했을 때에도 올바른지를 따져보는 방법
보편화 결과 검사	모든 사람이 그 원리를 선택하여 행동할 때를 생각해 보는 것으로, 제시된 도덕 원리를 모든 사람이 따랐을 때 그 결과가 올바른지를 따져보는 방법
포섭 검사	선택한 도덕 원리를 더 일반적이고 포괄적인 도덕 원리에 따라 판단해 보는 방법
반증 사례 검사	상대방이 제시한 원리 근거가 부적절함을 지적하기 위해 그 원리 근거가 맞지 않는 새로운 사례를 들어 반박하는 방법

2 스포츠윤리의 이해

1. 일반 윤리와 스포츠윤리 기출 2020

(1) **일반 윤리**
① 도덕이 내면성을 강조한 것이고 법률이 외면성에 치우친 것이라면, 윤리는 도덕과 법의 성향을 혼합한 것임
② 인간이 사회의 일원으로서 지켜야 할 이치와 도리로 인간의 자유에 의해 실현됨

(2) **스포츠윤리학**
스포츠와 관련 있는 사람들의 도덕적·윤리적 문제에 대해 연구하는 학문

(3) **스포츠와 윤리의 관계**
① 스포츠는 개인의 문제보다 공식적인 기준에 의해 윤리적 문제가 발생함
② 스포츠는 하나의 사회를 축소한 것과 같으며 인간의 삶과 밀접한 관계를 갖고 있음

(4) **스포츠윤리의 독자성** 기출 2024/2016
① 참여자가 스포츠 규칙을 자의적으로 준수하는 것
② 스포츠 상황에서 선수의 규칙 준수 여부만으로 선수의 도덕성을 구분할 수 없음
③ 스포츠에서 규칙을 위반하는 행위는 경기의 일부로 받아들여지기도 함

2. 스포츠윤리의 목적과 필요성 기출 2021/2020/2018

(1) **목적**
① 스포츠에서의 비윤리적 상황을 분석하고 올바르게 대처하는 방법을 습득시키는 것
② 스포츠인의 도덕적 자율성을 함양시키는 것
③ 스포츠윤리 규범을 통한 바람직한 공동체의 모습을 제시하는 것

(2) **필요성**
스포츠 산업의 성장 이면에는 승리 추구로 인한 비윤리적 사건이 지속적으로 발생하고 있어 스포츠 현장에서 윤리의 중요성이 더 강조되고 있음

3 윤리 이론

1. 목적론적 윤리(공리주의)와 의무론적 윤리
기출 2025/2024/2023/2022/2021/2020/2018/2017/2016

(1) **목적론적 윤리**
① 인간이 추구해야 할 어떤 근본적인 목적이 존재하고, 그 목적을 달성하기 위해 윤리나 도덕이 필요하다고 봄
② 궁극적인 목적은 넓은 의미로는 행복을, 좁은 의미로는 쾌락을 의미함
③ 인간 행위의 옳고 그름을 행위의 결과나 목적 달성 여부로 판단함
④ 감각적 경험에 대한 신뢰를 토대로 목적의 성취와 일의 효용성을 강조함

Speed 심화포인트

스포츠인(체육인)
스포츠 또는 체육 등에 이해관계를 가지고 있는 모든 사람을 의미함

스포츠인(체육인)의 윤리 강령
- 스포츠의 고유 가치에 대한 존중
- 존경받는 체육인상의 정립
- 체육윤리위원회의 설치 및 운영
- 국가와 사회에서의 스포츠인(체육인)의 역할

공리주의
행위가 최대 다수의 최대 행복을 가져오는지를 윤리적 행위의 목적으로 봄

핵심테마 01 스포츠와 윤리

Speed 심화포인트

(2) 의무론적 윤리
① 인간이면 도덕적 원리를 마땅히 지켜야 한다고 봄
② 행위의 결과와 상관없이 행위 자체의 옳고 그름과 행위자의 의도 및 동기로 판단함
③ 행위에 대한 도덕적 책무나 의무를 중시함
④ 자율적인 도덕 법칙에 어긋나는 행위는 그른 행위임
⑤ 행위의 의도와 동기를 기준으로 옳고 그름을 판단함
⑥ 신뢰를 토대로 의로운 삶을 중시하고 공정한 절차와 정당한 원칙을 강조함
⑦ 이성의 보편타당성을 추구함

Jump Up 이해

칸트(Kant)의 의무론적 윤리 [기출 2025/2024]
- 『순수 이성 비판』에서 인간의 학문적 지식이 어디까지 확장될 수 있는지를 밝히고, 이를 통해 자연에 대한 보편적·필연적인 지식의 한계를 밝혔다.
- 칸트의 세계 중 당위의 세계는 '있어야 할 세계', 즉 도덕의 세계, 가치의 세계이다. 인간은 이성적 존재자로 실천적인 도덕의 세계에서 살아가고 있다.
- 인간이 선의지를 가지고 스스로 도덕적 의지를 추구하기 때문에 목적으로 구성된 다른 하나의 이성 체계, 즉 실천 이성을 갖고 있다고 주장했다.
- 행위의 결과나 목적과 무관하게 행위 그 자체로써 도덕적 가치에 따르는 것이다(정언적 명령).
- 의무에서 나온 행위: 도덕 법칙을 내면에서 자율적으로 따르는 행위 → 도덕적 가치 O
- 의무에 합치하는 행위: 결과적으로 옳지만 외적 동기에 따른 행위 → 도덕적 가치 X

셸러(M. Scheler)의 가치 서열 [기출 2022]
- 첫째, 지속적인 가치가 변화하는 가치보다 높다.
- 둘째, 많은 사람이 분할하지 않고 그대로 향유할 수 있는 가치가 높은 가치이다.
- 셋째, 다른 가치에 덜 의존할수록 높은 가치이다.
- 넷째, 만족의 정도가 클수록 높은 가치이다.
- 다섯째, 사람에 따라 상대적이지 않은 독립적인 가치가 더 높은 가치이다.
- 낮은 가치부터 높은 가치는 '감성적 가치, 생명 가치, 심적 가치, 정신적 가치, 신성한 가치' 순이다.

2. 덕론적 윤리 [기출 2023/2022/2019/2018/2017]

(1) 덕론적 윤리의 의미
① 마땅히 되어야 할 인간 또는 존재가 되기 위해 어떤 덕들을 지녀야 하는지 탐구
② 사람의 덕성 판단을 중시하고, 도덕적 행동은 행위자의 덕(품성)에 의해 정해짐

(2) 덕론적 윤리의 장단점

장점	• 이상적인 인격 모델을 제시하고 도덕적 탁월성의 실현 가능성을 보여 줌 • 윤리의 실천 가능성을 높이고, 인간의 욕구와 대인 관계에서의 도덕적 행동을 실천하는 데 구체적인 동기를 제공함 • 자발적으로 도덕적 행동을 하도록 고무하고 도덕 공동체를 지향하게 함 • 새로운 공동체의 창출과 공동체에서의 삶을 가능하게 하는 덕의 육성을 강조함
단점	• 상대주의의 위험성: 덕은 특정 사회의 전통이나 문화와 밀접한 관련이 있어 보편성의 확보가 어려움 • 판단의 불확정성: 도덕적 판단의 유연성이 때로는 판단의 불확정성을 동반함 • 주관적 요소: 행위자 중심의 도덕적 판단은 주관적일 수 있음 • 우연적 요소: 덕을 갖추는 것은 나의 의지와 노력뿐만 아니라 주변 환경도 중요하게 작용함

(3) 덕론적 윤리의 특징
① 개인의 자유 및 선택보다 공동체주의, 전통과 역사를 중시함
② 유덕한 품성과 공동체 구성원으로서의 인간의 삶에 관심을 둠
③ 의무론과 공리주의를 비판하고 도덕적 행동의 실천이 행위자의 덕에 의해 정해진다고 봄
④ 사람의 구체적인 성품과 인간관계를 중시함
⑤ 상황의 특수성을 고려하여 적절한 행동을 판단할 수 있는 지혜를 갖춘 사람을 강조함

Jump Up 이해

배려 윤리 기출 2021
- 도덕적 판단의 기준을 배려의 측면에서 강조하는 윤리적 관점이다.
- 여성의 도덕적 성향을 바탕으로 타인에 대한 배려와 보살핌을 지향하는 윤리적 관점이다.
- 타인의 감정을 이해하고 공감하여 그들을 돕고 보살핌으로써 더불어 살아가는 공동체적 관계를 맺는 것을 중시한다.
- 캐롤 길리건(Carol Gilligan)과 넬 나딩스(Nel Noddings)가 대표적인 학자이다.

도덕 교육의 3요소 – 뒤르켐(E. Durkheim) 기출 2025
- 규율 정신(discipline): 사회 규범에 대한 존중, 규칙 준수, 자기 통제
- 사회적 애착(attachment to social groups): 사회 집단에 대한 소속감과 연대감
- 자율성(autonomy): 외부 권위가 아닌, 내면화된 가치에 기반한 판단 능력

3. 동양 사상과 윤리 체계

(1) 종교사상에서의 윤리

유교	인간의 본성을 따르는 것은 선(善), 인간의 본성을 변형시키는 것을 악(惡)으로 봄
불교	사람의 성품은 본질적으로 선악을 초월하여 존재하지만, 사람의 마음가짐에 따라 선과 악이 드러난다고 봄
도교	우주의 절대적 존재를 무(無)라고 하는 무위자연설(無爲自然說)을 주장함

(2) 동양의 사상가와 윤리 기출 2025/2023/2019
① 맹자: '인간의 본성은 선하다.'라는 성선설을 주장함
② 순자: '인간의 본성은 악하다.'라는 성악설을 주장함
③ 노자: 자신의 사사로운 욕심을 버리고 본연의 인간성을 회복해야 한다고 주장함
④ 고자: '인간의 본성은 선도 악도 아니다.'라는 성무선악설을 주장함
⑤ 공자
  ㉠ 인(仁)은 인간이 지닌 사랑이며 인간다움을 의미하는데, 인을 실천하기 위해 효제충신을 제시함
  ㉡ 서(恕)는 내 마음과 같이 한다는 뜻으로 자기가 바라지 않는 일은 남에게 행하지 말아야 한다는 것을 의미함
  ㉢ 예(禮)는 사회 질서를 유지하기 위한 규범이며 극기복례는 욕망이나 삿된 마음 등을 자신의 의지력으로 억제하고 예의에 어긋나지 않도록 하는 것임

가치 충돌의 문제
- 스포츠 상황에서 사실 판단과 가치 판단의 충돌
- 스포츠 상황에서 의무론적 윤리와 목적론적 윤리의 충돌
- 스포츠 상황에서 도덕적 행위의 옳고 그름에 대한 판단 충돌

가치 충돌의 대안
- 일시적인 가치보다 도덕적인 가치가 더 선행되어야 함
- 윤리 이론을 바탕으로 도덕적 판단 결과를 제시하여 다차원적 분석 실행
- 모든 사람이 수용할 수 있는 중도를 찾음

출제 0순위 공략! 꼭 풀어야 할 대표문제

01

윤리에 대한 설명으로 옳지 않은 것은?

① 인간이 사회를 구성하고 살아가는 데 있어 지켜야 할 이치 또는 도리이다.
② 인간의 외면적이면서 약간은 강제적인 도리이다.
③ 윤리를 존중하는 개인의 심성 혹은 덕행을 가리킨다.
④ 특정 직업을 가진 사람이 지켜야 할 도리이며, 지키지 않으면 많은 사람들로부터 비난을 받는다.

| 정답해설 |
윤리를 존중하는 개인의 심성 혹은 덕행을 가리키는 것은 도덕이다.

02

스포츠와 윤리의 관계에 대한 설명으로 옳지 않은 것은?

① 스포츠에서 성공을 위한 반칙은 모두 허용된다.
② 개인적 문제보다 공식적 기준에 의한 윤리가 문제될 수 있다.
③ 스포츠는 인간의 삶과 밀접한 관련이 있다.
④ 스포츠는 하나의 사회를 축소한 것으로 볼 수 있다.

| 정답해설 |
스포츠에서 성공을 위한 반칙이 모두 허용되는 것은 아니다.

| 오답해설 |
②③④ 스포츠는 하나의 사회를 축소한 것과 같으며, 개인의 문제보다 공식적인 기준에 의해 윤리적 문제가 발생하고, 인간의 삶과 매우 밀접한 관련이 있다.

03 [2022년 기출문제]

〈보기〉에서 설명하는 윤리 이론으로 적절한 것은?

보기
- 모든 스포츠인의 권리는 동등하게 보장되어야 한다.
- 스포츠 규칙 제정은 공평성과 평등의 원칙에 근거해야 한다.
- 선수의 행동이 좋은 결과를 얻었다면 도덕적으로 옳은 것이다.

① 공리주의
② 의무주의
③ 덕 윤리
④ 배려 윤리

| 오답해설 |
② 의무주의: 행위의 결과와 상관없이 행위의 의도와 동기를 기준으로 옳고 그름을 판단함
③ 덕 윤리: 어떤 행위에서 사람의 덕성 판단을 중시하고, 도덕적 행동은 행위자의 덕(품성)에 의해 정해진다고 봄
④ 배려 윤리: 도덕적 판단의 기준을 배려의 측면에서 강조하는 윤리적 관점

04 [2021년 기출문제]

스포츠윤리의 목적으로 적절하지 않은 것은?

① 스포츠 행위의 공정한 조건을 제시한다.
② 의도적 반칙에 대한 정당화의 근거를 제시한다.
③ 스포츠를 통한 도덕적 자질과 인격 함양을 추구한다.
④ 스포츠맨십, 페어플레이 등 스포츠윤리 규범을 통한 바람직한 공동체의 모습을 제시한다.

| 정답해설 |
의도적 반칙에 대한 정당화 근거를 제시하는 것은 스포츠윤리의 목적에 해당하지 않는다.

| 심화해설 |
스포츠윤리의 목적
- 스포츠에서의 비윤리적 상황을 분석하고 올바르게 대처하는 방법을 습득시키는 것
- 스포츠인의 도덕적 자율성을 함양시키는 것
- 스포츠윤리 규범을 통한 바람직한 공동체의 모습을 제시하는 것

정답 01 ③ 02 ① 03 ① 04 ②

05

<보기>의 ㉠, ㉡에 들어갈 용어는?

> 보기
>
> (㉠)은 관찰이나 과학적 혹은 역사적 탐구 등에 의해 객관적인 사실에 근거한 것이라면, (㉡)은 좋고 나쁨, 옳고 그름 등의 주관적 가치에 근거한 것이라고 할 수 있다. 예를 들어 2022년 카타르 월드컵은 11월 20일~12월 18일까지 개최되는 제22회 월드컵 대회로, 사상 최초 겨울에 시행되는 월드컵이 될 전망이라고 보는 것은 (㉠), 카타르 월드컵에서 손흥민이 완벽한 플레이로 한국에 기쁨을 안겨줄 것이라는 내용은 (㉡)이다.

	㉠	㉡
①	도덕적 가치 판단	미적 판단
②	도덕적 가치 판단	가치 판단
③	사실 판단	가치 판단
④	가치 판단	사실 판단

| 정답해설 |

㉠ 사실 판단이며, ㉡ 가치 판단이다.

06

덕론적 윤리의 장점이 아닌 것은?

① 도덕적 판단의 유연성이 때로는 판단의 불확정성을 동반한다.
② 이상적인 인격 모델을 제시하고 도덕적 탁월성의 실현 가능성을 보여 준다.
③ 자발적으로 도덕적 행동을 하도록 고무하고 도덕 공동체를 지향하게 한다.
④ 새로운 공동체의 창출과 공동체에서의 삶을 가능하게 하는 덕의 육성을 강조한다.

| 정답해설 |

도덕적 판단의 유연성이 때로는 판단의 불확정성을 동반한다는 것은 덕론적 윤리의 단점에 해당한다.

정답 05 ③ 06 ①

핵심테마 02 | 경쟁과 페어플레이

Speed 심화포인트

1 스포츠 경기의 목적

1. 아곤과 아레테 기출 2022/2021/2020/2018/2017/2016/2015

아곤(agon)	아레테(arete)
• 경쟁과 승리 추구 • 스포츠 경기는 자유로운 경쟁을 의미함 • 경쟁 상대의 성과와 비교함으로써 가치를 평가함 • 일반적인 경쟁 스포츠에 해당함 • 아곤보다 아레테가 더 가치 있는 것으로 받아들여짐	• 탁월성 추구 • 덕, 탁월함, 훌륭함을 의미함 • 타인과의 경쟁이나 비교 없이 자신의 고유한 기능으로 가치를 평가함 • 극기 스포츠 또는 미적 스포츠에 해당함 • 아레테가 아곤보다 더 포괄적인 개념으로 인식됨

2. 승리 추구와 탁월성 성취

① 탁월성 이론이 가장 많은 주목을 받는 이유는 스포츠 밖이 아닌 스포츠 안에서 승리지상주의에 제동을 걸 수 있는 방법을 찾기 때문임
② 탁월성 이론의 한계점은 자신의 탁월성 추구와 상대의 탁월성 소멸을 대립적으로 추구할 수밖에 없다는 것임

승리 추구	탁월성 성취
• 경쟁에서 승리는 중요한 기준 • 스포츠에서의 승리는 성공의 증거 • 아곤(agon)적 요소가 강함 • 미적 스포츠는 흥미 유발이 힘들다고 주장	• 스포츠 참여에 중점 • 도전에 의미, 타인과의 비경쟁 • 아레테(arete)적 요소가 강함 • 경쟁 스포츠는 갈등의 원인이 된다고 주장

Jump Up 이해

상대방 설득에 필요한 3가지(아리스토텔레스) 기출 2024/2020/2017/2016/2015
• 로고스(이성): 이성적·과학적인 것을 가리키는 것으로, 사고 능력, 이성 등
• 파토스(감성): 감각적·신체적·예술적인 것을 가리키며, 격정, 정념, 충동 등
• 에토스(도덕성): 사람에게 도덕적 감정을 갖게 하는 보편적인 도덕적·이성적 요소

2 스포츠맨십 기출 2023/2019/2018/2017/2016

① 스포츠인이 갖추어야 할 바람직한 정신과 태도로, 비정상적인 이득을 위해 바람직하지 못한 일을 행하지 않고 경쟁 상대에게 예의를 지키는 등 선수가 지녀야 하는 기본적인 자세를 의미함
② 일반 도덕이 아닌 스포츠 철학에 근거를 두고 접근해야 함

Jump Up 이해

스포츠 퍼슨십 기출 2024
최근에는 양성평등적인 용어로 '스포츠 퍼슨십'이라는 용어를 사용한다. 정정당당한 자세로 스포츠 경기에 임하고 결과보다는 스포츠 경기에서 얻을 수 있는 용기, 인내를 중요시하며 자기 통제, 자기 존중, 상대방에 대한 존중, 협동 등의 가치관을 보여 준다. 스포츠맨십과 혼용하여 사용한다.

1. 투쟁적 놀이로서의 스포츠

(1) 놀이
① 활동 자체에 목적을 둠
② 규칙이 있는 놀이와 규칙이 없는 놀이로 구분됨
③ 규칙이 부여되면 게임으로 전환될 수 있음

(2) 투쟁적 놀이
① 우위자 또는 연장자 쪽에서 힘을 억제함으로써 심판에 의해 공격 및 수비가 교체됨
② 씨름, 달리기, 레슬링 등이 투쟁적 놀이에 해당함

(3) 스포츠의 경쟁
① 경쟁적 상황이 강조되는 특징을 가짐
② 승리와 패배가 존재하며, 정해진 규칙 안에서 승리 추구

2. 놀이의 도덕: 규칙 준수와 게임 자체의 존중

(1) 놀이에서의 규칙 준수
놀이는 활동 자체에 즐거움과 만족을 느끼며 강제적이지 않고 자발적으로 참여하여 규칙을 준수함으로써 도덕성 함양에 좋은 수단이 될 수 있음

(2) 게임 자체의 존중
① 게임은 규칙을 준수하여 경쟁에서 승리를 추구하는 것임
② 게임 자체에 충실함
③ 스포츠 참여를 통해 규칙을 존중하면서 공정성, 윤리, 형평성 등의 가치를 배움

3. 스포츠에서 도덕적 행동과 좋은 스포츠 경기

(1) 스포츠에서 도덕적 행동
① 스포츠에서 이기주의, 결과 지상주의(승리 추구), 자기 중심적 속성 등을 억제하는 것
② 스포츠에서 스포츠맨십은 도덕적 행동으로 볼 수 있음

(2) 좋은 스포츠 경기
① 페어플레이에 입각한 경쟁으로 탁월성을 추구함
② 스포츠 경기의 결과보다 과정을 중시함
③ 규칙을 준수하고 최선을 다하는 것임
④ 훌륭한 경기를 실현하는 것임

3 페어플레이

1. 페어플레이

(1) 페어플레이의 의미 [기출 2025/2024/2021/2019/2018/2017/2015]
① 스포츠 행위를 실천할 때 요구되는 정신
② 스포츠 경기 중 규칙 및 규율을 지키는 것
③ 스포츠인이 지켜야 할 정정당당한 행위로 경기 중 경쟁자에 대한 배려도 포함함

핵심테마 02 경쟁과 페어플레이

Speed 심화포인트

(2) **스포츠윤리와 관련한 스포츠 규칙의 구분** 기출 2024/2023/2021/2019/2017

구성적 규칙	스포츠 경기를 진행하는 방법을 규정하는 것으로, 스포츠를 수행하는 목적, 수단, 공간, 시간, 용품, 벌칙 등을 정하는 것
규제적 규칙	각 종목의 특성에 따라 적용되는 규칙에 의해 수행되는 개인의 행동 규제
형식주의	경기 규칙에 명시되어 있는 것만을 경기 규칙으로 보는 견해
비형식주의	경기마다 규칙뿐만 아니라 관습이라고 하는 윤리적인 면도 규칙에 포함시키려는 견해

(3) **스포츠 규칙의 원리** 기출 2021
① 가변성: 일정한 조건에서 변할 수 있는 성질
② 제도화: 스포츠에서의 규칙이 제도가 되는 것
③ 공평성: 한쪽에 치우치지 않고 고른 성질

2. 의도적인 파울

(1) **의도적인 파울의 정의**
① 스포츠 경기 상황에서 의도적 계획을 갖고 규칙을 위반한 행위
② 전략적 수단으로 규칙 위반을 이용하기도 함
③ 파울을 경쟁 우위를 매기는 하나의 수단으로 이용

(2) **의도적인 파울의 윤리적 문제와 방안**
① 의도적인 파울은 규칙을 위반한 행위로 이는 스포츠에서의 도덕을 손상시킴
② 승리 지상주의보다 과정을 중시해야 하며, 탁월성을 추구해야 함

3. 승부 조작

(1) **승부 조작의 의미**
① 스포츠에서 경기가 시작되기 전부터 경기 결과나 과정을 미리 결정하고 이를 실행에 옮김으로써 경기의 결과를 조작하는 것
② 스포츠의 신뢰와 권위를 훼손시키며, 구단의 규모 축소 또는 해체 위기까지 가져옴

(2) **승부 조작의 특징**
① 경쟁적 스포츠의 가치를 근본적으로 훼손시키는 행위임
② 도덕적으로 비난받을 행위일 뿐만 아니라 범죄 행위라고도 할 수 있음
③ 처벌을 강화한다고 해서 근절될 수 없다는 한계가 있음

(3) **승부 조작의 윤리적 문제**
① 윤리적 문제
  ㉠ 스포츠의 공정성 하락
  ㉡ 스포츠의 가치 훼손
  ㉢ 경기 수준의 질 저하
  ㉣ 국가적 차원에서도 가장 위협적인 윤리적 문제
  ㉤ 스포츠인의 인적 손실 발생
② 해결 방안
  ㉠ 스포츠와 관련 있는 사람들을 대상으로 스포츠윤리 교육 강화
  ㉡ 제도적·법적 처벌을 강화하고, 철저하게 관리 감독

탈리오 법칙(Lex Talionis)
기출 2025
• 라틴어로 "동해보복법", 일명 "눈에는 눈, 이에는 이(Eye for an Eye, Tooth for a Tooth)"
• 함무라비 법전을 포함한 고대 법률에서 유래
• 범죄나 피해가 발생했을 때 동등한 수준의 보복 또는 대응을 정당화하는 보복의 원칙

01
[2022년 기출문제]

아곤(agon)과 아레테(arete)에 관한 설명으로 옳지 <u>않은</u> 것은?

① 아곤은 경쟁과 승리를 추구한다.
② 아곤은 타인과의 비교를 전제하지 않는다.
③ 아레테는 아곤보다 더 포괄적인 개념이다.
④ 아레테는 신체적·도덕적 탁월성을 추구한다.

| 정답해설 |
아곤은 경쟁과 승리를 추구하며 경쟁 상대와 비교함으로써 가치를 평가한다.

02

〈보기〉의 상황에 대한 설명으로 옳은 것은?

> 보기
> - (㉠): 민서는 수영 선수 출신으로, 수영 시합 시 경쟁에서 승리하는 것도 중요하지만 경기에 임하는 선수의 자세도 중요하다고 여기며 경기에 참여하는 것에도 큰 의미를 둔다.
> - (㉡): 현정이는 수영 시합의 목적은 승리 추구이며, 경쟁에서 승리하는 것은 선수로서 매우 중요한 기준이 될 수 있음에 의의를 두고 경기에서 무조건 승리하기 위해 노력한다.

① ㉠은 일반적인 경쟁 스포츠에 해당한다.
② ㉡은 탁월성을 추구한다.
③ ㉠은 스포츠 경기는 자유로운 경쟁을 의미한다.
④ ㉡은 미적 스포츠는 흥미 유발이 힘들다고 주장한다.

| 정답해설 |
㉠ 아레테, ㉡ 아곤에 해당하는 내용이다. 아곤은 경쟁과 승리를 추구하며 미적 스포츠는 흥미 유발이 힘들다고 주장한다.

| 오답해설 |
① 아레테는 극기 스포츠 또는 미적 스포츠에 해당한다.
② 아곤은 경쟁과 승리를 추구한다.
③ 아레테는 덕, 탁월함, 훌륭함을 의미한다.

03
[2022년 기출문제]

〈보기〉에서 ㉠, ㉡에 들어갈 용어가 바르게 연결된 것은?

> 보기
> 롤스(J. Rawls)는 (㉠)이 인간 발전의 조건이며, 모든 이의 관점에서 선이 된다고 하였다. 스포츠는 신체적 (㉡)을 훈련과 노력으로 극복하며, 기회의 균등이 정의로 작용하고 있음을 보여 준다. 즉, 인간이 갖는 신체적 능력의 (㉡)은 오히려 (㉠)을 개발할 기회를 마련해주며, 이를 통해 스포츠 전체의 선(善)이 강화된다.

	㉠	㉡
①	탁월성	평등
②	규범성	조건
③	탁월성	불평등
④	규범성	불평등

| 정답해설 |
롤스(J. Rawls)는 탁월성이 인간 발전의 조건이며, 모든 이의 관점에서 선이 된다고 하였다. 스포츠는 신체적 불평등을 훈련과 노력으로 극복하며, 기회의 균등이 정의로 작용하고 있음을 보여 준다. 즉, 인간이 갖는 신체적 능력의 불평등은 오히려 탁월성을 개발할 기회를 마련해주며, 이를 통해 스포츠 전체의 선(善)이 강화된다.

| 심화해설 |
롤스(J. Rawls)의 정의의 원칙
롤스의 정의의 두 원칙 중 제2원칙은 차등의 원칙과 공정한 기회 균등의 원칙이다. 사회적·경제적 불평등은 다음 두 가지, 즉 그것이 정의로운 저축 원칙과 양립하면서, 최소 수혜자에게 최대 이득이 되고(차등의 원칙), 공정한 기회 균등의 조건 아래 모든 사람에게 개방된 직책과 직위가 결부되게끔 편성되어야 한다(공정한 기회 균등의 원칙)는 것이다.

정답 01 ② 02 ④ 03 ③

04

[2024년 기출문제]

〈보기〉에 담긴 윤리적 규범과 관련이 없는 것은?

> **보기**
>
> 나는 운동선수로서 경기의 규칙을 숙지하고 준수하여 공정하게 시합을 한다.

① 페어플레이(fair play)
② 스포츠 딜레마(sport dilemma)
③ 스포츠 에토스(sport ethos)
④ 스포츠 퍼슨십(sport personship)

| 정답해설 |

딜레마는 두 가지 중 하나를 골라야 하는 상황을 나타내는 용어로, 일반적으로 해도 문제, 안 해도 문제인 상황에 부합하는 것을 뜻한다.

05

구성적 규칙과 규제적 규칙에 대한 설명으로 옳지 않은 것은?

① 구성적 규칙은 스포츠를 진행하는 방법을 정하는 것이다.
② 구성적 규칙은 경기 공간, 시간, 용품, 벌칙 등을 정하는 것이다.
③ 규제적 규칙은 모든 종목이 동일하게 적용되는 규칙을 지키는 것이다.
④ 규제적 규칙은 각 종목의 특성에 따라 적용되는 규칙에 따라 수행하는 개인의 행동 규제를 의미한다.

| 정답해설 |

규제적 규칙은 각 종목의 특성에 따라 적용되는 규칙이 다르다는 것을 인식하고 이에 따라 수행되는 선수 개인의 행동 규제를 의미한다.

| 심화해설 |

규제적 규칙 위반
축구 경기에서 같은 팀끼리 공을 패스하며 시간 끄는 행위, 농구에서 일부러 파울을 얻어 기회를 얻거나 시간을 끄는 것 등은 규제적 규칙 위반에 해당한다.

06

승부 조작의 윤리적 문제가 아닌 것은?

① 스포츠의 가치 훼손
② 스포츠 경기 수준의 향상
③ 스포츠인의 인적 손실 발생
④ 스포츠의 공정성 하락

| 정답해설 |

승부 조작의 윤리적 문제
- 스포츠의 공정성 하락
- 스포츠의 가치 훼손
- 경기 수준의 질 저하
- 국가적 차원에서도 가장 위협적인 윤리적 문제
- 스포츠인의 인적 손실 발생

정답 04 ② 05 ③ 06 ②

핵심테마 03 | 스포츠와 불평등

1 성차별

1. 스포츠에서 성차별의 과거와 현재 [기출 2023/2022/2020/2015]

(1) 과거의 성차별
① 여성의 능력에 대한 편견
② 여성이 남성보다 생리적·신체적·사회적으로 열등하다는 편견
③ 근대 올림픽 이후에도 여성들의 올림픽 참여는 제한적이었음

(2) 현재의 성차별
① 여성 선수의 성(性)적 상품화
② 참여 종목의 차별
③ 여성 선수의 취업 기회 불평등
④ 여성 선수 지원의 불평등

(3) 성차별의 원인
① 성에 따라 스포츠 능력이 차별적으로 배분되어 있다는 편견
② 스포츠에 참여하는 여성에 대한 심리학적 편견
  ⓔ 여성은 비공격적·수동적 성향이고, 남성은 공격적·능동적 성향이라는 편견
③ 성별에 따른 사회화 과정
  ⓔ 부모로부터 성별의 특성에 따른 차별된 역할을 수행하도록 사회화되고, 학교는 초기의 가족에서 시작된 성역할의 고정 관념을 강화시키는 역할을 함
④ 성차별을 심화시키는 대중 매체의 보도
  ⓔ 경기 내용보다 여자 선수의 외모, 의상 등에 집중하거나 선수를 성적 매력의 대상으로 보는 대중 매체의 보도

Jump Up 이해
여성 스포츠 활성화를 위한 과제
- 여성의 스포츠 교육 확대 실시
- 여성 체육 전문 지도자의 지속적 양성
- 체육 조직 및 단체에서의 여성 역할 확대
- 여성 스포츠 활동 프로그램 개발 및 보급 확산
- 여성의 성정체성과 신체에 대한 인식의 전환

2. 성전환 선수의 문제

① 성전환 수술 후 신체적인 능력이 여성화·남성화되지 않는다는 점
② 성전환 선수의 스포츠 대회 출전에 대한 기준이 각 스포츠 단체마다 다름

Jump Up 이해
성전환 선수의 올림픽 출전
IOC는 2004년 5월 스톡홀름 합의를 통해 수술을 받은 성전환 선수의 올림픽 출전을 허용하였으며, 2015년에는 성전환 수술을 받아야 한다는 조건을 삭제하고 테스토스테론 혈중 농도를 새로운 조건으로 삽입했다. 2021년 IOC는 테스토스테론과 관련한 지침을 삭제하고 2022년 베이징 동계 올림픽 이후부터 적용할 것이라고 밝혔으며, 법적 구속력은 없기 때문에 성전환 선수의 출전 자격을 어떻게 정할지는 각 경기 단체의 자율에 맡기기로 하였다.

Speed 심화포인트

성평등
인간의 성은 생리적·신체적 특징을 지닌 선천적인 성과 주위 환경에 의해 학습된 후천적인 성으로 구분된다. 성평등은 후천적인 성을 평등하게 대한다는 것을 의미한다.

스포츠에서 성평등을 이루기 위한 방안
- 체육 지도자 및 청소년들에게 남녀 융합된 학습 교육 실시
- 스포츠 분야에서의 성평등에 관한 문제를 사회적인 문제로 인식하고 관심 증대
- 스포츠 성폭력과 관련한 전문 상담원 배치
- 체육 단체들의 의무적 예방 교육 실시
- 법적으로 성평등을 보장하기 위한 제도적인 방안 제시

핵심테마 03 스포츠와 불평등

Speed 심화포인트

2 인종 차별

1. 스포츠에서 인종 차별의 과거와 현재 기출 2023/2020/2019/2018

(1) **과거의 인종 차별**
유색 인종과 흑인 선수에 대한 스포츠 참여 제한을 의미함

(2) **현재의 인종 차별**
① 흑인 선수의 경기력은 발생학적이고, 백인 선수는 후천적 노력의 결과로 봄
② 세계화 현상으로 다양한 인종에 대한 차별 및 비하 현상들이 나타나고 있음

> **Jump Up 이해**
>
> **아파르트헤이트(apartheid)** 기출 2021
> - 인종 차별을 찬성하는 입장으로, 남아프리카공화국의 극단적 인종 차별 정책을 의미한다.
> - 모든 사람을 백인, 흑인, 인도인, 유색인의 4가지 등급으로 나누어 인종 간에 차별을 두었다.
>
> **타이틀 나인(Title IX)** 기출 2025
> 1972년 미국에서 제정된 법률로 미국 내 교육계에서 성차별을 금지하기 위한 것이다.

2. 다문화 사회

한 국가 또는 사회 속에 다양한 문화(인종, 종교, 언어 등)를 가진 사람들이 함께 공존하는 사회

(1) **다문화 사회의 도래와 예상되는 갈등**
① 언어, 사회적 분위기, 정서 등의 차이에서 발생하는 갈등
② 다문화 가족의 자녀 양육과 교육의 문제
③ 다문화 가족에 대한 편견과 차별

(2) **다문화 사회를 위한 스포츠 정책**
① 다문화 가정 체육 활동 지원
② 이민자 생활 체육 욕구 및 실태 조사
③ 다문화 가정과 일반 가정 자녀 간의 교류 확대
④ 다문화 가정의 체육 교육 프로그램 개발

3. 인종 차별을 극복하기 위한 방안 기출 2015

① 인종 차별 퇴치 캠페인을 벌여 인종 차별의 부당성을 인식시킬 것
② 문화 교류를 통해 서로를 이해하려고 노력하여 성숙한 문화를 형성할 것
③ 인종 차별과 관련한 행동 및 언어에 대한 처벌을 강화할 것

> **Jump Up 이해**
>
> **국제 스포츠 경기에서의 인종차별** 기출 2025
> - 1936년 베를린 올림픽(히틀러 & 제시 오웬스): 미국의 흑인 선수 제시 오웬스(Jesse Owens)는 1936년 베를린 올림픽에서 육상 4관왕을 달성하였으나 당시 아돌프 히틀러는 아리안 우월주의를 주장하며 흑인 선수를 인정하기 꺼려했다. 공식 시상식에서는 모습을 드러내지 않았고, 오웬스와의 악수나 축하도 거부했다는 것이 널리 알려졌다.
> - 1968년 멕시코 올림픽(토미 스미스 & 존 카를로스): 미국의 흑인 육상 선수 토미 스미스와 존 카를로스는 시상식에서 검은 장갑을 낀 주먹을 들어 흑인 인권운동에 저항하였으며 이는 인종 차별에 항의한 대표적 사건으로 기록되었다. 이후 두 선수는 IOC로부터 징계와 비난을 받았다.

3 장애인 차별

1. 장애인의 스포츠 권리 `기출 2025/2017`

(1) 장애의 분류
① 기능 장애, 능력 장애, 사회적 장애로 분류
② **스포츠 참여가 가능한 장애 유형**: 지체 장애, 뇌병변 장애, 시각 장애, 지적 장애, 청각 장애 등

(2) 장애인의 스포츠 권리
① 차별 없이 장애인이 스포츠에 참여할 수 있는 권리
② 스포츠 참여를 통한 신체 활동으로 장애인 및 비장애인의 사회 통합 가능
③ 스포츠 참여를 통한 문화 생활 및 자기 발전 증진

(3) 장애인 스포츠 참가 의의
① 스포츠를 통해 신체적·심리적 치료의 효과를 기대할 수 있음
② 구성원 간의 이해와 소통의 기회를 제공함
③ 사회 구성원들과 조화를 이루고 화합할 수 있는 방법임

(4) 스포츠 활동이 장애인에게 미치는 영향
① 스포츠 목적 이외에 장애 부위의 기능적 감퇴 예방과 잔존 능력을 회복시키는 데 도움이 되는 치료적 효과를 가진다는 점에서 재활 수단으로서의 가치가 큼
② 각 기관의 기능을 발달 및 향상시키고, 체력을 증진시킴으로써 활기차고 적극적으로 생활할 수 있게 함
③ 욕구 불만, 심리적 갈등과 불안을 감소시키는 역할을 하여 삶의 만족도를 향상시킴
④ 여가 선용의 기회를 제공함으로써 삶의 활력을 찾고, 일상생활을 풍요롭게 함
⑤ 다양한 사람들과 어울리는 기회를 제공함으로써 공동체 생활로 사회적 유대감을 강화시켜 긍정적인 대인 관계 형성에 도움을 줌

2. 스포츠에서의 장애인 차별

① 체육 시설 이용의 차별
② 체육용 기구의 차별
③ 체육 지도자의 차별
④ 이용 프로그램의 차별
⑤ 신체적·생리적 능력의 차별
⑥ 경기 참가의 차별

3. 장애인의 스포츠 참여를 위한 스포츠 조건 및 개선 방안 `기출 2021/2020`

(1) 장애 차별 없는 스포츠의 조건
① 즐거움을 추구하는 놀이로서의 스포츠
② 경쟁과 승리가 목적이 아닌 개인의 탁월성과 유능성을 목적으로 하는 스포츠
③ 공정한 조건하에서의 경쟁적 스포츠

핵심테마 03 스포츠와 불평등

 **Speed 심화포인트**

(2) 장애 차별 요인들의 개선 방안 `기출 2018`
① 장애인을 위한 적절한 공공 체육 시설
② 장애인 체육 지도자의 양성 및 배치
③ 장애인 생활 체육 동호인 클럽 지원
④ 장애인 생활 체육 프로그램 확대
⑤ 장애인을 위한 체육 시설의 보급과 확충

Jump Up 이해

「장애인 차별금지 및 권리구제 등에 관한 법률」(약칭: 장애인차별금지법)

제1조(목적) 이 법은 모든 생활 영역에서 장애를 이유로 한 차별을 금지하고 장애를 이유로 차별받은 사람의 권익을 효과적으로 구제함으로써 장애인의 완전한 사회 참여와 평등권 실현을 통하여 인간으로서의 존엄과 가치를 구현함을 목적으로 한다.

제4조(차별 행위) ① 이 법에서 금지하는 차별이라 함은 다음 각 호의 어느 하나에 해당하는 경우를 말한다.

1. 장애인을 장애를 사유로 정당한 사유 없이 제한·배제·분리·거부 등에 의하여 불리하게 대하는 경우
2. 장애인에 대하여 형식상으로는 제한·배제·분리·거부 등에 의하여 불리하게 대하지 아니하지만 정당한 사유 없이 장애를 고려하지 아니하는 기준을 적용함으로써 장애인에게 불리한 결과를 초래하는 경우
3. 정당한 사유 없이 장애인에 대하여 정당한 편의 제공을 거부하는 경우
4. 정당한 사유 없이 장애인에 대한 제한·배제·분리·거부 등 불리한 대우를 표시·조장하는 광고를 직접 행하거나 그러한 광고를 허용·조장하는 경우. 이 경우 광고는 통상적으로 불리한 대우를 조장하는 광고 효과가 있는 것으로 인정되는 행위를 포함한다.
5. 장애인을 돕기 위한 목적에서 장애인을 대리·동행하는 자(장애 아동의 보호자 또는 후견인 그 밖에 장애인을 돕기 위한 자임이 통상적으로 인정되는 자를 포함한다. 이하 '장애인 관련자'라 한다)에 대하여 제1호부터 제4호까지의 행위를 하는 경우. 이 경우 장애인 관련자의 장애인에 대한 행위 또한 이 법에서 금지하는 차별 행위 여부의 판단 대상이 된다.
6. 보조견 또는 장애인 보조 기구 등의 정당한 사용을 방해하거나 보조견 및 장애인 보조 기구 등을 대상으로 제4호에 따라 금지된 행위를 하는 경우

제5조(차별 판단) ① 차별의 원인이 2가지 이상이고, 그 주된 원인이 장애라고 인정되는 경우 그 행위는 이 법에 따른 차별로 본다.
② 이 법을 적용함에 있어서 차별 여부를 판단할 때에는 장애인 당사자의 성별, 장애의 유형 및 정도, 특성 등을 충분히 고려하여야 한다.

제6조(차별 금지) 누구든지 장애 또는 과거의 장애 경력 또는 장애가 있다고 추측됨을 이유로 차별을 하여서는 아니 된다.

01

스포츠에서 발생하는 성차별의 원인에 대한 설명으로 옳지 않은 것은?

① 성에 따라 스포츠 능력이 차별적으로 배분되어 있다고 생각한다.
② 전통 사회에서 남성은 본질적으로 비공격적·수동적이고, 여성은 공격적·능동적인 성향을 갖고 있다고 강조한다.
③ 부모는 어려서부터 성별의 특성에 따른 차별된 역할을 수행하도록 사회화시킨다.
④ 학교는 초기의 가족에서 시작된 성역할의 고정 관념을 강화시키는 역할을 한다.

| 정답해설 |
전통 사회에서 여성은 본질적으로 비공격적이고 수동적이며, 남성은 공격적이고 능동적인 성향을 갖고 있다고 강조한다.

02 [2024년 기출문제]

스포츠에서 여성에 대한 차별이 발생하거나 심화되는 원인으로 볼 수 없는 것은?

① 생물학적 환원주의
② 남녀의 운동 능력 차이
③ 남성 문화에 기반한 근대 스포츠
④ 여성 참정권

| 정답해설 |
여성 참정권은 여성이 국정에 직접·간접으로 참여하는 권리로 스포츠와 직접적인 연관이 없으며 스포츠에서 차별이 발생하거나 심화되는 원인으로 보기 어렵다.

| 오답해설 |
① 생물학적 환원주의: 사회적으로 구성된 젠더 불평등 현상을 남자와 여자의 생물학적 요인으로만 설명하는 것이다. 여성의 신체 능력을 과소평가하거나 여성의 역할을 제한하려는 근거로 사용될 수 있다.
② 남녀의 운동 능력 차이: 성별에 따른 다른 기준과 기대를 낳게 되어 여성 선수들이 동일한 기회를 받지 못하거나 동일한 성과를 인정받지 못하는 이유가 될 수 있다.
③ 남성 문화에 기반한 근대 스포츠: 근대 스포츠의 많은 부분이 남성 중심이었기에 그 문화가 여전히 존재하며, 이로 인해 여성의 참여가 제한되거나 여성 스포츠가 남성 스포츠에 비해 덜 중요한 것으로 취급되는 등의 차별이 발생할 수 있다.

03 [2022년 기출문제]

〈보기〉의 대화에서 나타나는 스포츠 차별은?

> 보기
> 영은: 저 백인 선수는 성공하기 위해서 얼마나 많은 노력과 땀을 흘렸을까.
> 상현: 자기를 희생하면서도 끝없는 자기 관리와 투지의 결과일 거야.
> 영은: 그에 비해 저 흑인 선수가 구사하는 기술은 누구도 가르칠 수 없는 묘기이지.
> 상현: 아마도 타고나지 않으면 할 수 없는 거지. 천부적인 재능이야.

① 성차별
② 스포츠 종목 차별
③ 인종 차별
④ 장애 차별

| 정답해설 |
백인과 흑인에 대한 고정 관념을 바탕으로 한 스포츠에서의 인종 차별에 관한 대화에 해당한다.

04 [2023년 기출문제]

스포츠에서 나타나는 인종 차별에 관한 설명으로 적절하지 않은 것은?

① 경기 실적 향상을 위해 우수한 외국 선수를 귀화시키기도 한다.
② 개인의 운동 기량을 인종 전체로 일반화시켜 편견과 차별이 심화되기도 한다.
③ 스포츠 미디어는 인종에 대한 편견과 차별을 재생산하기도 한다.
④ 일부 관중들은 노골적으로 특정 인종을 비하하는 모욕 행위를 표출하기도 한다.

| 정답해설 |
우수한 외국 선수의 귀화는 인종 차별에 해당되지 않으며 다양한 문화를 가진 사람들이 함께 공존하는 모습이다.

정답 01 ② 02 ④ 03 ③ 04 ①

핵심테마 04 | 스포츠에서 환경과 동물 윤리

1 스포츠와 환경 윤리

1. 스포츠에서 파생되는 환경 윤리적인 문제들 기출 2020

스포츠와 환경은 서로 상호 공존하는 관계이지만, 서로를 위협하는 관계로 변질될 수 있음

(1) 환경을 위협하는 스포츠

골프, 스키, 산악 자전거 등의 스포츠 자체 행위와 도로 건설, 건물 신설, 편의 시설 등의 스포츠 시설의 사업으로 인해 환경이 위협받을 수 있음

(2) 스포츠를 위협하는 환경

공기 오염, 수질 오염 등으로 인해 스포츠 활동에 위협을 받을 수도 있음

Jump Up 이해

스포츠 환경의 3가지 범주(P. Vuolle) 기출 2025/2019/2017
- 순수 환경: 공원, 보전 구역 등 개발되지 않은 자연에서의 활동이 가능한 곳
- 개발 환경: 골프, 사격, 트레일, 슬로프, 실외 수영장, 스포츠 필드 등 야외 활동이 가능한 곳
- 시설 환경: 실내 체육관, 경기장, 아이스링크 등 실내 활동이 가능한 곳

2. 스포츠에 적용 가능한 환경 윤리학의 이론 기출 2020/2017

(1) 생태 중심주의(인간+동물+생물+무생물)

알도 레오폴드 (Aldo Leopold)	• 생물과 무생물이 어우러져 있는 대지에도 도덕적 지위를 부여함 • 무생물을 포함한 자연 전체를 도덕적 고려의 대상으로 봄 • 토지 이용을 경제적 측면뿐만 아니라 윤리적·미적 관점에서도 고려함
한스 요나스 (Hans Jonas)	• 환경 문제의 해결에는 종래와 다른 새로운 책임의 개념이 필요함 • 개인을 기본 단위로 하면 환경 문제의 해결이 어렵기 때문에 공동체나 지구라는 전체를 기반으로 순환주의 사상에 기초하여 생각해야 함 • 책임의 원칙은 자연이 인간과 분리된 단순한 대상이 아니라 불가분의 관계에 있는 다른 것이며, 인간을 구성하고 있는 존재의 부분이고, 인간 자신의 실존적 완전성의 한 요소라고 주장함
가토 히사타케	타인 위해 가능성, 세대 간 윤리, 보존의 완전 의무를 원칙으로 해야 한다고 주장함
아르네 네스 (Arne Naess)	• 심층 생태주의로 분류함 • 모든 유기체는 생명의 연결망 속에 본래적으로 연결되어 있다고 주장함 • 환경 오염 예방이나 경제 개발의 속도 조절과 같은 피상적인 방법이 아닌 사고방식 자체를 바꿔야 한다고 봄

(2) **자연(생명) 중심주의(인간+동물+생물)** 기출 2024/2022

생명은 그 자체로 선이고 본래적 가치를 지닌다고 주장하며, 생명이 있는 것은 생존권을 보장받아야 할 의무를 갖는다고 주장함

폴 테일러 (Paul Warren Taylor)	인간과 동물, 즉 지구에 존재하는 모든 생명체는 평등한 관계라고 주장하였으며, 자연 중심주의를 깨닫기 위한 인간의 의무를 제시함 • 비상해(불침해)의 규칙: 다른 생명체를 해치는 행위를 해서는 안 됨 • 불간섭의 규칙: 생태계의 자유로운 발전을 제한하거나 방해하면 안 됨 • 신뢰의 규칙: 동물들에게 인간의 신뢰를 훼손하면 안 됨 • 보상적 정의의 규칙: 공동 생활에서의 일반적인 원칙
알베르트 슈바이처 (Albert Schweitzer)	• 생명은 그 자체로 선이며 본래적 가치를 지닌다고 주장함 • 모든 생명을 존중하는 '생명에의 외경'을 도덕의 절대적이고 기본적인 원리로 삼음

3. 지속 가능한 스포츠 발달을 위한 윤리적 전제 기출 2023/2016

① 자연환경을 훼손하는 시설을 사용하지 않고, 자연을 훼손하는 건설을 반대해야 함
② 재활용할 수 있는 제품을 개발해야 함
③ 스포츠 교양에 대한 교육을 실시하여 다른 생명체에 대한 배려를 중요시해야 함
④ 자연의 다양성을 보존하고, 자연환경과 공존하기 위한 노력을 지속해야 함

2 스포츠와 동물 윤리

1. 스포츠에서의 종 차별주의 문제 기출 2025/2024/2022/2019

(1) **종 차별주의(인간 중심주의)**

① 자신이 속한 종은 옹호하고, 다른 종은 배척하는 편견이나 왜곡된 태도를 의미함
② 종 차별주의 입장에서 고대에서 근대까지는 자신이 속해 있는 집단의 구성원만을 인간으로 보았으나, 현대에서는 전 세계인을 한 집단의 구성원으로 인정함
③ 스포츠와 관련한 인간의 목적성으로 인해 약물 투여, 실험 등에 동물을 이용함
④ 동물을 인간의 유희 대상으로 이용함
⑤ 인간에게만 본질적인 가치를 부여하며, 인간 이외에는 도구적인 가치를 부여함
⑥ 자연 파괴 및 종의 멸종 등과 관련한 것은 인간의 책임이며 인간에 의해서만 해결할 수 있다고 봄

토마스 아퀴나스	모든 피조물은 신의 계획과 의도에 의한 것으로 신은 궁극적인 선이며, 선악을 판단하고 처벌할 권리를 제외한 자연물에 대한 모든 권한은 인간에게 있다고 주장함
데카르트	이성을 가진 인간은 이성이 없는 자연을 지배할 권리가 있으며, '나는 생각한다. 그러므로 나는 존재한다.'라고 주장함
베이컨	자연은 인간에게 순종해야 하고 정복되어야 하는 대상이라고 주장하였으며, '일체의 지식의 의의는 인간의 삶에 새로운 발명과 편의를 제공하는 데 있다.'라고 주장함
프로타고라스	'인간은 만물의 척도'라고 주장함
아리스토텔레스	동물은 인간을 위해 존재하는 것이라고 주장함
칸트	자연은 오직 인간에 의해서만 그 의미와 가치를 부여받게 된다고 주장함

핵심테마 04 스포츠에서 환경과 동물 윤리

Speed 심화포인트

이익 평등 고려의 원칙(P. Singer)
기출 2017/2015

쾌락을 극대화하고 고통을 최소화하는 것은 감각(쾌고 감수 능력)을 가진 모든 생명체의 이익에 동등하게 고려되어야 한다. 따라서 인간뿐만 아니라 감각을 가진 동물도 도덕적 배려의 대상이 되어야 한다.

패스모어	인간을 위해 다른 생명체를 보호해야 하며, 기존의 도덕 원리(과거의 방식으로도)만으로도 생태계를 해결할 수 있다고 주장함
베르크	인간 주체성과 환경 자체를 연결하는 존재론적 혁명은 모든 사람의 가장 기본인 인간의 안전 지속 가능성의 조건임을 주장함

(2) 반종 차별주의(인간+동물)

① 인간과 동물은 모두 생명을 갖는 대상임을 인지함
② 인간 외 생명체에 대한 바람직한 윤리적 처우가 필요하다고 주장함
③ 쾌고(쾌락과 고통) 감수 능력을 지닌 동물까지 도덕적 고려의 대상이라고 주장함

피터싱어	'이익의 평등한 고려 원칙'에 근거하여 인간과 동물을 동등하게 대해야 한다고 주장함
제레미 벤담	'중요한 것은 그들이 이성을 가지는가, 그들이 말을 하는가가 아니라 그들이 고통을 느끼는가이다'라고 주장함
레건	'삶의 주체'로서 자신의 삶을 영위할 권리를 가진 동물의 도덕적 지위를 인정해야 한다고 주장함

2. 스포츠와 관련된 종 차별주의 기출 2018

① 동물을 경쟁의 도구로 이용: 경마, 전쟁, 전차 경주 등
② 동물을 유희의 도구로 이용
  ㉠ 인간과 동물의 싸움: 투우, 노예와 사자의 싸움 등
  ㉡ 동물과 동물의 싸움: 소싸움, 개싸움, 닭싸움 등
③ 연구 도구로 이용: 치료약 개발을 위한 실험 대상으로 흰쥐, 돼지, 원숭이 등을 이용함

3. 동물 실험 시 지켜야 할 원칙(3R의 원칙) 기출 2015

(1) 대체(Replace)의 원칙

실험 대상 선택 시 사람 대신 고등 동물을 선택하고, 고등 동물 대신 하등 동물, 하등 동물 대신 식물, 식물 대신 무생물을 선정할 것을 권장함

(2) 순화(Refinement)의 원칙

실험에 동원되는 동물에게 최대한의 복지와 도덕적 지위에 맞는 대우를 해 주고, 실험 후 동물이 느끼는 고통을 최소화시킬 것을 권장함

(3) 축소(Reduce)의 원칙

실험에 동원되는 동물의 숫자를 최소한으로 축소하여 진행할 것을 권장함

01

환경 윤리학자 가토 히사타케가 제시한 스포츠와 환경 문제에 대한 원칙으로 옳지 않은 것은?

① 토지 이용의 윤리적·미적 관점 고려
② 타인 위해 가능성
③ 세대 간 윤리
④ 보존의 완전 의무

| 정답해설 |
환경 문제를 해결하기 위해서는 토지 이용을 경제적 측면뿐만 아니라 윤리적·미적 관점에서도 고려해야 한다고 주장한 학자는 레오폴드이다.

02

종 차별주의자와 그 주장이 바르게 연결되지 않은 것은?

① 프로타고라스 - '인간은 만물의 척도'라고 주장했다.
② 아리스토텔레스 - 동물은 인간을 위해 존재하는 것이라고 주장했다.
③ 데카르트 - 이성을 가진 인간은 이성이 없는 자연을 지배할 권리가 있다고 주장했다.
④ 칸트 - '삶의 주체'로서 자신의 삶을 영위할 권리를 가진 생명의 도덕적 지위를 인정해야한다고 주장했다.

| 정답해설 |
칸트에 대한 설명이 아닌 반종 차별주의자 레건의 주장에 해당한다.

03

부올레(P. Vuolle)가 제시한 스포츠 환경 중 개발 환경에 포함되지 않는 것은?

① 공원
② 야구장
③ 골프장
④ 사격장

| 정답해설 |
야구장, 골프장, 사격장은 개발 환경에 포함되는 내용이다. 공원은 순수 환경에 포함된다.

04

[2024년 기출문제]

〈보기〉의 대화에서 '윤성'의 윤리적 관점은?

> 보기
> - 진서: 나 어젯밤에 투우 중계방송 봤는데, 스페인에서 엄청 인기더라구! 그런데 동물을 인간 오락의 대상으로 삼는 것은 윤리적으로 허용될 수 없는 거 아니야?
> - 윤성: 난 다르게 생각해! 스포츠 활동은 인간의 이상을 추구하기 위한 것이고, 그 이상의 실현을 위해 동물은 수단으로 활용될 수 있는거 아닐까? 승마의 경우 인간과 말이 훈련을 통해 기량을 향상시키고 결국 사람 간의 경쟁에 동물을 도구로 활용한다고 볼 수 있잖아.

① 동물 해방론
② 동물 권리론
③ 종 차별주의
④ 종 평등주의

| 정답해설 |
〈보기〉에서 윤성은 종 차별주의 관점을 가지고 있다. 종 차별주의란 자신이 속한 종은 옹호하고 다른 종은 배척하는 것으로, 인간에게만 본질적인 가치를 부여하며 인간 이외에는 도구적인 가치를 부여하는 것이다.

정답 01 ④ 02 ④ 03 ① 04 ③

05 [2022년 기출문제]

〈보기〉의 설명과 관계 있는 자연 중심주의 사상가는?

보기
- 생태 윤리에 대한 규칙: 불침해, 불간섭, 신뢰, 보상적 정의
- 스포츠에 의한 환경 오염 발생 시 스포츠 폐지 권고
- 인간의 욕구를 위해 동물의 생존권을 유린하는 스포츠 금지

① 베르크(A. Berque)
② 테일러(P. Taylor)
③ 슈바이처(A. Schweitzer)
④ 하이젠베르크(W. Heisenberg)

| 정답해설 |

테일러(P. Taylor)는 인간과 동물, 즉 지구에 존재하는 모든 생명체는 평등한 관계라고 주장하였으며, 자연 중심주의를 깨닫기 위한 인간의 의무(불침해, 불간섭, 신뢰, 보상적 정의)를 제시하였다.

06 [2015년 기출문제]

〈보기〉에서 설명하고 있는 원칙은 무엇인가?

보기

실험에 동원되는 동물에게 최대한의 복지와 도덕적 지위에 맞는 대우를 해 주고 실험 후 동물이 느끼는 고통을 최소화시킬 것을 권장한다.

① 대체(Replace)의 원칙
② 순화(Refinement)의 원칙
③ 축소(Reduce)의 원칙
④ 회전(Rotation)의 원칙

| 정답해설 |

동물 실험 시 지켜야 할 원칙(3R의 원칙)
- 대체(Replace)의 원칙: 실험 대상 선택 시 사람 대신 고등 동물을 선택하고, 고등 동물 대신 하등 동물, 하등 동물 대신 식물, 식물 대신 무생물을 선정할 것을 권장한다.
- 순화(Refinement)의 원칙: 실험에 동원되는 동물에게 최대한의 복지와 도덕적 지위에 맞는 대우를 해 주고 실험 후 동물이 느끼는 고통을 최소화시킬 것을 권장한다.
- 축소(Reduce)의 원칙: 실험에 동원되는 동물의 숫자를 최소한으로 축소하여 진행할 것을 권장한다.

정답 05 ② 06 ②

핵심테마 05 | 스포츠와 폭력

1 스포츠 폭력

1. 스포츠 폭력 [기출 2020]

(1) 스포츠 폭력의 의미
선수, 코치, 감독, 심판, 관계자 등의 사람이 스포츠 운동 경기 혹은 훈련 과정 중 신체적, 언어적, 성적 등의 폭력 행위를 저지른 경우를 말함

(2) 스포츠 공격성 [기출 2021]
① 경쟁자 또는 동물 등을 정복하거나 경쟁에서 이기기 위해 언어 혹은 행동으로 표현되는 분노
② 스포츠는 본질적으로 공격성을 갖고 있다고 볼 수 있음
③ 스포츠에서 공격성이 나타나는 원인
  ㉠ 자신의 한계를 넘으려는 도전 정신
  ㉡ 자신의 탁월성을 남들에게 인정받고자 하는 시도
  ㉢ 인간의 원초적인 본능과 살아온 환경으로부터 습득

(3) 스포츠와 폭력성의 관계 [기출 2023]
① 스포츠는 모의적인 폭력이 사회적으로 용인되는 영역임
② 스포츠는 인간의 원초적 욕구인 폭력성을 발산시키는 도구 역할을 함
③ 규율을 가장하여 위계질서를 강요하고, 이를 이용한 권력이 폭력으로 변질됨
④ 스포츠는 자기 통제를 요구하는 제도와 규범을 통해 폭력성을 제한함

2. 격투 스포츠의 윤리적 논쟁(이종 격투기에 대한 찬성과 반대 의견) [기출 2015]

(1) 찬성 의견
① 스포츠 경기 안에서 용인된 폭력이라고 볼 수 있음
② 스포츠에서의 폭력성은 인간 본능의 표현이라고 볼 수 있음
③ 스포츠 안에서 선수들의 신체적 탁월성을 표현할 수 있는 방법임

(2) 반대 의견
① 스포츠 경기 안에서라도 폭력은 도덕적으로 허용되지 않음
② 더 자극적인 스포츠 종목이 생겨날 수 있음(폭력성에 대한 무감각)
③ 스포츠의 가치를 저하시킬 수 있음
④ 폭력은 어떠한 경우에서라도 정당화될 수 없음
⑤ 청소년이 폭력에 노출되어 모방할 가능성이 있음

Speed 심화포인트

스포츠 폭력의 분류
- 개인적 폭력: 상대방으로부터 공격을 당하거나 좌절로 인해 분노했을 때 충동적으로 나타나는 폭력 행위
- 도구적 폭력: 개인적 감정과 무관하게 팀의 승리를 위한 수단으로 행사하는 폭력 행위

게발트(Gewalt) - 스포츠 폭력의 이중성 [기출 2025]
게발트는 스포츠에서 공격성과 폭력성이 동시에 허용되고 억제되는 이중적 성격을 설명하는 개념이다. 선수는 적극성을 요구받지만, 폭력적인 행동은 다시 제재된다. 이처럼 스포츠는 폭력의 분출을 유도하면서도, 이를 규율과 규칙을 통해 통제한다.

핵심테마 05 스포츠와 폭력

Speed 심화포인트

2 선수 폭력

1. 선수 폭력의 유형, 규정 사항, 근절되지 못하는 이유

(1) 선수 폭력의 유형
① 경기 중 상대 팀 선수와의 폭력
② 같은 집단의 동료 간, 선후배 간 폭력
③ 지도자에 의한 폭력
④ 경기 중 선수가 심판에게 가하는 폭력
⑤ 선수의 일상생활에서의 폭력
⑥ 선수가 관중에게 가하는 폭력

(2) 대한체육회의 선수 폭력 규정 사항 기출 2016
① 선수를 대상으로 구타하거나 상처가 나게 하는 것
② 지속적으로 따돌림을 시키는 것
③ 물품이나 돈을 갈취하는 것
④ 어떠한 장소에 가두어 두는 것
⑤ 겁을 먹게 하거나 강요하는 것
⑥ 다른 사람들 앞에서 창피를 주는 것
⑦ 인격적으로 모욕하거나 마음에 상처를 주는 것

(3) 선수 폭력이 근절되지 못하는 이유
① 폭력도 세습되는 것이라는 잘못된 인식
② 선수를 통제하는 가장 보편적인 수단이며, 선수를 구타해야 열심히 한다는 지도자의 인식
③ 대회 입상 및 대학 진학 성과만으로 지도자의 능력을 판단하여 권력 남용 묵인
④ 폭력에 대한 소극적인 사후 대처 및 이해관계자의 이중적 인식

Jump Up 이해

한나 아렌트와 악의 평범성 기출 2025/2022/2021
'악의 평범성(banality of evil)'은 독일의 정치 철학자인 한나 아렌트의 저서 『예루살렘의 아이히만』에 나오는 내용이다. 한나 아렌트는 홀로코스트와 같은 역사 속 악행이 광신자나 반사회성 인격장애자들이 아니라 국가에 순응하며 자신들의 행동을 보통이라고 여기는 평범한 사람들에 의해 행해진다고 주장했다. 즉, '악의 평범성'은 '악이란 시스템을 무비판적으로 받아들이는 것이다.'라고 정의할 수 있다. 그리고 이를 멈추기 위한 방법은 사유와 이성을 통해 자신의 행위에 대한 성찰과 책임을 자각하는 데 있다.

악셀 호네트의 인정 투쟁 기출 2022
인간은 태어나면서부터 다른 사람의 인정을 갈망한다. 또한 인정을 통해 자신과 긍정적인 관계를 맺으며, 적절한 인정을 받지 못하면 평생 인간관계에 어려움을 겪는다. 호네트는 인정의 부재가 개인의 자아실현을 막으며, 여기에서 일어나는 좌절감, 굴욕감 등의 감정은 폭동이나 시위 같은 사회 갈등을 유발한다고 보았다. 호네트는 인정 투쟁이라는 사회 갈등의 근본적인 원인을 제시함으로써 사회가 새로운 방향의 해결 방법을 찾도록 이끈다고 주장하였다.

르네 지라르(R. Girard)의 모방적 경쟁 기출 2022
자신이 닮고자 하는 운동선수를 모방하게 되듯이 인간 폭력의 원인을 공격 본능이 아닌 모방적 경쟁 관계에서 찾는다.

2. 스포츠 폭력 예방 활동 강화 내용 기출 2015
① 폭력적인 지도자 체육 현장에서 배제
② 선수 지도 우수 모델 확산
③ 인성을 중시하는 학교 운동부 정착
④ 피해 선수 보호 및 지원 강화
⑤ 공정한 팀 운영 시스템 정립
⑥ 폭력 예방 활동 강화 및 교육

3 관중 폭력 기출 2022/2019

스포츠에서 관중은 스포츠를 소비하는 소비자로 자신이 좋아하는 팀을 응원하는 것뿐만 아니라 강한 소속감을 느껴 팀에 대한 애정을 과시하려 하는데, 이러한 과정에서 나타나는 폭력성을 의미함

1. 경기 중 관중의 폭력

(1) 관중의 언어·비언어적 폭력
관중이 상대 팀 또는 자신이 응원하는 선수의 경기력이 부진할 경우에 야유, 욕설, 물건을 던지는 등의 폭력적인 행위를 하는 것을 말함

(2) 사이버 폭력
익명성을 활용하여 스포츠 선수에게 욕설이나 악플을 작성하고, 피해자에게 정신적 고통을 줄 수 있는 미확인 정보를 제공하거나 스포츠 선수의 개인 정보를 노출하는 것을 말함

2. 관중 폭력이 발생하는 원인 기출 2016
① 군중의 분위기와 익명성을 빌미로 공격적이고 파괴적인 행동이 나타남
② 군중 속에서는 개별성과 책임성이 없음
③ 선수들의 폭력이 군중에게 동조감을 주어 관중의 난동으로 발전시킴
④ 상대편 관중과 신체적인 접촉이 일어나기 쉬운 환경에서 폭력이 발생할 수 있음
⑤ 승리 지상주의가 폭력성을 유발함

3. 관중 폭력의 예방
① 관중도 참가자의 일부라고 인식하고 스포츠맨십을 준수해야 함
② 관중에게 건전한 응원 문화를 정착시켜야 함
③ 관중 폭력이 발생하지 않도록 제도적 개선 방안을 마련해야 함
④ 결과 지상주의적인 인식에서 과정 지향주의적 인식으로 변화해야 함

Speed 심화포인트

사이버 폭력을 예방하는 법
- 법적 규제 강화
- 실명제 도입
- 사이버 윤리 교육 적극 실시

훌리거니즘(Hooliganism)
스포츠 팀 응원을 핑계로 폭력적 행동을 조장하는 것이다.

출제 0순위 공략! 꼭 풀어야 할 대표문제

01

스포츠에서 공격성이 나타나는 원인과 거리가 먼 것은?

① 자신의 한계를 넘으려는 도전 정신 때문이다.
② 자신의 탁월성 및 우월성을 남들에게 인정받고 싶어하기 때문이다.
③ 인간의 원초적인 본능과 살아온 환경으로부터 공격성을 습득하기 때문이다.
④ 군중 속에서는 개별성과 책임성이 없기 때문이다.

| 정답해설 |
군중 속에서는 개별성과 책임성이 없기 때문에 공격성이 나타난다는 것은 관중 폭력이 발생하는 원인으로, 스포츠에서 공격성이 나타나는 원인과 거리가 멀다.

02 [2023년 기출문제]

⟨보기⟩의 괄호 안에 공통으로 들어갈 용어는?

> **보기**
> 예진: 스포츠에는 규칙으로 통제된 (　　)이 존재해. 대표적으로 복싱과 태권도와 같은 투기종목은 최소한의 안전장치가 마련되고, 그 속에서 힘의 우열이 가려지는 것이지. 따라서 스포츠 내에서 폭력은 용인된 폭력과 그렇지 않은 폭력으로 구분할 수 있어!
> 승현: 아니, 내 생각은 달라! 스포츠 내에서의 폭력과 일상생활에서의 폭력은 본질적으로 동일하지. 그래서 (　　)은 존재할 수 없어.

① 합법적 폭력
② 부당한 폭력
③ 비목적적 폭력
④ 반사회적 폭력

| 정답해설 |
격투스포츠는 스포츠 경기 안에서 용인된 폭력으로 보는 찬성 의견과 스포츠 경기 안에서라도 폭력은 도덕적으로 허용되지 않는다는 반대 의견으로 나뉜다.

03 [2022년 기출문제]

폭력을 설명한 학자의 개념과 그에 대한 설명이 바르게 연결된 것은?

① 푸코(M. Foucault)의 '분노' – 스포츠 현장에서 인간 내면의 분노로 시작된 폭력은 전용되고 악순환을 반복하는 경향이 있다.
② 아리스토텔레스(Aristoteles)의 '규율과 권력' – 스포츠계에서 위계적 권력 관계는 폭력으로 변질되어 표출된다.
③ 홉스(T. Hobbes)의 '악의 평범성' – 폭력이 관행화된 스포츠계에서는 폭력에 대한 죄책감이 없어진다.
④ 지라르(R. Girard)의 '모방적 경쟁' – 자신이 닮고자 하는 운동선수를 모방하게 되듯이 인간 폭력의 원인을 공격 본능이 아닌 모방적 경쟁 관계에서 찾는다.

| 정답해설 |
지라르(R. Girard)는 모방을 인간의 고유한 본성에 내재한 것으로 인간의 학습화와 문화 전수의 토대이기도 하지만 갈등과 폭력의 근본적인 원인이기도 하다고 보았다.

| 오답해설 |
① 지라르의 '분노'에 관한 설명이다.
② 푸코의 '규율과 권력'에 관한 설명이다.
③ 한나 아렌트의 '악의 평범성'에 관한 설명이다.

정답 01 ④ 02 ① 03 ④

핵심테마 05 | 스포츠와 폭력

04

[2021년 기출문제]

〈보기〉의 폭력에 관한 설명과 관계 깊은 사상가는?

보기
- 학교 스포츠에서 선수에게 폭력을 가하는 감독도 한 가정의 평범한 가장이다.
- 운동 중 체벌을 가하는 것은 좋은 성적을 거두어야 하는 감독의 직업적 행동이다.
- 후배들에게 체벌을 가한 것은 감독의 지시에 따른 행동으로 나의 책임이 아니다.
- 폭력은 괴물이나 악마처럼 괴이한 존재가 아니라 평범한 일상 속에 함께 있다.
- 악(폭력)을 멈추게 할 유일한 방법은 생각과 반성이다.

① 뒤르켐(E. Durkheim)
② 홉스(T. Hobbes)
③ 지라르(R. Girard)
④ 아렌트(H. Arendt)

| 정답해설 |
〈보기〉는 '악의 평범성'과 관련 있는 내용이다. '악의 평범성'은 독일의 정치 철학자인 한나 아렌트(H. Arendt)의 저서 『예루살렘의 아이히만』에 나오는 내용이다.

| 심화해설 |
악의 평범성(banality of evil)
한나 아렌트는 홀로코스트와 같은 역사 속 악행이 광신자나 반사회성 인격장애자들이 아니라 국가에 순응하며 자신들의 행동을 보통이라고 여기는 평범한 사람들에 의해 행해진다고 주장했다. 즉, '악의 평범성'은 '악이란 시스템을 무비판적으로 받아들이는 것이다.'라고 정의할 수 있다.

05

관중 폭력에 대한 예방으로 적절하지 않은 것은?

① 관중도 참가자의 일부라고 인식하고 스포츠맨십을 준수해야 한다.
② 관중에게 건전한 응원 문화를 정착시켜야 한다.
③ 관중 폭력이 발생하지 않도록 제도적 개선 방안을 마련해야 한다.
④ 상대편 관중과 신체적 접촉을 많이 하여 관중 폭력을 예방한다.

| 정답해설 |
상대편 관중과 신체적 접촉이 많아지면 경기장에서 관중 폭력이 발생할 가능성이 높아진다.

06

〈보기〉의 내용과 직접적인 관련이 있는 개념은?

보기
UEFA 챔피언스리그 4강에 오른 A팀과 B팀은 A팀의 홈 구장에서 1차전을 펼쳤다. 이날 1차전을 앞두고 양 팀의 팬들은 경기장 밖에서 몸싸움을 벌이는 등 소란을 일으켰다. 이날 A팀의 한 팬이 치명상을 입은 채로 발견되었다.

① 선수 폭력
② 언어적 폭력
③ 사이버 폭력
④ 관중 폭력

| 정답해설 |
관중 폭력은 관중이 스포츠를 소비하는 소비자로 자신이 좋아하는 팀을 응원하는 것뿐만 아니라 강한 소속감을 느껴 팀에 대한 애정을 과시하려는 과정에서 나타나는 폭력성을 의미한다.

| 오답해설 |
① 선수 폭력: 감독, 코치, 팀 동료, 선후배 등으로부터 발생하는 폭력이다.
② 언어적 폭력: 관중이 상대 팀 선수와 팬 등에게 욕설이나 비속어 등으로 폭력적인 행위를 하는 것이다.
③ 사이버 폭력: 스포츠 선수에게 익명성을 활용하여 욕설이나 악플을 작성하고, 피해자에게 정신적 고통을 줄 수 있는 미확인 정보를 제공하거나 스포츠 선수의 개인 정보를 노출하는 것이다.

정답 04 ④ 05 ④ 06 ④

핵심테마 06 | 경기력 향상과 공정성

Speed 심화포인트

1 도핑

1. 도핑의 의미 기출 2015
스포츠 수행 능력을 향상시킬 목적으로 선수나 동물에게 약물을 투여하거나 특수한 이학적 처치를 하는 행위뿐만 아니라 사용 행위를 은폐하는 것까지 포함한 총체적 행위임

2. 도핑의 원인 기출 2020
① 선수의 경기력 향상
② 경쟁에서의 승리 추구
③ 경기 참여에 대한 욕구
④ 물질적 보상에 대한 욕구
⑤ 선수로서의 사회적 인정 욕구

도핑의 종류
- 약물 도핑: 스포츠 수행 능력을 향상시킬 목적으로 선수나 동물에게 약물을 투여하는 행위
- 브레인 도핑: 헤드폰처럼 생긴 장비를 착용하고 뇌에 전기 자극을 주어 운동 능력을 향상시키는 행위
- 유전자 도핑: 치료 이외의 목적으로 세포나 유전자를 이용하거나 유전자를 조작하여 운동 능력의 향상을 기대하는 행위

3. 도핑을 금지해야 하는 이유 기출 2018/2016
① 공정성의 훼손
② 건강상의 부작용
③ 코치나 감독 등의 권유를 통한 강제적 발생 가능성
④ 유명 선수를 따라 모방적 행위를 할 가능성

4. 효과적인 도핑 금지 방안 기출 2017/2016
① 도핑 행위를 밝힐 수 있는 정확한 검사 도구의 지속적인 개발
② 도핑 검사의 의무화
③ 스포츠 관계자의 윤리·도덕 교육 강화
④ 적발 시 강력한 처벌을 하는 등 법적 처벌 강화

Jump Up 이해
브레인 도핑과 약물 도핑 기출 2019/2015

브레인 도핑	• 헤드폰처럼 생긴 장비를 착용하고 뇌에 전기 자극을 주어 운동 능력을 향상시킴 • 세계도핑방지기구(WADA: World Anti Doping Agency)의 금지 목록에는 포함되지 않음
약물 도핑	• 이뇨제: 체중 조절을 위해 복용하는 것으로, 은폐제로 사용될 수 있어 상시 복용이 금지된 약물 • 베타-2 작용제: 중추 신경계를 자극하여 흥분 혹은 각성 효과를 나타나게 하는 것 • 동화 작용제(anabolic agents): 단백질의 생성 및 합성과 근육을 증진시키기 위해 투여하지만 급성 심장 마비와 폭력성이 나타날 수 있어 복용이 금지된 약물

도핑 행위 기출 2025
세계도핑방지기구(WADA)는 도핑 행위를 '금지 약물'과 '금지 방법'으로 분류한다. '금지 방법'은 다음의 세 가지로 나뉜다.
- 혈액 및 혈액 성분의 조작
- 화학적 및 물리적 조작
- 유전자 및 세포 도핑

반면 '기술 도핑'은 공식 분류가 아니며, 규정 외 장비나 기술의 사용을 비판적으로 표현할 때 사용되는 용어이다.

5. 선수의 책임과 역할 기출 2020
① 시료 채취가 언제든지 가능하도록 할 것
② 의료진에게 반드시 운동선수인 것을 고지할 것
③ 도핑 방지 규정 위반의 내용을 명심하고 준수할 것

④ 도핑방지기구에 협력할 것
⑤ 의료진이 처방한 약물에 주의하고, 약 처방(복용)에 대한 책임을 준수할 것

6. 선수의 도핑 후 제재
① 일반 경기에서의 반칙 행위보다 훨씬 엄격함
② 대회 출전 여부와 관계없이 모든 선수는 일정 기간 자격이 정지됨
③ 해당 경기와 관련된 메달, 점수, 포상, 경기 기록 등은 몰수됨
④ 제재를 받은 선수의 실명은 1년 이상 기간 동안 웹 페이지에 게시됨

7. 치료 목적 사용 면책(TUE: Therapeutic Use Exemption)-한국도핑방지위원회(KADA)

(1) 치료 목적 사용 면책의 의미
선수가 금지 약물 또는 금지 방법 목록에 포함된 약물이나 방법을 치료 목적으로 사용 허가(승인)받기 위해 사전에 신청하는 절차를 의미함

(2) 치료 목적 사용 면책(TUE)의 승인 기준
① 선수의 급성 또는 만성의 의료적 상태를 치료하는 과정에서, 금지 약물이나 금지 방법을 사용하지 않을 경우 선수가 건강상 심각한 손상을 입을 것으로 예상되어야 함
② 금지 약물과 금지 방법의 사용이 치료 목적에 따른 합법적인 치료로, 정상적인 건강 상태로 되돌아 갔을 때 예상할 수 있는 것 이상의 추가적인 경기력 향상 효과가 없어야 함(금지 약물이나 금지 방법의 사용으로 어떤 종류의 내인성 호르몬의 정상 범위를 증가시키는 것은 치료 목적의 사용이라고 받아들여지지 않음)
③ 금지 약물과 금지 방법 사용 이외의 다른 합당한 대체 치료가 없어야 함
④ TUE 승인 없이 사용된 이전의 금지 약물이나 방법에 따라 발생한 것이 아니어야 함

(3) 치료 목적 사용 면책(TUE) 철회 기준
① 도핑방지기구가 부과한 요구 사항이나 조건을 따르지 않은 경우(용량, 빈도 등)
② 치료 목적 사용 면책 기간이 만료된 경우
③ 도핑방지기구로부터 선수에게 치료 목적 사용 면책이 철회되었다고 통지될 경우
④ 세계도핑방지기구(WADA)나 스포츠중재재판소(CAS)에서 TUE 승인 결정을 번복한 경우

2 유전자 조작

1. 유전자 조작의 의미
① 치료 이외의 목적으로 세포나 유전자를 이용하거나 유전자를 조작하여 운동 능력의 향상을 기대하는 행위를 의미함
② 가장 대표적인 유전자 조작 방법은 적혈구의 수를 증가시키는 것임

2. 유전자 조작을 반대해야 하는 이유 기출 2015
① 안전성이 검증되지 않았음
② 인간의 존엄성을 침해하는 행위임
③ 종의 정체성에 혼란을 야기시킴
④ 스포츠의 의미를 퇴색시킴

핵심테마 06 경기력 향상과 공정성

3. 유전자 조작의 산업적 이용 분야
① 단백질의 대량 생산: 인슐린, 성장 호르몬, 인터페론 등(스포츠에서 도핑과 관련됨)
② 백신 개발: 인플루엔자, 간염, 혈액 응고 인자, 혈관 생성 억제제 등의 대량 생산
③ 새로운 항생 물질의 생산
④ 유전병 환자의 원인 규명과 치료제 개발
⑤ 효소의 대량 생산, 품종 육종, 발효 공정의 개선 등

3 용기구와 생체 공학 기술 활용

1. 스포츠와 과학 기술의 결합에서 생기는 윤리적 문제
① 스포츠가 첨단 기술의 경연장으로 변질되는 문제가 발생할 수 있음
② 스포츠에서 기록의 가치가 하락되는 문제가 발생할 수 있음
③ 노력이라는 가치를 소홀히 하게 되는 문제가 발생할 수 있음
④ 공정성 또는 형평성에 문제가 발생할 수 있음

2. 전신 수영복 착용을 금지하는 이유 기출 2023/2022
① 신체의 탁월성보다 장비에 의존한 경기가 될 가능성이 있음
② 스포츠 자체에 대한 의미가 퇴색할 수 있음
③ 형평성과 공정성에 어긋남

3. 의족 장애 선수의 일반 경기 참가에 대한 문제
① 의족과 인간의 다리 대결로 인해 공정성에 문제가 발생할 수 있음
② 기록과 승리의 정당성이 약화될 수 있음
③ 스포츠 가치를 훼손할 수 있음
④ 장애인 선수의 일반 경기 참여는 스포츠의 평등권을 가진다고 볼 수도 있음

4. 스포츠에서 이용되는 과학 기술(Maschke) 기출 2021/2016

(1) **안전을 위한 기술**
① 매트류: 체조, 유도, 높이뛰기 등의 부상 방지를 위한 기술
② 신발류: 스파이크, 운동화 등은 선수의 경기력 보조 역할과 부상 방지를 위한 기술
③ 모자류: 모자 혹은 헬멧 등은 부상을 예방하기 위한 기술
④ 호구류: 각종 보호복, 글러브 등은 신체 부위 보호를 위한 기술

(2) **감시를 위한 기술**
① 도핑 검사 장비: 금지 약물의 검출을 위한 기술
② 사진 판독: 육안으로 확인이 어려운 점을 정확하게 파악할 수 있도록 하기 위한 기술
③ 시간 계측 장비: 각종 스포츠 경기의 기록을 정확하게 측정하기 위한 기술

(3) **수행 능력 향상을 위한 기술**
① 골프공: 골프공에 딤플을 만들어 비거리를 향상시킴
② 디스크 자전거: 자전거 바퀴살의 공기 저항을 감소시킴
③ 유리 섬유 장대: 봉의 탄력을 증가시킴
④ 전신 수영복: 물과 피부 사이의 마찰을 줄여줌

출제 0순위 공략! 꼭 풀어야 할 대표문제

01 [2017년 기출문제]

도핑을 방지하기 위한 방안으로 옳지 <u>않은</u> 것은?

① 윤리 교육을 통한 의식 변화
② 도핑 검사의 강화
③ 적발 시 강력한 처벌
④ 승리에 대한 보상 강화

| 정답해설 |

승리에 대한 보상이 강화될 경우 긍정적인 동기 부여가 될 수 있으나, 스포츠에서 승리하기 위한 무차별적인 부정행위가 이루어질 수 있다.

02 [2023년 기출문제]

〈보기〉에서 국제수영연맹(FINA)이 기술도핑을 금지한 이유는?

> 보기
>
> 2008년 베이징 올림픽 수영 종목에서는 25개의 세계신기록이 쏟아져 나왔다. 주목할 만한 것이 23개의 세계신기록이 소위 최첨단 수영복이라 불리는 엘지알 레이서(LZR Racer)를 착용한 선수들에 의해 수립되었다는 것이다. 그러나 이 같은 수영복을 하나의 기술 도핑으로 간주한 국제수영연맹은 2010년부터 최첨단 수영복의 착용을 금지하였다.

① 효율성 추구
② 유희성 추구
③ 공정성 추구
④ 도전성 추구

| 정답해설 |

전신 수영복 착용을 금지하는 이유
- 신체의 탁월성보다 장비에 의존한 경기가 될 가능성이 있음
- 스포츠 자체에 대한 의미가 퇴색할 수 있음
- 형평성과 공정성에 어긋남

03 [2018년 기출문제]

도핑을 금지해야 하는 이유 중 〈보기〉의 사례와 가장 관련이 깊은 것은?

> 보기
>
> 러시아는 국가가 주도적으로 자국의 선수들에게 원치 않는 금지 약물을 사용하게 하고, 도핑 검사 결과를 조작하였다.

① 공정성
② 역할 모형
③ 강요
④ 건강상의 부작용

| 정답해설 |

국가가 주도적으로 자국의 선수들에게 원하지 않는 금지 약물을 사용하게 한 것은 도핑을 강요한 것으로 볼 수 있으며, 도핑 검사 결과를 조작한 것은 스포츠에서 공정성에 어긋나는 행위를 한 것으로 볼 수 있다.

04

치료 목적 사용 면책(TUE) 철회 기준에 대한 내용으로 옳지 <u>않은</u> 것은?

① 도핑방지기구가 부과한 요구 사항이나 조건을 따르지 않았다.
② 치료 목적 사용 면책 기간에 승인을 받은 후 제한 없이 복용하였다.
③ 도핑방지기구로부터 선수에게 치료 목적 사용 면책이 철회되었다고 통지되었다.
④ 세계도핑방지기구나 스포츠중재재판소에서 TUE 승인 결정을 번복하였다.

| 정답해설 |

도핑방지기구가 부과한 요구 사항이나 조건을 따르지 않은 경우(용량, 빈도 등) 철회 기준에 해당한다.

정답 01 ④ 02 ③ 03 ①, ③ 04 ②

05

스포츠에서 이용되는 과학 기술에 대한 분류가 다른 하나는?

① 골프공
② 유리 섬유 장대
③ 전신 수영복
④ 호구

| 정답해설 |
골프공, 유리 섬유 장대, 전신 수영복은 수행 능력 향상을 위한 기술 분류에 포함된다. 호구는 안전을 위한 기술 분류에 해당한다.

06

스포츠와 과학 기술이 결합함으로써 발생하는 윤리적 문제에 대한 설명으로 옳지 않은 것은?

① 스포츠가 첨단 기술의 경연장으로 변질될 수도 있다.
② 공정성과 형평성에 문제가 발생할 수 있다.
③ 노력이라는 정신적 가치가 소홀해진다.
④ 스포츠에서 기록의 가치를 상승시킨다.

| 정답해설 |
스포츠에서 기록의 가치를 떨어뜨린다.

정답 05 ④ 06 ④

핵심테마 07 | 스포츠와 인권

1 학생 선수의 인권

1. 스포츠 인권과 학생 선수의 인권 문제

(1) 스포츠 인권

스포츠인으로서 당연히 가지는 기본적 권리이며, 민족, 국가, 인종 등에 상관없이 스포츠인이라면 누구에게나 인정되는 보편적인 권리 또는 지위

(2) 학생 선수의 인권 문제(인권 사각지대인 학교 운동부)
① 학생 선수는 선배와 지도자의 폭력(성폭력)에 쉽게 노출되어 있음
② 학생 선수를 팀의 승리를 위한 도구로 사용함
③ 학생 선수는 오직 운동에만 전념하도록 강요받음
④ 학생 선수가 부상을 당하더라도 고통을 무릎쓰고 운동을 지속적으로 강행하게 함
⑤ 운동 과정에서 주체성을 잃고 자율성을 억압당하기도 함
⑥ 학생 선수를 상급 학교, 실업팀, 프로팀 등에 판매하기 위한 상품으로 이용함

2. 학생 선수의 학습권 [기출 2019]

(1) 학습권이 보장되어야 하는 이유
① 경력 단절 및 향후 은퇴를 대비하여 다양한 직업 선택의 기회를 제공하기 위함
② 은퇴 이후의 삶을 준비하기 위함
③ 필요한 일반적 상식 및 지적 능력을 겸비할 수 있도록 하기 위함
④ 학생으로서 마땅히 학습권을 보장받아야 할 의무를 가짐

(2) 생활권이 보장되어야 하는 이유
① 신체 발달뿐만 아니라 지식과 인성의 발달을 위함
② 학생 선수의 안전 및 인권보호를 위함

(3) 학습권과 생활권 보장을 위한 방안
① 정규 수업 이수 및 운동을 방과 후 활동으로 변경
② 운동 시간의 제한, 지도자의 인식 변화
③ 대회 출전 횟수의 제한, 합숙 기간 축소
④ 최저 학력 제도의 도입

3. 최저 학력 제도 [기출 2024/2022/2019]

① 학생 선수의 학습권을 보장하면서 운동을 병행할 수 있는 환경을 조성하기 위해 실시
② 학생 선수에게 다양한 진로 선택과 필요한 교양을 갖출 수 있는 기회를 제공함
③ 최저 성적 기준을 명시하여 기준에 미달하는 학생 선수의 활동을 제한함

(1) 최저 학력 제도 시행의 의의
① 학생 선수의 학습권 보장과 운동을 병행시키기 위함
② 학생 선수들에게 다양한 진로를 선택할 수 있는 기회를 마련하기 위함
③ 은퇴 후 경력 단절 대비 및 재사회화에 필요한 기본적인 교양을 갖출 수 있도록 함

Speed 심화포인트

인권
인간으로서 당연히 가지는 기본적 권리이며, 민족, 국가, 인종 등에 상관없이 인간이라면 누구에게나 인정되는 보편적인 권리 또는 지위

핵심테마 07 스포츠와 인권

Speed 심화포인트

학생 선수 최저 학력제
- 초등학교 4학년~고등학교 3학년 학생 선수는 최저 학력제를 적용받는다.
- 초·중학교는 5개 교과, 고등학교는 3개 교과를 대상으로 매 학기말 고사(중간·기말 수행 평가) 성적을 기준으로 하며, 최저 학력의 기준은 교과별 평균 성적의 50%(초), 40%(중), 30%(고)이다.
- 학교장은 대회 출전 시 학생 선수의 성적 및 참가 횟수를 확인한 후 참가를 승인하며, 대회 주관 경기 단체는 학교장 확인서 미제출 시 대회 참가를 불허하도록 한다.
- 다만, 기초학력보장 프로그램을 이수하면 대회 출전이 가능하다.

(2) **최저 학력 제도의 문제점**
① 최저 학력의 도달 수준이 낮게 책정되어 있음
② 최저 성적 기준을 통과하지 못한 학생에게 불이익이 발생하기도 하므로 지도자·부모·학생의 입장에 따라 제도에 대한 인식에 차이가 있음
 ㉠ 지도자: 최저 학력 제도에 소극적으로 대응함
 ㉡ 학부모: 최저 학력 제도에 부정적인 인식이 있음
 ㉢ 학생 선수: 공부에 부담감과 두려움을 느낌

4. 체육 특기자 제도

체육 분야에 특기를 가진 학생 선수가 상급 학교 진학 시 경기 실적을 반영하는 상급 학교의 입학 전형으로 진학할 수 있는 제도

(1) **체육 특기자의 진학과 입시 제도의 문제**
① 입시 비리가 생길 수 있으며, 다른 학생 선수의 진학 기회를 박탈할 수 있음
② 체육 관련 학생은 학습 능력이 떨어진다는 편견

(2) **체육 특기자 제도의 개선 방향**
① 체육 특기생으로 선발될 수 있는 자격을 개선할 것
② 체육 특기생의 선정을 투명하게 진행할 것
③ 학교 성적과 수업 일수를 입시 제도에 반영할 것

5. 주말 리그제 기출 2024

① 가까운 지역의 학교에서 주말에 리그 경기를 꾸준히 하면 경기 경험도 늘고 선수들의 기량도 향상될 것이라는 취지에서 시행된 제도임
② 문제점
 ㉠ 주변에 같은 종목의 운동부가 없을 경우 주말 리그제 도입 자체가 어려움
 ㉡ 주변 학교 운동부 간의 실력 차이가 많이 난다면 경기에 대한 의미가 없어짐

2 스포츠 지도자의 윤리

1. 스포츠 지도자에 의한 폭력이 발생하는 이유

① 지도자가 팀의 모든 것을 결정할 수 있는 결정권을 가지고 있음
② 팀의 전략과 전술을 지휘하는 최고의 위치에 있음
③ 선수들의 진로와 연봉에 영향력을 행사함
④ 감사나 통제를 받지 않음
⑤ 경기 출전권을 가지고 있음

스포츠계 폭력의 특성
- 계속성
- 동일성
- 상호성
- 폭력이 폭력을 낳음
- 정당화하려고 함

2. 스포츠 지도자의 선수 체벌

(1) **선수 체벌이 허용되는 이유**
① 폭력이 경기력을 향상시키거나 집중력에 도움이 된다는 잘못된 생각(폭력의 정당화)
② 폭력에 대한 학생 선수와 학부모의 묵인(지도자가 선수의 진로, 경기 참여 등 전반적인 영역에서 권력을 행사하기 때문)

(2) 선수 체벌의 해결 방안
   ① 체벌을 금지시키기 위한 제도적 장치 마련
   ② 선수와 지도자 간의 강압적인 관계 지양
   ③ 선수에 대한 인권 교육 강화
   ④ 법적 처벌 강화
   ⑤ 스포츠인권센터 등의 기관을 적극적으로 활용
   ⑥ 지도자의 자격 요건 강화
   ⑦ 폭력이 좋은 성적을 내는 데 도움이 된다는 인식을 변화시켜야 함

3. 성폭력 문제 기출 2020

(1) 성폭력의 의미
   ① 성추행, 성희롱, 성폭행 등을 모두 포함하는 개념임
   ② 성을 매개로 상대방의 의사와 상관없이 이루어지는 모든 가해 행위를 의미함

(2) 성폭력의 원인
   ① 지도자들의 잘못된 인식과 행동
   ② 스포츠가 갖는 강압적 문화로 인한 성폭력 은폐
   ③ 지도자와 선수 간의 불평등한 권력의 구조
   ④ 선후배 간의 위계적 폭력 문화

(3) 성폭력의 해결 방안
   ① 선수들의 의사 표현 및 의식 교육 활성화
   ② 선수 보호 제도 강화
   ③ 성교육 강화
   ④ 가해자의 처벌 강화
   ⑤ 전문적인 상담 및 치료 제공

4. 교육자로서의 책임과 권한
   ① 교육자로서 마땅히 지켜야 할 자격과 그에 따른 책임을 인지해야 함
   ② 비교육적 방법으로 선수들을 훈련시키거나 폭력적 행위를 사용해서는 안 됨
   ③ 선수를 승리의 도구로만 인식해서는 안 되며, 선수의 의사 결정을 적극 반영하는 태도를 지향해야 함

Jump Up 이해

「국민 체육 진흥법」 제18조의3(스포츠윤리센터의 설립) 기출 2025/2023/2022/2021
① 체육의 공정성 확보와 체육인의 인권 보호를 위하여 스포츠윤리센터를 설립한다.
② 스포츠윤리센터는 법인으로 한다.
③ 스포츠윤리센터는 다음 각 호의 사업을 한다.
   1. 다음 각 목에 해당하는 체육계 인권 침해 및 스포츠 비리 등에 대한 신고 접수와 조사
      가. 선수에 대한 체육 지도자 등의 성폭력 등 폭력에 관한 사항
      나. 승부조작 또는 편파 판정 등 불공정에 관한 사항
      다. 체육 관련 입시 비리에 관한 사항
      라. 체육 단체·경기 단체 및 그 임직원의 횡령·배임 및 뇌물 수수 및 「보조금 관리에 관한 법률」 제22조에 따른 보조금 및 「지방재정법」 제32조의4에 따른 지방보조금의 용도 외 사용 금지 위반에 관한 사항
      마. 그 밖에 체육계 인권 침해 및 스포츠 비리에 해당된다고 인정되는 사항
   2. 신고자 및 피해자에 대한 치료 및 상담, 법률 지원, 임시 보호 및 연계
   3. 긴급 보호가 필요한 신고자 및 피해자를 위한 임시 보호 시설 운영

핵심테마 07 스포츠와 인권

Speed 심화포인트

4. 체육계 현장의 인권 침해 조사·조치 상황 등을 상시 점검할 수 있는 인권 보호관 운영
5. 스포츠 비리 및 체육계 인권 침해에 대한 실태조사 및 예방을 위한 연구
6. 스포츠 비리 및 체육계 인권 침해 방지를 위한 예방 교육
7. 그 밖에 체육의 공정성 확보 및 체육인의 인권 보호를 위하여 필요한 사업

④ 스포츠윤리센터의 운영, 이사회의 구성 및 권한, 임원의 선임, 감독 등 스포츠윤리센터의 정관에 기재할 사항은 대통령령으로 정한다.
⑤ 스포츠윤리센터의 장은 업무 수행에 필요하다고 인정될 때에는 문화체육관광부 장관의 승인을 받아 관계 행정 기관 소속 공무원이나 관계 기관·단체 소속 임직원의 스포츠윤리센터 파견 또는 지원을 요청할 수 있다.
⑥ 스포츠윤리센터가 아닌 자는 스포츠윤리센터 또는 이와 비슷한 명칭을 사용하지 못한다.
⑦ 스포츠윤리센터는 문화체육관광부 장관이 감독한다. 이 경우 문화체육관광부 장관은 스포츠윤리센터가 제3항 각 호의 사업을 독립적으로 수행할 수 있도록 필요한 시책을 강구하고 보장하여야 한다.
⑧ 스포츠윤리센터에 관하여 이 법에서 정한 것을 제외하고는 「민법」 중 재단 법인에 관한 규정을 준용한다.

3 스포츠와 인성 교육

1. 어린이 운동선수를 보호하기 위한 방안

① 성장 발달이 운동하는 것보다 중요하기 때문에 무리한 운동은 자제해야 함
② 스포츠 자체에서 즐거움과 재미를 느낄 수 있도록 해야 함
③ 반드시 공부와 운동을 병행할 수 있도록 해야 함
④ 감독, 코치, 선수 등에 의한 폭력 및 체벌을 금지해야 함

2. 학교 체육의 인성 교육적 가치

(1) 인성 교육의 목적

스포츠 안에서의 규칙 준수, 존중, 자기 조절 등의 특징과 원칙을 통해 스포츠의 덕목인 도덕, 윤리 등에 따른 사회성 및 올바른 인성 발달에 도움을 주는 데 있음

(2) 학교 체육의 인성 교육적 가치

① 긍정적 정서 발달
② 정서적 공감 능력 향상
③ 집중력과 주의력 등 지적 기능 발달
④ 창의적 사고와 비판적 판단 능력 향상
⑤ 일탈의 방지
⑥ 사회성과 도덕성의 함양

3. 새로운 학교 문화를 위한 스포츠의 역할

① 바람직한 스포츠 활동 증진
② 스포츠맨십 외 스포츠에서 필요한 덕목(책임, 공정, 협동, 용기 등) 함양
③ 긍정적 공동체 생활 및 사회성 발달 증진

인성의 덕목
- 기본적인 습관(규칙적인 생활, 정리정돈, 근검절약, 청결 등)
- 자아 확립(정직, 근면, 성실, 정체성 등)
- 공동체 의식(봉사, 존중, 협동, 질서 등)

학교 체육의 역할
- 일탈 행위 방지
- 일탈 행위의 정화적 역할
- 공동체 의식 함양
- 사회의 갈등 해소 기회

Jump Up 이해

「스포츠 기본법」 기출 2024

제1조(목적) 이 법은 스포츠에 관한 국민의 권리와 국가 및 지방자치단체의 책임을 정하고 스포츠 정책의 방향과 그 추진에 필요한 기본적인 사항을 규정함으로써 스포츠의 가치와 위상을 높여 모든 국민이 건강하고 행복한 삶을 영위하고 나아가 국가사회의 발전과 사회통합을 도모하는 것을 목적으로 한다.

제2조(기본이념) 이 법은 국민 모두가 스포츠 및 신체활동에 자유롭고 평등하게 참여하여 건강하고 행복한 삶을 영위할 수 있도록 스포츠의 가치가 교육, 문화, 환경, 인권, 복지, 정치, 경제, 여가 등 우리 사회 영역 전반에 확산될 수 있게 국가와 지방자치단체가 그 역할을 다하며, 개인이 스포츠 활동에서 차별받지 아니하도록 하고, 스포츠의 다양성, 자율성과 민주성의 원리가 조화롭게 실현되도록 하는 것을 기본이념으로 한다.

Speed 심화포인트

베닛(William Bennett) 기출 2021

도덕적 사회화 접근의 주창자이며, 도덕 교육의 내용으로서의 구체적인 덕을 강조하였다. 또한 미국의 교육은 서구 전통의 위대한 문헌, 정신, 사상으로 돌아가야 한다고 주장했다.

멕페일(P. McPhail) 기출 2021

맥페일의 이론에서 도덕적 가치들은 중요한 타인들(significant others)이 우리와 다른 사람들에 대하여 어떻게 행동하고 있는지를 관찰하는 것에서 학습된다. 도덕적 가치는 교사의 모범을 포함한 타인의 모범으로부터 학습되기 때문에 관찰 학습과 사회적 모델링이 매우 중요하다.

출제 0순위 공략! 꼭 풀어야 할 대표문제

01 [2018년 기출문제]

스포츠 인권에 대한 설명으로 옳지 <u>않은</u> 것은?

① 스포츠에서 가져야 할 인간의 존엄성을 말한다.
② 스포츠에서 가져야 할 인간의 자유에 대한 권리이다.
③ 스포츠의 종목이나 대상에 따라 상대적으로 보장되는 권리이다.
④ 인종이나 성별에 관계없이 누구나 스포츠를 동등하게 누릴 수 있는 권리이다.

| 정답해설 |
스포츠 인권은 스포츠의 모든 종목, 모든 대상에게 동등하게 보장되는 권리이다.

02

최저 학력 제도의 시행 의의에 대한 설명으로 옳지 <u>않은</u> 것은?

① 학생 선수의 학습권 보장과 운동 병행이 가능한 환경 조성을 위해서이다.
② 다양한 진로를 선택할 수 있는 기회를 마련하기 위해서이다.
③ 중도 탈락에 의한 경력 단절 대비, 은퇴 이후에 재사회화하는 데 필요한 기본적인 교양을 제공하기 위해서이다.
④ 운동선수의 성적이 학급의 평균적인 학습 평가 수준을 떨어뜨리므로 학교 전체 평가를 향상시키기 위해서이다.

| 정답해설 |
④는 최저 학력 제도의 시행 의의와 거리가 멀다.

| 심화해설 |
최저 학력 제도 시행의 의의
- 학생 선수의 학습권 보장과 운동 병행이 가능한 환경 조성을 위함
- 학생 선수들에게 다양한 진로를 선택할 수 있는 기회를 마련하기 위함
- 은퇴 후 경력 단절 대비 및 재사회화에 필요한 기본적인 교양을 갖출 수 있도록 함

03

스포츠 교육자로서의 책임과 권한에 대한 내용으로 옳지 <u>않은</u> 것은?

① 폭력적 행위를 해서는 안 된다.
② 선수를 승리의 도구로 이용한다.
③ 교육자로서 지켜야 할 책임과 권한을 인지한다.
④ 선수의 의사 결정을 적극 반영하는 태도를 함양한다.

| 정답해설 |
선수를 승리의 도구로 인식해서는 안 된다.

04 [2022년 기출문제]

체육의 공정성 확보와 체육인의 인권 보호를 위해 설립된 스포츠윤리센터의 역할로 적절하지 <u>않은</u> 것은?

① 스포츠 비리 및 체육계 인권 침해에 대한 실태 조사
② 스포츠 비리 및 체육계 인권 침해 방지를 위한 예방 교육
③ 신고자 및 가해자에 대한 치료와 상담, 법률 지원, 임시보호 연계
④ 체육계 인권 침해 및 스포츠 비리 등에 대한 신고 접수와 조사

| 정답해설 |
스포츠윤리센터는 다음의 사업을 한다(국민 체육 진흥법 제18조의3 제3항).
- 체육계 인권 침해 및 스포츠 비리 등에 대한 신고 접수와 조사
- 신고자 및 피해자에 대한 치료 및 상담, 법률 지원, 임시 보호 및 연계
- 긴급 보호가 필요한 신고자 및 피해자를 위한 임시 보호 시설 운영
- 체육계 현장의 인권 침해 조사·조치 상황 등을 상시 점검할 수 있는 인권 감시관 운영
- 스포츠 비리 및 체육계 인권 침해에 대한 실태조사 및 예방을 위한 연구
- 스포츠 비리 및 체육계 인권 침해 방지를 위한 예방 교육
- 그 밖에 체육의 공정성 확보 및 체육인의 인권 보호를 위하여 필요한 사업

정답 01 ③ 02 ④ 03 ② 04 ③

핵심테마 08 스포츠 조직과 윤리

1 스포츠와 정책 윤리

1. 스포츠와 정치의 유사성
① 스포츠 참여자는 지역 사회·학교·회사 등의 조직을 대표하고, 정치인은 지역 사회·단체·국가 등을 대표함
② 스포츠 조직과 정치 조직 모두 고도로 조직화되어 있으며, 조직화되는 과정이 비슷함
③ 정치는 스포츠를 이용하고, 스포츠는 정치를 이용해야 상호 간 이득이 발생함
④ 스포츠 경기를 시작하기 전후의 의식이 정치 의식과 비슷함

2. 정치가 스포츠에 개입하는 이유
① 국민의 안전과 질서 확립을 위해
② 국위 선양과 경제성장을 위해
③ 국민 화합과 통합을 위해
④ 경기나 운동에서 실력이 뛰어난 강군의 육성을 위해

3. 스포츠의 사회적 이슈와 윤리성 문제
① 스포츠 통합 후에도 엘리트 체육과 생활 체육 정책 사이에서의 이원화의 문제
② 스포츠 참여의 불평등과 스포츠 복지 소외의 문제
③ 승부 조작, 도핑, 스포츠 도박, 폭력 등의 윤리적 이슈

2 심판의 윤리

1. 심판의 도덕적 조건(심판의 자질) 기출 2023/2020/2019/2017
① 객관성 및 공정성을 유지해야 함
② 기본적인 자질인 도덕성을 갖추어야 함
③ 공명정대하고 책임감이 강해야 함
④ 사심 없이 심판의 임무를 완수해야 함

2. 심판의 수행 직무
① 각종 스포츠 경기에 참여하여 경기 상황 파악
② 공정성을 가지고 객관적인 판단에 의해 경기 판정
③ 선수들의 규칙 위반을 찾아내어 벌칙 적용
④ 경기 모니터링

Speed 심화포인트

스포츠의 정치적 기능

순기능	국민의 화합 증진, 국위 선양, 국민의 건강 증진 및 행복 추구, 국가 간의 이해와 협력
역기능	정치 선전 및 체제 강화, 사회 통제, 정치적 시위, 국가 간 갈등 분쟁

스포츠의 사회적 기능

순기능	체제 유지와 긴장 완화, 사회 통합 유지, 목표 성취 달성, 적응 기제 강화
역기능	신체적 소외감, 강제적 사회 통제, 상업주의 증가, 성차별 및 인종 차별

핵심테마 08 스포츠 조직과 윤리

3. 심판의 사회적 역할과 과제 기출 2015

(1) 심판의 기능

순기능	• 심판의 판정 행위는 심판의 절제 있는 자세를 취한 것임 • 심판의 판정은 심판의 기술적 판단 행위로 윤리적 가치를 가짐 • 심판의 판정은 보편타당성을 갖고 있으며 객관적이고 필연적임
역기능	• 심판의 오심이 경기에 영향을 미칠 수 있음 • 심판의 편파적인 판정이 나타날 수 있음

(2) 심판의 판정 역기능을 최소화하기 위한 방안
① 심판에 대한 징계를 강화해야 함
② 정기적으로 심판 관련 교육을 실시해야 함
③ 정확한 판독이 가능한 기구 등을 활용하여 심판 판정의 객관성을 유지시켜야 함
④ 심판의 윤리 교육을 지속적으로 실시해야 함

3 스포츠 조직의 윤리 경영

1. 스포츠 경영자의 윤리적 의식(윤리적 리더십)

(1) 스포츠 경영자의 윤리
① 기업의 경쟁력 향상
② 공정한 업무 처리
③ 경영자의 필수 덕목
④ 윤리적 행위 중시
⑤ 신뢰성 형성

(2) 스포츠 산업 분야 경영자가 가져야 할 윤리적 리더십
① 일방적인 노동을 강요하지 말 것
② 인사 관리에 있어 객관적으로 공정하게 실시할 것
③ 공과 사를 혼동하지 말 것
④ 인간성을 존중하고 개인의 존엄을 지킬 것
⑤ 자연환경의 오염 등 사회적 비용을 고려하고 사회 복지에 공헌할 것
⑥ 소비자들을 기만하는 행위를 하지 말 것
⑦ 불공정 거래를 하지 말 것
⑧ 분식 회계 등 이해관계자를 기만하지 말 것

> **Jump Up 이해**
> **스포츠조직의 윤리 경영** 기출 2025
> • 투명성: 조직 운영의 개방성, 재정·운영 공개
> • 공정성: 선수, 지도자, 소비자 등 모든 이해관계자에게 공평하게 대함
> • 사회적 책임: 지역사회 및 환경에 대한 책임 고려
> • 인권 존중: 노동 강도, 복지, 인격 존중 등

Speed 심화포인트

윤리 경영의 가치
• 윤리적 문화 확산을 통한 평판 제고
• 사회 공헌 활동을 통한 이미지 향상
• 사회적 책임에 대한 실천

스포츠 조직의 윤리 선진화 방안 기출 2022
• 국가 조직과 지도층의 의지 중요
• 스포츠 단체의 자력으로 제도 마련
• 체육 단체와 시민 단체의 연대
• 예산의 투명성 확보
• 의사 결정의 공정성 강화
• 체육 단체와 관련된 법적 제도의 정비

2. 스포츠 조직의 불공정 행위와 윤리적 조직 행동

(1) 심정 윤리와 책임 윤리 `기출 2019`

심정 윤리	• 행위를 발생시키는 도덕적 신념 또는 확신을 중시함 • 행위의 결과에 대해서는 신경을 쓰지 않음
책임 윤리	• 행위의 결과에 대한 책임을 중시함 • 선한 동기로만 행위의 도덕성을 평가하는 것이 아닌 행위가 가져온 결과에 대해서도 책임이 있다고 보는 윤리

(2) 특징
① 심정 윤리와 책임 윤리의 준칙이 내적으로 지향되어야 하지만, 그렇지 않다면 책임 윤리가 더 중요하게 고려되어야 함
② 정치 관계자 또는 스포츠 조직의 구성원은 좋은 결과에 우위를 두고 판단해야 함

(3) 스포츠 조직에서 비윤리적인 행동이 일어나는 원인
① 개인의 윤리성이 소멸할 경우 비윤리적인 행동이 발생함
② 오직 자신이 속한 조직의 이익만 생각할 때, 비윤리적인 문제가 발생함
③ 어려움에 빠진 조직일수록 비윤리적 행동을 할 가능성이 높음
④ 외부 압력으로 비윤리적인 행동이 증가하며, 이를 정당화하려고 함

> **Jump Up 이해**
>
> **윤리와 관련된 원칙과 정의** `기출 2025/2024/2023/2021/2020/2019/2018`
> • 평등의 원칙: 기본권에 대해 모두가 평등해야 함을 의미한다.
> • 차등의 원칙(최소 수혜자에게 최대의 이익): 사회의 경제적 불평등을 규정하는 원칙으로 '최소 수혜자에게 최대 혜택'을 주어야 한다는 의미를 내포하며, 사회적 약자에게 더 많은 기회를 주어야 함을 의미한다.
> • 기회 균등의 원칙(개방된 지위와 직책): 사회 구성원들에게 공정한 경쟁 조건을 제공하며, 실질적인 기회의 평등을 보장하는 것을 의미한다.
> • 자유의 원칙: 시민의 기본적인 자유가 동등하게 적용되는 것을 의미한다.
> • 원초적 원칙: 자신의 사회적 지위, 능력 등에 대해 무지하며, 자신이 최악의 위치에 놓일 가능성을 염두에 두어 판단하는 것을 의미한다.
> • 절차적 정의: 어떤 것을 결정하고 판단하는 데 있어 공정했는지, 또는 그 과정이 공정했는지를 의미한다.
> • 평균적 정의: 개인 상호 간에 균형을 이루게 하는 것을 의미한다.
> • 분배적 정의: 어떤 것을 분배하고자 할 때 어떠한 방법으로 하는 것이 공정한지를 의미한다.
> • 법률적 정의: 단체가 규정하고 있는 법령을 개인이 잘 이행하고 있는지를 의미한다.
> • 자연적 정의: 광의적인 의미로 어디서나 동등함을 의미한다.

3. 스포츠 조직에서의 조직 윤리의 개념

① 조직 윤리는 개인 윤리보다 상위의 개념으로, 개인적 도덕성만으로 조직의 공통적인 목표를 달성하는 데 어려움이 있음
② 개인적 윤리로 보면 비윤리적인 행위이지만, 조직 윤리적 측면에서 보면 상황에 따라 비윤리적 행위를 해야 하는 경우가 발생할 수 있음
③ 조직이 하나의 공동체로 활동할 때, 윤리적 측면에서는 개인이 아닌 조직으로 움직이므로 도덕적 규범의 강화가 필요함
④ 조직 윤리는 모두 개인 윤리와 깊은 관련성이 있으므로 조직의 역할과 요구하는 상황에 적극적으로 협력해야 함

핵심테마 08 스포츠 조직과 윤리

Speed 심화포인트

Jump Up 이해

개인 윤리와 사회 윤리 기출 2019/2018

개인 윤리	• 대부분 행위의 주체를 개인의 양심이나 개인의 덕목에 있다고 보는 윤리 • 인간의 행동을 이성의 법칙에 따라 행동하라는 것과 인간 내부에 내재하는 절대적인 도덕적 법칙에 따라 행동해야 한다는 것을 강조하는 윤리 예 승부 조작의 가담 여부는 개인의 양심에 따라 충분히 회피할 수 있다고 보는 것
사회 윤리	사회 문제의 원인과 처방을 개인의 심정, 양심 등에서 찾는 것이 아니라, 사회 구조, 제도, 정책 등의 관점에서 바라보고 사회 구조나 질서, 체계의 도덕성을 문제라고 보는 윤리 예 승부 조작은 팀의 이익을 위해 조직 모두가 가담하는 것으로 한 개인이 이를 회피하기 어렵다고 보는 것

윤리적 관점 기출 2024/2020

- 윤리적 상대주의: 개인이나 사회에 따라 옳고 그름에 대한 기준이 다르기 때문에 윤리적 가치는 시대와 장소에 따라 상대적이라고 보는 관점(성차별, 문화 차별, 인종 차별 등)
- 윤리적 절대주의: 정의, 용기, 절제, 지혜와 같은 덕목들이 이데아 세계에 존재하는 절대적인 가치라고 주장
- 윤리적 회의주의: 도덕적 믿음의 정당화를 부정
- 윤리적 객관주의: 도덕 원리는 보편적이고 객관적 타당성을 지니며, 도덕적 규범은 예외를 허용할 수 없다고 주장

출제 0순위 공략! 꼭 풀어야 할 대표문제

01
스포츠의 사회적 이슈와 관련된 윤리적 문제에 해당하지 <u>않는</u> 것은?

① 스포츠 시설의 확충
② 선수들의 도핑, 폭력 등의 문제
③ 스포츠 참여의 불평등
④ 심판의 공정성과 책임감의 문제

| 정답해설 |
선수들의 도핑, 폭력, 승부 조작 등과 스포츠 참여에 대한 차별, 심판 판정에서의 공정성과 책임감 등에 대한 문제는 윤리적 차원에서 사회적 이슈가 되고 있다. 스포츠 시설의 확충은 스포츠의 윤리적 문제와 관련 없다.

02
심판 역할에 대한 내용이 <u>아닌</u> 것은?

① 스포츠 경기에 참여하여 경기 상황 파악
② 객관적인 판단에 의해 경기 판정
③ 승부 조작 계획에 합류
④ 선수들의 규칙 위반을 찾아내 벌칙 적용

| 정답해설 |
심판은 공정성, 도덕성, 강한 책임감 등을 가져야 하며, 승부 조작의 계획에 참여하여 스포츠의 가치를 떨어뜨리는 행동을 해서는 안 된다.

03
스포츠 조직에서 비윤리적인 행동이 일어나는 원인으로 옳지 <u>않은</u> 것은?

① 개인의 윤리성이 소멸될 때
② 투명한 조직 운영을 위해 노력할 때
③ 어려움에 빠진 조직일 때
④ 본인과 조직의 이익만을 생각할 때

| 정답해설 |
투명한 조직 운영을 위해 노력할 때 스포츠 조직에 비윤리적 행동이 일어날 가능성이 적다.

04
<u>스포츠 조직의 윤리 선진화 방안</u>에 대한 내용으로 옳지 <u>않은</u> 것은?

① 의사 결정의 공정성 강화
② 스포츠 단체의 자력으로 제도 마련
③ 예산의 투명성 확보
④ 체육 단체와 시민 단체의 이원화

| 정답해설 |
체육 단체와 시민 단체의 연대를 통해 스포츠 조직의 윤리를 선진화할 수 있는 방안을 함께 마련해야 한다.

정답 01 ① 02 ③ 03 ② 04 ④

기출문제

2급 전문/
2급 생활 스포츠지도사

01 2023년 2급 전문/2급 생활 스포츠지도사
02 2024년 2급 전문/2급 생활 스포츠지도사
03 2025년 2급 전문/2급 생활 스포츠지도사

※ 2017년~2022년 2급 전문/2급 생활 스포츠지도사 기출문제는 에듀윌 도서몰(book.eduwill.net)에서 무료로 제공합니다.

기출문제는 최고의 예상문제이다. ▼

2023년 기출문제

정답 및 해설 432p

2급 전문/2급 생활 스포츠지도사 필기시험(문제유형: A)

선택 (5과목)	과목코드	
	스포츠사회학(11)	스포츠교육학(22)
	스포츠심리학(33)	한국체육사(44)
	운동생리학(55)	운동역학(66)
	스포츠윤리(77)	

2023. 4. 29.(토)

http://eduwill.kr/bdyf

STEP 1 QR코드 스캔 ▶ STEP 2 회원가입 & 로그인 ▶ STEP 3 모바일 OMR 정답 입력 ▶ STEP 4 채점 및 결과 확인

KSPO 국민체육진흥공단

스포츠사회학(11)

01
<보기>에서 스포츠의 교육적 순기능으로만 묶인 것은?

보기
- ㉠ 학교와 지역 사회의 통합
- ㉡ 평생 체육의 연계
- ㉢ 스포츠의 상업화
- ㉣ 학업 활동의 격려
- ㉤ 참여 기회의 제한
- ㉥ 승리 지상주의

① ㉠, ㉡, ㉣
② ㉠, ㉢, ㉤
③ ㉡, ㉢, ㉣
④ ㉡, ㉤, ㉥

02
<보기>에서 코클리(J. Coakley)의 상업주의에 따른 스포츠의 변화에 관한 설명으로 옳은 것을 모두 고른 것은?

보기
- ㉠ 스포츠 조직의 변화: 스포츠 조직은 경품 추첨, 연예인의 시구와 같은 의전행사에 관심을 갖게 되었다.
- ㉡ 스포츠 구조의 변화: 스포츠의 심미적 가치보다 영웅적 가치를 중시하게 되었다.
- ㉢ 스포츠 목적의 변화: 아마추어리즘보다 흥행에 입각한 프로페셔널리즘을 추구하게 되었다.
- ㉣ 스포츠 내용의 변화: 프로 농구의 경우, 전·후반제에서 쿼터제로 변경되었다.

① ㉠, ㉡
② ㉠, ㉢
③ ㉡, ㉢, ㉣
④ ㉠, ㉢, ㉣

03
<보기>에서 설명하는 스포츠 세계화의 원인은?

보기
'코먼웰스 게임(commonwealth games)'은 영연방국가들이 참가하는 스포츠 메가 이벤트로, 영연방국가의 통합에 기여하는 측면이 있다. 영국의 스포츠로 알려진 크리켓과 럭비는 대부분 영국의 식민지였던 영연방국가에서 인기가 있다.

① 제국주의
② 민족주의
③ 다문화주의
④ 문화적 상대주의

04
<보기>에 해당하는 케년(G. Kenyon)의 스포츠 참가 유형은?

보기
- 특정 선수의 사인볼 수집
- 특정 스포츠 관련 SNS 활동
- 특정 스포츠 물품에 대한 애착

① 일탈적 참가
② 행동적 참가
③ 정의적 참가
④ 인지적 참가

05
<보기>의 ㉠, ㉡에 해당하는 거트만(A. Guttmann)의 근대 스포츠 특징은?

보기
- (㉠): 국제스포츠조직은 규칙의 제정, 대회의 운영, 종목 진흥 등의 역할을 담당한다.
- (㉡): 투수라는 같은 포지션 내에서도 선발, 중간, 마무리 등으로 구분된다.

	㉠	㉡
①	관료화	평등성
②	합리화	평등성
③	관료화	전문화
④	합리화	전문화

06
스나이더(E. Snyder)가 제시한 스포츠 사회화의 전이 조건이 아닌 것은?

① 참가의 가치
② 참가의 정도
③ 참가의 자발성 여부
④ 사회화 주관자의 위신과 위력

07

〈보기〉는 버렐(S. Birrell)과 로이(J. Loy)의 스포츠 미디어를 통해 충족할 수 있는 욕구에 관한 설명이다. ㉠~㉢에 해당하는 용어가 바르게 연결된 것은?

보기

- (㉠) 욕구: 스포츠 경기의 결과, 선수와 팀에 대한 통계적 지식을 제공해 준다.
- (㉡) 욕구: 스포츠에 대한 흥미와 흥분을 제공해 준다.
- (㉢) 욕구: 다른 사회집단과 경험을 공유하게 하며 공동체 의식을 갖게 한다.

	㉠	㉡	㉢
①	정의적	인지적	통합적
②	인지적	통합적	정의적
③	정의적	통합적	인지적
④	인지적	정의적	통합적

08

〈보기〉의 ㉠, ㉡에 해당하는 용어가 바르게 연결된 것은?

보기

- (㉠): 국민의 관심이 높은 스포츠 경기를 무료 혹은 저렴한 비용으로 시청할 수 있는 권리를 말한다.
- (㉡): 선수 개인의 사생활을 중심으로 대중을 자극하고 호기심에 호소하는 흥미 위주의 스포츠 관련 보도를 지칭한다.

	㉠	㉡
①	독점 중계권	뉴 저널리즘(new journalism)
②	보편적 접근권	옐로 저널리즘(yellow journalism)
③	독점 중계권	옐로 저널리즘(yellow journalism)
④	보편적 접근권	뉴 저널리즘(new journalism)

09

〈보기〉에서 설명하는 프로 스포츠의 제도는?

보기

- 프로 스포츠 구단이 소속 선수와의 계약을 해지하고 다른 구단에게 해당 선수를 양도받을 의향이 있는지 공개적으로 묻는 제도이다.
- 기량이 떨어지거나 심각한 부상을 당한 선수를 방출하는 수단으로 이용하고 있다.

① 보류 조항(reserve clause)
② 웨이버 조항(waiver rule)
③ 선수대리인(agent)
④ 자유계약(free agent)

10

스포츠 일탈의 순기능에 관한 사례로 적절하지 <u>않은</u> 것은?

① 승부조작 사례를 보고 많은 선수들이 경각심을 갖는다.
② 아이스하키 경기에서 허용된 주먹다짐은 잠재된 공격성을 해소시켜 준다.
③ 스포츠에서 선수들의 약물복용이 지속되면 경기의 공정성이 훼손된다.
④ 높이뛰기에서 배면뛰기 기술의 창안은 기록경신에 기여하고 있다.

11

〈보기〉는 스트렌크(A. Strenk)가 제시한 국제 정치에서 스포츠의 기능에 관한 설명이다. ㉠~㉢에 해당하는 내용이 바르게 연결된 것은?

보기

- (㉠): 2002년 한일 월드컵 4강 진출로 대한민국이 축구 강국으로 인식
- (㉡): 1980년 모스크바 올림픽에서 서방 국가들의 보이콧 선언
- (㉢): 1936년 베를린 올림픽에서 나치즘의 정당성과 우월성 과시

	㉠	㉡	㉢
①	외교적 도구	정치이념 선전	국위선양
②	국위 선양	외교적 항의	정치이념 선전
③	국위 선양	외교적 도구	외교적 항의
④	외교적 도구	외교적 항의	정치이념 선전

12

〈보기〉에서 설명하는 부르디외(P. Bourdieu)의 문화자본 유형은?

보기

- 테니스의 경기 기술뿐만 아니라 경기 매너도 습득하게 된다.
- 스포츠 활동처럼 몸으로 체득하게 되는 성향을 의미한다.
- 획득하는데 시간이 오래 걸리고, 타인에게 양도나 전이, 교환이 어렵다.

① 체화된(embodied) 문화자본
② 객체화된(objectified) 문화자본
③ 제도화된(institutionalized) 문화자본
④ 주체화된(subjectified) 문화자본

13

〈보기〉에서 투민(M. Tumin)이 제시한 스포츠 계층의 특성 중 보편성(편재성)에 해당하는 것으로만 묶인 것은?

보기

㉠ 스포츠는 인기 종목과 비인기 종목으로 구분된다.
㉡ 과거에 비해 운동선수들의 지위가 향상되고 있다.
㉢ 종합격투기는 체급에 따라 대전료와 중계권료 등에 차등이 있다.
㉣ 계층에 따라 스포츠 참여 빈도, 유형, 종목이 달라지며, 이러한 차이는 개인의 삶에 영향을 미친다.

① ㉠, ㉡
② ㉠, ㉢
③ ㉡, ㉣
④ ㉢, ㉣

14

〈보기〉의 밑줄 친 ㉠, ㉡을 설명하는 집합 행동 이론이 바르게 연결된 것은?

보기

이 코치: 어제 축구 봤어? 경기 도중 관중 폭력이 발생했잖아.
김 코치: ㉠ 나는 그 경기를 경기장에서 직접 봤는데 관중들의 야유소리가 점점 커지면서 관중 폭력이 일어났어.
이 코치: ㉡ 맞아! 그 경기 이전에 이미 관중의 인종 차별 사건이 있었잖아. 만약 인종 차별이 먼저 발생하지 않았다면, 어제 경기에서 그런 관중 폭력은 없었을 거야.

	㉠	㉡
①	전염 이론	규범 생성 이론
②	수렴 이론	부가 가치 이론
③	전염 이론	부가 가치 이론
④	수렴 이론	규범 생성 이론

15

메기(J. Magee)와 서덴(J. Sugden)이 제시한 스포츠 노동이주의 유형에 관한 설명 중 적절하지 않은 것은?

① 개척자형: 스포츠 보급을 통해 금전적 보상을 추구하는 유형
② 정착민형: 영구적으로 정착할 수 있는 곳을 찾는 유형
③ 귀향민형: 해외에서의 스포츠 경험을 바탕으로 자국으로 복귀하는 유형
④ 유목민형: 개인의 취향대로 흥미로운 장소를 돌아다니면서 스포츠에 참여하는 유형

16

<보기>는 코클리(J. Coakley)가 제시한 스포츠 일탈에 관한 설명이다. ㉠, ㉡에 해당하는 용어가 바르게 연결된 것은?

> 보기
> - (㉠)에 따르면 스포츠 일탈이 용인되는 범위는 사회적으로 타협하는 과정을 통해 구성된다.
> - (㉡)는 과훈련(over-training), 부상 투혼 등을 거부감 없이 무비판적으로 수용하는 것이다.

	㉠	㉡
①	상대론적 접근	과소 동조
②	절대론적 접근	과잉 동조
③	절대론적 접근	과소 동조
④	상대론적 접근	과잉 동조

17

스포츠 사회화를 이해하기 위한 사회 학습 이론의 관점으로 적절하지 않은 것은?

① 상과 벌을 통해 행동이 변화한다.
② 다른 사람의 행동을 관찰하여 모방이 일어난다.
③ 사회화 주관자의 가르침을 통해 행동이 변화한다.
④ 개인은 자신이 처해있는 상황을 스스로 학습하고 변화한다.

18

<보기>에서 설명하는 스포츠의 정치적 속성은?

> 보기
> 에티즌(D. Eitzen)과 세이지(G. Sage)에 의하면 다양한 팀, 리그, 선수단체 및 행정기구는 각각의 특성에 따라 평등하게 배분된 자원과 권한을 갖게 되고, 더 많은 권한을 갖기 위해 대립적 갈등을 겪게 된다.

① 보수성　　② 긴장 관계
③ 권력 투쟁　　④ 상호 의존성

19

<보기>에서 설명하는 맥퍼슨(B. McPherson)의 스포츠 미디어 이론은?

> 보기
> - 대중 매체를 통한 개인의 스포츠 소비 형태는 중요 타자의 가치와 소비행동에 의해 영향을 받는다.
> - 스포츠 수용자 역할로의 사회화는 스포츠에 참여하는 가족 구성원으로부터 받은 스포츠 소비에 대한 승인 정도가 중요하게 작용한다.

① 개인차 이론　　② 사회 범주 이론
③ 문화 규범 이론　　④ 사회관계 이론

20

<보기>에서 설명하는 스포츠사회학 이론은?

> 보기
> - 일상에서 특정 물건을 소비하는 것은 자신의 계급 위치를 상징화하는 행위이다.
> - 자원과 시간의 소비가 요구되는 스포츠에 참여하는 것은 계급 표시 행위이다.
> - 고가의 스포츠용품, 골프 회원권 등의 과시적 소비 양상이 나타난다.

① 갈등 이론　　② 구조 기능 이론
③ 비판 이론　　④ 상징적 상호 작용론

스포츠교육학(22)

01

〈보기〉에서 설명하는 스포츠 교육 평가의 신뢰도 검사 방법은?

보기
- 동일한 검사에 대해 시간 차이를 두고 2회 측정해서 측정값을 비교해 차이가 작으면 신뢰도가 높고, 크면 신뢰도가 낮은 것으로 판단한다.
- 첫 번째와 두 번째 측정 사이의 시간 차이가 너무 길거나 짧으면 신뢰도가 낮게 나올 수 있다.

① 검사 – 재검사　　② 동형 검사
③ 반분 신뢰도 검사　④ 내적 일관성 검사

02

〈보기〉의 수업 장면에서 활용한 모스턴(M. Mosston)의 교수 스타일에 관한 설명으로 적절하지 <u>않은</u> 것은?

보기

신체 활동	축구
학습 목표	인프런트킥으로 상대방 수비수를 넘겨 동료에게 패스할 수 있다.
수업 장면	

지도자: 네 앞에 상대방 수비수가 있을 때, 수비수를 넘겨 동료에게 패스하려면 어떻게 공을 차야 할까?
학습자: 상대방 수비수를 넘길 수 있을 정도의 높이로 공을 띄워야 해요.
지도자: 그럼, 발의 어느 부분으로 공의 밑 부분을 차면 수비수를 넘길 수 있을까?
학습자: 발등과 발 안쪽의 중간 지점이요. (손가락으로 엄지발가락을 가리킨다)
지도자: 좋은 대답이야. 그럼, 우리 한 번 상대방 수비수를 넘기는 킥을 연습해볼까?

① 지도자는 논리적이며 계열적인 질문을 설계해야 한다.
② 지도자는 질문에 대한 학습자의 해답을 검토하고 확인한다.
③ 지도자는 학습자에게 예정된 해답을 즉시 알려준다.
④ 지도자는 학습자와 지속적으로 상호 작용하며 의사결정을 한다.

03

로젠샤인(B. Rosenshine)과 퍼스트(N. Furst)가 제시한 학습 성취와 관련된 지도자 변인에 해당하지 <u>않는</u> 것은?

① 지도자의 경력　　② 명확한 과제 제시
③ 지도자의 열의　　④ 프로그램의 다양화

04

링크(J. Rink)가 제시한 교수 전략(teaching strategy) 중 한 명의 지도자가 수업에서 공간을 나누어 두 가지 이상의 과제를 동시에 진행하는 것은?

① 자기 교수(self teaching)
② 팀 티칭(team teaching)
③ 상호 교수(interactive teaching)
④ 스테이션 교수(station teaching)

05

〈보기〉는 「국민 체육 진흥법」(시행 2022.8.11.) 제18조의3 '스포츠윤리센터의 설립'에 관한 내용이다. ㉠, ㉡에 들어갈 용어가 바르게 연결된 것은?

보기
- 체육의 (㉠) 확보와 체육인의 (㉡)를 위하여 스포츠 윤리 센터를 설립한다.

	㉠	㉡
①	정당성	권리 강화
②	정당성	인권 보호
③	공정성	권리 강화
④	공정성	인권 보호

06

스포츠 교육 프로그램의 지도 원리에 관한 설명이 적절하지 않은 것은?

① 개별성의 원리: 개인차를 고려한 다양한 수준별 지도
② 효율성의 원리: 학습자 스스로 내용을 파악하고 문제 해결
③ 적합성의 원리: 지도자의 창의적인 지도 활동의 선정과 활용
④ 통합성의 원리: 교수·학습 내용의 다양화와 신체 활동의 총체적 체험

07

직접 교수 모형에 관한 설명으로 적절하지 않은 것은?

① 학습 영역의 우선순위는 심동적 영역이다.
② 스키너(B. Skinner)의 조작적 조건화 이론에 근거한다.
③ 지도자 중심으로 의사결정이 이루어져 학습자의 과제 참여 비율이 감소한다.
④ 수업의 단계는 전시과제 복습, 새 과제 제시, 초기과제 연습, 피드백과 교정, 독자적 연습, 본시 복습의 순으로 진행된다

08

「스포츠 기본법」(시행 2022.6.16.) 제7조 '스포츠 정책 수립·시행의 기본원칙' 중 국가와 지방자치단체의 스포츠 정책에 관한 고려 사항에 해당하지 않는 것은?

① 스포츠 활동을 존중하고 사회 전반에 확산되도록 할 것
② 스포츠 대회 참가 목적을 국위선양에 두어 지원할 것
③ 스포츠 활동 참여와 스포츠 교육의 기회가 확대되도록 할 것
④ 스포츠의 가치를 존중하고 스포츠의 역동성을 높일 수 있을 것

09

모스턴(M. Mosston)의 포괄형(inclusion) 교수 스타일에 관한 설명으로 적절하지 않은 것은?

① 지도자는 발견 역치(discovery threshold)를 넘어 창조의 단계로 학습자를 유도한다.
② 지도자는 기술 수준이 다양한 학습자들의 개인차를 수용한다.
③ 학습자가 성취 가능한 과제를 선택하고 자신의 수행을 점검한다.
④ 과제 활동 전, 중, 후 의사결정의 주체는 각각 지도자, 학습자, 학습자 순서이다.

10

〈보기〉에서 설명하는 링크(J. Rink)의 학습 과제 연습 방법은?

> 보기
> - 복잡한 운동 기술의 경우, 기술의 주요 동작이나 마지막 동작을 초기 동작보다 먼저 연습하게 한다.
> - 테니스 서브 과제에서 공을 토스하는 동작을 연습하기 전에 공을 라켓에 맞추는 동작을 먼저 연습한다.

① 규칙 변형 ② 역순 연쇄
③ 반응 확대 ④ 운동 수행의 목적 전환

11

〈보기〉에 해당하는 쿠닌(J. Kounin)의 교수 기능은?

> 보기
> - 지도자가 자신의 머리 뒤에도 눈이 있다는 듯이 학습자들의 행동을 파악하는 것
> - 지도자가 학습자들 간에 발생하는 사건을 인지하는 것

① 접근 통제(proximity control)
② 긴장 완화(tension release)
③ 상황 이해(with-it-ness)
④ 타임아웃(time-out)

12

〈보기〉에서 활용된 스포츠 지도 행동의 관찰기법은?

보기

- 지도자: 강 감독
- 수업내용: 농구 수비전략
- 관찰자: 김 코치
- 시간: 19:00 ~ 19:50

	피드백의 유형	표기(빈도)	비율
대상	전체	∨∨∨∨∨ (5회)	50%
	소집단	∨∨∨ (3회)	30%
	개인	∨∨ (2회)	20%
성격	긍정	∨∨∨∨∨∨∨∨ (8회)	80%
	부정	∨∨ (2회)	20%
구체성	일반적	∨∨∨ (3회)	30%
	구체적	∨∨∨∨∨∨∨ (7회)	70%

① 사건 기록법(event recording)
② 평정 척도법(rating scale)
③ 일화 기록법(anecdotal recording)
④ 지속시간 기록법(duration recording)

13

배구 수업에서 운동 기능이 낮은 학습자의 참여 증진을 위한 스포츠 지도 방법으로 적절하지 않은 것은?

① 네트 높이를 낮춘다.
② 소프트한 배구공을 사용한다.
③ 서비스 라인을 네트와 가깝게 위치시킨다.
④ 정식 게임(full-sided game)으로 운영한다.

14

매이거(R. Mager)가 제시한 학습 목표 설정의 요소가 아닌 것은?

① 설정된 운동 수행 기준
② 운동 수행에 필요한 상황과 조건
③ 학습자에게 기대되는 성취 행위
④ 목표 달성이 불가능할 경우의 대처 방안

15

〈보기〉에서 메츨러(M. Metzler)의 탐구 수업 모형에 관한 설명으로 옳은 것을 모두 고른 것은?

보기

㉠ 모형의 주제는 '문제 해결자로서의 학습자'이다.
㉡ 학습 영역의 우선순위는 심동적, 인지적, 정의적 순이다.
㉢ 지도자는 학습자가 '생각하고 움직이기'를 할 수 있도록 과제를 제시한다.
㉣ 지도자의 질문에 학습자가 바로 대답하지 못하는 경우 즉시 답을 알려준다.

① ㉠, ㉢
② ㉡, ㉢
③ ㉠, ㉡, ㉢
④ ㉠, ㉡, ㉣

16

스포츠 참여자 평가에서 심동적(psychomotor) 영역에 해당하는 것은?

① 몰입
② 심폐 지구력
③ 협동심
④ 경기 규칙 이해

17

〈보기〉에 해당하는 운동기능의 학습 전이(transfer) 유형은?

보기

야구에서 배운 오버핸드 공 던지기가 핸드볼에서 오버핸드 공 던지기 기능으로 전이되는 경우이다.

① 대칭적 전이
② 과제 내 전이
③ 과제 간 전이
④ 일상으로의 전이

18
스포츠 교육 프로그램의 구성 요소에 관한 설명으로 적절하지 <u>않은</u> 것은?

① 평가: 프로그램을 개선하는 데 도움을 준다.
② 내용: 스포츠 지도의 철학, 이념 또는 비전이다.
③ 지도법: 프로그램을 체계적으로 전달하는 방법이다.
④ 목적 및 목표: 일반적인 목표와 구체적인 목표로 구분할 수 있다.

19
메츨러(M. Metzler)의 개별화 지도 모형의 주제로 적절한 것은?

① 지도자가 수업 리더 역할을 한다.
② 나는 너를, 너는 나를 가르친다.
③ 유능하고, 박식하며, 열정적인 스포츠인으로 성장한다.
④ 학습자가 가능한 한 빨리, 필요한 만큼 천천히 학습 속도를 조절한다.

20
「학교 체육 진흥법 시행령」(시행 2021.4.21.) 제3조 '학교 운동부 지도자의 자격 기준 등'에서 제시한 학교 운동부 지도자 재임용의 평가 내용이 <u>아닌</u> 것은?

① 복무 태도
② 학교 운동부 운영 성과
③ 인권 교육 연 1회 이상 이수 여부
④ 학생 선수의 학습권 및 인권 침해 여부

스포츠심리학(33)

01
스포츠심리학의 주된 연구의 동향과 영역에 포함되지 <u>않는</u> 것은?

① 인지적 접근과 현장 연구
② 경험주의에 기초한 성격 연구
③ 생리학적 항상성에 관한 연구
④ 사회적 촉진 및 각성과 운동 수행의 관계 연구

02
데시(E. Deci)와 라이언(R. Ryan)이 제시한 자기 결정 이론(self-determination theory)에서 외적 동기 유형으로 분류되지 <u>않는</u> 것은?

① 무동기(amotivation)
② 확인 규제(identified regulation)
③ 통합 규제(integrated regulation)
④ 의무감 규제(introjected regulation)

03
〈보기〉에서 설명하는 개념은?

> 보기
> 체육관에서 관중의 함성과 응원 소리에도 불구하고, 작전 타임에서 코치와 선수는 서로 의사소통이 가능하다.

① 스트룹 효과(Stroop effect)
② 지각 협소화(perceptual narrowing)
③ 무주의 맹시(inattention blindness)
④ 칵테일파티 효과(cocktail party effect)

04

〈표〉는 젠타일(A. Gentile)의 이차원적 운동 기술 분류이다. 야구 유격수가 타구된 공을 잡아서 1루로 송구하는 움직임이 해당하는 곳은?

구분		동작의 요구(기능)			
		신체 이동 없음 (신체의 안정성)		신체 이동 있음 (신체의 불안정성)	
		물체 조작 없음	물체 조작 있음	물체 조작 없음	물체 조작 있음
환경적 맥락	안정적인 조절 조건	동작 시도 간 환경 변이성 없음			
		동작 시도 간 환경 변이성			
	비안정적 조절 조건	동작 시도 간 환경 변이성 없음	①	③	
		동작 시도 간 환경 변이성		②	④

05

뉴웰(K. Newell)이 제시한 움직임 제한(constraints) 요소의 유형이 다른 것은?

① 운동 능력이 움직임을 제한한다.
② 인지, 동기, 정서상태가 움직임을 제한한다.
③ 신장, 몸무게, 근육 형태가 움직임을 제한한다.
④ 과제 목표와 특성, 규칙, 장비가 움직임을 제한한다.

06

〈보기〉에서 설명하는 게셀(A. Gesell)과 에임스(L. Ames)의 운동 발달의 원리가 아닌 것은?

> **보기**
> - 머리에서 발 방향으로 발달한다.
> - 운동 발달은 일련의 방향성을 갖는다.
> - 운동 협응의 발달 순서가 있다.
>   양측: 상지 혹은 하지의 양측을 동시에 움직이는 형태를 보인다.
>   동측: 상하지를 동시에 움직이는 형태를 보인다.
>   교차: 상하지를 동시에 움직이는 형태를 보인다.
> - 운동 기술의 습득 과정에서 몸통이나 어깨 근육을 조절하는 능력을 먼저 갖추고 이후에 팔, 손목, 손 그리고 손가락 근육을 조절하는 능력을 갖춘다.

① 머리-꼬리 원리(cephalocaudal principle)
② 중앙-말초 원리(proximodistal principle)
③ 개체발생적 발달 원리(ontogenetic development principle)
④ 양측-동측-교차 운동 협응의 원리[bilateral-unilateral(ipsilateral)-crosslateral principle]

07

스포츠를 통한 인성 발달 전략에 대한 설명으로 옳지 않은 것은?

① 상황에 맞는 바람직한 행동을 설명한다.
② 도덕적으로 적절한 행동에 대하여 설명한다.
③ 바람직한 행동을 강화하고 적대적 공격행동은 처벌한다.
④ 격한 상황에서 자신의 감정을 공격적으로 표출하도록 격려한다.

08

〈보기〉에서 설명하는 목표의 유형은?

> 보기
> - 운동 기술을 잘 수행하기 위해서 필요한 핵심 행동에 중점을 둔다.
> - 자기 효능감과 자신감을 높이고 인지 불안을 낮추는 데 도움이 된다.
> - 자신의 운동 수행에 대한 목표를 달성하는 데 중점을 두는 목표로 달성의 기준점이 자신의 과거 기록이 된다.

① 과정 목표와 결과 목표
② 수행 목표와 과정 목표
③ 수행 목표와 객관적 목표
④ 객관적 목표와 주관적 목표

09

스미스(R. Smith)와 스몰(F. Smol)이 개발한 유소년 지도자 훈련 프로그램인 CET(Coach Effectiveness Training)의 핵심 원칙이 아닌 것은?

① 자기 관찰
② 운동 도식
③ 상호 지원
④ 발달 모델

10

균형 유지와 사지협응 및 자세 제어에 주된 역할을 하는 뇌 구조(영역)는?

① 소뇌(cerebellum)
② 중심고랑(central sulcus)
③ 대뇌 피질의 후두엽(occipital lobe of cerebrum)
④ 대뇌 피질의 측두엽(temporal lobe of cerebrum)

11

골프 퍼팅 과제를 100회 연습한 뒤, 24시간 후에 동일 과제에 대해 수행하는 검사는?

① 속도 검사(speed test)
② 파지 검사(retention test)
③ 전이 검사(transfer test)
④ 지능 검사(intelligence test)

12

〈보기〉에서 설명하는 일반화된 운동 프로그램(generalized motor program)의 불변 특성(invariant feature) 개념은?

> 보기
>
>
>
> | A 움직임 시간(movement time)=500ms | | | |
> |---|---|---|---|
> | 하위 움직임 1 =25% | 하위 움직임 2 =25% | 하위 움직임 3 =25% | 하위 움직임 4 =25% |
>
> | B 움직임 시간(movement time)=900ms | | | |
> |---|---|---|---|
> | 하위 움직임 1 =25% | 하위 움직임 2 =25% | 하위 움직임 3 =25% | 하위 움직임 4 =25% |
>
> - A 움직임 시간은 500ms, B 움직임 시간은 900ms로 서로 다르다.
> - 4개의 하위 움직임 구간의 시간적 구조 비율은 변하지 않는다.
> - 단, A와 B 움직임은 모두 동일인이 수행한 동작이며, 하위 움직임 구성도 4개로 동일함

① 어트랙터(attractor)
② 동작유도성(affordance)
③ 상대적 타이밍(relative timing)
④ 절대적 타이밍(absolute timing)

13

〈보기〉에서 구스리(E. Guthrie)가 제시한 '운동 기술 학습으로 인한 변화'에 관한 설명으로 옳은 것을 모두 고른 것은?

보기

㉠ 최대의 확실성(maximum certainty)으로 운동 과제를 수행할 수 있다.
㉡ 최소의 인지적 노력(minimum cognitive effect)으로 운동 과제를 수행할 수 있다.
㉢ 최소의 움직임 시간(minimum movement time)으로 운동 과제를 수행할 수 있다.
㉣ 최소의 에너지 소비(minimum energy expenditure)로 운동 과제를 수행할 수 있다.

① ㉠, ㉡, ㉢
② ㉠, ㉢, ㉣
③ ㉡, ㉢, ㉣
④ ㉠, ㉡, ㉢, ㉣

14

〈보기〉에 제시된 공격성에 관한 설명과 이론(가설)이 바르게 연결된 것은?

보기

- (㉠) 환경에서 관찰과 강화로 공격행위를 학습한다.
- (㉡) 인간의 내부에는 공격성을 유발하는 에너지가 존재한다.
- (㉢) 좌절(예 목표를 추구하는 행위가 방해받는 경험)이 공격 행동을 유발한다.
- (㉣) 좌절이 무조건 공격행동을 유발하지 않고 공격행동이 적절하다는 외부적 단서가 있을 때 나타난다.

	㉠	㉡	㉢	㉣
①	사회 학습 이론	본능 이론	좌절-공격 가설	수정된 좌절-공격 가설
②	사회 학습 이론	본능 이론	수정된 좌절-공격 가설	좌절-공격 가설
③	본능 이론	사회 학습 이론	좌절-공격 가설	수정된 좌절-공격 가설
④	본능 이론	사회 학습 이론	수정된 좌절-공격 가설	좌절-공격 가설

15

〈보기〉에서 하터(S. Harter)의 유능성 동기 이론 모형에 관한 설명으로 옳은 것을 고른 것은?

보기

㉠ 심리적 요인과 관련된 단일차원의 구성개념이다.
㉡ 실패 경험은 부정적 정서를 갖게 하여 유능성 동기를 낮추고, 결국에는 운동을 중도 포기하게 한다.
㉢ 성공 경험은 자기 효능감과 긍정적 정서를 갖게 하여 유능성 동기를 높이고, 숙달(mastery)을 경험하게 한다.
㉣ 스포츠 상황에서 성공하기 위한 능력이 있다는 확신의 정도나 신념으로 특성 스포츠 자신감과 상태 스포츠 자신감으로 구분한다.

① ㉠, ㉡
② ㉠, ㉣
③ ㉡, ㉢
④ ㉡, ㉣

16

〈보기〉에서 설명하는 용어는?

보기

번스타인(N. Bernstein)은 움직임의 효율적 제어를 위해 중추 신경계가 자유도를 개별적으로 제어하지 않고, 의미 있는 단위로 묶어서 조절한다고 설명하였다.

① 공동 작용(synergy)
② 상변이(phase transition)
③ 임계요동(critical fluctuation)
④ 속도-정확성 상쇄 현상(speed-accuracy trade-off)

17

〈보기〉에서 연구 결과를 통해 확인할 수 있는 목표설정에 관한 설명으로 옳은 것을 고른 것은?

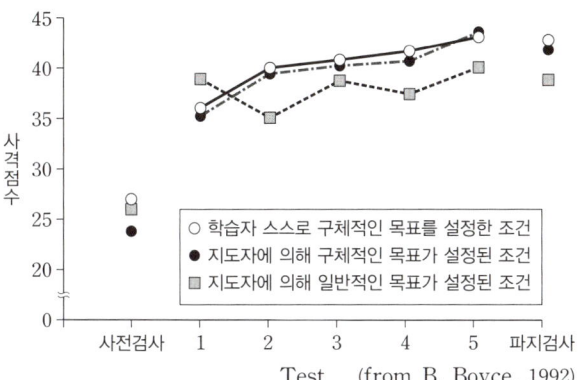

보기

㉠ 목표설정이 운동의 수행과 학습에 효과적이다.
㉡ 학습자에게 어려운 목표를 설정하도록 조언해야 한다.
㉢ 구체적인 목표를 설정했던 집단에서 더 높은 학습 효과가 나타났다.
㉣ 구체적이고 도전적인 목표를 향해 전념하도록 격려하는 것은 운동의 수행과 학습의 효과를 감소시킨다.

① ㉠, ㉡
② ㉠, ㉢
③ ㉡, ㉢
④ ㉡, ㉣

18

〈보기〉에서 설명하는 피드백 유형은?

보기

높이뛰기 도약 스텝 기술을 연습하게 한 후에 지도자는 학습자의 정확한 도약 기술 습득을 위해 각 발의 스텝번호(지점)를 바닥에 표시해주었다.

① 내적 피드백(intrinsic feedback)
② 부적 피드백(negative feedback)
③ 보강 피드백(augmented feedback)
④ 부적합 피드백(incongruent feedback)

19

〈보기〉는 칙센트미하이(M. Csikszentmihalyi)가 주장한 몰입의 개념이다. ㉠~㉣에 들어갈 개념이 바르게 연결된 것은?

보기

- (㉠)과 (㉡)이 균형을 이루는 상황에서 운동 수행에 완벽히 집중하는 것을 몰입(flow)이라 한다.
- (㉡)이 높고, (㉠)이 낮으면 (㉢)을 느낀다.
- (㉡)이 낮고, (㉠)이 높으면 (㉣)을 느낀다.

	㉠	㉡	㉢	㉣
①	기술	도전	불안	이완
②	도전	기술	각성	무관심
③	기술	도전	각성	불안
④	도전	기술	이완	지루함

20

학습된 무기력(learned helplessness) 상태에 있는 학습자에게 귀인 재훈련(attribution retraining)을 위한 적절한 전략은?

① 실패의 원인을 외적 요인에서 찾게 한다.
② 능력의 부족을 긍정적으로 받아들이게 한다.
③ 운이 따라 준다면 다음에 성공할 수 있다고 지도한다.
④ 실패의 원인을 노력 부족이나 전략의 미흡으로 받아들이게 한다.

한국체육사(44)

01

체육사 연구에서 사관(史觀)에 관한 설명으로 적절하지 않은 것은?

① 유물사관, 관념사관, 진보사관, 순환사관 등이 있다.
② 체육 역사에 대한 견해, 해석, 관념, 사상 등을 의미한다.
③ 체육 역사가의 관점으로 다양한 과거의 역사적 사실을 해석한다.
④ 과거 체육과 관련된 사실을 담고 있는 역사 자료를 의미한다.

02

<보기>의 ㉠~㉢에 들어갈 용어가 바르게 연결된 것은? (단, 시대 구분은 나현성의 방식을 따름)

보기
- (㉠) 이전은 무예를 중심으로 한 무사 체육 등의 (㉡) 체육을 강조하였다.
- (㉠) 이후는 「교육입국조서(教育立國詔書)」를 통한 학교 교육에 기반을 둔 (㉢) 체육을 강조하였다.

	㉠	㉡	㉢
①	갑오경장(1894)	전통	근대
②	갑오경장(1894)	근대	전통
③	을사늑약(1905)	전통	근대
④	을사늑약(1905)	근대	전통

03

<보기>에서 설명하는 민속 놀이는?

보기
- 사희(柶戱)라고도 불리었다.
- 부여의 사출도(四出道)라는 관직명에서 유래되었다.
- 남녀노소 누구나 즐길 수 있으며, 장소에 크게 구애받지 않은 놀이였다.

① 바둑 ② 장기
③ 윷놀이 ④ 주사위

04

화랑도에 관한 설명으로 옳지 않은 것은?

① 진흥왕 때에 조직이 체계화되었다.
② 세속오계는 도의교육(道義敎育)의 핵심이었다.
③ 신체미 숭배 사상, 국가주의 사상, 불국토 사상이 중시되었다.
④ 서민층만을 대상으로 한 청소년 단체로서 문무겸전(文武兼全)을 추구하였다.

05

<보기>에서 설명하는 신체 활동은?

보기
- 가죽 주머니로 공을 만들어 발로 차는 놀이였다.
- 한 명, 두 명, 열 명 등 다양한 형식으로 실시되었다.
- <삼국사기(三國史記)>와 <삼국유사(三國遺事)>에 따르면 김유신과 김춘추가 이 신체 활동을 하였다.

① 석전(石戰) ② 축국(蹴鞠)
③ 각저(角抵) ④ 도판희(跳板戱)

06

<보기>에서 민속 놀이와 주요 활동 계층이 바르게 연결된 것으로만 묶인 것은?

> 보기
> ㉠ 풍연(風鳶) – 귀족
> ㉡ 격구(擊毬) – 서민
> ㉢ 방응(放鷹) – 귀족
> ㉣ 추천(鞦韆) – 서민

① ㉠, ㉡
② ㉢, ㉣
③ ㉠, ㉣
④ ㉡, ㉢

07

고려 시대 수박(手搏)에 관한 설명으로 옳지 않은 것은?

① 관람형 무예 경기로 성행되었다.
② 응방도감(鷹坊都監)에서 관장하였다.
③ 무인 선발의 기준과 수단이 되었다.
④ 무예 수련과 군사 훈련 등의 목적으로 활용되었다.

08

<보기>에서 조선 시대의 훈련원에 관한 설명으로 옳은 것을 모두 고른 것은?

> 보기
> ㉠ 성리학 교육을 담당하였다.
> ㉡ 활쏘기, 마상무예 등의 훈련을 실시하였다.
> ㉢ 무인 양성과 관련된 공식적인 교육 기관이었다.
> ㉣ 〈무경칠서(武經七書)〉, 〈병장설(兵將說)〉 등의 병서 습득을 장려하였다.

① ㉠, ㉡
② ㉢, ㉣
③ ㉡, ㉢, ㉣
④ ㉠, ㉡, ㉢, ㉣

09

조선 시대 궁술(弓術)에 관한 설명으로 옳지 않은 것은?

① 육예(六藝) 중 어(御)에 해당하였다.
② 무관 선발을 위한 무과 시험의 한 과목이었다.
③ 대사례(大射禮), 향사례(鄕射禮) 등으로 행해졌다.
④ 왕, 무관, 유학자 등 다양한 계층에서 실시하였다.

10

<보기>에서 설명하는 조선 시대의 무예서는?

> 보기
> • 24종류의 무예가 기록되어 있다.
> • 정조의 명령하에 국가사업으로 간행되었다.
> • 한국, 중국, 일본의 관련 문헌 145권이 참조되었다.

① 무예제보(武藝諸譜)
② 무예신보(武藝新譜)
③ 무예도보통지(武藝圖譜通志)
④ 무예제보번역속집(武藝諸譜翻譯續集)

11

<보기>에서 설명하는 개화기 민족 사립 학교는?

> 보기
> • 1907년에 이승훈이 설립하였다.
> • 대운동회를 매년 1회 실시하였다.
> • 체육은 주로 군사훈련의 성격을 띠었다.

① 오산학교
② 대성학교
③ 원산학사
④ 숭실학교

12

개화기의 체육사적 사실에 관한 설명으로 옳은 것은?

① 동래무예학교는 문예반 50명, 무예반 200명을 선발하였다.
② 개화기 최초의 운동회는 일본인 학교에서 주관한 화류회(花柳會)였다.
③ 양반들이 주도하여 배재학당, 이화학당, 경신학당 등 미션스쿨을 설립하였다.
④ 고종은 「교육입국조서(敎育立國詔書)」를 반포하고, 덕양, 체양, 지양을 강조하였다.

13

개화기의 체육 단체에 관한 설명으로 옳은 것은?

① 청강체육부: 탁지부 관리들이 친목 도모를 위해 1902년에 조직하였고, 최초로 연식정구를 도입하였다.
② 회동구락부: 최성희, 신완식 등이 1910년에 조직하였고, 정례적으로 축구 시합을 하였다.
③ 무도기계체육부: 우리나라 최초 기계체조 단체로서 이희두와 윤치오가 1908년에 조직하였다.
④ 대동체육구락부: 체조 교사인 조원희, 김성집, 이기동 등이 주축이 되어 보성중학교에서 1909년에 조직하였고, 병식체조를 강조하였다.

14

일제강점기 체육에 관한 사실로 옳지 <u>않은</u> 것은?

① 박승필은 1912년에 유각권구락부를 설립해 권투를 지도하였다.
② 조선체육협회는 1920년에 동아일보사 후원으로 설립되었다.
③ 서상천은 1926년에 일본체육회 체조학교를 졸업하고, 역도를 소개하였다.
④ 손기정은 1936년에 베를린 올림픽 경기 대회 마라톤 종목에서 우승하였다.

15

〈보기〉에서 설명하는 단체는?

> 보기
> • 외국인 선교사가 근대 스포츠인 야구, 농구, 배구를 도입하였다.
> • 1916년에 실내 체육관을 준공하여, 다양한 실내 스포츠를 활성화하였다.

① 황성기독교청년회 ② 대한체육구락부
③ 조선체육회 ④ 조선체육협회

16

<보기>에서 박정희 정부 때 실시한 체력장 제도에 관한 설명으로 옳은 것을 모두 고른 것은?

보기
- ㉠ 1971년부터 실시되었다.
- ㉡ 1973년부터는 대학입시에 체력장 평가가 포함되었다.
- ㉢ 국제체력검사표준화위원회에서 정한 기준과 종목을 대상으로 하였다.
- ㉣ 시행 종목에는 100m 달리기, 제자리멀리뛰기, 팔굽혀매달리기(여자), 턱걸이(남자), 윗몸일으키기, 던지기가 있었다.

① ㉠, ㉡
② ㉢, ㉣
③ ㉠, ㉡, ㉢
④ ㉠, ㉡, ㉢, ㉣

17

<보기>에서 설명하는 스포츠 경기 종목은?

보기
- 1988년 제24회 서울 올림픽 경기 대회에서 시범 종목으로 채택되었다.
- 2000년 제27회 시드니 올림픽 경기 대회에서 정식 종목으로 채택되었다.
- 2007년에 정부는 이 종목을 진흥하기 위한 법률을 제정하였다.

① 유도
② 복싱
③ 태권도
④ 레슬링

18

1948년 제5회 동계 올림픽 경기 대회에 관한 설명으로 옳지 않은 것은?

① 개최지는 스위스 생모리츠였다.
② 제2차 세계 대전을 일으킨 독일과 일본도 출전하였다.
③ 광복 이후 최초로 태극기를 단 선수단이 파견되었다.
④ 이효창, 문동성, 이종국 선수는 스피드스케이팅 종목에 출전하였다.

19

대한민국에서 개최된 하계 아시아 경기 대회가 아닌 것은?

① 1986년 제10회 서울 아시아 경기 대회
② 2002년 제14회 부산 아시아 경기 대회
③ 2014년 제17회 인천 아시아 경기 대회
④ 2018년 제18회 평창 아시아 경기 대회

20

1991년에 남한과 북한이 단일팀으로 탁구 종목에 참가한 국제경기 대회는?

① 제41회 지바 세계 선수권 대회
② 제27회 시드니 올림픽 경기 대회
③ 제28회 아테네 올림픽 경기 대회
④ 제6회 포르투갈 세계 청소년 선수권 대회

운동생리학(55)

01
ATP를 합성하는 데 사용되는 에너지원이 아닌 것은?

① 근중성지방 ② 비타민C
③ 글루코스 ④ 젖산

02
근수축에 필수적인 Ca^{2+} 이온을 저장, 분비하는 근육 세포 내 소기관은?

① 근형질 세망(sarcoplasmic reticulum)
② 위성 세포(satellite cell)
③ 미토콘드리아(mitochondria)
④ 근핵(myonuclear)

03
운동 후 초과산소섭취량(EPOC)에 영향을 미치는 요인으로 적절하지 않은 것은?

① 운동 중 증가한 체온
② 운동 중 증가한 젖산
③ 운동 중 증가한 호르몬(에피네프린, 노르에피네프린)
④ 운동 중 증가한 크레아틴인산(phosphocreatine, PC)

04
수중 운동 시 체온 유지를 위한 요인으로 옳지 않은 것은?

① 폐활량 ② 체지방량
③ 운동 강도 ④ 물의 온도

05
운동 강도 증가에 따라 동원되는 근섬유 순서로 옳은 것은?

① TypeⅡa섬유 → TypeⅡx섬유 → TypeⅠ섬유
② TypeⅡx섬유 → TypeⅡa섬유 → TypeⅠ섬유
③ TypeⅠ섬유 → TypeⅡa섬유 → TypeⅡx섬유
④ TypeⅠ섬유 → TypeⅡx섬유 → TypeⅡa섬유

06
장기간 규칙적 유산소 훈련의 결과로 최대 운동 시 나타나는 심폐 기능의 적응으로 옳은 것을 모두 고른 것은?

> 보기
> ㉠ 최대 산소 섭취량 증가
> ㉡ 심장 용적과 심근 수축력 증가
> ㉢ 심박출량 증가

① ㉠, ㉡ ② ㉠, ㉢
③ ㉡, ㉢ ④ ㉠, ㉡, ㉢

07

항상성 유지를 위한 신체 조절 중 부적피드백(negative feedback)이 아닌 것은?

① 세포외액의 CO_2 조절
② 체온 상승에 따른 땀 분비 증가
③ 혈당 유지를 위한 호르몬 조절
④ 출산 시 자궁 수축 활성화 증가

08

운동 중 1회 박출량(stroke volume) 증가 원인으로 옳지 않은 것은?

① 대동맥압 증가에 따른 후부하(after load) 증가
② 호흡펌프작용에 의한 정맥회귀(venous return) 증가
③ 골격근 수축에 의한 근육펌프작용 증가
④ 교감 신경 자극에 의한 심근 수축력 증가

09

〈보기〉의 ㉠, ㉡에 들어갈 내용이 바르게 연결된 것은?

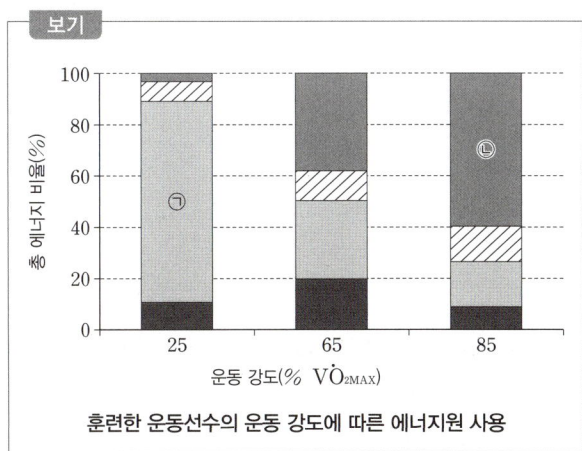

	㉠	㉡
①	혈중 포도당	근중성지방
②	혈중 유리 지방산	근글리코겐
③	근글리코겐	혈중 포도당
④	근중성지방	혈중 유리 지방산

10

운동 중 소뇌의 기능에 대한 설명으로 옳은 것을 모두 고른 것은?

〈보기〉
㉠ 골격근 운동 조절의 최종 단계 역할
㉡ 빠른 동작의 정확한 수행을 위한 통합 조절
㉢ 고유수용기로부터 유입되는 정보를 활용하여 동작 수정

① ㉠, ㉡
② ㉠, ㉢
③ ㉡, ㉢
④ ㉠, ㉡, ㉢

11

운동에 따른 환기량의 변화로 옳은 것을 모두 고른 것은?

〈보기〉
㉠ 운동 시작 직전에는 운동 수행에 대한 기대감으로 환기량이 증가할 수 있다.
㉡ 운동 초기 환기량 변화의 주된 요인은 경동맥에 위치한 화학수용기 반응이다.
㉢ 운동 강도가 증가하면 1회 호흡량은 감소하고 호흡수는 현저히 증가한다.
㉣ 회복기 환기량은 운동 중 생성된 체내 수소 이온 및 이산화 탄소 농도와 관련 있다.

① ㉠, ㉡
② ㉠, ㉢
③ ㉠, ㉣
④ ㉡, ㉢, ㉣

12

<보기>의 ㉠, ㉡에 들어갈 내용이 바르게 연결된 것은?

> 보기
>
> 1개의 포도당 분해에 따른 유산소성 ATP 생성
>
> | 대사적 과정 | 고에너지 생산 | ATP 누계 |
> |---|---|---|
> | 해당 작용 | 2 ATP | 2 |
> | | 2 NADH | 7 |
> | 피루브산에서 아세틸조효소A 까지 | 2 NADH | 12 |
> | ㉠ | 2 ATP | 14 |
> | | 6 NADH | 29 |
> | | 2 FADH₂ | ㉡ |
> | 합계 | | ㉡ ATP |

	㉠	㉡
①	크렙스회로	32
②	β 산화	32
③	크렙스회로	35
④	β 산화	35

13

체중이 80kg인 사람이 10METs로 10분간 달리기했을 때 소비 칼로리는? (단, 1MET=3.5mL/kg/min, O₂ 1L 당 5Kcal 생성)

① 130Kcal ② 140Kcal
③ 150Kcal ④ 160Kcal

14

<보기>는 신경 세포의 안정 시 막전위에 영향을 주는 Na^+과 K^+에 대한 그림이다. ㉠~㉣에 들어갈 내용이 바르게 연결된 것은?

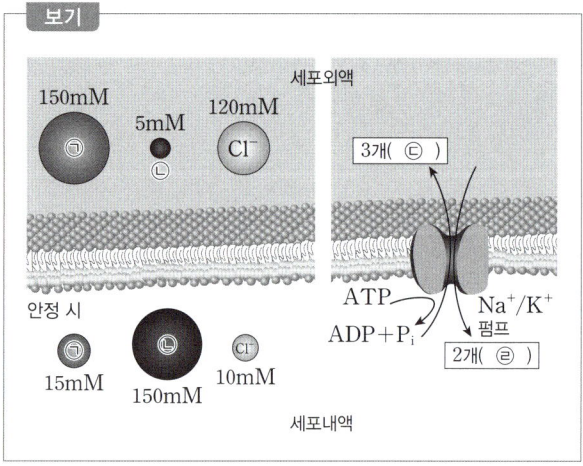

	㉠	㉡	㉢	㉣
①	K^+	Na^+	Na^+	K^+
②	Na^+	K^+	Na^+	K^+
③	K^+	Na^+	K^+	Na^+
④	Na^+	K^+	K^+	Na^+

15

<보기>의 최대 산소 섭취량 공식에서 장기간 지구성 훈련에 의해 증가되는 요소를 모두 고른 것은?

> 보기
>
> 최대 산소 섭취량
> =㉠ 최대 1회 박출량×㉡ 최대 심박수×㉢ 최대 동정맥 산소차

① ㉠ ② ㉠, ㉡
③ ㉠, ㉢ ④ ㉡, ㉢

16

〈보기〉의 내용이 모두 증가되었을 때 향상되는 건강 체력 요소는?

> **보기**
> - 모세 혈관의 밀도
> - 미토콘드리아의 수와 크기
> - 동정맥 산소차(arterial-venous oxygen difference)

① 유연성 ② 순발력
③ 심폐 지구력 ④ 근력

17

1시간 이내의 중강도 운동 시 시간 경과에 따라 혈중 농도가 점차 감소하는 호르몬은?

① 에피네프린(epinephrine)
② 인슐린(insulin)
③ 성장 호르몬(growth hormone)
④ 코르티솔(cortisol)

18

〈보기〉에서 설명하는 고유수용기는?

> **보기**
> - 감각 및 운동신경의 말단이 연결되어 있다.
> - 감마 운동 뉴런을 통해 조절된다.
> - 근육의 길이 정보를 중추 신경계로 보낸다.

① 근방추(muscle spindle)
② 골지건기관(Golgi tendon organ)
③ 자유신경종말(free nerve ending)
④ 파치니안 소체(Pacinian corpuscle)

19

근력 결정 요인으로 옳지 않은 것은?

① 근육 횡단면적 ② 근절의 적정 길이
③ 근섬유 구성비 ④ 근섬유막 두께

20

상완 이두근의 움직임에 대한 근육 수축 형태로 옳지 않은 것은?

① 자세를 유지할 때 – 등척성 수축
② 턱걸이 올라갈 때 – 단축성 수축
③ 턱걸이 내려갈 때 – 신장성 수축
④ 공을 던질 때 – 등속성 수축

운동역학(66)

01

운동역학(sports biomechanics)의 내용으로 적절한 것은?

① 스포츠 현상을 사회학적 연구 이론과 방법으로 설명하는 학문이다.
② 운동에 의한 생리적·기능적 변화를 기술하고 설명하는 학문이다.
③ 스포츠 수행에 영향을 주는 심리적 요인을 설명하는 학문이다.
④ 스포츠 상황에서 인체에 발생하는 힘과 그 효과를 설명하는 학문이다.

02

근육의 신장(원심)성 수축(eccentric contraction)이 아닌 것은?

① 스쿼트의 다리를 굽히는 동작에서 큰볼기근(대둔근, gluteus maximus)의 수축
② 팔굽혀펴기의 팔을 펴는 동작에서 위팔세갈래근(상완삼두근, triceps brachii)의 수축
③ 턱걸이의 팔을 펴는 동작에서 넓은등근(광배근, latissimus dorsi)의 수축
④ 윗몸일으키기의 뒤로 몸통을 펴는 동작에서 배곧은근(복직근, rectus abdominis)의 수축

03

단위 시간당 이동한 변위(displacement)를 나타내는 벡터량은?

① 속도(velocity)
② 거리(distance)
③ 가속도(acceleration)
④ 각속도(angular velocity)

04

지면 반력기(force plate)를 통해 얻을 수 있는 변인이 아닌 것은?

① 걷기 동작에서 디딤발에 가해지는 힘의 방향
② 외발서기 동작에서 디딤발 압력중심(center of pressure)의 이동 거리
③ 서전트 점프 동작에서 발로 지면에 힘을 가한 시간
④ 달리기 동작의 체공기(non-supporting phase)에서 발에 작용하는 힘의 크기

05

인체의 시상(전후)면(sagittal plane)에서 수행되는 움직임이 아닌 것은?

① 인체의 수직축(종축)을 중심으로 회전하는 피겨스케이팅 선수의 몸통 분절 움직임
② 페달링하는 사이클 선수의 무릎관절 굴곡/신전 움직임
③ 100m 달리기를 하는 육상 선수의 발목관절 저측/배측굴곡 움직임
④ 앞구르기를 하는 체조 선수의 몸통 분절 움직임

06

〈보기〉에서 복합 운동(general motion)에 해당하는 것을 모두 고른 것은?

보기
㉠ 커브볼로 던져진 야구공의 움직임
㉡ 페달링하면서 직선 구간을 질주하는 사이클 선수의 대퇴(넙다리) 분절 움직임
㉢ 공중 회전하면서 낙하하는 다이빙 선수의 몸통 움직임

① ㉠
② ㉠, ㉡
③ ㉡, ㉢
④ ㉠, ㉡, ㉢

07

인체 무게 중심에 대한 설명으로 옳은 것은? (단, 공기 저항은 무시함)

① 무게 중심은 항상 신체 내부에 위치한다.
② 체조 선수는 공중 회전하는 동안 무게 중심을 지나는 축을 중심으로 회전하게 된다.
③ 지면에 선 상태로 팔을 위로 올리면 무게 중심은 아래로 이동한다.
④ 서전트 점프 이지(take-off) 후, 공중에서 팔을 위로 올리면 무게 중심은 위로 이동한다.

08

농구 자유투에서 투사된 농구공의 운동에 대한 설명으로 옳은 것은? (단, 공기 저항은 무시함)

① 농구공 질량 중심의 수직 속도는 일정하다.
② 최고점에서 농구공 질량 중심의 수평 속도는 0m/s가 된다.
③ 최고점에서 농구공 질량 중심은 수평 방향으로 등속도 운동을 한다.
④ 최고점에서 농구공 질량 중심은 수직 방향으로 등속도 운동을 한다.

09

〈그림〉과 같이 공이 지면(수평 고정면)에 충돌하는 상황에 관한 설명으로 옳은 것은? (단, 공의 충돌 전 수평 속도 및 수직 속도는 같음)

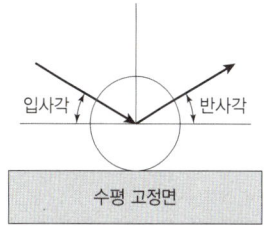

① 충돌 후, 무회전에 비해 백스핀된 공의 수평 속도가 크다.
② 충돌 후, 무회전에 비해 톱스핀된 공의 수직 속도가 크다.
③ 충돌 후, 무회전에 비해 톱스핀된 공의 반사각이 크다.
④ 충돌 후, 무회전된 공과 백스핀된 공의 리바운드 높이는 같다.

10

〈그림〉에서 달리기 선수의 질량은 60kg이며 오른발 착지 시 무게 중심의 수평 속도는 2m/s이다. A와 B의 면적이 각각 80N·s와 20N·s일 때, 오른발 이지(take-off) 순간 무게 중심의 수평 속도는?

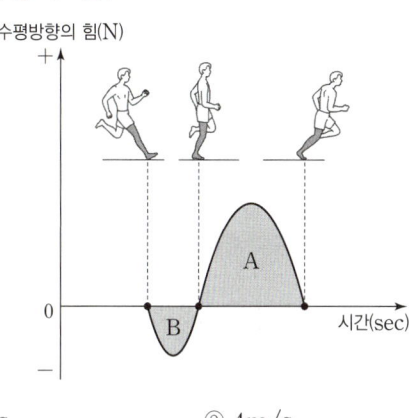

① 3m/s ② 4m/s
③ 5m/s ④ 6m/s

11

<보기>의 ㉠, ㉡에 들어갈 용어가 바르게 연결된 것은?

> **보기**
> 농구 선수는 양손 체스트패스 캐치 동작에서 공을 몸쪽으로 당겨 받는다. 그 과정에서 공을 받는 (㉠)은 늘리고 (㉡)은 줄일 수 있다.

	㉠	㉡
①	시간	충격력(impact force)
②	충격력	시간
③	충격량(impulse)	시간
④	충격력	충격량

12

역학적 일(work)을 하지 않은 것은?

① 역도 선수가 바닥에 있던 100kg의 바벨을 1m 높이로 들어 올렸다.
② 레슬링 선수가 상대방을 굴려서 1m 옆으로 이동시켰다.
③ 체조 선수가 철봉에 매달려 10초 동안 정지해 있었다.
④ 육상 선수가 달려서 100m를 이동했다.

13

마그누스 효과(Magnus effect)에 관한 내용이 아닌 것은?

① 레인에서 회전하는 볼링공의 경로가 휘어지는 현상
② 커브볼로 투구된 야구공의 경로가 휘어지는 현상
③ 사이드스핀이 가해진 탁구공의 경로가 휘어지는 현상
④ 회전(탑스핀)이 걸린 테니스공이 아래로 빠르게 떨어지는 현상

14

스키점프 동작의 역학적 에너지에 대한 설명으로 옳지 않은 것은? (단, 공기 저항은 무시함)

① 운동 에너지는 지면 착지 직전에 가장 크다.
② 위치 에너지는 수직 최고점에서 가장 크다.
③ 운동 에너지는 스키점프대 이륙 직후부터 지면 착지 직전까지 동일하다.
④ 역학적 에너지는 스키점프대 이륙 직후부터 지면 착지 직전까지 보존된다.

15

<보기>의 그림에 제시된 덤벨 컬(dumbbell curl) 운동에서 팔꿈치 관절 각도(θ)와 팔꿈치 관절에 발생되는 회전력(torque)의 관계를 옳게 나타낸 그래프는? (단, 덤벨 컬 운동은 등각속도 운동임)

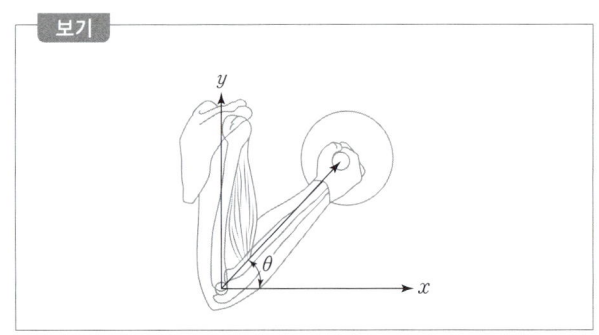

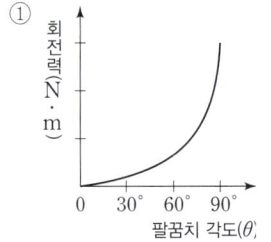
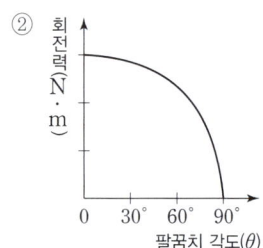
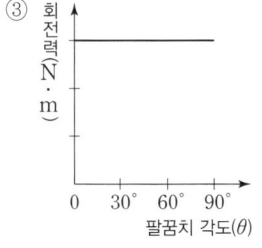
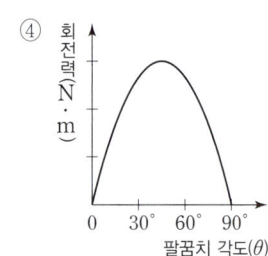

16

인체 지레에 대한 설명 중 옳은 것은?

① 지레에서 저항팔이 힘팔보다 긴 경우에는 힘에 있어서 이득이 있다.
② 1종 지레는 저항점이 받침점과 힘점 사이에 있는 형태로, 팔굽혀펴기 동작이 이에 속한다.
③ 2종 지레는 받침점이 힘점과 저항점 사이에 있는 형태로, 힘에 있어서 이득이 있다.
④ 3종 지레는 힘점이 받침점과 저항점 사이에 있는 형태로, 운동의 범위와 속도에 있어서 이득이 있다.

17

〈보기〉의 ㉠~㉣에 들어갈 내용을 바르게 연결한 것은?

> **보기**
> 다이빙 선수의 공중 회전 동작에서는 다이빙 플랫폼 이지(take-off) 직후에 다리와 팔을 회전축 가까이 위치시켜 관성 모멘트를 (㉠)시킴으로써 각속도를 (㉡)시켜야 한다. 입수 동작에서는 팔과 다리를 최대한 펴서 관성모멘트를 (㉢)시킴으로써 각속도를 (㉣)시켜야 한다.

	㉠	㉡	㉢	㉣
①	증가	감소	증가	감소
②	감소	증가	증가	감소
③	감소	감소	증가	증가
④	증가	증가	감소	감소

18

30m/s의 수평 투사 속도로 야구공을 던질 때, 야구공의 체공시간이 2초라면 투사 거리는? (단, 공기 저항은 무시함)

① 15m ② 30m
③ 60m ④ 90m

19

일률(power)의 단위가 아닌 것은?

① N·m/s ② kg·m/s²
③ Joule/s ④ Watt

20

〈보기〉의 ㉠~㉢에 들어갈 내용을 바르게 연결한 것은?

> **보기**
> 신체의 정적 안정성을 높이기 위해서는 기저면(base of support)을 (㉠), 무게 중심을 (㉡), 수직 무게 중심선을 기저면의 중앙과 (㉢) 위치시키는 것이 효과적이다.

	㉠	㉡	㉢
①	좁히고	높이고	가깝게
②	좁히고	높이고	멀게
③	넓히고	낮추고	가깝게
④	넓히고	낮추고	멀게

스포츠윤리(77)

01
스포츠맨십(sportsmanship) 행위가 아닌 것은?

① 패자에게 승리의 우월성 과시
② 악의없는 순수한 경쟁
③ 패배에 대한 겸허한 수용
④ 승자에 대한 아낌없는 박수

02
〈보기〉에서 스포츠에 관한 결과론적 윤리관에 해당하는 것으로만 고른 것은?

보기
㉠ 경기에서 지더라도 경기 규칙은 반드시 준수해야 한다.
㉡ 개인의 최우수선수상 수상보다 팀의 우승이 더 중요하다.
㉢ 운동선수는 훈련과정보다 경기에서 승리하는 것이 더 중요하다.
㉣ 스포츠 경기는 페어플레이를 중시하기 때문에 승리를 위한 불공정한 행위를 해서는 안 된다.

① ㉠, ㉢
② ㉠, ㉣
③ ㉡, ㉢
④ ㉢, ㉣

03
스포츠에서 나타나는 인종 차별에 관한 설명으로 적절하지 않은 것은?

① 경기 실적 향상을 위해 우수한 외국 선수를 귀화시키기도 한다.
② 개인의 운동 기량을 인종 전체로 일반화시켜 편견과 차별이 심화되기도 한다.
③ 스포츠 미디어는 인종에 대한 편견과 차별을 재생산하기도 한다.
④ 일부 관중들은 노골적으로 특정 인종을 비하하는 모욕 행위를 표출하기도 한다.

04
스포츠윤리 이론 중 덕윤리의 특징으로 적절하지 않은 것은?

① 스포츠 상황에서의 행위의 정당성보다 개인의 인성을 강조한다.
② 비윤리적 행위는 궁극적으로 스포츠인의 올바르지 못한 품성에서 비롯된다.
③ '어떠한 행위를 하는 선수가 되어야 하는가'보다 '무엇이 올바른 행위인지'를 판단하는 데 더 주목한다.
④ 스포츠인의 미덕을 드러내는 행동은 옳은 것이며, 악덕을 드러내는 행동은 그릇된 것으로 간주한다.

05
〈보기〉에서 스포츠윤리의 역할로 적절한 것으로만 고른 것은?

보기
㉠ 스포츠 상황에서 행동의 옳고 그름을 판단할 수 있는 원리 탐구
㉡ 스포츠 현상을 사실적으로 기술하는 방법 탐구
㉢ 스포츠 현상의 미학적 탐구
㉣ 윤리적 원리와 도덕적 덕목에 기초하여 스포츠인에게 요구되는 행위 탐구

① ㉠, ㉡
② ㉠, ㉣
③ ㉡, ㉢
④ ㉡, ㉣

06
〈보기〉의 괄호 안에 공통으로 들어갈 용어는?

보기
• 칸트(I. Kant)에게 도덕성의 기준은 (   )이다.
• 칸트에 의하면, 페어플레이도 (   )이/가 없으면 도덕적이라 볼 수 없다.
• (   )은/는 도덕적인 선수가 갖추어야 할 내적인 태도이자 도덕적 행위의 필요충분 조건이다.

① 행복
② 선의지
③ 가언명령
④ 실천

07

〈보기〉에서 스포츠 선수의 유전자 도핑을 반대해야 하는 이유로 적절한 것을 모두 고른 것은?

> **보기**
> ㉠ 선수의 신체를 실험 대상화하여 기계나 물질로 이해하도록 만들기 때문
> ㉡ 유전자 조작 인간과 자연적 인간 사이에 갈등을 초래하기 때문
> ㉢ 생명체로서 인간의 본질을 훼손하고 존엄성을 부정하기 때문
> ㉣ 선수를 우생학적 개량의 대상으로 만들기 때문

① ㉠, ㉢
② ㉡, ㉢
③ ㉠, ㉡, ㉣
④ ㉠, ㉡, ㉢, ㉣

08

〈보기〉의 괄호 안에 들어갈 정의(justice)의 유형은?

> **보기**
> 운동선수의 신체는 훈련으로 만들어지기도 하지만 유전적 요인으로 결정되는 경우가 많다. 농구와 배구선수의 키는 타고난 우연성에 해당한다. 일반적으로 스포츠 경기에서는 이러한 불평등 문제에 (　　) 정의를 적용하지 않는다. 왜냐하면 스포츠는 전적으로 개인의 자발적인 선택의 문제이기 때문이다.

① 자연적
② 절차적
③ 분배적
④ 평균적

09

〈보기〉에서 A선수의 판단 근거가 되는 윤리이론의 난점에 관한 설명으로 적절한 것은?

> **보기**
> 농구경기 4쿼터 종료 3분 전, 감독에게 의도적 파울을 지시받은 A선수는 의도적 파울이 팀 승리에 기여할 수 있지만, 상대 선수에게 위험을 가하거나 자칫 부상을 입힐 수 있기 때문에 도덕적으로 옳지 않다고 판단했다.

① 사회 전체의 이익을 고려하지 않는 경우가 발생한다.
② 상식적이고 보편적인 도덕직관과 충돌하는 판단을 내릴 수 있다.
③ 행위의 결과를 즉각 산출하기 어려울 경우에 명료한 지침을 제시하지 못할 수 있다.
④ 도덕을 수단적으로 인식한다는 점에서 근본적인 도덕 개념들과 양립하기 어렵다.

10

〈보기〉의 괄호 안에 공통으로 들어갈 용어는?

> **보기**
> 예진: 스포츠에는 규칙으로 통제된 (　　)이 존재해. 대표적으로 복싱과 태권도와 같은 투기종목은 최소한의 안전장치가 마련되고, 그 속에서 힘의 우열이 가려지는 것이지. 따라서 스포츠 내에서 폭력은 용인된 폭력과 그렇지 않은 폭력으로 구분할 수 있어!
> 승현: 아니, 내 생각은 달라! 스포츠 내에서의 폭력과 일상생활에서의 폭력은 본질적으로 동일하지. 그래서 (　　)은 존재할 수 없어.

① 합법적 폭력
② 부당한 폭력
③ 비목적적 폭력
④ 반사회적 폭력

11

〈보기〉에서 국제수영연맹(FINA)이 기술도핑을 금지한 이유는?

> **보기**
>
> 2008년 베이징 올림픽 수영 종목에서는 25개의 세계신기록이 쏟아져 나왔다. 주목할 만한 것이 23개의 세계신기록이 소위 최첨단 수영복이라 불리는 엘지알 레이서(LZR Racer)를 착용한 선수들에 의해 수립되었다는 것이다. 그러나 이같은 수영복을 하나의 기술 도핑으로 간주한 국제수영연맹은 2010년부터 최첨단 수영복의 착용을 금지하였다.

① 효율성 추구
② 유희성 추구
③ 공정성 추구
④ 도전성 추구

12

〈보기〉에서 나타난 현준과 수연의 공정시합에 관한 관점이 바르게 연결된 것은?

> **보기**
>
> 현준: 승부 조작은 경쟁적 스포츠의 본래적 가치를 훼손시키는 행위지만, 경기 규칙을 위반하지 않았다면 윤리적으로 문제없는 것이 아닌가?
> 수연: 나는 경기 규칙을 위반하지 않았다 하더라도, 스포츠의 역사적·사회적 보편성과 정당성 속에서 형성되고 공유된 에토스(shared ethos)에 충실해야 한다고 생각해! 그래서 스포츠의 가치를 근본적으로 훼손시키는 승부 조작은 추구해서도, 용인되어서도 절대 안돼!

	현준	수연
①	물질 만능주의	인간 중심주의
②	형식주의	비형식주의
③	비형식주의	형식주의
④	인간 중심주의	물질 만능주의

13

〈보기〉의 ㉠, ㉡과 관련된 맹자(孟子)의 사상이 바르게 연결된 것은?

> **보기**
>
> ㉠ 농구 경기에서 자신과 부딪쳐서 부상을 당해 병원으로 이송되는 상대 선수를 걱정해 주는 마음
> ㉡ 배구 경기에서 자신의 손에 맞고 터치 아웃된 공을 심판이 보지 못해서 자기 팀이 득점을 했을 때 스스로 부끄러워하는 마음

	㉠	㉡
①	수오지심(羞惡之心)	측은지심(惻隱之心)
②	측은지심(惻隱之心)	수오지심(羞惡之心)
③	사양지심(辭讓之心)	시비지심(是非之心)
④	측은지심(惻隱之心)	사양지심(辭讓之心)

14

장애인의 스포츠 참여를 지원하는 방법으로 적절하지 않은 것은?

① 장애인이 접근 가능한 장소의 확보
② 활동에 필요한 장비 및 기구의 안정적 지원
③ 비장애인과의 통합 수업보다 분리 수업 지향
④ 일회성 체험이 아닌 지속적인 클럽 활동 보장

15

스포츠의 지속 가능한 발전에 관한 설명으로 적절하지 않은 것은?

① 새로운 스포츠 시설의 개발 금지
② 스포츠 시설의 개발과 자연환경의 공존
③ 건강한 인간과 건강한 자연환경의 공존
④ 스포츠만의 환경 운동이 아닌 국가적, 국제적 협력과 공조

16

〈그림〉은 스포츠윤리규범의 구조이다. ㉠~㉢에 해당하는 용어가 바르게 연결된 것은?

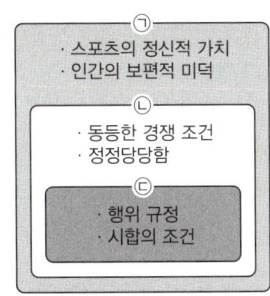

	㉠	㉡	㉢
①	규칙 준수	스포츠맨십	페어플레이
②	스포츠맨십	페어플레이	규칙 준수
③	페어플레이	규칙 준수	스포츠맨십
④	스포츠맨십	규칙 준수	페어플레이

17

「국민 체육 진흥법」(시행 2022. 8. 11.) 제18조의3 '스포츠윤리센터의 설립'에 관한 사항으로 옳지 않은 것은?

① 스포츠윤리센터는 문화체육관광부 장관이 감독한다.
② 스포츠윤리센터의 정관에 기재할 사항은 국무총리령으로 정한다.
③ 스포츠윤리센터가 아닌 자는 스포츠윤리센터 또는 이와 비슷한 명칭을 사용하지 못한다.
④ 스포츠윤리센터의 장은 문화체육관광부 장관의 승인을 받아 관계 행정 기관 소속 임직원의 파견 또는 지원을 요청할 수 있다.

18

〈보기〉에서 국제육상경기연맹(IAAF)이 출전금지로 판단한 이유는?

보기

2011년 대구세계육상선수권대회에서 남아프리카공화국의 의족 스프린터 피스토리우스(O. Pistorius)는 비장애인육상경기에 참가 신청을 했으나, 국제육상경기연맹은 경기에 사용되는 의족의 탄성이 피스토리우스에게 유리하다는 이유로 출전을 허용하지 않았다고 한다.

① 인종적 불공정
② 성(性)적 불공정
③ 기술적 불공정
④ 계급적 불공정

19

스포츠에서 나타나는 성차별의 원인이 아닌 것은?

① 사회적 성 역할의 고착화
② 차이를 차별로 정당화하는 논리
③ 신체 구조와 운동 능력에 대한 편견
④ 여성성을 해치는 스포츠에의 여성 참가 옹호

20

스포츠에서 심판 윤리에 관한 설명으로 옳지 않은 것은?

① 심판의 사회윤리는 협회나 종목 단체의 도덕성과 밀접한 관련이 있다.
② 심판은 공정하고 엄격한 도덕적 원칙을 적용해야 한다.
③ 심판의 개인 윤리는 청렴성, 투명성 등의 인격적 도덕성을 의미한다.
④ 심판은 '이익동등 고려의 원칙'에 따라 전력이 약한 팀에게 유리한 판정을 할 수 있다.

2023년 2급 전문/2급 생활 스포츠지도사

정답 및 해설

스포츠사회학(11) 기출문제 해설(선택/A형)

01	02	03	04	05	06	07	08	09	10
①	②	①	②③④	③	①	④	②	②	③

11	12	13	14	15	16	17	18	19	20
②	①	②	③	①	④	④	③	④	①②③④

01 ①

| 정답해설 |

스포츠의 교육적 순기능에는 전인 교육, 사회 통합, 사회 선도가 있다. ㉠은 사회 통합, ㉡은 사회 선도, ㉣은 전인 교육에 대한 설명이다.

| 오답해설 |

㉢㉤㉥ 스포츠의 교육적 역기능에 해당한다.

| 심화해설 |

스포츠의 교육적 순기능

전인 교육	사회 통합	사회 선도
• 학업 활동의 격려 • 사회화 촉진 • 정서 순환	• 학교 내 통합 • 학교와 지역 사회 통합	• 여권 신장 • 장애인의 적응력 배양 • 평생 체육의 장려

스포츠의 교육적 역기능

교육 목표 결핍	부정행위 조장	편협한 인간 육성
• 승리 제일주의 • 참가 기회의 제한 • 성차별	• 스포츠의 상업화 • 위선과 착취 • 일탈 조장	• 독재적 코치 • 비인간적 훈련

02 ②

| 정답해설 |

- 스포츠 구조의 변화: 규칙과 제도, 프로그램의 구성 변화
- 스포츠 내용의 변화

- 경기 자체보다 세속적인 경기 외적 사실 중시
- 심미적 가치보다 영웅적 가치 중시
- 전시 효과에 대한 요구 증대
- 스포츠 목적의 변화(㉢)
  - 아마추어리즘보다 프로페셔널리즘 추구
  - 스포츠 경기를 흥미와 재정적 이익 창출을 위한 위락적 부산물로 여김
- 스포츠 조직의 변화(㉠)
  - 대부분의 대회는 대중 매체, 팀 구단주, 대회 후원자의 목적 영위를 위한 '쇼(show)'
  - 대부분의 기업은 올림픽을 스포츠 경기보다는 기업 발전을 위한 시장 확대의 선전 매장으로 간주

| 오답해설 |

㉡ 스포츠 내용의 변화에 대한 설명이다.
㉣ 스포츠 구조의 변화에 대한 설명이다.

03 ①

| 정답해설 |

〈보기〉는 스포츠 세계화의 원인 중 제국주의에 대한 설명이다. 스포츠를 피식민지 국민에 대한 동화 정책의 문화적 수단으로 활용하는 것을 말한다. 영국의 식민지 국가에서 크리켓과 럭비가 인기 있는 현상을 예로 들 수 있다.

| 오답해설 |

스포츠 세계화의 원인으로는 제국주의, 민족주의, 종교, 기술의 진보 등이 있다.

② 민족주의: 스포츠를 통해 민족에 대해 가지는 소속감이나 애착심을 우선시하는 사상으로, 〈보기〉의 내용과는 거리가 멀다.
③ 다문화주의: 한 사회 내 다양한 인종이나 민족집단을 단일한 문화로 동화시키지 않고 서로 인정하고 존중하면서 공존하게 하려는 목적을 가진 이념으로 〈보기〉의 내용과는 거리가 멀다.
④ 문화적 상대주의: 문화의 다양성을 인정하고, 각 문화에서 나타나는 특이성과 상대성을 환경과 역사적, 사회적인 부분에서 이해하고 판단하려는 태도로 〈보기〉의 내용과는 거리가 멀다.

04 ②③④

| 정답해설 |

② 특정 선수의 사인볼 수집은 스포츠 소비 과정에 참여하는 형태로, 행동적 참가에 대한 설명이다.
③ 특정 스포츠 관련 SNS 활동은 인지적 참가에 대한 설명이다.
④ 특정 스포츠 물품에 대한 애착은 정의적 참가에 대한 설명이다.

| 오답해설 |

① 일탈적 참가는 자신의 직업을 등한시하거나 포기하고 스포츠 활동에 참가하거나 관람의 차원을 넘어 도박으로 스포츠 관람을 탐닉하는 것을 말한다.

05 ③

| 정답해설 |

㉠ 관료화에 대한 설명이다.
㉡ 전문화에 대한 설명이다.

| 심화해설 |

거트만(A. Guttmann, 1978)의 근대 스포츠의 특성
- 세속주의: 즐거움, 건강, 경제적 이익, 명예 등을 추구
- 전문화: 포지션의 분화와 리그의 세분화
- 관료화: 규칙을 제정하고 경기를 조직적으로 운영
- 기록 추구: 끊임없이 기록을 세우고 깨뜨리는 것을 중요시함
- 평등화: 지위와 계층에 관계없이 동일한 종목에 참여
- 합리화: 명시된 규칙에 의해 규제
- 계량화: 시간, 거리, 점수 등을 측정 가능한 숫자로 표현

06 ①

| 정답해설 |

스포츠 사회화의 전이 조건에는 참여의 정도, 참여의 자발성, 사회관계의 본질성, 참가의 개인적·사회적 특성, 사회화 주관자의 위신·위력이 있다.

| 심화해설 |

스포츠 사회화의 전이 조건
- 참여의 정도
- 참여의 자발성
- 사회관계의 본질성
- 참가의 개인적·사회적 특성
- 사회화 주관자의 위신·위력

07 ④

| 정답해설 |

㉠ 인지적 욕구에 대한 설명이다.
㉡ 정의적 욕구에 대한 설명이다.
㉢ 통합적 욕구에 대한 설명이다.

| 심화해설 |

버렐(Birrell)과 로이(Loy)의 스포츠 미디어로 충족할 수 있는 욕구 유형
- 인지적 욕구: 스포츠에 대한 지식, 경기 결과 및 통계적 지식을 제공한다.
- 정의적 욕구: 스포츠에 대한 즐거움, 흥미, 관심 등을 불러일으킨다.
- 통합적 욕구: 스포츠에 대한 사회 구성원들의 관심을 하나로 묶어서 사회를 통합한다.
- 도피적 욕구: 스포츠를 통해 불안, 좌절, 스트레스 등의 감정을 해소하는 데 도움을 준다.

08 ②

| 정답해설 |

㉠ 어느 누구나 국민적 관심이 높은 스포츠 경기나 이벤트 등을 볼 수 있도록 하는 권리를 말한다.
㉡ 대중의 관심과 주목을 끌기 위해 선정적·비도덕적으로 취재·보도하는 저널리즘을 말한다.

| 오답해설 |

- 독점 중계권: 방송에 대한 음성과 영상 등 방송물을 독점 중계할 수 있는 권리이다.
- 뉴 저널리즘: 기존의 저널리즘 방식이 아닌 소설 작가의 기법을 적용하여 사건과 상황에 대한 표현을 독자에게 실감나게 전달하는 저널리즘이다.

09 ②

| 정답해설 |

구단과 선수 간 계약이 존재하는 단체나 스포츠 리그에서 일어나는 상황으로 구단에서 해당 선수에 대한 권한을 포기하는 조항인 웨이버 조항에 대한 설명이다.

| 오답해설 |

① 보류 조항: 당해 연도 소속 선수 및 신고 선수 중 다음 연도 선수 계약 체결 권리를 보류하여 자유로운 계약과 이적을 막는 조항이다.
③ 선수대리인: 선수와 선수대리인계약을 체결하여 소속 구단과 선수계약의 체결을 위해 협상하고, 선수로부터 위임받은

권리를 행사하는 등 선수대리인의 업무를 수행하는 자이다.
④ 자유계약(FA): 일정 기간 자신이 속한 팀에서 활동한 뒤에 다른 팀과 자유롭게 계약을 맺어 이적할 수 있는 자유 계약 선수 또는 그 제도이다.

10 ③

| 정답해설 |

③은 스포츠 일탈의 역기능에 해당한다.

| 심화해설 |

스포츠 일탈의 순기능
- 규범의 존재를 재확인시켜 주기 때문에 규범에 대한 동조를 강화함
- 부분적인 스포츠 일탈은 사회적 안전판 역할을 함
- 사회에 개혁과 창의성을 가져다주는 역할을 함

스포츠 일탈의 역기능
- 스포츠 체계의 질서 및 예측 가능성을 위협하고 긴장과 불안을 조성함
- 스포츠 참가자의 사회화에 부정적인 영향을 미침

11 ②

| 정답해설 |

㉠ 국위 선양: 스포츠를 통해 자국의 존재 및 가치에 대한 의식을 고취시킨다.
㉡ 외교적 항의: 국제 갈등 상황에서 선수단 입국 거부, 경기 불참 등으로 항의 의사를 전달할 수 있다.
㉢ 정치이념 선전: 특정 정치 체제의 우월성을 과시한다.

| 심화해설 |

국제 정치에서의 스포츠의 역할
- 외교적 도구
- 정치이념 선전의 수단
- 국위 선양
- 국제 이해 및 평화
- 외교적 항의
- 갈등 및 적대감 표출
- 국가 경제력 표출

12 ①

| 정답해설 |

〈보기〉의 설명은 자신의 계층 속에 살아가면서 체득하게 되는 스포츠와 관련된 매너, 기술, 태도에 대한 내용이다. 체화된 문화자본은 획득하는 데 시간이 걸리고, 타인에게 양도나 전이가 어렵다.

| 심화해설 |

부르디외(P. Bourdieu)의 문화자본 유형
- 객체화된(objectified) 문화자본: 문화적 생산물을 가리키는 것(작품, 도서, 기념물 등)
- 체화된(embodied) 문화자본: 자신의 계층에 속해 살아가면서 행동하게 되는 방식(언어, 소양, 매너, 스포츠 기술 등)
- 제도화된(institutionalized) 문화자본: 자신이 가지고 있는 문화자본이 사회적으로 인정받을 수 있는 상태로 공식적으로 증명되는 것(자격증, 졸업장 등)

13 ②

| 정답해설 |

㉠㉢ 보편성(편재성)은 스포츠 계층은 어느 곳에서나 존재하고 어디에서든지 발견할 수 있는 사회·문화적 현상임을 말한다. 스포츠는 인기 종목과 비인기 종목으로 구분될 수 있으며, 선수의 기량에 따른 연봉의 차이, 인기팀의 경기 여부에 따른 중계권료의 차이 등 보편적이고도 편재적인 스포츠 계층의 특성을 발견할 수 있다.

| 오답해설 |

㉡ 역사성에 대한 설명이다.
㉣ 영향성에 대한 설명이다.

| 심화해설 |

스포츠 계층의 특성
- 사회성: 스포츠 계층 체계는 항상 사회의 다른 측면과 관련을 맺고 있다.
- 역사성: 특정 시대의 사회·문화적 배경에 따라 상이하게 나타나며, 특히 사회 계층적 지위와 관련하여 스포츠 참여 및 관람의 특권이 다양하게 변천한다.
- 보편성(편재성): 스포츠 계층은 어느 곳에서나 존재하고 어디에서든지 발견할 수 있는 사회·문화적 현상이다.
- 다양성: 평등주의적 가치를 반영한 계층 간의 사회적 상호 작용을 증진시킨다.
- 영향성: 권력, 재산, 평가 및 심리적 만족의 불평등에 의하여 나타나는 결과는 생활 기회와 생활 양식에 변화를 가져오며, 스포츠 역할과 선호도 또한 사회 계층에 영향을 받는다.

14 ③

| 정답해설 |

㉠ 전염 이론에 대한 설명이다. 병이 전염되듯이 군중속의 한 사람 또는 몇몇 사람의 영향을 받아 관중 폭력이 발생한다는 이론이다.

㉡ 부가 가치 이론에 대한 설명이다. 집단행동이 일어나기 위해서는 어떤 요인이나 조건들이 순차적으로 조합을 이루어야 한다고 보는 이론이다.

| 오답해설 |

- 수렴 이론: 개인들이 평소에 가지고 있던 반사회적 생각이 하나로 모여 군중이라는 익명성을 방패삼아 표출된 것이 관중 폭력이라는 이론이다.
- 규범 생성 이론: 동질성이 거의 없던 개인들이 큰 집단으로 발전하는 과정에서 핵심적인 구성원이 적절한 행동을 암시하고, 나머지 구성원이 그에 동조하여 새로운 규범이 만들어지면 집단행동이 발생한다고 보는 이론이다.

15 ①

| 정답해설 |

개척자형은 새로운 영역, 운명, 진로 등을 처음으로 열어 나가는 유형을 의미한다.

| 심화해설 |

매기(J. Magee)와 서덴(J. Sugden)의 스포츠 노동 이주 유형

- 유목민형(nomadic cosmopolitan): 여러 지역을 찾아다니며 이동 생활을 하는 유형이다.
- 정착민형(settler): 영구적인 거주지를 가지고 1년 주기로 이어지는 생활을 하는 유형이다.
- 개척자형(pioneers): 새로운 영역, 운명, 진로 등을 처음으로 열어 나가는 유형이다.
- 귀향민형(returnee): 타지역에서 고향으로 돌아갔거나 돌아온 유형이다.
- 추방자형(exile): 자국에서 운동선수로 활동이 불가능하여 망명하는 유형이다.
- 용병형(mercenary): 돈이 주목적으로 돈 버는 데만 관심이 있는 유형이다.

16 ④

| 정답해설 |

㉠ 상대론적 접근에 대한 설명이다. 특정 사회 구조나 제도와의 일치 여부로 일탈을 판단하는 관점을 말한다.

㉡ 과잉 동조에 대한 설명이다. 훈련 또는 경기와 관련된 규칙이나 규범을 무비판적으로 따름으로써 한계를 벗어난 행위를 말한다.

| 오답해설 |

- 절대론적 접근
  - 어떤 사회에서든 통용되는 보편적 기준이 있다는 관점
  - 스포츠맨십, 법률, 기타의 가치 체계에 대한 준수 여부로 일탈을 구분
  - 일탈 행위에 대한 절대적 기준이 있고 그 기준을 준수해야 함
  - 개인적인 차원의 행위로 일탈을 판단
- 과소 동조
  훈련 또는 경기와 관련된 규칙이나 규범이 있다는 것을 몰랐거나 알면서도 무시하고 벌이는 일탈 행위를 말한다.

17 ④

| 정답해설 |

사회적 행동을 습득하고 수행하는 과정을 밝히는 이론으로, 인간의 심리적 특성과 사회적 행동이 사회적 과정을 통해 학습된다고 보기 때문에 스스로 학습하고 변화하는 것은 사회 학습 이론의 관점으로 적절하지 않다. 스포츠 역할의 학습 접근 방법은 강화, 코칭, 관찰 학습으로 구성된다.

- 강화
  - 상과 벌의 외적 보상에 의해 사회적 역할 습득
  - 벌(부정적 강화)은 행동 억제, 상(긍정적 강화)은 행동 지속
- 코칭: 사회화 주관자에 의해 새로운 지식과 기능 학습
- 관찰 학습: 개인의 과제 학습과 수행은 타인의 행동을 관찰한 결과와 유사

| 오답해설 |

① 강화에 대한 설명이다.
② 관찰 학습에 대한 설명이다.
③ 코칭에 대한 설명이다.

18 ③

| 정답해설 |

〈보기〉는 스포츠의 정치적 속성 중 권력 투쟁에 대한 설명이다. 선수와 구단주 간, 경쟁 리그 간, 행정 기구 등의 스포츠 조직에는 불평등하게 배분되는 권력이 존재하는 것을 의미한다.

| 심화해설 |

에티즌(D. Eitzen)과 세이지(G. Sage)(1982)의 **스포츠의 정치적 속성**
- 대표성: 스포츠를 행하는 의식은 후원 기관에 대한 충성심을 상징적으로 재확인하는 기능이 있으며, 특히 올림픽이나 국제 경기에서의 성적은 각 나라의 정치적·경제적·문화적·군사적 우월성을 나타내는 중요한 수단이다.
- 권력 투쟁: 선수와 구단주 간, 경쟁 리그 간, 행정 기구 등의 스포츠 조직에는 불평등하게 배분되는 권력이 존재한다.
- 상호 의존성: 스포츠와 정치의 결합은 정부 기관이 관계될 때 확실히 드러나는데, 그 예로 일반 기업이 프로 스포츠 구단을 창설하게 되면 조세 감면 혜택을 받는 경우가 있다.
- 보수성: 스포츠의 제도적 특성은 질서와 법의 표본으로, 스포츠는 보수적인 성향을 지니고 있기 때문에 현 상황을 지속하려는 경향이 있으며 스포츠 경기에 수반되는 애국심은 정치 체계를 더욱 강화시키는 역할을 한다.
- 긴장 관계: 각 나라의 정치적 관계에 따라 스포츠 경기에 상대국과의 긴장 관계가 형성된다.

19 ④

| 정답해설 |

〈보기〉는 사회관계 이론에 대한 설명이다. 인간의 정보 선택 및 해석에는 주변의 영향이 크게 작용하는데, 그중에서 특히 준거 집단의 영향이 주축을 이루며, 이에 따라서 스포츠 미디어와 접촉 양식도 인간이 속해 있는 사회의 중요 타자와 맺은 사회관계에 영향을 받는다고 보는 이론이다.

| 오답해설 |

① 개인차 이론: 대중 매체가 관람자의 개인적 특성에 호소하는 메시지를 제공하고 개인은 자신의 특정한 욕구를 만족시키기 위해 미디어를 이용한다는 이론이다.
② 사회 범주 이론: 인간은 자신이 속한 사회 구조적 위치나 배경에 영향을 받아 생각이나 행동 양식을 구성하게 되는데 비슷한 환경에서 생활하면 생각이나 행동도 비슷해진다는 사회학적 입장을 기본으로 하는 이론이다.
③ 문화 규범 이론: 대중 매체가 사회 규범에 영향을 미치고 수용자는 그 규범에 따라서 자신의 생각이나 행동을 취한다는 이론이다.

20 ①②③④

| 정답해설 |

특정 물건을 소비하여 자신의 계급 위치를 상징화하는 행위와 스포츠에 참여하여 계급을 표시하는 행위는 갈등 이론에 대한 설명이다. 고가의 스포츠용품, 골프 회원권 등의 과시적 소비 양상은 개인의 성공과 사회적 지위를 표출하는 과시적 소비 형태로 나타난다는 비판 이론에 대한 설명이다. 본 문제는 〈보기〉의 내용이 갈등 이론과 비판 이론에 대한 내용을 함께 포함하고 있어, 문제 오류로 모두 정답으로 처리가 된 것으로 보인다.

| 심화해설 |

구조 기능 이론 관점에서 보면 스포츠 참여는 사회적 상승 이동을 위한 수단이 되며, 갈등 이론 관점에서는 스포츠는 불평등한 사회적 배분구조를 반영하고 일반 대중에게 자본가의 이익을 위한 도구나 착취 수단으로서 개인 간의 소외를 조장한다고 하였다. 비판 이론 관점에서는 현대 자본주의하에서 스포츠는 개인의 성공을 표출하는 과시적 소비의 형태로 나타난다고 비판할 수 있으며, 상징적 상호 작용론 관점에서는 사회 및 문화 현상은 개인 간의 일상적인 상호 작용 과정에서 주관적 의미 규정과 해석을 주고받으며 형성되는데, 인간은 상징을 통해 세상(타인)과 상호 작용한다고 하였다.

스포츠교육학(22) 기출문제 해설(선택/A형)									
01	02	03	04	05	06	07	08	09	10
①	③	①	④	④	②	③	②	①	②
11	12	13	14	15	16	17	18	19	20
③	①	④	④	①	②	③	②	④	③

01 ①

| 정답해설 |

〈보기〉는 검사-재검사에 대한 설명이다. 시간차를 두고서 개념이나 변인 측정을 두 번 실시하여 여기서 나온 점수 간의 상관관계로 신뢰도를 추정하는 방법이다.

| 오답해설 |

② 동형 검사: 동일한 구인을 측정하는 두 개의 검사지를 개발하여 이로부터 나온 점수들 간의 상관관계를 구하여 신뢰도를 추정하는 방법이다.
③ 반분 신뢰도 검사: 한 번 실시한 검사를 두 부분으로 나누어 두 부분 간 상관관계로 신뢰도를 추정하는 방법이다.
④ 내적 일관성 검사: 하나의 측정 도구 내 문항들 간의 연관성 유무를 통해 내적으로 일관성을 파악함으로써 측정 문항의 신뢰도를 추정하는 방법이다.

02 ③

| 정답해설 |

〈보기〉는 학습자가 해답을 발견하도록 유도하는 질문을 하는 유도 발견형 교수 스타일이므로 예정된 해답을 알려주는 것과는 거리가 멀다.

| 심화해설 |

유도 발견형 스타일
- 미리 예정되어 있는 해답을 학습자가 발견하도록 유도하는 일련의 계열적·논리적인 질문을 설계한다.
- 교사는 학습자가 발견해야 할 목표 개념을 포함한 일련의 계열적 질문을 설계하고 모든 교과와 관련한 의사 결정을 한다.
- 학습자는 교사가 준 질문에 대한 해답을 발견하고, 교사가 정해준 과제 내에서 학습하는 내용의 일부분에 대해서만 의사 결정을 내릴 수 있다.

03 ①

| 정답해설 |

지도자의 경력은 학습성취와 관련된 지도자 변인에 해당하지 않는다.

| 심화해설 |

로젠샤인(B. Rosenshine)과 퍼스트(N. Furst)의 학습성취와 관련된 지도자 변인
- 내용 제시의 명확성
- 수업 활동의 다양성
- 교사의 열의
- 과제 지향성
- 학생의 학습기회

04 ④

| 정답해설 |

스테이션 교수는 지도자가 교육 목표나 내용에 따라 학생들을 나누고, 수업 공간을 여러 개 두어 여러 과제를 동시에 진행하는 수업 방법이다.

| 오답해설 |

① 자기 교수: 교사의 지도나 도움 없이 학생들 스스로 일련의 학습 활동을 진행하는 방식이다.
② 팀 티칭: 두 명 이상의 교사들이 팀을 이루어 동시에 학생들을 지도하는 방식이다.
③ 상호 교수: 지도자가 모든 교과 내용 및 기준을 정하고 세부 운영 절차 및 구체적인 피드백 제공을 통해 학습자의 반응을 이끌어내는 수업 방법이다.

05 ④

| 정답해설 |

〈보기〉는 「국민 체육 진흥법」 제18조의3(스포츠윤리센터의 설립)에 대한 설명이다. 스포츠윤리센터는 체육의 ㉠ 공정성 확보와 체육인의 ㉡ 인권 보호를 위하여 설립하며 법인으로 한다.

06 ②

| 정답해설 |

효율성의 원리는 보다 과학적인 스포츠 교육 지도법을 활용하여 참가자를 효율적으로 지도하는 것을 말한다.

| 심화해설 |
- 개별성의 원리: 참가자 욕구나 참가자 간의 개인차를 고려하여 다양한 수준별 지도
- 적합성의 원리: 지도자의 창의적인 지도 활동의 선정과 활용을 적합하게 선정하여 지도
- 통합성의 원리: 교수·학습 내용의 다양화와 신체 활동의 총체적 체험을 위한 지도
- 효율성의 원리: 프로그램을 보다 과학적이고 스포츠 교육 지도법을 활용하여 참가자를 효율적으로 지도

07 ③
| 정답해설 |
직접 교수 모형은 학생이 연습 과제와 기능 연습에 높은 비율로 참여하도록 하기 위해 수업 시간과 자원을 가장 효율적으로 이용하는 것에 목적이 있다.

| 심화해설 |
- 학습 영역의 우선순위는 심동적 학습, 인지적 학습, 정의적 학습 순이다.
- 행동주의 심리학자인 스키너(B. Skinner)의 조작적 조건화 이론에서 파생된 것이다.
- 직접 교수 모형 수업의 6단계는 전시과제 복습, 새 과제 제시, 초기과제 연습, 피드백과 교정, 독자적 연습, 본시 복습의 순으로 진행된다.

08 ②
| 정답해설 |
「스포츠 기본법」 제7조(스포츠 정책 수립·시행의 기본원칙)에 따라 국가와 지방자치단체는 스포츠에 관한 정책을 수립하고 시행할 때에는 다음의 사항을 충분히 고려하여야 한다.
- 스포츠권을 보장할 것
- 스포츠 활동을 존중하고 사회전반에 확산되도록 할 것
- 국민과 국가의 스포츠 역량을 높이기 위한 여건을 조성하고 지원할 것
- 스포츠 활동 참여와 스포츠 교육의 기회가 확대되도록 할 것
- 스포츠의 가치를 존중하고 스포츠의 역동성을 높일 수 있을 것
- 스포츠 활동과 관련한 안전사고를 방지할 것
- 스포츠의 국제 교류·협력을 증진할 것

09 ①
| 정답해설 |
포괄형 교수 스타일(스타일 E)은 기존 지식의 재생산을 강조하는 수업 방식(모방)이다.
- A~E까지의 교수 스타일은 기존 지식의 재생산을 강조하는 수업 방식(모방)
- F~K까지의 교수 스타일은 새로운 지식을 생산하는 능력을 강조하는 수업 방식(창조)

| 심화해설 |
포괄형(포괄식) 스타일
- 학습자가 자신이 수행할 수 있는 난이도의 과제를 선택함
- 교사는 각기 다른 기술 수준을 보유한 학습자들의 개인차를 수용하며, 과제의 난이도 선정, 교과 내용과 수업 운영 절차에 대한 모든 의사 결정을 함
- 학습자는 자신의 성취 가능 수준을 확인하고 필요에 따라 과제 수준을 수정하며, 평가 기준에 맞춰 자신의 수행을 점검함

10 ②
| 정답해설 |
〈보기〉는 역순 연쇄에 대한 설명이다. 과제를 발생 순서에 반대되는 순서에 따라 가르치는 지도 방법을 말한다.

| 오답해설 |
① 규칙 변형: 경기 규칙의 변화를 통해 난이도를 조절(학습자 수준에 맞도록)하는 방법
③ 반응 확대: 학습한 것을 새로운 활동에 적응할 수 있는 경험으로 발전시키는 방법
④ 운동 수행의 목적 전환: 효율적인 운동 수행 경험을 위해 운동 수행의 난이도를 조절하는 방법

11 ③
| 정답해설 |
상황 이해는 교사가 학생들이 무엇을 하고 있는지 항상 알고 있다는 사실을 학생들에게 전달하는 것으로 교사가 자신의 머리 뒤에도 눈이 있다는 것을 학생들에게 알리는 것을 말한다.

| 오답해설 |
① 접근 통제: 방해 행동을 하는 학생에게 교사가 가까이 접근하거나 접촉하는 것
② 긴장 완화: 긴장을 완화시키는 유머를 이용하는 것
④ 타임아웃: 위반 행동의 벌로 일정 시간 체육 수업 활동에 참가할 수 없도록 하는 행동 수정 기법

| 심화해설 |

쿠닌(J. Kounin)의 교수 기능
- 상황 이해: 교사가 학생들이 무엇을 하고 있는지 항상 알고 있다는 사실을 학생들에게 전달하는 것
- 동시 처리: 교사가 동시에 두 가지 일을 처리하는 것
- 유연한 수업 전개: 교사가 수업 활동의 흐름을 중단하지 않고 부드럽게 이끌어 가는 것
- 여세 유지: 교사가 수업 진행을 늦추거나 학생의 학습 활동을 중단시키지 않고 계속해서 활력 있는 수업을 전개하는 것
- 집단 경각: 교사가 모든 학생들을 과제에 몰두하도록 지도하는 것
- 학생의 책무성: 교사가 학생에게 수업 중 과제 수행에 대한 책임감을 부여하는 것

12 ①

| 정답해설 |

〈보기〉는 사건 기록법에 대한 설명이다. 관찰자가 관찰하고자 하는 행동범주를 결정하여 수업 중 발생한 빈도를 체크한 후 그 행동의 빈도로 평가하는 방법이다. 어떤 행동의 발생에 관한 양적 정보가 필요할 때 유용하게 사용된다.

| 오답해설 |

② 평정 척도법: 관찰자가 관찰할 행동을 정하여 그러한 행동에 대한 구체적인 수준들의 질을 관찰, 판단하고 그 사건의 수준에 수치를 부여하는 방법
③ 일화 기록법: 관찰자가 광범위한 행동 범주를 결정하고 나서 그러한 범주와 관련하여 일어나는 사건이나 행동을 사실적으로 기록하는 방법
④ 지속시간 기록법: 학습 과정에서 관찰되어야 할 행동을 선정하여 그 행동의 시간이 얼마나 되는지 측정하는 방법

13 ④

| 정답해설 |

운동 기능이 낮은 학습자의 참여 증진을 위해서는 정식 게임이 아닌 변형 게임으로 운영해야 한다.

| 심화해설 |

그리핀(L. Griffin), 미첼(S. Mitchell), 오슬린(J. Oslin)의 이해 중심 게임 모형에서 변형 게임 구성 시 반영해야 할 핵심 개념
변형 게임은 반드시 정식 게임을 대표할 수 있어야 하며(대표성), 전술 기능 개발에 초점을 둘 수 있도록 상황이 과장되어야 한다(과장성).

- 대표성: 게임 형식은 학생이 정식 게임에 참여할 때 접하는 실제 상황을 포함해야 한다.
- 과장성: 학생이 오직 움직임의 전술 문제에만 초점을 두도록 게임 형식이 설정되어야 한다.

14 ④

| 정답해설 |

매이거(R. Mager)가 제시한 학습 목표의 설정 요소
- 운동 수행에 필요한 상황과 조건
- 성취해야 하는 행동, 기능, 지식
- 설정된 운동 수행 기준

| 심화해설 |

학습 목표의 설정은 일반 목표와 행동 목표로 구분된다. 일반 목표는 학습 의도에 맞게 포괄적으로 목표를 설정하며, 행동 목표는 성취해야 하는 특정한 운동 수행 기준을 구체적으로 포함해서 설정한다. 행동 목표는 학습자의 목표 지점을 상세히 알려줄 뿐만 아니라 지도의 성과를 명확히 평가할 수 있게 해 준다.

15 ①

| 정답해설 |

㉠ 모형의 주제는 '문제 해결자로서의 학습자'이다.
㉢ 교사는 인지적, 심동적, 정의적 영역의 능력을 발달시키고, 학생이 점점 더 복잡한 과제를 해결하도록 과제를 전개한다.

| 오답해설 |

㉡ 학습 영역의 우선순위는 인지적 학습, 심동적 학습, 정의적 학습 순이다.
㉣ 교사가 문제를 설정하고 학생에게 답을 찾기 위한 기회를 제공한다.

16 ②

| 정답해설 |

심동적 영역은 신체 기능, 움직임의 발달 등을 포함하는 것으로 기술, 신체 능력, 움직임 등을 의미하므로 심폐 지구력은 심동적 영역에 해당한다.

| 심화해설 |

정의적 영역은 학습에 영향을 미치는 태도, 가치관, 도덕성, 학습동기, 자아개념, 자기 효능감, 대인관계 등을 의미한다.
인지적 영역은 지식의 기억, 상기, 사고, 문제해결, 창의력 등 광범위한 지적 과정을 의미한다.

17 ③

| 정답해설 |

전이는 앞에 연습한 결과가 뒤따르는 운동 수행이나 학습에 미치는 효과 또는 영향을 말한다. 〈보기〉는 과제 간 전이에 대한 설명이다. 한 가지 기능이나 과제의 학습이 다른 기능이나 과제로 전이되는 것을 말한다.

| 심화해설 |

학습의 전이
- 정적 전이: 학습한 기능이 새로운 기능의 학습에 도움이 되는 경우
- 부적 전이: 선행학습의 결과가 후행학습에 방해를 일으키는 경우
- 순행 전이: 먼저 배운 과제의 수행경험이 나중에 배우는 과제의 학습에 영향을 주는 경우
- 역행 전이: 나중에 배운 과제수행이 전에 학습한 기능에 영향을 주는 경우
- 중립적 전이: 선행학습이 후행학습에 전혀 영향을 미치지 않는 경우
- 과제 간 전이: 한 가지 기능이나 과제의 학습이 다른 기능이나 과제로 전이되는 것
- 과제 내 전이: 한 가지 조건에서 학습한 기능이 다른 조건으로 전이되는 것
- 대칭적 전이: 한쪽 팔과 다리로 연습한 것이 반대쪽 팔과 다리의 연습에 영향을 미치는 것

18 ②

| 정답해설 |

스포츠 교육 프로그램의 구성 요소 중 내용은 가르쳐야 하는 내용으로, 학습 목표와 학습자의 현재 능력, 지식 및 태도, 소요되는 총 시간 등을 고려하여 선정한다.

| 심화해설 |

- 맥락 분석: 가르치는 내용, 방법, 학습자가 배우는 것에 영향을 미치는 시간적·인적·물적 자원의 총체
- 내용 분석: 가르쳐야 하는 내용들을 나열한 후 학습 목표, 학습자의 현재 능력이나 지식 및 태도, 소요되는 총 시간 등을 고려하여 가르칠 내용을 선정하고 그 순서를 결정
- 학습 목표 분석: 맥락 분석과 내용 분석 결과를 고려하여 선정하며, 일반 목표와 행동 목표로 구분
  - 일반 목표: 의도하는 학습의 포괄적인 영역을 의미
  - 행동 목표: 성취해야 하는 특정한 운동 수행 기준을 3가지 목표로 구성(운동 수행에 필요한 상황과 조건, 성취해야 하는 행동, 설정된 운동 수행 기준)
- 관리 구조: 안전하고 효율적인 학습 환경을 조성하기 위해 지도 중 일어나는 학습자의 행동을 명시적으로 알려 주는 것
- 평가: 학습자의 학습 향상 정도를 평가하는 방법을 계획하는 것으로, 평가 목표와 결과, 평가 방법, 평가 시기(진단 평가, 형성 평가, 총괄 평가 등), 평가 계획과 수행방법 등을 고려

19 ④

| 정답해설 |

개별화 지도 모형은 수업 진도를 학습자가 결정하는 것으로, 학생은 학습 능력에 따라 자신의 속도에 맞춰 학습하는 자기 주도적인 학습자가 되고, 교사는 상호 작용이 필요한 학생과 더 많은 상호 작용을 할 수 있다.

| 오답해설 |

① 직접 교수 모형에 대한 설명이다.
② 동료 교수 모형에 대한 설명이다.
③ 스포츠 교육 모형에 대한 설명이다.

20 ③

| 정답해설 |

학교의 장은 학교 운동부 지도자를 재임용할 때에는 복무 태도, 학교 운동부 운영 성과, 학생 선수의 학습권 및 인권 침해 여부를 확인 후 재임용을 평가할 수 있다. 인권 교육 연 1회 이상 이수 여부는 관련이 없다.

| 심화해설 |

「학교 체육 진흥법 시행령」 제3조(학교 운동부 지도자의 자격 기준 등)
① 학교의 장은 법 제12조 제7항에 따라 「국민 체육 진흥법」 제2조 제6호에 따른 체육지도자 중에서 학교 운동부 지도자를 임용할 수 있다.
② 학교 운동부 지도자의 급여는 학교의 장이 지도경력과 실적을 고려하여 정한다.
③ 학교 운동부 지도자는 다음 각 호의 직무를 수행한다.
  1. 학생 선수에 대한 훈련계획 작성, 지도 및 관리
  2. 학생 선수의 각종 대회 출전 지원 및 인솔
  2의 2. 훈련 및 각종 대회 출전 시 학생 선수의 안전관리
  3. 경기력 분석 및 훈련일지 작성
  4. 훈련장의 안전관리
④ 학교의 장은 학교 운동부 지도자를 재임용할 때에는 다음 각 호의 사항을 평가한 후 그 결과에 따라 재임용 여부를 결정해야 한다.
  1. 제3항 각 호의 직무수행 실적
  2. 복무 태도
  3. 학교 운동부 운영 성과
  4. 학생 선수의 학습권 및 인권 침해 여부

스포츠심리학(33) 기출문제 해설(선택/A형)

01	02	03	04	05	06	07	08	09	10
③	①	④	④	④	③	④	②	②	①
11	12	13	14	15	16	17	18	19	20
②	③	②	①	③	①	②	③	①	④

01 ③

| 정답해설 |

생리학적 항상성은 생체의 각 기관이 기능을 발휘하는 동시에 상호 조화를 이루며 안정적인 상태를 유지하는 성질을 말한다. 스포츠심리학은 심리적 요인이 운동 수행에 어떤 영향을 미치는지, 운동 실천이 심리적 발달에 어떤 영향을 주는지 연구하는 학문이다.

| 심화해설 |

스포츠심리학은 스포츠와 운동 상황에서 인간과 인간 행동을 과학적으로 연구하고 그 지식을 실천적으로 적용하는 학문이다. 인지적 접근과 현장 연구, 경험주의에 기초한 성격 연구, 사회적 촉진 및 각성과 운동 수행의 관계 연구는 스포츠심리학의 주된 연구 동향에 포함된다.

02 ①

| 정답해설 |

무동기: 동기가 없는 상태로 스포츠 참가에 대해 의미를 못 느끼는 상태를 말하며, 무동기는 외적동기 유형으로 분류되지 않는다.

| 심화해설 |

자기 결정성 동기의 외재적 동기
- 외적 조절
  - 외적 조절은 외재적 동기 중 가장 자율성이 낮은 형태로, 내재적 동기를 저해한다.
  - 외적 보상을 받기 위해 또는 압력, 벌을 피하기 위해 행동하므로 자기 결정성이 없는 타율적인 동기 유형이다.
- 의무감 규제(부과된 조절)
  자신 혹은 타인의 인정을 추구하며 죄책감이나 불안 등의 자기 비난을 모면하기 위해 동기화된 행동이다.
- 확인 규제(확인된 조절)
  내적 흥미보다 개인적 중요성과 자신이 설정한 목표를 달성하기 위해 동기화된 행동이다.
- 통합된 조절
  외적 동기의 가장 자율적인 동기 유형으로 볼 수 있으며, 동일시된 조절이 자신의 일부로 받아들여진 가치, 목표, 욕구가 통합될 때 나타나지만, 과제 자체에 대한 관심과 기쁨보다 중요한 결과를 달성하기 위해 행동한다.

03 ④

| 정답해설 |

칵테일파티 효과(cocktail party effect): 주변 환경이 소란스럽거나 혼잡해도 본인에게 필요한 특정 정보는 선택적 지각으로 주의를 기울이거나 의식하는 현상을 말한다.

| 오답해설 |

① 스트룹 효과(Stroop effect): 일치하지 않는 자극을 보고 그 자극을 실행할 때, 일치하는 자극을 보고 실행할 때보다 반응 시간이 더 늦어지는 현상을 의미한다.
② 지각 협소화(perceptual narrowing): 운동 수행 시 각성 수준이 높아져 주의를 기울일 수 있는 폭이 점차 좁아지는 현상을 의미한다.
③ 무주의 맹시(inattention blindness): 주의가 다른 곳에 있어서 눈이 향하는 위치의 대상이 지각되지 못하는 현상을 말한다.

04 ④

| 정답해설 |

야구는 개방 운동 기술로서 지속적으로 환경이 변화되며 도구를 사용하기 때문에 환경적 맥락은 비안정적 조절 조건과 동작 시도 간 환경 변이성이며, 동작의 요구는 신체 이동이 있고 물체 조작이 있다.

| 심화해설 |

젠타일은 환경적 맥락과 동작의 기능에 근거한 운동 기술 분류 방법을 제시하였다.
- 환경적 맥락: 환경적 상황이 변하지 않는 안정 조절 상태와 환경적 상황이 변하는 비안정적 조절 상태로 구분하며, 수행하는 동안 동작이 변하는 경우 동작 간 가변성이 '있다'고 한다.
- 동작의 기능: 주어진 운동 기술이 신체의 움직임을 포함하는지 또는 다른 물체를 조작하는 것을 포함하는지에 따라 신체 이동, 물체 조작으로 구분된다.

05 ④

| 정답해설 |

④는 뉴웰이 제시한 제한 요소 중에 과제 제한 요소에 대한 설명이고, ①②③은 제한 요소 중에 개인 제한 요소의 구조적 측면과 기능적 측면을 설명이다.

| 심화해설 |

뉴웰이 움직임의 제한 요소로 개인, 환경, 과제 유형의 상호관련성에 대한 중요성을 제시하였다.

- 개인 제한 요소: 구조적 측면은 키, 몸무게, 근육의 형태, 질량 등 변화하는 신체 물리적 특성을 의미하며, 기능적 측면은 기억이나 주의 형태 등과 같은 인지적 요인을 의미한다.
- 환경 제한 요소: 물리 환경적 측면과 사회 문화적 측면으로 설명할 수 있으며, 물리 환경적 측면은 운동 수행에 직접 영향을 주는 온도, 습도, 중력, 지지면의 형태 등과 같은 요인을 말하며, 사회 문화적 측면은 성별, 문화, 인종 등과 같은 요인을 말한다.
- 과제 제한 요소는 운동 행동 과제 자체의 특성으로 발생하는 제한 요소로서 운동 목표, 규칙, 사용 장비 등이 과제에 따른 제한 요소이다.

06 ③

| 정답해설 |

개체발생적 발달 원리(ontogenetic development principle)는 환경적 요인에 영향을 받아 학습 과정을 통하여 획득되는 운동을 말한다(Newell이 주장).

| 심화해설 |

운동 발달의 원리로는 머리에서 발 방향으로 발달하는 머리-꼬리 원리, 신체 중심에서 말초 부위로 발달하는 중앙-말초 원리, 운동 협응의 발달 순서에 따른 양측-동측-교차 운동 협응의 원리가 있다.

07 ④

| 정답해설 |

④ 격한 상황에서 자신의 감정을 공격적으로 표출하지 않도록 격려하는 것이 바람직하다.

08 ②

| 정답해설 |

- 수행 목표: 자신의 운동 수행에 대한 목표를 달성하는 데 중점을 두는 목표로, 달성의 기준점이 자신의 과거 기록이 된다.
- 과정 목표: 운동 기술을 잘 수행하기 위해서 필요한 핵심 운동에 중점을 두며 또한 자기 효능감과 자신감을 높이고 인지 불안을 낮추는 데 도움이 된다.

| 심화해설 |

목표의 유형

- 주관적 목표: '최선을 다하겠다', '재미있게 하겠다'와 같은 목표
- 객관적 목표: '다음 시합에서 1초 단축한다'와 같이 구체적인 수치나 객관적인 기준을 설정한 목표
- 결과 목표: 시합의 결과에 중점을 둔 목표(대회 우승, 메달을 획득)
- 수행 목표: 자신의 수행에 대한 목표를 달성하는 데 중점을 두는 목표로 달성의 기준점이 자신의 과거 기록이 되는 목표
- 과정 목표: 동작을 잘 수행하기 위해서 핵심적으로 필요한 행동에 중점을 두는 목표. 자기 효능감과 자신감을 높이고 인지 불안을 낮추는 데 도움이 됨

09 ②

| 정답해설 |

운동 도식: 주어진 운동 과제를 수행하는 데에 필요한 적절한 운동 프로그램을 형성하여 기억 체계에 도식화하는 것을 의미한다. 스미스(R. Smith)와 스몰(F. Smol)이 개발한 유소년 지도자 훈련프로그램 CET(Coach Effectiveness Training)의 핵심 원칙이 아니다.

| 심화해설 |

유소년 지도자 훈련프로그램 CET의 핵심 원칙 5가지

- 발달 모델: 노력 중심, 긍정적인 발달 환경을 제공할 것
- 긍정적 접근: 격려, 칭찬 등의 긍정적 강화를 하고, 처벌과 같은 적대적인 대응은 자제할 것
- 상호 지원: 선수들 간 상호 의무를 중시하게 하고, 팀원들의 단결 촉진할 것
- 선수 참여: 의사 결정 시 선수도 참여시켜 의견을 반영할 것
- 자기 관찰: 지도자 스스로 자기 코칭 행동을 관찰할 것

10 ①

| 정답해설 |

소뇌(cerebellum): 동작의 오차 감지, 수정을 담당, 균형 유지와 사지협응 및 자세 제어 역할을 한다.

| 오답해설 |

② 중심고랑(central sulcus): 전두엽과 두정엽이 나뉘는 경계선으로서 앞쪽에는 전두엽 피질, 뒤쪽에는 두정엽 피질이 있다.
③ 대뇌 피질의 후두엽(occipital lobe of cerebrum): 시각 기능을 담당한다.
④ 대뇌 피질의 측두엽(temporal lobe of cerebrum)은 관자놀이에 위치하며 청각, 언어, 후각 기능을 담당한다.

11 ②

| 정답해설 |

파지(retention)는 운동 연습으로 향상된 운동 수행 능력을 오랫동안 유지할 수 있는 능력을 의미한다. 따라서 골프 퍼팅 과제를 100회 연습한 뒤, 24시간 후에 동일 과제에 대해 수행하는 검사는 파지 검사(retention test)이다.

| 오답해설 |

① 속도 검사(speed test): 제한된 시간에서의 수행능력을 측정하는 검사이다.
③ 전이 검사(transfer test): 이전 학습 내용이 후속 학습 내용에 영향을 미쳤는지에 관한 검사이다.
④ 지능 검사(intelligence test): 지적능력을 수치로 나타내기 위하여 고안된 검사이다.

12 ③

| 정답해설 |

상대적 타이밍(relative timing): 전체 시간에 대한 각 하위 요소의 시간적 비율을 나타내는 것으로 요소의 순서, 시상, 상대적 힘 등과 같이 불변적 특성을 지닌다.

| 오답해설 |

- 어트랙터(attractor): 매우 안정된 상태로 그 시스템이 선호하는 행동 상태이다.
- 동작유도성(affordance): 어포던스라고도 하며, 유기체, 환경, 과제의 상호 관계 속에서 나타날 수 있는 동작의 가능성이다.
- 절대적 타이밍(absolute timing): 목표가 되는 전체 시간과 실제 전체 시간에 대하여 산출된 값으로 나타나는데 전체 힘, 근육 선택 등과 같이 가변적 특성을 지니며, 매개 변수화 및 수량화 학습을 하는 데 지표로 사용된다.

13 ②

| 오답해설 |

ⓒ 최소의 인지적 노력: 수학의 문제를 잘 푸는 것과 같은 언어적 표현을 하는 것도 기술이지만, 신체 또는 사지의 움직임을 필요로 하지 않고 인지적인 과정을 중요시하기 때문에 이는 운동 기술이라고 할 수 없다.

| 심화해설 |

구스리(E.Guthrie)는 운동 기술을 최소한의 시간과 에너지를 소비하여 최대의 확실성을 갖고 운동 과제를 달성할 수 있는 능력이라고 제시하였다. 따라서 구스리(E.Guthrie)가 제시한 '운동 기술 학습으로 인한 변화'에 관한 설명은 ㉠, ㉢, ㉣이다.

14 ①

| 정답해설 |

㉠ 사회 학습 이론: 공격성은 환경 속에서 학습된다는 것이 사회 학습 이론이며, 모방 이론 또는 관찰 학습 이론으로 불리기도 한다.
㉡ 본능 이론: 사람에게는 본능적으로 공격성이 있고, 거기에서 분출되는 에너지가 공격 행동을 일으킨다는 이론이다.
㉢ 좌절-공격 가설: 어떤 목표를 달성하려고 할 때 방해를 받으면 좌절하게 되고, 좌절하면 공격한다는 이론이다.
㉣ 수정된 좌절-공격 가설: 좌절이 항상 공격으로 나타나지 않고, 감정적 준비가 되어 있고, 공격이 적절하다는 환경적 단서가 있을 때 일어난다는 주장이다.

15 ③

| 오답해설 |

㉠ 심리적 요인과 관련된 다차원적 구성 개념이다.
㉣ 빌리(Vealey)의 스포츠 자신감 모형에 관한 설명이다.

| 심화해설 |

하터(S.Harter)의 유능성 동기 이론 모형
ⓒ 성공 경험은 자기 효능감과 긍정적 정서를 갖게 하여 유능성 동기를 높이고 숙달을 시도한다. 그러나 ⓑ 실패한 경험은 부정적 정서를 갖게 하여 유능성 동기를 낮추고 결국에는 중도 포기하게 된다.

16 ①

| 정답해설 |

〈보기〉의 설명은 번스타인의 운동 학습 단계 중 자유도의 풀림 단계로, 학습자는 고정했던 자유도를 다시 풀어서 사용 가능한 자유도의 수를 늘리게 된다. 이는 모든 자유도를 결합하여 동작에 필요한 기능적인 단위를 형성하기 위한 것이며, 이 단계에서는 동작과 관련된 운동역학적 요인과 근육의 공동 작용(synergy), 그리고 관절의 상호 움직임에 변화가 나타난다.

| 오답해설 |

② 상변이(phase transition): 안정성의 변화로 인하여 협응 구조의 형태가 변하는 현상을 말하며, 이는 비선형성의 원리를 따른다.
③ 임계요동(critical fluctuation): 요동의 증폭이 점점 증가되어 시스템 변이가 일어나는 임계점 바로 직전에 가장 커지는 현상이다.
④ 속도-정확성 상쇄 현상(speed-accuracy trade-off): 일반적으로 운동 속도가 빨라지면 운동의 정확성이 감소하는 현상이다.

17 ②

| 정답해설 |

㉠㉢ 연구 결과를 통해 구체적인 목표를 설정한 것이 운동 수행을 증진시키는 데 도움을 주는 것이 알 수 있다.

| 오답해설 |

㉡ 학습자에게 구체적인 목표를 설정하도록 조언해야 한다.
㉣ 구체적인 목표를 설정하는 것이 학습에 있어 더 효과적임을 알 수 있다.

18 ③

| 정답해설 |

보강 피드백(augmented feedback): 학습자가 수행하면서 스스로 감지하여 받아들일 수 있는 자연스러운 정보가 아닌, 교사나 코치, 또는 동료들에 의해 제공되거나 영상매체를 통해 외부로부터 제공되는 정보를 의미한다.

| 심화해설 |

내적 피드백(intrinsic feedback): 운동을 수행함으로써 자동적으로 발생하는 정보로, 근육과 건, 그리고 관절 등에 위치한 관절수용기에서 발생한 운동 감각 정보 등 학습자의 내부의 감각시스템으로부터 제공된다.

19 ①

| 정답해설 |

최적의 몰입(flow)은 ㉠ 기술(실력)이 ㉡ 도전(과제)과 균형을 이루는 상황에서 수행에 완전히 집중하는 것을 의미한다. 따라서 도전이 높고, 기술이 낮으면 ㉢ 불안을 느끼며, 도전이 낮고, 기술이 높으면 ㉣ 이완을 느낀다.

20 ④

| 정답해설 |

신체 활동 상황에서 학습된 무기력을 가진 사람은 쉽게 포기하고, 부정적인 자기 진술을 하며 능력 부족으로 귀인한다.
학습된 무기력(learned helplessness) 상태에 있는 학습자에게 귀인 재훈련을 하기 위해서는 실패는 노력이나 게임전략 같은 통제 가능하며 불안정한 요인이 원인이었다고 믿게 하는 것이 바람직하다. 이러한 귀인 재훈련을 통해 실패에도 불구하고 미래에 성공할 수 있다는 기대감을 높이고 정서적으로 긍정적 체험을 하면 결국에는 수행이 향상된다.

한국체육사(44) 기출문제 해설(선택/A형)

01	02	03	04	05	06	07	08	09	10
④	①	③	④	②	②	②	③	①	③
11	12	13	14	15	16	17	18	19	20
①	④	③	②③	①	④	③	②④	④	①

01 ④

| 정답해설 |

④는 사료에 대한 설명이다.

| 심화해설 |

사관(史觀)

역사가의 역사에 대한 인식으로, 과거의 사실을 확인할 때 역사가의 가치관과 해석 원리에 따라 그 기준이 달라지는 것

사료(史料)

역사를 고찰하는 데 있어 단서가 되는 자료

- 물적 사료: 유물, 유적, 현존하는 모든 물질적 유산 등
- 기록 사료: 문헌 등
- 구술 사료: 과거 기억에 대한 증언 등

02 ①

| 정답해설 |

㉠ 갑오경장(갑오개혁) 이전에는 전통 체육의 무사 체육 시대로 무예를 중심으로 하는 ㉡ 전통 체육을 강조하였으며, 갑오개혁 이후에는 형식 체조 중심의 시대로 ㉢ 근대 체육을 강조하였다.

| 심화해설 |

구분	중심적 활동		시대 구분	
전통 체육기	무사 체육 시대	무예		원시 부족 사회 삼국 및 통일 신라 고려 조선
태동·성장기	형식 체조 중심 시대	병식 체조 보통 체조 학교 체조 (근대 체육)	1894 1895	갑오경장 근대 학교
		스웨덴 체조	1910 ~ 1914	경술국치 (한일 병합) 학교 체조 교수요목
융성기	스포츠·유희 중심 시대		1927	경기 단체 결정
암흑기	군사 훈련 중심 시대 (체육 통제)		1939~1945	제2차 세계 대전
발전기	현대 체육 활동 시대		1945~	해방

03 ③

| 정답해설 |

사희(윷놀이)는 정월 초하루부터 대보름까지 즐기며, 4개의 윷가락을 던지고 그 결과에 따라 말(馬)을 사용하여 승부를 겨루는 민속 놀이이다.

| 오답해설 |

- 바둑 – '위기(圍碁)': 순수한 우리말인 '바돌', '바독', '바둑' 등으로 불리는데, 광복 후부터 '바둑'으로 통일되어 오늘에 이르고 있다.
- 장기 – 상희(象戲): 두 사람이 장기판을 가운데 두고 마주앉아 알을 번갈아 가며 두어서 승부를 내는 민속 놀이이다.
- 주사위 – 악삭(握槊): 주사위를 던져 그 수만큼 말을 이동시켜 먼저 적진(또는 궁)에 들어가면 이기는 게임이다.

04 ④

| 정답해설 |

화랑도는 문무를 겸비한 인재 양성에 목적을 둔 청소년 교육단체로, 삼국 시대 진흥왕 때 조직이 체계화되었다. 문무겸전은 문식(文識)과 무략(武略)을 다 갖춘다는 의미로, 조선 시대의 체육 사상이다. 또한 화랑도는 귀족과 서민 모두를 대상으로 하였다.

| 심화해설 |

화랑도 체육의 역사적 의미

- 고대 사회에 체육의 체계적인 유형이 존재한다.
- 체육 활동을 통해 역동적인 국민성 함양을 추구한다.
- 심신 일체론적 사상을 바탕으로 전인 교육을 지향한다.

화랑도의 체육 사상

- 신체미의 숭배 사상
- 심신 일체론적 체육관
- 군사주의 체육 사상
- 불국토 사상

05 ②

| 오답해설 |

① 석전(石戰): 한 부락 혹은 지방이 동편과 서편으로 나누어 돌이나 몽둥이를 들고 싸우는 집단적 민속 놀이

③ 각저(角抵): 두 사람이 서로 맞잡고 힘을 겨루는 것으로, 각력, 각희, 상박, 쟁교 등으로도 불림(씨름)

④ 도판희(跳板戲): 음력 정초, 5월 단오, 8월 한가위 등 큰 명절 때 부녀자들이 즐기는 한국의 민속 놀이(널뛰기)

06 ②

| 정답해설 |

ⓒ 방응(放鷹): 매를 길러 꿩이나 새를 잡는 사냥 놀이(매사냥)로 귀족 사회의 민속 스포츠에 해당한다.
ⓔ 추천(鞦韆): 부녀자들이 그네를 타고 노는 놀이로 서민 사회의 민속 스포츠에 해당한다.

| 오답해설 |

ⓐ 연날리기(풍연): 연을 공중에 띄우는 놀이로 서민 사회의 민속 스포츠에 해당한다.
ⓑ 격구(擊毬): 말을 타고 달리거나 뛰어다니며 막대기로 공을 쳐 승부를 겨루는 전통 스포츠로, 귀족 사회의 민속 스포츠에 해당한다.

| 심화해설 |

고려 시대의 민속 스포츠

귀족의 스포츠	• 격구(擊毬) • 방응(放鷹) • 투호(投壺)
서민의 스포츠	• 씨름 • 추천(鞦韆) • 석전(石戰) • 연날리기(풍연)

07 ②

| 정답해설 |

응방도감은 매의 사육과 매 사냥을 맡은 관청이다.

| 심화해설 |

수박희(手搏戲)
- 두 사람이 일정한 거리를 두고 마주 서서 주로 손으로 겨루는 놀이
- 승자에게 벼슬이 주어져 출세를 위한 방법으로 활용됨
- 무신 정변(武臣政變)의 주요 원인 중 하나

08 ③

| 정답해설 |

훈련원은 군사의 시재, 무예의 훈련 및 병서의 습득을 관장하는 무인 양성 관련 공식 교육 기관으로, 활쏘기, 마상무예 등의 훈련을 실시하였다.

| 오답해설 |

ⓐ 성리학 교육을 담당한 것은 서원이다.

09 ①

| 정답해설 |

궁술은 육예 중 사에 해당한다. 육예 중 예는 예법, 악은 음악, 사는 궁술(활쏘기), 어는 마술(말타기), 서는 서예, 수는 수학에 해당한다.

| 심화해설 |

궁술
- 조선 시대의 주요 무예 중 하나로, 체육과 스포츠의 성격을 지님
- 체육 및 무예 교육으로서의 궁술과 스포츠로서의 궁술로 구분
  - 체육 및 무예 교육적 궁술: 육예(六藝)의 하나로 활쏘기를 통해 인간 형성을 지향하는 유교적 교육의 한 방식으로 인식
  - 스포츠 성격의 궁술: 무술로 발달하여 스포츠로 변화하였으며, 전쟁 기술이 아닌 일종의 게임으로 승부

10 ③

| 정답해설 |

〈보기〉는 『무예도보통지(武藝圖譜通志)』에 대한 설명이다. 이는 정조 때 『무예제보』와 『무예신보』를 근간으로 한·중·일 삼국의 책 145종을 참고하여 1790년에 완성한 종합 무예서로, 24가지의 무예가 실려 있으며 활의 기술은 실려 있지 않다.

| 오답해설 |

① 『무예제보(武藝諸譜)』: 임진왜란 이후 한교가 편찬하였으며 현존하는 우리나라에서 가장 오래된 조선시대 무예서로, 6기(곤봉, 등패, 장창, 당파, 낭선, 장도)를 수록하고 있다.
② 『무예신보(武藝新譜)』: 사도세자가 모든 정사를 대리하던 중 기묘년(1759)에 명하여 18가지 기예를 넣어 편찬한 무예서이다.
④ 『무예제보번역속집(武藝諸譜翻譯續集)』: 최기남이 『무예제보』에 빠진 것을 보충하여 속집으로 편찬한 군사 병법서이다.

11 ①

| 오답해설 |

② 대성학교: 1908년 국권 회복 운동의 일환으로 도산 안창호가 설립하였다. 구(舊) 대한제국군 출신이 체육 교사로 부임하였으며, 일반 체조를 포함하여 군대식 조련을 실시하였다.
③ 원산학사: 1883년(고종 20년) 원산에 세워진 우리나라 최초의 근대식 사립 학교로, 교과 과정은 문무반 공통으로 산수, 과학, 기계, 농업 등 실용적인 과목과 특수 과목으로 문예반의 경서, 무예반의 병서가 있었다. 문예반 50명, 무예반 200명을 선발하였으며, 무비자강(武備自强)을 강조하였다.
④ 숭실학교: 1897년 선교사 베어드(Baird)가 설립한 기독교 학당이다.

12 ④

| 정답해설 |

고종은 1895년 「교육입국조서」를 반포하고 이를 통해 덕양(德養), 체양(體養), 지양(智養), 즉 삼양(三養)을 강조하였다.

| 오답해설 |

① 문예반 50명, 무예반 200명을 선발한 곳은 원산학사이다.
② 개화기 최초의 운동회는 배재학당 화류회였다.
③ 배재학당, 이화학당, 경신학당은 외국 선교 단체에 의해 기독교 확장 수단으로 설립되었다.

| 심화해설 |

교육입국조서(敎育立國詔書, 교육조서)

- 고종은 1895년 「교육입국조서」를 반포하고 이를 통해 덕양(德養), 체양(體養), 지양(智養), 즉 삼양(三養)을 강조하였다.
- 소학교 및 고등 과정에 체조가 정식 과목으로 채택되는 데 영향을 주었다.
- 교육의 기회가 전 국민적으로 확대되는 데 기여하였다.

13 ③

| 정답해설 |

1908년 9월 윤치오와 육군연성학교 교장 이희두(李熙斗)가 기계체조 훈련기관인 무도기계체육부(武徒器械體育部)를 조직하는데 동참하고, 기계체조 보급 사업의 후견인이 되었다.

| 오답해설 |

① 회동구락부에 대한 설명이다. 단, 회동구락부는 1908년에 창립되었다.
② 청강체육부에 대한 설명이다.
④ 체조연구회에 대한 설명이다.

| 심화해설 |

체육 단체의 결성

대한체육구락부 (1906)	• 우리나라 최초의 근대적인 체육 단체 • 근대 스포츠 보급(축구, 높이뛰기, 씨름 등) 및 지도
황성기독교 청년회운동부 (1906)	• 개화기에 결성된 체육 단체 중 가장 활발한 활동 • 회장 터너와 총무 질레트 등의 노력으로 근대 스포츠 발달에 큰 역할
대한국민체육회 (1907)	• 근대 체육의 선구자 노백린 등이 창립 • 체육의 올바른 이념 정립과 체육 관련 정책의 개혁을 목표로 체육 단체 운영
대동체육구락부 (1908)	• 사회 진화론적 자강론에 입각하여 체육의 가치를 국가의 부강과 존폐의 근간으로 인식 • 체육 계몽 운동을 통해 강력한 국가 건설 지향

무도기계체육부 (1908)	1908년 9월 윤치오와 육군연성학교 교장 이희두가 기계체조 훈련기관인 무도기계체육부를 조직하는데 동참하고, 기계체조 보급 사업의 후견인이 되었음

14 ②③

| 정답해설 |

② 조선체육회에 대한 설명이다.
③ 서상천은 1923년에 일본 체조학교를 졸업하였고, 1926년에 역도를 보급시켰다.

| 오답해설 |

① 박승필은 1912년 10월 7일 유각권구락부를 설립해 우리나라에 권투를 소개하였다.
④ 손기정은 1936년 베를린 올림픽 경기 대회의 마라톤 금메달리스트로, 해방 이후 대한체육회 부회장, 육상경기연맹 회장 등을 역임하였다.

15 ①

| 정답해설 |

〈보기〉는 황성기독교청년회를 설명하고 있다.

| 심화해설 |

YMCA의 스포츠 운동

- 일제의 무단 통치기에 비교적 활발히 스포츠 활동 전개
- 1916년 한국 YMCA에 한국 최초로 실내 체육관 건립, 스포츠에 참여하는 계기 제공

16 ④

| 정답해설 |

박정희 정부 때 체력장은 1971년부터 실시되었으며, 1973년부터는 대학입시에도 체력장 평가가 포함되었다. 기준과 종목은 국제체력검사표준화위원회에서 정하였으며, 시행 종목에는 100m 달리기, 제자리멀리뛰기, 팔굽혀매달리기(여자), 턱걸이(남자), 윗몸일으키기, 던지기가 있었다.

| 심화해설 |

박정희 정권기의 스포츠 정책

- '체력은 국력'이라는 슬로건 채택, 국민 재건 체조 제정(1961)
- 「국민 체육 진흥법」 공포, 체육의 날 제정, 체육 주간 제정 (1962)
- 「국민 체육 진흥법 시행령」 공포(1963)
- 태릉선수촌 완공 및 대한체육회관 개관(1966)

- 정부의 체육 조직 일원화 방침 공포, 대한체육회, 대한 올림픽 위원회(KOC), 대한학교체육회 등 3개 단체를 사단 법인 대한체육회로 통합(1968)
- 학생들의 기초 체력을 향상시키기 위해 체력장 제도 실시(1971)
- 우수 선수 병역 면제 제도 도입(1973), 메달리스트 종신 연금 계획 확정(1974)
- 한국체육대학교 설립, 사회 체육 진흥 5개년 계획 발표(1976)

17 ③

| 정답해설 |

태권도는 손과 발을 이용해 공격 또는 방어하는 무도로, 발차기 기술을 특징으로 하는 현대에 형성된 전통무예 무술이다. 1988년 서울 올림픽에서 시범 종목으로 채택되었고, 2000년 시드니 올림픽부터 정식 종목으로 채택되었다.

18 ②④

| 정답해설 |

② 독일과 일본은 제2차 세계 대전을 이유로 1948년 제5회 동계 올림픽 경기 대회에 참가가 거부되었다.
④ 이효창, 문동성, 이종국 선수는 스피드스케이팅 종목 출전 명단에는 있었으나, 문동성 선수가 훈련 중 타 선수와 부딪혀 중상을 입는 바람에 당시 감독이 대신 출전하였다.

| 오답해설 |

①③ 우리나라는 제5회 스위스 생모리츠 동계 올림픽 경기 대회 및 제14회 런던 올림픽 경기 대회에 'KOREA'라는 이름으로 태극기를 들고 참가(1948)하였다.

19 ④

| 정답해설 |

2018년은 평창에서 제23회 동계 올림픽이 개최되었다.

20 ①

| 정답해설 |

1991년에는 제41회 지바 세계 탁구 선수권 대회, 제6회 포르투갈 세계 청소년 축구 선수권 대회에서 남북이 단일팀을 구성하여 출전했다.

| 심화해설 |

남북의 체육 교류
- 남북 통일 축구 대회(1990)
- 제41회 지바 세계 탁구 선수권 대회, 제6회 포르투갈 세계 청소년 축구 선수권 대회에서 남북 단일팀 구성(1991)
- 남북 통일 농구 대회, 남북 노동자 축구 대회(1999)
- 남북 통일 탁구 대회, 시드니 올림픽 경기 대회 공동 입장(2000)
- 태권도 시범 경기(2002)
- 제주도 민족 통일 평화 축전(2003)
- 제28회 아테네 올림픽 경기 대회 공동 입장(2004)
- 제23회 평창 동계 올림픽 경기 대회 남북 공동 입장 및 여자 아이스하키 남북 단일팀 구성(2018)

운동생리학(55) 기출문제 해설(선택/A형)

01	02	03	04	05	06	07	08	09	10
②	①	④	①	③	④	④	①	②	③
11	12	13	14	15	16	17	18	19	20
③	①	②	②	③	③	②	①	④	④

01 ②

| 정답해설 |

비타민C는 에너지 대사 과정에 관여하는 다양한 효소의 보조 효소로 작용하며 ATP 합성에서의 에너지원은 아니다.

| 심화해설 |

① 근중성지방: 유산소 시스템을 통해 에너지원으로 사용된다.
③ 글루코스: 무산소성 과정을 통해 에너지원으로 사용된다.
④ 젖산: 간에서 코리 사이클(cori cycle) 과정을 거쳐 포도당으로 전환되어 에너지원으로 다시 사용된다.

02 ①

| 정답해설 |

저장하고 있는 칼슘 이온을 분비하여 근수축에 관여하는 세포 내 소기관은 근형질 세망이다. 근육 세포에 활동 전위가 도달하면 근형질 세망 내에서 칼슘이 방출되어 근육 속으로 확산된다. 확산된 칼슘은 가는 세사의 트로포닌이라 불리는 단백질에 결합하여 가는 세사와 굵은 세사 머리 간 결합을 차단하고 있는 트로포마이오신의 위치를 변화시킨다. 트로포닌의 위치 변화에 의해 가는 세사(액틴)의 활동 부위가 노출되어 굵은 세사의 십자형 가교와 결합하여 근수축이 일어난다.

| 오답해설 |

② 위성 세포: 근세포의 박막과 근초 위에 위치하고 있는 독립된 세포 그룹으로 근육의 성장과 재생에 중요한 역할을 한다.
③ 미토콘드리아: 세포 내 소기관으로 유기물에 저장된 에너지 산화 과정을 통해 생명 활동에 필요한 ATP를 만드는 에너지 생성 기관이다.
④ 근핵: 근육 세포에 포함된 핵으로 DNA를 포함하는 세포의 소기관이다.

03 ④

| 정답해설 |

크레아틴인산(phosphocreatine, PC)은 근세포에 저장되어 있는 ATP를 재합성하는 일차적인 저장 연료로서 무산소성 대사작용에 해당하는 것으로 운동 후 초과산소섭취량에 영향을 미치는 요인은 아니다.

| 오답해설 |

① 운동 중 체온, 즉 혈액의 온도가 증가하면 산소와 헤모글로빈 사이의 결합력이 약화되어 산소 운반 능력이 감소된다.
② 운동 시 근세포에서 생성된 젖산은 pH 농도를 감소시켜 산소 운반 능력을 감소시키고, 초과산소섭취량에 영향을 미친다.
③ 에피네프린, 노르에피네프린 호르몬은 운동시간에 비례하여 증가하며 에피네프린은 심장 기능을 촉진시키고, 노르에피네프린은 혈관 수축 작용에 의한 혈압 상승 작용을 하여 초과산소섭취량에 영향을 미친다.

04 ①

| 정답해설 |

수중 운동 시 체온 유지에 유리한 조건은 물의 온도가 높을수록, 체지방량이 많을수록, 운동 강도가 높을수록, 그 높은 운동 강도를 유지할 수 있는 능력을 가질수록 유리하다.

| 심화해설 |

열중립온도(thermoneutral temperature)
체온이 일정하게 유지될 수 있는 환경의 온도를 의미한다.
수중 환경의 경우 열중립온도는 사람마다 다르며 체구의 크기와 체지방량, 내분비계의 활동성 및 기능, 연령과 인종에 따라 다르게 나타난다. 체구가 클수록 또는 체표면적이나 체중이 클수록, 청년일수록, 내분비 활동이 왕성할수록 에너지대사량이 높고 열중립온도는 낮다. 또한 체지방이 많을수록 열 손실량이 적어 낮은 수온에서도 견딜 수 있게 된다. 노인과 어린이는 따라서 열중립온도가 높다.

05 ③

| 정답해설 |

운동 강도 증가에 따른 대사는 '유산소 과정 → 젖산 과정 → 인원질 과정'이다. Type I 섬유는 지근 섬유에 해당하며 미토콘드리아 농도가 높고 산화효소능력이 높아 유산소성 대사능력이 높다. 반면 속근 섬유에 해당하는 Type IIx섬유는 당원 저장과 해당 작용 효소가 풍부하여 무산소성 에너지 생산능력이 높으며 Type IIa섬유는 Type I 과 Type IIx 섬유의 기능이 혼재되어 있는 수축 특성을 가지고 있어 중간섬유 또는 유산소성 속근

섬유라 불린다. 따라서 유산소 과정에서 무산소 과정의 형태로 진행되는 'TypeⅠ섬유 → TypeⅡa섬유 → TypeⅡx섬유' 순이 정답에 해당한다.

06 ④

| 정답해설 |

일정한 기간의 유산소 훈련은 심장의 형태적·기능적 변화를 초래한다.
- 형태적 변화: 심장 용적의 증대, 심장벽 두께의 증가
- 기능적 변화: 심근 수축력의 증대, 1회 박출량 증가(환기량 증가), 최대 운동 시 최대 심박출량 증대, 안정 시 및 최대하 운동 시 심박수 감소

07 ④

| 정답해설 |

항상성은 인체 내부 환경의 불변성 또는 계속적인 유지를 의미하는 것이다. 조절기전으로 음성 피드백과 양성 피드백이 있다. 자궁 수축 활성화 증가는 양성 피드백 반응이다.

| 심화해설 |

음성 피드백(부적피드백)
- 효과기에 의한 반응이 감지기에 대한 자극과 반대로 억제하는 반응
- 인체의 대부분의 조절 체계
  예 세포외액의 CO_2 조절, 체온 상승에 따른 땀 분비 증가, 혈당 유지를 위한 호르몬 조절

양성 피드백
- 음성 피드백과 반대로 조절하는 체계
- 원인을 촉진하는 조절 체계
  예 분만 시 옥시토신의 분비로 자궁 경부의 수축 작용이 증가하고, 이것은 다시 옥시토신 분비를 더욱 촉진시켜 출산 시 자궁 수축 활성화 증가

08 ①

| 정답해설 |

혈액을 방출하기 위해서는 좌심실이 유발하는 압력이 반드시 대동맥압을 초과해야만 한다. 이렇게 심실이 수축하면서 받는 저항을 후부하라 하며, 심실에서 혈액의 박출량을 저해하는 중요한 요인으로 간주된다. 따라서 1회 박출량은 심장의 후부하와 반비례한다.

| 심화해설 |

1회 박출량 결정하는 요인
- 심실 이완기말 용량: 교감 신경작용으로 정맥을 수축시켜 정맥 환류량이 증가한다.
- 심실 수축력: 에피네프린, 노르에피네프린과 심장 수축 촉진 신경을 통한 심장의 직접적인 교감 신경 자극의 영향
- 정맥혈 회귀(세정맥에서 우심장으로 혈액이 되돌아오는 경로): 근수축에 의한 펌프 작용과 호흡에 의한 펌프 작용에 의해 이루어진다.
- 대동맥압력(평균 동맥압): 혈액을 방출하기 위해서는 좌심실이 유발하는 압력이 반드시 대동맥압을 초과해야 한다. 좌심실이 수축하면서 받는 저항을 후부하라 한다. 즉 1회 박출량은 심장의 후부하와 반비례한다.

09 ②

| 정답해설 |

단시간의 고강도 운동에서는 무산소 에너지 생성 체계를 통해 에너지를 공급받는다. 사용되는 연료는 주로 탄수화물 3/4, 지방 1/4 정도이다. 저강도 또는 중강도 운동을 장기간 지속할 경우, 주에너지원은 운동이 진행되면서 근육 내 저장된 글리코겐, 혈당, 지방산 순으로 3단계에 걸쳐 변한다. 저강도에서 30분 이상 운동을 하는 초기에는 탄수화물이 연료로서 높은 비율을 차지하지만, 점차 시간이 지나면서 근글리코겐의 감소로 에너지원은 지방 쪽으로 옮겨간다. 특히, 장기간 지속되는 운동(90분 이상)에서는 탄수화물이 고갈되는 것을 방지하기 위해 에너지원으로 지방을 더 많이 사용한다. 따라서 ㉠ 운동 강도가 저강도에 해당하는 25% VO_{2MAX}에서는 혈중 유리 지방산이, ㉡ 운동 강도가 고강도에 해당하는 85% VO_{2MAX}에서는 글리코겐이 에너지원으로 높은 비율로 사용된다.

10 ③

| 오답해설 |

㉠ 대뇌의 운동 피질에 대한 내용이다.

| 심화해설 |

소뇌는 다음과 같은 기능을 한다.
- 운동 근육의 조정과 제어, 신체의 자세와 균형 조절
- 운동 명령을 공유하여 운동의 순서를 결정
- 고유수용기로부터 유입되는 정보를 활용하여 운동 명령을 수정하고 수정된 명령을 전달(㉢)
- 빠르게 근육 활동의 타이밍과 연속 동작을 조절(㉡)

11 ③

| 정답해설 |

㉠ 운동 시작 직전 환기량의 증가는 운동으로 인한 것이 아닌 운동 수행에 대한 기대감, 즉 운동을 예측한 대뇌 피질로부터 작용한 것이다.
㉣ 운동 종료 후 회복기에는 근육과 관절에서의 자극 감소, 수소 이온(H^+)과 이산화 탄소(CO_2) 생성량의 감소로 인한 화학 수용체의 자극 감소로 환기량이 급격히 감소한다.

| 오답해설 |

㉡ 운동 초기 환기량의 변화는 운동으로 인한 것이 아닌 근관절 수용기의 작용에 의해 나타난다.
㉢ 운동 강도가 증가하면 1회 호흡량의 증가와 호흡수의 증가로 분당 환기량이 증가한다.

12 ①

| 정답해설 |

- 해당 과정은 기질 수준의 인산화를 통하여 직접적으로 2ATP를 생산하며 해당 과정에 의해 생산된 2NADH 분자가 갖고 있는 에너지로 5ATP를 생산
- 피루브산이 아세틸 조효소(Acetyl CoA)로 전환될 때 2NADH가 형성되며 이는 5ATP를 생산
- 크렙스 회로
  - ATP와 비슷한 역할을 하는 GTP가 기질 수준의 인산화 결과로 2개 형성
  - 1개 포도당 분자가 크렙스 회로를 통하여 6NADH와 2FADH를 생성하며, NADH는 한 분자당 약 2.5ATP를, FADH는 한 분자당 약 1.5ATP를 만들어낼 수 있음
  - 따라서 6NADH는 15ATP를 생산, 2FADH에서 3ATP를 생산(유산소성 ATP 생산은 NADH와 FADH와 같은 수소 이온 전달체가 잠재적 에너지를 제공하기 때문에 ADP를 인산화하여 ATP를 생성한다)
- 포도당의 유산소성 분해작용으로 총 32ATP가 생산

| 심화해설 |

수소 이온이란 전자를 가지고 있어서 잠재적 에너지를 갖고 있음을 의미한다. 따라서 크렙스 회로의 기능은 수소를 운반하는 NAD와 FAD를 사용하여 탄수화물, 지방, 단백질의 수소 이온을 제거하여 산화시키는 것으로 기질(반응물)에서 빠져나온 수소와 결합하여 NADH 또는 FADH가 생성되는 것이다. 결국 유산소성 ATP 생산은 NADH와 FADH와 같은 수소 이온 전달체가 잠재적 에너지를 제공하여 ADP를 인산화하여 ATP를 생성하는 것이다.

13 ②

| 정답해설 |

METs 대사당량(운동 강도 단위)
1 METs=3.5mL/kg/min
(안정 시 1분에 체중당 3.5mL의 산소를 사용)
대사 방정식: (METs×3.5×kg)/200=kcal/min
$(10 \times 3.5 \times 80)/200 = 14$
10분간 달리기하였으므로 14×10=140kcal

14 ②

| 정답해설 |

안정 막전위는 자극을 받지 않는 상태(안정 시)에서 세포막 내외에 존재하는 전압차를 나타내는 것으로 분극 상태라고 한다.
세포 밖에는 나트륨 이온(Na^+)이 많고 칼륨 이온(K^+)이 적으며 세포 내에서는 칼륨 이온(K^+)이 많고 나트륨 이온(Na^+)이 적으므로 ㉠은 Na^+, ㉡은 K^+임을 알 수 있다.
세포막에 위치한 통합단백질(integral protein) 분자 중 일부 Na^+/K^+펌프는 에너지로 1분자의 ATP를 사용하여 3분자의 Na^+을 세포 외부로 내보내고 동시에 2분자의 K^+을 세포의 내부로 들여오는 능동수송(active transport)을 한다. 따라서 ㉢은 Na^+, ㉣은 K^+이다.

15 ③

| 정답해설 |

㉠ 장시간 지구성 훈련에 의해 심실로의 정맥 회귀 혈류량이 증가되어 심실의 이완기말 혈액량의 증가를 가져온다. 따라서 심실의 수축력을 높여 최대 1회 박출량을 증가시킨다.
㉢ 또한 모세 혈관의 밀도 증가와 근조직 내 미토콘드리아 수와 크기의 증가, 마이오글로빈 함량의 증가로 최대 동정맥 산소차를 증가시킨다.

| 오답해설 |

㉡ 장시간 지구성 훈련에 의한 1회 박출량 증가는 상대적으로 최대 심박수의 감소를 초래한다. 또한 최대 심박수의 감소는 반복적인 운동에 의해 교감 신경 즉 미주 신경의 흥분도 증가로 인해 심장에 대한 제어 작용이 증가된 것이라고 할 수 있다.

16 ③

| 정답해설 |

미토콘드리아의 크기와 수의 변화와 모세 혈관 밀도 증가는 유산소(지구성) 트레이닝에 의한 대사적 적응이다. 유산소(지구성) 트레이닝은 심폐 지구력을 향상시킨다.

| 오답해설 |
① 유연성: 부상 없이 최대 관절 가동 범위에 걸쳐 부드럽게 관절을 움직이는 능력
② 순발력: 근육이 순간적으로 빨리 수축하면서 발생되는 힘
④ 근력: 근육이나 근육 그룹에서 발생되는 최대 힘

17 ②

| 정답해설 |
인슐린은 포도당이나 아미노산과 같은 영양소들이 혈액에서 조직으로 들어가는 것을 촉진하며 혈당을 조절한다. 운동을 시작하면 대부분의 호르몬은 분비가 증가하지만, 인슐린은 분비가 현저히 감소하는 양상을 보인다. 인슐린의 가장 중요한 작용은 혈액 내의 정상치보다 많은 포도당을 조직으로 유입시킴으로써 혈당치를 유지시키는 것이다. 그러나 운동 중에는 혈당이 저하될 수 있으므로 인슐린의 분비가 감소한다.

| 오답해설 |
① 에피네프린: 주로 심장에 작용하여 심박수를 증가시키고 간이나 근육에서 당원 분해를 촉진하며 간에서 혈액으로의 포도당 방출을 증가시켜 혈당 상승에 기여한다. 운동시간과 비례하여 증가한다.
③ 성장 호르몬: 운동을 하는 동안 성장 호르몬은 운동 시 필요한 에너지를 원활히 제공하기 위해 분비가 촉진된다. 일반적으로 운동에 따른 성장 호르몬의 증가는 운동 강도가 강할수록, 그리고 운동 시간이 길수록 더 많아진다.
④ 코르티솔: 조직 내의 단백질을 분해하여 아미노산 생성을 돕고 간에서 아미노산을 이용하여 포도당 신생 과정을 촉진하여 혈액으로 포도당 방출을 증가시킨다. 일반적으로 운동 강도가 증가할수록 혈장 코르티솔의 농도는 증가한다.

18 ①

| 정답해설 |
인체가 운동을 하거나 근육의 뻗침반사가 일어나기 위해서는 먼저 근육의 길이 변화를 감지하는 수용기가 있어야 하는데, 이를 근방추(muscle spindle)라고 한다. 근방추는 운동 신경 세포 중 감마 운동 신경 세포에 의해서 조절된다.

| 오답해설 |
② 골지건기관: 근수축 시 발생하는 장력을 감지하는 기관으로서 근육과 뼈가 만나는 부위에 위치하는 기계적 감각수용체이다.
③ 자유신경종말: 감각을 수용하는 신경종말의 하나로 대표적으로 통각을 수용한다.
④ 파치니안 소체: 대표적으로 압각을 수용하며 지속적인 진동 감각도 전달한다.

19 ④

| 정답해설 |
근력 결정 요인은 다음 3가지로, 근섬유막 두께는 해당하지 않는다.
- 근육 횡단면적: 근섬유의 최대 근력 발현은 단위 근 횡단면적(cross sectional area: CSA)당 발현되는 힘의 양을 나타내므로 특이장력(specific tension)을 근섬유의 크기로 나눈 값이다.
- 근절의 적정 길이: 근절이 2.0~2.5μm 정도의 적정 길이인 휴지기에 액틴 필라멘트와 마이오신 필라멘트의 교차 결합 수가 최대가 되어 최대 장력이 된다.
- 근섬유 구성비: 지근과 속근 섬유의 근수축적 특성과 생화학적 특성이 있다. 지근 섬유는 속근 섬유에 비해 수축 속도가 느리며 장력이 낮으나 속근 섬유보다 에너지 효율성이 높다. 반면 속근 섬유는 당원 저장과 해당 작용 효소가 풍부하여 무산소성 에너지 생산능력이 높으며 섬유의 장력이 지근 섬유보다 크다.

20 ④

| 정답해설 |
등속성 수축은 관절각이 일정한 속도로 수축하는 것을 말한다. 운동은 모든 관절의 각도에서 일정한 속도로 움직이도록 미리 프로그램이 된 특수한 기구를 이용하며, 밀거나 당길 때의 구분 없이 전 운동 범위에 걸쳐 일정한 속도로 근육이 최대의 수축을 유지하게 한다. 따라서 공을 던질 때의 근수축 속도는 위치에 따라 다르므로 등속성 수축에 해당하지 않는다.

| 심화해설 |
- 등척성 수축: 근육 길이의 단축 없이 장력이 발생하는 수축을 의미하므로, 자세의 유지는 상완 이두근의 길이 변화가 없는 상태로서 등척성 수축에 해당한다.
- 단축성 수축: 신체의 일부가 움직이면서 근육의 길이가 짧아지는 경우에 해당하므로, 턱걸이 올라갈 때는 상완 이두근이 짧아지는 형태의 운동으로 단축성 수축에 해당한다.
- 신장성 수축: 근육의 길이가 늘어나면서 장력이 발생하는 경우에 해당하므로, 턱걸이 내려갈 때는 이두근이 늘어나며 장력이 발생하는 신장성 수축에 해당한다.

운동역학(66) 기출문제 해설(선택/A형)

01	02	03	04	05	06	07	08	09	10
④	②	①	④	①	④	②	③	④	①
11	12	13	14	15	16	17	18	19	20
①	③	①	③	②	④	②	③	②	③

01 ④

| 정답해설 |

운동역학은 역학, 생리학, 해부학적 기초 지식을 활용하여 인체 운동을 보다 쉽게 이해하기 위한 응용과학으로, 인체에 발생하는 힘과 힘의 작용 결과로 발생하는 인체의 운동 및 효과를 연구하는 학문이다.

02 ②

| 정답해설 |

팔굽혀펴기의 팔을 펴는 동작은 위팔세갈래근(상완삼두근, triceps brachii)의 길이가 짧아지면서 힘이 발생하는 동작으로 구심성(단축성) 수축에 해당한다.

| 심화해설 |

근육의 수축에 따른 모멘트의 작용
- 단축성(구심성) 수축: 힘의 모멘트가 저항 모멘트보다 커 근육의 길이가 짧아진다.
- 신장성(원심성) 수축: 힘의 모멘트가 저항 모멘트보다 작아 근육의 길이가 길어진다.

03 ①

| 정답해설 |

단위 시간당 이동한 변위를 나타내는 것은 속도이다.

| 오답해설 |

② 거리: 물체가 지나간 궤적의 총 길이를 말하며, 크기를 나타내는 스칼라량
③ 가속도: 단위 시간당 속도의 변화를 나타내는 벡터량
④ 각속도: 단위 시간당 각변위의 변화를 나타내는 벡터량

04 ④

| 정답해설 |

지면 반력기에서 힘의 크기를 구하기 위해서는 발이 접촉하고 있어야 하기 때문에, 공중에 양발이 떠있는 체공기에서는 힘의 크기를 구할 수 없다.

| 심화해설 |

지면 반력기로 상하, 좌우, 전후 세 방향의 힘과 압력 중심점, 토크, 모멘트, 힘의 작용 시간 등을 산출할 수 있다.

05 ①

| 정답해설 |

수직축을 중심으로 회전하는 움직임은 수평면(횡단면)에서 발생한다.

| 심화해설 |

운동면과 수직인 축(운동축)
- 좌우축: 전후면과 수직
- 전후축: 좌우면과 수직
- 장축: 횡단면과 수직
- 수직축: 수평면과 수직

06 ④

| 정답해설 |

복합 운동은 병진 운동(선 운동)과 회전 운동(각운동)이 동시에 일어나는 운동이기 때문에 ㉠㉡㉢ 모두 해당된다.

| 심화해설 |

- 병진 운동(선 운동): 신체의 모든 부분이 같은 시간에 동일한 거리와 동일한 방향으로 움직이는 운동
- 회전 운동(각운동): 고정된 축(회전축)을 중심으로 같은 시간에 동일한 방향으로 동일한 각을 움직일 때 일어나는 운동

07 ②

| 정답해설 |

회전하기 위해서는 회전축을 중심으로 회전한다.

| 오답해설 |

① 무게 중심은 자세의 변화에 따라 달라지며, 인체를 벗어나서 위치할 수 있다.
③ 지면에 선 상태로 팔을 위로 올리면 무게 중심은 위로 이동한다.
④ 무게 중심은 공중에서의 자세 변화에 따라 변화하지 않는다.

| 심화해설 |

무게 중심의 특성
- 무게 중심은 토크(torque)의 합이 '0'인 지점이다.
- 무게 중심은 인체를 벗어나서 위치할 수 있다.
- 무게 중심의 위치는 자세의 변화에 따라 달라진다.

08 ③

| 정답해설 |

투사된 물체는 수평 방향으로 투사된 직후부터 착지 직전까지 등속도 운동을 한다.

| 오답해설 |

① 농구공 질량 중심의 수직 속도는 등가속도 운동을 한다.
② 최고점에서 농구공 질량 중심의 수평 속도는 투사된 직후부터 착지 직전까지 일정하다.
④ 최고점에서 농구공 질량 중심은 수직 방향으로 등가속도 운동을 한다.

09 ④

| 정답해설 |

입사각과 반사각이 같으면 충돌 전의 운동 에너지와 충돌 후의 운동 에너지가 동일하게 보존되기 때문에 리바운드 높이가 같다.

| 오답해설 |

① 충돌 후, 무회전과 백스핀된 공의 수평 속도는 같다.
② 충돌 후, 무회전과 톱스핀된 공의 수직 속도는 같다.
③ 충돌 후, 무회전과 톱스핀된 공의 반사각은 같다.

10 ①

| 정답해설 |

그래프는 충격량 그래프이며 충격량은 운동량의 변화량과 같다. 달리기 선수가 가지고 있는 운동량은 질량(60kg)×속도(2m/s)이기 때문에 120kg·m/s이다. B구간에서는 면적이 20N·s이고 그래프가 −값을 표현하기 때문에 이는 운동량이 −20만큼 감소하였다는 것을 의미한다. 따라서 선수의 운동량은 120−20=100kg·m/s가 된다. A구간에서는 면적이 80N·s이고 그래프가 +값을 표현하기 때문에 운동량은 100+80=180kg·m/s가 된다. 따라서 운동량(180)=질량(60)×속도에 대입하면 수평 속도는 3m/s가 된다.

11 ①

| 정답해설 |

캐치 동작에서 공을 몸쪽으로 당겨 받으면 공을 받는 시간을 늘리고 충격력을 줄일 수 있다.

| 심화해설 |

충격력의 증가와 감소
- 충격력을 증가시키기 위해서는 작용 시간을 단축시켜야 한다.
- 충격력을 감소시키기 위해서는 작용 시간을 연장해야 한다.

12 ③

| 정답해설 |

역학적으로 일을 했다는 것은 일정한 거리에 걸쳐 지면에 대항하는 힘이 작용되었다는 것을 말하는데, 철봉에 매달려 정지해 있었기 때문에 일(work)한 것으로 볼 수 없다.

13 ①

| 정답해설 |

볼링공이 레인 위에서 구를 때, 볼링공의 경로가 휘는 주된 이유는 공과 레인 사이의 마찰력 때문이다. 마찰력은 볼링공의 회전과 레인의 접촉으로 인해 발생하며, 이는 마그누스 효과보다는 마찰과 접촉력에 의한 효과가 더 크게 작용한다.

14 ③

| 정답해설 |

물체가 떨어지면 높이 감소(위치 에너지 감소), 속력 증가(운동 에너지 증가)이므로 운동 에너지는 증가한다.

| 심화해설 |

역학적 에너지 보존의 법칙
운동하는 모든 물체는 외력이 작용하지 않는 한 형태만 바뀔 뿐, 에너지의 총합은 일정하다.

15 ②

| 정답해설 |

팔꿈치 동작의 굴곡·신전 동작에서 관절의 내측 각도가 90°일 때 가장 큰 회전력을 발휘한다. 내측 각도가 90°일 때 문제에서 제시된 팔꿈치 관절의 외측 각도(θ)는 0°를 나타내며, 90°에 가까워질수록 회전력은 감소한다. 따라서 그래프는 각도가 커질수록 회전력이 감소해야 옳다.

16 ④

| 정답해설 |

3종 지레는 힘점이 받침점과 저항점(작용점) 사이에 있으며, 거리와 속도에 이득을 본다.

| 오답해설 |

① 지레에서 저항팔(작용팔)이 힘팔보다 긴 경우는 힘에 있어서 손해이다.
② 1종 지레: 가운데 받침점이 있는 유형이다.
③ 2종 지레: 작용점이 가운데 있고 힘팔이 작용팔보다 길어 힘에 있어 이득이다.

17 ②

| 정답해설 |

다이빙 공중 동작에서는 팔을 모아 관성 모멘트를 ㉠ 감소시키고 각속도를 ㉡ 증가시켜야 한다. 반대로 입수동작에서 팔을 펴서 관성 모멘트를 ㉢ 증가시키고 각속도를 ㉣ 감소시켜야 한다.

18 ③

| 정답해설 |

투사 거리를 구하기 위해서는 수평 속도에 체공 시간을 곱해야 한다.
30m/s × 2sec = 60m이다.

19 ②

| 정답해설 |

kg·m/s²은 힘의 단위이다.

20 ③

| 정답해설 |

신체적 안정성을 위해서는 기저면을 ㉠ 넓히고, 무게 중심을 ㉡ 낮추며, 무게 중심선을 기저면의 중앙과 ㉢ 가깝게 위치시켜야 한다.

| 심화해설 |

인체의 안정성을 결정짓는 요인
- 무게 중심선의 위치
- 무게 중심선과 기저면 중앙과의 근접성
- 기저면의 형태
- 기저면 내에서의 중심의 이동
- 기저면의 크기

스포츠윤리(77) 기출문제 해설(선택/A형)

01	02	03	04	05	06	07	08	09	10
①	③	①	③	②	②	④	④	①	①
11	12	13	14	15	16	17	18	19	20
③	②	②	③	①	②	②	③	④	④

01 ①

| 정답해설 |

스포츠맨십은 스포츠인이 갖추어야 할 바람직한 정신과 태도로, 비정상적인 이득을 위해 바람직하지 못한 일을 행하지 않고 경쟁 상대에게 예의를 지키는 등 선수가 지녀야 하는 기본적인 자세이다. 패자에게 승리의 우월성을 과시하는 것은 스포츠맨십에 어긋난다.

| 심화해설 |

좋은 스포츠 경기
- 페어플레이에 입각한 경쟁으로 탁월성을 추구함
- 스포츠 경기의 결과보다 과정을 중시함
- 규칙을 준수하고 최선을 다하는 것임
- 훌륭한 경기를 실현하는 것임

02 ③

| 정답해설 |

결과론적 윤리관은 원칙과 과정보다는 결과에 중점을 두는 것으로, ㉡㉢이 해당한다.

| 오답해설 |

㉠㉣ 의무론적 윤리관에 해당한다.

| 심화해설 |

목적론적 윤리
- 인간이 추구해야 할 어떤 근본적인 목적이 존재하고, 그 목적을 달성하기 위해 윤리나 도덕이 필요하다고 본다.
- 궁극적인 목적은 넓은 의미에서는 행복, 좁은 의미에서는 쾌락이다.
- 인간 행위의 옳고 그름을 행위의 결과나 목적 달성 여부로 판단한다.
- 감각적 경험에 대한 신뢰를 토대로 목적의 성취와 일의 효용성을 강조한다.

의무론적 윤리
- 인간이면 도덕적 원리를 마땅히 지켜야 한다고 본다.
- 행위의 결과와 상관없이 행위 자체의 옳고 그름과 행위자의 의도 및 동기로 판단한다.

- 행위에 대한 도덕적 책무나 의무를 중시한다.
- 자율적인 도덕 법칙에 어긋나는 행위는 그른 행위라고 본다.
- 행위의 의도와 동기를 기준으로 옳고 그름을 판단한다.
- 신뢰를 토대로 의로운 삶을 중시하고 공정한 절차와 정당한 원칙을 강조한다.
- 이성의 보편타당성을 추구한다.

03 ①

| 정답해설 |

우수한 외국 선수의 귀화는 인종 차별에 해당되지 않으며 다양한 문화를 가진 사람들이 함께 공존하는 모습이다.

| 심화해설 |

- 과거의 인종 차별: 유색 인종과 흑인 선수에 대한 스포츠 참여 제한을 의미함
- 현재의 인종 차별
  - 흑인 선수의 경기력은 발생학적이고, 백인 선수는 후천적 노력의 결과로 봄
  - 세계화 현상으로 다양한 인종에 대한 차별 및 비하 현상들이 나타나고 있음

04 ③

| 정답해설 |

③은 행위 자체의 옳고 그름을 더 중시하므로 의무론적 윤리의 특징으로 적절하다.

| 심화해설 |

덕론적 윤리의 특징

- 개인의 자유 및 선택보다 공동체주의, 전통과 역사를 중시한다.
- 유덕한 품성과 공동체 구성원으로서의 인간의 삶에 관심을 둔다.
- 의무론과 공리주의를 비판하고 도덕적 행동의 실천이 행위자의 덕에 의해 정해진다고 본다.
- 사람의 구체적인 성품과 인간관계를 중시한다.
- 상황의 특수성을 고려하여 적절한 행동을 판단할 수 있는 지혜를 갖춘 사람을 강조한다.

05 ②

| 오답해설 |

ⓒ 사실 판단에 대한 설명이다.
ⓒ 가치 판단에 대한 설명이다.

| 심화해설 |

스포츠윤리의 목적

- 스포츠에서의 비윤리적 상황을 분석하고 올바르게 대처하는 방법을 습득시키는 것
- 스포츠인의 도덕적 자율성을 함양시키는 것
- 스포츠윤리 규범을 통한 바람직한 공동체의 모습을 제시하는 것

06 ②

| 정답해설 |

선의지란 옳은 행위를 오로지 그것이 옳다는 이유에서 마땅히 해야 할 의무로 받아들이고 이를 따르려는 의지다. 칸트는 인간이 선의지를 가지고 스스로 도덕적 의지를 추구하기 때문에 목적으로 구성된 다른 하나의 이성 체계, 즉 실천 이성을 갖고 있다고 주장했다.

| 심화해설 |

칸트(Kant)의 의무론적 윤리

- 『순수 이성 비판』에서 인간의 학문적 지식이 어디까지 확장될 수 있는지를 밝히고, 이를 통해 자연에 대한 보편적·필연적인 지식의 한계를 밝혔다.
- 칸트의 세계 중 당위의 세계는 '있어야 할 세계', 즉 도덕의 세계, 가치의 세계이다. 인간은 이성적 존재자로 실천적인 도덕의 세계에서 살아가고 있다.
- 인간은 인간의 선의지를 가지고 스스로 도덕적 의지를 추구하기 때문에 목적으로 구성된 다른 하나의 이성 체계, 즉 실천 이성을 갖고 있다고 주장했다.
- 행위의 결과나 목적과 무관하게 행위 그 자체로써 도덕적 가치에 따르는 것이다(정언적 명령).

07 ④

| 정답해설 |

스포츠 선수의 유전자 도핑을 반대해야 하는 이유가 모두 보기에 포함되어 있다.

| 심화해설 |

유전자 조작을 반대해야 하는 이유

- 안정성이 검증되지 않았음
- 인간의 존엄성을 침해하는 행위임(ⓒⓒ)
- 종의 정체성에 혼란을 야기시킴(ⓒⓒ)
- 스포츠의 의미를 퇴색시킴

08 ④

| 정답해설 |

평균적 정의는 모든 사람이 동등하게 스포츠에 참여할 기회를 갖는다는 가치로 적용된다. 하지만 스포츠는 〈보기〉에 나온 선수들의 키처럼 통제 불가능한 자연적 현상이 있어 결과에 대해 동등한 대우가 주어질 수 없기에 평균적 정의를 적용하지 않는다.

| 심화해설 |

- 평등의 원칙: 기본권에 대해 모두가 평등해야 함을 의미한다.
- 차등의 원칙(최소 수혜자에게 최대의 이익): 사회의 경제적 불평등을 규정하는 원칙으로 '최소 수혜자에게 최대 혜택'을 주어야 한다는 의미를 내포하며, 사회적 약자에게 더 많은 기회를 주어야 함을 의미한다.
- 기회 균등의 원칙(개방된 지위와 직책): 사회 구성원들에게 공정한 경쟁 조건을 제공하며, 실질적인 기회의 평등을 보장하는 것을 의미한다.
- 자유의 원칙: 시민의 기본적인 자유가 동등하게 적용되는 것을 의미한다.
- 원초적 원칙: 자신의 사회적 지위, 능력 등에 대해 무지하며, 자신이 최악의 위치에 놓일 가능성을 염두에 두어 판단하는 것을 의미한다.
- 절차적 정의: 어떤 것을 결정하고 판단하는 데 있어 공정했는지, 또는 그 과정이 공정했는지와 관련된 원칙이다.
- 평균적 정의: 개인 상호 간에 균형을 이루게 하는 것을 의미한다.
- 분배적 정의: 어떤 것을 분배하고자 할 때 어떠한 방법으로 하는 것이 공정한지를 의미한다.
- 법률적 정의: 단체가 규정하고 있는 법령을 개인이 잘 이행하고 있는지를 의미한다.

09 ①

| 정답해설 |

〈보기〉는 의무론의 난점에 대한 내용이다. 의무론의 난점으로는 사회 전체의 이익을 고려하지 않는 경우가 발생한다는 것이 있다.

| 심화해설 |

의무론적 윤리

- 인간이면 도덕적 원리를 마땅히 지켜야 한다고 본다.
- 행위의 결과와 상관없이 행위 자체의 옳고 그름과 행위자의 의도 및 동기로 판단한다.
- 행위에 대한 도덕적 책무나 의무를 중시한다.
- 자율적인 도덕 법칙에 어긋나는 행위는 그른 행위라고 본다.
- 행위의 의도와 동기를 기준으로 옳고 그름을 판단한다.
- 신뢰를 토대로 의로운 삶을 중시하고 공정한 절차와 정당한 원칙을 강조한다.
- 이성의 보편타당성을 추구한다.

10 ①

| 정답해설 |

격투 스포츠는 스포츠 경기 안에서 용인된 폭력(합법적 폭력)으로 보는 찬성 의견과 스포츠 경기 안에서라도 폭력은 도덕적으로 허용되지 않는다는 반대 의견으로 나뉜다.

| 심화해설 |

스포츠와 폭력성의 관계

- 스포츠는 모의적인 폭력이 사회적으로 용인되는 영역임
- 스포츠는 인간의 원초적 욕구인 폭력성을 발산시키는 도구 역할을 함
- 규율을 가장하여 위계질서를 강요하고, 이를 이용한 권력이 폭력으로 변질됨
- 스포츠는 자기 통제를 요구하는 제도와 규범을 통해 폭력성을 제한함

11 ③

| 정답해설 |

전신 수영복은 형평성과 공정성에 어긋난다는 이유로 금지되었다.

| 심화해설 |

전신 수영복 착용 금지 이유

- 장비에 의존한 경기가 될 수 있음
- 스포츠 자체에 대한 의미 퇴색
- 형평성과 공정성에 어긋남

12 ②

| 정답해설 |

현준은 경기 규칙에 명시되어 있는 것만을 경기 규칙으로 보는 견해이므로 형식주의, 수연은 경기마다 규칙뿐만 아니라 관습이라고 하는 윤리적인 면도 규칙에 포함시키려는 견해이므로 비형식주의이다.

| 심화해설 |

스포츠윤리와 관련한 스포츠 규칙의 구분

- 구성적 규칙: 스포츠 경기를 진행하는 방법을 규정하는 것으로, 스포츠를 수행하는 목적, 수단, 공간, 시간, 용품, 벌칙 등을 정하는 것이다.

- 규제적 규칙: 각 종목의 특성에 따라 적용되는 규칙에 의해 수행되는 개인의 행동 규제이다.
- 형식주의: 경기 규칙에 명시되어 있는 것만을 경기 규칙으로 보는 견해이다.
- 비형식주의: 경기마다 규칙뿐만 아니라 관습이라고 하는 윤리적인 면도 규칙에 포함시키려는 견해이다.

13 ②

| 정답해설 |

㉠ 측은지심: 다른 사람의 불행을 가엾고 불쌍하게 여기는 마음
㉡ 수오지심: 잘못을 부끄러워하고 악을 미워하는 마음

| 오답해설 |

- 사양지심: 다른 사람에게 겸손하게 대하고 양보하는 마음
- 시비지심: 옳고 그름을 분별하는 마음

14 ③

| 정답해설 |

비장애인과의 통합 수업은 장애인 및 비장애인들과의 조화를 이루고 화합할 수 있는 방법이다. 정당한 사유 없이 행하는 분리 수업은 지양해야 한다.

| 심화해설 |

스포츠 참여를 위한 스포츠 조건 및 개선 방안

- 장애 차별 없는 스포츠의 조건
  - 즐거움을 추구하는 놀이로서의 스포츠
  - 경쟁과 승리가 목적이 아닌 개인의 탁월성과 유능성을 목적으로 하는 스포츠
  - 공정한 조건하에서의 경쟁적 스포츠
- 장애 차별 요인들의 개선 방안
  - 장애인을 위한 적절한 공공 체육 시설
  - 장애인 체육 지도자의 양성 및 배치
  - 장애인 생활 체육 동호인 클럽 지원
  - 장애인 생활 체육 프로그램 확대
  - 체육 시설의 보급과 확충

15 ①

| 정답해설 |

새로운 스포츠시설의 개발을 금지하는 것이 아닌 자연환경을 훼손하는 건설을 반대하는 것이다.

| 심화해설 |

지속 가능한 스포츠 발달을 위한 윤리적 전제

① 자연환경을 훼손하는 시설을 사용하지 않고, 자연을 훼손하는 건설을 반대해야 함
② 재활용할 수 있는 제품을 개발해야 함
③ 스포츠 교양에 대한 교육을 실시하여 다른 생명체에 대한 배려를 중요시해야 함
④ 자연의 다양성을 보존하고, 자연환경과 공존하기 위한 노력을 지속해야 함

16 ②

| 정답해설 |

스포츠맨십은 페어플레이를 포괄하는 개념이며, 규칙 준수는 페어플레이에 포함되는 개념이다.

| 심화해설 |

스포츠맨십

스포츠인이 갖추어야 할 바람직한 정신과 태도로, 비정상적인 이득을 위해 바람직하지 못한 일을 행하지 않고 경쟁 상대에게 예의를 지키는 등 선수가 지녀야 하는 기본적인 자세이다.

페어플레이의 의미

- 스포츠 행위를 실천할 때 요구되는 정신
- 스포츠 경기 중 규칙 및 규율을 지키는 것
- 스포츠인이 지켜야 할 정정당당한 행위로 경기 중 경쟁자에 대한 배려도 포함함

17 ②

| 정답해설 |

스포츠윤리센터의 운영, 이사회의 구성 및 권한, 임원의 선임, 감독 등 스포츠윤리센터의 정관에 기재할 사항은 대통령령으로 정한다.

| 심화해설 |

「국민 체육 진흥법」 제18조의3(스포츠윤리센터의 설립)

① 체육의 공정성 확보와 체육인의 인권 보호를 위하여 스포츠윤리센터를 설립한다.
② 스포츠윤리센터는 법인으로 한다.
③ 스포츠윤리센터는 다음 각 호의 사업을 한다.
　1. 다음 각 목에 해당하는 체육계 인권 침해 및 스포츠 비리 등에 대한 신고 접수와 조사
　　가. 선수에 대한 체육 지도자 등의 성폭력 등 폭력에 관한 사항
　　나. 승부 조작 또는 편파 판정 등 불공정에 관한 사항
　　다. 체육 관련 입시 비리에 관한 사항

라. 체육 단체·경기 단체 및 그 임직원의 횡령·배임 및 뇌물 수수 및 「보조금 관리에 관한 법률」 제22조에 따른 보조금 및 「지방 재정법」 제32조의4에 따른 지방 보조금의 용도 외 사용 금지 위반에 관한 사항
　　마. 그 밖에 체육계 인권 침해 및 스포츠 비리에 해당된다고 인정되는 사항
　2. 신고자 및 피해자에 대한 치료 및 상담, 법률 지원, 임시 보호 및 연계
　3. 긴급 보호가 필요한 신고자 및 피해자를 위한 임시 보호 시설 운영
　4. 체육계 현장의 인권 침해 조사·조치 상황 등을 상시 점검할 수 있는 인권 감시관 운영
　5. 스포츠 비리 및 체육계 인권 침해에 대한 실태 조사 및 예방을 위한 연구
　6. 스포츠 비리 및 체육계 인권 침해 방지를 위한 예방 교육
　7. 그 밖에 체육의 공정성 확보 및 체육인의 인권 보호를 위하여 필요한 사업
④ 스포츠윤리센터의 운영, 이사회의 구성 및 권한, 임원의 선임, 감독 등 스포츠윤리센터의 정관에 기재할 사항은 대통령령으로 정한다.
⑤ 스포츠윤리센터의 장은 업무 수행에 필요하다고 인정될 때에는 문화체육관광부 장관의 승인을 받아 관계 행정 기관 소속 공무원이나 관계 기관·단체 소속 임직원의 스포츠윤리센터 파견 또는 지원을 요청할 수 있다.
⑥ 스포츠윤리센터가 아닌 자는 스포츠윤리센터 또는 이와 비슷한 명칭을 사용하지 못한다.
⑦ 스포츠윤리센터는 문화체육관광부 장관이 감독한다. 이 경우 문화체육관광부 장관은 스포츠윤리센터가 제3항 각 호의 사업을 독립적으로 수행할 수 있도록 필요한 시책을 강구하고 보장하여야 한다.
⑧ 스포츠윤리센터에 관하여 이 법에서 정한 것을 제외하고는 「민법」 중 재단 법인에 관한 규정을 준용한다.

18 ③

| 정답해설 |

의족의 사용은 기술적 불공정에 해당한다.

| 심화해설 |

의족 장애 선수의 일반 경기 참가에 대한 문제
- 의족과 인간의 다리 대결로 인해 공정성에 문제가 발생할 수 있다.
- 기록과 승리의 정당성이 약화될 수 있다.
- 스포츠 가치를 훼손할 수 있다.
- 장애인 선수의 일반 경기 참여는 스포츠의 평등권을 가진다고 볼 수도 있다.

19 ④

| 정답해설 |

여성성을 해치는 스포츠에서의 여성 참가 옹호는 성차별을 완화하는 것에 해당한다.

| 심화해설 |

성차별의 원인
- 성에 따라 스포츠 능력이 차별적으로 배분되어 있다는 편견
- 스포츠에 참여하는 여성에 대한 심리학적 편견
- 성별에 따른 사회화 과정
- 성차별을 심화시키는 대중 매체의 보도

20 ④

| 정답해설 |

심판은 어떠한 경우라도 객관성 및 공정성을 유지해야 한다.

| 심화해설 |

심판의 도덕적 조건(심판의 자질)
- 심판은 객관성 및 공정성을 유지해야 한다.
- 심판의 기본적인 자질인 도덕성을 갖추어야 한다.
- 공명정대하고 책임감이 강해야 한다.
- 사심 없이 심판의 임무를 완수해야 한다.

eduwill

2024년 기출문제

정답 및 해설 490p

2급 전문/2급 생활 스포츠지도사 필기시험(문제유형: A)

과목코드		
선택 (5과목)	스포츠사회학(11)	스포츠교육학(22)
	스포츠심리학(33)	한국체육사(44)
	운동생리학(55)	운동역학(66)
	스포츠윤리(77)	

2024. 4. 27.(토)

http://eduwill.kr/M9le

STEP 1　QR코드 스캔 ▶ STEP 2　회원가입 & 로그인 ▶ STEP 3　모바일 OMR 정답 입력 ▶ STEP 4　채점 및 결과 확인

KSPO 국민체육진흥공단

스포츠사회학(11)

01

〈보기〉에서 훌리한(B. Houlihan)이 제시한 '정부(정치)의 스포츠 개입 목적'에 관한 사례인 것을 모두 고른 것은?

보기

㉠ 시민들의 건강 및 체력유지를 위해 체육 단체에 재원을 지원한다.
㉡ 체육을 포함한 교육 현장의 양성평등을 위해 Title IX을 제정했다.
㉢ 공공질서를 보호하기 위해 공원에서 스케이트보드 금지, 헬멧 착용 등의 도시 조례가 제정되었다.

① ㉠
② ㉠, ㉢
③ ㉡, ㉢
④ ㉠, ㉡, ㉢

02

「스포츠 클럽법」(시행 2022.6.16.)의 내용으로 옳지 않은 것은?

① 지정 스포츠 클럽은 전문선수 육성 프로그램을 운영할 수 없다.
② 스포츠 클럽의 지원과 진흥에 필요한 사항을 규정하고 있다.
③ 국민 체육 진흥과 스포츠 복지 향상 및 지역사회 체육 발전에 기여함을 목적으로 한다.
④ 국가 및 지방자치 단체는 스포츠 클럽의 지원 및 진흥에 필요한 시책을 수립·시행하여야 한다.

03

〈보기〉에서 스티븐슨(C. Stevenson)과 닉슨(J. Nixon)이 구조 기능주의 관점으로 설명한 스포츠의 사회적 기능 중 옳은 것만을 모두 고른 것은?

보기

㉠ 사회·정서적 기능
㉡ 사회 갈등 유발 기능
㉢ 사회 통합 기능
㉣ 사회 계층 이동 기능

① ㉠, ㉡
② ㉠, ㉢
③ ㉡, ㉣
④ ㉠, ㉢, ㉣

04

〈보기〉의 ㉠~㉢에 해당하는 스포츠 육성 정책 모형이 바르게 제시된 것은?

보기

㉠ 학생들의 스포츠 참여 저변이 확대되면, 이를 기반으로 기량이 좋은 학생 선수가 배출된다.
㉡ 우수한 학생 선수들을 육성하면 그들의 영향으로 학생들의 스포츠 참여가 확대된다.
㉢ 스포츠 선수들의 우수한 성과는 청소년의 스포츠 참여를 촉진하고, 이를 통해 형성된 스포츠 참여 저변 위에서 우수한 스포츠 선수들이 성장한다.

	㉠	㉡	㉢
①	선순환 모형	낙수효과 모형	피라미드 모형
②	피라미드 모형	선순환 모형	낙수효과 모형
③	피라미드 모형	낙수효과 모형	선순환 모형
④	낙수효과 모형	피라미드 모형	선순환 모형

05

〈보기〉에서 스포츠 세계화의 동인으로 옳은 것만을 모두 고른 것은?

보기

㉠ 민족주의
㉡ 제국주의 확대
㉢ 종교 전파
㉣ 과학 기술의 발전
㉤ 인종 차별의 심화

① ㉠, ㉡, ㉢
② ㉡, ㉢, ㉤
③ ㉠, ㉡, ㉢, ㉣
④ ㉠, ㉢, ㉣, ㉤

06

투민(M. Tumin)이 제시한 사회 계층의 특성을 스포츠에 적용한 설명으로 옳은 것은?

① 보편성: 대부분의 스포츠 현상에는 계층 불평등이 나타난다.
② 역사성: 현대 스포츠에서 계층은 종목 내, 종목 간에서 나타난다.
③ 영향성: 스포츠에서 계층 불평등은 역사 발전 과정을 거치며 변천해왔다.
④ 다양성: 스포츠 참여에서 나타나는 사회적 불평등은 일상 생활에도 유사하게 나타난다.

07

스포츠에서 나타나는 사회 계층 이동에 대한 설명으로 옳지 않은 것은?

① 스포츠는 계층 이동을 위한 수단으로 활용된다.
② 사회 계층의 이동은 사회적 상황과 개인적 상황을 반영한다.
③ 사회 지위나 보상 체계에 차이가 뚜렷하게 발생하는 계층 이동은 수직 이동이다.
④ 사회 계층의 이동 유형은 이동 방향에 따라 세대 내 이동, 세대 간 이동으로 구분한다.

08

〈보기〉에서 설명하는 스포츠 일탈과 관련된 이론은?

보기

- 스포츠 일탈을 상호 작용론 관점으로 설명한다.
- 일탈 규범을 내면화하는 사회화 과정이 존재한다.
- 다른 사람과 상호 작용을 통해 스포츠 일탈 행동을 학습한다.

① 문화 규범 이론
② 차별 교제 이론
③ 개인차 이론
④ 아노미 이론

09

스미스(M. Smith)가 제시한 경기장 내 신체 폭력 유형 중 〈보기〉의 설명에 해당하는 것은?

보기

- 경기의 규칙을 위반하는 행위지만, 대부분의 선수나 지도자들이 용인하는 폭력 행위 유형이다.
- 이 폭력 유형은 경기 전략의 하나로 활용되며, 상대방의 보복행위를 유발할 수 있다.

① 경계 폭력
② 범죄 폭력
③ 유사 범죄 폭력
④ 격렬한 신체 접촉

10

코클리(J. Coakley)가 제시한 상업주의와 관련된 스포츠 규칙 변화에 따른 결과로 옳지 않은 것은?

① 극적인 요소가 늘어났다.
② 득점이 감소하게 되었다.
③ 상업 광고 시간이 늘어났다.
④ 경기의 진행 속도가 빨라졌다.

11

파슨즈(T. Parsons)의 AGIL 이론에 관한 설명으로 옳지 않은 것은?

① 상징적 상호 작용론 관점의 이론이다.
② 스포츠는 체제 유지 및 긴장 처리 기능을 한다.
③ 스포츠는 사회 구성원을 통합시키는 기능을 한다.
④ 스포츠는 사회 구성원이 사회체제에 적응하게 하는 기능을 한다.

12

에티즌(D. Eitzen)과 세이지(G. Sage)가 제시한 스포츠의 정치적 속성 중 〈보기〉의 설명에 해당하는 것은?

> 보기
> - 국가대표 선수는 스포츠를 통해 국위를 선양하고 국가는 선수에게 혜택을 준다.
> - 국가대표 선수가 올림픽에 출전하여 메달을 획득하면 군복무 면제의 혜택을 준다.

① 보수성
② 대표성
③ 상호 의존성
④ 권력 투쟁

13

〈보기〉의 ⊙~㉣에 들어갈 스트랭크(A. Strenk)의 '국제정치 관계에서 스포츠 기능'을 바르게 제시한 것은?

> 보기
> - (⊙): 1936년 베를린 올림픽
> - (㉡): 1971년 미국 탁구팀의 중화인민공화국 방문
> - (㉢): 1972년 뮌헨올림픽에서의 검은 구월단 사건
> - (㉣): 남아프리카공화국의 아파르트헤이트에 대한 국제사회의 대응

	⊙	㉡	㉢	㉣
①	외교적 도구	외교적 항의	정치이념 선전	갈등 및 적대감의 표출
②	정치이념 선전	외교적 도구	갈등 및 적대감의 표출	외교적 항의
③	갈등 및 적대감의 표출	정치이념 선전	외교적 항의	외교적 도구
④	외교적 항의	갈등 및 적대감의 표출	외교적 도구	정치이념 선전

14

베일(J. Bale)이 제시한 스포츠 세계화의 특징에 관한 설명으로 옳지 않은 것은?

① IOC, FIFA 등 국제스포츠 기구가 성장하였다.
② 다국적 기업의 국제적 스폰서십 및 마케팅이 증가하였다.
③ 글로벌 미디어 기업의 스포츠에 관한 개입이 증가하였다.
④ 외국인 선수 증가로 팀, 스폰서보다 국가의 정체성이 강화되었다.

15

스포츠의 교육적 역기능에 해당하는 것은?

① 정서 순화
② 사회 선도
③ 사회화 촉진
④ 승리 지상주의

16

스포츠 미디어가 생산하는 성차별 이데올로기에 관한 설명으로 옳지 않은 것은?

① 경기의 내용보다는 성(性)적인 측면을 강조한다.
② 여성 선수를 불안하고 취약한 존재로 묘사한다.
③ 여성들이 참여하는 경기를 '여성 경기'로 부른다.
④ 여성성보다 그들의 성과에 더 많은 관심을 보인다.

17

〈보기〉의 사례에 관한 스포츠 일탈 유형과 휴즈(R. Hughes)와 코클리(J. Coakley)가 제시한 윤리 규범이 바르게 연결된 것은?

> **보기**
> - 2002년 한일 월드컵 당시 황선홍 선수, 김태영 선수의 부상 투혼
> - 2022년 카타르 월드컵에서 손흥민 선수의 마스크 투혼

	스포츠 일탈 유형	스포츠윤리 규범
①	과소동조	한계를 이겨내고 끊임없이 도전해야 한다.
②	과소동조	경기에 헌신해야 한다.
③	과잉동조	위험을 감수하고 고통을 인내해야 한다.
④	과잉동조	탁월성을 추구해야 한다.

18

레오나르드(W. Leonard)의 사회 학습 이론에서 〈보기〉의 설명과 관련된 사회화 기제는?

> **보기**
> - 새로운 운동기능과 반응이 학습된다.
> - 학습자에게 동기를 부여할 수 있게 된다.
> - 지도자가 적합하다고 생각하는 새로운 지식을 알게 된다.

① 강화
② 코칭
③ 보상
④ 관찰 학습

19

스포츠로부터의 탈사회화에 관한 설명으로 옳은 것은?

① 부상, 방출 등의 자발적 은퇴로 탈사회화를 경험한다.
② 스포츠 참여를 통한 행동의 변화를 스포츠로부터의 탈사회화라고 한다.
③ 개인의 심리상태, 태도에 의해 참여가 제한되는 것을 내재적 제약이라고 한다.
④ 재정, 시간, 환경적 상황에 의해 참여가 제한되는 것을 대인적 제약이라고 한다.

20

과학 기술의 발전에 따른 스포츠의 변화에 관한 설명으로 옳지 않은 것은?

① IoT, 웨어러블 디바이스 발전으로 경기력 측정의 혁신을 가져왔다.
② 프로야구 경기에서 VAR 시스템 적용은 인간심판의 역할을 강화시켰다.
③ 4차 산업혁명에 따른 초지능, 초연결은 스포츠 빅데이터의 활용을 확대시켰다.
④ VR, XR 디바이스의 발전으로 가상현실 공간을 활용한 트레이닝이 가능해졌다.

스포츠교육학(22)

01

슐만(L. Shulman)의 '교사 지식 유형' 중 가르칠 교과목 내용에 관한 지식에 해당하는 것은?

① 내용 지식(content knowledge)
② 내용 교수법 지식(pedagogical content knowledge)
③ 교육 환경 지식(knowledge of educational contexts)
④ 학습자와 학습자 특성 지식(knowledge of learners and their characteristics)

02

동료 평가(peer assessment)에 관한 설명으로 적절하지 않은 것은?

① 학생들의 비평 능력이 향상될 수 있다.
② 교사는 학생에게 평가의 정확한 방법을 숙지시킨다.
③ 학생은 교사에게 받은 점검표를 통해 서로 평가한다.
④ 교사와 학생 간 대화를 통해 심층적인 정보를 수집한다.

03

〈보기〉에서 설명하는 박 코치의 '스포츠 지도 활동'에 해당하는 용어는?

> **보기**
>
> 박 코치는 관리시간을 줄이기 위해서 다음과 같이 지도활동을 반복한다. 출석 점검은 수업 전에 회원들이 스스로 출석부에 표시하게 한다. 이후 건강에 이상이 있는 회원들을 파악한다. 수업 중에는 대기시간을 최소화하기 위해 모둠별로 학습활동구역을 미리 지정한다. 수업 후에는 일지를 회수한다.

① 성찰적 활동
② 적극적 활동
③ 상규적 활동
④ 잠재적 활동

04

글로버(D. Glover)와 앤더슨(L. Anderson)이 인성을 강조한 수업 모형 중 〈보기〉의 ㉠, ㉡에 해당하는 것을 바르게 제시한 것은?

> **보기**
>
> ㉠ '서로를 위해 서로 함께 배우기'를 통해 팀원 간 긍정적 상호 의존, 개인의 책임감 수준 증가, 인간관계 기술 및 팀 반성 등을 강조한 수업
> ㉡ '통합, 전이, 권한 위임, 교사와 학생의 관계'를 통해 타인의 권리와 감정 존중, 자기 목표 설정 가능, 훌륭한 역할 본보기 되기 등을 강조한 수업

	㉠	㉡
①	스포츠 교육 모형	협동 학습 모형
②	협동 학습 모형	개인적·사회적 책임감 지도 모형
③	협동 학습 모형	스포츠 교육 모형
④	개인적·사회적 책임감 지도 모형	협동 학습 모형

05

〈보기〉의 ㉠~㉢에 들어갈 교사 행동에 관한 용어가 바르게 제시된 것은?

> **보기**
>
> • (㉠)은 안전한 학습 환경, 피드백 제공
> • (㉡)은 학습 지도 중에 소방 연습과 전달 방송 실시
> • (㉢)은 학생의 부상, 용변과 물 마시는 활동의 관리

	㉠	㉡	㉢
①	직접 기여 행동	간접 기여 행동	비기여 행동
②	직접 기여 행동	비기여 행동	간접 기여 행동
③	비기여 행동	직접 기여 행동	간접 기여 행동
④	간접 기여 행동	비기여 행동	직접 기여 행동

06

<보기>의 ㉠~㉢에 들어갈 기본 움직임 기술을 바르게 제시한 것은?

보기	
기본 움직임	예시
㉠	걷기, 달리기, 뛰기, 피하기 등
㉡	서기, 앉기, 구부리기, 비틀기 등
㉢	치기, 잡기, 배팅하기 등

	㉠	㉡	㉢
①	이동 움직임	비이동 움직임	표현 움직임
②	전략적 움직임	이동 움직임	표현 움직임
③	전략적 움직임	이동 움직임	조작 움직임
④	이동 움직임	비이동 움직임	조작 움직임

07

「학교 체육 진흥법」(시행 2024. 3. 24.) 제10조 '학교 스포츠 클럽 운영'의 내용에 해당하지 않는 것은?

① 학교 스포츠 클럽을 운영하는 경우 전담교사를 지정해야 한다.
② 전담 교사에게 학교 예산의 범위에서 소정의 지도 수당을 지급한다.
③ 활동 내용은 학교생활기록부에 기록하지만, 상급 학교 진학 자료로 활용할 수 없다.
④ 학교의 장은 학교스포츠 클럽을 운영하여 학생들의 체육 활동 참여 기회를 확대해야 한다.

08

다음 중 모스턴(M. Mosston) '상호 학습형 교수 스타일'에 관한 설명으로 적절하지 않은 것은?

① 학습자는 교과 내용을 선정한다.
② 학습자는 수행자나 관찰자의 역할을 수행한다.
③ 관찰자는 지도자가 제시한 수행 기준에 따라 피드백을 제공한다.
④ 지도자는 관찰자의 질문에 답하고, 관찰자에게 피드백을 제공한다.

09

<보기>에서 '학교체육 전문인 자질'로 ㉠~㉢에 들어갈 용어를 바르게 제시한 것은?

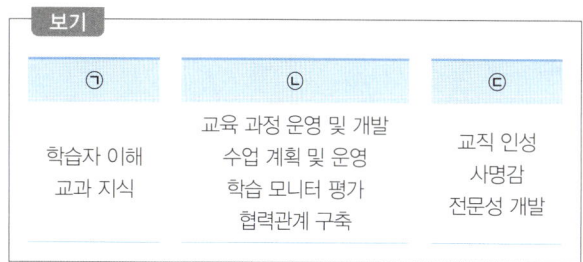

	㉠	㉡	㉢
①	교수	기능	태도
②	지식	수행	태도
③	지식	기능	학습
④	교수	수행	학습

10

<보기>에서 설명하는 모스턴(M. Mosston)의 교수 스타일의 '인지(사고) 과정' 단계는?

보기
• 학습자가 해답을 찾고자 하는 욕구가 있는 단계이다.
• 학습자에 대한 자극(질문)이 흥미, 욕구, 지식 수준과 적합할 때 이 단계가 발생한다.
• 학습자에게 알고자 하는 욕구를 실행에 옮기도록 동기화시키는 단계이다.

① 자극(stimulus)
② 반응(response)
③ 사색(mediation)
④ 인지적 불일치(dissonance)

11

〈보기〉에서 「국민 체육 진흥법」(시행 2024. 3. 15.) 제11조의 '스포츠윤리 교육 과정'에 관한 내용으로 옳은 것만을 모두 고른 것은?

보기
㉠ 도핑 방지 교육
㉡ 성폭력 등 폭력 예방 교육
㉢ 교육부장관령으로 정하는 교육
㉣ 스포츠 비리 및 체육계 인권침해 방지를 위한 예방 교육

① ㉠, ㉡
② ㉡, ㉢, ㉣
③ ㉠, ㉡, ㉣
④ ㉠, ㉡, ㉢, ㉣

12

〈보기〉의 '수업 주도성 프로파일'에 해당하는 체육수업 모형은?

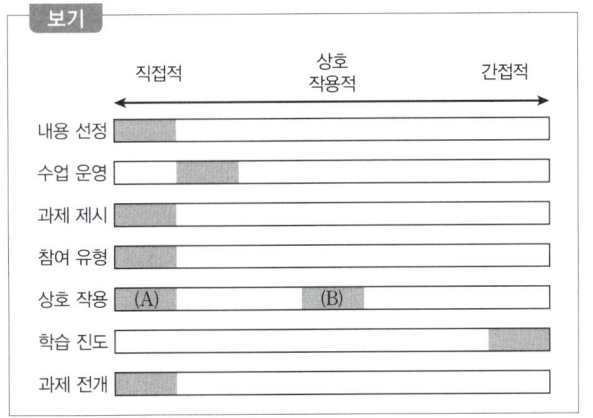

① 동료 교수 모형
② 직접 교수 모형
③ 개별화 지도 모형
④ 협동 학습 모형

13

〈보기〉에서 설명하는 시덴탑(D. Siedentop)의 교수(teaching) 기능 연습법에 해당하는 용어는?

보기
김 교사는 교수 기능의 향상을 위해 다음과 같은 절차로 연습을 했다.
• 학생 6~8명의 소집단을 대상으로 학습 목표와 평가 방법을 설명한 후, 수업을 진행한다.
• 수업에 참여한 학생들의 질문지 자료를 토대로 김 교사와 학생, 다른 관찰자들이 모여 김 교사의 교수법에 대해 '토의'를 한다.
• 객관적인 자료를 근거로 교수 기능 효과를 살핀다.

① 동료 교수
② 축소 수업
③ 실제 교수
④ 반성적 교수

14

스포츠 강사의 자격조건에 관한 설명으로 옳은 것은?

① 「초·중등교육법」 제2조 제2호에 따른 초등학교에 스포츠 강사를 배치할 수 없다.
② 「국민 체육 진흥법」 제2조 제6호에 따른 체육 지도자 중에서 스포츠 강사를 임용할 수 있다.
③ 「학교 체육 진흥법」 제2조 제6항 학교에 소속되어 학교 운동부를 지도·감독하는 사람을 말한다.
④ 「학교 체육 진흥법」 제4조 재임용 여부는 강사로서의 자질, 복무 태도, 학생의 만족도, 경기 결과에 따라 결정하여야 한다.

15
메츨러(M. Metzler)가 제시한 체육 학습 활동 중 정식 게임을 단순화하고 몇 가지 기능에 초점을 두며 진행하는 것은?

① 역할 수행(role-playing)
② 스크리미지(scrimmage)
③ 리드-업 게임(lead-up game)
④ 학습 센터(learning centers)

16
〈보기〉는 시덴탑(D. Siedentop)이 제시한 '스포츠 교육 모형'의 특징을 설명한 것이다. ㉠~㉢에 들어갈 용어가 바르게 제시된 것은?

> **보기**
> - 이 모형의 주제 중에 (㉠)은 스포츠를 참여하는 태도와 관련된 정의적 영역이다.
> - 시즌 중 심판으로서 역할을 할 때 학습영역 중 우선하는 것은 (㉡) 영역이다.
> - 학습자 수준에 적합하게 경기방식을 (㉢)해서 참여를 유도한다.

	㉠	㉡	㉢
①	박식	정의적	고정
②	열정	인지적	변형
③	열정	정의적	변형
④	박식	인지적	고정

17
〈보기〉에서 설명하는 체육수업 연구 방법으로 적절한 것은?

> **보기**
> - 연구의 특징은 집단적(협동적), 역동적, 연속적으로 이루어짐
> - 연구의 절차는 '문제 파악 → 개선 계획 → 실행 → 관찰 → 반성' 등으로 순환하는 과정임
> - 연구의 주체는 지도자가 동료나 연구자의 도움을 받아 자신의 수업을 탐구함

① 문헌(literature) 연구
② 실험(experiment) 연구
③ 현장 개선(action) 연구
④ 근거이론(grounded theory) 연구

18
학습자 비과제 행동을 예방하고 과제 지향적인 수업을 유지하기 위한 교수 기능 중 쿠닌(J. Kounin)이 제시한 '동시처리(overlapping)'에 해당하는 것은?

① 수업의 흐름을 유지하면서 수업 이탈 행동 학생을 제지하는 것이다.
② 학생들의 행동을 항상 인지하고 있다는 것을 알리는 것이다.
③ 학생의 학습 활동을 중단시키고 잠시 퇴장시키는 것이다.
④ 모든 학생에게 과제에 몰입하도록 경각심을 주는 것이다.

19

〈그림〉은 국민 체력 100의 운영 체계이다. 체력인증센터가 이용자에게 제공하는 서비스가 아닌 것은?

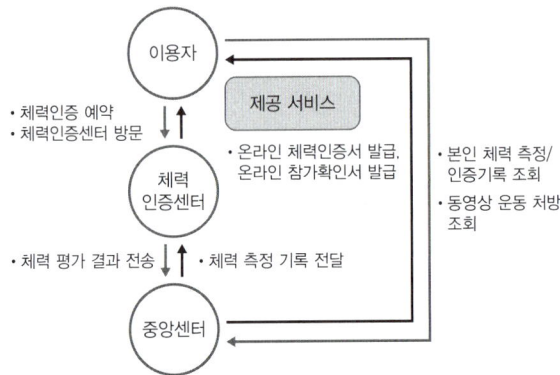

① 체력 측정 서비스
② 맞춤형 운동 처방
③ 국민체력인증서 발급
④ 스포츠 클럽 등록 및 운영지원

20

〈보기〉에서 해당하는 평가 기법으로 적절한 것은?

> **보기**
> - 운동 수행을 평가하는 데 자주 사용하는 평가 방법이다.
> - 운동 수행의 질적인 면을 파악하여 수준이나 숫자를 부여하는 평가 방법이다.

① 평정 척도
② 사건 기록법
③ 학생 저널
④ 체크리스트

스포츠심리학(33)

01

〈보기〉가 설명하는 성격 이론은?

> **보기**
> 자기가 좋아하는 국가대표선수가 무더위에서 진행된 올림픽 마라톤 경기에서 불굴의 정신력으로 완주하는 모습을 보고, 자기도 포기하지 않는 정신력으로 10km 마라톤을 완주하였다.

① 특성 이론
② 사회 학습 이론
③ 욕구 위계 이론
④ 정신 역동 이론

02

개방 운동 기술(open motor skills)에 해당하지 않는 것은?

① 농구 경기에서 자유투하기
② 야구 경기에서 투수가 던진 공을 타격하기
③ 자동차 경주에서 드라이버가 경쟁하면서 운전하기
④ 미식축구 경기에서 쿼터백이 같은 팀 선수에게 패스하기

03

〈보기〉의 ㉠~㉢에 들어갈 개념을 바르게 나열한 것은?

> **보기**
> - (㉠): 노력의 방향과 강도로 설명된다.
> - (㉡): 스포츠 자체가 좋아서 참여한다.
> - (㉢): 보상을 받거나 처벌을 피하고자 스포츠에 참여한다.

	㉠	㉡	㉢
①	동기	외적 동기	내적 동기
②	동기	내적 동기	외적 동기
③	귀인	내적 동기	외적 동기
④	귀인	외적 동기	내적 동기

04

〈보기〉의 ㉠, ㉡에 들어갈 정보처리 단계를 바르게 나열한 것은?

> 보기
> - (㉠): 테니스 선수가 상대 코트에서 넘어오는 공의 궤적, 방향, 속도에 관한 환경정보를 탐지한다.
> - (㉡): 환경정보를 토대로 어떤 종류의 기술로 어떻게 받아쳐야 할지 결정한다.

	㉠	㉡
①	반응 선택	자극 확인
②	자극 확인	반응 선택
③	반응/운동 프로그래밍	반응 선택
④	반응/운동 프로그래밍	자극 확인

05

〈보기〉에서 설명하는 심리 기술 훈련 기법은?

> 보기
> - 멀리뛰기의 도움닫기에서 파울을 할 것 같은 부정적인 생각이 든다.
> - 부정적인 생각은 그만하고 연습한 대로 구름판을 강하게 밟자고 생각한다.
> - 스스로 통제할 수 있는 것에 집중하자고 다짐한다.

① 명상
② 자생 훈련
③ 인지 재구성
④ 인지적 왜곡

06

운동 발달의 단계가 순서대로 바르게 제시된 것은?

① 반사 단계 → 기초 단계 → 기본 움직임 단계 → 성장과 세련 단계 → 스포츠 기술 단계 → 최고 수행 단계 → 퇴보 단계
② 기초 단계 → 기본 움직임 단계 → 반사 단계 → 스포츠 기술 단계 → 성장과 세련 단계 → 최고 수행 단계 → 퇴보 단계
③ 반사 단계 → 기초 단계 → 기본 움직임 단계 → 스포츠 기술 단계 → 성장과 세련 단계 → 최고 수행 단계 → 퇴보 단계
④ 기초 단계 → 기본 움직임 단계 → 반사 단계 → 성장과 세련 단계 → 스포츠 기술 단계 → 최고 수행 단계 → 퇴보 단계

07

반두라(A. Bandura)가 제시한 4가지 정보원에서 자기 효능감에 가장 큰 영향력을 미치는 것은?

① 대리 경험
② 성취 경험
③ 언어적 설득
④ 정서적·신체적 상태

08

〈보기〉에서 연습 방법에 관한 설명으로 옳은 것만을 모두 고른 것은?

> 보기
> ㉠ 집중 연습은 연습구간 사이의 휴식 시간이 연습 시간보다 짧게 이루어진 연습 방법이다.
> ㉡ 무선 연습은 선택된 연습 과제들을 순서에 상관없이 무작위로 연습하는 방법이다.
> ㉢ 분산 연습은 특정 운동 기술 과제를 여러 개의 하위 단위로 나누어 연습하는 방법이다.
> ㉣ 전습법은 한 가지 운동 기술 과제를 구분동작 없이 전체적으로 연습하는 방법이다.

① ㉠, ㉡
② ㉢, ㉣
③ ㉠, ㉡, ㉣
④ ㉠, ㉢, ㉣

09

미국응용스포츠심리학회(AAASP)의 스포츠 심리 상담 윤리 규정이 아닌 것은?

① 스포츠에 참여하는 모든 사람과 전문적인 상담을 진행한다.
② 직무수행상 자신의 한계를 인식하고 한계를 넘는 주장과 행동은 하지 않는다.
③ 회원 스스로 윤리적인 행동을 실천하고 남에게 윤리적 행동을 하도록 적극적으로 권장한다.
④ 다른 전문가에 의한 서비스 수행 촉진, 책무성 확보, 기관이나 법적 의무 완수 등의 목적을 위해 상담이나 연구 결과를 기록으로 남긴다.

10

〈보기〉가 설명하는 기억의 유형은?

> 보기
> - 학창시절 자전거를 타고 등하교했던 A는 오랜 기간 자전거를 타지 않았음에도 불구하고 여전히 자전거를 탈 수 있다.
> - 어린 시절 축구선수로 활동했던 B는 축구의 슛 기술을 어떻게 수행하는지 시범을 보일 수 있다.

① 감각 기억(sensory memory)
② 일화적 기억(episodic memory)
③ 의미적 기억(semantic memory)
④ 절차적 기억(procedural memory)

11

〈보기〉는 피들러(F. Fiedler)의 상황 부합 리더십 모형이다. 〈보기〉의 ㉠, ㉡에 들어갈 내용을 바르게 나열한 것은?

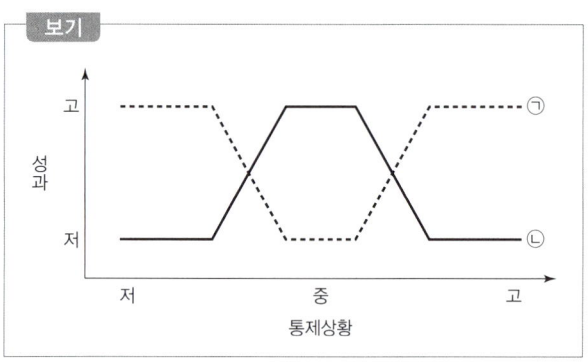

	㉠	㉡
①	관계 지향 리더	과제 지향 리더
②	과제 지향 리더	관계 지향 리더
③	관계 지향 리더	권위 주의 리더
④	과제 지향 리더	권위 주의 리더

12

운동 학습에 의한 인지 역량의 변화에 관한 설명으로 옳지 않은 것은?

① 정보를 처리하는 속도가 빨라진다.
② 주의 집중 역량을 활용하는 주의 체계의 역량이 좋아진다.
③ 운동 과제 수행의 수준과 환경의 요구에 대한 근골격계의 기능이 효율적으로 좋아진다.
④ 새로운 정보와 기존의 정보를 연결하여 정보를 쉽게 보유할 수 있는 기억체계 역량이 좋아진다.

13

〈보기〉는 아이젠(I. Ajzen)의 계획 행동 이론이다. 〈보기〉의 ㉠~㉣에 들어갈 개념을 바르게 나열한 것은?

> **보기**
>
> (㉠)는 행동을 수행하는 것에 대한 개인의 정서적이고 평가적인 요소를 반영한다. (㉡)은/는 어떤 행동을 할 것인지 또는 안 할 것인지에 대해 개인이 느끼는 사회적 압력을 말한다. 어떠한 행동은 개인의 (㉢)에 따라 그 행동 여부가 결정된다. (㉣)은/는 어떤 행동을 하기가 쉽거나 어려운 정도에 대한 인식 정도를 의미한다.

	㉠	㉡	㉢	㉣
①	태도	의도	주관적 규범	행동 통제 인식
②	의도	주관적 규범	행동 통제 인식	태도
③	태도	주관적 규범	의도	행동 통제 인식
④	의도	태도	행동 통제 인식	주관적 규범

14

〈보기〉에서 정보 처리 이론에 관한 설명으로 옳은 것만을 모두 고른 것은?

> **보기**
>
> ㉠ 정보 처리 이론은 인간을 능동적인 정보처리자로 설명한다.
> ㉡ 도식 이론은 기억 흔적과 지각 흔적의 작용으로 움직임을 생성하고 제어한다고 설명한다.
> ㉢ 개방 회로 이론은 대뇌 피질에 저장된 운동 프로그램을 통해 움직임을 생성하고 제어한다고 설명한다.
> ㉣ 폐쇄 회로 이론은 정확한 동작에 관한 기억을 수행 중인 움직임과 비교한 피드백 정보를 활용하여 움직임을 생성하고 제어한다고 설명한다.

① ㉠, ㉡
② ㉢, ㉣
③ ㉠, ㉡, ㉣
④ ㉠, ㉢, ㉣

15

〈보기〉의 ㉠~㉢에 들어갈 개념을 바르게 나열한 것은?

> **보기**
>
> • (㉠): 타인의 존재가 과제수행에 미치는 영향을 말한다.
> • (㉡): 타인의 존재만으로도 각성과 욕구가 생긴다.
> • (㉢): 타인의 존재가 운동과제에 대한 집중을 방해하기도 하지만, 수행자의 욕구 수준을 증가시키기도 한다.

	㉠	㉡	㉢
①	사회적 촉진	단순 존재 가설	주의 분산/갈등 가설
②	사회적 촉진	단순 존재 가설	평가 우려 가설
③	단순 존재 가설	관중 효과	주의 분산/갈등 가설
④	단순 존재 가설	관중 효과	평가 우려 가설

16

힉(W. Hick)의 법칙에 관한 설명으로 옳은 것은?

① 자극-반응 대안의 수가 증가할수록 반응 시간은 길어진다.
② 근수축을 통해 생성한 힘의 양에 따라 움직임의 정확성이 달라진다.
③ 두 개의 목표물 간의 거리와 목표물의 크기에 따라 움직임 시간이 달라진다.
④ 움직임의 속력이 증가하면 정확도가 떨어지는 속력-정확성 상쇄(speed-accuracy trade-off) 현상이 나타난다.

17

〈보기〉의 ㉠에 들어갈 용어는?

> **보기**
>
> • 복싱선수가 상대의 펀치를 맞고 실점하는 장면이 계속해서 떠오른다.
> • 이 선수는 (㉠)을/를 높이는 훈련이 필요하다.

① 내적 심상
② 외적 심상
③ 심상 조절력
④ 심상 선명도

18

〈보기〉의 ㉠, ㉡에 들어갈 운동 수행에 관한 개념이 바르게 제시된 것은?

보기
- 운동 기술 과제가 너무 쉬울 때 (㉠)가 나타난다.
- 운동 기술 과제가 너무 어려울 때 (㉡)가 나타난다

	㉠	㉡
①	학습 고원 (learning plateau)	슬럼프 (slump)
②	천장 효과 (ceiling effect)	바닥 효과 (floor effect)
③	웜업 감소 (warm-up decrement)	수행 감소 (performance decrement)
④	맥락 간섭 효과 (contextual-interference effect)	부적 전이 (negative transfer)

19

〈보기〉에서 운동 실천을 위한 환경적 영향 요인을 모두 고른 것은?

보기
- ㉠ 지도자
- ㉡ 교육 수준
- ㉢ 운동 집단
- ㉣ 사회적 지지

① ㉠, ㉡
② ㉢, ㉣
③ ㉠, ㉡, ㉣
④ ㉠, ㉢, ㉣

20

〈보기〉가 설명하는 개념은?

보기

농구 경기에서 수비수가 공격수의 첫 번째 페이크 슛 동작에 반응하면서, 바로 이어지는 두 번째 실제 슛 동작에 제대로 반응하지 못하는 현상이 발생한다.

① 스트룹 효과(Stroop effect)
② 무주의 맹시(inattention blindness)
③ 지각 협소화(perceptual narrowing)
④ 심리적 불응기(psychological-refractory period)

한국체육사(44)

01

〈보기〉에서 한국체육사에 관한 설명으로 옳은 것만을 모두 고른 것은?

보기
- ㉠ 한국체육과 스포츠의 시대별 양상을 연구한다.
- ㉡ 한국체육과 스포츠를 역사학적 방법으로 연구한다.
- ㉢ 한국체육과 스포츠에 관한 역사 기술은 사실 확인보다 가치평가가 우선한다.
- ㉣ 한국체육과 스포츠의 과거를 살펴보고, 이를 통해 현재를 직시하고 미래를 조망한다.

① ㉠, ㉡, ㉢
② ㉠, ㉡, ㉣
③ ㉠, ㉢, ㉣
④ ㉡, ㉢, ㉣

02

〈보기〉에서 신체 활동이 행해진 제천 의식과 부족 국가가 바르게 연결된 것만을 모두 고른 것은?

보기
- ㉠ 무천-신라
- ㉡ 가배-동예
- ㉢ 영고-부여
- ㉣ 동맹-고구려

① ㉠, ㉡
② ㉢, ㉣
③ ㉠, ㉡, ㉣
④ ㉡, ㉢, ㉣

03

<보기>에 해당하는 부족 국가 시대 신체 활동의 목적은?

> **보기**
>
> 중국 역사 자료인 『위지·동이전(魏志·東夷傳)』에 따르면, "나이 어리고 씩씩한 청년들의 등가죽을 뚫고 굵은 줄로 그곳을 꿰었다. 그리고 한 장(一丈) 남짓의 나무를 그곳에 매달고 온종일 소리를 지르며 일을 하는데도 아프다고 하지 않고, 착실하게 일을 한다. 이를 큰사람이라 부른다."

① 주술 의식
② 농경 의식
③ 성년 의식
④ 제천 의식

04

<보기>에서 삼국 시대의 무예에 관한 설명으로 옳은 것만을 모두 고른 것은?

> **보기**
>
> ㉠ 신라: 궁전법(弓箭法)을 통해 인재를 등용하였다.
> ㉡ 고구려: 경당(扃堂)에서 활쏘기 교육이 이루어졌다.
> ㉢ 백제: 훈련원(訓鍊院)에서 무예 시험과 훈련이 행해졌다

① ㉠, ㉡
② ㉡, ㉢
③ ㉠, ㉢
④ ㉠, ㉡, ㉢

05

고려 시대 최고 교육 기관과 무학(武學) 교육이 바르게 연결된 것은?

① 성균관(成均館) — 대빙재(待聘齋)
② 성균관(成均館) — 강예재(講藝齋)
③ 국자감(國子監) — 대빙재(待聘齋)
④ 국자감(國子監) — 강예재(講藝齋)

06

고려 시대의 신체 활동에 관한 설명으로 옳지 않은 것은?

① 기격구(騎擊毬): 서민층이 유희로 즐겼다.
② 궁술(弓術): 국난을 대비하여 장려되었다.
③ 마술(馬術): 무인의 덕목 중 하나로 장려되었다.
④ 수박(手搏): 무관이나 무예 인재의 선발에 활용되었다.

07

석전(石戰)의 성격에 관한 설명으로 옳지 않은 것은?

① 관료 선발에 활용되었다.
② 명절에 종종 행해지던 민속놀이였다.
③ 전쟁에 대비한 군사훈련에 활용되었다.
④ 실전 부대인 석투군(石投軍)과 관련이 있었다.

08

조선 시대 서민층이 주로 행했던 민속 놀이와 설명으로 옳지 않은 것은?

① 추천(鞦韆): 단오절이나 한가위에 즐겼다.
② 각저(角觝), 각력(角力): 마을 간의 겨룸이 있었는데, 풍년 기원의 의미도 있었다.
③ 종정도(從政圖), 승경도(陞卿圖): 관직 체계의 이해와 출세 동기 부여의 뜻이 담겨 있었다.
④ 삭전(索戰), 갈전(葛戰): 농경사회의 대표적인 민속놀이로서 농사의 풍흉(豊凶)을 점치는 의미도 있었다.

09

조선 시대의 무예서에 관한 설명으로 옳지 않은 것은?

① 『무예도보통지(武藝圖譜通志)』: 정조의 명에 따라 24기의 무예가 수록, 간행되었다.
② 『무예신보(武藝新譜)』: 사도세자의 주도 하에 18기의 무예가 수록, 간행되었다.
③ 『권보(拳譜)』: 광해군의 명에 따라 『무예제보』에 수록되지 않은 4기의 무예가 수록, 간행되었다.
④ 『무예제보(武藝諸譜)』: 선조의 명에 따라 전란 중에 긴급하게 필요했던 단병기 6기가 수록, 간행되었다.

10

〈보기〉에서 조선 시대의 궁술에 관한 설명으로 옳은 것만을 모두 고른 것은?

보기
㉠ 군사 훈련의 수단이었다.
㉡ 무과(武科) 시험의 필수 과목이었다.
㉢ 심신 수련을 위한 학사 사상(學射思想)이 강조되었다.
㉣ 불국토 사상(佛國土思想)을 토대로 훈련이 이루어졌다.

① ㉠, ㉡
② ㉢, ㉣
③ ㉠, ㉡, ㉢
④ ㉡, ㉢, ㉣

11

고종(高宗)의 교육입국조서(敎育立國語書)에서 삼양(三養)이 표기된 순서는?

① 덕양(德養), 체양(體養), 지양(智養)
② 덕양(德養), 지양(智養), 체양(體養)
③ 체양(體養), 지양(智養), 덕양(德養)
④ 체양(體養), 덕양(德養), 지양(智養)

12

〈보기〉에서 설명하는 개화기의 기독교계 학교는?

보기
• 헐벗(H.B. Hulbert)이 도수체조를 지도하였다.
• 1885년 아펜젤러(H.G. Appenzeller)가 설립하였다.
• 과외활동으로 야구, 축구, 농구 등의 스포츠를 실시하였다.

① 경신학당
② 이화학당
③ 숭실학교
④ 배재학당

13

개화기 학교 운동회에 관한 설명으로 옳지 않은 것은?

① 민족의식을 고취하는 역할을 하였다.
② 초기에는 구기 종목이 주로 이루어졌다.
③ 사회체육 발달의 촉진제 역할을 하였다.
④ 근대 스포츠의 도입과 확산에 기여하였다.

14

다음 중 개화기에 설립된 체육 단체가 아닌 것은?

① 대한체육구락부
② 조선체육진흥회
③ 대동체육구락부
④ 황성기독교청년회운동부

15

〈보기〉의 활동을 주도한 체육 사상가는?

> **보기**
> - 체조 강습회 개최
> - 체육 활동의 저변 확대를 위해 대한국민체육회 창립
> - 체육 활동을 통한 애국심 고취를 위해 광무학당 설립

① 서재필 ② 문일평
③ 김종상 ④ 노백린

16

일제 강점기의 체육사적 사실에 관한 설명으로 옳지 <u>않은</u> 것은?

① 원산학사가 설립되었다.
② 체조 교수서가 편찬되었다.
③ 학교에서 체조가 필수 과목이 되었다.
④ 황국 신민 체조가 학교 체육에 포함되었다.

17

〈보기〉에서 일제 강점기의 조선체육회에 관한 설명으로 옳은 것만을 모두 고른 것은?

> **보기**
> ㉠ 전조선 축구 대회를 창설하였다.
> ㉡ 조선체육협회에 강제로 흡수되었다.
> ㉢ 국내 운동가, 일본 유학 출신자 등이 설립하였다.
> ㉣ 종합 체육 대회 성격의 전조선 종합 경기 대회를 개최하였다.

① ㉠, ㉡
② ㉢, ㉣
③ ㉡, ㉢, ㉣
④ ㉠, ㉡, ㉢, ㉣

18

〈보기〉의 괄호 안에 들어갈 일제 강점기의 체육 사상가는?

> **보기**
> ( )은/는 '체육 조선의 건설'이라는 글에서 사회를 강하게 하는 것은 구성원의 힘을 강하게 하는 것이며, 그 방법은 교육이며, 여러 교육의 기초는 체육이라고 강조하였다.

① 박은식 ② 조원희
③ 여운형 ④ 이기

19

대한민국 정부의 체육 정책 담당 부처의 변천 순서가 옳은 것은?

① 체육부 → 문화체육관광부 → 문화체육부
② 체육부 → 문화체육부 → 문화체육관광부
③ 문화체육부 → 체육부 → 문화체육관광부
④ 문화체육부 → 문화체육관광부 → 체육부

20

〈보기〉는 국제대회에서 한국 여자 대표팀이 거둔 성과를 나타낸 것이다. 〈보기〉의 ㉠~㉢에 들어갈 종목이 바르게 제시된 것은?

> **보기**
> - (㉠): 1973년 사라예보 세계선수권대회에서 단체전 우승 달성
> - (㉡): 1976년 몬트리올 올림픽대회에서 구기 종목 사상 최초의 동메달 획득
> - (㉢): 1988년 서울 올림픽대회에서 당시 최강국을 이기고 금메달 획득

	㉠	㉡	㉢
①	배구	핸드볼	농구
②	배구	농구	핸드볼
③	탁구	핸드볼	배구
④	탁구	배구	핸드볼

운동생리학(55)

01
지구성 훈련에 의한 지근 섬유(Type I)의 생리적 변화로 옳지 않은 것은?

① 모세 혈관 밀도 증가
② 마이오글로빈 함유량 감소
③ 미토콘드리아의 수와 크기 증가
④ 절대 운동 강도에서의 젖산 농도 감소

02
유산소성 트레이닝을 통한 근육 내 미토콘드리아 변화와 관련된 설명으로 옳지 않은 것은?

① 근원섬유 사이의 미토콘드리아 밀도 증가
② 근육 내 젖산과 수소 이온(H^+) 생성 감소
③ 손상된 미토콘드리아 분해 및 제거율 감소
④ 근육 내 크레아틴인산(phosphocreatine) 소모량 감소

03
운동 중 지방 분해를 촉진하는 요인으로 옳지 않은 것은?

① 인슐린 증가
② 글루카곤 증가
③ 에피네프린 증가
④ 순환성(cyclic) AMP 증가

04
운동에 대한 심혈관 반응에 관한 설명으로 옳은 것은?

① 점증 부하 운동 시 심근 산소 소비량 감소
② 고강도 운동 시 내장 기관으로의 혈류 분배 비율 증가
③ 일정한 부하의 장시간 운동 시 시간 경과에 따른 심박수 감소
④ 고강도 운동 시 활동근의 세동맥(arterioles) 확장을 통한 혈류량 증가

05
〈보기〉의 ㉠, ㉡에 들어갈 용어가 바르게 나열된 것은?

> **보기**
> - 심장의 부담을 나타내는 심근 산소 소비량은 심박수와 (㉠)을 곱하여 산출한다.
> - 산소 섭취량이 동일한 운동 시 다리 운동이 팔 운동에 비해 심근 산소 소비량이 더 (㉡) 나타난다.

	㉠	㉡
①	1회 박출량	높게
②	1회 박출량	낮게
③	수축기 혈압	높게
④	수축기 혈압	낮게

06
골격근의 수축 특성을 결정하는 요인에 대한 설명 중 〈보기〉의 ㉠, ㉡에 들어갈 용어가 바르게 연결된 것은?

> **보기**
> - 특이장력=근력/(㉠)
> - 근파워=힘×(㉡)

	㉠	㉡
①	근 횡단면적	수축 속도
②	근 횡단면적	수축 시간
③	근파워	수축 속도
④	근파워	수축 시간

07

〈보기〉의 ㉠~㉢에 들어갈 용어가 바르게 나열된 것은?

보기	
수용기	역할
근방추	(㉠) 정보 전달
골지 건기관	(㉡) 정보 전달
근육의 화학 수용기	(㉢) 정보 전달

	㉠	㉡	㉢
①	근육의 길이	근육 대사량	힘 생성량
②	근육 대사량	힘 생성량	근육의 길이
③	근육 대사량	근육의 길이	힘 생성량
④	근육의 길이	힘 생성량	근육 대사량

08

〈그림〉은 도피반사(withdrawal reflex)와 교차신전반사(crossed-extensor reflex)를 나타낸 것이다. 이에 관한 설명으로 옳지 <u>않은</u> 것은?

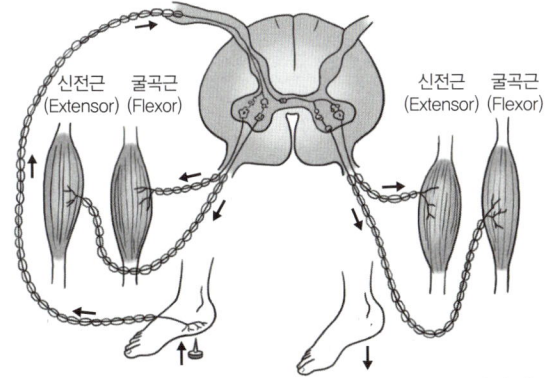

① 반사궁 경로를 통해 통증 자극에 대한 빠른 반사가 일어난다.
② 통증 수용기로부터 활동 전위가 발생하여 척수로 전달된다.
③ 신체 균형을 유지하기 위해 반대편 대퇴의 굴곡근 수축이 억제된다.
④ 통증을 회피하기 위해 통증 부위 대퇴의 굴곡근과 신전근이 동시에 수축된다.

09

〈보기〉에서 고온 환경의 장시간 최대하 운동 시 운동 수행 능력을 저하시키는 요인으로 옳은 것만을 모두 고른 것은?
(단, 심각한 탈수 현상은 발생하지 않는 환경)

보기
㉠ 글리코겐 고갈 가속
㉡ 근혈류량 감소
㉢ 1회 박출량 감소
㉣ 운동 단위 활성 감소

① ㉠, ㉢
② ㉠, ㉡, ㉣
③ ㉡, ㉢, ㉣
④ ㉠, ㉡, ㉢, ㉣

10

〈보기〉의 조건으로 트레드밀 운동 시 운동량은?

보기
• 체중: 50kg
• 트레드밀 속도: 12km/h
• 운동시간: 10분
• 트레드밀 경사도: 5%
(단, 운동량(일): 힘 × 거리)

① 300kpm   ② 500kpm
③ 5,000kpm   ④ 30,000kpm

11

에너지 대사 과정과 속도 조절 효소의 연결이 옳지 <u>않은</u> 것은?

	에너지 대사 과정	속도 조절 효소
①	ATP-PC 시스템	크레아틴키나아제 (creatine kinase)
②	해당 작용	젖산 탈수소효소 (lactate dehydrogenase)
③	크렙스 회로	이소시트르산 탈수소효소 (isocitrate dehydrogenase)
④	전자전달체계	사이토크롬 산화효소 (cytochrome oxidase)

12

<보기>에서 근육의 힘, 파워, 속도의 관계에 대한 설명 중 옳은 것만 모두 고른 것은?

> **보기**
> ㉠ 단축성(concentric) 수축 시 수축 속도가 빨라짐에 따라 힘(장력) 생성은 감소한다.
> ㉡ 신장성(eccentric) 수축 시 신장 속도가 빨라짐에 따라 힘(장력) 생성은 증가한다.
> ㉢ 근육이 발현할 수 있는 최대 근파워는 등척성(isometric) 수축 시에 나타난다.
> ㉣ 단축성 수축 속도가 동일할 때 속근 섬유가 많을수록 큰 힘을 발휘한다.

① ㉠, ㉡, ㉢
② ㉠, ㉡, ㉣
③ ㉠, ㉢, ㉣
④ ㉡, ㉢, ㉣

13

카테콜아민에 대한 설명으로 옳지 <u>않은</u> 것은?

① 부신 피질에서 분비
② 교감신경의 말단에서 분비
③ $α1$ 수용체 결합 시 기관지 수축
④ $β1$ 수용체 결합 시 심박수 증가

14

<보기>의 에너지 대사 과정에 관한 설명 중 옳은 것만을 모두 고른 것은?

> **보기**
> ㉠ 해당 과정 중 NADH는 생성되지 않는다.
> ㉡ 크렙스 회로와 베타 산화는 미토콘드리아에서 관찰되는 에너지 대사 과정이다.
> ㉢ 포도당 한 분자의 해당 과정의 최종산물은 ATP 2분자와 피루브산염 2분자(또는 젖산염 2분자)이다.
> ㉣ 낮은 운동 강도(예 VO_2max 40%)로 30분 이상 운동 시 점진적으로 호흡 교환율이 감소하고 지방 대사 비중은 높아진다.

① ㉠, ㉡
② ㉠, ㉣
③ ㉡, ㉢
④ ㉡, ㉢, ㉣

15

운동 중 혈중 포도당 농도를 유지하기 위한 호르몬에 대한 설명으로 옳지 <u>않은</u> 것은?

① 성장 호르몬 − 간에서 포도당 신생 합성 증가
② 코티졸 − 중성지방으로부터 유리 지방산으로 분해 촉진
③ 노르에피네프린 − 골격근 조직 내 유리 지방산 산화 억제
④ 에피네프린 − 간에서 글리코겐 분해 촉진 및 조직의 혈중 포도당 사용 억제

16

운동 중 수분과 전해질 균형에 관한 설명으로 옳은 것만을 모두 고른 것은?

> **보기**
> ㉠ 장시간의 중강도 운동 시 혈장량과 알도스테론 분비는 감소한다.
> ㉡ 땀 분비로 인한 혈장량 감소는 뇌하수체 후엽의 항이뇨 호르몬 분비를 유도한다.
> ㉢ 충분한 수분 섭취 없이 장시간 운동 시 체내 수분 재흡수를 위해 레닌-안지오텐신 II 호르몬이 분비된다.
> ㉣ 운동에 의한 땀 분비는 수분 상실을 초래하며 혈중 삼투질 농도를 감소시킨다.

① ㉠, ㉢
② ㉠, ㉣
③ ㉡, ㉢
④ ㉡, ㉣

17

〈표〉는 참가자의 폐 환기 검사 결과이다. 〈보기〉에서 옳은 것만을 모두 고른 것은?

참가자	1회 호흡량 (mL)	호흡률 (회/min)	분당 환기량 (mL/min)	사강량 (mL)	폐포 환기량 (mL/min)
주은	375	20	( )	150	( )
민재	500	15	( )	150	( )
다영	750	10	( )	150	( )

> **보기**
> ㉠ 세 참가자의 분당 환기량은 동일하다.
> ㉡ 다영의 폐포 환기량은 분당 6L/min이다.
> ㉢ 주은의 폐포 환기량이 가장 크다.

① ㉠, ㉡
② ㉠, ㉢
③ ㉡, ㉢
④ ㉠, ㉡, ㉢

18

1회 박출량(stroke volume) 증가 요인으로 옳지 않은 것은?

① 심박수 증가
② 심실 수축력 증가
③ 평균 동맥혈압(MAP) 감소
④ 심실 이완기말 혈액량(EDV) 증가

19

골격근 섬유에 관한 설명으로 옳은 것은?

① 근수축에 필요한 칼슘(Ca^{2+})은 근형질 세망에 저장되어 있다.
② 운동 단위(motor unit)는 감각 뉴런과 그것이 지배하는 근섬유의 결합이다.
③ 신경근 접합부(neuromuscular junction)에서 분비되는 근수축 신경 전달 물질은 에피네프린이다.
④ 지연성 근통증은 골격근의 신장성(eccentrk) 수축보다 단축성(concentric) 수축 시 더 쉽게 발생한다.

20

지근 섬유(Type I)와 비교되는 속근 섬유(Type II)의 특성으로 옳은 것은?

① 높은 피로 저항력
② 근형질 세망의 발달
③ 마이오신 ATPase의 느린 활성
④ 운동 신경 세포(뉴런)의 작은 직경

운동역학(66)

01

뉴턴(I. Newton)의 3가지 법칙과 관련이 없는 것은?

① 외력이 가해지지 않으면 정지하고 있는 물체는 계속 정지하려 한다.
② 가속도는 물체에 가해진 힘에 비례한다.
③ 수직 점프를 할 때 지면을 강하게 눌러야 높게 올라갈 수 있다.
④ 외력이 가해지지 않으면 물체가 가진 각운동량은 변하지 않는다.

02

〈보기〉에서 힘(force)에 관한 설명으로 옳은 것을 모두 고른 것은?

보기
㉠ 움직임을 일으키는 원인으로 에너지이다.
㉡ 질량과 가속도의 곱으로 결정된다.
㉢ 단위는 N(Newton)이다.
㉣ 크기를 갖는 스칼라(scalar)이다.

① ㉠, ㉡
② ㉠, ㉣
③ ㉡, ㉢
④ ㉢, ㉣

03

쇼트트랙 경기에서 원운동을 할 때 원심력과 구심력에 관한 설명으로 옳은 것은?

① 원심력과 구심력은 크기가 같고, 방향이 반대이다.
② 원심력은 원운동을 하는 선수의 질량과 관계가 없다.
③ 원심력을 극복하는 방법으로 반지름을 작게 하여 원운동을 한다.
④ 신체를 원운동 중심의 방향으로 기울이는 것은 접선속도를 크게 만들기 위함이다.

04

선 운동량 또는 충격량에 관한 설명으로 옳은 것은?

① 선 운동량은 질량과 속도를 더하여 결정되는 물리량이다.
② 충격량은 충격력과 충돌이 가해진 시간의 곱으로 결정되는 물리량이다.
③ 시간에 따른 힘 그래프에서 접선의 기울기는 충격량을 의미한다.
④ 충격량이 선 운동량으로 전환되기 위해서는 먼저 충격량이 토크로 전환되어야 한다.

05

운동학적(kinematic) 분석과 운동역학적(kinetic) 분석에 관한 설명으로 옳지 않은 것은?

① 일률, 속도, 힘은 운동역학적 분석 요인이다.
② 운동학적 분석은 움직임을 공간적·시간적으로 분석한다.
③ 근전도 분석, 지면 반력 분석은 운동역학적 분석 방법이다.
④ 신체 중심점의 위치 변화, 관절 각의 변화는 운동학적 분석 요인이다.

06

〈보기〉에서 물리량에 대한 설명으로 옳은 것만 고른 것은?

보기

㉠ 압력은 단위 면적당 가해지는 힘이며 벡터이다.
㉡ 일은 단위 시간당 에너지의 변화율이며 벡터이다.
㉢ 마찰력은 두 물체의 마찰로 발생하는 힘이며 스칼라이다.
㉣ 토크는 회전을 일으키는 효과이며 벡터이다.

① ㉠, ㉡
② ㉠, ㉣
③ ㉡, ㉢
④ ㉢, ㉣

07

〈보기〉에서 항력과 관련된 설명으로 옳은 것만 고른 것은?

보기

㉠ 육상의 원반 투사 시, 최적의 공격각(attack angle)은 $\frac{항력}{양력}$이 최대일 때의 각도이다.
㉡ 야구에서 투구 시 공에 회전을 넣어 커브 구질을 만든다.
㉢ 파도와 같이 물과 공기의 접촉면에서 형성된 난류에 의하여 발생하기도 한다.
㉣ 날아가는 골프공의 단면적(유체의 흐름방향에 수직인 물체의 면적)에 비례한다.

① ㉠, ㉡
② ㉠, ㉣
③ ㉡, ㉢
④ ㉢, ㉣

08

2차원 영상 분석에서 배율법(multiplier method)에 관한 설명으로 옳지 않은 것은?

① 동작이 수행되는 평면에 직교하게 카메라를 설치한다.
② 분석 대상이 운동 평면에서 벗어나면 투시 오차(perspective error)가 발생할 수 있다.
③ 체조의 공중회전(somersault)과 트위스트(twist)와 같은 운동 동작을 분석하는 데 주로 활용된다.
④ 기준자(reference ruler)는 영상 평면에서의 분석 대상 크기를 실제 운동 평면에서의 크기로 조정하기 위해 사용된다.

09

〈보기〉에서 각운동에 관한 설명으로 옳은 것만 고른 것은?

보기

㉠ 각속력은 벡터이고, 각속도(angular velocity)는 스칼라이다.
㉡ 각속력(angular speed)은 시간당 각거리(angular distance)이다.
㉢ 각가속도(angular acceleration)는 시간당 각속도의 변화량이다.
㉣ 각거리는 물체의 처음과 마지막 각위치의 변화량이다.

① ㉠, ㉡
② ㉠, ㉣
③ ㉡, ㉢
④ ㉢, ㉣

10

〈보기〉의 ㉠~㉣에 들어갈 내용이 바르게 제시된 것은?

보기

- (㉠)가 커질수록 부력도 커진다.
- (㉡)가 올라갈수록 부력은 작아진다.
- (㉢)는 수중에서의 자세 변화에 따라 달라진다.
- (㉣)은 물에 잠긴 신체의 부피에 비례하여 수직으로 밀어올리는 힘이다.

	㉠	㉡	㉢	㉣
①	신체의 밀도	신체의 온도	무게 중심의 위치	부력
②	유체의 밀도	신체의 온도	무게 중심의 위치	항력
③	신체의 밀도	물의 온도	부력 중심의 위치	항력
④	유체의 밀도	물의 온도	부력 중심의 위치	부력

11

〈보기〉와 같이 조건을 (A)에서 (B)로 변경하였을 때, ㉠~㉢에 들어갈 내용으로 바르게 나열한 것은? (단, 각운동량 그리고 줄과 공의 질량은 변화가 없는 것으로 가정)

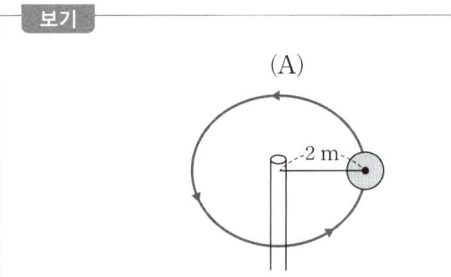

- 회전축에서 공의 중심까지 거리: 2m
- 회전속도: 1회전/sec

⇩

(B)

회전축에서 공까지의 거리를 1m로 줄이면, 회전반경이 (㉠)로 줄어들고 관성 모멘트가 (㉡)로 감소하기 때문에 공의 회전속도는 (㉢)로 증가한다.

	㉠	㉡	㉢
①	$\frac{1}{2}$	$\frac{1}{2}$	2회전/sec
②	$\frac{1}{2}$	$\frac{1}{4}$	2회전/sec
③	$\frac{1}{4}$	$\frac{1}{2}$	4회전/sec
④	$\frac{1}{2}$	$\frac{1}{4}$	4회전/sec

12

인체에 적용되는 지레(levers)의 원리에 관한 설명으로 옳지 않은 것은?

① 1종 지레에서 축(받침점)은 힘점과 저항점(작용점) 사이에 위치하고 역학적 이점이 1보다 크거나 작을 수 있다.
② 2종 지레는 저항점이 힘점과 축 사이에 위치하고 역학적 이점이 1보다 크다.
③ 3종 지레에서 힘점은 축과 저항점 사이에 위치하고 역학적 이점이 1보다 크다.
④ 지면에서 수직 방향으로 발뒤꿈치를 들고 서는 동작(calf raise)은 2종 지레이다.

13

〈그림〉의 수직 점프(vertical jump) 동작에 관한 운동역학적 특성을 바르게 설명한 것은? (단, 외력과 공기 저항은 작용하지 않는 것으로 가정)

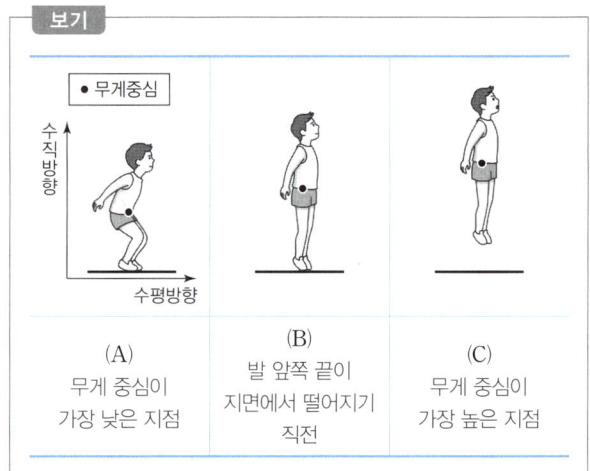

① (A)부터 (B)까지 한 일(work)은 위치 에너지의 변화량과 같다.
② (A)부터 (B)까지 넙다리 네갈래근(대퇴사두근, quadriceps)은 신장성 수축(eccentric contraction)을 한다.
③ (B)부터 (C)까지 무게 중심의 수직 가속도는 증가한다.
④ (C) 지점에서 인체 무게 중심의 수직 속도는 0m/sec 이다.

14

회전 운동에 관한 설명으로 옳지 않은 것은?

① 회전하는 물체의 접선 속도는 각속도와 반지름의 곱으로 구한다.
② 회전하는 물체의 각속도는 호의 길이를 소요 시간으로 나누어 구한다.
③ 인체의 관성 모멘트(moment of inertia)는 회전축의 방향에 따라 변한다.
④ 토크는 힘의 연장선이 물체의 중심에서 벗어난 지점에 작용할 때 발생한다.

15

인체의 무게 중심에 관한 설명으로 옳지 않은 것은?

① 무게 중심은 인체 외부에 위치할 수 있다.
② 무게 중심의 위치는 안정성에 영향을 준다.
③ 무게 중심은 토크의 합이 '0'인 지점이다.
④ 무게 중심의 위치는 동작의 변화와 관계없이 일정하다.

16

중력 가속도의 개념에 관한 설명으로 옳지 않은 것은?

① 중력 가속도의 크기는 $9.8m/sec^2$이다.
② 중력 가속도는 지구 중심 방향으로 작용한다.
③ 인체의 무게는 질량과 중력 가속도의 곱으로 산출한다.
④ 토스한 배구공이 상승하는 과정에서는 중력 가속도의 영향을 받지 않는다.

17

인체의 근골격계에 관한 설명으로 옳은 것은?

① 골격근의 수축은 관절에서 회전 운동을 일으키지 못한다.
② 인대(ligament)는 골격근을 뼈에 부착시키는 역할을 한다.
③ 작용근(주동근, agonist)은 의도한 운동을 발생시키는 근육이다.
④ 팔꿈치 관절에서 굽힘근(굴근, flexor)의 수축은 관절의 각도를 커지게 한다.

18

기저면의 변화를 통해 안정성을 증가시킨 동작으로 옳지 않은 것은?

① 산에서 내려오며 산악용 스틱을 사용하여 지면을 지지하기
② 씨름에서 상대방이 옆으로 당기자 다리를 좌우로 벌리기
③ 평균대 외발서기 동작에서 양팔을 좌우로 벌리기
④ 스키점프 착지 동작에서 다리를 앞뒤로 교차하여 벌리기

19

역학적 일(work)과 일률(power)의 개념을 바르게 설명한 것은?

① 일의 단위는 Watt 또는 Joule/sec이다.
② 일률은 힘과 속도의 곱으로 산출한다.
③ 일률은 이동한 거리를 고려하지 않는다.
④ 일은 가해진 힘의 크기에 반비례한다.

20

운동역학을 스포츠 현장에 적용한 사례로 적절하지 않은 것은?

① 멀리뛰기에서 도약력 측정을 위한 지면 반력 분석
② 다이빙에서 각운동량 산출을 위한 3차원 영상 분석
③ 축구에서 운동량 측정을 위한 웨어러블 센서(wearable sensor)의 활용
④ 경기장 적응을 위해 가상현실을 활용한 양궁 심상 훈련 지원

스포츠윤리(77)

01

<보기>에서 설명하는 법령은?

보기

이 법은 국민 모두가 스포츠 및 신체 활동에 자유롭고 평등하게 참여하여 건강하고 행복한 삶을 영위할 수 있도록 스포츠의 가치가 교육, 문화, 환경, 인권, 복지, 정치, 경제, 여가 등 우리 사회 영역 전반에 확산될 수 있게 국가와 지방자치 단체가 그 역할을 다 하며, 개인이 스포츠 활동에서 차별받지 아니하고, 스포츠의 다양성, 자율성과 민주성의 원리가 조화롭게 실현되도록 하는 것을 기본 이념으로 한다.

① 스포츠 클럽법
② 스포츠 기본법
③ 국민 체육 진흥법
④ 학교 체육 진흥법

02

<보기>에서 스포츠에서 발생하는 폭력의 유형과 특징으로 옳은 것만을 모두 고른 것은?

보기

㉠ 직접적 폭력은 가시적, 파괴적이다.
㉡ 직접적 폭력은 상해를 입히려는 의도가 있는 행위이다.
㉢ 구조적 폭력은 비가시적이며 장기간 이루어진다.
㉣ 구조적 폭력은 의도가 노골적이지 않지만 관습처럼 반복된다.
㉤ 문화적 폭력은 언어, 행동 양식 등의 상징적 행위를 통해 가해진다.
㉥ 문화적 폭력은 위해를 '옳은 것'이라 정당화하여 '문제가 되지 않게' 만들기도 한다.

① ㉠, ㉢, ㉤
② ㉠, ㉢, ㉣, ㉥
③ ㉠, ㉡, ㉢, ㉣, ㉤
④ ㉠, ㉡, ㉢, ㉣, ㉤, ㉥

03

스포츠에서 여성에 대한 차별이 발생하거나 심화되는 원인으로 볼 수 <u>없는</u> 것은?

① 생물학적 환원주의
② 남녀의 운동 능력 차이
③ 남성 문화에 기반한 근대 스포츠
④ 여성 참정권

04

<보기>에서 (가)의 문제를 해결하기 위해 생명 중심주의 입장에서 (나)를 제시한 학자는?

보기

(가)
스포츠에서 환경문제가 발생하는 근본 원인은 스포츠의 사회 문화적 가치와 환경 혹은 자연의 보전 가치 사이의 충돌이다.

(나)
- 불침해의 의무: 다른 생명체에 해를 끼쳐서는 안 된다.
- 불간섭의 의무: 생태계에 간섭해서는 안 된다.
- 신뢰의 의무: 낚시나 덫처럼 동물을 기만하는 행위를 해서는 안 된다.
- 보상적 정의의 의무: 부득이하게 해를 끼친 경우 피해를 보상해야 한다.

① 테일러(P. Taylor)
② 베르크(A. Berque)
③ 콜버그(L. Kohlberg)
④ 패스모어(J. Passmore)

05

〈보기〉의 ㉠~㉢에 들어갈 용어로 바르게 묶인 것은?

> **보기**
> - (㉠): 생물학적, 형태학적 특징에 따라 분류된 인간 집단
> - (㉡): 특정 종목에 유리하거나 불리한 인종이 실제로 존재한다는 사고 방식
> - (㉢): 선수의 능력 차이를 특정 인종의 우월이나 열등으로 과장하여 차등을 조장하는 것

	㉠	㉡	㉢
①	인종	인종주의	인종 차별
②	인종	인종 차별	젠더화 과정
③	젠더	인종주의	인종 차별
④	젠더	인종 차별	젠더화 과정

06

〈보기〉의 축구 경기 비디오 판독(VAR)에서 심판 B의 판정 견해를 지지하는 윤리 이론에 가장 부합하는 것은?

> **보기**
> - 심판 A: 상대 선수가 부상을 입었지만 퇴장은 가혹하다.
> - 심판 B: 그 선수가 충돌을 피할 수 있는 시간은 충분했다. 그러나 그는 피하려 하지 않았다. 따라서 퇴장의 처벌은 당연하다.

① 최대 다수의 최대 행복
② 의무주의
③ 쾌락주의
④ 좋음은 옳음의 근거

07

〈보기〉에 담긴 윤리적 규범과 관련이 없는 것은?

> **보기**
> 나는 운동선수로서 경기의 규칙을 숙지하고 준수하여 공정하게 시합을 한다.

① 페어플레이(fair play)
② 스포츠 딜레마(sport dilemma)
③ 스포츠 에토스(sport ethos)
④ 스포츠 퍼슨십(sport personship)

08

〈보기〉의 사례로 나타나는 품성으로 스포츠인에게 권장하지 않는 것은?

> **보기**
> - 경기 규칙의 위반은 옳지 않음을 알면서도 불공정한 파울을 행하기도 한다.
> - 도핑이 그릇된 일이라는 점을 알고 있지만, 기록 갱신과 승리를 위해 도핑을 강행한다.

① 테크네(techne)
② 아크라시아(akrasia)
③ 에피스테메(episteme)
④ 프로네시스(phronesis)

09

〈보기〉의 내용과 가장 밀접한 것은?

> **보기**
> - 정정당당하게 경기에 임하라.
> - 어떠한 경우에도 최선을 다해라.
> - 운동선수는 페어플레이를 해야 한다.

① 모방욕구
② 가언명령
③ 정언명령
④ 배려윤리

10

〈보기〉의 내용에 해당하는 윤리적 태도는?

> **보기**
> 나는 경기에 참여할 때마다, 나의 행동 하나하나가 가능한 많은 사람이 만족하는데 기여할 수 있도록 노력한다.

① 행위 공리주의
② 규칙 공리주의
③ 제도적 공리주의
④ 직관적 공리주의

11

〈보기〉의 설명에 해당하는 스포츠에서의 정의(justice)는?

> **보기**
> 정의는 공정과 준법을 요구한다. 모든 선수에게 동등한 기회를 보장해야 한다는 공정의 원칙은 지켜지지 않을 때가 있다. 스포츠에서는 완전한 통제가 어려운 불평등을 줄이기 위해 공수 교대, 전후반 진영 교체, 홈·원정 경기, 출발 위치 제비뽑기 등을 한다.

① 자연적 정의
② 평균적 정의
③ 분배적 정의
④ 절차적 정의

12

〈보기〉의 ㉠~㉢에 해당하는 용어가 바르게 제시된 것은?

> **보기**
> 공자의 사상은 (㉠)(으)로 설명할 수 있다. (㉡)은/는 마음이 중심을 잡아 한쪽으로 치우치지 않는 상태를 의미하고, (㉢)은/는 나와 타인의 마음이 서로 다르지 않다는 뜻으로 배려와 관용을 나타낸다. 공자는 (㉢)에 대해 "내가 원하지 않은 일을 남에게 하지 말라(己所不欲 勿施於人)"는 정언명령으로 규정한다. 이는 스포츠맨십과 상통한다.

	㉠	㉡	㉢
①	충효(忠孝)	충(忠)	효(孝)
②	정의(正義)	정(正)	의(義)
③	정명(正名)	정(正)	명(名)
④	충서(忠恕)	충(忠)	서(恕)

13

〈보기〉의 주장과 가장 밀접한 관련이 있는 것은?

> **보기**
> 스포츠 경기에서 승자의 만족도는 '1'이고, 패자의 만족도는 '0'이라고 말하는 사람이 있다. 그러나 스포츠 경기에서 양자의 만족도 합은 '0'에 가까울 수도 있고, '2'에 가까울 수도 있다. 승자와 패자의 만족도가 각각 '1'에 가까울 수 있기 때문이다.

① 칸트
② 정언명령
③ 공정시합
④ 공리주의

14

〈보기〉의 설명에 해당하는 반칙의 유형은?

> **보기**
> - 동기, 목표가 뚜렷하다.
> - 스포츠의 본질적인 성격을 부정하는 의미로 해석할 수 있다.
> - 실격, 몰수패, 출전 정지, 영구 제명 등의 처벌이 따른다.

① 의도적 구성 반칙
② 비의도적 구성 반칙
③ 의도적 규제 반칙
④ 비의도적 규제 반칙

15

〈보기〉의 대화에서 '윤성'의 윤리적 관점은?

> **보기**
> - 진서: 나 어젯밤에 투우 중계방송 봤는데, 스페인에서 엄청 인기더라구! 그런데 동물을 인간 오락의 대상으로 삼는 것은 윤리적으로 허용될 수 없는 거 아니야?
> - 윤성: 난 다르게 생각해! 스포츠 활동은 인간의 이상을 추구하기 위한 것이고, 그 이상의 실현을 위해 동물은 수단으로 활용될 수 있는거 아닐까? 승마의 경우 인간과 말이 훈련을 통해 기량을 향상시키고 결국 사람 간의 경쟁에 동물을 도구로 활용한다고 볼 수 있잖아.

① 동물 해방론
② 동물 권리론
③ 종 차별주의
④ 종 평등주의

16

〈보기〉의 사례에서 나타나는 윤리적 태도와 가장 밀접한 관련이 있는 것은?

> **보기**
>
> 선수는 윤리적 갈등을 겪을 때면, 우리 사회에서 오랫동안 본보기가 되어온 위인들을 떠올린다. 그리고 그 위인들처럼 행동하려고 노력한다.

① 맥킨타이어(A. MacIntyre)
② 의무주의(deontology)
③ 쾌락주의(hedonism)
④ 메타윤리(metaethics)

17

스포츠윤리의 특징으로 적절하지 <u>않은</u> 것은?

① 스포츠 경쟁의 윤리적 기준이다.
② 올바른 스포츠 경기의 방향이 된다.
③ 보편적 윤리로는 다룰 수 없는 독자성이 있다.
④ 스포츠인의 행위, 실천의 기준이다.

18

〈보기〉에서 학생 운동선수의 학습권 보호와 관련된 것으로 옳은 것만 모두 고른 것은?

> **보기**
>
> ㉠ 최저 학력 제도
> ㉡ 리그 승강 제도
> ㉢ 주말 리그 제도
> ㉣ 학사 관리 지원 제도

① ㉠, ㉡, ㉢
② ㉠, ㉡, ㉣
③ ㉠, ㉢, ㉣
④ ㉡, ㉢, ㉣

19

〈보기〉의 주장에 나타난 윤리적 관점은?

> **보기**
>
> 스포츠 행위의 도덕적 가치는 사회에 따라, 또는 사람에 따라 다를 수 있다. 물론 도덕적 준거가 없는 것은 아니다.

① 윤리적 절대주의
② 윤리적 회의주의
③ 윤리적 상대주의
④ 윤리적 객관주의

20

〈보기〉의 대화에서 논란이 되고 있는 도핑의 종류는?

> **보기**
>
> - 지원: 스포츠 뉴스 봤어? 케냐의 마라톤 선수 킵초게가 1시간 59분 40초의 기록을 세웠대!
> - 사영: 우와! 2시간의 벽이 드디어 깨졌네요! 인간의 한계는 끝이 없나요?
> - 성현: 그런데 이번 기록은 특수 제작된 신발을 신고 달렸으니 킵초게 선수의 능력만으로 달성했다고 볼 수 없는 거 아니야? 스포츠에 과학기술의 도입은 필요하지만, 이러다가 스포츠에서 탁월성의 근거가 인간에서 기술로 넘어가는 거 아니야?
> - 혜름: 맞아! 수영의 전신 수영복, 야구의 압축 배트가 금지된 사례도 있잖아!

① 약물 도핑(drug doping)
② 기술 도핑(technology doping)
③ 브레인 도핑(brain doping)
④ 유전자 도핑(gene doping)

2024년 2급 전문/2급 생활 스포츠지도사

정답 및 해설

스포츠사회학(11) 기출문제 해설(선택/A형)

01	02	03	04	05	06	07	08	09	10
④	①	④	③	③	①	④	②	①	②
11	12	13	14	15	16	17	18	19	20
①	③	②	④	④	④	③	②	①③	②

01 ④

| 정답해설 |

㉠ 스포츠에 대한 정치적 개입의 목적 중 체력과 신체적 능력 유지에 해당한다.
㉡㉢ 스포츠에 대한 정치적 개입의 목적 중 공공질서 보호에 해당한다.

| 심화해설 |

훌리한(B. Houlihan)의 스포츠에 대한 정치적 개입의 목적
- 공공질서 보호
- 체력과 신체적 능력 유지
- 집단·공동체·국가의 위신과 힘 증진
- 동일성·소속감·통일성의 의미 증진
- 지배적인 이데올로기와 함께 일관된 가치 강조
- 경제성장 촉진

02 ①

| 정답해설 |

지정 스포츠 클럽은 스포츠 클럽과 학교체육 진흥법에 따른 학교스포츠 클럽 및 학교운동부와 연계하고, 종목별 전문선수 육성 프로그램을 운영할 수 있다.

| 심화해설 |

「스포츠 클럽법」
제9조(지정스포츠 클럽) ① 문화체육관광부장관은 다음 각 호의 사업을 추진하기 위하여 스포츠 클럽 중에서 지정스포츠 클럽을 지정할 수 있다.
  1. 스포츠 클럽과 「학교체육 진흥법」에 따른 학교스포츠 클럽 및 학교운동부와의 연계
  2. 종목별 전문선수의 육성
  3. 연령·지역·성별 특성을 반영한 스포츠 프로그램의 운영
  4. 대통령령으로 정하는 기초 종목 및 비인기 종목의 육성
  5. 그 밖에 대통령령으로 정하는 사항
② 문화체육관광부장관은 지정스포츠 클럽이 제1항 각 호의 사업을 추진하는 데 필요한 비용을 지원할 수 있다.
③ 지정스포츠 클럽의 지정 요건 및 절차 등에 관하여 필요한 사항은 대통령령으로 정한다.

03 ④

| 정답해설 |

스티븐슨(C. Stevenson)과 닉슨(J. Nixon)의 스포츠의 사회적 기능
- 사회·정서적 기능
- 사회화 기능
- 사회 통합 기능
- 사회 정치적 기능
- 사회 계층 이동 기능

| 오답해설 |

㉡ 사회 갈등 유발 기능은 갈등 이론 관점에서 접근한 기능이다.

04 ③

| 정답해설 |

㉠ 피라미드 모형: 스포츠 참여의 기반이 확대되면, 이를 바탕으로 우수한 선수가 배출된다는 모형으로 생활 스포츠의 중요성을 강조할 때 근거로 활용한다(생활 스포츠 우선).
㉡ 낙수효과 모형: 엘리트 스포츠의 발전으로 우수한 선수가 배출되면, 이를 바탕으로 생활 스포츠 참여도 확대된다는 모형으로 엘리트 스포츠의 중요성을 강조할 때 근거로 활용한다(엘리트 스포츠 우선).
㉢ 선순환 모형: 피라미드 모형(생활 스포츠)과 낙수효과 모형(엘리트 스포츠)을 통합한 모형이다.

05 ③

| 정답해설 |

스포츠 세계화의 원인
- 제국주의: 스포츠를 피식민지 국민에 대한 동화 정책의 문화적 수단으로 활용함
- 민족주의: 스포츠를 통해 민족에 대한 소속감, 정체성을 확인할 수 있음
- 종교 전파: 스포츠는 종교와 연계되어 종교적 거부감을 해소할 수 있음
- 기술(테크놀로지)의 진보: 기술 발전으로 전 세계에서 열리는 스포츠 경기를 실시간으로 확인할 수 있음

| 오답해설 |

㉢ 스포츠의 세계화로 인종에 대한 차별은 점차 줄어들고 있다.

06 ①

| 오답해설 |

② 보편성에 대한 설명이다.
③ 역사성에 대한 설명이다.
④ 영향성에 대한 설명이다.

07 ④

| 정답해설 |

사회 계층의 이동 유형은 이동 방향에 따라 수직이동과 수평이동으로 구분한다.

| 심화해설 |

사회 이동의 유형

구분	중심적 활동
이동 방향	• 수직 이동: 계층 구조 내에서 종전 지위에 대한 상하 변화 • 수평 이동: 계층적 지위의 변화가 없는 이동으로 일종의 단순한 자리바꿈
시간적 거리 (기간)	• 세대 간 이동: 다음 세대로 이어지는 과정에서 발생하는 사회·경제적 지위의 변화 • 세대 내 이동: 한 개인의 생애를 통하여 발생하는 사회·경제적 지위의 변화
이동 주체	• 개인 이동: 개인의 능력과 노력에 입각하여 사회적 상승 기회 실현 • 집단 이동: 유사한 집단이 어떤 촉매적 계기를 통하여 집합적으로 이동

08 ②

| 오답해설 |

① 문화 규범 이론: 일탈 행위는 동조 행위와 같이 문화적으로 유형화된 행위라는 데 초점을 두고 일탈자가 되는 것은 주위의 일탈적 문화 양식을 습득하기 때문에 발생한다는 이론
③ 개인차 이론: 대중 매체가 관람자의 개인적 특성에 호소하는 메시지를 제공하고 개인은 자신의 특정한 욕구를 만족시키기 위해 미디어를 이용한다는 이론
④ 아노미 이론: 선수의 승리에 대한 목표와 수단의 괴리로 인해 일탈이 발생한다는 이론

09 ①

| 정답해설 |

경계 폭력은 경기의 규칙에 위반되지만 스포츠의 예절 및 규범, 유용한 경쟁 전략에는 부합되는 것으로 선수들과 코치들에게 받아들여지는 폭력을 의미한다. 야구의 빈볼성 투구, 축구 및 농구의 팔꿈치, 무릎 등 사용이 해당한다.

| 오답해설 |

② 범죄 폭력: 법을 위반하는 행위로 이유 불문하고 비난받게 되고 범죄로 기소될 수 있는 폭력을 의미한다. 경기 중 또는 경기 후 발생한 계획적 폭행으로 죽거나 불구에 이를 정도의 심각한 폭행 등이 해당한다.
③ 유사 범죄 폭력: 경기 규범과 공공 법을 위반하는 행위이며 선수들 사이의 비공식적 규범 등을 위반하는 폭력을 의미한다. 비열한 플레이, 불시의 공격, 선수들의 신체에 위협을 가하고 규범을 어기는 심한 파울 등이 해당한다.
④ 격렬한 신체 접촉: 충돌, 가격, 태클, 방해, 부딪힘 그 외의 다른 부상을 유발할 수 있는 형태의 강한 신체적 접촉을 의미한다. 선수들 사이에서 스포츠 참가의 일부로 받아들이며, 사회 대부분의 사람들은 이를 불법 및 범죄로 분류하지 않고 징계의 필요성도 느끼지 않는다.

10 ②

| 정답해설 |

상업주의와 관련된 스포츠 규칙 변화에서 득점은 오히려 증가하게 되었다.

| 심화해설 |

스포츠의 상업화로 인한 변화
- 스포츠 규칙의 변화
- 스포츠 제도의 변화
- 아마추어리즘의 퇴조

- 물질 만능주의 강화
- 도박 및 경기 조작(불법 행위)

11 ①

| 정답해설 |

상징적 상호 작용론 관점의 이론이 아니라 구조 기능 관점의 이론이다. 파슨즈는 전체로서 사회는 본질적으로 균형을 지향하려는 성향이 있어 각 부분이 수행하는 역할이 다르다고 하더라도 결국은 전체 사회의 균형이라는 하나의 통합적 목적을 위한 기능을 수행하고 있는 것이라고 보았다. 또한 사회 전체의 본질적 지향인 균형을 위하여 체제 유지와 긴장 해소, 통합, 목표 성취 및 적응 등의 네 가지 기능이 필수적이라고 하였다.

| 심화해설 |

파슨즈(T. Parsons)의 AGIL 모형
- 적응(Adaptation): 스포츠가 사회 구성원에게 현실에 대한 적합한 사고, 감정, 행동 양식을 학습시켜 사회 구성원으로서 차질 없이 생활하도록 도움을 준다.
- 목표 성취(Goal attainment): 스포츠는 사회 제도의 목적을 달성하는 데 동원 가능한 수단을 합법화하고 그것을 재확인해 주는 기능을 한다(타인과의 공정하고 정당한 경쟁을 통해 목표가 이루어졌을 때 비로소 가치 있고 의미 있는 것으로 인정함).
- 사회 통합(Integration): 스포츠가 사회 구성원을 결집시키고 조직에 대한 일체감을 조성한다.
- 체제 유지 및 관리(Latent pattern maintenance): 스포츠는 전체 사회의 규범과 가치를 개인에게 학습하게 하고 내면화시킴으로써 사람들을 순응시키는 다양한 기능을 수행한다.

12 ③

| 정답해설 |

포상 및 연금, 군복무 면제 등의 혜택은 스포츠와 정치의 결합에 있어 정부 기관과 상호 의존성에서 확실히 드러난다.

| 심화해설 |

에티즌(D. Eitzen)과 세이지(G. Sage)(1982)의 스포츠의 정치적 속성
- 대표성: 스포츠를 행하는 의식은 후원 기관에 대한 충성심을 상징적으로 재확인하는 기능이 있으며, 특히 올림픽이나 국제 경기에서의 성적은 각 나라의 정치적·경제적·문화적·군사적 우월성을 나타내는 중요한 수단이다.
- 권력 투쟁: 선수와 구단주 간, 경쟁 리그 간, 행정 기구 등의 스포츠 조직에는 불평등하게 배분되는 권력이 존재한다.
- 상호 의존성: 스포츠와 정치의 결합은 정부 기관이 관계될 때 확실히 드러나는데, 그 예로 일반 기업이 프로 스포츠 구단을 창설하게 되면 조세 감면 혜택을 받는 경우가 있다.
- 보수성: 스포츠의 제도적 특성은 질서와 법의 표본으로, 스포츠는 보수적인 성향을 지니고 있기 때문에 현 상황을 지속하려는 경향이 있으며 스포츠 경기에 수반되는 애국심은 정치 체계를 더욱 강화시키는 역할을 한다.
- 긴장 관계: 각 나라의 정치적 관계에 따라 스포츠 경기에 상대국과의 긴장 관계가 형성된다.

13 ②

| 정답해설 |

㉠ 정치이념 선전: 1936년 베를린 올림픽 대회에서 히틀러가 나치의 권위와 위대성을 표출하고자 올림픽을 이용한 것은 극단적인 민족주의 과시를 위한 것임
㉡ 외교적 도구: 1971년 미국 탁구 선수단이 중국을 방문한 핑퐁 외교는 탁구를 통해 미국과 중국이 수교를 튼 스포츠 외교의 결과임
㉢ 갈등 및 적대감 표출: 1972년 뮌헨 올림픽에서 팔레스타인의 과격 단체 '검은 구월단'이 이스라엘 선수를 살해한 사건임
㉣ 외교적 항의: 인종 차별 정책(아파르트헤이트, apartheid)을 실시한 남아프리카공화국에 대해 국제 스포츠를 배제함

14 ④

| 정답해설 |

범세계적 인적 교류가 활발히 진행되고 외국선수의 국내유입과 자국선수의 해외 진출이 자유롭게 이루어지면서 스포츠의 세계화가 빠르게 진행되고 있다. 이는 지구촌 스포츠 자본의 흐름이 범세계적 스포츠 시장으로 형성되고, 국제스포츠 기구의 성장, 다국적 기업들의 국제적 스폰서십 및 마케팅이 증가하는 결과를 낳았다.

15 ④

| 정답해설 |

스포츠의 교육적 역기능

교육 목표 결핍	부정행위 조장	편협한 인간 육성
• 승리 제일주의	• 스포츠의 상업화	• 독재적 코치
• 참가 기회의 제한	• 위선과 착취	• 비인간적 훈련
• 성차별	• 일탈 조장	

| 오답해설 |

①②③ 스포츠의 교육적 순기능에 대한 설명이다.

16 ④

| 정답해설 |

스포츠 미디어에 있어 성차별 이데올로기는 경기의 성과보다 여성성에 더 많은 관심을 보인다.

| 심화해설 |

성(성차별) 이데올로기는 여성이 신체 활동에 소극적이라는 전통적인 성차별 이데올로기를 재생산하는 것과 대중 매체의 편향적 보도를 의미한다.

17 ③

| 정답해설 |

선수의 위험이나 고통을 자연스럽게 받아들이고 경기에 헌신할 것을 요구하는 과잉 동조에 대한 설명이다.

| 오답해설 |

과소 동조는 훈련 또는 경기와 관련된 규칙이나 규범이 있다는 것을 몰랐거나 알면서도 무시하고 벌이는 일탈 행위이다.

18 ②

| 정답해설 |

사회화 주관자에 의해 새로운 지식과 기능 학습이 이루어지는 코칭에 대한 설명이다.

| 심화해설 |

사회 학습 이론은 사회적 행동을 습득하고 수행하는 과정을 밝히는 이론으로 인간의 심리적 특성과 사회적 행동이 사회적 과정을 통해 학습된다고 본다. 스포츠 역할의 학습 접근 방법은 강화, 코칭, 관찰 학습으로 구성된다.

강화	상과 벌 등 외적 보상에 의한 사회적 역할 습득
코칭	사회화 주관자에 의해 새로운 지식과 기능 학습
관찰 학습	개인의 과제 학습과 수행은 타인의 행동을 관찰한 결과와 유사

19 ①③

| 오답해설 |

② 스포츠 참여를 통한 행동의 변화를 스포츠를 통한 사회화라고 한다. 스포츠 활동의 경험을 통하여 가치나 태도 및 행동을 학습하는 것을 의미한다.

④ 재정, 시간, 환경적 상황에 의해 참여가 제한되는 것을 구조적 제약이라고 한다.

| 심화해설 |

- 내재적 제약: 개인의 심리 상태, 태도, 성격, 능력, 지식, 경험 등과 같은 내적인 요소로 인해 발생
- 대인적 제약: 가족, 친구, 동료, 지역사회, 문화 등 다양한 대인적 요소로 인해 발생
- 구조적 제약: 사회적, 경제적, 기술적 요인 등 외부적인 구조적 요소로 인해 발생

20 ②

| 정답해설 |

VAR 시스템 적용은 인간 심판의 역할을 오히려 약화시켰다. 이는 인간과 기술 사이에 있어 결과의 오류로 인해 발생한 결과라 볼 수 있다.

| 심화해설 |

기술(테크놀로지)의 발달

- 스포츠의 과학화를 위한 첨단 장비의 개발
- 신체적 능력 및 경기력 향상을 위한 프로그램 개발
- 효율적인 훈련 방법 개발
- 기록 향상을 위한 스포츠 장비의 성능 향상과 안전성 제고

스포츠교육학(22) 기출문제 해설(선택/A형)

01	02	03	04	05	06	07	08	09	10
①	④	③	②	②	④	③	①	②	④
11	12	13	14	15	16	17	18	19	20
③	①	④	②	③	②	③	①	④	①

01 ①

| 정답해설 |

슐만(Shulman)의 7가지 교사 지식
- 내용 지식: 가르칠 교과 내용에 대한 지식
- 지도 방법 지식: 모든 교과에 적용되는 지도법에 대한 지식
- 내용 교수법 지식: 특정 학생에게 어느 교과나 주제를 특정한 상황에서 지도할 수 있는 방법에 대한 지식
- 교육 과정 지식: 각 학년의 발달 단계에 적합한 내용과 프로그램에 대한 지식
- 교육 환경 지식: 수업 환경에 영향을 미치는 지식
- 학습자와 학습자 특성 지식: 수업에 영향을 미치는 학습자에 관한 지식
- 교육 목적 지식: 목적, 내용 및 교육 시스템의 구조에 관한 지식

02 ④

| 정답해설 |

교사와 학생 간 대화를 통해 심층적인 정보를 수집하는 것은 학습자 면접이다.

| 심화해설 |

동료 평가는 교사가 제공한 점검표를 바탕으로 학생들끼리 서로 평가하는 방법으로 학생들의 비평 능력이 향상될 수 있다.

03 ③

| 정답해설 |

스포츠 지도 활동에 있어 효과적인 관리 운영 중 상규적 활동은 스포츠 지도 시간에 빈번하고 반복적으로 일어나는 활동을 의미한다. 예를 들어 출석 점검, 물을 마시는 시간 및 화장실 가는 시간 등 상규적 활동을 루틴으로 확립하면 학습자 관리 시간을 줄여 학습 과제 시간 증가에 도움을 줄 수 있다.

04 ②

| 정답해설 |

- ㉠ 협동 학습 모형: 팀의 성공을 위해 자신의 능력에 맞게 공헌하는 것으로 책임감 있는 팀원이 되고 자신의 잠재 능력을 최대한 개발하는 수업 모형으로, 서로를 위해 서로 함께 배우기를 강조하는 수업 모형이다.
- ㉡ 개인적·사회적 책임감 지도 모형: 체육에서 가르쳐야 하는 내용의 대부분이 학생 스스로와 타인에 대한 책임을 어떻게 져야 하는지 그 방법을 연습하고 배우는 기회를 제공하는 것으로, 통합, 전이, 권한 위임, 교사와 학생의 관계를 강조하는 수업 모형이다.

| 오답해설 |

스포츠 교육 모형은 학생에게 스포츠 참여를 통한 다양한 경험과 학습을 할 수 있는 구조를 제공하며, 유능하고 박식하며 열정적인 스포츠인으로 성장하는 것을 강조하는 수업 모형이다.

05 ②

| 정답해설 |

- ㉠ 직접 기여 행동: 지도 행동과 운영 행동으로 구분(학습자의 반응 관찰과 분석, 과제의 명료화와 강화, 안전한 학습 환경의 유지, 개인과 소집단을 위한 과제의 변화 및 수정, 피드백의 제공 등)
- ㉡ 비기여 행동: 수업 내용에 기여할 가능성이 전혀 없는 행동으로 학습 지도에 부정적인 효과(소방 연습, 전달 방송, 학부모 등의 외부 손님과의 대화 등)
- ㉢ 간접 기여 행동: 학습과 관련 있지만 수업 내용 자체에 직접 기여하지는 않는 행동(부상당한 학습자의 처리, 과제 외 문제 토론에 참여, 학습 활동에 직접 참여 및 경기 운영과 관련된 행동 등)

06 ④

| 정답해설 |

- ㉠ 이동 운동 기능: 물체 또는 도구 사용 없이 공간 이동을 하는 운동 기능
- ㉡ 비이동 운동 기능: 공간 이동 없고, 물체 또는 도구를 사용하지 않는 운동 기능
- ㉢ 조작 기능
  - 물체 조작 기능: 손이나 몸에 고정시키지 않은 상태에서 도구를 조작하는 운동 기능
  - 도구 조작 기능: 도구와 물체를 동시에 통제할 수 있는 능력이 요구되는 운동 기능

| 심화해설 |

움직임 기능 분류

비이동 운동 기능	공간 이동이 없고, 물체 또는 도구를 사용하지 않는 운동 기능 예 서기, 앉기, 정지, 정적 균형, 구부리기, 뻗기, 비틀기, 돌기
이동 운동 기능	물체 또는 도구 사용 없이 공간 이동을 하는 운동 기능 예 걷기, 달리기, 두발 뛰기, 한발 뛰기, 피하기
물체 조작 기능	손이나 몸에 고정시키지 않은 상태에서 도구를 조작하는 운동 기능 예 공, 훌라후프, 바톤, 셔틀콕 등 손이나 발에 의한 던지기, 토스하기, 차기, 잡기, 튀기기 등
도구 조작 기능	도구와 물체를 동시에 통제할 수 있는 능력이 요구되는 운동 예 배트, 라켓, 글러브, 클럽 등을 이용한 치기, 배팅, 튀기기, 드리블, 잡기 등
전략적 움직임과 기능	운동 기능과 상황적 의사 결정이 결합된 형태의 역동적인 상황(일반적인 게임)에 적용되는 기능 예 축구에서 수비, 야구에서 도루, 미식축구에서 패스 패턴을 따라 달리기 등 그룹 프로젝트를 해결하는 활동
움직임 주제	기본 운동 기능(비이동 운동, 이동 운동, 물체 조작운동, 도구 조작 운동)과 움직임 개념(공간, 노력, 관계)을 결합한 것
표현 및 해석적 움직임	일반적인 운동이 아닌 느낌, 개념, 생각, 주제를 표현하기 위한 움직임 예 춤, 발레, 모던댄스, 재즈와 같은 움직임 표현

07 ③

| 정답해설 |

학교의 장은 학교 스포츠 클럽 활동 내용을 학교생활 기록부에 기록하여 상급 학교 진학 자료로 활용할 수 있도록 하여야 한다.

| 심화해설 |

「학교 체육 진흥법」

제10조(학교 스포츠 클럽 운영) ① 학교의 장은 학생들이 신체활동 프로그램에 참여할 수 있도록 학교 스포츠 클럽을 운영하여 학생들의 체육 활동 참여 기회를 확대하여야 한다.
② 학교의 장은 제1항에 따라 학교 스포츠 클럽을 운영하는 경우 학교 스포츠 클럽 전담 교사를 지정하여야 한다.
③ 제2항에 따른 학교 스포츠 클럽 전담 교사에게는 학교 예산의 범위에서 소정의 지도 수당을 지급한다.
④ 학교의 장은 학교 스포츠 클럽 활동 내용을 학교생활 기록부에 기록하여 상급 학교 진학 자료로 활용할 수 있도록 하여야 한다.
⑤ 학교의 장은 교육부령으로 정하는 바에 따라 일정 비율 이상의 학교 스포츠 클럽을 해당 학교의 여학생들이 선호하는 종목의 학교 스포츠 클럽으로 운영하여야 한다.

08 ①

| 정답해설 |

학습자가 교과 내용을 선정하는 것이 아니라 교사가 모든 교과 내용 및 기준을 정한다.

| 심화해설 |

교류형(상호 학습형) 스타일

- 교사는 모든 교과 내용 및 기준을 정하고 세부 운영 절차와 관련된 결정을 내리며, 관찰자에게 피드백을 제공함
- 학습자의 역할은 동료와 함께 짝을 이루어 움직임을 수행하는 것
- 학습자는 과제를 수행하고 9가지의 의사 결정을 내리며, 다른 학습자는 교사가 개발한 과제 활동지를 사용하여 피드백을 제공하는 관찰자의 역할을 함
- 처음 연습이 끝나면 서로 역할을 교대함

09 ②

| 정답해설 |

㉠ 지식: 인지적인 측면으로 학교체육 전문인으로서 알고 있어야 하는 것(학습자의 이해, 교과 지식)
㉡ 수행: 현장에서 실천할 수 있는 능력(교육 과정 운영 및 개발, 수업 계획 및 운영, 학습 모니터 및 평가, 협력관계 구축)
㉢ 태도: 바른 성품과 인성을 함양하고 이를 행동으로 보여줄 수 있는 자질(교직 인성·사명감, 전문성 개발)

10 ④

| 정답해설 |

인지(사고) 과정 중 인지적 불일치 단계에 대한 설명으로, 불안정한 흥분 사태, 해답을 찾고자 하는 욕구에 의해 나타나는 상황을 말한다. 이 단계는 학습자에게 알고자 하는 욕구를 실행으로 옮길 때 응해지고 다음 단계 사색으로 옮겨 간다.

| 심화해설 |

인지(사고) 과정 단계(SDMR)

- 자극(Stimulus) → 인지적 불일치(Dissonance) → 사색(Mediation) → 반응(Response)
- 사고는 어떠한 것이 기억, 발견, 창조에 관여하기 위해 뇌를 유인할 때 이루어 짐
- 알고자 하는 욕구를 불러일으키는 불안정한 상태나 흥분을 유도하는 특별한 자극(Stimulus)으로 볼 수 있음

- 자극은 사람을 인지적 부조화(Dissonance) 상태, 즉 불안정하거나 흥분 상태, 해답을 찾고자 하는 욕구가 나타나는 상황으로 이동시킴
- 부조화를 줄이는 해답, 해결책이나 반응에 대한 탐색은 기억 과정, 발견 과정, 창조 과정 또는 모든 3가지 과정으로 이루어지는 데 이 단계는 사색(Mediation)으로 볼 수 있음
- 사색이 마무리 될 때 반응(Response)은 해답, 해결, 새로운 아이디어 또는 새로운 움직임 패턴 형태로 양산됨

11 ③

| 정답해설 |

「국민 체육 진흥법」 제11조
③ 연수 과정에는 다음 각 호의 사항으로 구성된 스포츠 윤리 교육 과정이 포함되어야 한다.
  1. 성폭력 등 폭력 예방 교육
  2. 스포츠 비리 및 체육계 인권침해 방지를 위한 예방 교육
  3. 도핑 방지 교육
  4. 그 밖에 체육의 공정성 확보와 체육인의 인권 보호를 위하여 문화체육관광부령으로 정하는 교육

12 ①

| 정답해설 |

동료 교수 모형에 해당하는 프로파일이다.

| 심화해설 |

동료 교수 모형 수업 주도성
- 내용 선정: 교사는 내용의 순서를 조정하고 단원에 포함될 내용, 학습 과제의 위계를 선정하며 수행 평가 기준을 결정함
- 수업 운영: 교사는 학생이 준수해야 할 관리 계획, 학습 규칙, 세부 절차를 결정함
- 과제 제시: 교사가 개인 교사에게 수행 단서, 과제 구조, 숙달 기준을 안내할 때 발생하며, 개인 교사가 학습자에게 주어진 과제 연습을 시작하도록 정보를 제공함
- 참여 형태: 교사는 각 역할에 대한 학생의 임무와 과제 내에서 교대 계획을 결정함
- 교수적 상호 작용: 교사와 개인 교사 사이(A), 개인 교사와 학습자 사이(B)에서 상호 작용이 발생함
- 학습 진도: 교사가 개인 교사에게 과제를 제시하고 구조 정보를 제공하면, 개인 교사는 학습자에게 이를 전달하고 학습자는 자신의 학습 속도로 연습을 시작함
- 과제 전개: 교사는 각 단원의 내용 목록과 그 안에서 학습 활동이 바뀌는 시기를 결정함

13 ④

| 정답해설 |

반성적 교수 기능 연습법은 학생들에게 수업의 목표와 평가 방법을 설명하고 수업 후 교수 내용에 대한 평가와 교수 방법을 평가하는 방법이다.

| 오답해설 |

① 동료 교수: 소집단의 동료들이 모의 수업 장면을 만들어 교수 기능을 연습하는 방법
② 축소 수업: 마이크로 티칭이라고 하며, 예비 지도자가 모의 상황에서 동료 또는 소수 참여자들을 대상으로 일정한 시간 내에 구체적인 내용으로 지도 기능을 연습하는 방법
③ 실제 교수: 직전 교사(예비 교사)가 일정 기간 동안 여러 학급을 책임지고 실제로 수행하는 교수 실습 방법

14 ②

| 정답해설 |

「학교 체육 진흥법 시행령」
제4조(스포츠 강사의 자격 기준 등) ① 초등학교의 장은 법 제13조 제2항에 따라 「국민 체육 진흥법」 제2조 제6호에 따른 체육 지도자 중에서 스포츠 강사를 임용할 수 있다.
② 초등학교의 장은 스포츠 강사를 1년 단위로 계약하여 임용할 수 있다.
③ 초등학교의 장은 스포츠 강사를 재임용할 때에는 다음 각 호의 사항을 평가한 후 그 결과에 따라 재임용 여부를 결정하여야 한다.
  1. 강사로서의 자질
  2. 복무 태도
  3. 학생의 만족도

| 오답해설 |

① 국가 및 지방 자치 단체는 학생의 체육 수업 흥미 제고 및 체육 활동 활성화를 위하여 「초·중등 교육법」 제2조 제2호에 따른 초등학교에 스포츠 강사를 배치할 수 있다.
③ 학교에 소속되어 학교운동부를 지도·감독하는 사람은 학교운동부지도자이다.
④ 스포츠 강사의 재임용은 초등학교의 장이 결정하며 이때 강사로서의 자질, 복무 태도, 학생의 만족도에 따라 재임용 여부가 결정된다.

15 ③

| 정답해설 |

리드-업 게임은 정식 게임을 단순화한 형태로 몇 가지 기능 연습의 특징과 정식 게임의 특징을 포함한다. 단순한 기능을 습득하도록 하게 하여 나중에 보다 복잡한 형태의 게임으로 전이 될 수 있도록 하는 체육수업 활동 유형이다.

| 오답해설 |

① 역할 수행: 학생은 다양한 역할(경기 위원, 심판, 판정관, 점수 기록자, 코치 등)을 수행하면서 스포츠에 관해 더욱 많이 학습하게 하는 체육수업 활동 유형이다.
② 스크리미지: 게임이 진행되는 도중 티칭 모멘트가 발생할 경우 언제든지 게임을 멈출 수 있는 특징을 가진 완전 게임의 형태로 게임 중의 특정 장면을 반복 수행케 함으로써 학생이 몇 가지 게임 상황에 대한 또 다른 시각을 가질 수 있게 하는 체육수업 활동 유형이다.
④ 학습 센터: 스테이션 수업이라고 부르며 학생을 소집단으로 나눠서 연습 장소 주변에 지정된 몇 개의 센터를 순회하는 체육수업 활동 유형이다.

16 ②

| 정답해설 |

㉠ 열정적 스포츠인은 다양한 스포츠 문화를 보존하고 증진할 수 있도록 행동하고 참여하며, 스포츠 집단의 일원으로 지역, 국가 및 국제적 수준의 스포츠 경기에 참여하는 스포츠 참여자를 의미한다. 따라서 열정은 스포츠를 참여하는 태도와 관련된 정의적 영역에 해당한다.
㉡ 시즌 중 임무 역할(심판, 기록자, 트레이너 등)에 있어 우선시하는 학습영역은 인지적 영역이다. 인지적 영역은 스포츠 유형과 문화를 이해하고 감상하는 능력으로 스포츠 교육 모형의 주제에 있어 박식함에 해당한다.
㉢ 학습자는 자신의 발달 단계에 맞는 스포츠를 직접 설계하고 수행할 수 있는 결정을 할 수 있어야 한다. 이는 자신의 수준에 적합하게 경기방식을 변형해서 참여를 유도할 수 있다.

| 심화해설 |

스포츠 교육 모형의 세 가지 부분의 주제

- 유능함(인지적 능력을 바탕으로 한 심동적 영역): 기술적인 전략적 움직임을 분별하고 실행할 수 있는 능력
- 박식함(인지적 영역): 스포츠 유형과 문화를 이해하고 감상하는 능력
- 열정적(정의적 영역): 스포츠를 일상생활 속의 중요 부분으로 만드는 열정

17 ③

| 오답해설 |

① 문헌 연구: 책, 논문 등 인쇄된 자료의 소재를 파악하여 종합하고 분석하는 연구
② 실험 연구: 실험을 통하여 얻은 결과를 분석하여 원인과 결과에 대한 이론을 정립하는 연구
④ 근거이론 연구: 특정한 사회현상에 대하여 알려진 사실이 거의 없거나 혹은 기존의 사회현상에 대하여 새로운 이해를 얻기 위해서 실제적 분야를 탐색하여 수집된 자료를 근거로 하여 체계적으로 분석하여 이론을 생성하는 연구

| 심화해설 |

현장 개선 연구

- 교사가 자신의 일을 전보다 잘 이해하고 그것을 보다 나은 방향으로 '개선'하는 것으로 교육 활동의 이해와 개선을 동시에 추구하는 연구
- 현장 개선 연구의 방법은 '문제 파악 → 계획 → 실행 → 관찰 → 반성'의 단계를 순환적 사이클로 문제가 해결될 때까지 계속적으로 진행하는 과정
- 역동성, 연속성, 집단성의 특징을 지니고 있으며, 지도자가 동료 교사나 연구자의 도움을 받아 자신의 교육 실천을 스스로 체계적, 반성적으로 탐구하여 개선하는 것이 특징

18 ①

| 정답해설 |

동시처리는 교사가 두 가지 일을 동시에 처리하는 것을 의미한다. 즉 수업의 흐름을 유지하는 일과 수업 이탈 행동 학생을 제지하는 일은 두 가지 일을 동시에 처리하는 교수 기능이다.

| 심화해설 |

쿠닌(J. Kounin)의 교수 기능

- 상황 이해: 교사가 학생들이 무엇을 하고 있는지 항상 알고 있다는 사실을 학생들에게 전달하는 것
- 동시 처리: 교사가 동시에 두 가지 일을 처리하는 것
- 유연한 수업 전개: 교사가 수업 활동의 흐름을 중단하지 않고 부드럽게 이끌어 가는 것
- 여세 유지: 교사가 수업 진행을 늦추거나 학생의 학습 활동을 중단시키지 않고 계속해서 활력 있는 수업을 전개하는 것
- 집단 경각: 교사가 모든 학생들을 과제에 몰두하도록 지도하는 것
- 학생의 책무성: 교사가 학생에게 수업 중 과제 수행에 대한 책임감을 부여하는 것

19 ④

| 정답해설 |

국민 체력 100 체력인증센터 제공 서비스
- 체력 측정 서비스
- 맞춤형 운동 처방
- 국민체력인증서 발급

20 ①

| 정답해설 |

평정 척도는 행동의 적절성, 운동 기능의 향상 정도, 운동 기능의 형태적 특성 등에 관한 자료를 수집하기 위한 도구이다. 관찰자는 관찰할 행동을 정하여 그러한 행동에 대한 구체적인 수준들의 질을 관찰, 판단하고 그 사건의 수준에 수치를 부여한다. 즉, 행동의 질적 차원을 양적으로 수집하기 위해 개발된 평가 기법이다.

| 심화해설 |

- 사건 기록법: 관찰하고자 하는 행동범주를 결정하여 수업 중 발생한 빈도를 체크한 후 그 행동의 빈도로 평가하는 기법이다.
- 체크리스트: 측정 행동, 특성 등을 나열한 목록으로 어떤 사건이나 행동 발생 여부(예 혹은 아니요)의 신속한 확인을 위해 사용하는 평가 기법이다.

스포츠심리학(33) 기출문제 해설(선택/A형)

01	02	03	04	05	06	07	08	09	10
②	①	②	②	③	③	②	③	①	④
11	12	13	14	15	16	17	18	19	20
②	③	③	④	①	①	③	②	④	④

01 ②

| 정답해설 |

어떤 상황 속에 놓인 인간이 환경의 영향을 받아 다른 사람의 행동을 모방하고 관찰함으로써 인지 과정을 학습한다는 사회 학습 이론이다.

| 오답해설 |

① 특성 이론: 상황, 환경의 영향보다는 개인이 갖고 있는 본성을 더 중요하게 고려하는 이론
③ 욕구 위계 이론: 인간의 내적 욕구 체계에 의해 결정되며, 5가지 욕구가 위계적으로 존재한다는 이론
④ 정신 역동 이론: 인간의 성격은 원초적인 자신, 현실적인 자아, 자기 통제의 3가지 자아가 끊임없이 갈등하고 타협하는 상호 작용을 통해 지배된다고 보는 이론

02 ①

| 정답해설 |

농구 경기에서 자유투하기는 움직이지 않는 목표물을 정확하게 골을 넣는 운동 기술로서 환경이 안정되어 있기 때문에 수행자가 자신의 리듬과 의지에 따라서 시작할 수 있는 특징이 있다. 따라서 폐쇄 운동 기술에 해당한다.

| 심화해설 |

개방 운동 기술
환경이 계속적으로 변하는 상태에서 수행하는 운동 기술로, 농구, 축구, 레슬링 등이 있다.

03 ②

| 정답해설 |

㉠ 동기: 노력의 방향과 강도를 결정해 주는 것이다.
㉡ 내적 동기: 자신의 내적인 즐거움을 위해 스포츠에 참여하는 것이다(즐거움, 기쁨, 보람 등).

ⓒ 외적 동기: 외적인 보상을 위해 스포츠 활동에 참여하는 것을 말한다(상금, 보상 등).

04 ②

| 정답해설 |

운동 제어 체계
- 감각·지각 단계: 환경의 정보 자극을 수용하고 자극의 명확성, 강도, 유형 등을 인식하여 분석 및 의미화하는 단계이다.
- 반응·선택 단계: 입력된 자극을 통해 어떠한 반응을 보일 것인지를 선택하는 단계이다.
- 반응·실행 단계: 반응을 실제의 행동으로 생성하기 위해 운동의 체계를 조직하는 단계이다.

05 ③

| 정답해설 |

인지 재구성(Cognitive Restructuring: CR): 비합리적, 부정적 생각을 알아내 중지시키고, 합리적·긍정적 사고로 전환시킨다. 간단하지만 효과가 뛰어난 인지 불안 감소 기법이다.

| 심화해설 |
- 명상: 마음을 이완시켜 몸의 이완을 유도한다(mind-to body 접근).
- 자생 훈련: 자기 최면상태에 도달하여 따뜻함, 무거움의 감각을 유도한다.

06 ③

| 정답해설 |

갤러휴(Gallahue)가 제시한 운동 발달의 단계 순서는 '반사적 움직임 단계 → 초기 움직임 단계 → 기본 움직임 단계 → 스포츠 기술 단계 → 성장과 세련 단계 → 최고 수행 단계 → 퇴보 단계'이다.

07 ②

| 정답해설 |

자신의 성공 경험이 많을수록 자기 효능감이 향상되며, 4가지 요인 중에서 수행성취 영향력이 가장 크다.

| 심화해설 |

자기 효능감에 영향을 미치는 요인
- 성공 경험: 성공의 경험이 많을수록 자신감을 얻는 데 도움이 됨
- 대리 경험: 자신과 실력이 유사한 사람이 성공하는 모습을 보면 자신 스스로도 해낼 수 있다는 자신감을 갖게 됨
- 언어적(사회적) 설득: 타인(가족, 코치, 동료 등)으로부터 경기 수행을 잘 할 수 있다는 기대와 격려를 받음으로써 자신감을 고취시킬 수 있음
- 생리·정서적 각성: 선수의 신체적, 정서적 상태는 경기 수행 시 자신감에 영향을 미침

08 ③

| 오답해설 |

ⓒ 분산 연습: 쉬는 시간이 연습 시간과 같거나 오히려 더 긴 연습 방법이다.

09 ①

| 정답해설 |

스포츠에 참여하는 모든 사람과 전문적인 상담을 진행한다는 것은 스포츠 심리 상담 윤리규정과 맞지 않다.

10 ④

| 정답해설 |

절차적 기억은 수행하는 운동 과제가 어떤 순서나 절차에 의해서 진행될 때 사용할 수 있는 정보를 저장한다. 일단 학습이 되면 의식적인 주의 없이 자동적으로 수행이 이루어지는 기억을 의미한다

| 오답해설 |
① 감각 기억(sensory memory): 환경으로부터 들어온 자극이 처리될 때까지 여러 가지 감각 시스템을 사용하여 정보를 잠시 유지하는 정보 저장고다.
② 일화적 기억(episodic memory): 개인이 경험한 사건에 대해서 그 일이 언제 어떻게 발생하였는지를 구체적으로 영상과 같은 형태를 보유하는 기억을 말한다(예 첫 경기대회 출전하는 날, 특정한 생일 파티).
③ 의미적 기억(semantic memory): 일반적이고 체계적인 지식을 보유하는 것을 의미한다(예 단어의 의미, 운동 종목의 이름).

11 ②

| 정답해설 |

상황 부합 모형에서는 리더를 과제 지향 리더(task-oriented leader)와 관계 지향 리더(relationship-oriented leader)로 분류한다. 상황이 아주 유리하거나 아주 불리할 때(고통제 또는 저통제 상황)에는 과제 지향의 리더가 효과적이며, 유리하지도 불리하지도 않은 상황(중간 상황)일 때는 관계 지향 리더가 효과적이라고 본다.

12 ③

| 정답해설 |

운동 과제 수행의 수준과 환경의 요구에 대한 근골격계의 기능이 효율적으로 좋아지는 것은 생리적 역량 변화에 대한 설명이다.

13 ③

| 정답해설 |

계획적 행동 이론(theory of planned behavior)
합리적 행동 이론은 의도에 따라 행동을 예측하는 결정적 요인이라 보는 이론으로, 의도는 행동에 대한 태도, 주관적 규범에 의해 형성된다고 본다. 그러나 의도가 있어도 행동을 통제할 수 있는 자신감이 없다면 의도가 행동으로 잘 연결되지 않을 수 있다고 하여, 방해요인을 통제할 수 있는 요인 행동 통제 인식 개념을 추가한 것이 계획 행동 이론이다. 계획 행동 이론은 의도, 행동에 대한 태도, 주관적 규범, 행동 통제 인식으로 구성된다.
㉠ 태도(attitude): 어떤 행동의 실천에 대해 개인이 갖고 있는 긍정적·부정적 생각을 말하며, 평가가 태도에 영향을 준다.
㉡ 주관적 규범(subjective norm): 어떠한 행동을 하는 데 있어 사회적 압력을 얼마나 받는지를 의미한다.
㉢ 의도(intention): 개인의 의도가 행동을 유도하는 결정적인 원인이라고 본다.
㉣ 행동 통제 인식(perceived behavioral control): 어떤 행동에 대해 개인이 얼마나 통제감을 느끼는지를 의미한다.

14 ④

| 오답해설 |

㉡ 도식 이론은 과거의 유사한 운동 결과를 근거로 새로운 운동을 계획하는 회상 도식(빠른 움직임-개방 회로 이론)과 피드백 정보를 통해 잘못된 동작을 평가하고 수정하는 재인 도식(느린 움직임-폐쇄 회로 이론)으로 가정한 이론이다.

15 ①

| 오답해설 |

- 평가 우려 가설: 타인의 존재가 수행자를 평가할 수 있다는 것을 인지해야 하며, 타인들의 평가가 수행자에게 긍정적 또는 부정적 영향을 주었던 경험이 있어야 한다는 가설이다.
- 관중 효과: 다른 사람들(관중) 앞에서 어떤 행동을 하고 있을 때, 그 행동의 양이나 속도, 질 등이 달라지는 현상이다. 운동선수가 관중이 있을 때 더 잘하는 경우를 예로 들 수 있다.

16 ①

| 정답해설 |

힉의 법칙(Hick's law): 자극-반응의 대안 수가 증가함에 따라서 선택 반응 시간이 증가하는 현상으로 힉-하이먼의 법칙이라고도 하며, 반응 시간과 자극-반응 대안 간의 관계를 나타내는 법칙이다.

| 오답해설 |

② 임펄스 가변성 이론(impulse variability theory)에 대한 설명이다.
③ 피츠의 법칙(Fitts' law)에 대한 설명이다.
④ 속력-정확성 상쇄 현상은 힉의 법칙에 관한 설명이 아니다.

17 ③

| 정답해설 |

심상 조절력: 원하는 이미지를 떠올릴 수 있는 능력으로, 긍정적인 이미지를 떠올리면 긍정적인 효과가 발생한다.

| 오답해설 |

① 내적 심상: 수행자의 관점에서 수행 장면을 상상하는 것이다.
② 외적 심상: 관찰자의 관점에서 수행 장면을 상상하는 것이다.
④ 심상 선명도: 떠올리는 이미지에 많은 감각을 활용할수록 이미지가 선명해진다.

18 ②

| 정답해설 |

㉠ 천장 효과(ceiling effect): 운동 기술 과제가 너무 쉬울 때 나타난다.
㉡ 바닥 효과(floor effect): 운동 기술 과제가 너무 어려울 때 발생한다.

| 오답해설 |

- 맥락 간섭 효과(contextual interference effect): 운동 기술을 연습할 때에는 다양한 요소들 간의 간섭 현상이 발생한다.
- 부적 전이(negative transfer): 사전 학습이 후속 학습의 이해를 방해, 부정적으로 작용한다.
- 학습 고원(learning plateau): 상승 곡선을 그리던 학습 효과가 일정 기간 상승하지 않고 정체되는 현상을 말한다.

19 ④

| 정답해설 |

운동 실천을 위한 환경적 요인에는 사회적 환경요인과 물리적 환경요인이 있다. 사회적 환경요인으로는 친구와 동료의 사회적 지지, 지도자의 사회적 지지, 집단 응집력 등이 있으며, 물리적 환경요인으로는 기후와 계절, 시설에 대한 접근성, 가정용 운동 장비 등이 있다.

| 오답해설 |

ⓒ 교육 수준은 운동 실천을 위한 개인적 요인이다.

20 ④

| 정답해설 |

심리적 불응기(paychological-refractory period): 먼저 제시된 자극에 대한 반응을 수행하고 있을 때 또 다른 자극을 제시할 경우, 두 번째 자극에 대한 반응 시간이 느려지는 현상을 말한다.

| 오답해설 |

- 스트룹 효과(stroop effect): 일치하지 않은 자극을 보고 그 자극을 실행할 때, 일치하는 자극을 보고 실행할 때보다 반응 시간이 더 늦어지는 현상을 말한다.
- 무주의 맹시(inattention blindness): 주의가 다른 곳에 있어서 눈이 향하는 위치의 대상이 지각되지 못하는 현상을 말한다.
- 지각 협소화(perceptual narrowing): 운동 수행 시 각성 수준이 높아져 주의를 기울일 수 있는 폭이 점차 좁아지는 현상을 말한다.

한국체육사(44) 기출문제 해설(선택/A형)

01	02	03	04	05	06	07	08	09	10
②	②	③	①	④	①	①	③	③	③
11	12	13	14	15	16	17	18	19	20
①	④	②	②	④	①	④	③	②	④

01 ②

| 정답해설 |

체육사란 과거에 어떠한 사실이 있었는가를 탐구하는 것이다. 따라서 역사 기술이 사실 확인보다 가치평가가 우선한다고 볼 수 없다.

| 심화해설 |

체육사의 정의

- 사회적·시간적 변화에 따라 나타나는 인류 문화의 성격과 특성을 판단하고, 스포츠와 체육과의 관련성을 탐구하는 학문
- 인간이 수행해 온 신체 활동의 역사이며, 인간 운동을 본질적으로 이해하기 위한 학문
- 체육과 스포츠를 역사적 방법으로 연구하는 학문

02 ②

| 오답해설 |

㉠ 무천(舞天): 동예에서 매년 음력 10월에 행해졌던 제천 의식
㉡ 가배(嘉排): 신라 시대 8월 보름에 행해졌던 제천 의식

03 ③

| 정답해설 |

성년 의식(成年儀式)

원시 사회에서 일정한 연령에 도달한 소년 혹은 소녀에게 사회의 일원으로서 필요한 규범, 가치, 부족의 역사, 생활에 필요한 기술과 지식 등을 가르치고 성인이 됨을 축하하기 위해 행하던 의식으로 보통 성년식(成年式)이라 한다.

04 ①

| 오답해설 |

ⓒ 훈련원에서 무예 교육을 실시한 것은 조선 시대이다.

05 ④

| 정답해설 |

강예재는 국자감에 설치한 7재 중 하나로, 무학을 전문으로 교육하는 분과이며 무학을 통해 장수를 육성하였다.

| 오답해설 |

- 성균관(成均館): 고려 시대의 국자감과 같은 기능을 가진 조선 시대의 교육 기관
- 대빙재(待聘齋): 국자감에 설치한 7재 중 하나로 상서(尙書)를 교육

06 ①

| 정답해설 |

기격구는 서민층이 아닌 젊은 무관이나 민간의 상류층 청년들이 말을 타거나 걸어 다니면서 공채로 공을 치던 오락이다.

07 ①

| 정답해설 |

석전은 고려 시대 서민 사회의 민족 오락이다.

08 ③

| 정답해설 |

승경도(陞卿圖)는 조선 시대 귀족 사회의 민속 놀이로 종정도(從政圖)라고도 한다.

09 ③

| 정답해설 |

광해군의 명에 따라 『무예제보』에 수록되지 않은 권법, 청룡언월도, 협도곤, 왜검 등 4기의 무예를 수록, 간행한 것은 무예제보번역속집(武藝諸譜飜譯續集)이다.

10 ③

| 정답해설 |

신라의 불국토 사상은 이 땅이 곧 부처가 교화하는 국토라고 여기는 교리로, 국토를 존엄하고 신성하게 다스리며 목숨을 바쳐서라도 지켜내야 한다는 사상이다.

11 ①

| 정답해설 |

고종(高宗)의 교육입국조서(敎育立國語書)에서 삼양(三養)이 표기된 순서는 덕양(德養), 체양(體養), 지양(智養)이다.

12 ④

| 오답해설 |

① 경신학당: 고아들을 위해 설립된 학교로 H. G. 언더우드가 설립하였다.
② 이화학당: 여성을 위한 최초의 근대식 학교로 메리 스크랜턴이 설립하였다.
③ 숭실학교: 1897년 평양에 설립되었던 중·고등 교육 기관으로, 미국 북 장로교 선교사 베어드(W. M. Baird)가 기독교 정신에 입각한 중등교육을 실시하고자 창설하였다.

13 ②

| 정답해설 |

운동회에서 최초로 시행한 종목은 주로 육상으로 300, 600, 1,350보 경주와 공 던지기, 대포알 던지기, 멀리뛰기, 높이뛰기, 이인삼각, 당나귀 달리기, 동아줄 끌기(12인조) 등이 진행되었다. 이후 축구, 씨름 등으로 확대되었다.

14 ②

| 정답해설 |

조선체육진흥회는 일제 강점기에 설립되었다.

| 심화해설 |

개화기 체육 단체의 결성
- 대한체육구락부(1906)
- 황성기독교청년회운동부(1906)
- 대한국민체육회(1907)
- 대동체육구락부(1908)
- 대한흥학회운동부(1909)

- 체조연구회(1909)
- 사궁회(1909)
- 청강체육구락부(1910)

15 ④

| 정답해설 |

〈보기〉의 활동을 주도한 체육 사상가는 노백린이다.

| 심화해설 |

노백린(개화기 체육 사상가)
- 신민회에 참여하여 구국 운동을 전개하고 만주에 독립 운동 전초 기지를 건설하기 위한 계획을 세웠으며, 고향인 송화에 민립 학교인 '광무학당'을 설립하는 등 구국 교육 운동을 전개
- 구한말 정부의 육군 참위로서 영재 양성에 남다른 관심을 쏟았으며, 체육을 지·덕 두 가지 교육과 함께 국민 교육에 필수적인 영역이라고 주장
- '대한국민체육회'의 설립 과정에 발기인으로 참여, 병식 체조 일변도의 학교 체육 문제점을 바로 잡기 위하여 1907년 우리나라 최초의 체조 강습회를 개최

16 ①

| 정답해설 |

원산학사는 1883년(고종 20년) 원산에 세워진 우리나라 최초의 근대식 사립 학교이다.

17 ④

| 정답해설 |

모두 일제 강점기의 조선체육회에 대한 옳은 설명이다.

18 ③

| 정답해설 |

여운형에 대한 설명이다. 여운형(1886~1947)은 조선체육회 회장을 역임하고, 스포츠를 민족 의식의 수단으로 보아 스포츠계에서 적극적으로 활동하며 국내 체육을 활성화하는 등 대중적으로 활동한 독립 운동가이자 체육인이었다.

19 ②

| 정답해설 |

- 체육부(1982): 체육에 관련된 업무를 독립적으로 담당하던 시기
- 문화체육부(1993): 문화부와 체육청소년부가 통합되며 문화체육부 발족
- 문화체육관광부(2008): 문화관광부, 국정홍보처, 정보통신부(디지털콘텐츠 업무) 기능을 통합하여 문화체육관광부로 재편

20 ④

| 정답해설 |

㉠ 탁구, ㉡ 배구, ㉢ 핸드볼 종목에 대한 설명이다.

운동생리학(55) 기출문제 해설(선택/A형)

01	02	03	04	05	06	07	08	09	10
②	③	①	④	④	①	④	④	②	③
11	12	13	14	15	16	17	18	19	20
②	②	①③	④	③	③	①	①	①	②

01 ②

| 정답해설 |

지구성 훈련에 의한 유산소적 대사 능력은 근육 세포막에서 미토콘드리아로 산소를 운반하는 역할을 하는 마이오글로빈 함유량이 증가하면서 개선된다. 따라서 속근 섬유보다 지근 섬유에 더 많은 마이오글로빈이 함유되어 있다.

02 ③

| 정답해설 |

미토콘드리아는 산소를 이용하여 글루코스나 지방산과 같은 에너지원을 분해시켜 얻는 에너지로 ATP를 합성하는 장소이다. 유산소성 트레이닝에 의해 유산소성 대사 능력이 향상되면 미토콘드리아 수와 크기의 증가가 이루어져 골격근의 유산소성 에너지 생성능력의 개선에 가장 중요한 요인이 된다. 또한, 미토파지 관련 단백질의 발현을 증가시켜, 손상된 미토콘드리아의 효율적인 제거를 촉진한다.

03 ①

| 정답해설 |

인슐린은 지질 단백질 리파아제의 활성을 상승시켜 지방 세포 내의 중성지방 저장량을 증가시키고, 호르몬 감수성 리파아제의 활성을 저하시켜 중성지방 분해를 억제한다.

04 ④

| 정답해설 |

운동 중 근육의 증가된 산소요구량을 맞추기 위해 두 가지 주요한 혈류조절이 이루어져야 한다. 첫째가 심박출량의 증가이며, 둘째가 비활동성 기관으로부터 활동성의 골격근으로 혈류를 재분배하는 것이다. 특히, 혈액은 심장으로부터 동맥을 통해 배출되고, 관이 작아짐에 따라 세동맥을 형성하며, 그것은 결국 모세혈관이라 불리는 더 많고 작은 혈관의 집합체로 발전한다. 따라서 세동맥의 혈관 확장은 골격근 모세 혈관의 보강으로 더 많은 혈액 흐름을 조절한다.

| 오답해설 |

① 심근은 오른쪽, 왼쪽 관상동맥을 통하여 혈액 공급을 받으며, 점증 부하 운동 시 산소 요구량이 증가되어 심근 산소 소비량이 증가한다.
② 고강도 운동 시 비활동성 기관으로부터 활동성의 골격근으로 혈류를 재분배(근육으로 혈류 증가)하기 위하여 내장 기관으로의 혈류 분배 비율이 감소한다.
③ 일정한 부하의 장시간 운동 시 산소 요구량 증가에 따라 심박수와 1회 박출량 모두 증가한다.

05 ④

| 정답해설 |

㉠ 운동 중 심장에 부과되는 대사적 요구는 심근 산소 소비량(심박수×수축기 혈압)으로 예측할 수 있다.
㉡ 주어진 산소 섭취량에서 팔 운동은 다리 운동과 비교할 때 비활동근 그룹에서의 혈관 수축으로 인하여 심박수와 혈압이 높게 나타난다. 반면, 더 큰 근육 그룹인 다리 등이 관련될수록 더 많은 저항 혈관(세동맥)들이 확장되어, 말초저항이 낮아진다. 따라서 혈압(심박출량×말초저항)이 낮아지고 심근 산소 소비량이 낮게 나타난다.

06 ①

| 정답해설 |

㉠ 근섬유의 최대근력 발휘는 근 횡단면적당 발휘하는 힘의 양을 나타내며, 특이장력을 근섬유의 크기로 나눈 값이다. '특이장력=근력/근 횡단면적'이다.
㉡ 근파워란 근육이 순간적으로 빨리 수축하면서 발생되는 힘(순발력)으로, 힘과 속도의 두 가지 요인에 의해 결정된다. '근파워=힘×수축 속도'이다.

07 ④

| 정답해설 |

- 근방추: 근육 내에서 근육이 늘어나는 것을 감지하여 적절한 근육 길이로 유지한다.
- 골지 건기관: 한 근육의 양쪽 끝에 있는 건 속의 기관으로 근 수축 시 발생하는 장력을 지속적으로 감지하여 근육 수축을

예방하는 안전장치이다.
- 근육의 화학 수용기: 근육 내 pH, 세포 외 칼슘 농도, O_2와 CO_2의 압력 변화를 수용 및 반응하여 중추 신경에 정보를 전달한다.

08 ④
| 정답해설 |
통증을 회피하기 위해 통증 부위의 반대 부위 대퇴의 신전근이 수축된다. 이는 교차신전반사(교차신근반사)이며, 부상 부위를 움직이는 동안에 반대쪽 부위를 신전시켜 신체를 지탱할 수 있도록 한다.

| 심화해설 |
반사 신경의 목적은 통증의 자극으로부터 사지의 움직임을 빠르게 하도록 하는 것이며, 반사 경로는 수용기로부터 중추 신경까지와 중추 신경에서 운동 신경을 따라 움직임을 일으키는 효과 기관까지의 신경 전달 과정을 말한다. 신경반사의 전달 과정은 다음과 같다.
- 감각 신경의 통증 수용기는 척수에 신경 자극을 보낸다.
- 척수 내의 연결 신경이 흥분되어 운동 신경을 자극한다.
- 흥분된 연결 신경은 통증의 원인이 되는 신체를 수축하는 데 필요한 굴곡을 조절하는 특정 운동 신경을 탈분극시킨다. 동시에 신근과 같은 상반되는 근육 그룹은 억제성 연접 후 막전압으로 억제한다.

09 ②
| 정답해설 |
㉠ 고온에서의 운동은 저혈당을 촉진시키고 근당원의 대사를 가속화시켜 저혈당증과 근당원 저장의 감소로 근피로를 유발한다.
㉡ 고온에서의 운동 시 체온이 상승하면 혈액은 체온을 낮추기 위해서 수축 근육에서 피부쪽으로 이동하여 근육 혈류량이 감소한다.
㉣ 뇌의 온도 증가는 근육의 신경전달을 감소시키며 이는 운동 단위의 활동을 감소시켜 근피로를 유발한다.

| 오답해설 |
㉢ 심각한 탈수 현상이 없는 최대하 운동 시에는 혈장량의 감소가 크지 않아 1회 박출량은 유지할 수 있다.

10 ③
| 정답해설 |
경사도를 고려한 트레드밀의 운동량 측정은 대상자 체중과 전체 수직 이동 거리를 곱한 값으로 단위는 kpm이다.
수직 이동 거리=트레드밀 속도(m/분)×경사도×운동시간이므로
200m/분(12km/h)×0.05(경사도 5%)×10분=100m이다.
따라서 트레드밀의 운동량(kpm)=체중(kg)×전체 수직 이동 거리=50×100=5,000kpm이다.

11 ②
| 정답해설 |
해당 작용의 속도 조절 효소는 인산과당 분해효소(phospho-fructokinase: PFK)이다.

12 ②
| 정답해설 |
㉠ 단축성 수축은 근육이 짧아지면서 장력이 발생하며, 근수축 속도에 반비례하여 근육이 힘을 생산한다.
㉡ 신장성 수축은 근육이 길어지면서 장력이 발생하며, 수축 속도가 증가함에 따라 발휘되는 힘이 증가한다.
㉣ 근육의 힘과 속도 관계에서 지근 섬유 비율이 높은 근육보다 속근 섬유 비율이 높은 근육이 주어진 운동 속도에서 큰 힘을 발휘한다.

| 오답해설 |
㉢ 근파워는 운동 속도와 상관이 있으며 많은 근육이 수축하면 커진다. 또한 지근 섬유보다 속근 섬유 비율이 높은 근육이 파워가 크다.

13 ①③
| 정답해설 |
① 카테콜아민은 부신 수질에서 분비되며 에피네프린과 노르에피네프린을 의미한다.
③ α1 수용체 결합 시 혈관이 수축한다.

| 심화해설 |
에피네프린과 노르에피네프린은 부신 수질 이외에 인체의 모든 교감신경말단에서도 분비된다. 혈관 및 기타 조직에 분포된 교감신경 말단에서는 대부분 노르에피네프린을 분비하고 에피네프린은 상대적으로 소량을 분비한다.

카테콜아민에 대한 신체적 반응

수용기 종류	조직에서의 작용
β1	심박수↑, 당원 분해↑, 지방 분해↑
β2	기관지 확장↑, 혈관 확장↑
α1	혈관 수축↑
α2	β1, β2 수용기의 반대 작용

14 ④

| 정답해설 |

ⓒ 크렙스 회로와 베타 산화는 유산소성 대사 과정에 해당하며 미토콘드리아 내에서 반응한다.

ⓒ 해당 작용은 포도당 또는 당원을 분해시켜 젖산 또는 피루브산을 형성한다. 근형질에서 이루어지며 포도당 한 분자당 2개의 순수 ATP와 피루브산 또는 젖산 2분자를 생산한다.

ⓔ 호흡 교환율은 이산화 탄소의 생성량(VCO_2)과 산소의 섭취량(VO_2) 사이의 비율을 의미하며 지방과 탄수화물이 산화될 때 이용되는 O_2와 생산되는 CO_2의 양이 다르다는 사실과 관계가 있다. 호흡 교환율이 높아진 것은 에너지원으로 탄수화물의 역할이 더욱 커짐을 나타내고, 반대로 감소할수록 지방의 기여도가 더 높다는 것을 뜻한다. 낮은 운동 강도로 30분 이상 운동 시 에너지원으로 지방이 사용되므로 호흡 교환율이 감소하고 지방 대사 비중은 높아진다.

| 오답해설 |

ⓐ 해당 과정 중에는 NAD가 수소 이온을 받아들임과 동시에 환원되어 NADH를 형성한다.

15 ③

| 정답해설 |

노르에피네프린은 혈관 수축 작용에 의한 혈압 상승 작용이 강하다. 또한, 에피네프린과 노르에피네프린은 지방 조직으로부터 유리 지방산을 동원하는 강한 작용을 갖고 있으며, 췌장으로부터 인슐린 분비를 억제하는 인슐린 길항 작용을 갖고 있다.

16 ③

| 정답해설 |

ⓒ 항이뇨 호르몬은 체액이 너무 적거나 혈액의 삼투압이 너무 높을 때 뇌하수체 후엽에서 분비된다. 신장의 원위세뇨관과 집합관에 작용하여 수분 재흡수를 증가시키고, 소변량을 감소시키는 항이뇨 작용을 하여 체액 및 혈액량을 유지시킨다. 따라서 항이뇨 호르몬의 증가는 운동 중 땀 분비로 인한 혈장량 감소와 그에 따른 혈중 삼투압의 증가로 일어난다.

ⓒ 수분 섭취 없이 장시간 운동은 혈장량과 신장으로의 혈액 흐름을 감소시키고, 신장의 감소된 혈액 흐름은 레닌이라는 효소를 생성한다. 생성된 레닌은 안지오텐신 I의 형성을 가져오며, 안지오텐신 II로 전환되어 부신 피질로부터 알도스테론 분비를 촉진한다.

| 오답해설 |

ⓐ 장시간의 중강도 운동 시 즉 운동 강도의 증가는 혈장량이 감소하고 알도스테론 분비는 증가한다.

ⓔ 운동에 의한 땀 분비는 혈장의 상실을 초래해 혈액 삼투질 농도가 증가한다. 이는 항이뇨 호르몬을 분비하게 되어 수분의 재흡수를 증가시킨다.

17 ①

| 정답해설 |

ⓐ 분당 환기량=1회 호흡량×호흡률(분당 호흡 빈도수)
세 참가자의 분당 환기량은 모두 7,500으로 동일하다.

ⓒ 폐포 환기량=(1회 호흡량−사강량)×호흡률
다영의 폐포 환기량은 (750−150)×10=6,000mL로 6L/min이다.

| 오답해설 |

ⓒ 주은의 폐포 환기량은 (375−150)×20=4,500mL, 민재의 폐포 환기량은 (500−150)×15=5,250mL, 다영의 폐포 환기량은 (750−150)×10=6,000mL이다. 따라서 주은의 폐포 환기량이 가장 적다.

18 ①

| 정답해설 |

1회 박출량은 심장이 수축하면서 박출되는 혈액의 양이다. 1회 박출량이 증가하면 심장에서 펌프되는 혈액의 양이 증가하기 때문에 상대적으로 심박수는 감소하게 된다.

19 ①

| 정답해설 |

신경 자극이 근세포의 활동 전위를 통해 근형질 세망에 도달하면 근형질 세망에 저장되어 있던 칼슘 이온(Ca^{2+})이 방출되어 근육 속으로 확산된 후 칼슘 이온은 가는 세사의 트로포닌 분자와 결합하게 된다. 이는 트로포마이오신의 위치를 변형시켜 액틴의 활동 부위가 노출된다. 이에 따라 활성화된 마이오신 십자형 가교는 액틴의 활동 부위와 강하게 결합한다.

| 오답해설 |

② 운동 단위는 한 개의 운동 신경에 연결되는 근섬유이다.
③ 신경근 접합부에서 분비되는 근수축 신경 전달 물질은 아세틸콜린이다.
④ 지연성 근통증은 운동이 끝난 후에 시간이 경과되어 운동 근육에서 느껴지는 통증 현상을 말한다. 보통은 운동이 끝나고 24시간에서 72시간 사이에 근통증 정도가 크게 나타나며, 단축성 운동보다는 신장성 운동에 주로 나타난다.

20 ②

| 정답해설 |

근형질 세망은 근수축을 개시하게 하는 칼슘을 신속하게 분비하는 역할을 하기 때문에 속근 섬유에서 더 발달되어 있다.

| 오답해설 |

① 장시간 동안 에너지를 생성하는 능력이 우월한 지근 섬유가 피로에 대해 높은 저항력을 갖는다.
③ 마이오신 ATPase는 효소 활성도가 클수록 더욱 빠른 수축 속도를 갖게 되어 속근 섬유에서 활성도가 빠르다.
④ 지근 운동 단위의 신경 섬유는 축삭의 지름이나 척수 내 세포체의 크기가 속근 운동 단위의 신경 섬유에 비해 훨씬 작기 때문에, 신경 자극의 전달속도 역시 속근 운동 단위에 비해 느리다.

운동역학(66) 기출문제 해설(선택/A형)

01	02	03	04	05	06	07	08	09	10
①②③④	③	①	②	①	②	④	③	③	④
11	12	13	14	15	16	17	18	19	20
④	③	④	②③	④	④	③	③	②	④

01 ①②③④

| 정답해설 |

①②③은 뉴턴의 선 운동 3법칙, ④는 뉴턴의 각운동 3법칙에 해당한다. 따라서 모두 정답처리 되었다.

| 심화해설 |

뉴턴의 3법칙(선 운동과 각운동 각각 적용 가능)
- 관성의 법칙(제1법칙): 외력이 작용하지 않는 한 모든 물체는 그 상태를 계속 유지하려고 한다.
- 가속도의 법칙(제2법칙): 물체의 가속도는 힘이 작용하는 방향과 운동을 일으키는 힘에 비례한다.
- 작용·반작용의 법칙(제3법칙): 한 물체가 다른 물체에 힘을 작용하면 다른 물체로 힘을 작용한 물체에 크기가 같고 방향이 반대인 힘이 작용한다.

02 ③

| 정답해설 |

ⓒ 힘＝질량×가속도
ⓒ 힘의 단위는 N(뉴턴)과 kgf(킬로그램힘, 킬로그램중)이다.

| 오답해설 |

㉠ 움직임을 일으키는 원인은 힘이다.
㉣ 크기와 방향을 갖는 벡터(vector)이다.

03 ①

| 정답해설 |

원심력은 구심력이 작용할 때 반대 방향으로 발생하는 힘으로 원심력과 구심력은 크기가 같다.

| 오답해설 |
②③ 원심력은 질량과 선속도의 제곱에 비례하고 반지름에 반비례한다. 따라서 질량과 관계가 있으며, 반지름을 크게 하여 원심력을 줄일 수 있다.
④ 쇼트트랙 경기 시 몸을 기울여 경사각을 작게 만드는 것은 원심력의 영향을 적게 받기 위해서이다.

04 ②

| 정답해설 |
충격량＝힘(충격력)×작용 시간

| 오답해설 |
① 선 운동량＝물체의 질량×속도
③ 시간에 따른 힘 그래프에서 접선의 기울기는 힘의 증가율 또는 감소율을 의미한다.
④ 충격량은 운동량의 변화량으로, 선 운동량으로 전환되기 위해 토크로 전환이 요구되지 않는다.

05 ①

| 정답해설 |
속도는 운동학적 분석 요인이다.

| 심화해설 |
운동학(kinematics)
- 공간이나 시간을 고려하여 움직임을 기술하는 학문
- 운동의 원인이 되는 힘과는 직접적으로 관계없는 위치, 속도, 각도, 각속도 등과 같은 운동 상태를 다루는 분야
- 최대 속도 계산, 이동 거리 측정, 구간별 속도 측정, 발목 관절의 각도 측정, 궤적 측정, 각속도 측정 등을 함

운동역학(kinetics)
- 운동을 유발하거나 변화시키는 원인인 힘에 대해 연구하는 학문
- 스포츠와 관련된 움직임을 전문적으로 다루는 분야를 한정하여 부르는 용어
- 근력, 지면 반력, 토크, 관성 모멘트, 운동량, 충격량, 마찰력, 양력 등을 연구
- 지면 반력 측정, 무릎 관절의 모멘트 계산, 압력의 크기 측정, 근활성도 측정 등을 함

06 ②

| 정답해설 |
㉠ 압력은 주어진 면적에 분포되어 있는 힘으로 정의한다.
㉣ 토크(힘의 모멘트)는 회전을 일으키는 원인이며 벡터이다.

| 오답해설 |
㉡ 일은 일정한 거리에 걸쳐 지면에 대항하는 힘이 작용되었다는 것을 말하며 벡터이다.
㉢ 마찰력은 두 물체의 마찰로 발생하는 힘이며 벡터이다.

07 ④

| 정답해설 |
㉢ 파도와 같이 물과 공기의 접촉면에서 형성된 난류에 의하여 발생하기도 한다.
㉣ 날아가는 골프공의 단면적(유체의 흐름 방향에 수직인 물체의 면적)에 비례한다

| 오답해설 |
㉠ 육상의 원반 투사 시, 최적의 공격각(attack angle)은 $\frac{양력}{항력}$이 최대일 때의 각도이다.
㉡ 야구에서 투구 시 공에 회전을 넣어 커브 구질을 만드는 것은 양력에 대한 설명이다.

08 ③

| 정답해설 |
체조의 공중회전과 트위스트와 같은 운동 동작을 분석할 때에는 3차원 영상 분석이 활용된다.

09 ③

| 오답해설 |
㉠ 각속력은 스칼라이고, 각속도는 벡터이다.
㉣ 각거리는 물체가 한 지점에서 다른 지점으로 이동하였을 때 물체가 이동한 경로를 측정한 총 각도의 크기이다.

10 ④

| 정답해설 |
부력
- 물체를 둘러싼 물이나 공기와 같은 유체가 물체를 위로 밀어 올리는 힘으로, 방향은 수직이고 크기는 유체와 같음

- 유체의 밀도가 커질수록 부력도 커짐
- 물의 온도가 올라갈수록 부력은 작아짐
- 부력 중심의 위치는 수중에서의 자세 변화에 따라 달라짐

11 ④

| 정답해설 |

회전축에서 공까지의 거리를 2m에서 1m로 줄이면 회전반경이 반$\left(\frac{1}{2}\right)$으로 감소한다. 관성 모멘트 = 질량 × 회전반경^{2}이므로, 회전반경이 반으로 감소하면, 관성 모멘트는 $\frac{1}{4}$로 감소한다. 각운동량의 공식은 각속도 = $\frac{각운동량}{관성\ 모멘트}$으로 변환이 가능하고, 각운동량이 변화 없는 조건에서 관성 모멘트가 $\frac{1}{4}$로 감소하면 회전속도는 4회전/sec로 증가한다.

12 ③

| 정답해설 |

3종 지레에서 힘점은 축과 저항점 사이에 위치하고 역학적 이점이 1보다 작다.

| 심화해설 |

지레의 종류와 특징
- 1종 지레: 가운데 받침점이 있는 유형이며, 역학적 이득은 다양하다.
- 2종 지레: 작용점이 가운데 있고 힘팔이 작용팔보다 크며, 역학적 이득은 항상 1보다 크다.
- 3종 지레: 힘점이 가운데 있고 작용팔이 힘팔보다 크며, 역학적 이득은 항상 1보다 작다.

13 ④

| 정답해설 |

인체(물체)의 공중에서의 최고 지점에서 수직 속도는 0m/sec가 된다.

| 오답해설 |

① (A)부터 (B)까지 한 일(work)은 위치 에너지의 변화량과 같지 않다.
② (A)부터 (B)까지 넙다리 네갈래근(대퇴사두근, quadriceps)은 단축성 수축을 한다.
③ (B)부터 (C)까지 무게 중심의 수직 가속도는 감소한다.

14 ②③

| 정답해설 |

② 회전하는 물체의 각속도는 각변위를 소요 시간으로 나누어 구한다.
③ 관성 모멘트는 회전축의 방향에 따라 변하지 않고, 질량과 회전 반경에 영향을 받는다.

15 ④

| 정답해설 |

인체의 무게 중심은 동일한 위치에 머무르지 않으며, 인체의 움직임에 따라 인체의 질량이 재분배되어 위치가 항상 변화한다.

16 ④

| 정답해설 |

물체가 공중으로 상승하는 과정에서는 중력 가속도의 영향을 받는다.

17 ③

| 오답해설 |

① 골격근의 수축은 관절에서 회전 운동(각운동)을 발생시킨다.
② 인대는 뼈와 뼈 사이에 결합된 조직을 뜻하며, 골격을 뼈에 부착시키는 역할을 하는 것은 건이다.
④ 팔꿈치 관절에서 굽힘근(굴근, flexor)의 수축은 관절의 각도를 작게 한다.

18 ③

| 정답해설 |

기저면은 물체가 지면에 접촉하고 있는 접촉점들을 연결시킨 면적을 의미하기 때문에 양팔을 좌우로 벌리는 것은 기저면의 변화를 주었다고 볼 수 없다.

| 심화해설 |

평균대 위에서 안정성이 높아지기 위해서는 외발이 아닌 양발로서 있어야 기저면이 커져 안정성이 높아진다.

19 ②

| 정답해설 |

일률 = $\dfrac{\text{힘} \times \text{이동 변위}}{\text{소요시간}}$ = 힘 × 속도

| 오답해설 |

① 일의 단위는 J(줄)로 나타낸다.
③ 일률은 이동한 거리(이동 변위)를 고려한다.
④ 일은 힘과 거리의 곱으로 산출한다. 따라서 가해진 힘의 크기에 비례한다.

20 ④

| 정답해설 |

경기장 적응을 위해 가상현실을 활용한 양궁 심상 훈련을 지원하는 것은 스포츠심리학의 적용 사례이다.

스포츠윤리(77) 기출문제 해설(선택/A형)

01	02	03	04	05	06	07	08	09	10
②	④	④	①	①	②	②	②	③	①
11	12	13	14	15	16	17	18	19	20
④	④	①②③④	①	③	①	③	③	③	②

01 ②

| 정답해설 |

「스포츠 기본법」 제2조(기본 이념)에 대한 설명이다.

02 ④

| 정답해설 |

- 직접적 폭력: 개인이 물리적 또는 언어적으로 다른 개인에게 가하는 폭력으로, 예를 들어 경기 중 상대를 가격하거나 밀치는 행위 등이 해당한다.
- 구조적 폭력: 사회의 구조적 시스템 내에 내재된 불평등과 차별이 사람들에게 폭력적인 영향을 미치는 것으로, 예를 들어 특정 그룹이 지속적으로 불리한 대우를 받는 경우 등이 해당한다.
- 문화적 폭력: 문화적 표현(언어, 예술, 미디어 등)이 폭력을 정당화하거나 미화하는 것으로, 예를 들어 특정 집단에 대한 비하 표현이나 차별적인 행동 양식 등이 해당한다.

03 ④

| 정답해설 |

여성 참정권은 여성이 국정에 직접·간접으로 참여하는 권리로 스포츠와 직접적인 연관이 없으며 스포츠에서 차별이 발생하거나 심화되는 원인으로 보기 어렵다.

| 오답해설 |

① 생물학적 환원주의: 사회적으로 구성된 젠더 불평등 현상을 남자와 여자의 생물학적 요인으로만 설명하는 것이다. 여성의 신체 능력을 과소평가하거나 여성의 역할을 제한하려는 근거로 사용될 수 있다.

② 남녀의 운동 능력 차이: 성별에 따른 다른 기준과 기대를 낳게 되어 여성 선수들이 동일한 기회를 받지 못하거나 동일한 성과를 인정받지 못하는 이유가 될 수 있다.
③ 남성 문화에 기반한 근대 스포츠: 근대 스포츠의 많은 부분이 남성 중심이었기에 그 문화가 여전히 존재하며, 이로 인해 여성의 참여가 제한되거나 여성 스포츠가 남성 스포츠에 비해 덜 중요한 것으로 취급되는 등의 차별이 발생할 수 있다.

04 ①

| 정답해설 |

테일러(P. Taylor)는 인간과 동물, 즉 지구에 존재하는 모든 생명체는 평등한 관계라고 주장하였으며, 자연 중심주의를 깨닫기 위한 인간의 의무를 제시하였다.

| 오답해설 |

② 베르크(A. Berque): 인간 주체성과 환경 자체를 연결하는 존재론적 혁명은 모든 사람의 가장 기본인 인간의 안전 지속 가능성의 조건임을 주장함
③ 콜버그(L. Kohlberg): 스포츠에서 발생하는 도덕적 딜레마에 대한 토론을 통해 도덕적 갈등 상황을 이해하고, 자율적으로 대처할 수 있도록 가르침
④ 패스모어(J. Passmore): 인간을 위해 다른 생명체를 보호해야 하며, 기존의 도덕 원리(과거의 방식으로도)만으로도 생태계를 해결할 수 있다고 주장함

05 ①

| 정답해설 |

㉠ 인종, ㉡ 인종주의, ㉢ 인종 차별에 대한 설명이다.

06 ②

| 정답해설 |

의무주의는 행위의 결과와는 상관없이 도덕 행위의 본래적인 가치인 '규범에 복종해야 할 의무'를 주장하는 도덕 이론을 말한다. 따라서 원칙에 따라 퇴장의 처벌을 내리는 것은 의무주의에 해당한다.

07 ②

| 정답해설 |

딜레마는 두 가지 중 하나를 골라야 하는 상황을 나타내는 용어로, 일반적으로 해도 문제, 안 해도 문제인 상황에 부합하는 것을 뜻한다.

08 ②

| 정답해설 |

아크라시아: 자제력이 부족하거나 자신의 더 나은 판단에 반하는 행동을 의미한다.

| 오답해설 |

① 테크네: 고대 철학의 용어로, 기술, 능숙함 혹은 예술을 의미한다.
③ 에피스테메: 필연적이고 영원한 것을 대상으로 하는 인식능력을 말한다.
④ 프로네시스: 아리스토텔레스 『니코마코스 윤리학』에서 등장하는 실천적인 지혜를 말한다.

09 ③

| 정답해설 |

제시된 내용은 조건 없이 지켜야 할 도덕적 규칙들로, 이는 특정 상황이나 결과에 따라 달라지지 않고 무조건적으로 따라야 하는 정언명령에 해당한다.

| 오답해설 |

① 모방욕구: 타인의 행동을 보고 따라하고자 하는 욕구
② 가언명령: 특정 조건이 주어졌을 때 지켜야 하는 규칙
④ 배려윤리: 타인을 배려하고 도덕적 관심을 가지는 것과 관련된 윤리적 접근

| 심화해설 |

정언적 명령
행위의 결과나 목적과 무관하게 행위 그 자체로써 도덕적 가치에 따르는 것

10 ①

| 정답해설 |

보기는 행위가 다른 사람들의 만족을 기여할 수 있도록 노력하는 것을 강조하고 있다. 특정한 행위의 결과가 최대의 행복을 가져오는지를 평가하여 윤리적 판단을 내리는 행위 공리주의의 태도이다.

| 오답해설 |
② 규칙 공리주의: 일반적인 규칙이나 원칙이 최대의 행복을 증진하는지를 평가한다.
③ 제도적 공리주의: 사회적 제도나 구조가 최대의 행복을 실현하는지를 중시하는 접근이다.
④ 직관적 공리주의: 개인의 직관적 판단이나 내재된 가치를 중시하는 접근이다.

11 ④

| 정답해설 |
절차적 정의: 어떤 것을 결정하고 판단하는 데 있어 공정했는지, 또는 그 과정이 공정했는지를 의미한다

| 오답해설 |
① 자연적 정의: 주어진 상황에서 자연스럽게 나타나는 공정함을 의미한다.
② 평균적 정의: 개인 상호 간에 균형을 이루게 하는 것을 의미한다.
③ 분배적 정의: 어떤 것을 분배하고자 할 때 어떠한 방법으로 하는 것이 공정한지를 의미한다.

12 ④

| 정답해설 |
충(忠)(ⓒ)은 누군가를 위해 정성(精誠)·성의(誠意) 또는 정성과 성의를 다한다는 뜻으로, 군신(君臣) 사이에서 신하된 자의 도리를 가리킨다. 동양적인 윤리에서는 가족을 천하의 원형으로 하는 관념이 있기 때문에 주군(主君)을 섬기는 충은 곧 부모에 대한 효(孝)와 같은 것이라 보기도 했다. 서(恕)(ⓒ)는 내 마음과 같이 한다는 뜻으로 자기가 바라지 않는 일은 남에게 행하지 말아야 한다는 의미한다. 따라서 공자의 사상은 충서(忠恕)(㉠)로 설명할 수 있다.

13 ①②③④

〈보기〉는 여러 철학적 개념과 연관될 수 있다는 점에서 모두 정답 처리되었다.
①② 정언명령은 칸트의 윤리학에서 나온 개념으로, 행위의 결과나 목적과 무관하게 행위 그 자체로써 도덕적 가치에 따르는 것을 의미한다. 〈보기〉에서 승자와 패자의 만족도는 이러한 도덕적 법칙을 기준으로 모두에게 공정하게 적용될 수 있다는 해석이 가능하다.

③ 〈보기〉는 스포츠에서 승자와 패자가 모두 만족할 수 있는 상황을 상정하고 있으며, 이는 공정한 경기가 이루어졌을 때 양측이 모두 만족할 수 있다는 공정시합과 연관지을 수 있다.
④ 〈보기〉는 승자와 패자의 만족도가 경기 결과에 따라 달라질 수 있음을 설명한다. 이는 전체적인 만족도나 행복의 극대화를 목표로 하는 공리주의적 사고와 유사하다.

14 ①

| 정답해설 |
의도적인 반칙은 스포츠 경기 상황에서 의도적 계획을 갖고 규칙을 위반한 행위이다. 〈보기〉에 해당하는 내용은 의도적 구성 반칙에 해당한다.

| 심화해설 |
- 구성적 규칙: 스포츠 경기를 진행하는 방법을 규정하는 것으로, 스포츠를 수행하는 목적, 수단, 공간, 시간, 용품, 벌칙 등을 정하는 것
- 규제적 규칙: 각 종목의 특성에 따라 적용되는 규칙에 의해 수행되는 개인의 행동 규제하는 것

15 ③

| 정답해설 |
〈보기〉에서 윤성은 종 차별주의 관점을 가지고 있다. 종 차별주의란 자신이 속한 종은 옹호하고 다른 종은 배척하는 것으로, 인간에게만 본질적인 가치를 부여하며 인간 이외에는 도구적인 가치를 부여하는 것이다.

16 ①

| 정답해설 |
멕킨타이어(A. MacIntyre)는 현대 공동체주의 윤리, 덕윤리의 대표 주자인 스코틀랜드 출신 철학자로 '실천'에 내재적인 선들을 성취하는 데 필요한 성질들로서 덕들을 고찰한다.

| 오답해설 |
② 의무주의(deontology): 칸트의 철학에서 비롯된 것으로, 도덕적 행위는 결과가 아닌 의무와 규칙에 따라 평가되어야 한다는 이론
③ 쾌락주의(hedonism): 쾌락을 가장 중요한 가치로 삼는 윤리 이론
④ 메타윤리(metaethics): 윤리학의 본질과 의미를 탐구하는 철학의 한 분야로, 구체적인 윤리적 실천보다는 윤리적 개념과 언어를 분석하는 데 초점을 둠

17 ③

스포츠윤리는 일반적인 윤리적 기준을 적용하면서도, 스포츠의 특수성을 고려하여 발전한 윤리 체계이다. 따라서 보편적 윤리 원칙을 기반으로 한다.

| 심화해설 |

스포츠윤리의 독자성
- 참여자가 스포츠 규칙을 자의적으로 준수하는 것
- 스포츠 상황에서 선수의 규칙 준수 여부만으로 선수의 도덕성을 구분할 수 없음
- 스포츠에서 규칙을 위반하는 행위는 경기의 일부로 받아들여지기도 함

18 ③

| 오답해설 |

ⓒ 리그 승강 제도는 학습권 보호와 관련이 없는 대회 운영 제도이다.

| 정답해설 |

㉠ 최저 학력 제도: 학생 선수의 학습권을 보장하면서 운동을 병행할 수 있는 환경을 조성하기 위해 실시하는 제도
㉢ 주말 리그 제도: 가까운 지역의 학교에서 주말에 리그 경기를 꾸준히 하면 경기 경험도 늘고 선수들의 기량도 향상될 것이라는 취지에서 시행된 제도
㉣ 학사 관리 지원 제도: 체육 특기자의 학사 관리를 목적으로 하는 제도

19 ③

| 정답해설 |

윤리적 상대주의는 개인이나 사회에 따라 옳고 그름에 대한 기준이 다르기 때문에 윤리적 가치는 시대와 장소에 따라 상대적이라고 보는 관점(성차별, 문화 차별, 인종 차별 등)이다.

| 오답해설 |

① 윤리적 절대주의: 정의, 용기, 절제, 지혜와 같은 덕목들이 이데아 세계에 존재하는 절대적인 가치라고 주장하는 관점
② 윤리적 회의주의: 도덕적 진리에 대해 회의적이며, 도덕적 지식이 확실하지 않다고 보는 관점
④ 윤리적 객관주의: 도덕 원리는 보편적이고 객관적 타당성을 지니며, 도덕적 규범은 예외를 허용할 수 없다는 관점

20 ②

| 정답해설 |

신체의 탁월성보다 장비에 의존한 경기가 될 가능성이 있는 것으로 기술 도핑에 해당한다.

| 오답해설 |

① 약물 도핑: 스포츠 수행 능력을 향상시킬 목적으로 선수나 동물에게 약물을 투여하는 행위
③ 브레인 도핑: 헤드폰처럼 생긴 장비를 착용하고 뇌에 전기 자극을 주어 운동 능력을 향상시키는 행위
④ 유전자 도핑: 치료 이외의 목적으로 세포나 유전자를 이용하거나 유전자를 조작하여 운동 능력의 향상을 기대하는 행위

2025년 기출문제

2급 전문/2급 생활 스포츠지도사 필기시험

정답 및 해설 545p

과목코드		
선택 (5과목)	스포츠사회학(11)	스포츠교육학(22)
	스포츠심리학(33)	한국체육사(44)
	운동생리학(55)	운동역학(66)
	스포츠윤리(77)	

2025. 4. 26.(토)

http://eduwill.kr/No9p

STEP 1 QR코드 스캔 ▶ STEP 2 회원가입 & 로그인 ▶ STEP 3 모바일 OMR 정답 입력 ▶ STEP 4 채점 및 결과 확인

KSPO 국민체육진흥공단

스포츠사회학(11)

01
스포츠사회학의 주요 연구 영역에 관한 설명으로 적절하지 않은 것은?

① 스포츠 기능 향상의 심리적 기전을 연구한다.
② 스포츠 맥락에서 인간의 행위와 상호작용 현상을 연구한다.
③ 스포츠 사회 내 규범, 신념, 이데올로기, 환경의 변화를 연구한다.
④ 스포츠 집단의 유형, 특성, 기능, 구조, 변화 과정을 연구한다.

02
스포츠의 교육적 순기능에 관한 설명으로 옳지 않은 것은?

① 사회화를 촉진하여 전인 교육 기능을 한다.
② 승리 지상주의를 학습시켜 사회 통합 기능을 한다.
③ 장애인의 적응력 배양으로 사회 선도 기능을 한다.
④ 여성의 참여 증가를 통한 여권 신장으로 사회 선도 기능을 한다.

03
〈보기〉의 사례에 해당하는 버렐(S. Birrell)과 로이(J. Loy)의 미디어스포츠 수용자의 욕구 유형으로 가장 적절한 것은?

> **보기**
> - NBA 팀의 정보를 얻으려고 인터넷 검색을 한다.
> - 스포츠뉴스를 시청하며 이정후 선수가 속한 팀의 경기 결과와 리그 순위를 확인한다.

① 인지적 욕구 ② 도피적 욕구
③ 소비적 욕구 ④ 심동적 욕구

04
국제 스포츠 이벤트가 지역 사회에 미치는 긍정적 영향으로 적절하지 않은 것은?

① 도시 브랜드 가치 향상
② 사회 간접 자본 시설의 확충
③ 지역 사회 구성원의 문화 정체성 약화
④ 스포츠 참여 기회 확대 및 건강 증진 효과

05
〈보기〉의 미래 스포츠 특성에 관한 설명으로 적절한 것을 모두 고른 것은?

> **보기**
> ㉠ 노년층 스포츠 참가에 대한 중요성이 증가한다.
> ㉡ 프로 스포츠에서 스포츠 과학의 중요성이 감소한다.
> ㉢ 정보 기술의 발달로 스포츠 참여 형태가 다양해진다.
> ㉣ 탄소배출을 최소화한 친환경 스포츠의 중요성이 증가한다.

① ㉠
② ㉠, ㉡
③ ㉠, ㉢, ㉣
④ ㉡, ㉢, ㉣

06

<보기>에서 ㉠에 해당하는 투민(M. Tumin)의 계층 특성과 ㉡에 해당하는 베블런(T. Veblen)의 이론은?

보기

㉠ 민철이는 취미로 골프를 시작하려 했지만, 골프 장비가 비싸서 포기했다. 결국 민철이는 초기 비용이 적게 드는 배드민턴을 하기로 했다. 반면, 부유한 집안에서 자란 준형이는 어렸을 때부터 부모님을 따라 자연스럽게 골프를 접할 수 있었고, 현재도 일주일에 한 번은 골프를 하고 있다.

㉡ 선영이는 요트에 흥미가 없지만 주변 지인들에게 자신의 경제력을 자랑하려고 요트를 구매했다. 선영이는 지인들과 요트를 함께 즐기면서 자연스럽게 자신의 부를 드러낸다.

	㉠	㉡
①	영향성	자본론
②	영향성	유한계급론
③	역사성	자본론
④	역사성	유한계급론

07

<보기> 중 스포츠가 미디어에 미친 영향에 해당하는 것으로만 묶은 것은?

보기

㉠ 탁구공의 색이 흰색에서 주황색으로 변경되었다.
㉡ 월드컵, 올림픽은 미디어 보급 및 확산에 기여하였다.
㉢ 정지 화면, 느린 화면, 클로즈업 등의 방송 기법이 발달하였다.
㉣ 스포츠 관람 인구가 증가하고, 스포츠 활동이 생활의 일부로 확산되었다.

① ㉠, ㉡
② ㉠, ㉣
③ ㉡, ㉢
④ ㉡, ㉣

08

<보기>에서 설명하는 스포츠사회학 이론으로 적절한 것은?

보기

- 미시적 관점의 이론이다.
- 스포츠 참여 과정에 대한 이해와 하위문화 특성에 관심을 가진다.
- 인간은 사회구조 및 제도에 대해 능동적으로 사고하며 행동하게 된다.

① 갈등 이론
② 비판 이론
③ 구조 기능주의 이론
④ 상징적 상호 작용론

09

국제 스포츠 사례에 관한 설명으로 옳지 않은 것은?

① 1969년 온두라스와 엘살바도르의 월드컵 예선전은 양국의 정치적·사회적 갈등이 격화되는 계기가 되었으며, 이후 무력 충돌로 이어졌다.
② 2008년 베이징 올림픽 경기 대회 개최를 앞두고 중국의 티베트 인권탄압에 대한 국제사회의 비판이 제기되었다.
③ 1988년 서울 올림픽 경기 대회에는 모스크바 올림픽 경기 대회와 LA 올림픽 경기 대회의 보이콧 사례와 달리 미국과 소련 등 동서 진영 국가들이 참여하였다.
④ 1995년 남아프리카공화국 럭비 월드컵 경기 대회에서는 아파르트헤이트(apartheid)에 대한 국제 사회의 반발로 다수 국가의 보이콧이 발생했다.

10

〈보기〉의 ㉠에 해당하는 로버트슨(R. Robertson)이 제시한 스포츠 세계화의 결과와 ㉡에 해당하는 매기(J. Magee)와 서덴(J. Sugden)이 제시한 스포츠 노동 이주 유형으로 가장 적절한 것은?

> **보기**
> ㉠ 스포츠 업체는 글로벌 브랜드 정체성을 유지하면서 뉴질랜드 럭비 대표팀인 올 블랙스(All Blacks)의 경기 전 의식으로 잘 알려진 마오리족의 하카(haka)댄스를 광고에 포함함으로써 지역 문화를 브랜드 메시지에 자연스럽게 녹여냈다.
> ㉡ 축구 선수 B는 현재 베트남의 C팀에서 활동 중이다. 그의 관심은 오로지 더 높은 연봉을 제시하는 팀으로 이적하는 것이다. 베트남의 문화를 즐긴다거나 사람과의 관계를 맺는 것에는 관심이 없다. 그는 언제든 떠날 준비를 하고 있다. 이전에 활동했던 중국의 D팀, 사우디의 E팀이 위치한 지역에 오래 머무른 적도 없다.

	㉠	㉡
①	세방화 (glocalization)	용병형 (mercenaries)
②	세방화 (glocalization)	개척자형 (pioneers)
③	국제적 고립 (global isolation)	용병형 (mercenaries)
④	국제적 고립 (global isolation)	개척자형 (pioneers)

11

〈보기〉의 사례에 해당하는 머튼(R. Merton)의 일탈 행동 유형은?

> **보기**
> ㉠ 승리 지상주의에 염증을 느껴 선수 생활을 포기하는 경우
> ㉡ 프로 스포츠 선수가 경기력 향상을 목적으로 불법 약물을 복용한 경우
> ㉢ 스포츠 경기 참가에 의의를 두지만, 경기 성적을 중시하지 않는 경우

	㉠	㉡	㉢
①	도피주의	혁신주의	의례주의
②	도피주의	동조주의	의례주의
③	반역주의	도피주의	혁신주의
④	반역주의	동조주의	혁신주의

12

〈보기〉의 스포츠 계층 이동 유형과 사례에 관한 설명으로 옳은 것을 모두 고른 것은?

> **보기**
> ㉠ 프로야구 선수가 대회에서 부진한 모습을 보여 2군으로 강등된 것은 수직 이동의 사례이다.
> ㉡ 1980년대 프로스포츠 출범 후 운동선수의 지위가 전반적으로 높게 평가받게 된 것은 집단 이동의 사례이다.
> ㉢ 프로배구 선수가 되면서 일용직 노동자였던 부모님에 비해 많은 수입과 높은 명성을 얻게 된 것은 세대 내 이동의 사례이다.
> ㉣ 고등학교 배구 선수가 전학 간 후에도 같은 포지션으로 활동한 것은 수평 이동의 사례이다.

① ㉠, ㉡
② ㉢, ㉣
③ ㉠, ㉡, ㉣
④ ㉡, ㉢, ㉣

13

스포츠 사회화 이론에 관한 설명으로 적절하지 않은 것은?

① 사회 학습 이론에서는 다른 구성원의 행동을 관찰 학습하여 사회화가 이루어진다고 설명한다.
② 사회 학습 이론에서는 모방, 강화 등을 통해 새로운 행동을 학습하여 사회화가 이루어진다고 설명한다.
③ 준거 집단 이론에서는 구성원이 속한 집단의 규칙을 따르지 않아도 사회화가 이루어진다고 설명한다.
④ 역할 이론에서는 개인을 무대 위의 특정 역할을 부여받은 배우로 간주하여 그 역할을 수행하며 사회화가 이루어진다고 설명한다.

14

〈보기〉는 스포츠사회학 수업에서 교수와 학생의 대화이다. ㉠, ㉡에 들어갈 내용으로 적절한 것은?

보기

- 학생 1: 최근 테니스와 마라톤이 인기를 끌고 있는데, 사람들이 왜 이런 스포츠에 열광하는지 다양한 사례를 심층적으로 알아보려면 어떤 연구 방법이 좋은가요?
- 교수: 참여 관찰, 심층 면담 등으로 자료를 수집하고 해석적인 절차에 따라 원인을 파악하는 (㉠) 방법이 적합해요.
- 학생 2: 그러면 스포츠 육성 모델에는 어떤 것이 있나요?
- 교수: 국가별로 다양한 스포츠육성정책을 시행하고 있는데, 그릭스*에 따르면, 스포츠 선진국은 엘리트 스포츠의 성과가 일반 시민의 스포츠 참가를 촉진하고, 그렇게 형성된 자원 속에서 다시 우수한 엘리트 선수가 탄생하여 국가 이미지 향상에 기여하는 (㉡)을 구축하고 있다고 해요.

*J. Grix(2016)

	㉠	㉡
①	질적 연구	선순환 모델
②	양적 연구	선순환 모델
③	질적 연구	피라미드 모델
④	양적 연구	피라미드 모델

15

〈보기〉의 내용에 해당하는 거트만(A. Guttmann)이 제시한 근대스포츠의 특징은?

보기

㉠ 인종·성별과 관계없이 누구나 스포츠에 참여할 기회를 동등하게 부여받는다.
㉡ 현대 축구가 발전하면서 점차 수비수, 미드필더, 공격수 등의 포지션이 다양화되었다.
㉢ 현대스포츠 참여자는 신에 대한 숭배가 아니라 기분 전환과 오락, 이익과 보상을 추구한다.
㉣ 국제스포츠연맹은 규칙 제정, 기록 공인, 국제대회 운영 및 관리, 종목 진흥 등의 역할을 담당한다.

	㉠	㉡	㉢	㉣
①	합리화	평등성	세속화	관료화
②	합리화	수량화	전문화	세속화
③	평등성	관료화	세속화	전문화
④	평등성	전문화	세속화	관료화

16

〈보기〉의 사례에 해당하는 베커(H. Becker)의 스포츠 일탈 이론은?

보기

생활 체육 배드민턴 동호회에서 신입 회원이 실력이 부족하다는 이유로 민폐 회원이라는 별명을 듣게 되었다. 어떤 회원은 게임에서 그를 배제하거나 눈치를 주었고, 몇몇은 노골적으로 비난했다. 시간이 지날수록 신입 회원은 자신이 정말 방해가 된다고 느끼며 위축되었고, 결국 동호회를 그만두고 운동도 포기하였다.

① 중화 이론(neutralization theory)
② 낙인 이론(labeling theory)
③ 욕구 위계 이론(hierarchy of needs theory)
④ 인지 발달 이론(cognitive development theory)

17

코클리(J. Coakley)가 제시한 상업주의 스포츠 출현의 사회적·경제적 조건에 해당하지 않는 것은?

① 자본주의 시장경제 체제
② 스태그플레이션(stagflation)
③ 소비가 장려되는 문화 형성
④ 인구 밀도가 높은 대도시 형성

18

〈보기〉의 사례에 해당하는 정치가 스포츠를 이용하는 방법으로 가장 적절한 것은?

> **보기**
> 스포츠는 정치인에게 권력을 강화하는 수단이 되기도 한다. 12.12 군사쿠테타와 5.18 민주화운동을 거치며, 당시 사회는 극도의 불안감과 정권에 대한 불신이 극에 달했다. 정권은 언론을 통제하고 정치적 발언을 통제하려 했지만, 뜻대로 되지 않았다. 그래서 국민의 관심을 돌리고 정권을 유지하기 위해 프로스포츠를 장려했다.
> 출처: M사, 시사교양(2005.6.)

① 상징
② 조작
③ 동일화
④ 전문화

19

〈보기〉의 사례에 해당하는 스포츠사회화 과정이 바르게 연결된 것은?

> **보기**
> ㉠ 소영이는 '골때리는 그녀'라는 TV 프로그램을 보고 축구에 매력을 느껴 축구클럽에 가입하게 되었다.
> ㉡ 소영이는 축구에 흥미를 잃어 축구클럽을 탈퇴하였고, 6개월이 지났을 무렵, 친구의 권유로 테니스클럽에 가입하게 되었다.
> ㉢ 소영이는 테니스 활동을 하며 테니스 규칙, 기술, 매너 등을 잘 숙지한 테니스 동호인이 되었다.
> ㉣ 소영이는 무릎과 팔꿈치 부상이 잦아지면서 결국 좋아하는 테니스를 그만두게 되었다.

	㉠	㉡	㉢	㉣
①	스포츠로의 재사회화	스포츠로의 사회화	스포츠를 통한 사회화	스포츠 탈사회화
②	스포츠로의 재사회화	스포츠를 통한 사회화	스포츠로의 사회화	스포츠 탈사회화
③	스포츠로의 사회화	스포츠를 통한 사회화	스포츠로의 재사회화	스포츠 탈사회화
④	스포츠로의 사회화	스포츠로의 재사회화	스포츠를 통한 사회화	스포츠 탈사회화

20

〈보기〉의 사례에 해당하는 사회화 주관자는?

> **보기**
> ㉠ 지영이는 배드민턴 동호회 활동을 하는 부모님의 권유로 배드민턴을 시작하게 되었다.
> ㉡ 민수는 동네 주민센터에서 청소년 농구 프로그램 회원 모집 공고를 보고, 직접 센터를 방문하여 등록하였다.

	㉠	㉡
①	가족	학교
②	학교	동료
③	동료	지역사회
④	가족	지역사회

스포츠교육학(22)

01

생활 스포츠 교육 프로그램의 내용 선정 원리에 관한 설명으로 적절하지 않은 것은?

① 좋은 교육 내용이라면 실천 가능성과 관계없이 선정한다.
② 스포츠의 가치를 경험할 수 있도록 다양한 활동을 구성한다.
③ 생활 스포츠의 교육 목표를 성취하는 데 적합한 내용을 선정한다.
④ 참여자의 성별, 연령별 흥미와 요구를 반영하기 위한 조사를 실시한다.

02

학교 스포츠 클럽 지도 시 효과적인 과제 제시 방법으로 적절하지 않은 것은?

① 실제 상황처럼 정확하게 시범을 보인다.
② 동작 설명과 시각적 정보를 함께 활용한다.
③ 은유나 비유보다는 개념 자체를 그대로 전달한다.
④ 학생이 이해할 수 있는 적절한 속도로 분명하게 전달한다.

03

다음 설문지를 활용하는 데 가장 적절한 평가 단계는?

영역	질문 내용	응답(✓ 표기)
준비	준비된 개인 장비는?	☐ 라켓 ☐ 운동화 ☐ 운동복
	테니스 강습 시 희망하는 강습 형태는?	☐ 개인강습 ☐ 그룹강습 ☐ 상관없음
	최근 3년 이내 테니스 강습을 받은 경험은?	☐ 있다 ☐ 없다
수준	포핸드 그립을 잡을 수 있는가?	☐ 그렇다 ☐ 보통이다 ☐ 아니다
	백핸드 그립을 잡을 수 있는가?	☐ 그렇다 ☐ 보통이다 ☐ 아니다
	스플릿 스텝을 할 수 있는가?	☐ 그렇다 ☐ 보통이다 ☐ 아니다

① 진단평가　　② 종합평가
③ 형성평가　　④ 총괄평가

04

〈보기〉에서 설명하는 생활 스포츠 교육 프로그램의 지도 원리로 가장 적절한 것은?

> **보기**
> - 프로그램의 다양화를 지향한다.
> - 직접 참여 활동과 간접 학습 활동을 균형 있게 제공한다.
> - 스포츠 활동을 총체적으로 체험시켜 스포츠 학습의 질을 높인다.

① 개별성　　② 자발성
③ 적합성　　④ 통합성

05

〈보기〉에서 설명하는 링크(J. Rink)의 내용 발달 과제는?

> **보기**
> - 과제 내 발달과 과제 간 발달이 있다.
> - 단순한 과제에서 복잡한 과제로 전개한다.
> - 쉬운 과제에서 어려운 과제 순으로 참여한다.

① 시작형 과제　　② 확대형 과제
③ 세련형 과제　　④ 응용형 과제

06

<보기>에서 설명하는 협동 학습 모형의 전략은?

> **보기**
> - 1차 평가에서 모든 팀원의 점수를 합산하여 팀 점수로 발표한다.
> - 지도자는 학생들과 토론하고 팀의 상호작용을 높일 수 있도록 조언한다.
> - 모든 팀은 1차 평가와 동일한 과제를 반복해서 연습하고, 팀원 모두의 점수를 높이는 데 중점을 둔다.
> - 2차 평가를 하여 1차 평가보다 향상된 정도에 따라 팀 점수를 부여한다.

① 직소(jigsaw)
② 팀-보조수업(team-assisted instruction)
③ 팀 게임 토너먼트(team games tournament)
④ 학생 팀-성취 배분(student teams-achievement division)

07

「생활 체육 진흥법」(2024.2.9. 시행)의 내용에 해당하지 <u>않는</u> 것은?

① 모든 국민은 건강한 신체 활동과 건전한 여가 선용을 위해 생활 체육을 즐길 권리를 가진다.
② 국가 및 지방자치단체는 생활 체육 강좌의 설치·운영에 드는 경비를 지원할 수 있다.
③ 문화체육관광부 장관은 생활 체육의 진흥을 위한 기본 계획을 10년마다 수립·시행해야 한다.
④ 지방 자치 단체는 그 지역주민의 생활 체육 활동을 위하여 체육동호인 조직의 육성에 필요한 시책을 마련할 수 있다.

08

<보기>에서 설명하는 링크(J. Rink)의 교수 전략은?

> **보기**
> - 상황에 따라 지시형 또는 연습형 스타일로 활용될 수 있다.
> - 지도자는 과제의 단서를 선정하고 명확하게 전달해야 한다.
> - 주로 집단 전체를 대상으로 하는 움직임 과제를 내용으로 선정한다.

① 동료 교수(peer teaching)
② 상호 작용 교수(interactive teaching)
③ 스테이션 교수(station teaching)
④ 자기 교수 전략(self-instruction strategies)

09

<보기>에서 모스턴(M. Mosston)의 교수 스타일에 관한 설명으로 옳은 것을 모두 고른 것은?

> **보기**
> ㉠ 교수 스타일은 비대비 접근 방식에 근거를 둔다.
> ㉡ 교수 스타일마다 의사 결정의 주도권은 교사에게 있다.
> ㉢ 교수 스타일의 A~E까지는 창조(production)가 중심이 된다.
> ㉣ 교수 스타일은 과제 활동 전, 중, 후의 의사결정으로 구분된다.

① ㉠, ㉡
② ㉠, ㉣
③ ㉠, ㉢, ㉣
④ ㉡, ㉢, ㉣

10

그리핀(L. Griffin), 미첼(S. Mitchell), 오슬린(J. Oslin)의 게임 수행 평가 도구(GPAI)를 활용하여 학생의 게임 수행 능력을 측정한 표이다. 게임 수행 점수가 높은 학생 순으로 바르게 나열한 것은?

측정 항목 이름	의사 결정		기술 실행		보조하기	
	적절	부적절	효율적	비효율적	적절	부적절
다은	3회	1회	3회	1회	3회	1회
세연	2회	2회	5회	0회	2회	2회
유나	2회	2회	2회	0회	2회	0회

① 유나 → 세연 → 다은
② 다은 → 세연 → 유나
③ 유나 → 다은 → 세연
④ 다은 → 유나 → 세연

11

〈보기〉의 내용에 해당하는 모스턴(M. Mosston)의 교수 스타일은?

> **보기**
> - 지도자는 난이도가 다른 과제를 선정하고 조직한다.
> - 학생은 자신에게 맞는 난이도의 과제를 선택하고 참여한다.
> - 높이뛰기의 경우, 학생들은 바(bar)의 높이가 다른 연습 과제를 선택할 수 있다.

① 연습형 ② 포괄형
③ 자기 점검형 ④ 상호 학습형

12

〈보기〉의 소프(R. Thorpe), 벙커(D. Bunker), 알몬드(L. Almond)의 이해 중심 게임 수업 모형의 단계 중 ㉠, ㉡에 들어갈 용어는?

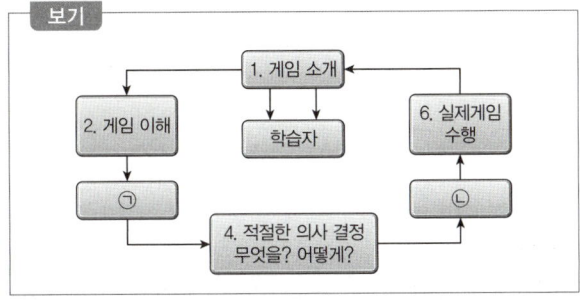

	㉠	㉡
①	전술 이해	기술 연습
②	과제 제시	기술 연습
③	기술 연습	전술 이해
④	전술 이해	게임 설계

13

학교 스포츠 클럽 대회 운영 방식에 관한 설명으로 적절하지 않은 것은?

① 통합리그 유형은 조별리그 유형보다 경기 수가 많다.
② 스플릿(split) 리그는 통합리그의 성적을 바탕으로 그룹을 나누어 리그전을 진행하는 방식이다.
③ 더블 엘리미네이션(double elimination) 토너먼트는 모든 팀의 순위 산정이 가능한 방식이다.
④ 싱글 엘리미네이션(single elimination) 또는 녹아웃(knockout) 토너먼트의 패배 팀은 패자부활전으로 상위 라운드 진출이 가능하다.

14

〈보기〉에서 「국민 체육 진흥법」(2024.10.31. 시행) 제6조 '학교 체육의 진흥을 위한 조치'의 내용 중 학생 체력증진 및 체육 활동 육성을 위한 학교의 역할을 모두 고른 것은?

> **보기**
> ㉠ 운동회나 체육대회의 실시
> ㉡ 운동경기부와 선수의 육성·지원
> ㉢ 학생에 대한 한 종목 이상의 운동 권장과 지도
> ㉣ 체육동호인조직의 결성 등 학생의 자발적 체육 활동의 육성·지원

① ㉠, ㉢
② ㉠, ㉡, ㉢
③ ㉠, ㉡, ㉣
④ ㉠, ㉡, ㉢, ㉣

15

다음은 지도자의 교수 행동을 사건 기록법으로 관찰·기록한 표이다. 이 체계적 관찰 방법에 관한 설명으로 가장 적절한 것은?

행동	피드백 유형			
	긍정적	부정적	교정적	가치적
횟수	正正正正	正正	正正正	正
합계	20회	10회	15회	5회
비율	40%	20%	30%	10%

① 교수-학습에 관한 질적 정보를 얻기 위해 주로 활용한다.
② 지도자와 학생의 상호작용에 관한 기록을 간단히 측정할 수 있다.
③ 일정한 시간 간격을 기준으로 학생의 행동을 관찰하고 측정한다.
④ 교수-학습 시간 활용에 관한 구체적 정보가 필요할 때 사용한다.

16

〈보기〉에서 인지적 영역이 학습 영역의 1순위인 학습자를 모두 고른 것은?

> **보기**
> ㉠ 직접 교수 모형에서의 학습자
> ㉡ 개별화 지도 모형에서의 학습자
> ㉢ 전술 게임 모형에서의 학습자
> ㉣ 스포츠 교육 모형에서 코치의 역할을 부여받은 학습자
> ㉤ 동료 교수 모형에서 개인교사 역할을 부여받은 학습자

① ㉠, ㉡, ㉤
② ㉡, ㉢, ㉣
③ ㉢, ㉣, ㉤
④ ㉡, ㉢, ㉣, ㉤

[17-18] 다음은 배구 스포츠 클럽을 지도하는 박 코치의 지도일지이다.

> **보기**
> 오늘 수업 내용은 배구 서브였다. ㉠ 출석 점검 후, ㉡ A팀은 서브 연습을 하였고, B팀은 서브 정확성이 낮은 학생이 많아 ㉢ 내가 서브 시범을 보여 주었다. C팀은 장난하는 학생이 많아 그때그때 ⓐ 손가락으로 학생의 부정적 행동을 가리키며 제지했다. 배구공이 부족해서 ㉣ D팀은 경기장 밖에서 대기하게 했다. 연습을 마친 후에는 ㉤ 학생들이 배구공과 네트를 정리하도록 했다.

17

〈보기〉의 ㉠~㉤ 중 수업 운영 시간에 해당하는 것을 모두 고른 것은?

① ㉠, ㉣
② ㉡, ㉢
③ ㉠, ㉡, ㉢
④ ㉠, ㉣, ㉤

18

〈보기〉의 ⓐ에 해당하는 온스타인(A. Ornstein)과 레빈(D. Levine)이 제시한 부정적 행동 관리 전략은?

① 퇴장(time-out)
② 삭제 훈련(omission training)
③ 신호 간섭(signal interference)
④ 접근 통제(proximity control)

19

〈보기〉는 마튼스(R. Martens)의 전문체육 프로그램 개발 단계이다. ㉠, ㉡에 들어갈 용어는?

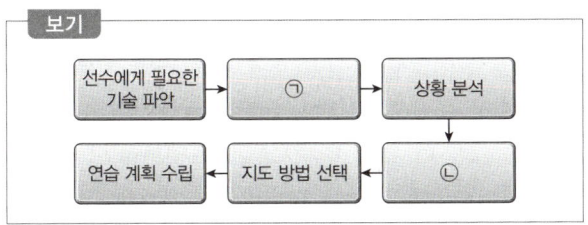

	㉠	㉡
①	선수 이해	우선순위 결정 및 목표 설정
②	선수 이해	전술 선택
③	종목 이해	우선순위 결정 및 목표 설정
④	종목 이해	전술 선택

20

〈보기〉는 사회인 야구팀을 지도하는 조 코치의 지도일지이다. ㉠에 해당하는 질문 유형과 ㉡에 해당하는 운동 기능 유형은?

> **보기**
> - 투수의 투구 시간이 너무 오래 걸려 지난 시간에 배운 '피치 클락'을 알고 있는지 확인하기 위해 ㉠ "투구 제한 시간이 몇 초이지?"라고 질문했지만 선수가 제대로 대답하지 못해 다시 한번 알려줌
> - 투수의 제구력이 불안정하여 ㉡ 포구 그물에 공을 정확하게 던져 넣는 연습을 반복하게 함

	㉠	㉡
①	회상형(회고적) 질문	개방 기능
②	회상형(회고적) 질문	폐쇄 기능
③	수렴형(집중적) 질문	개방 기능
④	수렴형(집중적) 질문	폐쇄 기능

스포츠심리학(33)

01

스포츠심리학자의 역할로 적절하지 않은 것은?

① 스포츠심리학 이론을 가르친다.
② 체력 향상을 위한 의약품을 판매한다.
③ 스포츠심리학 관련 연구를 수행하고 현장에 응용한다.
④ 심리기술훈련을 적용해 선수들의 경기력 향상을 돕는다.

02

심상에 관한 설명으로 옳지 않은 것은?

① 동기를 유발하고 강화한다.
② 감정을 조절하는 데 도움이 된다.
③ 스포츠 전략을 습득하고 연습할 수 있다.
④ 통증과 부상을 대처하는 데 도움이 되지 않는다.

03

〈보기〉 중 내적 동기를 향상하는 전략으로 옳은 것만을 모두 고른 것은?

> **보기**
> ㉠ 성공 경험을 갖게 한다.
> ㉡ 언어적, 비언어적 칭찬을 자주 한다.
> ㉢ 팀의 의사결정에 선수를 참여시킨다.
> ㉣ 물질적 보상과 처벌을 주로 활용한다.
> ㉤ 최대한 높은 결과목표를 설정하여 도전하게 한다.

① ㉠, ㉡, ㉢   ② ㉠, ㉡, ㉣
③ ㉡, ㉢, ㉣   ④ ㉢, ㉣, ㉤

04

목표설정 원리로 적절하지 않은 것은?

① 수행 목표보다 결과 목표를 강조한다.
② 구체적이고 객관적인 목표를 설정한다.
③ 부정적인 목표보다 긍정적인 목표를 강조한다.
④ 단기 목표, 중기 목표, 장기 목표를 함께 설정한다.

05

〈보기〉가 설명하는 가설은?

> 보기
>
> 운동은 세로토닌, 노르에피네프린, 도파민과 같은 신경전달물질 분비를 증가시켜 우울증을 개선한다.

① 열발생 가설
② 모노아민 가설
③ 사회 심리적 가설
④ 생리적 강인함 가설

06

〈보기〉에 해당하는 학자는?

> 보기
>
> • 주요 활동은 1921~1938년
> • 최초로 스포츠심리학 실험실 설립
> • 북미 스포츠심리학의 아버지라고 불림
> • 시카고 컵스 야구팀 스포츠 심리 상담사
> • 코칭심리학(Psychology of Coaching, 1926) 책 출판

① 프랭클린 헨리(Franklin Henry)
② 콜먼 그리피스(Coleman Griffith)
③ 레이너 마틴즈(Rainer Martens)
④ 노먼 트리플렛(Norman Triplett)

07

그림에서 ㉠의 고원현상에 관한 설명으로 옳지 않은 것은?

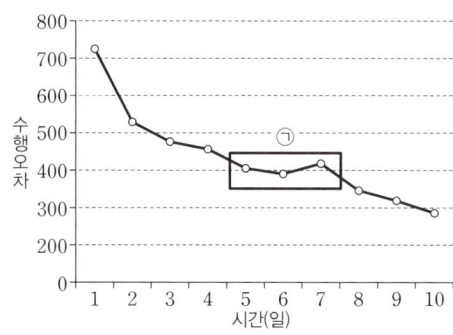

① 수행은 정체되지만, 학습은 진행된다.
② 연습 기간에 쌓인 피로나 동기 저하로 인해서 발생할 수 있다.
③ 협응 구조가 완성되어 더 이상의 질적인 변화가 없는 시기이다.
④ 하나의 동작 유형에서 다른 동작 유형으로 전환이 발생하는 시기이다.

08

루틴(routine)에 관한 설명으로 적절하지 않은 것은?

① 다음 수행을 준비할 때 도움이 된다.
② 경기 직전에 수정하면 경기력 향상에 도움이 된다.
③ 정신이 산만해질 때 운동과 무관한 것을 차단해 준다.
④ 최고의 경기력을 위해 필요한 자신만의 심리적·행동적 절차이다.

09

〈보기〉가 설명하는 심리 기술 훈련은?

> **보기**
> - 1958년 월피(J. Wolpe)가 개발함
> - 불안을 일으키는 상황을 중요도 순서에 따라 10단계 정도를 준비함
> - 불안이 낮은 순서부터 극도의 불안을 일으키는 중요도가 높은 순서로 배열하고 훈련함
> - 불안이나 스트레스를 유발하는 자극에 노출될 때 불안 반응 대신 편안한 반응을 나타냄으로써 불안이나 스트레스를 감소하는 기법임

① 자생훈련(autogenic training)
② 점진적 이완(progressive relaxation)
③ 인지 재구성(cognitive restructuring)
④ 체계적 둔감화(systematic desensitization)

10

〈보기〉의 스포츠 상황과 반응시간 유형이 바르게 연결된 것은?

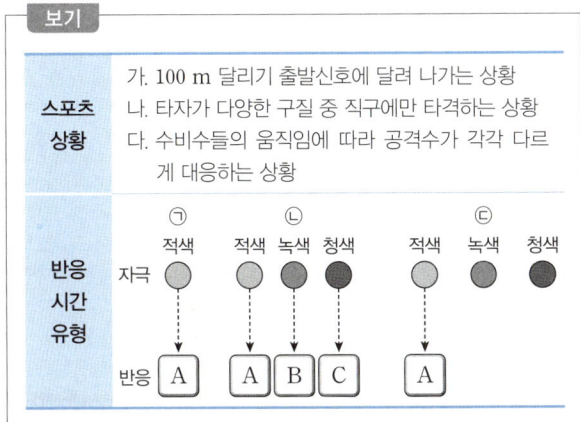

	가	나	다
①	㉠	㉡	㉢
②	㉠	㉢	㉡
③	㉡	㉢	㉠
④	㉢	㉠	㉡

11

스포츠 심리 상담사의 상담 윤리에 관한 설명으로 옳은 것은?

① 내담자와 상담실 밖에서 사적인 관계를 유지한다.
② 비언어적 메시지보다 언어적 메시지에만 집중한다.
③ 알고 지내는 사람과 전문적인 상담을 진행하지 않는다.
④ 상담 내용은 내담자의 동의가 없어도 타인과 공유할 수 있다.

12

추동이론(drive theory)에 관한 설명으로 옳은 것은?

① 각성수준과 운동수행은 비례한다.
② 각성을 어떻게 해석하느냐에 따라 각성과 정서의 관계가 달라진다.
③ 인지적 불안과 신체적 불안이 각성수준에 따라 수행에 다르게 영향을 미친다.
④ 적절한 각성수준에서는 최고의 수행을 보이고 각성수준이 낮거나 높으면 운동수행이 감소한다.

13

〈보기〉의 ㉠, ㉡에 해당하는 용어가 바르게 나열된 것은?

> **보기**
> - 교사: 줄다리기의 경우, 집단이 내는 힘의 총합은 개인의 힘을 모두 합친 것보다 작아지게 된다. 이것을 (㉠) 효과라고 해.
> - 학생: "나 하나쯤이야." 하는 생각 때문에 힘을 덜 쓰는 거 같아요.
> - 교사: 게으름을 피우는 사람으로 인해 집단 내에 동기의 손실이 생기는데 이것을 (㉡)이라고 해.

	㉠	㉡
①	링겔만	사회적 태만
②	링겔만	사회적 촉진
③	플라시보	사회적 태만
④	플라시보	사회적 촉진

14

질문지 측정법 도구가 아닌 것은?

① POMS(Profile of Mood States)
② MBTI(Myers Briggs Type Indicator)
③ 16PF(16 Personality Factor Questionnaire)
④ 주제 통각 검사(Thematic Apperception Test)

15

그림에서 무관심 단계의 운동 실천 전략으로 가장 적절한 것은?

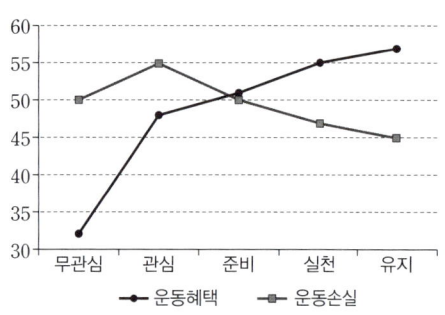

프로차스카(J. Prochaska) 운동 변화 단계 이론

① 장시간 고강도 운동에 참여하도록 조언한다.
② 다른 사람의 운동 멘토 역할을 하도록 한다.
③ 운동의 긍정적 효과에 관한 정보를 제공한다.
④ 운동중독의 위험성에 관한 자료를 공유한다.

16

본능이론(instinct theory)에 관한 설명으로 옳은 것은?

① 인간은 목표 달성이 좌절되면 공격성을 표출한다.
② 인간은 사회적 행위와 관찰학습으로 공격성을 배우고 표출한다.
③ 인간의 내부에는 공격성을 유발하는 에너지가 있어 공격성을 표출한다.
④ 인간은 목표가 좌절되면 무조건 공격행동을 유발하지 않고, 공격행동이 적절하다는 단서가 있을 때 공격성을 표출한다.

17

〈보기〉의 ㉠~㉢에 해당하는 베일리(R. Vealey)의 스포츠 자신감 원천을 바르게 연결한 것은?

> **보기**
> ㉠ 시합에서 좋은 성과를 낸다.
> ㉡ 주변 사람들이 나를 믿어준다.
> ㉢ 시합에 필요한 체력, 전략, 정신력을 갖춘다.

	㉠	㉡	㉢
①	성취 경험	자기 조절	사회적 분위기
②	자기 조절	사회적 분위기	성취 경험
③	성취 경험	사회적 분위기	자기 조절
④	사회적 분위기	성취 경험	자기 조절

18

주의 집중을 높이는 방법으로 가장 적절한 것은?

① 테니스 선수가 경기 중 루틴을 변경해 서브를 시도한다.
② 야구 선수가 지난 이닝의 수비 실책을 생각하면서 수비한다.
③ 멀리뛰기 선수가 1등의 최고 기록을 직접 확인하고 도움닫기를 한다.
④ 골프 선수가 실제 시합과 유사한 상황을 만들어 놓고 모의훈련을 한다.

19

지도자의 처벌 행동 지침으로 옳은 것은?

① 처벌이 필요한 경우에는 처벌의 이유를 정확하게 말한다.
② 동일한 규칙을 위반하면 주장과 상급 학년 선수부터 처벌한다.
③ 규칙 위반에 대한 처벌 규정을 정할 때 선수의 의견은 반영하지 않는다.
④ 처벌이 필요할 때는 단호함을 보여주고 전체 선수 앞에서 본보기로 삼는다.

20

〈보기〉는 맥락간섭의 양에 따른 연습 형태이다. ㉠~㉢에 해당하는 코치를 바르게 나열한 것은?

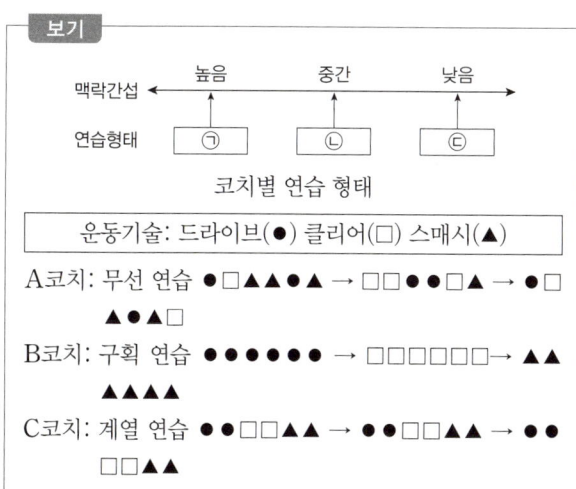

	㉠	㉡	㉢
①	A코치	B코치	C코치
②	B코치	C코치	A코치
③	C코치	A코치	B코치
④	A코치	C코치	B코치

한국체육사(44)

01

고구려의 씨름에 관한 물적 사료는?

① 『경국대전(經國大典)』
② 각저총(角抵塚) 벽화
③ 무령왕릉(武寧王陵) 벽화
④ 김홍도(金弘道)의 「씨름」 풍속화

02

〈보기〉에서 체육사관(體育史觀)에 관한 옳은 설명을 모두 고른 것은?

〈보기〉
㉠ 체육과 스포츠의 역사에 관한 견해, 관념 등을 의미한다.
㉡ 체육과 스포츠의 역사적 사실이나 사건 등을 기록한 것이다.
㉢ 진보사관, 순환사관 등에 따라 체육사적 해석이 다른 경우도 있다.
㉣ 체육과 스포츠의 역사 서술과 역사가의 견해 형성에 바탕이 되기도 한다.

① ㉠, ㉡
② ㉡, ㉢
③ ㉠, ㉡, ㉣
④ ㉠, ㉢, ㉣

03

부족국가 시대에 신체활동이 이루어진 행사가 아닌 것은?

① 대향사례(大鄕射禮)
② 성년의식(成年儀式)
③ 주술의식(呪術儀式)
④ 제천행사(祭天行事)

04

신라 화랑도의 체육 활동과 사상에 관한 설명으로 옳지 <u>않은</u> 것은?

① 무예 활동을 통한 덕(德)의 함양
② 효(孝)와 신(信) 등의 윤리를 강조
③ 무과 별시(別試) 응시를 위한 무예 수련
④ 무사 정신과 임전무퇴의 군사주의 체육 사상을 내포

05

〈보기〉의 ㉠~㉢에 들어갈 용어는?

> **보기**
> 고구려에 관한 사료인 (㉠)에 따르면, "풍속에 독서를 즐긴다. 천민의 집까지 이르는 거리에 큰 집을 지어 이를 (㉡)이라고 한다. 여기서 미혼의 자제들이 밤새워 책을 읽으며 (㉢)을/를 익힌다."라고 하였다.

	㉠	㉡	㉢
①	『구당서(舊唐書)』	경당(扃堂)	각저(角抵)
②	『구당서(舊唐書)』	경당(扃堂)	궁술(弓術)
③	『삼국지(三國志)』	학당(學堂)	각저(角抵)
④	『삼국지(三國志)』	학당(學堂)	궁술(弓術)

06

고려의 민속놀이에 관한 설명으로 옳은 것은?

① 석전(石戰): 공놀이
② 추천(鞦韆): 널뛰기
③ 풍연(風鳶): 연날리기
④ 축국(蹴鞠): 그네뛰기

07

〈보기〉에서 방응(放鷹)에 관한 설명을 모두 고른 것은?

> **보기**
> ㉠ 매를 조련하여 수렵에 활용하였다.
> ㉡ 응방도감(鷹坊都監)에서 관장하였다.
> ㉢ 무예 훈련의 성격을 띠기도 하였다.
> ㉣ 삼국시대에도 전담하는 관청이 있었다.

① ㉠, ㉡, ㉢
② ㉠, ㉢, ㉣
③ ㉠, ㉡, ㉣
④ ㉡, ㉢, ㉣

08

조선 시대의 훈련원(訓鍊院)에 관한 설명으로 옳지 <u>않은</u> 것은?

① 국왕의 친위 부대였다.
② 군사의 시재(試才)를 담당하였다.
③ 무예 교육과 훈련을 담당하였다.
④ 『무경칠서(武經七書)』 등의 병서 습득을 장려하였다.

09

〈보기〉에서 『활인심방(活人心房)』에 관한 옳은 설명을 모두 고른 것은?

> **보기**
> ㉠ 『활인심(活人心)』을 근거로 하였다.
> ㉡ 도인법(導引法)은 신체 단련 방법이다.
> ㉢ 조선시대에 간행된 보건 실용서이다.
> ㉣ 양생지법(養生之法)과 도인법 등을 다루고 있다.

① ㉠, ㉡
② ㉢, ㉣
③ ㉠, ㉡, ㉢
④ ㉠, ㉡, ㉢, ㉣

10

조선 시대의 식년무과(式年武科)에 관한 설명으로 옳은 것은?

① 소과(小科)와 대과(大科)로 구분하여 실시하였다.
② 초시(初試), 복시(覆試), 전시(殿試)의 단계로 실시하였다.
③ 초시(初試), 복시(覆試), 전시(殿試)에는 강서 시험을 포함하였다.
④ 전시(殿試)는 목전, 철전, 기사, 기창, 격구 등 무예 종목을 실시하였다.

11

〈보기〉의 설명에 해당하는 체조는?

> **보기**
>
> 개화기 학교에서는 정규과목으로 체조가 편성되었으며 연령과 성별에 따라서 다양하게 실시되었다. 당시의 체조는 군사적 목적을 고려하여 규율에 반응하는 신체를 만드는 데 유효한 방법이었다.

① 유희 체조   ② 병식 체조
③ 리듬 체조   ④ 기공 체조

12

〈보기〉에 해당하는 시기는?

> **보기**
>
> 황국 신민 체조와 함께 검도, 유도, 궁도 등을 여학생에게 실시하게 한 것은 일본의 군국주의를 드러낸 것이었다. 학교 체육의 성격은 점차 교련에 가까워졌다.

① 무단 통치기   ② 민족 말살기
③ 문화 통치기   ④ 체조 교습기

13

〈보기〉에서 문곡(文谷) 서상천(徐相天)의 활동을 모두 고른 것은?

> **보기**
>
> ㉠ 우리나라에 역도를 도입하였다.
> ㉡ 조선체력증진법연구회를 설립하였다.
> ㉢ 『현대체력증진법』, 『현대철봉운동법』 등을 발간하였다.
> ㉣ 조선체육회의 임원으로 병식 체조를 개선한 교육 체조를 가르쳤다.

① ㉠, ㉡   ② ㉡, ㉢
③ ㉠, ㉡, ㉢   ④ ㉠, ㉡, ㉢, ㉣

14

〈보기〉의 설명에 해당하는 교육 기관은?

> **보기**
>
> 이 교육 기관은 개항 이후에 일본인의 세력에 대응하고자 설립되었다. 무예반에는 병서와 사격 과목이 편성되었고, 무예반의 비중이 컸다는 점에서 무비자강(武備自强)을 지향했다고 할 수 있다.

① 무예학교   ② 원산학사
③ 배재학당   ④ 경신학당

15

1991년에 있었던 남북한 단일팀의 국제대회 참가에 관한 설명으로 옳지 않은 것은?

① 단일팀은 '코리아', 'KOREA'라는 명칭을 사용하였다.
② 제6회 포르투갈 세계 청소년 축구 대회에서 8강에 진출하였다.
③ 제41회 지바 세계 탁구 선수권 대회의 여자 단체전에서 우승하였다.
④ 제24회 서울 올림픽 경기 대회 중에 열린 남북회담을 계기로 이루어졌다.

16

제5공화국의 스포츠 정책으로 옳지 <u>않은</u> 것은?

① 태릉선수촌이 건립되었다.
② 국군체육부대를 창설하였다.
③ 제10회 서울 아시아경기대회를 개최하였다.
④ 야구, 축구, 씨름의 프로리그가 시작되었다.

17

광복 이후 우리나라 선수단이 최초로 참가한 올림픽 경기 대회는?

① 제14회 런던 하계 올림픽 경기 대회
② 제6회 오슬로 동계 올림픽 경기 대회
③ 제15회 헬싱키 하계 올림픽 경기 대회
④ 제5회 생모리츠 동계 올림픽 경기 대회

18

광복 이후 제5공화국까지의 체육에서 나타난 사상적 특징으로 옳지 <u>않은</u> 것은?

① 우수 선수의 육성을 우선하는 엘리트주의가 나타났다.
② 「국민 체육 진흥법」의 국위 선양은 국가주의를 나타낸다.
③ 국가 주도의 강한 신체훈련을 앞세우는 실존주의가 나타났다.
④ 건전하고 강인한 국민성의 함양을 강조하는 건민주의가 나타났다.

19

'국민 생활 체육 진흥 종합 계획(호돌이 계획)'의 내용으로 옳은 것은?

① 제24회 서울 올림픽 경기 대회를 대비하고자 추진되었다.
② 「국민체육진흥법」을 제정하여 스포츠 클럽을 체계적으로 관리하였다.
③ 국민 생활 체육 협의회의 창설과 직장 체육 프로그램의 보급이 이루어졌다.
④ 전문 체육 육성을 위한 국가대표 연금과 우수선수 병역 혜택의 제도가 도입되었다.

20

〈보기〉에서 광복 이후 1940년대 말까지 체육의 내용을 모두 고른 것은?

보기

㉠ 미국 '신체육'의 영향을 받았다.
㉡ 일제강점기에 해산되었던 조선체육회가 재건되었다.
㉢ 조선체육동지회의 결성은 민족 체육 재건의 계기가 되었다.
㉣ 학도호국단이 결성되었고, 많은 체육 교사들이 교관으로 활동하였다.

① ㉠, ㉡
② ㉡, ㉢
③ ㉠, ㉡, ㉢
④ ㉠, ㉡, ㉢, ㉣

운동생리학(55)

01

400m 트랙을 약 60초로 전력 질주 시 가장 많이 기여하는 에너지 공급 시스템에서 1분자의 글루코스(glucose) 분해로 얻을 수 있는 ATP 수는?

① 2
② 4
③ 16
④ 18

02

중-고강도 운동 시 필요한 ATP 합성에 사용되지 않는 기질(substrate)은?

① 혈중 알부민
② 혈중 포도당
③ 근육 글리코겐
④ 근육 중성지방

03

〈보기〉에서 장기간의 무산소 트레이닝에 따른 생리학적 적응으로 옳은 것만을 모두 고른 것은?

보기
㉠ 산화 능력 증가
㉡ 근육의 수축 속도 증가
㉢ 미토콘드리아 밀도 증가
㉣ PCr 또는 PFK 효소의 양 및 활성도 증가

① ㉠, ㉡
② ㉡, ㉣
③ ㉠, ㉡, ㉣
④ ㉠, ㉢, ㉣

04

〈보기〉에서 설명하는 에너지 대사 과정은?

보기
• 무산소성 에너지 시스템이다.
• 에너지 투자와 에너지 생산 단계로 구성된다.
• 대사 과정의 최종 산물로 피루브산염 또는 젖산염을 생성한다.

① 지방 분해(lipolysis)
② 해당 과정(glycolysis)
③ 동화 작용(anabolism)
④ 산화적 인산화(oxidative phosphorylation) 과정

05

〈보기〉에서 설명하는 감각수용기는?

보기
• 주동근의 수축을 억제한다.
• 근육 손상을 예방하는 기능을 한다.
• 근육 – 건 복합체의 장력 변화를 감지한다.

① 근방추
② 파치니소체
③ 골지건기관
④ 마이스너소체

06

〈보기〉에서 장기간 유산소 트레이닝에 의한 생리적 적응 현상으로 옳은 것만을 모두 고른 것은?

보기
㉠ 좌심실 용적 증가
㉡ 마이오글로빈 함유량 증가
㉢ 1회 박출량(stroke volume) 증가
㉣ 골격근 내 모세혈관 밀도 증가

① ㉠, ㉡
② ㉠, ㉢, ㉣
③ ㉡, ㉢, ㉣
④ ㉠, ㉡, ㉢, ㉣

07

<보기>의 골격근 수축 과정에 관한 설명 중 ㉠~㉢에 들어갈 용어로 옳은 것은?

보기

- 활동전위(action potential)는 가로 세관(T-tubles)으로 이동하여 (㉠)에서 (㉡) 방출을 자극한다.
- (㉠)에서 방출된 (㉡)이 트로포닌(troponin)과 결합하게 되면 (㉢)의 위치를 이동시켜 마이오신 머리(myosin head)와 액틴필라멘트(actin filament)가 강하게 결합하게 한다.

	㉠	㉡	㉢
①	원형질막	아세틸콜린	근절
②	원형질막	칼슘 이온	트로포마이오신
③	근형질 세망	아세틸콜린	근절
④	근형질 세망	칼슘 이온	트로포마이오신

08

그림의 산소-헤모글로빈 해리 곡선을 참고하여 <보기>에서 옳은 것만을 모두 고른 것은?

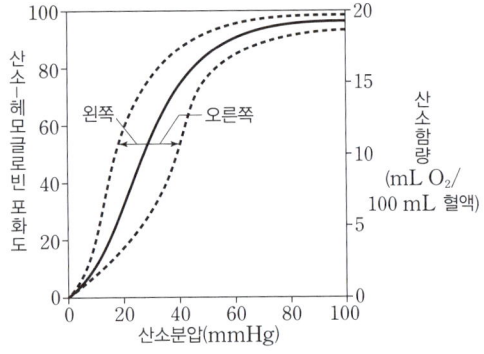

보기

㉠ 운동에 의한 체온 상승(예 심부 온도 상승)은 헤모글로빈의 산소 친화력(affinity)을 높인다.
㉡ 고강도 운동 시 동-정맥 산소 차이(arteriovenous oxygen difference)는 안정 시와 비교하여 감소한다.
㉢ 고강도 운동에 의한 혈중 젖산 농도 증가는 산소-헤모글로빈 해리 곡선을 오른쪽으로 이동시킨다.
㉣ 운동 중 증가한 혈중 이산화 탄소는 헤모글로빈의 산소 해리(dissociation)를 높이는데, 이를 보어효과(Bohr effect)라고 한다.

① ㉠, ㉡ ② ㉠, ㉢
③ ㉡, ㉣ ④ ㉢, ㉣

09

<보기>에서 건강 관련 체력 요인으로 옳은 것만을 모두 고른 것은?

보기

㉠ 근력   ㉡ 유연성
㉢ 근지구력 ㉣ 신체구성
㉤ 심폐 지구력

① ㉠, ㉡, ㉣
② ㉠, ㉢, ㉤
③ ㉡, ㉢, ㉣, ㉤
④ ㉠, ㉡, ㉢, ㉣, ㉤

10

<보기>에서 동방 결절(SA node)에 관한 특성으로 옳은 것만을 모두 고른 것은?

보기

㉠ 심장의 페이스메이커(pacemaker)로 불림
㉡ 전도체계 중 가장 빠른 내인성 박동률을 가짐
㉢ 심실이 혈액을 충만하게 모을 수 있도록 자극전도 시간을 지연시킴
㉣ 다른 심장 전도 시스템보다 약 6배 빠르게 전기적 자극을 심실 전체로 전달하여 심실의 거의 모든 부위가 동시에 수축할 수 있게 함

① ㉠, ㉡
② ㉠, ㉡, ㉢
③ ㉠, ㉢, ㉣
④ ㉡, ㉢, ㉣

11

안정 시와 운동 중 심장 주기에 따른 좌심실의 용적과 압력을 나타낸 곡선을 참고하여 〈보기〉에서 옳은 것만을 모두 고른 것은?

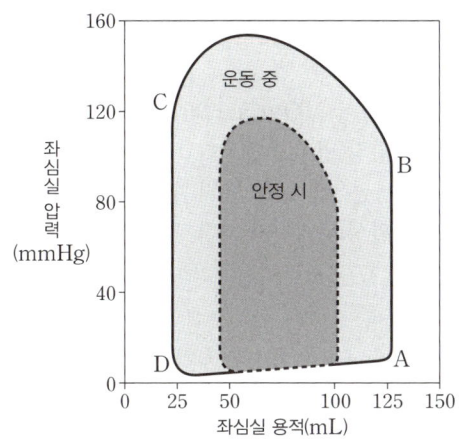

보기

㉠ A~B 구간은 이첨판(bicupid valve)과 대동맥 판막(aortic valve)이 모두 닫힌 상태이며, 이를 등용적 수축(isovolumic contraction)이라고 한다.
㉡ 운동 중 좌심실 수축력의 증가는 C시점에서의 좌심실 용적 증가로 이어진다.
㉢ 안정 시와 운동 중 좌심실 박출률(ejection fraction)은 동일하다.
㉣ D~A 구간의 증가는 1회 박출량 증가로 이어진다.

① ㉠, ㉡ ② ㉠, ㉣
③ ㉡, ㉢ ④ ㉢, ㉣

12

〈보기〉에서 고지대 환경에서 장기간 노출 시 나타나는 생리학적 적응으로 옳은 것만을 모두 고른 것은?

보기

㉠ 심박출량 증가
㉡ 모세혈관 밀도 증가
㉢ 근육 단면적 증가
㉣ 산소 운반 능력 증가

① ㉠, ㉢ ② ㉡, ㉣
③ ㉠, ㉢, ㉣ ④ ㉡, ㉢, ㉣

13

운동 자극에 관한 신체 내 기관(organs)과 기능에 대한 설명이다. ㉠~㉢에 해당하는 것으로 옳은 것은?

기능 \ 기관	뇌하수체	부신	㉠
고온다습한 환경에서 운동 중 체액량 조절을 위한 호르몬을 분비한다.	㉡	○	×
중강도 이상 운동 중 교감신경의 영향을 받아 호르몬(㉢)을 분비한다.	×	○	×
부교감신경인 미주 신경(vagus nerve)이 위치하며, 운동 종료 후 심박수를 낮춘다.	×	×	○

○ : 맞음, × : 틀림

	㉠	㉡	㉢
①	연수	○	에피네프린
②	뇌관	×	알도스테론
③	대뇌피질	○	에피네프린
④	대뇌피질	×	알도스테론

14

단축성 수축 시 그림의 골격근 초미세구조를 참고하여 〈보기〉에서 옳은 것만을 모두 고른 것은?

보기

㉠ I 밴드의 길이는 변하지 않는다.
㉡ A 밴드의 길이는 변하지 않는다.
㉢ 근절(sarcomere)의 길이는 짧아진다.
㉣ 액틴(actin)과 마이오신(myosin)의 길이는 짧아진다.

① ㉠, ㉡ ② ㉠, ㉢
③ ㉡, ㉢ ④ ㉢, ㉣

15

<보기>에서 속근 섬유(type II) 관한 특성으로 옳은 것만을 모두 고른 것은?

보기
- ㉠ 피로 저항이 높음
- ㉡ 수축 속도가 빠름
- ㉢ 산화 능력이 높음
- ㉣ 칼슘이온 방출 속도가 빠름

① ㉠, ㉡ ② ㉠, ㉢
③ ㉡, ㉣ ④ ㉢, ㉣

16

순환계의 구조와 기능에 관한 설명으로 옳지 않은 것은?

① 혈액의 역류를 막기 위해 하지동맥 내에 판막이 존재한다.
② 호르몬 수송 및 면역기능 조절은 순환계의 기능 중 하나이다.
③ 관상동맥(coronary artery)은 심장근에 혈액을 공급하는 혈관이다.
④ 폐순환의 주요 기능은 폐에서의 가스 교환(예 이산화탄소 배출)이다.

17

<보기>에서 설명하는 호르몬은?

보기
- 간의 글리코겐을 분해한다.
- 췌장 알파세포에서 분비된다.
- 혈중 글루코스 농도를 높인다.

① 인슐린 ② 코티졸
③ 글루카곤 ④ 에피네프린

18

골격근의 운동 단위(motor unit) 동원에 관한 설명으로 옳지 않은 것은?

① 동원된 운동 단위의 증가는 근수축력 증가로 이어진다.
② 운동 단위는 운동 신경과 그에 연결된 근섬유를 지칭한다.
③ 저강도 운동(예 VO_2max 30% 이하) 시 Type IIx 근섬유가 가장 먼저 동원된다.
④ Type I 근섬유의 운동 단위는 Type II 근섬유 운동 단위보다 활성화 역치가 낮다.

19

<보기>의 ㉠, ㉡에 들어갈 용어는?

보기
- (㉠)은 근육조직에서 산소를 저장하고, 운반하는 데 중요한 역할을 한다.
- 적혈구 용적률이 증가하면 혈액의 점성은 (㉡)한다.

	㉠	㉡
①	헤모글로빈	감소
②	헤모글로빈	증가
③	마이오글로빈	감소
④	마이오글로빈	증가

20

<보기>에서 운동 중 혈류 재분배(blood re-distribution)에 관한 설명으로 옳은 것만을 모두 고른 것은?

보기
- ㉠ 운동 시 골격근의 산소 요구량을 충족하기 위해 비활동 조직으로의 혈류량은 감소한다.
- ㉡ 최대 운동 시 심박출량은 증가하지만 안정 시와 비교하여 기관별(예 신장, 내장, 골격근 등) 혈류 분배 비율은 동일하다.
- ㉢ 고강도 운동에 참여하는 골격근의 세동맥(arterioles) 혈관 저항은 안정 시와 비교하여 감소한다.

① ㉠, ㉡ ② ㉠, ㉢
③ ㉡, ㉢ ④ ㉠, ㉡, ㉢

운동역학(66)

01
운동역학의 내용과 목적이 아닌 것은?

① 운동 기술의 향상
② 운동 수행 시 힘의 측정
③ 운동 수행 안전성의 향상
④ 인체 내 에너지 대사의 측정

02
〈보기〉에서 설명하는 동작 분석 방법으로 옳지 않은 것은?

> **보기**
> 동작을 측정하거나 계산하지 않는 비수치적 방법으로 지도자의 시각적 관찰로 움직임의 오류를 찾아 운동 기술 향상을 도모한다.

① 정량적 자료로 분석한다.
② 현장에서 즉각적인 분석이 가능하다.
③ 지도자 성향에 따라 결과가 달라진다.
④ 분석의 결과는 객관성을 담보할 수 없다.

03
운동의 종류에 관한 설명으로 옳지 않은 것은?

① 직선 운동은 병진 운동의 한 종류이다.
② 곡선 운동은 회전 운동에 포함되는 운동이다.
③ 병진 운동은 직선 운동과 곡선 운동 모두를 말한다.
④ 복합 운동은 병진 운동과 회전 운동이 혼합된 운동이다.

04
운동역학 사슬(kinetic chain)에 관한 설명으로 옳지 않은 것은?

① 힘의 적용 대상이 연결된 일련의 사슬고리이다.
② 사슬에 있는 연결 동작은 힘 전달에 영향을 미친다.
③ 닫힌형 운동역학 사슬(CKC)은 기능적이며, 스포츠에 특화될 수 있다.
④ 열린형 운동역학 사슬(OKC)에는 스쿼트, 팔굽혀펴기와 같은 동작이 있다.

05
신체에 작용하는 역학적 부하(load)에 관한 정의로 옳지 않은 것은?

① 전단응력(shear): 조직의 장축을 따라 대칭으로 가해지는 힘
② 인장응력(tension): 두 힘이 서로 떨어지게끔 반대 방향으로 가해지는 힘
③ 압축응력(compression): 반대쪽의 두 힘이 서로 향하는 방향으로 가해지는 힘
④ 휨(bending): 축에서 벗어나는 두 힘이 가해져 한쪽에서 인장응력, 다른 한쪽에서 압축응력이 발생하는 힘

06
〈보기〉에서 내력(internal force)에 관한 설명으로 옳은 것만 모두 고른 것은?

> **보기**
> ㉠ 다이빙 동작에서 작용하는 중력
> ㉡ 높이뛰기의 도약 동작에서 선수가 발휘한 힘
> ㉢ 환경과의 상호작용으로 시스템에 작용하는 힘
> ㉣ 내력만으로 인체 전체의 위치는 이동할 수 없음

① ㉠, ㉡
② ㉡, ㉣
③ ㉠, ㉢, ㉣
④ ㉡, ㉢, ㉣

07

〈보기〉에서 제시한 A 학생의 항속 구간 평균 보행 속도는? (단, 반올림하여 소수점 둘째 자리까지 표기)

> **보기**
>
> A 학생이 총 30m의 직선 구간을 걸었을 때, 가속과 감속 구간 각 5m씩 총 10m를 제외한 항속 구간에서의 스텝 수는 25회였고, 16초가 소요되었다.

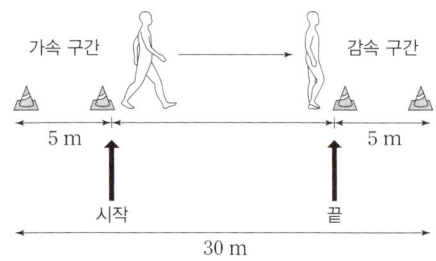

① 0.80m/s ② 1.25m/s
③ 1.56m/s ④ 1.88m/s

08

각가속도에 관한 설명으로 옳지 않은 것은?

① 회전하는 물체의 각가속도가 0이 되면 물체는 멈추게 된다.
② 각가속도는 각속도의 변화량을 시간의 변화량으로 나눈 값이다.
③ 처음 각속도가 30°/s에서 6초 후 90°/s로 변화했을 때 평균 각가속도는 10°/s²이다.
④ 각속도가 양(+)의 방향으로 선형적인 증가를 할 때 각가속도는 일정한 양(+)의 값을 가진다.

09

그림에 관한 설명으로 옳지 않은 것은? (단, 착지 전략을 제외한 모든 조건은 동일함)

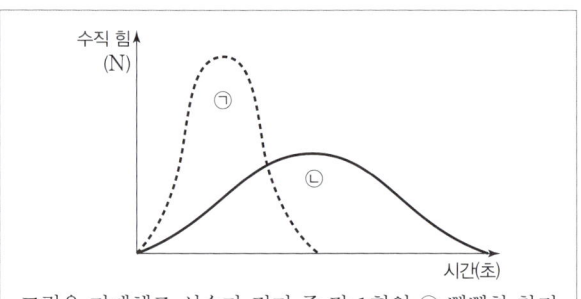

그림은 기계체조 선수가 경기 중 각 1회의 ㉠ 뻣뻣한 착지와 ㉡ 부드러운 착지를 수행하였을 때 착지구간에서 시간에 따른 수직 힘의 변화를 나타낸다.

① ㉠과 ㉡의 운동량의 변화량은 동일하다.
② ㉠의 경우 신체에 작용하는 수직 충격력이 더 크다.
③ ㉠의 경우 신체에 작용하는 수직 충격량이 더 크다.
④ 착지 직전의 무게중심의 속도는 ㉠과 ㉡ 모두 동일하다.

10

〈보기〉에서 임팩트 직후 골프공의 선속도는? (선운동량 보존의 법칙 적용)

> **보기**
>
> - 골프 클럽의 질량: 600g, 골프공의 질량: 40g
> - 스윙 시 클럽의 임팩트 직전 선속도: 50m/s, 임팩트 직후 선속도: 45m/s(외부에서 따로 작용하는 힘은 없으며, 운동량의 손실 없이 정확하게 전달됨을 가정함)

① 65m/s ② 70m/s
③ 75m/s ④ 80m/s

11

스포츠에 적용된 각속도(angular velocity)에 관한 사례로 옳지 않은 것은?

① 숙련된 운동선수일수록 각속도를 잘 조절한다.
② 철봉의 대차돌기(휘돌기) 하강 국면에서 발의 무게중심점은 일정한 각속도를 유지한다.
③ 골프 클럽헤드의 각속도는 0에서 시작하여 최댓값으로 증가했다가 다시 0으로 돌아온다.
④ 야구에서 배트의 각속도가 일정하다면 회전반경이 클수록 임팩트된 공의 선속도는 증가한다.

12

인체의 움직임에서 토크(torque)에 관한 개념이 적용된 사례로 옳지 않은 것은?

① 사지의 근육은 각 관절을 돌림시키는 토크를 생성한다.
② 덤벨 컬 시 덤벨의 무게는 팔꿈치를 폄하는 토크를 가진다.
③ 외적 토크보다 내적 토크가 크면 근육은 신장성 수축을 한다.
④ 동일한 힘을 낼 때 팔꿈치 각도 90°보다 굽히거나 폄에 따라 모멘트팔이 짧아져 내적 토크도 감소한다.

13

〈보기〉에서 설명한 내용 중 인체의 관성 모멘트(moment of inertia)를 감소시킨 사례로 옳은 것만 모두 고른 것은?

> 보기
> ㉠ 피겨 스케이팅에서 양팔을 벌리고 회전한다.
> ㉡ 달리기 시 체공기(swing phase)에 있는 다리를 굽힌다.
> ㉢ 다이빙에서 공중 앞돌기 시 터크(움크린) 자세를 만든다.
> ㉣ 골프 아이언 헤드의 질량 분포를 양 끝으로 넓게 하여 클럽 헤드의 관성을 조작한다.

① ㉠, ㉡
② ㉡, ㉢
③ ㉠, ㉡, ㉢
④ ㉠, ㉢, ㉣

14

그림에 관한 설명으로 옳지 않은 것은? (단, 공의 높이는 무게 중심을 기준으로 함)

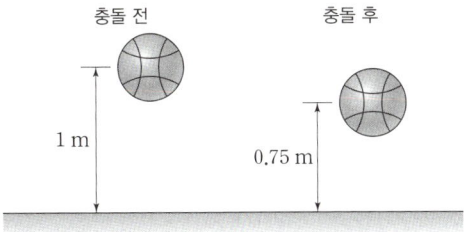

① 비탄성 충돌이다.
② 충돌 전, 후 농구공의 속도는 다르다.
③ 운동 에너지가 보존되지 않았다는 것을 의미한다.
④ 반발 계수(복원 계수, coefficient of restitution)는 0.75이다.

15

압력중심점(center of pressure, COP)에 관한 설명으로 옳지 않은 것은?

① 압력중심점은 균형능력을 평가하기 위한 자료로 활용된다.
② 보행 시 한발 지지기(stance phase)에서 압력중심점은 변한다.
③ 허리를 앞으로 굽혔을 때, 압력중심점은 기저면 밖에 위치한다.
④ 압력중심점이란 지면에 접촉하는 부분 중 지면반력 전체가 작용된다고 가정되는 어느 한 점을 말한다.

16

일과 에너지에 관한 설명으로 옳지 않은 것은?

① 에너지는 일을 할 수 있는 능력이다.
② 위치 에너지는 운동 에너지로 변환될 수 있다.
③ 질량이 일정하면 속도 변화는 운동 에너지의 변화를 의미한다.
④ 어떤 물체가 에너지를 갖기 위해서는 움직임이 있어야만 한다.

17

〈보기〉에서 설명한 A 선수의 이동 거리와 변위가 옳은 것은?

> **보기**
>
> 육상 장거리 종목의 선수 A는 트랙의 길이가 400m인 경기장을 총 25바퀴를 달렸고, 28분 30초의 기록으로 결승점을 통과했다.

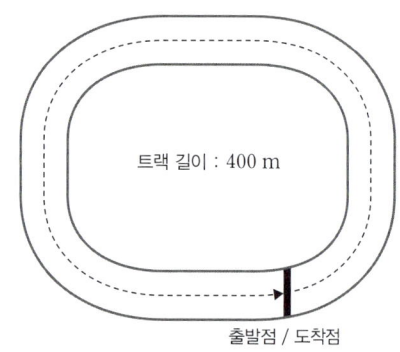

출발점 / 도착점

	이동거리(m)	변위(m)
①	0	400
②	0	10,000
③	10,000	10,000
④	10,000	0

18

〈보기〉에서 수행한 일과 일률이 바르게 나열된 것은?

> **보기**
>
> 물체에 2초 동안 2N의 힘을 가하여 2m를 움직였을 때 수행한 일은 (㉠)J이며 일률은 (㉡)J/s이다(단, 힘의 작용 방향과 물체의 이동 방향은 일치함).

	㉠	㉡
①	2	1
②	2	2
③	4	2
④	4	4

19

인체의 안정성을 결정짓는 요인이 아닌 것은?

① 기저면의 크기와 관련이 있으며 형태와는 관련이 없다.
② 무게중심선이 기저면 밖에 있으면 불안정한 상태가 된다.
③ 무게중심선이 기저면의 중심에 가까울수록 안정성은 높아진다.
④ 무게중심의 높이와 관련이 있으며 낮을수록 안정성은 높아진다.

20

마찰력에 관한 설명으로 옳지 않은 것은?

① 최대 정지 마찰력은 운동 마찰력보다 크다.
② 마찰력은 마찰 계수와 물체 질량의 곱으로 구한다.
③ 마찰력은 물체 표면에 수직으로 작용하는 힘(수직 항력, normal force)과 관계가 있다.
④ 마찰력은 접촉면과 평행하게 작용하며 물체의 운동 방향과 반대 방향으로 작용한다.

스포츠윤리(77)

01

스포츠윤리센터의 주요 역할에 해당하지 않는 것은?

① 체육 관련 입시 비리에 관한 조사
② 스포츠 산업 종사자의 직업 안정성 확보와 처우 개선
③ 스포츠 비리 및 스포츠 인권 침해 방지를 위한 예방 교육
④ 승부 조작 또는 편파 판정 등 불공정에 관한 신고 접수와 조사

02

스포츠에 관한 가치 판단에 해당하지 않는 것은?

① 도핑을 이용한 실력 향상은 옳지 않다.
② 스포츠에서 희생과 헌신은 승리보다 가치가 있다.
③ 하얀색 복장 착용은 윔블던 테니스대회의 규정이다.
④ 스포츠에서 승리 추구는 규정 준수보다 더 중요하다.

03

〈보기〉의 스포츠 상황에 부합하는 개념과 해석은?

> **보기**
>
> 태권도 겨루기에서 소극적인 자세로 경기에 임하는 선수는 제재를 받는다. 적극적이고 공격적인 태도의 요구는 투쟁심을 독려하는 것이지만, 그 폭력적인 성향이 지나치면 또 다른 제재의 대상이 되기도 한다. 이처럼 스포츠는 폭력적인 성향의 분출을 자극함과 동시에 그것을 감시하고 제어한다.

① 게발트(Gewalt) – 스포츠 폭력의 부당성
② 게발트(Gewalt) – 스포츠 폭력의 이중성
③ 희생양(Scapegoat) – 스포츠 폭력의 부당성
④ 희생양(Scapegoat) – 스포츠 폭력의 이중성

04

'타이틀 나인(Title IX)'에 따른 스포츠계의 변화로 가장 적절한 것은?

① 미국 프로야구리그의 도핑 실태에 관한 보고서 발간
② 남아프리카공화국에서 흑인에 대한 차별 정책의 시행
③ 학교 스포츠 프로그램에서 의도적인 성차별 발생 시 재정 지원의 제한
④ 공공 및 민간 스포츠 시설의 출입구 등에 휠체어 이동 통로의 설치 및 확충

05

세계도핑방지기구(World Anti-Doping Agency)가 정한 '금지 방법'의 분류 목록에 해당하지 않는 것은?

① 기술 도핑
② 화학적, 물리적 조작
③ 유전자 및 세포 도핑
④ 혈액 및 혈액 성분의 조작

06

레건(T. Regan)의 동물권리론에 가장 부합하는 태도는?

① 모든 동물에게 자유를 보장하고 스포츠에 동물을 이용하지 않도록 한다.
② 세계시민주의적 사고에 따라 재활 승마에서는 기수와 말의 친화를 강조한다.
③ 천연 거위털 셔틀콕의 성능이 인조 거위털 셔틀콕보다 더 좋으므로 생산을 장려한다.
④ 경마나 소싸움은 합법적으로 동물을 활용할 수 있는 종목이며 경제적으로도 유용하다.

07

〈보기〉의 대화 내용에 해당하는 정의(justice)의 유형에 가장 가까운 것은?

> **보기**
> - A: 오늘 테니스 경기 봤어? 한쪽 코트는 해가 정면에서 비치고 다른 쪽은 완전 그늘이더라.
> - B: 응. 그런 조건이면 한쪽 선수가 불리할 것 같아.
> - C: 그래서 테니스는 계속 코트를 바꾸면서 경기를 진행해.
> - A: 그러면 시합을 시작할 때 코트나 서브권은 어떻게 정해?
> - C: 동전 던지기로 정하는 경우가 많아.

① 평균적 정의
② 절차적 정의
③ 분배적 정의
④ 보상적 정의

08

롤랜드(S. Loland)가 분류한 규칙 위반의 유형에 연결한 사례로 옳지 않은 것은?

① 의도적 구성 규칙 위반 – 축구 경기에서 수비수가 실점을 당하지 않기 위해 손으로 공을 막았다.
② 의도적 규제 규칙 위반 – 육상 100m 경기에서 경쟁 선수를 방해 하기 위해 레인을 침범했다.
③ 비의도적 구성 규칙 위반 – 골프 경기 중 페어웨이에서 흙이 묻은 볼을 무의식적으로 닦고 진행했다.
④ 비의도적 규제 규칙 위반 – 농구 경기 중 상대 수비를 피하는 과정에서 의도치 않게 3걸음을 걷고 슛을 쏘았다.

09

칸트(I. Kant)의 의무론에서 〈보기〉 속 A와 B의 태도에 부합하는 행위 유형은?

> **보기**
> - 선생님: 도핑을 하면 경기 결과가 달라질 수 있는데, 여러분은 왜 하지 않나요?
> - A: 저는 도핑이 공정하지 못한 행위이기 때문에 하지 않아요. 제 실력으로 인정받고 싶어요.
> - B: 저는 사실 도핑 검사에 걸리면 처벌을 받으니까 하고 싶어도 못 하고 있어요.

	A	B
①	의무에서 나온 (aus Pflicht) 행위	의무에 합치하는 (pflichtmäßig) 행위
②	의무에 합치하는 (pflichtmäßig) 행위	의무에 위배되는 (pragmatische) 행위
③	의무에 합치하는 (pflichtmäßig) 행위	의무에서 나온 (aus Pflicht) 행위
④	의무에 위배되는 (pragmatische) 행위	의무에서 나온 (aus Pflicht) 행위

10

부올레(P. Vuolle)가 분류한 스포츠 환경이 아닌 것은?

① 시설(built) 환경 – 농구, 탁구
② 개발(developed) 환경 – 골프, 스키
③ 가상(virtual) 환경 – e스포츠, 버츄얼 태권도
④ 순수(genuine) 환경 – 스쿠버다이빙, 트레일러닝

11

뒤르켐(E. Durkheim)의 도덕 교육론에 근거한 스포츠윤리 교육의 내용과 방법으로 옳지 않은 것은?

① 감독의 지도에 의존하는 도덕적 판단력을 길러준다.
② 스포츠를 통한 도덕적 습관과 행동의 변화에 초점을 맞춘다.
③ 스포츠윤리 교육을 스포츠 인성 교육의 유용한 틀로 활용한다.
④ 스포츠맨십을 경험하는 실천적 교육으로 도덕적 인격 형성을 유도한다.

12

스포츠조직의 윤리경영에 관한 설명으로 옳지 않은 것은?

① 스포츠조직을 투명하고 합리적으로 운영한다.
② 과대 선전 등으로 스포츠 소비자를 속이지 않는다.
③ 스포츠 시설 운영에서 공해, 소음 등으로 인한 사회적 비용을 고려한다.
④ 스포츠센터의 운영 수익을 더 늘이기 위해 지도자의 노동 강도를 높인다.

13

〈보기〉의 사례에서 ㉠에 해당하는 심판의 자질과 ㉡에 해당하는 맹자의 사단(四端)은?

> **보기**
>
> 배구 경기의 주심인 ㉠ A심판은 최근 개정된 규정을 정확하게 숙지하지 못하여 오심을 범했다. 부심으로 경기를 관장하던 B심판은 오심임을 알았으나 A 심판에 대한 징계가 걱정되어 침묵했다. 시합이 끝난 후 ㉡ B심판은 양심의 가책을 지우지 못하고 활동을 중단했다.

	㉠	㉡
①	심판의 청렴성	사양지심(辭讓之心)
②	심판의 전문성	수오지심(羞惡之心)
③	심판의 자율성	시비지심(是非之心)
④	심판의 공정성	측은지심(惻隱之心)

14

공리주의 윤리 규범을 스포츠에 바르게 적용한 것이 아닌 것은?

① 스포츠에서 결과에 따른 만족을 중시한다.
② 스포츠 규칙 제정은 공정과 평등의 원칙에 근거한다.
③ 스포츠 상황에서 행위의 유용성보다 인성의 바름을 강조한다.
④ 스포츠에서 소수보다 다수의 이익을 우선하는 것이 정당화될 수 있다.

15

〈보기〉에서 장애 차별의 개선을 위한 스포츠 실천의 조건만을 고른 것은?

> **보기**
>
> ㉠ 참여 종목과 대회는 지도자의 결정에 맡겨야 한다.
> ㉡ 비장애인과 분리하여 수업하는 것을 원칙으로 한다.
> ㉢ 활동 장비와 기구에 대한 재정적인 지원을 확보해야 한다.
> ㉣ 다양한 사람과의 관계를 통해 사회성 함양의 기회를 제공해야 한다.

① ㉠, ㉡
② ㉡, ㉢
③ ㉡, ㉣
④ ㉢, ㉣

16

〈보기〉의 내용에 부합하는 철학자와 개념의 연결이 옳은 것은?

> **보기**
>
> - 지도자와 선배의 체벌과 폭력이 일상화되어 있다.
> - 악은 포악한 괴물이나 악마처럼 괴이하지 않고 합숙소 생활과 같은 일상에 함께 있다.
> - 폭력을 멈추게 할 방법은 행위의 내용과 책임을 묻고 반성하는 '사유' 또는 '이성'에 있다.

① 홉스(T. Hobbes) – 리바이어던
② 홉스(T. Hobbes) – 악의 평범성
③ 아렌트(H. Arendt) – 리바이어던
④ 아렌트(H. Arendt) – 악의 평범성

17

의무주의 윤리 규범에 근거할 경우, 〈보기〉의 괄호 안에 들어갈 내용으로 옳은 것은?

> **보기**
>
> 나는 반칙을 하지 않으려고 노력한다. 왜냐하면 (   ) 때문이다.

① 퇴장을 당하면 손해를 보기
② 반칙을 하는 것은 옳지 않기
③ 나의 플레이를 보는 사람들을 만족시켜야 하기
④ 사람들이 나를 훌륭한 선수라고 칭송할 것이기

18

〈보기〉는 트랜스젠더 여성의 여성 스포츠 참여에 관한 설명이다. 이를 지지하는 견해의 근거가 <u>아닌</u> 것은?

> **보기**
>
> 국제올림픽위원회(IOC)는 2016년 1월에 올림픽 대회를 비롯한 국제 경기대회에서 외과적인 수술을 받지 못한 성전환자들도 선수로 출전할 수 있도록 허용해야 한다는 새로운 지침을 발표했다. 이에 따라 트랜스젠더 선수들은 꼭 성 전환 수술을 받지 않더라도 일정 요건만 충족하면 올림픽 등 국제 대회에 참가할 수 있게 되었다.

① 전통적인 젠더 이분법을 극복하고 양성 평등을 지향
② 트랜스젠더 여성의 스포츠 접근권은 공정성보다 우선
③ 트랜스젠더에 대한 차별과 배제가 아닌 관용과 포용의 정책
④ 트랜스젠더 여성 선수가 불공평한 이득을 가져 스포츠 본연의 의미 변화

19

함무라비 법전의 탈리오 법칙(Lex Talionis)이 정확하게 적용된 상황은?

① 농구 경기에서 한 경기에 5개의 파울을 한 선수를 퇴장시킨다.
② 축구 경기에서 부상 선수가 발생하면 선수의 안전을 위해 공을 밖으로 걷어낸다.
③ 야구 경기에서 빈볼을 맞게 되면, 상대팀에게도 동일하게 빈볼을 던져 보복을 한다.
④ 수영과 육상 경기의 결승전에서 준결승의 기록이 좋은 선수를 가운데 레인에 우선으로 배정한다.

20

인종 차별과 관련된 사례로 맞지 <u>않은</u> 것은?

① 1936년 베를린 올림픽 경기 대회에서 히틀러는 육상 종목 4관왕 제시 오웬스에게 시상 거부
② 1948년 런던 올림픽 경기 대회에서 독일과 일본 선수의 참가를 불허
③ 1968년 멕시코 올림픽 경기 대회 시상식에서 미국의 토미 스미스와 존 카롤로스의 저항 표현
④ 2008년 미국여자프로골프협회(LPGA) 출전 선수의 영어 사용 의무화

2025년 2급 전문/2급 생활 스포츠지도사

정답 및 해설

스포츠사회학(11) 기출문제 해설

01	02	03	04	05	06	07	08	09	10
①	②	①	③	③	②	③	④	④	①
11	12	13	14	15	16	17	18	19	20
①	③	③	①	④	②	②	②	④	④

01 ①

| 정답해설 |

심리적 기전을 연구하는 것은 스포츠심리학의 주요 연구 영역에 해당한다.

| 오답해설 |

스포츠사회학의 주요 과제 및 연구 영역
- 스포츠와 가족, 교육, 정치, 경제, 종교 등 타 사회생활 영역의 관계성
- 다양한 형태의 스포츠 장면에서 나타나는 사회 조직, 집단행동 및 사회적 상호 작용의 유형
- 스포츠와 스포츠 경험에 영향을 미치는 문화적, 구조적, 상황적 요인
- 스포츠와 관련하여 발생하는 사회화, 경쟁, 협동, 갈등, 사회계층, 사회 변동 등의 사회 과정

02 ②

| 정답해설 |

승리 지상주의(승리 제일주의)는 스포츠의 교육 목표가 왜곡된 결과로 나타나는 역기능에 해당한다. 이는 지나친 경쟁과 상대방에 대한 배려 부족, 비윤리적 행동 등을 조장할 수 있어, 전인 교육이나 사회 통합과는 오히려 반대되는 요소로, 스포츠의 교육적 역기능에 해당한다.

03 ①

| 정답해설 |

〈보기〉의 사례는 스포츠 관련 사실, 통계, 경기 내용 등의 정보 획득을 위한 행동이 핵심이다. 따라서 인지적 욕구에 해당한다.

| 심화해설 |

버렐(Birrell)과 로이(Loy)의 스포츠 미디어로 충족할 수 있는 욕구 유형
- 인지적 욕구: 스포츠에 대한 지식, 경기 결과 및 통계적 지식 제공
- 정의적 욕구: 스포츠에 대한 즐거움, 흥미, 관심 등을 불러일으킴
- 통합적 욕구: 스포츠에 대한 사회 구성원들의 관심을 하나로 묶어서 사회를 통합함
- 도피적 욕구: 스포츠를 통해 불안, 좌절, 스트레스 등의 감정을 해소하는 데 도움

04 ③

| 정답해설 |

국제 스포츠 이벤트는 지역 주민의 화합과 단결을 촉진하고, 지역에 대한 자긍심과 문화적 정체성을 강화하는 긍정적 영향을 준다. 따라서 문화 정체성 약화는 긍정적 영향으로 보기 어렵다.

05 ③

| 오답해설 |

ⓒ 과학 기술의 발달로 프로스포츠에서 스포츠과학의 중요성이 증가하게 되었다.

06 ②

| 정답해설 |

㉠ 영향성: 권력, 재산, 평가 및 심리적 만족의 불평등에 의한 결과는 생활 기회와 생활 양식에 변화를 가져오며, 스포츠 역할과 선호도 또한 사회 계층에 영향을 받을 수 있다는 영향성에 대한 설명이다.
ⓒ 유한계급론: 자신의 지위를 자랑하기 위한 과시적 소비, 최신 유행을 무작정 따라가는 모방적 소비, 순간적인 욕구에 휘말리는 충동적인 소비 등은 유한계급의 과시적 소비와 여가에 대한 설명이다.

| 오답해설 |

- 역사성: 특정 시대의 사회·문화적 배경에 따라 상이하게 나타나며, 특히 사회 계층적 지위와 관련하여 스포츠 참여 및

관람의 특권이 다양하게 변화한다.
- 자본론: 자본주의 사회에서 나타나는 가격, 이윤, 생산자, 소비자 등의 경제 현상들이 사실은 자본주의 사회 구조 속에서만 그렇게 나타나는 것이라고 주장한 이론이다.

07 ③
| 오답해설 |
㉠㉣ 미디어가 스포츠에 미친 영향이다.

08 ④
| 정답해설 |
〈보기〉의 설명은 상징적 상호 작용론의 핵심 특징과 일치한다. 상징적 상호 작용론은 사회 구조나 제도보다는 개인의 주관적 해석과 의미 부여, 타자와의 상호작용, 상징(언어·몸짓 등)을 통한 의미 교환에 초점을 둔다. 따라서 스포츠 참여 과정, 소속감, 스포츠 하위문화의 의미 형성 등을 분석하는 데 적합하다.
| 오답해설 |
① 갈등 이론: 사회의 본질을 경쟁과 갈등의 관계로 이해하는 이론
② 비판 이론: 기존 사회를 평가·비판하여 사회의 본질을 보다 명확하게 규명하는 것을 목표로 하는 이론
③ 구조 기능주의 이론: 사회를 하나의 유기체로 보며, 사회의 항상성(균형) 유지와 존속을 위한 사회적 구성 요소의 역할을 분석하는 이론

09 ④
| 정답해설 |
1995년 남아프리카공화국 럭비 월드컵 경기 대회는 인종 간 화합을 도모하는 계기를 마련하였다. 하지만 아파르트헤이트(apartheid) 인종 차별 때문에 1964년 도쿄 올림픽 경기 대회부터 1988년 서울 올림픽 경기 대회까지 모든 올림픽 경기 대회에 참가하지 못했다.
| 오답해설 |
① 축구 경기 이후 양국 간의 갈등은 군사적 충돌로 이어졌으며, 축구라는 스포츠가 단순한 경기를 넘어 두 나라의 긴장된 정치적, 사회적 갈등의 방아쇠가 된 사건이었다.
② 중국의 티베트 인권 탄압 문제를 이유로 미국을 비롯한 서방 동맹국들이 외교적 보이콧을 선언하였다.
③ 1980년 모스크바 올림픽 경기 대회에서는 소련의 아프가니스탄 침공에 대한 항의로 미국이 불참하였으며, 1984년 LA 올림픽 경기 대회에서는 소련과 공조한 사회주의 14개국들이 불참하였다.

10 ①
| 정답해설 |
㉠ 세방화: 세계화를 추구하면서도 현지의 문화와 특성을 반영하는 것으로, 세계화(globalization)와 현지화(localization)를 합성한 용어이다.
㉡ 용병형: 돈이 주목적으로 돈 버는 데만 관심이 있는 유형이다.

11 ①
| 정답해설 |
㉠ 도피주의: 문화적으로 승인된 목표와 사회적으로 용인되는 수단을 모두 거부하는 행위이다.
㉡ 혁신주의: 문화적 행동 목표는 수용하나 이를 성취하기 위한 수단은 거부하는 행위로, 수단과 방법을 가리지 않고 성공하려는 행위이다.
㉢ 의례주의: 수단은 수용하지만 목표의 수용은 부정하는 행위로, 승패에 집착하지 않고 참가에 의의를 두며 경기 결과보다 과정을 중시한다.
| 오답해설 |
- 동조주의: 사회의 문화적 목표를 받아들이고 그 목표를 성취하도록 제도화된 수단을 모두 수용한다.
- 반역주의: 새로운 목표와 수단을 주장하며 사회의 변혁에 노력하는 행위이다.

12 ③
| 정답해설 |
㉠ 1군에서 2군으로 강등은 개인의 사회적·직업적 지위가 하락한 사례로, 계층 구조 내에서 종전의 지위에 대한 상하 변화에 해당한다.
㉡ 운동선수 집단 전체가 사회적으로 더 높게 평가받게 된 것은 같은 계층(집단)의 전체적 상승을 의미한다.
㉣ 포지션이나 역할이 바뀌지 않은 상태에서 전학만 한 경우이므로 지위의 상하 변화가 없는 이동, 즉 수평 이동에 해당한다.
| 오답해설 |
㉢ 부모님과 비교하여 더 높은 지위와 수입을 얻은 것이므로, 자신이 아닌 세대 간의 이동에 해당한다.

13 ③

| 정답해설 |

준거 집단 이론은 타인의 행동, 태도, 감정 등을 자신의 판단 준거로 삼는 이론이다. 따라서 구성원이 속단 집단의 규칙이 사회화에 준거가 될 수 있다.

| 심화해설 |

- 사회 학습 이론: 사회적 행동을 습득하고 수행하는 과정을 밝히는 이론으로 인간의 심리적 특성과 사회적 행동이 사회적 과정을 통해 학습되어 사회화가 이루어진다고 설명하는 이론이다.
- 역할 이론: 사회 구조 속에서 사회적 지위를 유지하기 위한 역할 기대 또는 행동 양식을 획득하는 과정에 관한 이론으로, 사회화 과정을 통해 집단의 구성원으로 적응해 나가는 역할을 설명하는 이론이다.

14 ①

| 정답해설 |

㉠ 질적 연구: 주로 탐구적인 연구로서 연구자의 직관적인 통찰로 현상의 의미를 해석하고 이해하려는 연구 방법이다.
㉡ 선순환 모델: 피라미드 모형(생활 스포츠)과 낙수효과 모형(엘리트 스포츠)을 통합한 모형이다.

| 오답해설 |

- 양적 연구: 수량적으로 측정할 수 있는 특성을 포함하는 연구 문제나 가설에 대해 답하거나 검증하는 탐구방법이다.
- 피라미드 모델: 스포츠 참여의 기반이 확대되면, 이를 바탕으로 우수한 선수가 배출된다는 모형으로 생활 스포츠의 중요성을 강조할 때 근거로 활용한다.

15 ④

| 정답해설 |

㉠ 평등성: 기회의 평등과 공정한 경쟁이 이루어지는 환경을 조성하였다는 측면
㉡ 전문화: 경기장 내·외부에서 역할의 전문화가 이루어졌다는 점을 설명
㉢ 세속화: 제례의식에서 출발한 스포츠의 목적이 근대로 오며 즐거움, 건강, 물질적 보상과 같은 세속적인 목적으로 바뀌었다는 측면을 설명
㉣ 관료화: 근대 스포츠의 구성적 요인으로 스포츠의 전문화와 합리화가 이루어지려면 동일한 틀을 마련해 줄 관료조직이 필요하다는 측면을 설명

16 ②

| 정답해설 |

〈보기〉는 행위 자체의 속성이 나쁜 것이 아니라 남들이 일탈이라고 낙인을 찍었기 때문에 일탈이 된 것이라고 설명하는 낙인 이론의 사례이다.

| 오답해설 |

① 중화 이론: 자기의 행위가 나쁘다는 것을 알면서도 죄의식 없이 비행을 저지르는 것으로 자신들의 죄의식을 피할 수 있게 해주는 방식으로 그 행동을 정당화한다는 이론이다.
③ 욕구 위계 이론: 인간의 욕구는 위계적으로 조직되어 있으며 하위 단계의 욕구 충족이 상위 계층 욕구의 발현을 위한 조건이 된다는 이론이다.
④ 인지 발달 이론: 인간의 인지 능력이 나이에 따라 어떻게 발달하는지에 대한 이론이다.

17 ②

| 정답해설 |

스태그플레이션(stagflation)은 경제 침체와 물가 상승이 동반되는 현상으로, 이는 상업주의 스포츠의 출현과 직접적인 관련이 없다.

| 오답해설 |

상업주의 스포츠 출현의 사회·경제적 조건
- 스포츠 기반 시설 구축을 위한 거대 자본
- 인구가 밀집되어 있는 도시
- 자본주의적 시장 경제 체제
- 소비 문화의 발전
- 교통과 통신의 발달

18 ②

| 정답해설 |

〈보기〉는 정치인이 권력을 강화하는 수단으로 단기적 효과를 위해 선동적 조작으로 스포츠를 이용한 사례이다.

| 오답해설 |

① 상징: 어떤 특정한 의미와 의의를 가지며, 본질과는 다른 무엇을 대리하고 지칭하는 것으로, 운동경기는 단순한 개인이나 팀 간의 경쟁이 아닌 국가, 지역사회, 학교의 명예나 역량의 총체적 우열로 표현된다.
③ 동일화: 자아가 그 역할을 수행하기 원하는 타자에게 감정을 이입시키거나 타자와 일체가 되어 동화하는 것으로 타자와 자아가 혼동된 상태를 말한다.
④ 전문화: 정치가 스포츠를 이용하는 방법에 관련 없다.

19 ④

| 정답해설 |

㉠ 미디어(TV 프로그램)를 통해 축구에 관심을 갖고, 실제 참여(축구클럽 가입)로 이어졌으므로 스포츠로의 사회화가 이루어졌다.
㉡ 축구에 흥미를 잃어 탈퇴하는 스포츠 탈사회화가 이루어졌지만, 친구의 권유로 다시 테니스클럽에 가입하게 되어 스포츠로의 재사회화가 이루어졌다.
㉢ 테니스 활동을 통해 규칙과 매너 등 사회적 행동을 학습하였으므로 스포츠를 통한 사회화가 이루어졌다.
㉣ 부상으로 스포츠 활동을 중단하게 되었으므로 스포츠 탈사회화가 이루어졌다.

20 ④

| 정답해설 |

㉠ 지영이는 부모님의 권유로 배드민턴을 시작했으므로, 스포츠 사회화의 주관자는 가족이다. 가족에는 부모, 형제자매 등이 포함된다.
㉡ 민수는 주민센터의 공고를 보고 직접 프로그램에 참여했으므로, 지역사회에서 제공한 스포츠 프로그램을 통해 사회화가 이루어진 것이다.

| 오답해설 |

- 학교: 지식과 기능, 도덕적 규범이나 가치 체계를 함양시키고, 정규 체육인 교과 체육과 기타 프로그램을 통해 스포츠 사회화의 경험을 제공한다.
- 동료: 같은 관심을 지니는 또래 집단을 의미한다. 청소년기에 가장 큰 영향력을 미치는 사회화 주관자이다.

스포츠교육학(22) 기출문제 해설

01	02	03	04	05	06	07	08	09	10
①	③	①	④	②	④	③	②	②	③
11	12	13	14	15	16	17	18	19	20
②	①	④	④	②	③	④	③	①	②

01 ①

| 정답해설 |

프로그램을 구성하는 스포츠 활동 내용은 실천 가능하게 구체적·세부적으로 기술하여 선정한다.

02 ③

| 정답해설 |

학교 스포츠 클럽에서 과제를 제시할 때는 학생의 이해를 돕기 위해 은유나 비유 표현을 적절히 활용하는 것이 효과적이다. 개념 자체를 그대로 전달하면 학생들이 동작의 의미나 의도를 구체적으로 이해하기 어려울 수 있으므로, 익숙한 표현이나 이미지로 바꾸어 설명하면 학습자의 인지적 부담을 줄이고 이해를 촉진할 수 있다.

03 ①

| 정답해설 |

진단평가는 교육 프로그램 실시 이전에 학습자(참여자)의 특성을 점검하는 평가 활동으로 학습자의 정보를 수집하고 교육 방향을 설정·수정하며, 학습 장애의 원인과 정도를 파악하기 위한 기능을 한다. 제시된 설문지는 테니스 수업에 앞서 학습자의 준비 상태(장비 보유 여부, 희망 강습 형태, 과거 강습 경험 등)와 기술 수준(그립 잡기, 스플릿 스텝 가능 여부 등)을 파악하기 위한 목적으로 구성되어 있으므로 진단평가에 해당한다.

| 오답해설 |

- 종합평가: 총괄평가와 동일한 의미로 교육 프로그램과 지도 방법을 적용한 이후 일정 기간 마무리 시점에 학습자들의 성취도를 포함한 프로그램의 효과 및 효율성 등의 결과를 종합적으로 판단하기 위한 기능이다.
- 형성평가: 교육 프로그램이나 지도 방법의 개발 단계에서 이루어지는 과정 중심의 평가 활동이다.
- 총괄평가: 교육 프로그램과 지도 방법을 적용한 이후 일정 기

간 마무리 시점에 학습자들의 성취도를 포함한 프로그램의 효과 및 효율성 등의 결과를 종합적으로 판단하기 위한 기능이다.

04 ④

| 정답해설 |

〈보기〉에서 제시된 내용은 프로그램의 다양화를 지향하고, 직접 참여 활동과 간접 학습 활동을 균형 있게 제공하며, 스포츠 활동을 총체적으로 체험하게 한다는 점에서 공통적으로 통합적인 교육 경험을 강조하고 있다. 이는 학습자에게 다양한 학습 내용을 유기적으로 연결하여 제공하고, 신체 활동을 전체적으로 체험하게 함으로써 스포츠 학습의 질을 높이려는 접근이다. 이러한 점에서 해당 보기의 설명은 생활 스포츠 교육 프로그램의 지도 원리 중 통합성에 가장 부합한다.

05 ②

| 정답해설 |

링크(J. Rink)가 제시한 내용 발달 단계는 '시작형 → 확대형 → 세련형 → 응용형' 과제로 구성된다. 〈보기〉는 이 중 확대형 과제에 해당하며, 이 단계에서는 학습 내용을 단순하고 쉬운 과제에서 복잡하고 어려운 과제로 점진적으로 발전시킨다. 또한, 과제 조직 방식은 하나의 과제 내에서 점진적으로 발달하는 경우(과제 내 발달)와, 서로 다른 과제 간에 난이도를 조절하는 방식(과제 간 발달)으로 나뉜다.

| 오답해설 |

① 시작형 과제: 교사가 학생에게 가장 먼저 제시하는 과제로 수업을 시작하기 위한 최초의 과제이며 다른 과제로 이어지는 연속 과제이다.
③ 세련형 과제: 운동 수행의 질에 초점을 두고 목표의 범위를 좁히며 수행의 질적 발달에 대한 학습자의 책무성을 강하게 부여할 때 효과적인 과제이다.
④ 응용형 과제: 확대와 세련을 통해서 습득한 기능을 실제 또는 유사한 상황에서 사용할 수 있도록 하는 과제이다.

06 ④

| 정답해설 |

학생 팀-성취 배분(student teams-achievement division, STAD)모형은 모든 학생에게 같은 과제를 주고 팀별로 함께 학습하게 한 뒤, 개인 점수의 합으로 팀 점수를 계산한다. 이후 같은 과제를 다시 연습하며 모든 팀원의 점수 향상을 목표로 하고, 향상도에 따라 팀 점수를 다시 부여한다. 〈보기〉는 이런 STAD의 과정과 특징을 잘 보여준다.

07 ③

| 정답해설 |

문화체육관광부 장관은 생활 체육의 진흥을 위한 기본계획을 5년마다 수립·시행하여야 한다(생활 체육 진흥법 제6조).

| 오답해설 |

① 「생활 체육 진흥법」 제3조(국민의 생활 체육 권리)
②④ 「생활 체육 진흥법」 제8조(생활 체육 강좌의 설치)

08 ②

| 정답해설 |

상호 작용 교수 전략은 지도자가 모든 교과 내용 및 기준을 정하고 세부 운영 절차 및 구체적인 피드백 제공을 통해 학습자의 반응을 이끌어내는 수업 방법이다. 지도자가 모든 교과 내용 및 기준을 정하고 세부 운영 절차 및 구체적인 피드백 제공을 통해 학습자의 반응을 이끌어내는 수업 방법으로 지도자가 학습자들에게 특정 기술을 가르치거나 그 기술을 특정 방법으로 올바르게 수행하는 것을 목표로 할 때 효과적이다.

| 오답해설 |

① 동료 교수: 학생들이 짝이나 작은 그룹으로 팀을 만들어 교사가 아닌 서로를 가르쳐주는 방법이다.
③ 스테이션 교수: 교육 목표나 내용에 따라 학생들을 나누고, 수업 공간을 여러 개 두어 여러 과제를 동시에 진행하는 수업 방법이다.
④ 자기 교수 전략: 학습자 스스로 목표를 설정하고, 자기 지시 및 자기 평가 등을 통해 자기 통제적으로 과제를 수행하는 방법이다.

09 ②

| 정답해설 |

- 각 교수 스타일은 풍부한 교수학습 목표의 능동적인 부분을 담당하고 있기에 수업현상의 비 대비(non versus) 관점이 있다. 즉, 어느 한 스타일도 완벽하지 않기에 각 스타일은 지향하는 목표를 가장 잘 성취할 수 있는 최상의 스타일이 될 수 있다.
- 교수(수업) 스타일의 구조는 과제 활동 전의 의도를, 과제 활동 중의 행위를, 과제 활동 후의 평가로 구분된다.

| 오답해설 |

ⓒ 교수와 학생 모두 교수 스타일의 구조 속에서 의사 결정을 할 수 있음
ⓒ A~E까지의 교수 스타일은 기존 지식의 재생산을 강조하는 모방이 중심

10 ③

| 정답해설 |

게임 수행 평가 도구(GPAI)는 학생의 전술적 지식을 평가하기 위해 여러 유형의 게임에 적용할 수 있는 기본적인 평가 기법이다.

항목	계산법
의사 결정 (DMI)	적절한 의사결정 수÷(적절한 의사결정 수+부적절한 의사결정 수)×100
기술 실행 (SEI)	효과적 기술 실행의 횟수÷(효과적 기술 실행의 횟수+비효과적 기술 실행의 횟수)×100
보조하기 (SI)	적절한 보조 움직임의 횟수÷(적절한 보조 움직임의 횟수+부적절한 보조 움직임의 횟수)×100
게임 수행	[DMI+SEI+SI]÷3(사용된 항목 수)

- 다은: [75+75+75]÷3=75
- 세연: [50+100+50]÷3=67
- 유나: [50+100+100]÷3=83

따라서 게임 수행 점수가 높은 학생 순서는 '유나 → 다은 → 세연'이다.

11 ②

| 오답해설 |

① 연습형: 기억·모방 과제를 학습자가 개별적으로 연습하는 스타일로 모든 학생이 동일한 과제를 수행한다.
③ 자기 점검형: 학습자가 과제를 수행하고 스스로 평가하는 스타일로 모든 학생이 동일한 과제를 수행한다.
④ 상호 학습형: 동료와 함께 짝을 이루어 움직임을 수행하는 스타일로 모든 학생이 동일한 과제를 수행하며 동료 간 상호작용이 핵심이다.

12 ①

| 정답해설 |

전술 게임 모형의 6단계
게임 소개 → 게임 이해 → 전술 이해(전술 인지) → 의사 결정 → 기술 연습 → 실제 게임 수행

13 ④

| 정답해설 |

싱글 엘리미네이션(single elimination) 또는 녹아웃(knockout) 토너먼트는 이기면 다음 라운드 진출, 지면 탈락이라는 경기의 간결함이 있다. 즉, 한 번 지면 탈락하므로 패자부활전은 없다.

| 오답해설 |

① 통합리그: 경기 수가 많은 반면, 조별리그는 경기 수가 적다.
② 스플릿(split) 리그: 통합 리그 성적을 바탕으로 상위·하위 그룹으로 나누어 리그전을 진행하는 방식이다.
③ 더블 엘리미네이션(double elimination) 토너먼트: 패자부활전이 있기 때문에 모든 팀 순위 산정이 가능하다.

14 ④

| 정답해설 |

「국민 체육 진흥법」상 '학생 체력증진 및 체육 활동 육성을 위한 학교의 역할'로 모두 옳다.

| 심화해설 |

학교 체육의 진흥을 위한 조치(국민 체육 진흥법 제6조)
법 제9조에 따라 학생의 체력 증진과 체육 활동의 육성을 위하여 학교가 취하여야 할 조치는 다음 각 호와 같다.
1. 운동회나 체육대회의 실시
2. 학생에 대한 한 종목 이상의 운동 권장과 지도
3. 체육동호인조직의 결성 등 학생의 자발적 체육 활동의 육성·지원
4. 운동경기부와 선수의 육성·지원
5. 그 밖에 학교 체육의 진흥을 위하여 필요한 사항

15 ②

| 정답해설 |

제시된 표는 관찰하고자 하는 행동 범주를 결정하여 수업 중 발생한 빈도를 체크한 후 그 행동의 빈도로 평가하는 방법으로 지도자와 학생의 상호작용에 관한 기록을 간단히 측정할 수 있다.

| 심화해설 |

① 사건기록법은 질적 정보보다는 양적 정보가 필요할 때 유용하게 사용된다.
③ 동간 기록법에 대한 설명이다. 동간 기록법은 일정한 시간에 일어난 행동들을 관찰하여 미리 결정된 행동의 범주들 중 어떤 행동이 그 시간을 대표하는지 결정하는 방법이다.
④ 지속시간 기록법에 대한 설명이다. 지속시간 기록법은 학습 과정에서 관찰되어야 할 행동을 선정하여 그 행동의 시간이 얼마나 되는지 측정하는 방법이다.

16 ③

| 정답해설 |

ⓒ 인지적 학습, 심동적 학습, 정의적 학습 순이다.
ⓔⓓ 인지적 학습, 정의적 학습, 심동적 학습 순이다.

| 오답해설 |

ⓐⓑ 심동적 학습, 인지적 학습, 정의적 영역 학습 순이다.

17 ④

| 정답해설 |

수업에 정해진 할당 시간(AT)이 있다면, 그중 수업 운영에 필요한 별도의 시간이 요구된다. 출석 점검, 실제 운동 참여를 위한 대기, 수업 정리는 수업 운영에 필요한 시간 등이 해당한다.

| 오답해설 |

ⓒ 서브 연습은 학습자가 학습 과제에 실제로 참여하였으므로 과제 참여 시간에 해당한다.
ⓓ 교사의 시범은 수업 운영에 필요한 시간으로 볼 수 없다.

| 심화해설 |

교사가 할당하고 기대하는 학습 시간
- 할당 시간(AT): 체육에 할당된 공식적인 학습 시간
- 운동 참여 시간(MET): 체육 활동에 학습자들이 소비한 시간으로 출석 점검, 이동 시간, 대기 시간, 학생 통제 시간, 정리 시간 등으로 설정된 시간
- 과제 참여 시간(TOT): 학습자가 학습 과제에 실제로 참여한 시간
- 실제 학습 시간(ALT): 학습자가 목표 관련 신체 활동에 성공을 경험하며 소비한 시간

18 ③

| 정답해설 |

신호 간섭은 시선의 마주침, 손 움직임 등 비언어적 신호를 사용하여 학습자의 부주의한 행동을 통제하는 전략이다.

| 오답해설 |

① 퇴장: 위반 행동에 대한 벌로서 일정 시간 체육수업 활동에 참가할 수 없도록 하는 벌이다.
② 삭제 훈련: 학생들이 어떤 행동을 하지 않는 데 따른 보상을 제공하는 행동 수정 기법이다.
④ 접근 통제: 방해 행동을 하는 학생에게 교사가 가까이 접근하거나 접촉하는 것으로 학생은 교사의 존재를 인식하고 행동을 자제한다.

19 ①

| 정답해설 |

마튼스(R. Martens)의 전문 체육 프로그램 개발 단계
선수에게 필요한 기술 파악(1단계) → 선수 이해(2단계) → 상황 분석(3단계) → 우선순위 결정 및 목표 설정(4단계) → 지도 방법 선택(5단계) → 연습 계획 수립(6단계)

20 ②

| 정답해설 |

ⓐ 회고적(회상형) 질문: 기억 수준의 대답만 필요로 하는 질문으로 이전에 배운 내용을 다시 생각하게 하는 데 목적이 있다.
ⓑ 폐쇄 기능: 환경의 변화에 영향을 받지 않는(정적) 기능으로, 예를 들어 정지된 물체를 향해 스윙하거나 목표물에 공을 던져 넣는 기술 등이 해당한다.

| 오답해설 |

- 수렴적(집중적) 질문: 이전에 경험했던 내용을 분석 및 통합하여 하나의 정답을 이끌어내야 하는 질문이다.
- 개방 기능: 환경 변화에 따라 기능의 요구 조건이 변화되는 (동적) 기능으로, 팀 스포츠처럼 상황에 따라 반응이 달라져야 하는 기술 등이 해당한다.

스포츠심리학(33) 기출문제 해설

01	02	03	04	05	06	07	08	09	10
②	④	①	①	②	②	③	②	④	②
11	12	13	14	15	16	17	18	19	20
③	①	①	④	③	③	③	④	①	④

01 ②

| 정답해설 |

스포츠심리학자는 교육, 연구, 심리 상담 및 심리기술훈련을 담당하는 전문가로, 약물 판매나 의약품 처방은 역할 범위를 벗어난 행위이다.

02 ④

| 정답해설 |

심상은 부상 회복과 통증 완화에도 실질적으로 활용된다.

03 ①

| 오답해설 |

ⓒ 물질적 보상과 처벌은 외적 동기에 영향을 주는 요소로, 지속적이고 자발적인 참여를 해치며 내적 동기를 떨어뜨릴 수 있다.

ⓔ 도전적 목표가 항상 나쁜 것은 아니지만, 달성 불가능하거나 과도한 목표는 실패 경험과 좌절감을 유발하여 내적 동기를 약화시킬 수 있다.

04 ①

| 정답해설 |

이론적으로는 결과 목표보다 수행 목표를 우선시해야 하며, 특히 초보자나 청소년의 경우 결과보다는 노력과 기술 향상 등 과정 중심 목표가 동기 유발과 자기효능감 향상에 효과적이다.

05 ②

| 오답해설 |

① 열 발생 가설: 운동을 통해 체온이 상승하면, 뇌에서 근육의 이완과 심리적 안정을 유도하는 신경 반응이 일어나며, 이로 인해 불안 감소나 기분 개선 효과가 나타난다는 가설이다.

③ 사회 심리적 가설: 운동이 심리적 요인을 통해 정서 개선에 영향을 미친다는 가설이다. 모두 외부 환경이나 인지적 요소가 심리적 효과에 영향을 준다고 보는 접근이다.

④ 생리적 강인함 가설: 운동을 규칙적으로 하면 스트레스에 대한 신체적·정서적 회복력을 높여준다는 가설이다.

06 ②

| 오답해설 |

① 프랭클린 헨리(Franklin Henry): 체육을 과학적 학문 분야로 격상시키는 데 큰 역할을 했으며 스포츠심리학과 운동학의 발전에 크게 기여한 미국의 학자이다.

③ 레이너 마틴즈(Rainer Martens): 스포츠심리학 교수이며 스포츠경쟁불안검사지(SCAT)를 개발하였고 스포츠심리학 코칭 분야에서 학문적 기여를 한 인물로 평가받았다.

④ 노먼 트리플렛(Norman Triplett): 일반심리학자이며 스포츠심리학의 최초 논문(사이클 선수가 혼자 탈 때보다 둘이나 단체로 탈 때 속도가 빨라지는 현상을 분석)을 발표하였고, 이 연구는 사회적 영향과 수행의 관계를 연구하는 데 기여했다.

07 ③

| 정답해설 |

고원현상은 운동기술 학습 시 초기에는 성과가 향상되다가 어느 시점에서 일시적으로 수행력이 정체되는 현상을 의미하며, 이 기간에는 수행은 정체되지만, 학습은 진행된다. 고원기간은 새로운 협응 구조가 형성되는 과정으로서 양적 변화의 정체 속에서도 다양한 질적 변화가 계속하여 발생하는 시기이다.

| 심화해설 |

고원현상의 발생 원인
- 피로, 감소된 수행동기 또는 주의 부족 등과 같은 심리적·신체적 원인에 의해 발생할 수 있다.
- 학습은 지속되지만, 측정 도구의 한계로 인해 수행 향상이 나타나지 않는 것처럼 보일 수 있음
- 일부 경우에는 기술의 복잡성이나 과제 특성 등 수행 자체의 특성도 고원현상에 영향을 미칠 수 있음

08 ②

| 정답해설 |

루틴은 선수들이 시합을 하는 동안 걱정, 주의 분산과 같은 부정

적 상황에 노출될 경우 경기력 저하로 이어질 수 있기 때문에 이를 모면하기 위해 선수가 자신만의 독특한 동작이나 절차를 습관적으로 행하는 것이다. 따라서 경기 직전에 루틴을 수정하는 것은 경기력 향상에 전혀 도움이 되지 않는다.

09 ④

| 오답해설 |

① 자생훈련(autogenic training): 명상과 유사한 형태의 자기최면이다. 따뜻함, 무거움의 감각을 유도하는 6개의 단계를 통해 진행되기 때문에 수련에 수개월이 필요하다.
② 점진적 이완(progressive relaxation): 신체근육을 이완시킴으로써 마음의 이완이 따라오게 한다(body-to-mind).
③ 인지 재구성(congnitive restructuring): 비합리적이거나 부적응적인 생각 패턴을 찾아내서 중지시킬 수 있는 간단하지만 효과가 뛰어난 방법이다.

10 ②

| 정답해설 |

가. 하나의 자극 신호에 대하여 하나의 반응만을 요구할 때 측정되는 단순반응시간이다(㉠).
나. 두 가지 이상의 자극이 제시되고 어느 특정한 자극에 대해서만 반응할 때 측정되는 변별반응시간이다(㉢).
다. 두 개 이상의 자극이 제시되고 각각의 자극 신호에 대하여 다른 반응을 요구할 때 측정되는 선택반응시간이다(㉡).

11 ③

| 정답해설 |

가까운 친구나 친인척 등 기존에 알고 지내는 사람과 전문적인 상담을 진행하는 것은 바람직하지 않다. 이는 이중 관계(dual relationship)에 해당하여 상담의 객관성과 효과성을 저해할 수 있기 때문이다. 따라서 이러한 경우에는 다른 전문가에게 의뢰하여 도움을 주는 것이 윤리적으로 적절하다.

| 오답해설 |

① 특별한 경우를 제외하고는 고객과 상담실 밖에서의 사적인 관계를 유지 말아야 한다.
② 언어적, 비언어적 메시지 모두 경청한다.
④ 일반적으로 상담자와 내담자 간의 약속된 비밀은 반드시 지켜져야 한다. 그러나 내담자가 자신이나 타인에게 위험한 행동을 할 경우, 미성년 내담자가 근친상간, 강간, 아동 학대 등 여타의 범죄의 희생자라고 판단될 경우, 내담자가 입원할 필요가 있다고 판단될 경우 등의 법적 문제가 있다고 판단될 경우 등의 예외가 존재한다.

12 ①

| 오답해설 |

② 전환이론: 자신의 각성수준을 어떻게 '해석'하느냐에 따라 각성과 정서의 관계가 달라진다고 주장하는 이론이다.
③ 다차원불안이론: 인지불안과 신체불안이 각성수준에 따라 수행에 다르게 영향을 미친다고 주장하는 이론이다.
④ 역U가설(적정 수준 이론): 각성이 지나치게 높거나 아주 낮으면 수행에 방해가 되고 적절한 각성수준이 최고의 운동수행을 발휘한다고 주장하는 이론이다.

13 ①

| 정답해설 |

㉠ 링겔만의 효과(Ringelmann effect): 집단의 인원수가 늘어날수록 구성원의 개개인의 공헌도가 낮아지는 현상을 말한다.
㉡ 사회적 태만(social loafing): 집단에서 발생하는 동기손실을 말한다.

| 오답해설 |

- 플라시보 효과(Placebo Effect): 위약효과라고도 하며, 실제 효과가 없는 치료를 받았음에도 불구하고 심리적 믿음이나 기대감 때문에 긍정적 변화가 나타나는 현상을 말한다.
- 사회적 촉진: 타인의 존재가 운동 수행에 영향을 미치는 것을 의미한다.

14 ④

| 정답해설 |

질문지 측정도구란 미리 만들어진 선택지에 답하는 방식이다(OX, 1~5점 척도에 답하는 방식). 주제 통각 검사(Thematic Apperception Test, TAT)는 투사법 검사로써 모호한 그림을 보여주고 전문가의 해석이 필요한 검사이므로 질문지 측정법 도구가 아니다.

| 오답해설 |

① POMS(Profile of Mood States): 기분 상태(정서 상태)를 측정하는데 사용되는 심리검사 도구이다.
② MBTI(Myers Briggs Type Indicator): 사람의 성격 유형을 16가지로 나누는 성격 검사 도구이다.

③ 16PF: 16개의 성격 요인을 측정할 수 있도록 개발한 검사 도구이다.

15 ③
| 정답해설 |
무관심 단계는 현재 운동을 하지 않으며, 6개월 이내에 운동을 시작할 의도가 없는 단계를 말한다. 이 단계에는 고강도 운동 참여 또는 다른 사람의 운동 멘토 역할보다는 운동의 긍정적 효과에 대한 정보를 제공하여 운동에 관심을 갖고 실천할 수 있게 하는 전략이 가장 적절하다.

16 ③
| 오답해설 |
① 좌절−공격 가설: 어떤 목표를 달성하려고 할 때 방해를 받으면 좌절하게 되고, 좌절되면 공격성을 표출한다는 이론이다.
② 사회 학습 이론: 인간의 행동은 환경 속에서 관찰학습으로 공격성이 학습된다는 이론이다.
④ 수정된 좌절−공격 가설: 좌절이 무조건 공격 행동을 유발하지 않고, 공격 행동이 적절하다는 외부적 단서가 있을 때 공격성을 표출한다는 이론이다.

17 ③
| 정답해설 |
베일리(R. Vealey)는 스포츠 자신감의 원천을 성취 경험, 자기 조절, 사회적 분위기의 세 가지 영역으로 구분하였다.
㉠ 성취 경험: 연습을 통해 기술을 향상시키고, 시합에서 긍정적인 성과를 거둔 경험을 의미한다.
㉡ 사회적 분위기: 주변 사람들(지도자, 동료, 가족 등)로부터의 지지와 인정, 그리고 좋은 지도자 및 동료 선수로부터의 학습을 포함한다.
㉢ 자기 조절: 경기 수행에 필요한 기술, 전술, 전략에 집중하고, 자신의 준비 상태와 능력에 대해 자부심을 갖는 것을 의미한다.

18 ④
| 정답해설 |
① 루틴(routine)은 경기 중 집중력 유지와 심리적 안정을 위해 설정된 일련의 동작이다. 경기 중 루틴을 바꾸는 것은 오히려 집중을 흐트러뜨리는 요인이 될 수 있다.
② 이전 실수에 대한 생각은 현재의 수행에 주의를 분산시키며, 주의의 시간적 초점이 과거에 머무르게 만든다. 현재 수행에 전념하는 것이 좋다.
③ 다른 선수의 기록에 주의를 두는 것은 자기 수행에 필요한 내적 집중을 방해할 수 있으며, 불안이나 긴장을 유발할 가능성이 있다.

19 ①
| 정답해설 |
처벌이 필요한 선수에게는 처벌의 이유를 정확하게 설명하는 것이 바람직하다.

20 ④
| 정답해설 |
㉠ 맥락간섭이 높을 때는 무선 연습(공의 방향과 구질을 무선적으로 제시)이 효과적이다.
㉡ 맥락간섭이 중간일 때는 계열 연습(두 세가지 기술을 정해진 순서)이 기술 간 연결력을 향상시키는 데 효과적이다.
㉢ 맥락간섭이 낮을 때는 구획 연습(하나의 기술만 반복 연습 후 다음 동작으로 넘어가는 연습)이 효과적이다.

한국체육사(44) 기출문제 해설

01	02	03	04	05	06	07	08	09	10
②	④	①	③	②	③	①	①	④	②
11	12	13	14	15	16	17	18	19	20
②	②	③	②	④	①	④	③	③	④

01 ②

| 정답해설 |

각저(角抵)는 두 사람이 서로 맞잡고 힘을 겨루는 것이다. 각저총 벽화는 고구려 고분 벽화 중 하나로, 실질적으로 씨름 장면이 묘사된 가장 오래된 물적 사료로 인정된다. 이 벽화에는 두 명의 인물이 상의를 벗고 서로 힘겨루기를 하는 장면이 뚜렷하게 그려져 있어, 고구려 시대 씨름의 존재와 형태, 복식 등을 직접적으로 확인할 수 있는 고고학적 증거다.

| 오답해설 |

① 『경국대전』은 조선 시대의 법전으로, 씨름과는 직접 관련이 없는 문헌사료다.
③ 무령왕릉 벽화는 백제 시대 유적으로 씨름 장면이 없다.
④ 김홍도의 「씨름」은 조선 후기의 회화자료로 민속화 형태이며, 고구려 시대의 자료는 아니다.

02 ④

| 정답해설 |

㉠ 체육사관은 체육·스포츠 역사에 대한 관점, 인식 틀, 해석 방식을 의미한다. 단순한 사실 기술이 아닌 역사적 해석에 대한 관념 체계이다.
㉢ 진보사관(역사는 발전한다), 순환사관(역사는 반복된다) 등의 철학적 관점에 따라 동일한 체육사적 사실도 다르게 해석될 수 있다.
㉣ 체육사관은 역사가의 관점 형성에 영향을 미치며, 어떤 사건을 어떻게 해석하고 서술할지를 결정하는 기준이 된다.

| 오답해설 |

㉡ 체육사관은 역사적 '사실을 기록한 것'이 아니라, 그 사실에 대한 해석과 관점이다. 역사적 사실 그 자체는 체육사에 해당하며, 체육사관은 이를 바라보는 철학적 해석의 틀이다.

03 ①

| 정답해설 |

① 대향사례(대향례)는 조선 시대 성균관 유생들이 궁술을 겨루던 공식 의례 행사로, 부족국가 시대와는 무관한 조선 후기의 유교적 교육행사이다. 따라서 부족국가 시대의 신체활동 행사로 보기 어렵다.

| 오답해설 |

② 성년 의식은 부족국가 시기부터 존재하던 통과의례로, 신체적 성장과 성인 자격을 상징하는 행위들이 포함되며, 주로 달리기, 사냥, 투창 등의 신체활동이 동반되었다.
③ 주술 의식에서는 풍년을 기원하거나 재앙을 막기 위한 상징적 동작과 집단 놀이, 춤 등이 포함되어 신체활동의 일환으로 여겨졌다.
④ 제천 행사(동맹, 무천 등)는 하늘에 제사를 지내는 의식으로, 곡예, 무용, 무예 시범 등의 집단 신체활동이 동반되었다.

04 ③

| 정답해설 |

무과 별시(別試)는 조선 시대의 무과 제도이다.

| 오답해설 |

①② 신라의 화랑도 체육은 효(孝), 신(信) 등의 윤리를 강조하는 도의체육(道義體育)으로, 심신의 조화를 바탕으로 신체의 덕을 함양하는 것이 목적이었다.
④ '임전무퇴(臨戰無退)'는 화랑도의 대표적 정신으로, 군사적 충성과 용기를 나타낸다. 화랑도는 국가 방위를 위한 체계적 훈련조직의 성격도 함께 지녔다.

| 심화해설 |

세속오계(世俗五戒)
신라의 화랑도는 세속오계를 바탕으로 문무를 겸비한 인재 양성에 목적을 둔 청소년 교육 단체이다. 세속오계는 신라 진평왕 때 승려 원광(圓光)이 화랑에게 일러 준 다음의 다섯 가지 계율이다.
- 사군이충(事君以忠): 충성으로 임금을 섬김
- 사친이효(事親以孝): 효심으로 부모를 섬김
- 교우이신(交友以信): 신의를 바탕으로 벗을 사귐
- 살생유택(殺生有擇): 생명체를 함부로 죽이지 않음
- 임전무퇴(臨戰無退): 전쟁에 임할 때는 후퇴를 삼감

05 ②

| 정답해설 |

『구당서』는 중국 당나라에서 편찬한 정사로, 고구려에 대한 기록을 일부 포함하고 있다. 이 사료는 고구려 사회에서 독서를 즐기

는 풍습과 함께, 청소년 교육 기관인 경당(扃堂)의 존재를 보여준다. 경당은 고구려의 지방 평민 자제들을 위한 교육 기관으로, 독서와 궁술 등 문무를 함께 교육하였다.

06 ③

| 정답해설 |

풍연(風鳶)은 연을 날리는 민속놀이, 즉 연날리기를 의미한다. 고려 시대 설날과 정월 대보름 무렵 성행했던 대표적인 민속놀이 중 하나이다.

| 오답해설 |

① 석전(石戰): 한 부락 혹은 지방이 동편과 서편으로 나누어 하는 돌팔매질, 돌싸움
② 추천(鞦韆): 부녀자들이 그네를 타고 노는 놀이
④ 축국(蹴鞠): 가죽 주머니로 공을 만들어 발로 차는 공차기 놀이

07 ①

| 오답해설 |

㉡ 방응(放鷹)은 고대부터 시작되어 고려 시대에 크게 번창한 수렵 활동이다.

08 ①

| 정답해설 |

훈련원은 조선 시대의 무예 교육과 병사 훈련을 전담하는 국립 군사 교육 기관으로, 국왕의 친위 부대는 아니다. 국왕의 친위 부대는 내금위, 겸사복, 장용영 등이 해당된다.

09 ④

| 정답해설 |

이황(李滉)의 『활인심방(活人心方)』
- 명나라의 『활인심(活人心)』을 토대로 재구성한 대표적 의료 서적
- 심신의 조화로운 발달을 도모하기 위해 신체 건강법과 정신 건강법으로 구분
- 8단 도인법(導引法): 목 돌리기, 마찰, 다리의 굴신 등의 보건 체조
- 사계양생가(四季養生歌): 춘하추동으로 나누어 호흡하는 방법
- 활인심서(活人心序): 기를 조절하고, 식욕을 줄이며, 욕망을 절제하는 방법

10 ②

| 정답해설 |

식년무과(式年武科)는 조선 시대에 3년마다 정기적으로 시행된 무관 채용시험으로 초시(初試), 복시(覆試), 전시(殿試)의 단계로 실시하였다.
- 초시: 지역별 무예 실기 및 체력 시험
- 복시: 중앙에서 실시하는 실기 및 필기 시험
- 전시: 국왕 앞에서 치르는 의례적 최종 시험(실제 성적에는 영향 미미)

11 ②

| 정답해설 |

병식 체조는 개화기(근대 초) 교육기관에서 국가주의적, 군사주의적 신체 훈련 수단으로 도입된 체조이다. 학생들의 규율·질서·집단 훈련을 중시하며, 군사적 기능과 결합된 체조로 활용되었다.

| 오답해설 |

① 유희 체조: 아동의 흥미를 유발하는 놀이형 체조로, 교육용이지만 군사적 목적과는 거리가 있다.
③ 리듬 체조: 음악과 함께하는 현대적 체조로, 개화기와는 관련이 없다.
④ 기공 체조: 기(氣) 순환과 양생을 위한 전통 동양 체조법으로, 서양 군사 체조와는 무관하다.

12 ②

| 정답해설 |

황국 신민 체조, 군사훈련 중심의 교련식 체육, 검도·유도·궁도 등 무도의 강제 편입, 여학생에게까지 확대된 무도 교육은 모두 민족 말살기에 시행되었다. 이 시기 체육은 일본 제국주의의 군국주의적 사상을 주입하고, 조선인을 충성스러운 황국 신민으로 동화시키기 위한 수단으로 활용되었다.

| 심화해설 |

일제 강점기의 체육의 변화(정치·사회·통치 관점)
- 체조 교습기(1895~1910): 개화기. 일본의 체조가 처음 도입되었으며, 병식체조 위주의 교육이 실시된 초기 시기
- 무단 통치기(1910~1919): 헌병 경찰 중심의 폭력적 지배가 핵심으로, 체육보다는 통제와 감시에 초점
- 문화 통치기(1920~1931): 겉보기 유화 정책. 체육은 일부 허용되었으나 일본식 교육 강화 단계로, 아직 '황국 신민 체조'는 도입 전
- 민족 말살기(1930년대 후반~1945)는 일본 제국주의가 조선

을 정신·문화적으로 완전히 동화시키기 위해 황국 신민화 정책을 강력히 추진한 시기

13 ③

| 정답해설 |
- ㉠ 서상천은 1920~1930년대에 역도, 철봉, 봉술 등 근대 체력 운동을 국내에 보급한 선구자로, 역도를 적극적으로 소개하고 지도하였다.
- ㉡ 조선체력증진법연구회를 설립해 우리나라 실정에 맞는 체력 단련 방법을 연구하고 보급하였다.
- ㉢ 『현대체력증진법』, 『현대철봉운동법』 등 다양한 실용 체육서적을 저술하여, 당시 일반 대중과 학교 체육에 큰 영향을 미쳤다.

| 오답해설 |
- ㉣ 병식 체조를 개선하여 교육체조를 가르친 인물은 이기붕, 윤치호 혹은 일부 체육교사 중심 활동으로 기록되어 있다. 서상천의 주요 활동 범위는 민간 체육 및 근력 중심 체육 지도였다.

14 ②

| 정답해설 |
원산학사는 1883년 함경도 원산에 설립된 우리나라 최초의 근대식 사설학교로, 일본 세력 확장에 대응하고 국방력을 키우기 위해 설립되었다. 무예반 중심의 교육과정과 병서·사격 과목 편성 등으로, '무비자강(武備自强)'의 실천을 지향한 대표적 교육기관이다.

| 오답해설 |
① 무예학교: 조선 후기 무관 양성을 위한 기관이나, 〈보기〉의 근대적 국권 수호형 학교와는 다르다.
③ 배재학당: 1885년 미국 선교사 아펜젤러가 설립한 개신교 계열 서양식 학교로, 무예 중심 교육과 무관하다.
④ 경신학당: 개신교계 민간 학교로, 일반적인 인문 교육 중심이며 무비자강 실천과는 관련 없다.

15 ④

| 정답해설 |
제24회 서울 올림픽 경기 대회(1988년)에는 남북한 단일팀이 구성되지 않았다.

16 ①

| 정답해설 |
태릉선수촌의 건립은 제5공화국 이전, 제3공화국(박정희 정권 시기, 1966년)에 이루어졌다.

| 오답해설 |
② 국군체육부대(KAFA)는 1984년 창설되었으며, 군 복무 중인 우수 운동선수의 경기력 유지를 위한 제도적 장치였다.
③ 1986년 제10회 서울 아시아경기대회는 제5공화국의 대표적 국제 스포츠 유치 사례이며, 1988 서울올림픽 유치로 이어지는 기반이 되었다.
④ 프로야구(1982), 프로축구(1983), 프로씨름(1983) 등이 이 시기에 출범하며, 한국 프로스포츠의 시작점이 되었다.

17 ④

| 정답해설 |
제5회 생모리츠 동계 올림픽 대회는 1948년 스위스에서 개최되었으며, 광복 후 처음으로 대한민국 선수단이 공식적으로 국제 무대에 참가한 올림픽이다.

| 오답해설 |
① 제14회 런던 올림픽(1948)은 첫 하계 올림픽 출전이지만, 생모리츠 동계 올림픽 대회보다 나중에 개최되었다.
② 제6회 오슬로 동계 올림픽 대회는 1952년에 개최되었다.
③ 제15회 헬싱키 하계 올림픽 대회는 1952년에 개최되었다.

18 ③

| 정답해설 |
국가 주도의 강한 신체훈련을 강조한 것은 사실이나, 실존주의는 개인의 자율성과 선택을 중시하는 철학으로, 이에 상반되는 개념이다.

| 오답해설 |
① 엘리트주의 체육은 1960년대 이후 두드러지며, 특히 1980년대에는 국가대표 양성과 메달 획득이 체육 정책의 중심이 되었다.
② 「국민 체육 진흥법」(1962 제정)은 국위 선양, 즉 국가의 명예를 위한 체육을 강조하며, 국가주의적 체육 이념을 반영한다.
④ 건민주의(健民主義)는 국민의 체력 증진과 건전한 국민정신 함양을 강조하는 이념으로, 박정희에서 전두환 정권에 이르기까지 체육 정책의 주요 기조로 작용했다.

19 ③

| 오답해설 |

① 서울 올림픽 경기 대회 대비는 주로 엘리트 체육 중심의 훈련정책과 인프라 정비(태릉선수촌 확장 등)이다. 호돌이 계획은 생활 체육 활성화 목적이다.
② 「국민 체육 진흥법」은 1962년 제정되었으며, 호돌이 계획과는 별개이다.
④ 국가대표 연금 제도 및 병역 혜택은 엘리트 체육 정책에 해당하며, 호돌이 계획의 대상 범위가 아니다.

20 ④

| 정답해설 |

㉠ 해방 이후 미국식 체육 제도 및 신체육(New Physical Education)의 영향을 받아, 자율성과 개인의 흥미를 중시하는 체육관이 도입되었다.
㉡ 일제강점기 말 해산되었던 조선체육회는 광복 후인 1945년 9월 9일 재건되어 체육 자주화의 중심 역할을 수행했다.
㉢ 조선체육동지회(1945)는 체육인들의 자발적 결사체로, 민족 체육의 부흥과 자주 체육운동의 시발점이 되었다.
㉣ 학도호국단(1949)은 준군사조직으로, 학교 현장에서 반공교육과 국가 수호 의식 고취를 목적으로 운영되었다. 당시 체육 교사들은 학도호국단의 교관 역할을 맡아 군사훈련과 체력단련을 지도하였으며, 이는 체육의 군사화 경향을 보여주는 사례이다.

운동생리학(55) 기출문제 해설

01	02	03	04	05	06	07	08	09	10
①	①	②	②	③	④	④	④	④	①
11	12	13	14	15	16	17	18	19	20
②	②	①	③	③	①	③	③	④	②

01 ①

| 정답해설 |

400m 트랙을 약 60초 동안 전력 질주할 경우, 인체는 주로 무산소성 해당 과정(anaerobic glycolysis)을 통해 에너지를 공급받는다. 이 과정에서는 산소 없이 포도당(글루코스)을 젖산(lactate)으로 분해하며 빠르게 ATP를 생성한다. 무산소성 해당 과정에서는 1개의 포도당(글루코스)이 무산소성으로 분해되어 2개의 ATP를 생산한다.

02 ①

| 정답해설 |

ATP 합성에 직접 사용되는 기질에는 혈중 포도당, 근육 내 글리코겐, 근육 중성지방이 포함되며, 각각 해당과정 또는 베타산화를 통해 ATP를 생성한다. 반면, 혈중 알부민은 기질이 아닌 운반체로, 유리지방산(FFA)을 세포로 운반할 때 결합하는 혈장 단백질이다. 따라서 알부민 자체는 ATP 생성에 직접 사용되지 않는다.

03 ②

| 정답해설 |

장기간 무산소 트레이닝은 미오신 ATPase의 활성도가 높은 속근섬유의 비율증가와 동원되는 속근 운동 단위 수의 증가로 근육의 수축 속도를 증가시키고, ATP-PCr 시스템과 무산소성 해당 과정의 최대속도를 결정하는 효소인 PFK 효소의 활성도를 증가시킨다.

| 오답해설 |

㉠㉢ 산화 능력 증가와 미토콘드리아 밀도 증가는 유산소성 트레이닝에 따른 생리학적 적응에 해당된다.

04 ②

| 정답해설 |

해당 과정(glycolysis)은 무산소성 에너지 시스템으로, 탄수화물(특히 포도당)의 분해를 통해 ATP를 생성한다. 이 과정은 에너지 투자 단계(ATP 소비)와 에너지 생성 단계(ATP 및 NADH 생성)로 나뉘며, 최종 산물로 피루브산염(pyruvate) 또는 젖산염(lactate)을 생성한다.

| 오답해설 |

① 지방 분해(lipolysis): 지방이 분해되어 유리지방산과 글리세롤이 생성되는 과정으로, 무산소성이 아닌 유산소성 대사와 연계된다.
③ 동화 작용(anabolism): 작은 분자에서 큰 분자를 합성하며 에너지를 저장하는 대사과정으로, 에너지를 소모한다.
④ 산화적 인산화(oxidative phosphorylation): 미토콘드리아에서 일어나는 유산소성 에너지 시스템으로, 전자전달계와 ATP 생성 효소를 통해 다량의 ATP를 생성한다.

05 ③

| 정답해설 |

골지건기관은 근육과 건이 만나는 부위에 위치하며, 근육 수축 시 발생하는 장력의 변화를 감지하는 감각수용기이다. 장력이 과도하게 증가하면, 골지건기관은 주동근의 수축을 억제하고 길항근을 활성화하여 근육과 힘줄의 손상을 예방하는 보호 반사를 유도한다.

| 오답해설 |

골격근의 감각 수용기는 화학 수용기, 근방추, 골지건기관을 포함한다.
① 근방추: 근육 내부에 있으며, 근육이 늘어나는 것을 감지해 주동근을 수축시킨다.
② 파치니소체: 피부나 관절 등에 위치하며, 압력 변화나 진동을 감지한다. 근육 수축 조절이나 장력 감지와는 관련이 없다.
④ 마이스너소체: 피부의 얕은 층에 있어 가벼운 촉각 자극을 감지한다. 근육 기능과 무관하다.

06 ④

| 정답해설 |

㉠㉢ 장기간 유산소 운동은 심장의 용적 부하(volume overload)를 증가시켜 좌심실 내강의 크기(좌심실 용적)를 증가시키고, 이는 1회 박출량 증가로 이어진다.
㉡ 마이오글로빈은 골격근과 심장근에서 산소와 결합하는 단백질로, 미토콘드리아로 산소를 운반하는 역할을 한다. 유산소 운동은 골격근에서 마이오글로빈 합성 증가를 유도하여 산소 전달과 저장 능력을 향상시킨다.
㉣ 유산소 트레이닝은 산소와 영양소의 효율적인 전달과 노폐물 제거를 위해 골격근 내 모세혈관 수와 밀도를 증가시키며, ATP 생성 능력 향상에 기여한다.

07 ④

| 정답해설 |

근수축 기전 순서
1. 신경과 근세포가 만나는 지점인 '신경근 연접'에 이르는 신경 자극으로 시작 → 운동 신경으로부터의 활동 전압은 신경근 연접의 시냅스 공간에서 아세틸콜린 방출 → 근육 세포의 활동 전위 발생
2. 가로 세관을 타고 근섬유 내부로 전달
3. 근형질 세망에 저장되어 있던 칼슘 이온 방출
4. 칼슘 이온은 가는 세사의 트로포닌 분자와 결합
5. 가는 세사와 굵은 세사 머리 간 결합을 차단하고 있는 트로포마이오신의 위치를 변화시켜 가는 세사(액틴)의 활동 부위가 노출되어 굵은 세사의 십자형 가교와 결합
6. 가는 세사와 굵은 세사의 연결
7. ATP 분해에 의한 에너지를 이용하여 운동(마이오신 머리가 액틴 세사를 당김)

08 ④

| 정답해설 |

그림은 산소 분압과 헤모글로빈의 산소 포화도 간의 상관관계를 곡선으로 나타낸 것이다. 운동하는 근육에서는 이산화 탄소 분압이 높고 온도가 상승하며 혈중 젖산 농도의 증가로 인해 pH가 낮아진다. 이때 해리 곡선은 오른쪽으로 이동하고, 헤모글로빈에 결합된 산소가 조직으로 더 쉽게 방출되어 증가된 산소 요구에 부응하게 된다. 이처럼 혈액의 산도(pH)와 이산화 탄소의 농도에 의해 산화 헤모글로빈 곡선이 우측으로 이동하는 것을 보어 효과라고 한다.

| 오답해설 |

㉠ 체온이 상승하면 헤모글로빈의 산소 친화력은 오히려 감소한다. 즉, 산소를 더 쉽게 방출하게 되어 해리 곡선은 오른쪽으로 이동한다.
㉡ 동-정맥 산소 차이는 동맥혈과 정맥혈 사이의 산소 농도 차이를 말한다. 고강도 운동 시 조직의 산소 소비가 증가하면서 정맥혈의 산소 농도는 낮아지고, 결과적으로 동-정맥 산소 차이는 안정 시보다 증가한다.

09 ④

| 정답해설 |

건강 관련 체력 요소에는 근력, 근지구력, 심폐 지구력, 유연성, 신체 조성이 포함된다. 반면, 운동(기술) 관련 체력 요소에는 민첩성, 평형성, 협응성, 스피드, 순발력, 반응 시간이 해당한다.

10 ①

| 정답해설 |

㉠ 심장의 주기적인 수축과 이완은 우심방의 안쪽 상대정맥의 입구에 자율적인 흥분을 발생시키는 동방 결절에 의해 이루어지며 심장의 주기적인 수축을 조절하는 기능을 가지기 때문에 페이스 메이커(페이스 조절기)로 불린다.
㉡ 동방 결절은 나트륨 투과성이 좋은 특수화된 심장근 섬유 집단으로 이루어져 더 빠르게 탈분극이 일어나 전도체계 중 가장 빠른 내인성 박동률을 가진다.

| 오답해설 |

㉢ 동방 결절의 심방에서 전달된 탈분극은 대략 0.01초만큼 지연된다. 시간지연은 심실 탈분극과 수축 이전에 심방 혈액을 심실로 비우기 위해 심방이 수축하도록 하기 때문에 중요하다.
㉣ 동방 결절이 탈분극 역치에 도달했을 때 파장은 심방 전체로 퍼져 심방수축이 일어나게 된다.

11 ②

| 정답해설 |

㉠ A~B 구간은 두 판막이 모두 닫힌 채 압력만 상승하는 등용적 수축기에 해당한다. 이 구간에서는 심실의 수축이 시작되며 이첨판이 닫히고, 대동맥 판막은 아직 열리지 않아 심실 내 용적은 변하지 않지만 압력은 급격히 상승한다. 이는 심장이 혈액을 대동맥으로 내보내기 전의 준비 단계다.
㉣ D~A 구간은 좌심실 이완기 충만기로, 심방 수축 없이도 정맥계로부터 혈액이 심실로 유입되는 구간이다. 이때 좌심실 용적(EDV)이 점진적으로 증가하며, 결과적으로 1회 박출량 증가로 이어진다.

| 오답해설 |

㉡ C 지점은 수축기말 용적(ESV)에 해당한다. 운동 중에는 좌심실 수축력이 증가하여 대동맥으로 분출되는 혈액이 많아지고, 그 결과 ESV는 오히려 감소하는 것이 정상적인 생리 반응이다.
㉢ 박출률(Ejection Fraction)은 운동 시에 더 높아진다.

12 ②

| 정답해설 |

고지대 환경에 장기간 노출되면 낮은 산소 분압에 적응하기 위해 다양한 생리학적 변화가 일어난다. 먼저, 저산소 상태에 적응하기 위해 조혈 촉진 인자가 분비되며, 이에 따라 적혈구 수와 헤모글로빈 농도가 증가하여 산소 운반 능력이 향상된다(㉣). 또한, 근육 내의 모세혈관 밀도가 증가하여 조직 내 산소 공급이 보다 효율적으로 이루어지게 된다(㉡).

| 오답해설 |

심박출량(㉠)은 고지 환경에 처음 노출되었을 때 일시적으로 증가할 수 있으나, 장기간 적응이 이루어지면 안정되거나 감소하는 경향이 있어 지속적인 증가로 보기는 어렵다. 또한, 근육 단면적(㉢)은 고지에서 에너지 부족과 체중 감소 등으로 인해 오히려 감소하는 경우가 많아, 증가는 고지 적응의 일반적인 반응이 아니다.

13 ①

| 정답해설 |

㉠ 호흡, 순환 등 생명에 직접적으로 영향을 미칠 수 있는 자율 신경(교감 신경, 부교감 신경) 기능이 집약된 곳은 연수이다. 따라서 부교감 신경인 미주 신경이 위치하며, 운동 종료 후 심장 박동과 호흡 운동을 억제한다.
㉡ 체액량 조절 호르몬은 뇌하수체 후엽에서 분비되는 항이뇨 호르몬과 부신 피질에서 분비되는 알도스테론이 있다.
㉢ 중강도 이상 운동 중 교감 신경의 영향을 받아 분비되는 호르몬은 부신 수질에서 분비되는 에피네프린으로 심박수와 심장 근육의 수축력을 증가시킨다.

14 ③

| 정답해설 |

근수축의 단계적 과정

- 근수축 시 근섬유 분절에 연결되어있는 액틴세사는 서로를 향해 마이오신 세사 위를 미끄러져 지나간다. 이러한 결과로 Z판은 서로 가까워지고 근섬유 분절이 짧아진다.
- 액틴 세사가 마이오신 세사 위로 미끄러지면서 H대와 I대는 짧아진다. 마이오신 세사의 길이는 변동이 없기 때문에 A대도 길이의 변화가 없다.
- 완전한 수축이 일어났을 경우, 액틴 세사가 서로 겹치기 때문에 H대는 없어진다.

15 ③

| 정답해설 |

ⓒ 속근 섬유(Type II)는 ATPase 활성이 높아 수축 속도가 빠르며, 특히 Type IIx 섬유는 가장 빠른 수축 특성을 보인다.
ⓔ 근수축을 유도하는 칼슘이온(Ca^{2+})의 방출 속도는 속근에서 더 빠르다. 이는 근형질 세망(SR, sarcoplasmic reticulum)이 더 발달되어 있기 때문이다.

| 오답해설 |

㉠ 속근은 해당과정(무산소성 대사)에 의존하므로 피로에 대한 저항이 낮다. 반면, 지근 섬유(Type I)는 미토콘드리아와 모세혈관 밀도, 마이오글로빈 함량이 높아 피로 저항성이 높다.
ⓒ 산화 능력은 유산소성 에너지 대사 능력을 의미한다. 속근은 산화 효소 농도와 미토콘드리아 밀도가 낮기 때문에 산화 능력이 낮다.

16 ①

| 정답해설 |

정맥혈관은 외부의 기계적 압박(근육 수축 등)을 받아 혈액이 심장 쪽으로 흐르게 되며, 이때 혈액이 역류하지 않도록 정맥 내에 있는 다수의 판막이 작용한다.

17 ③

| 정답해설 |

글루카곤은 췌장 알파세포에서 분비되며 혈중 글루코스 농도를 높이는 호르몬으로 혈당치가 너무 낮아지는 것을 방지하기 위해 간에서 글리코겐 분해를 촉진하거나 글리코겐 합성 효소를 억제한다.

| 오답해설 |

① 인슐린: 췌장 베타세포에서 분비되며 혈당을 낮추는 역할을 한다.
② 코티졸: 부신피질에서 분비되며 각종 대사 조절과 항염증 작용을 한다.
④ 에피네프린: 부신수질에서 분비되는 호르몬으로 글리코겐 분해를 촉진하고 심박수와 심장근육의 수축력을 증가시킨다.

18 ③

| 정답해설 |

저강도 운동에서는 신경 섬유의 축삭 지름이나 척수 내 세포체의 크기가 Type II의 신경 섬유에 비해 작고, 신경 자극의 전달속도가 느린 Type I 근섬유가 먼저 동원된다.

19 ④

| 정답해설 |

㉠ 마이오글로빈(myoglobin)은 근육세포 내에 존재하는 단백질로 산소를 저장하고, 필요 시 미토콘드리아로 운반하는 역할을 한다. 이는 헤모글로빈이 적혈구 내에서 조직으로 산소를 운반하는 것과는 다르며, 근육세포 자체에 산소를 저장하는 데 특화된 단백질이다.
ⓒ 적혈구 용적률이 증가하면 혈액 내 적혈구 비율이 높아져 혈액의 점성이 증가하게 된다.

20 ②

| 정답해설 |

㉠ 운동 시 골격근의 산소 요구량에 충족시키기 위해 비활동조직(간, 신장, 췌장)으로 가는 혈류는 감소하고, 수축하는 골격근으로의 혈류는 증가한다.
ⓒ 고강도 운동 시 수축성 골격근의 대사율 증가로 인해 산소 분압 감소, 이산화 탄소 증가, 아데노신과 칼륨 농도 증가, pH 저하 등의 국소 생리적 변화가 발생한다. 이러한 변화는 해당 부위 세동맥(소동맥)을 팽창시켜 혈관 저항을 감소시키고, 결과적으로 혈류를 증가시킨다.

| 오답해설 |

ⓒ 최대 운동 시 심박출량은 증가하지만, 기관별 혈류 분배 비율은 안정 시와 크게 달라진다. 안정 시에는 총 심박출량의 15~20%가 골격근으로 향하지만, 최대 운동 시에는 약 80~90%가 활동근으로 집중된다. 이는 피부, 내부, 신장 등의 혈류 감소와 함께 이루어지는 재분배 현상이다.

운동역학(66) 기출문제 해설

01	02	03	04	05	06	07	08	09	10
④	①	②	④	①	②	②	①	③	③
11	12	13	14	15	16	17	18	19	20
②	③	②	④	③	④	④	③	①	②

01 ④

| 정답해설 |

인체 내 에너지 대사의 측정은 운동역학의 연구 목적이 아니라 운동생리학의 연구 목적 해당한다.

| 오답해설 |

① 운동 기술의 향상: 동작 분석을 통해 기술을 개선하는 것은 운동역학의 주요 목적이다.
② 운동 수행 시 힘의 측정: 운동역학은 움직임에 작용하는 힘을 측정하고 분석하는 학문이다.
③ 운동 수행 안전성의 향상: 부상 예방과 동작의 안전성 확보도 운동역학의 중요한 내용이다.

02 ①

| 정답해설 |

〈보기〉에서 설명하는 동작 분석 방법은 정성적 분석에 관한 내용이다. 정성적 분석은 비수치적 방법으로, 수치나 장비 없이 시각적 관찰을 통해 움직임을 분석한다. 정량적 자료는 정량적 분석의 특징이다.

| 오답해설 |

② 정성적 분석은 장비나 복잡한 계산 없이 지도자의 눈으로 분석하므로, 즉각적인 피드백이 가능하다. 이는 정성적 분석의 장점이다.
③ 정성적 분석은 주관적인 해석에 의존하기 때문에, 지도자의 관점이나 경험에 따라 결과가 달라질 수 있다.
④ 정성적 분석은 객관적 기준이 부족해, 객관성을 확보하기 어렵다는 단점이 있다.

03 ②

| 정답해설 |

곡선운동은 병진 운동(선운동)에 포함된다.

04 ④

| 정답해설 |

열린형 운동역학 사슬(OKC)은 손이나 발이 자유롭게 움직일 수 있는 상태에서 발생하는 운동을 의미하며, 재활 또는 특정 근육의 근비대에 효과되며 덤벨 숄더 프레스, 바벨 컬 동작이 대표적이다. 스쿼트, 팔굽혀펴기와 같은 동작은 닫힌형 사슬(CKC) 동작이다.

05 ①

| 정답해설 |

역학적 부하란 신체에 가해지는 물리적 힘이나 변형을 의미한다. 그중 전단응력은 조직의 비대칭적으로 평행한 방향으로 가해지는 힘이다.

06 ②

| 정답해설 |

내력은 물체가 외부로부터 힘을 받았을 때 스스로의 형상을 유지하기 위해 내부에서 버티는 힘이다. 높이뛰기의 도약 동작에서 선수가 스스로 발휘한 근력은 신체 내부에서 발생한 힘으로, 이는 내력(internal force)에 해당한다.
㉢ 인체의 움직임은 내력만으로 불가능하며 외력과의 상호작용으로 발생해야 가능하다.

| 오답해설 |

㉠ 중력은 대표적인 외력에 속한다.
㉡ 환경과의 상호작용으로 시스템에 작용하는 힘은 외력의 정의이다.

07 ②

| 정답해설 |

A 학생은 총 30m의 직선 구간에서 가속 및 감속 구간 각각 5m씩, 총 10m를 제외한 항속 구간 거리 20m를 일정한 속도로 걸었다. 속도는 거리(변위)를 시간으로 나눈 값이므로 1.25m(≒20m/16초)이다.

08 ①

| 정답해설 |

각가속도가 0이라는 것은 각속도의 변화가 없다는 뜻이지, 회전이 멈췄다는 뜻은 아니다. 즉, 회전이 일정한 속도로 계속되고

있을 수도 있고, 이미 정지해 있을 수도 있다.

| 심화해설 |

③ 각가속도 = $\frac{\text{마지막 각속도} - \text{처음 각속도}}{\text{소요 시간(t)}}$ 이므로,

$= \frac{90°/s - 30°/s}{6s} = \frac{60°/s}{6s} = 10°/s^2$ 이다.

09 ③

| 정답해설 |

㉠과 ㉡의 착지 전략을 제외한 모든 조건은 동일하므로, 운동량의 변화량(충격량)과 착지 직전 속도는 같다.

| 오답해설 |

② 충격력 = $\frac{\text{충격량}}{\text{시간}}$ 이다. 충격량은 동일하므로 작용시간이 짧은 ㉠(뻣뻣한 착지)의 충격력이 더 크다.

10 ③

| 정답해설 |

외력이 작용하지 않는 한, 한 시스템 내에서 어떠한 힘이 상호 작용하고 있더라도 총 운동량은 변하지 않는 충돌 시 선운동량 보존의 법칙을 적용한 문제이다. 다음은 충돌 시 선운동량 보존식이다.

$(m_A \times V_{A1}) + (m_B \times V_{B1}) = (m_A \times V_{A2}) + (m_B \times V_{B2})$

여기서 m_A = 클럽의 질량 = 0.6kg

V_{A1} = 클럽의 충돌 전 속도 = 50m/s

m_B = 골프공 질량 = 0.04kg

V_{B1} = 골프공 충돌 전 속도 = 0m/s(최고 골프공은 정지되어 있는 상태이기 때문에 속도는 0m/s)

V_{A2} = 클럽의 충돌 후 속도 = 45m/s

V_{B2} = 골프공 충돌 후 속도(구해야 하는 값)

이를 대입하면

$(0.6 \times 50) + (0.04 \times 0) = (0.6 \times 45) + (0.04 \times V_{B2})$

$30 = 27 + (0.04 \times V_{B2})$

$30 - 27 = (0.04 \times V_{B2})$

$3 = (0.04 \times V_{B2})$

$V_{B2} = \frac{3}{0.04} = 75m/s$

따라서 정답은 75m/s이다.

11 ②

| 정답해설 |

하강 국면은 중력의 영향을 직접적으로 받는 구간으로, 이때 신체는 점점 속도를 얻으며 회전하게 된다. 따라서 각속도는 시간에 따라 증가하며, 일정하게 유지되지 않는다.

| 오답해설 |

① 숙련자는 몸의 회전 속도를 기술적으로 조절하여 경기력 향상에 기여할 수 있다.

③ 백스윙 시작 시 각속도는 0이고, 스윙 과정에서 점점 증가하여 임팩트 지점에서 최대가 되며, 팔로스루 구간에서 다시 줄어든다.

④ '선속도 = 각속도 × 회전반경(반지름)'이므로, 각속도가 일정할 때 회전 반경이 클수록 선속도는 증가한다.

12 ③

| 정답해설 |

외적 토크보다 내적 토크가 크면 근육은 단축성 수축을 한다. 반대로 외적 토크가 크면 신장성 수축을 한다.

13 ②

| 오답해설 |

'관성모멘트 = 질량 × 회전반경²'이다. 따라서 양팔을 벌리고 회전하거나 질량을 양끝으로 넓히면 관성 모멘트는 증가하게 된다.

| 심화해설 |

각관성의 크기를 결정하는 주요 요인

- 물체의 질량: 물체의 질량이 클수록 회전에 대한 저항이 커진다.
- 질량 분포: 회전하는 축에 대한 그 물체의 질량 분포(위치) 상태를 의미한다.

14 ④

| 정답해설 |

수직 낙하 시 반발계수는 $e = \sqrt{\frac{\text{반발높이}}{\text{낙하높이}}}$ 이다.

따라서 $e = \sqrt{\frac{0.75}{1}} ≒ 0.866$ 이다.

| 오답해설 |

충돌 전후 높이가 다른 것으로 보아 농구공의 속도는 다르고 운동에너지가 보존되지 않았다는 것을 의미한다. 따라서 비탄성 충돌이다.

15 ③

| 정답해설 |

압력중심점(COP)은 지면에 접촉하는 부분 중 지면반력 전체가 작용된다고 가정되는 어느 한 점을 말하며, 항상 기저면 내에 위치한다. COP는 자세 안정성과 균형 조절 능력을 평가하는 대표 지표이다. 동적/정적 균형 검사에서 자주 사용된다. 보행 시 COP는 '뒤꿈치 → 발바닥 중앙 → 발가락' 순으로 이동한다.

| 심화해설 |

비슷한 개념인 무게중심(COM)은 기저면 밖에 위치할 수 있다.

16 ④

| 정답해설 |

에너지는 운동이 있을 때뿐 아니라, 정지 상태에서도 존재할 수 있다. 높은 곳에 위치한 정지된 물체는 위치에너지를 갖고 있으며, 이는 움직이지 않아도 에너지를 보유하고 있는 상태이다.

| 오답해설 |

① 에너지의 정의 그대로이며, 기본 개념에 해당한다.
② 운동하는 모든 물체는 외력이 작용하지 않는 한 형태만 바뀔 뿐, 에너지의 총합은 일정하다.
③ 운동 에너지는 $KE=\frac{1}{2}mv^2$(m: 질량, v: 속도)이므로 질량이 일정할 때 속도의 변화는 운동 에너지를 변화시킨다.

17 ④

| 정답해설 |

이동 거리는 실제 움직임의 경로를 의미하며, 변위는 이동 시점과 종점 사이의 직선거리를 의미한다. 따라서 이동 거리는 400m 운동장을 25바퀴 달린 거리인 10,000m(=400×25)이고, 변위는 처음과 시작의 위치가 동일하기 때문에 0m이다.

18 ③

| 정답해설 |

일(W)=힘(F)×거리(d)이므로 일은 4J(=2N×2m)이다.
일률(P)=$\frac{일의\ 양(W)}{소요\ 시간(t)}$이므로 일률은 2J/s(=$\frac{4J}{2초}$)이다.

19 ①

| 정답해설 |

기저면은 인체나 물체가 지면에 접촉하는 지점을 연결한 면적을 말하며, 크기뿐만 아니라 형태 또한 안정성에 영향을 준다. 예를 들어 같은 면적이라도 넓게 퍼진 형태일수록 안정성이 높아질 수 있다. 따라서 기저면의 '형태'는 안정성과 관련이 있다.

20 ②

| 정답해설 |

마찰력은 마찰계수와 수직 반력(반작용의 힘)의 곱으로 구한다.

스포츠윤리(77) 기출문제 해설

01	02	03	04	05	06	07	08	09	10
②	③	②	③	①	①	②	①②③④	①	③
11	12	13	14	15	16	17	18	19	20
①	④	②	③	④	④	②	④	③	②

01 ②
| 정답해설 |
윤리센터는 비리·폭력·인권 침해 신고 및 조사를 주 임무로 하며, 직업 안정성과 처우 개선은 소관이 아니다.

02 ③
| 정답해설 |
가치 판단은 좋고 나쁨, 옳고 그름, 아름다움과 추함 등 주관적 가치에 근거한 판단이고, 사실 판단은 관찰이나 과학적 혹은 역사적 탐구 등과 같이 객관적인 사실에 근거한 판단이다. 규정은 사실 판단에 해당한다.

03 ②
| 정답해설 |
〈보기〉는 스포츠는 공격적 본능을 유도하면서 동시에 통제하는 이중적 속성을 보여주고 있다. 이는 게발트(Gewalt) 개념의 핵심이며, 스포츠 폭력의 이중성을 설명하는 것이다.

04 ③
| 정답해설 |
타이틀 나인(Title IX)은 1972년 미국에서 제정된 법률로 미국 내 교육계에서 성차별을 금지하기 위한 것이다. 특히 학교 스포츠 프로그램에서 남녀 간의 동등한 기회 보장을 강조하며, 이를 위반할 경우 연방 재정 지원이 제한될 수 있다.

05 ①
| 정답해설 |
세계도핑방지기구(WADA)는 도핑 행위를 '금지 약물'과 '금지 방법'으로 분류한다. '금지 방법'은 다음의 세 가지로 나뉜다:
- 혈액 및 혈액 성분의 조작
- 화학적 및 물리적 조작
- 유전자 및 세포 도핑

기술 도핑은 공식 분류가 아니며, 규정 외 장비나 기술의 사용을 비판적으로 표현할 때 사용되는 용어이다.

06 ①
| 정답해설 |
레건은 반종 차별주의자로 '삶의 주체'로서 자신의 삶을 영위할 권리를 가진 동물의 도덕적 지위를 인정해야 한다고 주장하였다. 따라서 그는 인간의 목적을 위해 동물을 수단화하거나 이용하는 행위에 반대하며, 스포츠 등에서 동물을 이용하지 말아야 한다는 입장을 취한다.

07 ②
| 정답해설 |
〈보기〉의 내용은 코트나 서브권의 결정 방식, 즉 경기 시작 전 조건을 정하는 과정의 공정성에 관한 것이다. 이처럼 판단이나 결과보다 그 결정 과정이 공정했는가를 중시하는 정의관은 절차적 정의에 해당한다.

08 ①②③④
| 정답해설 |
① 축구에서 손을 사용하는 것은 명백한 구성 규칙 위반이며, 고의로 한 경우이므로 의도적 구성 규칙 위반에 해당한다.
② 레인 침범은 경기 질서와 공정성을 위한 규제 규칙 위반이며, 고의적 방해 목적이 있으므로 의도적 규제 규칙 위반에 해당한다.
③ 공을 닦는 행위는 일부 상황에서 금지된 구성 규칙 위반일 수 있으며, 무의식적으로 행한 경우에는 비의도적 구성 규칙 위반으로 분류된다.
④ 농구의 트래블링은 경기 행위에 대한 통제 규칙, 즉 규제 규칙에 해당하며, 의도하지 않은 경우에는 비의도적 규제 규칙 위반에 해당한다.

09 ①

| 정답해설 |

칸트는 오직 도덕 법칙에 대한 존경심에서 비롯된 행위, 즉 의무 그 자체를 동기로 한 행위만이 도덕적으로 가치 있다고 보았다. A는 도핑이 옳지 않다는 도덕적 판단과 자기 실력에 대한 존중이라는 내면의 도덕적 동기를 기반으로 행동하고 있으며, 이는 의무에서 나온 행위에 해당한다. 반면 B는 외부의 처벌 회피라는 결과적 이유 때문에 도핑을 하지 않으며, 이는 단지 의무에 일치하지만 도덕적 동기가 결여된 행위로서 도덕적 가치는 없다. 따라서 A는 진정한 도덕 행위, B는 조건적·합치적 행위에 해당한다.

| 심화해설 |

칸트는 행위의 도덕성을 판단할 때, 행위의 결과나 이익이 아니라 그 행위의 동기(의지)를 기준으로 삼았다.
- 의무에서 나온 행위: 오직 도덕 법칙을 따르려는 동기에서 비롯 → 도덕적으로 옳음
- 의무에 합치하는 행위: 결과적으로는 옳지만, 동기가 이기적이거나 조건적일 때 → 도덕적 가치 없음

10 ③

| 정답해설 |

스포츠 환경의 3가지 범주(P. Vuolle)
- 순수 환경: 공원, 보전 구역 등 개발되지 않은 자연에서의 활동이 가능한 곳
- 개발 환경: 골프, 사격, 트레일, 슬로프, 실외 수영장, 스포츠 필드 등 야외 활동이 가능한 곳
- 시설 환경: 실내 체육관, 경기장, 아이스링크 등 실내 활동이 가능한 곳

11 ①

| 정답해설 |

뒤르켐(E. Durkheim)은 도덕 교육의 핵심을 도덕 규범의 내면화와 도덕적 자율성의 형성에 두었다. 뒤르켐은 도덕 교육의 3요소로 규율 정신, 사회적 애착, 자율성을 제시했는데, 이 중 자율성은 외부 권위가 아닌, 내면화된 가치에 따라 스스로 판단하고 행동하는 능력을 뜻한다. 따라서 도덕 판단을 감독과 같은 외부 지도자의 지시에만 의존하도록 교육할 경우, 학습자는 도덕적 자율성을 기르기 어렵고, 이는 뒤르켐이 추구한 도덕 교육의 목적에 위배된다.

12 ④

| 정답해설 |

윤리경영은 단기적인 수익 추구보다는 인권 보호, 공정한 노동 환경, 사회적 책임을 우선시한다. 따라서 지도자의 노동 강도를 일방적으로 높여 수익을 올리려는 행위는 노동 인권을 침해하는 것으로, 윤리경영의 원칙에 위배되는 비윤리적 행위이다.

13 ②

| 정답해설 |

㉠ A심판: 규정 미숙지 → 전문성 부족
㉡ B심판: 오심을 알고도 침묵 → 부끄러움과 자책 → 수오지심(羞惡之心)

14 ③

| 정답해설 |

공리주의는 인간이 추구해야 할 최대 행복 또는 최대 유용성이라는 목적을 전제로 하며, 도덕적 판단은 행위 그 자체보다 그 결과가 가져오는 이익과 만족에 따라 결정된다고 본다. 즉, 행위의 옳고 그름은 결과 중심적으로 판단되며, 이는 유용성·효용성의 극대화라는 기준에 따른다. 반면, '인성의 바름'을 중시하는 입장은 결과가 아닌 성품과 동기를 강조하는 덕 윤리에 해당하므로, 공리주의 윤리 규범에 부합하지 않는다.

| 오답해설 |

① 결과의 유익이 판단 기준이 되므로, 이는 공리주의를 적용한 것이다.
② 다수의 이익과 공정한 결과를 위한 규칙은 공리주의적 설계로 볼 수 있다.
④ '최대 다수의 최대 행복'은 공리주의의 핵심 원칙이다.

15 ④

| 정답해설 |

장애 차별 개선을 위한 스포츠 실천의 핵심 조건은 물리적·제도적 접근성 확보(예 장비·시설·재정 지원)과 사회적 통합 기회 제공(예 다양한 사람과의 상호작용, 통합 수업 등)이다.
㉢ 장비와 기구에 대한 재정 지원 확보로 물리적 접근성을 보장하는 조건이다.
㉣ 사회성과 통합적 경험을 중시하는 참여 기회 제공으로 사회적 통합에 해당한다.

| 오답해설 |

㉠㉡ 장애인의 선택권과 통합적 환경을 제한하는 요소로서, 차별 개선의 취지에 부합하지 않는다.

16 ④
| 정답해설 |

〈보기〉는 폭력과 체벌이 일상화된 환경에서 사람들이 별다른 죄의식 없이 악행에 동조하거나 방조하는 상황을 묘사하고 있다. 이는 한나 아렌트가 주장한 '악의 평범성(Banality of Evil)' 개념에 부합한다. 아렌트는 악이 특별한 악의 의도를 가진 괴물이 아니라, 사유하지 않고 체제에 무비판적으로 복종하는 평범한 사람들에 의해 발생한다고 보았다. 따라서 악을 멈추는 방법은 스스로 생각하고 성찰하는 사유의 힘, 즉 이성과 책임의 자각에 있다는 점에서, 〈보기〉는 한나 아렌트의 악의 평범성 개념을 잘 보여준다.

17 ②
| 정답해설 |

의무론적 윤리는 인간이면 도덕적 원리를 마땅히 지켜야 한다고 보며, 행위의 결과와 상관없이 행위 자체의 옳고 그름과 행위자의 의도 및 동기로 판단한다. 따라서 반칙을 하지 않는 이유는 반칙을 하는 것이 옳지 않기 때문이다.

18 ④
| 정답해설 |

〈보기〉는 국제올림픽위원회(IOC)가 2016년부터 성전환 수술 없이도 일정 요건을 충족하면 트랜스젠더 여성 선수의 여성 종목 참가를 허용한 사실을 소개하고 있다. 이 입장은 트랜스젠더의 권리, 포용, 양성평등, 차별 철폐 등을 지지하는 관점에 기반한다. ①②③은 트랜스젠더 여성의 스포츠 참여를 지지하는 근거에 해당하며, ④는 트랜스젠더 여성의 참여가 경쟁의 공정성과 스포츠의 의미를 훼손한다는 반대 입장을 담고 있다.

19 ③
| 정답해설 |

탈리오 법칙(Lex Talionis)은 라틴어로 "동해보복법"을 뜻하며, 일명 "눈에는 눈, 이에는 이(Eye for an Eye, Tooth for a Tooth)"의 원칙에 따라, 상대에게 입은 해만큼 똑같이 되갚는 보복적 정의를 의미한다. 야구 경기에서 빈볼을 맞은 뒤, 동일하게 빈볼로 보복하는 행위는 이 원칙을 가장 정확하게 반영한 사례다.

20 ②
| 정답해설 |

1948년 런던 올림픽은 제2차 세계대전 이후 첫 대회로, 독일과 일본은 전범국가로서 국제사회에서 정치적 제재를 받아 참가가 불허되었다. 이는 정치·전쟁 책임에 따른 국제 제재이지, 인종 차별로 인한 배제는 아니다.

| 오답해설 |

① 미국의 흑인 선수 제시 오웬스(Jesse Owens)는 1936년 베를린 올림픽에서 육상 4관왕을 달성하였으나 당시 아돌프 히틀러는 아리안 우월주의를 주장하며 흑인 선수를 인정하기 꺼렸다. 공식 시상식에서는 모습을 드러내지 않았고, 오웬스와의 악수나 축하도 거부했다는 것이 널리 알려진 사실로 인종 차별 사례에 해당한다.
③ 미국의 흑인 육상 선수 토미 스미스와 존 카를로스는 시상식에서 검은 장갑을 낀 주먹을 들어 흑인 인권운동에 저항하였으며 이는 인종 차별에 항의한 대표적 사건으로 기록되었다. 이후 두 선수는 IOC로부터 징계와 비난을 받았으며, 스포츠와 인권의 충돌을 상징한다.
④ 주로 한국, 일본 등 아시아계 선수들이 우수한 성적을 내자, 영어가 능숙하지 않은 외국인 선수들에 대한 차별적 정책으로 비판받았다. 이는 문화적·인종적 차별로 간주되어 이후 철회되었다.

실전 모의고사

2급 전문/
2급 생활 스포츠지도사

2026년 2급 전문/2급 생활 스포츠지도사 모의고사 1회

모의고사로 승부가 갈린다. ▼

eduwill

2026년 모의고사 1회

정답 및 해설 600p

2급 전문/2급 생활 스포츠지도사 필기시험

과목코드		
선택 (5과목)	스포츠사회학(11)	스포츠교육학(22)
	스포츠심리학(33)	한국체육사(44)
	운동생리학(55)	운동역학(66)
	스포츠윤리(77)	

http://eduwill.kr/lQzp

STEP 1 QR코드 스캔 ▶ **STEP 2** 회원가입 & 로그인 ▶ **STEP 3** 모바일 OMR 정답 입력 ▶ **STEP 4** 채점 및 결과 확인

KSPO 국민체육진흥공단

스포츠사회학(11)

01

스포츠사회학의 주요 연구 영역에 관한 설명으로 적절하지 않은 것은?

① 사회 변화에 따라 발생하는 스포츠 집단 및 문화 등을 연구한다.
② 스포츠 사회 내 규범, 습관, 환경의 변화를 연구한다.
③ 스포츠 집단, 연맹, 단체 등 집단의 특성에 대해 연구한다.
④ 스포츠 상황에서 인간 행동과 관련된 심리적 요인을 연구한다.

02

스포츠의 교육적 순기능에 관한 설명으로 옳지 않은 것은?

① 스포츠 참여 및 관람을 통해 긴장과 갈등 해소의 기회를 마련하는 기능을 한다.
② 스포츠를 통해 재정적 이익을 추구하거나 선전 매체로 이용하여 자본주의를 증대시키는 기능을 한다.
③ 사회적 소외 계층의 스포츠 참여로 사회 선도 기능을 한다.
④ 사회 구성원의 출신 성분과 관계없이 공통적인 감정 형성, 통합, 일체감 형성의 기능을 한다.

03

〈보기〉의 사례에 해당하는 버렐(S. Birrell)과 로이(J. Loy)의 미디어 스포츠 수용자의 욕구 유형으로 가장 적절한 것은?

> 보기
> - MLB 팀의 정보를 얻으려고 인터넷 검색을 한다.
> - 스포츠뉴스를 시청하며 손흥민 선수가 속한 팀의 경기 결과와 리그 순위를 확인한다.

① 인지적 욕구
② 도피적 욕구
③ 소비적 욕구
④ 심동적 욕구

04

국제 스포츠 이벤트가 지역사회에 미치는 긍정적 영향 중 성격이 다른 하나는?

① 지역 이미지 구축 및 브랜드 가치 향상
② 스포츠 인프라 통해 산업 발전 계기 마련
③ 지역 경제의 활성화와 및 관광객 증가
④ 스포츠 참여 기회 확대 및 건강 증진 효과

05

〈보기〉의 미래 스포츠 특성에 관한 설명으로 적절한 것을 모두 고른 것은?

> 보기
> ㉠ 프로스포츠에서 스포츠과학의 중요성이 감소한다.
> ㉡ 노년층 스포츠 참가에 대한 중요성이 증가한다.
> ㉢ 정보 기술의 발달로 스포츠 참여 형태가 다양해진다.
> ㉣ 탄소배출을 최소화한 친환경 스포츠의 중요성이 증가한다.

① ㉠
② ㉠, ㉡
③ ㉠, ㉢, ㉣
④ ㉡, ㉢, ㉣

06

〈보기〉에서 ㉠에 해당하는 투민(M. Tumin)의 계층 특성과 ㉡에 해당하는 베블런(T. Veblen)의 이론은?

> **보기**
> ㉠ 영자는 취미로 승마를 시작하려 했지만, 승마 장비가 비싸서 포기했다. 결국 영자는 초기 비용이 적게 드는 달리기를 하기로 했다. 반면, 부유한 집안에서 자란 영숙이는 어렸을 때부터 부모님을 따라 자연스럽게 승마를 접할 수 있었고, 현재도 일주일에 한 번은 승마를 하고 있다.
> ㉡ 영철이는 골프에 흥미가 없지만 주변 지인들에게 자신의 경제력을 자랑하려고 골프 장비를 구매했다. 영철이는 지인들과 골프를 함께 즐기면서 자연스럽게 자신의 부를 드러낸다.

	㉠	㉡
①	영향성	유한계급론
②	영향성	자본론
③	역사성	유한계급론
④	역사성	자본론

07

〈보기〉 중 스포츠가 미디어에 미친 영향에 해당하는 것으로만 묶은 것은?

> **보기**
> ㉠ 스포츠 장비의 색이 다양하게 변경되었다.
> ㉡ 국제스포츠 이벤트는 미디어 보급 및 확산에 기여하였다.
> ㉢ VAR, 클로즈업, 느린 화면 등의 방송 기술이 발달하였다.
> ㉣ 스포츠 관람 인구가 증가하였고, 스포츠 활동이 확산되었다.

① ㉠, ㉡ ② ㉠, ㉣
③ ㉡, ㉢ ④ ㉡, ㉣

08

〈보기〉에서 설명하는 스포츠사회학 이론으로 적절한 것은?

> **보기**
> • 미시적 관점으로 사회 및 문화 현상을 접근한다.
> • 인간을 중심으로 한 문제해결을 주장하는 인간주의적 방법론들과 맥락을 같이하고 있다.
> • 거대 사회구조나 제도에 초점이 아닌 사람들과의 커뮤니케이션을 주로 다룬다.

① 비판 이론 ② 갈등 이론
③ 상징적 상호 작용론 ④ 구조 기능주의 이론

09

국제 스포츠 사례에 관한 설명으로 옳지 않은 것은?

① 1995년 남아프리카공화국 럭비 월드컵 경기 대회에서는 아파르트헤이트(apartheid)에 대한 국제사회의 반발로 다수 국가의 보이콧이 발생했다.
② 2008년 베이징 올림픽 경기 대회 개최를 앞두고 중국의 티베트 인권 탄압에 대한 국제사회의 비판이 제기되었다.
③ 1988년 서울 올림픽 경기 대회에는 모스크바 올림픽 경기 대회와 LA 올림픽 경기 대회의 보이콧 사례와 달리 미국과 소련 등 동서 진영 국가들이 참여하였다.
④ 1969년 온두라스와 엘살바도르의 월드컵 예선전은 양국의 정치적·사회적 갈등이 격화되는 계기가 되었으며, 이후 무력 충돌로 이어졌다.

10

〈보기〉의 ㉠에 해당하는 로버트슨(R. Robertson)이 제시한 스포츠 세계화의 결과와 ㉡에 해당하는 매기(J. Magee)와 서덴(J. Sugden)이 제시한 스포츠 노동 이주 유형으로 가장 적절한 것은?

> **보기**
>
> ㉠ A 스포츠 업체는 글로벌 브랜드 정체성을 유지하면서 뉴질랜드럭비 대표팀인 올 블랙스(All Blacks)의 경기 전 의식으로 잘 알려진 마오리족의 하카(haka) 댄스를 광고에 포함함으로써 지역 문화를 브랜드 메시지에 자연스럽게 녹여냈다.
>
> ㉡ 야구 선수 B는 현재 국내의 C팀에서 활동 중이다. 하지만 그의 관심은 누구도 도전하지 못한 해외 리그로 진출하는 것이다. 여러 시도 끝에 해외 D팀으로 이적하여 새로운 환경에서 선수 생활을 이어가고 있다.

	㉠	㉡
①	국제적 고립 (global isolation)	용병형 (mercenaries)
②	세방화 (glocalization)	용병형 (mercenaries)
③	세방화 (glocalization)	개척자형 (pioneers)
④	국제적 고립 (global isolation)	개척자형 (pioneers)

11

〈보기〉의 사례에 해당하는 머튼(R. Merton)의 일탈 행동 유형은?

> **보기**
>
> ㉠ 스포츠 경기 성적은 중시하지 않고, 참가에만 의의를 두는 경우
> ㉡ 선수가 경기력 향상을 목적으로 불법 약물을 복용한 경우
> ㉢ 승리지상주의에 염증을 느껴 선수 생활을 포기하는 경우

	㉠	㉡	㉢
①	동조주의	혁신주의	의례주의
②	도피주의	동조주의	의례주의
③	반역주의	도피주의	혁신주의
④	의례주의	혁신주의	도피주의

12

〈보기〉의 스포츠 계층 이동 유형과 사례에 관한 설명으로 옳은 것을 모두 고른 것은?

> **보기**
>
> ㉠ 프로 축구 선수가 되면서 일용직 노동자였던 부모님에 비해 많은 수입과 높은 명성을 얻게 된 것은 세대 내 이동의 사례이다.
> ㉡ 프로 스포츠 출범 후 운동선수의 지위가 전반적으로 높게 평가받게 된 것은 집단이동의 사례이다.
> ㉢ 프로 축구 선수가 경기력 저하로 2군으로 강등된 것은 수직이동의 사례이다.
> ㉣ 축구 선수가 다른 팀으로 이적 후에도 같은 포지션으로 활동한 것은 수평이동의 사례이다.

① ㉠, ㉡
② ㉢, ㉣
③ ㉠, ㉡, ㉣
④ ㉡, ㉢, ㉣

13

스포츠사회화 이론에 관한 설명으로 적절하지 않은 것은?

① 사회 학습 이론에서는 강화, 코칭, 관찰 학습을 통해 새로운 행동을 학습하여 사회화가 이루어진다고 설명한다.
② 사회 학습 이론에서는 다른 구성원의 행동을 관찰 학습하여 사회화가 이루어진다고 설명한다.
③ 역할 이론에서는 사회 구조 속에서 사회적 지위를 유지하기 위한 역할 기대 또는 행동 양식을 획득하는 과정에서 사회화가 이루어진다고 설명한다.
④ 역할 이론에서는 사회화 주관자 준거 집단은 규범 집단, 비교 집단, 청중 집단으로 구성된다고 설명한다.

14

〈보기〉는 스포츠사회학 수업에서 교수와 학생의 대화이다. ㉠, ㉡에 들어갈 내용으로 적절한 것은?

보기

- 학생 1: 사람들이 왜 최근 달리기에 열광하는지 다양한 사례를 심층적으로 알아보려면 어떤 연구 방법이 좋은가요?
- 교수: 참여 관찰, 심층 면담 등으로 자료를 수집하고 해석적인 절차에 따라 원인을 파악하는 (㉠) 방법이 적합해요.
- 학생 2: 그러면 스포츠 육성 모델에는 어떤 것이 있나요?
- 교수: 국가별로 다양한 스포츠육성정책을 시행하고 있는데, 그릭스에 따르면, 스포츠 선진국은 엘리트 스포츠의 성과가 일반 시민의 스포츠 참가를 촉진하는 (㉡)을 구축하고 있다고 해요.

	㉠	㉡
①	질적 연구	낙수효과 모델
②	양적 연구	낙수효과 모델
③	질적 연구	피라미드 모델
④	양적 연구	피라미드 모델

15

〈보기〉의 내용에 해당하는 거트만(A. Guttmann)이 제시한 근대 스포츠의 특징은?

보기

㉠ 현대스포츠 참여자는 신에 대한 숭배 및 종교적 역할을 떠나 기분 전환과 오락, 이익과 보상을 추구한다.
㉡ 현대 축구가 발전하면서 점차 수비수, 미드필더, 공격수 등의 포지션이 다양화되었다.
㉢ 규칙 제정, 기록 공인, 국제대회 운영 및 관리, 종목 진흥 등의 역할은 국제 스포츠 연맹이 담당한다.
㉣ 스포츠는 누구에게나 참여할 기회를 동등하게 부여받는다.

	㉠	㉡	㉢	㉣
①	세속화	평등성	전문화	관료화
②	합리화	전문화	관료화	평등성
③	평등성	관료화	세속화	전문화
④	세속화	전문화	관료화	평등성

16

〈보기〉의 사례에 해당하는 베커(H. Becker)의 스포츠 일탈 이론은?

보기

축구 동호회에서 신입 회원이 실력이 부족하다는 이유로 민폐 회원이라는 별명을 듣게 되었다. 어떤 회원은 게임에서 그를 배제하거나 눈치를 주었고, 몇몇은 노골적으로 비난했다. 시간이 지날수록 신입 회원은 자신이 정말 방해가 된다고 느끼며 위축되었고, 결국 동호회를 그만두고 운동도 포기하였다.

① 중화 이론(neutralization theory)
② 욕구 위계 이론(hierarchy of needs theory)
③ 낙인 이론(labeling theory)
④ 인지 발달 이론(cognitive development theory)

17

코클리(J. Coakley)가 제시한 상업주의 스포츠 출현의 사회적·경제적 조건에 해당하는 것을 모두 고른 것은?

보기

㉠ 자본주의 시장 경제 체제
㉡ 스태그플레이션(stagflation)
㉢ 소비가 장려되는 문화 형성
㉣ 인구 밀도가 높은 대도시 형성

① ㉠, ㉡
② ㉡, ㉢
③ ㉠, ㉢, ㉣
④ ㉡, ㉢, ㉣

18

〈보기〉의 사례에 해당하는 정치가 스포츠를 이용하는 방법으로 가장 적절한 것은?

> **보기**
>
> 스포츠는 정치인에게 권력을 강화하는 수단이 되기도 한다. 제5공화국 시절 군사 독재로 인한 민심의 반발을 억제하기 위해 시행된 3S 정책 중 하나인 프로스포츠를 장려했다.

① 조작
② 상징
③ 전문화
④ 동일화

19

〈보기〉의 사례에 해당하는 스포츠사회화 과정이 바르게 연결된 것은?

> **보기**
>
> ㉠ 민수는 '뭉쳐야 찬다'라는 TV 프로그램을 보고 축구에 매력을 느껴 축구클럽에 가입하게 되었다.
> ㉡ 민수는 달리기 활동을 하며 달리기, 기술, 매너 등을 잘 숙지한 달리기 동호인이 되었다.
> ㉢ 민수는 축구에 흥미를 잃어 축구클럽을 탈퇴하였고, 6개월이 지났을 무렵, 친구의 권유로 달리기 클럽에 가입하게 되었다.
> ㉣ 민수는 무릎과 허리 부상이 잦아지면서 결국 좋아하는 달리기를 그만두게 되었다.

	㉠	㉡	㉢	㉣
①	스포츠로의 재사회화	스포츠로의 사회화	스포츠를 통한 사회화	스포츠 탈사회화
②	스포츠로의 재사회화	스포츠를 통한 사회화	스포츠로의 사회화	스포츠 탈사회화
③	스포츠로의 사회화	스포츠를 통한 사회화	스포츠로의 재사회화	스포츠 탈사회화
④	스포츠로의 사회화	스포츠로의 재사회화	스포츠를 통한 사회화	스포츠 탈사회화

20

〈보기〉의 사례에 해당하는 사회화 주관자는?

> **보기**
>
> ㉠ 영희는 테니스 동호회 활동을 하는 부모님의 권유로 테니스를 시작하게 되었다.
> ㉡ 민수는 자신이 다니는 학교에서 진행하는 청소년 볼링 프로그램 회원 모집 공고를 보고, 직접 학교를 방문하여 등록하였다.

	㉠	㉡
①	가족	학교
②	학교	동료
③	동료	지역사회
④	가족	지역사회

스포츠교육학(22)

01

생활 스포츠 교육 프로그램의 내용 선정 원리에 관한 설명으로 적절하지 <u>않은</u> 것은?

① 다양한 연령별 흥미와 요구를 반영하기 위한 조사를 실시한다.
② 스포츠의 가치를 경험할 수 있도록 다양한 활동을 구성한다.
③ 생활 스포츠의 교육 목표에 적합한 내용을 선정한다.
④ 좋은 교육 내용을 위해 도전적이고 실천 가능성이 낮은 내용을 선정한다.

02

학교 스포츠 클럽 지도 시 효과적인 과제 제시 방법으로 적절하지 <u>않은</u> 것은?

① 빠른 이해를 위해 은유나 비유보다 개념 자체를 그대로 전달한다.
② 동작 설명과 시각적 정보를 함께 활용한다.
③ 실제 상황처럼 정확한 시범을 보인다.
④ 학생이 이해할 수 있는 적절한 속도로 분명하게 전달한다.

03

다음 설문지를 활용하는 데 가장 적절한 평가 단계는?

영역	질문 내용	응답('✓' 표기)
준비	준비된 개인 장비는?	□ 수경 □ 수모 □ 수영복
	수영 강습 시 희망하는 강습 형태는?	□ 개인강습 □ 그룹강습 □ 상관없음
	최근 3년 이내 수영 강습을 받은 경험은?	□ 있다 □ 없다
수준	자유형 발차기를 할 수 있는가?	□ 그렇다 □ 보통이다 □ 아니다
	자유형 팔 돌리기를 할 수 있는가?	□ 그렇다 □ 보통이다 □ 아니다
	자유형을 할 수 있는가?	□ 그렇다 □ 보통이다 □ 아니다

① 형성평가 ② 종합평가
③ 진단평가 ④ 총괄평가

04

〈보기〉에서 설명하는 생활 스포츠 교육 프로그램의 지도 원리로 가장 적절한 것은?

> **보기**
> - 프로그램의 다양화를 지향한다.
> - 직접 참여 활동과 간접 학습 활동을 균형 있게 제공한다.
> - 스포츠 활동을 총체적으로 체험시켜 스포츠 학습의 질을 높인다.

① 개별성 ② 자발성
③ 적합성 ④ 통합성

05

〈보기〉에서 설명하는 링크(J. Rink)의 내용 발달 과제는?

> **보기**
> - 쉬운 과제에서 어려운 과제 순으로 참여
> - 단순한 과제에서 복잡한 과제로 전개
> - 과제 내 발달과 과제 간 발달

① 시작형 과제 ② 세련형 과제
③ 확대형 과제 ④ 응용형 과제

06

〈보기〉에서 설명하는 협동 학습 모형의 전략은?

> **보기**
> - 1차 평가에서 각 팀의 모든 팀원은 학습한 지식이나 기능에 대해 평가를 받고, 팀 점수는 모든 팀원의 점수를 합쳐서 계산
> - 지도자는 학생들과 토론하고 팀의 상호 작용을 높일 수 있도록 조언
> - 팀은 동일 과제를 수행하고 2차 연습 시간을 가짐
> - 2차 평가를 하여 1차 평가보다 향상된 정도에 따라 팀 점수를 부여

① 직소(jigsaw)
② 팀-보조수업(Team-Assisted Instruction)
③ 팀 게임 토너먼트(Team Games Tournament)
④ 학생 팀-성취 배분(Student Teams-Achievement Division)

07

「생활 체육 진흥법」(2024.2.9. 시행)의 내용에 해당하지 <u>않는</u> 것은?

① 모든 국민은 건강한 신체 활동과 건전한 여가 선용을 위해 생활 체육을 즐길 권리를 가진다.
② 국가 및 지방자치단체는 생활 체육 강좌의 설치·운영에 드는 경비를 지원할 수 있다.
③ 문화 체육 관광부 장관은 생활 체육의 진흥을 위한 기본계획을 5년마다 수립·시행해야 한다.
④ 지방 자치 단체는 그 지역 주민의 생활 체육 활동을 위하여 체육동호인조직의 운영에 필요한 경비를 지원할 수 있다.

08

〈보기〉에서 설명하는 링크(J. Rink)의 교수 전략은?

> **보기**
> - 서로 다른 과제들을 동시에 익히도록 하는 데 효과적이다.
> - 학습자들이 이미 배운 적이 있는 기술을 실행할 때 효과적이다.
> - 공간과 장비의 제약을 보충해주는 이점이 있다.

① 동료 교수(peer teaching)
② 상호 작용 교수(interactive teaching)
③ 스테이션 교수(station teaching)
④ 자기 교수 전략(self-instruction strategies)

09

〈보기〉에서 모스턴(M. Mosston)의 교수 스타일에 관한 설명으로 옳은 것을 모두 고른 것은?

> **보기**
> ㉠ 교수 스타일은 비대비 접근 방식에 근거를 둔다.
> ㉡ 교수 스타일마다 의사 결정의 주도권은 교사에게 있다.
> ㉢ 교수 스타일의 A~E까지는 모방이 중심이 된다.
> ㉣ 교수 스타일은 과제 활동 전, 중, 후의 의사결정으로 구분된다.

① ㉠, ㉡
② ㉠, ㉣
③ ㉠, ㉢, ㉣
④ ㉡, ㉢, ㉣

10

그리핀(L. Griffin), 미첼(S. Mitchell), 오슬린(J. Oslin)의 게임 수행 평가도구(GPAI)를 활용하여 학생의 게임 수행 능력을 측정한 표이다. 게임 수행 점수가 높은 학생 순으로 바르게 나열한 것은?

측정 항목 이름	의사 결정 적절	의사 결정 부적절	기술 실행 효율적	기술 실행 비효율적	보조하기 적절	보조하기 부적절
세연	3회	1회	3회	1회	3회	1회
유나	2회	2회	5회	0회	2회	2회
다은	2회	2회	2회	0회	2회	0회

① 유나 → 세연 → 다은
② 다은 → 세연 → 유나
③ 유나 → 다은 → 세연
④ 다은 → 유나 → 세연

11

〈보기〉의 내용에 해당하는 모스턴(M. Mosston)의 교수 스타일은?

> **보기**
> - 교사는 각기 다른 기술 수준을 보유한 학습자들의 개인차를 수용하며, 과제의 난이도 선정, 교과 내용과 수업 운영 절차에 대한 모든 의사 결정을 함
> - 학습자는 자신의 성취 가능 수준을 확인하고 필요에 따라 과제 수준을 수정하며, 평가 기준에 맞춰 자신의 수행을 점검함

① 연습형 ② 상호 학습형
③ 자기 점검형 ④ 포괄형

12

〈보기〉의 소프(R. Thorpe), 벙커(D. Bunker), 알몬드(L. Almond)의 이해 중심게임 수업 모형의 단계 중 ㉠, ㉡에 들어갈 용어는?

> **보기**
> 1. 게임 소개 → 2. (㉠) → 3. 전술 이해 → 4. 적절한 의사 결정 무엇을? 어떻게? → 5. (㉡) → 6. 실제 게임 수행

	㉠	㉡
①	게임 이해	기술 연습
②	과제 제시	기술 연습
③	기술 연습	전술 이해
④	게임 이해	게임 설계

13

학교 스포츠 클럽 대회 운영 방식에 관한 설명으로 적절하지 않은 것은?

① 통합 리그 유형은 조별 리그 유형보다 경기 수가 많다.
② 스플릿(split) 리그는 통합 리그의 성적을 바탕으로 그룹을 나누어 리그전을 진행하는 방식이다.
③ 더블 엘리미네이션(double elimination) 토너먼트는 모든 팀의 순위 산정이 어렵다.
④ 싱글 엘리미네이션(single elimination) 또는 녹아웃(knockout) 토너먼트는 이기면 다음 라운드 진출, 지면 탈락하는 방식이다.

14

〈보기〉에서「국민 체육 진흥법」(2024.10.31. 시행) 제6조 '학교 체육의 진흥을 위한 조치'의 내용 중 학생 체력증진 및 체육 활동 육성을 위한 학교의 역할을 모두 고른 것은?

> **보기**
> ㉠ 운동회나 체육대회의 실시
> ㉡ 운동경기부와 선수의 육성·지원
> ㉢ 학생에 대한 한 종목 이상의 의무적 운동 참여 및 지도
> ㉣ 체육 동호인 조직의 결성 등 학생의 자발적 체육 활동의 육성·지원

① ㉠, ㉢
② ㉠, ㉡, ㉢
③ ㉠, ㉡, ㉣
④ ㉠, ㉡, ㉢, ㉣

15

지도자의 교수 행동을 사건 기록법으로 관찰·기록한 관찰 방법에 관한 설명으로 옳은 것을 모두 고른 것은?

보기

㉠ 교수–학습에 관한 양적 정보를 얻기 위해 주로 활용한다.
㉡ 지도자와 학생의 상호작용에 관한 기록을 간단히 측정할 수 있다
㉢ 일정한 시간 간격을 기준으로 학생의 행동을 관찰하고 측정한다.
㉣ 교수–학습 시간 활용에 관한 구체적 정보가 필요할 때 사용한다.

① ㉠, ㉡
② ㉠, ㉢
③ ㉡, ㉢
④ ㉢, ㉣

16

〈보기〉에서 심동적 영역이 학습 영역의 1순위인 학습자를 모두 고른 것은?

보기

㉠ 직접 교수 모형에서의 학습자
㉡ 개별화 지도 모형에서의 학습자
㉢ 전술 게임 모형에서의 학습자
㉣ 스포츠 교육 모형에서 코치의 역할을 부여받은 학습자
㉤ 동료 교수 모형에서 개인교사 역할을 부여받은 학습자

① ㉠, ㉡
② ㉡, ㉢, ㉣
③ ㉢, ㉣, ㉤
④ ㉡, ㉢, ㉣, ㉤

[17-18] 다음은 테니스 스포츠 클럽을 지도하는 박 코치의 지도 일지이다.

보기

오늘 수업 내용은 서브였다. ㉠ 출석 점검 후, ㉡ A팀은 서브 연습을 하였고, B팀은 서브 정확성이 낮은 학생이 많아 ㉢ 내가 서브 시범을 보여 주었다. C팀은 장난하는 학생이 많아 그때그때 ⓐ 눈을 마주치며 학생들을 제지했다. 테니스공이 부족해서 ㉣ D팀은 경기장 밖에서 대기하게 했다. 연습을 마친 후에는 ㉤ 학생들이 테니스공과 네트를 정리하도록 했다.

17

㉠~㉤ 중 수업 운영 시간에 해당하는 것을 모두 고른 것은?

① ㉠, ㉡, ㉢
② ㉡, ㉢, ㉣
③ ㉡, ㉣, ㉤
④ ㉠, ㉣, ㉤

18

〈보기〉의 ⓐ에 해당하는 온스타인(A. Ornstein)과 레빈(D. Levine)이 제시한 부정적 행동 관리 전략은?

① 삭제 훈련(omission training)
② 퇴장(time–out)
③ 접근 통제(proximity control)
④ 신호 간섭(signal interference)

19

〈보기〉는 마튼스(R. Martens)의 전문체육 프로그램 개발 단계이다. ㉠, ㉡에 들어갈 용어는?

보기
㉠ → 선수 이해 → 상황 분석 → ㉡ → 지도 방법 선택 → 연습 계획 수립

	㉠	㉡
①	선수 선발	우선순위 결정 및 목표 설정
②	선수 선발	전술 선택
③	선수에게 필요한 기술 파악	우선순위 결정 및 목표 설정
④	선수에게 필요한 기술 파악	전술 선택

20

〈보기〉는 사회인 축구팀을 지도하는 정 코치의 지도일지이다. ㉠에 해당하는 질문 유형과 ㉡에 해당하는 운동 기능 유형은?

보기
- 패스의 정확성이 떨어져 지난 시간에 배운 '인사이드 패스'를 알고 있는지 확인하기 위해 ㉠ "정확한 패스를 위해 공을 어디에 맞춰야 하지?"라고 질문했지만 선수가 제대로 대답하지 못해 다시 한번 알려줌
- ㉡ 상대방이 패스한 공을 바로 맞추는 연습을 반복하게 함

	㉠	㉡
①	회상형(회고적)	질문 개방 기능
②	회상형(회고적)	질문 폐쇄 기능
③	수렴형(집중적)	질문 개방 기능
④	수렴형(집중적)	질문 폐쇄 기능

스포츠심리학(33)

01

스포츠 심리학자의 역할로 적절하지 <u>않은</u> 것은?

① 선수의 체력 향상을 위한 식단을 설계한다.
② 스포츠심리학, 운동학습 이론을 가르친다.
③ 대학, 연구 기관에서 스포츠심리학 연구를 수행한다.
④ 운동선수와 팀 대상으로 심리기술 상담을 해준다.

02

심상에 관한 설명으로 옳지 <u>않은</u> 것은?

① 통증과 부상을 대처하는 데 도움이 된다.
② 자신감을 향상시키는 데 도움이 된다.
③ 동기를 유발하는 데 도움이 안 된다.
④ 주의 집중이 안될 때 재집중을 가능하게 한다.

03

내적 동기를 향상하는 전략으로 옳은 것은?

① 물질적 보상을 자주 준다.
② 훈계를 자주 한다.
③ 실현 불가능한 것을 제시한다.
④ 언어적, 비언어적 칭찬을 자주 한다.

04

목표 설정 원리로 적절하지 않은 것은?

① 모호한 목표가 구체적인 목표보다 더 효과적이다.
② 현실적이면서 도전적인 목표를 설정한다.
③ 긍정적인 목표를 설정한다.
④ 결과 목표보다 수행목표에 더 강조한다.

05

〈보기〉가 설명하는 가설은?

> **보기**
>
> 운동을 꾸준히 하면 뇌의 혈관이 원활해져 인지능력이 향상된다.

① 열 발생 가설　　② 모노아민 가설
③ 사회 심리적 가설　　④ 뇌 변화 가설

06

〈보기〉에 해당하는 학자는?

> **보기**
>
> 사이클 선수가 혼자 탈 때보다 둘이나 단체로 탈 때 속도가 빨라지는 현상을 연구 분석했으며, 경쟁자가 존재하면 수행이 촉진된다는 이 연구는 스포츠심리학 분야 최초 연구로 알려짐

① 콜먼 그리피스(Coleman Griffith)
② 노먼 트리플렛(Norman Triplett)
③ 레이너 마틴즈(Rainer Martens)
④ 카를 디엠(Carl Diem)

07

고원현상에 관한 설명으로 옳지 않은 것은?

① 운동기술을 학습할 때 초기에는 성과가 향상되다가 어느 시점에서 일시적으로 수행력이 정체되는 현상을 의미한다.
② 연습 기간에 쌓인 피로나 동기 저하로 인해 발생할 수 있다.
③ 운동기술을 습득하는 데에 있어서 하나의 동작 유형에서 다른 동작 유형으로 전환이 되는 시기가 아니다.
④ 양적변화 정체 속에서도 다양한 질적 변화가 계속하여 발생하는 시기이다.

08

루틴에 관한 설명으로 적절하지 않은 것은?

① 운동과 무관한 것을 차단하는 데 도움을 준다.
② 예상치 못한 상황에 대한 대처 능력이 향상된다.
③ 다음 수행을 준비할 때 도움이 되지 않는다.
④ 시합 있는 날 루틴을 변경하지 않는다.

09

〈보기〉가 설명하는 심리 기술 훈련은?

> **보기**
>
> - 명상과 유사한 형태의 자기최면이다.
> - 따뜻함, 무거움의 감각을 유도하는 6개의 단계로 진행된다.
> - 이 심리기술 훈련은 수개월이 필요하다.

① 체계적 둔감화(systematic desensitization)
② 자생훈련(autogenic training)
③ 인지 재구성(congnitive restructuring)
④ 점진적 이완(progressive relaxation)

10

스포츠 상황에서 반응시간 유형이 바르게 연결된 것은?

① 단순반응시간 - 100m 달리기에서 출발신호에 달려나가는 상황
② 단순반응시간 - 타자가 다양한 구질 중 직구에만 타격하는 상황
③ 선택반응시간 - 타자가 다양한 구질 중 직구에만 타격하는 상황
④ 변별반응시간 - 수비수들의 움직임에 따라 공격수가 각각 다르게 대응하는 상황

11

스포츠심리상담사의 상담 윤리에 관한 설명으로 옳은 것은?

① 알고 지내는 사람과 전문적인 상담을 진행한다.
② 미성년자 고객의 가족과는 개인적, 금전적 또는 다른 관계로 만나지 말아야 한다.
③ 상담에 참여한 사람으로부터 좋은 평가와 소감을 요구한다.
④ 상담과정에서 얻은 정보를 이용할 때 고객과 미리 상의하지 않는다.

12

추동이론에 관한 설명으로 옳은 것은?

① 각성과 수행의 관계를 직선으로 보며 각성 수준이 높아지면 수행도 이에 비례하여 증가한다.
② 각성이 지나치게 높거나 아주 낮으면 수행에 방해가 되고 적절한 각성 수준이 최고의 운동수행을 발휘한다.
③ 인지불안과 신체불안이 각성 수준에 따라 수행에 다르게 영향을 미친다고 주장하는 이론이다.
④ 선수가 불안을 어떻게 해석하느냐에 따라 운동 수행이 달라질 수 있다.

13

〈보기〉의 설명으로 해당하는 용어가 바르게 나열된 것은?

> **보기**
> ㉠ 집단의 인원수가 늘어날수록 구성원의 개개인의 공헌도가 낮아지는 현상을 말한다.
> ㉡ 집단에서 발생하는 동기손실을 말한다.

	㉠	㉡
①	사회적 태만	링겔만 효과
②	링겔만 효과	사회적 태만
③	위약 효과	링겔만 효과
④	링겔만 효과	위약 효과

14

질문지 측정법 도구가 아닌 것은?

① POMS(Profile of Mood States)
② Big Five Model(성격 5요인 검사)
③ MBTI(Myers Briggs Type Indicator)
④ 로르샤흐 검사

15

운동 행동 변화 단계에서 무관심의 단계의 운동 실천 전략으로 가장 적절한 것은?

① 마라톤 운동에 참여하도록 조언한다.
② 운동지도자 역할을 하도록 한다.
③ 운동의 이점에 대한 정보를 제공한다.
④ 운동 중독성에 대해서 설명을 해 준다.

16

본능이론(instinct theory)에 관한 설명으로 옳은 것은?

① 인간은 사회적 행위와 관찰학습으로 공격성을 학습하고 표출한다는 이론이다.
② 어떤 목표를 달성하려고 할 때 방해를 받으면 좌절 하게 되고, 좌절하면 공격한다.
③ 인간은 본능적으로 공격성이 있고, 거기에서 분출되는 에너지가 공격행동을 일으킨다.
④ 인간은 목표가 좌절되면 항상 공격으로 나타나지 않고, 공격이 적절하다는 환경적 단서가 있을 때 일어난다.

17

스포츠자신감 원천으로 바르게 나열한 것은?

① 성취 경험, 자기조절, 사회적 분위기
② 성취 경험, 간접경험, 언어적 설득, 신체와 정서 상태
③ 성취 경험, 간접 경험, 사회적 분위기
④ 성취 경험, 언어적 설득, 신체와 정서 상태

18

주의 집중을 높이는 방법으로 가장 적절한 것은?

① 골프 선수가 경기 중 루틴을 변경해서 퍼터를 시도한다.
② 배구 선수가 지난 경기의 실패를 걱정하면서 수행에 몰입한다.
③ 테니스 선수가 실제 경험과 유사한 상황을 만들어 놓고 모의훈련을 한다.
④ 골프 선수가 마지막 홀에 있는 헤저드에 대해 생각한다.

19

지도자의 처벌 행동 지침으로 옳은 것은?

① 규칙위반에 대한 처벌 규정을 만들 때 선수들의 의견을 반영하지 않고 지도자가 독단적으로 정한다.
② 개인적인 잘못을 집단 전체의 잘못으로 돌리지 않는다.
③ 동일한 규칙을 위반 시에는 주장과 상급 학년 선수부터 처벌한다.
④ 운동장 돌기, 엎드려뻗쳐 자세 등 신체활동을 처벌로 사용한다.

20

맥락간섭의 양에 따른 연습의 설명으로 바른 것은?

① 맥락간섭이 높을 때는 계열연습, 중간일 때는 무선연습, 낮을 때는 구획연습이 효과적이다.
② 맥락간섭이 높을 때는 계열연습, 중간일 때는 구획연습, 낮을 때는 무선연습이 효과적이다.
③ 맥락간섭이 높을 때는 무선연습, 중간일 때는 구획연습, 낮을 때는 계열연습이 효과적이다.
④ 맥락간섭이 높을 때는 무선연습, 중간일 때는 계열연습, 낮을 때는 구획연습이 효과적이다.

한국체육사(44)

01
고구려의 씨름 문화를 고고학적으로 보여주는 사료는?

① 『삼국유사』의 기록
② 무용총(舞踊塚)의 악기 연주 장면
③ 각저총(角抵塚)의 씨름 벽화
④ 김홍도의 「서당」 풍속화

02
〈보기〉는 체육사관에 대한 설명이다. 옳지 않은 것은?

보기
㉠ 체육사관은 체육의 역사에 대한 관점이나 해석의 틀이다.
㉡ 체육사관은 체육사에서 사실적 사건만을 기록한 것이다.
㉢ 순환사관이나 진보사관에 따라 체육사를 다르게 볼 수 있다.

① ㉠, ㉢, ㉣   ② ㉡
③ ㉠, ㉢   ④ ㉡, ㉢

03
다음 중 부족국가 시대에 시행되지 않았던 신체활동 행사는?

① 성년의식   ② 주술의식
③ 향사례   ④ 제천의식

04
신라 화랑도의 체육 활동 및 사상과 거리가 먼 것은?

① 세속오계를 바탕으로 한 윤리 실천
② 임전무퇴의 군사적 체육 정신
③ 인격 수양을 위한 무예 단련
④ 무과 합격을 위한 시험 준비 체계

05
다음 〈보기〉의 고구려 교육기관에 대한 설명으로 알맞은 것은?

보기
"고구려의 청소년 교육기관으로, 독서와 활쏘기를 병행하였다. 이곳에서는 문무를 함께 익히는 것이 특징이었다."

① 학당 – 검술   ② 경당 – 궁술
③ 서원 – 무예   ④ 서당 – 서예

06
다음 중 고려시대에 유행한 민속놀이로 '연'을 활용한 활동은?

① 석전(石戰)   ② 투호(投壺)
③ 풍연(風鳶)   ④ 추천(鞦韆)

07
다음 중 조선시대의 매사냥(방응)에 대한 설명으로 옳지 않은 것은?

① 매를 길들여 사냥에 활용하였다.
② 응방(鷹坊)에서 조직적으로 운영하였다.
③ 무술보다 여흥적 요소로만 기능하였다.
④ 일부 무예 수련의 성격도 내포하였다.

08
조선시대 훈련원(訓鍊院)에 대한 설명으로 가장 적절한 것은?

① 국왕의 호위와 궁중 예식만을 담당하였다.
② 무예 교범인 『동의보감』을 활용한 훈련을 했다.
③ 무과 시험 시행 및 군사 훈련의 중심 역할을 했다.
④ 지방 수령들이 군사 지휘를 겸임하도록 구성되었다.

09
『활인심방』에 대한 다음 설명으로 옳지 않은 것은?

① 도인법과 양생법이 함께 수록되어 있다.
② 몸과 마음을 단련하는 법을 소개한 실용서이다.
③ 현대의 물리치료 중심 보건지침서이다.
④ 조선시대에 간행된 건강관리서이다.

10
조선시대 식년무과에 대한 설명으로 옳은 것은?

① 오직 문신들만 응시할 수 있는 무예 평가 시험이다.
② 시험 종목에 강서(講書)와 유도, 검도 등이 포함되었다.
③ 초시, 복시, 전시로 구성된 3단계 시험 체계이다.
④ 왕명을 받은 군인들이 추천으로 선발되는 제도이다.

11
개화기 시기 학교 체육에 도입된 체조로, 군사훈련을 기반으로 규율과 신체 단련을 중시했던 체조 유형은?

① 기공체조   ② 병식체조
③ 창작체조   ④ 유희체조

12
여학생들에게 검도, 궁도 등의 무도 과목이 강제된 시기로, 체육이 군사교육의 도구로 활용되며 황국신민 체조가 보급된 시기는?

① 체조교습기   ② 무단통치기
③ 민족말살기   ④ 해방 직후기

13
다음 중 문곡 서상천이 이룬 업적으로 옳은 것은?

① 최초로 스포츠 심리학 이론을 국내에 도입하였다.
② 우리나라에 역도를 보급하고 체력증진법을 정립하였다.
③ 유도와 검도의 제도화를 주도하였다.
④ 고대무예 복원에 참여하여 『무예도보통지』를 재간행하였다.

14
다음 〈보기〉의 설명에 해당하는 개화기 교육기관은?

> 보기
> "개항 이후 일본 세력 확대에 대응하고자 설립된 이 기관은 무예반을 중심으로 병서와 사격 훈련을 실시하였다. 무비자강의 취지를 반영하였다."

① 육영공원   ② 원산학사
③ 보성학교   ④ 한성사범학교

15

1991년 남북 단일팀의 국제대회 참가와 관련된 설명으로 옳지 <u>않은</u> 것은?

① 단일팀은 'KOREA'라는 명칭을 사용하였다.
② 지바 세계탁구선수권에서 여자 단체전 우승을 차지하였다.
③ 단일팀 구성은 제13회 서울올림픽 직후 합의로 이루어졌다.
④ 세계청소년축구대회에서 8강에 진출하였다.

16

제5공화국 시기의 체육정책으로 옳지 <u>않은</u> 것은?

① 국군체육부대가 창설되어 군체육을 제도화하였다.
② 프로야구, 프로축구 등의 프로리그가 출범하였다.
③ 태릉선수촌이 건립되어 국가대표의 훈련이 체계화되었다.
④ 서울 아시아경기대회를 유치하며 국제스포츠 역량을 키웠다.

17

다음 중 광복 이후 대한민국이 '독립국가 자격'으로 처음 참가한 올림픽 대회는?

① 제14회 런던 올림픽
② 제5회 생모리츠 동계 올림픽
③ 제6회 오슬로 동계 올림픽
④ 제15회 헬싱키 올림픽

18

다음 중 광복 이후 제5공화국까지 체육사상적 특징으로 적절하지 <u>않은</u> 것은?

① 엘리트 육성을 위한 국가주도 정책이 강조되었다.
② '국민체육진흥법'의 국위선양 조항은 민족주의와 연계된다.
③ 건전한 국민 양성을 위한 건민주의 체육이 나타났다.
④ 개인의 자유와 내면을 강조한 실존주의 체육이 강화되었다.

19

국민생활체육 진흥을 위해 1980년대에 추진된 '호돌이 계획'에 해당하는 내용은?

① 국민체육진흥공단의 설립과 국민체육센터 건립
② 생활체육협의회 창설 및 직장체육 프로그램의 확산
③ 프로체육 인프라 확충과 경기단체 구조 개편
④ 국가대표 출신 체육지도자 채용 및 연금 제도 확립

20

다음 〈보기〉에서 1945년 광복 이후 1940년대 말까지의 체육사 흐름으로 옳은 것을 모두 고른 것은?

> **보기**
> ㉠ 조선체육회가 재건되었다.
> ㉡ 학도호국단이 조직되어 교련체육이 실시되었다.
> ㉢ 조선체육동지회가 민족체육을 표방하며 출범하였다.
> ㉣ 미국의 신체육 사조가 일부 학교 체육에 반영되기 시작하였다.

① ㉠, ㉢
② ㉠, ㉡, ㉣
③ ㉠, ㉢, ㉣
④ ㉠, ㉡, ㉢, ㉣

운동생리학(55)

01

400m 트랙을 약 60초로 전력 질주 시 가장 많이 기여하는 에너지 공급 시스템의 내용에 해당하지 않는 것은?

① 근세포의 미토콘드리아에서 이루어진다.
② 산소를 필요로 하지 않는 과정이다.
③ 탄수화물만을 이용하는 과정이다.
④ 젖산의 축적을 초래하는 과정이다.

02

고강도 운동(단시간) 시 필요한 ATP 합성에 사용되는 에너지 의존도 순서는?

① 유산소 과정 → 젖산 과정 → 인원질 과정
② 인원질 과정 → 젖산 과정 → 유산소 과정
③ 인원질 과정 → 유산소 과정 → 젖산 과정
④ 젖산 과정 → 인원질 과정 → 유산소 과정

03

〈보기〉에서 장기간의 무산소 트레이닝에 따른 생리학적 적응으로 옳은 것만을 모두 고른 것은?

보기
㉠ type II 섬유 비율 증가
㉡ 운동 단위 수의 증가
㉢ 결합 조직의 변화
㉣ 근원세사의 단백질 양이 증가

① ㉠, ㉡
② ㉡, ㉣
③ ㉠, ㉡, ㉣
④ ㉠, ㉡, ㉢, ㉣

04

〈보기〉에서 설명하는 에너지 대사 과정은?

보기
• 가장 빠르고 쉽게 ATP를 생산한다.
• PC에서의 인산그룹 기증과 에너지 방출로 ADP를 ATP로 전환시킨다.
• 반응은 크레아틴 키나아제에 의해 촉진된다.

① ATP-PC 시스템
② 해당 과정
③ 젖산 과정
④ 산화적 인산화 과정

05

〈보기〉에서 설명하는 감각수용기는?

보기
• 근육 신전을 감지한다.
• 감각신경은 척수에 신호를 보낸다.
• 감각신경은 알파 운동신경과 연접해 있다.
• 알파 운동신경의 자극은 근육을 수축시켜 근육 신전에 저항한다.

① 근방추
② 화학수용기
③ 골지건기관
④ 마이스너소체

06

〈보기〉에서 장기간 유산소 트레이닝에 의한 생리적 적응 현상으로 옳은 것만을 모두 고른 것은?

보기
㉠ 산화적 효소 활성화 증가
㉡ 마이오글로빈 함유량 증가
㉢ 젖산 생성의 감소와 제거 증가
㉣ 단백질 합성의 증가로 근원세사의 단백질 양이 증가

① ㉠, ㉡, ㉢
② ㉠, ㉢, ㉣
③ ㉡, ㉢, ㉣
④ ㉠, ㉡, ㉢, ㉣

07

〈보기〉의 골격근 수축 과정에 관한 설명 중 ㉠~㉢에 들어갈 용어로 옳은 것은?

> **보기**
> - 근형질 세망에 저장되어 있던 칼슘 이온 방출은 (㉠)의 (㉡) 분자와 결합
> - 세사 머리 간 결합을 차단하고 있는 (㉢)의 위치를 변화시켜 가는 세사와 굵은 세사를 연결

	㉠	㉡	㉢
①	결체 조직	트로포닌	트로포마이오신
②	굵은 세사	트로포마이오신	가는 세사
③	가는 세사	트로포닌	트로포마이오신
④	결체 조직	트로포마이오신	가는 세사

08

그림의 산소-헤모글로빈 해리 곡선을 참고하여 〈보기〉에서 옳은 것만을 모두 고른 것은?

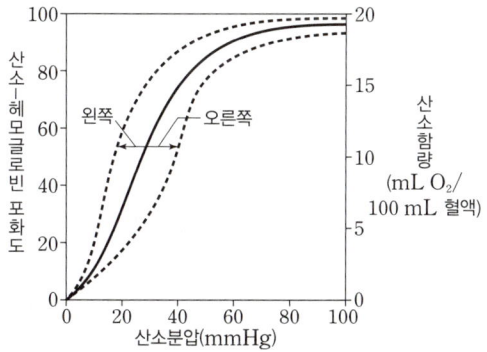

> **보기**
> ㉠ 왼쪽 이동은 산소 친화성이 감소하는 것이다.
> ㉡ 오른쪽 이동은 산소 친화성이 증가하는 것이다.
> ㉢ 오른쪽 이동은 운동 중 이산화 탄소 분압(PCO_2)의 증가가 원인이다.
> ㉣ 왼쪽 이동은 운동 중 혈중 pH의 증가가 원인이다.

① ㉠, ㉡
② ㉢, ㉣
③ ㉠, ㉡, ㉣
④ ㉠, ㉢, ㉣

09

〈보기〉에서 운동(기술) 관련 체력 요인으로 옳은 것만을 모두 고른 것은?

> **보기**
> ㉠ 근력
> ㉡ 민첩성
> ㉢ 근지구력
> ㉣ 순발력
> ㉤ 협응성

① ㉠, ㉡, ㉣
② ㉡, ㉣, ㉤
③ ㉡, ㉢, ㉣, ㉤
④ ㉠, ㉡, ㉢, ㉣

10

〈보기〉에서 동방결절(SA node)에 관한 특성으로 옳은 것만을 모두 고른 것은?

> **보기**
> ㉠ 심장의 좌심방 안쪽 상대정맥의 입구에 위치함
> ㉡ 전도체계 중 가장 빠른 외인성 박동률을 가짐
> ㉢ 탈분극파는 심실안으로 직접 전달되지 않으며 전도조직을 통해 퍼짐
> ㉣ 전도체계는 '동방결절 - 방실결절 - 방실다발 - 퍼킨제 섬유' 순으로 자극이 전달됨

① ㉠, ㉡
② ㉠, ㉡, ㉢
③ ㉢, ㉣
④ ㉡, ㉢, ㉣

11

안정 시와 운동 중 심장 주기에 따른 좌심실의 용적과 압력을 나타낸 곡선을 참고하여 〈보기〉에서 옳은 것만을 모두 고른 것은?

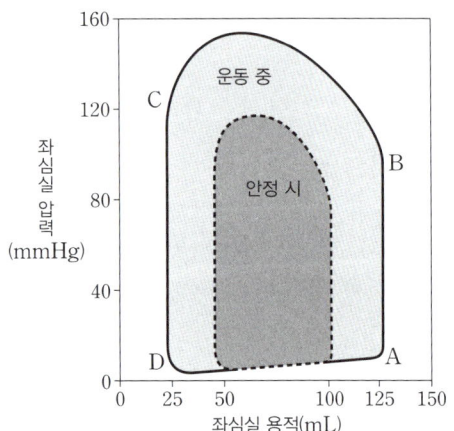

보기

㉠ D에서 A까지 구간에서 심방의 혈액은 심실로 들어오고, 심실 부피는 증가한다.
㉡ A지점에서 혈액의 최대부피에 도달되고 수축기말 용적라고 한다
㉢ A지점에서 이첨판이 닫히게 되고, 이첨판과 반월판이 모두 닫혀있기 때문에 심실의 압력은 빠르게 상승한다.
㉣ B지점에서 대동맥반월판이 열리고, C지점에서 혈액양은 최대가 된다.

① ㉠, ㉡
② ㉠, ㉢
③ ㉡, ㉢
④ ㉢, ㉣

12

〈보기〉에서 고지대 환경에서 장기간 노출 시 나타나는 생리학적 적응으로 옳은 것만을 모두 고른 것은?

보기

㉠ 미토콘드리아의 양 증가
㉡ 조혈 촉진 인자의 억제
㉢ 근육 내 마이오글로빈 양 감소
㉣ 헤모글로빈의 농도 증가

① ㉠, ㉢
② ㉠, ㉣
③ ㉠, ㉡, ㉣
④ ㉡, ㉢, ㉣

13

운동 자극에 관한 신체 내 기관(organs)과 기능에 대한 설명이다. ㉠~㉢에 해당하는 것으로 옳은 것은?

기능 \ 기관	갑상선	부갑상선	(㉢)
뼈의 (㉠)이 혈액으로 방출되는 것을 억제	O	X	X
뼈를 자극하여 칼슘을 혈장으로 방출함	X	O	X
(㉡) 재흡수 증가, 혈압 상승	X	X	O

	㉠	㉡	㉢
①	칼슘	수분	뇌하수체
②	칼슘	나트륨	부신
③	칼륨	수소이온	난소
④	칼륨	적혈구	췌장

14

단축성 수축 시 그림의 골격근 초미세구조를 참고하여 〈보기〉에서 옳은 것만을 모두 고른 것은?

보기

㉠ Z판의 길이는 짧아진다.
㉡ H대는 짧아진다.
㉢ 마이오신 세사의 길이는 변동이 없다.
㉣ I대는 변동이 없다.

① ㉠, ㉡
② ㉠, ㉣
③ ㉡, ㉢
④ ㉢, ㉣

15

〈보기〉에서 지근섬유(type I)에 관한 특성으로 옳은 것만을 모두 고른 것은?

> **보기**
> ㉠ 신경 섬유의 축삭 지름이 Type II에 비해 작다.
> ㉡ 에너지 소비율이 높다.
> ㉢ 산화 능력이 높다.
> ㉣ 근형질 세망이 발달했다.

① ㉠, ㉡
② ㉠, ㉢
③ ㉡, ㉣
④ ㉢, ㉣

16

순환계의 구조와 기능에 관한 설명으로 옳지 않은 것은?

① 폐순환은 우심실에서 이산화 탄소 함유량이 많은 혈액을 폐로 내보내는 것이다.
② 체내 pH 등을 일정 기준으로 유지하는 것을 유지 기능이라 한다.
③ 노폐물 등을 몸 밖으로 배출하는 것을 운반 기능이라 한다.
④ 체순환은 좌심실에서 산소로 포화된 혈액을 온몸으로 내보내는 것이다.

17

〈보기〉에서 설명하는 호르몬은?

> **보기**
> • 스트레스에 반응하여 포도당, 유리 지방산 등의 연료를 동원한다.
> • 손상된 조직을 보상하기 위해 아미노산을 만들며 항염증 작용을 한다.
> • 중성지방으로부터 유리지방산 분해를 촉진한다.

① 인슐린
② 코티졸
③ 티록신
④ 에피네프린

18

골격근의 운동단위(motor unit) 동원에 관한 설명으로 옳지 않은 것은?

① 섬세한 운동은 자극 비율이 높다.
② 신경 섬유의 축삭의 지름은 속근에 비해 지근이 더 작다.
③ 흥분 역치는 지근 섬유가 속근 섬유에 비해 낮다.
④ 지근은 신경자극의 전달속도가 속근 운동단위에 비해 느리다.

19

〈보기〉의 ㉠, ㉡에 들어갈 용어는?

> **보기**
> • (㉠)은 철분을 함유한 단백질로 산소와 결합된 것을 말한다.
> • 혈구 용적률은 (㉡) 증가나 감소에 의해 영향을 받는다.

	㉠	㉡
①	산화 헤모글로빈	적혈구
②	환원 헤모글로빈	백혈구
③	산화 헤모글로빈	혈장
④	환원 헤모글로빈	수분

20

〈보기〉에서 운동 중 혈류 재분배(blood re-distribution)에 관한 설명으로 옳은 것만을 모두 고른 것은?

> **보기**
> ㉠ 최대 운동 시에는 피부조직에서의 혈류량이 감소한다.
> ㉡ 운동 시 골격근의 높은 신진대사 비율은 이산화 탄소 분압을 감소시키는 국부적 변화를 일으킨다.
> ㉢ 혈관의 확장은 혈류저항을 감소시키고 이로 인해 혈류를 증가시킨다.

① ㉠, ㉡
② ㉠, ㉢
③ ㉡, ㉢
④ ㉠, ㉡, ㉢

운동역학(66)

01

운동역학의 내용과 목적이 아닌 것은?

① 스포츠 동작 신기술 개발을 통한 경기력 향상
② 경기력 향상을 위한 운동 장비 개발
③ 스포츠 상황에서 역학적으로 발생하는 상해 원인 분석
④ 스포츠 상황 시 발생하는 사회적 현상 분석

02

정량적 분석의 내용이 옳지 않은 것은?

① 다양한 장비를 활용하여 수치적 자료를 통해 동작, 힘을 분석하는 방법이다.
② 객관적이고 정확한 정보를 획득하며, 주관적인 판단을 배제한다.
③ 분석하는 사람의 성향에 따라 결과가 달라진다.
④ 자료 처리의 시간이 비교적 많이 소모되므로 현장 적용에 한계가 있다.

03

운동의 종류에 관한 설명으로 옳지 않은 것은?

① 곡선운동은 각의 움직임이 발생한다.
② 회전운동은 회전축을 포함되는 운동이다.
③ 병진운동은 직선운동을 포함한다.
④ 복합운동은 직선운동과 회전운동이 혼합된 운동이다.

04

운동역학 사슬(kinetic chain)에 관한 설명으로 옳지 않은 것은?

① 닫힌형 운동역학 사슬(CKC)에는 스쿼트, 팔굽혀펴기 같은 동작이 있다.
② 열린형 운동역학 사슬(OKC)은 손이나 발이 고정된 상태에서 몸통 쪽이 움직이는 운동을 말한다
③ 닫힌형 운동역학 사슬(CKC)은 기능적이며, 스포츠에 특화될 수 있다.
④ 열린형 운동역학 사슬(OKC)에는 덤벨 숄더 프레스, 바벨 컬과 같은 동작이 있다.

05

신체에 작용하는 역학적 부하(load)에 관한 정의로 옳지 않은 것은?

① 압축응력(compression): 반대쪽의 두 힘이 서로 향하는 방향으로 가해지는 힘
② 인장응력(tension): 두 힘이 서로 떨어지게끔 같은 방향으로 가해지는 힘
③ 휨(bending): 축에서 벗어나는 두 힘이 가해져 한쪽에서 인장응력, 다른 한쪽에서 압축응력이 발생하는 힘
④ 전단응력(shear): 조직의 장축을 따라 비대칭으로 가해지는 힘

06

〈보기〉에서 외력(external force)에 관한 설명으로 옳은 것만 모두 고른 것은?

보기
㉠ 배구 블록킹 도약 동작에서 선수가 발휘한 힘
㉡ 투사된 물체에 작용하는 중력 및 공기 저항
㉢ 환경과의 상호작용으로 시스템에 작용하는 힘
㉣ 물체가 외부로부터 힘을 받았을 때 스스로의 형상을 유지하기 위해 내부에서 버티는 힘

① ㉠, ㉡
② ㉡, ㉢
③ ㉠, ㉡, ㉣
④ ㉡, ㉢, ㉣

07

〈보기〉에서 제시한 A 학생의 항속 구간 평균 보행속도는? (단, 반올림하여 소수점 둘째 자리까지 표기)

보기
A 학생이 총 50m의 직선 구간을 걸었을 때, 가속과 감속 구간 각 10m씩 총 20m를 제외한 항속 구간에서의 스텝 수는 30회였고, 16초가 소요되었다.

① 0.80m/s
② 1.25m/s
③ 1.56m/s
④ 1.88m/s

08

각가속도에 관한 설명으로 옳지 않은 것은?

① 각속도가 양(+)의 방향으로 선형적인 증가를 할 때 각가속도는 일정한 양(+)의 값을 가진다.
② 처음 각속도가 80°/s에서 5초 후 120°/s로 변화했을 때 평균 각가속도는 8°/s²이다.
③ 각가속도는 각속력의 변화량을 시간의 변화량으로 나눈 값이다.
④ 회전하는 물체의 각가속도가 0이 되면 물체는 속도가 유지될 수도 있고, 정지 상태일 수도 있다.

09

〈그림〉은 A선수와 B선수가 제자리에서 수직 점프 후 착지할 때 착지 구간에서 시간에 따른 수직 힘의 변화를 나타내는 그래프이다. 이에 관한 설명으로 옳은 것은? (단, 두 그래프의 면적은 동일)

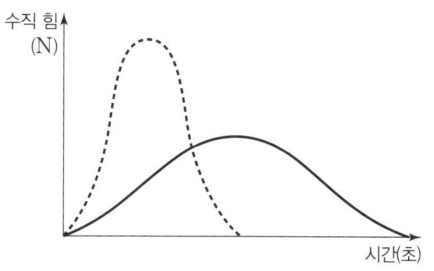

① A 선수와 B 선수의 수직 충격량은 동일하다.
② A 선수와 B 선수에서 수직 운동량의 변화량은 다르다.
③ A 선수와 B 선수의 수직 충격력이 다르기 때문에 수직 충격량이 다르다.
④ A 선수와 B 선수의 수직 힘의 작용 시간이 다르기 때문에 수직 충격량이 다르다.

10

〈보기〉에서 임팩트 직후 골프공의 선속도는? (선운동량 보존의 법칙 적용)

보기
- 골프 클럽의 질량: 500g, 골프공의 질량: 40g
- 스윙 시 클럽의 임팩트 직전 선속도: 60m/s
- 임팩트 직후 선속도: 50m/s(외부에서 따로 작용하는 힘은 없으며, 운동량의 손실 없이 정확하게 전달됨을 가정함)

① 50m/s
② 100m/s
③ 150m/s
④ 200m/s

11

스포츠에 적용된 각속도(angular velocity)에 관한 사례로 옳은 것은?

① 야구에서 배트의 각속도가 일정하다면 회전반경이 클수록 임팩트된 공의 선속도는 증가한다.
② 철봉의 대차돌기(휘돌기) 하강 국면에서 발의 무게중심점은 일정한 각속도를 유지한다.
③ 골프 클럽헤드의 각속도는 0에서 시작하여 최댓값으로 유지한다.
④ 골프 스윙 동작 시 임팩트 전까지 손목 언코킹(un-cocking)을 통해 회전반경을 증가시키고, 임팩트 시 코킹(cocking)을 통해 각속도를 증가시킨다.

12

인체의 움직임에서 토크(torque)에 관한 개념이 적용된 사례로 옳은 것은?

① 외적 토크보다 내적 토크가 크면 근육은 단축성 수축을 한다.
② 덤벨 컬 시 덤벨의 무게는 팔꿈치를 굴곡하는 토크를 가진다.
③ 사지의 근육은 각 관절을 신전시키는 토크를 생성한다.
④ 동일한 힘을 낼 때 팔꿈치 각도 90°보다 굽히거나 폄에 따라 모멘트팔이 길어져 내적 토크도 증가한다.

13

다이빙 선수의 공중 동작에서 발생할 수 있는 회전 운동에 관한 설명으로 옳은 것은?

① 질량 분포가 회전축에서 멀수록 관성 모멘트는 작아진다.
② 관성 모멘트는 각운동량에 비례하고 각속도에 반비례한다.
③ 회전 반경의 길이는 관성 모멘트의 크기에 영향을 주지 않는다.
④ 공중 자세에서 관성 모멘트가 달라져도 각속도는 변하지 않는다.

14

그림에 관한 설명으로 옳지 <u>않은</u> 것은? (단, 공의 높이는 무게중심을 기준으로 함)

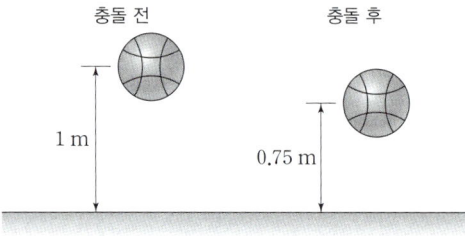

① 비탄성충돌이다.
② 충돌 전후 농구공의 속도는 다르다.
③ 운동에너지가 보존되었다는 것을 의미한다.
④ 반발계수(복원계수, coefficient of restitution)는 0.866이다.

15

압력중심점(center of pressure, COP)에 관한 설명으로 옳지 <u>않은</u> 것은?

① 압력중심점은 균형능력을 평가하기 위한 자료로 활용된다.
② 보행 시 한발 지지기(stance phase)에서 압력중심점은 변하지 않는다.
③ 압력중심점(COP)은 항상 지면 접촉부 안에 있으면 기저면 내에 위치한다.
④ 압력중심점이란 지면에 접촉하는 부분 중 지면반력 전체가 작용된다고 가정되는 어느 한 점을 말한다.

16

일과 에너지에 관한 설명으로 옳지 않은 것은?

① 에너지의 단위는 Joule이다.
② 일을 수행할 수 있는 능력이다.
③ 위치 에너지는 운동에너지로 변환될 수 있다.
④ 위치 에너지는 물체의 질량과는 관계가 있으나 높이와는 관계가 없다.

17

〈보기〉에서 설명한 A 선수의 이동 거리와 변위가 옳은 것은?

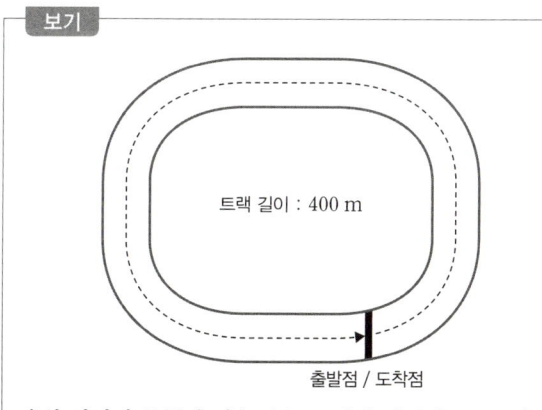

육상 장거리 종목의 선수 A는 트랙의 길이가 400m인 경기장을 총 10바퀴를 달렸고, 18분 30초의 기록으로 결승점을 통과했다.

	이동거리(m)	변위(m)
①	0	400
②	0	4,000
③	4,000	4,000
④	4,000	0

18

어떤 물체에 200N의 힘을 가해 물체를 10초 동안 5m 이동시켰을 때 일률(power)은? (단, 힘의 작용 방향과 이동 방향은 일치함)

	일	일률
①	100J	100J/S
②	1,000J	100J/S
③	100J	1,000J/S
④	1,000J	1,000J/S

19

인체의 안정성에 관한 설명으로 옳지 않은 것은?

① 기저면의 크기는 안정성에 영향을 미친다.
② 기저면의 형태는 안정성에 영향을 미친다.
③ 무게 중심의 높이는 안정성에 영향을 미치지 않는다.
④ 무게 중심을 통과하는 수직선(중심선)이 기저면의 중앙에 가까울수록 안정성은 높아진다.

20

마찰력에 관한 설명으로 옳지 않은 것은?

① 마찰력은 추진력으로 작용될 수 없다.
② 최대 정지 마찰력은 운동 마찰력보다 크다.
③ 마찰 계수는 접촉면의 형태에 영향을 받는다.
④ 마찰력은 마찰 계수와 접촉면에 수직으로 작용한 힘의 곱으로 구한다.

스포츠윤리(77)

01

다음 중 스포츠윤리센터의 주요 업무에 해당한다고 보기 어려운 것은?

① 학생선수의 성폭력 피해에 대한 조사와 지원
② 운동부 감독의 전횡과 갑질에 대한 신고 접수 및 조사
③ 체육특기자의 학사관리 및 진로 설계 지원
④ 스포츠 인권침해 방지를 위한 예방 교육 및 홍보

02

다음 중 가치 판단이 아닌 것은?

① 금전으로 심판 판정을 조작하는 것은 비윤리적이다.
② 스포츠는 인간의 인내와 성장을 이끄는 고귀한 수단이다.
③ 올림픽에서 금메달은 가장 높은 가치로 여겨진다.
④ 대한체육회는 1920년에 창립되었다.

03

〈보기〉와 같은 스포츠 상황이 설명하는 개념은?

> **보기**
> 럭비 경기에서 격렬한 충돌이 일어난 직후, 심판은 곧바로 퇴장 명령을 내렸다. 경기의 특성상 강한 신체 접촉은 허용되지만, 그 경계가 무너지면 폭력으로 간주된다.

① 게발트(Gewalt) - 스포츠 폭력의 이중성
② 게발트(Gewalt) - 스포츠 폭력의 정당성
③ 희생양(Scapegoat) - 감정 해소의 도구
④ 스포츠만화 - 격투의 극적 연출 방식

04

'Title IX' 조항이 적용된 변화 사례로 옳은 것은?

① 성차별이 의심되는 학교 스포츠팀에 대해 연방 지원 중단
② 도핑 방지를 위한 선수의 혈액 샘플 의무화
③ 장애인 스포츠 경기장의 의무적 엘리베이터 설치
④ 올림픽에서 트랜스젠더 선수의 출전 자격 허용

05

다음 중 세계도핑방지기구(WADA)의 '금지 방법'에 해당하지 않는 것은?

① 혈액 도핑
② 유전자 도핑
③ 정신력 훈련
④ 화학적 조작

06

동물의 권리에 대한 윤리적 태도로 가장 적절한 것은?

① 전통문화 계승 차원에서 투우 경기를 장려한다.
② 훈련이 용이한 동물은 스포츠에서 적극 활용해야 한다.
③ 동물도 감정과 생명을 지닌 존재로서 스포츠 이용을 최소화해야 한다.
④ 경제적 수익이 보장된다면 동물 스포츠도 합법화할 수 있다.

07

〈보기〉와 같은 상황에서 적용되는 정의의 개념은?

> 보기
> 철인 3종 경기에서 출발 시간마다 바람의 세기가 다르다는 불만이 제기되자, 주최 측은 무작위 추첨으로 그룹을 배정하고, 규칙에 따라 동일 기준으로 진행하였다.

① 절차적 정의
② 평균적 정의
③ 보상적 정의
④ 분배적 정의

08

다음 중 롤랜드(S. Loland)가 분류한 규칙 위반 유형과 사례의 연결로 적절하지 않은 것은?

① 의도적 구성 규칙 위반 - 골키퍼가 상대 슛을 손으로 쳐냈다.
② 의도적 규제 규칙 위반 - 사이클 경기에서 상대를 밀어 넘어뜨렸다.
③ 비의도적 구성 규칙 위반 - 테니스 경기 중 무심코 네트에 몸이 닿았다.
④ 비의도적 규제 규칙 위반 - 탁구 경기 중 상대를 향해 라켓을 던졌다.

09

〈보기〉의 A, B 발언에 각각 부합하는 칸트의 행위 유형은?

> 보기
> A: 저는 룰을 지키는 게 옳기 때문에 도핑을 하지 않습니다.
> B: 저는 도핑 검사를 통과 못 할까 봐 겁나서 안 합니다.

	A	B
①	의무에서 나온 행위	의무에 합치하는 행위
②	의무에 합치하는 행위	의무에서 나온 행위
③	의무에 위배되는 행위	의무에서 나온 행위
④	의무에 합치하는 행위	결과지향적 행위

10

부올레(P. Vuolle)의 스포츠 환경 분류 중 잘못 연결된 사례는?

① 가상(virtual) 환경 - 메타버스 체육 수업
② 개발(developed) 환경 - 인공 암벽등반
③ 시설(built) 환경 - 공원 트레일러닝
④ 순수(genuine) 환경 - 자연호수 오픈워터 수영

11

뒤르켐(E. Durkheim)의 도덕교육론에 기초한 스포츠윤리 교육 방법으로 적절하지 <u>않은</u> 것은?

① 공동체 규칙과 역할 수행을 통해 자율성을 키운다.
② 스포츠 참여를 통해 습관과 행동의 변화를 유도한다.
③ 감독의 권위를 강조하며 일방적인 통제를 강화한다.
④ 체험 중심의 활동을 통해 도덕적 감정을 자연스럽게 기른다.

12

스포츠조직의 윤리경영 실천 사례로 가장 옳지 <u>않은</u> 것은?

① 관람객 안전을 고려해 관람석 구조를 개선하였다.
② 훈련시설 운영 시 지역 환경 오염 방지에 신경 썼다.
③ 구단 수익 강화를 위해 선수들에게 초과 근무를 강요했다.
④ 광고나 홍보 시 소비자의 신뢰를 해치지 않도록 정보 제공을 명확히 했다.

13

〈보기〉의 상황에서 ㉠과 ㉡에 해당하는 심판의 특성과 맹자의 사단은?

> **보기**
>
> 농구 경기 도중 ㉠ A 심판은 피로로 인해 집중력을 잃고 중요한 규칙을 놓쳤다. 이후 ㉡ B 심판은 그 실수를 알고 있었지만, 문제를 바로잡지 않고 침묵한 것에 대해 스스로 부끄러움을 느꼈다.

	㉠	㉡
①	전문성	수오지심(羞惡之心)
②	공정성	사양지심(辭讓之心)
③	자율성	측은지심(惻隱之心)
④	청렴성	시비지심(是非之心)

14

다음 중 공리주의적 관점에서 스포츠 행위의 정당성 판단과 거리가 <u>먼</u> 것은?

① 스포츠 규칙은 최대 다수의 행복을 고려하여 설계되어야 한다.
② 심판의 판정은 결과가 아니라 선수의 마음을 중심으로 판단해야 한다.
③ 선수의 행동이 경기 전체의 유익에 기여하면 정당화될 수 있다.
④ 스포츠 정책은 공동체의 복지에 기여하는 방향으로 설정되어야 한다.

15

다음 〈보기〉에서 장애 차별을 개선하기 위한 실천 조건만을 모두 고른 것은?

> **보기**
>
> ㉠ 지도자의 편의에 따라 활동을 제한할 수 있다.
> ㉡ 통합 스포츠 활동에서 다양한 상호작용 기회를 제공해야 한다.
> ㉢ 활동을 위한 장비와 보조기구에 대한 지원이 확보되어야 한다.
> ㉣ 장애인은 비장애인과의 활동에서 일정 부분 제외될 수 있다.

① ㉠, ㉡
② ㉡, ㉢
③ ㉡, ㉣
④ ㉢, ㉣

16

〈보기〉의 상황에서 설명하고자 하는 철학자와 개념의 연결로 가장 적절한 것은?

> **보기**
> 훈련소에서 반복되는 폭언과 체벌은 더이상 이상하지 않게 여겨진다. 모두가 그렇게 해왔고, 누구도 문제를 제기하지 않기 때문이다. 이런 폭력은 괴물이 아닌 일상 속의 평범함 속에서 작동한다.

① 칸트 – 정언명령
② 아렌트 – 악의 평범성
③ 홉스 – 자연 상태
④ 벤담 – 최대 다수의 행복

17

의무주의 윤리 이론에 따라 다음 문장에서 괄호 안에 들어갈 말로 가장 적절한 것은?

> **보기**
> 나는 반칙을 하지 않으려 노력한다. 왜냐하면 (   ) 때문이다.

① 벌점을 받는 것이 두렵기
② 팀의 명예를 지켜야 하기
③ 규칙을 지키는 것이 옳기
④ 관중이 나를 지켜보고 있기

18

〈보기〉의 트랜스젠더 선수 출전에 대한 설명 중, 지지하는 입장의 근거로 보기 어려운 것은?

> **보기**
> 국제대회는 트랜스젠더 여성도 일정 요건 하에 참가를 허용하고 있다.

① 성 정체성과 스포츠 참여 권리는 인권 차원에서 존중되어야 한다.
② 트랜스젠더 여성은 과학적으로 여성보다 유리한 조건을 지닌다.
③ 젠더 이분법을 넘어서 다양한 정체성을 수용할 필요가 있다.
④ 차별과 배제보다는 포용의 원칙이 필요하다.

19

함무라비 법전의 탈리오 법칙(Lex Talionis)이 적용된 사례는?

① 럭비 경기에서 고의로 반칙한 선수에게 팀 벌칙을 부과하였다.
② 유소년 축구에서 서로 차례대로 공을 갖고 놀게 했다.
③ 레슬링에서 반칙을 한 선수에게 같은 방식으로 반칙을 가했다.
④ 태권도 경기 중 규칙을 어긴 선수에게 동일한 점수 차감이 주어졌다.

20

다음 중 인종차별과 직접적 관련이 없는 사례는?

① 1968년 멕시코 올림픽에서 흑인 선수들이 인종차별 항의 퍼포먼스를 펼쳤다.
② 1936년 베를린 올림픽에서 제시 오웬스가 인종차별을 견디고 4관왕을 차지했다.
③ 2008년 LPGA 투어에서 외국 국적 선수들에게 영어 사용을 강제했다.
④ 2012년 런던 올림픽에서 선수촌의 식단 불균형이 논란이 되었다.

2026년 2급 전문/2급 생활 스포츠지도사 모의고사

정답 및 해설

스포츠사회학(11) 모의고사 해설

01	02	03	04	05	06	07	08	09	10
④	②	①	④	④	①	③	③	①	③
11	12	13	14	15	16	17	18	19	20
④	④	④	①	④	③	③	①	③	①

01 ④

| 정답해설 |

심리적 요인을 연구하는 것은 스포츠심리학의 주요 연구 영역에 해당한다.

| 심화해설 |

스포츠사회학의 주요 과제 및 연구 영역
- 스포츠와 가족, 교육, 정치, 경제, 종교 등 타 사회생활 영역의 관계성
- 다양한 형태의 스포츠 장면에서 나타나는 사회 조직, 집단행동 및 사회적 상호 작용의 유형
- 스포츠와 스포츠 경험에 영향을 미치는 문화적, 구조적, 상황적 요인
- 스포츠와 관련하여 발생하는 사회화, 경쟁, 협동, 갈등, 사회계층, 사회 변동 등의 사회 과정

02 ②

| 정답해설 |

스포츠의 교육적 순기능은 사회 구성원에게 정서적 발달, 사회화 촉진, 통합, 여권 신장, 사회적 약자의 적응력 배양 등 긍정적 가치를 제공한다. 그러나 재정적 이익 추구나 선전 매체로의 이용은 자본주의적 이해관계의 강화와 상업화, 소외 및 갈등을 초래할 수 있으므로 교육적 역기능에 해당한다.

03 ①

| 정답해설 |

스포츠에 대한 정보 획득, 경기 결과 및 순위 확인은 버렐과 로이가 제시한 인지적 욕구에 해당한다.

| 심화해설 |

버렐(Birrell)과 로이(Loy)의 스포츠 미디어로 충족할 수 있는 욕구 유형
- 인지적 욕구: 스포츠에 대한 지식, 경기 결과 및 통계적 지식 제공
- 정의적 욕구: 스포츠에 대한 즐거움, 흥미, 관심 등을 불러일으킴
- 통합적 욕구: 스포츠에 대한 사회 구성원들의 관심을 하나로 묶어서 사회를 통합함
- 도피적 욕구: 스포츠를 통해 불안, 좌절, 스트레스 등의 감정을 해소하는 데 도움

04 ④

| 정답해설 |

국제 스포츠 이벤트의 긍정적 기능은 지역 경제 활성화, 스포츠 인프라 발전, 지역 이미지 향상, 스포츠 참여 기회 확대 등을 포함한다. 스포츠 참여 기회 확대와 건강 증진 효과는 사회적 측면의 기능에 해당하므로 성격이 다르다.

05 ④

| 정답해설 |

ⓒ 인구 고령화에 따라 스포츠 참가에 대한 중요성이 증가하고 있다.
ⓒ 과학 및 정보 기술의 발달로 직·간접적 스포츠 참여 형태가 다양해지고 있다.
ⓔ 자연 및 환경에 대한 문제로 친환경 스포츠의 중요성이 증가하고 있다.

| 오답해설 |

㉠ 과학 기술의 발달로 프로스포츠에서 스포츠과학의 중요성이 증가하게 되었다.

06 ①

| 정답해설 |

㉠ 권력, 재산, 평가 및 심리적 만족의 불평등에 의한 결과는 생활 기회와 생활 양식에 변화를 가져오며, 스포츠 역할과 선호도 또한 사회 계층에 영향을 받을 수 있다는 영향성에 대

한 설명이다.
ⓒ 자신의 지위를 자랑하기 위한 과시적 소비, 최신 유행을 무작정 따라가는 모방적 소비, 순간적인 욕구에 휘말리는 충동적인 소비 등은 유한계급의 과시적 소비와 여가에 대한 설명이다.

| 오답해설 |
- 역사성: 특정 시대의 사회·문화적 배경에 따라 상이하게 나타나며, 특히 사회 계층적 지위와 관련하여 스포츠 참여 및 관람의 특권이 다양하게 변화한다.
- 자본론: 자본주의 사회에서 나타나는 가격, 이윤, 생산자, 소비자 등의 경제 현상들이 사실은 자본주의 사회 구조 속에서만 그렇게 나타나는 것이라고 주장한 이론이다.

07 ③

| 정답해설 |
ⓒ 국제 스포츠 이벤트는 미디어에 다양한 콘텐츠를 제공하고 있다.
ⓒ 경기장에서 직접 관람하는 것과 같은 영상 제공을 위해 미디어 기술 및 장비가 발전하고 있다.

| 오답해설 |
ⓐⓓ 미디어가 스포츠에 미친 영향이다.

08 ③

| 정답해설 |
상징적 상호작용론은 사회·문화 현상을 미시적 관점에서 바라보며, 개인의 능동적 사고와 행위의 선택, 타자와의 의사소통 과정을 중심으로 설명한다. 인간의 실체를 타자와의 상호작용 속에서 이해하려는 입장으로, 〈보기〉의 내용과 부합한다.

| 오답해설 |
① 비판 이론: 사회의 본질을 경쟁과 갈등의 관계로 이해하는 이론
② 갈등 이론: 기존 사회를 평가·비판하여 사회의 본질을 보다 명확하게 규명하는 것을 목표로 하는 이론
④ 구조 기능주의 이론: 사회를 하나의 유기체로 보며, 사회의 항상성(균형) 유지와 존속을 위한 사회적 구성 요소의 역할을 분석하는 이론

09 ①

| 정답해설 |
1995년 남아프리카공화국 럭비 월드컵 경기 대회는 인종 간 화합을 도모하는 계기를 마련하였다. 하지만 아파르트헤이트(apartheid) 인종 차별 때문에 1964년 도쿄 올림픽 경기 대회부터 1988년 서울 올림픽 경기 대회까지 모든 올림픽 경기 대회에 참가하지 못했다.

| 오답해설 |
② 축구 경기 이후 양국 간의 갈등은 군사적 충돌로 이어졌으며, 축구라는 스포츠가 단순한 경기를 넘어 두 나라의 긴장된 정치적, 사회적 갈등의 방아쇠가 된 사건이었다.
③ 중국의 티베트 인권 탄압 문제를 이유로 미국을 비롯한 서방 동맹국들이 외교적 보이콧을 선언하였다.
④ 1980년 모스크바 올림픽 경기 대회에서는 소련의 아프가니스탄 침공에 대한 항의로 미국이 불참하였으며, 1984년 LA 올림픽 경기 대회에서는 소련과 공조한 사회주의 14개국들이 불참하였다.

10 ③

| 정답해설 |
ⓐ 세방화: 세계화를 추구하면서도 현지의 문화와 특성을 반영하는 것으로, 세계화(globalization)와 현지화(localization)를 합성한 용어이다.
ⓑ 개척자형: 새로운 영역, 운명, 진로 등을 처음으로 열어나가는 유형이다.

11 ④

| 정답해설 |
ⓐ 의례주의: 수단은 수용하지만 목표의 수용은 부정하는 행위로, 승패에 집착하지 않고 참가에 의의를 두며 경기 결과보다 과정을 중시
ⓑ 혁신주의: 문화적 행동 목표는 수용하나 이를 성취하기 위한 수단은 거부하는 행위로, 수단과 방법을 가리지 않고 성공하려는 행위
ⓒ 도피주의: 문화적으로 승인된 목표와 사회적으로 용인되는 수단을 모두 거부하는 행위

12 ④

| 정답해설 |

ⓒ 프로 스포츠의 출범을 계기로 운동선수라는 한 집단 전체의 사회적 지위가 이전보다 높아진 사례로, 집단이동에 해당한다.
ⓒ 프로 축구 선수가 경기력 저하로 2군으로 내려가면서 개인의 계층적 지위가 하락한 경우로, 수직이동에 해당한다.
② 축구 선수가 다른 팀으로 이적했지만 같은 포지션에서 활동하며 계층적 지위 변화 없이 이동한 사례로, 수평이동에 해당한다.

| 오답해설 |

㉠ 프로 축구 선수가 되면서 부모님(일용직 노동자)보다 더 많은 수입과 명성을 얻게 된 사례로, 부모 세대와 비교된 것이므로 세대 간 이동에 해당한다.

13 ④

| 정답해설 |

준거 집단 이론에 대한 설명이다. 준거 집단 이론은 개인이 특정 집단이나 타인의 행동, 태도, 감정을 자신의 판단 기준으로 삼는 과정을 설명한다.

| 오답해설 |

- 사회 학습 이론: 사회적 행동을 습득하고 수행하는 과정을 밝히는 이론으로 인간의 심리적 특성과 사회적 행동이 사회적 과정을 통해 학습되어 사회화가 이루어진다고 설명하는 이론이다.
- 역할 이론: 사회 구조 속에서 사회적 지위를 유지하기 위한 역할 기대 또는 행동 양식을 획득하는 과정에 관한 이론으로, 사회화 과정을 통해 집단의 구성원으로 적응해 나가는 역할을 설명하는 이론이다.

14 ①

| 정답해설 |

㉠ 질적 연구: 참여 관찰, 심층 면담 등을 통해 현상을 탐구하고 해석하는 방법이다.
ⓒ 낙수효과 모델: 엘리트 스포츠의 발전으로 우수한 선수가 배출되면, 이를 바탕으로 생활 스포츠 참여도 확대된다는 모형으로 엘리트 스포츠의 중요성을 강조할 때 근거로 활용한다.

| 오답해설 |

- 양적 연구: 수량적으로 측정할 수 있는 특성을 포함하는 연구 문제나 가설에 대해 답하거나 검증하는 탐구방법이다.
- 피라미드 모델: 스포츠 참여의 기반이 확대되면, 이를 바탕으로 우수한 선수가 배출된다는 모형으로 생활 스포츠의 중요성을 강조할 때 근거로 활용한다.

15 ④

| 정답해설 |

㉠ 세속화: 제례의식에서 출발한 스포츠의 목적이 근대로 오며 즐거움, 건강, 물질적 보상과 같은 세속적인 목적으로 바뀌었다는 측면을 설명하고 있다.
ⓒ 전문화: 경기장 내·외부에서 역할의 전문화가 이루어졌다는 점을 설명하고 있다.
ⓒ 관료화: 근대 스포츠의 구성적 요인으로 스포츠의 전문화와 합리화가 이루어지려면 동일한 틀을 마련해 줄 관료조직이 필요하다는 측면을 설명하고 있다.
② 평등성: 기회의 평등과 공정한 경쟁이 이루어지는 환경을 조성하였다는 측면을 설명하고 있다.

16 ③

| 정답해설 |

낙인 이론은 행위 그 자체가 본질적으로 일탈이 아니라, 타인에 의해 일탈로 규정되고 낙인찍히면서 일탈로 간주된다는 관점이다. 〈보기〉의 사례처럼 실력이 부족하다는 이유로 타인의 비난과 배제 속에서 자신이 민폐라고 인식하게 되고 결국 운동까지 포기하는 과정은 낙인 이론의 대표적 설명이다.

| 오답해설 |

① 중화 이론: 자기의 행위가 나쁘다는 것을 알면서도 죄의식 없이 비행을 저지르는 것으로 자신들의 죄의식을 피할 수 있게 해주는 방식으로 그 행동을 정당화한다는 이론이다.
② 욕구 위계 이론: 인간의 욕구는 위계적으로 조직되어 있으며 하위 단계의 욕구 충족이 상위 계층 욕구의 발현을 위한 조건이 된다는 이론이다.
④ 인지 발달 이론: 인간의 인지능력이 나이에 따라 어떻게 발달하는지에 대한 이론이다.

17 ③

| 정답해설 |

상업주의 스포츠 출현의 사회·경제적 조건
- 스포츠 기반 시설 구축을 위한 거대 자본
- 인구가 밀집된 도시
- 자본주의적 시장 경제 체제
- 소비 문화의 발전
- 교통과 통신의 발달

| 오답해설 |

ⓒ 스태그플레이션(stagflation): 경기 침체와 물가 상승이 동시에 나타나는 현상으로, 상업주의 스포츠의 출현과는 관련이 없다.

18 ①

| 정답해설 |

정치인은 스포츠를 권력 강화나 민심 억제를 위한 선동적 수단으로 이용할 때, '조작'의 방법을 사용한다. 〈보기〉의 사례처럼 제5공화국 시절 3S 정책의 일환으로 프로스포츠를 장려하여 국민의 관심을 정치에서 스포츠로 돌린 것은 조작의 대표적인 사례이다.

| 오답해설 |

② 상징: 스포츠는 개인이나 팀 간의 경쟁을 넘어 국가, 지역사회, 학교의 명예와 역량을 나타내는 상징으로 사용된다.
③ 전문화: 정치가 스포츠를 이용하는 방법에는 해당하지 않는다.
④ 동일화: 자아가 타자에게 감정을 이입하거나 일체화되어 타자와 자아가 혼동되는 상태를 말한다.

19 ③

| 정답해설 |

㉠ 미디어 프로그램을 계기로 축구에 관심을 갖고 클럽에 가입한 사례로 스포츠로의 사회화에 해당한다.
㉡ 달리기 활동을 통해 기술과 태도를 익히며 동호인이 된 사례로 스포츠를 통한 사회화이다
㉢ 축구클럽을 탈퇴한 스포츠 탈사회화와, 이후 달리기 클럽에 새로 가입한 스포츠로의 재사회화가 함께 나타난 사례이다.
㉣ 부상으로 달리기를 그만둔 경우로 스포츠 탈사회화에 해당한다.

20 ①

| 정답해설 |

㉠ 가족: 부모님의 권유로 테니스를 시작했으므로 스포츠 사회화 주관자는 가족이다. 가족에는 부모, 형제자매 등이 포함된다.
㉡ 학교: 학교에서 진행하는 프로그램 공고를 보고 참여했으므로, 스포츠 사회화 주관자는 학교에 해당한다. 학교는 학생들에게 다양한 체육 활동 기회를 제공하는 대표적 사회화 주관자다.

스포츠교육학(22) 모의고사 해설

01	02	03	04	05	06	07	08	09	10
④	①	③	④	③	④	④	③	③	②
11	12	13	14	15	16	17	18	19	20
④	①	③	③	①	①	④	④	③	①

01 ④

| 정답해설 |

생활 스포츠 교육 프로그램의 내용은 참여자의 연령과 흥미, 요구를 반영하고, 다양한 활동을 통해 스포츠의 가치를 경험할 수 있어야 하며, 교육 목표에 적합하게 선정해야 한다. 또한, 프로그램 내용은 실천 가능성을 고려하여 구체적이고 세부적으로 기술되어야 하므로, 실현 가능성이 낮은 도전적 내용은 부적절하다.

02 ①

| 정답해설 |

효과적인 과제 제시 방법은 학생의 이해를 돕기 위해 동작 설명과 시각 자료를 함께 활용하고, 실제 상황처럼 정확한 시범을 보이며, 학생이 이해할 수 있는 속도로 명확하게 전달하는 것이다. 은유나 비유는 개념 자체보다 학습자의 이해를 쉽게 도와주는 유용한 방법이다.

03 ③

| 정답해설 |

주어진 설문지는 참여자의 준비 상태(개인 장비, 과거 경험, 선호 형태)와 현재 수준(자유형 동작 가능 여부 등)을 파악하는 데 활용된다. 이러한 평가는 교육 프로그램을 시작하기 전에 학습자의 특성과 현재 상태를 점검하여 교육 방향을 설정·수정하고, 학습 장애의 원인과 정도를 파악하기 위해 이루어지는 진단평가에 해당한다.

| 오답해설 |

① 형성평가: 교육 프로그램이나 지도 방법의 개발 단계에서 이루어지는 과정 중심의 평가로, 교수·학습의 효과와 효율성을 증진시키는 기능이다.
②④ 총괄평가(종합평가): 프로그램 종료 후 학습자의 성취도를 포함하여 교육 프로그램의 효과와 효율성을 종합적으로 판단하기 위한 평가이다.

04 ④

| 정답해설 |

통합성의 원리는 교육과정과 프로그램을 다양화하고, 직접 참여 활동과 간접 학습 활동을 균형 있게 제공하며, 학습자가 스포츠 활동을 총체적으로 체험할 수 있도록 하는 것을 목표로 한다. 〈보기〉의 내용은 바로 이러한 통합성의 원리를 설명하고 있다.

| 오답해설 |

① 개별성의 원리: 학습자가 지닌 개인차를 고려하여 다양한 수준별 학습활동의 기회를 마련하도록 지도하는 원리이다.
② 자발성의 원리: 학습자가 자발적으로 학습 활동에 적극 참여하여 내용을 파악하고 문제를 해결하도록 지도하는 원리이다.
③ 적합성의 원리: 지도자의 창의적인 지도 활동의 선정과 활용의 원리이다.

05 ③

| 정답해설 |

링크의 확대형 과제는 학습 경험을 단순하고 쉬운 과제에서 복잡하고 어려운 과제로 발전시키는 과정을 의미하며, 과제 내 발달(같은 기능 내에서 단순 → 복잡)과 과제 간 발달(쉬운 기능 → 어려운 다른 기능)로 구성된다. 〈보기〉의 설명은 바로 이러한 확대형 과제의 특성을 잘 보여준다.

| 오답해설 |

① 시작형 과제: 수업의 출발점으로, 교사가 학생에게 처음 제시하는 기본적인 과제. 다른 과제로 이어질 수 있도록 준비하는 역할이다.
② 세련형 과제: 동작 수행의 질에 초점을 두며, 학습자가 이미 습득한 기능을 더 정교하게 다듬도록 돕는 과제이다.
④ 응용형 과제: 확대형과 세련형 과제를 통해 습득한 기능을 실제 또는 유사한 상황에서 적용할 수 있도록 하는 과제이다.

06 ④

| 정답해설 |

학생 팀-성취 배분(Student Teams-Achievement Division, STAD) 모형은 모든 팀에게 동일한 학습 과제를 제시하고, 팀별로 학습과 연습 시간을 제공하며, 각 팀원의 점수를 합산해 팀 점수를 계산한다. 이후 연습과 2차 평가를 통해 향상 정도에 따라 점수를 부여하고, 팀 협동과 상호작용을 강조한다. 〈보기〉는 이러한 STAD 모형의 특징을 잘 보여주는 사례이다.

07 ④

| 정답해설 |

지방 자치 단체는 체육동호인조직의 육성을 위한 시책 마련은 할 수 있지만 운영비를 직접 지원할 근거는 없다.

| 오답해설 |

① 생활 체육 진흥법 제3조(국민의 생활 체육 권리)에 대한 설명이다.
② 생활 체육 진흥법 제8조(생활 체육 강좌의 설치)에 대한 설명이다.
③ 생활 체육 진흥법 제6조(생활 체육 진흥 기본 계획의 수립 등)에 대한 설명이다.

08 ③

| 정답해설 |

스테이션 교수는 학습자들이 서로 다른 과제를 동시에 학습할 수 있도록, 수업 공간을 여러 개로 나누어 운영하는 교수 전략이다. 이미 익숙한 기술의 연습에 효과적이며, 공간과 장비의 제약을 보완하는 데도 유용하다. 〈보기〉는 이러한 스테이션 교수의 특징을 잘 설명하고 있다.

| 오답해설 |

① 동료 교수: 학생들이 짝이나 소집단을 이루어 서로 가르치고 배우는 방식으로, 상호교수를 통한 학습에 중점을 둔다.
② 상호 작용 교수: 교사가 모든 교과 내용과 기준을 정하고, 세부 절차와 피드백을 통해 학습자의 반응을 이끌어내는 방법이다.
④ 자기 교수 전략: 학습자가 독립적이고 능동적으로 과제를 수행할 수 있도록 설계된 학습 방식이다.

09 ③

| 정답해설 |

모스턴의 교수 스타일은 어떤 스타일도 우열 관계에 있지 않다는 비대비 접근(non-versus approach) 관점을 바탕으로 하며(㉠), A~E 스타일은 기존 지식의 재생산과 모방을 중심으로 한다(㉢). 또한, 교수 스타일의 구조는 과제 활동 전, 중, 후의 의사결정으로 구분된다(㉣).

| 오답해설 |

㉡ 교사와 학생 모두가 의사결정을 할 수 있다.

10 ②

| 정답해설 |

게임 수행 평가 도구(GPAI)는 학생의 전술적 지식을 평가하기 위해 여러 유형의 게임에 적용할 수 있는 기본적인 평가 기법이다.

항목	계산법
의사 결정 (DMI)	적절한 의사결정 수÷(적절한 의사결정 수+부적절한 의사결정 수)×100
기술 실행 (SEI)	효과적 기술 실행의 횟수÷(효과적 기술 실행의 횟수+비효과적 기술 실행의 횟수)×100
보조하기 (SI)	적절한 보조 움직임의 횟수÷(적절한 보조 움직임의 횟수+부적절한 보조 움직임의 횟수)×100
게임 수행	[DMI(의사 결정)+SEI(기술 실행)+SI(보조하기)]÷3(사용된 항목 수)

- 세연: [75+75+75]÷3=75
- 유나: [50+100+50]÷3=67
- 다은: [50+100+100]÷3=83

따라서 게임 수행 점수가 높은 학생 순서는 '다은 → 세연 → 유나'이다.

11 ④

| 정답해설 |

포괄형 교수 스타일은 교사가 다양한 난이도의 과제를 제시하여 학습자의 개인차를 수용하고, 학습자는 자신의 수준에 맞는 과제를 선택하여 수행하며 필요에 따라 과제 수준을 조정하고 스스로 수행을 점검하는 방식이다. 〈보기〉는 이러한 포괄형 스타일의 특성을 잘 보여준다.

| 오답해설 |

① 연습형 스타일: 교사가 과제와 수행 방법을 제시하고, 학습자는 교사가 제시한 과제를 반복 연습하면서 교사의 피드백을 받는 방식이다.
② 상호 학습형 스타일: 학습자들이 짝을 이루어 한 명은 수행, 다른 한 명은 관찰과 피드백을 제공하며 서로 도움을 주고받는 방식이다.
③ 자기 점검형 스타일: 학습자가 교사가 제시한 과제를 스스로 연습하고 스스로 자신의 수행을 평가하는 방식으로, 학생의 자기관리 능력 개발에 중점을 둔다.

12 ①

| 정답해설 |

전술 게임 모형의 6단계
게임 소개 → 게임 이해 → 전술 인지 → 의사 결정 → 기술 연습 → 실제 게임 수행

13 ③

| 정답해설 |

더블 엘리미네이션(double elimination) 토너먼트는 패자 부활전이 있기 때문에 모든 팀 순위 산정이 가능하다.

| 오답해설 |

① 통합 리그는 전체 참가 팀이 한 리그에서 맞대결하기 때문에 경기 수가 많고 진행 기간도 길다.
② 스플릿(split) 리그는 통합 리그 성적을 바탕으로 상위·하위 그룹으로 나누어 리그전을 진행하는 방식이다.
④ 싱글 엘리미네이션(single elimination) 또는 녹아웃(knockout) 토너먼트는 이기면 다음 라운드로 진출하고 지면 즉시 탈락하는 단순한 경기 방식으로, 한 번의 패배로 탈락이 결정된다.

14 ③

| 정답해설 |

학교 체육의 진흥을 위한 조치(국민 체육 진흥법 제6조)
법 제9조에 따라 학생의 체력 증진과 체육 활동의 육성을 위하여 학교가 취하여야 할 조치는 다음 각 호와 같다.
1. 운동회나 체육대회의 실시
2. 학생에 대한 한 종목 이상의 운동 권장과 지도
3. 체육동호인조직의 결성 등 학생의 자발적 체육 활동의 육성·지원
4. 운동경기부와 선수의 육성·지원
5. 그 밖에 학교 체육의 진흥을 위하여 필요한 사항

| 오답해설 |

ⓒ 학교가 학생에게 운동을 하도록 권장·지도하는 건 맞지만, 학생 개개인에게 의무적 참여를 요구하는 것은 법에 규정된 학교의 역할이 아니다.

15 ①

| 정답해설 |

사건 기록법은 관찰하고자 하는 행동 범주를 정하고 수업 중 발생한 빈도를 기록해 양적 정보로 활용하는 방법이다. 지도자-학생 상호작용에 관한 기록을 간단히 측정할 수 있어 유용하다.

| 오답해설 |

ⓒ 동간 기록법에 대한 설명이다. 일정한 시간에 일어난 행동들을 관찰하여 미리 결정된 행동의 범주들 중 어떤 행동이 그 시간을 대표하는지 결정하는 방법이다.
ⓔ 지속 시간기록법에 대한 설명이다. 학습 과정에서 관찰되어야 할 행동을 선정하여 그 행동의 시간이 얼마나 되는지 측정하는 방법이다.

16 ①

| 정답해설 |

㉠㉡ 심동적 – 인지적 – 정의적 영역의 학습 순위

| 오답해설 |

㉢ 인지적 – 심동적 – 정의적 영역의 학습 순위

㉣ ㉤ 인지적 – 정의적 – 심동적 영역의 학습 순위

17 ④

| 정답해설 |

㉠㉣㉤ 수업에 정해진 할당 시간(AT)이 있다면, 그 중 수업 운영에 필요한 별도의 시간이 요구된다. 출석 점검, 실제 운동 참여를 위한 대기, 수업 정리는 수업 운영에 필요한 시간에 해당한다.

| 심화해설 |

- 할당 시간(AT): 체육에 할당된 공식적인 학습 시간
- 운동 참여 시간(MET): 체육 활동에 학습자들이 소비한 시간으로 출석 점검, 이동 시간, 대기 시간, 학생 통제 시간, 정리 시간 등으로 설정된 시간
- 과제 참여 시간(TOT): 학습자가 학습 과제에 실제로 참여한 시간
- 실제 학습 시간(ALT): 학습자가 목표 관련 신체 활동에 성공을 경험하며 소비한 시간

18 ④

| 정답해설 |

시선의 마주침, 손 움직임 등을 통해 학습자의 부주의한 행동을 감소시키는 것은 온스타인과 레빈이 제시한 신호 간섭(signal interference) 전략이다. 이는 교사가 언어적 지시 없이 비언어적 신호로 학생의 주의를 환기시키는 방법이다.

| 오답해설 |

① 삭제 훈련: 학생들이 어떤 행동을 하지 않는 데 따른 보상을 제공하는 행동 수정 기법
② 퇴장: 위반 행동에 대한 벌로서 일정 시간 체육수업 활동에 참가할 수 없도록 하는 것
③ 접근 통제: 방해 행동을 하는 학생에게 교사가 가까이 접근하거나 접촉하는 것

19 ③

| 정답해설 |

마튼스(R. Martens)의 전문 체육 프로그램 개발 단계
선수에게 필요한 기술 파악(1단계) → 선수 이해(2단계) → 상황 분석(3단계) → 우선순위 결정 및 목표 설정(4단계) → 지도 방법 선택(5단계) → 연습 계획 수립(6단계)

20 ①

| 정답해설 |

㉠ 회고적(회상형) 질문: 기억 수준의 대답만 필요로 하는 질문으로 이전에 배운 내용을 다시 생각하게 하는 데 목적이 있다.
㉡ 개방 기술: 환경 변화에 따라 기능의 요구 조건이 변화되는 (동적) 기능으로, 팀 스포츠처럼 상황에 따라 반응이 달라져야 하는 기술 등이 해당한다.

| 오답해설 |

- 수렴적(집중적) 질문: 이전에 경험했던 내용을 분석 및 통합하여 하나의 정답을 이끌어내야 하는 질문이다.
- 폐쇄 기술: 환경의 변화에 영향을 받지 않는(정적) 기능으로, 예를 들어 정지된 물체를 향해 스윙하거나 목표물에 공을 던져 넣는 기술 등이 해당한다.

스포츠심리학(33) 모의고사 해설

01	02	03	04	05	06	07	08	09	10
①	③	④	①	④	②	③	③	②	①
11	12	13	14	15	16	17	18	19	20
②	①	②	④	③	①	③	③	②	④

01 ①

| 정답해설 |
선수의 체력 향상을 위한 식단을 설계하는 것은 스포츠 영양학의 역할이다.

02 ③

| 정답해설 |
심상은 모든 감각을 동원하여 마음속으로 상황을 떠오르게 하는 심리연습, 이미지 트레이닝이다. 심상은 경기력 향상, 자신감 증가, 긴장·불안 감소, 집중력 향상과 함께 동기 강화에도 효과가 있다.

03 ④

| 정답해설 |
내적 동기를 향상시키는 전략으로는 성공 경험 제공, 실현 가능한 목표 설정, 언어·비언어적 칭찬, 의사 결정 참여 유도 등이 있으며, 이들은 학습자에게 즐거움과 자신감을 준다.

| 오답해설 |
① 물질적 보상은 외적 동기에 초점을 두는 전략으로, 일시적인 효과는 있을 수 있으나 학습자에게 보상이 없으면 흥미를 잃게 하여 내적 동기를 약화시킨다.
② 훈계는 학습자에게 긴장과 두려움을 주며, 실패에 대한 두려움으로 인해 학습 의욕을 저하시킬 수 있다.
③ 지나치게 어려운 목표나 과제를 제시하면 학습자가 성취감을 느끼지 못하고 좌절감을 느껴 내적 동기가 저하된다.

04 ①

| 정답해설 |
구체적인 목표가 모호한 목표보다 더 효과적이다.

05 ④

| 오답해설 |
① 열 발생 가설: 운동을 통해 체온이 상승하면, 뇌에서 근육의 이완과 심리적 안정을 유도하는 신경 반응이 일어나며, 이로 인해 불안 감소나 기분 개선 효과가 나타난다는 가설이다.
② 모노아민 가설: 운동을 하면 신경전달 물질(세로토닌, 도파민)의 분비가 증가하여 우울증을 개선하는 효과가 있다.
③ 사회 심리적 가설: 운동이 심리적 요인을 통해 정서 개선에 영향을 미친다는 가설이다. 모두 외부 환경이나 인지적 요소가 심리적 효과에 영향을 준다고 보는 접근이다.

06 ②

| 정답해설 |
노먼 트리플렛은 스포츠심리학 최초의 실험 연구자로, 사이클 선수가 혼자 탈 때보다 경쟁자가 있을 때 속도가 더 빨라지는 현상을 관찰하고 분석했다. 이 연구는 사회적 촉진(social facilitation) 개념의 초기 근거가 되었으며, 스포츠심리학의 출발점이 된 역사적 연구로 평가된다.

| 오답해설 |
① 콜먼 그리피스: 미국 최초의 스포츠심리학자이자, 실험실을 설립하고 실제 스포츠 현장(시카고 컵스)에서 심리학을 적용하였다.
③ 레이너 마틴즈: SCAT(스포츠 경쟁불안 검사지)를 개발한 인물로, 스포츠심리 평가도구 개발에 기여하였다.
④ 카를 디엠: 독일에서 스포츠심리 실험실을 설립한 인물이다.

07 ③

| 정답해설 |
고원현상은 운동기술 학습에서 일시적으로 성과 향상이 정체되는 현상으로, 피로나 동기 저하 외에도 하나의 동작 유형에서 다른 동작 유형으로 전환되는 시기에도 발생할 수 있다.

08 ③

| 정답해설 |
루틴은 선수들이 시합할 때 걱정, 불안 심리적 요인을 모면하기 위해 선수가 자신만의 독특한 동작이나 절차를 습관적으로 하는 것을 말하며, 이는 다음 수행을 준비할 때 친근감을 주면서 도움이 된다.

09 ②

| 정답해설 |

인지불안 감소기법인 자생 훈련은 명상과 유사한 형태의 자기최면이다. 따뜻함, 무거움의 감각을 유도하는 6개의 단계를 통해 진행되기 때문에 수련에 수개월이 필요하다.

| 오답해설 |

① 체계적 둔감화(systematic desensitization): 불안이나 스트레스를 유발하는 자극에 노출될 때 불안 반응 대신 이완 반응을 나타냄으로써 스트레스에 대해 점차적으로 둔감하게 만드는 훈련 방법이다(부상 후 복귀 두려움, 골프, 야구 등에서 입스(yips)를 극복하는 데 효과가 뛰어남).
③ 인지 재구성(congnitive restructuring): 비합리적이거나 부적응적인 생각 패턴을 찾아내서 중지시킬 수 있는 간단하지만 효과가 뛰어난 방법이다.
④ 점진적 이완(progressive relaxation): 신체근육을 이완시킴으로써 마음의 이완이 따라오게 한다(body-to-mind).

10 ①

| 정답해설 |

반응시간은 제시된 자극과 요구되는 반응 수에 따라 단순, 선택, 변별반응시간으로 구분된다. 단순반응시간은 하나의 자극에 하나의 반응만 요구될 때 측정되며, 100m 달리기 출발 신호에 반응하는 상황이 대표적이다.

11 ②

| 정답해설 |

스포츠심리상담사는 상담 윤리 강령에 따라 미성년자 고객의 가족과 개인적, 금전적 또는 다른 관계로 만나지 않아야 한다. 이는 상담자와 고객, 고객의 가족 사이에 불필요한 사적·경제적 관계가 생기는 것을 방지하여 전문성과 윤리성을 유지하기 위한 규정이다.

12 ①

| 정답해설 |

추동이론은 각성 수준이 증가할수록 운동 수행도 직선적으로 증가한다고 보는 이론으로, 각성과 수행의 관계를 단순히 비례 관계로 설명한다.

| 오답해설 |

② 역U가설(적정 수준 이론)
③ 다차원불안이론
④ 전환이론

13 ②

| 정답해설 |

㉠ 링겔만의 효과(Ringelmann effect): 집단의 인원수가 늘어날수록 구성원의 개개인의 공헌도가 낮아지는 현상을 말한다.
㉡ 사회적 태만(social loafing): 집단에서 발생하는 동기손실을 말한다.

| 오답해설 |

위약효과(Placebo Effect)는 플라시보효과라고도 하며, 실제 효과가 없는 치료를 받았음에도 불구하고 심리적 믿음이나 기대감 때문에 긍정적 변화가 나타나는 현상을 말한다.

14 ④

| 정답해설 |

로르샤흐 검사는 투사법 형식으로 잉크와 얼룩을 보여주고 자유롭게 반응하므로 정해진 답이 없고, 전문가의 해석이 필요하므로 질문지 측정법 도구가 아니다.

15 ③

| 정답해설 |

무관심 단계는 현재 운동을 하지 않으며, 6개월 이내에 운동을 시작할 의도가 없는 단계를 말한다. 이 단계에는 고강도 운동 참여 또는 다른 사람의 운동 멘토 역할보다는 운동의 긍정적 효과에 대한 정보를 제공하여 운동에 관심을 갖고 실천할 수 있게 하는 전략이 가장 적절하다.

16 ③

| 정답해설 |

본능이론은 인간의 내부에 본능적으로 공격성을 유발하는 에너지가 존재하고, 그 에너지가 표출되면서 공격 행동으로 나타난다고 설명한다.

| 오답해설 |

① 사회 학습 이론: 인간의 행동은 환경 속에서 관찰학습으로 공격성이 학습된다는 이론이다.
② 좌절-공격 가설: 어떤 목표를 달성하려고 할 때 방해를 받으면 좌절하게 되고, 좌절되면 공격성을 표출한다.
④ 수정된 좌절-공격 가설: 좌절이 무조건 공격 행동을 유발하지 않고, 공격 행동이 적절하다는 외부적 단서가 있을 때 공격성을 표출한다.

17 ①

| 정답해설 |

베일리(R. Vealey)는 스포츠 자신감의 원천을 성취 경험, 자기 조절, 사회적 분위기의 세 가지 영역으로 구분하였다.
- 성취 경험: 연습을 통해 기술을 향상시키고, 시합에서 긍정적인 성과를 거둔 경험을 의미한다.
- 사회적 분위기: 주변 사람들(지도자, 동료, 가족 등)으로부터의 지지와 인정, 그리고 좋은 지도자 및 동료 선수로부터의 학습을 포함한다.
- 자기 조절: 경기 수행에 필요한 기술, 전술, 전략에 집중하고, 자신의 준비 상태와 능력에 대해 자부심을 갖는 것을 의미한다.

| 심화해설 |

② 성취경험, 간접경험, 언어적 설득, 신체와 정서 상태는 반두라의 자기효능감 4가지 원천이다.

18 ③

| 정답해설 |

주의 집중을 높이는 방법에는 현재 수행에 집중하기, 모의 상황에서 훈련하기, 루틴 연습 등이 있다. 테니스 선수가 실제와 유사한 상황을 만들어 모의훈련을 하는 것은 실제 경기 환경에 대한 적응을 높여 주의 집중 향상에 효과적이다.

| 오답해설 |

① 루틴은 주의 집중을 향상시키는 효과적인 전략 중 하나인데, 경기 중 루틴을 변경하면 집중 흐름이 깨지고 수행에 방해가 된다.
② 주의 집중은 현재 순간에 집중하는 것이 중요한데, 과거의 실패에 대한 걱정은 주의를 산만하게 하여 집중을 방해한다.
④ 헤저드(위험 요소)에 대한 생각은 수행과 관계없는 부정적인 자극에 주의를 빼앗기는 것으로, 집중을 방해한다.

19 ②

| 정답해설 |

지도자의 처벌 행동 지침에 따르면, 개인적 잘못을 집단 전체의 잘못으로 돌리지 않는 것이 올바른 지침이다.

| 오답해설 |

① 지도자는 규칙과 처벌 규정을 독단적으로 정하는 것이 아니라, 선수들과 함께 상의하고 동의하는 과정을 거쳐 규정해야 한다. 이는 선수들이 규칙의 정당성을 인정하고, 규칙 준수의 동기를 높이도록 하는 중요한 과정이다.
③ 지도자는 규칙 위반에 대해 동등하게 처벌해야 하며, 지위나 계급에 따라 차별적으로 처벌하는 것은 옳지 않다.
④ 신체 활동을 처벌 수단으로 사용하지 않아야 한다. 이는 처벌의 부정적 효과를 줄이고, 선수의 자존감을 보호하기 위함이다.

20 ④

| 정답해설 |

맥락간섭이란 다양한 기술이 섞여 연습될 때 발생하는 간섭 현상으로, 맥락간섭 수준에 따라 연습 효과가 달라진다. 맥락간섭이 높을 때는 무선연습(random practice), 중간일 때는 계열연습(serial practice), 낮을 때는 구획연습(blocked practice)이 효과적이다.

한국체육사(44) 모의고사 해설

01	02	03	04	05	06	07	08	09	10
③	②	③	④	②	③	③	③	③	③
11	12	13	14	15	16	17	18	19	20
②	③	②	②	③	③	②	④	②	③

01 ③

| 정답해설 |

각저총은 고구려 무덤 벽화 중 하나로, 씨름 장면이 생생히 묘사된 고고학적 물적 사료이다.

| 오답해설 |

① 『삼국유사』의 기록: 고려시대 일연이 지은 문헌사료로, 고구려 시대의 씨름문화를 간접적으로 언급하지만 고고학적 근거는 아니다.
② 무용총의 악기 연주 장면: 고구려 벽화이긴 하나 무용과 음악 장면을 다룬 것으로, 씨름과 관련된 장면은 나타나지 않는다.
④ 김홍도의 「서당」 풍속화: 조선 후기 김홍도의 회화로, 고구려와 시대적 배경이 전혀 맞지 않으며 씨름 장면도 해당 작품에는 없다.

02 ②

| 정답해설 |

체육사관은 단순히 사실을 나열하는 것이 아니라, 역사가의 관점에 따라 역사적 사건과 사실을 해석하고 서술하는 틀이다. 따라서 사실적 사건만을 기록하는 것은 체육사관의 개념과 맞지 않는다.

03 ③

| 정답해설 |

향사례는 조선 시대 성균관에서 유생들이 활을 쏘던 유교 의례 체육 행사로, 부족국가 시대와는 관련 없다.

04 ④

| 정답해설 |

무과는 고려 시대와 조선 시대에 실시된 무관 선발 시험 제도이며, 신라 시대에는 존재하지 않았던 체제이다.

05 ②

| 정답해설 |

경당은 고구려의 청소년 교육기관으로, 주로 평민 자제를 대상으로 하여 독서(문)와 궁술(무)을 함께 교육하였던 문무겸전의 교육기관이다.

| 오답해설 |

① 학당 – 검술: 고려 시대의 교육기관으로, '경당'이 아니라 '학당'은 고려 시대 관학 교육기관의 성격을 가진다.
③ 서원 – 무예: 서원은 조선 시대 성리학을 교육하던 고등 교육기관으로, 무예와는 관련이 없다.
④ 서당 – 서예: 서당은 조선 시대의 초등 교육기관으로, 주로 유학 경전 강독과 글씨 교육(서예)을 담당하였으나, 고구려의 교육기관과는 관련 없다.

06 ③

| 오답해설 |

① 석전: 돌을 던져 싸우는 놀이
② 투호: 항아리에 화살을 던지는 놀이
④ 추천: 그네타기

07 ③

| 정답해설 |

매사냥은 단순한 여흥이 아니라, 실전 능력을 기르는 수렵적 훈련으로 인식되었고, 무예 수련의 일환으로 활용되기도 했다.

08 ③

| 정답해설 |

훈련원은 조선 시대 중앙 군영 중 하나로, 무과 실시와 무예 훈련을 담당하는 실질적 교육기관이었다.

| 오답해설 |

① 국왕의 호위와 궁중 예식만을 담당한 것은 내금위나 겸사복 같은 특수 호위 부대의 역할이다.
② 『동의보감』은 의학서로, 무예 훈련과는 무관하다.

④ 지방 수령들의 군사 지휘 겸임은 훈련원 구성과 무관하다.

09 ③

| 정답해설 |

『활인심방』은 조선시대에 간행된 건강서로, 현대의 물리치료적 지침서와는 직접적인 관련이 없다.

10 ③

| 오답해설 |

① 무과는 무관을 선발하는 시험으로, 문신이 아닌 일반 평민 및 양인도 응시할 수 있었다.
② 강서는 문과 시험 과목이고, 유도·검도는 근대 이후 무도 종목이다.
④ 식년무과는 공개 선발 시험이다.

11 ②

| 오답해설 |

① 기공체조: 호흡과 기의 흐름을 중시하는 전통 체조
③ 창작체조: 자유로운 움직임 강조, 현대무용계에서 주로 활용
④ 유희체조: 놀이 형식의 동작 중심, 아동체육 중심

12 ③

| 정답해설 |

민족말살기(1930년대 후반~1945년)는 일제의 군국주의 교육정책이 극대화된 시기로, 황국신민체조를 통해 충성심과 군사적 규율을 주입하려 했다.

| 오답해설 |

① 체조교습기: 개화기 체조 도입기
② 무단통치기: 군인 총독 중심 억압적 통치
④ 해방 직후기: 미군정 아래 신체육 도입기

13 ②

| 오답해설 |

① 스포츠 심리학 도입은 주로 현대에 들어 스포츠과학자 및 교육학자들에 의해 이루어진 일로, 서상천과 직접 관련은 없다.

③ 유도와 검도의 제도화는 일제 강점기 일본의 교육제도 및 무도정책과 관련된 것이다.
④ 『무예도보통지』 재간행은 국방체육 및 무예사 연구자들의 활동이며, 고대 무예 복원과는 별개의 성격이다.

14 ②

| 정답해설 |

원산학사는 최초의 근대적 사립학교로, 무예 중심 교육과정 운영을 통해 자주 국방의지를 고취했다.

| 오답해설 |

① 육영공원: 미국식 교육기관
③ 보성학교: 후일 고려대학교 전신
④ 한성사범학교: 교사 양성기관

15 ③

| 정답해설 |

단일팀은 1991년에 구성되었으며, 서울 올림픽(1988년) 직후에 바로 이루어진 것은 아니며, 이후 여러 차례 회담을 거쳐 추진되었다.

16 ③

| 정답해설 |

태릉선수촌은 제3공화국(1966년)에 건립된 시설이다.

17 ②

| 정답해설 |

1948년 제5회 생모리츠 동계 올림픽 대회는 광복 후 우리나라가 '대한민국' 국호로 국제 무대에 처음 참가한 대회이다.

18 ④

| 정답해설 |

당시 한국 체육정책은 국가주의와 전체주의적 성향이 강했으며 실존주의는 서구 현대 철학의 한 흐름으로, 등장하지 않았다.

| 심화해설 |

건민주의와 엘리트주의는 국민의식 통제 및 국력 과시 중심으로 활용되었다.

19 ②

| 정답해설 |

'호돌이 계획'은 국민생활체육 확산을 위해 국민생활체육협의회를 설립하고 직장체육 활성화 정책을 포함한 포괄적인 실천계획이었다.

| 오답해설 |

① 국민체육진흥공단은 1990년대에 설립되었으며, 국민체육센터 건립은 그 이후 지속적으로 추진된 사업이다.
③ 프로체육 인프라 확충과 경기단체 구조 개편은 1990년대 이후 체육 산업 정책 중심의 변화이다.
④ 국가대표 출신 체육지도자 채용 및 연금 제도는 엘리트 체육육성 정책으로, 생활체육보다는 전문체육 지원책에 해당한다.

20 ③

| 오답해설 |

ⓒ 한국전쟁 전후의 군사정권 체제에서 시행된 것으로 시기적으로 맞지 않다.

운동생리학(55) 모의고사 해설

01	02	03	04	05	06	07	08	09	10
①	②	④	①	①	①	③	②	②	③
11	12	13	14	15	16	17	18	19	20
②	②	①	③	②	③	②	①	①	②

01 ①

| 정답해설 |

400m 트랙을 약 60초 전력 질주할 때 주된 에너지 시스템은 인원질 과정과 무산소성 해당과정(젖산 과정)이다. 무산소성 해당과정은 산소를 사용하지 않으며, 탄수화물을 이용하고, 근육 내 젖산 축적을 유발한다. 이 과정은 근세포의 미토콘드리아가 아닌 근형질에서 일어난다.

02 ②

| 정답해설 |

단시간 고강도 운동 시에는 단위 시간당 에너지 소비량이 매우 높다. 따라서 ATP 합성을 위한 에너지 공급 방식 중에서 반응 속도가 가장 빠른 인원질 과정이 우선적으로 사용되며, 다음으로는 무산소성 해당과정인 젖산 과정이, 마지막으로 반응 속도가 느린 유산소 과정이 사용된다.

03 ④

| 정답해설 |

무산소(저항성) 트레이닝의 대사적 적응
- 속근 섬유(FT 섬유, type II 섬유) 비율 증가
- 근 비대로 인한 근육량과 근력 증가
- 동원되는 운동 단위 수의 증가, 십자형 가교 수의 증가
- ATP-PC, 글리코겐 저장 능력 증가
- ATP-PC 시스템과 무산소성 해당 과정에 필요한 효소 활동 증가
- 건, 인대 조직의 양 증가(결합 조직의 변화)
- 조골세포의 활동을 자극하여 골 무기질 함량이 증가됨
- 단백질의 합성이 증가하여 근원세사의 단백질 양이 증가됨

04 ①

| 오답해설 |

② 해당 과정: 포도당을 분해하여 ATP를 생성하는 무산소성 대사 경로로, 인산기 기증과 크레아틴 키나아제가 관련되지 않는다.
③ 젖산 과정: 해당 과정의 부산물로 젖산이 축적되는 단계로, ATP 생성 속도는 빠르지만 ATP-PC 시스템보다는 느리다.
④ 산화적 인산화 과정: 미토콘드리아에서 산소를 사용하여 ATP를 생성하는 유산소 대사 경로로, 반응 속도가 가장 느리다.

05 ①

| 정답해설 |

근방추는 근육 내에서 근육이 늘어나는 것을 감지하여 적절한 근육 길이로 유지한다.

| 심화해설 |

근육 내 수용체(골격근의 감각 수용기)
- 화학수용기: 근육 내 pH, 세포 외 칼슘농도, O_2와 CO_2의 압력변화를 수용 및 반응하여 중추신경에 정보를 전달
- 근방추: 근육 내에서 근육이 늘어나는 것을 감지하여 적절한 근육 길이로 유지
- 골지건기관: 한 근육의 양쪽 끝에 있는 건속의 기관으로 근수축 시 발생하는 장력을 지속적으로 감지하여 근육수축을 예방하는 안전장치

06 ①

| 오답해설 |

ⓔ 단백질 합성의 증가로 근원세사의 단백질 양 증가는 장기간 무산소 트레이닝에 의한 생리적 적응 현상에 해당한다.

| 심화해설 |

장기간 유산소 트레이닝의 생리적 적응현상 중 미토콘드리아 적응 현상
- 산화적 효소 활성화 증가
- 지방 대사의 증가와 근육 글리코겐 활용 감소
- 젖산 생성의 감소와 제거의 증가
- 미토파지 관련 단백질의 발현을 증가시켜 손상된 미토콘드리아의 효율적인 제거를 촉진

07 ③

| 정답해설 |

근수축 기전
- '신경근 연접'에 이르는 활동 전압은 시냅스 공간에서 아세틸콜린을 방출하여 근육 세포의 활동 전위 발생
- 가로 세관을 타고 근섬유 내부로 전달
- 근형질 세망에 저장되어 있던 칼슘 이온 방출
- 칼슘 이온은 가는 세사의 트로포닌 분자와 결합
- 가는 세사와 굵은 세사 머리 간 결합을 차단하고 있는 트로포마이오신의 위치를 변화시켜 가는 세사(액틴)의 활동 부위가 노출되어 굵은 세사의 십자형 가교와 결합
- 가는 세사와 굵은 세사의 연결
- ATP 분해에 의한 에너지를 이용하여 운동

08 ②

| 오답해설 |

㉠ pH 감소, 이산화 탄소 분압(PCO_2) 증가, 온도 상승이 해리 곡선을 오른쪽으로 이동시키며 조직으로의 O_2 분리가 증가되어 산소 친화력이 감소한다.
㉢ pH 상승, 이산화 탄소 분압 감소, 온도 하강이 해리 곡선을 왼쪽으로 이동시키며 조직으로의 O_2 분리가 감소되어 산소 친화력이 증가한다.

09 ②

| 정답해설 |

운동(기술) 관련 체력은 민첩성, 평형성, 협응성, 스피드, 순발력, 반응 시간이다. 근력과 근지구력은 건강 관련 체력 요인에 해당한다.

10 ③

| 정답해설 |

㉢ 동방결절이 탈분극 역치에 도달했을 때 파장은 심방 전체로 퍼져 심방수축이 일어나게 된다. 탈분극파는 심실안으로 직접 전달되지 않으며 특별한 전도조직인 방실결절이라 불리는 작은 근육조직을 통해 퍼져나간다.
㉣ 전도체계는 '동방결절 → 방실결절 → 방실다발 → 퍼킨제 섬유' 순으로 자극이 전달된다.

| 오답해설 |
㉠ 심장의 주기적인 수축과 이완은 우심방의 안쪽 상대정맥의 입구에 자율적인 흥분을 발생시키는 동방결절에 의해 이루어진다.
㉡ 동방결절은 나트륨 투과성이 좋은 특수화된 심장근 섬유집단으로 이루어져 더 빠르게 탈분극이 일어나 전도체계 중 가장 빠른 내인성 박동률을 가진다.

11 ②

| 정답해설 |
㉠ D~A 구간은 좌심실 이완기 충만기로, 심방에서 심실로 혈액이 유입되는 구간이다. 이때 좌심실의 부피는 증가하고 압력은 거의 변하지 않는다.
㉢ A~B 구간은 등용적 수축기이며, 심실 수축이 시작되면서 이첨판은 닫히고, 반월판도 아직 열리지 않은 상태이다. 두 판막이 모두 닫힌 상태에서 압력은 급격히 상승한다.

| 오답해설 |
㉡ A 지점은 최대 혈액량에 해당하지만, 이는 이완기말 용적(EDV)이다.
㉣ C 지점은 수축기말 용적(ESV)에 해당하며, 혈액 양이 최소인 상태이다.

12 ②

| 정답해설 |
고지 적응에 의한 반응
- 조혈 촉진 인자의 방출 → 적혈구와 헤모글로빈의 농도 증가 → 산소 운반 능력 향상
- 근육 내의 모세 혈관의 밀도 증가 → 근육 내 마이오글로빈 양 증가 → 미토콘드리아의 산화 효소 활성 및 미토콘드리아의 양 증가

13 ①

| 정답해설 |
㉠ 칼시토닌으로 뼈의 칼슘 이온의 방출을 막고, 신장에서의 칼슘 이온의 분비를 증가시켜 혈장 칼슘 이온 농도를 낮춘다.
㉡㉢ 뇌하수체 후엽에서 분비되는 항이뇨 호르몬은 체액을 유지하기 위해 신장관으로부터 모세혈관으로 수분의 재흡수를 돕는다.

14 ③

| 정답해설 |
근수축의 단계적 과정
1. 근수축 시 근섬유분절에 연결되어있는 액틴세사는 서로를 향해 마이오신 세사 위를 미끄러져 지나간다. 이러한 결과로 Z판은 서로 가까워지고 근섬유분절이 짧아진다.
2. 액틴 세사가 마이오신 세사 위로 미끄러지면서 H대와 I대는 짧아진다. 마이오신 세사의 길이는 변동이 없기 때문에 A대도 길이의 변화가 없다.
3. 완전한 수축이 일어났을 경우, 액틴 세사가 서로 겹치기 때문에 H대는 없어진다.

15 ②

| 정답해설 |
㉠ 지근섬유(type Ⅰ)는 신경 섬유의 축삭 지름이나 척수내 세포체의 크기가 속근 운동단위의 신경섬유에 비해 작기 때문에 신경자극의 전달속도가 속근 운동단위에 비해 느리다.
㉢ 지근섬유(type Ⅰ)는 미토콘드리아 농도와 산화 효소 능력이 높으며 속근 섬유보다 많은 모세혈관 분포를 가지고 있다.

| 오답해설 |
㉡ 속근 섬유(Type Ⅱ)는 ATPase 활성이 높아 수축 속도가 가장 빠른 반면, 에너지 소비율이 높다.
㉣ 속근 섬유(Type Ⅱ)는 근수축을 개시하게 하는 칼슘의 신속한 분비 역할을 위한 근형질 세망이 발달되어 있다.

16 ③

| 정답해설 |
탄산 가스, 노폐물 등을 배설 기관으로 이동시켜 몸 밖으로 배출하는 것은 제거 기능에 해당한다.

17 ②

| 오답해설 |
① 인슐린: 혈당을 낮추는 호르몬으로, 포도당 저장과 지방 합성을 촉진한다. 지방 분해, 항염작용, 스트레스 대응과는 무관하다.
② 티록신: 기초대사율을 높이는 갑상선 호르몬이다. 대사 촉진에는 관여하지만, 항염작용이나 스트레스 연료 동원과는 관련이 없다.

③ 에피네프린: 급성 스트레스 반응을 유도하고, 지방 분해는 촉진하지만, 항염작용이나 조직 회복에는 관여하지 않는다.

18 ①

| 정답해설 |

단일 운동 신경에 연결되어 있는 근섬유의 수를 자극 비율이라고 한다. 이는 근섬유의 수를 운동 신경으로 나눈 값으로, 섬세한 운동을 요구하는 근육들은 자극 비율이 낮다.

19 ①

| 정답해설 |

㉠ 적혈구 세포 내에 철분을 함유한 단백질로 산소와 결합된 헤모글로빈을 '산화 헤모글로빈', 산소와 결합되어 있지 않은 헤모글로빈을 '환원 헤모글로빈(탈산소 헤모글로빈)'이라고 한다.
㉡ 적혈구는 혈액에서 발견되는 가장 큰 구성 성분으로 혈구 용적률은 적혈구 수의 증가나 감소에 의해 영향을 받는다. 따라서 적혈구 용적률의 증가에 따라 혈액의 점성도 증가한다.

20 ②

| 정답해설 |

안정 시에는 총 심박출량의 15~20% 정도가 골격근 쪽으로 향하고, 최대 운동 시에는 총심박출량의 80~90% 정도가 수축하는 골격근으로 간다. 따라서 최대 운동 시에는 피부와 복부조직에서의 혈류량이 감소한다. 또한, 혈관의 확장은 혈류저항을 감소시키고 이로 인해 혈류를 증가시킨다. 특히 소동맥의 혈관확장은 골격근 모세혈관의 보강으로 더 많은 혈액흐름을 조절한다.

| 오답해설 |

㉡ 운동 시 골격근의 높은 신진대사비율은 산소분압의 감소와 이산화 탄소 분압, 산화질소, 칼륨과 아데노신의 농도를 증가시키고, pH 지수를 감소시키는 국부적인 변화를 일으킨다.

운동역학(66) 모의고사 해설

01	02	03	04	05	06	07	08	09	10
④	③	①	②	②	②	④	③	①	③
11	12	13	14	15	16	17	18	19	20
①	①	②	③	②	④	④	②	③	①

01 ④

| 정답해설 |

스포츠 상황에서 발생하는 사회적 현상을 분석하는 것은 스포츠 사회학에 관련된 내용이다.

02 ③

| 정답해설 |

분석하는 하는 사람의 성향에 따라 결과가 달라지는 것은 정성적 분석이다.

03 ①

| 정답해설 |

곡선운동은 회전의 각이 발생하지 않는다. 각의 움직임이 발생하는 운동은 회전운동이다.

04 ②

| 정답해설 |

열린형 운동역학 사슬(OKC)은 손이나 발이 자유롭게 움직일 수 있는 상태에서 발생하는 운동을 말한다.

05 ②

| 정답해설 |

인장응력(tension)은 두 힘이 서로 떨어지게끔 반대 방향으로 가해지는 힘을 말한다.

06 ②

| 정답해설 |

ⓒ 중력 공기저항은 대표적인 외력에 속한다.
ⓓ 외력에 대한 정의이다.

| 오답해설 |

ⓐ 배구 블로킹 도약 동작에서 선수가 발휘한 힘은 근육 수축을 통해 발생한 신체 내부의 힘(내력)에 해당한다. 외력은 신체 외부로부터 작용하는 힘을 의미하므로, 내부 생성된 근육력은 외력으로 볼 수 없다.
ⓑ 외력에 대응하여 물체 내부에서 생성되는 힘은 내력이다.

07 ④

| 정답해설 |

전체 구간 50m에서 가속과 감속 구간의 20m를 제외하면 항속 구간의 거리는 30m이다. 속도를 구하는 공식은 $\frac{거리}{시간}$이기 때문에 30m를 16초로 나누어 주면 속도는 약 1.88m/s이다.

08 ③

| 정답해설 |

각가속도는 각속도의 변화량을 시간의 변화량으로 나눈 값이다.

09 ①

| 정답해설 |

수직 충격량은 힘-시간 곡선의 면적이며, 이는 물체에 작용한 충격량과 운동량 변화와도 관련된다. 〈그림〉에서 두 그래프의 면적이 동일하므로 A 선수와 B 선수의 수직 충격량은 같다.

| 오답해설 |

② 운동량의 변화량은 충격량과 동일하다. 따라서 두 선수의 운동량의 변화량은 동일하다.
③ 수직 충격력은 다르지만 두 그래프의 면적이 동일하므로 수직충격량은 동일하다.
④ A 선수와 B 선수의 수직 힘의 작용 시간은 다르지만 수직충격량은 동일하다.

10 ③

| 정답해설 |

외력이 작용하지 않는 한, 한 시스템 내에서 어떠한 힘이 상호작용하고 있더라도 총 운동량은 변하지 않는 충돌 시 선운동량 보존의 법칙을 적용한 문제이다. 다음은 충돌 시 선운동량 보존식이다.

$(m_A \times V_{A1}) + (m_B \times V_{B1}) = (m_A \times V_{A2}) + (m_B \times V_{B2})$

여기서
m_A=클럽의 질량=0.5kg
V_{A1}=클럽의 충돌 전 속도=60m/s
m_B=골프공 질량=0.04kg
V_{B1}=골프공 충돌 전 속도=0m/s(※ 최고 골프공은 정지되어 있는 상태이기 때문에 속도는 0m/s)
V_{A2}=클럽의 충돌 후 속도=50m/s
V_{B2}=골프공 충돌 후 속도(구해야 하는 값)

이를 대입하면
$(0.6 \times 60) + (0.04 \times 0) = (0.6 \times 50) + (0.04 \times V_{B2})$
$36 = 30 + (0.04 \times V_{B2})$
$36 - 30 = (0.04 \times V_{B2})$
$6 = (0.04 \times V_{B2})$
$V_{B2} = \frac{6}{0.04} = 150\text{m/s}$

따라서 정답은 150m/s이다.

11 ①

| 정답해설 |

야구에서 배트의 각속도가 일정하다면 회전반경이 클수록 임팩트된 공의 선속도는 증가한다.

| 오답해설 |

② 하강 국면에서는 중력가속도의 영향으로 일정한 가속도를 유지할 수 없게 된다.
③ 골프 클럽헤드의 각속도는 0에서 시작하여 최댓값으로 증가했다가 다시 0으로 돌아온다.
④ 골프 스윙 동작 시 임팩트 전까지 손목 코킹(cocking)을 통해 각속도를 증가시키고, 임팩트 시 언코킹(uncocking)을 통해 회전반경을 증가시킨다.

12 ①

| 오답해설 |

② 덤벨 컬 시 덤벨의 무게는 팔꿈치를 폄하는 토크를 가진다.
③ 사지의 근육은 각 관절을 돌림시키는 토크를 생성한다.

④ 동일한 힘을 낼 때 팔꿈치 각도 90°보다 굽히거나 폄에 따라 모멘트팔이 짧아져 내적 토크도 감소한다.

13 ②

| 오답해설 |
① 질량 분포가 회전축에서 멀수록 관성 모멘트는 커진다.
③ 회전 반경의 길이는 관성 모멘트의 크기에 영향을 준다.
④ 공중 자세에서 관성 모멘트가 변화하면 각속도도 변한다.

14 ③

| 정답해설 |
충돌 전후 높이가 다른 것으로 보아 농구공의 속도는 다르고 운동에너지가 보존되지 않았다는 것을 의미한다. 따라서 비탄성 충돌이다.

15 ②

| 정답해설 |
압력중심점(COP)은 지면에 접촉하는 부분 중 지면반력이 작용된다고 가정되는 점을 의미한다. COP는 균형능력이나 자세 조절을 평가하는 지표로 활용되며, 보행 시에는 발뒤꿈치에서 시작하여 발가락 방향으로 이동하는 특성이 있다. 따라서 지지기 동안에도 COP는 시간에 따라 변동한다.

16 ④

| 정답해설 |
위치 에너지의 계산은 PE=m(질량)×g(중력)×h(높이)이다. 따라서 질량뿐만 아니라 높이와도 관계가 있다.

17 ④

| 정답해설 |
이동거리는 실제 움직임의 경로를 뜻하므로 400m 운동장을 10바퀴 달린 거리인 4,000m이다. 변위는 이동 시점과 종점 사이의 직선거리를 의미하므로 처음과 시작의 위치가 동일하기 때문에 0m이다.

18 ②

| 정답해설 |
일을 구하는 공식은 힘×거리이므로 일은 1,000J(=200N×5m)이다. 일률을 구하는 공식은 $\frac{일}{시간}$이므로 일률은 100J/s ($=\frac{1,000J}{10초}$)이다.

19 ③

| 정답해설 |
인체의 안정성은 기저면의 크기와 형태, 신체 무게 중심의 높이와 위치에 영향을 받는다. 인체 중심이 높을수록 불안정하고, 낮을수록 안정적이다.

20 ①

| 정답해설 |
마찰력은 추진력으로 작용될 수 있다. 예를 들어, 달리기나 걷기 동작에서는 지면과 발 사이의 마찰력이 추진력을 발생시켜 운동을 가능하게 한다. 따라서 마찰력은 단순히 저항력으로만 작용하는 것이 아니라, 운동 수행과 기술 향상에도 기여할 수 있는 힘이다.

스포츠윤리(77) 모의고사 해설

01	02	03	04	05	06	07	08	09	10
③	④	①	①	③	③	①	④	①	③
11	12	13	14	15	16	17	18	19	20
③	③	①	②	②	②	③	②	③	④

01 ③

| 정답해설 |

체육특기자의 진로 설계는 교육부 또는 대한체육회, 학교 단위의 진로지원센터의 역할이며, 스포츠윤리센터의 주된 업무는 아니다.

02 ④

| 정답해설 |

대한체육회가 1920년에 창립된 것은 단순한 사실 진술(fact statement)이며, 주관적 가치판단이 개입되지 않은 역사적 정보다.

03 ①

| 정답해설 |

럭비처럼 격렬한 신체 접촉이 수반되는 경기에서는 일정 수준의 충돌은 경기 규칙 안에서 정당화된다. 그러나 그 한계를 넘으면 불법적 폭력으로 간주된다. 이러한 맥락은 게발트(Gewalt)가 지닌 '폭력의 이중성', 즉 규칙 안의 정당한 신체적 힘과 규칙 밖의 불법적 폭력이 동시에 존재한다는 점을 보여준다.

| 오답해설 |

② 게발트 – 스포츠 폭력의 정당성: 일방적으로 폭력의 정당성만을 강조한 표현이며, 보기에서는 폭력의 정당성과 비정당성(불법성)이 모두 존재함을 다루므로 부적절하다.
③ 희생양(Scapegoat) – 감정 해소의 도구: 개인의 스트레스나 분노를 제3자에게 돌리는 현상으로, 이 보기와는 맥락이 다르다.
④ 스포츠만화 – 격투의 극적 연출 방식: 허구적 표현 방식이며, 보기의 실제 경기 상황과는 관련이 없다.

04 ①

| 정답해설 |

Title IX(타이틀 나인)은 1972년 미국 연방교육법 개정안의 일부로, 교육 프로그램이나 활동에서 성에 의한 차별을 금지한다. 이 조항은 특히 학교 스포츠의 성평등 보장에 큰 영향을 미쳤으며, 이를 위반할 경우 연방 지원금의 중단까지도 가능하다고 명시하고 있다.

| 오답해설 |

② 도핑 방지를 위한 혈액 샘플은 세계반도핑기구(WADA) 관련 규정에 따른 것이다.
③ 장애인 경기장 시설은 장애인차별금지법(ADA) 또는 유사한 장애인 권리 정책의 대상이다.
④ 트랜스젠더 선수의 출전은 IOC나 개별 스포츠 연맹의 규정에 따라 결정되는 것으로, Title IX와는 관련이 없다.

05 ③

| 정답해설 |

세계도핑방지기구(WADA)는 금지 약물뿐 아니라 금지 방법도 규정하고 있으며, 여기에는 혈액 도핑, 유전자 도핑, 화학적 조작이 포함된다. 정신력 훈련은 심리기술 훈련(심상, 루틴, 자기암시 등)으로 도핑이나 금지 방법에 해당하지 않는다.

06 ③

| 오답해설 |

① 동물의 고통을 정당화하거나 무시하는 문화 상대주의적 입장이며, 윤리적 태도로 보기 어렵다.
② 동물을 도구적 수단으로 보는 관점으로, 동물권 윤리와 배치된다.
④ 이익 중심의 공리주의 관점이며, 동물의 고유한 권리를 침해할 소지가 있다.

07 ①

| 정답해설 |

〈보기〉에서 주최 측은 경기 조건의 차이에 대한 불만(바람의 세기 차이)에 대해 무작위 추첨, 동일한 기준과 규칙 적용이라는 방식으로 대응하였다. 이는 개인이나 집단의 특성과 상관없이 공정한 절차를 통해 동일한 기회를 보장하는 절차적 정의의 대표적 사례이다.

08 ④

| 정답해설 |
상대에게 라켓을 던지는 행위는 의도적이며 위험한 행위이므로 고의적 반칙에 해당한다.

09 ①

| 정답해설 |
A는 도덕 원칙 자체에 기반한 행위(의무에서 나온 행위)이고, B는 외적 처벌 회피 목적(의무에 합치하는 행위)에 해당하는 행위이다.

10 ③

| 정답해설 |
공원 트레일러닝은 인공 구조물이 아닌 자연 지형을 활용한 활동이므로 '순수 환경'에 더 가까운 사례이다.

11 ③

| 정답해설 |
뒤르켐의 도덕교육은 강압적 규율이 아닌 자율적 내면화에 초점을 둔다.

12 ③

| 정답해설 |
조직의 이익을 위해 구성원을 착취하는 것은 비윤리적이다.

13 ①

| 정답해설 |
㉠은 심판으로서 경기 규칙에 대한 이해와 숙지가 미흡한 상황이므로 '전문성'의 문제이며, ㉡은 잘못을 바로잡지 않은 자신을 부끄럽게 여긴 것이므로 '수오지심'에 해당한다.

14 ②

| 정답해설 |
공리주의는 행위의 결과와 유용성을 기준으로 도덕성을 평가하므로 내면 동기보다는 행동의 결과를 중시한다. 따라서 선수의 마음을 중심으로 판단하는 것은 공리주의와는 거리가 멀다.

15 ②

| 정답해설 |
㉡㉢ 장애인의 스포츠 참여권 보장을 위한 핵심 조건이다. 사회적 통합과 물리적 접근성이 실현되어야 한다.

16 ②

| 정답해설 |
'악의 평범성(Banality of Evil)'은 아렌트가 제시한 개념으로, 일상 속 무비판적 순응이 비도덕적 행위의 구조를 가능하게 한다는 내용을 담고 있다.

17 ③

| 정답해설 |
의무주의(deontology) 윤리 이론은 행위 자체의 도덕적 정당성을 중요하게 생각한다. 따라서 반칙을 하지 않으려 노력한다는 이유가 규칙을 지키는 것이 옳기 때문이라고 말하는 것은 의무주의 윤리의 관점과 정확히 부합한다.

| 오답해설 |
① 결과 중심의 공리주의 혹은 처벌 회피 심리로 의무주의와 다르다.
② 공동체 중심 도덕 또는 결과론적 접근이다.
④ 외적 평가를 의식한 행위로, 내면적 의무감이 아니다.

18 ②

| 정답해설 |
트랜스젠더 여성이 생물학적으로 여성보다 근력, 골격, 호르몬 등의 측면에서 운동 능력상 우위를 가질 수 있다는 점을 들어 공정성을 위협한다는 관점에서 제시되는 반대 논리이다.

19 ③

| 정답해설 |
탈리오 법칙(Lex Talionis), 즉 "눈에는 눈, 이에는 이"로 대표되는 동해 보복 원칙을 그대로 적용한 사례이다. 상대가 한 방식 그대로 보복한다는 점에서 보복적 정의관과 일치한다.

20 ④

| 정답해설 |

식단 불균형은 문화 다양성에 대한 고려 부족 문제로 분류되며, 인종차별과는 직접적 관련이 없다.

eduwill

참고문헌

| 참고문헌 |

■ 스포츠교육학

김용호(2009). 체육과 교육학. 서울: 레인보우북스.
이채문, 정준영(2016). 스포츠교육학 1이 땡긴다. 대구: 지북스.
한국스포츠교육학회(2015). 스포츠교육학. 서울: 대한미디어.
서재복, 이달원, 김현우 외(2019). 스포츠교육학. 서울: 대경북스
김용호, 김용운, 김정호 외(2015), 스포츠지도사 만점도전 완전정리. 서울: 레인보우북스

■ 스포츠사회학

임번장(2005). 스포츠사회학개론. 서울: 동화문화사
원영신(2012). 플러스 스포츠사회학. 서울: 대경북스.

■ 스포츠심리학

강지현, 이상호, 이지은 외(2017). 스포츠심리학. 서울: 대경북스.
엄성호(2009). 현대스포츠 심리학. 서울:레인보우북스.
이병기, 구봉진, 김덕진 외(2010). 스포츠심리학 플러스. 서울:대경북스.
이용인, 윤대현, 박세윤(2008). 스포츠 심리학. 충남:충남대학교.
정청희, 구우영, 권성호 외(2009). 스포츠 심리학. 서울:레인보우북스.
정청희, 이용현, 이홍식 외(2009). 스포츠심리학의 이해와 적용. 경기:메디컬코리아.
최영옥(2002). 스포츠 행동의 심리학적 이해. 서울:대한미디어.
황진, 김상범, 김병준, 김영숙(2015). 스포츠심리학. 서울:대한미디어.
김경원, 송우엽(2009). 운동 발달의 이해. 서울: 레인보우북스.
김병준(2006). 운동심리학 이해와 활용. 서울: 레인보우북스.
김병준(2019). 스포츠심리학의 정석. 서울: 레인보우북스.
김선진(2018). 운동발달의 이해. 서울: 서울대학교출판문화원.

■ 스포츠윤리

김상용(2014). 스포츠 철학과 윤리학. 서울: 스포츠북스.
김정현(2011). 뽈 리꾀르의 도덕 철학 : 목적론적 윤리와 의무론적 도덕의 종합. 미간행 박사학위논문. 서강대학교 대학원.
김정효(2015). 스포츠윤리학. 서울:레인보우북스.
한국도핑방지위원회(2017). http://www.kada-ad.or.kr 2017. 10. 16,인출.
한국체육철학학회(2015). 스포츠와 윤리적 삶. 서울:대한미디어.
Angela Lumpkin(2016). 현대 스포츠 윤리. (김성준 역). 경기:라이프사이언스.
David Chermushenko(2001). 스포츠와 환경. (김귀순 역). 서울:대한미디어.
Joseph R. Des Jardins(2017). 환경윤리. (김명식, 김완구 역). 경기:연암서가.

■ 운동생리학

한국운동생리학회(2014) 운동생리학 한미의학
정일균 외(2006) 휴먼 퍼포먼스와 운동생리학 대경북스
Scott K. Powers · Edward T. Howley(2008) 파워 운동생리학 라이프사이언스

■ 운동역학

문병용(2010). 알기쉬운 운동역학. 대경북스
박성순, 이필근, 류재청, 오문균, 백승국, 장준원, 이경일, 우철호, 양창수, 윤정환, 송주호, 이석구, 허성규, 김주형, 김지태, 이지선(2005). 운동역학. 대경북스.
김찬국(2003). 생체역학. 대경북스
이종영, 서보영, 이영익, 안도열, 이원희, 조철희, 구강본, 이충환(2005). 스포츠지도사 2급 필기. 지식닷컴
송호대학주문식교육산학연계팀.(2003). 운동역학

■ 한국체육사

하남길 외 36인 공저(2016). 체육과 스포츠의 역사. 경남: 경상대학교출판부.
이성진(2004). 체육사. 서울: 교학연구사.
최종삼, 손수범(2016). 스포츠·체육사의 이해. 서울: 21세기교육사.
김용호, 김용운, 김정효, 한태룡, 김택천(2015). 2016 스포츠지도사 만점도전 완전정리. 서울: 레인보우북스.
한국체육사학회(2015). 한국체육사. 서울: 대한미디어.

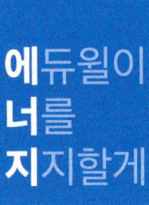

내가 꿈을 이루면
나는 누군가의 꿈이 된다.

– 이도준

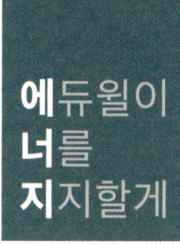

세상을 움직이려면
먼저 나 자신을 움직여야 한다.

– 소크라테스(Socrates)

에듀윌 스포츠지도사

필기 한권끝장+무료특강

필수편 2급 장애인 | 유소년 | 노인

차례

2급 장애인/유소년/노인 스포츠지도사 필수과목

PART 01 | 특수체육론

01 특수 체육의 의미 … 8
02 특수 체육에서 사용하는 사정과 측정 도구 … 17
03 특수 체육 지도 전략 … 24
04 장애 유형별 체육 지도 전략 Ⅰ … 38
05 장애 유형별 체육 지도 전략 Ⅱ … 47
06 장애 유형별 체육 지도 전략 Ⅲ … 57

PART 02 | 유아체육론

01 유아 체육의 이해 … 70
02 유아기 운동 발달 프로그램의 구성 … 86
03 유아 체육 프로그램 교수-학습법 … 99

PART 03 | 노인체육론

01 노화와 노화의 특성 … 110
02 노인의 운동 효과 … 118
03 노인 운동 프로그램의 설계 … 122
04 질환별 프로그램 설계 … 134
05 지도자의 효과적인 지도 … 144

2급 장애인/유소년/노인 스포츠지도사 기출문제

2023년
- 2급 장애인 스포츠지도사(특수체육론) ········ 156
- 유소년 스포츠지도사(유아체육론) ········ 161
- 노인 스포츠지도사(노인체육론) ········ 166

2024년
- 2급 장애인 스포츠지도사(특수체육론) ········ 186
- 유소년 스포츠지도사(유아체육론) ········ 191
- 노인 스포츠지도사(노인체육론) ········ 196

2025년
- 2급 장애인 스포츠지도사(특수체육론) ········ 212
- 유소년 스포츠지도사(유아체육론) ········ 216
- 노인 스포츠지도사(노인체육론) ········ 221

2급 장애인/유소년/노인 스포츠지도사 실전 모의고사 1회

2026년
- 2급 장애인 스포츠지도사(특수체육론) ········ 240
- 유소년 스포츠지도사(유아체육론) ········ 244
- 노인 스포츠지도사(노인체육론) ········ 249

온라인 모의고사 1회   온라인 모의고사 2회   온라인 모의고사 3회

http://eduwill.kr/Yece

http://eduwill.kr/Jpce

http://eduwill.kr/oQzp

STEP 1 QR코드 스캔 ▶ STEP 2 회원가입 & 로그인 ▶ STEP 3 모바일 OMR 정답 입력 ▶ STEP 4 채점 및 결과 확인

PART 01

특수체육론

01 특수 체육의 의미
02 특수 체육에서 사용하는 사정과 측정 도구
03 특수 체육 지도 전략
04 장애 유형별 체육 지도 전략 I
05 장애 유형별 체육 지도 전략 II
06 장애 유형별 체육 지도 전략 III

- **2025년 출제경향**
  - 대부분의 영역에서 매우 고르게 출제되었다. 특히 가장 기본이 되는 특수체육의 정의에 대한 부분과 사정과 측정 평가 도구에서 다소 높은 비율로 출제되어 심도 있는 학습이 필요하다.
  - 특수체육의 지도 전략에서는 개별화 교육 계획에서 출제비율이 높았으며 전년도와 달리 운동 발달과 체력 육성에서도 비율이 높았다. 그러나 전체 항목에서의 비율에서는 다소 낮은 비율이나 소홀할 수 없는 부분이다.
  - 장애 유형별 체육지도전략에서는 지적장애와 시각장애, 뇌병변 장애에 대한 비율이 다소 높았으나 대부분 고르게 출제되어 모든 유형에 대한 충분한 학습이 필요하다.

출제 기준 & 8개년 기출 분석(2급 장애인)

주요 항목	세부 항목	세세 항목	
특수 체육의 의미 (19%)	특수 체육과 장애	1. 특수 체육의 의미 3. 장애인과 특수 교육 대상자의 정의 5. 장애 정의(WHO)	2. 특수 체육의 대상이 되는 사람 4. 장애인 스포츠지도사 6. 장애인스포츠대회
	특수 체육과 통합 체육	1. 특수 체육	2. 통합 체육(스포츠)
특수 체육에서 사용하는 사정과 측정 도구 (15%)	사정과 측정 평가 도구	1. 사정의 개념과 종류 3. 측정 평가 도구의 종류	2. 사정의 분류 4. 검사 도구의 선택 기준
	장애인을 대상으로 하는 사정 및 평가	1. 장애인을 대상으로 하는 사정	2. 장애인 스포츠 사정
	과제 분석	1. 과제 분석의 개념 3. 과제 분석의 유형	2. 과제 분석의 목적 4. 과제 분석의 단점
특수 체육 지도 전략 (20%)	개별화 교육 계획(IEP)	1. 개별화 교육 계획의 의미와 구성 요소 3. 개별화 교육 계획의 지도 전략 5. 개별화 전환 교육 계획	2. 개별화 교육 계획의 기능과 절차 4. 개별화 교육 계획 작성 시 고려 사항 6. 개별화 전환 교육 계획의 특징
	장애인 스포츠의 활동 변형 전략	1. 장애인 스포츠의 활동 변형 전략의 의미 2. 장애인 스포츠의 활동 변형 전략의 구분 3. 장애인 스포츠의 활동 변형 시 고려 사항	
	장애 유형별 스포츠 활동 변형	1. 지체 장애인 3. 자폐성 장애인 5. 청각 장애인	2. 지적 장애인 4. 시각 장애인
	수업 실행 방법	1. 기능적 접근(하향식 접근)	2. 발달적 접근(상향식 접근)
	교육 프로그램 구성을 위한 유형	1. 근거 기반 프로그램 3. 과제 지향 프로그램	2. 사례 기반 프로그램 4. 위기 관리 프로그램
	특수 체육 지도에서의 행동 관리	1. 행동 관리의 의미 3. 행동 관리의 주요 이론 5. 행동 관리 시 주의점	2. 행동 관리의 필요성 4. 행동 관리 강화 기법 6. 문제 행동 관리의 절차
	운동 발달과 체력 육성	1. 장애와 운동 발달	2. 장애와 체력 육성
장애 유형별 체육 지도 전략 (46%)	지적 장애(정신 지체)	1. 지적 장애의 정의 3. 지적 장애인의 등급 분류 기준 5. 지적 장애인의 특수 체육 시 배려 6. 지적 장애인 체육 지도 시 용·기구 변형 고려 사항	2. 지적 장애의 원인 4. 지적 장애의 특성 및 지도 전략
	정서 장애	1. 정서 장애의 정의 3. 정서 장애인의 등급 분류 기준 5. 정서 장애의 특성 및 지도 전략	2. 정서 장애의 원인 4. 정서 장애의 행동 특성
	자폐성 장애	1. 자폐성 장애의 정의 3. 자폐성 장애의 유형별 진단 기준	2. 자폐성 장애의 원인 4. 자폐성 장애의 특성 및 지도 전략
	시각 장애	1. 시각 장애의 정의 3. 시각 장애의 분류 4. 시각 장애인의 스포츠 종목 지도 시 고려 사항 5. 시각 장애인의 영역별 특성 및 지도 전략 6. 시각 장애인 지도 시 고려 사항	2. 시각 장애의 원인
	청각 장애	1. 청각 장애의 정의 3. 청각 장애의 분류 5. 청각 장애인과 의사소통 시 고려 사항 7. 청각 장애인에게 신체 활동 지도 시 유의 사항	2. 청각 장애의 원인 4. 청각 장애의 정도 및 유형 6. 청각 장애인의 영역별 특성 및 지도 전략
	지체 장애	1. 지체 장애의 정의 3. 지체 장애인과 의사소통 시 고려 사항 5. 지체 장애의 영역별 특성 및 지도 전략	2. 지체 장애의 유형 4. 지체 장애인 스포츠 지도 시 고려 사항
	뇌병변 장애	1. 뇌병변 장애의 정의 3. 뇌병변 장애의 영역별 특성 및 지도 전략	2. 뇌병변의 분류

핵심테마 01 | 특수 체육의 의미

Speed 심화포인트

범주적 장애인 분류 기출 2017
- 지적 장애
- 시각 장애
- 지체 장애 등

「장애인 차별 금지 및 권리 구제 등에 관한 법률」
제25조(체육 활동의 차별 금지) ① 체육 활동을 주최·주관하는 기관이나 단체, 체육 활동을 목적으로 하는 체육 시설의 소유·관리자는 체육 활동의 참여를 원하는 장애인을 장애를 이유로 제한·배제·분리·거부하여서는 아니 된다.
② 국가 및 지방 자치 단체는 자신이 운영 또는 지원하는 체육 프로그램이 장애인의 성별, 장애의 유형 및 정도, 특성 등을 고려하여 운영될 수 있도록 하고 장애인의 참여를 위하여 필요한 정당한 편의를 제공하여야 한다.
③ 국가 및 지방 자치 단체는 장애인이 체육 활동에 참여할 수 있도록 필요한 시책을 강구하여야 한다.
④ 제2항을 시행하는 데 필요한 사항은 대통령령으로 정한다.

1 특수 체육과 장애

1. 특수 체육의 의미
① 특수 체육에서 '특수'는 장애인 또는 특수 교육 대상자를 의미함
② 국내에서 특수 체육은 일반적으로 장애가 있는 사람들의 체육 활동과 관련 있는 분야에서 사용됨
③ 장애인의 삶의 질을 향상시키고 자아를 실현할 수 있도록 하는 데 노력하는 현장 중심의 학문임

2. 특수 체육의 대상이 되는 사람 기출 2017
① 일반적인 특수 체육의 대상은 장애가 있는 사람으로, 그 대상은 신체 활동에 어려움을 가진 사람들까지 모두 포함함
② 경쟁 스포츠 시 공평하고 대등한 경쟁을 위해 장애의 유형을 구분함
③ 경쟁 스포츠에 참여가 가능한 장애 유형에는 지체 장애, 뇌병변 장애, 시각 장애, 지적 장애, 청각 장애 등이 있음

3. 장애인과 특수 교육 대상자의 정의
① 장애인과 특수 교육 대상자의 제정 목적은 근본적 차이가 있으며, 대상자의 범위에서 차이가 존재함
② 특수 교육 또는 특수 체육은 반드시 장애를 가지고 있는 사람만을 지칭하는 것은 아님
③ 장애인과 특수 교육 대상은 법적 의미와 법이 뜻하는 적용 대상에서 차이를 보임

Jump Up 이해

장애인 체육(장애인 스포츠), 재활 체육, 장애인 신체 활동의 의미

장애인 체육(장애인 스포츠)	재활 체육	장애인 신체 활동
• 장애인과 관련된 능동적 체육과 수동적 체육의 모든 활동을 지칭함 • 장애인이 참여하는 경쟁 스포츠를 의미함	• 장애인의 체육 활동을 지칭함 • 비장애인과 똑같은 목적으로 하는 체육 활동을 소극적이고 제한적으로 위축시킴	• 신체 활동은 스포츠, 레크리에이션, 체력 운동, 교육 프로그램 등 모든 활동을 포함함 • 독특한 요구를 필요로 하는 사람들의 전 생애에 걸쳐 이루어지는 활동을 의미함

4. 장애인 스포츠지도사 기출 2024

(1) 장애인 스포츠지도사의 정의

장애 유형에 따른 운동 방법 등의 지식을 겸비하고 해당 자격 종목과 관련하여 장애인을 대상으로 전문 체육 혹은 생활 체육을 지도할 수 있는 사람을 말함

> **Jump Up 이해**
>
> **장애인 스포츠지도사의 자격 종목(34개 종목)**
> 골볼, 농구, 당구, 댄스스포츠, 럭비, 론볼, 배구, 배드민턴, 보치아, 볼링, 사격, 사이클, 수영, 승마, 아이스하키, 양궁, 역도, 요트, 유도, 육상, 조정, 축구, 카누, 컬링, 탁구, 태권도, 테니스, 트라이애슬론, 파크골프, 펜싱, 스노보드, 알파인스키, 바이애슬론·크로스컨트리(가라테, 레슬링, 오리엔티어링, 핸드볼은 검정 기관 요청에 따라 시행 보류)

(2) 2급 장애인 스포츠지도사 연수 과정 기출 2022

① **스포츠 윤리**: 선수·지도자·심판 윤리·선수와 인권, (성)폭력 방지, 공정 경쟁, 도핑 방지, 스포츠와 법
② **장애 특성 이해**: 인지, 정서 장애인 특성에 따른 스포츠 지도, 지체 장애인 특성에 따른 스포츠 지도, 시청각 장애인 특성에 따른 스포츠 지도
③ **지도 역량**: 장애 특성별 운동 프로그램, 운동 기술과 체력의 진단 및 평가, 통합 체육 이해와 적용 방안, 스포츠 심리 및 트레이닝 실무, 체육 지도 방법
④ **스포츠 매니지먼트**: 스포츠 지도를 위한 한국 수어, 스포츠 시설 및 용품 관리, 생활 체육 프로그램 운영 및 관리, 커뮤니케이션 및 상담 기법, 스포츠 행정 실무
⑤ 현장 실습
⑥ 그 밖에 문화체육관광부장관이 필요하다고 인정하여 고시하는 사항

5. 장애 정의(WHO) 기출 2021/2020

(1) 2001년의 장애 정의

① 핸디캡 등의 부정적인 용어 사용을 규제함
② 1980년 3개의 차원(손상, 장애, 핸디캡)으로 분류한 용어를 '손상'은 '신체 기능과 구조', '장애'는 '활동의 제한', '핸디캡'은 '참여 제약'으로 변경함
③ 장애를 총체적인 개념으로 환경적·개인적 요인에 의해 누구에게나 발생할 수 있는 일반적 현상으로 이해하기 시작함

(2) 국제 기능·장애·건강 분류(International Classification of Functioning, Disability, and Health: ICF) 기출 2023

① 과학적, 임상적, 행정적 및 사회적 정책의 다양한 차원에서 모든 장애의 평가와 측정에 기초를 제공함
② 사람과 그 사람의 물리적, 사회적 환경 사이의 상호 작용 결과로 초래된 다차원적 현상을 나타내기 위해 '장애'라는 용어를 사용함
③ 개인의 생활 상황과 환경적 영향의 배경 내에서 사람들의 건강 특성을 분류함
④ 건강 특성과 배경 요인 사이의 상호 작용이 장애를 초래하므로 개인을 손상, 활동 제한 또는 참여 제약 대상으로 축소하거나 특징지어서는 안 됨

Speed 심화포인트

1980년의 장애 정의
- 장애와 질병은 동일한 것이 아님(장애는 질병의 결과)
- 장애는 3개의 차원(손상, 장애, 핸디캡)으로 분류가 가능하며, 서로 연관성이 있음

핵심테마 01 특수 체육의 의미

Speed 심화포인트

장애 유형별 스포츠위원회
- IPC: 국제패럴림픽위원회
- SOI: 국제스페셜올림픽위원회
- ICSD: 국제농아인스포츠위원회

데플림픽 경기의 특징
데플림픽 경기에서는 출발 신호로 총소리나 호루라기를 사용할 수 없어 깃발이나 빛을 쏘아서 경기 시작을 알리며, 관중들은 환호성과 파도타기를 통해 선수들을 응원한다.

6. 장애인스포츠대회

(1) 국제장애인스포츠대회 비교 [기출 2019]

구분	패럴림픽	스페셜올림픽	데플림픽(농아인 올림픽)
자격 요건	지체 장애인, 지적 장애인, 뇌병변 장애인, 시각 장애인	만 8세 이상의 지적·자폐성 장애인	보청기, 달팽이관 이식 등을 하지 않은 청각 장애인 (55dB 이상)
개최 목적	신체적·감각적 장애가 있는 운동선수들의 스포츠를 통한 경쟁 도모	지적·자폐성 장애인의 지속적인 스포츠 훈련 기회 제공	스포츠를 통한 심신 단련, 세계 청각 장애인들의 친목 도모와 유대 강화
경기 기간	동·하계 올림픽과 같은 해 개최	4년마다 동·하계 대회로 개최	4년마다 동·하계 대회로 개최(올림픽 다음 해에 개최)
경기 방식	신체 장애 구분에 따라 분류하여 진행	선수들의 나이, 성별, 운동 능력에 따라 디비전 그룹이 나뉘어 본 경기를 진행하는 디비저닝(divisioning)	신체 장애 구분에 따라 분류하여 진행
순위 선정	올림픽과 같음	1등부터 3등까지는 금메달, 은메달, 동메달을 수여하고 4등부터는 리본을 수여	올림픽과 같음
경기 종목	동계 6개 종목, 하계 22개 종목	동·하계 포함하여 총 32개 종목	동계 18개 종목, 하계 5개 종목
국제기구	IPC(International Paralympics Committee)	SOI(Special Olympics International)	ICSD(International Committee of Sports for the Deaf)
창시자	Ludwig Guttmann	Eunice Kennedy Shriver	Eugene Rubens Alcais
제1회 개최지	로마(1960)	시카고(1968)	파리(1924)
로고			

(2) 국제장애인경기대회 개최의 이점
① 고용 창출을 통한 경제적 효과
② 국가 브랜드 이미지 제고
③ 장애인에 대한 사회 인식 개선 및 사회 통합

(3) 국내장애인체육대회의 개최 목적
① 장애 체육인의 경기력 향상
② 지방 체육 활성화
③ 장애인 스포츠에 대한 국민적 이해 증진

장애인스포츠대회의 역사
- 1960년 제1회 로마 패럴림픽
- 1976년 제1회 외른셀스비크 동계 패럴림픽
- 1981년 제1회 전국장애인체육대회
- 1988년 제8회 서울 하계패럴림픽
- 2005년 대한장애인체육회 설립
- 2009년 이천 장애인체육종합훈련원 개원식
- 2018년 평창 동계패럴림픽

7. 우리나라 장애인 체육·스포츠의 발전 과정 기출 2024

구분	주요 내용
태동기 (1912~1987)	• 특수학교 체육 　- 제생원 맹아부 체조 교과 개설(1913) 　- 특수학교 체육 교육 과정 제정(1967~) • 장애인 체육대회 개최 및 국제대회 참가 　- 국제척수장애인경기대회 참가(1965) 　- 제1회 전국상이군경체육대회 개최(1967) 　- 한국소아마비협회 정립회관 건립(1975)과 체육행사 개최 　- 전국장애인 체육대회 개최(1981)
기반 구축기 (1988~2004)	• 서울패럴림픽 개최(1988) • 한국장애인복지체육회 설립(1989) → 한국장애인복지진흥회(1999) • 한국특수체육학회 창립(1990) • 장애인 체육대회 발전 　- 전국장애인체육대회 전국 시도 순회 개최 시작(2000) 　- 전국동계장애인 체육대회 시작(2004)
도약기 (2005~)	• 장애인 체육의 법적 기반 마련 　- 장애인 스포츠지도사 양성(2015) 　- 장애인차별금지 및 권리구제 등에 관한 법률 제정(2007.04) • 대한장애인체육회 설립(2005) • 국제장애인경기대회 개최 　- 평창 동계스페셜올림픽(2013) 　- 인천 장애인아시아경기대회(2014) 　- 2015 서울 세계시각장애인챔피언십대회 　- 2018 평창 장애인동계올림픽대회 개최 등

2 특수 체육과 통합 체육 기출 2021

1. 특수 체육

(1) 특수 체육의 정의(Joseph P. Winnick) 기출 2025/2015

체육의 하위 분야로 장애가 있거나 신체 활동에 어려움이 있어 심동적 문제를 갖는 사람들을 대상으로 하는 체육을 의미함
① 독특한 요구를 충족시키기 위해 계획된 개별화 프로그램임
② 신체적 능력에 차이가 있는 학생들이 안전하게 스포츠를 경험할 수 있도록 함
③ 신체의 교정, 훈련, 치료 등 전통적인 프로그램의 계획 요소를 포함함
④ 장애인을 독특한 요구를 가진 사람이라고 여겨 심동적인 어려움이 있는 모든 사람을 지칭함

(2) 특수 체육의 특징 기출 2020
① 평생 교육을 강조함
② 법률적 기초 위에서 제공되는 서비스임
③ 장애 학생의 요구에 대한 총괄적 평가를 통해 심동적 문제를 확인함
④ 평균 이하 혹은 정상과 다른 심동적 특성을 보이는 학습자 위주로 교육을 진행함
⑤ 문화의 일부로 인식됨
⑥ 연속적인 서비스를 제공함
⑦ 책무성을 가짐
⑧ 장애의 정도에 관련없이 모든 학생이 체육 교육을 받을 권리가 있음을 강조함

> **Speed 심화포인트**
>
> **특수 체육의 유형**
> • 적응 체육: 장애인에게 안전하고 만족스러운 참여의 기회를 주기 위해 전통적인 체육 활동을 변형한 유형
> • 교정 체육: 기능적·물리적 신체의 결함을 교정하기 위해 훈련하거나 재활하는 유형
> • 발달 체육: 장애 아동의 능력을 일반 아동의 수준으로까지 향상시키기 위해 계획된 건강 체력과 대근육 운동 프로그램 유형
> • 의료 체육: 특정한 신체적 활동으로 장애인의 운동 능력을 다시 회복시키거나 향상시키려는 유형

핵심테마 01 특수 체육의 의미

Speed 심화포인트

(3) **교육 목표의 분류** 기출 2023/2019/2016

① 정의적 영역: 일에 있어서의 주의력과 인격, 양심에 이르기까지 넓은 범위로서 긍정적 자아, 사회적 능력 향상, 즐거움과 긴장 이완 등에 관련된 특성을 포함

② 심동적 영역: 인간의 조작적 기능, 신경 근육의 발달 정도나 숙련 정도, 운동 기술과 패턴, 체력 향상, 여가 활동에 필요한 기술 등과 같이 신체와 관련된 대부분의 운동 기능, 신경 근육과 관련된 기능 및 지각 활동 등을 포함

③ 인지적 영역: 지식, 이해력, 적용력, 분석력, 놀이와 게임 행동, 인지-운동 기능과 감각 통합, 창조적 표현 등과 같이 하위 정신 기능부터 고등 정신 기능까지 정신적 능력에 해당하는 모든 지적 행동 특성을 포함

Jump Up 이해

장애인의 임파워먼트 개념 기출 2021

- 임파워먼트는 장애인의 주도성, 혁신성, 창의성 등의 배양을 위해 스스로 권한을 신장시키는 노력을 의미한다.
- 임파워먼트를 통해 자신의 삶에 대한 통제권을 가질 수 있고, 전문적인 서비스에 대한 의존성을 줄일 수 있으며, 자신을 위한 행동을 할 수 있다.

임파워먼트의 3가지 속성

일반적 특징	심리적·행동적 요소
자결성 기출 2017	• 개인의 능력이 숙달된 상황에서 개인이 행동을 규제하고 독자적으로 선택할 수 있는 개개인의 선택 감각을 의미함 • 적극적으로 삶에 대한 의사 결정을 함 • 운동과 재활 참여에 대한 선택을 함 • 서비스의 계획과 조직에 영향을 줌
사회적 참여	• 다른 장애인을 확인하고 지지함 • 낙인이나 불공정에 대한 정당한 분노를 경험함 • 지지(advocacy) 활동에 참여함
개인적 유능감	• 긍정적인 자기 존중감을 보여 줌 • 심동적 장애를 수용함 • 통제에 대한 내재적 소재를 확인하고 승인함

2. 통합 체육(스포츠) 기출 2016

장애인들은 사회적 분위기, 탈시설화, 지역의 사회적 통합, 주류화 등 통합을 거쳐 현재 사회의 한 구성원으로서 권리를 보장·요구할 수 있는 시대에 살고 있는데, 이를 사회적 관점에서는 통합 사회, 교육적 관점에서는 통합 교육, 체육 및 스포츠의 관점에서는 통합 체육이라고 봄

(1) 통합 관련 개념

정상화	• 장애인도 가능한 한 대부분의 사회 구성원처럼 일반 사회에 적응할 수 있도록 함 • 장애 유무를 떠나 모두가 인간의 존엄성을 존중받아 마땅하다는 신념
주류화	• 장애 학생을 분리하여 교육하지 않음 • 교육 환경에서 제한적인 요소의 최소화 강조 • 장애 아동이 특수 교육에 소속되어 있으면서 일반 학급으로 들어가는 것
통합	장애 학생과 비장애 학생이 같은 공간에서 교육을 받거나 서비스를 제공받는 환경

통합 교육
- 장애 학생들을 전체의 일부로 구성하거나 수용하는 것
- 분리 교육은 불평등 교육이라는 신념에서 시작
- 참여자에게 적절한 수준의 프로그램을 제공함
- 장애 학생에게 스포츠와 신체 활동에 참여할 기회를 제공함

(2) 통합 교육 시 주의할 점
① 개인별 지도 후 전체 지도 시간을 설정해야 함
② 장애 학생과 비장애 학생이 최대한 함께 할 수 있도록 수업을 실시해야 함(특별한 경우 제외)
③ 교수적 통합을 통한 수업을 실시할 때 용이하게 수업을 진행해야 함
④ 장애 학생의 특성을 이해하고 지도해야 함
⑤ 지도의 흐름, 통합 형태와 관련한 사전 합의 후 수업을 실시해야 함

> **Jump Up 이해**
>
> **제한 환경의 최소화(Least Restrictive Environment: LRE)** `기출 2017`
> 정상화를 실현하기 위해 장애가 있는 학생을 가능한 한 또래 학생들과 동일한 교육 환경에 배치하되, 부족한 부분에 대해서만 특수 교육을 받도록 하는 단계적 통합 교육이다.

(3) 통합 체육의 장단점 `기출 2016`

장점	• 장애 학생의 운동 수행 능력은 체육 교육 환경에서 더 나은 수행 능력을 발휘될 수 있음 • 비장애 학생은 장애 학생들에게 모범적 역할 모델이 되며 장애 학생을 존중하는 방식을 습득하고, 장애 학생들은 비장애 학생들과 함께 하면서 더 잘 하고 싶다는 자극을 받음 • 수행력이 다양한 학생들의 통합은 다양한 측면에서 학교 예산 절감에 도움이 됨
단점	• 체육 활동을 통해 상호 작용하는 방식과 일상생활에 적응할 수 있는 방식을 교육받으니, 통합 교육 환경에 속하는 것만으로 사회적 상호 작용이 무조건 이루어진다고는 할 수 없음 • 통합 체육 시 별도의 시설 및 특별한 도구가 필요하고 준비와 계획에 시간이 소요됨 • 대부분 일반 체육 교사는 장애 학생의 지도 방법에 대해 잘 인지하지 못함 • 장애 학생들은 수행 능력 정도가 다양하기 때문에 스포츠 활동 진행이 어려움 • 장애 학생들은 대규모 수업보다 소규모 수업에 좀 더 안정적으로 참여함

(4) 스포츠 통합의 연속체(J. Winnick) `기출 2025/2022`
① **일반 스포츠(Level 1)**: 일반 스포츠 환경에서 장애인이 비장애인 선수들과 동등한 자격 조건으로 참여할 수 있는 경기
② **편의를 제공한 일반 스포츠(Level 2)**: 장애인의 경기력에 직접적인 영향을 주지 않는 정도에서 합리적인 적응 방법을 제공하여 스포츠에 참가할 수 있도록 하는 경기
③ **일반 스포츠와 장애인 스포츠(Level 3)**
　㉠ 부분 통합 또는 완전 통합 스포츠 환경에서 이루어지고 있는 일반 스포츠 및 장애인 스포츠를 포함함
　㉡ 장애인 선수와 비장애인 선수가 한 팀이 되어 상대 선수들과 경기를 하는 경우
④ **통합 환경의 장애인 스포츠(Level 4)**
　㉠ 장애인 선수와 비장애인 선수가 장애인 스포츠 종목에 함께 참가하는 경우
　㉡ 비장애인 선수가 장애인 스포츠 규칙을 그대로 적용받으며 참가하는 경우
⑤ **분리 환경의 장애인 스포츠(Level 5)**
　㉠ 장애인 선수만 참가하는 스포츠 환경으로, 등급 분류를 받은 선수만 경기에 참가하는 경우
　㉡ 장애인 스포츠 경기 단체가 주최하는 거의 모든 대회를 포함함

장애 모델
- 도덕 모델: 주류 사회에 살 권리가 없다고 주장함(장애는 신이 내린 벌로 인식)
- 자비 모델: 장애인을 배제해도 괜찮은 존재로 인식함
- 의학 모델: 장애를 생물학적·심리학적으로 결함이 있는 열등한 존재로 인식, 치료해 주어야 한다고 주장함
- 사회 모델: 장애는 기능적 문제에 한계가 있는 것이 아니며 신체적·사회적 장벽으로 인해 참여의 기회를 제약받는다고 주장함
- 경제 모델: 장애는 생산적인 일에 참여하는 데 제약이 있기 때문에 직업 교육을 통해 소득을 창출할 수 있도록 해야 한다고 주장함
- 인권 모델: 장애인도 비장애인과 똑같은 인권이 있다고 주장함

핵심테마 01 특수 체육의 의미

Speed 심화포인트

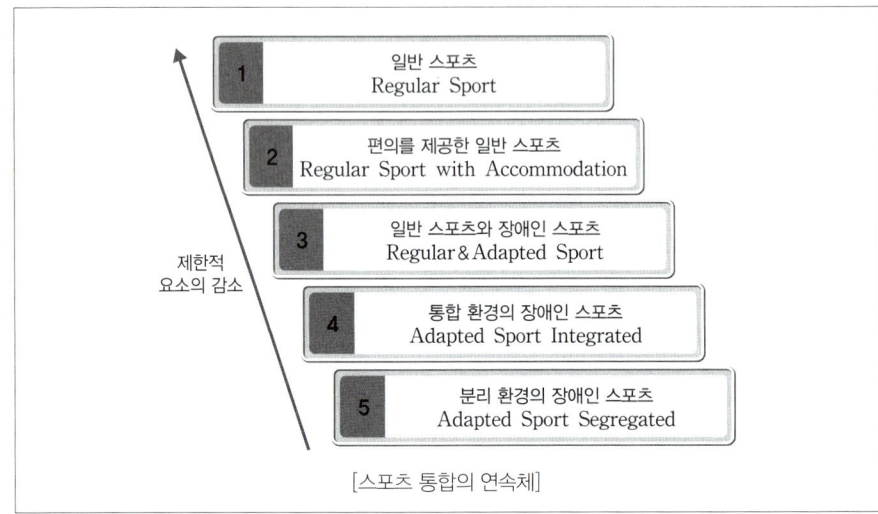

[스포츠 통합의 연속체]

(5) **미국 장애인 교육법(Individuals with Disabilities Education Acts: IDEA)의 주요 원칙** 기출 2022
  ① 입학 거부 불가(zero reject): 어떤 학생도 배제되어서는 안 된다는 규정
  ② 비편견적 평가(nondiscriminatory evaluation): 편견 없는 다양한 진단과 평가 방법을 사용하여 공정하게 장애 아동을 판단함
  ③ 개별화된 적절한 교육(individualized and appropriate education): 무상의 적절한 공교육을 받아야 하며, 각 아동의 교육적 요구에 맞게 구성된 개별화 교육 프로그램에 따라 개별화된 적절한 공교육이 제공되어야 함
  ④ 최소 제한 환경(Least Restrictive Environment: LRE): 장애 아동은 가능한 한 비장애 아동과 함께 최소한으로 제한된 환경에서 교육을 받아야 한다는 규정으로 장애 아동의 일반 학교로의 통합을 촉진함
  ⑤ 적법한 절차에 의한 안전장치(Due Process Safeguards: DPS): 학교는 장애 아동과 부모의 권리를 보호하기 위하여 특수 교육에 관련된 진단과 배치가 있기 전에 부모의 동의를 받게 되어 있으며, 아동의 장애에 대한 모든 정보는 비밀로 하되, 부모에게는 모두 공개하도록 함
  ⑥ 부모와 학생의 참여(parental and student participation): 학교는 장애 아동의 교육 프로그램을 계획하고 실시할 때 장애 아동과 부모를 참여시켜 교육 환경의 배치, 개별화 교육 프로그램의 목표 및 관련 서비스 등에 대해 의사를 표현할 수 있도록 하고, 공동으로 의사 결정을 하게 함

(6) **미국의 체육 정의** 기출 2023
  ① 1975년에 공포된 공법 94-142(전 장애 아동 교육법)의 특수 교육 조항에 체육의 정의를 포함시킴
  ② 체육이란 체력, 기본 운동 기술과 양식, 그리고 수중 활동, 무용, 개인 및 단체 게임 및 스포츠 등의 기술의 발달을 의미함
  ③ 체육은 특수 체육, 적응 체육, 움직임 교육, 운동 발달 등을 포함하는 용어임

잔스마와 프랜치(P. Jansma & R. French)의 4L 기출 2022

장애인에 대한 긍정적인 사회적 태도를 형성하고 이를 확대하는 데 촉매 작용을 하는 방법을 제시함
• 새로운 지식을 위한 연구(Literature)
• 목표를 성취하기 위한 행동력 [Leverage(Lobbying)]
• 권리의 주장을 위한 소송(Litigation)
• 실행을 보장하는 입법(Legislation)

출제 0순위 공략! 꼭 풀어야 할 대표문제

01 [2025 기출문제]

특수체육에 관한 설명으로 옳지 않은 것은?

① 특별한 요구를 가진 사람들을 위해 프로그램을 변형한다.
② 장애인이 참여하는 체육으로 비장애인과 함께하는 활동을 포함한다.
③ 신체활동 참여에서 장애인의 임파워먼트(empowerment)를 강조한다.
④ 학교체육 중심으로 생활체육이나 경쟁 스포츠 참여는 제한한다.

| 정답해설 |

특수체육에 속하는 활동으로 경쟁 스포츠에 해당하는 다양한 장애인 스포츠가 있으며, 학교체육 중심에서는 통합체육으로서의 체육과 스포츠 활동을 통해 생활체육을 만들어간다. 또한, 일반 스포츠와 장애인 스포츠의 규칙, 장비, 운영 형태 등에 따라 스포츠 통합 연속체를 5개 수준으로 단계화하였다.

02 [2021년 기출문제]

참여자에게 종목 선택권을 부여하고 의사 결정 참여 기회의 폭을 넓혀 주는 것은?

① 몰입(flow)
② 임파워먼트(empowerment)
③ 강화(reinforcement)
④ 사회적 참여(social engagement)

| 정답해설 |

임파워먼트는 장애인의 주도성, 혁신성, 창의성 등의 배양을 위해 스스로 권한을 신장시키는 노력을 의미한다. 임파워먼트를 통해 자신의 삶에 대한 통제권을 가질 수 있고, 전문적인 서비스에 대한 의존성을 줄일 수 있으며, 자신을 위한 행동을 할 수 있다. 참여자에게 종목 선택권을 부여하는 것은 임파워먼트의 '자결성', 의사 결정 참여 기회는 임파워먼트의 '사회적 참여'에 해당한다.

03 [2021년 기출문제]

〈보기〉는 국제 기능·장애·건강 분류(International Classification of Functioning, Disability, and Health: ICF)에서 어떤 영역에 해당하는가?

> 보기
> A는 스포츠에 독립적으로 참여하는 데 어려움이 있으나 적절한 지원을 받을 경우 문제없이 참여할 수 있다.

① 신체 기능과 구조
② 참여
③ 활동
④ 장애

| 정답해설 |

세계보건기구(WHO)는 1980년에 장애는 3개의 차원(손상, 장애, 핸디캡)으로 분류할 수 있다고 정의하였으나, 2001년에 '손상'을 '신체 기능과 구조', '장애'는 '활동의 제한', '핸디캡'은 '참여 제약'으로 용어를 변경하였다.

04 [2022년 기출문제]

위닉(J. Winnick, 1987)의 장애인 스포츠 통합 연속체에서 〈보기〉의 내용에 해당하는 단계는?

> 보기
> • 시각 장애 볼링 선수가 가이드 레일(guide rail)의 도움을 받아 비장애 선수와 함께 경쟁하였다.
> • 희귀성 다리 순환 장애 골프 선수가 카트를 타고 비장애 선수와 함께 경쟁하였다.

① 일반 스포츠(regular sport)
② 편의를 제공한 일반 스포츠(regular sport with accommodation)
③ 일반 스포츠와 장애인 스포츠(regular sport & adapted sport)
④ 분리된 장애인 스포츠(adapted sport segregated)

| 정답해설 |

위닉(J. Winnick)의 스포츠 통합 연속 체계는 일반 스포츠(Level 1), 편의를 제공한 일반 스포츠(Level 2), 일반 스포츠와 장애인 스포츠(Level 3), 통합 환경의 장애인 스포츠(Level 4), 분리 환경의 장애인 스포츠(Level 5)로 구분된다. 볼링의 가이드 레일과 골프에서의 카트 사용은 장애인 선수의 경기 수행력에 직접적인 영향을 미치지 않는 한 합리적인 적응 방법을 제공하여 스포츠에 참가하는 경우이므로 편의를 제공한 일반 스포츠이다.

정답 01 ④ 02 ② 03 ② 04 ②

05 [2023년 기출문제]

〈보기〉에서 미국 관보(Federal Register, 1977)가 체육을 정의한 내용에 해당하는 것을 모두 고른 것은?

보기

㉠ 건강과 운동 체력의 발달
㉡ 특수 체육, 적응 체육, 움직임 교육, 운동 발달을 포함
㉢ 수중 활동, 무용, 개인과 집단의 게임과 스포츠에서의 기술 발달
㉣ 기본 운동 기술과 양식(fundamental motor skills and patterns)의 발달

① ㉠, ㉡
② ㉡, ㉢
③ ㉠, ㉢, ㉣
④ ㉠, ㉡, ㉢, ㉣

| 정답해설 |

미국은 1975년에 공포된 공법 94-142(전 장애 아동 교육법)의 특수 교육 조항에 체육의 정의를 포함시켰다. 체육이란 ㉠ 건강과 운동 체력의 발달, ㉣ 기본 운동 기술과 양식, 그리고 ㉢ 수중 활동, 무용, 개인 및 단체 게임 및 스포츠 등의 기술의 발달을 의미한다. 또한 체육은 ㉡ 특수 체육, 적응 체육, 움직임 교육, 운동 발달 등을 포함하는 용어이다.

06 [2022년 기출문제]

장애인 스포츠와 관련된 긍정적인 변화를 위한 사회적 노력으로 잔스마와 프렌치(P. Jansma & R. French, 1994)가 제시한 '4L'의 방법이 아닌 것은?

① 장애인 스포츠와 관련된 지식의 창출과 보급(Literature)
② 장애인 스포츠 관련 단체 등의 목표를 성취하기 위한 집단행동(Leverage)
③ 장애인 스포츠에 대한 법률관계 확정을 위한 소송(Litigation)
④ 장애인 스포츠에 대한 장애인의 학습(Learning)

| 정답해설 |

4L에는 ①②③ 외에 장애인 스포츠에 대한 실행을 보장하는 입법(Legislation)이 해당한다.

07 [2024년 기출문제]

장애인 스포츠지도사의 역할로 옳지 않은 것은?

① 장애인의 독특한 요구(unique needs)를 확인한다.
② 장애인의 기능 회복을 위한 치료 서비스를 제공한다.
③ 장애인에게 적합한 지도환경과 지도내용을 결정한다.
④ 스포츠와 관련된 과제, 환경 등을 장애인의 요구에 맞게 변형한다.

| 정답해설 |

기능 회복을 위한 치료 서비스는 장애인 스포츠지도사가 아닌 의료인의 역할이다. 장애인 스포츠지도사란 장애 유형에 따른 운동 방법 등의 지식을 겸비하고 해당 자격 종목과 관련하여 장애인을 대상으로 전문 체육 혹은 생활 체육을 지도할 수 있는 사람을 말한다.

08

데플림픽에 관한 설명으로 옳지 않은 것은?

① 창시자는 외젠 R. 알케(Eugene Rubens Alcais)이다.
② 제1회 대회는 1968년 시카고에서 개최되었다.
③ 주관 단체는 ICSD(International Committee of Sports for the Deaf)이다.
④ 참가 대상은 보청기, 달팽이관 이식 등을 하지 않은 청각 장애인이다.

| 정답해설 |

제1회 데플림픽 대회는 1924년 파리에서 개최되었다.

정답 05 ④ 06 ④ 07 ② 08 ②

핵심테마 02 | 특수 체육에서 사용하는 사정과 측정 도구

1 사정과 측정 평가 도구

1. 사정의 개념 및 종류

(1) 사정의 개념 기출 2024/2016/2015
① 평가와 측정의 중간 개념으로 교육적 의사 결정에 필요한 자료를 수집하는 과정임
② 양적 자료와 질적 자료를 모두 포함함
③ 측정 활동을 통해 목적을 달성하기 위한 근거 자료 수집에 중점을 둠

(2) 사정의 종류

검사	점수 또는 수량적 자료를 산출하기 위한 질문 또는 과제
관찰	일상의 상황에서 나타나는 아동의 행동을 관찰하여 기록하는 것(서술 기록, 간격 기록, 사건 기록, 평정 기록 등)
면접	피면접자와의 대화를 통해 질문의 반응을 기록하는 방법
교육 과정 중심 사정	아동을 가르치는 과정에서 아동의 행동에 대한 자료 수집
수행 사정	행동을 수행하는 아동을 관찰하여 판단
포트폴리오 사정	아동 혹은 교사가 아동의 작품 또는 결과물을 통해 아동의 성취를 평가

▶ Jump Up 이해

평가, 측정, 검사의 개념 기출 2024
- 평가: 검사 도구로 측정하여 수집된 자료를 근거로 가치 판단을 통하여 교육적 의사 결정을 내리는 마지막 과정으로서, 문제 해결을 위해 지속적으로 이루어지는 과정
- 측정: 인간의 행동 특성에 대하여 검사 도구를 이용해서 정보 자료를 모으고, 이를 기호로 나타내는 과정
- 검사: 개인의 지식이나 능력을 일정한 조건에 따라 체계적으로 관찰하기 위해 도구 혹은 특정 절차를 이용하여 자료를 수집하는 기술

2. 사정의 분류 기출 2023/2017

공식적 사정	특정 목적을 갖고 표준화된 검사(절차)를 사용하는 것
비공식적 사정	표준화된 절차보다 관찰을 통한 비표준화 절차를 사용하는 것
직접 사정	대상자와 직접적인 접촉을 통해 대상자의 정보를 수집하는 것
간접 사정	대상자에 대한 정보를 가족 또는 보호자 등을 통해 수집하는 것

3. 측정 평가 도구의 종류 기출 2023/2020/2017

표준화 검사	• 검사 지침서에 제시된 방법과 절차에 따라 검사 실시 • 타당화된 결과를 도출하기 위한 방법 • 구성 요소, 실시 과정, 채점 방법, 결과 해석 등 구조적인 과정을 거쳐 제작된 검사

핵심테마 02 특수 체육에서 사용하는 사정과 측정 도구

Speed 심화포인트

수정된(비표준화) 검사	• 장애인의 특성에 맞춰 능력을 알아보기 위해 절차를 수정 및 보완하여 사용 • 검사 항목이나 절차를 수정 • 특정 장애의 특성에 맞게 고안된 절차를 사용
규준 지향 검사 (상대 평가)	동일한 특성(성별, 연령 등)을 가진 사람들의 객관적인 점수 분포인 규준에 검사 대상자의 점수를 비교하여 동일 집단에서의 상대적 위치를 검사 예 내신 등급제, 수능 등급제 등
준거 지향 검사 (절대 평가)	사전에 설정한 숙달 기준인 준거에 대상자의 점수를 비교하여 특정 영역에서의 대상자 수준을 검사 예 비만율, 유연성, 심폐 지구력 등
루브릭	명확한 수행 준거를 바탕으로 동작이나 기술의 다양한 등급을 구분
포트폴리오	작업 결과나 작품 혹은 어떤 수행의 결과를 모아 놓은 자료집이나 서류철을 보고 평가
생태학적 평가	대상자가 처해진 환경에서 상호 작용하며 일으키는 행동과 관련된 정보를 수집
과제 분석	목표 과제를 시작 단계부터 최종 단계까지 작은 단계로 나누거나 쉬운 단계부터 어려운 단계로 분석하여 제시하는 것

Jump Up 이해

규준 지향 검사와 준거 지향 검사 기출 2023

규준 지향 검사	준거 지향 검사
• 상대 비교 평가로, 공식적 사정은 대부분 규준 지향 검사에 해당함 • 소수의 우수 학생을 알아내거나 학생 집단 내에서 학업 성취 수준의 차이를 밝힘 • 원점수의 상대적인 위치를 설명하기 위해 활용됨 • 검사의 신뢰성을 강조함 • 개인차의 변별이 가능하며, 교사의 편견이 배제됨 • 과다한 경쟁 심리로 학생의 인성을 저하시킬 수 있음	• 절대 비교 평가로, 비공식적 사정은 대부분 준거 지향 검사에 해당함 • 교육 목표에 비추어 평가하기 때문에 목표 지향 검사라고도 함 • 검사의 타당성을 중시함 • 교수 학습 방법 개선에 용이하게 적용할 수 있음 • 검사의 결과를 통계적으로 활용할 수 없으며, 누가 잘하는지 못하는지를 구분하기 어려움

4. 검사 도구의 선택 기준 기출 2020

① **타당성**: 초보 움직임, 기본 움직임, 스포츠 기술 등의 신체 능력뿐 아니라 지식, 행동 등 인지적, 정의적 요소의 능력이나 특성을 충실하게 측정하는 정도
② **신뢰성**: 동일한 검사를 반복하여 실시할 때마다 일관성 있게 같은 결과를 얻는 것
③ **객관성**: 두 명 이상의 평가자가 측정한 결과가 동일한 점수를 나타내야 함
④ **적합성**: 나이, 성별, 장애와 관련하여 검사하는 데 동일한 유형의 대상을 포함해야 함
⑤ **변별성**: 검사를 잘 수행하는 사람과 수행하기 어려운 사람을 구분하여 실시할 수 있어야 함
⑥ **용이성**: 측정은 가급적 쉽게 실시할 수 있어야 하며, 대상자들이 수행하는 데 어려움이 적고, 측정 결과는 지도자가 쉽게 이해할 수 있어 이를 쉽게 지도에 활용해야 함

2 장애인을 대상으로 하는 사정 및 평가

1. 장애인을 대상으로 하는 사정

(1) 목적
① 발달상의 지체 혹은 장애가 있는지의 여부 확인
② 기능 손상의 문제 혹은 특성의 진단
③ 개별화 교육 프로그램을 개발하기 위한 자료 수집
④ 장애 학생을 적절히 배치하기 위한 판단 준거 마련
⑤ 장애 학생의 요구에 부응하기 위한 지도 준비 및 실천

(2) 장애인을 대상으로 한 표준화 검사 시 유의 사항
① 수정 실시 전에 지침대로 검사를 완전히 실시해야 함
② 수정 전 지침서에 수정 지침이 있는지 살펴봐야 함
③ 지침서에 제시된 범위를 넘어 수정을 하고자 할 때 수정 내용을 자세히 기술해야 함
④ 수정된 내용일 경우 규준과 비교하여 검사 결과를 해석하는 것에 주의해야 함

2. 장애인 스포츠 사정

(1) 장애인 및 비장애인 아동 대상 운동 기술 검사 도구 기출 2023/2021/2019/2018/2017/2015

검사 도구	검사 목적	항목	검사 분류	대상
AMPS	운동 기술 숙련	36개	준거 지향	모든 연령
BOTMP	기본 운동 기술 및 특정 운동 검사	46개	규준 지향	약 5~15세
BPFT	건강 관련 체력	27개	준거 지향	약 10~17세
Denver II	유아 신체 발달 지표 및 기본 움직임 기술	61개	규준 지향	출생~6세
EMPDDC	기본 움직임 기술과 자세	10개	준거 지향	5세 이상
Fitnessgram	건강 관련 체력	13개	준거 지향	(학령기)장애·비장애 아동
GMPM	영유아 움직임 발달 및 기본 운동 기술	20개	준거 지향	20세 미만 뇌성 마비인
MABCT	기본 운동 기술 및 특정 운동 기술	32개	준거 지향	4~12세
MDC	영유아 움직임 발달	35개	준거 지향	대상 미확정
OSUSGMA	기본 운동 기술	11개	준거 지향	약 2.5~14세
PAPS-D	장애 학생 건강 체력 (장애 유형 6개로 구분)	21개	준거/규준 지향	초등학생 시기의 장애인
PDMS	기본 운동 기술 및 움직임 발달	12개	준거/규준 지향	출생~6세
PDMS-2	유아기 대근 운동 및 소근 운동 기능의 훈련 또는 개선	249개	준거/규준 지향	출생~5세
TGMD	기본 운동 기술	12개	준거/규준 지향	3~10세

장애인 스포츠에서 검사 도구 활용 시 고려 사항
- 손상 유형의 다양성(장애 유형)
- 손상 정도의 다양성(운동 기술, 체력)
- 욕구의 다양성(추구하는 목적)

장애 유형별 스포츠 사정 및 평가 시 주의 사항
- 휠체어 사용 장애인의 경우, 낮은 철봉에서 턱걸이나 팔 굽혀 매달리기를 실시해야 함
- 지적 장애인의 경우, 스피드 검사 시 결승선을 실제의 거리보다 좀 더 뒤에 설치하여 기록을 측정해야 함(결승선을 보고 속력이 느려질 수 있음을 고려)
- 지적 장애인 또는 산만한 경우, 버피 테스트를 2박자로 실시해야 함
- 지체 장애인의 경우, 심폐 지구력 측정 시 암 에르고미터 혹은 물에서 걷는 방법 등을 활용하여 검사를 실시해야 함
- 평형성에 문제가 있는 경우, 수직 점프를 실시하여 순발력 검사를 실시해야 함

핵심테마 02 특수 체육에서 사용하는 사정과 측정 도구

TGMD-2	기본 운동 기술 중 이동/조작 기술	12개	준거/규준 지향	3~10세
YMCAYFT	건강 관련 체력	5개	준거 지향	6~17세

(2) 운동 기술 검사 도구의 특성 기출 2025/2024/2023

BPFT	• 10~17세의 장애 아동 및 비장애 아동을 대상으로 함 • 연령대별로 요구되는 건강 수준의 적합성 여부를 판단하는 준거 참조 방식 선택 • 장애 유형과 장애 정도에 따라 검사 항목 및 방법을 다르게 선택해야 함 • 필요 장비 외 다른 장비로의 대체가 가능함 • 검사 항목은 심폐 능력, 근골격계 기능(근력, 지구력, 유연성), 신체 조성 등을 장애 유형별 특성을 고려하여 총 27가지 항목으로 측정함
PAPS-D	• 장애 유형별 특성과 기능 수준을 고려한 검사 항목, 검사 방법, 평가 기준을 개발하여 장애 학생의 건강 체력을 평가함 • 건강 관련 체력 요인 중심의 검사 항목 포함, 6개의 장애 유형에 따라 측정 방법을 개발하고 수정하여 변형함 • 평가 결과를 토대로 장애 유형에 따른 맞춤형 신체 활동 처방이 주어지는 종합 평가 시스템임
TGMD-2	• 3~10세 장애 아동 또는 비장애 아동을 대상으로 함 • 동작의 정확성과 숙련도를 확인하여 원점수 부여 • 원점수는 준거 지향 평가의 결과로 변환하여 나온 점수를 규준 지향 평가의 결과로 사용 가능 • 이동 운동 6개, 조작 운동 6개의 영역 검사로 총 12개의 기본 운동 능력을 평가함 • 각 운동기술을 측정하기 전에 평가자는 각 기술에 대해 1회의 시범을 보인 후 측정
TGMD-3	• 초등학생의 대근 운동의 기본 운동 기술 수행 능력 검사 • 검사 대상은 3~11세 특수 교육 대상자로 함 • 일반적인 대근 운동 능력을 측정하기 위한 규준 참조 검사임 • 이동 운동 6개, 공 조작 운동 7개 영역 검사로 총 13개의 기본 운동 능력을 평가함 • 각 기술은 정확하게 수행하지 못 했을 경우 0점, 정확하게 수행했을 경우 1점을 부여하며 3~5단계 수행 준거로 평가함

PDMS-2	• 운동 기술의 양적인 측정과 질적인 측정을 모두 포함
	• 출생부터 71개월까지의 아동을 대상으로 하는 평가 도구
	• 항목은 크게 대동작, 소동작으로 나뉨
	  - 대동작 척도: 반사, 고정된 움직임(비이동 운동)과 이동 운동, 도구 다루기(물체적 조작)
	  - 소동작 척도: 움켜쥐기, 시각-운동 통합

BOT-2	• 소근 운동과 대근 운동 기술에 대한 포괄적이면서 개별적인 측정 • 4~21세를 대상으로 검사함 • 모든 아동의 운동 능력 평가 시 정상적으로 발달 중인 아동의 운동 능력부터 경도 및 중등도의 운동 조절 문제를 가진 아동의 운동 능력에 이르기까지 측정하며, 운동 손상을 진단할 때에도 사용함 • 총 검사 항목은 8개 하위 검사에 53개 항목을 검사함

3 과제 분석

1. 과제 분석의 개념 기출 2020/2016

목표 과제를 시작 단계부터 최종 단계까지 세부적인 단계로 구분하여 쉬운 단계부터 어려운 단계로 제시하는 것을 의미함

2. 과제 분석의 목적

① 교사가 체계적이고 논리적인 순서로 학생들을 지도할 수 있도록 교수 계획을 수립할 때 활용
② 한 번에 학습이 어려운 과제를 조금씩 점진적으로 학습할 수 있도록 활용
③ 학생이 과제 내에서 무엇이 가능하고 불가능한지를 파악할 때 활용
④ 학생의 성취도를 알아보기 위해 활용
⑤ 교수의 효과성을 알아보기 위해 활용

3. 과제 분석의 유형 기출 2022/2020/2016

① **동작 중심의 과제 분석**: 동작의 질적인 향상이 목적임
② **유사 활동 중심의 과제 분석**: 특정 목표와 연관된 활동을 병렬식으로 구분함
③ **영역 중심의 과제 분석**: 경기 또는 게임과 같은 과제 활동에서 분류의 구분을 넓게 할 필요가 있는 경우
④ **생태학적 과제 분석**
　㉠ 운동 기술, 움직임과 더불어 학생의 특성과 선호도, 운동 기술이나 움직임의 수행에 영향을 줄 수 있는 환경 요소를 고려한 것을 의미함
　㉡ 수행자를 중심에 두고 평가하는 방법이며, 환경과의 상호 작용을 통한 수행자의 인지적·정의적·심동적 발달을 위해 과제를 세분화하여 설계함
　㉢ 환경적 요인을 다양하고 심도 있게 다룰 때 주로 사용함

4. 과제 분석의 단점

① 학습 과제에 대한 기능적인 부분보다 발달적인 부분을 지나치게 강조함으로써 장애 학생의 학습 가능성을 배제시킬 수 있음
② 단계적으로 세분화하기 힘들고 총체적으로 학습해야 하는 과제에서는 적용의 어려움이 있음

Jump Up 이해

성취 기반 교육 과정에서의 장애인 스포츠 프로그램 전달 단계 기출 2025/2023/2022

① 프로그램 계획	목표 기술로부터 기초 기능으로 지도하는 하향식 접근법 사용
② 사정	의사 결정을 위한 정보 자료 수집
③ 수업 계획(실행 계획)	운동 기술 습득 후 학생의 요구를 해결하는 수업 계획 개발에 중점
④ 교수·지도	설정한 목표를 성취하도록 학습 환경을 관리하는 역동적 과정
⑤ 평가	설정한 목표와 예측에 비추어 변화의 정도를 결정하고 변화의 가치를 판단하여 학생의 수행력 자료를 조사하는 연속적 과정

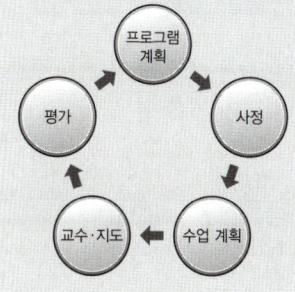

성취 기반 교육 과정에서의 장애인 스포츠 프로그램 전달

출제 0순위 공략! 꼭 풀어야 할 대표문제

01

〈보기〉에 해당하는 운동 기술 검사 도구는?

> **보기**
> - 검사대상은 4~21세
> - 소근 운동과 대근 운동 기술 측정
> - 총 검사 항목은 8개 하위 검사에 53개 항목을 검사

① BOT-2 ② BPFT
③ TGMD-2 ④ TGMD-3

| 오답해설 |

② BPFT: 10~17세의 장애 아동 및 비장애 아동을 대상으로 하며, 연령대별로 요구되는 건강 수준에 적합한지를 판단하기 위해 준거지향검사를 사용한다.
③ TGMD-2: 3~10세 장애 아동 또는 비장애 아동을 대상으로 하며, 동작의 정확성과 숙련도를 확인하여 원점수를 부여한다.
④ TGMD-3: 3~10세 아동을 대상자로 하며, 일반적인 대근운동 능력을 측정하기 위한 규준지향검사를 사용한다.

02

〈보기〉의 세부 내용을 설명하는 측정 평가 도구의 종류로 적절한 것은?

> **보기**
>
> | 프로그램 | 휠체어 테니스 교실 | 대상 | 지체 장애인 |
> |---|---|---|---|
> | 내용 | 백핸드 스트로크 | | |
> | 세부 내용 | 1. 수행이 이루어지는 동안 계속해서 공을 본다.
2. 풋워크를 통해 재빨리 공에 접근한다.
3. 라켓을 몸 중심에서 뒤로 가져간다(백스윙).
4. 엉덩이와 어깨를 네트와 수직으로 위치시킨다.
5. 공을 칠 때 엉덩이와 어깨를 회전시키면서 무게 중심을 앞발로 옮긴다.
6. 공이 엉덩이 앞쪽에 올 때 공을 친다.
7. 공을 칠 때 손목을 고정시킨다.
8. 반대쪽 팔은 중심을 잡기 위해 몸 바깥쪽으로 뻗는다.
9. 팔로우 스루를 어깨 높이나 그 이상에서 계속해서 유지한다. | | |

① 준거 참조 평가 ② 과제 분석
③ 근거 기반 실무 ④ 과정 중심 평가

| 정답해설 |

목표 과제를 시작 단계부터 최종 단계까지 세부적인 단계로 구분하여 쉬운 단계부터 어려운 단계로 과제를 제시하고 있다. 이는 과제 분석에 해당한다.

03
[2025년 기출문제]

특수체육 평가 도구에 관한 설명으로 옳은 것은?

① PDMS-2(Peabody Developmental Motor Scale-2): 2~7세까지 운동 기술을 종합적으로 검사한다.
② BOT-2(Bruininks-Oseretsky Test of Motor Proficiency-2): 2~10세까지 감각 운동과 기본 운동 기술을 검사한다.
③ PAPS-D(Physical Activity Promotion System for Students with Disabilities): 심폐 기능, 근 기능, 유연성, 민첩성, 장애 수용 정도를 검사한다.
④ BPFT(Brockport Physical Fitness Test): 장애 유형에 따라 항목별 검사 방법이 구분되며 최소 건강 기준과 권장 기준을 제시한다.

| 오답해설 |

① PDMS-2: 출생부터 5세까지의 유아를 대상으로 하며, 대근운동 및 소근운동 기능의 훈련 또는 개선을 목적으로 사용된다.
② BOT-2: 4~21세까지의 아동과 청소년을 대상으로 하며, 소근운동과 대근운동 기술을 포괄적이고 개별적으로 측정하기 위해 사용된다.
③ PAPS-D: 장애 유형별 특성과 기능 수준을 고려하여 개발된 검사 항목, 검사 방법, 평가 기준을 바탕으로, 장애 학생의 건강 체력을 평가하기 위해 사용된다.

정답 01 ① 02 ② 03 ④

핵심테마 02 | 특수 체육에서 사용하는 사정과 측정 도구

04 [2023년 기출문제]

〈보기〉에서 설명하는 장애 학생 건강 체력 평가(Physical Activity Promotion System for Student with Disabilities: PAPS-D)에 해당하는 것은?

보기

장애 학생 건강 체력 평가는 개인의 건강 체력이 동일 장애 조건을 가진 사람들 중 어느 정도인지에 대한 정보를 제공한다.

① 비형식적 검사
② 비표준화 검사
③ 규준 참조 검사
④ 준거 참조 검사

| 정답해설 |

PAPS-D는 규준 참조 검사에 해당한다. 상대 비교 평가로 운동 발달 혹은 운동 수행력에 대해 같은 연령의 또래 혹은 동일한 특성을 가진 사람들의 점수와 비교하여 동일 집단 내 대상자의 상대적 위치에 대한 정보를 제공하는 검사이다.

| 오답해설 |

① 비형식적 검사: 형식적 평가에 비해 덜 구조화된 평가 방법이다. 관찰, 면접, 질문지, 평정 척도, 교사 제작 검사, 교육 과정 중심의 평가, 준거 참조 검사 등이 포함되며 지도자가 개발할 수 있다는 장점이 있으나 신뢰도나 타당도 등 기술적 정확성을 알 수는 없다.
② 비표준화 검사: 장애 적용 수정 검사와 같이 신체적 능력을 진단하기 위하여 융통성 있는 절차와 방법을 사용하는 검사 방법이다.
④ 준거 참조 검사: 절대 비교 평가로 대상자가 가지고 있는 신체적 상태가 사전에 설정된 기준에 비하여 어느 정도인지 알아보는 검사이다.

05 [2022년 기출문제]

데이비스와 버튼(W. Davis & A. Burton, 1991)이 제시한 생태학적 과제 분석의 실행 과정을 순서대로 나열한 것은?

① 변인 선택 – 관련 변인 조작 – 과제 목표 – 지도
② 과제 목표 – 관련 변인 조작 – 변인 선택 – 지도
③ 변인 선택 – 과제 목표 – 관련 변인 조작 – 지도
④ 과제 목표 – 변인 선택 – 관련 변인 조작 – 지도

| 정답해설 |

생태학적 과제 분석은 운동 기술, 움직임과 학생의 특성 및 선호도, 운동 기술이나 움직임의 수행에 영향을 줄 수 있는 환경 요소를 고려한 것으로, '과제 목표의 확인 → 변인 선택 → 관련 변인 조작 → 지도'의 4단계로 이루어진다.

06 [2024년 기출문제]

TGMD-3(Test of Gross Motor Development-3)에 대한 설명으로 옳은 것은?

① 3~6세 아동만을 대상으로 한다.
② 규준참조평가도구로 사용할 수 없다.
③ 6가지의 이동 기술 검사항목과 5가지의 공(ball) 기술 항목을 검사한다.
④ 각 검사 항목의 수행 준거를 정확하게 수행하면 1점, 정확하게 수행하지 못하면 0점을 부여한다.

| 정답해설 |

TGMD-3는 각 검사 항목에 대한 기술을 정확하게 수행하지 못했을 경우 0점, 정확하게 수행했을 경우 1점을 부여하며 3~5단계 수행 준거로 평가한다.

| 오답해설 |

① TGMD-3의 검사 대상은 3~10세 특수 교육 대상자이다.
② TGMD-3는 체육학자, 일반 및 특수 교육자, 심리학자 및 물리치료사 등이 사용할 수 있는 일반적인 대근 운동 능력을 측정하기 위한 규준 참조 검사이다.
③ TGMD-3는 이동 운동 6개, 공 조작 운동 7개 영역 검사로 총 13개의 기본 운동 능력을 평가한다.

정답   04 ③   05 ④   06 ④

이해와 암기를 동시에! **출제우선순위 핵심테마**

핵심테마 **03** | 특수 체육 지도 전략

1 개별화 교육 계획(IEP) 기출 2015

1. 개별화 교육 계획의 의미 및 구성 요소

(1) 개별화 교육 계획의 의미 기출 2023
① 특별한 요구를 가지고 있는 장애 학생 개개인의 학습 능력에 맞도록 조정된 교육 내용을 지도하는 과정으로, 이를 반영한 프로그램의 과정과 문서를 개별화 교육 계획(Individualized Education Program: IEP)이라고 함
② 특수 교육 대상자의 현재 수준이 어떠하며 무엇을 목표로 하고, 그 목표에 도달하기까지 시간이 얼마나 소요되고, 어떻게 목표가 달성되었는지 평가할 것인가에 관하여 명확하게 설명하는 체계
③ 개별화 교육이 개별적인 1:1 교육을 의미하는 것은 아님

(2) 개별화 교육 계획의 구성 요소(미국의 장애인 교육법, 1997) 기출 2024
① 학생, 부모 및 교사의 인적 사항(장애 유형 및 판정 등급 포함)
② 학생의 현재 수행 능력 수준
③ 측정이 가능한 구체적인 연간 목표와 단기 목표
④ 제공될 특수 교육, 관련 서비스, 지원 사항
⑤ 개별화 교육의 기간과 교육 과정 수정 등에서의 시작 일자, 기간, 빈도, 장소
⑥ 연간 목표에 대한 향상 결과의 측정 방법(타당도와 신뢰도가 인증된 검사 도구)
⑦ 부모에 대한 정기적인 통지 방법
⑧ 부모의 승인

(3) 개별화 교육 프로그램의 교육 목표 진술 방법의 3가지 요소 기출 2025/2022
객관적인 입장에서 꼼꼼하게 서술해야 하고, 다른 사람이 관찰해도 동일하게 느낄 수 있도록 표현해야 하며, 유사한 환경에서도 일어날 수 있는 사항임을 기술해야 함

조건	기구, 도구, 시설 등의 환경적 조건과 심리적 조건을 포함하여 '누가, 언제, 어디서, 무엇을, 왜, 어떻게'의 육하원칙에 해당하는 조건을 선택하여 기술해야 함
기준	행동의 지속성과 정확성을 규정하는 것으로 동작 수행의 질을 결정함
행동	수행의 최종 결과로서 신체적인 움직임을 뜻하며, 객관적으로 측정·관찰이 가능해야 함

2. 개별화 교육 계획의 기능과 절차

① 기능: 관리 도구, 점검 도구, 의사소통 수단, 평가 도구
② 절차: 준비 단계 → 진단 단계 → 계획 단계 → 지도 단계 → 평가 단계 → 학년말 평가 단계(비표준화 검사)

3. 개별화 교육 계획의 지도 전략 기출 2025/2024/2020/2018

(1) 또래 교수

교사가 체육 수업 활동에서 장애인 지도 시 학생을 보조 교사로 이용하는 것

동급생 또래 교수	• 같은 연령의 학생을 보조 교사로 이용(서로 잘 알고 있다는 장점) • 초등학교 저학년의 경우와 중증 장애 학생에게는 효과가 거의 없음
상급생 또래 교수	• 대상 학생보다 나이가 많은 학생을 보조 교사로 이용 • 동급생 또래 교수보다 초등학교 저학년 또는 중증 장애 학생에게 효과가 큼
양방/상호 또래 교수	• 장애 학생과 비장애 학생이 짝꿍이 되어 역할을 변경하는 유형 • 경도 장애 학생에게 효과적임
일방 또래 교수	• 학습 전 보조 교사로 선택된 학생이 지도 • 뇌성 마비, 시각 장애, 중증 자폐, 지적 장애 학생 지도에 효과적임
전 학급 또래 교수	• 전 학급의 학생들을 짝꿍/소규모 집단으로 구성하여 서로 피드백 제공 • 수업 목표에 맞는 과제 카드를 활용하여 지도 • 전 학급 학생이 참여하기 때문에 장애 학생이 제외되지 않음 • 경도 장애 학생에게 효과적임

(2) 팀 티칭

체육 활동을 지도할 때 두 명의 지도자가 협력하여 수업을 진행하는 것

교대 교수 (교대 팀 티칭)	지도자 두 명이 한 학급을 두 집단으로 나누어 각각 다른 내용의 수업을 진행한 후 이를 바꿔 진행하는 것
팀 티칭	지도자 두 명 이상이 같은 내용의 수업을 한 학급에서 진행하는 것으로, 지도자들은 학습 내용에 대한 책임을 공동으로 함

(3) 스테이션 교수

한 학급을 소규모의 집단으로 분류하여 기술을 연습할 수 있도록 하며, 각 스테이션을 구성하여 순환하는 형식으로 수업을 진행하는 것

(4) 활동 변형과 촉구(보조)

① 장애인 개개인의 특성과 요구에 맞도록 학습 과제를 변경하여 수업하는 것
② 종류와 정도를 체계적으로 하여 학생에게 제시하는 것이 중요함
③ 촉구는 동일한 것이 아닌 위계성을 가짐
④ 촉구의 위계는 언어적 신호, 신체를 활용한 제스처, 적절한 과제 제시, 모델링을 통한 시범, 신체적 촉구 순으로 촉구의 양이 점차적으로 증대됨

(5) 협동 학습

학생들끼리 서로 돕기 위해 팀이나 소집단으로 함께 학습하는 것

(6) 역주류화 수업

일반 학생이 장애가 있는 학생들과 함께 수업에 참여하는 것

(7) 대그룹 수업

일반 학급에 통합 교육이 이루어지는 경우 이외에는 흔하게 이루어지지 않는 수업 형태로, 합반이나 학생들의 참여를 유도하기 위한 특별한 목적에 이용됨

(8) 소그룹 수업

3~8명의 인원으로 구성되며 특수학급 및 특수학교의 반 편성 규모에 해당함

핵심테마 03 특수 체육 지도 전략

Speed 심화포인트

개별화 전환 교육 계획의 특징
- 16세로 규정하고 있지만 그 이전에 공식적이고 개별화된 전환 교육에 대한 계획서를 개발하는 일이 중요함
- 구체적인 직업 기술 훈련과 더불어 다양한 프로그램을 지역 사회에서 효과적으로 이용하고, 사회적인 상호 작용 등을 통해 사회 적응 기술을 배울 수 있도록 준비되어야 함
- 전반적 요구를 종합적으로 충족시킬 수 있도록 전 영역을 기술하여야 함
- 강점, 선호도, 흥미를 고려한 구체적인 개인의 요구에 초점을 맞추어 작성되어야 함
- 전환 교육에 관련되는 모든 관련 기관이 전환 교육 계획 수립의 초기 단계에 참여할 것이 요구되며, 졸업하기 적어도 4년 전에 처음으로 수립되어야 하고 직업 배치에 성공적으로 적응할 때까지 적어도 일년에 한 번 이상 수정되어야 함

4. 개별화 교육 계획 작성 시 고려 사항 [기출 2019]

① 장애 학생의 장점을 고려해야 함
② 장애 학생에게 어떤 운동이 필요한지를 고려해야 함
③ 1 : 1로 만나 작성해야 하며, 부모의 동의를 서면으로 받아야 함
④ 장기 목표와 단기 목표가 구체적으로 계획되어야 함
⑤ 작성 이후 임의로 한 사람이 변경할 수 없음

5. 개별화 전환 교육 계획 [기출 2023]

장애를 가진 학생들이 성인 사회에 성공적으로 적응할 준비를 하기 위한 구체적이고 공식적인 전환 과정에 대한 계획으로, 미국 장애인 교육법(IDEA)은 아동이 16세가 되면 개별화 교육 프로그램(IEP)에 의무적으로 개별화 전환 교육 계획을 포함하도록 규정하였음

Jump Up 이해

모스톤과 애쉬워스(M. Mosston & S. Ashworth)의 특수 체육 교수 스타일 [기출 2022]

지시형	• 수업 전 목표, 활동 및 순서, 학습 형태, 운동 수행의 질 등 수업 운영과 관련된 모든 사항을 결정함 • 안전을 확보하는 데 적절한 모형으로, 교사는 시범을 보이며 운동 기술을 설명하고, 학생은 지시에 따라 수행하며 지속적으로 피드백을 받음
연습형	• 종종 과제 카드가 사용되고, 학생에게 특정 피드백을 함 • 스테이션(station) 수업 적용에 적절함. 교사는 스테이션을 이동하며 과제 카드를 읽는 장애 학생에게 격려, 지지, 피드백을 제공함
상호 학습형	• 장애 정도가 다른 또래를 짝지움 • 상호 동일한 관계에서 짝을 이루는 것이 목적이며, 짝의 수준이 맞지 않을 경우 체육 교사가 관리함 • 지시형이나 연습형보다 사회적 상호 작용과 피드백이 많이 제공됨
소집단 (개별화)	• 상호 학습형의 확장 스타일 • 소그룹을 구성하여 각각 돌아가며 역할(수행자, 관찰자, 기록자 등)을 맡음 • 학생의 책임감을 증진시키고 교사의 책임감을 덜어 그룹에 부여함
유도 발견형	• 교사는 정답을 주지 않으며 교사의 역할은 학습자를 과제에 집중하게 하는 것임 • 수직 점프 혹은 축구 드리블과 같은 운동을 할 때 사용됨
확산 발견형	• 문제 해결형, 움직임 접근, 움직임 탐구와 동의어임 • 결과보다 과정을 중요시함 • 학생에게 도전적 움직임을 제공하고, 합리적인 움직임 동작을 찾도록 함
자기 설계형	• 신체적 및 인지적 능력을 기반으로 한 창의력 개발을 위한 교수 유형임 • 교사는 과제만 정하고 학생 스스로 문제와 답을 만들어 찾음

2 장애인 스포츠의 활동 변형 전략

1. 장애인 스포츠의 활동 변형 전략의 의미 [기출 2021]

① 장애를 갖고 있는 사람을 지도할 때 효과적으로 스포츠 활동을 유도하기 위해 환경, 용·기구, 규칙 등을 변형하여 적용시키는 전략을 말함
② 현재 운동 수준을 파악하기 위해서는 실제 상황에서의 평가를 실시해야 하며, 목표 진술에는 조건, 기준, 행동을 포함해야 하고, 지도에 필요한 용·기구 변형 방법, 관련 서비스, 보조 인력의 활용 등을 명시해야 함

2. 장애인 스포츠의 활동 변형 전략의 구분 기출 2021

환경 변형	공간은 효과적인 스포츠 활동을 위해 중요한 요건으로, 장애인 지도 시 접근성, 안정성, 흥미성, 효율성을 고려해야 함
용·기구 변형	• 너무 무거운 공, 딱딱한 공, 빠르게 움직이는 공 등은 장애 아동이 부담을 느낄 수 있으므로 풍선이나 비치볼 등을 활용하여 게임의 속도를 느리게 하거나 큰 공을 사용함으로써 성공 확률을 높여줌 • 근력이 부족하거나 한 손만 사용할 수 있는 경우 가볍거나 작은 도구를 활용해야 함 • 용·기구는 꼭 필요한 경우에만 변형하도록 함
규칙 변형	• 난이도 조정, 기술 대체, 경기장 변형 등 상황을 고려해야 함 • 경기 시간을 짧게 구성하고 자주 선수 교체를 할 수 있도록 해야 함 • 자주 휴식을 할 수 있도록 하여 피로를 줄이고 즐거움을 느낄 수 있도록 해야 함

3. 장애인 스포츠의 활동 변형 시 고려 사항 기출 2025/2021/2020

① 최소한의 규칙을 사용해야 함
② 참여 극대화를 유도해야 함
③ 협동심이 필요한 활동을 제시해야 함
④ 스포츠의 본질을 유지해야 함
⑤ 활동 변형에도 어려워하면 수정 및 보완 후 다시 시도해야 함

3 장애 유형별 스포츠 활동 변형

1. 지체 장애인

휠체어, 브레이스, 클러치, 의족, 의수 등의 보조 기구를 사용하므로 신체 활동에 제약을 받음
① 신체 활동에 대한 선택과 분석이 필요함
② 신체 활동 시 나타나는 문제점을 파악해야 함
③ 신체 활동의 변형이 최소한으로 나타날 수 있도록 해야 함
④ 경기 규칙, 시간, 점수 등을 변형해야 함
⑤ 장소의 크기, 용·기구의 유형 및 크기를 조정해야 함

2. 지적 장애인 기출 2021/2018

단기 기억 및 인지적 능력에 어려움이 있고, 운동 학습 능력·주의 집중·체력이 낮으며, 체격 이상 등의 문제를 가지고 있음
① 경기 규칙을 단순화해야 함
② 다양한 강화 도구 및 지도법을 활용해야 함
③ 반복 연습을 적용해야 함
④ 간단하고 명확하게 설명해야 함
⑤ 흥미와 관심을 유도해야 함
⑥ 활동 공간을 정리하여 주의 산만을 예방해야 함

Speed 심화포인트

중재 반응 모델
• 특별한 교육적 조치가 필요한 학생들을 확인하기 위해 사용되는 구조적 접근
• 장점: 교육적 경험·학습 향상, 과제 수행이 어려운 대상자 선별 가능 등
• 체육 수업 시 3단계 중재 접근 방법

단계	내용
1	• 개별화 지도 • 교육 과정 중심 사정 • 긍정적 행동 • 질 좋은 교육 서비스 제공
2	• 1단계에서 중재 반응을 보이지 않는 학생에게 집중 • 통합 환경에서 소그룹으로 진행 증거를 토대로 교수 적용 • 보조 교사 또는 동료를 통해 지도
3	• 가장 집중된 중재 • 개별화 지도 • 지도 내용과 용·기구의 변형 • 자주, 장기적 중재 제공 • 중재는 통합 환경에서 어느 정도 제공됨

브레이스
척추 측만을 치료하기 위해 사용되는 보조 기구

핵심테마 03 특수 체육 지도 전략

> **Speed 심화포인트**
>
> **지적 장애·자폐성 장애 아동의 문제 행동 목적과 유형**
>
> | 목적 | • 교사 또는 부모의 관심 끌기
• 과제나 자극을 피하기
• 단순한 재미로 인식
• 원하는 것을 얻기 위한 기회로 활용
• 자극 및 행동 조절 등을 통해 본인의 각성 수준 또는 에너지 수준 조절하기 |
> |---|---|
> | 유형 | • 공격 행동
• 자기 자극 행동
• 방해 행동
• 주의 산만 행동
• 성적 행동
• 위축 행동
• 파괴 행동
• 위협 행동 |
>
> **장애 학생 지도 시 효과적 보조를 위한 유의 사항**
> - 장애 학생의 개별적 특성을 고려해야 함
> - 잘못된 보조에 주의하고, 지나친 보조는 지양해야 함
> - 보조보다 활동 과제에 집중할 수 있도록 유도해야 함
> - 제공된 보조의 효과에 대한 확신이 있어야 함
> - 제공된 보조 수준을 고려해야 함
> - 점차적으로 보조 활동을 줄여야 함
> - 언어적 보조 외 비언어적, 도구를 이용한 다른 보조를 활용해야 함
> - 점차적으로 언어적 보조를 늘려야 함

3. 자폐성 장애인

공격적 행동, 부적절한 언어 사용, 사회적 부적응, 인지 능력 저하 등의 문제를 가지고 있음
① 경기 규칙을 단순하게 변형해야 함
② 시설 및 환경을 정리·정돈해야 함
③ 수업 분위기의 일관성을 유지해야 함
④ 간단하고 명확하게 설명해야 함
⑤ 비경쟁 활동 위주로 진행해야 함
⑥ 신체 접촉이 많은 활동을 지양해야 함
⑦ 보조 지도자 혹은 자원 봉사자 등을 충분히 배치해야 함
⑧ 다양한 강화 도구 및 지도법을 활용해야 함

4. 시각 장애인

이동과 방향 탐색에 어려움이 있으나, 청각과 촉각을 충분히 활용할 수 있음
① 청각과 촉각 정보를 충분히 제공해야 함
② 안전을 위한 장비 및 시설에 대한 충분한 설명이 필요함
③ 활동 공간을 정리정돈해야 함
④ 바닥, 벽 등의 부상 요인을 제거해야 함
⑤ 시설 및 용·기구의 위치와 작동 등을 계획적으로 구성해야 함
⑥ 활동에 대한 단서 제공 동작을 촉각적으로 이해할 수 있도록 도와주어야 함
⑦ 연습 시간과 지도 시간을 충분히 제공해야 함
⑧ 활동을 2인 1조로 구성해야 함

5. 청각 장애인

평형을 유지하는 능력, 방향 감각, 협응 능력에 문제를 가지고 있음
① 고공 운동 또는 순발력을 요하는 운동은 내이(內耳)를 손상시킬 수 있으므로 주의가 요구됨
② 다이빙, 수영, 잠수 등의 수중 활동은 자제가 필요함
③ 손짓, 깃발, 전등 등의 약속된 신호를 지정해야 함
④ 언어적 지도보다 시범 동작을 통해 설명해야 함
⑤ 지도자는 태양 또는 조명을 등지지 않아야 함
⑥ 지도자는 구화·수화 등의 기본적 능력을 갖추어야 함
⑦ 지도자의 입모양을 확인할 수 있도록 해야 함

4 수업 실행 방법

1. 기능적 접근(하향식 접근)

① 체육 수업 시 전체 동작을 먼저 습득하게 하고 세부 동작을 가르치는 것을 의미함
② 전체적인 동작을 가르쳐 동작의 흐름을 파악하게 한 후, 가장 중요하고 어려운 동작을 먼저 습득하고 이어 쉬운 동작을 가르치는 것임

2. 발달적 접근(상향식 접근) 기출 2018
① 체육 수업 시 세부 동작을 먼저 습득하게 하고 전체 동작을 가르치는 것을 의미함
② 비장애 학생 지도 시 유용하게 활용됨

5 교육 프로그램 구성을 위한 유형 기출 2021

근거 기반 프로그램	• 체계적인 연구 결과를 통해 얻어진 과학적 근거를 바탕으로 적용 • 과학적으로 반복 검증된 프로그램을 사용 • 프로그램 효과에 대한 예측 가능 • 프로그램 표준화에 대한 기초 자료
사례 기반 프로그램	• 과거에 있었던 사례의 결과를 바탕으로 적용 • 해결하고자 하는 내용과 유사한 사례를 통해 적용 • 과거의 사건이나 사례의 내용을 주제에 적합하도록 가공
과제 지향 프로그램	• 목표 달성에 직접 관계되는 내용을 바탕으로 적용 • 과제 목표 달성에 필요한 능력들을 연습 • 다양한 상황에서의 적응성 향상으로 문제 해결과 효과적인 보상 전략을 개발 • 운동 학습에 기초하여 다양한 기능적 활동을 효과적으로 제시
위기 관리 프로그램	위기 상황을 통제하면서 야기될 수 있는 피해의 범위의 축소를 바탕으로 적용

6 특수 체육 지도에서의 행동 관리

1. 행동 관리 강화 기법 기출 2025/2024/2022/2021/2018/2017/2016

(1) 강화
① 의미: 특정 행동이 반복될 가능성을 증가시키기 위해 어떤 것을 제시하거나 혹은 소거하는 것
② 정적 강화와 부적 강화

정적 강화	올바른 행동이 일어난 뒤 이를 유지하거나 증가시킬 수 있는 것을 제시하는 방법 • 토큰 경제 체계: 미리 결정된 행동 기준에 대상자가 도달했을 경우 이에 대한 대가를 지불하며, 대가로 받은 토큰이나 점수는 어떤 강화물로도 교환이 가능함 • 프리맥 원리: 좋아하는 활동을 이용하여 좋아하지 않는 활동에 학습 동기 부여 • 칭찬: 바람직한 행동에 대한 격려 및 지지 • 행동 계약: 지도자와 학생 혹은 부모와 학생이 서로 계약서를 써서 보관 • 촉진: 과제를 수행하는 데 부모 또는 교사가 도와줌 • 용암법: 지원 혹은 도움을 점진적으로 제거
부적 강화	원하지 않는 어떤 특정한 것(주로 혐오하는 상황이나 사물 등)을 제거해 줌으로써 바람직한 행동의 강도와 빈도를 증가시키는 것 • 타임아웃: 정해진 시간에 정적 강화의 환경에서 대상자가 문제 행동을 나타낼 경우 대상자를 그 환경에서 퇴출시켜 제외 • 과잉 교정: 대상자에게 문제 행동에 대한 책임을 지게 하거나 원래 상태보다 더 개선된 상태로 강화 • 소거: 문제 행동에 대한 강화 원인을 알아보고, 문제 행동을 제거 • 벌: 야단 혹은 벌을 주는 방법으로 좋아하는 것을 못하게 함 • 체계적 둔감법: 대상에게서 느끼는 불안 혹은 공포감을 점차 감소시킴 • 박탈: 원하는 물건 혹은 강화를 박탈하거나 중지시킴 • 포화: 문제 행동에 대해 싫증을 느낄 때까지 반복시킴 • 반응대가: 어떤 특권이나 점수를 잃게 되는 것으로 이전에 획득한 강화를 박탈하는 방법을 활용

행동 관리의 의미
장애인들의 운동 기술, 체력 등을 지도하는 데 중요한 지도 전략으로, 부적절한 언행을 적절하게 관리하는 것

핵심테마 03 특수 체육 지도 전략

Speed 심화포인트

(2) 처벌(벌)
① 의미: 바람직하지 않은 행동을 감소시키기 위해 그 행동이 나타날 경우 싫어하는 사건을 제시하거나 혹은 긍정적 사건을 제거하는 것
② 정적 처벌과 부적 처벌

정적 처벌	• 특정한 행동을 줄이기 위해 행동 이후 자극(처벌)이 주어지는 것 • 벌이나 고통을 줌으로써 행동 감소
부적 처벌	• 특정한 행동의 발생 빈도를 줄이기 위해 자극(보상)을 줄이거나 제거하는 것 • 좋아하는 보상을 제거하여 행동 감소

2. 행동 관리 시 주의점
① 교사의 행동에는 일관성이 있어야 하며, 처벌은 공평성을 가져야 함
② 잘못한 행동에 대한 이해를 제공해야 함
③ 잘못에 대한 비난은 지양하고, 잘못된 행동을 지적한 후 벌을 제공해야 함
④ 체벌·운동으로 위협하는 것은 금지해야 함
⑤ 한 사람의 잘못을 전체 학생의 잘못으로 확대하지 않아야 함
⑥ 작은 잘못에 대한 지나친 처벌은 금지해야 함

7 운동 발달과 체력 육성

1. 장애와 운동 발달

(1) **발달의 원리** 기출 2015
① 위에서 아래로, 중심 부위에서 말초 부위로, 전체 운동에서 특수 운동으로 진행됨
② 대근육에서 소근육으로 발달이 진행되며, 머리는 다른 신체 부위에 비해 먼저 발달됨
③ 태어나면서 사망할 때까지 연속적으로 이루어짐
④ 발달의 순서는 동일성을 가지지만, 발달의 속도는 개인차가 존재함
⑤ 신경 계통의 발달이 있어야 운동 기능에 발달을 가져옴
⑥ 인지적, 사회적, 정서적, 신체적 등의 발달은 상호 연관성을 가짐
⑦ '양방향 → 일방향 → 교차성' 순으로 발달함

(2) **운동 발달의 순서**
반사/반응 행동 → 감각 운동 반응 → 운동 양식 → 운동 기술

(3) **시기별 반사의 종류** 기출 2024
① 원시 반사

반사	자극	반응 행동
모로	누운 자세에서 큰 소리를 내거나 머리를 갑자기 움직임	팔다리를 뻗은 후 다시 굽힘
비대칭 긴장성 목	누운 자세에서 머리를 오른쪽이나 왼쪽으로 향하게 함	얼굴 돌린 방향의 팔다리는 뻗고 반대쪽은 굽힘
대칭 긴장성 목	앉힌 자세에서 목을 굽히거나 젖힘	목을 굽히면 팔을 굽히고 젖히면 팔을 폄
파악	손바닥이나 발바닥을 자극	손가락/발가락을 오므리며 잡는 동작

반사	자극	반응 행동
바빈스키	발바닥을 때리는 자극	발가락이 펴짐
빨기	입가에 물체를 갖다 댐	닿은 방향으로 돌리고 입술을 벌려 빨려고 함
긴장성 미로	엎드려 있을 경우, 누워있을 경우	엎드려 있을 경우 몸 전체적으로 과도한 굴곡, 누워있을 경우 전신이 신전됨

② 자세 반사

반사	자극	반응 행동
미로 정위	세운 자세에서 몸통을 전후좌우로 기울임	기울인 반대쪽으로 머리를 들어 머리를 세우려고 함
지지 반응	엎드리거나 선 자세에서 팔이나 다리를 바닥에 닿게 함	팔/다리를 뻗어 지지 자세를 취함
당김	손으로 잡도록 해서 앉힌 자세에서 전후좌우로 기울임	팔을 당겨서 평형을 유지하려고 함

③ 이동 반사

반사	자극	반응 행동
걷기	똑바로 세워 발바닥을 바닥에 닿게 함	발을 떼어 옮기며 걷는 움직임을 함
기기	엎드린 자세에서 한쪽 발바닥에 자극을 줌	팔다리를 동시에 움직이며 기는 움직임을 나타냄
헤엄	물 밖/물속에서 엎드린 자세	팔다리로 헤엄치는 움식임을 함

(4) 운동 발달의 단계 및 주기별 특성(Gallahue) 기출 2023

발달 단계	발달 시기	내용
반사 움직임 단계	출생 후 1년 이내	눈과 손의 협동 동작, 도달 동작, 잡기 동작 등 가능
초보 움직임 단계	~2세	• 시력의 발달 • 기어다니기, 걷기, 이동, 물체 잡기 가능 • 물건의 크기, 모양, 무게에 따라 물건 구분 가능
기초 움직임 단계	2~6세	던지기, 차기, 회전하기, 굽히기 등의 다양한 운동 기술 가능
전문화 움직임 단계	초등학생의 시기	동작의 연결과 일관된 동작 수행 등의 협응력 발달
성장과 세련 단계	청소년기	호르몬 분비 등 신체적 변화로 인한 2차 성징이 일어남
최고 수행 단계	20~30세	근력, 심폐 지구력, 신경 활동 등이 최고인 시기
퇴보 단계	30세 이상	신경 기능, 근육 기능, 폐 호흡 기능, 유연성 등의 운동 능력이 점차 감소함

(5) 발달 과정에서 대근 운동 영역 단계 기출 2024

시기	단계	내용
초등학교 고학년~성인기	4단계	단체 및 개인 레크리에이션 활동 및 스포츠, 댄스 기술
초등학교 3~6학년	3단계	간이 게임과 관련 기술
취학 전후	2단계	대근 운동 기술과 패턴
신생아기	1단계	반응과 반사 작용

핵심테마 03 특수 체육 지도 전략

Speed 심화포인트

(6) 조작성 움직임의 수행 과제와 출현 시기 기출 2024

움직임 패턴	수행 과제	시작 연령
뻗기, 쥐기, 놓기 (대상과 접촉 성공, 잡은 상태 유지, 마음대로 놓음)	물체를 손에 넣기	2~4개월
	손바닥으로 잡기	3~5개월
	양손 잡기	8~10개월
	제어하며 잡기	12~14개월
	제어하며 놓기	14~18개월
던지기 (의도한 방향으로 힘을 줌)	목표를 향해, 발 고정, 팔을 뻗어 공 던지기	2~3세
	몸을 회전시켜 던지기	3.5~5세
	던지는 팔과 같은 쪽 발을 앞으로 내밀기	4~5세
	성인의 던지기 패턴	6세
받기 (손으로 물체의 힘을 수용하는 것으로 점차 큰 공에서 작은 공 이용)	공중의 공에 반응하나 팔의 동작이 느림	2~3세
	두려운 반응(고개를 돌림)	3~4세
	몸으로 끌어안으며 받기	3세
	작은 공을 손으로 사용하여 받기	5세
	성인의 받기 패턴	6세
차기 (힘주어 차기를 함)	공을 밀기, 실제로 차지는 않음	18개월
	다리 펴고 움직이지 않고 차기	2~3세
	하지를 뒤로 들어 올리며 굽힘	3~4세
	성인의 차기 패턴	5~6세
치기 (오버암, 사이드암, 언더핸드 형태로 대상과 순간 접촉)	대상을 마주 보고 수직으로 스윙하기	2~3세
	대상의 옆에 서서 수평으로 스윙하기	4~5세
	몸통과 엉덩이를 돌리고 체중을 앞으로 이동	5세
	성인의 수평적 치기 패턴으로 정지된 공치기	6~7세

Jump Up 이해

피아제(J. Piaget)의 인지 발달 단계 기출 2023

감각 운동기	• 직접적인 운동을 통해 세상에 대한 도식이 발달 • 직접 만지거나 조작해보고, 근접 탐색함으로써 환경을 이해 • 대상 영속성이 발달하기 전이므로 감각과 운동이 바로 지식
전 조작기	• 감각 운동기 때 발달된 대상 영속성으로 물리적이거나 추상적인 조작을 가해서 인지 발달이 일어나는 단계 • 조작기이긴 하지만 아직 미숙한 단계 • 논리적 사고를 방해하는 요인은 자아 중심성, 비가역성임 • 상징인인 놀이를 하지만 양과 수의 보존 과제에서 실패하고 자기 중심적인 조망을 가지고 있음
구체적 조작기	• 기본적 논리 체계 획득과 구체적인 사물을 중심으로 한 이론적, 논리적 사고를 하며, 자아 중심성과 비가역성을 극복하고 집중력을 향상 • 보존 과제를 성공하고 타인의 조망도 이해 • 과제의 해결을 통해 가역성을 획득 • 실제적인 것만을 조작할 수 있음

형식적 조작기	• 이념이나 물리적으로 존재하지 않는 것들을 정신적으로 조작(가설·연역적 사고, 추상적 사고) • 일어날 것 같은 일뿐만 아니라 자신 스스로가 어떤 사건을 정신적으로 구성(경험하지 않고도 머릿속으로 생각) • 가설-연역적 추리도 가능, 사회 규범과 가치관을 이해 • 체계적인 사고 능력, 논리적 조작에 필요한 문제 해결 능력이 발달

(7) 이동성 움직임 기출 2025

걷기	정면을 바라본 상태에서 한 다리를 앞으로 내디디고, 반대쪽 팔을 앞으로 흔들며 나아가는 동작을 양쪽으로 번갈아 반복함
달리기	팔꿈치를 굽히고 정면을 바라보며 선 자세에서 다리로 땅을 밀어내듯 앞으로 내디디고, 반대쪽 팔을 흔드는 동작을 빠르게 반복함
점프하기	발을 어깨너비로 벌리고 선 상태에서 무릎을 굽히고 양팔을 뒤로 보내며 준비한 뒤, 몸을 앞으로 굽히면서 양팔을 앞으로 흔들고 다리를 힘차게 펴며 도약함
갤로핑 (galloping)	정면을 보고 선 자세에서 한쪽 다리를 다른 다리 앞에 놓고, 뒤쪽 다리를 미끄러지듯 앞다리 쪽으로 가져간 다음 앞다리를 다시 앞으로 옮기는 동작을 반복함. 팔은 위아래로 움직이거나 교대로 흔들며 사용함
슬라이딩 (sliding)	한 발은 측면으로 걷듯 이동하고, 다른 발은 달리듯 빠르게 끌어 앞선 발에 붙이는 방식으로 옆 방향으로 움직임(갤로핑 동작을 측면으로 옮긴 것과 유사)
호핑 (hopping)	한쪽 발을 들고 무릎을 굽힌 채 정면을 바라본 상태에서 지지하는 다리의 무릎을 굽히고 양팔을 뒤로 두었다가, 몸을 굽히며 양팔을 앞으로 흔들고 지지하는 다리를 뻗음
리핑 (leaping)	한 발로 몸을 지탱하면서 다른 발을 쭉 내밀어 앞으로 이동하는 기술로, 한 발로 멀리 건너뛰며 보폭을 크게 해서 달리는 모습과 비슷함
스키핑 (skipping)	한 발로 호핑한 뒤 반대쪽 발을 내딛고, 다시 그 발로 호핑하는 동작을 양쪽으로 교대로 반복함. 움직임은 한 다리로 홉-스텝, 이어서 반대쪽 다리로 홉-스텝 형태로 진행됨

2. 장애와 체력 육성 기출 2025/2019

(1) 체력 요소의 정의
① 건강 체력: 건강과 관련 있는 심폐 지구력, 근력, 근지구력, 유연성, 신체 구성 등
② 운동 체력: 스포츠 수행과 관련 있는 민첩성, 반응 시간, 순발력, 스피드, 평형성 등

(2) 체력 운동의 원리
① 과부하의 원리: 수행자의 능력보다 강한 자극(부하)을 제공하여 적응 수준을 높임
② 점증부하의 원리: 신체가 적응함에 따라 점차적으로 운동 강도와 빈도를 증가시킴
③ 특수성의 원리: 트레이닝이 적용된 근육 동작, 부위, 형태 등에 따라 효과가 달라짐
④ 다양성의 원리: 운동과 휴식, 강도, 트레이닝 방법 등을 다양하게 변경하여 흥미를 유발함
⑤ 개별성의 원리: 수행자의 체력 수준, 건강, 목적 등을 고려하여 프로그램을 제공함
⑥ 반복성의 원리: 체력은 1회성으로 발달되는 것이 아니므로 반복적으로 실시함
⑦ 전면성의 원리: 균형 있는 신체 능력을 향상시키기 위해 다양한 운동을 규칙적으로 실시함
⑧ 가역성의 원리: 과부하가 이루어지지 않거나 운동이 중지되었을 때 운동 적응이 운동 전 상태로 감소함

Speed 심화포인트

FITT 구분에 따른 운동 계획
기출 2023

• 빈도(Frequency): 주당 운동을 수행해야 하는 일수를 설정
• 강도(Intensity): 목표로 하는 운동을 얼마나 강하게 시행할 것인지를 선택
• 시간(Time): 운동 시간을 나타내며, 일반적으로 활동의 분 단위로 표현
• 형태(Type): 형태 또는 종류를 말하며, 유산소성 운동과 무산소성 운동 등으로 분류

핵심테마 03 　특수 체육 지도 전략

(3) 체력 훈련 처방의 절차

체력 진단 → 목표 설정 → 운동 처방 → 운동 실시 → 효과 판정 → 운동 재처방

(4) 장애인 체력 측정 시 유의점

① 개인의 가능성과 장점을 찾을 수 있도록 측정을 유도해야 함
② 체력 요소별 다양한 측정 기구와 측정 방법을 준비해야 함
③ 체력이 0점인 경우는 없으므로 절대 0점이 나오지 않게 해야 함
④ 준거 지향 검사를 활용해야 함
⑤ 길이, 너비, 둘레, 모양 등을 측정하는 형태 측정도 체력 측정 요인 중 하나로 봄
⑥ 체력 측정에 대한 정확한 이해와 경험이 필요함
⑦ 타당도와 신뢰도를 확보할 수 있는 도구를 활용해야 함
⑧ 지적 장애 아동의 경우 익숙한 종목으로 대체해야 함
⑨ 개인의 향상 정도를 토대로 측정 결과를 평가해야 함

(5) 장애 유형별 운동 특성과 체력 훈련 시 고려 사항 　기출 2019/2018/2016

뇌성 마비	• 수의적 운동과 운동 제어에 손상을 갖는 증상 • 훈련 전에 관절 가동 범위, 근장력, 균형, 협응력 등을 반드시 평가해야 함 • 근력의 증가보다 신체적인 제어 능력이나 협응력 향상에 중점을 둠 • 기능적으로 잡기 능력이 부족한 경우, 랩 어라운드 중량을 사용하여 대상자가 수동으로 운동을 할 수 있도록 도와줌 • 빠른 움직임이나 반응은 근경련을 일으킬 수 있으므로 주의해야 함 • 운동량에 비해 높은 비율의 산소를 소비하므로 피로감을 빨리 느낌
외상성 뇌손상	• 주 원인은 교통사고로 운동과 협응력 손상, 움직임 손상, 비규칙적인 근육 움직임, 인지적 손상, 행동의 문제, 발작 등이 발생함 • 뇌성 마비의 특성과 유사하므로 뇌성 마비 체력 훈련 시 고려 사항을 참고
척수 장애	• 척수 외상에 기인한 것으로 척수 조직이 손상되어 나타나는 증상 • 훈련 전에 기능적 관절 가동 범위, 근력, 근장력, 평형성, 유산소 운동에 대한 내성 등을 반드시 평가해야 함 • 전 관절 가동 범위의 능동적인 움직임이 어려울 경우 중력-감소 운동, 지지 탁자, 보조자를 이용하도록 함 • 장시간 운동에 앞서 기립성 저혈압의 병력을 확인해야 함 • 사지 마비의 경우, 유산소 운동에 앞서 휠체어 롤러 또는 암 크래킹으로 2분 내외의 준비 운동을 실시해야 함 • 동체 균형이 부족할 경우, 스트랩 또는 벨트를 이용하여 몸을 고정시키고 운동을 실시해야 함 • 마비된 부위의 움직임을 보충하기 위한 운동에서 스프린트를 지속적으로 사용하면 약한 근육의 근력을 향상시키지 못하므로 장기적 사용은 피해야 함 • 휠체어를 앞으로 기울인 자세는 지양해야 함 • 운동 시 상해에 주의하여 기능적인 근육의 힘을 최대한 강화시킴 • 손기능이 완전하지 않은 경우, 손목 커프에 고리를 다는 방식, 상체 에르고미터에 벨크로 장갑, 특수하게 제작된 장갑을 사용하거나 에이스랩을 사용하도록 함 • 손의 기능이 제한된 사지 마비일 경우, 손목 커프를 활용하여 손목이 과신전되지 않도록 함
회백수염	• 위나 내장의 바이러스가 혈류로 침투하여 뇌의 부위 또는 전각 세포에 영향을 주어 영구적 마비를 가져오는 증상 • 훈련 전에 기능적 관절 가동 범위, 근력, 평형성, 동체 안정 정도를 평가해야 함 • 교감 신경계는 영향을 받지 않아 척수 장애인보다 더 높은 운동 심박수를 보임 • 회백수염 진단 후 3년 이내는 회복 중이므로 이를 고려하여 운동을 실시해야 함 • 사지에 구축 또는 골다공증이 있을 경우, 스트레칭과 근력 강화 운동이 가능한지 의학적 진단이 필요함

절단 장애	• 신체 부위 중 하나 이상의 사지 또는 전체가 없는 증상 • 훈련 전에 근력, 기능적 관절 가동 범위, 동체 안정, 절단 유형, 평형성, 피부 보호 등을 평가해야 함 • 관절 가동 범위의 감소는 규칙적인 스트레칭 등 다양한 훈련을 통해 예방이 가능함 • 규칙적인 동체와 자세 운동으로 척추 측만증 또는 머리 위치 변화 등을 예방해야 함 • 보장구를 착용한 훈련이 필요함(수영 훈련 시에는 의족 착용 지양) • 선천성 또는 외상에 의한 절단인 경우 운동에 대한 특별한 제약은 없음 • 당뇨, 고혈압, 심장 질환 등으로 인한 절단은 의학적 검사를 실시해야 함 • 절단된 부위의 2차 상해 방지를 주의하여 훈련을 실시해야 함 • 유연성 향상을 위해 항상 스트레칭을 실시하도록 함 • 체중 지지가 필요한 운동 시 사지와 보장구에 체중이 균형 있게 배분되도록 함 • 하지 절단의 경우 걷는 운동은 비장애인보다 50% 정도 많은 산소가 필요함
시각 장애	• 안구, 시신경 또는 대뇌 중추 등 시각 기관에 손상이 나타난 증상 • 시각 장애인을 위한 운동 프로그램의 처방은 비장애인 지침을 참고 • 신체 활동을 통해 근력과 감각 단서 활용 능력이 향상되어 보행에 도움이 됨 • 선천성 장애인보다 후천성 장애인의 이동 능력이 뛰어남 • 시각 장애 중 망막 박리는 추가 분리 위험이 있으므로 보호용 안경 또는 헬멧을 착용하도록 함 • 녹내장은 운동 강도가 높을 시 안압이 증가할 수 있으므로 이를 피해야 함 • 운동 시 지도자와 자신이 서 있는 위치, 물체와의 거리, 기구의 크기, 모양 등을 확인시켜 줌 • 달리기 활동은 가이드 와이어, 로프, 보조자 등을 활용 가능함 • 에어로빅 운동 시 습득 후 복잡한 움직임을 형성할 수 있도록 함 • 지형지물을 충분히 숙지시킴 • 저항 운동과 스트레칭은 변형없이 활용 가능함 • 시각 장애인 지도 시 녹음된 기악(가사 없는)을 사용하는 것이 효과적임

Jump Up 이해

RICE 요법(스포츠 급성 손상 시 응급 처치) 기출 2022
- Rest(휴식): 휴식을 취하며 활동의 양을 줄이고 목발, 지팡이 등을 사용하여 체중 부하를 분산시키는 것으로 통증이 심하고 지속되면 확진될 때까지 부목 등을 사용하여 국소 안정을 시킨다.
- Ice(냉찜질): 부상 부위에 20분씩 하루에 4~8회 정도 사용하면 도움이 되며 한 번에 장시간 실시하거나 얼음을 직접 피부에 대는 것은 위험하다.
- Compression(압박): 압박 붕대로 고정하여 부기와 통증 등을 가라앉히고 부상 부위의 움직임을 최소화하여 부상의 악화를 방지한다.
- Elevation(올림): 누워서 다친 부위를 심장보다 높게 올려 부종을 감소시킨다.

ACSM 사전 참여 검진 알고리즘(ACSM pre-participation screening algorithm) 기출 2022
유산소 운동 후 또는 운동하는 동안 심혈관 문제의 위험이 있는 참가자를 찾아내기 위한 새로운 도구이다.
- 현재 운동은 하지 않고, 심장 혈관, 대사성 또는 신장 질환에 관한 징후 또는 과거력이 없는 건강한 참가자들은 건강 검진(medical clearance) 없이 즉시 저강도~중강도 운동 프로그램을 시작할 수 있다.
- 현재 운동은 하지 않고, 심장 혈관, 대사성 또는 신장 질환이 있으나, 증상이 없는 참가자들은 어떠한 강도의 운동 프로그램을 시작하더라도 건강 검진을 받아야 한다. 검진 후에, 저강도~중강도 운동을 시작할 수 있으며 ACSM의 가이드라인에 따라 가능한 범위까지 진행할 수 있다.
- 현재 운동을 하지 않고 증상이 있는 참가자들은 질병 상태와 상관없이 건강 검진을 받아야 한다. 일상생활의 활동에서 증상이 있다면, 건강 검진이 긴급하다. 검진 후 참가자들은 저강도~중강도의 운동에 참여할 수 있고, ACSM의 가이드라인에 따라 가능한 범위까지 진행할 수 있다.

출제 0순위 공략! 꼭 풀어야 할 대표문제

01

〈보기〉가 설명하는 이동 운동 기술은?

보기

측면으로 움직이며, 한 발은 측면으로 디디고, 다른 발은 빠르게 끌어 붙이는 동작

① 호핑(hopping)
② 슬라이딩(sliding)
③ 리핑(leaping)
④ 스키핑(skipping)

| 오답해설 |

① 호핑: 한쪽 발을 들고 무릎을 굽힌 채 정면을 바라본 상태에서 지지하는 다리의 무릎을 굽히고 양팔을 뒤로 두었다가, 몸을 굽히며 양팔을 앞으로 흔들고 지지하는 다리를 뻗는다.
③ 리핑: 한 발로 몸을 지탱하면서 다른 발을 쭉 내밀어 앞으로 이동하는 기술로, 한 발로 멀리 건너뛰며 보폭을 크게 해서 달리는 모습과 비슷하다.
④ 스키핑: 한 발로 호핑한 뒤 반대쪽 발을 내딛고, 다시 그 발로 호핑하는 동작을 양쪽으로 교대로 반복한다. 한 다리로 홉-스텝을 하고 이어서 반대쪽 다리로 홉-스텝하는 동작이다.

02 [2021년 기출문제]

〈보기〉에서 설명하는 행동 수정 기법은?

보기

체육 기구를 계속 던지면서 수업을 방해할 때마다 제자리에 돌려놓도록 강제적이고 반복적으로 시켰다.

① 프리맥 원리
② 과잉 교정
③ 토큰 강화
④ 타임아웃

| 정답해설 |

〈보기〉는 대상자에게 문제 행동에 대한 책임을 지게 하거나 원래 상태보다 더 개선된 상태로 강화하는 과잉 교정에 해당한다.

| 오답해설 |

① 프리맥 원리: 좋아하는 활동을 이용하여 좋아하지 않는 활동에 학습 동기를 부여하는 것이다.
③ 토큰 강화: 미리 결정된 행동 기준에 대상자가 도달하였을 경우 이에 대한 대가를 지불하며, 대가로 받은 토큰이나 점수는 어떤 강화물로도 교환이 가능하다.
④ 타임아웃: 정해진 시간에 정적 강화의 환경에서 대상자가 문제 행동을 나타낼 경우, 대상자를 그 환경에서 퇴출시켜 제외하는 방법이다.

03 [2021년 기출문제]

〈보기〉는 미국장애인교육법에서 명시한 정의이다. 밑줄 친 '독특한 요구'를 충족시켜 주기 위한 지도 방법으로 옳지 않은 것은?

보기

특수 체육은 장애인의 '독특한 요구(unique needs)'를 충족시키기 위해 고안된 체력과 운동 체력; 기본 운동 기술과 양식; 수중, 무용, 개인 및 집단 게임, 스포츠에서의 기술의 발달을 위한 개별화된 프로그램이다.

① 개인별 목표 성취를 위해 신체 활동의 방법을 변형한다.
② 휠체어 사용자를 위해 체육 시설의 접근성을 높인다.
③ 동선상의 위험 요인을 제거한다.
④ 변형을 위해 활동의 본질을 바꾼다.

| 정답해설 |

독특한 요구, 즉 신체적 손상, 활동 한계, 참여 제한을 충족시킬 수 있는 스포츠 활동으로의 변형에서도 활동의 본질(스포츠의 본질)은 유지해야 한다.

04 [2022년 기출문제]

개별화 교육 프로그램(IEP)의 목표 진술 3요소가 아닌 것은?

① 조건(condition)
② 기준(criterion)
③ 행동(action)
④ 비용(cost)

| 정답해설 |

개별화 교육 프로그램의 교육 목표 진술 방법의 3가지 요소
- 조건: 기구, 도구, 시설 등의 환경적 조건과 심리적 조건을 포함하여 '누가, 언제, 어디서, 무엇을, 왜, 어떻게'의 육하원칙에 해당하는 조건을 선택하여 기술한다.
- 기준: 행동의 지속성과 정확성을 규정하는 것으로, 동작 수행의 질을 결정한다.
- 행동: 수행의 최종 결과로서 신체적인 움직임을 뜻하며, 객관적으로 측정·관찰이 가능해야 한다.

정답 01 ② 02 ② 03 ④ 04 ④

핵심테마 03 | 특수 체육 지도 전략

05 [2025년 기출문제]

특수체육 수업 방식에 관한 설명으로 옳지 않은 것은?

① 또래 교수(peer tutoring): 친구나 선배가 교사로 참여한다.
② 협동학습(cooperative learning): 학생들이 팀이나 소집단으로 학습한다.
③ 스테이션 교수(station teaching): 여러 곳에 과제를 배치하고 돌아가며 학습한다.
④ 역주류화 수업(reverse mainstreaming): 교사와 학생이 역할을 바꿔가며 과제를 수행한다.

| 정답해설 |
역주류화 수업은 일반 학생이 장애가 있는 학생들과 함께 수업에 참여하는 것이다.

06 [2025년 기출문제]

〈보기〉에서 설명하는 체력운동의 원리는?

> 보기
> 달리기를 지루해하는 지적장애 학생을 위해 줄넘기와 달리기를 혼합하여 실시하고, 중간에 휴식을 적절히 제공하였다.

① 다양성의 원리
② 특수성의 원리
③ 전면성의 원리
④ 가역성의 원리

| 정답해설 |
〈보기〉의 설명은 다양성의 원리로 운동과 휴식, 강도, 트레이닝 방법 등을 다양하게 변경하여 흥미를 유발하는 것에 해당한다.

| 오답해설 |
② 특수성의 원리: 트레이닝이 적용된 근육 동작, 부위, 형태 등에 따라 효과가 달라지는 것이다.
③ 전면성의 원리: 균형 있는 신체 능력을 향상시키기 위해 다양한 운동을 규칙적으로 실시하는 것이다.
④ 가역성의 원리: 과부하가 이루어지지 않거나 운동이 중지되었을 때 운동 적응이 운동 전 상태로 감소하는 것이다.

07 [2024년 기출문제]

〈보기〉에서 설명하는 특수체육 수업 방식은?

> 보기
> 지도자는 효과적인 농구수업을 위해 체육관의 각기 다른 구역에 여러 가지의 과제를 준비했다. 한 가지 과제에서 시작하여 주어진 활동을 마치거나 지도자가 신호하면 학습자들은 다음 과제의 수행장소로 이동한다. 지도자는 각각의 과제를 수행하는 곳을 돌며 도움이 필요한 학습자를 지도한다.

① 스테이션 수업
② 대그룹 수업
③ 협력 학습 수업
④ 또래 교수 수업

| 정답해설 |
한 학급을 소규모의 집단으로 분류하여 기술을 연습할 수 있도록 하며, 각 스테이션을 구성하여 순환하는 형식으로 수업을 진행하는 것을 스테이션 수업이라 한다.

| 오답해설 |
② 대그룹 수업: 일반 학급에 통합 교육이 이루어지는 경우 이외에는 흔하게 이루어지지 않는 수업 형태로 합반이라든지 학생들의 참여를 유도하기 위한 특별한 목적에 이용된다.
③ 협력 학습 수업: 학생들끼리 서로 돕기 위해 팀이나 소집단으로 함께 학습하는 수업 형태이다.
④ 또래 교수 수업: 교사가 체육 수업 활동에서 장애인 지도 시 학생을 보조 교사로 이용하는 것을 말한다.

08 [2023년 기출문제]

개별화 전환 계획(Individualized Transition Plan: ITP)에 관한 설명으로 적절하지 않은 것은?

① 장애 학생과의 인터뷰를 통해 신체 활동 선호도를 알아본다.
② 지역 사회 체육 시설을 활용하여 사회 적응 기술을 가르친다.
③ 장애 학생을 위한 신체 활동 프로그램이 지역 사회에도 있는지를 확인한다.
④ 장애 학생의 현재 및 미래의 기대치를 논하기보다는 과거의 활동에 주안점을 둔다.

| 정답해설 |
개별화 전환 교육 계획은 장애를 가진 학생들이 성인 사회에 성공적으로 적응할 준비를 하기 위한 구체적이고 공식적인 전환 과정에 대한 계획이다. 과거 활동에 주안점을 두는 것이 아닌 미래에 적응하기 위한 다양한 기술과 경험을 교육 목표로 삼는다.

정답 05 ④ 06 ① 07 ① 08 ④

핵심테마 04 | 장애 유형별 체육 지도 전략 I

이해와 암기를 동시에! 출제우선순위 핵심테마

Speed 심화포인트

1 지적 장애(정신 지체)

1. 지적 장애의 정의 [기출 2020]

(1) 「장애인 복지법」에 의한 정의

지능 지수가 70 이하인 사람으로서 교육을 통한 사회적·직업적 재활이 가능한 사람을 말함

(2) 「장애인 등에 대한 특수 교육법」에 의한 정의

지적 기능과 적응 행동상의 어려움이 함께 존재하여 교육적 성취에 어려움이 있는 사람을 말함

(3) 미국지적장애및발달장애협회(AAIDD, 2021)의 정의 [기출 2024/2022]

① 미국지적장애및발달장애협회가 제시한 지적 장애는 지적 기능과 개념적·사회적·실제적 적응 기술로서 표현되는 모든 적응 행동에서 제한적인 면이 명백히 나타나는 특징이 있으며, 22세 이전에 시작됨
② 지적 장애는 지적 기능, 적응 행동, 시작 연령 22세 이전 등 3가지의 기준을 충족해야 하며, 지적 기능은 지수가 평균으로부터 −2 표준편차 이하임
③ 개념적·사회적·실제적 기술의 예

적응 행동 영역	기술의 예
개념적 영역	언어, 읽기와 쓰기, 화폐·시간·수 개념
사회적 영역	대인 관계 기술, 사회적 책임감, 자존감, 규칙과 법 준수, 사회적 문제 해결
실제적 영역	일상생활 활동(개인 신변 처리 등), 작업 기술, 금전 관리, 안전, 건강 관리, 이동/교통, 스케줄/정규 활동 전화 사용

2. 지적 장애의 원인

(1) 시기에 따른 지적 장애의 원인

① 출생 전: 염색체 이상(다운 증후군), 수두증, 소두증, 대사 이상, 산모의 질병, 부모의 혈액형, 산모 중독 등
② 출생 시: 미숙아, 조숙아, 저체중아, 난산 등
③ 출생 후: 질병, 발달상 지체, 환경적 문제, 중독, 대사 장애 등
④ 복합적 발생(출생 전·중·후): 사고, 대뇌 산소 결핍, 종양, 매독, 특발성 증상 등

(2) 지적 장애의 원인별 구분 [기출 2024]

① 염색체 이상
  ㉠ 터너 증후군: 45번 염색체에 성염색체인 X염색체가 하나만 있어 나타나는 증상
  ㉡ 윌리엄스 증후군: 7번 염색체 이상과 관련 있는 증상으로, 모든 연령대에 걸쳐 나타나는 흔한 불안 장애 증상
  ㉢ 다운 증후군: 지적 장애의 가장 큰 원인 중 하나로, 정상 염색체 외에 21번 염색체를 하나 더 가지게 되어 나타나는 증상. 삼염색체성 다운 증후군, 전위형 다운

증후군, 모자이크형 다운 증후군이 있으며, 인종, 국적, 종교, 사회적 지위 등에 관련 없이 발생함

> **Jump Up 이해**
>
> **다운 증후군의 신체적 특징** 기출 2024
> - 다운 증후군의 12~22%에서 환축추 불안정성이 나타나며, 여아에게 더 많이 나타난다.
> - 새가슴(흉골이 솟아나와 돌출된 가슴) 또는 내반족(발바닥이 안쪽을 향한 위치에서 굳음)이 있다.
> - 첫 번째와 두 번째 경추의 정렬 불량으로 척추가 휘거나 고관절 탈구가 많다.
> - 다운 증후군 중 30~50%는 선천적 심장 결손이 나타난다.
> - 다운 증후군 중 8~12%는 위장 계통에 이상이 나타난다.
> - 다운 증후군은 당분을 조절하는 내당 기능이 약해서 비만이 되기 쉽고 당뇨병 발생 빈도가 높다.
> - 다운 증후군의 70% 이상은 청각 장애 또는 근시가 나타난다.
> - 넓적한 얼굴과 뒤통수, 작은 코와 귀, 저긴장성 근육, 작은 키, 짧은 손가락 등의 특징이 있다.

② 유전자 오류
  ㉠ 약체 X 증후군: 지적 장애의 주요 원인 중 하나로, X염색체에서 발견되는 1개 이상의 유전자가 관여하는 열성 질환이며, 보통 남성에게 더 많음
  ㉡ 프라더-윌리 증후군: 부(父)에게 원인이 있는 유전학적 증후군으로, 15번 염색체의 일부가 소실되어 발생함
  ㉢ 페닐케톤뇨증: 유전자에 의한 단백질 대사 이상으로, 선천성 대사 장애가 원인임

3. 지적 장애인의 등급 분류 기준

(1) 「장애인 복지법」의 장애 정도 기준

장애의 정도가 심한 장애인	• 지능 지수가 35 미만인 사람으로 일상생활과 사회생활의 적응이 현저하게 곤란하여 일생 동안 보호가 필요한 사람 • 지능 지수가 35 이상 50 미만인 사람으로 일상생활의 단순한 행동을 훈련시킬 수 있고, 어느 정도의 감독과 도움을 받으면 복잡하지 아니하고 특수 기술을 요하지 아니하는 직업을 가질 수 있는 사람 • 지능 지수가 50 이상 70 이하인 사람으로 교육을 통한 사회적·직업적 재활이 가능한 사람

지능 검사 점수에 의한 분류
- 지능 검사(IQ 50-55~70-75): 경도
- 지능 검사(IQ 35-40~50-55): 중등도
- 지능 검사(IQ 20-25~35-40): 중도
- 지능 검사(IQ 20-25 이하/20-34): 최중도

(2) 장애 등급 판정 기준
  ① 1급(지능 지수 34 이하): 일상생활과 사회생활에 적응이 불가능하며 타인의 보호가 필요한 사람
  ② 2급(지능 지수 35~49 이하): 일상에서의 단순한 행동 가능, 어느 정도 감독과 도움이 있다면 일상생활이 가능한 사람
  ③ 3급(지능 지수 50~70 이하): 교육과 훈련을 통해 사회적, 직업적으로 재활이 가능하다고 보는 사람

(3) 미국지적장애및발달장애협회(AAIDD)의 지원에 따른 분류 기출 2021
  ① 간헐적 지원: 필요한 시기에 기초적인 지원, 일회적이며 단기간의 지원이 필요한 경우임
  ② 제한적 지원: 일정한 시간 동안 지속적으로 이루어지는 지원, 시간이 제한적이며 지원 인력이 덜 필요하고 비용이 적게 듦
  ③ 확장적 지원: 일부 환경에서 정규적으로 이루어지는 지원, 시간 제한 요소가 없음
  ④ 전반적 지원: 고강도의 지원, 전반적인 모든 환경에서 지원이 제공되며 많은 인력과 개입이 요구됨

핵심테마 04 장애 유형별 체육 지도 전략 I

Speed 심화포인트

지적 장애인 체육 지도 시 배려 사항
- 즐거움·재미의 추구
- 자주성을 이끌어 냄
- 학교 및 복지 시설에서의 스포츠 경험 촉진
- 지적 발달과 신체적 활동량 고려

지적 장애인 체육 지도 시 용·기구 변형 고려 사항
- 공, 라켓 등은 작은 것에서 점차 큰 것으로 변경
- 용·기구 등은 주변 기구들과 대비되는 색상으로 변경
- 공, 기구 등은 무거운 것에서 점차 가벼운 것으로 변경
- 체조 시 도구를 제거한 상태에서 실시

4. 지적 장애의 특성 및 지도 전략 기출 2025/2020/2019/2016

구분	인지 행동	사회적·감정적	신체적
특성	• 인지 수준 낮음 • 주의력 및 기억력 낮음	• 상황 판단 미숙 • 상호 작용 미숙	• 심동적 영역 차이 • 운동 발달상의 지체 • 낮은 체력 수준
신체 활동 특성			
체육 활동 지도 전략			

구분	내용
신체 활동 특성	• 운동 수행 능력 및 체력 수준이 낮음 • 주의 집중이 어려움 • 과제의 중요도 판단이 미흡함 • 신체적 제어가 부족함
체육 활동 지도 전략	• 운동 수행의 발달 정도에 따라 꾸준히 지도 • 현재 수행 능력의 세밀한 파악 후 지도(과제 분석) • 안전 지도 방안 구체화 • 언어 지도, 시범 지도, 직접 지도 등을 활용 • 필요에 따른 용·기구의 변형 • 간단한 언어 및 단어 사용 • 단순한 규칙 놀이 제공 • 독립적 경험 제공 • 주의를 집중할 수 있도록 관련 단서 제공 • 고관절 과신전 부상 주의 • 직접 지도 시 최소한의 신체 접촉 유지 • 쉬운 과제에서 어려운 과제 순으로 또는 익숙한 과제에서 새로운 과제 순으로 제공 • 반복 학습을 하면서 지도 • 다양한 감각적 단서를 제공하면서 지도

5. 지적 장애 스포츠 기출 2024

구분	내용
보체	• 이탈리아에서 시작된 경기로 스페셜올림픽 경기 종목으로, 경기장은 3.66m × 18.29m 크기이며 표적구를 던져놓고 그 공에 가깝게 가도록 공을 던지는 경기 • 한 팀당 4개의 공을 소유하여 표적구와 가까워질 때까지 공을 던지고, 4개의 공 가운데 표적구에 멀리 던져놓은 공의 선수가 순서에 따라 공을 모두 던진 다음 표적구와 거리를 재어 승패를 가림
플로어 하키	• 농구장 크기(24m × 12m)의 경기장에서 나무 재질 또는 파이버 글라스 재질의 막대 모양 스틱으로 중앙에 구멍이 있는 지름 20cm의 퍽을 몰아서 상대편의 골대에 넣는 경기 • 한 팀 6명으로 구성하며, 경기 시간은 피리어드 당 9분씩 3피리어드 경기를 진행함
플로어볼	• 스웨덴에서 체계화된 아이스하키 스포츠와 유사한 실내 팀 스포츠로, 한 팀 6명의 선수로 상대 골대에 골을 넣는 경기 • 스페셜올림픽의 플로어볼 경기는 일반 경기를 수정하여 골키퍼, 필드 선수 3명으로 진행되며, 길이가 20m, 너비가 12m인 경기장에서 실시함
스노슈잉	• 스페셜올림픽에만 있는 종목으로, 눈 위에서 신는 전통 설피와 비슷한 '스노슈'라는 장비를 신발 밑 부분에 착용하고 눈이 깔린 정해진 트랙과 주로를 달리는 경기 • 개인전, 단체전, 장거리 경기로 나뉨

2 정서 장애

1. 정서 장애의 정의

(1) 「장애인 복지법」에 의한 정의

직접적인 정의보다는 자폐성 장애와 정신 장애로 구분하여 정의하고 있음

① **자폐성 장애인**: 제10차 국제 질병 사인 분류(International Classification of Diseases, 10th Version)의 진단 기준에 따른 전반성 발달 장애(자폐증)로 정상 발달의 단계가 나타나지 않고, 기능 및 능력 장애로 일상생활이나 사회생활에 간헐적인 도움이 필요한 사람

② **정신 장애인**: 조현병 또는 뇌의 신경학적 손상으로 인한 기질성 정신 장애, 양극성 정동 장애, 재발성 우울 장애, 조현 정동 장애 등으로 장애의 정도가 심한 장애인과 장애의 정도가 심하지 않은 장애인으로 구분함

(2) 「장애인 등에 대한 특수 교육법」에 의한 정의

정서 장애와 행동 장애를 묶어 정서·행동 장애로 규정하고 있는데, 정서·행동 장애를 지닌 특수 교육 대상자는 장기간에 걸쳐 다음의 어느 하나에 해당하여, 특별한 교육적 조치가 필요한 사람임

① 지적·감각적·건강상의 이유로 설명할 수 없는 학습상의 어려움을 지닌 사람
② 또래나 교사와의 대인 관계에 어려움이 있어 학습에 어려움을 겪는 사람
③ 일반적인 상황에서 부적절한 행동이나 감정을 나타내어 학습에 어려움이 있는 사람
④ 전반적인 불행감이나 우울증을 나타내어 학습에 어려움이 있는 사람
⑤ 학교나 개인 문제에 관련된 신체적인 통증이나 공포를 나타내어 학습에 어려움이 있는 사람

> **Jump Up 이해**
>
> **정서 및 행동 장애 유형** 기출 2023/2018
> - 주의력 결핍 과잉 행동 장애(Attention Deficit Hyperactivity Disorder: ADHD)
>   - 과잉 행동, 부주의, 충동성이 주요 특징이다.
>   - 성인들에게서도 나타나지만, 주로 학령기에 나타나며 여아보다 남아에게서 많이 나타난다.
> - 주의력 결핍 과잉 행동 장애 진단기준
>   - 다음 증상 가운데 6가지 이상 증상이 6개월 동안 부적응적이고 발달 수준에 맞지 않는 정도로 지속된다.
>   - 장애를 일으키는 과잉행동-충동 또는 부주의 증상이 12세 이전에 두드러지게 나타난다.
>   - 증상으로 인한 장애가 2가지 또는 그 이상의 장면에서 존재한다(예 학교, 가정).
>   - 사회적, 학업적, 직업적 기능에 임상적으로 심각한 장애가 초래된다.
>   - 증상이 광범위성 발달장애, 조현증, 또는 기타 정신증적 장애의 경과 중에만 발생하지 않으며, 다른 정신장애(예 기분장애, 불안장애, 해리성 장애, 또는 인격장애)에 의해 잘 설명되지 않는다.
> - 품행 장애(Conduct Disorder: CD)
>   - 여자보다 남자에게서 많이 발생한다.
>   - 사람과 동물에 대한 공격성, 재산의 파괴, 사기 또는 도둑질, 심각한 규칙 위반 등의 행동 양상을 최소 6개월간 지속하는 경우를 말한다(공격 행동은 타인에 대한 언어 및 신체적 공격 행동을 의미하는 반면, 반사회적 행동은 재산의 파괴, 도둑질 등을 의미함).

「미국 장애인 교육법」에 의한 정서 장애의 정의

- 특수 교육법에서 정의한 5가지의 내용 중 하나 혹은 그 이상이 장기간 현저하게 나타나며, 이러한 행동이 교육적 수행에 부정적인 영향을 미치는 사람
- 심한 정서 장애의 경우 정신 분열증을 포함하지만, 정서 장애로 판명되지 않는 한 사회 부적응 아동을 포함하지는 않음

핵심테마 04 장애 유형별 체육 지도 전략 I

> **Speed 심화포인트**
>
> **정서 장애인의 등급 분류 기준**
> - 교육학·심리학 측면의 분류: 행동 장애, 품행 장애, 성격 장애
> - 미국 정신의학회에 따른 분류: 정신 지체, 기질성 뇌증후군 및 다양한 기능 장애-신경증적 행동, 인격 장애, 정신병적 행동, 심신증
> - 소아 정신과적 분류: 정서 장애(자폐성 장애, 정신 분열), 신경 장애(우울증, 불안증), 정동 장애(조울증, 조증 등)

2. 정서 장애의 원인

생물학적 원인	유전자 이상, 기질적 문제, 뇌 기능 이상 및 뇌 손상, 신체적 질병, 영양 결핍, 정신 생리학적 장애 등
가족 원인	• 병리적 가족 관계는 행동 장애의 주된 원인이며, 부모의 이혼, 부정적인 가족 관계, 부모의 부재, 학대, 폭력 등을 포함함 • 가족의 분열과 행동 장애 간에 상관관계가 있는 것은 아니지만, 가족 관련 다중적인 요인이 동시에 두 가지 이상 제시되었을 때 정서 장애 유발 가능성이 큼
문화적 원인	가족, 이웃, 지역 사회의 기대와 가치, 민족성, 사회적 계층, 대인 관계 등
학교 요인	학업 스트레스, 낙오에 대한 불안감, 시험 성적에 대한 서열화 등에 따른 행동 장애의 원인 발생

3. 정서 장애의 특성 및 지도 전략 기출 2025/2017/2015

구분	인지 행동	사회적·감정적	신체적
특성	• 품행 장애 • 사회화된 공격 • 주의력 문제	• 과민성 • 불안 • 우울감 • 어색한 표현 • 엉뚱한 생각	운동 과잉
신체 활동 특성	• 자기-방임 행동 문제 • 불순종적 행동 • 공격적 행동 • 자기-자극 행동 등이 스포츠 활동을 방해		
체육 활동 지도 전략	• 구조화된 체육 활동 프로그램 기획 • 비경쟁적인 자기 향상 활동에 우선적 참여 유도 • 구조화된 환경 내에서의 교사 통제력 발휘 • 기분 상태 조절 방안 • 긍정적 피드백 제시 • 안정적이고 편안한 호흡 운동을 위주로 함 • 유산소 운동과 무산소 운동의 균형적 조화 • 스포츠를 통한 성공 경험을 할 수 있는 환경 조성 • 격렬한 스포츠 활동 시 주의 • 스포츠 활동 시 스트레스의 최소화		

3 자폐성 장애

1. 자폐성 장애의 정의

(1) 미국 자폐협회에 의한 정의
① 자폐는 통상적으로 의사소통, 사회적 상호 작용, 놀이 활동 등에서 어려움을 나타내는 사람임
② 생후 3년 이내에 나타나는 증상으로, 정상적인 기능에 영향을 미침으로써 발생함

(2) 「장애인 복지법」에 의한 정의
제10차 국제 질병 사인 분류(International Classification of Diseases, 10th Version)의 진단 기준에 따른 전반성 발달 장애(자폐증)로 정상 발달의 단계가 나타나지 않고, 기능 및 능력 장애로 일상생활이나 사회생활에 간헐적인 도움이 필요한 사람

(3) 「장애인 등에 대한 특수 교육법」에 의한 정의 `기출 2023`

사회적 상호 작용과 의사소통에 결함이 있고, 제한적이고 반복적인 관심과 활동을 보임으로써 교육적 성취 및 일상생활 적응에 도움이 필요한 사람

2. 자폐성 장애의 원인

① 장애의 원인은 유전적 요인과 신경계 손상으로 나뉨
② 유전적 요인으로는 약체 X 증후군이 있음
③ 정신 분열(정상적인 발달 과정에서 나타나는 증상)과는 다름

3. 자폐성 장애의 유형별 진단 기준 `기출 2022`

(1) 아스퍼거 증후군

① 자폐증과의 가장 큰 차이점은 언어 발달의 지연이 두드러지지 않으며 지적 능력이 양호하다는 것임
② 언어 발달이 두드러지게 지연되지는 않지만 특이한 화법을 쓰거나 목소리의 크기나 억양, 운율 및 리듬이 비장애인과 차이가 있음
③ 특정한 주제에 대해 강한 관심을 가지며, 듣는 이의 느낌이나 반응을 신경 쓰지 않고 이야기함
④ 장황하고 말이 많거나, 갑작스럽게 대화의 주제를 바꾼다거나, 문자를 있는 그대로 이해한다거나, 자신에게만 의미가 있는 은유를 사용함
⑤ 또래 친구와 사귀는 데 어려움이 있고, 혼자 지내는 경향이 있으며, 독특한 행동을 보일 수 있음

(2) 레트 장애

① 전반적 발달 장애의 하위 유형으로, 여아에게만 나타나는 것으로 보고되고 있음
② 머리 둘레 성장의 속도가 더디고, 걸음걸이 조정이 어려움

(3) 소아기 붕괴성 장애

2~3세까지 언어, 사회적 기능, 운동 기술 등이 정상적으로 발달하던 아이에게서 발달 지연이 시작되는 것이 특징인 희귀 질환임

(4) 비전형 전반적 발달 장애

사회적 상호 작용, 의사소통 기술, 상동 행동 등의 발달에서 결함이 있다고 판단된 경우

4. 자폐성 장애의 특성 및 지도 전략 `기출 2024/2021/2020/2017/2016`

구분	인지 행동	사회적·감정적	신체적
특성	• 지적 장애와 유사 • 언어 발달의 문제	• 주변 환경에 무관심 • 수면 및 음식 섭취 곤란 • 상동 행동 • 상호 작용 능력 발달 지체	• 체력 수준 낮음 • 운동 수행 능력 낮음
신체 활동 특성	• 인지적 장애 • 외부 세계와의 단절로 다양한 문제 행동 발생 • 감각, 회피, 관심 끌기, 선호 물건·행동 등으로 구분 가능		

핵심테마 04 장애 유형별 체육 지도 전략 I

Speed 심화포인트

체육 활동 지도 전략	• 소음과 활동에 저해되는 환경 관리 • 지시의 패턴화 • 연속된 동작의 스포츠에 적합(수영, 사이클, 인라인스케이트 등) • 언어 지시와 시각적 단서 제공 • 환경적 단서가 효과적일 수 있음 • 사회적 관계 형성 도움 • 선호하는 스포츠를 우선 선정 • 접하기 쉬운 스포츠를 선정 • 같은 스포츠 활동 시 같은 환경과 장비들로 구성할 것

Jump Up 이해

자폐성 장애의 특징 기출 2024
- 언어 발달 지연과 함께 어떤 말의 의미를 알든 모르든 반복적으로 중얼거리는 '반향어'를 한다.
- 감정 교류의 어려움으로 상호 작용이 어렵다.
- 감각 자극에 대한 특별한 작용이 있어 시각적 혹은 청각적 자극에 매우 민감하다.
- 변화에 대한 거부감으로 친숙한 환경에 변화가 생기면 심한 거부감을 나타낸다.
- 의미 없는 행동 혹은 강박적인 행동으로 틀에 박힌 일이나 의례적인 행동에 집착한다.
- 특정 사물에 대한 집착이 있어 선호하는 특정한 사물이 있다.
- 놀이를 하고자 하는 동기가 결여되어 있어 사회적·상징적 놀이의 어려움으로 또래 집단과의 놀이에 협조를 안 한다.

지적 장애인, 정서 장애인, 자폐성 장애인의 지도 전략 방안
- 참가자 주변 지인들과 정보를 공유하여 정보를 습득한다.
- 지적 장애는 운동 수행의 가능성이 있으나, 운동 수행 능력을 파악하는 것이 중요하다.
- 참가자의 안전 확보를 위해 주변 안전 관리 및 참가자의 의학적 정보 및 사회적 능력 등을 숙지한다.
- 참가자의 특수한 요구에 맞는 적절한 구조와 절차를 고안하여 활동을 제시한다.
- 능동적 참여를 위한 소음, 조명, 온도 등의 환경적인 요인을 고려한다.
- 참가자들의 목표 성취를 위해 과제 분석, 반복된 경험 제시 등을 마련하여 제공한다.
- 지도 활동에서 예상치 못한 순간에 대처하기 위해 수정·보완도 병행한다.

출제 0순위 공략! 꼭 풀어야 할 대표문제

01 [2024년 기출문제]

미국지적장애및발달장애협회(AAIDD, 2021)의 지적 장애 정의에 근거하여 〈보기〉의 ㉠~㉢에 들어갈 내용이 바르게 나열된 것은?

보기
- 표준화 검사를 통해 산출된 지능지수 점수가 (㉠) 표준편차 이하이다.
- 적응 행동의 (㉡) 기술은 식사, 옷 입기, 작업 기술, 건강과 안전, 일과 계획, 전화 사용 등이 포함된다.
- (㉢) 이전에 발생한다.

	㉠	㉡	㉢
①	−2	실제적	20세
②	−2	개념적	20세
③	−2	실제적	22세
④	−2	개념적	22세

| 정답해설 |

미국지적장애및발달장애협회(AAIDD, 2021)의 정의
- 미국지적장애및발달장애협회(AAIDD, 2021)가 제시한 지적 장애는 지적 기능과 개념적·사회적·실제적 적응 기술로서 표현되는 모든 적응 행동에서 제한적인 면이 명백히 나타나는 특징이 있으며, 22세 이전에 시작된다.
- 지적 장애는 지적 기능, 적응 행동, 시작 연령 22세 이전 등 3가지의 기준을 충족해야 하며, 지적 기능은 지수가 평균으로부터 −2 표준편차 이하이다.

적응 행동 영역	기술
개념적 영역	언어, 읽기와 쓰기, 화폐 · 시간 · 수 개념 등
사회적 영역	대인 관계 기술, 사회적 책임감, 자존감, 규칙과 법 준수, 사회적 문제 해결 등
실제적 영역	일상생활 활동(개인 신변 처리 등), 작업 기술, 금전관리, 안전, 건강 관리, 이동/교통, 스케줄/정규 활동, 전화 사용 등

02 [2021년 기출문제]

자폐성 장애인의 특성을 고려한 지도 전략으로 적절한 것은?

① 자연스러운 단서보다 언어적 단서를 주로 사용한다.
② 그림 카드를 활용하여 시각적 단서를 제공한다.
③ 환경의 비구조화를 통해 다양한 신체 활동을 제공한다.
④ 신체 활동 순서와 절차를 바꾸면서 흥미를 준다.

| 정답해설 |

자폐성 장애인에게는 그림 카드와 같은 시각적 단서를 제공하는 것이 효과적이다.

| 오답해설 |

① 자폐성 장애인은 말로 설명하는 것에 집중하거나 기억하기 어려우므로 언어적 단서보다 환경적 단서를 제공한다.
③ 다양한 신체 활동보다 정형화된 신체 활동을 제공해야 한다.
④ 신체 활동 순서와 절차를 바꾸면 이해하기 어려워 흥미가 떨어질 수 있으므로 일정한 패턴으로 지도해야 한다.

03 [2025년 기출문제]

〈보기〉에 해당하는 장애 유형의 체육활동 지도 방법으로 옳지 <u>않은</u> 것은?

보기
- 지적 기능과 적응행동이 제한된다.
- 쉽게 좌절하거나 동기 유발이 부족하다.
- 주의 집중 시간이 짧고 단기 기억에 어려움이 있다.

① 복잡한 계획이 필요하고 과제가 자주 바뀌는 활동을 강조한다.
② 활동 초기에 학생의 개별적 특성을 파악하여 친밀감을 형성한다.
③ 학생이 흥미를 보이는 활동에서 시작하여 다양한 형태로 발전시킨다.
④ 과제 활동을 제한하는 행동을 파악하고 개별적인 행동 관리 계획을 수립한다.

| 정답해설 |

〈보기〉는 지적장애 유형에 대한 설명이다. 지적장애는 새로운 과제나 환경에 적응하는 데 시간이 오래 걸리고, 복잡하거나 변화가 많은 활동을 어려워하는 경우가 많다. 따라서 체육활동을 지도할 때에는 간단하고 구조화된 활동, 일관된 과제 흐름, 흥미 기반의 동기 유발, 개별 행동 관리, 그리고 충분한 반복 학습이 필요하다. 복잡한 계획이 필요하고 과제가 자주 바뀌는 활동을 강조하는 것은 지적장애 학생에게 혼란을 줄 수 있으며, 인지적 부담을 높여 쉽게 좌절하게 만들 수 있기 때문에 부적절한 지도 방법이다.

정답 01 ③ 02 ② 03 ①

04 [2022년 기출문제]

〈보기〉에게 설명하는 장애 유형은?

보기

- 의사소통: 유창한 말하기와 풍부한 어휘 능력을 가지고 있다.
- 사회적 상호 작용: 대화 중에 눈을 마주치거나 고개를 끄덕이는 행동을 어려워한다.
- 관심사와 특이 행동: 특정한 사물에 강한 관심을 나타내는 경향이 있다.
- 관계 형성: 가족과의 애착이 형성될 수는 있으나 또래와의 관계 형성은 어려울 수 있다.

① 아스퍼거 증후군
② 뇌병변 장애
③ 지체 장애
④ 시각 장애

| 정답해설 |

아스퍼거 증후군은 자폐 스펙트럼 장애의 여러 임상 양상 중 하나이다. 아스퍼거 증후군은 언어 발달이 두드러지게 지연되지는 않지만 특이한 화법을 쓰거나 목소리의 크기나 억양, 운율 및 리듬이 비장애인과 차이가 있다. 또한 특정 주제에 대해 강한 관심을 가지고 듣는 이의 느낌이나 반응을 신경 쓰지 않으며 특정 주제에 대해 이야기한다. 장황하고 말이 많거나, 갑자기 대화의 주제를 바꾼다거나, 문자를 있는 그대로 이해한다거나, 자신에게만 의미 있는 은유를 사용하기도 하며 또래 친구와 사귀는 데 어려움이 있고 혼자 지내는 경향이 있을 수 있다.

| 오답해설 |

② 뇌병변 장애는 뇌의 손상으로 인한 복합적인 외부 신체 기능 장애를 의미한다.
③ 지체 장애는 뼈대·근육·신경계통 중 어느 부분에 질병이나 외상으로 인해 몸통·팔 및 다리에 장애가 있는 상태를 말한다.
④ 시각 장애는 시각 경로에 병변이 생겨 시각을 이용하여 과제를 수행하는 데 제한을 받는 상태를 말한다.

05 [2025년 기출문제]

정서-행동장애 학생의 특성을 고려한 체육활동 지도 전략으로 적절하지 않은 것은?

① 주의를 분산시키는 자극을 최소화한다.
② 활동 규칙을 정하고 안전교육을 실시한다.
③ 환경을 구조화하고 예측이 가능한 과제를 제시한다.
④ 정서적 예민함을 고려하여 뉴스포츠와 경쟁 활동을 배제한다.

| 정답해설 |

정서 장애의 특성에는 과민성, 불안, 우울감 등 정서적 예민함이 있어 스포츠 활동 시 스트레스를 최소화해야 하지만 스포츠의 적절한 경쟁 활동 속에서 성공 경험을 할 수 있는 환경을 조성해 주어야 한다.

06 [2023년 기출문제]

〈보기〉에서 설명하는 장애 유형은?

보기

㉠ 또래 친구와 인사를 하거나 함께 놀지 않는다.
㉡ 출석을 불러도 반응하지 않거나 눈을 맞추지 않는다.
㉢ 비닐과 같은 특정 물건을 반복적으로 만지거나 냄새를 맡는 행동을 한다.
㉣ '공을 차'라고 지시했지만, 지시를 이해하지 못하고 '공을 차'라는 말만 반복한다.

① 청각 장애   ② 지적 장애
③ 뇌병변 장애   ④ 자폐성 장애

| 정답해설 |

사회적 상호 작용(㉠㉡)과 의사소통(㉣)에 결함이 있고, 제한적이고 반복적인 관심과 활동(㉢)을 보인다. 교육적 성취 및 일상생활 적응에 도움이 필요한 사람으로 자폐성 장애의 특성에 해당한다.

정답 04 ①   05 ④   06 ④

핵심테마 05 | 장애 유형별 체육 지도 전략 Ⅱ

1 시각 장애

1. 시각 장애의 정의 기출 2023/2020

「장애인 복지법」과 「장애인 등에 대한 특수 교육법」에 의해 다르게 정의되고 있음

(1) 「장애인 복지법」에 의한 정의
  ① 장애의 정도가 심한 장애인
    ㉠ 좋은 눈의 시력(공인된 시력표로 측정한 것을 말하며, 굴절 이상이 있는 사람은 최대 교정 시력을 기준으로 함. 이하 같음)이 0.06 이하인 사람
    ㉡ 두 눈의 시야가 각각 모든 방향에서 5° 이하로 남은 사람
  ② 장애의 정도가 심하지 않은 장애인
    ㉠ 좋은 눈의 시력이 0.2 이하인 사람
    ㉡ 두 눈의 시야가 각각 모든 방향에서 10° 이하로 남은 사람
    ㉢ 두 눈의 시야가 각각 정상 시야의 50% 이상 감소한 사람
    ㉣ 나쁜 눈의 시력이 0.02 이하인 사람
    ㉤ 두 눈의 중심 시야에서 20° 이내에 겹보임(복시)이 있는 사람

(2) 「장애인 등에 대한 특수 교육법」에 의한 정의
  시각계의 손상이 심하여 시각 기능을 전혀 이용하지 못하거나 보조 공학 기기의 지원을 받아야 시각적 과제를 수행할 수 있는 사람으로서 시각에 의한 학습이 곤란하여 특정의 광학 기구·학습 매체 등을 통하여 학습하거나 촉각 또는 청각을 학습의 주요 수단으로 사용하는 사람을 의미함

2. 시각 장애의 원인

(1) 시각 장애의 발생
  ① 산전 원인, 전염병, 상해, 종양 등으로 다양하게 나타남
  ② 노화나 사고에 의한 장애 증가 추세
  ③ 근시, 원시 등의 굴절 이상에 의한 질환이 흔함

(2) 시각 장애 원인 기출 2023
  ① 백내장: 수정체가 어떤 원인에 의해 뿌옇게 혼탁해져 빛을 제대로 통과시키지 못하게 되면서 안개가 낀 것처럼 시야가 뿌옇게 보이는 질환. 사물이 겹쳐 보이거나 눈부심, 빛 번짐 현상이 나타남
  ② 녹내장: 안압이 높아 시신경으로 가는 혈류에 압박이 가해지면서 시신경이 조금씩 손상돼 시야가 좁아지는 질환. 시신경이 서서히 손상되며 주변부의 시야부터 점점 좁아져 결국 실명하게 되며, 두통, 눈의 통증, 구토 등의 증상이 있음
  ③ 황반변성: 노화 독성, 염증 등에 의해 황반부에 변성이 일어나 시력 장애를 일으키는 질환. 사물의 형태를 구별하는 능력이 떨어지고 물체가 찌그러져 보이며, 책을 읽을 때 글자에 공백이 생기는 증상이 있음
  ④ 망막 박리: 망막에 여러 가지 이유로 여러 층이 떨어지는 현상으로 시각 정보를 뇌

Speed 심화포인트

시각 장애 용어
- 시각(vision): 눈을 통해 빛의 자극을 받아들이는 감각 작용
- 시력(visual acuity): 물체의 존재 및 그 형태를 인식하는 능력으로, 눈의 가장 본질적인 기능에 속함
- 약시(amblyopia): 눈에 특별한 이상을 발견할 수 없으나 정상적인 교정 시력이 나오지 않는 상태
- 법적맹(legally blind): 시력이 극히 나쁘거나 아무 것도 볼 수 없는 상태로, 교정 시력이 20/200 이하이거나 시야가 20° 이하인 사람을 말함
- 시기능(visual function): 시각을 사용하여 과제를 수행하는 능력
- 터널 시야(tunnel vision): 시야 협착의 일종으로 터널 속에서 터널 입구를 바라보는 모양으로 시야가 제한됨
- 맹: 시각계 손상이 심해 시각적인 기능을 전혀 하지 못하는 상태
- 저시각: 보조 기구를 활용해야 시각적인 기능을 할 수 있는 상태
- 방향 정위: 시각 장애인의 신체 활동 시 자신의 위치와 물체의 방향을 파악하는 것

미국 장애인 교육법(IDEA)에 의한 시각 장애의 정의
시력 교정 이후에도 시각이 손상된 상태로 교육 활동에 지장이 있는 경우를 의미하며, 부분적 시각 장애와 맹을 모두 포함함

시각 장애 원인의 종류
- 굴절 이상
- 각막 질환
- 수정체 질환
- 시신경 질환
- 망막 질환 등

핵심테마 05 장애 유형별 체육 지도 전략 II

로 보낼 수 없게 되기 때문에 망막이 기능하던 시야가 검은 구름, 그림자, 커튼으로 가린 것처럼 보임

3. 시각 장애의 분류

(1) **기능적 분류**
① 완전 실명: 시력이 전혀 없는 상태
② 광각: 암실에서 광선 인식이 가능한 상태
③ 수동: 눈 앞에서의 움직임 정도만 구분이 가능한 상태
④ 지수: 전방 1m의 움직임 정도만 구분이 가능한 상태
⑤ 저시각: 시력으로 일상생활이 가능한 상태

(2) **세계보건기구(WHO)의 분류**

정상	• 정상 시력: 특별한 도움이 필요하지 않고 정상적으로 과제 수행이 가능한 상태 • 중등도: 도움을 받으면 정상적으로 과제 수행이 가능한 상태
저시력	• 중도: 도움을 받으면 낮은 수준에서 과제 수행이 가능한 상태 • 최중도: 도움을 받아도 시각 과제에 어려움이 있고 섬세한 작업의 과제 수행이 불가능
맹(실명)	• 실명 근접 시력: 시력의 사용이 거의 불가능하고 다른 감각에 의존이 필요한 상태 • 맹: 시력이 전혀 없고 다른 감각에 무조건 의지해야 하는 상태

(3) **「장애인 복지법」의 장애 정도 기준**

장애의 정도가 심한 장애인	• 좋은 눈의 시력이 0.02 이하인 사람 • 좋은 눈의 시력이 0.04 이하인 사람 • 좋은 눈의 시력이 0.06 이하인 사람 • 두 눈의 시야가 각각 모든 방향에서 5° 이하로 남은 사람
장애의 정도가 심하지 않은 장애인	• 좋은 눈의 시력이 0.1 이하인 사람 • 두 눈의 시야가 각각 모든 방향에서 10° 이하로 남은 사람 • 좋은 눈의 시력이 0.2 이하인 사람 • 두 눈의 시야가 각각 정상 시야의 50% 이상 감소한 사람 • 나쁜 눈의 시력이 0.02 이하인 사람

4. 시각 장애인의 스포츠 종목 지도 시 고려 사항 [기출 2016]

① 레슬링: 상대 선수와 떨어지지 않고 붙잡은 상태에서 경기 진행
② 볼링: 핸드 가이드 레일 이용 가능
③ 2인용 자전거: 시각 장애인을 뒤에 앉히고, 비장애인이 앞에 앉아 방향 조정
④ 양궁: 음향 신호, 지시기, 발 위치 등의 용·기구 사용

5. 시각 장애의 영역별 특성 및 지도 전략 [기출 2025/2024/2021/2020/2019/2018/2016/2015]

구분	인지적 영역	언어적 영역	사회적 영역	행동적 영역
특성	• 학업 성취가 또래에 비해 지체 • 제한된 환경 경험이 주요 원인	• 언어 전달 속도가 느림 • 음의 높낮이를 조절하지 못함 • 억양, 표정, 몸짓 등에 변화가 없음	• 불안과 공포심이 높음 • 상호 작용 부족 • 사회적 관계 유지가 힘듦	• 신체 활동의 기회가 적음 • 바른 자세가 어려움

Speed 심화포인트

시기에 따른 시각 장애의 분류
• 선천성: 출생부터 출생 후 얼마 되지 않았을 때 시각 장애를 가진 경우
• 후천성: 출생 이후 생활을 하다가 시각 장애가 발생한 경우

장애 진행 정도에 따른 시각 장애의 분류
• 급성: 사고로 한 번에 시력을 상실한 경우, 혹은 시각 장애의 진행이 급격히 빠른 경우
• 만성: 장기간에 걸쳐 시각 장애가 진행되는 경우

스포츠 등급 분류 [기출 2015]
• B1: 빛을 감지 못하는 상태
• B2: 시력이 2m/60m 이하 혹은 시야가 5° 이하로 물체나 그 윤곽을 인식하는 경우
• B3: 시력이 2m/60m~6m/60m 또는 시야가 5°에서 20° 사이인 경우 (2m/60m: 시각 비장애인이 60m에서 읽을 수 있는 것을 시각 장애인은 2m에서 읽을 수 있는 정도의 시력)

백내장이 있는 시각 장애인의 체육 활동 시 고려 사항
• 빛이 들어오는 큰 창문은 피할 것
• 거리를 조정할 수 있고 가감 저항기를 가진 조명을 사용하여 근거리 활동 권장
• 안경 또는 콘택트렌즈 필요 시 착용 권장
• 바뀐 조명에 적응할 시간 제공
• 근거리에서 원거리로 전환 시 휴식 시간을 제공하여 눈의 피로 감소

신체 활동 특성	· 비장애인에 비해 감각 운동, 협응력 운동 수준이 낮고, 발달 속도가 지체됨 · 발을 땅에 끌거나 앞으로 기울인 자세, 움츠린 어깨 등을 보임 · 비장애인보다 체력 수준이 낮게 나타남 · 운동 기술 습득이 상대적으로 느리고 질적으로 다른 패턴을 보임 · 시각을 제외한 청각, 촉각 등을 활용하여 신체상을 형성함 · 비장애인보다 보폭이 좁고 보행 속도가 느리고 보행 자세의 안정성, 방향의 정확성이 낮음 · 상동 행동이 나타날 수 있음
체육 활동 지도 전략	· 언어적 설명: 간단한 용어 한두 가지를 포함한 피드백을 제공함 · 시범: 잔존 시력의 정도를 파악 후 동작을 반복적으로 보여 줌 · 신체 보조: 참여자가 신체 활동을 원활하게 할 수 있도록 곁에서 도움을 주며, 고글 등 눈을 보호할 수 있는 장비를 착용하게 해야 함 · 시·청각 단서 활용: 소리가 나는 기구를 활용하며 색의 대비나 조도를 조절하여 활용하고, 장비들의 위치가 바뀌지 않게 해야 함 · '언어 지도 → 촉각 탐색 → 직접 지도'의 단계를 따름 · 지도자와 성별이 다른 경우에는 신체 접촉에 대해 주의해야 함 · 놀라지 않도록 신체적 가이던스(physical guidance)를 제공하기 전에 미리 공지함 · 전맹일 경우 지도자의 시범을 자신의 손으로 확인할 수 있도록 함(또는 인체 모형 사용) · 과잉보호는 피해야 하며, 도전과 시도를 통해 자신감과 독립성을 가질 수 있도록 함

Speed 심화포인트

녹내장이 있는 시각 장애인의 체육 활동 시 고려 사항
· 스트레스나 피로 주의
· 안압과 통증의 유무 지속적으로 확인
· 약물 치료 시 정기적 복용
· 낯선 장소 이동 지양

6. 시각 장애인 지도 시 고려사항 기출 2021

① 잔존 시력의 수준: 시범과 설명의 양과 질을 고려
② 스포츠 형태: 정적 요소의 스포츠와 동적 요소의 스포츠 형태를 고려
③ 시각 장애 발생 시기: 신체 활동 경험, 기본 운동 기술 발달, 체력 수준을 고려

7. 시각장애인 스포츠 종목 기출 2025

골볼	· 제2차 세계대전 참전 군인의 재활을 돕기 위해 1946년에 호주인 한스 로렌젠과 독일인 셉 라인이 고안한 팀 스포츠로, 벨이 들어 있는 공을 굴려 상대 골문에 넣는 방식으로 진행되며, 선수는 벨 소리만으로 공의 위치를 파악함 · 경기장은 9m×18m의 크기로, 3인 1팀으로 구성하여 전후반 12분으로 이루어지며, 공은 1.25kg의 무게의 탄력 있는 고무 재질 · 경기자는 자신의 골 영역 내에 남아서 방어하거나 공격하며, 모든 선수는 아이패치와 불투명 고글을 착용하여야 함
쇼다운	· 두 명의 선수가 직사각형 테이블 양 끝에 서서, 청각과 촉각을 활용해 소리가 나는 공의 위치와 방향을 파악하며 배트로 쳐서 포켓에 넣어 점수를 내는 경기로, 탁구 또는 테이블 하키와 유사함 · 상대보다 2점 앞선 상태에서 11점에 도달하면 승자가 되는 방식으로, 테이블 중앙의 센터보드 아래로 공을 주고받으며, 센터보드를 맞추거나 넘기면 파울로 인정됨
텐핀 볼링	· 일반 볼링과 같은 점수제로 진행하며, 전맹의 경우 출발선까지 안내인 또는 가이드 레일을 이용하고 출발선에 도착하여서는 일반 선수와 동일하게 경기를 시작함 · 가이드레일을 이용하는 선수는 한 손에는 볼을 들고 다른 손으로 가이드레일을 잡고 출발선까지 이동함 · 공을 굴린 후에는 안내인이 선수에게 몇 번 핀이 넘어졌는지와 어떤 핀이 남아있는지에 대하여 설명해 줄 수 있음
보체	· 이탈리아에서 시작된 경기로 스페셜올림픽 경기 종목으로, 경기장은 3.66m×18.29m 크기이며 표적구를 던져놓고 그 공에 가깝게 가도록 공을 던지는 경기 · 한 팀당 4개의 공을 소유하여 표적구와 가까워질 때까지 공을 던지고, 4개의 공 가운데 표적구에 멀리 던져놓은 공의 선수가 순서에 따라 공을 모두 던진 다음 표적구와 거리를 재어 승패를 가림

핵심테마 05 장애 유형별 체육 지도 전략 II

2 청각 장애

1. 청각 장애의 정의

(1) 「장애인 복지법」에 의한 정의 기출 2017

① 청력을 잃은 사람
  ㉠ 장애의 정도가 심한 장애인: 두 귀의 청력을 각각 80dB 이상 잃은 사람(귀에 입을 대고 큰 소리로 말을 해도 듣지 못하는 사람)
  ㉡ 장애의 정도가 심하지 않은 장애인
    • 두 귀에 들리는 보통 말소리의 최대의 명료도가 50% 이하인 사람
    • 두 귀의 청력을 각각 60dB 이상 잃은 사람(40cm 이상의 거리에서 발성된 말소리를 듣지 못하는 사람)
    • 한 귀의 청력을 80dB 이상 잃고, 다른 귀의 청력을 40dB 이상 잃은 사람
② 평형 기능에 장애가 있는 사람
  ㉠ 장애의 정도가 심한 장애인: 양측 평형 기능의 소실로 두 눈을 뜨고 직선으로 10m 이상을 지속적으로 걸을 수 없는 사람
  ㉡ 장애의 정도가 심하지 않은 장애인: 평형 기능의 감소로 두 눈을 뜨고 10m 거리를 직선으로 걸을 때 중앙에서 60cm 이상 벗어나고, 복합적인 신체 운동이 어려운 사람

(2) 「장애인 등에 대한 특수 교육법」에 의한 정의

청력 손실이 심하여 보청기를 착용해도 청각을 통한 의사소통이 불가능 또는 곤란한 상태이거나, 청력이 남아 있어도 보청기를 착용해야 청각을 통한 의사소통이 가능하여 청각에 의한 교육적 성취가 어려운 사람

2. 청각 장애의 원인

유전적(선천적) 요인	• 유전: 선천적인 농의 약 50% 이상이 유전으로 유발된다고 볼 수 있음 • 선천성 외이 기형: 중외이나 중이에 선천적으로 기형을 가지게 된 상태 • 모자 혈액형 불일치: 임산부와 태아의 Rh 혈액형이 일치하지 않는 경우 • 이경화증: 중이에 있는 등골이 비정상적으로 비대하여 유발되는 상태
환경적 요인	• 감염: 바이러스 등의 감염으로 인해 나타나는 증상 • 뇌막염: 뇌척수막에 염증이 생겨 나타나는 증상 • 소음: 큰 소음에 지속적으로 노출되어 청력 손실이 발생하는 경우 • 중이염: 중이는 감기 등 체온 상승으로 가장 먼저 손상되는 부위로, 통증이 심할 경우 염증이 생기며, 이 염증이 만성이 될 때 청력 손실을 발생시킬 수 있음 • 외상: 이물질 또는 귀이개 등에 의해 고막이 손상되는 경우 • 약물 중독: 항생제, 이뇨제 등의 중독에 의해 청력이 손실되는 경우

3. 청각 장애의 분류

(1) 「장애인 등에 대한 특수 교육법」에 의한 분류

① 농: 보청기 등의 보조 기구를 사용해도 의사소통이 불가능한 상태
② 난청: 보조 기구를 사용하면 의사소통이 가능한 상태

(2) 「장애인 복지법」의 장애 정도 기준

장애의 정도가 심한 장애인	• 두 귀의 청력 손실이 각각 90데시벨(dB) 이상인 사람 • 두 귀의 청력 손실이 각각 80데시벨(dB) 이상인 사람
장애의 정도가 심하지 않은 장애인	• 두 귀의 청력 손실이 각각 70데시벨(dB) 이상인 사람 • 두 귀에 들리는 보통 말소리의 최대의 명료도가 50% 이하인 사람 • 두 귀의 청력 손실이 각각 60데시벨(dB) 이상인 사람 • 한 귀의 청력 손실이 80데시벨(dB) 이상, 다른 귀의 청력 손실이 40데시벨(dB) 이상인 사람

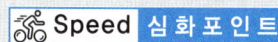

4. 청각 장애의 정도 및 유형

(1) 청각 장애의 정도

경도(26~40dB)	약간의 소리 인지, 일정 거리 유지 시 음을 이해, 언어 발달 약간 지연
중등도(41~55dB)	사람의 입술 모양을 읽는 훈련 필요, 보청기 사용, 언어 습득과 발달 지연
중도(56~70dB)	일반 학교에서 수업 어려움, 개별 지도 필요, 또래 도움 학습 필요
고도(71~90dB)	특수 교육 지원에 의한 학습 지원 필요, 큰 소리 이해 불가, 보청기 의존 불가
농(91dB)	특수한 의사소통 필요, 음의 수용 어려움, 어음 명료도와 변별력이 현저히 낮음

(2) 청각 장애의 유형 기출 2018

전음성	소리가 전달되지 못하는 일반적인 청력의 손실 상태
감각 신경성	청각과 관련된 신경 손상에 의한 손실 상태
혼합성	전음성과 감각 신경성이 혼합된 상태

(3) 전음성과 감각 신경성 청력 손실의 비교

구분	전음성 청력 손실	감각 신경성 청력 손실
주요 의사소통 방법	주로 말하기를 이용하며, 수화도 사용함	대부분 수화 사용하며, 말을 할 가능성이 거의 없음
보청기	보청기 유용함	도움이 되지 않음
농아인 문화	농아인 문화의 일부분이 될 수 있음	농아인 문화가 될 가능성이 높음
달팽이관 이식 대상	아님	가능성 높음
원인	만성 중이염, 삼출성 중이염, 외상성 고막 뚫림, 혈성 고실, 귀바깥길 막힘 등	미로염, 뇌수막염 등의 염증성 질환, 소음성 난청, 이독성 약물, 측두골 골절 등의 외상, 노인성 난청 등

Jump Up 이해

청력 손실의 유형

수평형	전 주파수에 걸쳐 비슷한 청력의 손실을 가지며, 소리가 작게 들림
저음 장애형	저주파수대의 청력 손실이 큰 편이고 고주파수대의 청력 손실이 작은 편으로 전음성 난청인에게 많이 발생함
고음 점경형	노인성 난청에 많은 편이며, 저주파에서 고주파로 올라가면서 청력 손실이 커짐
고음 급추형	저주파는 청력 손실이 일정, 2,000Hz 이상 대역에서 급격히 청력 손실 증가
dip형	극히 제한된 주파수일 때 청력 손실이 크며, 다른 주파수에서는 일정
곡형	저음역과 고음역의 청력 손실이 작은 반면, 중음역에서 청력의 손실이 큼

핵심테마 05 장애 유형별 체육 지도 전략 II

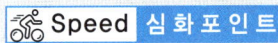

산형	저음역과 고음역의 청력 손실이 큰 반면, 중음역에서 청력 손실이 작음
전농	저음역의 일부 주파수에서만 청력이 측정되며, 다른 주파수에서 청력 측정 불가

5. 청각 장애인과 의사소통 시 고려 사항 기출 2021/2016

① 대화 시 눈을 맞추고 청각 장애인이 인지하고 있는 수신호를 사용할 것
② 필요시 필기구를 사용하고, 청각 장애인의 틀린 어법 및 단어를 교정해 줄 것
③ 대화를 방해할 수 있는 언행은 주의할 것

6. 청각 장애의 영역별 특성 및 지도 전략 기출 2025/2020/2019/2016/2015

구분	심동적 영역	인지적 영역	정의적 영역
특성	• 운동 기술의 문제는 적음 • 출생 후 기본 운동 습득 여부에 따라 심동적 영역의 완성도가 다름	• 언어 발달이 미흡 • 의사소통 및 표현 능력이 부족	• 수화 사용 위주의 청각 장애인 간 교류가 많음 • 사회성 결여
신체 활동 특성	• 선천적인 청각 장애로 인한 체력 또는 운동 기술 부분에서의 문제는 적음 • 출생 이후 기본 운동 습득에 따라 심동적 영역의 완성 정도에 차이가 발생함 • 언어 발달의 미흡으로 학업 성취 수준이 비장애 학생에 비해 낮음 • 의사소통 및 표현 부족 • 어휘력 부족으로 신체 활동 이해력 저하 및 운동 경험 부족		
체육 활동 지도 전략	• 신체적: 시각적 자료 적극 활용, 수화 및 구화 사용 유도, 주변 소음 주의 • 인지적: 또래와 함께 참여 권장, 메시지 전달 시에는 필요한 단어 동작 사용, 천천히 말하기, 아동과 가까운 거리 유지, 필기구 사용, 교사의 입모양을 볼 수 있는 대형 선택 • 정의적: 활동 전 시설 및 기구를 충분히 숙지할 수 있게 제공, 넘어지는 방법 지도, 시각 및 촉각 신호 사용, 낙천적이고 긍정적인 모습을 통해 활동을 재미있게 구성 • 기타: 스포츠 참여 시 인공 와우 및 외부 장치를 반드시 제거, 수중 활동 시 외부 장치 습기를 방지하기 위해 방수 처리 필수		

7. 청각 장애인에게 신체 활동 지도 시 유의 사항 기출 2020

① 지도자는 청각 장애인이 지도자의 입과 눈을 볼 수 있도록 위치
② 청각 장애인의 의사소통 능력(수화 또는 구화)을 확인
③ 언어적 설명보다 시각적 설명 위주로 지도
④ 인공 와우를 사용하는 청각 장애인의 안전을 고려하여 지도
⑤ 잘 이해하고 있는지 중간 중간 확인
⑥ 수화 통역사의 참여 범위와 내용에 대해 사전 협의 필요

Jump Up 이해

스포츠 종목을 나타내는 수어 기출 2024/2023/2022

체육(스포츠, 운동)	권투
두 주먹을 어깨 위로 동시에 두 번 올렸다 내린다.	두 주먹을 가슴 앞으로 올려 번갈아 내지른다.

농구		배구	
	왼손을 반쯤 구부려 손끝이 오른쪽으로 향하게 하여 가슴 앞에 놓은 다음, 손등이 밖으로 향하게 쥔 오른 주먹을 왼손의 1·2·3·4지와 5지 사이로 내린다.		두 손을 펴서 눈앞에서 위로 비스듬히 올린다.
수영		씨름	
	손등이 위로 손끝이 오른쪽으로 향한 왼팔에 오른 주먹의 등을 대고 1·2지를 펴서 번갈아 움직이며 오른쪽으로 이동시킨다.		두 주먹의 5지를 펴서 끝이 위로 향하게 비스듬히 세워 바닥을 'X'자로 맞대고 전후로 힘주어 움직인다.
야구		축구	
	오른 주먹의 1지를 펴서 끝이 위로 향하게 세우고 왼손으로 오른 팔꿈치를 받치고 오른손을 반원을 그리며 안으로 돌린다.		손바닥이 위로 향하게 편 왼 손바닥에 오른 주먹의 바닥을 대며 1지를 힘주어 튕겨 편다.
탁구		테니스	
	손가락 끝을 모아 끝이 위로 향하게 쥔 왼손을 오른 손바닥으로 쳐내는 동작을 한다.		오른 주먹을 오른쪽에서 왼쪽 밖으로 휘둘러 올린 다음, 왼쪽에서 오른쪽 밖으로 휘둘러 올린다.
스케이트		스키	
	두 주먹의 1·2지를 펴서 끝이 밖으로 향하게 마주 세워 왼쪽 앞으로 한 번 내밀고 오른쪽 앞으로 한 번 내민다.		오른 주먹의 1·2지를 펴서 등으로 왼손의 손등을 스쳐 내려가게 한다.
반갑습니다		고맙습니다	
	두 손을 약간 구부려 손 끝을 양쪽 가슴 앞에 대고 위 아래로 엇갈리게 움직인다.		손끝이 밖으로 향하게 펴서 모로 세운 오른손의 4지 옆면을 손바닥이 아래로 향하게 편 왼 손등에 두 번 댄다.

01 [2021년 기출문제]

시각 장애인의 신체 활동 지도를 위해 사전에 알아야 할 정보가 아닌 것은?

① 시력 상실의 원인
② 시력 상실의 시기
③ 잔존 시력 정도
④ 주거 환경

| 정답해설 |

시각 장애인의 신체 활동을 지도하기 위해서는 개인에 따라 다르지만 잔존 시력의 수준, 스포츠 형태, 시각 장애 발생 시기와 원인 등을 고려해야 한다. 주거 환경은 시각 장애인의 신체 활동을 지도하기 위해 사전에 알아야 할 정보에 해당하지 않는다.

02 [2024년 기출문제]

시각 장애인의 지도 전략으로 옳지 않은 것은?

① 스포츠 참여는 안전을 위해 개인 종목만 지도한다.
② 시범은 잔존 시력 범위에서 보이면서 언어적 설명을 병행하는 것이 효과적이다.
③ 지도자는 지도할 때 시각 장애인에게 신체 접촉의 형태, 방법, 이유 등을 구체적으로 안내한다.
④ 전맹의 경우 스포츠 동작에 대한 이해도를 높이기 위해 관절이 굽어지는 인체 모형을 사용할 수 있다.

| 정답해설 |

시각 장애가 스포츠 활동을 제한하는 것은 아니며, 일반적인 활동을 못하는 것도 아니다. 단지 시력의 제한으로 움직임의 기회가 부족하기 때문에 스포츠 활동에 어려움이 있는 것이다. 따라서 잔존 시력의 수준, 스포츠 형태, 시각 장애 발생 시기 등을 고려하여 개인 종목뿐만 아닌 다양한 스포츠에 참여하도록 하여 도전과 시도를 통해 자신감을 가질 수 있도록 해야 한다.

03 [2020년 기출문제]

청각 장애인에게 신체 활동을 지도할 때의 유의점으로 적절하지 않은 것은?

① 신체 활동 지도에 필요한 수어를 사용할 수 있도록 준비한다.
② 인공 와우 수술을 받은 청각 장애인은 축구와 레슬링 같은 활동을 피하게 한다.
③ 과장된 표정과 입술 모양은 부담을 줄 수 있으므로 구화보다는 수어 사용에 중점을 둔다.
④ 인공 와우 수술을 받은 청각 장애인은 정전기를 유발할 수 있는 기구를 사용하지 않게 한다.

| 정답해설 |

청각 장애인의 의사소통 능력을 확인하고 수화 또는 구화를 적절하게 사용하여 의사소통을 한다.

04 [2025년 기출문제]

〈보기〉에서 설명하는 시각장애인 스포츠 종목은?

보기

- 시각 정보 없이 청각과 촉각을 활용하여 공의 위치와 방향을 파악한다.
- 탁구대와 유사한 테이블 위에서 소리 나는 공을 배트로 쳐서 상대편 포켓에 넣는다.

① 골볼
② 보체
③ 쇼다운
④ 텐핀 볼링

| 오답해설 |

① 골볼: 소리가 나는 공을 굴려 상대 골문에 넣는 시각장애인 팀 스포츠로, 모든 선수는 아이패치와 불투명 고글을 착용한다.
② 보체: 표적구에 가까이 공을 던지는 방식으로 진행되며, 거리 측정으로 승패를 가린다.
④ 텐핀 볼링: 전맹의 경우 가이드레일을 이용해 출발선까지 이동하며, 점수는 일반 볼링과 동일하게 계산한다.

정답 01 ④ 02 ① 03 ③ 04 ③

핵심테마 05 | 장애 유형별 체육 지도 전략 II

05 [2022년 기출문제]

〈보기〉의 수어가 나타내는 스포츠 종목은?

보기

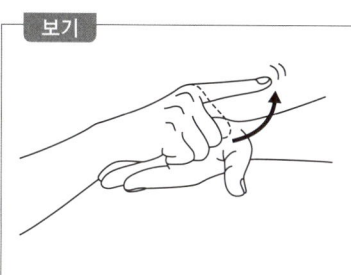

왼 손바닥을 위로 향하게 펴고, 오른 주먹의 손등이 위로 향하게 하여 왼 손바닥 위에 올려놓고, 오른손의 검지를 튕기며 편다.

① 휠체어 농구
② 권투
③ 탁구
④ 축구

| 오답해설 |

농구		왼손을 반쯤 구부려 손끝이 오른쪽으로 향하게 하여 가슴 앞에 놓은 다음, 손등이 밖으로 향하게 쥔 오른 주먹을 왼손의 1, 2, 3, 4지와 5지 사이로 내린다.
권투		두 주먹을 가슴 앞으로 번갈아 내지른다.
탁구		손가락 끝을 모아 끝이 위로 향하게 쥔 왼손을 오른 손바닥으로 쳐내는 동작을 한다.

06 [2021년 기출문제]

〈보기〉에서 시각 장애인을 지도할 때 고려 사항이 바르게 묶인 것은?

보기

㉠ 경기장을 미리 돌아보게 한다.
㉡ 장비의 모양, 크기, 재질 등을 알 수 있도록 한다.
㉢ 방향 정위를 위해 목소리, 나무 방울 혹은 자동 방향 감지기 등을 사용한다.
㉣ 높이뛰기, 멀리뛰기와 같은 도약 경기에 참가하는 선수에게는 걸음걸이를 미리 세어보도록 한다.

① ㉢, ㉣
② ㉠, ㉡, ㉢
③ ㉠, ㉡, ㉣
④ ㉠, ㉡, ㉢, ㉣

| 정답해설 |

㉠㉡ 정확한 정보 제공을 위해 경기장을 미리 돌아보게 하고, 장비의 모양, 크기, 재질 등을 알 수 있도록 하며, 장비들의 위치가 바뀌지 않게 해야 한다.
㉢ 방향 정위는 시각 장애인이 자신과 환경의 관계 및 이동하고자 하는 방향을 알기 위해 잔존 감각을 통해 지각되는 환경 단서와 지표를 활용하는 과정이다.
㉣ 촉각 탐색(신뢰감을 가질 수 있는 정확한 정보) 등을 위해 높이뛰기, 멀리뛰기와 같은 도약 경기에 참가하는 선수에게는 걸음걸이를 미리 세어보도록 한다.

07

백내장이 있는 시각 장애인의 체육 활동 시 고려 사항이 아닌 것은?

① 빛이 들어오는 큰 창문은 피할 것
② 안경 또는 콘택트렌즈 필요 시 착용 권장
③ 안압과 통증의 유무 지속적으로 확인
④ 근거리에서 원거리로 전환 시 휴식 시간을 제공

| 정답해설 |

안압과 통증의 유무를 지속적으로 확인하는 것은 녹내장이 있는 시각 장애인의 체육 활동 시 고려 사항에 해당한다.

정답 05 ④ 06 ④ 07 ③

08 [2025년 기출문제]

〈보기〉에서 청각장애인에게 체육활동을 지도할 때 고려할 사항으로 옳은 것만을 모두 고른 것은?

> **보기**
> ㉠ 체육관이나 운동장의 소음을 최소화한다.
> ㉡ 대화 중에 입을 가리거나 껌을 씹지 않는다.
> ㉢ 시범과 시각적 지도 단서를 활용하여 설명한다.
> ㉣ 공을 패스하기 전에 서로 눈을 맞추고 패스한다.

① ㉠, ㉡
② ㉠, ㉡, ㉢
③ ㉠, ㉡, ㉣
④ ㉠, ㉡, ㉢, ㉣

| 정답해설 |

시각 장애인 지도 전략 및 고려 사항
- 신체적: 시각적 자료 적극 활용, 수화 및 구화 사용 유도, 주변 소음 주의
- 인지적: 또래와 함께 참여 권장, 메시지 전달 시에는 필요한 단어 동작 사용, 천천히 말하기, 아동과 가까운 거리 유지, 필기구 사용, 교사의 입 모양을 볼 수 있는 대형 선택
- 정의적: 활동 전 시설 및 기구를 충분히 숙지할 수 있게 제공, 넘어지는 방법 지도, 시각 및 촉각 신호 사용, 낙천적이고 긍정적인 모습을 통해 활동을 재미있게 구성

09

시각 장애인의 특성에 대한 내용으로 적절하지 않은 것은?

① 시력 저하로 성장 발달 속도가 지체된다.
② 시각에 대한 문제가 있으나 체력은 일반인 수준이다.
③ 운동 기술 습득이 질적으로 다른 패턴을 보인다.
④ 보행 자세의 안정성, 방향의 정확성이 낮다.

| 정답해설 |

시각 장애인은 일반 사람들에 비해 활동적이지 못하므로 체력수준이 낮게 나타난다.

10 [2023년 기출문제]

〈보기〉에서 설명하는 청각 장애의 유형은?

> **보기**
> ㉠ 청력 손실이 60~70dB을 넘지 않는다.
> ㉡ 소리를 외이에서 내이로 전달하는 과정에서 문제가 생긴다.
> ㉢ 중이염, 고막 손상, 외이도 염증 등에 의해서 발생하기도 한다.
> ㉣ 후천적인 원인에 의해 발생하는 경우가 많으며, 보청기 착용의 효과가 좋다.

① 혼합성 난청(mixed hearing loss)
② 감소성 난청(reductive hearing loss)
③ 전음성 난청(conductive hearing loss)
④ 감각 신경성 난청(sensorineural hearing loss)

| 정답해설 |

소리가 전달되지 못하는 문제가 있다는 점, 중이염, 고막 손상에 의해 발생하는 점, 보청기 착용 효과가 좋은 것으로 보아 전음성 난청임을 알 수 있다.

| 심화해설 |

전음성과 감각 신경성 청력 손실의 비교

구분	전음성 청력 손실	감각 신경성 청력 손실
주요 의사소통 방법(수화)	주로 말하기를 이용하고, 수화도 사용함	대부분 수화 사용하며, 말을 할 가능성이 거의 없음
보청기	보청기 유용함	도움이 되지 않음
농아인 문화	농아인 문화의 일부분이 될 수 있음	농아인 문화가 될 가능성이 높음
달팽이관 이식 대상	아님	가능성 높음
원인	만성 중이염, 삼출성 중이염, 외상성 고막 뚫림, 혈성 고실, 귀바깥길 막힘 등	미로염, 뇌수막염 등의 염증성 질환, 소음성 난청, 이독성 약물, 측두골 골절 등의 외상, 노인성 난청 등

정답 08 ④ 09 ② 10 ③

핵심테마 06 | 장애 유형별 체육 지도 전략 Ⅲ

1 지체 장애 기출 2017/2016/2015

1. 지체 장애의 정의

(1) 「장애인 복지법」에 의한 정의

① 신체의 일부를 잃은 사람

장애의 정도가 심한 장애인	• 두 손의 엄지손가락과 둘째 손가락을 잃은 사람 • 한 손의 모든 손가락을 잃은 사람 • 두 다리를 가로 발목뼈 관절(Chopart's joint) 이상의 부위에서 잃은 사람 • 한 다리를 무릎 관절 이상의 부위에서 잃은 사람
장애의 정도가 심하지 않은 장애인	• 한 손의 엄지손가락을 잃은 사람 • 한 손의 둘째 손가락을 포함하여 두 손가락을 잃은 사람 • 한 손의 셋째 손가락, 넷째 손가락 및 다섯째 손가락을 모두 잃은 사람 • 한 다리를 발목 발허리 관절(lisfranc joint) 이상의 부위에서 잃은 사람 • 두 발의 발가락을 모두 잃은 사람

② 관절 장애가 있는 사람

장애의 정도가 심한 장애인	• 두 팔의 어깨 관절, 팔꿈치 관절, 손목 관절 중 2개 관절 기능에 상당한 장애가 있는 사람 • 두 팔의 어깨 관절, 팔꿈치 관절, 손목 관절 모두의 기능에 장애가 있는 사람 • 두 손의 엄지손가락과 둘째 손가락의 관절 기능에 현저한 장애가 있는 사람 • 한 손의 모든 손가락의 관절 기능에 현저한 장애가 있는 사람 • 한 팔의 어깨 관절, 팔꿈치 관절, 손목 관절 중 2개 관절 기능에 현저한 장애가 있는 사람 • 한 팔의 어깨 관절, 팔꿈치 관절, 손목 관절 모두의 기능에 상당한 장애가 있는 사람 • 두 다리의 엉덩 관절, 무릎 관절, 발목 관절 중 2개 관절 기능에 현저한 장애가 있는 사람 • 두 다리의 엉덩 관절, 무릎 관절, 발목 관절 모두의 기능에 상당한 장애가 있는 사람 • 한 다리의 엉덩 관절, 무릎 관절, 발목 관절 모두의 기능에 현저한 장애가 있는 사람
장애의 정도가 심하지 않은 장애인	• 한 손의 둘째 손가락을 포함하여 3개 손가락의 관절 기능에 상당한 장애가 있는 사람 • 한 손의 엄지손가락의 관절 기능에 상당한 장애가 있는 사람 • 한 손의 둘째 손가락을 포함하여 2개 손가락의 관절 기능에 현저한 장애가 있는 사람 • 한 손의 셋째 손가락, 넷째 손가락, 다섯째 손가락 모두의 관절 기능에 현저한 장애가 있는 사람 • 한 팔의 어깨 관절, 팔꿈치 관절, 손목 관절 모두의 기능에 장애가 있는 사람 • 한 팔의 어깨 관절, 팔꿈치 관절 또는 손목 관절 중 하나의 기능에 상당한 장애가 있는 사람 • 두 발의 모든 발가락의 관절 기능에 현저한 장애가 있는 사람 • 한 다리의 엉덩 관절, 무릎 관절, 발목 관절 모두의 기능에 장애가 있는 사람 • 한 다리의 엉덩 관절 또는 무릎 관절의 기능에 상당한 장애가 있는 사람 • 한 다리의 발목 관절의 기능에 현저한 장애가 있는 사람

Speed 심화포인트

지체 장애의 법적 정의
- 국가에서 특수 교육 서비스 대상자를 선정하기 위해 사용되는 경우 혹은 시혜성 복지를 제공하기 위한 것
- 지체 장애인의 신체적 상태를 근육, 관절, 신경, 뼈 등을 중심으로 해부학적 측면과 생리학적 측면에서 판단
- 신체의 장애 여부를 사지 및 몸통을 중심으로 운동 기능과 움직임에 따라 판단

지체 장애의 기능적 정의
- 체육의 현장에서 장애인의 체육 활동을 지원하기 위한 것
- 체육 현장에서 지체 장애인들의 신체 움직임, 관절 가동 범위 등을 고려하여 동등한 조건에서 경쟁을 할 수 있도록 하기 위함
- 장애 유형과 그 정도에 따라 다르게 분류

핵심테마 06 장애 유형별 체육 지도 전략Ⅲ

③ 지체 기능 장애가 있는 사람

장애의 정도가 심한 장애인	• 두 팔의 기능에 상당한 장애가 있는 사람 • 두 손의 엄지손가락 및 둘째 손가락의 기능을 잃은 사람 • 한 손의 모든 손가락의 기능을 잃은 사람 • 한 팔의 기능에 현저한 장애가 있는 사람 • 한 다리의 기능을 잃은 사람 • 두 다리의 기능에 현저한 장애가 있는 사람
장애의 정도가 심하지 않은 장애인	• 한 팔의 기능에 상당한 장애가 있는 사람 • 한 손의 둘째 손가락을 포함하여 세 손가락의 기능에 상당한 장애가 있는 사람 • 한 손의 엄지손가락의 기능에 상당한 장애가 있는 사람 • 한 손의 둘째 손가락을 포함하여 두 손가락의 기능을 잃은 사람 • 한 손의 셋째 손가락, 넷째 손가락 및 다섯째 손가락 모두의 기능을 잃은 사람 • 두 발의 모든 발가락의 기능을 잃은 사람 • 한 다리의 기능에 상당한 장애가 있는 사람

④ 신체에 변형 등의 장애가 있는 사람(장애의 정도가 심하지 않은 장애인에 해당)
  ㉠ 한 다리가 건강한 다리보다 5cm 이상 짧거나 건강한 다리 길이의 15분의 1 이상 짧은 사람
  ㉡ 척추 옆굽음증(척추 측만증)이 있으며, 굽은 각도가 40° 이상인 사람
  ㉢ 척추 뒤굽음증(척추 후만증)이 있으며, 굽은 각도가 60° 이상인 사람
  ㉣ 성장이 멈춘 만 18세 이상의 남성으로서 신장이 145cm 이하인 사람
  ㉤ 성장이 멈춘 만 16세 이상의 여성으로서 신장이 140cm 이하인 사람
  ㉥ 연골 무형성증으로 왜소증에 대한 증상이 뚜렷한 사람

⑤ 척추 장애가 있는 사람
  ㉠ 장애의 정도가 심한 장애인: 목뼈 또는 등·허리뼈의 기능을 잃은 사람
  ㉡ 장애의 정도가 심하지 않은 장애인: 목뼈 또는 등·허리뼈의 기능이 저하된 사람

(2) 「장애인 등에 대한 특수 교육법」에 의한 정의
  기능·형태상 장애를 가지고 있거나 몸통 지탱 또는 팔다리의 움직임 등에 어려움을 겪는 신체적 조건이나 상태로 인해 교육적 성취에 어려움이 있는 사람

2. 지체 장애의 유형 기출 2023/2022/2018

척수 장애인에게 신체 활동 지도 시 고려 사항
- 장시간 지속적인 활동의 시작 전 기립성 저혈압의 여부 확인
- 방광의 과도한 팽창을 방지하기 위해 운동 전 레그백을 비움
- 휠체어를 기울인 자세는 지양
- 과도한 운동을 피해 기능적 측면에서 근육 강화 실시
- 손 기능이 불편한 경우 기기의 변형 필요
- 유산소 능력을 향상시킬 수 있는 운동 실시
- 척수 손상자는 혈압 증가와 심박수 감소 등의 문제가 나타날 수 있으므로 체온 조절에 유의

(1) 척수 손상
척추골 혹은 척추 신경의 질환이나 상해로 유발되는 증상으로, 척수 손상 부위의 위치가 높을수록 신체 마비의 범위가 큼
① 회백수염: 소아마비라고도 하며, 바이러스성 감염에 의한 마비 형태
② 이분 척추: 태아가 자라는 처음 4주 동안 신경관이 완전하게 닫히지 않아 발생하는 선천적인 결함
③ 척주 편위: 척주에서의 측면 휨 현상으로, 구조적·비구조적으로 분류되며, 이는 척추 측만증, 척추 전만증, 척추 후만증으로 구분함
④ 척수 손상에 따른 운동 및 감각 기능
  ㉠ 경추 7번 아래 부위의 손상: 어깨세모근이 발달되면 팔꿈치를 고정시킨 채 물건을 잡고 놓는 동작을 할 수 있다. 휠체어를 스스로 움직일 수 있으며 턱걸이, 양궁, 탁구 운동이 가능하다.

ⓒ 흉추 1~5번 손상: 팔의 운동은 가능하지만 다리는 마비된다. 팔의 동작은 완전하게 할 수 있지만, 몸통을 지탱하기 어려워 보조 기구가 필요하며, 스스로 이동할 수 있다.
ⓒ 흉추 6~9번 손상: 등 근육의 윗부분, 배 근육, 갈비 부위 근육의 기능은 가능하여 몸통을 가눌 수 있다. 바벨 운동, 볼링 운동이 가능하다.
ⓔ 흉추 10~12번 손상: 등 근육 위 부위와 배 근육을 완전하게 수축할 수 있다. 수영, 웨이트 트레이닝이 가능하며, 긴 지지대를 이용해 걷기도 가능하다.
ⓜ 요추 1~5번 손상: 요추 1~3번 상해의 경우는 대퇴를 굽히도록 하는 볼기근의 기능이 가능하다. 제4요추 손상 시에도 엉덩이 관절의 굽힘이 가능하며, 제5요추 손상 시에는 다리와 엉덩이 관절의 폄과 보행이 가능하며 스스로 일상생활이 가능하다.

(2) **절단 장애** 기출 2020/2017
① 사지의 일부 또는 전체가 제거되거나 이를 잃은 상태로, 선천성과 후천성으로 구분함
② 상지 절단 장애와 하지 절단 장애로 구분하며, 장애 정도 기준은 장애의 정도가 심한 장애인과 장애의 정도가 심하지 않은 장애인으로 분류함
③ 상지 절단 장애인은 일상생활에서의 어려움이 거의 없음
④ 하지 절단 장애인의 경우 근력이 거의 없기 때문에 보조 기구 적극 사용(활동량이 거의 없으므로 산소 소비량과 근육량이 적음)
⑤ 절단 장애인의 환상 통증은 팔·다리 부위를 절단하였음에도 불구하고 상실한 팔·다리가 아직 있는 것처럼 생각하고 그 부위에서 통증을 느끼는 것을 말하며, 압박, 열기, 한기 등의 증상이 나타나고 근육 경련이 발생하기도 함

Jump Up 이해

절단 장애인에게 신체 활동 지도 시 고려 사항 기출 2020
- 훈련 전 근력, 기능적 관절 가동 범위, 동체 안정, 절단 유형, 평형성, 피부 보호 등을 평가
- 관절 가동 범위의 감소는 규칙적인 스트레칭 등 다양한 훈련을 통해 예방 가능
- 규칙적인 동체와 자세 운동으로 척추 측만증 또는 머리 위치 변화 등을 예방
- 보장구를 착용한 훈련 필요(수영 훈련 시에는 의족 착용 지양)
- 당뇨, 고혈압, 심장 질환 등으로 인한 절단은 의학적 검사 실시
- 절단된 부위의 2차 상해 방지를 주의하여 훈련 실시
- 체중 지지가 필요한 운동 시 사지와 보장구에 체중이 균형 있게 배분되도록 함
- 하지 절단의 경우 걷는 운동은 비장애인들보다 50% 정도 많은 산소가 필요함

지체 장애인의 발현 유형별 구분 기출 2024/2021/2020
- 회백수염: 폴리오바이러스의 감염으로 인한 급성 전염병으로, 입을 통해 바이러스가 들어가 척수에 침범하여 손발의 마비를 일으키며, 어린이에게 잘 발생함(소아마비)
- 절단 장애: 사지의 일부 혹은 전체가 상실된 상태로, 선천성과 후천성으로 구분함
- 다발성 경화증: 몸의 여러 곳에 동시 다발적으로 염증이 발생하여 근육이 굳어지며 전반적인 무력감이 나타나는 증상임
- 근이영양증: 여러 근육군의 퇴화가 서서히 진행되는 유전성 질환으로, 호흡 장애와 심장 질환 등의 합병증을 유발함

진행성 근이영양증(Progressive muscular dystrophy: PMD) 기출 2024
- 신체 특정 부위의 근육에 진행성, 대칭성 근위축이 특징임
- 근육의 괴사(dystrophin 단백질이 부족)로 근수축을 못하게 됨
- 근육 재생 과정에서 지방이나 섬유화 조직으로 대체됨
- 가성비대는 근세포가 아닌 지방 조직으로 비대해진 것임

Speed 심화포인트

척수 장애인이 활용 가능한 심폐지구력 운동 장비
- 핸드 사이클
- 암 에르고미터
- 휠체어 트레드밀

기타 지체 장애
- 기타 장애의 종류는 매우 다양하게 나타나며, 근육병, 골 형성 부전증, 소아 류마티스 관절염, 다발성 경화증, 관절 만곡증, 중증 근무력증, 근이영양증 등이 포함됨
- 근력과 유연성 운동이 중요함
- 지나친 운동 부하는 근력 향상을 방해함
- 체력 증진이나 운동 기술 습득이 목적일 경우 반드시 유연성 운동으로 준비 운동을 실시함
- 가동 범위 촉진 운동 실시

핵심테마 06 장애 유형별 체육 지도 전략Ⅲ

Speed 심화포인트

듀센형 (Duchenne MD)	• 원인 유전자: X 염색체의 p21에 존재하는 디스트로핀(dystrophin) 유전자 • 디스트로핀 단백이 결핍되어 주로 골격근에 진행성 변성이 발생 • 근육 자체가 결합 조직이나 지방으로 대치되어 근육의 가성비대(pseudo-hypertrophy)가 출현하고 근력이 저하됨 • 신생아기 또는 태아기 때부터 근육 이상이 발생하고 혈청 요소(CK 등)가 상승함 • 초기에는 비복근의 근력이 강하기 때문에 침족위(toes-walking)가 되고, 요대 근육 및 대퇴 사두근의 근력 저하로 다리를 넓게 벌리고 허리를 흔들면서 걷는 동요성 보행과 복부를 앞으로 내밀고 걷는 전굴 보행을 함 • 드물게 지능이 우수한 경우도 있지만, 일반적으로 정상아의 평균 지능 분포의 1 표준편차 정도가 저하된 경미한 지능 장애가 생김
베커형 (Becker MD)	• 유전 양식과 임상 증상의 특징은 듀센형과 유사하지만, 발병하는 연령이 5~25세로 듀센형보다 늦으며, 병의 경과가 서서히 진행됨 • 발병한 후 25년 이상이 지난 후에야 보행 불능함 • 심근 장애의 합병증과 관절의 구축 및 변형이 나타나는 경우는 드묾

3. 지체 장애인과 의사소통 시 고려 사항

① 넘어진 경우 도움이 필요한지 여부를 먼저 묻고, 도움을 요청할 시 도와줄 것
② 지체 장애가 있는 사람이 운동 상황에서 보조 기구 사용이 가능한지 여부 확인
③ 목발, 보행기, 휠체어 등은 지체 장애인이 따로 요청하지 않는 이상 활동 구역 내에 보관
④ 휠체어 사용자의 보조 요청이 있을 시 보조 제공
⑤ 모든 참가자들의 도전 기회, 경험, 성공 등을 제공할 수 있는 프로그램 실시
⑥ 장애인들의 기능을 제한하는 환경적 측면의 장벽을 최소화

4. 지체 장애인 스포츠 지도 시 고려 사항 기출 2025/2024/2022/2021/2020

① 욕창 예방을 위해 체중의 중심을 자주 옮겨야 하며, 수분을 흡수할 수 있는 의복을 착용시킴
② 상해 부위에 보호용 커버를 사용해야 함
③ 흉추 6번(T6) 이상에 손상을 입으면 혈류 이송 체계가 손상되는데 이로 인해 혈관이 수축하지 못하고 심장은 심박동과 심박출량을 증가시키기 위한 자극을 직접적으로 받지 못하여 심박수를 120~130박/분 이상 증가시키지 못함. 따라서 훈련 시에는 120~130박/분 이상의 심박수 증가를 피해야 하고 충분한 준비 운동을 해야 하며 운동 부하를 점진적으로 증가시켜야 함
④ 기립성 저혈압이 나타날 경우 몸을 앞으로 완전히 숙이거나 앞쪽으로 서 있도록 조치함
⑤ 척수 손상 장애인의 자율 신경 반응 이상은 피부가 심하게 자극을 받거나 직장 혹은 방광이 과도하게 팽창하면 혈압이 비정상적으로 상승하여 심장 발작을 일으킬 수 있으므로 머리를 높이고 방광을 비워 자극 원인을 처치해야 함(운동 전 배변)
⑥ 척수 손상자는 방광 기능이 약해 소변을 완전히 배출하지 못하는 요정체 증상이 발생하는 경우가 있어 카테터 삽입 등을 하기도 함
⑦ T6 이상의 척수 손상인 경우에는 신체 내부 기관과 피부로 흐르는 혈류가 바뀌어 내부 열과 냉각 메커니즘을 조절하는 혈관의 교감 신경계의 결함이 발생함. 이에 따라 고열증이나 저체온증의 위험이 생길 수 있음

5. 지체 장애의 영역별 특성 및 지도 전략

구분	심동적 영역	인지적 영역	정의적 영역
특성	• 보행 가능 여부에 따라 심동적 영역에서 차이를 보임 • 운동 능력 개선 가능	• 지능을 일반화하기 어려움 • 여러 감각에 대한 수용이 어려움	• 대인 관계 및 상호 작용에 어려움 • 움직임이 자유롭지 못해 우울, 조울, 화를 삭이는 경우가 있음
신체 활동 특성	상지 절단과 하지 절단에 따른 운동 기술 수준 차이 발생 / 하지 소실된 절단 장애의 경우 걷기, 달리기 등 대근육 운동 기술 습득 장기간 소요 / 의지 보조기 사용		
체육 활동 지도 전략	• 언어적 지도 방법: 간단한 언어 사용, 한 번에 한 가지 단어 사용 및 지시, 지시 반복, 시범 및 구두로 지시 후 보조하기 등 • 시범: 정확한 동작으로 천천히 시범을 보임 • 주의 산만 요소 제거: 주변의 잡음, 체육 활동 내 외부 소음과 물체 제거, 충분한 촉진 신호 및 강화 제공 • 난이도 수준: 운동 능력 수준을 고려한 난이도 조절 • 동기 유발 수준: 동기 유발이 어렵고 격려가 필요, 칭찬, 특권 부여 등 토큰 강화와 같은 방법 실시 • 응급 처치: 수시로 안전 체크, 응급 처치 과정 숙지		

Jump Up 이해

휠체어 스포츠의 경기 기출 2025

휠체어 농구	• 선수는 IWBF 선수등급분류위원회가 규정한 등급을 받아야 하고, 등급은 1.0부터 4.5까지 0.5 단위로 분류되며 한 팀의 선수등급 총점은 14점을 넘을 수 없음 • 5명씩으로 구성된 두 팀이 4쿼터제로 경기를 진행하며 동점인 경우 5분간 연장전을 실시하며 경기 종료 시점에 득점이 많은 팀이 승리함. 1쿼터만 센터서클에서 토스로 경기를 개시하고 2~4쿼터에서는 점프볼 없이 진행함 • 볼을 가진 채 휠체어를 3회 이상 밀고 가면 트래블링 반칙이 되며 드리블은 여러 번 해도 무방함
휠체어 럭비	• 최대 12명의 선수로 구성된 두 팀이 경기를 진행하며, 한 팀당 동시에 코트에 출전할 수 있는 선수는 4명으로 제한됨. 남녀 혼성 스포츠로 남성과 여성 선수가 한 팀에서 함께 경기함 • 규격 농구 코트와 동일한 크기인 15m×28m의 실내 목재 바닥 코트에서 진행되며 필수 코트 표시로는 중앙선과 중앙원, 그리고 코트 양 끝에 폭 8m, 깊이 1.75m의 키(key) 구역이 있음
휠체어 컬링	• 투구 시 한 팀원이 휠체어를 고정하는 역할을 수행하는 것 외에는 일반 컬링과 동일하며, 각 팀은 혼성으로 구성되어 4명의 플레이어로 경기를 시작함 • 경기는 8엔드로 진행되며 동점일 경우 엑스트라엔드(Extra end)를 실시하고, 모든 선수들은 스톤이 호그라인에 닿기 전에 릴리즈를 완료해야 하며 스위핑은 하지 않음 • 각 선수는 2개의 스톤을 상대 선수와 번갈아 가며 투구하며, 점수는 상대보다 링 중심에 가까운 스톤 개수로 계산됨
휠체어 테니스	• 휠체어 관련 규칙을 제외한 모든 경기 규칙은 국제테니스연맹(ITF) 규칙과 동일하게 적용되며, 전 경기가 토너먼트 방식으로 진행됨 • 일반 테니스와의 차이점은 휠체어 사용과 투 바운드를 인정하는 부분이며, 두 번째 바운드는 코트의 바깥 부분이어도 무방함 • 신체를 이용한 중심이동은 금지되며 경기는 1게임 3세트로 실시되고, 세부종목으로는 남녀 오픈과 쿼드(혼성) 종목이 있음

장애인 스키의 종목 기출 2022

• 모노 스키(mono-ski): 좌식 부문 선수들이 사용하는 스키

• 바이 스키(bi-ski): 뇌성 마비 장애인이나 모노 스키를 타기에는 균형 기능이 부족한 장애인이 타는 스키

• 아웃리거(outriggers): 절단 장애 및 지체 장애인들이 타는 스키

핵심테마 06 장애 유형별 체육 지도 전략 III

 Speed 심화포인트

2 뇌병변 장애 기출 2021/2020/2019

1. 뇌병변 장애의 정의(장애인 복지법에 의한 정의)

① 장애의 정도가 심한 장애인
  ㉠ 보행 또는 일상생활 동작이 상당히 제한된 사람
  ㉡ 보행이 경미하게 제한되고 섬세한 일상생활 동작이 현저히 제한된 사람
② 장애의 정도가 심하지 않은 장애인: 보행 시 절뚝거림을 보이거나 섬세한 일상생활 동작이 경미하게 제한된 사람

2. 뇌병변의 분류

(1) 뇌성 마비

① 출생 시 또는 출생 이후 2년 이내에 뇌 손상 또는 결함으로 움직임에 만성적 장애를 갖는 상태를 말함
② 미성숙한 뇌 혹은 뇌의 손상으로 말미암은 운동 장애와 자세의 이상을 보이는 비진행성 증후군임
③ 분류
  ㉠ 기능적 분류(운동 기능 수준 중심)

경증	일상생활에 제한이 있으나 운동 기능이 상실되지 않은 정도
중증	신체 활동에 어려움이 있으며, 보조 기구를 필요로 하는 정도
심증	보조자 및 보조 기구가 꼭 필요한 정도

  ㉡ 형태적 분류(마비 부위 중심) 기출 2025

단마비	팔·다리 중 한 부위가 마비된 상태
편마비	몸의 한쪽 수족이 마비된 상태(하지보다 상지가 심각)
대마비	양측 팔이나 다리가 마비된 상태
삼지 마비	사지 중 세 부위가 마비된 상태
사지 마비	모든 사지가 마비된 상태
양측 마비	신체의 양측이 마비된 상태
이중 편마비	양측 마비이나 한쪽이 좀 더 심각한 상태

  ㉢ 증상에 따른 분류(운동 증상 중심) 기출 2025/2024/2021/2017/2016

경련성	근육의 장력이 증가하는 것에 따라 근육의 움직임이 둔해지고, 과긴장 상태가 되는 것
무정위 운동성	대뇌 중앙에 위치한 기저핵 부분이 손상되면서 사지가 불수의적으로 불규칙하게 움직임
운동 실조성	소뇌에 손상을 입어 몸의 평형성과 협응력에 영향을 미치는 것
강직성 (경직성)	• 심한 정신 지체를 동반, 수축근과 길항근에서 모두 근육의 강직을 보임 • 가위보행과 발끝걷기의 보행자세가 나타남
진전성	운동에서 신체의 일부가 불수의적으로 떨리는 증상
혼합형	경직성과 무정위 운동성이 함께 나타나는 증상

ⓒ 기능적 분류 기출 2022/2016
- 국제뇌성마비스포츠레크리에이션협회는 뇌성 마비인 스포츠를 위한 기능적 분류로 뇌성 마비인을 8등급으로 나누는데, 1~4등급은 휠체어 사용이 가능하고, 5~8등급은 보행이 가능한 등급임
- 뇌성 마비에 대한 의학적 진단뿐만 아니라 비진행성 뇌병변을 특징으로 하는 사람도 포함함
- 선수가 스포츠 능력을 바탕으로 경기를 성공적으로 수행함으로써 경쟁의 결과가 손상의 정도에 의해 결정되는 것을 최소화하는 데 목적이 있음

ⓜ 신경 해부학적 분류: 추체로성 뇌성 마비, 추체외로성 뇌성 마비, 소뇌성 뇌성 마비

④ 뇌성 마비 장애인 체력 프로그램에서의 고려 사항 기출 2020
㉠ 훈련 전 관절 가동 범위, 근장력, 균형, 협응력 등을 반드시 평가해야 함
㉡ 근력의 증가보다 신체적인 제어 능력이나 협응력 향상에 중점을 둠
㉢ 기능적으로 잡기 능력이 부족한 경우 랩 어라운드 중량을 사용하여 대상자가 수동으로 운동을 할 수 있도록 도와줌
㉣ 빠른 움직임이나 반동은 근경련을 일으킬 수 있으므로 주의해야 함
㉤ 운동량에 비해 높은 비율의 산소를 소비하므로 피로감을 빨리 느낌
㉥ 경직성의 경우 굴근군의 스트레칭과 신전근의 강화가 필요함
㉦ 무정위 운동증이나 운동 실조증의 경우 이완, 근육의 안정, 협응력 활동이 필요함

Jump Up 이해

운동 시 발생하는 발작 관찰과 대처 방법 기출 2025
- 물리적으로 제지하지 말아야 함
- 입속에는 어떠한 물체도 넣지 말아야 함
- 발작이 일어나면 그대로 놔두어야 함
- 주변을 안전하게 정리해야 함
- 발작 진정 시
  - 옆으로 눕혀 기도 유지
  - 몸을 따뜻하게 유지
  - 안정을 유지시키고 호흡 상태를 관찰
- 응급 처치 상황
  - 발작이 10분 이상 지속될 경우
  - 발작이 반복될 경우
  - 발작 중 머리를 다쳤을 경우
  - 뇌전증이 아닐 경우
- 발작 이후 1분간 호흡을 하지 않는다면 심폐 소생술을 실시

(2) 외상성 뇌손상
① 외부의 물리적인 힘에 의해 손상을 입어 나타나는 장애를 말함
② 뇌손상의 구분
㉠ 개방형: 사고, 물체에 의한 충격 등으로 신체 외관상 상처가 생긴 경우
㉡ 폐쇄형: 심한 흔들기, 무산소증, 뇌출혈 등에 의해 발생한 경우
③ 외상성 뇌손상 장애인 체육 활동 지도 시 고려 사항
㉠ 독특한 행동적, 인지적, 사회 심리적 요구 반영
㉡ 협동적, 기능적, 맥락적 측면에서 평가 필요
㉢ 보조의 경우 점차적으로 감소시킴
㉣ 장애인 관계자들의 참여를 통한 협동적 의사 결정 필요

핵심테마 06 장애 유형별 체육 지도 전략 III

(3) 뇌졸중
① 중풍이라고도 하며, 성인기 뇌혈관 내의 벽이 막혀 혈관에 손상을 입거나 혈액이 원활하게 이동하지 못해 신경 계통에 문제가 생기는 경우
② 고혈압, 당뇨, 식이 문제, 약물 남용, 비만, 흡연, 알코올 중독 등의 원인으로 발생함
③ 뇌졸중의 구분
  ㉠ 출혈성: 동맥이 탄력을 잃거나 또는 파열되어 나타나는 증상(뇌출혈)
  ㉡ 허혈성: 뇌의 조직에 적절한 혈액이 공급이 되지 못해 나타나는 증상으로, 일시적 증상인 경우 일과성 뇌허혈증이라고 하며, 이는 뇌졸중이 일어나기 전에 발생함
④ 뇌졸중 장애인의 행동 특성
  ㉠ 언어에 대한 이해력이 낮고, 기억 중추가 손상되어 반복적인 행동 또는 충동 행동을 보임
  ㉡ 자신을 과대 평가하고 불안정한 감정 기복을 보임
  ㉢ 협응력 부족, 운동 제어와 발달을 지체시키는 원인으로 나타남
  ㉣ 자주 넘어지기 때문에 보호 방법 숙지 요구
⑤ 뇌졸중 장애인 체육 지도 시 고려 사항
  ㉠ 점진적인 적응 과정을 거쳐야 함
  ㉡ 체육 활동 중간에 휴식을 충분히 제공해야 함
  ㉢ 무리하지 않도록 배려해야 함
  ㉣ 근력 및 근지구력 운동에서 점차적으로 유산소 운동으로 변화시키는 것이 좋음

3. 뇌병변 장애의 영역별 특성 및 지도 전략

구분	심동적 영역	인지적 영역	정의적 영역
특성	• 신체적 움직임이 어려움 • 유연성과 관절의 가동 범위가 적음	• 주의력 및 기억력 수준이 부족 • 판단력 부족 및 언어 문제	• 동기 유발이 낮음 • 대인 관계 및 상호 작용이 어려움 • 공격적 성향 • 충동적 주의력 감소
신체 활동 특성	• 비장애인의 체력에 비해 체력 수준이 낮음 • 근력, 유연성, 심폐 지구력 수준이 낮아 독자적인 움직임이 어려움 • 불균형적 근육을 갖고 있음 • 신경망의 훼손으로 근력, 평형성, 협응력 등 신체 활동에 문제가 발생함		
체육 활동 지도 전략	• 심동적 영역: 근력 운동을 위한 중량 들기 및 유연한 튜브 이용, 넘어지는 법 가르치기, 규칙적인 체육 활동 계획 제공, 한 과제에 하나의 목표를 제시, 기본 운동 유형의 단계적 발달 촉진 • 인지적 영역: 동작에 대한 정확한 이해 제공, 반복적 학습 제공 • 정의적 영역: 성공적인 운동 경험 제공, 혼자 힘으로 운동 참여 유도, 적절한 환경 조성, 개인 유형에 맞는 체육 활동 실시		

Jump Up 이해

보치아 기출 2023/2019

의의	뇌성 마비 중증 장애인과 운동성 장애인이 참가 가능하며, 표적구에 가까운 공의 점수를 합해 승과 패를 겨루는 경기
경기 규칙	• 양 선수(또는 팀)가 각각 여섯 개의 공을 배분받는데, 한 선수는 빨간색, 한 선수는 파란색 공으로 경기 • 상대방의 공 중 표적구에서 가장 가까운 공보다 표적구에 가까운 내 공의 개수만큼 점수를 얻음 • 개인전과 2인조의 경우는 4엔드가 한 경기를 이루고, 단체전(3인+후보 선수 2인)(올림픽은 1인)의 경우에는 6엔드가 한 경기를 이룸 • 선수는 경기에 참여하기 위해서는 반드시 휠체어 사용자여야 함. 스쿠터 또는 침대 형태(등급 분류 시 승인된 문서가 있는 경우)로 된 것도 사용 가능
등급 분류	• BC1 및 BC2: 스스로 공을 투척할 수 있는 선수들이 참가 • BC3: 신체를 움직이는 것이 매우 어려운 선수들이 참가. BC3 종목에서는 경기를 용이하게 하기 위해 공을 굴려보내는 홈통이라는 도구를 사용함. 경기를 도와주는 보조자를 통해 선수 앞에 홈통을 설치하고 높이와 경사각, 방향을 조절하도록 함. 공을 굴려 보낼 때에는 마우스 스틱이나 머리에 착용하는 헤드스틱을 사용할 수 있음. BC3 종목의 보조자는 선수의 의사를 정확히 파악하고 홈통의 각 부위를 조작해야 하기에 상당히 중요한 역할로, 보조자는 선수한테 말을 할 수 없고, 경기장도 볼 수 없음 • BC4: 근력에 현저한 장애(근이영양증 및 경추 손상)를 입거나 왜소증 및 팔에 기형이 온 장애인 선수들이 참가
경기보조자	• BC1 선수와 BC4 하지 선수는 경기 보조자의 도움을 받을 수 있음 • BC1과 BC4 하지 선수의 경기 보조자는 투구 구역 뒤쪽에 위치해야 하며, 선수의 요청이 있을 때에만 투구 구역 안으로 들어갈 수 있음 • 경기 보조자는 경사로 위치 조정을 제외하고 BC3 경기 보조선수와 동일한 역할을 수행함 • 공이 투구되는 순간 경기 보조자는 선수와 어떠한 경우에도 직접적인 신체 접촉을 해서는 안 됨. 휠체어를 밀거나 조정하여 선수를 돕는 것도 허용되지 않음

 Speed 심화포인트

01 [2021년 기출문제]

뇌성 마비의 유형별 특징으로 옳지 않은 것은?

① 경직성은 대뇌피질의 손상으로 근육의 저긴장 상태를 보인다.
② 운동 실조성은 소뇌의 손상으로 균형과 협응에 어려움을 보인다.
③ 무정위 운동성은 기저핵의 손상으로 불수의적인 움직임을 보인다.
④ 혼합형은 경직성과 무정위 운동성이 혼재하며, 경직성 유형이 좀 더 두드러진다.

| 정답해설 |
경직성(강직성)은 심한 정신 지체를 동반하며 수축근과 길항근에서 모두 근육의 강직을 보인다.

02 [2022년 기출문제]

국제뇌성마비스포츠레크리에이션협회(Cerebral Palsy International Sports and Recreation Association, CPISRA)의 등급 분류 체계에 관한 설명이 아닌 것은?

① 5등급은 다시 5－A와 5－B로 세분화된다.
② 뇌성 마비뿐만 아니라 뇌병변 장애인을 포함하고 있다.
③ 1~4등급은 보행이 가능한 등급이며, 5~8등급은 휠체어로 이동하는 등급이다.
④ 경기의 승패가 손상이 아니라 노력의 정도에 의해 결정되도록 하는 것을 목적으로 한다.

| 정답해설 |
국제뇌성마비스포츠레크리에이션협회는 뇌성 마비인 스포츠를 위한 기능적 분류로 뇌성 마비인을 8등급으로 나누고 있다. 1~4등급은 휠체어 사용이 가능하고, 5~8등급은 보행이 가능한 등급이다.

| 심화해설 |
① 5등급은 휠체어를 사용하여 이동할 수 있는 하지 마비와 보통의 편마비가 있는 사람이다. 하지의 한쪽에는 보통 수준에서 심한 정도까지 경직성이 있고 상체는 기능적 근력이 양호하여 조절 문제에 어려움이 없이 보조기나 휠체어를 사용하여 경기에 참여할 수 있는 수준이다.
② 뇌성 마비에 대한 의학적 진단뿐만 아니라 비진행성 뇌병변을 특징으로 하는 사람도 포함된다.
④ 선수가 스포츠 능력을 바탕으로 경기를 성공적으로 수행함으로써 경쟁의 결과가 손상의 정도에 의해서 결정되는 것을 최소화하는 데 목적이 있다.

03 [2025년 기출문제]

지체장애인에게 운동을 지도할 때 주의할 사항으로 옳지 않은 것은?

① 절단장애인의 절주 부위를 마사지하여 예민함을 감소시킨다.
② 절단장애인의 절주 부위 땀과 체액 분비물을 주기적으로 닦아 준다.
③ 척수손상 장애인에게 기립성 저혈압이 발생하면 고강도 근력운동으로 전환한다.
④ 척수손상 장애인의 과도한 체온 상승 예방을 위해 휴식을 취하고 수분을 섭취하게 한다.

| 정답해설 |
흉추 6번(T6) 이상에 손상을 입으면 혈류 이송 체계가 손상된다. 이로 인해 혈관이 수축하지 못하고 심장은 심박동과 심박출량을 증가시키기 위한 자극을 직접적으로 받지 못하여 심박수를 120~130박/분 이상 증가시키지 못하게 되어 운동능력의 제한이 발생한다. 또한, 혈관 수축이 되지 않아 기립성 저혈압을 일으키기도 한다. 따라서 충분한 준비운동을 해야 하며 운동 부하를 점진적으로 증가시켜야 한다.

04 [2021년 기출문제]

발작(seizure)에 대한 지도자의 대처 방법으로 옳지 않은 것은?

① 발작 동안 주변 사물과 충돌하지 않도록 조치한다.
② 발작 이후 즉시 심폐 소생술을 실시한다.
③ 발작이 10분 이상 지속할 경우 응급 상황으로 판단한다.
④ 발작 이후 호흡 상태 관찰과 필요시 회복 자세를 취하도록 한다.

| 정답해설 |
발작이 일어나면 주변을 안전하게 정리하여 주변 사물과 충돌하지 않도록 한다. 발작이 10분 이상 지속되거나 발작이 반복될 경우, 발작 중 머리를 다쳤을 경우, 뇌전증이 아닐 경우 응급 처치를 해야 한다. 발작이 진정되면 옆으로 눕혀 기도를 유지하고 몸을 따뜻하게 하며 안정 상태를 유지시키고 호흡 상태를 관찰해야 한다. 발작 이후 1분간 호흡을 하지 않는다면 심폐 소생술을 실시한다.

정답 01 ① 02 ③ 03 ③ 04 ②

핵심테마 06 | 장애 유형별 체육 지도 전략Ⅲ

05 [2024년 기출문제]

T6(흉추 6번) 이상의 손상이 있는 선수의 체력 운동 시 고려사항으로 옳지 않은 것은?

① 근육량이 적은 선수는 유산소 운동보다는 무산소 운동이 적절하다.
② 유산소 운동 중 젖산이 급격히 생성되므로 긴 휴식시간과 에너지원 보충이 필요하다.
③ 땀을 흘리는 피부 면적이 좁아 더위에서 운동하면 체온이 급격히 올라가는 것을 고려해야 한다.
④ 교감 신경에 손상이 있는 경우, 심박수를 운동 과정과 회복 과정 그리고 운동 처방에 사용한다.

| 정답해설 |
흉추 6번(T6) 이상에 손상을 입으면 혈류 이송 체계가 손상된다. 이로 인해 혈관이 수축하지 못하고 심장은 심박동과 심박출량을 증가시키기 위한 자극을 직접적으로 받지 못하여 심박수를 120~130박/분 이상 증가시키지 못한다. 따라서 심박수를 통한 운동 과정과 회복 과정 그리고 운동 처방을 할 수 없다. 또한 체력 향상을 위해서는 근육량이 적은 경우라도 유산소 운동과 무산소 운동을 병행하는 것이 더욱 효과적이다.

06 [2025년 기출문제]

〈보기〉의 장애 유형에 관한 설명으로 옳은 것은?

―― 보기 ――
중추신경계 손상에 의한 근육마비, 협응성 장애, 근육 약화, 기타 운동기능 장애를 보이는 비진행성 신경장애이다.

① 발작이 발생하면 움직임을 제한하고 곧바로 물을 마시게 한다.
② 단마비(monoplegia)는 양팔이나 양다리에 마비가 있는 경우이다.
③ 비정상적 반사 발달과 신체 협응의 어려움, 가위 보행을 보이는 경우가 많다.
④ 운동실조증(ataxia)은 대뇌 기저핵의 손상으로 불수의적 움직임과 머리 조절에 어려움을 보인다.

| 정답해설 |
미성숙한 뇌 혹은 뇌의 손상으로 말미암은 운동 장애와 자세의 이상을 보이는 비진행성 증후군으로 뇌성마비에 해당하며 경직성 뇌성마비에서 가위보행과 발끝걷기의 보행자세가 나타남

| 오답해설 |
① 운동 시 발생하는 발작 관찰과 대처 방법에서 물리적으로 제지하지 말아야 하며, 입속에는 어떠한 물체도 넣지 말아야 한다.
② 단마비는 팔다리 중 한 부위가 마비된 상태를 의미한다.
④ 운동 실조증은 소뇌에 손상을 입어 몸의 평형성과 협응력에 영향을 미치는 것이다.

07

뇌성마비 장애인의 체육 프로그램 진행 시 고려사항으로 적절하지 않은 것은?

① 훈련 전 관절 가동 범위, 근장력, 균형, 협응력 등을 반드시 평가해야 한다.
② 빠른 움직임이나 반동은 근경련을 일으킬 수 있으므로 주의해야 한다.
③ 경직성의 경우 신전근의 스트레칭과 굴근군의 강화가 필요하다.
④ 운동 실조증의 경우 이완, 근육의 안정, 협응력 활동이 필요하다.

| 정답해설 |
경직성의 경우 굴근군의 강직과 신전근의 약화로 인해 굴근군의 스트레칭과 신전근의 강화가 필요하다.

08 [2023년 기출문제]

〈보기〉에서 보치아 경기 규칙으로 옳은 것만을 모두 고른 것은?

―― 보기 ――
㉠ 보치아의 세부 경기 종목으로는 개인전, 2인조(페어), 단체전이 있다.
㉡ 공 1세트는 적색 구 6개, 청색 구 6개, 흰색 표적구 1개로 구성된다.
㉢ 경기에 참여하기 위해서는 반드시 휠체어를 사용해야 한다.
㉣ 보조자의 도움을 받아서 투구할 수 있다.

① ㉠
② ㉠, ㉡
③ ㉠, ㉡, ㉢
④ ㉠, ㉡, ㉢, ㉣

| 오답해설 |
㉢ 보치아 경기는 뇌성 마비 중증 장애인과 운동성 장애인이 참가 가능한 경기이다. 그로 인해 휠체어를 이용하는 선수에게 참가 자격을 부여한다. 스쿠터 또는 침대 형태로 된 것도 사용 가능하다.
㉣ 공이 투구되는 순간 경기 보조자는 어떠한 경우에도 선수와 직접적인 신체 접촉을 해서는 안 된다. 휠체어를 밀거나 조정하여 선수를 돕는 것도 허용되지 않는다.

정답 05 ①, ④ 06 ③ 07 ③ 08 ②

PART 02

유아체육론

01 유아 체육의 이해
02 유아기 운동 발달 프로그램의 구성
03 유아 체육 프로그램 교수-학습법

■ 2025년 출제경향
- 작년보다 난도가 높게 출제되었으며, 매년 모든 영역에서 고르게 출제되었다.
- 새롭게 출제된 이론 및 깊이 있는 학습을 요구하는 어려운 문제들이 4~5문제 출제되었다.
- 파트별 핵심 이론에 대한 깊이 있는 학습이 요구되며, 포괄적인 학습과 전반적인 암기를 기반으로 전략적인 접근이 필요하다.

출제 기준 & 8개년 기출 분석 (유소년)

주요 항목	세부 항목	세세 항목
유아 체육의 이해 (36%)	기간별 발달 단계	1. 신생아기 2. 영아기 3. 유아기 4. 아동기 5. 유소년
	기간별 발달 특징	1. 신생아기 2. 영아기 3. 유아기 4. 아동기 및 청소년
	건강과 운동	1. 신체 활동 가이드라인 2. 훗트의 탐색과 놀이의 특성
	발달 관련 이론	1. 운동 발달의 기본 움직임 단계 2. 피아제의 인지 발달 이론 3. 게셀의 성숙주의 이론 4. 콜버그의 도덕성 발달 이론 5. 파튼의 사회적 놀이 발달 유형 6. 에릭슨의 심리 사회 발달 단계 7. 프로이트의 정신 분석 이론 8. 반두라의 사회 학습 이론 9. 행동주의 이론 10. 비고츠키의 상호 작용 이론 11. 하비거스트의 발달 과제 이론
유아기 운동 발달 프로그램의 구성 (34%)	유아기 운동 발달 프로그램의 기본 원리	1. 적합성의 원리 2. 방향성의 원리 3. 특이성의 원리 4. 안전성의 원리 5. 연계성의 원리 6. 다양성의 원리
	유아기 운동 프로그램의 구성 요소	1. 기초 운동 및 프로그램 구성 2. 유아기 운동의 형태 3. 체력 운동의 개념
유아 체육 프로그램 교수-학습법 (30%)	유아 체육 지도 방법과 원리	1. 유아 체육 지도 방법 2. 유아 체육 지도 방법의 종류 3. 유아 체육 지도 원리
	유아 운동 발달 프로그램	1. 유아 운동 발달 프로그램 목표 2. 유아 운동 발달 프로그램 계획
	유아 운동 프로그램 지도	1. 유아 운동 지도 교사의 자질 2. 유아 체육 프로그램 운영
	안전한 운동 프로그램 지도를 위한 환경	1. 유아기 안전 지도 및 환경 2. 교재와 교구 3. 유아 운동 기구 배치 및 응급 처치

이해와 암기를 동시에! 출제우선순위 핵심테마

핵심테마 01 | 유아 체육의 이해

Speed 심화포인트

유소년 스포츠지도사의 정의 기출 2025/2022

유소년(국민 체육 진흥법에서는 3세부터 중학교 취학 전까지를 말함)의 행동 양식, 신체 발달 등에 대한 지식을 갖추고 해당 자격 종목에 대하여 유소년을 대상으로 체육을 지도하는 사람을 말한다.

발달의 일반적 원리 기출 2022
- 발달은 개인차가 있다.
- 유아의 발달은 일정한 순서를 따른다.
- 성숙과 학습이 발달에 상호 영향을 미친다.
- 발달은 계속적인 과정이지만, 발달의 속도는 일정하지 않다.
- 유아의 발달에는 최적기가 있다.
- 발달은 연속적이며, 점진적으로 이루어진다.
- 발달은 분화와 통합으로 이루어진다.

1 기간별 발달 단계

신생아기	출생~생후 28일
영아기	출생~생후 1년 또는 2년
유아기	생후 1년 또는 2년부터 6세(유아교육법으로는 3세~초등학교 입학 전)
아동기	6~12세(아동복지법 등으로는 18세 미만)
유소년	3~12세 초등학생까지 해당(유아와 소년을 의미)

2 기간별 발달 특징

Jump Up 이해

발달/성장/성숙 기출 2024
- 발달: 출생에서 사망에 이르기까지 전 생애에 걸쳐 일어나는 체계적이고 연속적인 변화를 의미
- 성장: 발달 과정에 따른 단순한 양적 변화로 일정 시기가 되면 자연히 발생하는 신장, 체중, 체격, 신경조직, 치아 그리고 성징 등에 대한 발달을 의미
- 성숙: 성장을 기초로 해서 나타나는 질적 변화로 단지 신체적, 생리적 변화만 뜻하는 것이 아닌 이것을 바탕으로 발생하는 행동의 변화를 의미

1. 신생아기

신체 기출 2015	• 머리가 신체의 1/4을 차지, 뼈가 유연함, 미성숙 단계에 해당 • 근육의 발달은 위에서 아래로, 중심에서 말단 방향으로 진행되며 머리와 목의 근육이 몸통과 사지의 근육보다 먼저 성숙함
인지	세상에 적응하기 위한 선천적 반사만 가지고 있음
정서	기본 정서(흥미, 괴로움, 만족 등)만 보이는 단계

2. 영아기

(1) 발달과 특징

신체 기출 2015	• 체중과 신체가 급성장, 6개월까지 두뇌가 급격히 발달 • 출생 후 12개월까지 앉고, 기고, 서고, 굽히고, 올라가고, 걸음마가 시작될 정도로 발달 • 머리에서 다리로(두미의 법칙), 중심에서 외곽으로, 전체에서 특수 부분으로 발달
인지	• 감각을 이용하여 환경을 탐색하고 이해함 • 선천적 반사가 점차 지각과 운동 능력으로 발달함
정서 기출 2021	• 6개월: 정적 정서 표출이 격려되고 보다 일반적이 됨 • 7~12개월: 분노, 공포, 슬픔과 같은 일차적 정서가 보다 분명해지고, 정서적 자기조절이 향상
사회성	• 생후 첫 1년은 자기중심적이고 사회화가 이루어지지 않음 • 사회적 관계가 급격히 증가해도 사회적인 상호 작용은 매우 제한적

(2) 영아기 반사 기출 2025/2024/2023/2022/2021/2020/2019/2017
① 반사의 기능
  ㉠ 반사는 출생 후 나타나는 기본적인 움직임 중 하나
  ㉡ 반사는 영아의 의지와는 상관없이 나타나는 불수의적인 움직임
  ㉢ 영아가 성장하는 데 있어 가장 기본적인 역할을 하게 됨
  ㉣ 대부분의 반사행동은 중추 신경계통의 하부영역(척수)이 관장하며, 대부분의 반사행동은 연령이 증가함에 따라 뇌의 고등영역(대뇌겉질)이 발달하면서 의식적 운동으로 대치되거나 사라짐
② 반사의 종류

원시 반사 (primitive reflex)	• 유아가 영양분을 얻고 보호를 획득하는 것과 밀접하게 연관되어 있으며, 태아기 때 처음 나타나 생후 1년까지 지속됨 • 모로 반사, 포유 반사, 흡입 반사, 손바닥 파악 반사, 발바닥 파악 반사, 바빈스키 반사, 목 경직 반사(비대칭 목 경직 반사, 대칭 목 경직 반사)
자세 반사 (postural reflex)	• 인간은 자세 반사를 통해 자연스럽게 자신의 환경에 필요한 직립 자세를 준비하며 이는 훗날의 수의적 움직임과 비슷함 • 직립 반사, 당김 반사, 낙하산 자세 반사, 지지 반사, 목 자세 반사, 몸통 자세 반사
이동 반사 (locomotor reflex)	• 아기의 체중을 앞쪽으로 쏠리게 하고 평탄한 바닥 위에 세워서 안으면 아기가 앞으로 걷기 반응을 보이는 반사 행동으로, 보통 생후 첫 6주 동안 나타났다가 5개월쯤 되면 사라지며 수의적 운동 행동의 발달을 추측할 수 있음 • 기기 반사, 걷기 반사, 수영 반사

Jump Up 이해

반사 움직임 단계의 특징
• 원시 반사(primitive reflex)

작용	반응	특징	발생 범위
모로 반사(Moro)	큰 소리나 갑작스러운 자세 변화가 생기면 팔과 다리를 벌려 무엇을 껴안으려는 듯이 몸 쪽으로 팔과 다리를 움츠리는 동작을 취한다.	출생 시 모로 반사 행동이 없으면 중추 신경계통의 장애를 추측할 수 있다.	출생 전 ~6개월
포유 반사(찾기) (rooting/search)	입 주변을 건드리거나 자극을 주면 그 방향으로 고개를 돌린다.	젖꼭지 찾기를 도와주므로 섭식과 관련 있다.	생후 ~12개월
흡입 반사(빨기) (sucking)	입술 근처를 가볍게 자극하면 그것을 찾아 빨려고 한다.	섭식을 가능하게 해 준다.	생후 ~3개월
손바닥 파악 반사 (palmar grasp)	손바닥이나 손가락이 자극을 받으면 자동적으로 힘을 주어 잡는 반응을 보인다.	이후 자발적으로 잡을 수 있는지를 보여 준다.	출생 전 ~6개월
발바닥 파악 반사 (plantar grasp)	발가락과 발바닥의 연결 부위를 자극하면 발가락을 오므린다.	신경근계가 성숙함에 따라 바빈스키 반사는 발바닥 자극에 의해 발가락이 수축되는 발바닥 파악 반사로 바뀐다.	4~12개월

핵심테마 01 유아 체육의 이해

Speed 심화포인트

바빈스키 반사 (Babinski)		발바닥을 자극하면 발가락을 쫙 편다.	6개월이 지나도 지속되면 발달 지체일 가능성이 있다.	생후~4개월
목 경직 반사 (tonic neck)	비대칭 목 경직 반사 (asymmetric tonic neck)	누워 있는 상태에서 머리를 한쪽 방향으로 돌리면 같은 방향의 팔과 다리를 펴고, 반대편 팔과 다리를 구부린다.	눈과 손의 협응을 가능하게 한다.	출생 전 ~6개월
	대칭 목 경직 반사 (symmetric tonic neck)	목을 뒤로 젖히면 팔의 신전과 다리의 수축. 목을 앞으로 굽히면 팔 수축과 다리 신전이 나타난다.		6~7개월

• 자세 반사(postural reflex)

작용	반응	특징	발생 범위
직립 반사 (labyrinthine righting)	몸을 잡고 여러 방향으로 움직였을 때 머리를 직립으로 유지하려는 반사이다.	자세를 유지하려는 반응이다.	2~12개월
당김 반사 (pull-up)	앉거나 누운 자세에서 손을 잡아 주면 팔을 구부려서 당기는 움직임 반응을 한다.	일어서려는 반응이다.	3~12개월
낙하산 자세 반사 (parachute)	공중에서 상체를 아래로 내리면 다리를 펴고 발을 바깥쪽으로 벌리면서 손을 앞으로 뻗고 바닥을 짚는 반응을 한다.	추락에 대한 보호 반응이다.	4~12개월
지지 반사 (propping)	몸통을 좌우로 움직이면 원래의 자세를 유지하려고 팔과 다리를 움직이는 반사이다.	혼자 걸을 때까지 나타난다.	4~12개월
목 자세 반사 (neck righting)	눕거나 엎드린 상태에서 머리를 한쪽으로 돌리면 목 아랫부분이 같은 방향으로 움직이는 반사이다.	눈과 손의 협응을 가능하게 한다.	생후~6개월
몸통 자세 반사 (body righting)			6~12개월

• 이동 반사(locomotor reflex)

작용	반응	특징	발생 범위
기기 반사 (crawling)	엎드린 상태에서 발바닥을 건드리면 팔과 다리가 반응한다.	기기 행동의 기본이다.	생후~4개월
걷기 반사 (stepping/ walking)	곧게 세운 상태에서 발바닥이 바닥에 닿으면 발을 교대로 움직이는 반응을 한다.	이후 자발적으로 걸을 수 있는지 보여 준다.	생후~5개월
수영 반사 (swimming)	물속에 몸이 잠기면 팔을 젓고 발을 걷어차는 움직임 반응을 한다.	잠수시키면 숨 정지 반사에 의해 호흡을 멈추는데, 이는 아기의 생존 본능을 보여 준다.	생후~5개월

(3) 시지각 발달 기출 2023

① **형태 지각**: 대상물의 윤곽 등에 따라 그 형태를 아는 능력으로 영아는 단순한 형태보다는 복잡한 형태를 선호하고, 매우 복잡한 자극보다는 적절한 자극을 선호함
  ㉠ 생후~1개월: 대상의 형태를 훑어봄
  ㉡ 1~2개월: 보통 바깥쪽 특정 가장자리나 경계선보다는 내부 모양에 집중
  ㉢ 2~3개월: 좀 더 상세하게 보고 좀 더 체계적으로 탐색하며, 좀 더 구체적인 형상 같은 시각 형태를 구성할 수 있음
  ㉣ 3~6개월 이후: 2차원으로 찍힌 사람의 얼굴 사진을 구별할 수 있으며, 모양과 패턴을 구별할 줄 아는 능력은 이 기간에 급속히 발달하며, 6개월이 지날 무렵이면 훨씬 정교한 수준에 도달함

② **공간 지각**: 사물을 다른 각도에서 보면 어떻게 보이는지 추측할 수 있는 능력

③ **깊이 지각**: 자신으로부터 대상이 떨어져 있는 거리를 판단하는 능력

④ **색채 지각**: 색을 구별하는 능력으로, 영아는 색채의 구분은 어려우나 습관화를 통해 다른 많은 색을 구별할 수 있다고 나타났으며, 3~4개월경에는 색에 대한 시각이 상당히 성숙하여 색을 잘 변별할 수 있다고 보고됨

3. 유아기

(1) 발달과 특징

		• 성장 속도가 점점 줄어들지만 사춘기까지는 꾸준한 속도 유지 • 신체의 움직임을 정교히 만드는 시기 • 기본 움직임부터 스포츠 기술까지 다양한 움직임 과제를 발달
신체 기출 2023 /2022	신경	5세 때 유아는 성인의 85% 정도로 발육하나 기능도 85%까지 발달했다고는 볼 수 없음
	뇌	• 출생 시 이미 모든 뇌세포를 갖고 있다고 알려져 있음 • 출생 시 성인 뇌 무게의 25% 정도가 되며, 발달변화가 급격하게 일어나 출생 후 6개월 정도에는 성인 크기의 60% 정도가 되고, 2세 말경이 되면 75%에 도달 • 3세 아동의 대뇌 무게는 성인의 약 75%이며, 6세가 되면 90%에 도달 • 대뇌의 기능이 활발하지 않기 때문에 기본적인 운동(걷기, 달리기, 뛰기 등)만 가능하며, 운동의 질이 높다고 볼 수 없음 • 중뇌는 출생 시 거의 완전히 발달한 상태지만, 대뇌피질은 4세가 될 때까지 완벽하게 발달하지 않음
	맥박	• 맥박수는 100~120회/분 정도(성인은 60~70회/분) • 안정 시 맥박수가 높아 운동에 대한 적응 능력은 성인보다 낮음 (나이 듦에 따라 맥박수는 점차 낮아짐)
	호흡	• 호흡수는 25~40회/분(성인은 16~18회/분), 최대 호흡수는 약 50~60회/분 • 유아의 경우 호흡수를 증가시킬 여유가 적음(호흡 증가의 한계는 보통 40~50회/분)
	근육	세밀하게 근 기능을 알아보기 어려우나, 작지만 빠른 성장 예상
인지		• 사고와 생각을 말로 표현하는 능력이 점차 커짐 • 풍부한 상상력으로 인해 정확성과 사건들의 적절한 순서에는 크게 관심이 없음 • 개인적인 연관이 있는 새로운 상징에 대해 지속적으로 조사하고 발견함 • 활동적인 놀이를 통해 어떻게(방법), 왜(이유) 활동하는지 학습함 • 발달의 전 조작기, 자기만족에서 기본적인 사회적 행동으로 전환하는 발달의 전 단계

핵심테마 01 유아 체육의 이해

Speed 심화포인트

유아기 운동 발달의 일반적인 경향
- 뇌에서 가장 가까운 부분부터 발달
- 몸의 중심 부분이 먼저 발달하고, 말초 부분은 뒤에 발달
- 큰 근육이 먼저 발달하고, 뒤에 작은 근육이 발달
- 양방에서 일방으로 발달
- 수평적인 동작에서 수직적인 동작으로 발달

정서 기출 2016	• 자기중심적이며, 모든 사람이 자기와 같은 방식으로 판단한다고 생각함 • 종종 상황에 두려움, 부끄러움을 나타내고, 자의식이 강하며, 친숙한 사람 곁을 떠나지 않으려 함 • 옳고 그름을 구분하는 것을 학습하며, 의식이 발달하기 시작함 • 자아 개념이 급격히 발달하여 이 시기 아이들에게 성공 지향적인 경험과 긍정성 강화를 제공하는 것이 중요하며, 이는 유아의 자신감을 확립하는 데 도움이 됨 • 정서 유형에는 공포, 분노, 질투, 기쁨, 호기심 등이 있음
사회성	영아기보다 큰 사회적 영향을 받는 시기로, 사회성의 발달과 더불어 운동 발달에도 많은 변화가 나타남
운동 기출 2022	• 운동은 안정성, 이동, 조작 운동으로 구분 • 골격과 근육이 발달하고 신경과 근육이 증대되어 운동 능력이 발달함 • 개인차는 있지만 성장은 유아기를 통해 순차적이고 예상할 수 있는 순서로 나타남 • 운동 발달은 다른 발달에도 영향을 주며 신장, 체중, 근육이 꾸준히 증가함

(2) 유아 발달과 민감기 기출 2022

① 발달 단계에 따라 많은 영향을 받는 민감기(특정 능력이나 행동의 발달에 최적인 시기)가 존재함
② 연령에 따라 민감기를 고려하여 적절한 운동이 적용되면 긍정적인 운동 발달을 유도할 수 있음
③ 유아 발달은 그 시기에 도달해야 하는 발달 과업이 있기 때문에 시기를 놓쳐 버리면 올바른 성장이 저해될 수 있음

4. 아동기 및 청소년

(1) 발달과 특징

신체	• 감각체계와 운동체계의 조직화가 더욱 진전되는 시기 • 게임과 스포츠 수행에서의 성숙 수준이 높아짐 • 감각운동기관이 더욱 효율적으로 기능하면서 복잡한 기술 수행이 가능함
인지	• 사물이나 문제들에 대해 논리적이고 체계적인 사고가 가능함 • 인지 능력이 현저히 발달함 • 자기중심적 사고에서 벗어나 보존 개념을 획득함
정서 기출 2021	• 표출 규칙과의 일치 정도가 향상 • 자기의식 정서는 더 밀접하게 내면화된 기준과 결합됨 • 자기조절 책략은 더 다양해지고 복잡해짐 • 타인의 정서를 이해하기 위해 내외적 단서를 통함
사회성	• 또래 집단이 사회성 발달에 큰 영향을 미침 • 유치원이나 학교의 또래 집단은 아동 및 청소년의 복장이나 행동, 어휘 등에 큰 영향을 주고 신체 활동의 참여 여부와 같은 행동을 결정하는 데에도 영향을 줌

3 건강과 운동

1. 신체 활동 가이드라인

(1) 미국 스포츠·체육교육협회(NASPE)의 유아기 신체 활동 촉진 지도 지침 기출 2020

① 매일 60분 혹은 그 이상의 구조화된 신체 활동을 실행한다.
② 매일 60분 혹은 그 이상의 비구조화된 신체 활동을 실행한다.

③ 매일 60분 혹은 그 이상의 신체 활동에 근육과 뼈를 강화시키는 신체 활동을 실행한다.
④ 수면 시간을 제외하고 60분 이상 눕거나 앉아 있지 않도록 지도한다.
⑤ 권장 안전 기준에 적합한 실내외 공간에서 대근육 활동을 실행한다.
⑥ 개인의 신체 활동의 중요성을 인식하고, 운동 기술을 가능하게 한다.

(2) 세계보건기구(WHO)가 권장한 유아·청소년 신체 활동 지침 기출 2021

1세 미만일 경우	부모는 한 시간 이상 같은 장소에 머물지 않고 가능한 한 여러 번 신체적으로 움직이도록 돕기를 권고함
1~2세의 경우	매일 중간 강도 이상으로 최소 180분간 신체 활동을 해야 한다고 권고함
3~4세의 경우	매일 중간 강도 이상으로 적어도 180분간 신체 활동을 해야 하며, 그중 최소 60분은 격렬한 신체 활동을 해야 한다고 권고함
5~17세의 경우	• 어린이와 청소년의 신체 활동에는 가정·학교·지역 사회에서 하는 놀이, 게임, 스포츠, 이동, 여가, 체육 수업 또는 계획된 운동 등이 포함됨 • 매일 적어도 합계 60분의 중간 강도 내지 격렬한 강도의 신체 활동을 해야 함 • 매일 하는 신체 활동의 대부분은 유산소 활동이어야 함 • 근육과 뼈 강화 활동을 포함한 격렬한 강도의 활동을 적어도 주 3회 이상 실시함

(3) 미국 질병통제예방센터(CDC) 신체 활동 가이드라인 기출 2023

미취학 아동 (3~5세)	• 성장과 발달을 위해 일정 시간 이상의 신체 활동이 권장됨 • 미취학 아동의 보호자는 다양한 활동 유형의 놀이를 장려해야 함
어린이와 청소년 (6~17세)	• 어린이와 청소년들의 연령에 적합하고 즐겁고 다양한 신체 활동에 참여할 수 있는 기회와 격려의 제공이 권장됨 • 어린이와 청소년들에게 매일 60분 이상의 중강도 신체 활동을 장려해야 함 • 유산소 운동: 하루 60분 혹은 그 이상의 대부분은 중강도 또는 고강도 유산소 신체 활동을 일주일에 최소한 3일 포함함 • 근육 강화 운동: 매일 60분 이상의 신체 활동의 일부로 근육 강화 신체 활동을 일주일에 최소한 3일 포함함 • 뼈 강화 운동: 매일 60분 이상의 신체 활동의 일부로 뼈 강화 신체 활동을 일주일에 최소한 3일 포함함

(4) 미국스포츠의학회(ACSM)의 어린이와 청소년을 위한 권고 사항 기출 2024/2023

FITT	유산소 운동	근력(저항) 운동	뼈 강화 운동
형태	여러 가지 스포츠를 포함한 즐겁고 성장 발달에 적절한 활동 예) 달리기, 자전거 타기, 축구, 야구, 춤추기 등	신체 활동은 구조화되지 않은 활동이나 구조화되고 적절하게 감독할 수 있는 활동으로 구성 예) 푸쉬업, 스쿼트, 플랭크, 클라이밍, 레슬링, 요가 등	빠른 동작 및 방향 전환이 이루어지는 운동 예) 호핑, 스키핑, 점핑, 러닝, 농구, 테니스 등
빈도	매일(고강도 운동을 최소 주 3일 포함)	주 3일 이상	최소 주 3일
강도	중강도에서 고강도	체중 또는 8~15회 반복 가능한 무게	체중의 부하를 주는 신체 활동이나 자극
시간	60분	60분	60분

> **Speed 심화포인트**
>
> **탐색과 놀이의 특성(훗트, C. Hutt)** 기출 2020
>
> • 탐색: '이 물건의 속성은 무엇일까'라는 의문을 풀기 위한 행동으로, 반드시 놀잇감(사물)이 필요하며 물건에 대한 정보를 획득함
> • 놀이: '이 물건을 가지고 무엇을 할 수 있을까'라는 의문에 연관되는 행동으로, 놀잇감이 없어도 되고 다양한 활동을 함으로써 즐거움과 만족감을 추구함

핵심테마 01 유아 체육의 이해

Speed 심화포인트

대근운동 발달 시기와 단계(얼릭, D. Ulrich)

1단계 반사와 반응	신생아기
2단계 기본(대근) 운동 기술	학령 전 초등 저학년기
3단계 게임 운동 기술	초등 3~4학년 시기
4단계 스포츠 및 전문 여가 운동 기술	초등 고학년에서 청소년 시기

4 발달 관련 이론

1. 운동 발달의 기본 움직임 단계(갤러휴, D.Gallahue) 기출 2025/2019/2016/2015

단계	구분 및 시기	특징
1단계	반사 움직임 단계 (출생~1세) / 정보 수용 및 정보 처리 단계	• 불수의적인 움직임을 주로 하는 반사 움직임 단계 • 반사 활동을 통해 자신의 직접적인 환경에 대한 정보 획득 • 불수의적인 움직임은 유아의 신체와 외부 세계에 대해 배울 수 있도록 도와주는 역할
2단계	초보 움직임 단계 (출생~2세) / 반사 억제 및 사전 통제 단계	• 불수의적인 반사 행동이 점차 줄어드는 기본적인 초보 움직임 단계 • 초보 움직임은 성숙에 의해 결정되고, 생물학적, 환경적 요인과 과제 요인에 의해 좌우됨 • 생존에 필요한 수의적 움직임의 기본 형태 • 안정성 움직임(머리, 목, 몸통, 근육의 제어 획득), 조작적 과제(뻗기, 잡기, 놓기 등), 이동성 움직임(포복하기, 걷기 등)

3단계	기본 움직임 단계
	(2~7세) /
	시작, 초보 및
	성숙 단계
		• 기본 움직임 능력들이 발달되는 단계
		• 자신의 신체 움직임 능력을 통해 탐구하고 실험하는 시기
		• 안정성, 이동성, 조작적 움직임들을 결합해서 어떻게 수행할 수 있는지를 발견하는 시기
		• 기술 내 발달 순서
		  - 시작 단계: 기본적인 움직임을 보이지만, 협응이 원활하지 않아 움직임이 매끄럽지 못함
		  - 초보 단계: 기본 움직임에 대한 제어와 협응이 향상되지만, 신체 사용이 비효율적임
		  - 성숙 단계: 움직임의 수행이 역학적으로 효율성을 갖게 되어 협응과 제어가 향상됨

4단계	전문화된 움직임
	단계(7~14세 이상)/
	전환, 적용 및
	평생 이용 단계
		• 기본 움직임 단계로부터 파생된 결과 단계
		• 움직임은 일상생활과 기본적인 스포츠 기술 등 여러 복잡한 활동에 응용되어 보다 세련되고 복잡한 활동 가능
		• 전환(과도기), 적용, 평생 이용 단계로 구분
		  - 전환(과도기) 단계: 스포츠와 전문화된 기술을 수행하기 위해 기본 움직임 기술을 결합시키고 응용하기 시작함
		  - 적용 단계: 인지 능력이 더욱 정교해지고 경험이 확대되면서 많은 것을 학습하며, 움직임 수행의 형태, 기술, 정확성과 양적 측면이 강조되고 복잡한 기술이 정교해지며 이를 수준 높은 게임과 간이 게임 활동에 사용함
		  - 평생 이용 단계: 발달 단계의 정점으로 이때 습득한 움직임은 일생 동안 적용되며 이전 단계에서 형성된 관심과 능력, 선택이 지속되고 정교해지면서 평생 일상생활과 여가 및 스포츠 관련 활동에 활용함

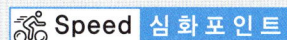

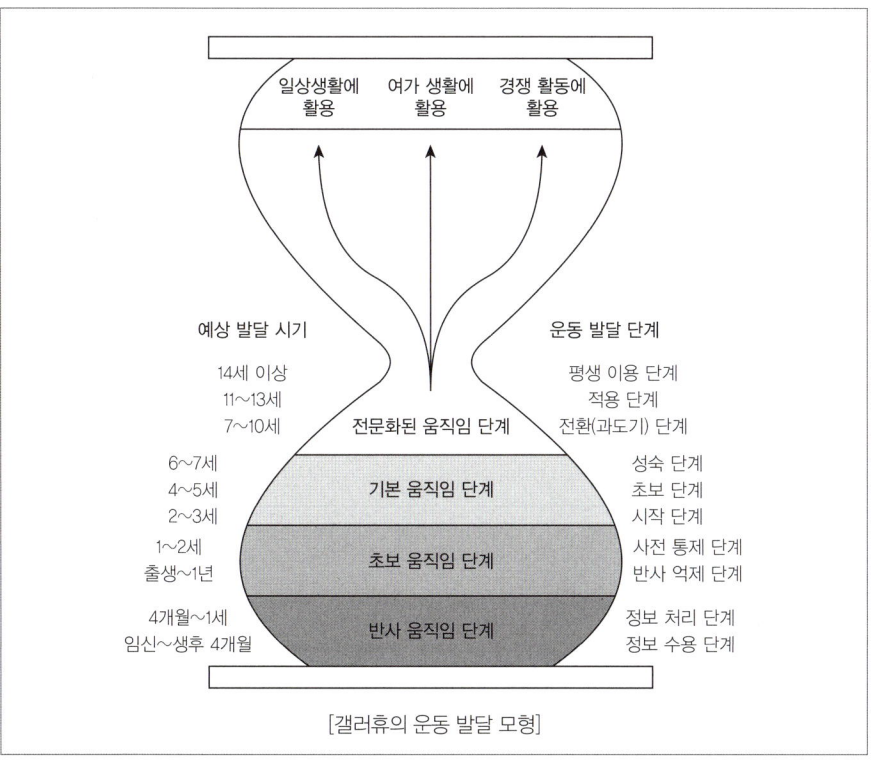

[갤러휴의 운동 발달 모형]

Jump Up 이해

움직임의 1차원 모델 기출 2025

움직임의 근육	움직임의 시간적 연속성	움직임의 환경	움직임의 기능
대근 운동 기술: 움직임 과제 수행을 위해 몇 개의 대근 사용(달리기, 점프, 던지기 등)	불연속 운동 기술: 시작과 끝이 분명(던진 공치기, 회초리 휘두르기 등)	개방형 운동 기술: 변화하는 환경에서 일어나며, 예측할 수 없음(레슬링, 뜬 공 잡기, 대부분의 컴퓨터 게임)	안정 과제: 정적 또는 동적 움직임 상황에서 균형을 획득 하거나 유지(앉기, 서기, 균형 잡기 등)
소근 운동 기술: 정확도를 갖고 움직임 과제 수행을 위해 몇 개의 소근 사용(쓰기, 타이핑, 뜨개질 등)	연속 운동 기술: 일련의 불연속 기술을 빠른 속도로 연속 수행(농구공 드리블, 잠긴 문 열기 등)	폐쇄형 운동 기술: 안정되고 변화하지 않는 환경에서 발생(골프 퍼팅, 컴퓨터 워드 작업)	이동 과제: 공간을 통해 신체를 한 곳에서 다른 곳으로 옮기기(기어가기, 걷기, 달리기 등)
	지속 운동 기술: 정해진 시간 동안 반복 수행(자전거 페달 밟기, 수영 등)		조작 과제: 물체에 힘을 가하거나 힘 받기(치기, 쓰기 등)

핵심테마 01 유아 체육의 이해

Speed 심화포인트

갤러휴(D.Callahue)의 2차원 모델 [기출 2025/2024]

운동 발달 단계	움직임 과제의 의도된 기능		
	안정성 (정적 및 동적 움직임 상황에서의 신체 균형 강조)	이동 (신체의 장소 이동 강조)	조작 (물체와 힘을 주고 받는 것 강조)
반사 움직임 단계 (태아기와 초기 유아기에 피질 하에서 통제되는 불수의적 움직임)	• 직립 반사 • 목 자세 반사 • 몸통 자세 반사	• 기기 반사 • 걷기 반사 • 수영 반사	• 손바닥 파악 반사 • 발바닥 파악 반사 • 당김 반사
초보 움직임 단계 (성숙에 의해 영향을 받는 유아의 움직임)	• 머리와 목 제어 • 몸통 제어 • 지지 없이 앉기 • 서기	• 포복하기 • 기기 • 직립하여 걷기	• 내밀기 • 잡기 • 놓기
기본 움직임 단계 (아동의 기본 움직임 기술)	• 한 발로 균형 잡기 • 낮은 빔 위 걷기 • 축성 움직임	• 걷기 • 달리기 • 점프하기 • 깡충뛰기	• 던지기 • 잡기 • 차기 • 치기
전문화 움직임 단계 (후기 아동기와 그 이후의 복합적 기술)	• 체조의 평균대 연습하기 • 축구에서 골킥 막기	• 100m 달리기 혹은 육상의 허들 • 사람 많은 거리에서 걷기	• 축구에서 골킥 하기 • 던진 공 치기

2. 피아제(J. Piaget)의 인지 발달 이론 [기출 2025/2024/2022/2021/2020/2019/2018/2017/2016/2015]

(1) 특징
① 인간의 지적 능력이나 학습 능력이 몇 가지 단계를 거쳐 발달한다고 봄
② 아동의 단계 이행에 따라 이미 형성된 인지 구조는 새롭게 통합됨
③ 각 단계는 서로 독립적이지만 전체적으로 상호 의존적이라고 주장함
④ 성숙, 물리적 경험, 사회적 상호 작용 등이 필수적이라고 봄

(2) 인지 발달 단계

단계	구분 및 시기	특징	사고방식
1단계	감각 운동기 (0~2세)	• 감각을 이용하여 환경을 탐색하고 이해함 • 선천적 반사가 점차 지각과 운동 능력으로 발달함	
2단계	전조작기 (2~7세)	• 내재적으로 가지고 있는 표상을 언어나 그림으로 표현함 • 모방이나 기억이 가능함 • 반사 행동이 자신의 의도에 따라 계획된 목적 행동으로 변화함	• 상징적 사고 • 자기중심적 사고 • 직관적 사고 • 물활론적 사고 • 인공론적 사고
3단계	구체적 조작기 (7~11세)	• 사물이나 문제들에 대해 논리적이고 체계적인 사고가 가능함 • 인지 능력이 현저히 발달함 • 자기중심적 사고에서 벗어나 보존 개념을 획득함	• 유목화 • 서열화

4단계	형식적 조작기 (11세 이후)	• 추상적인 사상이나 개념에 대해 논리적이고 체계적인 사고가 가능함 • 실제와 다른 가설적인 상황에 대해서도 사고가 가능함	• 가설-연역적 사고 • 추상적 사고 • 과학적 사고 • 체계적 사고

3. 게셀(A. Gesell)의 성숙주의 이론 기출 2022/2020/2019

① 발달 과정의 방향을 결정짓는 가장 중요한 기제를 '성숙'으로 봄
② 성숙은 생이 시작하는 수정의 순간부터 예정된 발달의 순서에 따라 진행됨
③ 성숙은 교육이나 연습의 효과와는 대조되는 것으로 어떤 능력이 성숙에 의해 좌우된다면 발달상의 스케줄보다 앞서 가르치려고 노력할 필요가 없다고 봄
④ 아동의 타고난 유전적 요인에 의해 인간의 성장과 발달이 결정된다고 봄
⑤ 유아의 발달이 준비되었을 때, 성인의 개입을 최소화하고 자신의 발달 수준에 적합한 활동을 스스로 선택하여 활동하는 것을 기본으로 함

4. 콜버그(L. Kohlberg)의 도덕성 발달 이론 기출 2020

(1) **특징**

① 나이가 들어 감에 따라 어떻게 도덕성이 변하는지를 관찰함
② 인간의 존엄성과 양심에 따라 자율적이고 독립적인 판단이 가능하다고 주장함

(2) **도덕적 사고의 분류**

3수준	6단계
인습 이전 단계(전 도덕기, 0~10세): 옳고 그름에 대한 내적 기준 없이 자기중심적인 도덕적 추론을 하는 단계	1단계: 처벌과 복종 지향
	2단계: 개인적 욕구 충족 지향
인습 단계(타율적 도덕기, 10~20세): 옳고 그름과 관련된 사회 관습에 입각하여 도덕적 추론을 하는 단계	3단계: 대인 관계 조화 지향
	4단계: 법과 질서 지향
인습 이후 단계(자율적 도덕기, 20세 이후): 추상적인 자신만의 원리로 도덕적 추론을 하는 단계	5단계: 사회 계약 지향
	6단계: 보편적 도덕 원리 지향

5. 파튼(M. Parten)의 사회적 놀이 발달 유형 기출 2020

비참여 행동	목적이 없는 움직임
방관자적 행동	가까운 거리에서 다른 친구들의 놀이를 바라만 보고 특정 놀이 집단을 지켜보며 말을 건네거나 질문을 하지만 참여하지 않음
혼자(단독) 놀이	혼자 독자적 놀이에 몰두함
병행 놀이	다른 친구와 장난감을 함께 사용하거나 흉내 내어도 혼자 놀이
연합 놀이	자연스럽게 혹은 우발적으로 함께 놀이
협동 놀이	연합 놀이와의 차이는 사전 계획이나 상호 협의가 있다는 점이고, 놀이를 주도하는 리더가 존재(역할 분담 및 상호 작용 발생)

Speed 심화포인트

피아제(J. Piaget)의 도식과 적응

• **도식(schema)**: 사물이나 사건에 대한 전체적인 윤곽 또는 지각의 틀이다.
• **동화(assimilation)**: 새로운 정보 혹은 경험을 접할 때 이러한 정보와 경험을 이미 자신에게 구성되어 있는 도식에 적용시키려고 하는 경향 에 아이가 오토바이를 보고 자전거라고 부르는 것을 말한다.
• **조절(accommodation)**: 기존에 가지고 있던 도식을 수정하거나 조절해서 새로운 도식을 형성하는 과정 에 아이가 오토바이와 자전거가 다르다는 것을 인식하고, 인식의 불균형을 경험하게 되어 오토바이에 대해 질문을 하거나 자전거에 대한 명칭을 붙이는 것 등)을 말한다.
• **평형화(equilibrium)**: 동화와 조절의 결과로 조직화된 유기체의 각 구조들이 균형을 갖는 것이다.
• **조직화(organization)**: 사물이나 사건에 대한 정보들을 재구성함으로써 도식들의 논리적인 결합을 추구 에 아이가 오토바이와 자전거가 다르다는 것을 인식하고 '탈 것'이라는 범주 안에 버스, 자동차, 비행기 등을 포함시키고 그것들을 서로 구분하는 것)한다.

핵심테마 01 유아 체육의 이해

6. 에릭슨(E. Erikson)의 심리 사회 발달 단계 [기출 2025/2023/2022/2021/2020/2019/2018]

(1) 특징
인간의 성격 발달을 전 생애에 걸쳐 사회와의 관계 속에서 연구한 이론으로 사회적 요인과 또래 관계를 포함한 인간관계에서의 상호 작용을 중시함

(2) 인간의 발달 단계

단계	시기	특성
1	신뢰감 대 불신감 (0~1.5세)	신체적·심리적 요구를 적절히 충족해 주면 그 대상에게 신뢰감을 형성하고, 그렇지 못할 경우 불신감이 형성되는 시기
2	자율성 대 수치·회의 (1.5~3세)	스스로 먹고, 입고, 배변 활동을 하면서 자율성이 발달하는 시기로, 근육 발달을 조절할 수 있고 자기 주위를 탐색함. 아동의 자발적 행동을 지나치게 통제하거나 과잉 보호하게 되면 수치심을 갖게 되는 시기
3	주도성 대 죄책감 (3~6세)	자신이 세운 목표나 계획을 실천 및 성공하고자 하는 욕구와 또래의 판단 사이에 갈등을 겪게 되는 시기
4	근면성 대 열등감 (6~12세)	기초적인 인지 기술과 사회적 기술을 습득하는 자아 성장에 결정적인 시기로, 아이가 행한 업적을 칭찬해 주고 격려해 주면 근면성을 발달시키지만, 활동을 제한하고 비판하면 열등감이 생기는 시기
5	정체성 대 역할 혼돈 (12~18세)	자아 정체감으로 사회 속에서 나의 존재와 위치에 대한 느낌을 확립하게 되는 시기로, 발달이 순조롭게 이루어졌다면 자아 정체감을 확립하지만, 그렇지 못하면 혼미감을 느끼고 정체감의 위기에 빠지는 시기
6	친밀감 대 고독 (성인 초기)	타인과 자신의 정체감을 공유하며 친밀감을 형성하는 시기로, 이 시기에 친밀한 인간관계를 형성하지 못하면 개인과 사회에 건강하지 못한 고립감을 경험하는 시기
7	생산성 대 정체 (성인기)	자신의 세대를 넘어 다음 세대를 양육하는 것에 관심과 노력을 기울이게 되는 시기로, 생산성을 형성하지만 생산성이 결핍되면 사회에 의미 있는 기여를 하지 못했다는 회의로 인해 침체를 경험하고 소위 중년의 위기를 겪게 되는 시기
8	자아 주체성 대 절망(노년기)	자신의 삶을 되돌아보면서 자신의 인생을 수용하고 죽음을 두려움 없이 맞게 되는 자아 통합의 과정을 거치는 시기로, 자아 통합 달성에 실패하면 지나온 생을 후회하며 절망하는 시기

7. 프로이트(S. Freud)의 정신 분석 이론 [기출 2019]

(1) 특징
인간의 마음은 원초아(id), 자아(ego), 초자아(superego)의 3가지 구조로 되어 있으며, 인간의 행동은 이 3가지 체계 간의 상호 작용에 의해 지배된다고 주장함

(2) 성격 발달 단계

구강기(0~1세)	빨고 깨무는 행위를 통해 쾌감을 느낌
항문기(1~3세)	배변 훈련 시기
남근기(3~6세)	이성인 부모에 대한 성적인 애정과 접근 시기
잠복기(6~11세)	성적 충동이나 환상이 무의식 속에 잠재되어 평온함 유지
생식기(11세 이후)	성적 에너지가 직접 표현됨

8. 반두라(A. Bandura)의 사회 학습 이론 기출 2025/2022/2018

(1) 특징
① 학습은 단순히 타인의 행동을 관찰함으로써 이루어질 수 있다고 주장함
② 사회적 상황 속에서 모방을 통해 많은 것을 학습하게 되며, 이를 관찰학습과 모방학습으로 구분하여 설명함
③ 관찰학습은 모델의 행동을 관찰하여 이를 모방함으로써 직접적인 강화 없이도 새로운 행동을 학습하게 된다는 것을 의미함
④ 모방학습은 단순히 타인의 행동을 모방하는 것이 아니라 유아 주변의 인물, 특히 부모의 언어형태, 성 역할, 친사회적 및 반사회적 행동을 모방하게 되는 것을 의미함

(2) 관찰 학습 단계

1단계 주의 과정	관찰자가 어떤 대상에 집중하기 위한 선택적 지각 과정
2단계 파지 과정	관찰한 행동을 기억하는 과정으로, 만약 파지 과정이 없다면 어떤 행동을 관찰한 다음 시간이 경과하게 되면 그 행동을 모방할 수 없음
3단계 운동 재생 과정	모방한 행동을 정확히 재생하기 위해서는 적절한 운동 기술이 갖춰져야 하며, 신체적 능력은 신체적 성장과 성숙, 연습이 필요함
4단계 동기 유발 과정	관찰자가 모델을 관찰하여 새로운 지식을 얻을 수 있고 그 행동을 수행하거나 하지 않을 수도 있는데, 행동하기 위해서는 보상이나 강화 같은 동기 유발이 필요함

9. 행동주의 이론 기출 2021

(1) 특징
① 인간의 발달은 환경에 따른 훈련으로 만들어진다고 보는 관점
② 발달은 외부 환경적 요인을 잘 조직하고 변화시킴으로써 긍정적인 행동을 훈련과 학습에 의해 바람직하게 촉진시키고, 바람직하지 않은 행동은 감소시키거나 소거함으로써 이루어진다고 보는 이론

(2) 대표 행동주의 이론

파블로프(Pavlov)의 고전적 조건 이론	지속적으로 개에게 종을 울리고 밥을 주면 종만 울려도 개가 침을 흘린다는 점을 발견하여 S-R 이론을 주장하였는데, 이를 인간 행동에 적용하면 인간의 행동 또한 조건에 따라 반응한다고 봄
손다이크(Thorndike)의 자극-반응 이론	학습은 시행과 착오의 과정을 통해 특정한 자극과 특정한 반응이 결합된 것으로 보며, 추리적인 사고가 아닌 되풀이되는 행동에서 성공하게 되는 우연한 시행착오적 반응을 통해 자극-반응 결합이 이루어진다고 주장함
스키너(Skinner)의 조작적 조건화 이론	자극에 반응한 결과를 강조하는 이론으로, 결과 행동의 발생 빈도를 높이기 위해 자극 요인을 조건화하게 된다는 이론임

10. 비고츠키(Lev Vygotsky)의 상호 작용 이론 기출 2022

① 성인이나 또래와의 상호 작용과 협동 학습의 중요성을 강조한 이론
② 지식과 사고 과정은 사회적 상호 작용을 통해 형성됨

핵심테마 01 유아 체육의 이해

③ 학습이나 사고 과정을 이해하기 위해서는 전체적인 상호 작용 과정을 이해해야 함
④ 상호 작용의 개념을 발생적 접근 방법, 고등 전신 과정, 도구와 기호, 근접 발달 영역이라는 개념으로 설명

11. 하비거스트(R. Havighurst)의 발달 과제 이론 [기출 2025]

(1) 특징
개인이 환경에 적응하기 위해서는 인간 발달의 각 단계마다 반드시 성취해야 할 과업(task)이 있음을 주장함

(2) 발달 단계

발달 단계	성취 과업
유아기 (0~6세)	• 걸음마 배우기, 고형 음식물 먹기, 말 배우기 • 배설물 통제, 성차 인식과 성적 성숙 학습, 생리적 안정 • 사회적 및 물리적 환경에 대한 간단한 개념 형성, 타인과 정서적 관계 형성 학습 • 선악의 구별과 양심의 발달
아동기 (7~12세)	• 놀이에 필요한 신체 기술 학습, 자신에 대한 건전한 태도 형성하기 • 친구 사귀는 방법 배우기, 성 역할 • 학습, 읽기, 쓰기, 셈하기의 기초 기능학습, 일상생활에 필요한 학습 • 양심, 도덕 가치 체계 발달 • 인격적 독립의 성취, 사회집단 제도에 대한 민주적 태도 발달
청소년기 (13~18세)	• 자신의 신체 및 성 역할 수용, 친구와의 새로운 관계 형성 • 부모와 다른 성인으로부터 정서적 독립, 경제적 독립의 필요성 인식 • 직업선택 및 준비 • 사회적 책임에 맞는 행동 실천하기 • 유능한 시민으로서의 기본적 지적 기능과 개념 획득 • 과학적 세계관에 근거한 가치체계의 발달
청년기 (19~30세)	• 결혼과 가정생활 준비 • 배우자 선택, 배우자와의 생활방법 학습 • 가정형성, 자녀 양육과 가정관리 • 시민으로서 의무 완수, 친밀한 사회적 집단 형성
중년기 (31~60세)	• 사회적 의무의 완수, 경제적 표준 생활 확립과 유지 • 10대 자녀의 훈육과 선도 • 적절한 여가 활용, 배우자와의 친밀한 관계 유지 • 중년기의 생리적 변화 인정 및 적응, 노년기 부모에의 적응
노년기 (61세 이후)	• 신체적 건강 쇠퇴에의 적응, 은퇴와 수입감소에 적응 • 배우자의 사망에 대한 적응, 동년배와의 유대관계 재형성 • 사회적 시민의 임무 수행, 생활에 적합한 물리적 환경의 조성

01

신생아기의 특징이 아닌 것은?

① 출생 후 2~4주까지를 말한다.
② 머리가 신체의 1/4을 차지한다.
③ 뼈가 부드럽고, 휘기 쉽다.
④ 신체가 급성장하는 단계이다.

| 정답해설 |
신체가 급성장하는 단계는 영아기이다.

| 심화해설 |
시기에 따른 특징
- 신생아기(출생 후 2~4주) 특징: 머리가 신체의 1/4을 차지, 뼈가 유연함, 미성숙 단계
- 영아기(출생 4주~3세) 특징: 체중과 신체가 급성장, 6개월까지 두뇌가 급격히 발달, 12개월에 걸음마 시작
- 유아기(3~6세) 특징: 성장 속도가 줄어드는 기간, 신체의 움직임을 발달시키며 정교히 만드는 기간, 이 시기의 운동은 안정성, 이동, 조작 운동으로 구분
- 아동기(6~12세) 특징: 꾸준히 성장하는 시기, 체육 실기 기술이 발달하는 시기

02

〈보기〉에서 원시 반사에 해당하는 반사 움직임을 모두 고른 것은?

| 보기 |
㉠ 낙하산 자세 반사   ㉡ 목 경직 반사
㉢ 손바닥 파악 반사   ㉣ 바빈스키 반사
㉤ 걷기 반사   ㉥ 모로 반사

① ㉠, ㉡, ㉢, ㉣
② ㉠, ㉢, ㉣, ㉥
③ ㉡, ㉢, ㉣, ㉥
④ ㉢, ㉣, ㉤, ㉥

| 오답해설 |
낙하산 자세 반사는 자세 반사에 해당하며, 걷기 반사는 이동 반사에 해당한다.

03

피아제(Piaget)의 인지 발달 이론 중 〈보기〉의 빈칸 ㉠, ㉡에 들어갈 내용을 바르게 연결한 것은?

| 보기 |
피아제(Piaget)의 인지 발달 이론
- 감각 운동기(0~2세)
- 전조작기(2~7세)
- (㉠) 조작기(7~11세)
- (㉡) 조작기(11세 이후)

	㉠	㉡
①	구체적	형식적
②	구체적	표현적
③	형식적	사고적
④	형식적	조작적

| 정답해설 |
피아제의 인지 발달 이론은 감각 운동기, 전조작기, 구체적 조작기, 형식적 조작기로 나뉜다.

정답 01 ④   02 ③   03 ①

04

[2025년 기출문제]

〈보기〉에서 설명하는 발달 이론은?

> **보기**
> - 직접 행동이 아니어도 사회적 상황에서 타인의 행동을 관찰하며 학습이 가능하다.
> - 유아 주변의 인물, 특히 부모의 언어 형태, 성역할, 사회적 행동을 모방한다.

① 비고츠키(L. Vygotsky)의 상호작용이론
② 반두라(A. Bandura)의 사회학습이론
③ 매슬로(A. Maslow)의 욕구위계이론
④ 프로이트(S. Freud)의 정신분석이론

| 정답해설 |

인간은 사회적 상황 속에서 모방을 통해 많은 것을 학습하게 되며, 이를 관찰학습과 모방학습으로 구분하여 설명한 이론이다. 관찰학습은 모델의 행동을 관찰하여 이를 모방함으로써 직접적인 강화 없이도 새로운 행동을 학습하게 된다는 의미이며, 모방학습은 단순히 타인의 행동을 모방하는 것이 아니라 유아 주변의 인물, 특히 부모의 언어 형태, 성 역할, 친사회적 및 반사회적 행동을 모방하게 되는 것을 말한다.

| 오답해설 |

① 비고츠키(L. Vygotsky)의 상호작용이론: 성인이나 또래와의 상호 작용과 협동 학습의 중요성을 강조한 이론
③ 매슬로(A. Maslow)의 욕구위계이론: 인간의 다양한 욕구 위계를 생리적 욕구, 안전 욕구, 애정·소속 욕구, 존중 욕구, 자아실현 욕구로 구분하여 인간이 어떠한 행동을 하는 이유인 동기 부여를 설명하는 이론
④ 프로이트(S. Freud)의 정신분석이론: 인간의 마음은 원초아(id), 자아(ego), 초자아(superego)의 3가지 구조로 되어있으며, 인간의 행동은 이 3가지 체계 간의 상호 작용에 의해 지배된다고 주장한 이론

05

[2025년 기출문제]

다음 '움직임 분류' 일차원 모델에서 ㉠~㉣에 들어갈 용어가 바르게 나열된 것은?

움직임의 (㉠)	움직임의 (㉡)	움직임의 (㉢)	움직임의 (㉣)
대근 운동 기술	불연속 운동 기술	개방형 운동 기술	안정 과제
소근 운동 기술	연속 운동 기술	폐쇄형 운동 기술	이동 과제
	지속 운동 기술		조작 과제

	㉠	㉡	㉢	㉣
①	근육	환경	맥락	기능
②	근육	시간적 연속성	환경	기능
③	의도	시간적 연속성	맥락	환경
④	기능	의도	시간적 연속성	근육

| 정답해설 |

운동 기술의 1차원 분류법은 한 가지 차원에 의거하여 움직임 기술을 분류하는 방법으로, 움직임의 근육, 움직임의 시간적 연속성, 움직임의 환경, 움직임의 기능 등의 측면으로 구분한다.

정답 04 ② 05 ②

핵심테마 01 | 유아 체육의 이해

06

⟨보기⟩의 ㉠, ㉡과 갤러휴(D. Gallahue)의 운동 발달 단계를 바르게 연결한 것은?

> **보기**
> ㉠ 성숙에 의해 영향을 받는 움직임의 단계로 머리와 목을 제어하고 직립하여 걷기 등의 움직임을 할 수 있다.
> ㉡ 복합적 기술이 가능한 활동을 보이며 기본적인 스포츠 기술 등과 같은 움직임을 할 수 있다.

	㉠	㉡
①	반사 움직임 단계	초보 움직임 단계
②	반사 움직임 단계	기본 움직임 단계
③	초보 움직임 단계	전문화된 움직임 단계
④	기본 움직임 단계	전문화된 움직임 단계

| 정답해설 |

㉠ 초보 움직임 단계에 해당하는 내용이다. 초보 움직임은 성숙에 의해 결정되고 생존에 필요한 수의적 움직임의 기본 형태를 보인다.
㉡ 전문화된 움직임 단계에 해당하는 내용이다. 기본 움직임 단계로부터 파생된 결과 단계로 일상생활과 스포츠 기술 등 복잡한 활동이 가능한 형태를 보인다.

| 오답해설 |

- 반사 움직임 단계: 태아기와 초기 유아기에 피질하에서 통제되는 불수의적 움직임의 단계이다.
- 기본 움직임 단계: 기본 움직임 능력들이 발달되는 단계이며, 시작, 초보, 성숙의 단계로 구성된다.

정답 06 ③

핵심테마 02 유아기 운동 발달 프로그램의 구성

1 유아기 운동 발달 프로그램의 기본 원리

기출 2025/2024/2023/2021/2020/2019/2018/2017/2016/2015

1. 적합성의 원리
① 유아기는 발달 단계에 따라 가장 많은 영향을 받는 '민감기'로, 이를 고려한 적절한 운동이 적용되면 효과적이고 긍정적인 운동 발달을 유도할 수 있음
② 발달 상태, 움직임의 경험, 기술, 수준, 체력, 연령 등에 따라 적합하게 적용할 수 있음

2. 방향성의 원리
① 성장과 발달은 일련의 방향성을 가지고 발달한다는 원리(머리-꼬리 법칙, 중심-말초 법칙, 전체-부분 법칙)
② 유아 운동 프로그램을 구성할 때 발달 방향성을 고려하여 활동 순서를 구성함

3. 특이성의 원리
① 인간의 발달은 공통적으로 나타나는 일반화된 특성과 개인마다 다르게 나타나는 개인적 특성을 가짐
② 유아 운동 발달 프로그램을 구성할 때 공통적이고 일반화된 특성과 개인의 유전과 환경 요인을 고려한 개인차를 반영해야 함

4. 안전성의 원리
① 유아기에는 호기심이 강하고 주의력과 조심성이 부족하여 위험에 대한 인식과 적응이 어려움
② 지도자는 안전에 관심을 기울이고 충분히 안전이 확보된 공간에서 활동이 이루어지도록 유의해야 함

5. 연계성의 원리
① 기초부터 향상된 단계까지 잘 조직된 운동 발달 프로그램을 제공하는 원리임
② 유아기의 연령 및 성별과 신체 발달 프로그램 특성의 변화와 순서를 조직적으로 연계하며, 신체 발달, 정서적·사회적 발달을 위한 교육 프로그램의 연계가 필요함

6. 다양성의 원리
① 다양성은 기술적 능력에서의 개인별 차이에 대한 생각과 지도 방법을 의미함
② 유아의 프로그램은 재미있어야 하고 여러 발달적 측면을 고려하여 다양한 경험을 할 수 있도록 구성해야 함

2 유아기 운동 프로그램의 구성 요소

1. 기초 운동 및 프로그램 구성

(1) 운동 프로그램의 기본 모형

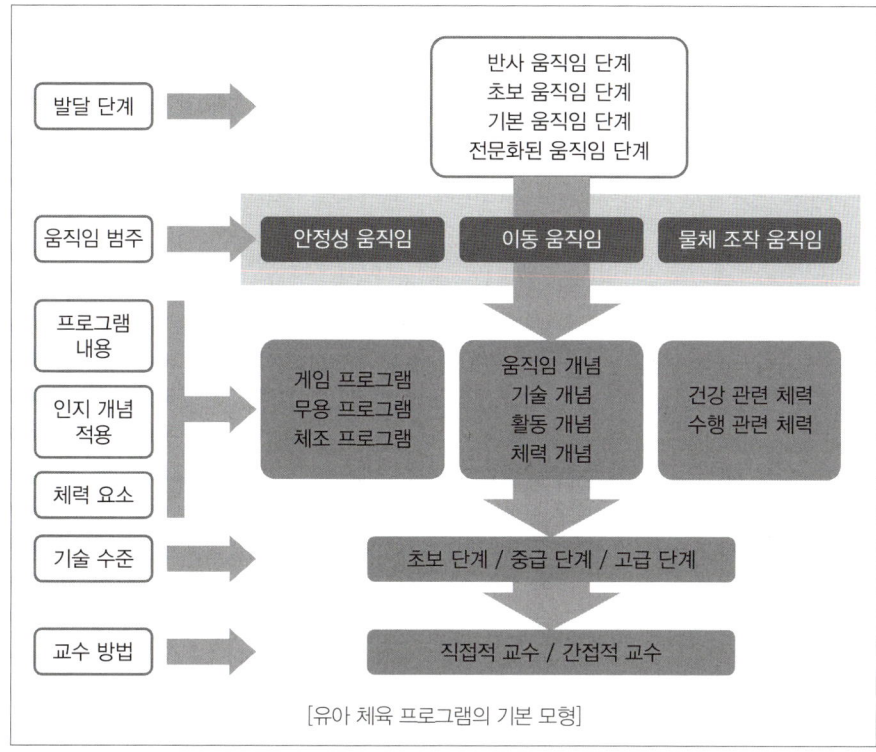

[유아 체육 프로그램의 기본 모형]

Speed 심화포인트

유아기 운동 프로그램 구성의 개념
- 움직임의 범위: 안정성 운동, 이동 운동, 조작 운동
- 프로그램의 내용: 게임, 무용, 체조
- 인지의 개념: 움직임 개념, 활동 개념, 기술 개념, 체력 개념
- 체력 요소: 건강 관련 체력, 수행 관련 체력
- 기술 수준: 초급, 중급, 고급
- 교수 방법: 직접적 교수, 간접적 교수

(2) 유아기 운동 프로그램 구성 시 고려 사항 기출 2024/2022/2021

① 연령과 발달에 따른 개인차와 신체적·정서적·사회적·인지적 균형 발달을 고려해야 함
② 팀과 개인의 운동의 배합이 적당하고, 활동적이며 흥미롭게 구성되어야 함
③ 평가와 피드백을 실시해야 함
④ 시기별 고려 사항

초기 아동기	• 대근 운동 놀이를 할 수 있는 기회를 제공한다. • 창의력과 탐구력 제고를 위해 움직임 경험은 움직임 탐색과 문제 해결 활동에 중점을 둔다. • 실패에 대한 두려움을 줄이기 위해 많은 긍정적 강화를 포함한다. • 이동성, 조작성, 안정성과 관련된 다양한 기본적인 능력을 발달시키고, 유아의 준비 상태에 따라 간단한 능력에서 복잡한 능력으로 발달을 진행시키는 데 중점을 둔다. • 남아와 여아의 관심과 능력이 비슷하기 때문에 분리 활동을 할 필요가 없다. • 지각-운동 기능의 향상을 목적으로 특별히 설계된 활동을 제공한다. • 물체의 조작과 눈, 손 협응성에 필요한 다양한 활동을 제공한다. • 팔, 어깨, 상체를 모두 움직이는 활동에 중점을 둔다. • 다양한 기본적 움직임을 정확하게 실행하는 것에 중점을 둔다. • 협응성을 강조하면서 속도 및 민첩성과 연계시키지 않는다. • 개인차에 대비하고, 유아가 자신의 속도에 맞춰 진행할 수 있도록 한다. • 유아들이 받아들이고 준수할 수 있는 행동 기준을 마련한다. • 발달을 위한 움직임 프로그램은 각 개인의 발달 수준을 토대로 구성한다. • 다중 감각(multisensory) 접근 방식을 이용한다.

핵심테마 02 유아기 운동 발달 프로그램의 구성

Speed 심화포인트

후기 아동기	• 이동성, 조작성, 안정성 영역에서 기본 움직임 능력들을 정교하게 발달시킬 수 있는 기회를 제공한다. • 기본 움직임 단계에서 전문화된 움직임 단계로 전환하기 위해 도움이 필요하다. • 긍정적 자기 개념 발달을 위해 성인에게 격려와 긍정적 강화를 받을 수 있는 기회를 많이 제공한다. • 자립심 촉진을 위해 점차적으로 많은 책임감이 부여되는 경험과 접촉할 수 있는 환경을 제공한다. • 아동기 초기 프로그램에 상상력과 모방 활동을 포함시키는 것이 효과적이다. • 음악과 리듬을 포함한 활동이 기본 움직임 능력, 창의력, 음악과 리듬의 구성 요소에 대한 기초적 이해를 높이는 데 유용하다. • 학구적 개념과 움직임 활동의 통합은 비판적 사고의 기술을 강화하는 효과적인 수단이다. • 움직임 기술의 수행에서 정확성, 형식, 기술을 강조하기 시작한다. • 소집단 활동에 이어 대집단 활동과 팀 스포츠 경험을 하도록 격려한다. • 협응성을 정교하게 발달시키기 위해 리듬 활동을 제공한다.

2. 유아기 운동의 형태

(1) 기초 운동 기출 2025/2024/2023/2022/2021/2020/2019/2017/2016

① 일상생활에서 이루어지는 대근육 기술로 아동기 때 숙달됨
② 아동이 스스로 걷고 환경에서 자유롭게 움직일 수 있는 시점에 발달함
③ 기초 운동 발달 프로그램
　㉠ 안정성 운동(축 이용 기술/정적, 동적): 움직임 속에서 무게 중심의 변형을 통한 균형적인 요소를 강조
　㉡ 이동 운동(기초/복합): 공간에서 신체를 움직여 이동
　㉢ 조작 운동(추진/흡수): 도구를 사용해 움직임
④ 기본 움직임 기술(FMS, Fundamental Movement Skills)

안정성(stability) 운동 프로그램		이동(locomotion) 운동 프로그램		조작(manipulation) 운동 프로그램	
축(axial) 이용 기술	정적(static)·동적(dynamic)	기초(basic)	복합(combination)	추진(propulsive)	흡수(absorptive)
• 굽히기(bending) • 늘리기(stretching) • 비틀기(twisting) • 돌기(turning) • 흔들기(swinging)	• 시작하기(starting) • 멈추기(stopping) • 구르기(rolling) • 피하기(dodging) • 직립 균형(정적)(upright balance) • 거꾸로 균형(inverted balance) • 평균대 걷기(동적)(walking on balance beam)	• 걷기(walking) • 달리기(running) • 리핑(leaping) • 호핑(hopping) • 점핑(jumping)	• 기어오르기(climbing) • 갤로핑(galloping) • 슬라이딩(sliding) • 스키핑(skipping)	• 공 굴리기(ball rolling) • 던지기(overarm throw) • 차기(kicking) • 치기(striking) • 튀기기(bouncing) • 되받아치기(volleying)	• 잡기(catching) • 받기(receiving) • 공 멈추기(ball trapping)

리핑(leaping)
허들을 뛰어넘는 듯한 동작을 말한다.

호핑(hopping)
기초 이동 운동으로, 한 발로 도약해서 같은 발로 착지하는 동작을 말한다.

갤로핑(galloping)
복합 이동 운동으로, 한 발은 앞으로 걷고 달리듯 빨리 끌어다 앞선 다리에 붙이는 동작을 말한다.

슬라이딩(sliding)
복합 이동 운동으로, 미끄러지듯이 한 쪽으로 뻗은 다리에 다른 다리를 붙이는 동작을 말한다.

㉠ 안정성(stability) 운동 능력 발달   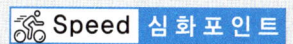Speed 심화포인트

구분	시작 단계	초보 단계	성숙 단계
구르기 (rolling)	• 머리를 바닥에 댐 • 몸을 늘어진 C자 모양으로 웅크림 • 양손을 협응하는 능력이 없음 • 뒤 혹은 옆으로 구르지 못함 • 앞으로 구른 후 몸을 L자로 곧게 폄	• 앞으로 구른 후 동작들이 끊어짐 • 머리가 동작을 억제하는 것이 아니라 동작을 리드함 • 머리 위는 여전히 지면에 닿아 있음 • 시작 시 몸을 압축된 C자 모양으로 웅크림 • 구른 후 L자 모양으로 곧게 폄 • 양손과 팔의 약간 밀어내는 동작이 구르기 동작에 어느 정도 도움이 됨 • 한 시기에 한 번의 구르기만 할 수 있음	• 머리가 동작을 리드함 • 뒤통수가 바닥에 살짝 닿음 • 몸은 내내 압축된 C자 모양을 유지함 • 양팔은 힘을 생성하는 데 도움이 됨 • 운동량으로 인해 이동은 원래의 시작 자세로 돌아옴
피하기 (dodging)	• 움직임이 끊어짐 • 몸이 뻣뻣함 • 무릎을 최소한으로만 굽힘 • 체중이 한 발에만 실림 • 양발이 항상 엇갈림 • 속임수를 하지 못함	• 협응된 움직임이 이루어지지만 속임수 동작은 거의 없음 • 특정한 한쪽 측면에서만 수행을 잘함 • 양발이 때때로 엇갈림 • 움직임에서 뛰어오르는 동작이 아주 미미함	• 무릎을 굽히고 몸통을 약간 앞으로 기울임 • 유연한 방향 전환 가능 • 모든 방향에서 동일하게 잘함 • 머리와 어깨를 사용한 속임수 동작이 나타남 • 능숙한 측면 움직임
직립 균형 (upright balance)	• 지지하지 않는 발을 약간 들어 올려 허벅지와 접촉면이 거의 평행이 됨 • 균형을 잡거나 잃음 • 과잉 보상 행동(풍차 돌리기 형태의 팔 동작)이 나타남 • 선호하는 다리에 일관성 없음 • 외부의 보조를 받아 균형 잡음 • 보조 없이는 일시적으로만 균형을 유지함 • 시선은 양발을 향함	• 지지하지 않는 발을 지지하는 발과 같은 높이로 들어 올림 • 눈을 감고 균형 잡기를 할 수 없음 • 균형 잡기를 하기 위해 팔을 사용하지만 한 팔은 몸의 한 측면에 붙임 • 선호하는 다리로 균형을 더 잘 잡음	• 눈을 감고도 균형 잡기를 함 • 균형을 유지하는 데 필요한 만큼만 팔과 몸통 사용 • 지지하지 않는 다리를 들어 올림 • 균형 잡기를 하는 동안 외부 대상에 주의를 기울일 수 있음 • 균형을 잃지 않고 선호하지 않는 다리로 바꿀 수 있음
거꾸로 균형 (inverted balance)	• 삼각 지지 형태의 낮은 균형 자세를 유지할 수 있음 • 삼각 지지 물구나무서기 자세를 3초 이상 할 수 있음 • 감각적으로 보이지 않는 신체 부위를 살피는 능력이 낮은 수준 • 움직임에 대한 협응된 제어 능력은 아주 낮은 수준	• 제어된 삼각 지지 물구나무서기와 두 지점을 지지하면서 낮은 자세의 물구나무서기 유지 가능함 • 3초 이상 균형 유지 가능 또는 또 다른 균형점을 부가적으로 주면 더 오래 유지 가능함 • 보이지 않는 신체 부위를 감각적으로 살피는 능력이 점차 향상	• 바닥과 접촉하는 자세가 좋음 • 머리와 목의 제어가 잘됨 • 신체 부위의 위치에 대한 운동 감각이 좋음 • 신체 제어 능력이 좋음 • 두 지점 혹은 세 지점 지지를 하면서 낮거나 높은 균형 자세를 3초 이상 유지할 수 있음 • 정적 자세를 제어할 수 있음

핵심테마 02 유아기 운동 발달 프로그램의 구성

Speed 심화포인트

평균대 걷기 (동적) (walking on balance beam)	• 보조를 받아 균형 잡기 • 보조자를 붙잡아 앞으로 걸을 수 있음 • 선호하는 발로 리드하면서 뒷발이 따라오는 방식을 이용 • 시선은 양발을 향함 • 보상 움직임이 없음	• 5cm(2인치) 넓이의 평균대 위에서는 걸을 수 있으나 2.5cm(1인치)에서는 걷지 못함 • 선호하는 발로 리드하면서 뒷발이 따라오는 방식을 이용 • 시선은 평균대를 향함 • 한 팔은 몸통에 바짝 붙이고 다른 팔로 균형을 유지함 • 균형을 쉽게 상실함 • 보상 움직임을 제한적으로 함 • 앞으로, 뒤로, 옆으로 움직일 수 있으나 엄청난 집중력과 노력이 필요함	• 2.5cm(1인치) 넓이의 평균대 위를 걸을 수 있음 • 발을 번갈아 가면서 걸을 수 있음 • 시선은 평균대 뒤쪽을 향함 • 균형을 잡는 데 도움을 주고자 양손을 사용함 • 자신감을 가지고 쉽게 앞·뒤·옆으로 움직일 수 있음 • 움직임이 긴장하지 않고 유연하게 이루어지며 제어됨 • 가끔 균형을 잃음

ⓒ 이동(locomotion) 운동 능력 발달

구분	시작 단계	초보 단계	성숙 단계
걷기 (walking)	• 직립 자세 유지의 어려움 • 균형을 쉽게 잃음 • 다리 동작이 뻣뻣하고 불안정함 • 보폭이 짧음 • 발바닥 전체로 바닥과 접촉 • 지지면이 넓음 • 바닥 접촉 시 무릎을 굽히고 곧이어 다리를 폄 • 패턴이 불규칙함	• 패턴이 점차 매끄러워짐 • 보폭이 커짐 • 뒤꿈치에서 앞꿈치로의 발바닥 접촉 • 양팔을 측면으로 내려 약간만 흔듦 • 지지면이 몸통의 측면 내에 있음 • 발끝이 바깥쪽으로 향하는 현상이 감소함 • 골반이 더 기울어짐 • 뚜렷한 수직 들어 올리기	• 팔 흔들기가 반사적으로 이루어짐 • 지지면 좁음 • 보폭이 커지고 안정됨 • 수직으로 들어 올리기가 최소화됨 • 뚜렷한 뒤꿈치에서 앞꿈치로의 접촉
달리기 (running)	• 다리를 짧게 제한적으로 흔듦 • 발 내딛는 것이 뻣뻣하고 일정하지 않음 • 지지 다리를 펴는 동작이 완전하지 않음 • 팔꿈치를 굽히는 정도가 불규칙하며, 팔 흔들기가 뻣뻣하고 짧음 • 바깥쪽 방향으로 수평으로 양팔 흔들기 • 스윙하는 발이 엉덩이로부터 바깥쪽으로 회전 • 지지면이 넓음	• 보폭, 팔 흔들기, 속도가 향상됨 • 제한적이나마 비행 단계가 나타남 • 도약 시 지지 다리가 완전히 펴짐 • 팔 흔들기가 향상됨 • 백스윙에서 수평으로 팔 흔들기가 줄어듦 • 스윙하는 발이 뒤에 오는 발 높이의 중심선에서 교차	• 보폭의 길이 극대화 • 뚜렷한 비행 단계가 나타남 • 지지 다리가 완전히 펴짐 • 내리는 발의 허벅지가 지면과 평형을 이룸 • 다리와 반대쪽 팔을 수직으로 흔들기 • 팔을 적당한 각도로 굽힘 • 뒤쪽 다리와 발의 회전 운동이 최소화
수직 점핑 (vertical jumping)	• 준비 자세 때 몸을 웅크리는 정도가 일정하지 않음 • 두 발로 도약하기 어려움 • 도약 시 몸을 잘 뻗지 못함	• 준비 자세 때 무릎을 90° 이상 구부림 • 준비 자세 때 지나치게 앞으로 기울임 • 두 발로 도약 • 비행 단계 동안 몸 전체	• 무릎을 60~90° 구부린 자세 • 엉덩이, 무릎, 발목을 힘차게 뻗음 • 동시에 팔을 위로 올리는 협응 동작

 Speed 심화포인트

	• 고개를 아주 조금만 들거나 아예 들지 못함 • 발이 몸통 및 다리 동작과 협응이 안 됨 • 뛰는 높이가 낮음	를 완전하게 뻗지 못함 • 착지할 때 눈에 띄게 수평 자세를 보임	• 머리를 위로 들고 목표에 집중 • 몸 전체를 뻗음 • 뻗은 팔은 견갑부 부근에서 기울여 위로 들어 올리고, 뻗지 않은 팔은 최고점에 올라갔을 때 아래쪽으로 밀어냄 • 도약한 지점에서 최대한 가까운 지점으로 착지
수평 점핑 (horizontal jumping)	• 팔 동작이 제한적임 • 비행 시 양팔은 균형 유지를 위해 옆 혹은 뒤로 움직임 • 점프 높이가 낮음 • 다리를 구부려 웅크린 자세에 일관성이 없음 • 양발 사용이 어려움 • 착지 시 체중이 뒤에 있음	• 점프가 양팔로 시작됨 • 웅크린 자세 시 양팔이 측면으로 이동 • 준비 자세 시 더 웅크리고 더욱 일관성 있게 이루어짐 • 도약 시 무릎과 엉덩이가 더욱 완벽하게 펴짐	• 양팔을 높이 올려 뒤쪽으로 이동하는 준비 자세 • 도약 시 양팔을 힘차게 앞으로 스윙 • 점프 동작 동안 양팔은 높게 유지 • 준비 자세 시 더 웅크리고 더욱 일관성 있게 이어짐 • 착지 시 체중 앞으로 쏠림
호핑 (hopping)	• 직립 자세를 보임 • 지지하지 다리를 90° 이하로 구부림 • 지지하지 않는 쪽 허벅지는 접촉면과 거의 평행을 이룸 • 팔꿈치를 구부리고 팔은 약간 측면으로 보냄 • 쉽게 균형을 잃음 • 1~2회 호핑만 가능	• 균형 조절이 서툶 • 연속적으로 하는 데 어려움 • 지지하지 않는 다리를 구부림 • 지지하지 않는 쪽 허벅지를 접촉면과 45°가 되게 기울임 • 지지하지 않는 쪽 허벅지를 굽혔다 펴서 더 큰 힘을 냄 • 팔을 양쪽 위아래로 움직임	• 몸을 많이 기울임 • 지지하지 않는 다리를 부드럽게 움직임 • 큰 힘을 내기 위해 팔을 사용 • 지지하지 않는 다리를 90° 이하로 구부림 • 지지하지 않는 쪽 허벅지를 들어 올려서 지지하는 발과 수직이 되게 함
갤로핑 (galloping) & 슬라이딩 (sliding)	• 동작이 매끄럽지 않음 • 균형 및 힘을 내는 데 있어 팔을 사용하지 않음 • 비행 단계 동안 뒷발을 45°로 굽힘 • 뒤꿈치에서 앞꿈치로 결합된 방식으로 바닥에 접촉	• 동작이 뻣뻣하고 불규칙함 • 직립 자세가 보임 • 팔을 몸 옆에 두고 균형을 유지함 • 비행 단계 동안에는 뒷발이 리드하지만, 착지 시에는 리드하는 발에 가깝거나 뒤에 착지함	• 동작이 부드러움 • 낮은 비행 패턴을 보임 • 비행 단계 동안 두 다리를 45°로 굽힘 • 뒷발이 리드하는 발에 가깝거나 뒤에 착지함 • 뒤꿈치와 앞꿈치가 결합된 착지를 보임 • 팔은 균형뿐만 아니라 다른 표현을 위해 사용
스키핑 (skipping)	• 한 발로 스키핑을 함 • 연속 호핑 또는 스텝이 가끔 이루어짐 • 팔을 거의 사용하지 않음 • 과도한 스텝 동작이 나타남 • 동작이 연속되지 않음	• 팔을 자연스럽게 사용함 • 스텝과 호핑이 협응됨 • 호핑 시 수직으로 과도하게 올라감 • 발바닥으로 착지	• 체중 이동이 자연스럽게 이루어짐 • 호핑 시 수직으로 올라가는 것이 낮음 • 발끝으로 먼저 착지

핵심테마 02 유아기 운동 발달 프로그램의 구성

ⓒ 조작(manipulation) 운동 능력 발달

구분	시작 단계	초보 단계	성숙 단계
공 굴리기 (ball rolling)	• 공은 손바닥을 마주하면서 양손으로 잡음 • 다리를 벌리고 앉는 자세를 함 • 팔을 양쪽으로 스윙하면서 공을 굴리고 상체를 들어 올림	• 다리를 벌리고 서 있는 자세를 함 • 한 손은 공의 아랫부분을, 반대 손은 공의 윗부분을 잡음 • 무릎을 굽히는 데 제한적임 • 무릎과 허리 사이에 공 놓기 • 체중을 뒤로 옮기지 않고 팔을 뒤쪽으로 스윙	• 체중을 뒷발에서 앞발로 옮김 • 몸통을 앞으로 기울이며 앞쪽에서 스윙 • 무릎을 명확하게 굽힘 • 무릎 근처 혹은 그 아래에서 공 놓기 • 눈은 목표를 계속 응시
던지기 (overarm throw)	• 양발은 고정된 상태를 유지 • 던지기를 준비하는 동안 양발을 이동하는 경우가 자주 있으나 특별한 목적은 없음 • 팔꿈치 위주의 동작 • 공을 놓을 때 손가락이 펼쳐짐 • 몸통은 목표와 수직이 됨 • 던지기하는 동안 회전이 거의 이루어지지 않음	• 체중이 명확하게 앞쪽으로 이동함 • 던지는 팔과 같은 쪽의 다리를 앞으로 내밈 • 어깨는 던지는 쪽으로 회전됨 • 준비 동작 시 몸통은 던지는 방향으로 회전됨 • 준비 단계에서 팔꿈치를 구부리고 팔을 위쪽, 옆쪽, 뒤쪽으로 스윙함	• 준비 움직임 동안 체중을 뒷발에 실음 • 체중이 이동하면서 반대 발이 앞으로 나아감 • 준비 단계에서 팔을 뒤로 스윙함 • 팔의 준비 동작 때 반대쪽 팔꿈치를 들어 올려 균형을 잡음 • 준비 동작 동안 던지는 쪽으로 몸통을 분명하게 회전함 • 던지는 쪽 어깨를 약간 아래로 떨어뜨림
차기 (kicking)	• 몸이 뻣뻣함 • 차는 다리의 백스윙이 제한됨 • 앞으로의 다리 차기가 짧음 • 차기보다 밀기 동작이 두드러짐	• 차는 다리의 백스윙이 무릎을 중심으로 일어남 • 다리의 백스윙을 하는 동안 무릎이 계속 굽혀진 상태 • 무릎의 전방 움직임이 제한됨 • 공을 차기 위해 한두 걸음의 스텝 동작을 함	• 차는 동안 양팔을 자연스럽게 흔듦 • 몸통이 허리까지 굽혀짐 • 공 접촉 시 지지 다리는 자연스럽게 굽혀짐 • 다리 스윙 길이가 길어짐 • 달리거나 충분한 스텝을 밟고 공에 접근함
치기 (striking)	• 동작이 뒤쪽에서 앞쪽으로 이루어짐 • 양발은 고정되어 있음 • 몸통은 날아오는 공 방향을 향함 • 팔꿈치는 완전히 굽힘 • 몸통 회전이 없음 • 구부린 관절을 아래 방향으로 펴면서 힘이 생성됨	• 공의 방향으로 몸통을 돌림 • 공 접촉 전 체중을 이동시키지만 서툶 • 몸통과 엉덩이를 같이 회전 • 몸통 회전 후 자세가 조금 기울어짐	• 공의 예상 경로로 몸통을 향함 • 체중을 뒷발로 옮기고 엉덩이를 회전시킴 • 치기 동작 시 회전이 완벽하게 이루어지고 체중을 앞으로 옮김 • 물체 접촉 시 체중을 안쪽으로 이동
튀기기 (bouncing)	• 양손으로 공 잡기 • 양손을 공의 측면에 위치하도록 하고 손바닥을 마주 봄 • 양팔로 공을 아래쪽으로 밀어냄	• 한 손은 공의 윗부분, 다른 손은 공 밑의 가까운 부분을 잡음 • 앞으로 약간 기울이고 공을 가슴 높이까지 올려 동작을 시작	• 두 발을 좁게 벌리고, 내민 발의 반대편 손을 앞으로 내밀어 드리블하기 • 몸통을 약간 앞으로 기울임

				Speed 심화포인트
	• 공을 발에 닿을 정도로 몸 가까운 지면에 접촉하도록 함 • 공의 튀는 높이가 일정하지 않음	• 공 위쪽의 손과 팔로 공을 아래쪽으로 밀어냄 • 공을 아래쪽으로 밀어내는 힘이 일정하지 않음 • 다음 공 튀기기를 위해 공을 손바닥으로 때림 • 공을 튀길 때마다 손목을 구부렸다가 펴고, 손바닥으로 공을 접촉 • 드리블하는 동안 공에 대한 제어가 서툶	• 공을 허리 높이로 올림 • 팔과 손목, 손가락이 공을 바닥 쪽으로 밀어냄 • 아래로 내려치는 힘을 제어 • 반복적인 접촉과 밀어내기 동작은 손가락 끝에서 시작 • 시각적으로 공을 살핌 • 드리블 방향을 제어	
되받아치기 (volleying)	• 공의 경로를 정확하게 판단하지 못함 • 공을 양손으로 동시에 접촉하지 못함 • 공을 뒤쪽에서 때림	• 공 밑으로 들어감 • 공을 때림 • 손과 팔로만 동작을 함 • 손목에 힘이 없어 공이 종종 뒤로 빠짐	• 공 밑으로 들어감 • 공 접촉이 손가락 끝으로 이루어짐 • 손목을 잘 지지하고 팔의 동작이 매끄러움 • 팔과 다리를 잘 결합하여 사용함 • 공의 방향에 대한 제어력이 있음	
볼 멈추기 (ball trapping)	• 전신이 뻣뻣함 • 공 접촉 시 반응하지 못함 • 공의 힘을 받아들이지 못함 • 공을 물체와 같은 선상에 있도록 하는 데 어려움	• 시각적으로 공을 따라가는 것이 서툶 • 공에 반응하지만 타이밍이 잘 안 맞음 • 구르는 공은 비교적 쉽게 멈추지만, 날아오는 공은 멈추지 못함 • 어떤 신체 부위를 사용해야 할지 판단하는 데 있어 어려움 • 움직임이 자연스럽지 못함	• 시각적으로 공을 따라감 • 공 접촉 시 신체적으로 반응 • 구르는 공과 날아오는 공 모두 멈출 수 있음 • 중간 정도의 속도로 다가오는 공을 멈출 수 있음 • 몸을 움직여 쉽게 공을 중간에서 멈추는 게 가능	
받기 (receiving)	• 얼굴을 돌리거나 피하는 반응이 나타남 • 신체 움직임이 제한적임 • 물체를 퍼내는 동작을 보임 • 손바닥이 위로 향함 • 손가락이 뻣뻣함	• 공 접촉 시 종종 눈을 감는 경향을 보임 • 공을 껴안듯이 받으려는 동작을 보임 • 타이밍을 잘 맞추지 못함 • 동작이 매끄럽지 못함 • 공을 막는 듯한 받기 동작을 함	• 눈으로 공을 따라가 손으로 받음 • 동작이 매끄러움 • 팔로 공의 힘을 흡수하며 접촉함 • 정확한 타이밍에 양손으로 공을 잡음 • 손가락을 효과적으로 사용 • 두 팔을 양옆에 두고 공의 비행 궤도에 맞춤	

(2) **지각 운동**

① **개념** 기출 2024

ⓐ 의식적 신체 움직임과 조화를 이루는 인지적 노력의 결합체를 의미함

ⓑ 정신과 신체의 조절을 강화하고 결합시키므로 인지 발달과 밀접한 관계를 맺음

ⓒ 기본 동작 능력과 함께 아동의 운동 능력을 나타내는 중요한 요소

ⓓ 감각 기관과 운동 기관 간의 상호 작용으로 이루어지며, 향후 두뇌 및 인지 발달과 밀접한 관련성이 있음

지각
신경 자극의 형태로 다양한 신체 내의 감각기관을 통해 들어온 주변 환경의 정보가 뇌로 전달되고 뇌에서 이를 수용, 분석 처리하는 과정

핵심테마 02 유아기 운동 발달 프로그램의 구성

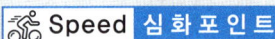

ⓜ 3~5세 유아기는 지각-운동이 급속히 발달하는 최적의 시기로 체계적인 프로그램은 유아의 지각-운동 능력을 확장시키는 데 중요한 영향을 미침
ⓑ 유아기의 지각-운동 학습의 경험이 많을수록 대뇌피질에 정보를 저장하고 통합하여 다양한 운동 상황에 반응하는 적응력이 발달하게 됨
ⓐ 다양한 움직임을 경험하는 공간 지각, 신체 지각, 시간 지각, 방향 지각, 관계 지각, 움직임의 질 등으로 구분함

② 지각 운동 발달 프로그램 구성 요소 기출 2021/2020/2019/2018/2017/2016

신체 지각	• 몸으로 무엇을 할 수 있는가 하는 문제 • 대략 1세 전후로 발달하며, 가장 먼저 발달하는 지각능력 • 신체 명칭, 신체 모양, 신체 표현, 신체 범위에 대한 지각
공간 지각	• 몸을 어디로 움직이는가 하는 문제 • 안전에 대한 의식이나 안전하게 자신을 움직일 수 있도록 하는 중요한 능력 • 장소, 높이, 방향, 범위, 바닥 모양에 대한 지각
방향 지각	• 서로 다른 방향을 인지하고 어떻게 방향을 전환하는지를 이해하는 문제 • 양측성은 앞과 뒤, 오른쪽과 왼쪽, 위와 아래를 의미 • 방향성은 양측성의 외부적인 투사로 공간 속에 있는 물체에 차원을 부여해주며, 양측성의 발달에 따라 방향성의 발달이 이루어지는 것을 말함 • 방향(앞, 뒤, 옆, 위, 아래, 좌, 우, 비스듬히)에 대한 지각
시간 지각	• 시간적 차원의 발달 과정을 이해하는 문제 • 유아의 리듬 동작 발달 • 과거/현재/미래, 오전/오후, 속도(빨리/느리게), 리듬(음악/소리)에 대한 지각
관계 지각	• 어떤 움직임을 누구와 함께 하느냐 하는 문제 • 자기 자신의 신체 부분 관계에 대해서는 각 신체 부분을 어떻게 다르게, 또는 같게 움직일 수 있는가 하는 것 • 신체 간의 관계, 사람과의 관계, 물체와의 관계에 대한 지각
움직임의 질	• 움직임의 질적인 측면을 이해하는 문제 • 과제에 따라 움직임을 어떻게 조절하느냐 하는 문제를 해결하는 능력과 보다 부드럽게, 효율적으로 움직임을 제어할 수 있는 능력 • 균형, 시간, 힘, 흐름에 대한 지각

(3) 동작 운동 기출 2024/2023

① 피카(R. Pica)의 동작 요소

기본 동작 교육 내용	강조
• 이동 운동 기술 • 비이동 운동 기술 • 조작 운동 기술 • 체육 동작 기술(구르기, 무게중심 옮기기, 균형 잡기, 기어오르기, 매달리기)	• 유아기에 반드시 습득해야 할 기본운동 기술인 걷기, 달리기, 던지기 등을 강조 • 동작 기술과 동작의 요소(공간, 형태, 시간, 힘, 흐름, 리듬) 강조 • 공 등의 도구를 활용한 능동적인 신체 활동 강조

② 퍼셀(M. Purcell)의 동작 요소

신체 인식	공간 인식	노력	관계
• 전신의 움직임 • 신체 부분의 움직임 • 신체 모양	• 개인 공간 • 일반 공간 • 수준 • 경로 • 방향 • 범위	• 시간 • 공간 • 힘 • 흐름	• 신체 부분 • 파트너나 그룹 • 물체(기구, 교수자료)

3. 체력 운동의 개념

(1) 체력 요소(국민 체력 100, 청소년 체력의 구성 요소) `기출 2025/2024/2023/2022/2021/2020`

구분	요인
건강 체력	• 근력: 근육의 수축으로 발생하는 힘 • 근지구력: 근력을 일정하게 지속적으로 발휘하는 능력 • 심폐 지구력: 산소를 이용한 운동 지속 능력 • 유연성: 관절의 가동 범위
운동 체력	• 민첩성: 방향 전환 능력 • 순발력: 짧은 시간 최대의 힘을 발휘하는 능력 • 협응력: 운동 조정 능력

(2) 체력 측정 종목(국민 체력 100의 유아기 체력 측정) `기출 2024/2023/2021/2020`

구분	측정 종목
건강 체력	• 근력: 상대 악력(%) • 근지구력: 윗몸 말아 올리기(회) • 심폐 지구력: 10m 왕복 오래달리기(회) • 유연성: 앉아 윗몸 앞으로 굽히기(cm)
운동 체력	• 민첩성: 5m×4 왕복 달리기(초) • 순발력: 제자리멀리뛰기(cm) • 협응력: 3×3 버튼 누르기(초)

Jump Up 이해

기본 움직임 기술에 대한 대근 운동 발달 검사(TGMD) 항목 `기출 2024`

이동 운동 (하지의 근력, 리듬감, 상하체 협응 평가)	조작 운동 (수행 자세 및 과정 평가)
• 달리기(run): 뛰기 • 갤롭(gallop): 말 뛰기 • 홉(hop): 한 발로 뛰기 • 립(leap): 도약 후 두 발 크게 벌려 뛰기 • 슬라이드(slide): 옆으로 뛰기 • 멀리뛰기(horizontal jump): 제자리멀리뛰기	• 치기(strike): 막대로 공 치기 • 받기(catch): 공 받기 • 차기(kick): 공 차기 • 던지기(throw): 공 던지기 • 굴리기(underhand roll): 공 굴리기 • 튀기기(dribble): 제자리 공 튀기기

Speed 심화포인트

체력 인증의 등급별 기준과 절차에 관한 규정 제5조(검사 항목)

체력 인증을 위해 검사하는 항목은 건강 체력 항목, 운동 체력 항목, 신체 조성 항목으로 구분되며, 각 항목은 다음과 같다.

• 건강 체력 항목: 근력, 근지구력, 심폐 지구력, 유연성 등
• 운동 체력 항목: 민첩성, 순발력, 협응력, 평형성 등
• 신체 조성 항목: 신체질량지수(BMI) 또는 체지방률, 허리둘레-신장비(WHtR) 등

유소년기 발달에 관한 검사 도구의 목적 `기출 2025`

• TGMD-3: 학령기 아동의 대근운동발달 정도에 대한 초기 진단 및 평가
• BOTMP-2: 다양한 발달 문제의 진단 및 선별, 대근·소근운동 발달 검사
• PDMS-2: 유아기 기본 운동 기술의 훈련 또는 개선 검사
• K-DST: 발달에 문제가 있는 영유아를 선별하기 위한 부모 보고식 검사

01

〈보기〉에서 설명하는 유아기 운동 발달 프로그램의 기본 원리로 가장 적합한 것은?

> **보기**
>
> 개인의 기술 능력 차이에 따른 생각과 지도 방법을 말하며, 유아 프로그램은 재미있고 다양한 경험을 제공하며, 지속적이고 체계적인 운동 프로그램으로 목표를 달성할 수 있도록 해야 한다.

① 적합성의 원리 ② 방향성의 원리
③ 연계성의 원리 ④ 다양성의 원리

| 오답해설 |

① 적합성의 원리: 연령에 따라 민감기를 고려한 적절한 운동이 적용되면 효과적이고 긍정적인 운동 발달을 유도할 수 있다.
② 방향성의 원리: 성장과 발달은 일련의 방향성을 가지고 있다.
③ 연계성의 원리: 연령 및 성별과 신체 발달 프로그램 특성의 변화와 순서를 조직적으로 연계해야 한다.

02

〈보기〉의 유아기 운동 프로그램 구성에 대해 바르게 연결한 것은?

> **보기**
>
> • 움직임의 범위: 안정성 운동, 이동 운동, (㉠)
> • 프로그램의 내용: 게임, 무용, 체조
> • 인지의 개념: 움직임 개념, 활동 개념, 기술 개념, 체력 개념
> • 체력 요소: (㉡), 수행 관련 체력
> • 기술 수준: 초급, 중급, 고급
> • 교수 방법: 직접적 교수, (㉢)

	㉠	㉡	㉢
①	조작 운동	운동 관련 체력	탐색적 교수
②	조작 운동	건강 관련 체력	간접적 교수
③	감각 운동	건강 관련 체력	간접적 교수
④	지각 운동	운동 관련 체력	탐색적 교수

| 정답해설 |

유아기 운동 프로그램 구성의 개념
• 움직임의 범위: 안정성 운동, 이동 운동, 조작 운동
• 프로그램의 내용: 게임, 무용, 체조
• 인지의 개념: 움직임 개념, 활동 개념, 기술 개념, 체력 개념
• 체력 요소: 건강 관련 체력, 수행 관련 체력
• 기술 수준: 초급, 중급, 고급
• 교수 방법: 직접적 교수, 간접적 교수

03

[2025년 기출문제]

그림에 제시된 동작의 시작 단계 특징으로 옳지 <u>않은</u> 것은?

〈치기 동작의 시작 단계〉

① 양발은 고정한다.
② 몸통 회전이 없다.
③ 엉덩이를 회전시킨다.
④ 팔꿈치를 완전히 굽힌다.

| 정답해설 |

제시된 동작은 유아기 기본 움직임 기술 중 하나로, 조작 운동 능력인 공 치기 동작이다. 치기 동작은 시작 단계에서 초보 단계로 넘어가면서 몸통과 엉덩이를 같이 회전시키는 특징이 나타난다.

04

〈보기〉에 해당하는 지각 운동의 과정은?

> **보기**
>
> 현재 정보와 기억 정보를 바탕으로 내적 운동 의사 결정

① 감각 통합 ② 운동 해석
③ 움직임 활성화 ④ 피드백

| 정답해설 |

〈보기〉는 지각 운동의 과정에서 운동 해석을 통한 운동 의사 결정에 대한 설명이다.

| 심화해설 |

지각 운동의 과정
• 감각 정보 입력: 감각 양식(시각, 청각, 촉각, 운동 감각)을 통한 자극 수용
• 감각 통합: 수용된 감각 자극의 조직화, 기존 기억 정보와 통합
• 운동 해석: 현재 정보와 기억 정보를 바탕으로 내적 운동 의사 결정
• 움직임 활성화: 움직임 실행
• 피드백: 다양한 감각 양식에 대한 움직임 평가를 통한 새로운 주기의 시작

정답 01 ④ 02 ② 03 ③ 04 ②

핵심테마 02 | 유아기 운동 발달 프로그램의 구성

05 [2025년 기출문제]

그림은 얼릭(D. Ulrich)이 제시한 대근운동발달의 시기와 단계이다. ㉠, ㉡에 들어갈 내용을 바르게 나열한 것은?

시기	단계	단계번호
초등 고학년에서 청소년 시기	여가, 스포츠 및 댄스 기술	4단계
초등 3~4학년 시기	(㉠)	3단계
학령 전 및 초등 저학년기	(㉡)	2단계
신생아기	반사와 반응	1단계

	㉠	㉡
①	기본 대근운동 기술과 양식(patterns)	리드-업(lead-up) 게임과 기술
②	자세조절 기술	운동감각 지각(kinesthetic perception)
③	운동감각 지각(kinesthetic perception)	자세조절 기술
④	리드-업(lead-up) 게임과 기술	기본 대근운동 기술과 양식(patterns)

| 정답해설 |

대근운동 발달 시기와 단계(얼릭, D. Ulrich)

1단계 반사와 반응	신생아기
2단계 기본(대근) 운동 기술	학령 전 초등 저학년기
3단계 게임 운동 기술	초등 3~4학년 시기
4단계 스포츠 및 전문 여가 운동 기술	초등 고학년에서 청소년 시기

06

〈보기〉의 지각 운동 발달 프로그램의 요소를 바르게 연결한 것은?

― 보기 ―
㉠ 서로 다른 방향을 인지하고 어떻게 방향을 전환하는지를 이해하는 문제
㉡ 안전에 대한 의식이나 안전하게 자신을 움직일 수 있도록 하는 중요한 능력
㉢ 과제에 따라 움직임을 어떻게 조절하느냐 하는 문제를 해결하는 능력과 보다 부드럽고 효율적으로 움직임을 제어할 수 있는 능력

	㉠	㉡	㉢
①	방향 지각	공간 지각	움직임의 질
②	방향 지각	신체 지각	움직임의 질
③	신체 지각	공간 지각	관계 지각
④	신체 지각	방향 지각	관계 지각

| 오답해설 |

- 신체 지각: 대략 1세 전후로 발달하며, 가장 먼저 발달하는 지각 능력으로, 신체 명칭, 신체 모양, 신체 표현, 신체 범위에 대한 지각
- 관계 지각: 자기 자신의 신체 부분 관계에 대해서는 각 신체 부분을 어떻게 다르게, 또는 같게 움직일 수 있는가에 대한 문제로, 신체 간의 관계, 사람과의 관계, 물체와의 관계에 대한 지각

정답 05 ④ 06 ①

07 [2024년 기출문제]

〈보기〉는 퍼셀(M. Purcell)이 제시한 동작 교육 과정에 관한 내용이다. ㉠~㉢에 해당하는 용어가 바르게 연결된 것은?

> 보기
> - (㉠): 전신의 움직임, 신체 부분의 움직임
> - (㉡): 수준, 방향
> - (㉢): 시간, 힘
> - 관계: 파트너/그룹, 기구·교수 자료

	㉠	㉡	㉢
①	공간 인식	노력	신체 인식
②	신체 인식	공간 인식	노력
③	노력	신체 인식	공간 인식
④	신체 인식	노력	공간 인식

| 정답해설 |

퍼셀(M. Purcell)의 동작 요소

신체 인식	공간 인식	노력	관계
• 전신의 움직임 • 신체 부분의 움직임 • 신체 모양	• 개인 공간 • 일반 공간 • 수준 • 경로 • 방향 • 범위	• 시간 • 공간 • 힘 • 흐름	• 신체 부분 • 파트너나 그룹 • 물체(기구, 교수자료)

08 [2024년 기출문제]

〈표〉는 대근 운동 발달 검사-Ⅱ(Test of Gross Motor Development-Ⅱ: TGMD-Ⅱ)의 영역별 검사항목이다. ㉠, ㉡에 들어갈 항목이 바르게 연결된 것은?

구분	영역	세부 검사항목
대근 운동 기술	이동 기술	달리기, 제자리멀리뛰기, 외발뛰기(hop), (㉡), 립(leap), 슬라이드(slide)
	(㉠) 기술	공 던지기(over-hand throw), 공 받기, 공 치기(striking), 공 차기, 공 굴리기, 공 튕기기(dribble)

	㉠	㉡
①	안정성	갤롭(gallop)
②	물체 조작	피하기(dodging)
③	안정성	피하기(dodging)
④	물체 조작	갤롭(gallop)

| 정답해설 |

대근 운동 기술은 이동 기술과 물체 조작 기술로 구분된다. 이동 기술의 검사항목에는 달리기, 갤롭, 홉, 립, 슬라이드, 멀리뛰기 등이 있으며, 물체 조작 기술의 검사항목에는 치기, 받기, 차기, 던지기, 굴리기, 튀기기 등이 있다.

정답 07 ② 08 ④

이해와 암기를 동시에! 출제우선순위 핵심테마

핵심테마 03 | 유아 체육 프로그램 교수-학습법

1 유아 체육 지도 방법과 원리

1. 유아 체육 지도 방법 기출 2021/2020/2019

① 일상생활에서 자신의 신체에 대해 자연스럽게 인식하도록 신체 놀이를 계획함
② 교육적으로 풍부한 실내외의 물리적 환경을 준비하여 유아의 활발한 활동을 지원함
③ 신체 활동을 하면서 공간, 시간, 힘, 흐름 등 동작의 기본 요소를 반영함
④ 유아의 안전에 세심한 주의를 기울이고, 놀이 규칙을 이해해야 함
⑤ 일과 중 다양한 신체 활동이 이루어지도록 충분하고 규칙적인 시간을 계획할 것
⑥ 유아의 신체 발달 및 운동 능력을 정확히 파악하고, 개인차를 고려해야 함
⑦ 다양한 영역 활동이 통합적으로 다루어지도록 구성해야 함
⑧ 유아의 신체 활동만큼 휴식도 중요하므로 적당한 휴식 계획도 필요함
⑨ 유아의 건강 상태가 신체 활동을 하기에 적합한지 사전에 파악하고, 계획 시부터 고려해야 함

2. 유아 체육 지도 방법의 종류 기출 2025/2024/2023/2022/2019/2017/2015

직접-교사
주도적
교수 방법
	• 유아 교육 기관에서 체육 활동을 지도할 때 쓰인 전통적 지도 방법
	• 유아가 언제, 무엇을, 어떻게 할지 교사가 결정하는 방법
	• 지시적 방법(시범, 연습하기 등)
	  – 시범 보이기, 연습해 보기, 유아의 활동에 대해 일반적인 언급하기, 필요하면 보충 설명과 시범 다시 보이기 순서로 진행함
	  – 모든 결정권은 지도자에게 있기 때문에 체육 활동의 주체는 지도자라고 할 수 있음
	• 과제 제시 방법(어느 정도 유아 의사 허용)
	  – 교사가 유아에게 여러 가지 다른 수준의 활동이 있음을 설명하고 각각의 활동을 시범해 보인 후, 유아가 직접 본인 수준에 맞는 과제를 선택하게 함. 과제를 마친 유아에게는 더 높은 수준의 다른 활동을 참여하도록 함
	  – 유아가 수준에 맞추어 개별적으로 체육 활동을 선택할 수 있는 기회를 갖는 것이 특징

간접-유아
주도적
교수 방법
	• 유아에게 주도권을 주고 유아가 학습의 중심이 되는 지도 방법
	• 문제 해결 능력, 실험, 자기 계발과 같은 유아 개인의 차이를 인정하여 유아 스스로 활동을 수행해 나아가는 데 초점을 두고 결과보다 과정에 중점을 두는 방법
	• 탐구적 방법
	  – 지도자가 특별한 활동 과제에 대한 해결책을 요구하지 않고 다양한 동작 과제나 질문을 유아에게 제시하며 유아가 제안한 해결 방법을 인정하고 받아들이는 것을 말함
	  – 학습 결과가 아닌 학습 과정 자체에 초점을 두기 때문에 형식과 정확성을 요구하지 않으며, 각각의 유아가 같은 방법으로 운동 과제를 수행하도록 요구하지 않음
	  – 지도자는 의미 있는 운동 과제를 제공하여 유아가 신체 동작의 가능성을 탐색하고 동작 기술을 발전시켜 창의적인 방법으로 표현하도록 격려함

Speed 심화포인트

스포츠 지도를 위한 교수 전략
기출 2025

• 상호 작용 교수: 지도자가 모든 교과 내용 및 기준을 정하고 세부 운영 절차 및 구체적인 피드백 제공을 통해 학습자의 반응을 이끌어내는 수업 방법
• 과제 교수(스테이션 교수): 교육 목표나 내용에 따라 여러 개의 스테이션(학습 구역)으로 나누고, 학생들이 모둠을 이루어 정해진 순서로 이동하며 다양한 과제를 수행하는 교수·학습 방법
• 동료 교수: 짝이나 작은 그룹으로 팀을 만들어 서로를 가르쳐주는 방법
• 유도 발견 학습: 지도자의 발문을 통해 과제를 제공하여 학습자 스스로 문제를 해결하는 수업 방법
• 학습자 설계 교수: 학습자 중심의 학습 설계를 통해 능동적으로 과제를 수행하는 방법

핵심테마 03 유아 체육 프로그램 교수-학습법

Speed 심화포인트

유소년 스포츠에서 활용할 수 있는 게임 수업 방법 기출 2025

- 기능 중심: 학생들에게 '어떻게(how)' 움직일지를 강조하며, 게임에 필요한 운동 기능을 개별적으로 반복 숙달한 후 실제 게임에 적용하는 방식이다. 교사는 기능 학습을 단계별로 분리하여 지도하고, 수업은 '기능 연습 → 연습 게임 → 실제 게임'의 순으로 진행된다. 이 접근은 행동주의 이론에 기반하며, 기능 자동화를 통해 게임 수행력을 높일 수 있다는 전제를 갖고 있다.
- 이해 중심: 전체 게임 상황에서 출발하여 부분 기능으로 접근하는 하향식(top-down) 전략이다. 학습자에게 게임 수행 초기부터 전술적 문제 상황을 제시하여 '무엇을 해야 하는가(what to do)'와 '왜 그런 선택을 하는가(why)'를 고민하게 하며, 이를 통해 전술적 이해와 게임 감각을 길러준다. 이 방식은 인지학습 이론과 구성주의 이론에 기반하며, 학습자들이 기존 지식을 바탕으로 문제 상황을 분석하고, 새로운 전략을 탐색하며 능동적으로 학습할 수 있도록 한다.

	• 안내 - 발견적 방법 - 교사가 사전에 결정된 학습 목표에 맞추어 적절한 질문을 던짐으로써 유아가 표현하고 실험할 수 있도록 기회를 주고 이를 통해 점차 사전에 결정된 학습 목표에 접근하도록 하는 방법 - 유아가 스스로 학습하는 방법을 터득해 나간다는 것과 스스로 반응을 창출하는 과정에서 자신감과 책임감을 증진시킴 - 학습자에게 충분한 표현, 창의성 실험의 기회를 제공하지만, 제시된 활동 과제에 학습자가 반응하는 방법은 다소 제한적임
유아-교사 상호 주도적·통합적 교수 방법	• 유아의 적극적인(흥미) 참여와 교사의 체계적인 접근의 지도 방법 • 유아에게 적절한 과제를 주어 다양한 학습의 기회를 제공 • 도입 단계 → 동작 습득 단계 → 창의적 표현 단계 → 평가 단계로 구성

3. 유아 체육 지도 원리 기출 2019/2018/2015

놀이 중심의 원리	유아의 흥미를 고려하여 체육 활동이 지속될 수 있도록 함
생활 중심의 원리	일상생활에서 신체 활동 경험을 바탕으로 체육 활동 참여
개별화의 원리	유아 개인의 운동 능력과 발달 속도에 맞추어 체육 활동 참여
탐구 학습의 원리	유아가 스스로 움직임을 탐색하고 학습하도록 유도
반복 학습의 원리	유아 체육은 안정, 이동, 조작 운동의 3가지 기초 운동 반복 학습
융통성의 원리	유아가 신체 활동 시간을 스스로 결정하도록 융통성 제공
통합의 원리	유아 대근육 운동 중 기초 운동(안정, 이동), 운동 능력(협응, 균형, 힘, 속도), 지각 운동 능력(공간, 신체, 방향, 시간)이 통합적으로 발달

2 유아 운동 발달 프로그램

1. 유아 운동 발달 프로그램 목표 기출 2017

① 다양한 신체 활동과 감각 경험을 통해 자기 신체와 주변을 인식하는 기초 능력 향상
② 기본적인 운동 능력을 기르고, 기초 체력을 증진하며, 자기 감정을 표현할 기회를 제공
③ 지각과 동작의 협응 과정을 통해 지각 운동 기술 발전
④ 체육 활동에 참여하게 하여 즐겁고 건강한 정신을 유도하며, 안전한 생활 습관 지도

2. 유아 운동 발달 프로그램 계획 기출 2022

(1) 프로그램 단계별 지도 평가의 필요성

유아를 평가하는 것은 수업의 질 향상, 유아의 발달, 문제를 가진 유아의 변화를 위해 중요한 부분으로, 효과적인 수업을 운영하기 위한 좋은 자료가 됨

(2) 평가의 유형

준거 지향 평가	• 학습자 집단의 검사 점수 분포를 고려하지 않고 개인의 성취도를 설정된 준거나 척도에 비교하는 평가 방법이다. • 평가는 내용이나 과정을 모두 포함하는 것으로, 사전에 설정된 학업 수행 준거나 행동 준거에 도달했을 때 교육 목표가 달성되었다고 본다. • 교육 또는 수업 목표를 평가 준거로 하기 때문에 목표 지향 평가라고도 한다.
규준 지향 평가	• 학업 성취도를 학습자 상호 간의 상대적 비교를 통해 결정하는 평가 방법이다. • 학습자의 성취도는 주어진 집단의 점수 분포인 규준에 의해 결정한다.

결과 지향 평가	결과의 양적 변화를 측정하는 것으로 특정 수행의 결과에 초점을 맞춘 평가 방법이다.
과정 지향 평가	기술 수행의 결과보다 목표로 한 기술 수행의 형태 혹은 역학적 측면에 중점을 두는 평가 방법이다.
성장 지향 평가	초기의 성취 수준에 비추어 현재 얼마만큼 성취의 향상을 보였느냐에 따라 성적을 판정하는 평가 방식이다.
능력 지향 평가	학생이 지니고 있는 능력에 비추어 얼마나 최선을 다하였느냐에 초점을 두는 평가 방식이다.
노력 지향 평가	학생이 기울인 노력의 정도를 기준으로 성적을 판정하는 평가 방식이다.

3 유아 운동 프로그램 지도

1. 유아 운동 지도 교사의 자질

(1) 유아 운동 지도자의 역할 기출 2021/2019/2018
① 열정을 가지고, 긍정적인 모습을 보여 줌
② 유아들의 반응에 관심을 가지고, 유머 감각을 길러 활용함
③ 수업 내용 및 진도에 대한 지식을 수립함
④ 단계를 낮추어 보는 등 수업 방법을 다양화함
⑤ 좋은 음악을 선택하거나 충분한 시간을 제공함
⑥ 운동 대형, 계절 등을 고려하여 지도함
⑦ 과도한 경쟁 의식을 갖지 않도록 지도하며, 칭찬을 자주 함

2. 유아 체육 프로그램 운영

(1) 유아 체육 프로그램 운영 지침 기출 2025/2022/2017
① 유아의 일상생활이 반영된 다양한 체육 프로그램 개발 및 운영
② 기초 운동 기술은 스포츠와 관련된 체육 활동에 앞서 가르치고, 학기 초에 질서 놀이 등을 통해 규칙을 가르침
③ 모든 체육 활동은 시작 전 준비 운동으로 심박수를 높이고, 혈액 순환과 호흡 속도를 원활히 하여 준비함
④ 체육 기능 훈련뿐만 아니라 다양성과 통합성도 함께 지도
⑤ 각 체육 활동에서 2~3가지 새로운 활동을 제시하며, 이전 체육 활동과 연계하여 지도
⑥ 기본적인 운동 형태를 모르는 유아에게 개별 학습의 기회를 주고, 체육 활동의 목표가 달성되도록 강요하지 않음
⑦ 지도 교사는 모든 유아가 도움을 필요로 할 때 이를 즉시 알아차려야 함
⑧ 각 체육 활동에서 유아 개인, 소집단, 대집단으로 나누어 다양한 체육 활동 진행
⑨ 체육 교육 매체를 활용한 교육에서는 매체의 활용을 위한 활동을 우선시함
⑩ 유아의 체육 능력이 향상되고, 유아의 전인 발달을 도모할 수 있다는 확신으로 지도
⑪ 체육 활동 후 긍정적인 자아 개념을 갖도록 도우며 참여 시간을 늘려 감
⑫ 유아의 운동 프로그램은 실제적인 측면에서 프로그램의 운영과 관련된 다양한 정보를 포함하여 구성하고, 행동적인 목적 또는 프로그램의 결과 중심적인 목적을 구체적으로 제시하여 운동을 지도해야 함

Speed 심화포인트

누리 과정 신체 운동 · 건강 영역 기출 2021/2020
• 신체 인식하기
• 신체 조절과 기본 운동하기
• 신체 활동에 참여하기
• 건강하게 생활하기
• 안전하게 생활하기

핵심테마 03 유아 체육 프로그램 교수-학습법

⑬ 유아의 운동 기능이 발달하는 방법에 많은 차이가 있기 때문에 유아의 발달 단계를 고려해서 지도해야 함
⑭ 활발한 신체 활동을 통해 큰 근육과 작은 근육의 발달을 촉진하고, 신체 운동 간의 협응력과 조정력을 길러 유아 스스로 자신의 신체를 제어하고 사용할 수 있는 능력을 길러 주어야 함
⑮ 이동성, 조작성, 안정성과 관련된 다양한 기본 능력을 발달시키는 프로그램을 구성하여 지도해야 함

(2) **유아 체육 참여 증진 전략** 기출 2024/2021/2020/2018/2017/2016
① 즐거운 수업 만들기: 흐름이 좋고 흥미(음악, 도구) 있는 신체 활동 수업은 유아를 움직이도록 자극함
② 신체 활동 시간을 증가시키는 전략
  ㉠ 움직임을 관찰하고, 충분한 신체 활동이 이루어지지 않으면 변형 필요
  ㉡ 유아가 제외되거나 참여하기 어려운 활동과 게임은 하지 않음
  ㉢ 지시는 간결하고 명료하게 함
  ㉣ 활동에 참여하는 것에 대한 긍정적인 피드백 제공
  ㉤ 비과제 참여 유아들을 재감독하고, 훈련이 필요하면 효율적으로 짧게 함
  ㉥ 수업 전에 교구를 배치하여 대기 시간을 줄임
  ㉦ 활동적 참여에 대해 정적 강화를 함

4 안전한 운동 프로그램 지도를 위한 환경

1. 유아기 안전 지도 및 환경

(1) **유아 체육 안전 지도 및 환경** 기출 2021/2020
① 인간의 두뇌는 8세 이전에 우뇌가 발달하고, 이후 좌뇌가 발달하므로 유아기 우뇌 발달을 위해서는 에너지를 발산할 수 있는 대근 활동 환경이 필요함
② 유아 체육 지도 환경은 안전성, 편리성, 경제성, 흥미성, 효율성을 고려함
③ 실외 놀이, 운동 기구에서 안전을 고려하여 재질과 시설의 점검이 필요함
④ 지도 교사는 수업 전에 안전 사항을 점검하고, 수업 중에는 안전사고에 유의해야 함

(2) **유아 체육 지도 환경 조성 원칙** 기출 2023
① 안전성: 설비들은 안전하게 배치 및 관리하고 유아들을 사고의 위험에서 최대한 보호하며 항상 지도자의 시야 안에 들어오도록 환경을 조성해야 함
② 편리성: 유아들이 편안하게 활동에 몰입할 수 있도록 온도, 습도, 조명, 환기 등을 관리해야 함
③ 경제성: 안전과 직결되는 교재와 교구는 견고하거나 반영구적인 재료를 선택하고 교체 시기를 고려하여 시공함으로써 시간 및 비용 면에서 경제적인 선택을 해야 함
④ 흥미성: 체육 활동의 재미와 흥미를 이끌 수 있는 환경을 조성해야 함
⑤ 공간 확보: 실내 활동의 필요 공간은 1인당 약 1평이고, 실외 활동은 2~3배의 공간이 필요하며, 개인적인 공간과 집단을 구분할 수 있도록 여유 공간이 필요함
⑥ 효율성: 유아의 신체 발달에 필요한 기구나 설비를 준비하고, 장소의 음향 시설, 냉난방 시설, 활동 공간 등을 수업의 효과적인 진행을 위해 마련해야 함

🏃 Jump Up 이해

일사병, 열사병, 고체온증, 열경련 `기출 2024`

- **일사병**: 고온의 환경에 노출되어 심부 전체 온도가 37℃에서 40℃ 사이로 상승하여 적절한 심박출을 유지할 수 없으나 중추 신경계의 이상은 없는 상태
- **열사병**: 심부 체온이 40℃ 이상이고 중추 신경계의 이상소견이 함께 나타나는 증상
- **고체온증**: 과도한 고온 환경에 노출되거나 신체의 열 발산이 원활히 이루어지지 않아 고체온 상태가 되면서 발생하는 신체 이상 증상
- **열경련**: 극심한 고온 환경에서 장시간 운동, 과도한 발한, 과도한 수분 보충이 결합되어 발생하는 심각한 근육 경련 증상

🚴 Speed 심화포인트

체온 조절과 관련된 지도자의 고려 사항

- 유소년은 체육 활동 시 성인에 비해 열을 빨리 획득하는 것을 인지한다.
- 더운 여름철의 체육 활동에는 적절한 수분 섭취를 장려한다.
- 적당한 온도 및 습도가 유지된 환경을 조성한다.

2. 교재와 교구

(1) 교재와 교구의 중요성
① 교육의 내용과 질을 결정함
② 유소년의 신체 활동을 유발하고 자극함
③ 유소년의 신체 활동을 심화, 확대시킴
④ 언어를 발달시킴
⑤ 신체 및 감각 능력을 발달시키고, 감각 욕구를 충족시킴
⑥ 협동심, 이해력, 양보, 사회성을 발달시킴
⑦ 표현 활동에 교재·교구를 활용함으로써 창의성, 예술성, 표현 능력을 기를 수 있음

(2) 교재와 교구 보관 시 고려 사항
① 독립된 방을 마련하여 교재와 교구를 보관해야 함
② 보관할 수 있는 여러 형태의 교재와 교구장을 비치해야 함
③ 분류 기준을 정하여 기호나 색깔 등으로 표시해야 함(분류 카드, 레이블 표시)
④ 교재와 교구 활용이 끝난 후 뒤처리를 해야 함(손상된 곳, 잃어버린 조각들 정리)
⑤ 교재와 교구의 목록을 작성하여 활용해야 함

유아 실내·외 도구

대도구	매트, 뜀틀, 철봉, 평균대, 유니바, 허들 등
소도구	줄, 공, 후프, 풍선, 파라슈트, 스카프, 볼, 기타 등

3. 유아 운동 기구 배치 및 응급 처치

(1) 운동 기구 배치 `기출 2022/2015`
① 기구들이 서로 간섭받지 않게 하고, 유아들의 시각을 고려하여 안전에 중점을 두고 배치함
② 운동 기구 배치 유형은 병렬식, 순환식, 시각적 효과의 운동 기구 배치가 있음
③ 운동 기구는 안전과 계절에 따라 철저히 관리함

핵심테마 03 유아 체육 프로그램 교수-학습법

Speed 심화포인트

Jump Up 이해
운동 기구 배치의 유형 기출 2023/2022

병렬식 배치	• 초기에 여러 가지 운동 기구를 한꺼번에 접하게 되는 부담을 줄이기 위한 배치 방법이다. • 학기 초에는 유아가 운동 기구에 익숙해질 때까지 팀을 나누어 병렬식 배치로 운동을 진행한다. • 교구 사용을 반복하여 자신감을 갖도록 유도한다.
순환식 배치	• 여러 가지 다양한 기구를 한꺼번에 접할 수 있게 하는 배치 방법이다. • 유아가 운동 기구 사용에 자신감이 생기면 다양한 기구를 한꺼번에 접할 수 있으므로 많은 재미와 만족감을 제공한다. • 대기 시간을 줄여 실제 학습 시간을 늘려 준다.
시각적 효과의 운동 기구 배치	• 유아 교육 기관의 물품을 활용하여 기구를 배치하면 보다 많은 프로그램을 제공할 수 있고 유아에게 높은 집중력 및 만족감을 줄 수 있다. • 의자, 평균대, 유니 바, 스펀지 블록, 훌라후프, 고무줄, 철봉 등의 도구나 다른 활용 가능한 도구의 사용으로 다양한 프로그램을 가능하게 한다.

(2) **응급 시 행동 요령 5단계**
① 응급 상황 인지: 위험 요소와 현장 상황에 대해 이해하고, 분석함
② 도움 여부 결정: 평소 응급 상황에 대한 판단 기준을 명료화하여 효과적으로 도움 여부를 결정함
③ 필요시 119 호출: 신속하게 119에 도움을 요청(일반 차량으로 환자를 이송하는 것은 부적절)함
④ 부상자 상태 파악: 환자의 상태를 정확히 파악함
⑤ 응급 처치 실시: 응급 처치가 필요하다고 판단되면 일반인 응급 처치를 즉각적으로 실시함

Jump Up 이해
영유아 기도 폐쇄 시 응급 처치 방법 기출 2023
영아 기도 폐쇄는 1세 이하, 혹은 2세라도 체중이 10kg 이하인 영아를 대상으로 한다.

자세 취하기 및 119 신고 요청	• 주변에 119 신고를 요청한다. • 환자의 얼굴이 우로 향하도록 환자를 자신의 팔 위에 올려놓고 손으로는 환자의 머리와 경부가 고정되도록 잡는다. • 다른 팔을 이용해 환자의 얼굴이 아래로 향하도록 뒤집어서(돌려서) 턱을 잡은 손이 환자를 떠받친다.
등 두드리기 5회	• 영아의 머리를 가슴보다 낮게 하고, 영아를 안은 팔을 허벅지에 고정시킨 뒤 손바닥으로 영아의 어깻죽지 사이(견갑골)를 5회 두드린다.
흉부 압박 5회	• 영아의 등을 받치고, 머리를 가슴보다 낮게 하여, 영아를 안은 팔을 무릎 위에 놓는다. • 영아의 유두 사이에 가상선을 긋고, 검지와 중지를 흉골에 올려놓고(심폐소생술과 비슷하나 속도는 조금 천천히) 분명하고 확실하게 5회의 압박을 시행한다(압박 시 손가락은 가슴에서 떼지 않는다).
입 안의 이물질 제거	• 영아의 구강 내 이물질을 확인하여 제거한다(손에 닿지 않는 이물질은 일부러 제거하지 않는다). • 영아가 의식을 잃거나, 이물이 배출되거나, 힘차게 숨을 쉬거나, 기침을 할 때까지 계속 반복 실시한다(119 구급대원이 도착할 때까지 위의 과정을 반복 시행한다).

01

〈보기〉에 해당하는 유아 체육 지도 방법은?

> **보기**
>
> 유아에게 주도권을 주고 유아가 학습의 중심이 되는 지도 방법으로, 문제 해결 능력, 실험, 자기 계발과 같은 유아 개인의 차이를 인정하여 유아 스스로 활동을 수행해 나아가는 데 초점을 두어 결과보다 과정에 중점을 두는 방법이다.

① 직접－교사 주도적 지도 방법
② 간접－유아 주도적 지도 방법
③ 유아－교사 상호 주도적·통합적 지도 방법
④ 유아－교사 상호 보완적 지도 방법

| 정답해설 |

간접－유아 주도적 지도 방법은 유아가 주도권을 가지고 학습의 중심이 되며 문제 해결 능력, 자기 계발과 같은 개인차를 인정하여 유아가 주도하는 지도 방법이다.

| 심화해설 |

- 직접－교사 주도적 지도 방법: 유아 교육 기관 등에서 체육 활동을 지도할 때 쓰인 전통적 지도 방법으로, 유아가 언제, 무엇을, 어떻게 할지 교사가 결정하는 방법이다.
- 유아－교사 상호 주도적·통합적 지도 방법: 유아의 적극적인 참여와 교사의 체계적인 접근의 지도 방법으로, 유아에게 적절한 과제를 주어 다양한 학습의 기회를 제공하는 방법이다.

02

[2025년 기출문제]

계획적인 유아체육 프로그램을 구성할 때 고려해야 할 사항으로 옳지 <u>않은</u> 것은?

① 유아의 참여가 어려운 게임은 되도록 배제한다.
② 프로그램 사전 계획 시 대상자 연령, 인원, 장소, 도구 등을 미리 파악한다.
③ 다양한 교보재와 활동 지시문을 활용해 유아가 스스로 순환하면서 활동하도록 유도한다.
④ 설치하는 기구는 유아 개개인의 다양한 발달 수준을 고려하지 않고 획일적으로 활용한다.

| 정답해설 |

설치하는 기구는 유아 개개인의 이동성, 조작성, 안정성과 관련된 다양한 기본 능력을 발달시킬 수 있게 활용해야 한다.

| 오답해설 |

① 모든 유아가 성취 가능한 게임으로 프로그램을 구성한다.
② 프로그램 사전 계획에는 누가, 언제, 어디서, 무엇을, 어떻게 할 것인지에 대한 분석이 필요하다.
③ 유아가 지속적으로 흥미와 관심을 가지고 참여할 수 있도록 다양한 교보재를 활용하여 유아가 스스로 참여할 수 있도록 유도한다.

정답 01 ② 02 ④

03

[2025년 기출문제]

㉠, ㉡에 해당하는 교수-학습 방법을 바르게 나열한 것은?

㉠	• 지도자가 다양한 동작 과제나 질문을 학습자에게 제시함. • 지도자는 학습자가 제안한 해결 방법이 무엇이든 인정하고 받아들임. • 학습의 결과가 아니라 학습 과정 그 자체에 우선적인 초점을 둠.
㉡	• 학습자의 구체적인 동작 경험을 위해 지도자나 또래의 활동을 관찰할 수 있는 기회를 제공함. • 학습자가 여러 가지 방법을 사용할 수 있는 충분한 시간을 제공해야 함. • 지도자는 계속해서 더 구체적인 질문을 하여 원하는 반응이 나오도록 유도함

	㉠	㉡
①	안내-발견적(guide-discovery) 방법	탐색적(exploratory) 방법
②	탐색적(exploratory) 방법	학습자 설계(child-designed)
③	탐색적(exploratory) 방법	안내-발견적(guide-discovery) 방법
④	학습자 설계(child-designed)	안내-발견적(guide-discovery) 방법

| 정답해설 |

㉠ 탐구적 방법: 지도자가 특별한 활동 과제에 대한 해결책을 요구하지 않고 다양한 동작 과제나 질문을 유아에게 제시하며 유아가 제안한 해결 방법을 인정하고 받아들이는 방법이다.
㉡ 안내·발견적 방법: 교사가 사전에 결정된 학습 목표에 맞추어 적절한 질문을 던짐으로써 유아가 표현하고 실험할 수 있도록 기회를 주고 이를 통해 점차 사전에 결정된 학습 목표에 접근하도록 하는 방법이다.

| 오답해설 |

학습자 설계는 학습자의 특성, 관심, 목표 등을 고려하여 수업을 계획하고 진행하는 방법으로 학습자의 참여와 책임감을 높이고, 자기 주도적인 학습을 촉진하며, 다양한 학습 경험과 성취감을 제공한다.

04

유아 운동 지도자의 역할이 아닌 것은?

① 열정을 가지고, 긍정적인 모습을 보여 준다.
② 수업 내용 및 진도에 대한 지식을 수립한다.
③ 좋은 음악을 선택하거나, 빠른 시간에 활동이 이루어지도록 한다.
④ 과도한 경쟁 의식을 갖지 않도록 지도하며, 칭찬을 자주 한다.

| 정답해설 |

활동 시 충분한 시간을 제공해야 한다.

정답 03 ③ 04 ③

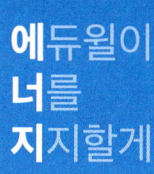

힘들 땐 잠시 네가 걸어온 길을 뒤돌아 봐라.
그 얼마나 보람있었던가.
잊지말라.
넌 이 세상 누구보다 아름다운 향기를 가진 꽃이다.

– 작자 미상

PART 03

노인체육론

01 노화와 노화의 특성
02 노인의 운동 효과
03 노인 운동 프로그램의 설계
04 질환별 프로그램 설계
05 지도자의 효과적인 지도

- **2025년 출제경향**
  - 2024년과 유사하게 모든 영역에서 다양한 문제가 출제되었으며, 몇몇 새로운 이론, 질병 및 내용이 추가되었다.
  - 5장에 지도자의 효과적인 지도 내용이 비중 있게 출제되었다.
  - ACSM 최신판을 기준으로 하여 노인의 운동 지침, 신체 기능 검사, 운동 처방 등의 내용이 새롭게 출제되었다.

출제 기준 & 8개년 기출 분석(노인)

주요 항목	세부 항목	세세 항목
노화와 노화의 특성 (35%)	노화의 개념	1. 노화와 노인의 정의 2. 노화의 분류 3. 노화의 유형 4. 노화의 특성 5. 노화의 변화
	노화와 관련된 이론	1. 생물학적 노화 이론 2. 심리학적 노화 이론 3. 사회학적 노화 이론
	노화에 따른 신체적·심리적·사회적 변화	1. 노화의 신체적 특성 2. 노화의 심리적 특성 3. 노화의 사회적 특성
노인의 운동 효과 (5%)	운동의 개념과 역할	1. 운동의 정의 2. 체력 3. 신체 활동 4. 건강과 웰빙
	운동의 효과	1. 운동의 신체적(생리적) 효과 2. 운동의 심리적 효과 3. 운동의 사회적 효과
노인 운동 프로그램의 설계 (30%)	운동 프로그램의 요소	1. 운동 프로그램의 구성 요소 2. 운동 프로그램의 기본 원리
	지속적인 운동 참여를 위한 동기 유발 방법	1. 행동 변화 이론 2. 동기 유발과 목표 설정
	운동 권고 지침 및 운동 방안	1. 노인들에게 특별한 운동 원리 2. 노인을 위한 운동 및 운동 지침
질환별 프로그램 설계 (25%)	호흡·순환계 질환 운동 프로그램	1. 관상 동맥성 심장 질환 2. 고혈압 3. 뇌졸중 4. 폐 질환(천식과 만성 폐쇄성 폐 질환) 5. 당뇨병 6. 비만 7. 고지질 혈증(이상 지질 혈증, 고지혈증)
	근골격계 질환 운동 프로그램	1. 골다공증 2. 관절염
	신경계 질환 운동 프로그램	1. 파킨슨병 2. 알츠하이머병
지도자의 효과적인 지도 (5%)	의사소통 기술	1. 노인 스포츠 지도자의 지도 요소 2. 노인 스포츠 지도자의 자질
	노인 운동 시 위기 관리	1. 시설 및 장비에 관한 관리 2. 환경에 관한 안전 관리 3. 장소에 관한 안전 관리 4. 부상 및 의료적 응급 상황 안전 관리 5. 노인 응급 처치의 순서 6. 응급 처치의 실시 7. 응급 상황에 대처하는 방법

핵심테마 01 | 노화와 노화의 특성

Speed 심화포인트

국제노년학회의 노인의 정의
- 환경 변화에 적절히 반응할 수 있는 조직 기능이 쇠퇴하고 있는 사람
- 신체에 대한 자체 통합력이 쇠퇴하고 있는 사람
- 인체의 기관·조직·기능이 감퇴기에 있는 사람
- 생활상의 적응 능력이 감퇴하고 있는 사람
- 인체 조직의 예비 능력이 감퇴하여 적응력이 떨어지는 사람

고령화 사회의 분류 기준 기출 2016
- 고령화 사회: 65세 이상의 노인 인구가 7% 이상 14% 미만의 비중을 차지하는 사회
- 고령 사회: 65세 이상의 노인 인구가 14% 이상 20% 미만의 비중을 차지하는 사회
- 초고령 사회: 65세 이상의 노인 인구가 20% 이상의 비중을 차지하는 사회

우리나라 인구 변화 기출 2020
- 통계청의 자료에 따르면 2017년 상반기부터 우리나라는 생산 가능 인구(15~64세)가 줄어들기 시작하면서 전체 총인구도 감소하기 시작하였다.
- 가장 큰 원인은 저출산이며, 현재 우리나라는 고령 사회에서 초고령 사회로 변화하고 있고, 2060년 중반을 넘기면 인구의 절반이 65세 이상이 될 것으로 예상하고 있다.

기대 수명과 평균 수명 기출 2023
- 기대 수명: 출생자가 출생 직후부터 생존할 것으로 기대되는 평균 생존 연수
- 평균 수명: 특정 기간 동안 사망한 사람들의 나이에 대한 평균, 즉 사람들이 평균적으로 누린 수명

1 노화의 개념

1. 노화와 노인의 정의
① 노화: 시간이 흐름에 따라 생체 구조와 기능이 쇠퇴하는 현상
② 노인: 사전적 의미는 나이가 들어 늙은 사람이며, 통상적으로는 생물학적 연령을 기준으로 65세 이상을 노인으로 분류함

2. 노화의 분류 기출 2022/2020/2018/2016/2015
① 역연령(생활 연령)에 따른 분류
  ㉠ 연소 노인(65~74세): 사회에서 일을 하고 있으며, 그들의 삶의 절정기에 놓여 있는 노인
  ㉡ 중고령 노인(75~84세): 퇴직한 사람이 대부분이며, 건강 상태가 양호하고 취미 생활을 할 풍부한 시간을 가지고 있는 노인
  ㉢ 고령 노인(85~99세): 더 이상 일을 하기가 어렵고, 신체적으로 노쇠하고 질병에 걸린 경우가 많으며, 가장 고단하고 외로우며 가장 약한 노인
  ㉣ 초고령 노인(100세 이상): 신체의 움직임이 없고, 인체의 기관·조직이 더 이상 기능을 하지 않는 노인
② 기능적(신체 연령) 연령에 따른 분류: 나이와 성별을 기준으로 한 기능적 체력에 따라 노인을 규정하는 연령
  예) 80세 여성이 60~64세 연령 집단의 유산소 지구력을 가지고 있으면 유산소 지구력과 관련한 기능적 연령은 60~64세에 해당함

3. 노화의 유형 기출 2023
① 병적 노화: 특정 질병에 유전적으로 취약하거나 신체장애와 죽음을 유도하는 부정적인 생활 방식을 지속하는 노화
  예) 나쁜 음식 섭취 습관, 흡연, 과도한 음주 등
② 생물적 노화(보편적 노화): 적응력 상실, 질병, 신체적 손상, 기능적 능력 감소, 신체 장애 그리고 최종적으로 죽음을 가져오는 인체 내의 과정
  예) 텔로미어: 길이 감소로 세포의 분열 수명을 제어함으로써 노화를 발생시키며 조로증(progeria)의 원인

Jump Up 이해

생물학적 노화의 특성 기출 2024/2023

보편성(universal)	노화에 따른 변화는 누구에게나 동일하게 일어남
내인성(intrinsic)	노화는 질병이나 사고가 아닌 내적인 변화에 의존함
쇠퇴성(deleterious)	노화는 신체 기능에 부정적 영향을 미쳐 궁극적으로 사망을 초래함
점진성(progressive)	노화에 따른 변화는 연령이 증가함에 따라 심해지며, 절대 회복이 불가능함

③ 성공적 노화: 수명이나 생존을 의미하는 것이 아닌 노화의 질적인 측면으로, 신체적·인지적 기능뿐만 아니라 사회적 역할과 생산 활동 등에 적극적으로 참여하는 것을 의미함

4. 노화의 특성 기출 2017

① 모든 생명체와 세포는 노화함
② 노화의 속도는 개인과 신체의 계통에 따라 다름
③ 노화에 따라 체내의 화학적 조성이 변화함
④ 노화에 따라 신체 기능의 능력이 감소함
⑤ 노화로 인해 환경의 변화에 대한 적응력이 감소함

> **Jump Up 이해**
>
> **스피르두소(W. Spirduso)의 신체적 능력 5단계** 기출 2018
>
> | | |
> |---|---|
> | 신체적으로 아주 잘 단련 (5단계) | • 스포츠 경쟁, 시니어 올림픽
• 고위험 및 파워스포츠
예) 행글라이더, 웨이트 리프트 트레이닝 |
> | 신체적으로 단련 (4단계) | • 중강도 신체 활동
• 모든 지구력 스포츠와 게임
• 대부분의 취미 활동
예) 달리기, 자전거, 등산 |
> | 신체적으로 독립 (3단계) | • 아주 가벼운 신체 활동
• 신체적 부담이 적은 활동
• 모든 일상생활의 도구적 활동
예) 골프, 사교댄스, 수공예, 여행, 운전 |
> | 신체적으로 연약 (2단계) | • 가벼운 집안일, 조리, 식료품 구매
• 집 밖으로의 이동 제한
• 일부 일상생활의 도구적 활동 가능
예) 일상생활의 기본적 활동 |
> | 신체적으로 의존 (1단계) | • 일부 또는 모든 일상생활의 기본적 활동 불가능
• 가정 또는 시설에서의 보호 필요
예) 요양원 및 사회 복지 시설에 의존 |

5. 노화의 변화 기출 2024/2023/2022/2021/2020

① 노화와 관련된 심혈관계의 변화

중추적 변화	• 최대 심박출량 감소 • 최대 1회 박출량 감소 • 최대 심박수 감소 • 최대 산소 섭취량의 점진적 감소 • 심장 근육의 수축 시간 연장 • 수축기 혈압의 점진적 증가 • 운동하는 동안 분비된 카테콜아민에 대한 심장 근육 반응의 감소
말초적 변화	• 운동하는 근육으로의 혈액 흐름 감소 • 동정맥 산소 차이 감소 • 근육의 산화 능력 감소 • 근육 미토콘드리아의 숫자와 밀도 감소

Speed 심화포인트

페르브뤼헌과 예터(L. Vferbrugge & A. Jette, 1994)의 장애 과정 모델 기출 2024

병 → 손상 → 기능적 제한 → 장애

핵심테마 01 노화와 노화의 특성

Speed 심화포인트

② 노화와 관련된 호흡계의 변화
  ⊙ 잔기량의 증가, 1회 호흡량의 감소
  ⓒ 폐의 탄력성 감소, 흉곽의 경직성 증가, 호흡기의 근력 감소 및 호흡기 중추 신경 활동의 민감성 감소
  ⓒ 생리학적 사강의 증가
③ 노화와 관련된 근육에서의 변화
  ⊙ 근육량의 감소 및 운동 단위의 감소
  ⓒ 근력, 근파워, 근지구력 감소
  ⓒ 근육 미토콘드리아의 유산소 효소 활성 감소
④ 노화와 관련된 신경계의 변화
  ⊙ 기억, 주의력, 지능 정보 처리 속도를 포함한 인지 기능의 저하
  ⓒ 단순 반응 시간과 선택 반응 시간 및 신경 전도 속도의 감소
  ⓒ 체성 감각, 고유 수용 감각, 전정계 기능의 감소
  ⓔ 시청각의 기능 감소
⑤ 노화로 인한 체력 저하
  ⊙ 근력은 20대에 최대치를 이루고, 그 후 점차적으로 저하됨
  ⓒ 순발력은 10대에 최대치를 이루고, 근력에 비해 빠르게 저하됨
  ⓒ 평형성은 20대에 최대치를 이루고, 그 후 서서히 저하됨
  ⓔ 지구력은 근력, 순발력에 비해 느리게 저하됨

2 노화와 관련된 이론

1. 생물학적 노화 이론 기출 2025/2024/2023/2021/2019/2017/2015

① **유전적 이론**: 인체 내의 노화 속도를 결정하는 데 있어 유전적인 역할에 초점을 둠
② **손상 이론**: 세포 손상의 누적이 세포의 기능 장애와 괴사의 핵심적인 결정 요소라고 봄
③ **점진적 불균형 이론**: 인체 기관이 각기 다른 속도로 노화하면서 생물적 기능, 특히 중추 신경계와 내분비계에 불균형을 초래한다고 봄
④ **교차 결합 이론**
  ⊙ 나이가 들면서 결합 조직의 커다란 분자들이 교차 결합하여 폐, 신장, 혈관, 소화계, 근육, 인대, 건의 탄력성을 감소시킨다고 봄
  ⓒ 분자의 교차 결합은 분자들이 서로 엉키도록 만들어 세포 내부의 영양소와 화학적 전달 물질의 수송을 방해
⑤ **사용 마모 이론**(wear and tear theory): 신체 기관도 기계를 오래 사용하면 기능이 약화되고 정지되는 것처럼 점진적으로 퇴화한다고 봄
⑥ **신체적 변이 이론**(somatic mutation theory): 세포가 상해를 받게 되어 원래의 성질이 변하고 이렇게 변이된 세포가 축적되어 노화가 일어난다고 봄
⑦ **면역 반응 이론**(immune reaction theory): 항원에 노출되었을 때 동물체가 특별하게 대응하는 일련의 방어 반응을 보인다는 이론

2. 심리학적 노화 이론 [기출 2025/2024/2023/2022/2021/2019/2017/2016]

(1) 매슬로(Maslow)의 욕구 단계 이론
① 생리적 욕구 → 안전 욕구 → 애정과 소속 욕구 → 존경 욕구 → 자아실현 욕구
② 하위 단계의 욕구 충족이 상위 단계 욕구의 발현을 위한 조건임
③ 자신의 기본적 욕구가 충족되었을 때 사람들이 더욱 성공적으로 노화한다는 것으로 받아들여짐

(2) 에릭슨(Erikson)의 심리 사회적 단계 이론(자아 통합 단계 이론)
성격 발달은 8단계를 거쳐 진행되고, 각 단계는 일부 형태의 심리 사회적 위기로 나타나며, 성공적인 노화를 가져오기 위해서는 이러한 위기가 해결되어야 함

단계	내용(연령)	긍정적 결과	부정적 결과
1단계	신뢰 대 불신 (0~1세)	영아는 사람을 신뢰하며, 자신의 요구를 해결해 줄 것이라고 믿음	영아는 다른 사람을 믿을 수 없으며, 자신의 요구는 충족되지 않을 것이라고 믿음
2단계	자율 대 수치와 회의 (1~3세)	영아는 기본적인 일을 독자적으로 수행하는 자신의 능력에 자신감이 생김	영아의 자신감이 결여됨
3단계	주도 대 죄책감 (3~5세)	유아는 새로운 것을 시도해도 좋다고 느낌	유아는 새로운 것을 시도하는 것이 두려우며, 새로운 것을 시도할 때 실패 또는 비난을 두려워함
4단계	역량 대 열등감 (6~12세)	어린이는 보편적으로 기대되는 작업을 수행할 수 있다는 것에 자부심이 생김	다른 어린이가 쉽게 하는 것을 자신이 할 수 없기 때문에 열등감을 느낌
5단계	독자성 대 역할 혼동 (13~18세)	자신이 누구인지, 어떻게 살기를 원하는지에 대한 느낌을 발달시킴	어린이는 독자성을 확립할 수 없거나(역할 혼동) 또는 부정적인 독자성을 수용함
6단계	친분 대 고독 (젊은 성인)	친구 및 연인과 밀접한 관계를 형성할 수 있음	친밀한 관계를 형성하거나 유지하는 데 어려움이 있음
7단계	생산적 대 정체 (중년 성인)	가족의 부양 또는 어떤 형태의 일을 통해 생산적이 됨	생산적이지 못함
8단계	자아 주체성 대 절망 (노년기)	자부심과 만족을 느끼면서 자신의 삶을 되돌아볼 수 있으며 죽음을 위엄 있게 받아들일 수 있음	삶에서 달성해야 하는 것을 달성하지 못했다고 느끼며 삶의 종말이 다가오는 것에 대해 좌절감을 느낌

(3) 발테스(Baltes)의 보상이 수반된 선택적 적정화 이론
성공적 노화는 노년기의 신체적·정신적·사회적 손실에 대한 노인의 적응력과 관련, 노인의 기능적 독립성 유지를 위한 선택, 적정화, 보상이라는 3가지 전략에 초점을 둠
① **선택(selection)**: 삶의 최우선 영역으로 수행 범위를 제한하고 초점을 맞추기 위해 주어진 환경에서 활동의 종류 및 양과 질을 선택함
② **적정화(optimization)**: 다양한 수단과 방법을 통해 개인이 선택한 목표를 최대한 달성하기 위해 자신의 기술과 재능을 적정화함
③ **보상(compensation)**: 목표를 달성하기 위해 주위의 자원을 활용하여 지속적인 성장을 이루어 신체적·정신적인 손실을 보상함

핵심테마 01 노화와 노화의 특성

(4) 발테스(Baltes)의 전 생애적 발달 이론
- 인간의 발달은 출생부터 죽음까지 전 생애에 걸쳐 지속됨
- 노화는 신체적·인지적 손실과 함께 지혜, 환경 적응력, 정서 조절 능력 등 이득이 동시에 일어남

(5) 브론펜 브레너(Bronfen Brenner)의 생태학적 발달 이론
- 노화는 개인을 둘러싼 다양한 환경 체계와의 상호작용을 통해 이루어짐
- 직접적 환경부터 사회 문화, 시간 흐름에 이르기까지 중첩된 환경 체계의 영향을 받음

(6) 로우(Rowe)와 칸(Kahn)의 성공적 노화 이론
① 미국의 70대 노인을 대상으로 건강 상태, 사회 관계, 심리적 특성, 신체적·인지적 기능, 생산 활동의 5가지 영역을 측정한 뒤, 이들 간의 관련성 분석 결과를 통해 성공적인 노화의 개념을 설명함
② 질병이 없는 정상적 노화의 범주를 보통의 노화와 성공적인 노화로 구분함
③ 성공적 노화는 높은 수준의 인지적·신체적 기능 유지 및 좋은 인간관계, 생산적 활동에 적극적으로 참여하는 것임

(7) 하비거스트(R. Havighurst)의 발달 과업 이론
생의 발달 단계가 생애 주기에 따라 6단계로 구분된다고 주장하였으며, 노년기(56세 이후)의 발달 과업은 다음과 같다고 함
① 약화되는 신체적 힘과 건강에 대한 적응
② 퇴직과 경제적 수입 감소에 대한 적응
③ 배우자 죽음에 대한 적응
④ 자기 동년배 집단과의 유대 관계 강화
⑤ 사회적 역할을 융통성 있게 수행하고 적응하는 일
⑥ 생활에 적합한 물리적 생활 환경의 조성

(8) 펙(R. Peck)의 발달 과업 이론
에릭슨(Erikson)의 7~8단계를 통합하여 7단계 인간 발달 이론을 제시하면서 노년기에 심리적으로 적응해야 할 과업으로 '자아 분화 대 직업 역할 몰두', '신체 초월 대 신체 몰두', '자아 초월 대 자아 몰두'를 제시함

2. 사회학적 노화 이론 [기출 2025/2022/2018/2016/2015]

일생에 걸쳐 일상생활의 정신적, 신체적, 사회적 활동을 지속하는 사람은 건강하고 행복하게 늙는다는 이론

활동 이론	일생에 걸쳐 일상생활의 정신적, 신체적 활동을 지속하는 사람은 건강하고 행복하게 늙는다는 이론
연속성 이론	가장 성공적으로 늙는 사람은 긍정적인 건강 습관, 선택, 생활 방식, 인간관계를 중년에서부터 노년까지 지속하는 사람이라고 제의한 이론
분리 이론	노년기를 부정적으로 보지 않고 오히려 자신의 삶 속의 철회나 분리에 대해 보다 깊게 성찰하게 되어 노후 생활에 스스로 만족하는 과정이 된다는 이론
하위문화 이론	공통된 특성을 가진 노인들이 집단을 형성하고 빈번한 상호 작용을 통해 그들 특유의 행동 양식을 만든다는 이론
현대화 이론	노인의 사회적 지위는 사회의 현대화 수준과 반비례하여 하락하며, 노인 지위의 하락에 비례하여 노인 문제가 발생한다는 이론

3 노화에 따른 신체적·심리적·사회적 변화

1. 노화의 신체적 특성 기출 2023/2022/2019/2018/2017

① **신체 구조 및 기능의 저하**: 피부와 지방 조직의 감소, 세포의 감소, 뼈대와 수의근의 약화, 치아의 감소, 심장 비대와 심장 박동의 약화

② **외면상의 신체 변화**: 흰 머리카락의 증가, 머리카락의 감소, 주름살의 증가, 얼룩 반점의 증가, 신장의 감소

③ **만성 질환 유병률의 증가**: 퇴행성 관절염, 골다공증, 동맥 경화증, 고혈압, 당뇨병, 심장병, 신장병, 근감소증 등

　예) 폐경으로 인한 에스트로겐 감소로 골다공증 위험 증가, 대사작용의 산물인 활성산소의 증가가 여러 노화 관련 질환 유발

④ **신경 기능의 저하**: 인지 기능의 저하, 반응 시간 감소, 고유 수용 감각의 감소, 전정계 기능 감소, 시청각 기능의 저하

⑤ **인지기능의 변화**: 유동성 지능의 감소, 결정성 지능의 증가, 단기 기억력의 감소, 인지 처리 속도의 지연

⑥ **노인의 걷기(보행) 특성**
　㉠ 보행 높이(발과 바닥과의 간격)의 감소
　㉡ 더 짧은 보폭, 더 넓은 기저면
　㉢ 분당 보폭 수(cadence)의 증가
　㉣ 느린 운동(정지 및 시작 보행 패턴)
　㉤ 질질 끄는 보행(뒤꿈치 닿기나 발끝 밀기가 없음)
　㉥ 보행 주기 중 양발 지지기의 비율 증가
　㉦ 발목의 배측 굴곡 감소
　㉧ 안정된 걷기를 위한 의식적 관여의 증가

> **Jump Up 이해**
> **낙상을 유발하는 위험 요인**
> • 발목 가동성이 감소하여 신체 균형이 무너졌거나 보행 장애가 있는 질환을 앓고 있는 경우
> • 기립성 저혈압이 있는 경우
> • 4가지 이상 약물을 복용하고 있는 경우
> • 발에 이상이 있거나 적절한 신발을 착용하지 않는 경우
> • 보폭이 좁은 오리걸음의 패턴을 가진 경우
> • 시력이 떨어져 있는 경우
> • 집 안이 정리가 안 되어 어지럽거나 전등이 희미한 경우
> • 지팡이나 목발 등의 보조 기구 크기 또는 형태가 맞지 않는 경우

2. 노화의 심리적 특성 기출 2021

① 우울증 경향과 소극적인 성향이 증가함
② 의존성이 증가하고 조심성이 많아짐
③ 과거 지향적인 성향을 갖게 되고 감정의 기복이 심해짐
④ 소외감과 고독감이 증가하고 이해력이 낮아짐

3. 노화의 사회적 특성

① 역할의 변화
② 권력, 권위, 보상 및 선택의 재량 상실
③ 타인에 대한 의존성 증가
④ 대인 관계 위축과 사회 참여도 감소

출제 0순위 공략! 꼭 풀어야 할 대표문제

01 [2024년 기출문제]

에릭슨(Erikson, 1986)의 심리 사회적 단계가 옳게 나열된 것은?

연령 증가 →

① 생산적 대 정체 → 자아 주체성 대 절망 → 친분 대 고독
② 친분 대 고독 → 생산적 대 정체 → 자아 주체성 대 절망
③ 자아 주체성 대 절망 → 생산적 대 정체 → 친분 대 고독
④ 생산적 대 정체 → 친분 대 고독 → 자아 주체성 대 절망

| 정답해설 |

에릭슨의 심리사회적 단계는 '신뢰 대 불신 → 자율 대 수치와 회의 → 주도 대 죄책감 → 역량 대 열등감 → 독자성 대 역할 혼동 → 친분 대 고독 → 생산적 대 정체 → 자아 주체성 대 절망' 순이다.

02 [2024년 기출문제]

노화에 따른 생리적 변화로 옳은 것은?

① 1회 박출량 증가
② 동·정맥 산소차 감소
③ 근육의 산화 능력 증가
④ 심장 근육의 수축 시간 감소

| 오답해설 |

① 1회 박출량 감소
③ 근육의 산화 능력 감소
④ 심장 근육의 수축 시간 연장

03 [2025년 기출문제]

활동이론을 옳게 설명한 것은?

① 활성산소의 증가가 노화를 촉진한다.
② 노화와 관련한 대표적 생물학적 이론이다.
③ 사회에서 점진적 역할 배제가 노화의 핵심이다.
④ 노인의 사회활동 참여 정도가 높을수록 생활 만족도가 높아진다.

| 정답해설 |

활동이론은 일생에 걸쳐 일상생활의 정신적, 신체적, 사회적 활동을 지속하는 사람은 생활만족도가 높아진다는 이론이다.

04 [2025년 기출문제]

〈보기〉에서 생물학적 노화의 특성으로 옳은 것만 모두 고른 것은?

보기
㉠ 노화는 치료가 가능하다.
㉡ 모든 사람에게 보편적으로 일어난다.
㉢ 시간의 흐름에 따라 점진적으로 일어난다.
㉣ 환경적 요인을 배제한 내재적 요인에 의해 발생한다.

① ㉠, ㉣
② ㉡, ㉢
③ ㉠, ㉡, ㉢
④ ㉡, ㉢, ㉣

| 오답해설 |

㉠ 노화는 치료가 불가능하지만 속도를 늦추거나 증상을 완화시킬 수 있다.

정답 01 ② 02 ② 03 ④ 04 ④

핵심테마 01 | 노화와 노화의 특성

05　[2024년 기출문제]

〈보기〉가 설명하는 노화 이론은?

> **보기**
> 항체의 이물질에 대한 식별능력이 저하되어 이물질이 계속 체내에 있으면서 부작용을 일으켜 노화 촉진

① 유전적 노화 이론
② 교차 연결 이론
③ 사용 마모 이론
④ 면역 반응 이론

| 오답해설 |
① 유전적 노화 이론: 인체 내의 노화 속도를 결정하는 데 있어 유전적인 역할에 초점을 둔 이론이다.
② 교차 연결 이론: 나이가 들면서 결합 조직의 커다란 분자들이 교차 결합하여 폐, 신장, 혈관, 소화계, 근육, 인대, 건의 탄력성을 감소시킨다는 이론이다.
③ 사용 마모 이론: 신체 기관도 기계처럼 오래 사용하면 기능이 약화되고 정지되는 것처럼 점진적으로 퇴화한다는 이론이다.

06　[2025년 기출문제]

〈보기〉에서 설명하는 노화 이론은?

> **보기**
> 통계에 따르면 전문체육인이 일반인에 비해 퇴행성관절염 발병률이 더 높다고 보고되고 있다. 그뿐만 아니라 전문체육 종목 중에서도 상대적으로 몸을 더 많이 사용하는 축구나 미식축구 선수들의 은퇴 시기가 골프, 야구 선수에 비해 빠른 것으로 나타났다.

① 면역 반응 이론
② 교차 결합 이론
③ 세포 노화 이론
④ 사용 마모 이론

| 정답해설 |
사용 마모 이론에 대한 설명이다. 사용 마모 이론은 기계를 오랫동안 많이 사용하면 기능이 약화되고 정지되는 것처럼 신체 기관도 점진적으로 퇴화한다고 본다.

| 심화해설 |
생물학적 노화 이론
- 면역 반응 이론: 항원에 노출되었을 때 동물체가 특별하게 대응하는 일련의 방어 반응을 보인다는 이론이다.
- 교차 결합 이론: 나이가 들면서 결합 조직의 분자들이 교차 결합하여 세포 내부의 영양소와 화학적 전달 물질의 수송을 방해한다는 이론이다.
- 세포 노화 이론: 세포 손상과 기능저하 누적이 노화의 원인이라고 설명하는 이론이다.

07　[2024년 기출문제]

세계보건기구(World Health Organization)가 제시한 노인의 신체 활동에 대한 심리적 단기 효과는?

① 이완(relaxation)
② 기술 획득(skill acquisition)
③ 인지 향상(cognitive improvement)
④ 운동 제어와 수행(motor control and performance)

| 정답해설 |
세계보건기구가 제시한 노인의 신체 활동에 대한 심리적 단기 효과는 이완(relaxation)이다.

정답　05 ④　06 ④　07 ①

핵심테마 02 | 노인의 운동 효과

Speed 심화포인트

방위 체력의 구성 요소
- 기관 조직의 구조
- 온도 조절
- 면역
- 적응

윌리엄스(Williams, 1990)의 체력 요소 분류
- 건강 관련 체력: 근력, 근지구력, 심폐 지구력, 유연성, 신체 조성
- 운동 관련 체력: 순발력, 민첩성, 평형성, 협응(조정)력, 스피드, 반응 시간

1 운동의 개념과 역할

1. 운동의 정의 [기출 2021/2017]

① 체력, 운동 수행력, 건강 또는 사회적 관계를 개선하기 위한 구체적인 목표를 가지고 레크리에이션, 여가에 참여하는 계획된 신체 활동
② 체력의 하나 또는 그 이상의 요소를 향상 또는 유지하기 위해 수행된 계획적이고 구조화된 반복적인 신체 움직임
③ 신체 활동 중 체력의 유지·향상을 목적으로 하여 계획적이고 의도적으로 실시하는 것

2. 체력

직업, 여가 활동, 일상 행동을 과도한 피로감 없이 수행하는 능력을 말함
① 방위 체력: 외부 스트레스에 대해 적극적으로 신체 활동을 방어하며 유지하는 능력
② 행동 체력: 적극적으로 활동하는 의지 행동을 포함한 신체적 작업 능력

Jump Up 이해

행동 체력의 구성 요소 [기출 2022/2019]
- 근력: 근육이 저항에 대해 힘을 발휘하는 능력
- 근지구력: 근육이 저항에 대해 오랫동안 버티거나 근수축 운동을 반복적으로 수행하는 능력
- 심폐 지구력: 호흡 기관, 순환계가 오랫동안 지속되는 운동 및 활동에 저항하는 능력
- 유연성: 관절의 가동 범위를 늘리는 능력
- 신체 조성: 신체의 구성 비율로 주로 체지방량과 제지방량으로 분류함
- 순발력: 빠르게 큰 힘을 발현하는 능력
- 민첩성: 신체의 방향을 신속하게 바꾸는 능력
- 평형성: 정적 또는 동적 상태에서 몸의 균형을 유지하는 능력
- 협응성: 신체의 각 부위가 조화를 이루면서 조정 및 통제하는 능력
- 반응 시간: 자극에 반응하는 데 요구되는 시간
- 스피드: 신속하게 움직일 수 있는 능력

3. 신체 활동

① 신체 활동의 정의
　㉠ 에너지를 소모하는 골격근에 의한 신체 움직임으로, 일상생활 활동이 포함됨
　㉡ 골격근의 수축에 의해 생성되며, 에너지 소비가 증가하는 신체의 움직임
② 신체 활동의 효과

심혈관계 건강	지질 단백질, 글루코스
• 심장 근육 기능 향상 • 최대 확장기 충만 증가 • 심장 근육 수축력 증가 • 조기 심실 수축 감소 • 혈액 지질 상태 개선 • 유산소 능력 향상 및 유지 • 수축기 혈압 감소 • 확장기 혈압 개선 • 지구력 증가	• 저밀도 지질 단백질 감소 • 콜레스테롤과 초저밀도 지질 단백질 감소 • 중성 지방 감소 • 고밀도 지질 단백질 증가 • 글루코스 내성 증가

비만	• 복부 지방 조직 감소 • 체지방 무게 감소 • 체지방률 감소	골다공증	• 골 무기질 밀도 감소의 둔화 • 골밀도 증가
심리적 상태	• 웰빙과 행복의 느낌 향상 • 카테콜아민과 세로토닌 수준 증가	기능적 상태	• 근골격계의 장애 발생 감소 • 근력과 유연성 향상 • 근력 증가로 낙상 위험 감소 • 골절의 위험 감소 • 반응 시간 단축 • 두뇌 혈액 공급과 인지 기능 유지

2 운동의 효과

1. 운동의 신체적(생리적) 효과 기출 2024/2023/2022/2021/2020/2019/2018/2015

① **심장 혈관 계통과 호흡 계통**: 심장 및 혈관의 기능 향상, 유산소 능력 향상 및 유지, 최대 산소 섭취량 증가, 심박수 감소, 1회 박출량 증가, 말초혈관의 저항 감소와 혈관 탄력성 증가, 혈액의 산소 운반 능력 증가, 분당 환기량 증가, 안정 시 호흡수 감소, 폐활량 증가 등
② **근육 및 골격 계통**: 근력 향상, 뼈의 질량 증가, 근육층의 발달, 지방층의 감소, 피부의 탄력 향상, 뼈대 및 관절 강화 등
③ **내분비 계통**: 인슐린 감수성 증가, 인슐린 저항성 감소, 대사 증후군 유병률 감소, 당뇨병 예방 및 개선, 상처 치유 속도 향상, 콜레스테롤 감소 등
④ **신경 계통**: 반응 시간 단축, 신경 전달 기능 향상, 신체 제어 능력 및 협응력 향상, 수면 상태 호전, 기억력 향상, 치매 발생 감소 등
⑤ **운동 기술 습득**: 기존 운동 능력 유지, 새로운 운동 기술 습득 등

2. 운동의 심리적 효과 기출 2024/2022/2019

① **긴장 이완**: 적절한 신체 활동을 통해 긴장을 이완시킴
② **스트레스와 불안 감소**: 규칙적인 활동을 통해 스트레스와 불안 감소
③ **기분 상태의 개선**: 신체 활동은 건강의 저하를 방지하고 장기적 고독의 부정적인 결과에 대처하는 데 도움
④ **정신 건강의 향상**: 규칙적인 운동은 우울증, 불안, 신경증을 포함한 여러 정신적 질병 치료에 중요한 역할을 제공하여 정신 건강 향상에 기여

3. 운동의 사회적 효과 기출 2018/2016/2015

① **사회 통합**: 규칙적으로 활동적인 사람은 사회적 환경에 적극적으로 참여할 가능성이 높음
② **새로운 인맥**: 다른 사회적 환경에서 운동이 이루어질 때 신체 활동은 새로운 인맥 생성과 교류를 촉진함
③ **확대된 사회적·문화적 연결망**: 신체 활동은 개인에게 사회적·문화적 연결망을 넓힐 수 있는 기회를 제공함
④ **역할 유지와 새로운 역할**: 신체 활동은 사회에서 적극적인 역할을 유지하고 새로운 역할 습득에 필요한 활력적인 환경을 조성하는 데 도움
⑤ **세대 간 교류 촉진**: 신체 활동은 세대 간의 교류 기회를 제공하여 노화와 노인에 대한 고정 관념 탈피

Speed 심화 포인트

건강과 웰빙
• 건강: 질병이나 손상이 없거나 신체적·심리적·사회적으로 완전한 상태
• 웰빙: 육체적·정신적 건강의 조화를 통해 행복하고 아름다운 삶을 추구하는 삶의 유형이나 문화를 일컫는 개념

건강한 노인을 위한 신체 활동 방안
• 1일 7,000~8,000보 이상 걷기
• 1일 중강도 활동 시간 15~20분 이상
• 좌업 생활을 줄이고, 외출이나 사회 활동을 통해 일상 신체 활동을 증진

준비 운동의 생리적 효과
• 손상 위험 감소
• 움직이는 동작 범위 향상
• 사용되는 근육으로의 혈액 순환증가

준비 운동의 생리적 효과
• 헤모글로빈과 미오글로빈으로부터 산소의 해리 증가
• 근육의 점도 감소
• 근육, 힘줄, 인대의 혈액 포화도 증가
• 신경 충격(nervous impulse)의 속력과 신경 수용체의 민감성 증가
• 폐 혈류 저항의 감소
• 심장 혈류의 증가
• 대사율 증가

정리 운동의 생리적 효과
• 체온, 심박수, 호흡을 활동 전 수준으로 회복
• 정맥혈 회귀
• 사지(extremities)에 혈액이 몰리는 현상 감소
• 혈중 카테콜아민 수치의 감소
• 혈중 젖산 농도의 감소
• 근육통과 회복 시간의 감소

출제 0순위 공략! 꼭 풀어야 할 대표문제

01

운동과 체력에 대한 설명으로 옳지 않은 것은?

① 운동은 구체적인 목표를 가지고 참여하는 계획된 신체 활동이다.
② 운동은 체력의 하나 또는 그 이상의 요소를 향상 또는 유지하기 위해 수행된 계획되고 구조화된 반복적 신체 움직임이다.
③ 체력은 외계의 스트레스(stress)에 대해 생명을 유지하는 신체의 방위력과 적극적으로 외계에 동작하는 행동력을 의미한다.
④ 신체 운동을 조정하는 능력을 방위 체력이라고 한다.

| 정답해설 |
몸을 움직이고 신체 운동을 조정하는 능력을 행동 체력이라고 하며, 건강을 위협하는 것과 스트레스에 대한 저항력은 신체를 방위하는 능력으로서 방위 체력이라고 한다.

02

[2023년 기출문제]

노인이 규칙적인 유산소 운동을 통해 얻을 수 있는 효과로 옳지 않은 것은?

① 최대 산소 섭취량과 1회 박출량 증가
② 분당 환기량 증가와 안정 시 호흡수 감소
③ 말초혈관의 저항 감소와 혈관 탄력성 증가
④ 복부지방 감소와 안정 시 인슐린 분비의 증가

| 정답해설 |
규칙적인 유산소 운동은 안정 시 인슐린 분비를 감소시킨다.

03

[2022년 기출문제]

체력 요인에 따른 노인의 운동 방법과 효과가 바르게 연결되지 않은 것은?

	체력 요인	운동 방법	효과
①	심폐지구력	고정식 자전거 타기	심혈관계 질환의 위험률 감소
②	근력	덤벨 들고 앉았다 일어서기	근육 및 뼈 강화로 인한 일상생활 수행 능력 향상
③	유연성	앉아서 윗몸 앞으로 굽히기	신체 활동 시 기능적 제한 예방
④	평형성	의자 잡고 옆으로 한 발 들기	신체 각 부위가 조화를 이루면서 원활히 움직일 수 있는 능력 향상

| 정답해설 |
평형성은 신체를 일정한 자세로 유지하는 능력이며, 평형성 운동을 하면 자세 유지 능력이 향상되기 때문에 낙상을 예방할 수 있다. 평형성 운동에는 뒤로 걷기, 옆으로 걷기, 발꿈치로 걷기, 발끝으로 걷기, 앉았다 일어서기 등이 있다. 신체 각 부위가 조화를 이루면서 원활히 움직일 수 있는 능력은 협응성이다.

04

[2025년 기출문제]

운동의 사회적 관계 형성에서 노인 운동 참여로 얻을 수 있는 사회적 효과로 옳지 않은 것은?

① 새로운 운동 기술을 습득한다.
② 새로운 친구를 만나 교류를 촉진한다.
③ 역할 유지 및 새로운 역할 부여에 도움이 된다.
④ 세대 간 연결 기회를 제공하여 교류를 확대한다.

| 정답해설 |
새로운 운동 기술을 습득하는 것은 운동 참여로 얻을 수 있는 신체적 효과이다.

정답 01 ④ 02 ④ 03 ④ 04 ①

핵심테마 02 | 노인의 운동 효과

05 [2021년 기출문제]

노인 체육 관련 용어의 의미가 옳지 <u>않은</u> 것은?

① 신체 활동(physical activity): 골격근에 의해 에너지 소비가 이루어지는 신체의 움직임
② 운동(exercise): 관찰 가능한 외현적인 움직임
③ 체력(physical fitness): 신체 활동을 수행할 수 있는 기능적 특성
④ 건강(health): 질병이 없거나 허약하지 않을 뿐만 아니라 신체적, 심리적, 사회적으로 안녕한 상태

| 정답해설 |
운동(exercise)은 구체적인 목표를 가지고 수행된 계획적이고 구조화된 반복적인 신체 움직임으로 정의된다.

06

노인을 위한 준비 및 정리 운동의 생리적 효과에 대한 설명으로 옳지 <u>않은</u> 것은?

① 준비 운동은 심장 혈류를 증가시켜 심근 허혈의 위험성을 감소시킨다.
② 정리 운동은 팔과 다리에서 혈액이 몰리는 현상을 감소시키는 데 도움을 준다.
③ 준비 운동은 근육의 점도를 증가시켜 본운동에서 힘의 향상 및 기계 효율성을 증가시키는 효과가 있다.
④ 정리 운동은 혈중 젖산 농도와 카테콜아민의 수치를 감소시키는 데 도움을 준다.

| 정답해설 |
준비 운동은 근육의 점도를 감소시킨다. 준비 운동을 통한 근육의 점도 감소는 본운동 시 힘의 향상 및 기계 효율성 증대 효과를 가져온다.

07 [2025년 기출문제]

저항성 운동이 노인에게 미치는 효과로 옳지 <u>않은</u> 것은?

① 근육량 증가
② 혈중지질 증가
③ 인슐린 감수성 증가
④ 젖산에 대한 내성 증가

| 정답해설 |
저항성 운동은 혈중의 지질을 감소시키는 효과가 있다.

08 [2022년 기출문제]

〈보기〉에서 운동이 노인에게 미치는 생리적 효과로 옳은 것만을 모두 고른 것은?

보기
㉠ 인슐린 내성 증가
㉡ 체지방 감소
㉢ 인슐린 감수성 증가
㉣ 안정 시 심박수 감소
㉤ 주어진 절대 강도에서 심박수 증가
㉥ 고밀도 지단백 콜레스테롤(HDL-C) 감소

① ㉠, ㉡, ㉥
② ㉡, ㉢, ㉣
③ ㉡, ㉢, ㉥
④ ㉣, ㉤, ㉥

| 정답해설 |
㉡㉢㉣ 운동이 노인에게 미치는 생리적 효과에는 체지방 감소, 인슐린 감수성 증가, 안정 시 심박수 감소가 있다.

| 오답해설 |
㉠㉤㉥ 노인 운동은 인슐린 내성을 감소시키고, 주어진 절대 강도에서 심박수를 감소시키며, 고밀도 지단백 콜레스테롤(HDL-C)을 증가시키는 효과가 있다.

정답 05 ② 06 ③ 07 ② 08 ②

핵심테마 03 | 노인 운동 프로그램의 설계

Speed 심화포인트

유산소 운동
산소를 이용하여 에너지를 생성하는, 중·저강도의 지속적인 운동

저항 운동
근육이 외부의 저항에 대항하여 수축하면서 수행되는 운동

유연성 운동 형태
- 정적 스트레칭(static stretching): 신체의 관절이 정지된 상태에서 천천히 근육을 늘리며 신전을 유지하는 스트레칭 방법으로 상해 위험이 적음
- 동적 스트레칭(dynamic stretching): 신체의 관절을 움직여 근육을 풀어주는 스트레칭 방법
- 탄성 스트레칭(bouncing stretching): 스트레칭 동작의 마지막 범위에서 탄성을 이용하여 동작에 반동을 주는 스트레칭 방법
- 고유 수용성 신경근 촉진(Proprioceptive Neuromuscular Facilitation; PNF): 근육과 건에 존재하는 근방추와 골지 건기관의 기능을 활용하여 근육을 이완시키고 수축시키는 스트레칭 방법

1 운동 프로그램의 요소

1. 운동 프로그램의 구성 요소 기출 2022/2020/2017/2016/2015

(1) 운동 형태

① 신체 조성, 뼈의 건강, 신경근 긴장, 스트레스 수준의 변화를 촉진시키기 위해 한 가지 이상의 운동 트레이닝 형태를 이용하도록 권장함
② 신체 조성의 변화를 위해서는 체지방을 감소시키기 위한 유산소 운동과 근육 및 뼈를 강화하기 위한 저항 운동을 혼합해서 처방함
③ 체중을 감당해야 하는 유산소 운동과 저항 운동은 모두 뼈의 건강에 도움이 됨

㉠ 유산소 운동

운동 형태	걷기, 달리기, 자전거, 수영, 에어로빅 등
운동 강도	목표 심박수의 저강도(50%), 중간 강도(60%), 고강도(70%)
운동 시간	20~30분(이후 점진적으로 증가)
운동 빈도	1주 2~3회(이후 점진적으로 증가)

㉡ 저항 운동

운동 형태	근력 및 근지구력 발달을 위한 저항 운동
운동 강도	1RM(40~50%), 운동 자각도(RPE) 12~13, 8~12회(1세트)
운동 시간	20~30분(이후 점진적으로 증가)
운동 빈도	1주 2~3회(이후 점진적으로 증가)

㉢ 유연성 운동

운동 형태	정적 스트레칭 혹은 동적 스트레칭
운동 강도	운동 자각도(RPE) 12~13, 8~12회(1세트)
운동 시간	30~60초
운동 빈도	1주 2~3회(이후 점진적으로 증가)

㉣ 평형성 운동

운동 형태	일렬로 걷기, 옆으로 걷기, 짐볼 앉기, 자기 체중을 이용한 한 발 들기, 앉았다 일어서기 등
운동 강도	평형성 운동의 강도에 관한 세부 지침은 없음
운동 시간	하루 20~30분/주 60분 이상
운동 빈도	1주 2~3회(이후 점진적으로 증가)

(2) 운동 강도

① 운동하는 동안 인체에서 특정한 생리적·대사적 변화가 나타나도록 설정함
② 노인 프로그램의 목표, 연령, 능력, 선호도를 고려하여, 심폐계와 근골격계를 자극할 정도로 설정함

③ 노인에게 적절한 운동 강도 설정
㉠ 심박수를 이용하는 방법: 목표 심박수 측정을 위한 카르보넨(Karvonen) 공식
- 목표 심박수=(최대 심박수-안정 시 심박수)×운동 강도(%)+안정 시 심박수
- 최대 심박수=220-나이
- 안정 시 심박수=(10초 동안 측정한 심박수)×6
  예) 안정 시 심박수가 65인 70세 노인이 60% 강도로 운동할 경우 목표 심박수:
  $\{(220-70)-65\}\times 0.6 + 65 = 116$회/분

㉡ 운동 자각도(RPE)를 이용하여 정하는 방법
- 운동 자각도(RPE)는 심리학자 보그(Borg)가 개발한 지수(scale)
- 운동 당사자가 힘든 운동이라고 느끼는지 물어보며 운동 강도를 정하는 방법
- 보그 스케일에는 6~20 지수와 0~10 지수가 있음

Jump Up 이해

보그 스케일(Borg scale)에서의 운동 자각도(RPE) 6~20 지수 〔기출 2020〕

RPE 지수	심박수	호흡	강도	심장 박동 (%)	운동 타입
6	40~69	의식하지 못함	1	50~60	준비 운동
7					
8	80	아주 가벼움			
9					
10	80~100	숨이 깊어지지만, 여전히 편안하게 대화를 할 수 있는 정도	2	60~70	가벼운 근력 회복 운동
11					
12	100~129				
13		대화를 이어 가기에는 숨 쉬기가 다소 힘들어지는 것이 느껴짐	3	70~80	유산소 운동
14	130~139				
15	140~149	숨 쉬기가 힘들어지기 시작함	4	80~90	무산소 운동
16	150~159				
17	160~169	숨이 거칠어지고 불편함	5	80~90	최대 산소 섭취가 필요한 운동
18	170~179	이야기하기가 어려움			
19	180~189	극도로 힘이 듦			
20	190 이상	최대치의 노력이 필요함			

보그 스케일(Borg scale)에서의 운동 자각도(RPE) 0~10 지수

RPE 지수	강도
0	휴식
1	아주 쉬움
2	쉬움
3	적당함
4	어느 정도 힘듦
5	힘듦
6	
7	아주 힘듦
8	
9	
10	최고로 힘듦

㉢ MET(Metabolic Equivalent Task)와 RM(Repetition Maximum) 〔기출 2023〕
- 1MET: 휴식 상태에서 체중 1kg당 1분 동안 사용할 수 있는 산소량 (1MET = 3.5ml/min/kg)
- 1RM: 1회에 들어 올릴 수 있는 최대 중량(처음 시작 시 1RM 40~50%, 세트당 8~12회가 적절)
- 중강도의 신체 활동 기준은 3.0~6.0METs
- 노인의 유산소 운동 시 안전한 운동 강도 설정 지표로 활용됨

핵심테마 03 노인 운동 프로그램의 설계

Speed 심화포인트

(3) 운동 시간
① 운동 지속 시간과 운동 강도는 역의 상관관계임
② 적절한 강도의 신체 활동은 1주에 150분, 높은 강도의 신체 활동은 1주에 75분이 적당함
③ 유산소 운동은 한 번에 적어도 10분 이상 지속해야 하며, 저항 운동은 2~3세트가 적당함

(4) 운동 빈도
① 운동 빈도는 규칙적이어야 함
② 유산소 운동은 1주에 3~5회 실시함
③ 근력 운동은 1주에 3회 정도 실시함(다음 근력 운동까지 48시간의 휴식)
④ 낙상 방지를 위해 평형성 운동은 1주에 2~3회 실시함
⑤ 유연성 운동은 동작마다 10~30초 동안 자세를 유지하고 3~4회 반복함
⑥ 신체적으로 무리가 없는 경우 주 5일 이상도 권장되지만, 강도를 적절히 조절하여 피로도를 고려해야 함

2. 운동 프로그램의 기본 원리 기출 2023/2020/2019/2018/2016/2015

(1) 특정성의 원리
운동 트레이닝에 대한 신체의 생리적·대사적 반응과 적응이 운동 형태와 사용된 근육군에 특정적임을 의미함
  예) 커다란 근육군의 지속적·동적·율동적인 수축을 요구하는 신체 활동은 심폐 지구력 향상을 촉진시키는 데 적합함

(2) 과부하의 원리
① 체력 구성 요소의 향상을 촉진하기 위해 신체의 생리적 시스템은 평상시 신체 활동보다 더 많은 부하에 의해 자극을 받아야 함
② 과부하는 유산소성 운동의 빈도, 강도 또는 지속 시간을 증가시킴으로써 가져올 수 있음

(3) 점진성의 원리
운동을 효과적으로 수행하기 위해서는 운동 강도 및 운동량을 점차적으로 증가시켜야 함

(4) 개별성의 원리
① 트레이닝 자극에 대한 각 개인의 반응은 다양하며, 연령, 초기 체력 수준, 건강 상태와 같은 요인에 영향을 받음
② 노인의 특정 요구, 흥미, 능력을 고려하면서 운동 프로그램을 설계해야 하고, 개인의 차이와 선호도를 고려한 개별적인 운동이 적용되어야 함

(5) 특수성의 원리
스포츠 종목 및 개인의 특성에 맞는 프로그램을 설계하여 트레이닝을 적용할 경우 근육 동작, 부위, 형태 등에 따라 효과가 달라지며, 더 효과적으로 적응에 도달함

(6) 가역성의 원리
운동이 중지되었거나 과부하가 발생하지 않을 경우 운동 능력이 빠르게 감소됨

2 지속적인 운동 참여를 위한 동기 유발 방법

1. 행동 변화 이론 기출 2024/2023/2022/2021/2020/2018/2017/2016

신체 활동에 참여하도록 행동 변화를 일으키는 방법에 대해 이론적으로 연구함

(1) 행동주의 학습 이론

인간 행동의 변화에 초점을 두고 그 변화를 촉진하는 자극이나 강화를 정밀하게 계획한 결과로 습득한 지식이 행동의 변화로 나타난다는 이론

(2) 건강 신념 모형

'신념'이 건강을 추구하는 행동에 중요한 역할을 한다는 이론으로, 건강을 추구하는 행동을 할 것인지 예측하기 위해 지각된 개연성, 지각된 심각성, 지각된 이익, 지각된 장애, 행동의 계기, 자기 효능감의 6가지 요소로 구성됨

(3) 범이론적 모형

행동 변화에 대한 일반적이고 광범위한 이론적 모델로, 새로운 건강 행동에 대한 개인의 준비 상태를 평가하고 개인을 지도하기 위한 전략 또는 변화 과정을 제공하는 통합 요법 이론

계획 전 단계	변화의 필요성을 인지하지 못하고 있는 단계
계획 단계	변화의 필요성을 인식하기 시작하는 단계
준비 단계	변화하겠다는 동기가 증가하기 시작하는 단계
행동 단계	변화를 위한 행동이 나타나는 단계
유지 단계	변화를 통해 얻게 된 환경/사람과의 관계를 만들어 가는 단계

(4) 합리적 행위 이론

사람들이 어떤 행동을 하려고 결정하기 전에 관련된 정보를 합리적이고 체계적으로 사용하며, 행동의 결과에 대해 신중히 고려한 다음에 비로소 행동한다는 이론

(5) 행동 변화 단계 이론

신체 활동을 행동으로 옮길 수 있다는 자기 효능감이 있으면 건강 행동으로의 변화가 쉽게 이루어진다는 이론으로, 행동을 변화시키는 요인에는 자기 효능감, 의사 결정 균형, 변화 과정이 있음

(6) 사회 인지 이론(상호 결정론)

인간의 행동은 개인의 내적 요인(인지적 능력, 신체적 특성, 신념과 태도), 행동 요인(운동 반응, 정서적 반응, 사회적 상호 작용), 환경 요인(물리적 환경, 사회적 환경, 가족과 친구)의 상호 작용에 의해 변화가 생긴다는 이론

(7) 계획된 행동 이론(계획 행동 이론)

자신의 신념(belief)과 행동(behavior)을 연결하는 이론으로, 행동에 대한 태도와 주관적 규범, 지각된 행동 통제력이 영향을 미쳐 행동 변화가 발생함

(8) 지속성 이론

개인이 성인이 되면서 습득한 인격 성향이 다른 형태의 노화 패턴을 만들어 낸다는 이론

자기 효능감
자신이 어떤 일을 잘 해낼 수 있다는 개인적 신념

반두라(A. Bandura)의 자기 효능감 기출 2021/2016
- 반두라는 사회 학습 이론에서 자기 효능의 역할을 강조하였다.
- 반두라는 인간이란 감정, 사고, 행동을 통제할 수 있는 자기 반영적인 능력을 지니고 있다고 보았는데, 가장 강력한 자기 조절 과정의 하나로 자기 효능감(self-efficacy)을 들었다.
- 자기 효능에 관한 지각은 개인이 추구하거나, 피하려고 선택하는 활동에 영향을 미쳐 그가 누구인지, 그가 무엇이 될 것인지를 결정하게 된다.
- 자기 효능감의 형성 요인에는 성취 경험, 대리 경험, 언어적 설득, 정서적 각성이 있다.

핵심테마 03 노인 운동 프로그램의 설계

Speed 심화포인트

2. 동기 유발과 목표 설정

(1) **노인 운동의 동기 유발 요소** 기출 2022
  ① 신체적 건강: 질병 위험의 감소, 건강 증진을 통한 삶의 질 향상
  ② 정신적 건강: 스트레스와 불안 감소, 기분 상태의 개선, 정신 건강의 향상
  ③ 사회적 건강: 세대 간 교류 촉진, 새로운 역할과 유지

(2) **목표의 설정** 기출 2025/2020/2019/2018/2016/2015
  ① 측정 가능성: 목표 달성의 판단이 가능하도록 설정
  ② 구체성: 운동 형태, 시간, 강도, 빈도 등을 구체적으로 설정
  ③ 현실성: 개인이 달성할 수 있는 수준의 현실적인 목표 설정
  ④ 행동성: 직접 실행에 옮길 수 있는 수준으로 행동 지향적 목표 설정

3 운동 권고 지침 및 운동 방안

1. 노인들에게 특별한 운동 원리 기출 2023/2016/2015

(1) **기능 관련성(일상활동과 유사한 운동)**
  ① 특정성의 운동 원리와 유사하지만, 일상생활에서 수행되는 동작들을 모방한 기능 활동에 초점을 둠
  ② 수업과 일상생활에서 수행하는 활동들 간의 연관성을 더욱 잘 인식하게 함

(2) **난이도(능력에 맞는 난이도)**
  ① 긍정적인 효과를 낼 정도로 참가자 고유의 능력에 맞게 충분한 난이도의 운동을 제공해야 하지만, 참가자를 부상의 위험에 노출시키는 운동은 뚜렷이 구분해야 함
  ② 참가자들의 의료상의 건강 상태와 신체적 상태에 관해 많은 정보를 얻을수록 적절한 난이도의 운동을 안전하고 더욱 효과적으로 제공할 수 있음

(3) **수용(안전한 수준의 운동 강도)**
  ① 자신의 능력에 최대한 맞게 운동하되, 무리거나 통증이 발생하거나 스스로 안전하다고 생각하는 수준을 넘어서지 않게 운동하도록 지도해야 함을 의미함
  ② 많은 노인들에게 나타나는 건강 및 신체 기능의 변동을 인식하고, 참가자들이 특정한 시간에 자신의 능력에 맞게 운동하도록 장려함

(4) **노인 운동 교육의 원리**
  ① 자발성의 원리: 노인 교육은 강압적으로 이루어지지 않아야 하며, 노인의 자발적 참여에 기초를 두어야 함
  ② 경로의 원리: 노인 학교는 대부분 학생이 교사보다 나이가 많기 때문에 교사가 학생보다 더 낫다는 생각을 삼가야 함
  ③ 사제동행의 원리: 지도자와 학습자는 동등한 관계에서 출발하여야 하며, 교육 활동 전반에서 상호 합의를 이루어야 함
  ④ 생활화의 원리: 교육 내용과 방법은 노인의 생활과 밀접히 관계되는 것이어야 함
  ⑤ 개별화의 원리: 노인은 개인마다 지적 능력, 학력, 경험, 건강 상태 등의 차이가 있기에 개인의 학습 욕구를 충족시켜 줄 수 있는 방법을 강구해야 함
  ⑥ 다양화의 원리: 강의 중심의 교육을 지양하고 다양한 활동을 통해 교육을 전개해야 함

Jump Up 이해

리클리와 존스(Rikli & Jones)의 고령자를 위한 기능 체력 검사(SFT)의 검사 항목

기출 2024/2022/2021/2020/2019/2017/2016

노인 체력 검사(Senior Fitness Test: SFT)는 기능적 활동 능력의 기초적인 신체 매개 변수를 측정할 뿐 아니라 일상생활의 기능상의 과제(보행, 손 뻗기, 의자에서 일어서기, 계단 오르기 등)를 실행하는 능력을 평가하기 위해 개발되었다.

1. 의자에서 일어섰다 앉기(하체 근력)
2. 덤벨 들기(상체 근력)
3. 6분간 걷기(전신 지구력)
4. 2분 제자리 걷기(전신 지구력의 변형 측정 방법)
5. 의자에 앉아 앞으로 굽히기(하체 유연성)
6. 등 뒤에서 손잡기(상체 유연성)
7. 2.44m 왕복 걷기(민첩성, 동적 평형성)

운동	목적	내용	위험 수위
의자에서 일어섰다 앉기	계단 오르기, 걷기, 의자에서 일어나서 욕조 또는 차에서 나오기와 같은 과제를 하는 데 필요한 하체의 근력 평가	양팔을 가슴 앞에 모은 상태로 30초간 의자에 앉아 있다 완전히 일어선 횟수	남녀 모두 도움을 받지 않고 8회 미만으로 일어서는 경우
덤벨 들기	집안일과 식료품, 서류 가방 같은 물건과 손주를 들어 올리고 나르는 것과 관련된 기타 활동에 필요한 상체의 근력 평가	2.27kg의 덤벨을 들고 30초 동안 이두근 굽히기를 한 횟수	남녀 모두 정확한 자세로 11회 미만으로 실시하는 경우
6분간 걷기	걷기, 계단 오르기, 쇼핑, 관광과 같은 과제에 중요한 지구력 평가	45.7m 코스를 6분 동안 걸을 수 있는 거리(m)	남녀 모두 320m 미만인 경우
2분 제자리 걷기	공간적인 제한이나 날씨 때문에 6분간 걷기 테스트를 실시할 수 없을 때 대안이 되는 유산소 지구력 평가	오른쪽, 왼쪽 무릎을 각각 슬개골과 장골릉 중간 지점(무릎 높이 이상)까지 올리면서 2분간 실시한 완전한 스텝의 횟수	남녀 모두 65스텝 미만인 경우
의자에 앉아 앞으로 굽히기	좋은 자세, 정상적인 보행 패턴, 욕조나 차에 들어가고 나오기와 같은 다양한 운동성 과제에 중요한 하체 유연성 평가	의자 앞쪽에 앉은 자세에서 다리를 쭉 펴고, 양손을 발끝을 향해 뻗은 후 중지와 발끝 사이의 거리(cm)를 측정	• 남자: (−) 10cm 이상 • 여자: (−) 5cm 이상
등 뒤에서 양손 잡기	머리 빗기, 머리 위로 옷 입기, 좌석 벨트를 매기 위해 손 뻗기와 같은 과제에 중요한 상체(어깨) 유연성 평가	한 손은 어깨 위로 가져가고, 다른 손은 등의 가운데로 뻗게 하여 중지 사이의 거리(cm)를 측정	• 남자: (−) 20cm 이상 • 여자: (−) 10cm 이상
2.44m 왕복 걷기	버스 좌석에서 앉아 있다가 내릴 정거장에서 내리기, 일어서서 부엌일 돌보기, 일어서서 화장실 가기, 전화 받기와 같이 빠른 동작에 중요한 민첩성과 동적 균형 평가	앉은 자세에서 일어나서 2.44m를 걸은 다음 돌아서 다시 앉은 자세로 돌아가는 데 걸리는 시간(초)을 측정	9초 이상

핵심테마 03 노인 운동 프로그램의 설계

Speed 심화포인트

기능적 팔 뻗기 검사(Functional Reach Test: FRT)
- 균형을 잃지 않고 팔이 닿을 수 있는 최대 거리를 측정하여 동적 평형성을 평가한다.
- 노인의 낙상 위험도 범주 분류에 사용한다.

단기 신체 기능 검사(Short Physical Performance Battery: SPPB)
- 보행 속도, 균형 능력 및 의자에 앉았다 일어나기 시간의 점수를 합산하여 평가한다.
- 점수가 높을수록 더 높은 기능을 의미한다.

국민 체력 100에서 제시한 노인 체력 측정 항목 [기출 2024/2023]

건강 체력	근 기능 상지	상대악력(%)
	근 기능 하지	의자에 앉았다 일어서기(회/30초)
	심폐 지구력	6분 걷기(m), 2분 제자리 걷기(회)
운동 체력	유연성	앉아 윗몸 앞으로 굽히기(cm)
	평형성	의자에 앉아 3m 표적 돌아오기(초)
	협응력	8자 보행(초)

2. 노인을 위한 운동 및 운동 지침

(1) 필요성

규칙적인 신체 활동과 운동이 노인의 기능상의 능력과 건강을 향상시키고, 독립성과 삶의 질을 높일 수 있음

(2) 지침 내용

① 관절 가동 범위 향상을 위해 운동 프로그램에 걷기와 유산소 운동, 스트레칭과 같은 운동을 포함함
② 매일 중간 강도의 운동을 최소 30분 동안 누적할 것을 권고함
③ 유연성을 유지하고 평형성과 민첩성을 향상시키기 위해 균형 잡힌 스트레칭 프로그램을 1주일에 최소 2~3일 하는 것을 강조함
④ 유산소 운동 시 과부하를 증가시키기 전에 최소 2주의 적응 기간이 필요함
⑤ 저항성 운동 시 부하를 운동 중의 전문가가 세심하게 감독하고 관찰함
⑥ 유연성 운동 시 정적 스트레칭은 근육의 긴장감과 약간의 불편감이 느껴질 정도까지 실시함
⑦ 평형성 운동 시 모든 균형의 이동은 천천히 그리고 신중하게 수행함

Jump Up 이해

세계보건기구(WHO)가 제시한 65세 이상 노인의 신체 활동 권장 지침 [기출 2018]
- 65세 이상의 노인에게서 신체 활동은 여가 시간을 활용한 운동, 걷기나 사이클처럼 이동하면서 하는 활동, (아직도 일을 하는 경우) 직장일, 집안일, 놀이, 게임, 스포츠 또는 계획된 운동 등이다.
- 심폐 체력 및 근력, 뼈와 기능성 건강을 개선하고, 비전염성 질환, 우울증 및 인지 저하 위험을 감소시키기 위해 다음과 같이 권장된다.

❶ 65세 이상의 노인은 일주일에 적어도 합계 150분 이상의 중등도 유산소 활동 또는 일주일에 적어도 75분 이상의 격렬한 유산소 활동을 하거나, 아니면 동등량의 중등도 내지 격렬한 활동을 함께 실시한다.
❷ 유산소 활동은 적어도 10분 이상 지속되도록 실시한다.
❸ 건강 유익을 더하기 위해서, 성인은 중등도의 유산소 활동을 일주일에 300분, 또는 격렬한 활동을 일주일에 150분으로 늘리거나, 아니면 동등량의 중등도 내지 격렬한 활동을 섞어 해야 한다.
❹ 기동성이 낮은 이 연령대의 노인은 균형 감각을 강화하고 낙상을 방지하는 신체 활동을 1주일에 3일 이상 해야 한다.
❺ 근육 강화 활동은 주요 근육을 포함하여 일주일에 2일 이상 해야 한다.
❻ 이 연령 그룹의 노인이 건강 상태로 인해 권장량만큼의 신체 활동을 할 수 없는 경우 자기 컨디션에 맞게 신체 활동을 실시해야 한다.

미국스포츠의학회(American College of Sports Medicine: ACSM)에서 제시한 노인의 신체 활동 권고 지침 기출 2024/2022/2021/2020/2019

- 유산소 운동

빈도	• 중강도 신체 활동: 5일/주 이상 • 고강도 신체 활동: 3일/주 이상
강도	0~10까지의 운동 자각도 척도에서 5~6은 중강도, 7~8은 고강도로 설정
시간	• 중강도로 1일 최소 30~60분, 한 번에 최소 10분 이상으로 주당 총 150~300분 • 고강도로 1일 최소 20~30분으로 주당 총 75~100분 • 중강도 및 고강도로 위에 제시한 운동량에 상응하는 조합으로 실시
형태	운동, 걷기, 수중 운동 등 과도한 정형외과적 스트레스를 유발하지 않는 운동, 체중 부하에 제한이 있는 사람은 고정식 자전거 타기가 적합함

- 저항 운동

빈도	2일/주 이상
강도	• 저항 운동을 처음 시작하는 노인은 저강도(1RM의 40~50%)와 중강도(1RM의 60~80%) • 1RM을 측정할 수 없을 경우, 운동 자각도 0~10 범위에서 중강도(5~6) 운동과 고강도(7~8) 운동으로 설정 • 파워트레이닝: 저강도에서 중강도(1RM의 30~60%)로 설정
시간	• 대근육군으로 8~10종류의 운동으로 각각 8~12회 반복, 1~3세트 실시 • 파워트레이닝: 빠른 속도로 6~10회 실시, 단관절 및 다관절 운동(1~3세트) 포함
형태	점진적 웨이트 트레이닝 프로그램 또는 대근육군을 이용하는 체중 부하 유연체조, 계단 오르기, 대근육군을 사용하는 근력 강화 활동

- 유연성 운동

빈도	2일/주 이상
강도	근육의 긴장감과 약간의 불편감이 느껴질 정도까지 스트레칭하기
시간	30~60초 동안 스트레칭하기
형태	• 느린 움직임으로 유연성을 증진·유지시키는 동작 형태로 정적 스트레칭 기법을 이용하며, 각 대근육군을 위한 지속적인 신장을 통해 종료함 • 빠른 동적 움직임보다 정적 스트레칭이 적절함

미국스포츠의학회(American College of Sports Medicine: ACSM)에서 제시한 노인의 운동 부하 검사 기출 2021

- 낮은 운동 능력이 예상되는 사람들은 초기 부하가 낮아야 하고(3METs 이하) 부하 증가량도 작아야 한다(0.5~1.0METs). 노턴(Naughton) 트레드밀 프로토콜은 이러한 프로토콜의 좋은 예이다.
- 자전거 에르고미터 검사는 평형성과 신경근 협응력이 저조하거나, 시력 손상, 보행 실조, 체중 부하에 제한, 발에 문제가 있는 등의 경우 트레드밀 검사보다 더 적합할 수 있다. 자전거 에르고미터 검사는 국부 근피로가 운동 부하 검사를 조기에 종료시키는 요인이 될 수 있다.
- 평형성과 근력이 낮고, 신경근 협응력이 저조하거나 검사에 대한 두려움이 있다면, 트레드밀의 양측 손잡이를 잡고 검사를 실시할 필요가 있다. 이 운동 검사 방법은 최고 MET 능력을 예측하는 데 정확성을 감소시킬 수 있다.
- 트레드밀을 사용한 운동 부하 검사 시 부하는 속도보다 경사도를 증가시키면서 걷기 능력에 따라 적응시키는 것이 필요하다.
- 많은 노인들은 최대 운동 검사를 실시하는 동안 연령으로 예측된 최대 심박수(220-연령)를 초과하기 때문에 검사 종료 기준 설정 시 고려해야 한다.
- 약물 처치를 받고 있는 노인인 경우 일반적으로 예상되는 것과 다르게 운동에 따른 심전도 및 혈역학 반응에 영향이 있을 수 있다.

출제 0순위 공략! 꼭 풀어야 할 대표문제

01 [2023년 기출문제]

운동 프로그램의 원리 중 '특수성의 원리(specificity principle)'에 대한 설명으로 옳은 것은?

① 훈련 자극 및 강도를 지속적으로 증가시켜야 한다.
② 신체의 기능 향상을 위해서는 더 강한 부하를 주어야 한다.
③ 운동의 효과는 운동 중 사용한 특정 근육 및 부위에서 나타난다.
④ 노인의 개인 특성과 운동 능력 및 체력 수준을 고려하여 운동 형태를 결정해야 한다.

| 정답해설 |
특수성의 원리란 스포츠 종목 및 개인의 특성에 맞는 프로그램을 설계하여 트레이닝을 적용할 경우 근육 동작, 부위, 형태 등에 따라 효과가 달라지며, 더 효과적으로 적응에 도달한다는 원리이다.

| 오답해설 |
① 점진성의 원리에 관한 설명이다.
② 과부하의 원리에 대한 설명이다.
④ 개별성의 원리에 대한 설명이다.

02 [2022년 기출문제]

〈보기〉에 해당하는 대상자의 운동 참여 동기 유발을 위한 노인 스포츠지도사의 상담 내용으로 적절하지 않은 것은?

> 보기
> • 68세 어르신은 체중 조절과 건강 관리를 위한 운동에 관심이 있다.
> • 운동 참여 경험은 없지만, 지속적으로 운동에 참여하고 싶다.

① 가족, 친구들과 함께 운동하며, 사회적 교류 기회가 확대됨을 설명한다.
② 스트레스 해소와 활력감 증진에 도움이 됨을 설명한다.
③ 건강 및 체중 관리에 도움이 됨을 설명한다.
④ 질병 치료에 대한 기대감을 갖도록 설명한다.

| 정답해설 |
노인 운동의 동기 유발 요소에는 신체적 건강, 정신적 건강, 사회적 건강이 있다. 〈보기〉의 대상자는 체중 조절, 건강 관리 및 지속적인 운동 참여를 원하고 있다. 질병 치료에 대한 기대감은 대상자의 운동 참여 동기 유발 요소로 볼 수 없다.

03 [2023년 기출문제]

〈보기〉에서 설명하는 행동 변화 이론 또는 모형은?

> 보기
> • 자신의 신념(belief)과 행동(behavior)을 연결하는 이론
> • 구성 요인은 태도, 주관적 규범, 지각된 행동 통제, 의도, 행동통제인식

① 학습 이론(learning theory)
② 건강 신념 모형(health belief model)
③ 계획 행동 이론(theory of planned behavior)
④ 행동 변화 단계 모형(behavior change model)

| 오답해설 |
① 학습 이론: 인간 행동의 변화에 초점을 두고 그 변화를 촉진하는 자극이나 강화를 정밀하게 계획한 결과로 습득한 지식이 행동의 변화로 나타난다는 이론
② 건강 신념 모형: 신념이 건강을 추구하는 행동에 중요한 역할을 한다는 이론이다.
④ 행동 변화 단계 모형: 신체 활동을 행동으로 옮길 수 있다는 자기 효능감이 있으면 건강 행동으로의 변화가 쉽게 이루어진다는 이론이다.

04 [2024년 기출문제]

한국형 노인 체력 검사(국민 체력 100)의 측정항목과 측정방법의 연결이 옳지 않은 것은?

	측정 항목	측정 방법
①	협응력	8자 보행
②	심폐 지구력	6분 걷기
③	상지 근 기능	덤벨 들기
④	유연성	앉아 윗몸 앞으로 굽히기

| 정답해설 |
한국형 노인 체력 검사(국민 체력 100)에서 상지 근 기능은 상대악력(%)으로 측정한다.

정답 01 ③ 02 ④ 03 ③ 04 ③

핵심테마 03 | 노인 운동 프로그램의 설계

05 [2023년 기출문제]

〈보기〉에서 설명하는 이론은?

> **보기**
> 85세의 마이클 조던은 노화로 인한 신체 기능 저하로 더 이상 예전의 농구 기량을 보여줄 수 없게 되었다. 농구를 계속하고 싶었던 마이클 조던은 다음과 같은 전략을 수립했다.
> - 농구를 계속하기로 함
> - 풀코트 대신 하프코트, 40분 정규시간 대신 20분만 뛰기로 함
> - 동일한 연령대의 그룹과 경기하기로 함

① 반두라(A. Bandura)의 자기 효능감 이론
② 로우(J. Rowe)와 칸(R. Kahn)의 성공적 노화 이론
③ 펙(R. Peck)의 발달 과업 이론
④ 발테스와 발테스(M.Baltes&P.Baltes)의 보상이 수반된 선택적 적정화 이론

| 오답해설 |

① 반두라(A. Bandura)의 자기 효능감 이론: 자기 효능감이란 자신이 어떤 일을 잘 해낼 수 있다는 개인적 신념이다. 반두라의 자기 효능감 이론은 자기 효능에 관한 지각은 개인이 추구하거나 피하려고 선택하는 활동에 영향을 미쳐 그가 누구인지, 그가 무엇이 될 것인지를 결정하게 된다는 이론이다.
② 로우(J. Rowe)와 칸(R. Kahn)의 성공적 노화 이론: 질병이 없는 정상적 노화의 범주를 보통의 노화와 성공적인 노화로 구분하였다. 성공적 노화는 높은 수준의 인지적·신체적 기능 유지 및 좋은 인간관계, 생산적 활동에 적극적으로 참여하는 것이라고 주장하였다.
③ 펙(R. Peck)의 발달 과업 이론: 7단계 인간 발달 이론을 제시하면서 노년기에 심리적으로 적응해야 할 과업으로 '자아 분화 대 직업 역할 몰두', '신체 초월 대 신체 몰두', '자아 초월 대 자아 몰두'를 제시하였다.

06 [2022년 기출문제]

〈보기〉의 ㉠, ㉡에 들어갈 목표 심박수 범위가 바르게 나열된 것은?

> **보기**
> - 나이: 70세
> - 성별: 남성
> - 안정 시 심박수: 80회/분
> - 최대 심박수: 150회/분
> - 의사는 심폐 지구력 운동 시 목표 심박수 40~50% 강도를 권고
> - 카보넨(Karvonen) 공식을 활용한 목표 심박수의 범위는 (㉠)%HRR에서 (㉡)%HRR이다.

	㉠	㉡
①	108	115
②	115	122
③	122	129
④	129	136

| 정답해설 |

목표 심박수 측정을 위한 카르보넨(Karvonen) 공식은 (최대 심박수-안정 시 심박수)×운동 강도(%)+안정 시 심박수이다. 카르보넨 공식을 적용하여 계산하면 ㉠은 (150-80)×0.4+80=108이고, ㉡은 (150-80)×0.5+80=115이다.

| 심화해설 |

목표 심박수 측정을 위한 카르보넨(Karvonen) 공식
- 목표 심박수=(최대 심박수-안정 시 심박수)×운동 강도(%)+안정 시 심박수
- 최대 심박수=220-나이
- 안정 시 심박수=(10초 동안 측정한 심박수)×6

정답 05 ④ 06 ①

07 [2024년 기출문제]

노인의 신체 기능 검사에 관한 설명으로 옳지 <u>않은</u> 것은?

① 6분 걷기 검사는 6분 동안 걸을 수 있는 최대 거리(m)로 심폐 지구력을 평가하고, 장거리 보행이나 계단 오르기 등의 일상생활 동작과 관련이 있다.
② 기능적 팔 뻗기 검사(FRT)는 균형을 잃지 않고 팔이 닿을 수 있는 최대 거리를 측정하여 동적 평형성을 평가하고, 노인의 낙상 위험도 범주 분류에 사용된다.
③ 노인 체력 검사(SFT)의 어깨 유연성을 평가하는 '등 뒤에서 손잡기' 검사는 머리 위로 옷을 벗거나, 자동차에서 안전 벨트를 매는 동작과 관련된 항목이다.
④ 단기 신체 기능 검사(SPPB)는 보행 속도, 균형 능력 및 의자 앉았다 일어나기 시간의 점수를 합산하여 평가하고 점수가 높을수록 더 낮은 기능을 의미한다.

| 정답해설 |
단기 신체 기능 검사(SPPB)는 보행 속도, 균형 능력 및 의자 앉았다 일어나기 시간의 점수를 합산하여 평가하고 점수가 높을수록 더 높은 기능을 의미한다

08 [2024년 기출문제]

〈보기〉에서 설명하는 노인의 행동 변화 이론은?

> **보기**
> - 인간의 행동 변화는 환경의 영향, 개인의 내적 요인, 행동 요인에 영향을 받는다.
> - 자아 효능감은 행동 변화와 밀접한 관련이 있다.
> - 운동 지도자의 격려를 통해 지속적으로 운동 프로그램에 참여한다.

① 지속성 이론(continuity theory)
② 건강 신념 모형(health belief theory)
③ 사회 인지 이론(social cognitive theory)
④ 계획 행동 이론(planned behavior theory)

| 오답해설 |
① 지속성 이론: 개인이 성인이 되면서 습득한 인격 성향이 다른 형태의 노화 패턴을 만들어 낸다는 이론이다.
② 건강 신념 모형: 건강을 추구하는 행동에 신념이 중요한 역할을 한다는 이론이다.
④ 계획 행동 이론: 자신의 신념과 행동을 연결하는 이론이다.

09 [2025년 기출문제]

노인의 운동 빈도에 관한 설명으로 옳지 <u>않은</u> 것은?

① 운동 빈도는 규칙적이어야 한다.
② 신체적으로 무리가 없는 경우 주 5일 이상도 권장된다.
③ 운동 의욕이 높은 노인의 경우 매일 강도 높은 운동이 권장된다.
④ 운동 효과와 피로도를 고려했을 때 주 3회 정도가 가장 적절하다.

| 정답해설 |
운동 의욕이 높다고 매일 강도를 높게 설정하는 것이 아니라 적절히 조절해야 한다.

10

ACSM이 제시한 노인의 신체 활동 권고 지침으로 가장 옳지 <u>않은</u> 것은?

① 유산소 운동은 주 3~5일 실시하며 중강도로 1일 최소 30~60분 수행해야 한다.
② 저항 운동은 주 2일 이상 실시하며 8~10종류의 대근육군 운동을 수행해야 한다.
③ 저항 운동 강도는 1RM을 기준으로 설정하며 1RM 측정이 어려울 경우 운동 자각도를 이용한다.
④ 유연성 운동은 주 2일 이상 실시하며, 관절의 불편감이 느껴질 정도까지 스트레칭한다.

| 정답해설 |
유연성 운동은 주 2일 이상 실시하며, 근육의 긴장감과 약간의 불편감이 느껴질 정도까지 스트레칭한다.

정답 07 ④ 08 ③ 09 ③ 10 ④

핵심테마 03 | 노인 운동 프로그램의 설계

11 [2023년 기출문제]

〈보기〉에서 설명하는 운동 원리는?

보기

노인 스포츠지도사는 일상적인 환경에서의 움직임과 연관된 동작을 포함하는 운동 프로그램을 설계하고 실행해야 한다.

① 기능 관련성 원리
② 난이도 원리
③ 점진성 원리
④ 과부하 원리

| 오답해설 |

② 난이도의 원리: 선별된 활동이나 운동들은 개인 고유의 능력이나 환경 요구 사항에 맞춰 변경한다.
③ 점진성의 원리: 트레이닝 프로그램 전체를 통해 추가적인 향상을 촉진하기 위해서는 트레이닝의 양을 점진적으로 증가시켜야 한다.
④ 과부하의 원리: 체력 구성 요소의 향상을 촉진하기 위해 신체의 생리적 시스템은 평상시 신체 활동보다 더 많은 부하에 의해 자극을 받아야 한다.

정답 11 ①

핵심테마 04 질환별 프로그램 설계

이해와 암기를 동시에! 출제우선순위 핵심테마

 Speed 심화포인트

1 호흡·순환계 질환 운동 프로그램

1. 관상 동맥성 심장 질환 [기출 2020]

① 하나 이상의 관상 동맥이 죽상 경화증이나 혈관 경련으로 인해 좁아진 상태
② 발병률: 80대 남성과 여성 모두 약 60%에 해당, 65세 이상의 약 1/4 정도가 증상을 보이며, 이 연령대의 노인들이 급성 심근 경색 발생의 2/3를 차지함
③ 증상: 가슴 통증, 현기증, 부정맥, 호흡 곤란 등
④ 운동 프로그램
  ㉠ 운동 형태: 걷기 또는 자전거 타기 등을 권장
  ㉡ 운동 시간: 운동 지속 시간은 20~30분 정도
  ㉢ 운동 강도: 여유 심박수의 50%를 목표 심박수로 결정하여 강도 선정
  ㉣ 운동 빈도: 주 3회

2. 고혈압 [기출 2022/2020/2018]

① 최고 혈압이나 최저 혈압이 평균치(수축기 140mmHg/이완기 90mmHg)보다 높은 것

1단계	수축기 혈압 140~159mmHg 혹은 이완기 혈압 90~99mmHg
2단계	수축기 혈압 160~179mmHg 혹은 이완기 혈압 100~109mmHg
3단계	수축기 혈압 180mmHg 이상 혹은 이완기 혈압 110mmHg 이상

> 고혈압 증상자는 나트륨 섭취 제한, 체중 조절, 유산소 운동을 권장함

② 운동 프로그램
  ㉠ 운동 형태
    • 걷기 운동, 가벼운 조깅, 자전거 타기 등의 유산소성 운동을 권장함
    • 근력의 쇠퇴를 억제하기 위해 정적 근수축 운동보다 동적 근수축 운동을 권장하며, 저항 운동 시 발살바 메뉴버(Valsalva maneuver)에 의한 혈압 상승에 주의해야 함
    • 운동에 대한 심박수 반응을 둔화시키는 심장 약물인 베타 차단제를 복용 중인 사람에게는 운동 강도를 정하기 위해 운동 자각도(RPE)를 측정할 것을 권장함
    • 알파 차단제, 칼슘 통로 차단제, 혈관 확장제와 같은 항고혈압제는 운동 후 혈압을 과도하게 감소시킬 수 있어 주의해야 함
  ㉡ 운동 시간: 운동 지속 시간은 1회에 30~60분이 적당
  ㉢ 운동 강도
    • 심폐 지구력 운동: 40~60% VO_2max
    • 운동 자각도 Borg 지수: 11(편하다)~13(약간 힘들다)
    • 근력 운동: 부위의 최대 근력(1RM) 40~60%/세트당 8~12회
    • 보다 낮은 강도의 운동이 더 안전할 수 있으며, 동시에 혈압을 낮춰 준다는 점에서 보면 고강도의 운동과 같은 효과를 얻을 수 있음
  ㉣ 운동 빈도: 운동 횟수는 주 2~3회에서 점차적으로 늘릴 것을 권장함

> 낮은 강도로 하는 운동 훈련이 높은 강도로 하는 운동만큼 혈압을 낮춰 주는 것으로 나타남

3. 뇌졸중 기출 2025

① 혈전이나 출혈로 인해 발생하는 뇌순환 기능의 갑작스럽고 심각한 쇠퇴로, 뇌경색으로 귀착
② 분류: 모든 뇌졸중의 약 10%는 출혈성 뇌졸중이고, 나머지는 허혈성 뇌졸중임
③ 운동 프로그램
  ㉠ 회복을 최대화하고, 일생 동안 건강 상태와 기동성을 유지하고 개선하는 데 운동 훈련의 목적을 두어야 함
  ㉡ 지구력 운동, 저항력 훈련, 유연성 운동, 평형성 및 기동성 운동 등을 포함한 모든 종류의 활동이 동원되어야 함
④ 뇌졸중 환자의 운동 시 주의 사항
  ㉠ 낙상 위험이 있으므로 균형감각과 기동성 향상을 위한 운동을 실시해야 함
  ㉡ 장애 정도가 심하다면 앉은 자세 또는 보조기구를 사용하여 천천히 운동을 실시해야 함
  ㉢ 스트레칭 시 마비가 있는 쪽을 포함해 양쪽 모두 전체적으로 실시해야 함
  ㉣ 우측의 마비는 언어적 기능의 손상이 발생하여 행동적 시범을 보이는 것을 고려해야 함
  ㉤ 좌측의 마비는 우뇌의 시공간지각 장애가 발생하여 시각적 단서 제공과 반복연습을 고려해야 함

4. 폐 질환(천식과 만성 폐쇄성 폐 질환) 기출 2024

(1) 천식

① 정의 및 증상
  ㉠ 회복될 수 있는 기도 폐쇄, 기도의 염증, 다양한 자극에 대해 기도의 반응성이 높아지는 특징을 보이는 호흡기 질병 → 폐기종이나 울혈성 심부전으로 분류
  ㉡ 천식 환자의 운동 유발성 기관지 수축은 추운 환경, 대기오염, 스트레스에 의해 촉발
  ㉢ 천식의 증상은 운동으로 악화될 수 있으며, 운동 유발성 천식 발작에 주의
② 운동 프로그램
  ㉠ 운동 형태
    • 걷기, 실내 자전거, 등산, 에어로빅, 수영, 물속에서 걷기 등
    • 물속에서 하는 운동은 기관지 천식 환자에게 적절한 운동임
  ㉡ 운동 시간
    • 운동 지속 시간은 20~30분으로 짧게 실행
    • 한꺼번에 계속해서 운동하지 말고 반드시 중간에 휴식을 취함
    • 운동 유발성 천식 발작에 주의해야 함
  ㉢ 운동 강도: 낮은 강도에서 시작하여 적응이 되어 가는 상황에 따라 조금씩 강도 증가
  ㉣ 운동 빈도: 운동 지속 시간이 짧기 때문에 매일 하는 것을 추천

(2) 만성 폐쇄성 폐 질환

① 정의 및 증상
  ㉠ 기도 폐색을 말함. 보통 만성 기관지염 혹은 폐기종을 가리키나, 천식이나 낭포성 섬유증과 같은 다른 호흡기 질병 역시 포함될 수 있음

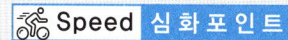

핵심테마 04 질환별 프로그램 설계

Speed 심화포인트

ⓒ 만성 폐쇄성 폐 질환의 주요 증상은 호흡 곤란, 가래, 만성적인 기침임
ⓓ 만성 폐쇄성 폐 질환자의 기도 저항은 호흡근 약화를 초래
② 증상: 호흡기 근육의 약화로 호흡기 근육 기능 장애, 숨 쉬기가 더 힘든 증상, 극심한 팽창에 따른 호기근의 비효율적인 활동 포함
③ 사망률: 65~74세 사이의 연령대에서 남자가 여자보다 두 배 이상, 75~84세 사이의 연령대에서는 세 배 이상 높음
④ 운동 프로그램
  ㉠ 주요 목적은 호흡의 효율을 개선하고 운동 지구력을 키우는 것임
  ㉡ 몸이 약할수록 인터벌 트레이닝 기술이 더 강조되어야 함
  ㉢ 노인을 위한 운동 프로그램은 산소 소비량에 별 변화가 없는 유산소성 지구력 운동을 선택하면서 그들의 흥미와 재능에도 초점을 맞춤

5. 당뇨병 기출 2025/2024/2020/2018/2016

① 인슐린의 분비량이 부족하거나 정상적인 기능이 이루어지지 않는 대사 질환의 일종으로, 혈중 포도당 농도가 높은 것이 특징임
② 발병률: Ⅱ형 당뇨병 인구의 약 50%가 65세 이상으로, 노인들에게 흔한 질병이며, 심장병, 수족 절단, 뇌졸중, 신장 질환 등을 초래함
③ 원인
  ㉠ Ⅰ형 당뇨병: 신체의 인슐린을 생성하는 췌장 베타(β) 세포의 파괴
  ㉡ Ⅱ형 당뇨병: 결함이 있는 인슐린 분비와 함께 나타나는 인슐린 저항성
④ 운동 프로그램
  ㉠ 운동 형태: 걷기, 조깅, 자전거 타기, 수영, 계단 오르기, 등산 등
  ㉡ 운동 시간: 식사 후 30~60분에 운동 시작, 20~60분 동안 운동 지속
  ㉢ 운동 강도
    • 유산소 운동: 저강도~낮은 고강도, 최대 산소 섭취량의 40~60%, 여유 심박수의 30~50%
    • 근력 운동: 1RM의 30~50%가 적당
  ㉣ 운동 빈도: 주 3회 이상이 적당
⑤ 당뇨병 환자의 운동 시 주의 사항
  ㉠ 반드시 운동 전 당뇨 검사 필요
    • 혈당이 100mg/dL 이하이면 간단한 음식 섭취
    • 혈당이 100~250mg/dL이면 안전하게 운동이 가능함
    • 혈당이 250mg/dL 이상이면 운동을 연기하고 소변 케톤 검사를 함
  ㉡ 케톤 검출 시 인슐린을 투여하여 혈당을 250mg/dL 이하로 내린 다음 운동 실시
  ㉢ 운동은 식후 1~3시간 이후 실시하고, 장시간 운동 시 30분마다 당분 섭취
  ㉣ 운동 중 관절이나 근육의 손상에 주의하고 운동화는 발에 잘 맞는 것으로 선택
  ㉤ 합병증을 주의해야 함
  ㉥ 식품과 인슐린의 적절한 균형을 유지하는 것이 중요함
⑥ 당뇨병 환자의 운동 효과
  ㉠ 인슐린 저항성 감소
  ㉡ 체지방 감소
  ㉢ 죽상 동맥 경화 합병증 위험 감소
  ㉣ 인슐린 민감성 증가
  ㉤ 골격근의 포도당 수송 능력 증가

당뇨병의 진단

다음 3가지 증상 중 한 가지 이상이 나타나면 당뇨병으로 진단한다.
• 공복 시 혈당이 126mg/dL 이상(정상은 110mg/dL 미만)인 경우
• 당뇨병의 전형적인 증상인 다음(물을 자주 많이 마심), 다뇨(소변을 자주 봄), 다식(음식을 많이 먹음), 체중 감소(몸무게가 줆)의 경우
• 경구 포도당 부하 검사에서 한 번이라도 혈당이 200mg/dL 이상(공복 상태에서 혈당 검사를 한 다음 포도당을 먹고 30분 간격으로 혈당 검사를 4~6회 실시)인 경우

ⓑ 당뇨병 전단계에서 제2형 당뇨병으로의 진행 예방
⑦ 저혈당 증세의 노인에 대한 응급 처치
  ㉠ 휴식과 당 섭취에도 저혈당 증세가 있으면 의사에게 연락할 것
  ㉡ 진행 중이던 운동을 멈추고 휴식을 취할 것
  ㉢ 신속히 흡수될 수 있는 당질 15~20g을 섭취할 것
  ㉣ 증상이 호전되면 가벼운 식사와 충분한 휴식 후 운동을 다시 시작할 것

6. 비만 기출 2025/2020/2019

① 인체 에너지의 공급과 소비의 불균형이 생겨 체내 지방량이 비정상적으로 증가하는 질환
② 원인: 유전적 요인, 환경적 요인(잘못된 식습관, 운동 부족, 스트레스)
③ 운동 프로그램
  ㉠ 운동 형태: 유산소성 운동, 체중 부하 운동(걷기, 달리기, 등산, 계단 오르기 등)보다 비체중 부하 운동(수영, 자전거)을 권장
  ㉡ 운동 시간: 운동 지속 시간은 30~60분 정도
  ㉢ 운동 강도
    • 운동 강도 설정 시 최대 심박수(HRmax)보다 운동 자각도('전혀 힘들지 않다' 6점~'최고로 힘들다' 20점까지의 수치로 측정)를 기준으로 하기를 권장
    • 낮은 강도 운동으로 시작하여 점차적으로 강도를 높임
  ㉣ 운동 빈도: 주 3~5회
④ 비만자의 규칙적인 운동의 효과
  ㉠ 생리적 효과: 에너지 소비량의 증가, 근육량의 유지 또는 증가, 체지방의 감소, 기능적인 능력의 개선, 인슐린 조직 감수성의 증가, 안정 시 및 운동 시의 심박수 저하, 심장 부담의 감소, 신경근 협응의 개선 등
  ㉡ 심리적 효과: 지각의 향상, 자신감의 증대, 자기 만족감의 증가, 사교성의 향상, 장래에 대한 기대감 진보 등

7. 고지질 혈증(이상 지질 혈증, 고지혈증) 기출 2020

① 혈액의 응고에 변화를 일으켜 혈액 점도를 상승시키고, 혈관 염증에 의한 말초 순환 장애를 일으키는 상태로, 동맥에 죽상 경화를 발생시켜 뇌경색 또는 심근 경색의 직접적인 원인이 됨
② 원인: 유전적 요인, 환경적 요인(비만, 술, 당뇨병 등)
③ 수치: 혈액 중 콜레스테롤 240mg/dL 이상, LDL 콜레스테롤 160mg/dL 이상, 중성 지방 200mg/dL 이상인 경우 고지질 혈증으로 진단
④ 운동 프로그램
  ㉠ 운동 형태: 유산소 운동(걷기, 달리기, 수영, 자전거 등) 및 저항 운동
  ㉡ 운동 시간: 30~60분
  ㉢ 운동 강도: 최대 산소 섭취량의 50~60%, 운동 자각도(RPE) 11~13 수준의 신체 활동
  ㉣ 운동 빈도: 주 3~6회
  ㉤ 근력 운동보다 유산소 운동이 더욱 효과적
  ㉥ 운동과 식이 제한을 병행할 경우 더욱 효과적
  ㉦ 유산소 운동은 대략 20분 이상 지속할 것을 권장

핵심테마 04 질환별 프로그램 설계

Speed 심화포인트

말초 동맥 질환
- 죽상 동맥 경화 병변이 특징인 질환
- 위험 요인은 연령, 흡연, 고혈압, 당뇨병, 이상지질혈증
- 주요 증상은 체중 부하 움직임 시 하지의 간헐적 파행

Jump Up 이해

미국스포츠의학회(ACSM, American College of Sports Medicine)에서 제시한 죽상 경화증 심혈관 질환(관상 동맥 질환) 위험 요인 및 기준의 정의 [기출 2024/2021]

음성 위험 요인이 해당되면 양성 심혈관 질환 위험 요인의 합계에서 하나의 위험 요인을 제외한다.

양성 위험 요인	기준의 정의
연령	남자≥45세, 여자≥55세
가족력	아버지 또는 남자 형제 중 55세 이전, 어머니 또는 여자 자매 중 65세 이전에 심근 경색, 관상 동맥 혈관 재형성술 및 급사한 가족이 있음
흡연	현재 흡연자, 6개월 이내에 금연자, 흡연 환경에 노출
신체 활동 부족	최소 3개월 동안 주당 최소 3일, 중강도의 신체 활동을 30분 이상 참여하지 않음
비만	체질량 지수≥30kg/m², 허리둘레 남자＞102cm(40inch), 여자＞88cm(35inch)
고혈압	최소 2회 이상 측정하여 수축기 혈압≥140mmHg 또는 이완기 혈압≥90mmHg, 또는 항고혈압제 복용
이상 지질 혈증	• 저밀도 지단백 콜레스테롤≥130mg/dL • 고밀도 지단백 콜레스테롤＜40mg/dL • 총콜레스테롤≥200mg/dL
당뇨병	• 공복 혈당≥126mg/dL • 경구 혈당 강하제 투여 2시간 후≥200mg/dL • 당화 혈색소(HbA1C)≥6.5%

음성 위험 요인	기준의 정의
고밀도 지단백 콜레스테롤	≥60mg/dL

2 근골격계 질환 운동 프로그램 [기출 2024/2023/2022/2020/2018/2017]

1. 골다공증 [기출 2025]

① 낮은 골밀도와 뼈 조직의 미세 구조 변화에 따라 나타나는 골격계 질환
② 원인: 유전적 요인, 폐경, 약물, 뼈 조직에 대한 부하량 감소 등
③ 발병률: 60세 이상 여성의 1/4이 골다공증을 앓고 있으며, 자궁 절제술을 받은 적이 있는 여성의 절반에게서 나타남
④ 발병 대상: 척추의 골밀도가 높고 정상적인 동성의 성인 평균보다 2.5 표준 편차 아래
⑤ 운동 프로그램
　㉠ 운동 형태
　　• 체중 부하 운동이나 균형감을 증진시키는 운동 권장
　　• 걷기, 등산과 같은 유산소성 운동과 저항성 근력 운동 병행
　　• 수영, 수중 운동, 자전거 타기 등은 체중이 부하로 작용하지 않기 때문에 뼈에 대한 효과는 별로 없지만, 근육에 대한 효과가 있어 도움이 될 수 있음
　㉡ 운동 시간: 운동 지속 시간은 30분 이상
　㉢ 운동 강도
　　• 유산소 운동: 최대 산소 섭취량의 60~80%
　　• 근력 운동: 최대 근력의 60~80%에서 시작하여 점차적으로 늘림

ⓔ 운동 빈도
- 유산소 운동: 주 3~5회
- 근력 운동: 주 3회가 적당

⑥ 골다공증 환자의 운동 시 주의 사항
㉠ 운동에 따르는 위험성 여부를 확인함
㉡ 준비 운동과 정리 운동을 실시함
㉢ 척주 골절 환자는 신전 근육이 약화되어 있으므로 가벼운 중량으로 운동을 실시함
㉣ 심한 골다공증의 노인은 체중 부하 운동 대신 수영, 수중 운동 등을 시행함
㉤ 운동 시 낙상에 주의
㉥ 주위 환경이 잘 정리되어 있는지 확인함
㉦ 1주에 2~3회 정도 평형성 향상을 위한 운동을 권장함
㉧ 같은 근육군을 반복적으로 사용하는 운동은 수행에 어려움이 있음
㉨ 골다공증이 심한 노인에게는 최대 근력 검사를 권장하지 않음

⑦ 골다공증 환자의 운동 효과
㉠ 체중 부하 운동 시 골밀도 감소의 개선 및 증가
㉡ 운동을 통해 골밀도가 증가하고 이를 통해 골절이 예방

2. 관절염 기출 20254/2023

① 골관절염과 류머티스성 관절염으로 구분함

골관절염	• 가동 관절에 있는 뼈 바깥 부분의 연골 조직이 얇아지며 나타남 • 통증, 조조강직, 환부의 가동 범위 축소 등의 증상이 발생함
류머티스성 관절염	• 여성에게 흔하게 발생함 • 환부에 만성적인 염증, 통증, 조조강직, 환부가 붓는 등의 증상이 발생함

② 운동 프로그램
㉠ 운동 형태
- 가벼운 유산소 운동과 근력 운동을 권장
- 수영 및 자전거 타기 등을 이용한 운동 치료 및 물리 치료를 초기 치료로 병행
- 수중 운동 시 수온은 29~32℃가 적정

㉡ 운동 시간: 운동을 한 후 쉬었다가 다시 운동하는 인터벌 트레이닝 방법 권장
㉢ 운동 강도
- 유산소 운동: 여유 심박수의 40~60%
- 근력 운동: 1RM의 40~60%

㉣ 운동 빈도: 주 3회 이상이 적당, 총 운동 시간은 주당 150분 정도가 적정

③ 관절염 환자의 운동 시 주의 사항
㉠ 운동 중이나 직후에 통증을 유발하는 운동은 하지 않음
㉡ 통증이 있는 관절 주위의 근육을 운동시키는 방법을 모색
㉢ 저항 운동을 하되 특정한 관절에 통증을 유발하는 운동은 등척성 근력 운동으로 대체
㉣ 운동 전후에 냉찜질 또는 온찜질을 실시
㉤ 불편함을 느끼기 시작하는 강도보다 낮은 강도의 운동을 유지
㉥ 특정 관절을 혹사시키지 않기 위해 크로스 트레이닝을 이용
㉦ 충격과 체중을 적게 받는 운동 추천
㉧ 수중 운동을 실시할 경우 물의 온도는 약 29~32℃ 권장

조조강직
아침에 일어나서 또는 똑같은 자세를 오랜 시간 유지하고 있으면 관절이 뻣뻣해져 움직이기 힘든 증상

핵심테마 04 질환별 프로그램 설계

Speed 심화포인트

④ 관절염 환자의 운동 효과
  ㉠ 유연성 운동 시 유연성이 향상되고 관절의 가동 범위가 증가
  ㉡ 근력 운동 시 관절염 주위의 근력을 강화하면 관절보호 효과 증가

3. 척추 손상

① 척추 손상의 개념
  ㉠ 발생한 부위의 이하에서 신체적, 감각적, 자율 기능의 상실한 것을 의미함
  ㉡ 목뼈 부위의 손상은 목뼈 아래의 전체적 기능상실을 발생시킴
  ㉢ 가슴, 허리, 엉치 부위의 손상은 하반신 마비를 발생시킴

② 운동 프로그램
  ㉠ 운동 형태
   • 가능한 가장 큰 근육량을 참여하며 노 젓기, 에르고메트리, 롤러 등을 사용
   • 저항운동 머신을 권장하며 사용할 수 없는 경우 덤벨 또는 튜브 등을 사용
   • 능동적 스트레칭을 실시하며 불가능할 경우 보조자를 이용하여 실시
  ㉡ 운동 시간: 20~40분 또는 30~44분으로 점진적 증가
  ㉢ 운동 강도
   • 유산소 운동은 중강도(최대 산소 섭취량의 40~59%)또는 고강도(최대 산소 섭취량의 75~90%)로 실시
   • 근력 운동은 최대 근력의 50%에서 시작하여 점진적으로 80%까지 진행
  ㉣ 운동 빈도: 유산소 운동은 최소 주 2일에서 시작하여 점진적으로 주 3일까지 증가시키고, 저항 운동은 최소 주 2일 실시

③ 척추 손상 환자의 운동 시 주의 사항
  ㉠ 일반적으로 근육에 대해 간과하지 않고 모든 신경 분포 근육군에 대한 저항 운동을 포함함
  ㉡ 근육 불균형과 경직이 있는 관절에 대해 운동 치료가 필요할 수 있으며, 주요 목표는 관절 구축 및 관절 가동 범위 감소의 예방·교정임
  ㉢ 모든 근육, 특히 강직성 근육은 근육 불균형과 구축을 악화시킬 수 있는 경직의 유도를 최소화하기 위해 천천히 스트레칭을 해야 함

3 신경계 질환 운동 프로그램

1. 파킨슨병 기출 2017/2016

① 도파민 감소로 인한 운동 완서, 근육 경직, 휴식 시 진전, 자세 불안정, 균형 감각 장애
② **징후**: 걸음이 점점 빨라지는 걸음걸이 형태 등
③ 운동 프로그램
  ㉠ 눕고, 앉고, 서고, 걷는 동안 다양한 범위의 동작을 통해 실시되는 느리고 절도 있는 운동을 포함
  ㉡ 트레드밀보다 실내 자전거 타기, 뒤로 기대어 실시하는 스테핑 운동 또는 암 사이클 운동처럼 앉은 자세에서 수행하는 유산소 운동이 안전한 형태

2. 알츠하이머병 기출 2024/2019/2017/2016

① 신경 장애로서 정신적인 기능을 약화시키는 결과를 가져오며, 노인 치매를 유발하는 가장 흔한 요인

② **증상**: 기억력, 일상적인 일 수행, 시간 및 공간을 판단하는 일, 언어와 의사소통 기술, 추상적 사고 능력에 돌이킬 수 없는 감퇴가 나타나고, 성격이 바뀌며, 판단력에 손상을 입음

③ **운동 프로그램**
　㉠ 운동 형태: 걷기, 조깅, 자전거 타기, 수영 등과 같은 유산소 운동
　㉡ 운동 시간: 운동 지속 시간은 30분 이상
　㉢ 운동 강도: 옆 사람과 이야기하면서 운동할 수 있을 정도로 '약간 가볍다' 수준이면 충분
　㉣ 운동 빈도: 주 4회 이상

④ **알츠하이머 치매 환자의 운동 시 주의 사항**
　㉠ 신체 및 정신적 건강이 쇠퇴하면서 생기는 문제에 대한 대처가 필요함
　㉡ 운동 프로그램이나 운동 환경에 흥분할 수도 있는 행동 변화를 배려해야 함
　㉢ 병이 진행됨에 따라 보호자가 운동 프로그램에 데려오고 싶지 않아 하는 것에 대처해야 함
　㉣ 적합한 운동 형태로는 계단 오르내리기, 밴드를 이용한 저항 운동, 물건 들고 안전하게 보행하기, 대근육군을 사용하는 자전거 타기 등이 있음
　㉤ 꾸준함과 인내심을 가지고 운동 프로그램에 대한 흥미를 계속 유지할 수 있도록 용기를 주어야 함
　㉥ 지도자나 보호자를 동반하여 운동 실시
　㉦ 복잡하고 새로운 운동보다 단순하고 반복적인 운동 실시
　㉧ 중증 치매 노인의 경우 그룹 운동보다 개별 운동으로 진행하는 것이 더 효과적임
　㉨ 매일 하루 30분씩만 걸어도 치매가 예방된다고 할 만큼 규칙적이고 적당한 운동이 필수임
　㉩ 적절한 영양 섭취가 병행되어야 함

⑤ **치매 환자의 운동 효과**
　㉠ 수면의 질 향상
　㉡ 변비 증상의 완화
　㉢ 움직임 능력의 향상
　㉣ 기억 능력 향상
　㉤ 사회적 기술과 소통 능력의 향상
　㉥ 근력 향상으로 낙상 예방
　㉦ 스트레스와 우울, 불안의 감소
　㉧ 정신 능력의 저하와 관련된 질병의 감소
　㉨ 치매 관련 행동의 감소

Jump Up 이해

노인 일상생활 평가 기출 2024
- 기본 일상생활 활동 평가(Activities of Daily Living: ADL) 항목: 개인 위생, 목욕하기, 식사하기, 용변처리, 계단 오르내리기, 옷 입기, 대변 조절, 소변 조절, 보행, 의자차, 의자·침대 이동
- 도구적 일상생활 활동 평가(Instrumental Activities of Daily Living: IADLs) 항목: 시장보기, 교통수단 이용, 돈 관리, 기구 사용과 집안일하기, 음식 준비, 전화사용, 약 복용, 최근 기억, 취미 생활, 텔레비전 시청, 집안 수리

출제 0순위 공략! 꼭 풀어야 할 대표문제

01 [2025년 기출문제]

뇌졸중 노인을 위한 운동 지도 시 고려해야 할 사항은?

① 우측마비 노인의 경우 언어지시보다 행동적 시범을 보인다.
② 마비가 없는 쪽에 집중적으로 스트레칭 운동을 실시하도록 한다.
③ 낙상 위험이 있으므로 균형감각과 기동성 향상을 위한 운동을 실시하지 않는다.
④ 장애 정도가 심한 노인의 경우 똑바로 선 상태에서 스텝핑 운동을 빠르게 하도록 한다.

| 정답해설 |
우측의 마비는 좌뇌의 손상이 발생한 것이며, 이는 언어적 기능의 손상이 발생하였기 때문에 행동적 시범을 보이는 것을 고려해야 한다.

| 심화해설 |
우뇌의 손상
우뇌의 손상은 좌측의 손상을 발생시키며, 시공간 지각장애와 관련 있다.

02 [2024년 기출문제]

노인 폐 질환에 관한 설명으로 옳지 않은 것은?

① 천식의 증상은 운동으로 악화되지 않는다.
② 만성 폐쇄성 폐 질환자의 기도 저항은 호흡근 약화를 초래한다.
③ 만성 폐쇄성 폐 질환의 주요 증상은 호흡 곤란, 가래, 만성적인 기침이다.
④ 천식 환자의 운동 유발성 기관지 수축은 추운 환경, 대기오염, 스트레스에 의해 촉발된다.

| 정답해설 |
천식의 증상은 운동으로 악화될 수 있으며, 운동 유발성 천식 발작에 주의해야 한다.

03 [2024년 기출문제]

〈보기〉에서 〈표〉의 특성을 가진 노인의 운동 처방에 관한 설명으로 옳은 것만을 모두 고른 것은? (단, ACSM, 2022 기준)

나이	68세	성별	남
신장	170cm	체중	65kg
흡연 여부	O	BMI	22.5kg/m²
혈압	SBP 129mmHg, DBP 88mmHg	공복 시 혈당	98mg/dL
LDL-C	123mg/dL	HDL-C	41mg/dL

- 근력 운동의 경험 없음
- 지난 3개월 동안 주 2회, 20분 정도의 천천히 걷기 운동
- 걷기 운동 시 별다른 신체적 증상 없으나 가끔 종아리 통증이 느껴짐

보기
㉠ 심혈관 질환 양성 위험 요인은 1개이다.
㉡ 선별 알고리즘에 따라 중강도 운동 시 의료적 허가가 권장되지 않는다.
㉢ 운동 자각도(10점 척도) 5~6의 빠르게 걷는 유산소 운동을 한다.
㉣ 1RM의 40~50%의 강도로 대근육군을 활용한 근력 강화 운동을 한다.
㉤ 과체중이므로 체중감량을 위한 운동 처방을 해야 한다.

① ㉠, ㉡, ㉢
② ㉠, ㉣, ㉤
③ ㉡, ㉢, ㉣
④ ㉢, ㉣, ㉤

| 오답해설 |
㉠ 심혈관 질환 위험 요인은 연령(남자≥45세), 흡연, 신체 활동 부족 총 3가지이다.
㉤ BMI 수치가 22.5kg/m²이므로 정상이다

정답 01 ① 02 ① 03 ③

핵심테마 04 | 질환별 프로그램 설계

04 [2024년 기출문제]

노인의 근·골격계 질환에 관한 권장 운동으로 옳지 <u>않은</u> 것은?

① 골다공증: 골밀도 증가를 위한 수영
② 관절염: 관절 부담을 적게 주는 자전거 운동
③ 척추질환: 단축된 결합 조직을 이완시키는 유연성 운동
④ 근감소증: 넘어짐을 예방하기 위한 체중 부하 근력 운동

| 정답해설 |
수영은 체중이 부하로 작용하지 않기 때문에 근육에 대한 효과는 있으나, 뼈에 대한 효과는 별로 없다.

05 [2022년 기출문제]

〈보기〉에서 고혈압 질환이 있는 노인의 운동 지도 시 고려해야 할 사항으로 적절한 것만을 모두 고른 것은?

> **보기**
> ㉠ 등척성 운동을 권장한다.
> ㉡ 나트륨 섭취 제한, 체중 조절, 유산소 운동을 권장한다.
> ㉢ 저항성 운동 시 발살바 메뉴버에 의한 혈압 상승에 주의한다.
> ㉣ 이뇨제, 칼슘 채널 차단제, 혈관 확장제 등의 약물에 의한 운동 후 혈압 상승에 주의한다.

① ㉠, ㉡
② ㉠, ㉢
③ ㉡, ㉢
④ ㉢, ㉣

| 정답해설 |
㉡㉢ 고혈압 질환이 있는 노인의 운동을 지도할 때에는 나트륨 섭취 제한, 체중 조절, 유산소 운동 수행을 권장해야 하며, 저항성 운동 시 발살바 메뉴버에 의한 혈압 상승을 주의해야 한다.

| 오답해설 |
㉠ 등척성 운동은 등장성 운동과 달리 수축기 및 확장기 혈압을 상승시키므로 고혈압 질환이 있는 노인의 근력 운동 시 지양해야 한다.
㉣ 이뇨제, 칼슘 채널 차단제, 혈관 확장제 등의 약물을 복용하면 운동 후 혈압 저하 현상이 나타날 수 있으므로 주의해야 한다.

정답 04 ① 05 ③

핵심테마 05 | 지도자의 효과적인 지도

Speed 심화포인트

지도자의 운동 학습 원리
- 시범
- 언어적 지도
- 언어적 암시
- 보강 피드백
- 연습 환경 구축

1 의사소통 기술

1. 노인 스포츠 지도자의 지도 요소

(1) 노인 스포츠 지도자의 지도 기법

① 수업 장소에 일찍 도착하여 새로운 참가자들을 파악하고, 기존의 참가자들과 상호 교류를 할 수 있는 시간적 여유를 가짐
② 운동 프로그램을 시작하기 전에 분위기를 조성함
③ 운동의 명칭은 시범과 함께 언어적, 시각적 단서들을 제공함
④ 어떤 운동을 왜 해야 하는지를 이해할 수 있도록 노인들에게 운동의 목적을 설명함
⑤ 노인들이 신체 인식을 발달시킬 수 있도록 도움을 줌
⑥ 참가자 중심의 접근 방법으로 인간 지향적인 관점에서 접근함
⑦ 지도를 할 때 단어 선택을 신중히 함(친근함을 위해 반말 사용 금지)
⑧ 사교적인 관계를 조성함
⑨ 편안하고 협박적이지 않은 분위기를 유지함
⑩ 우호적인 운동 환경을 조성함

> **Jump Up 이해**
>
> **지도자의 의사소통 기술 및 원칙** `기출 2023/2022/2021/2020/2019`
> 효과적인 의사소통에는 언어적, 비언어적, 자기주장 기술 등이 있음
> - 내용을 명확하고 간결하게 전달하기
> - 전문 용어나 어려운 단어 사용하지 않기
> - 참여자와 눈을 자주 마주치고 정면에서 쳐다보기
> - 참여자의 말에 공감하며 경청하기
> - 시각적 도구는 쉽게 읽을 수 있게 제작하기
> - 참여자를 향해 몸을 약간 기울이기

(2) 노인 운동 지도 시 주의 사항 `기출 2020`

① 규칙적인 메디컬 체크
② 개개인에 대한 철저한 운동 처방
③ 부담감이 낮은 운동 선택
④ 탈수 증상에 대비하여 미리 수분 보충
⑤ 상해 예방을 위한 적절한 운동복 및 신발 착용
⑥ 너무 춥거나 더운 환경을 피함
⑦ 지속적인 컨디션 조절
⑧ 추운 환경에서는 준비 운동을 평소보다 오래 진행

2. 노인 스포츠 지도자의 자질

(1) 책임감

① 노인들을 위해 교본에 제시된 신체 활동 지침을 따름
② 수업 시간에 맞춰 도착함

③ 안전과 응급 조치에 관한 모든 사항들을 정기적으로 갱신하고 실습함
④ 주기적인 반응 검사와 평가를 실시하고 피드백을 제공함
⑤ 노인과 관련된 개인 정보 사항은 비밀을 유지함
⑥ 지도자의 개인적인 스트레스를 관리하고, 수업에 지장이 없도록 함

(2) 지지감 표현
① 수업 때마다 참가자에게 최소한 한 마디 이상의 말을 건넴
② 참가자에게 적절한 표현으로 긍정적인 면을 강조
③ 참가자가 2회 이상 결석을 하면 전화나 이메일로 연락을 취하도록 함
④ 자아 존중감과 자아 효능감을 북돋아 줌

(3) 관심
① 아낌없는 관심과 인정의 표현과 미소, 나아가 포옹까지 사용함
② 참가자들에 대한 배려와 관심을 표현할 수 있는 비언어적인 전달 방법을 사용함
③ 목표와 관심, 장점과 단점에 대해 마음에서 우러나오는 관심을 전달함
④ 참가자들에게 운동 이외의 활동이나 가족생활에 대해 물어봄

(4) 동정심
① 걱정거리, 고통, 관심사, 실패를 귀담아들음
② 초보자는 초보자인 그대로 인정함
③ 참가자들에게 자신의 신체에 대한 지혜에 귀 기울일 것을 상기시킴

> **Jump Up 이해**
> **훌륭한 리더십의 기타 특징**
> 긍정적인 자세, 인지, 열정, 존경심, 창조성, 유연성 등

2 노인 운동 시 위험 관리 기출 2024/2022

1. 시설 및 장비에 관한 관리

(1) 시설 관리
미국스포츠의학회(ACSM) 건강/체력 시설 기준 및 지침은 모든 건강 및 체력 시설에서 준수해야 하는 관리 규범을 포함하고 있으며, 노인 운동 참가자의 안전한 운동을 위해 운동 시설에 적용되는 5가지 규범을 제시하고 있음
① 어떠한 응급 상황에서도 신속하게 반응할 수 있어야 하며, 모든 직원에게 응급 대처 계획을 게시해 놓고, 정기적인 응급 대처 훈련을 실시함
② 프로그램의 안전을 위해 신체 활동 시작 이전에 각 참가자들을 선별함
③ 유효한 심폐 소생술(CPR) 및 응급 처치 자격증을 포함해서 지도자가 전문 능력을 갖추고 있는지 증명해야 함
④ 장비를 어떻게 사용하는지에 대한 설명을 게시하고 장비 사용과 관련하여 위험에 대한 경고를 게시함
⑤ 모든 관련 법률, 규정, 알려져 있는 규범을 준수해야 함

(2) 장비 관리
① 장비는 적절한 위치에 배치해야 하며, 정기적인 검사 및 정비가 이루어지고 안전에 관한 주의 사항을 적절한 위치에 게시해야 함

Speed 심화포인트

자기 개념
자기 자신에 대해 어떻게 느끼고 인지하고 있는지와 같이 개념적인 자기 인지의 총체를 의미한다.

자아 존중감(자존감)
자신에 대한 존엄성이 타인들의 외적인 인정이나 칭찬에 의한 것이 아니라 자신 내부의 성숙된 사고와 가치에 의해 얻어지는 개인의 의식을 말한다.

자아 효능감
- 개인이 자기 자신에 대해 느끼고 있는 감정
- 어떤 일을 실행하거나, 배우고 통달할 수 있는 스스로의 능력에 대한 인지

핵심테마 05 지도자의 효과적인 지도

② 참가자에게 적절한 장비 사용과 올바른 운동 동작을 지도하며, 장비의 위험과 주의사항을 알려주고 지속적으로 감독함
③ 정기적인 점검과 지도 및 감독을 제공하여 잠재적 위험과 그에 따른 책임을 최소화함

2. 환경에 관한 안전 관리
① 참가자의 다양한 의료적 문제에 따라 안전한 환경 조성을 위한 관리가 필요함
② 시각적 문제가 있는 참가자는 평형성에 취약하기 때문에 운동 상해에 대한 예방을 위해 안전한 환경을 준비해야 함
③ 청각적 문제가 있는 참가자에게 효과적인 운동 지도 환경을 제공하기 위해 청각 이외의 감각을 이용한 지도법과 같은 환경적 요소가 필요함

> **Jump Up 이해**
>
> **시각적 문제가 있는 노인 운동참가자를 위한 환경** 기출 2025
> - 지도자의 동작을 쉽게 볼 수 있는 환경에서 지도
> - 적절한 조명 및 거울이 배치된 환경이 도움을 줄 수 있음
> - 장애물이 될 수 있는 시설물 및 장비는 제자리에 정리하거나, 장비 배치에 대한 정보를 공유
> - 시설 및 운동 지도에 필요한 방향 전환에 대한 표시를 쉽게 게시
> - 시각이 아닌 다른 감각, 특히 청각을 이용하여 지도
>
> **청각적 문제가 있는 노인 운동참가자를 위한 환경** 기출 2025
> - 잘 들리는 귀 쪽으로, 잡음이 적은 조용한 장소에서 목소리를 조금 크게 천천히 명확하게 설명
> - 시각적 시범과 시각적인 보조물을 이용하여 설명
> - 청각적 문제가 심할 경우 참가자와 서로 마주 보면서 운동을 하며, 입술 모양이나 표정을 통해 지도

3. 장소에 관한 안전 관리

(1) 실내외 장소
① 실내외의 무덥고 습한 환경은 노인 운동 참가자가 부상과 질병에 쉽게 노출되기 때문에 피해야 함
② 걷기 및 등산과 같이 실외 운동에 참여하는 경우에는 고체온증이나 저체온증이 발생할 수 있기 때문에 주의해야 함
③ 추운 환경에는 체온이 하강하기 때문에 여러 장애를 일으킬 위험이 높음
④ 운동 장소에서는 기온, 습도, 풍속, 복장 등에 따라 고체온증 또는 저체온증을 일으킬 가능성이 있기 때문에 주의해야 함

(2) 수중 운동 환경
① 최적의 편안함을 제공하기 위해 수영장 시설 내의 기온과 습도를 조절해야 함
② 수중 운동의 유형에 따른 요구를 충족하기 위해 수영장의 수온을 점검해야 함
③ 수중 운동 이외의 시간에 수영장 바닥의 안전에 대해 반복적으로 교육해야 함
④ 안전한 수중 환경을 위해 전문 수상 안전 요원이 대기해야 함

Jump Up 이해

수중 운동의 효과 기출 2021
- 최대 산소 섭취량의 증가
- 혈중 지질의 감소
- 근력 및 근지구력의 증가
- 유연성의 향상
- 운동 시 관절 스트레스 경감
- 신체 부종을 감소시켜 관절 가동 범위 증가
- 호흡 근력의 증가

수중 운동의 지도 방법 기출 2021
- 물속에 천천히 들어가 신체 체계가 정수압 변화에 적응할 시간 제공
- 비만 참가자는 비교적 지방 조직이 많아 부력이 커지므로, 동작을 잘 통제하기 위해 얕은 물에서 운동 실시
- 관절염을 앓고 있는 참가자는 아픈 관절을 물에 잠기게 함
- 안전을 위해 처음 몇 회의 수업에서 참가자에게 물속에서 자세를 유지하는 방법을 지도
- 물의 부력과 정수압이 몸을 지탱하기 때문에 직립 자세로 서지 말고 물이 몸통 근육의 역할을 하도록 몸을 앞으로 기울이도록 함
- 물의 저항에 맞서 움직이면서 칼로리 소비와 근긴장도를 증가시키도록 지도

4. 부상 및 의료적 응급 상황 안전 관리 기출 2025

① 운동 시작 전 모든 참가자에게 사전 검사를 시행하여 상태를 파악해야 함
② 질병에 따른 의료적 응급 상황에 대한 예방책을 마련해야 함
③ 운동 프로그램에 중·고위험의 심장병 환자가 있다면, 운동 이전 혹은 운동 중간에 혈압과 심박수를 여러 차례 측정하고 운동 강도가 목표 심박수를 초과하지 않도록 주의해야 함
④ 당뇨병 환자를 위해 휴대용 혈당 측정기를 소지하고 운동 시간 전후에 혈당을 측정해야 하며, 저혈당을 대비하여 당 섭취가 가능한 간식을 준비해야 함
⑤ 자신의 혈당 수준을 점검해야 하는 노인을 위해 혈액 표본을 버릴 수 있는 의료 폐기물 수거 용기를 설치해야 함
⑥ 심장 질환의 경고 징후를 주의 깊게 살피며 징후 발생 시 운동을 중단하고 병원으로 이송해야 함(가슴 통증, 호흡 곤란, 불규칙한 심박수, 호흡곤란)
⑦ 실외 운동 시작 전 모든 참여자에게 선글라스와 모자 등을 착용하도록 안내해야 함
⑧ 더위와 관련된 질병으로부터 보호하기 위해 실내 온도를 확인해야 함
⑨ 참가자는 자신의 운동 자각도(RPE)를 어떻게 평가하는지, 장비를 어떻게 안전하게 사용하는지, 운동을 중단해야만 하는 경고 징후가 어떤 것인지를 배워야 함

5. 노인 응급 처치의 순서

① 응급 상황 인식
② 도움의 여부를 결정
③ 119 호출
④ 심폐 소생술 실시
⑤ 자동 심장 충격기 사용
⑥ 구급대 도착까지 반복 실시

심폐 체력 검사(운동 검사) 중지를 위한 조건
- 협심증이나 협심증 유사 증상 발현
- 운동 부하가 증가함에도 안정 시보다 수축기 혈압이 10mmHg 이상 떨어지는 경우 또는 수축기 혈압이 검사 전 동일 자세에서 측정된 것보다 감소된 경우
- 과도한 혈압 상승(수축기 혈압 > 250mmHg 그리고(또는) 이완기 혈압 > 115mmHg)
- 호흡 곤란, 천명, 하지 경련, 파행
- 운동 강도가 증가함에도 심박수가 증가하지 않는 경우
- 운동 중단 요구
- 심한 피로감을 나타내는 신체적·언어적 표시

핵심테마 05 지도자의 효과적인 지도

6. 응급 처치의 실시 [기출 2019/2016]

① 의식과 호흡이 없는 경우 심폐 소생술 실시
② 완전 기도 폐쇄 시 복부 밀쳐 올리기 실시
③ 골절이 의심되는 경우 움직이지 않고 안정을 취함
④ 급성 손상 시 PRICES(Protection: 보호, Rest: 휴식 및 안정, Ice: 냉각, Compression: 압박, Elevation: 거상, Stabilization: 고정) 처치 실시

Jump Up 이해

응급 처치 방법과 목적(PRICES 처치) [기출 2023]

방법	목적
Protection(보호)	추가적 손상 방지
Rest(휴식)	심리적 안정
Ice(냉찜질)	통증, 부종, 염증 감소
Compression(압박)	부종 감소
Elevation(거상)	부종 감소
Stabilization(고정)	근 경련 감소

7. 응급 상황에 대처하는 방법

① 유효한 심폐 소생술 관련 교육 이수
② 기초적인 응급 처치 실행 방법 숙지
③ 건강 기록에 대한 완전한 정보를 파악
④ 프로그램의 안전에 대해 의문이 있으면 주치의와 상의
⑤ 특정 건강 문제의 징후와 증상에 대해 파악
⑥ 특정 문제에 어떻게 대처해야 하는지 숙지
⑦ 응급 구조 요청을 위해 가장 가까이 있는 전화기의 위치 숙지

출제 0순위 공략! 꼭 풀어야 할 대표문제

01 [2022년 기출문제]

노인 운동 지도 시 의사소통에 관한 설명으로 옳은 것은?

① 어린아이를 다루듯 말한다.
② 스킨십은 사용하지 않는다.
③ 소리를 질러가며 말하지 않는다.
④ 대상자를 정면에서 쳐다보는 언어적 기술을 사용한다.

| 정답해설 |
노인 운동 시 지도자는 소리를 질러가며 말하지 않아야 한다. 지도자는 언어적·비언어적 자기주장 기술 등의 효과적 의사소통을 사용하고 내용을 명확하고 간결하게 전달하며, 참여자와 눈을 마주쳐 이야기에 공감하고 경청해야 한다.

| 오답해설 |
① 노인 운동 지도 시 어린아이 다루듯 말하지 않는다.
② 노인 운동 지도 시 접촉을 적절하게 자주 사용한다.
④ 대상자를 정면에서 쳐다보는 행위는 의사소통 기술 및 원칙의 적극적 경청 행위에 해당한다.

02 [2025년 기출문제]

〈보기〉의 노인 운동 지도 시 손상 방지 및 응급상황에 관한 안전관리 예방 지침 중 옳은 것만 모두 고른 것은?

보기
㉠ 운동 중에 적정한 실내 온도가 유지되는지 확인한다.
㉡ 운동 시작 전에 모든 참여자에게 사전 검사를 하여 현재 상태를 파악한다.
㉢ 실외 운동 시작 전에 모든 참여자에게 선글라스와 모자 등을 착용하도록 안내한다.
㉣ 심장질환자의 경우 운동 전후 혈당을 확인하고, 저혈당에 대비해서 당 섭취가 가능한 간식을 준비한다.
㉤ 운동 중 가슴 통증, 불규칙한 심박수, 호흡곤란, 현기증 등이 나타나면 곧바로 운동을 중단하고 병원으로 이동한다.

① ㉠, ㉢, ㉣
② ㉡, ㉣, ㉤
③ ㉠, ㉡, ㉢, ㉤
④ ㉠, ㉡, ㉢, ㉣, ㉤

| 오답해설 |
㉣ 심장질환자가 아닌 당뇨병 환자를 위한 운동 시 예방 지침이다.

03 [2023년 기출문제]

〈보기〉에서 노인과의 원활한 의사소통 방법으로 옳은 것을 모두 고른 것은?

보기
㉠ 참여자의 정면에 선다.
㉡ 시선을 한 곳에 고정한다.
㉢ 적절한 눈맞춤을 한다.
㉣ 참여자를 향해 몸을 약간 기울인다.
㉤ 손은 계속 움직이며 손가락으로 지적한다.

① ㉠, ㉡
② ㉡, ㉤
③ ㉠, ㉢, ㉣
④ ㉠, ㉢, ㉣, ㉤

| 정답해설 |
지도자의 의사소통 기술 및 원칙
효과적인 의사소통에는 언어적, 비언어적, 자기주장 기술 등이 있음
• 내용을 명확하고 간결하게 전달하기
• 전문 용어나 어려운 단어 사용하지 않기
• 참여자와 눈을 자주 마주치고 정면에서 쳐다보기
• 참여자의 말에 공감하며 경청하기
• 시각적 도구는 쉽게 읽을 수 있게 제작하기
• 참여자를 향해 몸을 약간 기울이기

04 [2025년 기출문제]

효과적인 노인 운동 지도를 위한 노인스포츠지도사의 마음가짐으로 옳지 않은 것은?

① 친근함을 위해 반말을 사용해도 된다고 생각한다.
② 과제 해결을 위한 문제 의식과 사명감을 가지고 임해야 한다.
③ 노인 운동 참여자의 운동 몰입 및 지속을 끌어내는 마음가짐이 필요하다.
④ 기능 제한이 있는 노인에게는 처한 상황을 극복할 수 있게 조력자가 되어야 한다.

| 정답해설 |
친근함을 위해 반말을 사용해서는 안 되고, 단어 선택에 있어서도 신중함을 기해야 한다.

정답 01 ③ 02 ③ 03 ③ 04 ①

05 [2020년 기출문제]

노인에게 운동을 지도할 때, 주의 사항으로 적절하지 <u>않은</u> 것은?

① 운동 강도를 높일수록 단열성이 높은 의복을 착용하게 한다.
② 탈수 증상을 대비하여 수분을 미리 보충하게 한다.
③ 낙상의 위험을 최소화하기 위해 적절한 신발을 착용하게 한다.
④ 추운 환경에서는 준비 운동을 평소보다 오랜 시간 진행하도록 한다.

| 정답해설 |
운동 강도를 높일수록 신체의 체온이 상승되므로, 단열성이 높은 의복을 착용할 경우 과도한 수분 배출로 탈수 증상이 발생할 수 있다.

06 [2025년 기출문제]

〈보기〉에서 청각적 문제가 있는 박 할아버지가 안전한 환경에서 효과적인 운동을 지도받기 위한 안전관리 지침 중 옳은 것만 모두 고른 것은?

보기
㉠ 운동 장소는 소음이 적은 조용한 곳을 선정한다.
㉡ 운동 장소는 눈이 부실 정도로 조명을 밝게 한다.
㉢ 운동 지도 시 잘 들리는 귀 쪽으로 가서 설명한다.
㉣ 운동 지도 시 입술 모양이나 표정을 활용해 지도한다.
㉤ 복잡한 운동 방법이나 기술을 설명할 때는 시범이나 사진과 같은 보조물을 활용한다.

① ㉠, ㉡, ㉢
② ㉡, ㉣, ㉤
③ ㉡, ㉢, ㉣, ㉤
④ ㉠, ㉢, ㉣, ㉤

| 오답해설 |
㉡ 너무 과도한 조명은 효과적인 운동의 안정성을 저해한다.

07 [2024년 기출문제]

노인 운동 시 위험 관리에 관한 지침으로 옳은 것만을 모두 고른 것은?

보기
㉠ 신체 활동 프로그램 시작 전에 신체적 기능에 따라 참여자들을 선별한다.
㉡ 심정지 노인의 심폐 소생술 시행 중에는 자동 심장 충격기를 사용하지 않는다.
㉢ 시각적 문제가 있는 경우 적절한 조명과 거울로 된 벽, 방향 표시를 한다.
㉣ 청각적 문제가 있는 경우 잘 들리지 않는 귀 쪽으로 큰 소리로 이야기하며 지도한다.
㉤ 심장질환의 징후인 가슴 통증, 호흡 곤란, 불규칙한 심박수가 나타나면 운동을 바로 중단한다.

① ㉠, ㉡, ㉣
② ㉠, ㉢, ㉤
③ ㉡, ㉢, ㉤
④ ㉢, ㉣, ㉤

| 오답해설 |
㉡ 심정지 노인의 심폐 소생술 시행 중에는 자동 심장 충격기를 사용해야 한다.
㉣ 청각적 문제가 있는 경우 잘 들리는 귀 쪽으로 적정 소리로 이야기하며 지도한다.

정답 05 ① 06 ④ 07 ②

핵심테마 05 | 지도자의 효과적인 지도

08
[2022년 기출문제]

노인 운동 시의 위험 관리 항목과 방법이 바르게 연결된 것은?

① 환경과 장소 안전: 참가자 중 당뇨 환자가 있을 경우, 사탕이나 초콜릿을 준비해 둔다.
② 시설 안전: 운동 장비의 사용 방법과 사용 시 주의 사항을 적절한 장소에 게시해야 한다.
③ 환경과 장소 안전: 운동 동선을 파악하여 시설과 장비를 배치한다.
④ 시설 안전: 무덥고 다습한 곳은 피해야 한다.

| 오답해설 |
① 참가자 중 당뇨 환자에 대한 대응 절차 및 사전 준비는 부상 및 의료적 응급 상황 안전 관리에 대한 내용이다.
③ 운동 동선을 파악하여 시설 및 장비를 재배치하는 것은 시설 및 장비 관리에 대한 내용이다.
④ 무덥고 다습한 환경을 피해야 하는 것은 장소에 관한 안전 관리 항목이다.

09
[2023년 기출문제]

〈표〉는 노인이 운동할 때 응급 상황에 대한 응급 처치 방법과 목적을 제시한 것이다. ㉠~㉢에 들어갈 용어를 바르게 연결한 것은?

방법	목적
(㉠)	추가적 손상 방지
Rest(휴식)	심리적 안정
Ice(냉찜질)	(㉡)
Compression(압박)	부종 감소
Elevation(거상)	부종 감소
Stabilization(고정)	(㉢)

	㉠	㉡	㉢
①	Posture(자세)	근 경련 감소	마비 예방
②	Posture(자세)	통증, 부종, 염증 감소	마비 예방
③	Protection(보호)	통증, 부종, 염증 감소	근 경련 감소
④	Protection(보호)	마비 예방	근 경련 감소

| 정답해설 |
㉠ 보호를 통해서 추가적 손상을 방지하고, 냉찜질을 통해서 ㉡ 통증, 부종, 염증을 감소시킨다. 그리고 부목 등을 통한 손상 부위의 고정을 통해서 ㉢ 근 경련을 감소시킨다.

정답 08 ② 09 ③

기출문제

2급 장애인/유소년/노인 스포츠지도사

01 2023년 2급 장애인/유소년/노인 스포츠지도사

02 2024년 2급 장애인/유소년/노인 스포츠지도사

03 2025년 2급 장애인/유소년/노인 스포츠지도사

※ 2017년~2022년 2급 장애인/유소년/노인 스포츠지도사 기출문제는 에듀윌 도서몰(book.eduwill.net)에서 무료로 제공합니다.

기출문제는 최고의 예상문제이다.

eduwill

2023년 기출문제

2급 장애인/유소년/노인 스포츠지도사 필기시험
(문제유형: A)

정답 및 해설 170p

	과목코드
필수	특수체육론 (01)
	유아체육론 (02)
	노인체육론 (03)

2023. 4. 29.(토)

http://eduwill.kr/bdyf

STEP 1 QR코드 스캔 ▶ STEP 2 회원가입 & 로그인 ▶ STEP 3 모바일 OMR 정답 입력 ▶ STEP 4 채점 및 결과 확인

KSPO 국민체육진흥공단

특수체육론 (01)

01

국제 기능·장애·건강 분류(International Classification of Functioning, Disability and Health: ICF)에 제시된 장애에 대한 개념적 특징이 아닌 것은?

① 환경적 요인에 의하여 누구나가 장애인이 될 수 있음을 강조한다.
② 유형과 정도가 같은 장애인들이 동일한 활동에 참여하도록 한다.
③ 기능과 장애는 건강 상태와 개인적·환경적 요인들의 상호 작용이다.
④ 장애는 개인, 주변의 태도, 환경적 장벽 사이 상호 작용의 결과이다.

02

〈보기〉에서 미국 관보(Federal Register, 1977)가 체육을 정의한 내용에 해당하는 것을 모두 고른 것은?

보기

㉠ 건강과 운동 체력의 발달
㉡ 특수 체육, 적응 체육, 움직임 교육, 운동 발달을 포함
㉢ 수중 활동, 무용, 개인과 집단의 게임과 스포츠에서의 기술 발달
㉣ 기본 운동 기술과 양식(fundamental motor skills and patterns)의 발달

① ㉠, ㉡
② ㉡, ㉢
③ ㉠, ㉢, ㉣
④ ㉠, ㉡, ㉢, ㉣

03

블룸(B. Bloom)이 분류한 교육 목표 영역에 따라 장기 목표를 제시하고자 한다. 〈보기〉의 요인과 교육 목표 영역이 바르게 연결된 것은?

보기

㉠ 긍정적 자아, 사회적 능력, 즐거움과 긴장 이완
㉡ 운동의 기술과 양식, 체력, 여가 활동에 필요한 기술
㉢ 놀이와 게임 행동, 창조적 표현, 인지-운동 기능과 감각 통합

	㉠	㉡	㉢
①	인지적 영역	정의적 영역	심동적 영역
②	인지적 영역	심동적 영역	정의적 영역
③	정의적 영역	심동적 영역	인지적 영역
④	정의적 영역	인지적 영역	심동적 영역

04

개별화 전환 계획(Individualized Transition Plan: ITP)에 관한 설명으로 적절하지 않은 것은?

① 장애 학생과의 인터뷰를 통해 신체 활동 선호도를 알아본다.
② 지역 사회 체육 시설을 활용하여 사회 적응 기술을 가르친다.
③ 장애 학생을 위한 신체 활동 프로그램이 지역 사회에도 있는지를 확인한다.
④ 장애 학생의 현재 및 미래의 기대치를 논하기보다는 과거의 활동에 주안점을 둔다.

05

<보기>에서 설명하는 장애학생건강체력평가(Physical Activity Promotion System for Student with Disabilities: PAPS-D)에 해당하는 것은?

> **보기**
> 장애학생건강체력평가는 개인의 건강 체력이 동일 장애 조건을 가진 사람들 중 어느 정도인지에 대한 정보를 제공한다.

① 비형식적 검사   ② 비표준화 검사
③ 규준 참조 검사   ④ 준거 참조 검사

06

<보기>는 피바디 운동 발달 검사-2(Peabody Developmental Motor Scales-2: PDMS-2)의 평가영역이다. ㉠에 해당하는 것은?

> **보기**
> ㉠ (   )   ㉡ 움켜쥐기
> ㉢ 시각-운동 통합   ㉣ 비이동 운동
> ㉤ 이동 운동   ㉥ 물체적 조작

① 반사   ② 손-발 협응
③ 달리기   ④ 블록 쌓기

07

갤러휴(D. Gallahue)와 오즈먼(J. Ozmun)이 제시한 운동 발달의 단계가 아닌 것은?

① 지각 운동   ② 기본 운동
③ 기초 운동   ④ 전문화된 운동

08

쉐릴(C. Sherrill)이 제시한 특수 체육 서비스 전달 체계의 실천 요소에 대한 설명이 아닌 것은?

① 계획: 개인의 요구는 물론 학교와 지역사회의 철학에 따라 적절한 체육의 목적을 설정하는 것을 의미한다.
② 사정: 개인과 환경에 대한 검사, 측정, 평가로 구성되는 과정이다.
③ 교수/상담/지도: 최적의 운동 수행을 도모하기 위해 심리·운동적 요소들을 변화시키는 과정이다.
④ 평가: 장애인의 학습 정도와 프로그램의 효과를 확인하는 비연속적인 과정이다.

09

개별화 교육 계획(Individualized Education Program: IEP)의 기능 중 〈보기〉의 설명에 해당하는 것은?

> **보기**
>
> 계획된 목표와 학생의 진보가 어느 정도 일치하고 있는가를 확인하기 위한 기능

① 의사소통 기능
② 통합 기능
③ 평가 기능
④ 관리 기능

10

〈보기〉의 ㉠~㉣을 블룸(B. Bloom)의 교육 목표 영역과 바르게 연결한 것은?

> **보기**
>
> ㉠ 지각(perception)
> ㉡ 가치화(valuing)
> ㉢ 반사적 운동(reflex movement)
> ㉣ 적용(application)

① 정의적 영역: ㉡, ㉣
② 심동적 영역: ㉠, ㉢
③ 인지적 영역: ㉠, ㉡
④ 정의적 영역: ㉢, ㉣

11

〈보기〉에서 설명하는 장애 유형은?

> **보기**
>
> ㉠ 또래 친구와 인사를 하거나 함께 놀지 않는다.
> ㉡ 출석을 불러도 반응하지 않거나 눈을 맞추지 않는다.
> ㉢ 비닐과 같은 특정 물건을 반복적으로 만지거나 냄새를 맡는 행동을 한다.
> ㉣ '공을 차'라고 지시했지만, 지시를 이해하지 못하고 '공을 차'라는 말만 반복한다.

① 청각 장애
② 지적 장애
③ 뇌병변 장애
④ 자폐성 장애

12

〈표〉에서 제시된 수업 목표가 추구하는 지각 운동 영역은?

프로그램	골볼 교실	장애 유형	시각 장애	장애 정도	1급
내용	참여를 위한 사전 교육				
목표	• 자신의 포지션을 찾아갈 수 있다. • 팀 벤치 에어리어를 찾아갈 수 있다. • 상대 팀 골라인의 위치를 찾을 수 있다.				

① 신체상(body image)
② 방향정위(orientation)
③ 신체 정렬(physical alignment)
④ 동측협응(ipsilateral coordination)

13

〈보기〉에서 설명하는 청각장애의 유형은?

> **보기**
> ㉠ 청력 손실이 60~70dB을 넘지 않는다.
> ㉡ 소리를 외이에서 내이로 전달하는 과정에서 문제가 생긴다.
> ㉢ 중이염, 고막 손상, 외이도 염증 등에 의해서 발생하기도 한다.
> ㉣ 후천적인 원인에 의해 발생하는 경우가 많으며, 보청기 착용의 효과가 좋다.

① 혼합성 난청(mixed hearing loss)
② 감소성 난청(reductive hearing loss)
③ 전음성 난청(conductive hearing loss)
④ 감각신경성 난청(sensorineural hearing loss)

14

〈표〉는 피아제(J. Piaget)가 제시한 인지 발달 단계에 따른 지도 목표를 기술한 것이다. 지도 목표가 적절한 것을 모두 고른 것은?

프로그램	축구교실	장애 유형	지적 장애	장애 정도	1~3급
목 적	슛과 패스 기술 익히기					

인지발달단계	지도 목표
감각 운동기	㉠ 다양한 종류의 공을 다루면서 공에 대한 도식이 형성되도록 한다.
전 조작기	㉡ 공을 세워놓고 차기 기술을 지도한다.
구체적 조작기	㉢ 공 차기를 슛과 패스로 구분하여 지도한다.
형식적 조작기	㉣ 전략과 전술을 지도한다.

① ㉠
② ㉠, ㉡
③ ㉠, ㉡, ㉢
④ ㉠, ㉡, ㉢, ㉣

15

〈표〉는 동호회 야구선수를 관찰한 기록이다. 관찰 내용에서 나타나는 장애 유형의 설명으로 옳지 않은 것은?

이름	홍길동	나이	만 42세	성별	남
날짜	2023년 4월 29일(토)		장소	잠실야구장	
관찰 내용	손과 발을 가만히 두지 못하고 여기저기 돌아다닌다.				
	대기타석에서 안절부절못하며 뛰어다닌다.				
	옆 선수에게 끊임없이 말을 한다.				
	코치의 질문이 끝나기도 전에 불쑥 말을 한다.				
	자신의 타격순서를 기다리지 못한다.				
	다른 선수의 연습 스윙을 방해하거나 참견한다.				

① 장애인 복지법에서는 지적 장애로 분류된다.
② 다양한 상황에서도 동일한 문제행동이 나타난다.
③ 주의력 결핍, 과잉 행동 또는 충동성이 7세 이전에 나타난다.
④ 주의력 결핍, 과잉 행동 또는 충동성의 평가 항목 중에서 6개 이상의 항목이 최소 6개월 이상 지속된다.

16

〈보기〉에서 설명하는 시각 장애 발생의 원인은?

> **보기**
> ㉠ 두통, 눈의 통증, 구토 등의 증상이 나타날 수 있다.
> ㉡ 시야가 좁아져서 주변 상황에 대한 정보 습득이 어렵다.
> ㉢ 안압이 높아지면서 시신경이 눌리거나, 혈액 공급이 원활하지 않아서 발생할 수 있다.

① 백내장
② 녹내장
③ 황내장
④ 황반변성

17

제시어와 〈보기〉의 수어 ㉠~㉢을 바르게 연결한 것은?

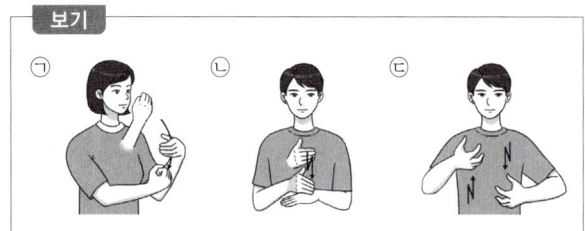

	반갑습니다	농구	고맙습니다
①	㉡	㉠	㉢
②	㉡	㉢	㉠
③	㉢	㉠	㉡
④	㉠	㉢	㉡

18

〈표〉의 FITT 구분에 따른 운동 계획 중에서 틀린 것은?

프로그램	건강관리교실	장애 유형	지체 장애	장애 정도	3급
운동 참여 경험	최근 3개월 동안 주 3회, 회당 30분씩 운동했다.				
의료적 문제	최근 종합검진에서 심혈관 질환을 비롯한 의료적 문제가 없다고 진단받았다.				

FITT 구분	운동 계획
① 빈도(Frequency)	운동을 주 3회(월, 수, 금) 실시한다.
② 강도(Intensity)	최대 산소 섭취량의 50% 수준으로 달리기 한다.
③ 시간(Time)	준비 운동 10분, 본운동 20분, 정리 운동 5분으로 구성한다.
④ 시도(Trial)	본운동을 5회 반복한다.

19

〈표〉는 척수 손상 위치에 따라 휠체어 농구 교실 참여가 가능한지를 결정한 내용이다. ㉠~㉣ 중에서 참여 가능 여부의 결정이 옳지 않은 것은?

프로그램	장애 유형	장애 정도
휠체어 농구 교실	척수 장애	1~3급

손상 위치	잠재적 능력을 고려한 참여 가능 여부	
	가능	불가능
㉠ 흉추 1번~2번 사이		○
㉡ 흉추 2번~3번 사이	○	
㉢ 흉추 11번~12번 사이	○	
㉣ 흉추 12번~13번 사이	○	

① ㉠　　② ㉡
③ ㉢　　④ ㉣

20

〈보기〉에서 보치아 경기 규칙으로 옳은 것만을 모두 고른 것은?

보기

㉠ 보치아의 세부 경기종목으로는 개인전, 2인조(페어), 단체전이 있다.
㉡ 공 1세트는 적색 구 6개, 청색 구 6개, 흰색 표적구 1개로 구성된다.
㉢ 경기에 참여하기 위해서는 반드시 휠체어를 사용해야 한다.
㉣ 보조자의 도움을 받아서 투구할 수 있다.

① ㉠　　② ㉠, ㉡
③ ㉠, ㉡, ㉢　　④ ㉠, ㉡, ㉢, ㉣

유아체육론 (02)

01

영유아기 뇌 발달에 대한 설명으로 옳지 않은 것은?

① 대뇌피질은 출생 이후에도 발달한다.
② 3세의 뇌 무게는 성인의 75% 정도이다.
③ 6세경 뇌 무게는 성인의 90% 정도에 도달한다.
④ 뇌는 영유아기까지 완만하게 발달하다 이후에는 급격히 발달한다.

02

영유아의 시지각(visual perception)에서 '형태(form) 지각'에 대한 설명으로 옳지 않은 것은?

① 신생아는 형태를 지각할 수 있으며, 직선보다 곡선을 더 선호하는 것으로 알려졌다.
② 모양을 구별하고 여러 가지 양식들을 분간할 수 있는 능력이다.
③ 자신으로부터 대상이 떨어져 있는 거리를 판단하는 능력이다.
④ 생후 6개월경에 급속히 발달한 후에 정교해진다.

03

기본 움직임 기술(fundamental movement skills: FMS)과 움직임 양식과의 연결이 옳지 않은 것은?

① 조작 운동: 굽히기(bending), 늘리기(stretching), 직립 균형(upright balance)
② 조작 운동: 때리기(striking), 튀기기(bouncing), 되받아치기(volleying)
③ 이동 운동: 걷기(walking), 호핑(hopping), 스키핑(skipping)
④ 이동 운동: 점핑(jumping), 갤로핑(galloping), 슬라이딩(sliding)

04

유아 체육 지도 환경 조성 원칙에 따른 내용이 옳지 않은 것은?

	원칙	내용
①	흥미성	호기심, 모험심 등을 표현할 수 있는 지도 환경 조성
②	안전성	부드러운 마감재나 바닥 재질, 공간의 벽 등을 고려한 지도 환경 조성
③	필요성	음향시설, 냉난방시설, 활동공간의 크기 등을 고려한 지도 환경 조성
④	경제성	설비나 용구로 인한 건강 저해나 활동의 위험성이 없도록 지도 환경 조성

05

전문화된(specialized) 움직임 시기의 '적용(application) 단계'에 대한 설명으로 옳지 않은 것은?

① 특정 활동을 찾거나 기피하기 시작한다.
② 움직임 수행의 정확성과 더불어 양적 측면이 강조된다.
③ 다양한 과제, 개인, 환경 요인 등을 토대로 어떤 활동에 참여할 것인지를 결정한다.
④ 인지 능력이 저하되고 경험 토대가 축소되면서 많은 것을 학습하기가 어려워진다.

06

〈보기〉에서 유소년 신체 활동을 통한 자기 개념(self-concept) 발달에 대한 설명으로 옳은 것을 모두 고른 것은?

보기
㉠ 움직임은 긍정적인 자기 개념을 촉진시킬 수 있는 최상의 방법이다.
㉡ 유소년에게 용기를 북돋아 주고, 생활에 모험 활동이 포함되도록 한다.
㉢ 자신들의 한계 내에서 합리적인 수행목표를 세울 수 있도록 도와준다.
㉣ 실패의 가능성을 높이고, 실패와 실패지향적 경험들을 많이 제공한다.

① ㉠
② ㉠, ㉣
③ ㉡, ㉢
④ ㉡, ㉢, ㉣

07

〈보기〉의 ㉠~㉢에 들어갈 용어를 옳게 나열한 것은?

보기

- 피카(R. Pica)는 동작 요소를 (㉠), 형태, (㉡), 힘, 흐름, 리듬으로 구성된다고 하였다.
- 퍼셀(M. Purcell)은 (㉠) 인식, 신체 인식, 노력, (㉢) 같은 동작 요소에 대한 이해를 바탕으로 이를 응용 영역에 적용시킬 수 있어야 한다고 하였다.

	㉠	㉡	㉢
①	공간	시간	관계
②	저항	속도	무게
③	공간	관계	시간
④	무게	속도	저항

08

〈표〉의 ㉠, ㉡에 들어갈 기본 움직임 기술의 발달 단계를 바르게 제시한 것은?

단계	(㉠)	(㉡)
움직임 기술	물구나무서기	공 차기
설명	• 삼각지지를 통한 물구나무서기 가능 • 일정하지 않은 균형점을 보이고, 간헐적으로 자세를 오랫동안 유지함 • 감각적으로 사지의 위치를 살피려고 노력함	• 차기동작 동안 양팔 흔들기가 나타남 • 팔로우 스로우가 이루어지는 동안 몸통이 허리까지 굽혀짐 • 다리 스윙이 길어지고, 달리거나 껑충 뛰어서 공에 다가감

	㉠	㉡		㉠	㉡
①	시작	시작	②	시작	성숙
③	초보	초보	④	초보	성숙

09

에릭슨(E. Erikson)이 제시한 심리 사회 발달 단계에 대한 내용의 연결이 적절하지 않은 것은?

	단계	내용
①	신뢰감 대 불신감	정체감을 확립하지 못한 경우 자신감을 가지지 못함
②	자율성 대 수치·회의	근육 발달을 조절할 수 있으며 자기 주위를 탐색함
③	주도성 대 죄의식	목표나 계획을 세워 성공하고자 노력함
④	근면성 대 열등감	기초적인 인지 기술과 사회적 기술을 습득함

10

〈보기〉에서 동일한 유형의 반사(reflex)나 반응(reaction)인 것을 고른 것은?

보기

㉠ 모로(Moro)
㉡ 당김(pull-up)
㉢ 목가누기(neck righting)
㉣ 바빈스키(Babinski)
㉤ 비대칭목경직(asymmetrical tonic neck)
㉥ 낙하산(parachute)

① ㉠, ㉡, ㉥
② ㉠, ㉣, ㉤
③ ㉡, ㉢, ㉣
④ ㉡, ㉢, ㉤

11

〈보기〉에서 '영유아 기도 폐쇄' 응급 처치에 관한 설명으로 옳은 것을 모두 고른 것은?

> 보기
> ㉠ 1세 미만의 경우 등 두드리기 및 흉부 압박이 권장된다.
> ㉡ 의식이 없는 경우 혀에 의한 기도 폐쇄가 있는지 확인한다.
> ㉢ 등 두드리기를 할 때 머리를 가슴보다 낮게 하고, 안은 팔을 허벅지에 고정시킨다.
> ㉣ 흉부를 압박할 때 등을 받치고 머리를 가슴보다 낮게 하여, 안은 팔을 무릎 위에 놓는다.

① ㉠, ㉡
② ㉠, ㉢
③ ㉡, ㉢, ㉣
④ ㉠, ㉡, ㉢, ㉣

12

〈표〉에서 체력의 구분 및 요소, 검사 방법의 연결이 옳은 것을 고른 것은?

	구분	체력 요소	검사 방법
㉠	건강 체력	순발력	모둠발로 멀리뛰기
㉡	건강 체력	심폐 지구력	셔틀런(페이서, PACER)
㉢	운동 체력	평형성	평균대 위에서 한 발로 서기
㉣	건강 체력	유연성	1분간 앉았다 일어나기

① ㉠, ㉢
② ㉠, ㉣
③ ㉡, ㉢
④ ㉡, ㉣

13

초등 체육 교육 과정의 3~4학년군 성취 기준에 대한 내용으로 옳지 않은 것은?

① 체력 운동이나 스포츠 활동보다 신체를 인식하고 움직이는 기초적인 이동 운동을 한다.
② 기본 체력 운동의 방법과 절차를 익히며 자신의 수준에 맞는 운동을 시도한다.
③ 기본 움직임 기술의 의미와 종류를 이해하고 스포츠와의 관계를 파악한다.
④ 움직임의 심미적 표현에 대한 호기심과 감수성을 나타낸다.

14

스포츠 기술에 반영된 조작 운동과 지각 운동 구성 요소의 연결이 옳은 것은?

	스포츠 기술	조작 운동	지각 운동 구성 요소
①	골프공 때리기, 축구공 차기	추진	안정
②	농구패스 잡기, 핸드볼패스 잡기	추진	공간
③	티볼 펀팅, 탁구공 되받아치기	흡수	시간
④	축구패스공 멈추기, 야구 공중볼 받기	흡수	공간

15

〈보기〉의 대화에서 ⊙, ⓒ에 들어갈 유아 체육 프로그램 기본 원리와 교수 방법은?

> **보기**
> A 지도자: 저는 수업에서 유아 간에 체력이나 소질 같은 개인차가 발생하는 부분이 늘 고민이었어요. 운동 프로그램 구성을 위한 원리 같은 것이 있을까요?
> B 지도자: (⊙)의 원리 같은 경우가 적용될 수 있을 것 같아요. 이 원리는 일반화된 특성뿐만 아니라 유전과 환경 요인 같은 개인차를 고려하는 것을 말해요.
> A 지도자: 그렇다면 유아가 창의성 있게 자발적으로 참여하게 하는 지도 방법은 어떤 것이 있을까요?
> B 지도자: (ⓒ) 방법이 효과적일 것 같아요. 이 방법은 유아 스스로의 실험과 문제 해결, 자기 발견을 통해 학습이 일어나는 과정을 강조하는 방법이에요.

	⊙	ⓒ
①	특이성	탐색적(exploratory)
②	특이성	과제 중심 접근(task-oriented)
③	연계성	탐색적(exploratory)
④	연계성	과제 중심 접근(task-oriented)

16

기본 움직임 기술에 대한 대근 운동 발달 검사(TGMD)에서 검사 항목과 수행 기준이 적절하지 <u>않은</u> 것은?

	기본 움직임 기술	검사 항목	수행 기준
①	이동 운동	달리기(15m)	팔꿈치를 구부리고 팔과 다리는 엇갈려 움직인다.
②	이동 운동	제자리멀리뛰기	던지는 팔의 반대쪽 발을 내딛으며 무게를 이동시킨다.
③	조작 운동	던지기 (over-hand throw)	엉덩이와 어깨를 목표지점을 향하여 회전시킨다.
④	조작 운동	공 차기	디딤발로 외발 뛰기를 하면서 차는 발을 길게 뻗는다.

17

미국 질병통제예방센터(CDC)가 제시한 연령별 신체 활동 가이드라인으로 옳지 않은 것은?

① 미취학 아동에게 성장과 발달을 위해 일정 시간 이상의 신체 활동이 권장된다.
② 미취학 아동의 보호자는 제한적인 활동 유형의 소근육 위주 놀이를 장려해야 한다.
③ 어린이와 청소년에게 매일 60분 이상의 중강도 신체 활동을 장려해야 한다.
④ 어린이와 청소년들에게 연령에 적합하며, 즐겁고 다양한 신체 활동에 참여할 수 있는 기회와 격려의 제공이 권장된다.

18

유치원 체육 수업에서 실제 학습 시간(ALT)을 증가시킬 수 있는 공간 구성 전략으로 옳지 않은 것은?

① 유아의 호기심 및 모험심 등을 표현할 수 있는 환경 조성을 추구한다.
② 유아의 주의 집중을 위해 체육시설이나 기구를 효율적으로 배치한다.
③ 운동이 익숙해지는 시기에는 순환식보다 병렬식 위주로 기구를 배치한다.
④ 수업 중인 신체 활동과 관련 없는 놀잇감 배치를 지양한다.

19

〈표〉는 미국스포츠의학회(ACSM)의 '어린이와 청소년을 위한 FITT(빈도, 강도, 시간, 형태) 권고 사항'이다. ㉠~㉢에 들어갈 용어를 바르게 연결한 것은?

구분	(㉠)운동	(㉡)운동	(㉢)운동
빈도	고강도 운동을 최소 주 3일 이상 포함하도록 함	주 3일 이상	주 3일 이상
강도	중강도에서 고강도	체중 또는 8~15회 반복 가능한 무게	충격이나 기계적 부하와 같이 부하를 주는 신체 활동이나 운동 자극

	㉠	㉡	㉢
①	무산소	심폐 체력	평형성
②	유산소	저항	평형성
③	유산소	저항	뼈 강화
④	유산소	뼈 강화	저항

20

유소년 체육 활동에서 체온 조절과 관련된 내용으로 지도자가 고려해야 할 사항으로 옳지 않은 것은?

① 적당한 온도 및 습도가 유지된 환경을 조성해야 한다.
② 체온 조절을 위해 가능한 한 더운 공간에서의 활동을 장려한다.
③ 더운 여름철의 체육 활동에는 적절한 수분 보충을 장려한다.
④ 유소년은 체육 활동 시 성인에 비해 열을 빨리 획득하게 된다는 것을 인지한다.

노인체육론 (03)

01
기대 수명(life expectancy)에 대한 설명으로 옳지 않은 것은?

① 나이가 증가함에 따라 변화한다.
② 기대 수명과 평균 수명은 동일한 개념이다.
③ 대부분의 나라에서 꾸준히 증가하고 있다.
④ 평균적으로 여성의 기대 수명이 남성의 기대 수명보다 높다.

02
무릎골관절염 노인의 운동을 지도할 때 고려 사항으로 옳지 않은 것은?

① 저항성 운동할 때 통증을 유발하는 운동은 등척성 운동으로 대체할 수 있다.
② 불편함을 느끼기 시작하는 강도보다 낮은 강도로 운동을 시작한다.
③ 수중 운동의 경우 물의 온도는 약 29~32℃를 권장한다.
④ 무릎관절에 충격이 큰 체중 부하 운동을 권장한다.

03
〈보기〉에서 설명하는 운동 원리는?

> 보기
>
> 노인 스포츠지도사는 일상적인 환경에서의 움직임과 연관된 동작을 포함하는 운동 프로그램을 설계하고 실행해야 한다.

① 기능 관련성 원리
② 난이도 원리
③ 점진성 원리
④ 과부하 원리

04
〈보기〉에서 설명하는 것은?

> 보기
>
> - 노화와 관련한 대표적인 증상 또는 질환이다.
> - 근육 위축(muscle atrophy)으로도 알려져 있다.
> - 유산소 능력, 골밀도, 인슐린 민감성 및 신진대사율 감소를 유발할 수 있다.

① 근감소증(sarcopenia)
② 근이영양증(muscular dystrophy)
③ 루게릭병(amyotrophic lateral sclerosis)
④ 근육저긴장증(muscle hypotonia)

05
〈보기〉에서 체중 부하 운동을 모두 고른 것은?

> 보기
>
> ㉠ 걷기 ㉡ 등산 ㉢ 고정식 자전거 ㉣ 스케이트 ㉤ 수영

① ㉠, ㉢
② ㉠, ㉡, ㉣
③ ㉡, ㉢, ㉣
④ ㉡, ㉢, ㉣, ㉤

06
'국민 체력 100'에서 제시한 노인 체력에 대한 측정 방법과 운동 방법의 연결이 옳지 않은 것은?

	체력	측정 방법	운동 방법
①	동적 평형성	의자에 앉아 3m 표적 돌아오기	베개 등 다양한 지지면 위에서 균형 걷기
②	유연성	앉아 윗몸 앞으로 굽히기	스트레칭
③	하지 근 기능	30초간 의자에 앉았다가 일어서기	밴드 잡고 앉아서 다리 밀기
④	심폐 지구력	8자 보행	고정식 자전거 타기

07

노인이 규칙적인 유산소 운동을 통해 얻을 수 있는 효과로 옳지 않은 것은?

① 최대 산소 섭취량과 1회 박출량 증가
② 분당 환기량 증가와 안정 시 호흡수 감소
③ 말초혈관의 저항 감소와 혈관 탄력성 증가
④ 복부지방 감소와 안정 시 인슐린 분비의 증가

08

〈보기〉는 만성 질환 노인의 운동 효과이다. ㉠~㉢에 들어갈 용어를 바르게 연결한 것은?

보기
- 비만 노인의 체지방량이 (㉠)하고, 근육량은 유지 및 증가된다.
- 당뇨 노인의 혈당량이 감소하고, 근육의 인슐린 민감성이 (㉡)된다.
- 골다공증 노인의 골밀도(㉢)가 개선되고, 낙상과 골절이 예방된다.

	㉠	㉡	㉢
①	감소	증가	감소
②	증가	증가	감소
③	감소	증가	증가
④	증가	감소	증가

09

운동 프로그램의 원리 중 '특수성의 원리(specificity principle)'에 대한 설명으로 옳은 것은?

① 훈련 자극 및 강도를 지속적으로 증가시켜야 한다.
② 신체의 기능 향상을 위해서는 더 강한 부하를 주어야 한다.
③ 운동의 효과는 운동 중 사용한 특정 근육 및 부위에서 나타난다.
④ 노인의 개인 특성과 운동 능력 및 체력 수준을 고려하여 운동 형태를 결정해야 한다.

10

건강한 노인의 걷기 운동을 지도할 때 주의 사항으로 옳지 않은 것은?

① 팔은 자연스럽게 앞뒤 교대로 흔들면서 걷게 한다.
② 안전한 보행을 위하여 앞꿈치, 발바닥, 뒤꿈치 지지 순서로 걷게 한다.
③ 기립 안정성을 위해 배를 내밀지 않은 상태에서 허리를 바로 세우고 걷게 한다.
④ 발바닥 전체로 내딛거나 보폭을 너무 크게 하면 피로가 빨리 오고 발바닥에 통증이 발생하므로 주의시킨다.

11

〈보기〉에서 설명하는 노화와 관련된 유전인자는?

보기
- 세포의 분열수명을 제어
- 조로증(progeria)의 원인

① 마이오카인(myokine)
② 사이토카인(cytokine)
③ 글루코오스(glucose)
④ 텔로미어(telomere)

12

〈보기〉에서 설명하는 이론은?

보기

85세의 마이클 조던은 노화로 인한 신체 기능 저하로 더 이상 예전의 농구 기량을 보여줄 수 없게 되었다. 농구를 계속하고 싶었던 마이클 조던은 다음과 같은 전략을 수립했다.
- 농구를 계속하기로 함
- 풀코트 대신 하프코트, 40분 정규시간 대신 20분만 뛰기로 함
- 동일한 연령대의 그룹과 경기하기로 함

① 반두라(A. Bandura)의 자기 효능감 이론
② 로우(J. Rowe)와 칸(R. Kahn)의 성공적 노화 이론
③ 펙(R. Peck)의 발달 과업 이론
④ 발테스와 발테스(M.Baltes & P.Baltes)의 보상이 수반된 선택적 적정화 이론

13

〈보기〉의 ㉠, ㉡에 들어갈 내용을 바르게 연결한 것은?

보기
- 폐경으로 인한 (㉠) 감소로 골다공증 위험 증가
- 대사작용의 산물인 (㉡)의 증가가 여러 노화 관련 질환 유발

	㉠	㉡
①	테스토스테론	활성산소
②	테스토스테론	젖산
③	에스트로겐	활성산소
④	에스트로겐	젖산

14

〈보기〉에서 설명하는 행동 변화 이론 또는 모형은?

보기
- 자신의 신념(belief)과 행동(behavior)을 연결하는 이론
- 구성 요인은 태도, 주관적 규범, 지각된 행동 통제, 의도, 행동통제인식

① 학습 이론(learning theory)
② 건강 신념 모형(health belief model)
③ 계획 행동 이론(theory of planned behavior)
④ 행동 변화 단계 모형(behavior change model)

15

〈보기〉에서 노인과의 원활한 의사소통 방법으로 옳은 것을 모두 고른 것은?

보기
㉠ 참여자의 정면에 선다.
㉡ 시선을 한 곳에 고정한다.
㉢ 적절한 눈맞춤을 한다.
㉣ 참여자를 향해 몸을 약간 기울인다.
㉤ 손은 계속 움직이며 손가락으로 지적한다.

① ㉠, ㉡
② ㉡, ㉤
③ ㉠, ㉢, ㉣
④ ㉠, ㉢, ㉣, ㉤

16

대사당량(METs)에 대한 설명으로 옳지 않은 것은?

① 안정 시 MET 값은 연령에 따라 다르다.
② 중강도의 신체 활동 기준은 3.0~6.0METs이다.
③ 노인의 유산소 운동 시 안전한 운동 강도 설정 지표로 활용된다.
④ 1MET는 휴식 상태에서 체중 1kg당 1분 동안 사용하는 산소량이다.

17

〈표〉는 노인이 운동할 때 응급 상황에 대한 응급 처치 방법과 목적을 제시한 것이다. ㉠~㉢에 들어갈 용어를 바르게 연결한 것은?

방법	목적
(㉠)	추가적 손상 방지
Rest(휴식)	심리적 안정
Ice(냉찜질)	(㉡)
Compression(압박)	부종 감소
Elevation(거상)	부종 감소
Stabilization(고정)	(㉢)

	㉠	㉡	㉢
①	Posture (자세)	근 경련 감소	마비 예방
②	Posture (자세)	통증, 부종, 염증 감소	마비 예방
③	Protection (보호)	통증, 부종, 염증 감소	근 경련 감소
④	Protection (보호)	마비 예방	근 경련 감소

18

노화로 인한 낙상의 원인으로 옳은 것은?

① 보행 속도의 증가
② 자세 동요의 감소
③ 발목의 발등 굽힘 증가
④ 보폭이 좁은 오리걸음 패턴

19

노화로 인한 체력 저하에 대한 설명으로 옳지 않은 것은?

① 근력은 20대에 최대치를 이루고 그 후 점차적으로 저하된다.
② 순발력은 10대에 최대치를 이루고 근력에 비해 빠르게 저하된다.
③ 평형성은 20대에 최대치를 이루고 그 후 급속히 저하된다.
④ 지구력은 근력, 순발력에 비해 느리게 저하된다.

20

생물학적 노화의 특징으로 옳지 않은 것은?

① 노화로 인한 변화는 점진적이다.
② 모든 사람에게 보편적으로 나타난다.
③ 발달과 쇠퇴를 모두 포함하는 변화이다.
④ 환경적 요인을 배제한 내재적 요인에 의해 발생한다.

2023년 2급 장애인/유소년/노인 스포츠지도사

정답 및 해설

특수체육론(01) 기출문제 해설(필수/A형)

01	02	03	04	05	06	07	08	09	10
①②	④	③	④	③	①	①	④	③	②
11	12	13	14	15	16	17	18	19	20
④	②	③	④	①③	②	③	④	①	②

01 ①②

| 정답해설 |

① 환경 요인이 아닌 건강 특성과 배경 요인 사이의 상호 작용이 장애를 초래하는 것이다.
② 국제 기능·장애·건강 분류 내용과 무관하다.

| 심화해설 |

국제 기능·장애·건강 분류(International Classification of Functioning, Disability, and Health: ICF)
- 과학적, 임상적, 행정적 및 사회적 정책의 다양한 차원에서 모든 장애의 평가와 측정에 기초를 제공한다.
- 사람과 그 사람의 물리적, 사회적 환경 사이의 상호 작용 결과로 초래된 다차원적 현상을 나타내기 위해 '장애'라는 용어를 사용한다.
- 개인의 생활 상황과 환경적 영향의 배경 내에서 사람들의 건강 특성을 분류한다.
- 건강 특성과 배경 요인 사이의 상호 작용이 장애를 초래하므로 개인을 손상, 활동 제한 또는 참여 제약 대상으로 축소하거나 특징지어서는 안 된다.

02 ④

| 정답해설 |

미국의 체육 정의
미국은 1975년에 공포된 공법 94-142(전 장애 아동 교육법)의 특수 교육 조항에 체육의 정의를 포함시켰다. 체육이란 ㉠ 건강과 운동 체력의 발달, ㉢ 기본 운동 기술과 양식, 그리고 ㉤ 수중 활동, 무용, 개인 및 단체 게임 및 스포츠 등의 기술의 발달을 의미한다. 또한 체육은 ㉡ 특수 체육, 적응 체육, 움직임 교육, 운동 발달 등을 포함하는 용어이다.

03 ③

| 정답해설 |

블룸(B. Bloom)이 분류한 인간 행동적 특징의 세가지 영역은 심동적, 인지적, 정의적 행동을 뜻한다.
㉠ 정의적 영역: 긍정적 자아, 사회적 능력 향상, 즐거움과 긴장 이완
㉡ 심동적 영역: 운동 기술과 패턴, 체력 향상, 여가 활동에 필요한 기술
㉢ 인지적 영역: 놀이와 게임 행동, 인지-운동 기능과 감각 통합, 창조적 표현

04 ④

| 정답해설 |

개별화 전환 교육 계획은 장애를 가진 학생들이 성인 사회에 성공적으로 적응할 준비를 하기 위한 구체적이고 공식적인 전환 과정에 대한 계획이다. 과거 활동에 주안점을 두는 것이 아닌 미래에 적응하기 위한 다양한 기술과 경험을 교육 목표로 삼는 것이다.

05 ③

| 정답해설 |

PAPS-D는 규준 참조 검사에 해당한다. 상대 비교 평가로 운동 발달 혹은 운동 수행력에 대해 같은 연령의 또래 혹은 동일한 특성을 가진 사람들의 점수와 비교하여 동일 집단 내 대상자의 상대적 위치에 대한 정보를 제공하는 검사이다.

| 오답해설 |

① 비형식적 검사: 형식적 평가에 비해 덜 구조화된 평가 방법이다. 관찰, 면접, 질문지, 평정 척도, 교사 제작 검사, 교육 과정 중심의 평가, 준거 참조 검사 등이 포함되며 지도자가 개발할 수 있다는 장점은 있으나 신뢰도나 타당도 등 기술적 정확성을 알 수는 없다.
② 비표준화 검사: 장애 적용 수정 검사와 같이 신체적 능력을 진단하기 위하여 융통성 있는 절차와 방법을 사용하는 검사 방법이다.

④ 준거 참조 검사: 절대 비교 평가로 대상자가 가지고 있는 신체적 상태가 사전에 설정된 기준에 비하여 어느 정도인지 알아보는 검사이다.

06 ①

| 정답해설 |

Peabody Developmental Motor Scales-second edition(PDMS-2)은 운동 기술의 양적인 측정과 질적인 측정을 모두 포함하고 있으며 출생부터 71개월까지의 아동을 대상으로 하는 평가도구이다. 항목은 크게 대동작, 소동작으로 나뉘며 대동작 척도에는 반사, 고정된 움직임(비이동 운동), 이동 운동, 도구 다루기(물체적 조작)가 포함되며, 소동작 척도에는 움켜쥐기, 시각-운동 통합이 포함된다. 따라서 ⊙에는 반사가 들어가야 한다.

07 ①

| 정답해설 |

운동 발달의 단계 및 주기별 특성(Gallahue)

발달 단계	발달 시기	특징
반사 움직임 단계	출생 후 1년 이내	눈과 손의 협동 동작, 도달 동작, 잡기 동작 등 가능
초보 움직임 단계	2세까지	• 시력의 발달 • 기어다니기, 걷기, 이동, 물체 잡기 가능 • 물건의 크기, 모양, 무게에 따라 물건 구분 가능
기본 움직임 단계	2~6세	던지기, 차기, 회전하기, 굽히기 등의 다양한 운동 기술 가능
전문화 움직임 단계	초등학생의 시기	동작의 연결과 일관된 동작 수행 등의 협응력 발달
성장과 세련 단계	청소년기	호르몬 분비 등 신체적 변화로 인한 2차 성징이 일어남
최고 수행 단계	20~30세	근력, 심폐 지구력, 신경 활동 등이 최고인 시기
퇴보 단계	30세 이상	신경 기능, 근육 기능, 폐 호흡 기능, 유연성 등의 운동 능력이 점차 감소함

08 ④

| 정답해설 |

평가는 설정한 목표와 예측에 비추어 변화의 정도를 결정하고 변화의 가치를 판단하여 학생의 수행력 자료를 조사하는 연속적 과정으로 형성 평가 혹은 총괄 평가일 수 있다. 형성 평가는 지속적인 과정으로서 목표에 도달하는 시간까지 이루어진 수행력이며, 총괄 평가는 설정한 기준에 대한 수행력 혹은 진도를 해석할 목적으로 주기적으로 수행하는 것으로 연속적인 과정에 해당한다.

| 심화해설 |

성취 기반 교육 과정에서의 장애인 스포츠 프로그램 전달 단계

프로그램 계획	목표 기술로부터 기초 기능으로 지도하는 하향식 접근법 사용
사정	의사 결정을 위한 정보 자료 수집
수업 계획 (실행 계획)	운동 기술 습득 후 학생의 요구를 해결하는 수업 계획 개발에 중점
교수·지도	설정한 목표를 성취하도록 학습 환경을 관리하는 역동적 과정
평가	설정한 목표와 예측에 비추어 변화의 정도를 결정하고 변화의 가치를 판단하여 학생의 수행력 자료를 조사하는 연속적 과정

09 ③

| 정답해설 |

개별화 교육 계획(IEP)은 특수 교육 대상자의 현재 수준이 어떠하며 무엇을 목표로 하고, 그 목표에 도달하기까지 시간이 얼마나 소요되고, 어떻게 목표가 달성되었는지 평가할 것인가에 관하여 명확하게 설명하는 체계이다. 설정한 목표와 예측에 비추어 변화의 정도를 결정하고 변화의 가치를 판단하여 학생의 진보가 어느 정도 일치하고 있는가를 확인하기 위한 기능에 해당하는 것은 평가 기능이다.

10 ②

| 정답해설 |

블룸(B. Bloom)의 교육 목표 영역
- 정의적 영역: 흥미, 태도, 감상, 가치관, 감정, 신념 등과 관련된 영역으로, 긍정적 자아, 사회적 능력 향상, 즐거움과 긴장 이완을 목표로 둔다.
- 심동적 영역: 운동 기능, 신경 근육과 관련된 기능 및 지각 활동 등이 포함되는 영역으로, 운동 기술과 패턴, 체력 향상, 여가 활동에 필요한 기술 습득을 목표로 한다.

- 인지적 영역: 지식, 이해력, 적용력, 분석력, 종합력, 문제 해결력, 논리적 사고력, 비판적 사고력, 창의력, 평가 능력 등 지적 행동 특성을 포함하는 영역으로, 놀이와 게임 행동, 인지 - 운동 기능과 감각 통합, 창조적 표현을 목표로 둔다.

| 오답해설 |
ⓒ 가치화는 정의적 영역, ⓔ 적용은 인지적 영역에 해당한다.

11 ④

| 정답해설 |
사회적 상호 작용(㉠ⓒ)과 의사소통(㉣)에 결함이 있고, 제한적이고 반복적인 관심과 활동(㉢)을 보인다. 교육적 성취 및 일상생활 적응에 도움이 필요한 사람으로 자폐성 장애의 특성에 해당한다.

12 ②

| 정답해설 |
시각 장애인의 신체 활동 시 자신의 위치와 물체의 방향을 파악하는 것을 방향 정위라고 한다.

| 오답해설 |
① 신체상: 신체의 모든 느낌의 총체, 즉 느낌 그대로의 신체이다. 개인의 신체적 특징, 자기 자신에 대해 느끼고 있는 관념, 타인이 자기를 어떻게 보고 있을 것이라고 하는 대인지각, 자기 자신이 가지고 있는 분위기 또는 태도에 의해 크게 좌우된다.
③ 신체 정렬: 모든 관절이 제 위치에서 일정한 간격을 유지하고 있는 중립적인 상태를 의미한다.
④ 동측협응: 같은 쪽 다리와 팔의 조합을 통한 협응을 의미한다.

13 ③

| 정답해설 |
소리가 전달되지 못하는 문제가 있다는 점, 중이염, 고막 손상에 의해 발생하는 점, 보청기 착용 효과가 좋은 것으로 보아 전음성 난청임을 알 수 있다.

| 심화해설 |
청각 장애의 유형

전음성	소리가 전달되지 못하는 일반적인 청력의 손실 상태
감각 신경성	청각과 관련된 신경 손상에 의한 손실 상태
혼합성	전음성과 감각 신경성이 혼합된 상태

전음성과 감각 신경성 청력 손실의 비교

전음성 청력 손실	감각 신경성 청력 손실
주요 의사소통 방법은 말하기를 이용	말을 할 가능성이 거의 없음
수화도 사용	의사소통 방법으로 대부분 수화를 사용
보청기 유용함	보청기는 도움이 되지 않음
농아인 문화의 일부분이 될 수 있음	농아인 문화가 될 가능성이 높음
달팽이관 이식 대상이 아님	달팽이관 이식 대상이 될 가능성이 높음
만성 중이염, 삼출성 중이염, 외상성 고막 뚫림, 혈성 고실, 귀바깥길 막힘 등이 원인	미로염, 뇌수막염 등의 염증성 질환, 소음성 난청, 이독성 약물, 측두골 골절 등의 외상, 노인성 난청 등이 원인

14 ④

| 정답해설 |
㉠ 직접적인 운동을 통해서 도식이 발달되는 감각 운동기에 해당한다.
ⓒ 물리적인 조작을 가해서 인지 발달이 일어나는 전 조작기에 해당한다.
ⓒ 이론적·논리적 사고를 하며, 보존 과제를 성공하고 타인의 조망도 이해할 수 있는 구체적 조작기에 해당한다.
ⓔ 체계적인 사고 능력, 논리적 조작에 필요한 문제 해결 능력이 발달하는 형식적 조작기에 해당한다.

15 ①③

| 정답해설 |
①③ 정서 및 행동 장애 유형으로 주의력 결핍 과잉 행동 장애에 해당한다. 이 장애 유형은 주로 학령기에 나타나며, 성인들에게서도 나타난다.

| 심화해설 |
주의력 결핍 과잉 행동 장애(Attention Deficit Hyperactivity Disorder: ADHD)
- 주로 학령기에 나타나며, 성인들에게서도 나타난다.
- 여아보다 남아에게서 많이 나타난다.
- 과잉 행동, 부주의, 충동성이 주요 특징이다.

주의력 결핍 과잉 행동 장애 진단 기준
- 부주의, 과잉 행동 또는 충동성에 관한 다음 증상 가운데 6가지 이상 증상이 6개월 동안 부적응적이고 발달 수준에 맞지 않는 정도로 지속된다.
- 장애를 일으키는 과잉 행동-충동 또는 부주의 증상이 12세 이전에 두드러지게 나타난다.

- 증상으로 인한 장애가 2가지 또는 그 이상의 장면(학교 또는 작업장, 가정 등)에서 존재한다.
- 사회적, 학업적, 직업적 기능에 임상적으로 심각한 장애가 초래된다.
- 증상이 광범위성 발달 장애, 조현증, 또는 기타 정신증적 장애의 경과 중에만 발생하지 않으며, 다른 정신 장애(기분 장애, 불안 장애, 해리성 장애, 또는 인격 장애 등)에 의해 잘 설명되지 않는다.

16 ②

| 정답해설 |

안압이 높아 시신경으로 가는 혈류에 압박이 가해지면서 시신경이 조금씩 손상돼 시야가 좁아지는 질환으로 녹내장에 해당한다.

| 심화해설 |

시각 장애 원인
- 백내장: 수정체가 어떤 원인에 의해 뿌옇게 혼탁해져 빛을 제대로 통과시키지 못하게 되면서 안개가 낀 것처럼 시야가 뿌옇게 보이는 질환으로, 사물이 겹쳐 보이거나 눈부심, 빛 번짐 현상이 나타난다.
- 녹내장: 안압이 높아 시신경으로 가는 혈류에 압박이 가해지면서 시신경이 조금씩 손상돼 시야가 좁아지는 질환으로, 시신경이 서서히 손상되며 주변부의 시야부터 점점 좁아져 결국 실명하게 되며, 두통, 눈의 통증, 구토 등의 증상이 있다.
- 황반변성: 황반은 눈의 안쪽을 덮고 있는 얇고 투명한 신경 조직인 망막의 중심에 위치한 부위로, 물체의 상이 맺히는 중심이므로 시력에 대단히 중요한 역할을 담당하는데, 노화 독성, 염증 등에 의해 황반부에 변성이 일어나 시력 장애를 일으키는 질환이다. 사물의 형태를 구별하는 능력이 떨어지고 물체가 찌그러져 보이며, 책을 읽을 때 글자에 공백이 생기는 증상이 있다.
- 망막 박리: 망막에 여러 가지 이유로 여러 층이 떨어지는 현상으로 시각 정보를 뇌로 보낼 수 없게 되기 때문에, 망막이 기능하던 시야가 검은 구름, 그림자, 커튼으로 가린 것처럼 보이게 된다.

17 ③

| 정답해설 |

㉠ 농구: 왼손을 반쯤 구부려 손끝이 오른쪽으로 향하게 하여 가슴 앞에 놓은 다음, 손등이 밖으로 향하게 쥔 오른 주먹을 왼손의 1·2·3·4지와 5지 사이로 내린다

㉡ 고맙습니다: 손끝이 밖으로 향하게 펴서 모로 세운 오른손의 4지 옆면을 손바닥이 아래로 향하게 편 왼 손등에 두 번 댄다.

㉢ 반갑습니다: 두 손을 약간 구부려 손 끝을 양쪽 가슴 앞에 대고 위 아래로 엇갈리게 움직인다.

18 ④

| 정답해설 |

FITT의 구성 요소는 빈도(Frequency), 강도(Intensity), 시간(Time), 형태(Type)이다.

| 심화해설 |

FITT 구분에 따른 운동 계획
- 빈도(Frequency): 주당 운동을 수행해야 하는 일수를 설정
- 강도(Intensity): 목표로 하는 운동을 얼마나 강하게 시행할 것인지를 선택
- 시간(Time): 운동 시간을 나타내며, 일반적으로 활동의 분 단위로 표현
- 형태(Type): 형태 또는 종류를 말하며, 유산소성 운동과 무산소성 운동 등으로 분류

19 ①

| 정답해설 |

흉추 1~5번 손상이 있으면 다리는 마비되지만 팔의 운동은 가능하여 휠체어 농구가 가능하다.

| 심화해설 |

척수 손상에 따른 운동 및 감각기능
- 흉추 1~5번 손상: 팔의 운동은 가능하지만 다리는 마비된다. 팔의 동작은 완전하게 할 수 있지만 몸통을 지탱하기 어려워 보조 기구가 필요하다. 스스로 이동할 수 있다.
- 흉추 6~9번 손상: 등 근육의 윗부분, 배 근육, 갈비 부위 근육의 기능은 가능하여 몸통을 가눌 수 있다. 바벨 운동, 볼링 운동이 가능하다.
- 흉추 10~12번 손상: 등 근육 위 부위와 배 근육을 완전하게 수축할 수 있다. 수영, 웨이트 트레이닝이 가능하며, 긴 지지대를 이용하여 걷기도 가능하다.

20 ②

| 정답해설 |

㉠ 개인전과 2인조의 경우는 4엔드가 한 경기를 이루고, 단체전 [3인＋후보 선수 2인(올림픽은 1인)]의 경우에는 6엔드가 한 경기를 이룬다.
㉡ 양 선수(또는 팀)는 각각 여섯 개의 공을 배분받는다. 한 선수는 빨간색, 한 선수는 파란색 공으로 경기한다. 상대방의 공 중 표적구(흰색 1개)에서 가장 가까운 공보다 표적구에 가까운 내 공의 개수만큼 점수를 얻는다.

| 오답해설 |

㉢ 보치아 경기는 뇌성 마비 중증 장애인과 운동성 장애인이 참가 가능한 경기이다. 그로 인해 휠체어를 이용하는 선수에게 참가 자격을 부여한다.
㉣ 공이 투구되는 순간 경기 보조자는 선수와 직접적인 신체 접촉을 해서는 안 된다.(어떠한 경우에도 선수와 접촉하면 안 된다). 그리고 휠체어를 밀거나 조정하여 선수를 돕는 것도 허용되지 않는다.

| 심화해설 |

보치아 경기 규칙
- 양 선수(또는 팀)가 각각 여섯 개의 공을 배분받는다. 한 선수는 빨간색, 한 선수는 파란색 공으로 경기한다.
- 상대방의 공 중 표적구에서 가장 가까운 공보다 표적구에 가까운 내 공의 개수만큼 점수를 얻는다고 할 수 있다.
- 개인전과 2인조의 경우는 4엔드가 한 경기를 이루고, 단체전 [3인＋후보 선수 2인(올림픽은 1인)]의 경우에는 6엔드가 한 경기를 이룬다.
- 선수는 경기에 참여하기 위해서는 반드시 휠체어 사용자여야 한다. 스쿠터 또는 침대 형태(등급 분류시 승인된 문서가 있는 경우)로 된 것도 사용 가능하다.

경기보조자
- BC1 선수와 BC4 하지 선수는 경기 보조자의 도움을 받을 수 있다. BC1과 BC4 하지 선수의 경기 보조자는 투구 구역 뒤쪽에 위치해야 하며, 선수의 요청이 있을 때에만 투구 구역 안으로 들어갈 수 있다. 경기 보조자는 경사로 위치 조정을 제외하고 BC3 경기 보조 선수와 동일한 역할을 수행한다.
- 공이 투구되는 순간 경기 보조자는 선수와 직접적인 신체 접촉을 해서는 안 된다(어떠한 경우에도 선수와 접촉하면 안 된다). 그리고 휠체어를 밀거나 조정하여 선수를 돕는 것도 허용되지 않는다.

유아체육론(02) 기출문제 해설(필수/A형)

01	02	03	04	05	06	07	08	09	10
④	③	①	④	④	③	①	④	①	②
11	12	13	14	15	16	17	18	19	20
④	③	①	④	①	②	②	③	③	②

01 ④

| 정답해설 |

아기의 뇌는 출생 시 이미 모든 뇌세포를 갖고 있다고 알려져 있으며, 그 무게는 출생 시 성인 뇌 무게의 25% 정도가 된다. 6개월까지 두뇌 발달이 급격하게 일어나 출생 후 6개월 정도에는 성인 크기의 60% 정도가 되고, 2세 말경이 되면 75%에 이른다.

| 오답해설 |

3세 아동의 대뇌 무게는 성인의 약 75%이며, 6세가 되면 거의 90%에 이른다. 중뇌는 출생 시 거의 완전히 발달한 상태지만, 대뇌피질은 4세가 될 때까지 완벽하게 발달하지 않는다.

02 ③

자신으로부터 대상이 떨어져 있는 거리를 판단하는 능력은 공간 지각 중 깊이 지각에 대한 설명이다.

| 오답해설 |

영아는 단순한 형태보다는 복잡한 형태를 선호하며, 매우 복잡한 자극보다는 적절하게 복잡한 자극을 선호한다.

03 ①

| 정답해설 |

굽히기, 늘리기, 직립 균형은 안정성 운동에 대한 설명이다.

| 오답해설 |

- 이동 운동에는 걷기, 달리기, 리핑, 호핑, 점핑, 기어오르기, 갤로핑, 슬라이딩, 스키핑 등이 있다.
- 조작 운동에는 공 굴리기, 던지기, 차기, 치기, 튀기기, 되받아치기, 잡기, 받기, 공 멈추기 등이 있다.

04 ④

| 정답해설 |

④는 안전성에 대한 설명이다. 경제성은 안전과 직결되는 교재와 교구는 견고하거나 반영구적인 재료를 선택하고 교체 시기를 고려하여 시공함으로써 시간 및 비용 면에서 경제적인 선택을 하는 것이다.

| 심화해설 |

유아 체육 지도 환경 조성 원칙

- 안전성: 설비들은 안전하게 배치 및 관리하고 유아들을 사고의 위험에서 최대한 보호하며 항상 지도자의 시야 안에 들어오도록 환경을 조성한다.
- 편안함: 유아들이 편안하게 활동에 몰입할 수 있도록 온도, 습도, 조명, 환기 등에 신경 쓴다.
- 경제성: 안전과 직결되는 교재와 교구는 견고하거나 반영구적인 재료를 선택하고 교체 시기를 고려하여 시공함으로써 시간 및 비용 면에서 경제적인 선택을 해야 한다.
- 흥미성: 체육 활동의 재미와 흥미를 이끌 수 있는 환경을 조성해야 한다.
- 공간 확보: 실내 활동의 필요 공간은 1인당 약 1평이고, 실외 활동은 2~3배의 공간이 필요하며, 개인적인 공간과 집단을 구분할 수 있도록 여유 공간이 필요하다.
- 효율성: 유아의 신체 발달에 필요한 기구나 설비를 준비하고, 장소의 음향 시설, 냉난방 시설, 활동 공간 등을 수업의 효과적인 진행을 위해 마련해야 한다.

05 ④

| 정답해설 |

전문화된 움직임의 적용단계는 대략 11세에서 13세까지의 기간에 해당하며, 이 시기에는 인지 능력이 더욱 정교해지고 경험 토대가 확대되면서 많은 것을 학습할 수 있게 된다. 아울러 다양한 과제, 개인, 환경 요인들을 토대로 무엇에 참여할 것인지를 결정할 수 있게 된다. 이 단계에서는 특정 활동을 찾거나 기피하기 시작하며, 움직임 수행의 형태, 기술, 정확성과 더불어 양적 측면이 강조되고, 복잡한 기술들이 정교해지고 보다 수준 높은 게임과 간이 게임 활동, 선택된 스포츠에서 사용된다.

| 심화해설 |

전문화된 움직임 단계는 전환, 적용, 평생 이용 단계로 구분

- 전환 단계(7~10세)
  - 스포츠와 레크리에이션 상황에서 전문화된 기술을 수행하기 위해 기본 움직임 기술을 결합시키고 응용하기 시작
  - 정교해진 기본 움직임 기술들은 놀이, 게임 및 일상생활에 응용

- 부모나 교사들이 다양한 활동을 통해 아동의 능력이 향상될 수 있도록 도와줘야 함
- 적용 단계(11~13세)
  - 인지 능력이 더욱 정교해지고 경험 토대가 확대되면서 많은 것을 학습
  - 다양한 과제, 개인, 환경 요인들을 토대로 무엇에 참여할 것인지를 결정할 수 있음
  - 특정 활동을 찾거나 기피하기 시작하며, 움직임 수행의 형태, 기술, 정확성과 더불어 양적 측면이 강조
  - 복잡한 기술들이 정교해지고 보다 수준 높은 게임과 간이 게임 활동, 선택된 스포츠에서 사용
- 평생 이용 단계(14세 이상)
  - 운동 발달 단계의 정점으로 이때 습득한 움직임은 일생 동안 적용
  - 이전 단계에서 형성된 관심과 능력, 선택이 지속되고 정교해지면서 평생 동안 일상생활과 여가 및 스포츠 관련 활동에 활용
  - 이전 단계들이 축적된 결과이며, 평생 지속되는 단계로 볼 수 있음

06 ③

| 정답해설 |

자기 개념(self-concept)은 사회적인 맥락 속에서 능력, 태도, 느낌을 포함한 자신에 대한 주관적인 인식 개념을 의미하며, 자기 자신에 대해 어떻게 느끼고 인지하고 있느냐에 따라 자신이 어떤 일을 성공적으로 수행할 수 있는 능력이 있다고 믿는 기대와 신념이 달라지기 때문에 자기 개념과 자기 효능감은 관련이 있다.
ⓒ 유소년의 연령에 맞는 적절한 모험 활동과 주변에서의 용기 전달은 자기 개념을 발달시키는 데 도움을 준다.
ⓒ 유소년들이 도달할 수 있는 범위 안에서의 목표 설정을 통해 어떤 일을 성공적으로 수행할 수 있다고 믿는 기대는 자기 개발에 도움을 준다.

| 오답해설 |

㉠ 신체 활동은 긍정적인 자기개념을 촉진시킬 수 있지만 하나의 방법과 수단이지 최상의 방법은 아니다.
㉣ 신체 활동을 통한 목표 달성 및 성공 경험이 자기 개념 발달에 도움이 된다.

| 심화해설 |

유아의 신체적 자기 개념(self-concept)
- 자기 개념은 하나의 단일 개념이 아니라 개인을 둘러싼 환경에 영향을 받으며, 여러 개일 수 있고 상황에 따라 변하기도 한다.
- 자기 자신에 대해 어떻게 느끼고 인지하고 있느냐에 따라 자신이 어떤 일을 성공적으로 수행할 수 있는 능력이 있다고 믿는 기대와 신념이 달라지기 때문에 자기 개념과 자기 효능감은 관련이 있다.
- 스포츠 참여를 통해 스포츠나 체력적으로 자신이 유능하다고 지각된 경우 신체적 능력이나 외모에 큰 영향을 미치는 것으로 나타나며, 이는 아동의 개념 형성 및 자존감 발달에 중요한 역할을 한다.
- 체육 활동을 통한 목표 달성 및 성공 경험은 개인이 감각과 운동 능력을 사용하고 발전시키려는 강한 내적 동기의 경향을 발전시킬 수 있다.

07 ①

| 정답해설 |

피카(1995)는 동작의 요소를 공간(㉠), 형태, 시간(ⓒ), 힘, 흐름, 리듬으로 구성된다고 하였으며, 퍼셀(1994)은 신체 인식, 공간 인식(㉠), 노력, 관계(ⓒ)를 동작의 요소로 구분하였다.

| 심화해설 |

피카(R.Pica)의 동작 요소

기본 동작 교육 내용	강조
• 이동 운동 기술 • 비이동 운동 기술 • 조작 운동 기술 • 체육 동작 기술(구르기, 무게 중심 옮기기, 균형 잡기, 기어오르기, 매달리기)	• 유아기에 반드시 습득해야 할 기본 운동 기술인 걷기, 달리기, 던지기 등을 강조 • 동작 기술과 동작의 요소(공간, 형태, 시간, 힘, 흐름, 리듬) 강조 • 공 등의 도구를 활용한 능동적인 신체 활동 강조

퍼셀(M. Purcell)의 동작 요소

신체 인식	공간 인식	노력	관계
• 전신의 움직임 • 신체 부분의 움직임 • 신체 모양	• 개인 공간 • 일반 공간 • 수준 • 경로 • 방향 • 범위	• 시간 • 공간 • 힘 • 흐름	• 신체 부분 • 파트너나 그룹 • 물체(기구, 교수 자료)

08 ④

| 정답해설 |

㉠ 초보단계의 특징이다. 제어된 삼각 지지 물구나무서기와 두 지점을 지지하면서 낮은 자세의 물구나무서기 유지가 가능하며, 3초 이상 균형을 유지할 수 있거나 또 다른 균형점을 부가적으로 주면 더 오래 유지 가능하다. 감각적으로 보이지 않는 신체 부위를 살피는 능력이 점차 향상되는 단계이다.

ⓒ 성숙단계의 특징이다. 차는 동안 양팔을 자연스럽게 흔들며, 몸통이 허리까지 굽혀진다. 공 접촉 시 지지 다리는 자연스럽게 굽혀지고 다리 스윙 길이가 길어진다. 달리거나 충분한 스텝을 밟고 공에 접근하는 단계이다.

09 ①

| 정답해설 |

신뢰감 대 불신감은 1단계에 해당하며, 신체적·심리적 요구를 적절히 충족해 주면 그 대상에게 신뢰감을 형성하고, 그렇지 못할 경우 불신감이 형성되는 시기이다. 정체감을 확립하지 못한 경우 자신감을 가지지 못하는 단계는 정체성 대 역할 혼돈의 5단계에 해당한다.

| 오답해설 |

② 자율성 대 수치·회의(1.5~3세): 스스로 먹고, 입고, 배변 활동을 하면서 자율성이 발달하는 시기로, 근육 발달을 조절할 수 있고 자기 주위를 탐색한다. 아동의 자발적 행동을 지나치게 통제하거나 과잉 보호하게 되면 수치심을 갖게 되는 시기이다.
③ 주도성 대 죄책감(3~6세): 자신이 세운 목표나 계획을 실천 및 성공하고자 하는 욕구와 또래의 판단 사이에 갈등을 겪게 되는 시기이다.
④ 근면성 대 열등감(6~12세): 자아 성장에 결정적인 시기로, 아이가 행한 업적을 칭찬해 주고 격려해 주면 근면성을 발달시키지만, 활동을 제한하고 비판하면 열등감이 생기는 시기이다.

| 심화해설 |

에릭슨(E. Erikson)의 심리 사회 발달 단계
- 1단계: 신뢰감 대 불신감(0~1.5세)
- 2단계: 자율성 대 수치·회의(1.5~3세)
- 3단계: 주도성 대 죄책감(3~6세)
- 4단계: 근면성 대 열등감(6~12세)
- 5단계: 정체성 대 역할 혼돈(12~18세)
- 6단계: 친밀감 대 고독(성인 초기)
- 7단계: 생산성 대 정체(성인기)
- 8단계: 자아 주체성 대 절망(노년기)

10 ②

| 정답해설 |

㉠ 모로 반사, ㉣ 바빈스키, ㉤ 비대칭 목 경직 반사는 원시 반사에 해당한다. 원시 반사는 유아가 영양분을 얻고 보호를 획득하는 것과 밀접하게 연관되어 있으며, 태아기 때 처음 나타나 생후 1년까지 지속된다. 모로 반사, 포유 반사, 흡입 반사, 손바닥 파악 반사, 발바닥 파악 반사, 바빈스키 반사, 목 경직 반사(비대칭 목 경직 반사, 대칭 목 경직 반사) 등이 원시 반사에 해당된다.

| 오답해설 |

ⓒ 당김 반사(pull-up), ⓔ 목 자세 반사(neck righting), ⓕ 낙하산 자세 반사(parachute)는 자세 반사(postural reflex)에 해당한다.

11 ④

| 정답해설 |

영아 기도폐쇄는 1세 이하, 혹은 2세라도 체중이 10kg 이하인 영아를 대상으로 한다.

영유아 기도 폐쇄 시 응급 처치 방법
1. 자세 취하기 및 119 신고 요청
   - 주변에 119 신고를 요청한다.
   - 환자의 얼굴이 우로 향하도록 환자를 자신의 팔 위에 올려놓고 손으로는 환자의 머리와 경부가 고정되도록 잡는다.
   - 다음에는 다른 팔을 이용해 환자의 얼굴이 아래로 향하도록 뒤집어서(돌려서) 턱을 잡은 손이 환자를 떠받친다.
2. 등 두드리기 5회
   - 영아의 머리를 가슴보다 낮게 하고, 영아를 안은 팔을 허벅지에 고정시킨 뒤 손바닥으로 영아의 어깻죽지 사이(견갑골)를 5회 두드린다.
3. 흉부 압박 5회
   - 영아의 등을 받치고, 머리를 가슴보다 낮게 하여, 영아를 안은 팔을 무릎 위에 놓는다.
   - 영아의 유두 사이에 가상선을 긋고, 검지와 중지를 흉골에 올려놓고(심폐 소생술과 비슷하나 속도는 조금 천천히) 분명하고 확실하게 5회의 압박을 시행한다(압박 시 손가락은 가슴에서 떼지 않는다).
4. 입 안의 이물질 제거
   - 영아의 구강 내 이물질을 확인하여 제거한다(손에 닿지 않는 이물질은 일부러 제거하지 않는다).
   - 영아가 의식을 잃거나, 이물이 배출되거나, 힘차게 숨을 쉬거나, 기침을 할 때까지 계속 반복 실시한다(119 구급대원이 도착할 때까지 위의 과정을 반복 시행한다).

12 ③

| 정답해설 |

ⓒ 심폐 지구력은 건강 체력의 요소이며, 셔틀런(페이서, PACER)은 심폐 지구력을 측정하는 적절한 검사 방법이다.
ⓔ 평형성은 운동 체력의 요소이며, 평균대 위에서 한 발로 서기는 평형성을 측정하는 적절한 방법이다.

| 오답해설 |

㉠ 모둠발로 멀리뛰기는 순발력을 평가하는 검사 방법이지만, 순발력은 건강 체력이 아닌 운동 체력으로 분류된다.
㉣ 유연성은 건강 체력의 요소이나, 1분간 앉았다 일어나기는 근력 또는 근지구력을 평가하는 방법이다.

13 ①

| 정답해설 |

신체를 인식하고 움직이는 기초적인 이동 운동을 하는 단계는 초보 움직임 단계이다. 3~4학년의 시기는 전문화된 움직임 단계 중 적용 단계에 해당하는 시기이다. 인지 능력이 더욱 정교해지고 경험이 확대되면서 많은 것을 학습하며, 움직임 수행의 형태, 기술, 정확성과 양적 측면이 강조되고 복잡한 기술이 정교해지며 이를 수준 높은 게임과 간이 게임 활동에 사용하게 된다.

14 ④

| 정답해설 |

조작 운동은 도구를 다루는 능력을 의미한다. 도구를 몸에서 밖으로 내보내는 동작인 추진(propulsive)과 외부에서 몸을 향해 들어오는 도구를 받는 흡수(absorptive)로 구분된다. 공 멈추기와 받기는 흡수에 해당하며, 해당 기술은 장소, 높이, 방향에 대한 공간 지각이 필요하다.

| 심화해설 |

조작 운동 프로그램

추진 운동	흡수 운동
• 굴리기(ball rolling) • 던지기(overarm throw) • 차기(kicking) • 치기(striking) • 튀기기(bouncing) • 되받아치기(volleying)	• 잡기(catching) • 받기(receiving) • 공 멈추기(ball trapping)

지각 운동 발달 프로그램 구성 요소

신체 지각	신체 명칭, 신체 모양, 신체 표현
공간 지각	장소, 높이, 방향, 범위, 바닥 모양
방향 지각	방향(앞, 뒤, 옆, 위, 아래, 좌, 우, 비스듬히)
시간 지각	속도, 리듬
관계 지각	신체 간의 관계, 사람과의 관계, 물체와의 관계
움직임의 질	균형, 시간, 힘, 흐름

15 ①

| 정답해설 |

㉠ 특이성의 원리: 인간의 발달은 공통적으로 나타나는 일반화된 특성과 개인마다 다르게 나타나는 개인적 특성을 가진다. 유아 운동 발달 프로그램을 구성할 때 공통적이고 일반화된 특성과 개인의 유전과 환경 요인을 고려한 개인차를 반영해야 한다.
㉡ 탐색적 방법: 지도자가 특별한 활동 과제에 대한 해결책을 요구하지 않고 다양한 동작 과제나 질문을 유아에게 제시하며 유아가 제안한 해결 방법을 인정하고 받아들이는 것을 말한다. 학습 결과가 아닌 학습 과정 자체에 초점을 두기 때문에 형식과 정확성을 요구하지 않으며, 각각의 유아가 같은 방법으로 운동 과제를 수행하도록 요구하지 않는다. 지도자는 의미 있는 운동 과제를 제공하여 유아가 신체 동작의 가능성을 탐색하고 동작 기술을 발전시켜 창의적인 방법으로 표현하도록 격려한다.

| 오답해설 |

• 연계성의 원리
 – 기초부터 향상된 단계까지 잘 조직된 운동 발달 프로그램을 제공하는 원리
 – 유아기의 연령 및 성별과 신체 발달 프로그램 특성의 변화와 순서를 조직적으로 연계하며, 신체 발달, 정서적·사회적 발달을 위한 교육 프로그램의 연계가 필요함

• 과제 중심 접근 방법
 – 활동에 여러 가지 다른 수준이 있음을 설명하고 시범 보이기, 유아 자신의 수준에 따라 선택한 과제 연습하기, 과제를 마친 유아가 보다 높은 수준의 다른 체육 활동에 참여하도록 하는 방법
 – 이 방법은 유아들의 수준에 맞추어 개별적으로 체육 활동을 선택할 수 있는 기회를 갖는 것이 특징

16 ②

| 정답해설 |

②의 수행 기준은 립(leap)에 대한 설명이다. 립은 도약 후 두발을 크게 벌려 뛰는 동작을 검사 항목으로 둔다. 이 동작은 한 다리로 도약하고 반대 다리로 착지하며, 양발이 공중에 있는 시간이 달리기 할 때보다 길고, 팔과 다리는 반대로 움직인다.

| 심화해설 |

대근 운동 발달 검사(TGMD) 항목

이동 운동 (하지의 근력, 리듬감, 상하체 협응 평가)	조작 운동 (수행 자세 및 과정 평가)
• 달리기(run): 뛰기 • 갤롭(gallop): 말 뛰기 • 홉(hop): 한 발로 뛰기 • 립(leap): 도약 후 두발 크게 벌려 뛰기 • 슬라이드(slide): 옆으로 뛰기 • 멀리뛰기(horizontal jump): 제자리멀리뛰기	• 치기(strike): 막대로 공 치기 • 받기(catch): 공 받기 • 차기(kick): 공 차기 • 던지기(throw): 공 던지기 • 굴리기(underhand roll): 공 굴리기 • 튀기기(dribble): 제자리 공 튀기기

17 ②

| 정답해설 |

미취학 아동의 보호자는 다양한 활동 유형의 놀이를 장려해야 한다.

| 심화해설 |

미국 질병통제예방센터(CDC) 신체 활동 가이드라인

• 미취학 아동(3~5세)
  – 성장과 발달을 위해 일정 시간 이상의 신체 활동이 권장된다.
  – 미취학 아동의 보호자는 다양한 활동 유형의 놀이를 장려해야 한다.
• 어린이와 청소년(6~17세)
  – 어린이와 청소년들의 연령에 적합하고 즐겁고 다양한 신체 활동에 참여할 수 있는 기회와 격려의 제공이 권장된다.
  – 어린이와 청소년들에게 매일 60분 이상의 중강도 신체 활동을 장려해야 한다.
  – 유산소 운동: 하루 60분 혹은 그 이상의 대부분은 중강도 또는 고강도 유산소 신체 활동을 일주일에 최소한 3일 포함한다.
  – 근육 강화 운동: 매일 60분 이상의 신체 활동의 일부로 근육 강화 신체 활동을 일주일에 최소한 3일 포함한다.
  – 뼈 강화 운동: 매일 60분 이상의 신체 활동의 일부로 뼈 강화 신체 활동을 일주일에 최소한 3일 포함한다.

18 ③

| 정답해설 |

운동이 익숙해지는 시기에는 병렬식보다는 순환식 기구 배치를 한다. 여러 가지 다양한 기구를 한꺼번에 접할 수 있게 하는 배치 방법으로, 대기 시간을 줄여 실제 학습 시간을 늘려 준다.

| 심화해설 |

• 병렬식 배치
  – 초기에 여러 가지 운동 기구를 한꺼번에 접하게 되는 부담을 줄이기 위한 배치 방법이다.
  – 학기 초에는 유아가 운동 기구에 익숙해질 때까지 팀을 나누어 병렬식 배치로 운동을 진행한다.
  – 교구 사용을 반복하여 자신감을 갖도록 유도한다.
• 순환식 배치
  – 여러 가지 다양한 기구를 한꺼번에 접할 수 있게 하는 배치 방법이다.
  – 유아가 운동 기구 사용에 자신감이 생기면 다양한 기구를 한꺼번에 접할 수 있으므로 많은 재미와 만족감을 제공한다.
  – 대기 시간을 줄여 실제 학습 시간을 늘려 준다.
• 시각적 효과의 운동 기구 배치
  – 유아 교육 기관의 물품을 활용하여 기구를 배치하면 보다 많은 프로그램을 제공할 수 있고 유아에게 높은 집중력 및 만족감을 줄 수 있다.
  – 의자, 평균대, 유니 바, 스펀지 블록, 홀라후프, 고무줄, 철봉 등의 도구나 다른 활용 가능한 도구의 사용으로 다양한 프로그램을 가능하게 한다.

19 ③

| 정답해설 |

㉠ 유산소 운동에 대한 설명이다.
㉡ 근력(저항) 운동에 대한 설명이다.
㉢ 뼈 강화 운동에 대한 설명이다.

| 심화해설 |

미국스포츠의학회(ACSM)의 어린이와 청소년을 위한 권고 사항

FITT	유산소 운동	근력(저항) 운동	뼈 강화 운동
형태	여러 가지 스포츠를 포함한 즐겁고 성장 발달에 적절한 활동 예 달리기, 자전거 타기, 축구, 야구, 춤추기 등	신체활동은 구조화되지 않은 활동이나 구조화되고 적절하게 감독할 수 있는 활동으로 구성 예 푸쉬업, 스쿼트, 플랭크, 클라이밍, 레슬링, 요가 등	빠른 동작 및 방향 전환이 이루어지는 운동 예 호핑, 스키핑, 점핑, 러닝, 농구, 테니스 등
빈도	매일(고강도 운동을 최소 주 3일 포함)	주 3일 이상	최소 주 3일
강도	중강도에서 고강도	체중 또는 8~15회 반복 가능한 무게	체중의 부하를 주는 신체 활동이나 자극
시간	60분	60분	60분

20 ②

| 정답해설 |

체육 활동 시 유소년은 성인에 비해 체온 상승이 빠르기 때문에 더운 공간보다는 시원한 공간에서의 활동을 장려한다.

| 심화해설 |

체온 조절과 관련된 지도자의 고려 사항
- 유소년은 체육 활동 시 성인에 비해 열을 빨리 획득하는 것을 인지한다.
- 더운 여름철의 체육 활동에는 적절한 수분 섭취를 장려한다.
- 적당한 온도 및 습도가 유지된 환경을 조성한다.

노인체육론(03) 기출문제 해설(필수/A형)

01	02	03	04	05	06	07	08	09	10
②	④	①	①	②	④	④	①	③	②
11	12	13	14	15	16	17	18	19	20
④	④	③	③	③	①	③	④	③	③

01 ②

| 정답해설 |

기대 수명은 출생자가 출생 직후부터 생존할 것으로 기대되는 평균 생존 연수를 말하며, 평균 수명은 특정기간 동안 사망한 사람들의 나이에 대한 평균, 즉 사람들이 평균적으로 누린 수명을 뜻한다.

02 ④

| 정답해설 |

관절염이 있는 노인의 운동을 지도할 때는 충격과 체중을 적게 받는 운동을 추천한다.

| 심화해설 |

관절염 환자의 운동 시 주의 사항
- 운동 중이나 직후에 통증을 유발하는 운동은 하지 않음
- 통증이 있는 관절 주위의 근육을 운동시키는 방법을 모색
- 저항 운동을 하되 특정한 관절에 통증을 유발하는 운동은 등척성 근력 운동으로 대체
- 불편함을 느끼기 시작하는 강도보다 낮은 강도의 운동을 유지
- 특정 관절을 혹사시키지 않기 위해 크로스 트레이닝을 이용
- 충격과 체중을 적게 받는 운동 추천
- 수중운동을 실시할 경우 물의 온도는 약 29~32℃ 권장

03 ①

| 정답해설 |

〈보기〉의 내용은 기능 관련성 원리이다. 이는 수업과 일상생활에서 수행하는 활동들 간의 연관성을 더욱 잘 인식하게 한다.

| 오답해설 |

② 난이도의 원리: 선별된 활동이나 운동들은 개인 고유의 능력이나 환경 요구 사항에 맞춰 변경한다.
③ 점진성의 원리: 트레이닝 프로그램 전체를 통해 추가적인 향상을 촉진하기 위해서는 트레이닝의 양을 점진적으로 증가시켜야 한다.

④ 과부하의 원리: 체력 구성 요소의 향상을 촉진하기 위해 신체의 생리적 시스템은 평상시 신체 활동보다 더 많은 부하에 의해 자극을 받아야 함

04 ①

| 오답해설 |

② 근이영양증: 골격근이 점차로 변성되고 위축되어 악화되어 가는 진행성, 불치성, 유전성 질환이다.
③ 루게릭병: 사지의 근육이 거의 좌우 대칭적으로 점점 위축되는 질병이다.
④ 근육저긴장증: 근육이 최대로 수축한 후에 급속하게 이완되지 않는 상태를 말한다.

05 ②

| 오답해설 |

수영, 고정식 자전거 타기 등은 체중이 부하로 작용하지 않기 때문에 뼈에 대한 효과는 별로 없지만, 근육에 대한 효과가 있어 골다공증 등에 도움이 될 수 있다.

06 ④

| 정답해설 |

국민 체력 100에서 제시한 노인 체력에 대한 심폐 지구력 측정 방법은 6분 동안 빠르게 걸어 이동 거리를 측정하는 '6분 걷기'와 2분 동안 제자리를 걸은 횟수를 기록하는 '2분 제자리 걷기'가 있다.

07 ④

| 정답해설 |

규칙적인 유산소 운동은 복부지방과 안정 시 인슐린 분비를 감소시킨다.

| 심화해설 |

운동의 신체적(생리적) 효과
- 심장 혈관 계통과 호흡 계통: 심장 및 혈관의 기능 향상, 유산소 능력 향상 및 유지, 최대 산소 섭취량 증가, 심박수 감소, 1회 박출량 증가, 말초혈관의 저항 감소와 혈관 탄력성 증가, 혈액의 산소 운반 능력 증가, 분당 환기량 증가, 안정 시 호흡수 감소, 폐활량 증가 등

- 근육 및 골격 계통: 근력 향상, 뼈의 질량 증가, 근육층의 발달, 지방층의 감소, 피부의 탄력 향상, 뼈대 및 관절 강화 등
- 내분비 계통: 인슐린 감수성 증가, 인슐린 저항성 감소, 대사증후군 유병률 감소, 당뇨병 예방 및 개선, 상처 치유 속도 향상, 콜레스테롤 감소 등
- 신경 계통: 반응 시간 단축, 신경 전달 기능 향상, 신체 제어 능력 및 협응력 향상, 수면 상태 호전, 기억력 향상, 치매 발생 감소 등
- 운동 기술 습득: 기존 운동 능력 유지, 새로운 운동 기술 습득 등

08 ①

| 정답해설 |

노인이 운동을 하면 체지방량이 감소(㉠)하고, 인슐린 민감성이 증가(㉡)하며, 골밀도 감소(㉢)가 개선되는 효과를 볼 수 있다.

09 ③

| 정답해설 |

특수성의 원리란 스포츠 종목 및 개인의 특성에 맞는 프로그램을 설계하여 트레이닝을 적용할 경우 근육 동작, 부위, 형태 등에 따라 효과가 달라지며, 더 효과적으로 적응에 도달한다는 원리이다.

| 오답해설 |

① 점진성의 원리에 관한 설명이다.
② 과부하의 원리에 대한 설명이다.
④ 개별성의 원리에 대한 설명이다.

10 ②

| 정답해설 |

안전한 보행을 위해서는 뒤꿈치, 발바닥, 앞꿈치 지지 순서로 걸어야 한다.

11 ④

| 정답해설 |

텔로미어
- 염색체 끝부분에 있는 염색 소립으로, 세포 분열 타이머라고도 불린다. 세포가 분열할 때마다 텔로미어 길이가 짧아지기 때문이다. 이것이 다 닳으면 세포 분열은 멈추고, 세포 노화가 시작된다.

- 보통 사람들보다 훨씬 빠른 노화를 보이는 조로증 환자들은 텔로미어 길이가 노인 수준으로 짧아져 있는 경우가 많다.

12 ④

| 오답해설 |

① 반두라(A. Bandura)의 자기 효능감 이론: 자기 효능감이란 자신이 어떤 일을 잘 해낼 수 있다는 개인적 신념이다. 반두라의 자기 효능감 이론은 자기 효능에 관한 지각은 개인이 추구하거나 피하려고 선택하는 활동에 영향을 미쳐 그가 누구인지, 그가 무엇이 될 것인지를 결정하게 된다는 이론이다.
② 로우(J. Rowe)와 칸(R. Kahn)의 성공적 노화 이론: 질병이 없는 정상적 노화의 범주를 보통의 노화와 성공적인 노화로 구분하였다. 성공적 노화는 높은 수준의 인지적·신체적 기능 유지 및 좋은 인간관계, 생산적 활동에 적극적으로 참여하는 것이라고 주장하였다.
③ 펙(R. Peck)의 발달 과업 이론: 7단계 인간 발달 이론을 제시하면서, 노년기에 심리적으로 적응해야 할 과업으로 '자아 분화 대 직업 역할 몰두', '신체 초월 대 신체 몰두', '자아 초월 대 자아 몰두'를 제시하였다.

13 ③

| 정답해설 |

폐경으로 인해서 ㉠ 에스트로겐이 감소하며, ㉡ 활성산소 증가가 노화를 촉진한다.

| 오답해설 |

- 테스토스테론: 가장 흔한 남성 호르몬이다.
- 젖산: 급격한 운동 시 근육 세포에서 포도당을 분해하는 과정에서 생산·분비되는 물질이다.

14 ③

| 정답해설 |

계획 행동 이론(theory of planned behavior)은 계획된 행동 이론이라고도 한다. 자신의 신념(belief)과 행동(behavior)을 연결하는 이론으로, 행동에 대한 태도와 주관적 규범, 지각된 행동 통제력이 영향을 미쳐 행동 변화가 발생하는 것을 말한다.

| 심화해설 |

① 학습 이론: 인간 행동의 변화에 초점을 두고 그 변화를 촉진시키는 자극이나 강화를 정밀하게 계획한 결과로 습득한 지식이 행동의 변화로 나타난다는 이론이다.

② 건강 신념 모형: 신념이 건강을 추구하는 행동에 중요한 역할을 한다는 이론이다.
④ 행동 변화 단계모형: 신체 활동을 행동으로 옮길 수 있다는 자기 효능감이 있으면 건강 행동으로의 변화가 쉽게 이루어진다는 이론이다.

15 ③

| 정답해설 |

노인과의 원활한 의사소통을 위해서는 참여자의 정면에 서서(㉠), 적절한 눈맞춤을 하고(㉢), 참여자를 향해 몸을 약간 기울인다(㉣).

| 심화해설 |

지도자의 의사소통 기술 및 원칙
효과적인 의사소통에는 언어적, 비언어적, 자기주장 기술 등이 있다.
- 내용을 명확하고 간결하게 전달하기
- 전문 용어나 어려운 단어 사용하지 않기
- 참여자와 눈을 자주 마주치고 정면에서 쳐다보기
- 참여자의 말에 공감하며 경청하기
- 시각적 도구는 쉽게 읽을 수 있게 제작하기
- 참여자를 향해 몸을 약간 기울이기

16 ①

| 정답해설 |

안정 시 MET 값은 연령에 관계없이 평균적으로 일정하며, 1MET는 3.5ml/min/kg이다.

| 심화해설 |

MET와 RM
- 1MET: 휴식 상태에서 체중 1kg당 1분 동안 사용할 수 있는 산소(1MET=3.5ml/min/kg)
- 1RM: 1회에 들어 올릴 수 있는 최대 중량(처음 시작 시 1RM 40~50%, 세트당 8~12회가 적절)
- 중강도의 신체 활동 기준은 3.0~6.0METs이다.
- 노인의 유산소 운동 시 안전한 운동 강도 설정 지표로 활용된다.

17 ③

| 정답해설 |

보호(㉠)를 통해서 추가적 손상을 방지하고, 냉찜질을 통해서 통증, 부종, 염증을 감소(㉡)시킨다. 부목 등을 통한 손상 부위의 고정을 통해서 근 경련을 감소(㉢)시킨다.

18 ④

| 정답해설 |

보폭이 좁은 오리걸음 패턴은 대표적인 노화로 인한 낙상의 원인이다.

| 오답해설 |

보행 속도의 증가, 자세 동요의 감소, 발목의 발등 굽힘 증가는 낙상의 원인과 거리가 멀다.

| 심화해설 |

낙상을 잘 유발하는 위험 요인

- 발목 가동성이 감소하여 신체 균형이 무너졌거나 보행 장애가 있는 질환을 앓고 있는 경우
- 기립성 저혈압이 있는 경우
- 4가지 이상 약물을 복용하고 있는 경우
- 발에 이상이 있거나 적절한 신발을 착용하지 않는 경우
- 보폭이 좁은 오리걸음의 패턴을 가진 경우
- 시력이 떨어져 있는 경우
- 집 안이 정리가 안 되어 어지럽거나 전등이 희미한 경우
- 지팡이나 목발 등의 보조 기구 크기 또는 형태가 맞지 않는 경우

19 ③

| 정답해설 |

평형성은 20대에 최대치를 이루고 그 후 서서히 저하된다.

20 ③

| 정답해설 |

생물학적 노화는 발달은 포함하지 않고 쇠퇴만을 포함하는 변화이다.

| 오답해설 |

① 생물학적 노화의 특성 중 점진성에 대한 설명이다.
② 생물학적 노화의 특성 중 보편성에 대한 설명이다.
④ 생물학적 노화의 특성 중 내인성에 대한 설명이다.

| 심화해설 |

생물학적 노화의 특성

보편성(universal)	노화에 따른 변화는 누구에게나 동일하게 일어남
내인성(intrinsic)	노화는 질병이나 사고가 아닌 내적인 변화에 의존함
쇠퇴성(deleterious)	노화는 신체 기능에 부정적 영향을 미쳐 궁극적으로 사망을 초래함
점진성(progressive)	노화에 따른 변화는 연령이 증가함에 따라 심해지며, 절대 회복이 불가능함

eduwill

2024년 기출문제

2급 장애인/유소년/노인 스포츠지도사 필기시험
(문제유형: A)

정답 및 해설 200p

과목코드	
필수	특수체육론 (01)
	유아체육론 (02)
	노인체육론 (03)

2024. 4. 27.(토)

STEP 1 QR코드 스캔 ▶ STEP 2 회원가입 & 로그인 ▶ STEP 3 모바일 OMR 정답 입력 ▶ STEP 4 채점 및 결과 확인

KSPO 국민체육진흥공단

특수체육론 (01)

01

「장애인복지법」(1989)에 근거하여 최초로 설립된 장애인 체육 행정 조직은?

① 대한장애인체육회
② 대한민국상이군경회
③ 한국장애인복지체육회
④ 한국소아마비아동특수보육협회

02

장애인 스포츠지도사의 역할로 옳지 않은 것은?

① 장애인의 독특한 요구(unique needs)를 확인한다.
② 장애인의 기능 회복을 위한 치료 서비스를 제공한다.
③ 장애인에게 적합한 지도 환경과 지도 내용을 결정한다.
④ 스포츠와 관련된 과제, 환경 등을 장애인의 요구에 맞게 변형한다.

03

〈보기〉의 ㉠~㉣에 들어갈 용어를 옳게 나열한 것은?

보기
- (㉠): 개인의 행동 특성을 다양한 형태의 증거를 근거로 종합적으로 판단(예 배치)하는 과정
- (㉡): 수집된 자료에 근거하여 가치 판단을 내리는 과정
- (㉢): 행동 특성을 수량화하는 과정
- (㉣): 운동 기술과 지식 등을 측정하기 위한 도구

	㉠	㉡	㉢	㉣
①	사정	평가	검사	측정
②	평가	사정	측정	검사
③	사정	평가	측정	검사
④	평가	사정	검사	측정

04

TGMD-3(Test of Gross Motor Development-3)에 대한 설명으로 옳은 것은?

① 3~6세 아동만을 대상으로 한다.
② 규준참조평가도구로 사용할 수 없다.
③ 6가지의 이동 기술 검사항목과 5가지의 공(ball) 기술 항목을 검사한다.
④ 각 검사 항목의 수행 준거를 정확하게 수행하면 1점, 정확하게 수행하지 못하면 0점을 부여한다.

05

미국 장애인 교육법(IDEA, 1997)에서 요구하고 있는 개별화 교육 프로그램(IEP) 필수 구성 요소가 아닌 것은?

① 부모의 동의
② 학생의 현재 수행 수준
③ 학생에게 정기적으로 통지하는 방법
④ 측정할 수 있고 구체적인 연간 계획과 장기 목표

06

〈보기〉에서 설명하는 원시 반사(primitive reflex)는?

> 보기
> - 누운 자세에서 머리를 좌우로 돌렸을 때 나타나는 반응이다.
> - 뒤통수 쪽의 팔과 다리는 굽혀지고, 얼굴 쪽의 팔과 다리는 펴진다.
> - 뇌성 마비 장애인은 반사가 사라지지 않고 남아 있다.

① 비대칭 긴장성 목 반사
② 모로 반사
③ 긴장성 미로 반사
④ 대칭성 긴장성 목 반사

07

〈보기〉에서 설명하는 특수 체육 수업 방식은?

> 보기
> 지도자는 효과적인 농구수업을 위해 체육관의 각기 다른 구역에 여러 가지의 과제를 준비했다. 한 가지 과제에서 시작하여 주어진 활동을 마치거나 지도자가 신호하면 학습자들은 다음 과제의 수행장소로 이동한다. 지도자는 각각의 과제를 수행하는 곳을 돌며 도움이 필요한 학습자를 지도한다.

① 스테이션 수업
② 대그룹 수업
③ 협력 학습 수업
④ 또래 교수 수업

08

〈보기〉는 D. Ulrich(1985)이 제시한 대근 운동 발달 단계이다. ㉠에 들어갈 내용으로 옳은 것은?

> 보기
>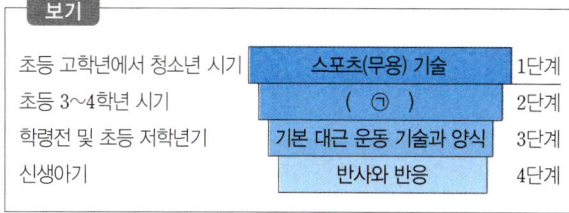

① 자세 조절 기술
② 물체 조작 기술
③ 감각 지각 운동 기술
④ 리드−업 게임과 기술

09

운동 발달의 관점에서 조작성 운동 양식에 관한 설명으로 옳지 <u>않은</u> 것은?

① 3세는 몸으로 끌어안으며 공을 받는다.
② 2~3세는 다리를 펴고 제자리에 서서 공을 찬다.
③ 2~3세는 앞을 보고 상하 방향으로 공을 친다.
④ 4~5세는 던지는 팔과 반대쪽 발을 앞으로 내밀며 공을 던진다.

10

T6(흉추 6번) 이상의 손상이 있는 선수의 체력 운동 시 고려 사항으로 옳지 <u>않은</u> 것은?

① 근육량이 적은 선수는 유산소 운동보다는 무산소 운동이 적절하다.
② 유산소 운동 중 젖산이 급격히 생성되므로 긴 휴식시간과 에너지원 보충이 필요하다.
③ 땀을 흘리는 피부 면적이 좁아 더위에서 운동하면 체온이 급격히 올라가는 것을 고려해야 한다.
④ 교감 신경에 손상이 있는 경우, 심박수를 운동 과정과 회복 과정 그리고 운동 처방에 사용한다.

11

〈표〉의 ㉠~㉢에 해당하는 행동 관리 기법을 바르게 나열한 것은?

성별(나이)	남자(14세)	장소	수영장
장애유형	지적 장애	프로그램	수영하기
문제행동	멈춰 서서 친구 방해하기		
상황	• 지도자 A: 한국(가명)이는 수영할 때 반복적으로 멈춰 서서 친구들을 방해해요. 그때마다 잘못된 행동이라고 지적을 해도 계속하네요. • 지도자 B: 우선 ㉠ 문제행동이 발생하면 바로 일정 시간 동안 물 밖에 있도록 하세요. 물과 좀 멀리요. • 지도자 A: 알겠습니다. 한국이는 수중 활동을 좋아하고 물에 있으면 행복해하거든요. • 지도자 B: 다른 기법도 있어요. ㉡ 문제행동을 했을 때 한국이에게 이미 주어진 정적강화물을 상실하게 하는 방법도 있어요. ㉠과 ㉡ 기법으로 문제행동의 빈도가 감소한다면, 큰 틀에서 (㉢)이 됩니다.		

	㉠	㉡	㉢
①	타임아웃	반응 대가	부적 벌
②	타임아웃	용암	정적 벌
③	소거	반응 대가	정적 벌
④	소거	용암	부적 벌

12

미국지적장애및발달장애협회(AAIDD, 2021)의 지적 장애 정의에 근거하여 〈보기〉의 ㉠~㉢에 들어갈 내용이 바르게 나열된 것은?

> **보기**
> • 표준화 검사를 통해 산출된 지능지수 점수가 (㉠) 표준편차 이하이다.
> • 적응 행동의 (㉡) 기술은 식사, 옷 입기, 작업 기술, 건강과 안전, 일과 계획, 전화 사용 등이 포함된다.
> • (㉢) 이전에 발생한다.

	㉠	㉡	㉢
①	-2	실제적	20세
②	-2	개념적	20세
③	-2	실제적	22세
④	-2	개념적	22세

13

〈보기〉가 설명하는 장애 유형에 관한 설명으로 옳지 않은 것은?

> **보기**
> - 21번 염색체가 삼염색체(trisomy 21)이다.
> - 의학적 문제(선천성 심장 질환, 근시 등)가 있을 수 있다.
> - 인종, 국적, 종교, 사회적 지위 등과 관계없이 발생하는 보편성을 지니고 있다.

① 염색체 중 상염색체(autosome chromosome)에 문제가 있다.
② 대부분 포만 중추의 문제로 저체중 발생 빈도가 매우 높다.
③ 근육의 저긴장성 때문에 지도자의 관리하에 근력 운동이 필요하다.
④ 경추 정렬(atlantoaxial instability)의 문제 때문에 운동 참여 시 척수 손상에 대해 특히 주의한다.

14

〈보기〉가 설명하는 스페셜올림픽의 종목은?

> **보기**
> - 경기장은 3.66m × 18.29m 크기의 직사각형이다.
> - 공식 경기는 단식 경기, 복식 경기, 팀 경기 등이 있다.
> - 한 팀당 4개의 공을 소유하고, 표적구에 가까이 던진 팀이 점수를 획득하는 경기이다.

① 보체(bocce)
② 플로어볼(floorball)
③ 보치아(boccia)
④ 넷볼(netball)

15

〈표〉는 운동 기능에 따른 뇌성 마비의 분류 체계이다. 〈표〉의 ㉠~㉢에 들어갈 내용을 바르게 나열한 것은?

구분	경직형 (spastic)	운동 실조형 (ataxia)	무정위 운동형 (athetoid)
손상 부위	운동피질	(㉠)	(㉡)
근 긴장도	과긴장성	저긴장성	근긴장의 급격한 변화
운동 특성	• 관절 가동 범위의 제한 • 가위 보행	• 평형성 부족 • 협응력 부족	• (㉢) 움직임 • 머리 조절의 어려움

	㉠	㉡	㉢
①	소뇌	기저핵	불수의적
②	기저핵	중뇌	수의적
③	소뇌	연수	불수의적
④	기저핵	소뇌	수의적

16

〈보기〉에 근거하여 밑줄 친 ㉠에 대한 지도 전략으로 옳지 않은 것은?

> **보기**
> - 틀에 박힌 일이나 의례적인 행동에 집착한다.
> - 발달 수준에 맞게 친구 관계를 형성하지 못한다.
> - 지도자가 "공을 던져라"라고 지시하면, "공을 던져라"라는 말을 반복한다.
> - ㉠ 정해진 경로로 이동하지 않거나 시간이나 장소의 갑작스러운 변화에 저항한다.

① 체육 활동에 대한 시각적 일과표를 제공한다.
② 체육 활동을 일정한 규칙과 순서로 진행한다.
③ 지도할 때 그림 카드, 의사소통 보드 등을 활용한다.
④ 참여자의 선호도보다는 지도자의 의도대로 진행한다.

17

척수 손상 장애인의 특성에 관한 지도자의 대처로 옳지 않은 것은?

① 욕창이 생기지 않도록 자세를 자주 바꾸게 한다.
② 기립성 저혈압의 경우 압박 스타킹을 착용하도록 한다.
③ 자율 신경 반사 이상(autonomic dysreflexia)이 발생할 때 고강도 순환 운동으로 전환한다.
④ 운동 중에 과도하게 체온이 상승하는 것을 예방하기 위해 물을 분무해 주면서 휴식을 취하도록 한다.

18

시각 장애인의 지도 전략으로 옳지 않은 것은?

① 스포츠 참여는 안전을 위해 개인 종목만 지도한다.
② 시범은 잔존 시력 범위에서 보이면서 언어적 설명을 병행하는 것이 효과적이다.
③ 지도자는 지도할 때 시각 장애인에게 신체 접촉의 형태, 방법, 이유 등을 구체적으로 안내한다.
④ 전맹의 경우 스포츠 동작에 대한 이해도를 높이기 위해 관절이 굽어지는 인체 모형을 사용할 수 있다.

19

진행성 근이영양증(Muscular Dystrophy: MD)에 관한 설명으로 옳지 않은 것은?

① 디스트로핀(dystrophin) 단백질 결손과 관련된 유전 질환이다.
② 근위축은 규칙적인 근력 및 근지구력 운동으로 예방할 수 있다.
③ 듀센형(Duchenne MD) 장애인은 대부분 평균 이상의 지적 능력을 보인다.
④ 듀센형 장애인은 종아리 근육에 가성비대(pseudo-hypertrophy)가 나타난다.

20

제시어와 〈보기〉의 수어 ㉠~㉢을 바르게 나열한 것은?

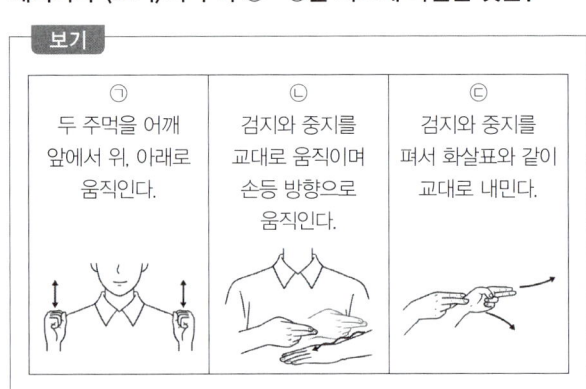

	수영	운동	스케이트
①	㉠	㉡	㉢
②	㉠	㉢	㉡
③	㉡	㉠	㉢
④	㉢	㉠	㉡

유아체육론 (02)

01

효과적 학습 경험 설계를 위한 유아 체육 지도자의 교수 전략으로 옳지 않은 것은?

① 각 유아에게 적합한 수준에서 연습할 수 있도록 개별화된 학습 경험을 제공해야 한다.
② 유아의 실제 학습 시간(ALT)을 증가시킬 수 있는 환경을 조성해야 한다.
③ 유아의 능력 수준을 고려한 학습 과제를 제공하고, 연습 시간을 최대한 확보해준다.
④ 새로운 기능 학습 시에는 수업 초반에 제시한 과제 수준을 일관되게 유지한다.

02

유아의 운동 기술 연습 시 지도자의 적합한 시범으로 옳지 않은 것은?

① 시범에서 언어적 표현을 보다 많이 활용할 때 더 효과적이다.
② 시범은 주가적 학습 단서(learning cue)와 함께 제공될 때 더 효과적이다.
③ 다양한 각도에서 이루어진 시범을 통해 정확한 정보를 제공한다.
④ 자주 실수하는 동작에 대해 반복적인 시범을 보여준다.

03

유아 신체 활동의 내적 참여 동기를 증진시키는 효과적 교수 전략으로 옳지 않은 것은?

① 유아의 능력과 과제 난이도를 고려한 프로그램 제공을 통해 몰입을 돕는다.
② 학습 과제 범위 내에서 유아에게 자율적 선택권을 부여한다.
③ 활동적으로 참여하는 유아를 격려하고 칭찬한다.
④ 프로그램 내 과제 수준을 동일하게 제공한다.

04

유아의 지각-운동 발달에 관한 설명으로 옳지 않은 것은?

① 유아기는 지각-운동 발달의 최적기이다.
② 지각이란 감각 수용 세포가 자극으로 들어온 정보를 뇌로 전달하는 것을 뜻한다.
③ 지각-운동 발달은 아동의 운동 능력을 나타내는 중요 요소 중 하나이다.
④ 유아기의 지각-운동 학습 경험이 많을수록 다양한 운동 상황에 반응하는 적응력이 발달된다.

05

〈보기〉가 설명하는 것은?

보기
• 체온이 40℃ 이상으로 오른다.
• 땀을 전혀 흘리지 않거나 과도하게 많이 흘린다.
• 신체 내 열을 외부로 발산하지 못해 고체온 발생 및 중추신경계의 이상을 보인다.
• 신속한 체온 감소 조치와 병원 후송이 필요하다.

① 일사병
② 열사병
③ 고체온증
④ 열경련

06

〈보기〉의 ㉠~㉢에 해당하는 설명과 유아 체육 프로그램의 구성 원리가 올바르게 제시된 것은?

> **보기**
> ㉠ 차기(kicking)의 개념 학습 후, 정지된 공에서 빠르게 움직이는 공의 순으로 수업을 설계한다.
> ㉡ 대근육 운동에서 소근육 운동으로 확장된 움직임 수업을 설계한다.
> ㉢ 발달 단계에 따른 민감기를 고려한 움직임 수업을 설계한다.

	㉠	㉡	㉢
①	연계성	전면성	특이성
②	다양성	방향성	적합성
③	연계성	방향성	적합성
④	다양성	적합성	개별성

07

〈표〉의 ㉠~㉢에 들어갈 용어가 바르게 제시된 것은?

㉠	• 일정 시기가 되면 자연히 발생되는 양적인 변화과정이다. • 신장, 체중, 신경조직, 세포증식의 확대에 의한 증가를 뜻한다.
㉡	• 신체, 운동, 심리적 측면에서 전 생애에 걸쳐 일어나는 체계적이고 연속적인 변화를 뜻한다. • 변화하는 속도에는 개인차가 있으며, 상승적 변화뿐만 아니라 하강적 변화도 포함한다.
㉢	• 기능을 더 높은 수준으로 발전할 수 있도록 하는 질적 변화를 뜻한다. • 신체적, 생리적 변화뿐 아니라 행동 변화까지 포함한다.

	㉠	㉡	㉢
①	성숙	발달	성장
②	발달	성숙	성장
③	성장	발달	성숙
④	발달	성장	성숙

08

〈표〉는 대근 운동 발달 검사-Ⅱ(Test of Gross Motor Development-Ⅱ: TGMD-Ⅱ)의 영역별 검사 항목이다. ㉠, ㉡에 들어갈 항목이 바르게 연결된 것은?

구분	영역	세부 검사항목
대근 운동 기술	이동 기술	달리기, 제자리멀리뛰기, 외발뛰기(hop), (㉡), 립(leap), 슬라이드(slide)
	(㉠)기술	공 던지기(over-hand throw), 공 받기, 공 치기(striking), 공 차기, 공 굴리기, 공 튕기기(dribble)

	㉠	㉡
①	안정성	갤롭(gallop)
②	물체 조작	피하기(dodging)
③	안정성	피하기(dodging)
④	물체 조작	갤롭(gallop)

09

〈표〉는 인지 발달 관점에 따른 주요 이론의 내용이다. ㉠~㉣에 들어갈 용어가 바르게 제시된 것은?

이론	발달 단계	주요 개념	인지 발달의 방향
인지 발달 단계 이론	감각 운동기 전조작기 구체적 조작기 (㉡)	(㉢) 동화 조절	내부 → 외부
(㉠)	연속적 발달 단계	내면화 (㉣) 비계설정	외부 → 내부

	㉠	㉡	㉢	㉣
①	정보 처리 이론	형식적 조작기	부호화	기억 기술
②	사회문화적 이론	형식적 조작기	평형화	근접 발달 영역
③	정보 처리 이론	성숙적 조작기	부호화	근접 발달 영역
④	사회문화적 이론	성숙적 조작기	평형화	기억 기술

10

반사 움직임 시기의 '정보 부호화 단계(information encoding stage)'에 대한 설명으로 옳지 않은 것은?

① 피질의 발달과 특정 환경적 억제 요인의 감소 현상이 일어난다.
② 태아기를 거쳐 생후 약 4개월까지 관찰될 수 있는 불수의적 움직임의 특징을 보인다.
③ 뇌 중추는 다양한 강도와 지속 시간을 가진 여러 자극에 대해 불수의적 반응을 유발할 수 있다.
④ 뇌하부 중추는 운동 피질보다 더 많이 발달하며 태아와 신생아의 움직임을 제어하는 데 필수적이다.

11

체육과 교육 과정(2022)에서 추구하는 핵심적인 신체 활동 역량의 내용이 아닌 것은?

① 움직임 수행 역량: 운동, 스포츠, 표현 활동 과정에서 동작에 필요한 지식, 기능, 태도를 다양한 상황에 적용하며 발달한다.
② 건강 관리 역량: 체육과 내용 영역에서 학습한 신체 활동을 일상생활에서 실천하며 함양한다.
③ 신체 활동 문화 향유 역량: 각 신체 활동 형식의 특성을 이해하고 인류가 축적한 문화적 소양을 내면화하여 공동체 속에서 실천하면서 길러진다.
④ 자기 주도성 역량: 신체적으로 활동적인 삶을 사는 데 필요한 움직임을 다양한 환경에서 수행하고 적용함으로써 길러진다.

12

〈보기〉의 지도자별 교수 방법이 바르게 연결된 것은?

> **보기**
>
> - A지도자: 콘을 지그재그로 통과하면서 드리블하는 시범을 보이고 따라 하게 유도한다. 실수하거나 느린 아이들은 지적하면서 동작을 수정해준다.
> - B지도자: 아이들이 개별적으로 볼을 가지고 놀면서 자유롭게 드리블을 하게 한다. 모든 공간을 쓸 수 있게 허용한다. 어떠한 신체 부위를 사용하든지 관여하지 않는다.
> - C지도자: 인사이드 드리블, 아웃사이드 드리블 등 다양한 유형의 기술을 시범 보인다. 이후에 아이들이 자신이 좋아하거나 잘하는 기술 위주로 자유롭게 선택하여 연습할 수 있도록 유도한다.
> - D지도자: 활동 전 아이들에게 어떻게 하면 콘을 건드리지 않고 드리블해 나갈 수 있을지를 질문한 후 실제 활동을 하게 한다. 이후 다양한 수준을 가진 아이들의 수행을 관찰하게 한다.

① A지도자: 탐색적(exploratory) 방법
② B지도자: 과제 중심 접근(task-oriented) 방법
③ C지도자: 지시적 교수법(command style teaching)
④ D지도자: 안내-발견적(guide-discovery) 방법

13

〈보기〉는 퍼셀(M. Purcell)이 제시한 동작 교육 과정에 관한 내용이다. ㉠~㉢에 해당하는 용어가 바르게 연결된 것은?

> **보기**
> - (㉠): 전신의 움직임, 신체 부분의 움직임
> - (㉡): 수준, 방향
> - (㉢): 시간, 힘
> - 관계: 파트너/그룹, 기구·교수 자료

	㉠	㉡	㉢
①	공간 인식	노력	신체 인식
②	신체 인식	공간 인식	노력
③	노력	신체 인식	공간 인식
④	신체 인식	노력	공간 인식

14

〈보기〉는 인간 행동의 역학적 요인이다. ㉠~㉢에 들어갈 용어가 바르게 연결된 것은?

> **보기**
> - 안정성 요인: 중력 중심, 중력선, (㉠)
> - 힘을 가하는 요인: 관성, (㉡), 작용/반작용
> - 힘을 받는 요인: 표면적, (㉢)

	㉠	㉡	㉢
①	지지면	가속도	거리
②	가속도	거리	지지면
③	지지면	거리	가속도
④	거리	가속도	지지면

15

〈표〉는 미국스포츠의학회(ACSM, 2022)의 '어린이와 청소년을 위한 FITT(빈도, 강도, 시간, 형태) 권고사항'이다. ㉠~㉢에 들어갈 용어가 바르게 연결된 것은?

구분	유산소 운동	저항 운동	뼈 강화 운동
형태	여러 가지 스포츠를 포함한 즐겁고 (㉠)에 적절한 활동	신체 활동은 (㉡)되지 않은 활동이나 (㉡)되고 적절하게 감독할 수 있는 활동으로 구성	달리기, 줄넘기, 농구, 테니스 등과 같은 활동
시간	하루 (㉢) 이상의 운동 시간이 포함되도록 함		

	㉠	㉡	㉢
①	기술 향상	분절화	60분
②	성장 발달	분절화	40분
③	성장 발달	구조화	60분
④	기술 향상	구조화	40분

16

기본 움직임 과제들의 '기술 내 발달 순서(intraskill sequences)'에 관한 설명으로 옳지 않은 것은?

① 기본 움직임 패턴에서 신체 부위들의 발달 속도는 서로 다를 수 있다.
② 기본 움직임 기술의 습득 및 성숙은 과제·개인·환경 요인들에 영향을 받는다.
③ 움직임 기술의 발달 단계 구분은 움직임 패턴의 특수성이나 관찰자의 정교함에 영향을 받지 않는다.
④ 갤러휴(D. Gallahue)와 클렐랜드(F. Cleland)는 운동기술의 발달 순서에 대해 시작, 초보, 성숙으로 분류하였다.

17

'국민 체력 100'에서 제시하는 유아기 체력 측정에 관한 설명으로 옳은 것만을 모두 고른 것은?

> 보기
>
> ㉠ 체력 측정은 건강 체력과 운동 체력 항목으로 나뉜다.
> ㉡ 건강 체력 측정의 세부항목으로는 10m 왕복 오래달리기, 상대악력, 윗몸 말아 올리기, 앉아 윗몸 앞으로 굽히기 등이 있다.
> ㉢ 운동 체력 측정의 세부항목으로는 5m×4 왕복 달리기, 제자리멀리뛰기, 3×3 버튼 누르기 등이 있다.

① ㉠, ㉡
② ㉠, ㉢
③ ㉡, ㉢
④ ㉠, ㉡, ㉢

18

유소년 운동 프로그램 구성의 기본 원리에 대한 설명으로 옳은 것만을 모두 고른 것은?

> 보기
>
> ㉠ 가역성의 원리: 운동을 중단하면 운동의 효과가 없어지므로 꾸준히 지속하는 것이 중요하다.
> ㉡ 전면성의 원리: 운동을 부상 없이 효과적으로 수행하기 위해서는 운동 강도 및 운동량을 점차적으로 증가시켜야 한다.
> ㉢ 점진성의 원리: 신체의 특정 부위에 치중하지 않고, 전신 운동을 통해 신체를 균형 있게 발달시킨다.
> ㉣ 과부하의 원리: 운동 강도가 일상적인 활동보다 높아야 체력이 증진된다.

① ㉠, ㉣
② ㉡, ㉢
③ ㉠, ㉢, ㉣
④ ㉡, ㉢, ㉣

19

〈표〉는 갤러휴(D. Gallahue)의 운동에 대한 2차원 모델이다. ㉠~㉢에 들어갈 내용이 바르게 연결된 것은?

운동 발달 단계	움직임 과제의 의도된 기능		
	안정성	이동	조작
반사 움직임 단계	직립 반사	걷기 반사	(㉢)
초보 움직임 단계	(㉠)	포복하기	잡기
기본 움직임 단계	한발로 균형잡기	걷기	던지기
전문화 움직임 단계	축구 페널티 킥 막기	(㉡)	야구 공치기

	㉠	㉡	㉢
①	포복하기	축구 골킥하기	손 바닥 파악반사
②	머리와 목 제어	육상 허들 넘기	손 바닥 파악반사
③	포복하기	육상 허들 넘기	목 가누기 반사
④	머리와 목 제어	축구 골킥하기	목 가누기 반사

20

〈보기〉의 동작에서 성숙 단계로 발달하도록 지도하는 방법으로 적절하지 않은 것은?

> 보기
>
>
>
> 시작 단계의 드리블 동작

① 두 발을 벌리고, 내민 발의 반대편 손을 앞으로 내밀어 드리블하도록 지도한다.
② 허리 높이에서 몸통을 약간 앞으로 기울여 드리블하도록 지도한다.
③ 공을 튀길 때 손목 스냅을 이용하여 공을 바닥 쪽으로 밀어내도록 지도한다.
④ 공을 튀길 때 손바닥으로 공을 때리도록 지도한다.

노인체육론 (03)

01
노화에 따른 생리적 변화로 옳은 것은?

① 1회 박출량 증가
② 동·정맥 산소차 감소
③ 근육의 산화 능력 증가
④ 심장 근육의 수축 시간 감소

02
<보기>가 설명하는 노화 이론은?

> **보기**
> 항체의 이물질에 대한 식별능력이 저하되어 이물질이 계속 체내에 있으면서 부작용을 일으켜 노화 촉진

① 유전적 노화 이론
② 교차 연결 이론
③ 사용 마모 이론
④ 면역 반응 이론

03
<보기>가 설명하는 노화의 특징은?

> **보기**
> • 노화는 신체 기능에 부정적 영향을 미쳐 사망을 초래한다.
> • 나이가 들면서 신체 기능이 더 좋아지면 노화가 아니다.

① 보편성
② 내인성
③ 점진성
④ 쇠퇴성

04
<보기>에서 설명하는 노인의 행동 변화 이론은?

> **보기**
> • 인간의 행동 변화는 환경의 영향, 개인의 내적 요인, 행동 요인에 영향을 받는다.
> • 자아 효능감은 행동 변화와 밀접한 관련이 있다.
> • 운동 지도자의 격려를 통해 지속적으로 운동 프로그램에 참여한다.

① 지속성 이론(continuity theory)
② 건강 신념 모형(health belief theory)
③ 사회 인지 이론(social cognitive theory)
④ 계획 행동 이론(planned behavior theory)

05
노인 폐 질환에 관한 설명으로 옳지 않은 것은?

① 천식의 증상은 운동으로 악화되지 않는다.
② 만성 폐쇄성 폐 질환자의 기도 저항은 호흡근 약화를 초래한다.
③ 만성 폐쇄성 폐 질환의 주요 증상은 호흡 곤란, 가래, 만성적인 기침이다.
④ 천식 환자의 운동 유발성 기관지 수축은 추운 환경, 대기오염, 스트레스에 의해 촉발된다.

06
한국형 노인 체력 검사(국민 체력 100)의 측정 항목과 측정 방법의 연결이 옳지 않은 것은?

	측정 항목	측정 방법
①	협응력	8자 보행
②	심폐 지구력	6분 걷기
③	상지 근 기능	덤벨 들기
④	유연성	앉아 윗몸 앞으로 굽히기

07

노인의 생활 기능 분류에서 도구적 일상생활 활동(Instrumental Activities of Daily Living: IADL)에 해당하는 것은?

① 요리
② 목욕
③ 옷 입기
④ 화장실 사용

08

미국스포츠의학회(ACSM, 2022)가 제시한 노인의 운동 지침으로 옳지 않은 것은?

① 유연성 운동: 약간의 불편감이 느껴질 정도로 30~60초 동안의 정적 스트레칭
② 유산소 운동: 중강도로 주 5일 이상 또는 고강도로 주 3일 이상의 대근육 운동
③ 파워 운동: 빠른 속도로 1RM의 60% 이상의 고강도 근력 운동을 10~14회 반복
④ 저항 운동: 8~10종의 대근육군 운동, 초보자는 1RM의 40~50% 강도의 체중 부하 운동

09

노인의 신체 기능 검사에 관한 설명으로 옳지 않은 것은?

① 6분 걷기 검사는 6분 동안 걸을 수 있는 최대 거리(m)로 심폐 지구력을 평가하고, 장거리 보행이나 계단 오르기 등의 일상생활 동작과 관련이 있다.
② 기능적 팔 뻗기 검사(FRT)는 균형을 잃지 않고 팔이 닿을 수 있는 최대 거리를 측정하여 동적 평형성을 평가하고, 노인의 낙상 위험도 범주 분류에 사용된다.
③ 노인 체력 검사(SFT)의 어깨 유연성을 평가하는 '등 뒤에서 손잡기' 검사는 머리 위로 옷을 벗거나, 자동차에서 안전 벨트를 매는 동작과 관련된 항목이다.
④ 단기 신체 기능 검사(SPPB)는 보행 속도, 균형 능력 및 의자 앉았다 일어나기 시간의 점수를 합산하여 평가하고 점수가 높을수록 더 낮은 기능을 의미한다.

10

〈보기〉에서 〈표〉의 특성을 가진 노인의 운동 처방에 관한 설명으로 옳은 것만을 모두 고른 것은? (단, ACSM, 2022 기준)

나이	68세	성별	남
신장	170cm	체중	65kg
흡연 여부	O	BMI	22.5kg/m²
혈압	SBP 129mmHg, DBP 88mmHg	공복 시 혈당	98mg/dL
LDL-C	123mg/dL	HDL-C	41mg/dL

- 근력 운동의 경험 없음
- 지난 3개월 동안 주 2회, 20분 정도의 천천히 걷기 운동
- 걷기 운동 시 별다른 신체적 증상 없으나 가끔 종아리 통증이 느껴짐

보기
㉠ 심혈관 질환 양성 위험 요인은 1개이다.
㉡ 선별 알고리즘에 따라 중강도 운동 시 의료적 허가가 권장되지 않는다.
㉢ 운동 자각도(10점 척도) 5~6의 빠르게 걷는 유산소 운동을 한다.
㉣ 1RM의 40~50%의 강도로 대근육군을 활용한 근력 강화 운동을 한다.
㉤ 과체중이므로 체중감량을 위한 운동 처방을 해야 한다.

① ㉠, ㉡, ㉢
② ㉠, ㉣, ㉤
③ ㉡, ㉢, ㉣
④ ㉢, ㉣, ㉤

11

페르브뤼헌과 예터(L. Vferbrugge & A. Jette, 1994)의 장애 과정 모델에서 장애에 이르는 과정을 옳게 나열한 것은?

① 손상 → 기능적 제한 → 병 → 장애
② 병 → 손상 → 기능적 제한 → 장애
③ 손상 → 병 → 기능적 제한 → 장애
④ 병 → 기능적 제한 → 손상 → 장애

12

에릭슨(Erikson, 1986)의 심리 사회적 단계가 옳게 나열된 것은?

연령 증가 →

① 생산적 대 정체 → 자아 주체성 대 절망 → 친분 대 고독
② 친분 대 고독 → 생산적 대 정체 → 자아 주체성 대 절망
③ 자아 주체성 대 절망 → 생산적 대 정체 → 친분 대 고독
④ 생산적 대 정체 → 친분 대 고독 → 자아 주체성 대 절망

13

〈보기〉에서 설명하는 것은?

보기
- 죽상 동맥 경화 병변이 특징인 질환이다.
- 위험 요인은 연령, 흡연, 고혈압, 당뇨병, 이상 지질 혈증이다.
- 주요 증상은 체중 부하 움직임 시 하지의 간헐적 파행이다.

① 뇌졸중(stroke)
② 근감소증(sarcopenia)
③ 신장 질환(kidney disease)
④ 말초 동맥 질환(peripheral arterial disease)

14

노화에 따른 호흡계 변화로 옳은 것은?

① 잔기량의 감소
② 흉곽의 경직성 감소
③ 생리학적 사강의 감소
④ 호흡기 중추 신경 활동에 대한 민감성 감소

15

〈보기〉에서 노인 당뇨병 환자의 운동 효과로 옳은 것만을 모두 고른 것은?

보기
㉠ 인슐린 저항성 증가
㉡ 체지방 감소
㉢ 죽상 동맥 경화 합병증 위험 감소
㉣ 인슐린 민감성 감소
㉤ 골격근의 포도당 수송 능력 감소
㉥ 당뇨병 전단계에서 제2형 당뇨병으로의 진행 예방

① ㉠, ㉡, ㉥
② ㉡, ㉢, ㉣
③ ㉡, ㉢, ㉥
④ ㉣, ㉤, ㉥

16

세계보건기구(World Health Organization)가 제시한 노인의 신체 활동에 대한 심리적 단기 효과는?

① 이완(relaxation)
② 기술 획득(skill acquisition)
③ 인지 향상(cognitive improvement)
④ 운동 제어와 수행(motor control and performance)

17

노화에 따른 인지 기능 변화로 옳지 <u>않은</u> 것은?

① 유동성 지능의 감소
② 결정성 지능의 감소
③ 단기 기억력의 감소
④ 인지 처리 속도의 지연

18

노인의 근·골격계 질환에 관한 권장 운동으로 옳지 <u>않은</u> 것은?

① 골다공증: 골밀도 증가를 위한 수영
② 관절염: 관절 부담을 적게 주는 자전거 운동
③ 척추질환: 단축된 결합 조직을 이완시키는 유연성 운동
④ 근감소증: 넘어짐을 예방하기 위한 체중 부하 근력 운동

19

〈보기〉에서 치매 노인에게 적합한 운동 형태로 옳은 것만을 모두 고른 것은?

> **보기**
> ㉠ 계단 오르내리기
> ㉡ 밴드를 이용한 저항 운동
> ㉢ 물건 들고 안전하게 보행하기
> ㉣ 대근육군을 사용하는 자전거 타기

① ㉠, ㉡, ㉢, ㉣
② ㉡, ㉢, ㉣
③ ㉢, ㉣
④ ㉣

20

노인 운동 시 위험 관리에 관한 지침으로 옳은 것만을 모두 고른 것은?

> **보기**
> ㉠ 신체 활동 프로그램 시작 전에 신체적 기능에 따라 참여자들을 선별한다.
> ㉡ 심정지 노인의 심폐 소생술 시행 중에는 자동 심장 충격기를 사용하지 않는다.
> ㉢ 시각적 문제가 있는 경우 적절한 조명과 거울로 된 벽, 방향 표시를 한다.
> ㉣ 청각적 문제가 있는 경우 잘 들리지 않는 귀 쪽으로 큰 소리로 이야기하며 지도한다.
> ㉤ 심장 질환의 징후인 가슴 통증, 호흡 곤란, 불규칙한 심박수가 나타나면 운동을 바로 중단한다.

① ㉠, ㉡, ㉣
② ㉠, ㉢, ㉤
③ ㉡, ㉢, ㉤
④ ㉢, ㉣, ㉤

2024년 2급 장애인/유소년/노인 스포츠지도사

정답 및 해설

특수체육론(01) 기출문제 해설(필수/A형)

01	02	03	04	05	06	07	08	09	10
③	②	③	④	③	①	①	①②③④	④	①④
11	12	13	14	15	16	17	18	19	20
①	③	②	①	①	①②③④	③	①	②③	③

01 ③

| 정답해설 |

서울패럴림픽대회가 개최된 후 장애인 체육을 관장할 전문 기구의 필요성이 인식되면서 한시적으로 서울장애인올림픽조직위원회를 승계한 재단법인 한국장애인복지체육회가 1989년에 설립되었고 이후 한국장애인복지체육회는 「장애인복지법」에 근거한 우리나라 최초의 장애인 체육 행정 조직이 되었다.

| 오답해설 |

우리나라 장애인 체육은 주요 사건을 기준으로 크게 태동기(1912~1987), 기반 구축기(1988~2004), 도약기(2005년 이후)로 구분된다.
① 대한장애인체육회 설립(2005)은 도약기에 해당한다.
② 대한민국상이군경회 설립(1963)은 태동기에 해당한다.
④ 한국소아마비아동특수보육협회 설립(1966)은 태동기에 해당한다.

02 ②

| 정답해설 |

기능 회복을 위한 치료 서비스는 장애인 스포츠지도사가 아닌 의료인의 역할이다. 장애인 스포츠지도사란 장애 유형에 따른 운동 방법 등의 지식을 겸비하고 해당 자격 종목과 관련하여 장애인을 대상으로 전문 체육 혹은 생활 체육을 지도할 수 있는 사람을 말한다.

03 ③

| 정답해설 |

㉠ 사정: 문제를 확인하고 교육적 의사 결정, 즉 평가에 필요한 자료를 수집하는 과정이다. 수집하는 자료로는 수량적 형태이거나 요약된 점수와 서술적 형태로 제시된 자료가 있다.
㉡ 평가: 검사 도구로 측정하여 수집된 자료를 근거로 가치 판단을 통하여 교육적 의사 결정을 내리는 마지막 과정으로서, 문제 해결을 위해 지속적으로 이루어지는 과정이다.
㉢ 측정: 인간의 행동 특성에 대하여 검사 도구를 이용해서 정보 자료를 모으고, 이를 기호로 나타내는 과정이다.
㉣ 검사: 개인의 지식이나 능력을 일정한 조건에 따라 체계적으로 관찰하기 위해 도구 혹은 특정 절차를 이용하여 자료를 수집하는 기술이다.

04 ④

| 정답해설 |

TGMD-3는 각 검사 항목에 대한 기술을 정확하게 수행하지 못했을 경우 0점, 정확하게 수행했을 경우 1점을 부여하며 3~5단계 수행 준거로 평가한다.

| 오답해설 |

① TGMD-3의 검사 대상은 3~10세 특수 교육 대상자이다.
② TGMD-3는 체육학자, 일반 및 특수 교육자, 심리학자 및 물리치료사 등이 사용할 수 있는 일반적인 대근 운동 능력을 측정하기 위한 규준 참조 검사이다.
③ TGMD-3는 이동 운동 6개, 공 조작 운동 7개 영역 검사로 총 13개의 기본 운동 능력을 평가한다.

05 ③

| 정답해설 |

학생이 아닌 부모에 대한 정기적인 통지 방법에 해당한다.

| 심화해설 |

개별화 교육 계획의 구성 요소(미국의 장애인 교육법, 1997)
- 학생, 부모 및 교사의 인적 사항(장애 유형 및 판정 등급 포함)
- 학생의 현재 수행 능력 수준
- 측정이 가능한 구체적인 연간 목표와 단기 목표
- 제공될 특수 교육, 관련 서비스, 지원 사항

- 개별화 교육의 기간과 교육 과정 수정 등에서의 시작 일자, 기간, 빈도, 장소
- 연간 목표에 대한 향상 결과의 측정 방법(타당도와 신뢰도가 인증된 검사 도구)
- 부모에 대한 정기적인 통지 방법
- 부모의 승인

06 ①

| 정답해설 |

비대칭 긴장성 목 반사
- 시기: 0~6개월
- 자극: 누운 자세에서 머리를 오른쪽이나 왼쪽으로 향하게 함
- 반응 행동: 얼굴 돌린 방향의 팔다리는 뻗고 반대쪽은 굽힘

| 오답해설 |

모로 반사	• 자극: 누운 자세에서 큰 소리를 내거나 머리를 갑자기 움직임 • 반응 행동: 팔다리를 뻗은 후 다시 굽힘
긴장성 미로 반사	• 자극: 엎드려 있을 경우, 누워있을 경우 • 반응 행동: 엎드려 있을 경우 몸 전체적으로 과도한 굴곡, 누워있을 경우 전신이 신전됨
대칭성 긴장성 목 반사	• 자극: 앉힌 자세에서 목을 굽히거나 젖힘 • 반응 행동: 목을 굽히면 팔을 굽히고 젖히면 팔을 폄

07 ①

| 정답해설 |

한 학급을 소규모의 집단으로 분류하여 기술을 연습할 수 있도록 하며, 각 스테이션을 구성하여 순환하는 형식으로 수업을 진행하는 것을 스테이션 수업이라 한다.

| 오답해설 |

② 대그룹 수업: 일반 학급에 통합 교육이 이루어지는 경우 이외에는 흔하게 이루어지지 않는 수업 형태로 합반이라든지 학생들의 참여를 유도하기 위한 특별한 목적에 이용된다.
③ 협력 학습 수업: 학생들끼리 서로 돕기 위해 팀이나 소집단으로 함께 학습하는 수업 형태이다.
④ 또래 교수 수업: 교사가 체육 수업 활동에서 장애인 지도 시 학생을 보조 교사로 이용하는 것을 말한다.

08 ①②③④

| 정답해설 |

대근 운동 영역 단계 중 초등 3~4학년 시기에 해당하는 내용은 간이 게임과 관련된 기술에 해당한다. 따라서 자세 조절 기술, 물체 조작 기술, 감각 지각 운동 기술, 리드-업 게임과 기술 모두 해당한다.

09 ④

| 정답해설 |

4~5세는 던지는 팔과 같은 쪽 발을 앞으로 내민다.

10 ①④

| 정답해설 |

흉추 6번(T6) 이상에 손상을 입으면 혈류 이송 체계가 손상된다. 이로 인해 혈관이 수축하지 못하고 심장은 심박동과 심박출량을 증가시키기 위한 자극을 직접적으로 받지 못하여 심박수를 120~130박/분 이상 증가시키지 못한다. 따라서 심박수를 통한 운동 과정과 회복 과정 그리고 운동 처방을 할 수 없다. 또한 체력 향상을 위해서는 근육량이 적은 경우라도 유산소 운동과 무산소 운동을 병행하는 것이 더욱 효과적이다.

11 ①

| 정답해설 |

㉠ 타임아웃: 정해진 시간에 정적 강화의 환경에서 대상자가 문제 행동을 나타낼 경우 대상자를 그 환경에서 퇴출시켜 제외하는 방법이다.
㉡ 반응 대가: 어떤 특권이나 점수를 잃게 되는 것으로 이전에 획득한 강화를 박탈하는 방법이다.
㉢ 부적 벌: 특정한 행동의 발생 빈도를 줄이기 위해 자극(처벌)을 줄이거나 제거하는 것, 좋아하는 보상을 제거하여 행동을 감소하게 하는 것이다.

| 오답해설 |

- 소거: 문제 행동에 대한 강화 원인을 알아보고, 문제 행동을 제거하는 방법이다.
- 용암: 지원 혹은 도움을 점진적으로 제거하는 것이다.
- 정적 벌: 특정한 행동을 줄이기 위해 행동 이후 자극(처벌)이 주어지는 것으로 벌이나 고통을 줌으로써 행동을 감소하게 하는 것이다.

12 ③

| 정답해설 |

미국지적장애및발달장애협회(AAIDD, 2021)의 정의

- 미국지적장애및발달장애협회(AAIDD, 2021)가 제시한 지적 장애는 지적 기능과 개념적·사회적·실제적 적응 기술로서 표현되는 모든 적응 행동에서 제한적인 면이 명백히 나타나는 특징이 있으며, 22세 이전에 시작된다.
- 지적 장애는 지적 기능, 적응 행동, 시작 연령 22세 이전 등 3가지의 기준을 충족해야 하며, 지적 기능은 지수가 평균으로부터 −2 표준편차 이하이다.

적응 행동 영역	기술
개념적 영역	언어, 읽기와 쓰기, 화폐·시간·수 개념 등
사회적 영역	대인 관계 기술, 사회적 책임감, 자존감, 규칙과 법 준수, 사회적 문제 해결 등
실제적 영역	일상생활 활동(개인 신변 처리) 작업 기술, 금전관리, 안전, 건강 관리, 이동/교통, 스케줄/정규 활동, 전화 사용 등

13 ②

| 정답해설 |

〈보기〉는 다운 증후군에 대한 설명으로 발병 시 당분을 조절하는 내당 기능이 약해져서 비만이 되기 쉽고 당뇨병 발생 빈도가 높아진다.

| 심화해설 |

다운 증후군은 지적 장애의 가장 큰 원인 중 하나로, 정상 염색체 외에 21번 염색체를 하나 더 가지게 되어 나타나는 증상으로 삼염색체성 다운 증후군, 전위형 다운 증후군, 모자이크형 다운 증후군이 있다. 다운 증후군은 인종, 국적, 종교, 사회적 지위에 관련 없이 발생한다.

14 ①

| 정답해설 |

보체(bocce)

이탈리아에서 시작된 경기로 스페셜올림픽 경기 종목으로, 경기장은 3.66m × 18.29m 크기이며, 표적구를 던져놓고 그 공에 가깝게 가도록 공을 던지는 경기이다. 한 팀당 4개의 공을 소유하여 표적구와 가까워질 때까지 공을 던지고, 4개의 공 가운데 표적구에 멀리 던져놓은 공의 선수가 순서에 따라 공을 모두 던진 다음 표적구와의 거리를 재어 승패를 가린다.

| 오답해설 |

② 플로어볼(floorball): 스웨덴에서 체계화된 아이스하키 스포츠와 유사한 실내 팀 스포츠로, 한 팀 6명의 선수로 상대 골대에 골을 넣는 경기이다. 스페셜올림픽의 플로어볼 경기는 일반 경기를 수정하여 골키퍼, 필드 선수 3명으로 진행되며, 20m × 12m인 경기장에서 실시한다.
③ 보치아(boccia): 뇌성 마비 중증 장애인과 운동성 장애인이 참가 가능하며, 표적구에 가까운 공의 점수를 합해 승패를 겨루는 경기이다.
④ 넷볼(netball): 영국에서 농구를 모방하여 마련되었으며, 여성의 약한 신체를 고려하여 신체 접촉을 최소화해서 섬세, 협동, 조화에 초점을 두었다. 농구와는 달리 드리블이 없으며 패스만으로 코트를 이동하고 상대 진영을 돌파한다.

15 ①

| 정답해설 |

- ㉠ 운동 실조형 뇌성 마비: 소뇌에 손상을 입어 몸의 평형성과 협응성에 영향을 미치는 것이다.
- ㉡㉢ 무정위 운동형 뇌성 마비: 대뇌 중앙에 위치한 기저핵 부분이 손상되면서 사지가 불수의적으로 불규칙하게 움직이는 것이다.

16 ①②③④

| 정답해설 |

④ 자폐성 장애의 특징이 감정 교류의 어려움으로 친구와의 상호 작용이 어려우며, 언어 발달 지연과 함께 어떤 말의 의미를 알든 모르든 반복적으로 중얼거리는 '반향어'를 한다. 또한 의미 없는 행동 혹은 강박적인 행동으로 틀에 박힌 일이나 의례적인 행동에 집착하며, 변화에 대한 거부감으로 친숙한 환경에 변화가 생기면 저항을 한다. 따라서 지도 전략으로 지도자의 의도가 아닌 참가자의 특수한 요구에 맞는 적절한 구조와 절차를 고안하여 활동을 제시하여야 한다.
①②③ ㉠에 대한 지도 전략으로 볼 수 없다. 따라서 모두 정답으로 처리되었다.

17 ③

| 정답해설 |

척수 손상 장애인의 경우 피부가 심하게 자극을 받거나 직장 혹은 방광이 과도하게 팽창하면 혈압이 비정상적으로 상승하여 심장 발작을 일으킬 수 있다. 어떤 경우에는 고혈압으로 인하여 위험한 두통을 초래하고, 뇌일혈과 죽음에 이르기까지 한다. 따라서 고강도 순환 운동의 전환은 위험을 초래할 수 있다.

18 ①

| 정답해설 |

시각 장애가 스포츠 활동을 제한하는 것은 아니며, 일반적인 활동을 못하는 것도 아니다. 단지 시력의 제한으로 움직임의 기회가 부족하기 때문에 스포츠 활동에 어려움이 있는 것이다. 따라서 잔존 시력의 수준, 스포츠 형태, 시각 장애 발생 시기 등을 고려하여 개인 종목뿐만 아닌 다양한 스포츠에 참여하도록 하여 도전과 시도를 통해 자신감을 가질 수 있도록 해야 한다.

19 ②③

| 정답해설 |

근이영양증은 여러 근육군의 퇴화가 서서히 진행되는 유전성 질환으로, 호흡 장애와 심장 질환 등의 합병증을 유발한다. 근육의 괴사(dystrophin 단백질 부족)로 근 수축을 못하게 되며, 근육 재생 과정에서 지방이나 섬유화 조직으로 대체되는 특징이 있어 근력 및 근지구력 운동을 통해 근육군의 퇴화와 근위축을 예방할 수 없다. 또한 듀센형 근이영양증의 특징으로 정상아 평균 지능 분포의 1 표준편차 정도가 저하된 경미한 지능 장애가 확인된다.

20 ③

제시된 수어가 설명하는 것은 ㉠ 운동(체육, 스포츠), ㉡ 수영, ㉢ 스케이트이다.

유아체육론(02) 기출문제 해설(필수/A형)

01	02	03	04	05	06	07	08	09	10
④	①	④	②	②	③	③	④	②	①
11	12	13	14	15	16	17	18	19	20
④	④	②	①	③	③	④	①	②	④

01 ④

| 정답해설 |

지도사는 항상 창의력을 발휘하여 지도의 내용이나 방법 등을 변화시켜나가야 한다. 유아의 운동 능력 수준이나 경험 수준이 다양한 점을 고려하여 유아 개인차를 인정하도록 하며, 운동 능력과 발달 속도에 따라 체육 활동을 경험하도록 지도해야 한다.

| 심화해설 |

유아 체육 지도 원리

놀이 중심의 원리	유아의 흥미를 고려하여 체육 활동이 지속될 수 있도록 함
생활 중심의 원리	일상생활에서 신체 활동 경험을 바탕으로 체육 활동 참여
개별화의 원리	유아 개인의 운동 능력과 발달 속도에 맞추어 체육 활동 참여
탐구 학습의 원리	유아가 스스로 움직임을 탐색하고 학습하도록 유도
반복 학습의 원리	유아 체육은 안정, 이동, 조작 운동의 3가지 기초 운동 반복 학습
융통성의 원리	유아가 신체 활동 시간을 스스로 결정하도록 융통성 제공
통합의 원리	유아 대근육 운동 중 기초 운동(안정, 이동), 운동 능력(협응, 균형, 힘, 속도), 지각 운동 능력(공간, 신체, 방향, 시간)이 통합적으로 발달

02 ①

| 정답해설 |

유아들에게 일일이 말로 이야기하는 것보다 지도사가 직접 행동으로 표현해주는 것이 더 효과적이다.

| 심화해설 |

시범에 있어 지도사가 직접 신체를 움직여서 정확한 자세와 다양한 각도에서 시범을 보여준다면 유아들은 모방성이 강하기 때문에 자기 자리에서 바로 흉내를 내보고, 직접 실시할 때는 보다 정확한 동작이 이루어질 수 있다. 아울러 운동 기능과 인지 능력은 밀접히 관련을 맺고 있기 때문에, 초보 단계에 있는 유아들에

게 운동 기능을 학습시키기 위해서는 추가적인 학습 단서인 단어나 문장이 함께 제공될 때 더 효과적이다.

03 ④

| 정답해설 |

각 체육 활동에서 2~3가지 새로운 활동을 제시하며, 이전 체육 활동과 연계하여 지도해야 한다.

04 ②

| 정답해설 |

감각 수용 세포가 자극으로 들어온 정보를 뇌로 전달하는 것은 감각의 과정이다. 지각은 신경 자극의 형태로 다양한 신체 내의 감각기관을 통해 들어온 주변 환경의 정보가 뇌로 전달되고 뇌에서 이를 수용, 분석 처리하는 과정을 말한다.

| 심화해설 |

지각-운동 발달
- 의식적 신체 움직임과 조화를 이루는 인지적 노력의 결합체를 의미
- 정신과 신체의 조절을 강화하고 결합시키므로 인지 발달과 밀접한 관계를 맺음
- 기본 동작 능력과 함께 아동의 운동 능력을 나타내는 중요한 요소
- 감각 기관과 운동 기관 간의 상호 작용으로 이루어지며, 향후 두뇌 및 인지 발달과 밀접한 관련성이 있음
- 3~5세 유아기는 지각-운동이 급속히 발달하는 최적의 시기로 체계적인 프로그램은 유아의 지각-운동 능력을 확장시키는 데 중요한 영향을 미침
- 유아기의 지각-운동 학습의 경험이 많을수록 대뇌피질에 정보를 저장하고 통합하여 다양한 운동 상황에 반응하는 적응력이 발달하게 됨

05 ②

| 오답해설 |

① 일사병: 고온의 환경에 노출되어 심부 전체 온도가 37℃에서 40℃ 사이로 상승하여 적절한 심박출을 유지할 수 없으나 중추 신경계의 이상은 없는 상태를 말한다.
③ 고체온증: 과도한 고온 환경에 노출되거나 신체의 열 발산이 원활히 이루어지지 않아 고체온 상태가 되면서 발생하는 신체 이상 증상이다.
④ 열경련: 극심한 고온 환경에서 장시간 운동, 과도한 발한, 과도한 수분 보충이 결합되어 발생하는 심각한 근육 경련 증상이다.

06 ③

| 정답해설 |

㉠ 연계성: 기초부터 향상된 단계까지 잘 조직된 운동 발달 프로그램을 제공하는 원리이다.
㉡ 방향성: 성장과 발달은 일련의 방향성을 가지고 발달한다는 원리(머리-꼬리 법칙, 중심말초 법칙, 전체-부분 법칙)이다.
㉢ 적합성: 유아기는 발달 단계에 따라 가장 많은 영향을 받는 '민감기'로, 이를 고려한 적절한 운동이 적용하는 원리이다.

07 ③

| 정답해설 |

㉠ 성장: 발달 과정에 따른 단순한 양적 변화로 일정 시기가 되면 자연히 발생하는 신장, 체중, 체격, 신경조직, 치아 그리고 성징 등에 대한 발달을 의미
㉡ 발달: 생에서 사망에 이르기까지 전 생애에 걸쳐 일어나는 체계적이고 연속적인 변화를 의미
㉢ 성숙: 성장을 기초로 해서 나타나는 질적 변화로 단지 신체적, 생리적 변화만 뜻하는 것이 아닌 이것을 바탕으로 발생하는 행동의 변화를 의미

08 ④

| 정답해설 |

기본 움직임 기술에 대한 대근 운동 발달 검사(TGMD) 항목

이동 운동 (하지의 근력, 리듬감, 상하체 협응 평가)	조작 운동 (수행 자세 및 과정 평가)
• 달리기(run): 뛰기 • 갤롭(gallop): 말 뛰기 • 홉(hop): 한 발로 뛰기 • 립(leap): 도약 후 두 발 크게 벌려뛰기 • 슬라이드(slide): 옆으로 뛰기 • 멀리뛰기(horizontal jump): 제자리멀리뛰기	• 치기(strike): 막대로 공 치기 • 받기(catch): 공 받기 • 차기(kick): 공 차기 • 던지기(throw): 공 던지기 • 굴리기(underhand roll): 공 굴리기 • 튀기기(dribble): 제자리 공 튀기기

09 ②

| 정답해설 |

- 인지 발달 이론은 인간의 지적 능력이나 학습 능력이 단계를 거쳐 발달한다고 보는 이론으로 감각 운동기, 전조작기, 구체적 조작기, 형식적 조작기(ⓒ)로 구분되며, 주요 개념으로는 도식, 동화, 조절, 평형화(ⓒ), 조직화로 나뉜다.
- 사회문화적 이론(㉠)은 사회문화적 맥락 속에서 내포된 사회적 상호 작용과 언어가 인지 발달에 미치는 영향을 강조한 이론으로 주요 개념으로는 비계설정, 근접 발달 영역(㉣), 내면화 등이 있다.

10 ①

| 정답해설 |

영아기에는 뇌의 뇌간, 변연계, 대뇌피질의 세 부분 모두 현저한 발달이 이루어진다.

| 심화해설 |

② 신생아기에 특징적으로 나타나며 성장 발달과 함께 소실되는 반사를 원시 반사라고 한다. 이 반사는 생명 유지와 환경적 응을 위한 선천적인 반응으로 대부분 뇌의 발달과 함께 생후 3~4개월 무렵까지 소실되어 간다.
③ 대부분의 반사 행동은 중추 신경계통의 하부영역이 관장하며, 영아의 의지와 상관없이 여러 자극에 대해 불수의적인 움직임이 나타난다.
④ 반사는 출생 후 나타나는 기본적인 움직임 중 하나로 중추 신경계통의 하부 영역(척수)이 관장한다.

11 ④

| 정답해설 |

자기 주도성 역량은 체육과 교육 과정(2022)에서 추구하는 핵심적인 신체 활동 역량의 내용이 아니다.

| 심화해설 |

체육과 교육 과정(2022)의 핵심적인 신체 활동 역량

- 움직임 수행 역량: 움직임 관련 지식을 이해하고, 움직임의 목적과 환경에 적합하게 움직임 기술을 수행하며, 움직임 수행에 필요한 가치와 태도를 실천한다.
- 건강 관리 역량: 건강 관련 지식을 이해하고, 생애 전반에 걸쳐 건강을 증진 및 관리하며, 건강의 증진과 관리에 필요한 가치와 태도를 실천한다.
- 신체 활동 문화 향유 역량: 신체 활동의 고유한 문화 특성을 이해하고, 신체 활동 문화를 일상생활에서 누리며, 다양한 문화 양식에 내재한 가치와 태도를 실천한다.

12 ④

| 정답해설 |

안내-발견적 교수법은 교사가 사전에 결정된 학습목표에 맞추어 적절한 질문을 던짐으로써 유아가 표현하고 실험할 수 있도록 기회를 주고 이를 통해 점차 사전에 결정된 학습목표에 접근하도록 하는 방법이다.

| 오답해설 |

① A 지도자: 지시적 교수법
② B 지도자: 탐색적 교수법
③ C 지도자: 과제 중심 접근 교수법

13 ②

| 정답해설 |

퍼셀(M. Purcell)의 동작 요소

신체 인식	공간 인식	노력	관계
• 전신의 움직임 • 신체 부분의 움직임 • 신체 모양	• 개인 공간 • 일반 공간 • 수준 • 경로 • 방향 • 범위	• 시간 • 공간 • 힘 • 흐름	• 신체 부분 • 파트너나 그룹 • 물체(기구, 교수자료)

14 ①

인간 행동의 역학적 요인

안정성 요인	힘을 가하는 요인	힘을 받는 요인
• 중력 중심 • 중력선 • 지지면	• 관성 • 가속도 • 작용/반작용	• 표면적 • 거리

15 ③

| 정답해설 |

미국스포츠의학회(ACSM)의 어린이와 청소년을 위한 권고 사항

FITT	유산소 운동	근력(저항) 운동	뼈 강화 운동
형태	여러 가지 스포츠를 포함한 즐겁고 성장 발달에 적절한 활동 예 달리기, 자전거 타기, 축구, 야구, 춤추기 등	신체활동은 구조화되지 않은 활동이나 구조화되고 적절하게 감독할 수 있는 활동으로 구성 예 푸쉬업, 스쿼트, 플랭크, 클라이밍, 레슬링, 요가 등	빠른 동작 및 방향 전환이 이루어지는 운동 예 호핑, 스키핑, 점핑, 러닝, 농구, 테니스 등

빈도	매일(고강도 운동을 최소 주 3일 포함)	주 3일 이상	최소 주 3일
강도	중강도에서 고강도	체중 또는 8~15회 반복 가능한 무게	체중의 부하를 주는 신체 활동이나 자극
시간	60분	60분	60분

16 ③

| 정답해설 |

움직임 기술의 발달 단계 구분은 움직임의 특수성이나 관찰자의 정교함에 따라 영향을 받는다.

17 ④

| 정답해설 |

건강 체력	• 근력: 상대악력(%) • 근지구력: 윗몸 말아 올리기(회) • 심폐 지구력: 10m 왕복 오래달리기(회) • 유연성: 앉아서 윗몸 굽히기(cm)
운동 체력	• 민첩성: 5m×4회 왕복 달리기(초) • 순발력: 제자리멀리뛰기(cm) • 협응력: 3×3버튼 누르기(초)

18 ①

| 정답해설 |

㉠ 가역성의 원리: 운동이 중지되었거나 과부하가 발생하지 않을 경우 운동 능력이 빠르게 감소되는 원리
㉣ 과부하의 원리: 체력 구성 요소의 향상을 촉진하기 위해 신체의 생리적 시스템은 평상시 신체 활동보다 더 많은 부하에 의해 자극을 받아야 한다는 원리

| 오답해설 |

㉡ 전면성의 원리: 신체의 모든 기관과 체력 요소를 균형 있게 발달시키는 원리
㉢ 점진성의 원리: 운동을 효과적으로 수행하기 위해서는 운동 강도 및 운동량을 점차적으로 증가시켜야 하는 원리

19 ②

| 정답해설 |

갤러휴(D.Callahue)의 2차원 모델

운동 발달 단계	움직임 과제의 의도된 기능		
	안정성	이동성	조작적
반사 움직임 단계	• 직립반사 • 목 자세반사 • 몸통 자세반사	• 기기반사 • 걷기반사 • 수영반사	• 손바닥 파악반사 • 발바닥 파악반사 • 당김반사
초보 움직임 단계	• 머리와 목 제어 • 몸통 제어 • 지지 없이 앉기 • 서기	• 포복하기 • 기기 • 직립하여 걷기	• 내밀기 • 잡기 • 놓기
기본 움직임 단계	• 한 발로 균형 잡기 • 낮은 빔 위 걷기 • 축성 움직임	• 걷기 • 달리기 • 점프하기 • 깡충뛰기	• 던지기 • 잡기 • 차기 • 치기
전문화 움직임 단계	• 체조의 평균대 연습하기 • 축구에서 페널티킥 막기	• 100m 달리기 혹은 육상의 허들 • 사람 많은 거리에서 걷기	• 축구에서 페널티킥 하기 • 야구 공치기

20 ④

| 정답해설 |

공을 튀길 때 손바닥으로 공을 때리도록 지도하는 단계는 시작 단계에서 초보 단계로 발달하도록 지도하는 방법이다.

노인체육론(03) 기출문제 해설(필수/A형)

01	02	03	04	05	06	07	08	09	10
②	④	④	③	①	③	①	③	④	③
11	12	13	14	15	16	17	18	19	20
②	②	④	④	③	①	②	①	①②③④	②

01 ②

| 오답해설 |
① 1회 박출량 감소
③ 근육의 산화 능력 감소
④ 심장 근육의 수축 시간 연장

02 ④

| 오답해설 |
① 유전적 노화 이론: 인체 내의 노화 속도를 결정하는 데 있어 유전적인 역할에 초점을 둔 이론이다.
② 교차 연결 이론: 나이가 들면서 결합 조직의 커다란 분자들이 교차 결합하여 폐, 신장, 혈관, 소화계, 근육, 인대, 건의 탄력성을 감소시킨다는 이론이다.
③ 사용 마모 이론: 신체 기관도 기계처럼 오래 사용하면 기능이 약화되고 정지되는 것처럼 점진적으로 퇴화한다는 이론이다.

03 ④

| 오답해설 |
① 보편성: 노화에 따른 변화는 누구에게나 동일하게 일어남
② 내인성: 노화는 질병이나 사고가 아닌 내적인 변화에 의존함
③ 점진성: 노화에 따른 변화는 연령이 증가함에 따라 심해지며, 절대 회복이 불가능함

04 ③

| 오답해설 |
① 지속성 이론: 개인이 성인이 되면서 습득한 인격 성향이 다른 형태의 노화 패턴을 만들어 낸다는 이론이다.

② 건강 신념 모형: 건강을 추구하는 행동에 신념이 중요한 역할을 한다는 이론이다.
④ 계획 행동 이론: 자신의 신념과 행동을 연결하는 이론이다.

05 ①

| 정답해설 |
천식의 증상은 운동으로 악화될 수 있으며, 운동 유발성 천식 발작에 주의해야 한다.

06 ③

| 정답해설 |
한국형 노인 체력 검사(국민 체력 100)에서 상지 근 기능은 상대악력(%)으로 측정한다.

07 ①

| 정답해설 |
노인의 생활 기능 분류에서 도구적 일상생활 활동에 해당하는 것은 요리이다.

08 ③

| 정답해설 |
미국스포츠의학회(ACSM, 2022)에서는 노인의 파워 운동 지침으로 빠른 속도로 1RM의 30~60% 이상의 중강도로 세트당 6~10회 반복하는 단관절과 다관절 운동(1~3세트)을 포함할 것을 권고한다.

09 ④

| 정답해설 |
단기 신체 기능 검사(SPPB)는 보행 속도, 균형 능력 및 의자 앉았다 일어나기 시간의 점수를 합산하여 평가하고 점수가 높을수록 더 높은 기능을 의미한다.

10 ③

| 오답해설 |
㉠ 심혈관 질환 위험 요인은 연령(남자≥45세), 흡연, 신체 활동 부족 총 3가지이다.
㉤ BMI 수치가 22.5kg/m²이므로 정상이다

11 ②

| 정답해설 |
페르브뤼헌과 예터(L. Vferbrugge & A. Jette)의 장애 과정 모델에서 장애에 이르는 과정은 '병 → 손상 → 기능적 제한 → 장애' 순이다.

12 ②

| 정답해설 |
에릭슨의 심리사회적 단계는 '신뢰 대 불신 → 자율 대 수치와 회의 → 주도 대 죄책감 → 역량 대 열등감 → 독자성 대 역할 혼동 → 친분 대 고독 → 생산적 대 정체 → 자아 주체성 대 절망' 순이다.

13 ④

| 오답해설 |
① 뇌졸중: 혈전이나 출혈로 인해 발생하는 뇌순환 기능의 갑작스럽고 심각한 쇠퇴로, 뇌경색으로 귀착된다.
② 근감소증: 근육 위축으로도 알려져 있으며, 유산소 능력, 골밀도, 인슐린 민감성 및 신진대사율 감소를 유발할 수 있다.
③ 신장 질환: 3개월 이상 신장이 손상되어 있거나 신장 기능 감소가 지속적으로 나타나는 질환이다.

14 ④

| 오답해설 |
① 잔기량의 증가
② 흉곽의 경직성 증가
③ 생리학적 사강의 증가

15 ③

| 오답해설 |
㉠ 인슐린 저항성 감소
㉣ 인슐린 민감성 증가
㉤ 골격근의 포도당 수송 능력 증가

16 ①

| 정답해설 |
세계보건기구가 제시한 노인의 신체 활동에 대한 심리적 단기 효과는 이완(relaxation)이다.

17 ②

| 정답해설 |
노화에 따른 인지 기능 중 결정성 지능은 증가한다.

18 ①

| 정답해설 |
수영은 체중이 부하로 작용하지 않기 때문에 근육에 대한 효과는 있으나, 뼈에 대한 효과는 별로 없다.

19 ①②③④

| 정답해설 |
치매 노인의 신체적 특성이 다양할 수 있기 때문에 모두 정답처리 되었다.

20 ②

| 오답해설 |
㉡ 심정지 노인의 심폐 소생술 시행 중에는 자동 심장 충격기를 사용해야 한다.
㉣ 청각적 문제가 있는 경우 잘 들리는 귀 쪽으로 적정 소리로 이야기하며 지도한다.

2025년 기출문제

2급 장애인/유소년/노인 스포츠지도사
필기시험

정답 및 해설 226p

과목코드	
필수	특수체육론 (01)
	유아체육론 (02)
	노인체육론 (03)

2025. 4. 26.(토)

STEP 1 QR코드 스캔 ▶ STEP 2 회원가입 & 로그인 ▶ STEP 3 모바일 OMR 정답 입력 ▶ STEP 4 채점 및 결과 확인

http://eduwill.kr/No9p

KSPO 국민체육진흥공단

특수체육론 (01)

01

특수체육에 관한 설명으로 옳지 않은 것은?

① 특별한 요구를 가진 사람들을 위해 프로그램을 변형한다.
② 장애인이 참여하는 체육으로 비장애인과 함께하는 활동을 포함한다.
③ 신체활동 참여에서 장애인의 임파워먼트(empowerment)를 강조한다.
④ 학교체육 중심으로 생활체육이나 경쟁 스포츠 참여는 제한한다.

02

〈보기〉에 해당하는 장애 유형의 체육활동 지도 방법으로 옳지 않은 것은?

> **보기**
> - 지적 기능과 적응행동이 제한된다.
> - 쉽게 좌절하거나 동기 유발이 부족하다.
> - 주의 집중 시간이 짧고 단기 기억에 어려움이 있다.

① 복잡한 계획이 필요하고 과제가 자주 바뀌는 활동을 강조한다.
② 활동 초기에 학생의 개별적 특성을 파악하여 친밀감을 형성한다.
③ 학생이 흥미를 보이는 활동에서 시작하여 다양한 형태로 발전시킨다.
④ 과제 활동을 제한하는 행동을 파악하고 개별적인 행동 관리 계획을 수립한다.

03

특수체육 수업 방식에 관한 설명으로 옳지 않은 것은?

① 또래 교수(peer tutoring): 친구나 선배가 교사로 참여한다.
② 협동학습(cooperative learning): 학생들이 팀이나 소집단으로 학습한다.
③ 스테이션 교수(station teaching): 여러 곳에 과제를 배치하고 돌아가며 학습한다.
④ 역주류화 수업(reverse mainstreaming): 교사와 학생이 역할을 바꿔가며 과제를 수행한다.

04

정서·행동장애 학생의 특성을 고려한 체육활동 지도 전략으로 적절하지 않은 것은?

① 주의를 분산시키는 자극을 최소화한다.
② 활동 규칙을 정하고 안전교육을 실시한다.
③ 환경을 구조화하고 예측이 가능한 과제를 제시한다.
④ 정서적 예민함을 고려하여 뉴스포츠와 경쟁 활동을 배제한다.

05

〈보기〉에서 설명하는 시각장애인 스포츠 종목은?

> **보기**
> - 시각 정보 없이 청각과 촉각을 활용하여 공의 위치와 방향을 파악한다.
> - 탁구대와 유사한 테이블 위에서 소리 나는 공을 배트로 쳐서 상대편 포켓에 넣는다.

① 골볼   ② 보체
③ 쇼다운   ④ 텐핀 볼링

06

지체장애인에게 운동을 지도할 때 주의할 사항으로 옳지 않은 것은?

① 절단장애인의 절주 부위를 마사지하여 예민함을 감소시킨다.
② 절단장애인의 절주 부위 땀과 체액 분비물을 주기적으로 닦아 준다.
③ 척수손상 장애인에게 기립성 저혈압이 발생하면 고강도 근력운동으로 전환한다.
④ 척수손상 장애인의 과도한 체온 상승 예방을 위해 휴식을 취하고 수분을 섭취하게 한다.

07

휠체어 스포츠의 경기 방법에 관한 설명으로 옳은 것은?

① 휠체어 농구: 공을 잡고 4회까지 휠체어를 밀고 이동할 수 있다.
② 휠체어 럭비: 한 팀은 남녀 구분 없이 4명이 경기에 출전할 수 있다.
③ 휠체어 컬링: 팀원 중 한 사람이라도 투구하는 사람의 휠체어에 닿으면 안 된다.
④ 휠체어 테니스: 투 바운드가 허용되나 두 번째 바운드가 코트를 벗어나면 실점한다.

08

〈보기〉에서 설명하는 체력운동의 원리는?

> **보기**
>
> 달리기를 지루해하는 지적장애 학생을 위해 줄넘기와 달리기를 혼합하여 실시하고, 중간에 휴식을 적절히 제공하였다.

① 다양성의 원리 ② 특수성의 원리
③ 전면성의 원리 ④ 가역성의 원리

09

특수체육 평가 도구에 관한 설명으로 옳은 것은?

① PDMS-2(Peabody Developmental Motor Scale-2): 2~7세까지 운동 기술을 종합적으로 검사한다.
② BOT-2(Bruininks-Oseretsky Test of Motor Proficiency-2): 2~10세까지 감각운동과 기본 운동 기술을 검사한다.
③ PAPS-D(Physical Activity Promotion System for Students with Disabilities): 심폐기능, 근 기능, 유연성, 민첩성, 장애 수용 정도를 검사한다.
④ BPFT(Brockport Physical Fitness Test): 장애 유형에 따라 항목별 검사방법이 구분되며 최소 건강 기준과 권장 기준을 제시한다.

10

다음 순서대로 공 던지기를 지도하는 과정에 적용한 행동 관리 기법은?

> 던지기 자세를 설명하며 몸통과 팔꿈치를 잡고 교정함
> ↓
> 던지기 자세를 설명하고 시범으로 보여주며 연습하게 함
> ↓
> 언어 지시로만 던지기를 수행하게 함

① 용암법(fading)
② 과다 교정(overcorrection)
③ 행동 계약(behavior contract)
④ 프리맥 원리(Premack principle)

11

표의 지침과 준거를 사용하는 검사 도구에 관한 설명으로 옳은 것은?

기술	지침	수행 준거	1차	2차	점수
두 손으로 정지된 공 치기	• 배팅 티 위에 아동의 허리 높이로 공을 올려놓는다. • 아동에게 공을 세게 치라고 지시한다.	잘 쓰는 손을 위쪽에, 잘 안 쓰는 손은 아래쪽에 가도록 하여 배트를 잡는다.			
		아동이 잘 쓰지 않는 어깨와 엉덩이가 앞쪽으로 가도록 바라본다.			
		스윙하는 동안 어깨와 엉덩이를 회전시킨다.			
		잘 쓰지 않는 발을 공 쪽으로 내딛는다.			
		공을 쳐서 앞쪽으로 보낸다.			

① 준거지향적 방식과 규준지향적 방식 모두 활용이 가능하다.
② 5가지 이동 운동 기술과 6가지 공(ball) 조작 운동 기술을 측정한다.
③ 수행 준거를 어느 정도 성취했느냐에 따라 1점 또는 2점을 부여한다.
④ 발달장애 아동을 위한 검사 도구로 관찰과 면담을 통해 운동능력을 평가한다.

12

〈보기〉의 장애 유형에 관한 설명으로 옳은 것은?

> **보기**
> 중추신경계 손상에 의한 근육마비, 협응성 장애, 근육 약화, 기타 운동기능 장애를 보이는 비진행성 신경장애이다.

① 발작이 발생하면 움직임을 제한하고 곧바로 물을 마시게 한다.
② 단마비(monoplegia)는 양팔이나 양다리에 마비가 있는 경우이다.
③ 비정상적 반사 발달과 신체 협응의 어려움, 가위 보행을 보이는 경우가 많다.
④ 운동실조증(ataxia)은 대뇌 기저핵의 손상으로 불수의적 움직임과 머리 조절에 어려움을 보인다.

13

그림은 특수체육 프로그램 서비스 전달 체계이다. ㉠~㉢에 들어갈 용어를 바르게 나열한 것은?

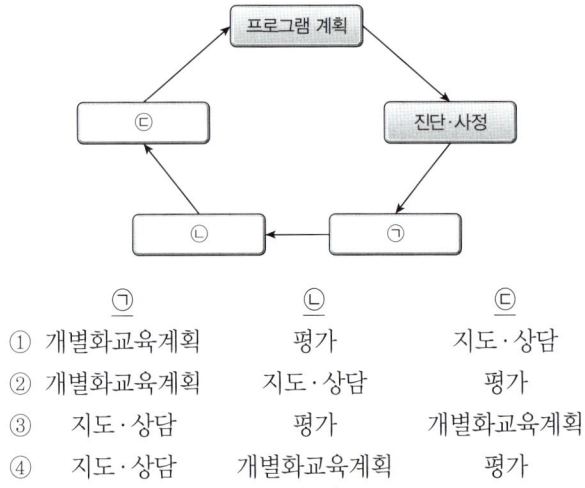

	㉠	㉡	㉢
①	개별화교육계획	평가	지도·상담
②	개별화교육계획	지도·상담	평가
③	지도·상담	평가	개별화교육계획
④	지도·상담	개별화교육계획	평가

14

〈보기〉가 설명하는 이동 운동 기술은?

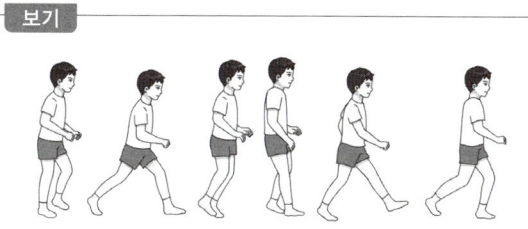

> **보기**
> - 정면을 보고 서서 한 발을 다른 쪽 발 앞에 놓는다.
> - 뒤쪽 발을 앞발 쪽으로 미끄러지듯 옮긴다.
> - 그런 다음 앞쪽 발을 옮겨 놓는다.
> - 양팔을 아래위로 움직이거나 교대로 움직인다.

① 호핑(hopping) ② 갤로핑(galloping)
③ 리핑(leaping) ④ 슬라이딩(sliding)

15

〈보기〉에서 청각장애인에게 체육활동을 지도할 때 고려할 사항으로 옳은 것만을 모두 고른 것은?

> **보기**
> ㉠ 체육관이나 운동장의 소음을 최소화한다.
> ㉡ 대화 중에 입을 가리거나 껌을 씹지 않는다.
> ㉢ 시범과 시각적 지도 단서를 활용하여 설명한다.
> ㉣ 공을 패스하기 전에 서로 눈을 맞추고 패스한다.

① ㉠, ㉡
② ㉠, ㉡, ㉢
③ ㉠, ㉡, ㉣
④ ㉠, ㉡, ㉢, ㉣

16

지적 장애인을 위한 체육활동의 변형 방법으로 옳지 않은 것은?

① 배구: 네트 높이를 낮춘다.
② 수영: 레인의 폭을 축소한다.
③ 소프트볼: 티 위에 공을 올려놓고 친다.
④ 줄넘기: 양손에 각각 짧은 줄을 잡고 돌리며 점프한다.

17

장애 학생 체육활동 지도를 위한 개별화 교육 프로그램(IEP)의 목표 진술 3요소가 아닌 것은?

① 행동(action) ② 기준(criterion)
③ 언어(language) ④ 조건(condition)

18

그림의 로고를 사용하는 국제장애인경기대회에 관한 설명으로 옳지 않은 것은?

① 창시자는 구트만(L. Guttmann)이다.
② 제1회 하계대회는 1960년 로마에서 개최되었다.
③ 주관 단체는 ISOD(International Sports Organization for the Disabled)이다.
④ 참가 대상은 척수손상, 절단 및 기타 장애, 뇌성마비, 시각장애, 지적장애이다.

19

장애인을 위한 체육활동 변형 방법에 관한 설명으로 적절하지 <u>않은</u> 것은?

① 참여를 유도하는 방향으로 변형한다.
② 활동의 본질을 변형하여 새로운 활동으로 구성한다.
③ 장애로 인한 참여 제한이 발생하지 않도록 변형한다.
④ 변형된 활동이 효과적이지 못하면 다시 수정하거나 보완한다.

20

저시력을 가진 시각 장애인에게 체육활동을 지도할 때 고려할 사항으로 적절하지 <u>않은</u> 것은?

① 안전을 고려하여 모든 수행을 직접적으로 보조한다.
② 단순하고 명확하게 디자인된 시각 자료를 사용한다.
③ 활동 경계선을 쉽게 알 수 있도록 바닥에 테이프를 붙여 준다.
④ 운동 장비에 음향 신호를 추가하여 위치 파악이 쉽도록 돕는다.

유아체육론 (02)

01

기본운동기술 범주에서 안정성 기술에 속하는 움직임 양식(movement pattern)이 <u>아닌</u> 것은?

① 굽히기(bending)
② 스키핑(skipping)
③ 늘리기(stretching)
④ 직립 균형(upright balance)

02

다음 '움직임 분류' 일차원 모델에서 ㉠~㉣에 들어갈 용어가 바르게 나열된 것은?

움직임의 (㉠)	움직임의 (㉡)	움직임의 (㉢)	움직임의 (㉣)
대근 운동 기술	불연속 운동 기술	개방형 운동 기술	안정 과제
소근 운동 기술	연속 운동 기술	폐쇄형 운동 기술	이동 과제
	지속 운동 기술		조작 과제

	㉠	㉡	㉢	㉣
①	근육	환경	맥락	기능
②	근육	시간적 연속성	환경	기능
③	의도	시간적 연속성	맥락	환경
④	기능	의도	시간적 연속성	근육

03

〈보기〉에서 건강 및 수행 관련 체력 요소에 관한 설명으로 옳은 것만을 모두 고른 것은?

> **보기**
> ㉠ 평형성 – 신체의 자세를 유지하는 능력
> ㉡ 유연성 – 신체 내외의 자극에 대응하는 운동 능력
> ㉢ 민첩성 – 자극에 반응하여 속도·방향을 신속하게 전환하는 능력
> ㉣ 협응성 – 각각의 운동 체계와 다양한 감각 양식을 효율적인 운동 패턴으로 통합하는 능력

① ㉠, ㉡, ㉢
② ㉠, ㉡, ㉣
③ ㉠, ㉢, ㉣
④ ㉡, ㉢, ㉣

04

〈보기〉에서 설명하는 원시 반사 유형에 관한 내용으로 옳지 않은 것은?

> **보기**
> - 출생 후 몸을 보호하는 데 필요한 반사 유형이다.
> - 신경적인 변이나 손상 예측에 사용되는 대표적인 반사이다.
> - 이 반사 유형이 비대칭적으로 나타날 경우 신경적인 변이나 손상을 추측할 수 있다.

① 시기: 출생부터 4~7개월까지 나타난다.
② 반응: 특정한 자극에 팔과 다리가 신전되며 팔을 벌리고 손가락을 편다.
③ 유발자극: 놀라거나 아래로 떨어지는 자극에는 발생하지 않는다.
④ 기타: 소멸 시기 이후에도 지속되면 감각 운동 장애의 발생을 추측할 수 있다.

05

〈보기〉가 설명하는 운동 발달 프로그램의 구성 원리는?

> **보기**
> - 유소년의 연령, 성별, 신체 특성의 변화와 순서를 고려해야 함
> - 유소년의 발달 단계를 고려하여 운동 프로그램을 계획하는 것이 중요함
> - 간단한 동작에서 복잡한 동작으로, 쉬운 활동에서 어려운 활동으로 지도해야 함

① 다양성의 원리
② 안전성의 원리
③ 특이성의 원리
④ 연계성의 원리

06

〈보기〉에서 설명하는 에릭슨(E. Erikson)의 심리 사회 발달 단계는?

> **보기**
> - 기초적인 인지 기술과 사회적 기술의 습득이 중요함
> - 소속된 사회, 문화를 습득하여 실수나 실패를 접하는 것이 중요함
> - 타인과 자신을 비교하여 긍정적, 부정적 경험을 할 수 있음

① 2단계(자율성 또는 수치심 발달)
② 3단계(주도성 또는 죄의식 발달)
③ 4단계(근면성 또는 열등감 발달)
④ 5단계(정체감 또는 역할혼미 발달)

07

하비거스트(R. Havighurst)의 발달 과제 이론에서 ㉠~㉢에 들어갈 내용을 바르게 나열한 것은?

발달단계	1단계(0~6세)	2단계(7~12세)	3단계(13~18세)
성취과업	걷기 학습	개인적 독립심 획득	자신의 체격 수용
	옳고 그름을 구별하는 학습의 발달	일상 놀이에 필요한 신체적 기술의 학습	성숙한 관계 형성 및 사회적 역할 획득
	(㉠)	(㉡)	(㉢)

	㉠	㉡	㉢
①	사회적·물리적 실체 묘사를 위한 개념 습득	자신에 대한 건전한 태도 확립	행동을 이끄는 가치 체계 획득
②	자신에 대한 건전한 태도 확립	행동을 이끄는 가치 체계 획득	사회적·물리적 실체 묘사를 위한 개념 습득
③	일상생활에 필요한 개념 발달	자신에 대한 건전한 태도 확립	사회적·물리적 실체 묘사를 위한 개념 습득
④	사회적·물리적 실체 묘사를 위한 개념 습득	자신에 대한 건전한 태도 확립	일상생활에 필요한 개념 발달

08

그림에 제시된 동작의 시작 단계 특징으로 옳지 않은 것은?

<치기 동작의 시작 단계>

① 양발은 고정한다.
② 몸통 회전이 없다.
③ 엉덩이를 회전시킨다.
④ 팔꿈치를 완전히 굽힌다.

09

초보 움직임 시기의 '반사 억제 단계(reflexive inhibition stage)'에 관한 설명으로 옳지 않은 것은?

① 운동 피질의 발달과 특정 환경적 억제 요인의 감소 현상이 일어난다.
② 반사 억제 수준에서 수의적 움직임의 분화와 통합은 낮은 수준을 보인다.
③ 이 단계에 발생하는 수의적인 움직임들은 대부분 제어가 힘들고 정교함이 떨어진다.
④ 뇌하부 중추가 운동 피질보다 이전 단계에 비해 상대적으로 더 많이 발달하며 이 시기의 움직임 제어에 필수적으로 작용한다.

10

유소년기 발달에 관한 검사 도구와 목적의 연결이 옳지 않은 것은?

	검사 도구	목적
①	TGMD-3 (Test of Gross Motor Development-3)	신체, 언어, 인지, 적응 행동의 기능 발달 검사
②	BOTMP-2 (Bruininks-Oseretsky Test of Motor Proficiency-2)	다양한 발달 문제의 진단 및 선별, 대근·소근 운동 발달 검사
③	PDMS-2 (Peabody Developmental Motor Scale-2)	유아기 기본 운동 기술의 훈련 또는 개선 검사
④	K-DST (Korean Denver Development Screening)	발달에 문제가 있는 영유아를 선별하기 위한 부모 보고식 검사

11

<보기>에서 설명하는 모스턴과 애쉬워드(M. Mosston & S. Ashworth)의 교수-학습 전략(strategies)은?

보기
• 수업 시 공간과 장비의 제약을 보완해 줄 수 있다.
• 학습자들이 서로 다른 과제들을 동시에 익히도록 하는 데 효과적이다.
• 학습자들이 이미 배운 적이 있는 기술을 실행하거나 자신을 평가할 때 효과적이다.

① 스테이션 교수(station teaching)
② 동료 교수(peer teaching)
③ 협동 학습(cooperative learning)
④ 전술 게임(tactical games)

12

계획적인 유아체육 프로그램을 구성할 때 고려해야 할 사항으로 옳지 않은 것은?

① 유아의 참여가 어려운 게임은 되도록 배제한다.
② 프로그램 사전 계획 시 대상자 연령, 인원, 장소, 도구 등을 미리 파악한다.
③ 다양한 교보재와 활동 지시문을 활용해 유아가 스스로 순환하면서 활동하도록 유도한다.
④ 설치하는 기구는 유아 개개인의 다양한 발달 수준을 고려하지 않고 획일적으로 활용한다.

13

그림은 얼릭(D. Ulrich)이 제시한 대근운동발달의 시기와 단계이다. ㉠, ㉡에 들어갈 내용을 바르게 나열한 것은?

초등 고학년에서 청소년 시기	여가, 스포츠 및 댄스 기술 — 4단계
초등 3~4학년 시기	(㉠) — 3단계
학령 전 및 초등 저학년기	(㉡) — 2단계
신생아기	반사와 반응 — 1단계

	㉠	㉡
①	기본 대근운동 기술과 양식(patterns)	리드-업(lead-up) 게임과 기술
②	자세조절 기술	운동감각 지각(kinesthetic perception)
③	운동감각 지각(kinesthetic perception)	자세조절 기술
④	리드-업(lead-up) 게임과 기술	기본 대근운동 기술과 양식(patterns)

14

〈보기〉는 「국민체육진흥법」(2024.10.31. 시행) 제2조의9 '유소년 스포츠지도사' 정의에 관한 내용이다. ㉠, ㉡에 들어갈 용어로 옳은 것은?

> **보기**
>
> '유소년스포츠지도사'란 유소년의 (㉠), (㉡) 등에 대한 지식을 갖추고 제9조의6에 따른 자격 종목에 대하여 유소년을 대상으로 체육을 지도하는 사람을 말한다.

	㉠	㉡
①	행동양식	인지발달
②	방관적 행동	신체발달
③	방관적 행동	인지발달
④	행동양식	신체발달

15

㉠, ㉡에 해당하는 교수-학습 방법을 바르게 나열한 것은?

㉠	• 지도자가 다양한 동작 과제나 질문을 학습자에게 제시함. • 지도자는 학습자가 제안한 해결 방법이 무엇이든 인정하고 받아들임. • 학습의 결과가 아니라 학습 과정 그 자체에 우선적인 초점을 둠.
㉡	• 학습자의 구체적인 동작 경험을 위해 지도자나 또래의 활동을 관찰할 수 있는 기회를 제공함. • 학습자가 여러 가지 방법을 사용할 수 있는 충분한 시간을 제공해야 함. • 지도자는 계속해서 더 구체적인 질문을 하여 원하는 반응이 나오도록 유도함

	㉠	㉡
①	안내-발견적(guide-discovery) 방법	탐색적(exploratory) 방법
②	탐색적(exploratory) 방법	학습자 설계(child-designed)
③	탐색적(exploratory) 방법	안내-발견적(guide-discovery) 방법
④	학습자 설계(child-designed)	안내-발견적(guide-discovery) 방법

16

갤러휴(D. Gallahue)의 움직임 기술 2차원 분류법에서 이동 기술의 움직임 양식에 속하지 않는 것은?

① 잡기(catching) ② 걷기(walking)
③ 달리기(running) ④ 점프하기(jumping)

17

유소년 스포츠에서 활용될 수 있는 게임 수업 방법과 설명의 연결이 옳지 않은 것은?

① 기능 중심 게임 수업(technical model): 교사가 제시한 '왜(why)' 중심의 문제해결 수업을 진행한다.
② 기능 중심 게임 수업(technical model): 행동주의에 근거하며, 기술을 자동화하기 위한 기능 숙달이 중심이다.
③ 이해 중심 게임 수업(teaching games for understanding): '무엇을 할 것인가(what to do)'를 고민하며 인지적 학습이 선행된다.
④ 이해 중심 게임 수업(teaching games for understanding): 구성주의 인식론에 근거하며, 게임에 대한 '이해'를 중심으로 문제해결 능력을 기른다.

18

유아기 걷기 동작의 기술 단계 분류에서 시작 단계의 특징은?

① 보폭이 커지고 안정된다.
② 발바닥 전체로 바닥과 접촉한다.
③ 팔 흔들기가 반사적으로 이루어진다.
④ 발끝이 바깥쪽으로 향하는 현상이 줄어든다.

19

피아제(J. Piaget)가 제시한 인지 발달 단계와 특징의 연결이 옳지 않은 것은?

	단계	특징
①	감각 운동기	학습자는 감각경험과 움직임의 상호작용을 통하여 학습하게 된다.
②	전조작기	활동적인 놀이를 통한 지적 실험으로 가역성을 갖게 된다.
③	구체적 조작기	보존개념이 형성되고 분류, 서열화 등의 수학적 조작능력이 나타난다.
④	형식적 조작기	인지적 과정을 통하여 추상적, 논리적, 체계적 사고를 할 수 있다.

20

〈보기〉에서 설명하는 발달 이론은?

> **보기**
> - 직접 행동이 아니어도 사회적 상황에서 타인의 행동을 관찰하며 학습이 가능하다.
> - 유아 주변의 인물, 특히 부모의 언어 형태, 성역할, 사회적 행동을 모방한다.

① 비고츠키(L. Vygotsky)의 상호작용 이론
② 반두라(A. Bandura)의 사회학습 이론
③ 매슬로(A. Maslow)의 욕구위계 이론
④ 프로이트(S. Freud)의 정신분석 이론

노인체육론 (03)

01
활동이론을 옳게 설명한 것은?

① 활성산소의 증가가 노화를 촉진한다.
② 노화와 관련한 대표적 생물학적 이론이다.
③ 사회에서 점진적 역할 배제가 노화의 핵심이다.
④ 노인의 사회활동 참여 정도가 높을수록 생활 만족도가 높아진다.

02
근감소증(sarcopenia)에 관한 설명 중 옳지 <u>않은</u> 것은?

① 호흡근의 마비를 유발할 수 있다.
② 노화와 관련한 대표적인 증상 또는 질환이다.
③ 근위축(muscle atrophy)으로도 알려져 있다.
④ 유산소 능력, 골밀도, 인슐린 민감성 및 신진대사율 감소를 유발할 수 있다.

03
〈보기〉에서 생물학적 노화의 특성으로 옳은 것만 모두 고른 것은?

> **보기**
> ㉠ 노화는 치료가 가능하다.
> ㉡ 모든 사람에게 보편적으로 일어난다.
> ㉢ 시간의 흐름에 따라 점진적으로 일어난다.
> ㉣ 환경적 요인을 배제한 내재적 요인에 의해 발생한다.

① ㉠, ㉣
② ㉡, ㉢
③ ㉠, ㉡, ㉢
④ ㉡, ㉢, ㉣

04
〈보기〉에서 체중 부하 운동으로 옳은 것만 모두 고른 것은?

> **보기**
> ㉠ 등산
> ㉡ 스케이팅
> ㉢ 테니스
> ㉣ 고정식 자전거 타기
> ㉤ 암 에르고미터(arm ergometer)
> ㉥ 수영

① ㉠, ㉡, ㉤
② ㉠, ㉡, ㉢
③ ㉢, ㉤, ㉥
④ ㉢, ㉣, ㉥

05

노인의 운동 빈도에 관한 설명으로 옳지 않은 것은?

① 운동 빈도는 규칙적이어야 한다.
② 신체적으로 무리가 없는 경우 주 5일 이상도 권장된다.
③ 운동 의욕이 높은 노인의 경우 매일 강도 높은 운동이 권장된다.
④ 운동 효과와 피로도를 고려했을 때 주 3회 정도가 가장 적절하다.

06

만성 질환 노인의 운동 효과로 옳지 않은 것은?

① 비만 노인의 체지방량이 감소하고 근육량은 유지되거나 증가된다.
② 골다공증 노인의 골밀도 감소가 개선되고 낙상과 골절이 예방된다.
③ 당뇨 노인의 혈당량이 감소하고 근육의 인슐린 민감성이 감소된다.
④ 퇴행성관절염 노인의 유연성이 향상되고 관절의 가동 범위가 증가된다.

07

뇌졸중 노인을 위한 운동 지도 시 고려해야 할 사항은?

① 우측마비 노인의 경우 언어지시보다 행동적 시범을 보인다.
② 마비가 없는 쪽에 집중적으로 스트레칭 운동을 실시하도록 한다.
③ 낙상 위험이 있으므로 균형감각과 기동성 향상을 위한 운동을 실시하지 않는다.
④ 장애 정도가 심한 노인의 경우 똑바로 선 상태에서 스텝핑 운동을 빠르게 하도록 한다.

08

〈보기〉에서 관절염 노인을 위한 운동 관련 설명으로 옳은 것만 모두 고른 것은?

> 보기
> ㉠ 체중 부하 운동을 실시한다.
> ㉡ 운동 시 느끼는 통증은 고려하지 않는다.
> ㉢ 운동 전후에 냉찜질 또는 온찜질을 한다.
> ㉣ 수중운동 시 물의 온도는 29~32℃를 유지한다.
> ㉤ 특정 관절의 과사용을 피하기 위해 크로스 트레이닝을 실시한다.

① ㉠, ㉡, ㉢
② ㉡, ㉣, ㉤
③ ㉢, ㉣, ㉤
④ ㉠, ㉢, ㉣

09

〈보기〉에서 설명하는 노화 이론은?

> 보기
> 통계에 따르면 전문체육인이 일반인에 비해 퇴행성관절염 발병률이 더 높다고 보고되고 있다. 그뿐만 아니라 전문체육 종목 중에서도 상대적으로 몸을 더 많이 사용하는 축구나 미식축구 선수들의 은퇴 시기가 골프, 야구 선수에 비해 빠른 것으로 나타났다.

① 면역 반응 이론
② 교차 결합 이론
③ 세포 노화 이론
④ 사용 마모 이론

10

〈보기〉의 ㉠, ㉡에 들어갈 용어로 옳은 것은?

> 보기
> - (㉠) 길이가 감소하면서 노화가 일어난다.
> - 노화로 인한 대표적 관절 질환은 (㉡)이다.

	㉠	㉡
①	텔로미어	퇴행성 관절염
②	글루코스	퇴행성 관절염
③	텔로미어	류마티스 관절염
④	글루코스	류마티스 관절염

11

노인 운동 시 준비운동과 정리운동의 이점에 관한 다음 표에서 ㉠, ㉡에 들어갈 용어로 옳은 것은?

준비운동	정리운동
• 손상 위험 감소 • 움직이는 동작 범위 향상 • 사용되는 근육으로의 혈액순환 (㉠)	• 체내 온도 감소 • 젖산 농도 감소 • 혈액의 카테콜아민 수치 (㉡)

	㉠	㉡
①	증가	증가
②	증가	감소
③	감소	증가
④	감소	감소

12

〈보기〉의 노인 운동 지도 시 손상 방지 및 응급상황에 관한 안전관리 예방 지침 중 옳은 것만 모두 고른 것은?

> 보기
> ㉠ 운동 중에 적정한 실내 온도가 유지되는지 확인한다.
> ㉡ 운동 시작 전에 모든 참여자에게 사전 검사를 하여 현재 상태를 파악한다.
> ㉢ 실외 운동 시작 전에 모든 참여자에게 선글라스와 모자 등을 착용하도록 안내한다.
> ㉣ 심장질환자의 경우 운동 전후 혈당을 확인하고, 저혈당에 대비해서 당 섭취가 가능한 간식을 준비한다.
> ㉤ 운동 중 가슴 통증, 불규칙한 심박수, 호흡곤란, 현기증 등이 나타나면 곧바로 운동을 중단하고 병원으로 이동한다.

① ㉠, ㉢, ㉣
② ㉡, ㉣, ㉤
③ ㉠, ㉡, ㉢, ㉤
④ ㉠, ㉡, ㉢, ㉣, ㉤

13

〈보기〉에서 설명하는 노화를 보는 관점은?

> 보기
> 발테스(P.Baltes et al.)와 그 동료들은 노화를 손실(loss)과 이득(gain)이 함께 일어나는 과정이라고 하였다. 노화로 인해 신체적 기능 손실이 있는 반면에 경험으로 얻은 환경에 대한 적응력, 지혜와 같은 이득도 있다. 그들은 인간 발달을 두 단계로 나누었는데 첫 단계는 초기 발달 단계로 급속한 신체적 발달이 나타나고 이후의 단계에서는 신체적 발달은 더디나 환경에 적응하는 능력은 지속적으로 발달한다.

① 1차적 노화(primary aging)
② 2차적 노화(secondary aging)
③ 생태학적 발달(ecological development)
④ 전 생애적 발달(life-span development)

14

〈보기〉에서 청각적 문제가 있는 박 할아버지가 안전한 환경에서 효과적인 운동을 지도받기 위한 안전관리 지침 중 옳은 것만 모두 고른 것은?

> **보기**
> ㉠ 운동 장소는 소음이 적은 조용한 곳을 선정한다.
> ㉡ 운동 장소는 눈이 부실 정도로 조명을 밝게 한다.
> ㉢ 운동 지도 시 잘 들리는 귀 쪽으로 가서 설명한다.
> ㉣ 운동 지도 시 입술 모양이나 표정을 활용해 지도한다.
> ㉤ 복잡한 운동 방법이나 기술을 설명할 때는 시범이나 사진과 같은 보조물을 활용한다.

① ㉠, ㉡, ㉢
② ㉡, ㉣, ㉤
③ ㉡, ㉢, ㉣, ㉤
④ ㉠, ㉢, ㉣, ㉤

15

노인의 평형성 향상 운동으로 옳지 <u>않은</u> 것은?

①
자기 체중을 이용한 한 발 들기

②
앉아서 허리 앞으로 구부리기

③
일렬로 걷기

④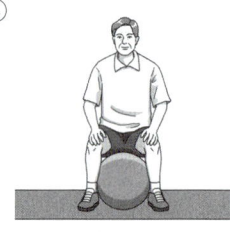
짐볼 앉기

16

저항성 운동이 노인에게 미치는 효과로 옳지 <u>않은</u> 것은?

① 근육량 증가
② 혈중지질 증가
③ 인슐린 감수성 증가
④ 젖산에 대한 내성 증가

17

운동의 사회적 관계 형성에서 노인 운동 참여로 얻을 수 있는 사회적 효과로 옳지 <u>않은</u> 것은?

① 새로운 운동 기술을 습득한다.
② 새로운 친구를 만나 교류를 촉진한다.
③ 역할 유지 및 새로운 역할 부여에 도움이 된다.
④ 세대 간 연결 기회를 제공하여 교류를 확대한다.

18

노인의 지속적인 운동 참여를 위한 효과적인 목표의 특징과 실제 목표설정이 옳지 <u>않은</u> 것은?

	특징	실제 목표설정
①	측정 가능한	"나는 1년 동안 주 3회 1시간씩 걷기를 할 것이다."
②	구체적	"나는 월, 수, 금요일 오전 10시 수영 수업에 참여할 것이다."
③	현실적	"나는 운동 참여를 통해 치매를 고칠 것이다."
④	행동적	"나는 주 3회 걷기와 주 2회 밴드 운동을 할 것이다."

19

노인을 대상으로 한 운동 시 주의 사항으로 옳지 <u>않은</u> 것은?

① 평형성 운동 시 모든 균형의 이동은 천천히 그리고 신중하게 수행할 수 있도록 한다.
② 유산소 운동 시 과부하를 증가시키기 전에 최소 2주의 적응 기간을 준다.
③ 유연성 운동 시 정적 스트레칭은 효과를 위해 최대의 통증이 있을 때까지 신장할 수 있도록 실시한다.
④ 저항성 운동 시 부하를 사용하는 경우가 있기 때문에 운동 중의 노인들은 세심하게 감독하고 관찰한다.

20

효과적인 노인 운동 지도를 위한 노인스포츠지도사의 마음가짐으로 옳지 <u>않은</u> 것은?

① 친근함을 위해 반말을 사용해도 된다고 생각한다.
② 과제 해결을 위한 문제 의식과 사명감을 가지고 임해야 한다.
③ 노인 운동 참여자의 운동 몰입 및 지속을 끌어내는 마음가짐이 필요하다.
④ 기능 제한이 있는 노인에게는 처한 상황을 극복할 수 있게 조력자가 되어야 한다.

2025년 2급 장애인/유소년/노인 스포츠지도사

정답 및 해설

특수체육론(01) 기출문제 해설

01	02	03	04	05	06	07	08	09	10
④	①	④	④	③	③	②	①	④	①
11	12	13	14	15	16	17	18	19	20
①	③	②	②	④	②	③	③	②	①

01 ④

| 정답해설 |

특수체육에 속하는 활동으로 경쟁 스포츠에 해당하는 다양한 장애인 스포츠가 있으며, 학교체육 중심에서는 통합체육으로서의 체육과 스포츠 활동을 통해 생활체육을 만들어간다. 또한, 일반 스포츠와 장애인 스포츠의 규칙, 장비, 운영 형태 등에 따라 스포츠 통합 연속체를 5개 수준으로 단계화하였다.

02 ①

| 정답해설 |

〈보기〉는 지적장애 유형에 대한 설명이다. 지적장애는 새로운 과제나 환경에 적응하는 데 시간이 오래 걸리고, 복잡하거나 변화가 많은 활동을 어려워하는 경우가 많다. 따라서 체육활동을 지도할 때에는 간단하고 구조화된 활동, 일관된 과제 흐름, 흥미 기반의 동기 유발, 개별 행동 관리, 그리고 충분한 반복 학습이 필요하다. 복잡한 계획이 필요하고 과제가 자주 바뀌는 활동을 강조하는 것은 지적장애 학생에게 혼란을 줄 수 있으며, 인지적 부담을 높여 쉽게 좌절하게 만들 수 있기 때문에 부적절한 지도 방법이다.

03 ④

| 정답해설 |

역주류화 수업은 일반 학생이 장애가 있는 학생들과 함께 수업에 참여하는 것이다.

04 ④

| 정답해설 |

정서 장애의 특성에는 과민성, 불안, 우울감 등 정서적 예민함이 있어 스포츠 활동 시 스트레스를 최소화해야 하지만 스포츠의 적절한 경쟁 활동 속에서 성공 경험을 할 수 있는 환경을 조성해 주어야 한다.

05 ③

| 오답해설 |

① 골볼: 소리가 나는 공을 굴려 상대 골문에 넣는 시각장애인 팀 스포츠로, 모든 선수는 아이패치와 불투명 고글을 착용한다.
② 보체: 표적구에 가까이 공을 던지는 방식으로 진행되며, 거리 측정으로 승패를 가린다.
④ 텐핀 볼링: 전맹의 경우 가이드레일을 이용해 출발선까지 이동하며, 점수는 일반 볼링과 동일하게 계산한다.

06 ③

| 정답해설 |

흉추 6번(T6) 이상에 손상을 입으면 혈류 이송 체계가 손상된다. 이로 인해 혈관이 수축하지 못하고 심장은 심박동과 심박출량을 증가시키기 위한 자극을 직접적으로 받지 못하여 심박수를 120~130박/분 이상 증가시키지 못하게 되어 운동능력의 제한이 발생한다. 또한, 혈관 수축이 되지 않아 기립성 저혈압을 일으키기도 한다. 따라서 충분한 준비운동을 해야 하며 운동 부하를 점진적으로 증가시켜야 한다.

07 ②

| 오답해설 |

① 휠체어 농구: 볼을 가진 채 휠체어를 3회 이상 밀고 가면 트레블링 반칙이다. 단, 드리블은 여러 번 해도 무방하다.
③ 휠체어 컬링: 투구 시 한 팀원이 휠체어를 고정하는 역할을 수행한다.
④ 휠체어 테니스: 투 바운드를 인정하며, 두 번째 바운드는 코트의 바깥 부분이어도 무방하다.

08 ①

| 정답해설 |
〈보기〉의 설명은 다양성의 원리로 운동과 휴식, 강도, 트레이닝 방법 등을 다양하게 변경하여 흥미를 유발하는 것에 해당한다.

| 오답해설 |
② 특수성의 원리: 트레이닝이 적용된 근육 동작, 부위, 형태 등에 따라 효과가 달라지는 것이다.
③ 전면성의 원리: 균형 있는 신체 능력을 향상시키기 위해 다양한 운동을 규칙적으로 실시하는 것이다.
④ 가역성의 원리: 과부하가 이루어지지 않거나 운동이 중지되었을 때 운동 적응이 운동 전 상태로 감소하는 것이다.

09 ④

| 오답해설 |
① PDMS-2: 출생부터 5세까지의 유아를 대상으로 하며, 대근운동 및 소근운동 기능의 훈련 또는 개선을 목적으로 사용된다.
② BOT-2: 4~21세까지의 아동과 청소년을 대상으로 하며, 소근운동과 대근운동 기술을 포괄적이고 개별적으로 측정하기 위해 사용된다.
③ PAPS-D: 장애 학생의 건강 체력을 평가하기 위해 개발된 검사로, 장애 유형별 특성과 기능 수준에 따라 구성된 검사 항목, 방법, 평가 기준을 바탕으로 한다.

10 ①

| 정답해설 |
지원 혹은 도움을 점진적으로 제거하고 있으므로 용암법에 해당한다.

| 오답해설 |
② 과다 교정(과잉 교정): 대상자에게 문제 행동에 대한 책임을 지게 하거나 원래 상태보다 더 개선된 상태로 강화하는 방법이다.
③ 행동 계약: 지도자와 학생 혹은 부모와 학생이 서로 계약서를 써서 보관하는 방법이다.
④ 프리맥 원리: 좋아하는 활동을 이용하여 좋아하지 않는 활동에 학습 동기를 부여하는 것이다.

11 ①

| 정답해설 |
TGMD(TGMD-2 또는 TGMD-3)에 관한 설명이다. 표에 제시된 기술은 공 조작 기술 중 '치기'에 해당하며, 수행 준거에 따라 기술 수행을 관찰하고 평가하므로 TGMD 검사 도구에 해당한다. TGMD는 준거지향적 방식과 규준지향적 방식 모두 활용이 가능하다.

| 오답해설 |
② TGMD는 이동 운동 기술 6개, 공 조작 운동 기술 6개, 총 12개의 기술을 평가한다(TGMD-3는 이동 운동 6개, 공 조작 운동 7개로 구성).
③ TGMD는 각 수행준거당 0점 또는 1점으로 채점하며, 기술마다 3~5개의 수행준거를 기준으로 2회 수행하여 점수를 합산한다.
④ TGMD는 비장애 아동과 장애 아동 모두를 대상으로 할 수 있는 검사 도구이며, 직접 관찰을 통해 수행을 평가한다. 면담은 포함되지 않는다.

12 ③

| 정답해설 |
미성숙한 뇌 혹은 뇌의 손상으로 말미암은 운동 장애와 자세의 이상을 보이는 비진행성 증후군으로 뇌성마비에 해당하며 경직성 뇌성마비에서 가위보행과 발끝걷기의 보행자세가 나타난다.

| 오답해설 |
① 운동 시 발생하는 발작 관찰과 대처 방법에서 물리적으로 제지하지 말아야 하며, 입속에는 어떠한 물체도 넣지 말아야 한다.
② 단마비는 팔다리 중 한 부위가 마비된 상태를 의미한다.
④ 운동 실조증은 소뇌에 손상을 입어 몸의 평형성과 협응력에 영향을 미치는 것이다.

13 ②

| 정답해설 |
㉠ 수업 계획(개별화교육 계획): 운동 기술 습득 후 학생의 요구를 해결하는 수업 계획 개발에 중점을 두는 것이다.
㉡ 교수·지도(지도·상담): 설정한 목표를 성취하도록 학습 환경을 관리하는 역동적 과정이다.
㉢ 평가: 설정한 목표와 예측에 비추어 변화의 정도를 결정하고 변화의 가치를 판단하여 학생의 수행력 자료를 조사하는 연속적 과정이다.

14 ②

| 오답해설 |

① 호핑: 한쪽 발을 들고 무릎을 굽힌 채 정면을 바라본 상태에서 지지하는 다리의 무릎을 굽히고 양팔을 뒤로 두었다가, 몸을 굽히며 양팔을 앞으로 흔들고 지지하는 다리를 뻗는다.
③ 리핑: 한 발로 몸을 지탱하면서 다른 발을 쭉 내밀어 앞으로 이동하는 기술로, 한 발로 멀리 건너뛰며 보폭을 크게 해서 달리는 모습과 비슷하다.
④ 슬라이딩(sliding): 측면으로 움직이며, 한 발은 측면으로 디디고, 다른 발은 빠르게 끌어 붙이는 동작이다.

15 ④

| 정답해설 |

시각 장애인 지도 전략 및 고려 사항
- 신체적: 시각적 자료 적극 활용, 수화 및 구화 사용 유도, 주변 소음 주의
- 인지적: 또래와 함께 참여 권장, 메시지 전달 시에는 필요한 단어 동작 사용, 천천히 말하기, 아동과 가까운 거리 유지, 필기구 사용, 교사의 입모양을 볼 수 있는 대형 선택
- 정의적: 활동 전 시설 및 기구를 충분히 숙지할 수 있게 제공, 넘어지는 방법 지도, 시각 및 촉각 신호 사용, 낙천적이고 긍정적인 모습을 통해 활동을 재미있게 구성

16 ②

| 정답해설 |

지적 장애는 인지 수준과 주의력이 낮고 운동 수행 능력이 떨어져 불안정한 동작 등이 나타날 수 있으므로 레인의 폭을 넓히는 기구 변형이 적합하다.

17 ③

| 정답해설 |

개별화 교육 프로그램의 교육 목표 진술 방법의 3가지 요소

조건	기구, 도구, 시설 등의 환경적 조건과 심리적 조건을 포함하여 '누가, 언제, 어디서, 무엇을, 왜, 어떻게'의 육하원칙에 해당하는 조건을 선택하여 기술해야 함
기준	행동의 지속성과 정확성을 규정하는 것으로 동작 수행의 질을 결정함
행동	수행의 최종 결과로서 신체적인 움직임을 뜻하며, 객관적으로 측정·관찰이 가능해야 함

18 ③

| 정답해설 |

국제장애인스포츠대회 중 패럴림픽의 로고이다. 패럴림픽은 국제패럴림픽위원회(International Paralympic Committee, IPC)에서 주관한다.

19 ②

| 정답해설 |

장애인 스포츠의 활동 변형 전략은 장애를 갖고 있는 사람을 지도할 때 효과적으로 스포츠 활동을 유도하기 위해 환경, 용·기구, 규칙 등을 변형하여 적용시키는 전략을 의미한다. 체육활동의 본질, 즉 협동, 평등, 열정, 도전 등은 변형하지 않는다.

20 ①

| 정답해설 |

시각장애인 체육활동에서는 잔존시력의 수준에 따라 시범 방법과 언어 설명의 양과 질을 조절해야 하며, 과도한 직접적 보조는 오히려 자율성과 독립성을 저해할 수 있다. 체육활동을 통해 스스로 할 수 있는 활동은 직접 시도하도록 유도하고, 도전과 성공 경험을 통해 자신감을 기를 수 있도록 돕는 것이 바람직하다. 안전을 이유로 모든 수행을 직접적으로 보조하는 것은 과잉 보호로 이어질 수 있으므로 주의해야 한다.

유아체육론(02) 기출문제 해설

01	02	03	04	05	06	07	08	09	10
②	②	③	③	④	③	①	③	④	①
11	12	13	14	15	16	17	18	19	20
①	④	④	④	③	①	①	②	②	②

01 ②

| 정답해설 |
스키핑(skipping)은 이동 기술에 속한다.

02 ②

| 정답해설 |
운동 기술의 1차원 분류법은 한 가지 차원에 의거하여 움직임 기술을 분류하는 방법으로, 움직임의 근육, 움직임의 시간적 연속성, 움직임의 환경, 움직임의 기능 등의 측면으로 구분한다.

03 ③

| 오답해설 |
ⓒ 유연성은 관절의 가동 범위를 의미한다.

04 ③

| 정답해설 |
〈보기〉는 원시 반사 유형 중 모로 반사에 대한 설명이다. 모로 반사는 영아가 큰 소리나 갑작스러운 자세 변화가 생기면 팔과 다리를 벌려 무엇을 껴안으려는 듯이 몸 쪽으로 팔과 다리를 움츠리는 반응이다. 즉, 놀람 자극이나 낙하 자극은 오히려 모로반사의 주된 유발 자극이다.

| 오답해설 |
① 모로반사는 출생 직후부터 생후 6개월경까지 나타나는 정상적인 반사로, 일부 자료에서는 7개월까지도 지속될 수 있다고 설명한다.

05 ④

| 정답해설 |
운동 발달 프로그램을 구성할 때 연령, 성별, 신체 발달 특성의 변화와 순서를 고려하고, 간단한 동작에서 복잡한 동작으로, 쉬운 활동에서 어려운 활동으로 점진적으로 구성해야 함을 강조하고 있다. 이는 기초에서부터 고차원적 활동으로 자연스럽게 연결되도록 지도하는 것으로, 연계성의 원리에 해당한다. 연계성의 원리는 유아나 유소년의 발달 단계에 맞추어 활동을 조직하고, 신체·정서·사회성 발달이 서로 연계되도록 프로그램을 구성하는 것을 의미한다.

| 오답해설 |
① 다양성의 원리: 유아의 프로그램은 재미있어야 하고 여러 발달적 측면을 고려하여 다양한 경험을 할 수 있도록 구성해야 한다.
② 안전성의 원리: 지도자는 안전에 관심을 기울이고 충분히 안전이 확보된 공간에서 활동이 이루어지도록 유의해야 한다.
③ 특이성의 원리: 유아 운동 발달 프로그램을 구성할 때에는 공통적이고 일반화된 특성과 개인의 유전과 환경 요인을 고려한 개인차를 반영해야 한다.

06 ③

| 정답해설 |
〈보기〉는 에릭슨의 심리 사회 발달 단계 중 4단계 근면성 대 열등감에 대한 설명이다. 이 단계는 기초적인 인지 기술과 사회적 기술을 습득하는 자아 성장에 결정적인 시기로, 아이가 행한 업적을 칭찬해 주고 격려해 주면 근면성을 발달시키지만, 활동을 제한하고 비판하면 열등감이 생기는 시기이다.

| 오답해설 |
① 2단계(자율성 또는 수치심 발달): 스스로 먹고, 입고, 배변 활동을 하면서 자율성이 발달하는 시기로, 근육 발달을 조절할 수 있고 자기 주위를 탐색한다. 아동의 자발적 행동을 지나치게 통제하거나 과잉 보호하게 되면 수치심을 갖게 되는 시기에 해당한다.
② 3단계(주도성 또는 죄의식 발달): 자신이 세운 목표나 계획을 실천 및 성공하고자 하는 욕구와 또래의 판단 사이에 갈등을 겪게 되는 시기이다.
④ 5단계(정체감 또는 역할혼미 발달): 자아 정체감으로 사회속에서 나의 존재와 위치에 대한 느낌을 확립하게 되는 시기로, 발달이 순조롭게 이루어졌다면 자아 정체감을 확립하지만, 그렇지 못하면 혼미감을 느끼고 정체감의 위기에 빠지는 시기이다.

07 ①

| 정답해설 |

하비거스트(R. Havighurst)의 발달 과제 이론이란 개인이 환경에 적응하기 위해서는 인간 발달의 각 단계마다 반드시 성취해야 할 과업(task)이 있음을 주장한 이론이다.

발달 단계	1단계(0~6세)	2단계(7~12세)	3단계(13~18세)
성취 과업	걷기 학습	개인적 독립심 획득	자신의 체격 수용
	옳고 그름을 구별하는 학습의 발달	일상 놀이에 필요한 신체적 기술의 학습	성숙한 관계 형성 및 사회적 역할 획득
	사회적·물리적 실체 묘사를 위한 개념 습득	자신에 대한 건전한 태도 확립	행동을 이끄는 가치 체계 획득

08 ③

| 정답해설 |

제시된 동작은 유아기 기본 움직임 기술 중 하나로, 조작 운동 능력인 공 치기 동작이다. 치기 동작은 시작 단계에서 초보 단계로 넘어가면서 몸통과 엉덩이를 같이 회전시키는 특징이 나타난다.

09 ④

| 정답해설 |

반사 억제 단계는 불수의적인 반사 행동이 점차 줄어들고 수의적 움직임이 시작되는 초보 움직임 단계이다. 대부분의 반사행동은 중추 신경계통의 하부영역(척수)이 관장하며, 대부분의 반사행동은 연령이 증가함에 따라 뇌의 고등영역(대뇌 겉질, 운동 피질)이 발달하면서 의식적 운동으로 대치되거나 사라진다.

| 오답해설 |

① 반사 억제 단계에서는 운동 피질의 발달과 더불어 반사 행동을 유발하던 환경적 자극에 대한 민감성이 감소하는 특징이 나타난다.
② 반사 억제 단계에서는 불수의적 반사 행동이 줄어들고 수의적 움직임이 나타나기 시작한다.
   이 시기의 수의적 움직임은 아직 미분화되고 통합이 부족하여 조정 능력이 낮은 상태이다.
③ 반사 억제 단계에서 나타나는 수의적 움직임은 안정성 움직임, 이동성 움직임, 조작적 움직임 등 생존에 필요한 기본 형태의 초보 운동이 포함된다. 하지만 이들 움직임은 제어가 어렵고 동작이 서툴며 정교함이 떨어지는 특징을 보인다.

10 ①

| 정답해설 |

TGMD-3 검사 도구는 대근 운동 발달 검사로, 학령기 아동의 대근 운동 발달 정도를 평가한다. 언어나 인지, 적응 행동은 TGMD-3의 평가 항목이 아니다.

| 오답해설 |

② BOTMP-2: 운동 수행 능력이 지연된 아동을 대상으로, 정교한 운동 기능(균형, 민첩성 등) 발달 수준을 평가하는 검사이다.
③ PDMS-2: 취학 전 아동을 대상으로 대근육과 소근육의 발달 수준을 평가하며, 반사, 균형, 이동성, 잡기, 시각 운동 통합 등을 측정한다.
④ K-DST: 영유아의 발달 지연 여부를 선별하기 위한 검사로, 부모 보고식 항목과 전문가 평가 항목으로 구성되어 있다.

11 ①

| 정답해설 |

스테이션 교수(station teaching)법은 교육 목표나 내용에 따라 여러 개의 스테이션(학습 구역)으로 나누고, 학생들이 모둠을 이루어 정해진 순서로 이동하며 다양한 과제를 수행하는 교수·학습 방법이다. 공간 및 장비 제약을 극복하고, 다양한 수준의 기술을 동시에 연습하거나 자기평가 활동을 포함하기에 효과적이다.

| 오답해설 |

② 동료 교수(peer teaching): 학생들이 짝이나 그룹을 이루어 서로를 가르치고 피드백을 주고받는 방식으로, 상호작용을 통해 학습을 심화시키는 전략이다.
③ 협동 학습(cooperative learning): 공동의 목표를 달성하기 위해 학생들이 함께 협력하고 상호작용하며 학습하는 전략이다. 책임 분담, 상호 의존성, 집단 보상 등이 특징이다.
④ 전술 게임(tactical games): 단순 기술 연습보다 전술적 상황 이해를 중심으로 수업을 구성하여 전략적 사고력과 게임 감각을 향상시키는 교수법이다.

12 ④

| 정답해설 |

설치하는 기구는 유아 개개인의 이동성, 조작성, 안정성과 관련된 다양한 기본 능력을 발달시킬 수 있게 활용해야 한다.

| 오답해설 |

① 모든 유아가 성취 가능한 게임으로 프로그램을 구성한다.
② 프로그램 사전 계획에는 누가, 언제, 어디서, 무엇을, 어떻게

할 것인지에 대한 분석이 필요하다.
③ 유아가 지속적으로 흥미와 관심을 가지고 참여할 수 있도록 다양한 교보재를 활용하여 유아가 스스로 참여할 수 있도록 유도한다.

13 ④

| 정답해설 |

대근운동 발달 시기와 단계(얼릭, D. Ulrich)

1단계 반사와 반응	신생아기
2단계 기본(대근) 운동 기술	학령 전 초등 저학년기
3단계 게임 운동 기술	초등 3~4학년 시기
4단계 스포츠 및 전문 여가 운동 기술	초등 고학년에서 청소년 시기

14 ④

| 정답해설 |

유소년 스포츠지도사의 정의(국민 체육 진흥법 시행령 제2조 제9호)
"유소년스포츠지도사"란 유소년(국민 체육 진흥법에서는 3세부터 중학교 취학 전까지를 말함)의 행동 양식, 신체 발달 등에 대한 지식을 갖추고 해당 자격 종목에 대하여 유소년을 대상으로 체육을 지도하는 사람을 말한다.

15 ③

| 정답해설 |

㉠ 탐구적 방법: 지도자가 특별한 활동 과제에 대한 해결책을 요구하지 않고 다양한 동작 과제나 질문을 유아에게 제시하며 유아가 제안한 해결 방법을 인정하고 받아들이는 방법이다.
㉡ 안내·발견적 방법: 교사가 사전에 결정된 학습 목표에 맞추어 적절한 질문을 던짐으로써 유아가 표현하고 실험할 수 있도록 기회를 주고 이를 통해 점차 사전에 결정된 학습 목표에 접근하도록 하는 방법이다.

| 오답해설 |

학습자 설계는 학습자의 특성, 관심, 목표 등을 고려하여 수업을 계획하고 진행하는 방법으로 학습자의 참여와 책임감을 높이고, 자기 주도적인 학습을 촉진하며, 다양한 학습 경험과 성취감을 제공한다.

16 ①

| 정답해설 |

갤러휴(D. Gallahue)의 움직임 기술 2차원 분류법에서 잡기는 조작 기술에 해당한다.

| 오답해설 |

갤러휴(D. Gallahue)의 움직임 기술 2차원 분류법

단계	안정성	이동	조작
반사 움직임	• 직립 반사 • 목 자세 반사 • 몸통 자세 반사	• 기기 반사 • 걷기 반사 • 수영 반사	• 손바닥 파악 반사 • 발바닥 파악 반사 • 당김 반사
초보 움직임	• 머리와 목 제어 • 몸통 제어 • 지지 없이 앉기 • 서기	• 포복하기 • 기기 • 직립하여 걷기	• 내밀기 • 잡기 • 놓기
기본 움직임	• 한 발로 균형 잡기 • 낮은 빔 위 걷기 • 축성 움직임	• 걷기 • 달리기 • 점프하기 • 깡충뛰기	• 던지기 • 잡기 • 차기 • 치기
전문화 움직임	• 체조의 평균대 연습하기 • 축구에서 골킥 막기	• 100m 달리기 혹은 육상의 허들 • 사람 많은 거리에서 걷기	• 축구에서 골킥 하기 • 던진 공 치기

17 ①

| 정답해설 |

기능 중심 게임 수업은 학생들에게 '어떻게(how)' 움직일지를 강조하며, 기술을 반복 연습하여 자동화하는 데 중점을 둔 수업 방법이다. 이 방식은 행동주의 이론에 기반하며, 게임을 위한 개별 기능의 분리 연습 → 게임 적용의 순서로 진행된다. 이 접근은 행동주의 이론에 기반하며, 기능 자동화를 통해 게임 수행력을 높일 수 있다는 전제를 갖고 있다. 반면, '왜(why)'를 묻는 문제해결 중심의 수업은 이해 중심 게임 수업(Teaching Games for Understanding)에서 강조하는 접근이다.

| 심화해설 |

이해 중심 게임 수업(teaching games for understanding)
전체 게임 상황에서 출발하여 부분 기능으로 접근하는 하향식(top-down) 전략이다. 학습자에게 게임 수행 초기부터 전술적 문제 상황을 제시하여 '무엇을 해야 하는가(what to do)'와 '왜 그런 선택을 하는가(why)'를 고민하게 하며, 이를 통해 전술적 이해와 게임 감각을 길러준다. 이 방식은 인지학습 이론과 구성주의 이론에 기반하며, 학습자들이 기존 지식을 바탕으로 문제 상황을 분석하고, 새로운 전략을 탐색하며 능동적으로 학습할 수 있도록 한다.

18 ②

| 정답해설 |

발바닥 전체로 바닥과 접촉하는 특징은 유아기 걷기 동작 중 시작 단계의 전형적인 특성이다. 이 단계는 걷기 초기, 즉 보행을 막 시작한 시기로, 균형 유지가 불안정하고 동작 조절 능력이 미숙하다.

유아기 걷기 동작의 시작 단계 특징
- 직립 자세 유지의 어려움
- 균형을 쉽게 잃음
- 다리 동작이 뻣뻣하고 불안정함
- 보폭이 짧음
- 발바닥 전체로 바닥과 접촉
- 지지면이 넓음
- 바닥 접촉 시 무릎을 굽히고 곧이어 다리를 폄
- 패턴이 불규칙함

| 오답해설 |

①③ 성숙 단계에 해당한다.
④ 초보 단계에 해당한다.

19 ②

| 정답해설 |

피아제의 인지 발달 단계는 '감각운동기 → 전조작기 → 구체적 조작기 → 형식적 조작기'로 발달한다. 전조작기에는 아동이 내면에 형성된 표상을 언어나 그림으로 표현할 수 있으며, 모방과 기억 같은 능력이 발달한다. 또한, 초기에는 반사적 행동 중심이지만, 점차 이러한 반응이 계획된 목적 행동으로 전환된다. 이후 구체적 조작기 단계에 들어서면, 아동은 활동적인 놀이와 지적 실험을 통해 사고 능력을 확장하게 되며, 이 시기에 가역성 개념이 형성되기 시작한다.

20 ②

| 정답해설 |

인간은 사회적 상황 속에서 모방을 통해 많은 것을 학습하게 되며, 이를 관찰학습과 모방학습으로 구분하여 설명한 이론이다. 관찰학습은 모델의 행동을 관찰하여 이를 모방함으로써 직접적인 강화 없이도 새로운 행동을 학습하게 된다는 의미이며, 모방학습은 단순히 타인의 행동을 모방하는 것이 아니라 유아 주변의 인물, 특히 부모의 언어 형태, 성 역할, 친사회적 및 반사회적 행동을 모방하게 되는 것을 말한다.

| 오답해설 |

① 비고츠키(L. Vygotsky)의 상호작용이론: 성인이나 또래와의 상호 작용과 협동 학습의 중요성을 강조한 이론
③ 매슬로(A. Maslow)의 욕구위계이론: 인간의 다양한 욕구 위계를 생리적 욕구, 안전 욕구, 애정·소속 욕구, 존중 욕구, 자아실현 욕구로 구분하여 인간이 어떠한 행동을 하는 이유인 동기 부여를 설명하는 이론
④ 프로이트(S. Freud)의 정신분석이론: 인간의 마음은 원초아(id), 자아(ego), 초자아(superego)의 3가지 구조로 되어 있으며, 인간의 행동은 이 3가지 체계 간의 상호 작용에 의해 지배된다고 주장한 이론

노인체육론(03) 기출문제 해설

01	02	03	04	05	06	07	08	09	10
④	①	④	②	③	③	①	③	④	①
11	12	13	14	15	16	17	18	19	20
②	③	④	④	②	②	①	③	③	①

01 ④
| 정답해설 |
활동이론은 일생에 걸쳐 일상생활의 정신적, 신체적, 사회적 활동을 지속하는 사람은 생활만족도가 높아진다는 이론이다.

02 ①
| 정답해설 |
노화에 따른 골격근량과 근기능의 점진적인 감소가 특징이다. 근육 약화로 인해 기능적 운동 능력 저하와 낙상 위험 증가 등 다양한 문제가 발생할 수 있으나, 직접적으로 호흡근 마비를 유발하지는 않는다.

03 ④
| 오답해설 |
㉠ 노화는 치료가 불가능하지만 속도를 늦추거나 증상을 완화시킬 수 있다.

04 ②
| 정답해설 |
등산, 스케이팅, 테니스는 체중 부하 운동이며 자전거 타기, 암 에르고미터, 수영은 비체중 부하 운동이다.
| 심화해설 |
암 에르고미터(arm ergometer)
- 상체의 페달을 돌리는 움직임을 통해서 운동·측정하는 장비이다.
- 하지의 움직임이 제한되거나 뇌졸중, 척수손상 등 신경계 질환자를 위해서 사용된다.

05 ③
| 정답해설 |
운동 의욕이 높다고 매일 강도를 높게 설정하는 것이 아니라 적절히 조절해야 한다.

06 ③
| 정답해설 |
운동은 당뇨 노인의 혈당을 감소시킬 뿐만 아니라, 근육의 인슐린 민감성을 증가시킨다. 즉, 운동을 통해 같은 양의 인슐린으로도 더 많은 포도당을 세포 내로 흡수할 수 있게 되며, 이는 혈당 조절 능력 향상으로 이어진다.

07 ①
| 정답해설 |
우측의 마비는 좌뇌의 손상이 발생한 것이며, 이는 언어적 기능의 손상이 발생하였기 때문에 행동적 시범을 보이는 것을 고려해야 한다.
| 심화해설 |
우뇌의 손상
우뇌의 손상은 좌측의 손상을 발생시키며, 시공간 지각장애와 관련 있다.

08 ③
| 오답해설 |
㉠㉡ 관절염이 있는 노인을 위한 운동은, 운동 중이나 직후에 통증을 유발하는 동작은 피하고, 체중 부하가 적은 운동을 선택하는 것이 바람직하다.

09 ④
| 정답해설 |
사용 마모 이론에 대한 설명이다. 사용 마모 이론은 기계를 오랫동안 많이 사용하면 기능이 약화되고 정지되는 것처럼 신체 기관도 점진적으로 퇴화한다고 본다.
| 심화해설 |
생물학적 노화 이론
- 면역 반응 이론: 항원에 노출되었을 때 동물체가 특별하게 대응하는 일련의 방어 반응을 보인다는 이론이다.
- 교차 결합 이론: 나이가 들면서 결합 조직의 커다란 분자들이

교차 결합하여 폐, 신장, 혈관, 소화계, 근육, 인대, 건의 탄력성을 감소시킨다는 이론이다.
- 세포 노화 이론: 세포 손상과 기능저하 누적이 노화의 원인이라고 설명하는 이론이다.

10 ①

| 정답해설 |
㉠ 텔로미어가 일정 길이 이하로 짧아지면 세포는 더 이상 분열하지 못하고 노화 또는 세포사멸이 일어나며, 이는 노화의 생물학적 원인 중 하나이다.
㉡ 퇴행성 관절염은 노화로 인한 연골의 마모로 발생하며, 노인층에서 흔하게 발생하는 대표적인 관절 질환이다.

| 심화해설 |
류마티스 관절염
- 면역체계 관절을 공격하는 자가면역 질환이다.
- 좌우 대칭적으로 발생하며 손가락, 손목, 발가락 등에서 주로 발생한다.
- 주요증상으로는 조조강직이 발생하며 발열, 통증, 부종 등이 있다.

11 ②

| 정답해설 |
㉠ 준비운동은 사용되는 근육의 혈액순환을 증가시켜 본 운동 시 부상을 방지한다.
㉡ 정리운동은 카테콜아민 수치를 감소시켜 심혈관계·대사계·신경계를 부드럽게 회복시켜준다.

| 심화해설 |
카테콜아민
- 신경전달물질이자 호르몬이며 운동 시 몸을 빠르게 활성화시키는 역할을 한다.
- 대표적 3가지로는 도파민, 노르에피네프린, 에피네프린이 있다.

12 ③

| 오답해설 |
㉣ 심장질환자가 아닌 당뇨병 환자를 위한 운동 시 예방 지침이다.

13 ④

| 정답해설 |
발테스(P. Baltes)의 전 생애 발달 이론은 인간 발달을 출생부터 죽음까지 전 생애에 걸쳐 지속되는 과정으로 보고, 노화도 발달의 한 부분으로 포함시킨다. 발테스는 발달이 손실(loss)과 이득(gain)이 동시에 존재하며, 나이가 들수록 신체적 손실은 증가하지만, 환경에 적응하는 능력은 지속적으로 발달할 수 있다고 보았다. 따라서, 〈보기〉에서 설명하는 '신체적 기능의 손실'과 '환경 적응력의 지속적인 발달'을 함께 보는 관점은 전 생애적 발달 관점에 해당한다.

14 ④

| 오답해설 |
㉡ 너무 과도한 조명은 효과적인 운동의 안정성을 저해한다.

15 ②

| 정답해설 |
평형성은 정적 또는 동적 상태에서 몸의 균형을 유지하는 능력이다. 앉아서 허리 앞으로 구부리기는 관절의 가동 범위를 늘리는 능력인 유연성 향상 운동에 해당한다.

16 ②

| 정답해설 |
저항성 운동은 혈중의 지질을 감소시키는 효과가 있다.

17 ①

| 정답해설 |
새로운 운동 기술을 습득하는 것은 운동 참여로 얻을 수 있는 신체적 효과이다.

18 ③

| 정답해설 |
과학적으로 운동이 치매 예방이나 진행 속도 완화에는 도움이 될 수 있지만, 치매를 완전히 치료할 수는 없다. 따라서 치매를 고친다는 것은 현실적인 목표가 아니다.

19 ③

| 정답해설 |

유연성 운동 시 정적 스트레칭은 근육의 긴장감과 약간의 불편감이 느껴질 정도까지 실시한다.

20 ①

| 정답해설 |

친근함을 위해 반말을 사용해서는 안 되고, 단어 선택에 있어서도 신중함을 기해야 한다.

실전 모의고사

2급 장애인/유소년/노인 스포츠지도사

2026년 2급 장애인/유소년/노인 스포츠지도사 모의고사 1회

모의고사로 승부가 갈린다.

2026년 모의고사 1회

정답 및 해설 253p

2급 장애인/유소년/노인 스포츠지도사 필기시험

	과목코드
필수	특수체육론 (01)
	유아체육론 (02)
	노인체육론 (03)

http://eduwill.kr/lQzp

STEP 1 QR코드 스캔 ▶ STEP 2 회원가입 & 로그인 ▶ STEP 3 모바일 OMR 정답 입력 ▶ STEP 4 채점 및 결과 확인

KSPO 국민체육진흥공단

특수체육론 (01)

01

특수체육에 관한 설명으로 옳지 않은 것은?

① 독특한 요구를 충족시키기 위해 계획된 개별화 프로그램이다.
② 학령기 학생을 위한 교육의 일환이다.
③ 장애의 정도에 관련 없이 모든 학생이 체육 교육을 받을 권리가 있음을 강조한다.
④ 지도의 흐름, 통합 형태와 관련한 사전 합의 후 수업을 실시한다.

02

〈보기〉에 해당하는 장애 유형의 체육 활동 지도 방법으로 옳지 않은 것은?

> **보기**
> - 자기-방임 행동 문제가 있다.
> - 불순종적 행동으로 지도자와의 마찰이 있을 수 있다.
> - 자기-자극 행동 등이 스포츠 활동을 방해한다.

① 보다 경쟁적인 활동에 우선적 참여하도록 유도한다.
② 안정적이고 구조화된 환경 내에서의 교사 통제력을 발휘한다.
③ 유산소 운동과 무산소 운동의 균형적 조화를 이루는 활동을 한다.
④ 스포츠 활동 시 스트레스를 최소화한다.

03

특수체육 수업 방식에 관한 설명으로 옳지 않은 것은?

① 스테이션 교수(station teaching): 편의성을 위해 하나의 스테이션으로 모아 학습한다.
② 협동학습(cooperative learning): 학생들끼리 팀이나 소집단으로 함께 학습한다.
③ 또래 교수(peer tutoring): 지도 시 학생을 보조 교사로 활용한다.
④ 역주류화 수업(reverse mainstreaming): 일반 학생이 장애가 있는 학생들과 함께 수업에 참여한다.

04

정서·행동 장애 학생의 특성을 고려한 체육 활동 지도 전략으로 적절하지 않은 것은?

① 유산소 운동과 무산소 운동의 균형적 조화를 이루어 활동한다.
② 비경쟁적인 자기 향상 활동에 우선적 참여를 유도한다.
③ 주의를 분산시킬 수 있는 다양성이 강조된 프로그램을 기획한다.
④ 스포츠를 통한 성공 경험을 할 수 있는 환경을 조성한다.

05

〈보기〉에서 설명하는 시각 장애인 스포츠 종목은?

> **보기**
> - 1946년에 호주인 한스 로렌젠과 독일인 셉 라인이 고안한 시각장애 체육인을 위한 팀 스포츠이다.
> - 참가자는 3인이 팀을 이루어 전후반 12분으로 이루어진다.
> - 소리가 나는 공을 상대편의 골을 향하여 굴려 골을 득점하는 방식이다.

① 텐핀 볼링 ② 보체
③ 쇼다운 ④ 골볼

06

지체 장애인의 운동을 지도할 때 주의 사항으로 옳지 <u>않은</u> 것은?

① 절단된 부위나 상해 부위에 보호용 커버를 사용해야 한다.
② 기립성 저혈압이 나타날 경우 몸을 신속히 바로 세워 균형을 유지하게 해야 한다.
③ 흉추 6번 이상 손상의 경우 120~130박/분 이상의 심박수 증가를 피해야 한다.
④ 고열증이나 저체온증의 위험이 생길 수 있어 체온조절에 용이한 의복을 갖춘다.

07

휠체어 스포츠의 경기 방법에 관한 설명으로 옳지 <u>않은</u> 것은?

① 휠체어 농구: 한 팀의 선수등급 총점은 14점을 넘을 수 없다.
② 휠체어 럭비: 선수는 5명으로 제한되며, 남성팀, 여성팀, 혼성팀이 나누어 경기한다.
③ 휠체어 컬링: 각 팀은 혼성으로 구성되고 4명의 플레이어로 구성된다.
④ 휠체어 테니스: 경기는 1게임 3세트로 실시되고 남녀 오픈과 쿼드(혼성) 종목이 있다.

08

〈보기〉에서 설명하는 체력운동의 원리는?

> **보기**
> 수영을 좋아하는 지적장애 학생의 실력향상을 위해 균형 운동, 유연성 운동, 순발력 운동, 근력 운동을 적절한 비율로 제공하였다.

① 반복성의 원리　　② 점증부하의 원리
③ 전면성의 원리　　④ 가역성의 원리

09

특수체육 평가 도구에 관한 설명으로 옳은 것은?

① BOTMP: 약 5~15세를 대상으로 운동 기술 숙련도 검사
② Denver II: 5세 이상을 대상으로 기본 움직임 기술과 자세를 검사
③ GMPM: 4~12세를 대상으로 건강 관련 체력을 검사
④ TGMD-3: 3~10세 특수 교육 대상자로 대근 운동의 기본 운동 기술 수행 능력 검사

10

〈보기〉에서 지도 과정에 적용한 행동 관리 기법은?

> **보기**
> 장애 학생이 부적절한 언어를 친구들에게 사용하였다.
> ⇨ 부적절한 언어를 사용한 학생에게 언어에 대응하는 적절한 언어를 100번 쓰게 한다.

① 체계적 둔감법　　② 과잉 교정
③ 박탈　　　　　　④ 프리맥 원리

11

〈보기〉에 해당하는 항목을 검사하는 도구로 옳은 것은?

> **보기**
> 이동 운동 6개, 공 조작 운동 7개 영역 검사로 총 13개의 기본 운동 능력을 평가

① PDMS-2 ② TGMD-3
③ BPFT   ④ PAPS-D

12

〈보기〉의 장애 유형에 관한 형태적 분류로 옳은 것은?

> **보기**
> 출생 시 또는 출생 이후 2년 이내에 뇌 손상 또는 결함으로 움직임에 만성적 장애를 갖는 상태를 말하며, 양측 마비이나 한쪽이 좀 더 심각한 상태

① 심증   ② 운동 실조성
③ 편마비 ④ 이중 편마비

13

다음은 특수체육 프로그램 서비스 전달 체계이다. ㉠~㉢에 들어갈 용어를 바르게 나열한 것은?

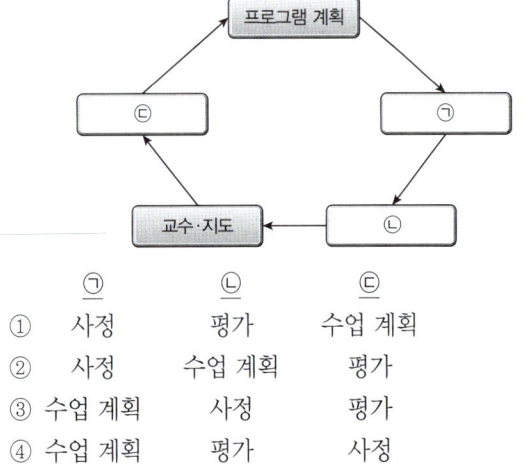

	㉠	㉡	㉢
①	사정	평가	수업 계획
②	사정	수업 계획	평가
③	수업 계획	사정	평가
④	수업 계획	평가	사정

14

〈보기〉에서 설명하는 이동 운동 기술은?

> **보기**
> • 한쪽 발을 땅에서 떼고 무릎을 굽힌 채 정면을 바라본다.
> • 지지하는 다리의 무릎을 굽히고 양팔을 몸 뒤로 한다.
> • 동시에 몸을 굽히며 양팔을 앞으로 흔들고 지지하는 다리를 뻗는 동작이다.

① 걷기   ② 호핑
③ 리핑   ④ 스키핑

15

청각 장애인에게 체육 활동을 지도할 때 고려할 사항으로 옳지 <u>않은</u> 것은?

① 지도 시 수화 및 구화 사용을 유도한다.
② 주의를 위해 어깨를 두드리는 등의 행위는 삼간다.
③ 아동과 가까운 거리를 유지하고 필기구를 사용한다.
④ 활동 전 시설 및 기구를 충분히 숙지할 수 있게 제공한다.

16

지적 장애인을 위한 체육 활동의 변형 방법으로 옳지 <u>않은</u> 것은?

① 배구: 배구 공의 크기를 작게 한다.
② 축구: 경기장 규모를 축소한다.
③ 소프트볼: 공의 크기를 큰 것으로 한다.
④ 농구: 공의 색을 눈에 더욱 잘 보이는 색으로 한다.

17

<보기>의 설명이 장애 학생 체육 활동 지도를 위한 개별화 교육 프로그램(IEP)의 목표 진술 3요소 중 해당하는 것은?

> **보기**
> 행동의 지속성과 정확성을 규정하는 것으로 동작 수행의 질을 결정한다.

① 행동(action) ② 기준(criterion)
③ 언어(language) ④ 조건(condition)

18

그림의 로고를 사용하는 국제장애인경기대회에 관한 설명으로 옳지 <u>않은</u> 것은?

① 주관 기구는 스페셜올림픽위원회(Special Olympics International, SOI)이다.
② 4년마다 동·하계 대회로 개최한다.
③ 창시자는 슈라이버(Eunice Kennedy Shriver)이다.
④ 세계 청각 장애인들의 친목 도모를 목적으로 한다.

19

장애인을 위한 체육 활동 변형 방법에 관한 설명으로 적절하지 <u>않은</u> 것은?

① 최소한의 규칙을 사용해야 한다.
② 참여 극대화를 유도해야 한다.
③ 활동 변형에도 어려워하면 수정 및 보완 후 다시 시도해야 한다.
④ 통합 체육은 활동 변형을 하지 않는다.

20

시각 장애인의 체육 활동 지도 시 고려사항으로 적절하지 <u>않은</u> 것은?

① 선천적 시각 장애인지 후천적 장애인지를 파악하여야 한다.
② 의사소통 시 동료나 보조원을 통해서 전달하는 것이 좋다.
③ 장비들의 위치가 바뀌지 않도록 해야 한다.
④ 정적 요소의 스포츠와 동적 요소의 스포츠의 형태를 고려해야 한다.

유아체육론 (02)

01

기본 운동 기술 범주에서 안정성 기술에 속하는 움직임 양식(movement pattern)이 아닌 것은?

① 스키핑(skipping)
② 구르기(rolling)
③ 거꾸로 균형(inverted balance)
④ 피하기(dodging)

02

다음 '움직임 분류' 일차원 모델에서 ㉠~㉢에 들어갈 용어가 바르게 나열된 것은?

움직임의 (㉠)	움직임의 시간적 연속성	움직임의 (㉢)	움직임의 기능
대근 운동 기술	(㉡) 운동 기술	개방형 운동 기술	안정 과제
소근 운동 기술	연속 운동 기술	폐쇄형 운동 기술	(㉣) 과제
	지속 운동 기술		조작 과제

	㉠	㉡	㉢	㉣
①	근육	환경	맥락	기능
②	근육	불연속성	환경	이동
③	의도	환경	시간적 연속성	이동
④	기능	불연속성	시간적 연속성	기능

03

<보기>에서 건강 및 수행 관련 체력 요소에 관한 설명을 바르게 연결한 것은?

> **보기**
> ㉠ 신체의 자세를 유지하는 능력
> ㉡ 관절의 가동 범위
> ㉢ 자극에 반응하여 속도·방향을 신속하게 전환하는 능력
> ㉣ 각각의 운동 체계와 다양한 감각 양식을 효율적인 운동 패턴으로 통합하는 능력

	㉠	㉡	㉢	㉣
①	협응성	유연성	순발력	평형성
②	평형성	유연성	민첩성	협응성
③	평형성	근력	순발력	협응성
④	협응성	근력	민첩성	평형성

04

<보기>의 모로 반사에 대한 설명으로 옳은 것을 모두 고른 것은?

> **보기**
> ㉠ 출생 후 몸을 보호하는 데 필요한 반사 유형이다.
> ㉡ 신경적인 변이나 손상 예측에 사용되는 대표적인 반사이다.
> ㉢ 반사의 시기는 출생부터 첫 6개월 안에 나타난다.
> ㉣ 이 반사 유형이 비대칭적으로 나타날 경우 신경적인 변이나 손상을 추측할 수 있다.

① ㉠, ㉡
② ㉠, ㉡, ㉢
③ ㉡, ㉢, ㉣
④ ㉠, ㉡, ㉢, ㉣

05

다음에서 설명하는 운동 발달 프로그램의 구성 원리를 바르게 고른 것은?

㉠	• 유소년의 연령, 성별, 신체 특성의 변화와 순서를 고려해야 함 • 유소년의 발달 단계를 고려하여 운동 프로그램을 계획하는 것이 중요함
㉡	유아 운동 발달 프로그램을 구성할 때 공통적이고 일반화된 특성과 개인의 유전과 환경 요인을 고려한 개인차를 반영하는 것이 중요함

      ㉠   ㉡
① 연계성의 원리   특이성의 원리
② 연계성의 원리   다양성의 원리
③ 특이성의 원리   연계성의 원리
④ 특이성의 원리   다양성의 원리

06

〈보기〉에서 설명하는 에릭슨(E. Erikson)의 심리 사회 발달 단계는?

> **보기**
> • 자아 정체감으로 사회 속에서 나의 존재와 위치에 대한 느낌을 확립하게 되는 시기
> • 발달이 순조롭게 이루어졌다면 자아 정체감을 확립하지만, 그렇지 못하면 혼미감을 느끼고 정체감의 위기에 빠지는 시기

① 2단계(자율성 또는 수치심 발달)
② 3단계(주도성 또는 죄의식 발달)
③ 4단계(근면성 또는 열등감 발달)
④ 5단계(정체감 또는 역할혼돈 발달)

07

〈보기〉에서 하비거스트(R. Havighurst)의 발달 과제 단계는?

> **보기**
> • 놀이에 필요한 신체 기술 학습, 자신에 대한 건전한 태도 형성하기
> • 친구 사귀는 방법 배우기, 성 역할
> • 인격적 독립의 성취, 사회집단 제도에 대한 민주적 태도 발달

① 유아기(0~6세)   ② 아동기(7~12세)
③ 청소년기(13~18세) ④ 청년기(19~30세)

08

치기 동작의 시작 단계 특징으로 옳지 <u>않은</u> 것은?

① 양발은 고정한다.
② 몸통 회전이 없다.
③ 몸통은 날아오는 공 방향을 향한다.
④ 팔꿈치를 완전히 편다.

09

초보 움직임 시기의 '반사 억제 단계(reflexive inhibition stage)'에 관한 설명으로 옳지 <u>않은</u> 것은?

① 운동 피질의 발달과 특정 환경적 억제 요인의 감소 현상이 일어난다.
② 반사 억제 수준에서 수의적 움직임의 분화와 통합은 낮은 수준을 보인다.
③ 이 단계에 발생하는 수의적인 움직임들은 대부분 제어가 가능하며 정교함이 높아진다.
④ 대부분 출생 후 1세 이후에 발생된다.

10

유소년기 발달에 관한 검사 도구와 목적의 연결이 옳지 않은 것은?

① TGMD-3(Test of Gross Motor Development-3): 유아기 대근운동발달 정도에 대한 초기 진단 및 평가 검사
② BOTMP-2(Bruininks-Oseretsky Test of Motor Proficiency-2): 다양한 발달 문제의 진단 및 선별, 대근·소근운동 발달 검사
③ PDMS-2(Peabody Developmental Motor Scale-2): 유아기 반사 움직임의 훈련 또는 개선 검사
④ K-DST(Korean Denver Development Screening): 발달에 문제가 있는 영유아를 선별하기 위한 부모 보고식 검사

11

〈보기〉에서 설명하는 모스턴과 애쉬워드(M. Mosston & S. Ashworth)의 교수-학습 전략(strategies)은?

> **보기**
> - 소그룹 수업 진행으로 공간과 장비의 제약을 보완해 줄 수 있다.
> - 학습자들이 서로 다른 과제들을 동시에 익히도록 하는 데 효과적이다.
> - 학습자들이 이미 배운 적이 있는 기술을 실행하거나 자신을 평가할 때 효과적이다.
> - 능동적인 학습 형태로 학습자들의 협동, 독립성 증진에 도움이 된다.

① 동료 교수(peer teaching)
② 스테이션 교수(station teaching)
③ 협동 학습(cooperative learning)
④ 전술 게임(tactical games)

12

계획적인 유아 체육 프로그램을 구성할 때 고려해야 할 사항으로 옳지 않은 것은?

① 유아의 참여를 증진시키기 위해 어려운 게임도 되도록 포함시킨다.
② 프로그램 사전 계획 시 대상자 연령, 인원, 장소, 도구 등을 미리 파악한다.
③ 다양한 교보재와 활동 지시문을 활용해 유아가 스스로 순환하면서 활동하도록 유도한다.
④ 설치하는 기구는 유아 개개인의 다양한 발달 수준을 고려하여 활용한다.

13

다음은 얼릭(D. Ulrich)이 제시한 대근 운동 발달의 시기와 단계이다. ㉠, ㉡에 들어갈 내용을 바르게 나열한 것은?

4단계	초등 고학년에서 청소년 시기	여가, 스포츠 및 댄스 기술
3단계	초등 3~4학년 시기	리드-업(lead-up) 게임과 기술
2단계	학령 전 및 초등 저학년기	㉠
1단계	신생아기	㉡

	㉠	㉡
①	기본 대근운동 기술과 양식	반사와 반응
②	자세조절 기술	운동감각 지각
③	운동감각 지각	반사와 반응
④	기본 대근운동 기술과 양식	자세조절 기술

14

〈보기〉는 「국민체육진흥법」(2024.10.31. 시행) 제2조의9 '유소년 스포츠지도사' 정의에 관한 내용이다. ㉠, ㉡에 들어갈 용어로 옳은 것은?

> **보기**
>
> '유소년 스포츠지도사'란 유소년의 (㉠), (㉡) 등에 대한 지식을 갖추고 제9조의6에 따른 자격 종목에 대하여 유소년을 대상으로 체육을 지도하는 사람을 말한다.

	㉠	㉡
①	행동 양식	신체 발달
②	신체 발달	감각 발달
③	지각 발달	인지 발달
④	행동 양식	지각 발달

15

다음의 ㉠, ㉡에 해당하는 교수-학습 방법을 바르게 나열한 것은?

㉠	• 학습자의 구체적인 동작 경험을 위해 지도자나 또래의 활동을 관찰할 수 있는 기회를 제공함 • 학습자가 여러 가지 방법을 사용할 수 있는 충분한 시간을 제공해야 함 • 지도자는 계속해서 더 구체적인 질문을 하여 원하는 반응이 나오도록 유도함
㉡	• 지도자가 다양한 동작 과제나 질문을 학습자에게 제시함 • 지도자는 학습자가 제안한 해결 방법이 무엇이든 인정하고 받아들임 • 학습의 결과가 아니라 학습 과정 그 자체에 우선적인 초점을 둠

	㉠	㉡
①	탐색적(exploratory) 방법	학습자 설계(child-designed)
②	안내-발견적(guide-discovery) 방법	탐색적(exploratory) 방법
③	탐색적(exploratory) 방법	안내-발견적(guide-discovery) 방법
④	학습자 설계(child-designed)	안내-발견적(guide-discovery) 방법

16

갤러휴(D. Gallahue)의 움직임 기술 2차원 분류법에서 이동 기술의 움직임 양식에 속하지 않는 것은?

① 한 발로 균형 잡기
② 걷기
③ 달리기
④ 점프하기

17

유소년 스포츠에서 활용될 수 있는 게임 수업 방법과 설명으로 옳은 것을 모두 고른 것은?

> ㉠ 기능 중심 게임 수업(technical model): 교사가 제시한 '왜(why)' 중심의 문제해결 수업을 진행한다.
> ㉡ 기능 중심 게임 수업(technical model): 행동주의에 근거하며, 기술을 자동화하기 위한 기능 숙달이 중심이다.
> ㉢ 이해 중심 게임 수업(teaching games for understanding): '무엇을 할 것인가(what to do)'를 고민하며 인지적 학습이 선행된다.
> ㉣ 이해 중심 게임 수업(teaching games for understanding): 구성주의 인식론에 근거하며, 게임에 대한 '이해'를 중심으로 문제해결 능력을 기른다.

① ㉠, ㉡
② ㉠, ㉡, ㉢
③ ㉠, ㉢, ㉣
④ ㉡, ㉢, ㉣

18

유아기 걷기 동작의 기술 단계 분류에서 시작 단계의 특징은?

① 보폭이 커지고 안정된다.
② 발가락으로 바닥과 접촉한다.
③ 팔 흔들기가 반사적으로 이루어진다.
④ 직립 자세 유지가 어렵다.

19

피아제(J. Piaget)가 제시한 인지발달 단계와 특징의 연결이 옳지 <u>않은</u> 것은?

	단계	특징
①	감각운동기	학습자는 감각경험과 움직임의 상호작용을 통하여 학습하게 된다.
②	전 조작기	내적으로 가지고 있는 표상을 언어나 그림으로 표현한다.
③	구체적 조작기	실제와 다른 가설적인 상황에 대해서도 사고가 가능하다.
④	형식적 조작기	인지적 과정을 통하여 추상적, 논리적, 체계적 사고를 할 수 있다.

20

〈보기〉에서 설명하는 발달 이론은?

> **보기**
> - 직접 행동이 아니어도 사회적 상황에서 타인의 행동을 관찰하며 학습이 가능
> - 유아 주변의 인물, 특히 부모의 언어 형태, 성 역할, 사회적 행동을 모방

① 비고츠키(L. Vygotsky)의 상호 작용 이론
② 매슬로(A. Maslow)의 욕구 위계 이론
③ 반두라(A. Bandura)의 사회 학습 이론
④ 프로이트(S. Freud)의 정신 분석 이론

노인체육론 (03)

01

활동 이론을 바르게 설명한 것은?

① 노인의 사회 활동 참여가 높을수록 생활만족도가 높다.
② 노화와 관련한 대표적 생물학적 이론이다.
③ 정신적 활동을 지속하면 건강하고 행복하게 늙는다.
④ 운동을 지속적으로 참여하는 것은 행복과 건강의 중요한 요소다.

02

근감소증(sarcopenia)에 관한 설명 중 옳지 않은 것은?

① 유산소 능력, 골밀도, 인슐린 민감성 및 신진대사율 감소를 유발할 수 있다.
② 넘어짐을 예방하기 위한 유산소 위주의 운동이 요구된다.
③ 근위축(muscle atrophy)으로도 알려져 있다.
④ 노화와 관련되어 근육량과 근력이 감소한다.

03

생물학적 노화의 특성 중 옳지 않은 것은?

① 노화의 속도는 개인과 신체의 계통에 따른 차이가 없다.
② 노화에 따라 체내의 화학적 조성이 변화한다.
③ 모든 생명체와 세포는 노화한다.
④ 노화에 따라 신체 기능의 능력이 감소한다.

04

다음 중 비체중 부하 운동으로 옳은 것은?

① 등산
② 수영
③ 테니스
④ 스케이팅

05

노인의 운동 빈도에 관한 설명으로 옳지 않은 것은?

① 운동 시간과 강도를 같이 증가시켜 실시해야 한다.
② 신체적으로 무리가 없는 경우 주 5일 이상도 권장된다.
③ 운동 빈도는 규칙적이어야 한다.
④ 일반적으로 근력 운동은 주 3회 정도 실시하고 48시간의 휴식이 바람직하다.

06

만성질환 노인의 운동 효과로 옳지 <u>않은</u> 것은?

① 심장 및 혈관의 기능이 향상되어 유산소 능력이 개선된다.
② 골다공증 노인의 골밀도 감소가 개선되고 낙상과 골절이 예방된다.
③ 당뇨 노인의 혈당량이 감소하고 근육의 인슐린 민감성이 증가된다.
④ 고밀도 지질 단백질이 감소하고 저밀도 지질 단백질이 증가한다.

07

뇌졸중 노인을 위한 운동 지도 시 고려사항으로 옳지 <u>않은</u> 것은?

① 우측마비 노인의 경우 언어지시보다 행동적 시범을 보인다.
② 지구력 운동, 저항력 훈련, 유연성 운동, 평형성 운동 등 모든 종류의 활동이 동원되어야 한다.
③ 낙상 위험이 있으므로 균형감각과 기동성 향상을 위한 운동을 실시해야 한다.
④ 스트레칭 및 가동성 확보 운동은 마비가 없는 쪽으로만 실시해야 한다.

08

관절염 노인을 위한 운동 관련 설명으로 옳지 <u>않은</u> 것은?

① 운동 전후에 냉찜질 또는 온찜질을 한다.
② 체중 부하 운동을 실시해야 한다.
③ 운동 시 느끼는 통증은 유심히 관찰하고 고려한다.
④ 특정 관절의 과사용을 피하기 위해 크로스 트레이닝을 실시한다.

09

사용 마모 이론에 대한 설명으로 옳은 것은?

① 신체 기관도 기계를 오래 사용하면 기능이 약화되고 정지되는 것처럼 점진적으로 퇴화한다.
② 노화의 원인은 세포 손상과 기능저하 누적이다.
③ 조직의 분자들이 교차 결합하여 세포 내부의 영양소와 화학적 전달 물질의 수송을 방해한다.
④ 항원에 노출되었을 때 동물체가 특별하게 대응하는 일련의 방어 반응을 보인다.

10

〈보기〉의 ㉠, ㉡에 들어갈 용어로 옳은 것은?

> **보기**
> • 텔로미어 길이가 (㉠)하면서 노화가 일어난다.
> • 퇴행성 관절염은 노화로 인한 대표적 (㉡) 이다.

	㉠	㉡
①	증가	관절 질환
②	감소	관절 질환
③	증가	신경계 질환
④	감소	신경계 질환

11

노인 운동 시 준비 운동과 정리 운동의 이점에 대한 설명으로 옳지 않은 것은?

① 준비 운동은 움직이는 동작 범위를 향상시킨다.
② 준비 운동은 사용되는 근육으로의 혈액순환을 증가시킨다.
③ 정리 운동은 체내 온도 및 젖산 농도를 감소시킨다.
④ 정리 운동은 혈액의 카테콜아민 수치를 증가시킨다.

12

노인 운동 지도 시 부상 및 응급 상황 안전관리 지침으로 옳지 않은 것은?

① 더위와 관련된 질병으로부터 보호하기 위해 실내 온도를 확인해야 한다.
② 운동 시작 전에 자가 판단에 따라 참여 여부를 결정하도록 한다.
③ 당뇨병 환자를 위해 휴대용 혈당 측정기를 소지해야 한다.
④ 운동 중 가슴 통증, 불규칙한 심박수, 호흡곤란, 현기증 등이 나타나면 곧바로 운동을 중단하고 병원으로 이동한다.

13

〈보기〉에서 설명하는 노화를 보는 관점은?

> **보기**
>
> 성공적 노화는 노년기의 신체적·정신적·사회적 손실에 대한 노인의 적응력과 관련, 노인의 기능적 독립성 유지를 위한 선택, 적정화, 보상이라는 3가지 전략에 초점을 둔다는 이론

① 로우(Rowe)와 칸(Kahn)의 성공적 노화 이론
② 하비거스트(R. Havighurst)의 발달 과업 이론
③ 발테스(Baltes)의 보상이 수반된 선택적 적정화 이론
④ 펙(R. Peck)의 발달 과업 이론

14

청각에 문제가 있는 노인이 안전한 환경에서 효과적인 운동을 지도받기 위한 안전관리 지침 중 옳지 않은 것은?

① 운동 장소는 소음이 적은 조용한 곳을 선정한다.
② 운동 장소는 눈이 부실 정도로 조명을 밝게 한다.
③ 운동 지도 시 잘 들리는 귀 쪽으로 가서 설명한다.
④ 운동 지도 시 입술 모양이나 표정을 활용해 지도한다.

15

국민 체력 100에서 제시한 노인 체력 측정 시 평형성을 측정하는 항목은?

① 2분 제자리 걷기(회)
② 8자 보행(초)
③ 의자에 앉았다 일어서기(회/30초)
④ 의자에 앉아 3m 표적 돌아오기(초)

16
저항성 운동이 노인에게 미치는 효과로 옳지 않은 것은?

① 근력 및 근육량 증가
② 콜레스테롤 수치 감소
③ 인슐린 감수성 감소
④ 젖산에 대한 내성 증가

17
노인의 운동 참여로 얻을 수 있는 심리적 효과로 옳지 않은 것은?

① 적절한 신체 활동을 통해 긴장을 이완시킨다.
② 새로운 친구를 만나 교류를 촉진한다.
③ 규칙적인 활동을 통해 스트레스와 불안이 감소된다.
④ 신체 활동은 건강의 저하를 방지하고 장기적 고독의 부정적인 결과에 대처하는 데 도움이 된다.

18
노인의 지속적인 운동 참여를 위한 효과적인 목표의 특징과 실제 목표설정이 옳지 않은 것은?

	특징	실제 목표 설정
①	측정 가능	"나는 매일 저녁 30분씩 실내 자전거를 탈 것이다."
②	구체적	"나는 매주 월·수·금 오전 9시에 요가 수업에 참석할 것이다."
③	행동적	"나는 주 4회 수영과 주 2회 근력운동을 할 것이다."
④	현실적	"나는 2개월 안에 모든 병을 완전히 치료할 것이다."

19
노인을 대상으로 한 운동 시 주의 사항으로 옳지 않은 것은?

① 추운 환경에서는 준비 운동을 평소보다 짧게 진행하고 본 운동으로 넘어간다.
② 개개인에 대한 철저한 운동 처방을 실시한다.
③ 너무 춥거나 더운 환경을 피하도록 한다.
④ 규칙적인 메디컬 체크를 실시한다.

20
효과적인 노인 운동 지도를 위한 노인 스포츠지도사의 의사소통 기술 및 원칙으로 옳지 않은 것은?

① 참여자와 눈을 자주 마주치고 정면에서 쳐다본다.
② 전문 용어를 사용하여 지도자의 전문성을 나타낸다.
③ 참여자의 말에 공감하며 경청한다.
④ 내용을 명확하고 간결하게 전달한다.

정답 및 해설

특수체육론(01) 모의고사 1회 해설

01	02	03	04	05	06	07	08	09	10
②	①	①	③	④	②	②	③	④	②
11	12	13	14	15	16	17	18	19	20
②	④	②	②	②	①	②	④	④	②

01 ②
| 정답해설 |
특수체육은 장애인의 전생애에 걸친 평생교육을 강조한다.

02 ①
| 정답해설 |
〈보기〉는 정서 장애 유형에 해당한다. 경쟁적인 활동은 정서 장애인에게 인지적·정서적 스트레스를 유발하고, 좌절감을 줄 수 있다. 정서 장애 유형의 체육 활동은 비경쟁적이며 구조화된 활동, 성공 경험을 줄 수 있는 활동이 적절하다.

03 ①
| 정답해설 |
스테이션 교수(station teaching)법은 한 학급을 소규모의 집단으로 분류하여 기술을 연습할 수 있도록 하며, 각 스테이션을 구성하여 순환하는 형식으로 수업을 진행하는 것이다.

04 ③
| 정답해설 |
정서·행동장애 학생은 부적절한 감정 표현, 과민성, 불안, 우울 등 정서적으로 불안정한 특성을 보일 수 있다. 따라서 다양한 자극이 주어져 주의가 분산되는 프로그램은 부적절하며, 안정적이고 구조화된 환경에서 예측 가능한 활동을 제공하는 것이 효과적이다.

05 ④
| 오답해설 |
① 텐핀 볼링: 전맹의 경우 가이드레일을 이용해 출발선까지 이동하며, 점수는 일반 볼링과 동일하게 계산한다.
② 보체: 표적구에 가까이 공을 던지는 방식으로 진행되며, 거리 측정으로 승패를 가린다.
③ 쇼다운: 두 명의 선수가 직사각형 테이블 양 끝에 서서, 청각과 촉각을 활용해 소리가 나는 공의 위치와 방향을 파악하며 배트로 쳐서 포켓에 넣어 점수를 내는 경기로, 탁구 또는 테이블 하키와 유사하다.

06 ②
| 정답해설 |
흉추 6번(T6) 이상에 손상을 입으면 혈류 이송 체계가 손상된다. 이로 인해 혈관 수축이 되지 않아 기립성 저혈압을 일으키기도 한다. 기립성 저혈압이 나타날 경우 몸을 앞으로 완전히 숙이거나 앞쪽으로 서 있도록 조치하여야 한다.

07 ②
| 정답해설 |
휠체어 럭비는 최대 12명의 선수로 구성된 두 팀이 경기를 진행하며, 한 팀당 동시에 코트에 출전할 수 있는 선수는 4명으로 제한된다. 또한, 남녀 혼성 스포츠로 남성과 여성 선수가 한 팀에서 함께 경기한다.

08 ③
| 정답해설 |
균형 있는 신체 능력을 향상시키기 위해 다양한 운동을 규칙적으로 실시하는 것으로 전면성의 원리에 해당한다.

| 오답해설 |
① 반복성의 원리: 체력은 1회성으로 발달되는 것이 아니므로 반복적으로 실시한다.
② 점증부하의 원리: 신체가 적응함에 따라 점차적으로 운동 강도와 빈도를 증가시킨다.
④ 가역성의 원리: 운동이 중지되었거나 과부하가 발생하지 않

을 경우 운동 능력이 빠르게 감소하는 것이다.

09 ④

| 오답해설 |

① BOTMP: 약 5~15세를 대상으로 46개 항목의 기본 운동 기술 및 특정 운동 능력을 평가하는 규준 지향 검사이다.
② Denver II: 출생부터 6세까지의 영유아를 대상으로 125개 항목의 유아 신체 발달 지표 및 기본 움직임 기술을 평가하는 규준 지향 검사이다.
③ GMPM: 20세 미만 뇌성 마비인을 대상으로 20개 항목에 대해 움직임 발달 및 기본 운동 기술을 평가하는 준거 지향 검사이다.

10 ②

| 정답해설 |

과잉 교정은 대상자에게 문제 행동에 대한 책임을 지게 하거나 원래 상태보다 더 개선된 상태로 강화하는 방법이다. 〈보기〉에서처럼 부적절한 언어를 사용한 학생에게 적절한 언어를 100번 쓰게 하는 것은, 바람직한 표현을 반복 연습시키는 긍정적 연습 과잉 교정에 해당한다.

| 오답해설 |

① 체계적 둔감법: 대상에게서 느끼는 불안 혹은 공포감을 점차 감소시키는 방법이다.
③ 박탈: 원하는 물건 혹은 강화를 박탈하거나 중지하도록 하는 방법이다.
④ 프리맥 원리: 좋아하는 활동을 이용하여 좋아하지 않는 활동에 학습 동기를 부여하는 것이다.

11 ②

| 정답해설 |

TGMD-3는 초등학생의 대근 운동의 기본 운동 기술 수행 능력 검사로 검사 대상은 3~10세 특수 교육 대상자로 하며, 이동 운동 6개, 공 조작 운동 7개 영역 검사로 총 13개의 기본 운동 능력을 평가한다.

| 오답해설 |

① PDMS-2: 출생부터 5세까지의 유아를 대상으로 하며, 대근운동 및 소근운동 기능의 훈련 또는 개선을 목적으로 사용된다.

③ BPFT: 10~17세의 아동을 대상으로 하며, 심폐 능력, 근골격계 기능(근력, 근지구력, 유연성), 신체 조성 등을 장애 유형별 특성을 고려하여 총 27가지 항목으로 측정한다.
④ PAPS-D: 장애 학생의 건강 체력을 평가하기 위해 개발된 검사로, 장애 유형별 특성과 기능 수준에 따라 구성된 검사 항목, 방법, 평가 기준을 바탕으로 한다.

12 ④

| 정답해설 |

〈보기〉의 장애 유형은 뇌병변 장애 중 뇌성마비에 해당한다. 뇌성마비의 형태적 분류 중 하나인 이중 편마비(double hemiplegia)는 양측 사지에 마비가 있으나, 한쪽이 더 심한 상태를 의미한다.

| 오답해설 |

① 심증: 뇌성마비의 운동 기능 수준에 따른 분류 중 하나로, 보조자와 보조 기구의 도움이 모두 필요한 심한 수준의 운동 기능 장애 상태를 의미한다.
② 운동 실조성: 뇌성마비의 운동 증상에 따른 분류 중 하나로, 소뇌 손상으로 인해 균형 유지와 협응 능력에 어려움이 나타나는 상태를 말한다.
③ 편마비: 뇌성마비의 형태적 분류 중 하나로, 신체의 한쪽 팔과 다리에 마비가 나타나는 상태를 의미한다.

13 ②

| 정답해설 |

특수체육 프로그램 전달 단계는 '프로그램 계획 → 사정 → 수업 계획(실행 계획) → 교수·지도 → 평가' 순이다.

| 심화해설 |

성취 기반 교육 과정에서의 장애인 스포츠 프로그램 전달 단계

① 프로그램 계획	목표 기술로부터 기초 기능으로 지도하는 하향식 접근법 사용
② 사정	의사 결정을 위한 정보 자료 수집
③ 수업 계획(실행 계획)	운동 기술 습득 후 학생의 요구를 해결하는 수업 계획 개발에 중점
④ 교수·지도	설정한 목표를 성취하도록 학습 환경을 관리하는 역동적 과정
⑤ 평가	설정한 목표와 예측에 비추어 변화의 정도를 결정하고 변화의 가치를 판단하여 학생의 수행력 자료를 조사하는 연속적 과정

14 ②

| 오답해설 |

① 걷기: 정면을 바라본 상태에서 한 다리를 앞으로 내디디고, 반대쪽 팔을 앞으로 흔들며 나아가는 동작을 양쪽으로 번갈아 반복한다.
③ 리핑: 한 발로 몸을 지탱하면서 다른 발을 쭉 내밀어 앞으로 이동하는 기술로, 한 발로 멀리 건너뛰며 보폭을 크게 해서 달리는 모습과 비슷하다.
④ 스키핑: 한 발로 호핑한 뒤 반대쪽 발을 내딛고, 다시 그 발로 호핑하는 동작을 양쪽으로 교대로 반복한다. 움직임은 한 다리로 홉—스텝, 이어서 반대쪽 다리로 홉—스텝 형태로 진행된다.

15 ②

| 정답해설 |

청각 장애인에게 체육 활동 지도 시에는 주목할 수 있도록 행동을 취하여야 한다. 주의를 끌기 위해 어깨를 두드리거나 조명을 활용하여 주의를 끄는 동작과 같은 행위들이 필요하다.

16 ①

| 정답해설 |

지적 장애는 인지 수준과 체력 수준이 낮으므로 공·라켓 등은 큰 것으로 변경하여 활용하는 것이 용이하다.

17 ②

| 정답해설 |

개별화 교육 프로그램(IEP)의 교육 목표 진술 방법의 3가지 요소

조건	기구, 도구, 시설 등의 환경적 조건과 심리적 조건을 포함하여 '누가, 언제, 어디서, 무엇을, 왜, 어떻게'의 육하원칙에 해당하는 조건을 선택하여 기술해야 함
기준	행동의 지속성과 정확성을 규정하는 것으로 동작 수행의 질을 결정함
행동	수행의 최종 결과로서 신체적인 움직임을 뜻하며, 객관적으로 측정·관찰이 가능해야 함

18 ④

| 정답해설 |

제시된 로고를 사용하는 국제장애인경기대회는 스페셜올림픽이다. 스페셜올림픽은 만 8세 이상의 지적·자폐성 장애인 대상으로 지적·자폐성 장애인의 지속적인 스포츠 훈련 기회를 제공하는 데 목적이 있다.

19 ④

| 정답해설 |

통합체육은 일반 학생과 장애가 있는 학생이 함께 수업을 진행하기 때문에 활동 변형이 필요하다.

20 ②

| 정답해설 |

의사소통 시 주변의 소음 등으로 주의가 산만해질 수 있으며 정확한 전달을 위해 동료나 보조원을 통해서 전달하지 말고 지도 대상에게 직접 이야기해야 한다.

유아체육론(02) 모의고사 1회 해설

01	02	03	04	05	06	07	08	09	10
①	②	②	④	①	④	②	④	③	③
11	12	13	14	15	16	17	18	19	20
②	①	①	①	②	①	④	④	③	③

01 ①

| 정답해설 |
기본 운동 기술 중 스키핑(skipping)은 이동 기술에 속한다.

| 오답해설 |
②③④ 구르기, 거꾸로 균형, 피하기 모두 안정성 운동 기술에 속한다.

02 ②

| 정답해설 |
㉠ 근육의 사용 정도에 따라 대근 운동 기술과 소근 운동 기술로 구분된다.
㉡ 운동이 한 번만 일어나는지(불연속), 연속적인지, 지속적인지에 따라 구분된다.
㉢ 움직임의 환경이 개방형(환경이 계속 변함)인지 폐쇄형(환경이 일정)인지에 따라 구분된다.
㉣ 움직임의 기능적 목적에 따라 안정 과제, 이동 과제, 조작 과제로 분류된다.

03 ②

| 오답해설 |
- 순발력: 짧은 시간 최대의 힘을 발휘하는 능력
- 근력: 근육의 수축으로 발생하는 힘

| 심화해설 |
체력 요소(국민 체력 100, 청소년 체력의 구성 요소)

구분	요인
건강 체력	• 근력: 근육의 수축으로 발생하는 힘 • 근지구력: 근력을 일정하게 지속적으로 발휘하는 능력 • 심폐 지구력: 산소를 이용한 운동 지속 능력 • 유연성: 관절의 가동 범위
운동 체력	• 민첩성: 방향 전환 능력 • 순발력: 짧은 시간 최대의 힘을 발휘하는 능력 • 협응력: 운동 조정 능력

04 ④

| 정답해설 |
모로 반사는 영아가 큰 소리나 갑작스러운 자세 변화가 생기면 팔과 다리를 벌려 무엇을 껴안으려는 듯이 몸 쪽으로 팔과 다리를 움츠리는 반응이다. 이 반사는 생존을 위한 본능적 반사로, 출생 후 몸을 보호하는 데 필요한 반사 유형으로 간주된다(㉠). 또한, 모로 반사는 신경계 성숙 정도를 평가하는 데 사용되며, 반사가 비정상적으로 나타날 경우 중추신경계 손상이나 이상을 예측할 수 있어 진단적 가치가 크다(㉡, ㉣). 일반적으로 생후 4~6개월 사이에 소실되며, 첫 6개월 안에 관찰되는 것이 정상이다(㉢).

| 심화해설 |
영아기 반사의 기능
- 반사는 출생 후 나타나는 기본적인 움직임 중 하나
- 반사는 영아의 의지와는 상관없이 나타나는 불수의적인 움직임
- 영아가 성장하는 데 있어 가장 기본적인 역할을 하게 됨
- 대부분의 반사행동은 중추 신경계통의 하부영역(척수)이 관장하며, 대부분의 반사 행동은 연령이 증가함에 따라 뇌의 고등 영역(대뇌겉질)이 발달하면서 의식적 운동으로 대치되거나 사라짐
- 영아에게 나타날 수 있는 움직임이나 건강상태를 예측할 수 있으며, 중추신경의 이상이 있는 경우 반사의 발현 여부를 통해 진단할 수 있음

05 ①

| 정답해설 |
㉠ 연계성의 원리: 유아기의 연령 및 성별과 신체 발달 프로그램 특성의 변화와 순서를 조직적으로 연계하며, 신체 발달, 정서적·사회적 발달을 위한 교육 프로그램의 연계가 필요하며, 기초부터 향상된 단계까지 잘 조직된 운동 발달 프로그램을 제공하는 원리이다.
㉡ 특이성의 원리: 인간의 발달은 공통적으로 나타나는 일반화된 특성과 개인마다 다르게 나타나는 개인적 특성을 가지고 있으며, 특히 유아기의 운동 발달 프로그램을 구성할 때는 공통적이고 일반화된 특성과 개인의 유전과 환경 요인을 고려한 개인차를 반영하여 운동 발달 프로그램을 제공해야 하는 원리이다.

| 오답해설 |
다양성의 원리는 유아의 프로그램은 재미있어야 하고 여러 발달적 측면을 고려하여 다양한 경험을 할 수 있도록 구성해야 한다는 것이다.

06 ④

| 오답해설 |

① 2단계(자율성 또는 수치심 발달): 스스로 먹고, 입고, 배변 활동을 하면서 자율성이 발달하는 시기로, 근육 발달을 조절할 수 있고 자기 주위를 탐색한다. 아동의 자발적 행동을 지나치게 통제하거나 과잉 보호하게 되면 수치심을 갖게 되는 시기이다.
② 3단계(주도성 또는 죄의식 발달): 자신이 세운 목표나 계획을 실천 및 성공하고자 하는 욕구와 또래의 판단 사이에 갈등을 겪게 되는 시기이다.
③ 4단계(근면성 또는 열등감 발달): 기초적인 인지 기술과 사회적 기술을 습득하는 자아 성장에 결정적인 시기로, 아이가 행한 업적을 칭찬해 주고 격려해 주면 근면성을 발달시키지만, 활동을 제한하고 비판하면 열등감이 생기는 시기이다.

07 ②

| 정답해설 |

하비거스트(R. Havighurst)의 발달 과제 이론이란 개인이 환경에 적응하기 위해서는 인간 발달의 각 단계마다 반드시 성취해야 할 과업(task)이 있음을 주장한 이론이다. 아동기(7~12세)의 성취 과업은 다음과 같다.
- 놀이에 필요한 신체 기술 학습, 자신에 대한 건전한 태도 형성하기
- 친구 사귀는 방법 배우기, 성 역할
- 학습, 읽기, 쓰기, 셈하기의 기초 기능학습, 일상생활에 필요한 학습
- 양심, 도덕 가치 체계 발달
- 인격적 독립의 성취, 사회집단 제도에 대한 민주적 태도 발달

08 ④

| 정답해설 |

치기 동작의 시작 단계에서는 팔꿈치는 완전히 굽히는 특징을 보인다.

| 심화해설 |

치기 동작의 시작 단계 특징
- 동작이 뒤쪽에서 앞쪽으로 이루어짐
- 양발은 고정되어 있음
- 몸통은 날아오는 공 방향을 향함
- 팔꿈치는 완전히 굽힘
- 몸통 회전이 없음
- 구부린 관절을 아래 방향으로 펴면서 힘이 생성됨

09 ③

| 정답해설 |

초보 움직임 시기(0~2세)의 수의적 움직임은 대부분 제어가 어렵고 동작들의 정교함이 떨어진다. 생존에 필요한 수의적인 움직임의 기본 형태인 초보 운동에는 안정성 움직임, 조작적 움직임, 이동성 움직임 등이 나타나지만 동작들이 서툴고 정교함이 떨어진다.

| 오답해설 |

① 불수의적인 움직임을 주로 하는 반사 움직임 단계를 통해 자신의 직접적인 환경에 대한 정보를 획득하지만, 반사 억제 단계를 거치면서 운동 피질의 발달과 특정 환경적 억제 요인의 감소 현상이 나타난다.
② 불수의적인 반사 행동은 점차 줄어들거나 사라지게 되며, 수의적으로 움직이는 기본적인 기초 움직임 단계가 된다. 따라서 수의적 움직임의 분화와 통합은 낮은 수준을 보인다.
④ 인간의 운동 발달 단계는 출생 후 1세까지는 반사 움직임 단계로 불수의적인 움직임인 반사로 이루어진다. 반사 억제 단계는 출생 후 1세 이후가 되면서 불수의적인 반사 행동이 점차 줄어들면서 기본적인 초보 움직임 단계로 전환된다.

10 ③

| 정답해설 |

PDMS-2는 취학 전 아동을 대상으로 대근육과 소근육의 발달 수준을 평가하며, 반사, 균형, 이동성, 잡기, 시각 운동 통합 등을 측정한다.

| 오답해설 |

① TGMD-3: 검사 도구는 대근 운동 발달 검사로, 학령기 아동의 대근 운동 발달 정도를 평가한다.
② BOTMP-2: 운동 수행 능력이 지연된 아동을 대상으로, 정교한 운동 기능(균형, 민첩성 등) 발달 수준을 평가하는 검사이다.
④ K-DST: 영유아의 발달 지연 여부를 선별하기 위한 검사로, 부모 보고식 항목과 전문가 평가 항목으로 구성되어 있다.

11 ②

| 정답해설 |

스테이션 교수(station teaching)법은 교육 목표나 내용에 따라 여러 개의 스테이션(학습 구역)으로 나누고, 학생들이 모둠을 이루어 정해진 순서로 이동하며 다양한 과제를 수행하는 교수·학습 방법이다. 공간 및 장비 제약을 극복하고, 다양한 수준의 기술을 동시에 연습하거나 자기평가 활동을 포함하기에 효과적이다.

| 오답해설 |
① 동료 교수(peer teaching): 학생들이 짝이나 그룹을 이루어 서로를 가르치고 피드백을 주고받는 방식으로, 상호작용을 통해 학습을 심화시키는 전략이다.
③ 협동 학습(cooperative learning): 공동의 목표를 달성하기 위해 학생들이 함께 협력하고 상호작용하며 학습하는 전략이다. 책임 분담, 상호 의존성, 집단 보상 등이 특징이다.
④ 전술 게임(tactical games): 단순 기술 연습보다 전술적 상황 이해를 중심으로 수업을 구성하여 전략적 사고력과 게임 감각을 향상시키는 교수법이다.

12 ①

| 정답해설 |
모든 유아가 성취 가능한 게임으로 프로그램을 구성한다.

| 오답해설 |
② 프로그램 사전 계획에는 누가, 언제, 어디서, 무엇을, 어떻게 할 것인지에 대한 분석이 필요하다.
③ 유아가 지속적으로 흥미와 관심을 가지고 참여할 수 있도록 다양한 교보재를 활용하여 유아가 스스로 참여할 수 있도록 유도한다.
④ 설치하는 기구는 유아 개개인의 이동성, 조작성, 안정성과 관련된 다양한 기본 능력을 발달시킬 수 있게 활용해야 한다.

13 ①

| 정답해설 |
대근운동 발달 시기와 단계(얼릭, D. Ulrich)

1단계 반사와 반응	신생아기
2단계 기본(대근) 운동 기술	학령 전 초등 저학년기
3단계 게임 운동 기술	초등 3~4학년 시기
4단계 스포츠 및 전문 여가 운동 기술	초등 고학년에서 청소년 시기

14 ①

| 정답해설 |
유소년 스포츠지도사의 정의(국민 체육 진흥법 시행령 제2조 제9호)
"유소년스포츠지도사"란 유소년(국민 체육 진흥법에서는 3세부터 중학교 취학 전까지를 말함)의 행동 양식, 신체 발달 등에 대한 지식을 갖추고 해당 자격 종목에 대하여 유소년을 대상으로 체육을 지도하는 사람을 말한다.

15 ②

| 정답해설 |
- 안내·발견적 방법: 교사가 사전에 결정된 학습 목표에 맞추어 적절한 질문을 던짐으로써 유아가 표현하고 실험할 수 있도록 기회를 주고 이를 통해 점차 사전에 결정된 학습 목표에 접근하도록 하는 방법이다.
- 탐구적 방법: 지도자가 특별한 활동 과제에 대한 해결책을 요구하지 않고 다양한 동작 과제나 질문을 유아에게 제시하며 유아가 제안한 해결 방법을 인정하고 받아들이는 방법이다.

| 오답해설 |
학습자 설계는 학습자의 특성, 관심, 목표 등을 고려하여 수업을 계획하고 진행하는 방법으로 학습자의 참여와 책임감을 높이고, 자기 주도적인 학습을 촉진하며, 다양한 학습 경험과 성취감을 제공한다.

16 ①

| 정답해설 |
한 발로 균형잡기는 갤러휴(D. Gallahue)의 움직임 기술 2차원 분류법에서 안정성에 속한다.

| 심화해설 |
갤러휴(D. Gallahue)의 움직임 기술 2차원 분류법

단계	안정성	이동	조작
반사 움직임	• 직립 반사 • 목 자세 반사 • 몸통 자세 반사	• 기기 반사 • 걷기 반사 • 수영 반사	• 손바닥 파악 반사 • 발바닥 파악 반사 • 당김 반사
초보 움직임	• 머리와 목 제어 • 몸통 제어 • 지지 없이 앉기 • 서기	• 포복하기 • 기기 • 직립하여 걷기	• 내밀기 • 잡기 • 놓기
기본 움직임	• 한 발로 균형 잡기 • 낮은 빔 위 걷기 • 축성 움직임	• 걷기 • 달리기 • 점프하기 • 깡충뛰기	• 던지기 • 잡기 • 차기 • 치기
전문화 움직임	• 체조의 평균대 연습하기 • 축구에서 골킥 막기	• 100m 달리기 혹은 육상의 허들 • 사람 많은 거리에서 걷기	• 축구에서 골킥 하기 • 던진 공 치기

17 ④

| 오답해설 |
기능 중심 게임 수업은 학생들에게 '어떻게(how)' 움직일지를 강조하며, 기술을 반복 연습하여 자동화하는 데 중점을 둔 수업 방법이다. 이 방식은 행동주의 이론에 기반하며, 게임을 위한 개별 기능의 분리 연습 → 게임 적용의 순서로 진행된다. 이 접근은 행동주의 이론에 기반하며, 기능 자동화를 통해 게임 수행력을 높일 수 있다는 전제를 갖고 있다. 반면, '왜(why)'를 묻는 문제해결 중심의 수업은 이해 중심 게임 수업(Teaching Games for Understanding)에서 강조하는 접근이다.

18 ④

| 정답해설 |
유아기 걷기 동작의 시작 단계 특징
- 직립 자세 유지의 어려움
- 균형을 쉽게 잃음
- 다리 동작이 뻣뻣하고 불안정함
- 보폭이 짧음
- 발바닥 전체로 바닥과 접촉
- 지지면이 넓음
- 바닥 접촉 시 무릎을 굽히고 곧이어 다리를 폄
- 패턴이 불규칙함

| 오답해설 |
① 보폭이 커지고 안정되는 것은 성숙 단계에 나타나는 특징이다.
② 시작 단계에서는 발바닥 전체로 바닥과 접촉하며 초보 단계에서부터 뒤꿈치에서 앞꿈치로 접촉하기 시작한다.
③ 팔 흔들기가 반사적으로 이루어지는 것은 성숙 단계에 나타나는 특징이다.

19 ③

| 정답해설 |
피아제의 인지 발달 단계는 '감각운동기 → 전조작기 → 구체적 조작기 → 형식적 조작기'로 발달한다. 구체적 조작기 시기에는 사물이나 문제들에 대해 논리적이고 체계적인 사고가 가능하지만, 실제와 다른 가설적인 상황에 대한 사고는 형식적 조작기 시기부터 가능하다.

20 ③

| 정답해설 |
반두라(A. Bandura)의 사회 학습 이론에 대한 설명이다. 사회 학습 이론은 인간은 사회적 상황 속에서 모방을 통해 많은 것을 학습하게 되며, 이를 관찰 학습과 모방 학습으로 구분하여 설명한 이론이다. 관찰 학습은 모델의 행동을 관찰하여 이를 모방함으로써 직접적인 강화 없이도 새로운 행동을 학습하게 된다는 의미이며, 모방 학습은 단순히 타인의 행동을 모방하는 것이 아니라 유아 주변의 인물, 특히 부모의 언어 형태, 성 역할, 친사회적 및 반사회적 행동을 모방하게 되는 것을 말한다.

| 오답해설 |
① 비고츠키(L. Vygotsky)의 상호작용이론: 성인이나 또래와의 상호 작용과 협동 학습의 중요성을 강조한 이론
② 매슬로(A. Maslow)의 욕구위계이론: 인간의 다양한 욕구 위계를 생리적 욕구, 안전 욕구, 애정·소속 욕구, 존중 욕구, 자아실현 욕구로 구분하여 인간이 어떠한 행동을 하는 이유인 동기 부여를 설명하는 이론
④ 프로이트(S. Freud)의 정신분석이론: 인간의 마음은 원초아(id), 자아(ego), 초자아(superego)의 3가지 구조로 되어 있으며, 인간의 행동은 이 3가지 체계 간의 상호 작용에 의해 지배된다고 주장한 이론

노인체육론(03) 모의고사 1회 해설

01	02	03	04	05	06	07	08	09	10
②	②	①	②	①	④	④	②	①	②
11	12	13	14	15	16	17	18	19	20
④	②	③	②	④	③	②	④	①	②

01 ②

| 정답해설 |
활동 이론은 대표적인 사회학적 노화 이론이다.

02 ②

| 정답해설 |
근감소증(sarcopenia)은 주로 노화에 따라 발생한다. 근육 약화로 인해 기능적 운동 능력 저하와 낙상 위험 증가 등 다양한 문제가 발생할 수 있으므로 체중 부하 근력 운동을 실시해야 한다.

03 ①

| 정답해설 |
노화의 속도는 개인과 신체의 계통에 따른 차이가 있다.

04 ②

| 정답해설 |
수영은 대표적인 비체중 부하 운동으로, 물의 부력에 의해 체중 부담이 줄어들어 관절에 무리가 적다. 근육 강화에는 효과가 있지만, 체중 부하가 없어 골밀도 향상에는 제한적인 운동이다. 반면, 등산, 테니스, 스케이팅 등은 체중을 실으며 움직이는 체중 부하 운동이다.

05 ①

| 정답해설 |
노인의 운동은 신체 기능과 건강 상태를 고려해 점진적이고 안전하게 접근하는 것이 중요하다. 특히 운동을 처음 시작하거나 재개하는 경우에는 운동 시간과 운동 강도를 동시에 증가시키는 것은 신체에 부담을 줄 수 있으며, 부상의 위험을 높일 수 있다.

06 ④

| 정답해설 |
운동을 통해서 고밀도 지질 단백질이 증가하고 저밀도 지질 단백질은 감소한다.

07 ④

| 정답해설 |
스트레칭이나 가동성 향상을 위한 운동은 마비된 쪽과 비마비된 쪽 모두에 대해 고르게 실시해야 한다.

08 ②

| 정답해설 |
관절염 노인을 위한 운동은 통증과 염증을 최소화하고 관절 가동 범위를 유지하며, 근력을 강화하는 데 목적이 있다. 이때 체중 부하가 많이 걸리는 운동은 관절에 무리를 주기 때문에 피해야 한다.

09 ①

| 오답해설 |
② 세포 노화 이론: 세포 손상과 기능 저하 누적이 노화의 원인이라고 설명하는 이론이다.
③ 교차 결합 이론: 나이가 들면서 결합 조직의 커다란 분자들이 교차 결합하여 폐, 신장, 혈관, 소화계, 근육, 인대, 건의 탄력성을 감소시킨다는 이론이다.
④ 면역 반응 이론: 항원에 노출되었을 때 동물체가 특별하게 대응하는 일련의 방어 반응을 보인다는 이론이다.

10 ②

| 정답해설 |
㉠ 텔로미어가 일정 길이 이하로 감소하면 세포는 더 이상 분열하지 못하고 노화 또는 세포사멸이 일어나며, 이는 노화의 생물학적 원인 중 하나이다.
㉡ 퇴행성 관절염은 노화로 인한 연골의 마모로 발생하며, 노인층에서 흔하게 발생하는 대표적인 관절 질환이다.

11 ④

| 정답해설 |

정리 운동은 카테콜아민 수치를 감소시켜 심혈관계·대사계·신경계를 부드럽게 회복시켜준다.

12 ②

| 정답해설 |

운동 전 모든 참가자를 대상으로 반드시 사전 검사를 실시해야 한다. 이는 고혈압, 심장질환, 당뇨병 등 기저질환 여부와 운동 참여의 적절성을 확인하기 위한 필수 절차이다. 자가 판단에 따라 참여 여부를 결정하게 하는 것은 위험요소를 간과하거나 중대한 이상을 놓칠 수 있으므로 안전관리 지침에 어긋난다.

13 ③

| 오답해설 |

① 로우(Rowe)와 칸(Kahn)의 성공적 노화 이론: 노인을 대상으로 건강 상태, 사회관계, 심리적 특성, 신체적 기능 및 인지적 기능, 생산 활동의 5가지 영역을 측정한 뒤, 이들 간 관계성을 분석한 결과로 성공적 노화를 설명하였다. 이 이론에서 성공적 노화는 높은 수준의 인지적·신체적 기능 유지 및 좋은 인간관계, 생산적 활동에 적극적으로 참여하는 것으로 정의하였다.
② 하비거스트(R. Havighurst)의 발달 과업 이론: 생애 주기에 따라 6단계로 구분된 인간의 발달 과정에서 각 발달 단계마다 달성해야 하는 과업이 있고, 각 단계의 과업이 성공적으로 달성되어야 다음 단계의 과업을 처리할 수 있다는 이론이다.
④ 펙(R. Peck)의 발달 과업 이론: 펙은 에릭슨의 7~8단계를 통합하여 7단계 인간 발달 이론을 제시하였다. 노년기에 심리적으로 적응해야 할 과업으로 '자아 분화 대 직업 역할 몰두', '신체 초월 대 신체 몰두', '자아 초월 대 자아 몰두'를 제시하였다.

14 ②

| 정답해설 |

너무 과도한 조명은 효과적인 운동의 안정성을 저해한다.

15 ④

| 정답해설 |

① 2분 제자리 걷기(회): 심폐 지구력
② 8자 보행(초): 협응력
③ 의자에 앉았다 일어서기(회/30초): 근 기능 하지

16 ③

| 정답해설 |

운동은 인슐린 감수성을 증가시킨다.

17 ②

| 정답해설 |

새로운 친구를 만나 교류하는 것은 사회적 효과이다.

18 ④

| 정답해설 |

운동이 모든 병을 완전히 치료할 수는 없다. 따라서 모든 병을 완전히 치료한다는 것은 현실적인 목표가 아니다.

19 ①

| 정답해설 |

추운 환경에서는 준비 운동을 평소보다 오래 진행해야 한다.

20 ②

| 정답해설 |

전문 용어나 어려운 단어는 사용하지 않도록 한다.

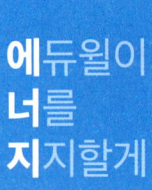

내가 꿈을 이루면
나는 누군가의 꿈이 된다.

– 이도준

참고문헌

| 참고문헌 |

■ 특수체육론

김의수(2003). 장애아동 체육교실의 이론과 실제. 서울:무지개사.
오광진(2010). 특수 체육의 이해. 서울:레인보우북스.
이동건(2001). 장애인체육의 이론과 실제. 경상도:동아대학교 출판부.
전혜자, 최승오, 조재훈 외(2015). 특수체육론. 서울:대한미디어.
최승권, 강유석, 김권일 외(2015). 장애인스포츠지도사·특수교사를 위한 특수체육론. 서울: 레인보우북스.
한동기(2008). 특수 체육의 이론과 실제. 서울:레인보우북스.
한동기(2014). 특수 체육 교과 교재연구 및 지도법. 서울:레인보우북스.
홍양자(2004). 장애인을 위한 특수 체육. 서울:21세기 교육사.
David Auxter, Jean Pyfer, Laurie Zittel, Kristi Roth(2011). 특수 체육의 원리와 방법. (조창옥, 구교만, 안동영 역). 경기:라이프사이언스.
Joseph P. Winnick(2014). 특수 체육과 장애인스포츠. (최승권, 강유석, 김권일 역). 서울: 레인보우북스.
Roger Pierangelo, George Giuliani(2010). 자폐성 장애아동 교육. (곽승철, 강민채, 금미숙 역). 서울:학지사.

■ 유아체육론

국민체육진흥공단(2018). 유소년스포츠지도사 연수교재
한국스포츠개발원(2014). 유아운동 발달 지침서. 서울: (주)서울로하스아카데미.
한국유아체육학회(2015). 유아체육론. 서울: 대한미디어.
이희선 외 2명(2010). 유아체육과 운동 발달. 서울: 보경문화사.
전인옥, 이현균(2001). 유아체육 활동의 이론과 실제. 서울: 양서원.
David L. Gallahue & John C. Ozmun(2009). 운동 발달의 이해. 서울: 레인보우북스.
김은정 외 3명(2020). 유아체육론. 서울: 대경북스.
고재곤, 손경환(2018). 운동발달이론을 통한 유아체육의 이론과 실제. 서울: 사람과사람.
김현태, 손원호(2014). 유아체육의 새로운 지도방법. 서울: 스포츠북스.

■ 노인체육론

장경태, 이경옥, 임호남, 진행미, 서연태, 이정숙(2006). 노인체육. 서울: 대한미디어.
김용호, 김용운, 김정효, 한태룡, 김택천(2015). 2016 스포츠지도사 만점도전 완전정리. 서울: 레인보우북스.
강승애(2015). 노인체육론. 서울: 대한미디어.

여러분의 작은 소리
에듀윌은 크게 듣겠습니다.

본 교재에 대한 여러분의 목소리를 들려주세요.
공부하시면서 어려웠던 점, 궁금한 점,
칭찬하고 싶은 점, 개선할 점, 어떤 것이라도 좋습니다.

에듀윌은 여러분께서 나누어 주신 의견을
통해 끊임없이 발전하고 있습니다.

에듀윌 도서몰 book.eduwill.net
- 부가학습자료 및 정오표: 에듀윌 도서몰 → 도서자료실
- 교재 문의: 에듀윌 도서몰 → 문의하기 → 교재(내용, 출간) / 주문 및 배송

2026 에듀윌 스포츠지도사 필기
한권끝장 + 무료특강

발 행 일	2026년 1월 4일 초판
편 저 자	정수봉, 이준영, 원효리, 이성열, 임다연
펴 낸 이	양형남
개 발	정상욱, 조희진
펴 낸 곳	(주)에듀윌
등록번호	제25100-2002-000052호
주 소	08378 서울특별시 구로구 디지털로34길 55 코오롱싸이언스밸리 2차 3층
I S B N	979-11-360-3883-8(13690)

* 이 책의 무단 인용·전재·복제를 금합니다.

www.eduwill.net
대표전화 1600-6700

스포츠지도사
필기

5일 컷
빈출 이론
압축 노트

필수편

eduwill

필수과목 01 특수체육론

1 장애의 정의

1980년의 장애 정의	• 장애와 질병은 동일한 것이 아님(장애는 질병의 결과) • 장애는 3개의 차원(손상, 장애, 핸디캡)으로 분류가 가능하며, 서로 연관성이 있음
2001년의 장애 정의	• 핸디캡 등의 부정적인 용어 사용을 규제함 • 1980년 3개의 차원(손상, 장애, 핸디캡)으로 분류한 용어를 '손상'은 '신체 기능과 구조', '장애'는 '활동의 제한', '핸디캡'은 '참여 제약'으로 변경함 • 장애를 총체적인 개념으로 환경적·개인적 요인에 의해 누구에게나 발생할 수 있는 일반적 현상으로 이해하기 시작함
국제 기능·장애·건강 분류(ICF)	• 과학적, 임상적, 행정적 및 사회적 정책의 다양한 차원에서 모든 장애의 평가와 측정에 기초를 제공함 • 사람과 그 사람의 물리적, 사회적 환경 사이의 상호 작용 결과로 초래된 다차원적 현상을 나타내기 위해 '장애'라는 용어를 사용함 • 개인의 생활 상황과 환경적 영향의 배경 내에서 사람들의 건강 특성을 분류함 • 건강 특성과 배경 요인 사이의 상호 작용이 장애를 초래하므로 개인을 손상, 활동 제한 또는 참여 제약 대상으로 축소하거나 특징지어서는 안 됨

2 교육 목표의 분류

정의적 영역	일에 있어서의 주의력과 인격, 양심에 이르기까지 넓은 범위로서 긍정적 자아, 사회적 능력 향상, 즐거움과 긴장 이완 등에 관련된 특성을 포함
심동적 영역	인간의 조작적 기능, 신경 근육의 발달 정도나 숙련 정도, 운동 기술과 패턴, 체력 향상, 여가 활동에 필요한 기술 등과 같이 신체와 관련된 대부분의 운동 기능, 신경 근육과 관련된 기능 및 지각 활동 등을 포함
인지적 영역	지식, 이해력, 적용력, 분석력, 놀이와 게임 행동, 인지–운동 기능과 감각 통합, 창조적 표현 등과 같이 하위 정신 기능부터 고등 정신 기능까지 모든 지적 행동 특성을 포함

3 스포츠 통합의 연속체(J. Winnick)

일반 스포츠 (Level 1)	일반 스포츠 환경에서 장애인이 비장애인 선수들과 동등한 자격 조건으로 참여할 수 있는 경기
편의를 제공한 일반 스포츠 (Level 2)	장애인의 경기력에 직접적인 영향을 주지 않는 정도에서 합리적인 적응 방법을 제공하여 스포츠에 참가할 수 있도록 하는 경기
일반 스포츠와 장애인 스포츠 (Level 3)	• 부분 통합 또는 완전 통합 스포츠 환경에서 이루어지고 있는 일반 스포츠 및 장애인 스포츠를 포함함 • 장애인 선수와 비장애인 선수가 한 팀이 되어 상대 선수들과 경기를 하는 경우
통합 환경의 장애인 스포츠 (Level 4)	• 장애인 선수와 비장애인 선수가 장애인 스포츠 종목에 함께 참가하는 경우 • 비장애인 선수가 장애인 스포츠 규칙을 그대로 적용받으며 참가하는 경우
분리 환경의 장애인 스포츠 (Level 5)	• 장애인 선수만 참가하는 스포츠 환경으로, 등급 분류를 받은 선수만 경기에 참가하는 경우 • 장애인 스포츠 경기 단체가 주최하는 거의 모든 대회를 포함함

4 사정의 개념과 종류

개념		평가와 측정의 중간 개념으로 교육적 의사 결정에 필요한 자료를 수집하는 과정으로, 양적 자료와 질적 자료를 모두 포함함
종류	검사	점수 또는 수량적 자료를 산출하기 위한 질문 또는 과제
	관찰	일상의 상황에서 나타나는 아동의 행동을 관찰하여 기록하는 것(서술 기록, 간격 기록, 사건 기록, 평정 기록 등)
	면접	피면접자와의 대화를 통해 질문의 반응을 기록하는 방법
	교육 과정	아동을 가르치는 과정에서 아동의 행동에 대한 자료 수집
	수행	행동을 수행하는 아동을 관찰하여 판단
	포트폴리오	아동 혹은 교사가 아동의 작품 또는 결과물을 통해 아동의 성취를 평가

5 사정과 측정 평가 도구

① 사정의 분류

공식적 사정	특정 목적을 갖고 표준화된 검사(절차)를 사용하는 것
비공식적 사정	표준화된 절차보다 관찰을 통한 비표준화 절차를 사용하는 것
직접 사정	대상자와 직접적인 접촉을 통해 대상자의 정보를 수집하는 것
간접 사정	대상자에 대한 정보를 가족 또는 보호자 등을 통해 수집하는 것

② 측정 평가 도구의 종류

표준화 검사	• 검사 지침서에 제시된 방법과 절차에 따라 검사 실시 • 타당화된 결과를 도출하기 위한 방법 • 구성 요소, 실시 과정, 채점 방법, 결과 해석 등 구조적인 과정을 거쳐 제작된 검사
수정된(비표준화) 검사	• 장애인의 특성에 맞춰 능력을 알아보기 위해 절차를 수정 및 보완하여 사용 • 검사 항목이나 절차를 수정 • 특정 장애의 특성에 맞게 고안된 절차를 사용
규준 지향 검사 (상대 평가)	동일한 특성(성별, 연령 등)을 가진 사람들의 객관적인 점수 분포인 규준에 검사 대상자의 점수를 비교하여 동일 집단에서의 상대적 위치를 검사 예 내신 등급제, 수능 등급제 등
준거 지향 검사 (절대 평가)	사전에 설정한 숙달 기준인 준거에 대상자의 점수를 비교하여 특정 영역에서의 대상자 수준을 검사 예 비만율, 유연성, 심폐 지구력 등

6 장애인 및 비장애인 아동 대상 운동 기술 검사 도구

검사 도구	검사 목적	항목	검사 분류	대상
AMPS	운동 기술 숙련	36개	준거 지향	모든 연령
BOTMP	기본 운동 기술 및 특정 운동 검사	46개	규준 지향	약 5~15세
BPFT	건강 관련 체력	27개	준거 지향	약 10~17세
Denver II	유아 신체 발달 지표 및 기본 움직임 기술	61개	규준 지향	출생~6세
EMPDDC	기본 움직임 기술과 자세	10개	준거 지향	5세 이상
Fitnessgram	건강 관련 체력	13개	준거 지향	(학령기) 장애·비장애 아동
GMPM	영유아 움직임 발달 및 기본 운동 기술	20개	준거 지향	20세 미만 뇌성 마비인
MABCT	기본 운동 기술 및 특정 운동 기술	32개	준거 지향	4~12세
MDC	영유아 움직임 발달	35개	준거 지향	대상 미확정
OSUSGMA	기본 운동 기술	11개	준거 지향	약 2.5~14세
PAPS-D	장애 학생 건강 체력 (장애 유형 6개로 구분)	21개	준거/규준 지향	초등학생 시기의 장애인
PDMS	기본 운동 기술 및 움직임 발달	12개	준거/규준 지향	출생~6세

PDMS-2	유아기 대근 운동 및 소근 운동 기능의 훈련 또는 개선	249개	준거/규준 지향	출생~5세
TGMD	기본 운동 기술	12개	준거/규준 지향	3~10세
TGMD-2	기본 운동 기술 중 이동/조작 기술	12개	준거/규준 지향	3~10세
YMCAYFT	건강 관련 체력	5개	준거 지향	6~17세

7 운동 기술 검사 도구의 특성

BPFT	• 장애 유형과 장애 정도에 따라 검사 항목 및 방법을 다르게 선택해야 함 • 필요 장비 외 다른 장비로의 대체가 가능함 • 검사 항목은 심폐 능력, 근골격계 기능(근력, 지구력, 유연성), 신체 조성 등을 장애 유형별 특성을 고려하여 총 27가지 항목으로 측정함	TGMD-2	• 동작의 정확성과 숙련도를 확인하여 원점수 부여 • 원점수는 준거 지향 평가의 결과로 변환하여 나온 점수를 규준 지향 평가의 결과로 사용 가능 • 이동 운동 6개, 공 조작 운동 6개 영역 검사로 총 12개의 기본 운동 능력을 평가함
PAPS-D	• 장애 유형별 특성과 기능 수준을 고려한 검사 항목, 검사 방법, 평가 기준을 개발하여 장애 학생의 건강 체력을 평가함 • 건강 관련 체력 요인 중심의 검사 항목 포함, 6개의 장애 유형에 따라 측정 방법을 개발하고 수정하여 변형함 • 평가 결과를 토대로 장애 유형에 따른 맞춤형 신체 활동 처방이 주어지는 종합 평가 시스템임	TGMD-3	• 초등학생의 대근 운동의 기본 운동 기술 수행 능력을 측정하기 위한 규준 참조 검사 • 검사 대상은 3~11세 특수 교육 대상자로 함 • 각 검사 항목의 수행 준거를 정확하게 수행하면 1점, 정확하게 수행하지 못하면 0점을 부여하며 3~5단계 수행 준거로 평가함 • 이동 운동 6개, 공 조작 운동 7개 영역 검사로 총 13개의 기본 운동 능력을 평가함
BOT-2	• 소근 운동과 대근 운동 기술에 대한 포괄적이면서 개별적인 측정 • 4~21세를 대상으로 검사함 • 정상적으로 발달 중인 아동의 운동 능력부터 경도 및 중등도의 운동 조절 문제를 가진 아동의 운동 능력에 이르기까지 측정하며, 운동 손상을 진단할 때에도 사용함 • 총 검사 항목은 8개 하위 검사에 53개 항목을 검사함	PDMS-2	운동 기술의 양적인 측정과 질적인 측정을 모두 포함

8 성취 기반 교육 과정에서의 장애인 스포츠 프로그램 전달 단계

① 프로그램 계획	목표 기술로부터 기초 기능으로 지도하는 하향식 접근법 사용
② 사정	의사 결정을 위한 정보 자료 수집
③ 수업 계획(실행 계획)	운동 기술 습득 후 학생의 요구를 해결하는 수업 계획 개발에 중점
④ 교수·지도	설정한 목표를 성취하도록 학습 환경을 관리하는 역동적 과정
⑤ 평가	설정한 목표와 예측에 비추어 변화의 정도를 결정하고 변화의 가치를 판단하여 학생의 수행력 자료를 조사하는 연속적 과정

9 개별화 교육 계획의 지도 전략

또래 교수	• 교사가 체육 수업 활동에서 장애인 지도 시 학생을 보조 교사로 이용하는 것 • 동급생 또래 교수, 상급생 또래 교수, 양방/상호 또래 교수, 일방 또래 교수, 전 학급 또래 교수 등
팀 티칭	• 체육 활동을 지도할 때 두 명의 지도자가 협력하여 수업을 진행하는 것 • 교대 교수(교대 팀 티칭), 팀 티칭 등
스테이션 교수	한 학급을 소규모의 집단으로 분류하여 기술을 연습할 수 있도록 하며, 각 스테이션을 구성하여 순환하는 형식으로 수업을 진행하는 것
활동 변형과 촉구 (보조)	장애인 개개인의 특성과 요구에 맞도록 학습 과제를 변경하여 수업하는 것
협동 학습	학생들끼리 서로 돕기 위해 팀이나 소집단으로 함께 학습하는 것
역주류화 수업	일반 학생이 장애가 있는 학생들과 함께 수업에 참여하는 것
대그룹 수업	일반 학급에 통합 교육이 이루어지는 경우 이외에는 흔하게 이루어지지 않는 수업 형태로, 합반이나 학생들의 참여를 유도하기 위한 특별한 목적에 이용됨
소그룹 수업	3~8명의 인원으로 구성되며 특수학급 및 특수학교의 반 편성 규모에 해당함

10 장애인 스포츠의 활동 변형 시 고려 사항

- 최소한의 규칙을 사용해야 함
- 참여 극대화를 유도해야 함
- 협동심이 필요한 활동을 제시해야 함
- 스포츠의 본질을 유지해야 함
- 활동 변형에도 어려워하면 수정 및 보완 후 다시 시도함

11 행동 관리 강화 기법

강화	정적 강화	올바른 행동이 일어난 뒤 이를 유지하거나 증가시킬 수 있는 것을 제시하는 방법 • 토큰 경제 체계: 미리 결정된 행동 기준에 대상자가 도달하였을 경우, 이에 대한 대가를 지불하며, 대가로 받은 토큰이나 점수는 어떤 강화물로도 교환이 가능함 • 프리맥 원리: 좋아하는 활동을 이용하여 좋아하지 않는 활동에 학습 동기를 부여하는 것 • 칭찬: 바람직한 행동에 대한 격려 및 지지 • 행동 계약: 지도자와 학생 혹은 부모와 학생이 서로 계약서를 써서 보관하는 방법 • 촉진: 과제를 수행하는 데 부모 또는 교사가 도와주는 방법 • 용암법: 지원 혹은 도움을 점진적으로 제거하는 것
	부적 강화	원하지 않는 어떤 특정한 것(주로 혐오하는 상황이나 사물 등)을 제거해 줌으로써 바람직한 행동의 강도와 빈도를 증가시키는 것 • 타임아웃: 정해진 시간에 정적 강화의 환경에서 대상자가 문제 행동을 나타낼 경우, 대상자를 그 환경에서 퇴출시켜 제외하는 방법 • 과잉 교정: 대상자에게 문제 행동에 대한 책임을 지게 하거나 원래 상태보다 더 개선된 상태로 강화하는 방법 • 소거: 문제 행동에 대한 강화 원인을 알아보고, 문제 행동을 제거하는 방법 • 벌: 야단 혹은 벌을 주는 방법으로 좋아하는 것을 못하게 하는 것 • 체계적 둔감법: 대상에게서 느끼는 불안 혹은 공포감을 점차 감소시키는 방법 • 박탈: 원하는 물건 혹은 강화를 박탈시키거나 중지하도록 하는 방법 • 포화: 문제 행동에 대해 싫증을 느낄 때까지 반복시키는 방법 • 반응대가: 어떤 특권이나 점수를 잃게 되는 것으로 이전에 획득한 강화를 박탈하는 방법을 활용하는 방법
벌	정적 처벌	• 특정한 행동을 줄이기 위해 행동 이후 자극(처벌)이 주어지는 것 • 벌이나 고통을 줌으로써 행동 감소
	부적 처벌	• 특정한 행동의 발생 빈도를 줄이기 위해 자극(보상)을 줄이거나 제거하는 것 • 좋아하는 보상을 제거하여 행동 감소

12 체력 요소의 정의와 운동 원리

체력 요소의 정의	• 건강 체력: 건강과 관련 있는 체력으로, 심폐 지구력, 근력, 근지구력, 유연성, 신체 구성 등 • 운동 체력: 스포츠 수행과 관련 있는 체력으로, 민첩성, 반응 시간, 순발력, 스피드, 평형성 등
체력 운동의 원리	• 과부하의 원리: 수행자의 능력보다 강한 자극(부하)을 제공하여 적응 수준을 높임 • 점증부하의 원리: 신체가 적응함에 따라 점차적으로 운동 강도와 빈도를 증가시킴 • 특수성의 원리: 트레이닝이 적용된 근육 동작, 부위, 형태 등에 따라 효과가 달라짐 • 다양성의 원리: 운동과 휴식, 강도, 트레이닝 방법 등을 다양하게 변경하여 흥미를 유발함 • 개별성의 원리: 수행자의 체력 수준, 건강, 목적 등을 고려하여 프로그램을 제공함 • 반복성의 원리: 체력은 1회성으로 발달되는 것이 아니므로 반복적으로 실시함 • 전면성의 원리: 균형 있는 신체 능력을 향상시키기 위해 다양한 운동을 규칙적으로 실시함 • 가역성의 원리: 과부하가 이루어지지 않거나 운동이 중지되었을 때 운동 적응이 운동 전 상태로 감소함

13 지적 장애의 특성 및 지도 전략

특성	• 인지 수준 낮음 • 주의력 및 기억력 낮음	• 상황 판단 미숙 • 상호 작용 미숙	• 심동적 영역 차이 • 운동 발달상의 지체 • 낮은 체력 수준
신체 활동 특성	• 운동 수행 능력 및 체력 수준이 낮음 • 과제의 중요도 판단이 미흡함 • 주의 집중이 어려움		
체육 활동 지도 전략	• 운동 수행의 발달 정도에 따라 꾸준히 지도 • 현재 수행 능력의 세밀한 파악 후 지도(과제 분석) • 언어 지도, 시범 지도, 직접 지도 등을 활용 • 주의를 집중할 수 있도록 관련 단서 제공 • 직접 지도 시 최소한의 신체 접촉 유지 • 반복 학습을 하면서 지도 • 다양한 감각적 단서를 제공하면서 지도 • 쉬운 과제에서 어려운 과제 순으로 또는 익숙한 과제에서 새로운 과제 순으로 제공	• 안전 지도 방안 구체화 • 필요에 따른 용·기구의 변형 • 간단한 언어 및 단어 사용 • 단순한 규칙 놀이 제공 • 독립적 경험 제공 • 고관절 과신전 부상 주의	

14 정서 장애의 특성 및 지도 전략

특성	• 품행 장애 • 사회화된 공격 • 주의력 문제	• 과민성 • 불안 • 우울감 • 어색한 표현 • 엉뚱한 생각	• 운동 과잉
신체 활동 특성	• 자기-방임 행동 문제 • 공격적, 불순종적 행동 • 자기-자극 행동 등이 스포츠 활동을 방해		
체육 활동 지도 전략	• 구조화된 체육 활동 프로그램 기획 • 비경쟁적인 자기 향상 활동에 우선적 참여 유도 • 기분 상태 조절 방안 • 긍정적 피드백 제시 • 안정적이고 편안한 호흡 운동을 위주로 함 • 유산소 운동과 무산소 운동의 균형적 조화 • 스포츠를 통한 성공 경험을 할 수 있는 환경 조성 • 스포츠 활동 시 스트레스의 최소화		

15 자폐성 장애의 특성 및 지도 전략

특성	• 지적 장애와 유사 • 언어 발달의 문제	• 주변 환경에 무관심 • 수면 및 음식 섭취 곤란 • 상동 행동 • 상호 작용 능력 발달 지체	• 체력 수준 낮음 • 운동 수행 능력 낮음

신체 활동 특성	• 외부 세계와의 단절로 다양한 문제 행동 발생 • 감각, 회피, 관심 끌기, 선호 물건·행동 등으로 구분 가능
체육 활동 지도 전략	• 소음과 활동에 저해되는 환경 관리 • 지시의 패턴화 • 연속된 동작의 스포츠에 적합(수영, 사이클, 인라인스케이트 등) • 언어 지시와 시각적 단서 제공 • 환경적 단서가 효과적일 수 있음 • 사회적 관계 형성 도움 • 선호하는 스포츠를 우선 선정 • 접하기 쉬운 스포츠를 선정 • 같은 스포츠 활동 시 같은 환경과 장비들로 구성할 것

16 시각 장애의 특성 및 지도 전략

특성	• 학업 성취가 또래에 비해 지체 • 제한된 환경 경험이 주요 원인	• 언어 전달 속도 느림 • 음의 높낮이를 조절하지 못함 • 억양, 표정, 몸짓 등에 변화가 없음	• 불안과 공포심이 높음 • 상호 작용 부족 • 사회 관계 유지 힘듦	• 신체 활동 기회 적음 • 바른 자세가 어려움

신체 활동 특성	• 비장애인에 비해 감각 운동, 협응력 운동 수준이 낮고, 발달 속도가 지체됨 • 발을 땅에 끌거나 앞으로 기울인 자세, 움츠린 어깨 등을 보임 • 비장애인보다 체력 수준이 낮게 나타남 • 운동 기술 습득이 상대적으로 느리고 질적으로 다른 패턴을 보임 • 시각을 제외한 청각, 촉각 등을 활용해 신체상을 형성함 • 상동 행동이 나타날 수 있음
체육 활동 지도 전략	• 언어적 설명: 간단한 용어와 한두 가지를 포함한 피드백을 제공함 • 시범: 잔존 시력의 정도를 파악 후 동작을 반복적으로 보여 줌 • 신체 보조: 참여자가 신체 활동을 원활하게 할 수 있도록 곁에서 도움을 주며, 고글 등 눈을 보호할 수 있는 장비를 착용하게 해야 함 • 시·청각 단서 활용: 소리가 나는 기구를 활용하며 색의 대비나 조도를 조절하여 활용하고, 장비들의 위치가 바뀌지 않게 해야 함 • '언어 지도 → 촉각 탐색 → 직접 지도'의 단계를 따름 • 지도자와 성별이 다른 경우에는 신체 접촉에 대해 주의해야 함 • 놀라지 않도록 신체적 가이던스(physical guidance)를 제공하기 전에 미리 공지함 • 전맹일 경우 지도자의 시범을 자신의 손으로 확인할 수 있도록 함(또는 인체 모형 사용) • 과잉보호는 피해야 하며, 도전과 시도를 통해 자신감과 독립성을 가질 수 있도록 함

17 청각 장애의 특성 및 지도 전략

특성	• 운동 기술의 문제는 적음 • 출생 후 기본 운동 습득 여부에 따라 심동적 영역의 완성도가 다름	• 언어 발달이 미흡 • 의사소통 및 표현 능력이 부족	• 수화 사용 위주의 청각 장애인 간 교류가 많음 • 사회성 결여

신체 활동 특성	• 선천적인 청각 장애로 인한 체력 또는 운동 기술 부분에서의 문제는 적음 • 출생 이후 기본 운동 습득에 따라 심동적 영역의 완성 정도에 차이가 발생함 • 언어 발달의 미흡으로 학업 성취 수준이 비장애 학생에 비해 낮음 • 어휘력 부족으로 신체 활동 이해력 저하 및 운동 경험 부족
체육 활동 지도 전략	• 신체적: 시각적 자료 적극 활용, 수화 및 구화 사용 유도, 주변 소음 주의 • 인지적: 또래와 함께 참여 권장, 메시지 전달 시에는 필요한 단어 동작 사용, 천천히 말하기, 아동과 가까운 거리 유지, 필기구 사용, 교사의 입모양을 볼 수 있는 대형 선택 • 정의적: 활동 전 시설 및 기구를 충분히 숙지할 수 있게 제공, 넘어지는 방법 지도, 시각 및 촉각 신호 사용, 낙천적이고 긍정적인 모습을 통해 활동을 재미있게 구성 • 기타: 스포츠 참여 시 인공 와우 및 외부 장치를 반드시 제거, 수중 활동 시 외부 장치 습기를 방지하기 위해 방수 처리 필수

18 지체 장애인의 발현 유형별 구분

회백수염	폴리오바이러스의 감염으로 인한 급성 전염병으로, 입을 통해 바이러스가 들어가 척수에 침범하여 손발의 마비를 일으키며, 어린이에게 잘 발생함(소아마비)
절단 장애	사지의 일부 혹은 전체가 상실된 상태로, 선천성과 후천성으로 구분함
다발성 경화증	몸의 여러 곳에 동시 다발적으로 염증이 발생하여 근육이 굳어지며 전반적인 무력감이 나타남

근이영양증	• 여러 근육군의 퇴화가 서서히 진행되는 유전성 질환으로, 호흡 장애와 심장 질환 등의 합병증을 유발함
	• 진행성 근이영양증(Progressive muscular dystrophy: PMD)
	  – 신체 특정 부위의 근육에 진행성, 대칭성 근위축이 특징임
	  – 근육의 괴사(dystrophin 단백질이 부족)로 근수축을 못하게 됨
	  – 근육 재생 과정에서 지방이나 섬유화 조직으로 대체됨
	  – 가성비대는 근세포가 아닌 지방 조직으로 비대해진 것임

19 지체 장애인 스포츠 지도 시 고려 사항

• 욕창 예방을 위해 체중의 중심을 자주 옮겨야 하며, 수분을 흡수할 수 있는 의복을 착용시킴
• 상해 부위에 보호용 커버를 사용해야 함
• 흉추 6번(T6) 이상에 손상을 입으면 혈류 이송 체계가 손상되는데 이로 인해 혈관이 수축하지 못하고 심장은 심박동과 심박출량을 증가시키기 위한 자극을 직접적으로 받지 못하여 심박수를 120~130박/분 이상 증가시키지 못함. 따라서 훈련 시에는 120~130박/분 이상의 심박수 증가를 피해야 하고 충분한 준비 운동을 해야 하며 운동 부하를 점진적으로 증가시켜야 함
• 기립성 저혈압이 나타날 경우 몸을 앞으로 완전 숙이거나 앞쪽으로 서 있도록 조치함
• 척수 손상 장애인의 자율 신경 반응 이상은 피부가 심하게 자극을 받거나 직장 혹은 방광이 과도하게 팽창하면 혈압이 비정상적으로 상승하여 심장 발작을 일으킬 수 있으므로 머리를 높이고 방광을 비워 자극 원인을 처치해야 함(운동 전 배변)
• 척수 손상자는 방광 기능이 약해 소변을 완전히 배출하지 못하는 요정체 증상이 발생하는 경우가 있어 카테터 삽입 등을 하기도 함
• T6 이상의 척수 손상인 경우에는 신체 내부 기관과 피부로 흐르는 혈류가 바뀌어 내부 열과 냉각 메커니즘을 조절하는 혈관의 교감 신경계의 결함이 발생함. 이에 따라 고열증이나 저체온증의 위험이 생길 수 있음

20 뇌병변의 운동 기능적 분류

경련성	근육의 장력이 증가하는 것에 따라 근육의 움직임이 둔해지고, 과긴장 상태가 되는 것
무정위 운동성	대뇌 중앙에 위치한 기저핵 부분이 손상되면서 사지가 불수의적으로 불규칙하게 움직임
운동 실조성	소뇌에 손상을 입어 몸의 평형성과 협응력에 영향을 미치는 것
강직성(경직성)	• 심한 정신 지체를 동반. 수축근과 길항근에서 모두 근육의 강직을 보임 • 가위보행과 발끝걷기의 보행자세가 나타남
진전성	운동에서 신체의 일부가 불수의적으로 떨리는 증상
혼합형	경직성과 무정위 운동성이 함께 나타나는 증상

21 장애인 스포츠 종목

골볼	• 시각 장애인 스포츠로, 벨이 들어 있는 공을 굴려 상대 골문에 넣는 방식으로 진행되며, 선수는 벨 소리만으로 공의 위치를 파악함 • 전후반 12분으로 이루어지며, 경기자는 자신의 골 영역 내에 남아서 방어하거나 공격
쇼다운	시각 장애인 스포츠로, 두 명의 선수가 직사각형 테이블 양 끝에 서서 청각과 촉각을 활용해 소리가 나는 공의 위치와 방향을 파악하며 배트로 쳐서 포켓에 넣어 점수를 내는 경기. 탁구 또는 테이블 하키와 유사함
텐핀 볼링	시각 장애인 스포츠로, 일반 볼링과 같은 점수제이며 전맹의 경우 출발선까지 안내인 또는 가이드 레일을 이용하고 출발선에 도착하여서는 일반 선수와 동일하게 경기를 시작함
보체	시각 장애인 스포츠로, 한 팀당 4개의 공을 소유하여 표적구와 가까워질 때까지 공을 던지고, 4개의 공 가운데 표적구에 멀리 던져놓은 공의 선수가 순서에 따라 공을 모두 던진 다음 표적구와 거리를 재어 승패를 가림
휠체어 농구	• 선수는 IWBF 선수등급분류위원회가 규정한 등급을 받아야 하고, 한 팀의 선수등급 총점은 14점을 넘을 수 없음 • 5명씩 구성된 두 팀이 4쿼터제로 경기를 진행하며 경기 종료 시점에 득점이 많은 팀이 승리함. 볼을 가진 채 휠체어를 3회 이상 밀고 가면 트레블링 반칙이 되며 드리블은 여러 번 해도 무방함
휠체어 럭비	최대 12명의 선수로 구성된 두 팀이 경기를 진행하며, 한 팀당 동시에 코트에 출전할 수 있는 선수는 4명으로 제한됨. 남녀 혼성 스포츠로 남성과 여성 선수가 한 팀에서 함께 경기함
휠체어 컬링	투구 시 한 팀원이 휠체어를 고정하는 역할을 수행하는 것 외에는 일반 컬링과 동일하며, 각 팀은 혼성으로 구성되어 4명의 플레이어로 경기를 시작함
휠체어 테니스	• 휠체어 관련 규칙을 제외한 모든 경기 규칙은 국제테니스연맹(ITF) 규칙과 동일하게 적용되며, 전 경기가 토너먼트 방식으로 진행됨 • 일반 테니스와의 차이점은 휠체어 사용과 투 바운드를 인정하는 부분이며, 두 번째 바운드는 코트의 바깥 부분이어도 무방함
보치아	• 뇌성 마비 중증 장애인과 운동성 장애인이 참가 가능하며, 표적구에 가까운 공의 점수를 합해 승과 패를 겨루는 경기 • 상대방의 공 중 표적구에서 가장 가까운 공보다 표적구에 가까운 내 공의 개수만큼 점수를 얻음 • 선수는 경기에 참여하기 위해서는 반드시 휠체어 사용자여야 함. 스쿠터 또는 침대 형태(등급 분류 시 승인된 문서가 있는 경우)로 된 것도 사용 가능

필수과목 02 유아체육론

1 발달의 일반적 원리

- 발달은 개인차가 있음
- 유아의 발달은 일정한 순서를 따름
- 성숙과 학습이 발달에 상호 영향을 미침
- 발달은 계속적인 과정이지만, 발달의 속도는 일정하지 않음
- 유아의 발달에는 최적기가 있음
- 발달은 연속적이며, 점진적으로 이루어짐
- 발달은 분화와 통합으로 이루어짐

2 반사 움직임 단계의 특징

① 원시 반사(primitive reflex)

작용	반응	특징	발생 범위
모로 반사 (Moro)	큰 소리나 갑작스러운 자세 변화가 생기면 팔과 다리를 벌려 무엇을 껴안으려는 듯이 몸 쪽으로 팔과 다리를 움츠리는 동작을 취한다.	출생 시 모로 반사 행동이 없으면 중추 신경 계통의 장애를 추측할 수 있다.	출생 전~6개월
포유 반사(찾기) (rooting/search)	입 주변을 건드리거나 자극을 주면 그 방향으로 고개를 돌린다.	젖꼭지 찾기를 도와주므로 섭식과 관련 있다.	생후~12개월
흡입 반사(빨기) (sucking)	입술 근처를 가볍게 자극하면 그것을 찾아 빨려고 한다.	섭식을 가능하게 해 준다.	생후~3개월
손바닥 파악 반사 (palmar grasp)	손바닥이나 손가락이 자극을 받으면 자동적으로 힘을 주어 잡는 반응을 보인다.	이후 자발적으로 잡을 수 있는지를 보여 준다.	출생 전~6개월
발바닥 파악 반사 (plantar grasp)	발가락과 발바닥의 연결 부위를 자극하면 발가락을 오므린다.	신경근계가 성숙함에 따라 바빈스키 반사는 발바닥 자극에 의해 발가락이 수축되는 발바닥 파악 반사로 바뀐다.	4~12개월
바빈스키 반사 (babinski)	발바닥을 자극하면 발가락을 쫙 편다.	6개월이 지나도 지속되면 발달 지체일 가능성이 있다.	생후~4개월

목 경직 반사 (tonic neck)	비대칭 목 경직 반사 (asymmetric tonic neck)	누워 있는 상태에서 머리를 한쪽 방향으로 돌리면 같은 방향의 팔과 다리를 펴고, 반대편 팔과 다리를 구부린다.	눈과 손의 협응을 가능하게 한다.	출생 전~6개월
	대칭 목 경직 반사 (symmetric tonic neck)	목을 뒤로 젖히면 팔의 신전과 다리의 수축, 목을 앞으로 굽히면 팔 수축과 다리 신전이 나타난다.		6~7개월

② 자세 반사(postural reflex)

작용	반응	특징	발생 범위
직립 반사 (labyrinthine righting)	몸을 잡고 여러 방향으로 움직였을 때 머리를 직립으로 유지하려는 반사이다.	자세를 유지하려는 반응이다.	2~12개월
당김 반사 (pull-up)	앉거나 누운 자세에서 손을 잡아주면 팔을 구부려서 당기는 움직임 반응을 한다.	일어서려는 반응이다.	3~12개월
낙하산 자세 반사 (parachute)	공중에서 상체를 아래로 내리면 다리를 펴고 발을 바깥쪽으로 벌리면서 손을 앞으로 뻗고 바닥을 짚는 반응을 한다.	추락에 대한 보호 반응이다.	4~12개월
지지 반사 (propping)	몸통을 좌우로 움직이면 원래의 자세를 유지하려고 팔과 다리를 움직이는 반사이다.	혼자 걸을 때까지 나타난다.	4~12개월
목 자세 반사 (neck righting)	눕거나 엎드린 상태에서 머리를 한쪽으로 돌리면 목 아랫부분이 같은 방향으로 움직이는 반사이다.	눈과 손의 협응을 가능하게 한다.	생후~6개월
몸통 자세 반사 (body righting)			6~12개월

③ 이동 반사(locomotor reflex)

작용	반응	특징	발생 범위
기기 반사 (crawling)	엎드린 상태에서 발바닥을 건드리면 팔과 다리가 반응한다.	기기 행동의 기본이다.	생후~4개월
걷기 반사 (stepping/walking)	곧게 세운 상태에서 발바닥이 바닥에 닿으면 발을 교대로 움직이는 반응을 한다.	이후 자발적으로 걸을 수 있는지 보여 준다.	생후~5개월
수영 반사 (swimming)	물속에 몸이 잠기면 팔을 젓고 발을 걷어차는 움직임 반응을 한다.	잠수시키면 숨 정지 반사에 의해 호흡을 멈추는데, 이는 아기의 생존 본능을 보여 준다.	생후~5개월

3 운동 발달의 기본 움직임 단계(갤러휴, D.Gallahue)

1단계	반사 움직임 단계 (출생~1세)/ 정보 수용 및 정보 처리 단계	• 불수의적인 움직임을 주로 하는 반사 움직임 단계 • 반사 활동을 통해 자신의 직접적인 환경에 대한 정보 획득 • 불수의적인 움직임은 유아의 신체와 외부 세계에 대해 배울 수 있도록 도와주는 역할
2단계	초보 움직임 단계 (출생~2세)/ 반사 억제 및 사전 통제 단계	• 불수의적인 반사 행동이 점차 줄어드는 기본적인 초보 움직임 단계 • 초보 움직임은 성숙에 의해 결정되고, 생물학적, 환경적 요인과 과제 요인에 의해 좌우됨 • 생존에 필요한 수의적 움직임의 기본 형태 • 안정성 움직임(머리, 목, 몸통, 근육의 제어 획득), 조작적 과제(뻗기, 잡기, 놓기 등), 이동성 움직임(포복하기, 걷기 등)

3단계	기본 움직임 단계
	(2~7세)/
	시작, 초보 및
	성숙 단계
		• 기본 움직임 능력들이 발달되는 단계
		• 자신의 신체 움직임 능력을 통해 탐구하고 실험하는 시기
		• 안정성, 이동성, 조작적 움직임들을 결합해서 어떻게 수행할 수 있는지를 발견하는 시기
		• 기술 내 발달 순서
		  – 시작 단계: 기본적인 움직임을 보이지만, 협응이 원활하지 않아 움직임이 매끄럽지 못함
		  – 초보 단계: 기본 움직임에 대한 제어와 협응이 향상되지만, 신체 사용이 비효율적임
		  – 성숙 단계: 움직임의 수행이 역학적으로 효율성을 갖게 되어 협응과 제어가 향상됨

4단계	전문화된 움직임 단계
	(7~14세 이상)/
	전환, 적용 및
	평생 이용 단계
		• 기본적 움직임 단계로부터 파생된 결과 단계
		• 움직임은 일상생활과 기본적인 스포츠 기술 등 여러 복잡한 활동에 응용되어 보다 세련되고 복잡한 활동 가능
		• 전환(과도기), 적용, 평생 이용 단계로 구분
		  – 전환(과도기) 단계: 스포츠와 전문화된 기술을 수행하기 위해 기본 움직임 기술을 결합시키고 응용하기 시작함
		  – 적용 단계: 인지 능력이 더욱 정교해지고 경험이 확대되면서 많은 것을 학습하며, 움직임 수행의 형태, 기술, 정확성과 양적 측면이 강조되고 복잡한 기술이 정교해지며 이를 수준 높은 게임과 같이 게임 활동에 사용함
		  – 평생 이용 단계: 발달 단계의 정점으로 이때 습득한 움직임은 일생 동안 적용되며 이전 단계에서 형성된 관심과 능력, 선택이 지속되고 정교해지면서 평생 일상생활과 여가 및 스포츠 관련 활동에 활용함

4 피아제(J. Piaget)의 인지 발달 이론

1단계	감각 운동기 (0~2세)	• 감각을 이용하여 환경을 탐색하고 이해함 • 선천적 반사가 점차 지각과 운동 능력으로 발달함	
2단계	전조작기 (2~7세)	• 내재적으로 가지고 있는 표상을 언어나 그림으로 표현함 • 모방이나 기억이 가능함 • 반사 행동이 자신의 의도에 따라 계획된 목적 행동으로 변화함	• 상징적 사고 • 자기중심적 사고 • 직관적 사고 • 물활론적 사고 • 인공론적 사고
3단계	구체적 조작기 (7~11세)	• 사물이나 문제들에 대해 논리적이고 체계적인 사고가 가능함 • 인지 능력이 현저히 발달함 • 자기중심적 사고에서 벗어나 보존 개념을 획득함	• 유목화 • 서열화
4단계	형식적 조작기 (11세 이후)	• 추상적인 사상이나 개념에 대해 논리적이고 체계적인 사고가 가능함 • 실제와 다른 가설적인 상황에 대해서도 사고가 가능함	• 가설-연역적 사고 • 추상적 사고 • 과학적 사고 • 체계적 사고

5 에릭슨(E. Erikson)의 심리 사회 발달 단계

1단계	신뢰감 대 불신감 (0~1.5세)	신체적·심리적 요구를 적절히 충족해 주면 그 대상에게 신뢰감을 형성하고, 그렇지 못할 경우 불신감이 형성되는 시기
2단계	자율성 대 수치·회의 (1.5~3세)	스스로 먹고, 입고, 배변 활동을 하면서 자율성이 발달하는 시기로, 근육 발달을 조절할 수 있고 자기 주위를 탐색함. 아동의 자발적 행동을 지나치게 통제하거나 과잉 보호하게 되면 수치심을 갖게 되는 시기
3단계	주도성 대 죄책감 (3~6세)	자신이 세운 목표나 계획을 실천하고자 하는 욕구와 또래의 판단 사이에 갈등을 겪게 되는 시기
4단계	근면성 대 열등감 (6~12세)	기초적인 인지 기술과 사회적 기술을 습득하는 자아 성장에 결정적인 시기로, 아이가 행한 업적을 칭찬해 주고 격려해 주면 근면성을 발달시키지만, 활동을 제한하고 비판하면 열등감이 생기는 시기
5단계	정체성 대 역할 혼돈 (12~18세)	자아 정체감으로 사회 속에서 나의 존재와 위치에 대한 느낌을 확립하게 되는 시기로, 발달이 순조롭게 이루어졌다면 자아 정체감을 확립하지만, 그렇지 못하면 혼미감을 느끼고 정체감의 위기에 빠지는 시기
6단계	친밀감 대 고독 (성인 초기)	타인과 자신의 정체감을 공유하며 친밀감을 형성하는 시기로, 이 시기에 친밀한 인간관계를 형성하지 못하면 개인과 사회에 건강하지 못한 고립감을 경험하는 시기
7단계	생산성 대 정체 (성인기)	자신의 세대를 넘어 다음 세대를 양육하는 것에 관심과 노력을 기울이게 되는 시기로, 생산성을 형성하지만 생산성이 결핍되면 사회에 의미 있는 기여를 하지 못했다는 회의로 인해 침체를 경험하고 소위 중년의 위기를 겪게 되는 시기
8단계	자아 주체성 대절망 (노년기)	자신의 삶을 되돌아보면서 자신의 인생을 수용하고 죽음을 두려움 없이 맞게 되는 자아 통합의 과정을 거치는 시기로, 자아 통합 달성에 실패하면 지나온 생을 후회하며 절망하는 시기

6 반두라(A. Bandura)의 사회 학습 이론

- 학습은 단순히 타인의 행동을 관찰함으로써 이루어질 수 있다고 주장함
- 사회적 상황 속에서 모방을 통해 많은 것을 학습하게 되며, 이를 관찰학습과 모방학습으로 구분하여 설명함
- 관찰학습은 모델의 행동을 관찰하여 이를 모방함으로써 직접적인 강화 없이도 새로운 행동을 학습하게 된다는 것을 의미함
- 모방학습은 단순히 타인의 행동을 모방하는 것이 아니라 유아 주변의 인물, 특히 부모의 언어형태, 성 역할, 친사회적 및 반사회적 행동을 모방하게 되는 것을 의미함

7 유아기 운동 발달 프로그램의 기본 원리

적합성의 원리	• 유아기는 발달 단계에 따라 가장 많은 영향을 받는 '민감기'로, 이를 고려한 적절한 운동이 적용되면 효과적이고 긍정적인 운동 발달을 유도할 수 있음 • 발달 상태, 움직임의 경험, 기술, 수준, 체력, 연령 등에 따라 적합하게 적용할 수 있음
방향성의 원리	• 성장과 발달은 일련의 방향성을 가지고 발달한다는 원리(머리–꼬리 법칙, 중심–말초 법칙, 전체–부분 법칙) • 유아 운동 프로그램을 구성할 때 발달 방향성을 고려하여 활동 순서를 구성함
특이성의 원리	공통적이고 일반화된 특성과 개인의 유전과 환경 요인 등을 고려한 개인차를 반영해야 함
안전성의 원리	지도자는 안전에 관심을 기울이고 충분히 안전이 확보된 공간에서 활동이 이루어지도록 유의해야 함
연계성의 원리	유아기의 연령 및 성별과 신체 발달 프로그램 특성의 변화와 순서를 조직적으로 연계하며, 신체 발달, 정서적·사회적 발달을 위한 교육 프로그램의 연계성이 필요함
다양성의 원리	유아의 프로그램은 재미있어야 하고 여러 발달적 측면을 고려하여 다양한 경험을 할 수 있도록 구성해야 함

8 유아기(초기 아동기) 운동 프로그램 구성 시 고려 사항

- 대근 운동 놀이를 할 수 있는 기회를 제공해야 함
- 창의력과 탐구력 제고를 위해 움직임 경험은 움직임 탐색과 문제 해결 활동에 중점을 두어야 함
- 실패에 대한 두려움을 줄이기 위해 많은 긍정적 강화를 포함해야 함
- 이동성, 조작성, 안정성과 관련된 다양한 기본적인 능력을 발달시키고, 유아의 준비 상태에 따라 간단한 능력에서 복잡한 능력으로 발달을 진행시키는 데 중점을 두어야 함
- 남아와 여아의 관심과 능력이 비슷하기 때문에 분리 활동을 할 필요가 없음
- 지각–운동 기능의 향상을 목적으로 특별히 설계된 활동을 제공해야 함
- 물체의 조작과 눈, 손 협응성에 필요한 다양한 활동을 제공해야 함
- 팔, 어깨, 상체를 모두 움직이는 활동에 중점을 두어야 함
- 다양한 기본적 움직임을 정확하게 실행하는 것에 중점을 두어야 함
- 협응성을 강조하면서 속도 및 민첩성과 연계시키지 않아야 함
- 개인차에 대비하고, 유아가 자신의 속도에 맞춰 진행할 수 있도록 해야 함
- 다중 감각(multisensory) 접근 방식을 이용해야 함

9 유아기(후기 아동기) 운동 프로그램 구성 시 고려 사항

- 이동성, 조작성, 안정성 영역에서 기본 움직임 능력들을 정교하게 발달시킬 수 있는 기회를 제공해야 함
- 기본 움직임 단계에서 전문화된 움직임 단계로 전환하기 위해 도움이 필요함
- 긍정적 자기 개념 발달을 위해 성인에게 격려와 긍정적 강화를 받을 수 있는 기회를 많이 제공해야 함
- 자립심 촉진을 위해 점차적으로 많은 책임감이 부여되는 경험과 접촉할 수 있는 환경을 제공해야 함
- 아동기 초기 프로그램에 상상력과 모방 활동을 포함시키는 것이 효과적임
- 음악과 리듬을 포함한 활동이 기본 움직임 능력, 창의력, 음악과 리듬의 구성 요소에 대한 기초적 이해를 높이는 데 유용함
- 움직임 기술의 수행에서 정확성, 형식, 기술을 강조하기 시작해야 함
- 소집단 활동에 이어 대집단 활동과 팀 스포츠 경험을 하도록 격려해야 함

10 유아기 운동의 기본 움직임 기술(Fundamental Movement Skills: FMS)

안정성(stability) 운동 프로그램		이동(locomotion) 운동 프로그램		조작(manipulation) 운동 프로그램	
축(axial) 이용기술	정적(static)·동적(dynamic)	기초(basic)	복합(combination)	추진(propulsive)	흡수(absolsive)
• 굽히기 • 늘리기 • 비틀기 • 돌기 • 흔들기	• 시작하기 • 멈추기 • 구르기 • 피하기 • 직립 균형(정적) • 거꾸로 균형 • 평균대 걷기(동적)	• 걷기 • 달리기 • 리핑 • 호핑 • 점핑	• 기어오르기 • 갤로핑 • 슬라이딩 • 스키핑	• 공 굴리기 • 던지기 • 차기 • 치기 • 튀기기 • 되받아치기	• 잡기 • 받기 • 공 멈추기

11 지각 운동 발달 프로그램 구성 요소

신체 지각	신체 명칭, 신체 모양, 신체 표현, 신체 범위에 대한 지각
공간 지각	장소, 높이, 방향, 범위, 바닥 모양에 대한 지각
방향 지각	방향(앞, 뒤, 옆, 위, 아래, 좌, 우, 비스듬히)에 대한 지각
시간 지각	과거/현재/미래, 오전/오후, 속도(빨리/느리게), 리듬(음악/소리)에 대한 지각
관계 지각	신체 간의 관계, 사람과의 관계, 물체와의 관계
움직임의 질	균형, 시간, 힘, 흐름에 대한 지각

12 체력 요소(국민 체력 100, 청소년 체력의 구성 요소)

구분	요인
건강 체력	• 근력: 근육의 수축으로 발생하는 힘 • 근지구력: 근력을 일정하게 지속적으로 발휘하는 능력 • 심폐 지구력: 산소를 이용한 운동 지속 능력 • 유연성: 관절의 가동 범위
운동 체력	• 민첩성: 방향 전환 능력 • 순발력: 짧은 시간 최대의 힘을 발휘하는 능력 • 협응력: 운동 조정 능력

13 체력 측정 종목(국민 체력 100의 유아기 체력 측정)

구분	측정 종목
건강 체력	• 근력: 상대 악력(%) • 근지구력: 윗몸 말아 올리기(회) • 심폐 지구력: 10m 왕복 오래달리기(회) • 유연성: 앉아 윗몸 앞으로 굽히기(cm)
운동 체력	• 민첩성: 5m×4 왕복 달리기(초) • 순발력: 제자리멀리뛰기(cm) • 협응력: 3×3 버튼 누르기(초)

14 유아 체육 지도 방법

- 일상생활에서 자신의 신체에 대해 자연스럽게 인식하도록 신체 놀이를 계획함
- 교육적으로 풍부한 실내외의 물리적 환경을 준비하여 유아의 활발한 활동을 지원함
- 신체 활동을 하면서 공간, 시간, 힘, 흐름 등 동작의 기본 요소를 반영함
- 유아의 안전에 세심한 주의를 기울이고, 놀이 규칙을 이해해야 함
- 일과 중 다양한 신체 활동이 이루어지도록 충분하고, 규칙적인 시간을 계획할 것
- 유아의 신체 발달 및 운동 능력을 정확히 파악하고, 개인차를 고려해야 함
- 다양한 영역 활동이 통합적으로 다루어지도록 구성해야 함
- 유아의 신체 활동만큼 휴식도 중요하므로 적당한 휴식 계획도 필요함
- 유아의 건강 상태가 신체 활동을 하기에 건강한지 사전에 파악하고, 계획 시부터 고려해야 함

15 유아 체육 지도 방법의 종류

직접-교사 주도적 지도 방법	• 유아 교육 기관에서 체육 활동을 지도할 때 쓰인 전통적 지도 방법
	• 유아가 언제, 무엇을, 어떻게 할지 교사가 결정하는 방법
	• 지시적 방법(시범, 연습하기 등)
	  - 시범 보이기, 연습해 보기, 유아의 활동에 대해 일반적인 언급하기, 필요하면 보충 설명과 시범 다시 보이기 순서로 진행함
	  - 모든 결정권은 지도자에게 있기 때문에 체육 활동의 주체는 지도자라고 할 수 있음
	• 과제 제시 방법(어느 정도 유아 의사 허용)
	  - 교사가 유아에게 여러 가지 다른 수준의 활동이 있음을 설명하고 각각의 활동을 시범해 보인 후, 유아가 직접 본인 수준에 맞는 과제를 선택하게 함. 과제를 마친 유아에게는 더 높은 수준의 다른 활동을 참여하도록 함
	  - 유아가 수준에 맞추어 개별적으로 체육 활동을 선택할 수 있는 기회를 갖는 것이 특징

간접-유아 주도적 지도 방법	• 유아에게 주도권을 주고 유아가 학습의 중심이 되는 지도 방법
	• 문제 해결 능력, 실험, 자기 계발과 같은 유아 개인의 차이를 인정하여 유아 스스로 활동을 수행해 나아가는 데 초점을 두고 결과보다 과정에 중점을 두는 방법
	• 탐구적 방법
	  - 지도자가 특별한 활동 과제에 대한 해결책을 요구하지 않고 다양한 동작 과제나 질문을 유아에게 제시하며 유아가 제안한 해결 방법을 인정하고 받아들이는 것을 말함
	  - 학습 결과가 아닌 학습 과정 자체에 초점을 두기 때문에 형식과 정확성을 요구하지 않으며, 각각의 유아가 같은 방법으로 운동 과제를 수행하도록 요구하지 않음
	  - 지도자는 의미 있는 운동 과제를 제공하여 유아가 신체 동작의 가능성을 탐색하고 동작 기술을 발전시켜 창의적인 방법으로 표현하도록 격려함
	• 안내-발견적 방법
	  - 교사가 사전에 결정된 학습 목표에 맞추어 적절한 질문을 던짐으로써 유아가 표현하고 실험할 수 있도록 기회를 주고 이를 통해 점차 사전에 결정된 학습 목표에 접근하도록 하는 방법
	  - 유아가 스스로 학습하는 방법을 터득해 나간다는 것과 스스로 반응을 창출하는 과정에서 자신감과 책임감을 증진시킴
	  - 학습자에게 충분한 표현, 창의성 실험의 기회를 제공하지만, 제시된 활동 과제에 학습자가 반응하는 방법은 다소 제한적임

유아-교사 상호 주도적 · 통합적 지도 방법	• 유아의 적극적인(흥미) 참여와 교사의 체계적인 접근의 지도 방법 • 유아에게 적절한 과제를 주어 다양한 학습의 기회를 제공 • 도입 단계 → 동작 습득 단계 → 창의적 표현 단계 → 평가 단계로 구성

16 유아 체육 지도 원리

놀이 중심의 원리	유아의 흥미를 고려하여 체육 활동이 지속될 수 있도록 함
생활 중심의 원리	일상생활에서 신체 활동 경험을 바탕으로 체육 활동 참여
개별화의 원리	유아 개인의 운동 능력과 발달 속도에 맞추어 체육 활동 참여
탐구 학습의 원리	유아가 스스로 움직임을 탐색하고 학습하도록 유도
반복 학습의 원리	유아 체육은 안정, 이동, 조작 운동의 3가지 기초 운동 반복 학습
융통성의 원리	유아가 신체 활동 시간을 스스로 결정하도록 융통성 제공
통합의 원리	유아 대근육 운동 중 기초 운동(안정, 이동), 운동 능력(협응, 균형, 힘, 속도), 지각 운동 능력(공간, 신체, 방향, 시간)이 통합적으로 발달

17 유아 운동 지도자의 역할

- 열정을 가지고, 긍정적인 모습을 보여줌
- 유아들의 반응에 관심을 가지고, 유머 감각을 길러 활용함
- 수업 내용 및 진도에 대한 지식을 수립함
- 단계를 낮추어 보는 등 수업 방법을 다양화함
- 좋은 음악을 선택하거나, 충분한 시간을 제공함
- 운동 대형, 계절 등을 고려하여 지도함
- 과도한 경쟁 의식을 갖지 않도록 지도하며, 칭찬을 자주 함

18 유아 체육 프로그램 운영 지침

- 유아의 일상생활이 반영된 다양한 체육 프로그램 개발 및 운영
- 기초 운동 기술은 스포츠와 관련된 체육 활동에 앞서 가르치고, 학기 초에 질서 놀이 등을 통해 규칙을 가르침
- 모든 체육 활동은 시작 전 준비 운동으로 심박수를 높이고, 혈액 순환과 호흡 속도를 원활히 하여 준비함
- 체육 기능 훈련뿐만 아니라, 다양성과 통합성도 함께 지도
- 각 체육 활동에서 2~3가지 새로운 활동을 제시하며, 이전 체육 활동과 연계하여 지도
- 기본적인 운동 형태를 모르는 유아에게 개별 학습의 기회를 주고, 체육 활동의 목표가 달성되도록 강요하지 않음
- 지도 교사는 모든 유아가 도움을 필요로 할 때 이를 즉시 알아차려야 함
- 각 체육 활동에서 유아 개인, 소집단, 대집단으로 나누어 다양한 체육 활동 진행
- 체육 교육 매체를 활용한 교육에서는 매체의 활용을 위한 활동을 우선시함
- 유아의 체육 능력이 향상되고, 유아의 전인 발달을 도모할 수 있다는 확신으로 지도
- 체육 활동 후 긍정적인 자아 개념을 갖도록 도우며 참여 시간을 늘려 감
- 유아의 운동 프로그램은 실제적인 측면에서 프로그램의 운영과 관련된 다양한 정보를 포함하여 구성하고, 행동적인 목적 또는 프로그램의 결과 중심적인 목적을 구체적으로 제시하여 운동을 지도해야 함
- 유아의 운동 기능이 발달하는 방법에 많은 차이가 있기 때문에 유아의 발달 단계를 고려해서 지도해야 함
- 활발한 신체 활동을 통해 큰 근육과 작은 근육의 발달을 촉진하고, 신체 운동 간의 협응력과 조정력을 길러 유아 스스로 자신의 신체를 제어하고 사용할 수 있는 능력을 길러 주어야 함
- 이동성, 조작성, 안정성과 관련된 다양한 기본 능력을 발달시키는 프로그램을 구성하여 지도해야 함

19 유아 체육 참여 증진 전략

- 즐거운 수업 만들기: 흐름이 좋고 흥미(음악, 도구) 있는 신체 활동 수업은 유아를 움직이도록 자극함
- 신체 활동 시간을 증가시키는 전략
  - 움직임을 관찰하고, 충분한 신체 활동이 이루어지지 않으면 변형 필요
  - 유아가 제외되거나 참여하기 어려운 활동과 게임은 하지 않음
  - 지시는 간결하고 명료하게 함
  - 활동에 참여하는 것에 대한 긍정적인 피드백 제공
  - 비과제 참여 유아들을 재감독하고, 훈련이 필요하면 효율적으로 짧게 함
  - 수업 전에 교구를 배치하여 대기 시간을 줄임
  - 활동적 참여에 대해 정적 강화를 함

20 운동 기구 배치의 유형

병렬식 배치	• 초기에 여러 가지 운동 기구를 한꺼번에 접하게 되는 부담을 줄이기 위한 배치 방법 • 학기 초에는 유아가 운동 기구에 익숙해질 때까지 팀을 나누어 병렬식 배치로 운동을 진행함 • 교구 사용을 반복하여 자신감을 갖도록 유도해야 함
순환식 배치	• 여러 가지 다양한 기구를 한꺼번에 접할 수 있게 하는 배치 방법 • 유아가 운동 기구 사용에 자신감이 생기면 다양한 기구를 한꺼번에 접할 수 있으므로 많은 재미와 만족감을 제공함 • 대기 시간을 줄여 실제 학습 시간을 늘려줌
시각적 효과의 운동 기구 배치	• 유아 교육 기관의 물품을 활용하여 기구를 배치하면 보다 많은 프로그램을 제공할 수 있고 유아에게 높은 집중력 및 만족감을 줄 수 있음 • 의자, 평균대, 유니 바, 스펀지 블록, 훌라후프, 고무줄, 철봉 등의 도구나 다른 활용 가능한 도구의 사용으로 다양한 프로그램을 가능하게 함

필수과목 03 노인체육론

1 노화의 분류

역연령(생활 연령)에 따른 분류	• 연소 노인(65~74세): 사회에서 일을 하고 있으며, 그들의 삶의 절정기에 놓여 있는 노인 • 중고령 노인(75~84세): 퇴직한 사람이 대부분이며, 건강 상태가 양호하고 취미 생활을 할 풍부한 시간을 가지고 있는 노인 • 고령 노인(85~99세): 더 이상 일을 하기가 어렵고, 신체적으로 노쇠하고 질병에 걸린 경우가 많으며, 가장 고단하고 외로우며 가장 약한 노인 • 초고령 노인(100세 이상): 신체의 움직임이 없고, 인체의 기관·조직이 더 이상 기능을 하지 않는 노인
기능적(신체 연령) 연령에 따른 분류	나이와 성별을 기준으로 한 기능적 체력에 따라 노인을 규정하는 연령 예 80세 여성이 60~64세 연령 집단의 유산소 지구력을 가지고 있으면 유산소 지구력과 관련한 기능적 연령은 60~64세에 해당함

2 생물학적 노화의 특성

보편성(universal)	노화에 따른 변화는 누구에게나 동일하게 일어남
내인성(intrinsic)	노화는 질병이나 사고가 아닌 내적인 변화에 의존함
쇠퇴성(deleterious)	노화는 신체 기능에 부정적 영향을 미쳐 궁극적으로 사망을 초래함
점진성(progressive)	노화에 따른 변화는 연령이 증가함에 따라 심해지며, 절대 회복이 불가능함

3 노화와 관련된 변화

심혈관계 변화	중추적 변화	• 최대 심박출량 감소 • 최대 1회 박출량 감소 • 최대 심박수 감소 • 최대 산소 섭취량의 점진적 감소 • 심장 근육의 수축 시간 연장 • 수축기 혈압의 점진적 증가 • 운동하는 동안 분비된 카테콜아민에 대한 심장 근육 반응의 감소
	말초적 변화	• 운동하는 근육으로의 혈액 흐름 감소 • 동정맥 산소 차이 감소 • 근육의 산화 능력 감소 • 근육 미토콘드리아의 숫자와 밀도 감소
호흡계 변화		• 잔기량의 증가, 1회 호흡량의 감소 • 폐의 탄력성 감소, 흉곽의 경직성 증가, 호흡기의 근력 감소 및 호흡기 중추 신경 활동의 민감성 감소 • 생리학적 사강의 증가

근육 변화	• 근육량의 감소 및 운동 단위의 감소 • 근력, 근파워, 근지구력 감소 • 근육 미토콘드리아의 유산소 효소 활성 감소
신경계 변화	• 기억, 주의력, 지능 정보 처리 속도를 포함한 인지 기능의 저하 • 단순 반응 시간과 선택 반응 시간 및 신경 전도 속도의 감소 • 체성 감각, 고유 수용 감각, 전정계 기능의 감소 • 시청각의 기능 감소
체력 저하	• 근력은 20대에 최대치를 이루고, 그 후 점차적으로 저하됨 • 순발력은 10대에 최대치를 이루고, 근력에 비해 빠르게 저하됨 • 평형성은 20대에 최대치를 이루고, 그 후 서서히 저하됨 • 지구력은 근력, 순발력에 비해 느리게 저하됨

4 생물학적 노화 이론

유전적 이론	인체 내의 노화 속도를 결정하는 데 있어 유전적인 역할에 초점을 둠
손상 이론	세포 손상의 누적이 세포의 기능 장애와 괴사의 핵심적인 결정 요소라고 봄
점진적 불균형 이론	인체 기관이 각기 다른 속도로 노화하면서 생물적 기능, 특히 중추 신경계와 내분비계에 불균형을 초래한다고 봄
교차 결합 이론	나이가 들면서 결합 조직의 커다란 분자들이 교차 결합하여 폐, 신장, 혈관, 소화계, 근육, 인대, 건의 탄력성을 감소시킨다고 봄
사용 마모 이론	신체 기관도 기계를 오래 사용하면 기능이 약화되고 정지되는 것처럼 점진적으로 퇴화한다고 봄
신체적 변이 이론	세포가 상해를 받게 되어 원래의 성질이 변하고 이렇게 변이된 세포가 축적되어 노화가 일어난다고 봄
면역 반응 이론	항원에 노출되었을 때 동물체가 특별하게 대응하는 일련의 방어 반응을 보인다는 이론

5 심리학적 노화 이론

매슬로(Maslow)의 욕구 단계 이론	• 생리적 욕구 → 안전 욕구 → 애정과 소속 욕구 → 존경 욕구 → 자아실현 욕구 • 자신의 기본적 욕구가 충족되었을 때 사람들이 더욱 성공적으로 노화한다는 것으로 받아들여짐
에릭슨(Erikson)의 심리 사회적 단계 이론 (자아 통합 단계 이론)	• 성격 발달은 8단계를 거쳐 진행되고, 각 단계는 일부 형태의 심리 사회적 위기로 나타나며, 성공적인 노화를 위해서는 위기가 해결되어야 함 • 신뢰 대 불신(0~1세) → 자율 대 수치와 회의(1~3세) → 주도 대 죄책감(3~5세) → 역량 대 열등감(6~12세) → 독자성 대 역할 혼동(13~18세) → 친분 대 고독(젊은 성인) → 생산적 대 정체(중년 성인) → 자아 주체성 대 절망(노년기)
발테스(Baltes)의 보상이 수반된 선택적 적정화 이론	성공적 노화는 노년기의 신체적·정신적·사회적 손실에 대한 노인의 적응력과 관련, 노인의 기능적 독립성 유지를 위한 선택, 적정화, 보상이라는 3가지 전략에 초점을 둠

발테스(Baltes)의 전 생애적 발달 이론	• 인간의 발달은 출생부터 죽음까지 전 생애에 걸쳐 지속됨 • 노화는 신체적·인지적 손실과 함께 지혜, 환경 적응력, 정서 조절 능력 등 이득이 동시에 일어남
브론펜 브레너(Bronfen Brenner)의 생태학적 발달 이론	• 노화는 개인을 둘러싼 다양한 환경 체계와의 상호작용을 통해 이루어짐 • 직접적 환경부터 사회 문화, 시간 흐름에 이르기까지 중첩된 환경 체계의 영향을 받음
로우(Rowe)와 칸(Kahn)의 성공적 노화 이론	• 미국의 70대 노인을 대상으로 건강 상태, 사회관계, 심리적 특성, 신체적·인지적 기능, 생산 활동의 5가지 영역을 측정한 뒤, 이들 간의 관련성 분석 결과를 통해 성공적인 노화의 개념을 설명함 • 성공적 노화는 높은 수준의 인지적·신체적 기능 유지 및 좋은 인간관계, 생산적 활동에 적극적으로 참여하는 것임
하비거스트 (R. Havighurst)의 발달 과업 이론	• 생의 발달 단계가 생애 주기에 따라 6단계로 구분되며, 노년기(56세 이후)의 발달 과업은 다음과 같음 • 약화되는 신체적 힘과 건강에 대한 적응, 퇴직과 경제적 수입 감소에 대한 적응, 배우자 죽음에 대한 적응, 자기 동년배 집단과의 유대 관계 강화, 사회적 역할을 융통성 있게 수행하고 적응하는 일, 생활에 적합한 물리적 생활 환경의 조성
펙(R. Peck)의 발달 과업 이론	에릭슨(Erikson)의 7~8단계를 통합하여 7단계 인간 발달 이론을 제시하면서 노년기에 심리적으로 적응해야 할 과업으로 '자아 분화 대 직업 역할 몰두', '신체 초월 대 신체 몰두', '자아 초월 대 자아 몰두'를 제시함

6 사회학적 노화 이론

활동 이론	일생에 걸쳐 일상생활의 정신적, 신체적 활동을 지속하는 사람은 건강하고 행복하게 늙는다는 이론
연속성 이론	가장 성공적으로 늙는 사람은 긍정적인 건강 습관, 선택, 생활 방식, 인간관계를 중년에서부터 노년까지 지속하는 사람이라고 제의한 이론
분리 이론	노년기를 부정적으로 보지 않고 오히려 자신의 삶 속의 철회나 분리에 대해 보다 깊게 성찰하게 되어 노후 생활에 스스로 만족하는 과정이 된다는 이론
하위문화 이론	공통된 특성을 가진 노인들이 집단을 형성하고 빈번한 상호 작용을 통해 그들 특유의 행동 양식을 만든다는 이론
현대화 이론	노인의 사회적 지위는 사회의 현대화 수준과 반비례하여 하락하며, 노인 지위의 하락에 비례하여 노인 문제가 발생한다는 이론

7 노화의 신체적 특성

- 신체 구조 및 기능의 저하: 피부와 지방 조직의 감소, 세포의 감소, 뼈대와 수의근의 약화, 치아의 감소, 심장 비대와 심장 박동의 약화
- 외면상의 신체 변화: 흰 머리카락의 증가, 머리카락의 감소, 주름살의 증가, 얼룩 반점의 증가, 신장의 감소
- 만성 질환 유병률의 증가: 퇴행성 관절염, 골다공증, 동맥 경화증, 고혈압, 당뇨병, 심장병, 신장병, 근감소증 등
  예 폐경으로 인한 에스트로겐 감소로 골다공증 위험 증가, 대사작용의 산물인 활성산소의 증가가 여러 노화 관련 질환 유발
- 신경 기능의 저하: 인지 기능의 저하, 반응 시간 감소, 고유 수용 감각의 감소, 전정계 기능 감소, 시청각 기능의 저하
- 노인의 걷기(보행) 특성
  - 보행 높이(발과 바닥과의 간격)의 감소
  - 짧은 보폭, 더 넓은 기저면
  - 분당 보폭 수(cadence)의 증가
  - 느린 운동(정지 및 시작 보행 패턴)
  - 질질 끄는 보행(뒤꿈치 닿기나 발끝 밀기가 없음)
  - 보행 주기 중 양발 지지기의 비율 증가
  - 발목의 배측 굴곡 감소
  - 안정된 걷기를 위한 의식적 관여의 증가

8 행동 체력의 구성 요소

근력	근육이 저항에 대해 힘을 발휘하는 능력
근지구력	근육이 저항에 대해 오랫동안 버티거나 근수축 운동을 반복적으로 수행하는 능력
심폐 지구력	호흡 기관, 순환계가 오랫동안 지속되는 운동 및 활동에 저항하는 능력
유연성	관절의 가동 범위를 늘리는 능력
신체 조성	신체의 구성 비율로 주로 체지방량과 제지방량으로 분류함
순발력	빠르게 큰 힘을 발현하는 능력
민첩성	신체의 방향을 신속하게 바꾸는 능력
평형성	정적 또는 동적 상태에서 몸의 균형을 유지하는 능력
협응성	신체의 각 부위가 조화를 이루면서 조정 및 통제하는 능력
반응 시간	자극에 반응하는 데 요구되는 시간
스피드	신속하게 움직일 수 있는 능력

9 운동의 효과

신체적(생리적) 효과	• 심장 혈관 계통과 호흡 계통: 심장 및 혈관의 기능 향상, 유산소 능력 향상 및 유지, 최대 산소 섭취량 증가, 심박수 감소, 1회 박출량 증가, 말초혈관의 저항 감소와 혈관 탄력성 증가, 혈액의 산소 운반 능력 증가, 분당 환기량 증가, 안정 시 호흡수 감소, 폐활량 증가 등 • 근육 및 골격 계통: 근력 향상, 뼈의 질량 증가, 근육층의 발달, 지방층의 감소, 피부의 탄력 향상, 뼈대 및 관절 강화 등 • 내분비 계통: 인슐린 감수성 증가, 인슐린 저항성 감소, 대사 증후군 유병률 감소, 당뇨병 예방 및 개선, 상처 치유 속도 향상, 콜레스테롤 감소 등 • 신경 계통: 반응 시간 단축, 신경 전달 기능 향상, 신체 제어 능력 및 협응력 향상, 수면 상태 호전, 기억력 향상, 치매 발생 감소 등 • 운동 기술 습득: 기존 운동 능력 유지, 새로운 운동 기술 습득 등
심리적 효과	• 긴장 이완: 적절한 신체 활동을 통해 긴장을 이완시킴 • 스트레스와 불안 감소: 규칙적인 활동을 통해 스트레스와 불안 감소 • 기분 상태의 개선: 신체 활동은 건강의 저하를 방지하고 장기적 고독의 부정적인 결과에 대처하는 데 도움 • 정신 건강의 향상: 규칙적인 운동은 우울증, 불안, 신경증을 포함한 여러 정신적 질병 치료에 중요한 역할을 제공하여 정신 건강 향상에 기여

10 운동 프로그램의 구성 요소

• 신체 조성, 뼈의 건강, 신경근 긴장, 스트레스 수준의 변화를 촉진시키기 위해 한 가지 이상의 운동 트레이닝 형태를 이용하도록 권장함
• 신체 조성의 변화를 위해서는 체지방을 감소시키기 위한 유산소 운동과 근육 및 뼈를 강화하기 위한 저항 운동을 혼합해서 처방함

유산소 운동	• 운동 형태: 걷기, 달리기, 자전거, 수영, 에어로빅 등 • 운동 강도: 목표 심박수의 저강도(50%), 중간 강도(60%), 고강도(70%) • 운동 시간: 20~30분(이후 점진적으로 증가) • 운동 빈도: 1주 2~3회(이후 점진적으로 증가)
저항 운동	• 운동 형태: 근력 및 근지구력 발달을 위한 저항 운동 • 운동 강도: 1RM(40~50%), 운동 자각도(RPE) 12~13, 8~12회(1세트) • 운동 시간: 20~30분(이후 점진적으로 증가) • 운동 빈도: 1주 2~3회(이후 점진적으로 증가)
유연성 운동	• 운동 형태: 정적 스트레칭 혹은 동적 스트레칭 • 운동 강도: 운동 자각도(RPE) 12~13, 8~12회(1세트) • 운동 시간: 30~60초 • 운동 빈도: 1주 2~3회(이후 점진적으로 증가)
평형성 운동	• 운동 형태: 일렬로 걷기, 옆으로 걷기, 짐볼 앉기, 자기 체중을 이용한 한 발 들기, 앉았다 일어서기 등 • 운동 강도: 평형성 운동의 강도에 관한 세부 지침은 없음 • 운동 시간: 하루 20~30분/주 60분 이상 • 운동 빈도: 1주 2~3회(이후 점진적으로 증가)

11 운동 프로그램의 기본 원리

특정성의 원리	운동 트레이닝에 대한 신체의 생리적·대사적 반응과 적응이 운동 형태와 사용된 근육군에 특정적임을 의미 예) 커다란 근육군의 지속적·동적·율동적인 수축을 요구하는 신체 활동은 심폐 지구력 향상을 촉진시키는 데 적합함
과부하의 원리	• 체력 구성 요소의 향상을 촉진하기 위해 신체의 생리적 시스템은 평상시 신체 활동보다 더 많은 부하에 의해 자극을 받아야 함 • 과부하는 유산소성 운동의 빈도, 강도 또는 지속 시간을 증가시킴으로써 가져올 수 있음
점진성의 원리	운동을 효과적으로 수행하기 위해서는 운동 강도 및 운동량을 점차적으로 증가시켜야 함
개별성의 원리	• 트레이닝 자극에 대한 각 개인의 반응은 다양하며 연령, 초기 체력 수준, 건강 상태와 같은 요인에 영향을 받음 • 노인의 특정 요구, 흥미, 능력을 감안하면서 운동 프로그램을 설계해야 하고, 개인의 차이와 선호도를 고려한 개별적인 운동이 적용되어야 함
특수성의 원리	스포츠 종목 및 개인의 특성에 맞는 프로그램을 설계하여 트레이닝을 적용할 경우 근육 동작, 부위, 형태 등에 따라 효과가 달라지며, 더 효과적으로 적응에 도달함
가역성의 원리	운동이 중지되었거나 과부하가 발생하지 않을 경우 운동 능력이 빠르게 감소됨

12 행동 변화 이론

행동주의 학습 이론	인간 행동의 변화에 초점을 두고 그 변화를 촉진시키는 자극이나 강화를 정밀하게 계획한 결과로 습득한 지식이 행동의 변화로 나타난다는 이론
건강 신념 모형	'신념'이 건강을 추구하는 행동에 중요한 역할을 한다는 이론으로, 건강을 추구하는 행동을 할 것인지 예측하기 위해 지각된 개연성, 지각된 심각성, 지각된 이익, 지각된 장애, 행동의 계기, 자기 효능감의 6가지 요소로 구성됨
범이론적 모형	행동 변화에 대한 일반적이고 광범위한 이론적 모델로, 새로운 건강 행동에 대한 개인의 준비 상태를 평가하고 개인을 지도하기 위한 전략 또는 변화 과정을 제공하는 통합 요법 이론
합리적 행위 이론	사람들이 어떤 행동을 하려고 결정하기 전에 관련된 정보를 합리적이고 체계적으로 사용하며, 행동의 결과에 대해 신중히 고려한 다음에 비로소 행동한다는 이론
행동 변화 단계 이론	신체 활동을 행동으로 옮길 수 있다는 자기 효능감이 있으면 건강 행동으로의 변화가 쉽게 이루어진다는 이론으로, 행동을 변화시키는 요인에는 자기 효능감, 의사 결정 균형, 변화 과정이 있음
사회 인지 이론 (상호 결정론)	인간의 행동은 개인의 내적 요인(인지적 능력, 신체적 특성, 신념과 태도), 행동 요인(운동 반응, 정서적 반응, 사회적 상호 작용), 환경 요인(물리적 환경, 사회적 환경, 가족과 친구)의 상호 작용에 의해 변화가 생긴다는 이론
계획된 행동 이론	자신의 신념(belief)과 행동(behavior)을 연결하는 이론으로, 행동에 대한 태도와 주관적 규범, 지각된 행동 통제력이 영향을 미쳐 행동 변화가 발생함
지속성 이론	개인이 성인이 되면서 습득한 인격 성향이 다른 형태의 노화 패턴을 만들어 낸다는 이론

13 노인 운동 목표의 설정

측정 가능성	목표 달성의 판단이 가능하도록 설정
구체성	운동 형태, 시간, 강도, 빈도 등을 구체적으로 설정
현실성	개인이 달성할 수 있는 수준의 현실적인 목표 설정
행동성	직접 실행에 옮길 수 있는 수준으로 행동 지향적 목표 설정

14 고령자를 위한 기능 체력 검사(SFT)의 항목(Rikli & Jones)

- 의자에서 일어섰다 앉기(하체 근력)
- 덤벨 들기(상체 근력)
- 6분간 걷기(전신 지구력)
- 2분 제자리 걷기(전신 지구력의 변형 측정 방법)
- 의자에 앉아 앞으로 굽히기(하체 유연성)
- 등 뒤에서 손잡기(상체 유연성)
- 2.44m 왕복 걷기(민첩성, 동적 평형성)

15 국민 체력 100에서 제시한 노인 체력 측정 항목

건강 체력	근 기능 상지	상대악력(%)
	근 기능 하지	의자에 앉았다 일어서기(회/30초)
	심폐 지구력	6분 걷기(m), 2분 제자리 걷기(회)
운동 체력	유연성	앉아 윗몸 앞으로 굽히기(cm)
	평형성	의자에 앉아 3m 표적 돌아오기(초)
	협응력	8자 보행(초)

16 미국스포츠의학회(ACSM)에서 제시한 노인의 신체 활동 권고 지침

① 유산소 운동

빈도	• 중강도 신체 활동: 5일/주 이상 • 고강도 신체 활동: 3일/주 이상
강도	0~10까지의 운동 자각도 척도에서 5~6은 중강도, 7~8은 고강도로 설정
시간	• 중강도로 1일 최소 30~60분, 한 번에 최소 10분 이상으로 주당 총 150~300분 • 고강도로 1일 최소 20~30분으로 주당 총 75~100분 • 중강도 및 고강도로 위에 제시한 운동량에 상응하는 조합으로 실시
형태	운동, 걷기, 수중 운동 등 과도한 정형외과적 스트레스를 유발하지 않는 운동, 체중 부하에 제한이 있는 사람은 고정식 자전거 타기가 적합함

② 저항 운동

빈도	2일/주 이상
강도	• 저항 운동을 처음 시작하는 노인은 저강도(1RM의 40~50%)와 중강도(1RM의 60~80%) • 1RM을 측정할 수 없을 경우, 운동 자각도 0~10 범위에서 중강도(5~6) 운동과 고강도(7~8) 운동으로 설정 • 파워트레이닝: 저강도에서 중강도(1RM의 30~60%)로 설정
시간	• 대근육군으로 8~10종류의 운동으로 각각 8~12회 반복, 1~3세트 실시 • 파워트레이닝: 빠른 속도로 6~10회 실시, 단관절 및 다관절 운동(1~3세트) 포함
형태	점진적 웨이트 트레이닝 프로그램 또는 대근육군을 이용하는 체중 부하 유연체조, 계단 오르기, 대근육군을 사용하는 근력 강화 활동

③ 유연성 운동

빈도	2일/주 이상
강도	근육의 긴장감과 약간의 불편감이 느껴질 정도까지 스트레칭하기
시간	30~60초 동안 스트레칭하기
형태	• 느린 움직임으로 유연성을 증진·유지시키는 동작 형태로 정적 스트레칭 기법을 이용하며, 각 대근육군을 위한 지속적인 신장을 통해 종료함 • 빠른 동적 움직임보다 정적 스트레칭이 적절함

17 호흡·순환계 관련 질환

고혈압	• 정의: 최고 혈압이나 최저 혈압이 평균치(수축기 140mmHg/이완기 90mmHg)보다 높은 것
	• 운동 프로그램
	  – 걷기 운동, 가벼운 조깅, 자전거 타기 등의 유산소성 운동을 권장함
	  – 나트륨 섭취 제한, 체중 조절, 유산소 운동을 권장함
	  – 근력의 쇠퇴를 억제하기 위해 정적 근수축 운동보다 동적 근수축 운동을 권장하며, 저항 운동 시 발살바 메뉴버(valsalva maneuver)에 의한 혈압 상승에 주의해야 함
	  – 운동에 대한 심박수 반응을 둔화시키는 심장 약물인 베타 차단제를 복용 중인 사람에게는 운동 강도를 정하기 위해 운동 자각도(RPE)를 측정할 것을 권장함
	  – 알파 차단제, 칼슘 통로 차단제, 혈관 확장제와 같은 항고혈압제는 운동 후 혈압이 과도하게 감소할 수 있어 주의해야 함

당뇨병	• 정의: 인슐린의 분비량이 부족하거나 정상적인 기능이 이루어지지 않는 대사 질환의 일종으로, 혈중 포도당 농도가 높은 것이 특징
	• 운동 시 주의사항
	  – 반드시 운동 전 당뇨 검사 필요
	  – 혈당이 100mg/dL 이하이면 간단한 음식 섭취
	  – 케톤 검출 시 인슐린을 투여하여 혈당을 250mg/dL 이하로 내린 다음 운동 실시
	  – 운동은 식후 1~3시간 이후 실시하고, 장시간 운동 시 30분마다 당분 섭취
	  – 운동 중 관절이나 근육의 손상에 주의하고 운동화는 발에 잘 맞는 것으로 선택
	  – 합병증을 주의해야 함
	  – 식품과 인슐린의 적절한 균형을 유지하는 것이 중요함
	• 당뇨병 환자의 운동 효과
	  – 인슐린 저항성 감소
	  – 체지방 감소
	  – 죽상 동맥 경화 합병증 위험 감소
	  – 인슐린 민감성 증가
	  – 골격근의 포도당 수송 능력 증가
	  – 당뇨병 전단계에서 제2형 당뇨병으로의 진행 예방

천식	• 회복될 수 있는 기도 폐쇄, 기도의 염증, 다양한 자극에 대해 기도의 반응성이 높아지는 특징을 보이는 호흡기 질병 → 폐기종이나 울혈성 심부전으로 분류 • 천식 환자의 운동 유발성 기관지 수축은 추운 환경, 대기오염, 스트레스에 의해 촉발 • 천식의 증상은 운동으로 악화될 수 있으며, 운동 유발성 천식 발작에 주의
만성 폐쇄성 폐 질환	• 기도 폐색을 말함. 보통 만성 기관지염 혹은 폐기종을 가리키나, 천식이나 낭포 성 섬유증과 같은 다른 호흡기 질병 역시 포함될 수 있음 • 주요 증상은 호흡 곤란, 가래, 만성적인 기침임 • 만성 폐쇄성 폐 질환자의 기도 저항은 호흡근 약화를 초래

18 미국스포츠의학회(ACSM)에서 제시한 죽상 경화증 심혈관 질환(관상 동맥 질환) 위험 요인 및 기준의 정의

양성 위험 요인	기준의 정의
연령	남자 ≥ 45세, 여자 ≥ 55세
가족력	아버지 또는 남자 형제 중 55세 이전, 어머니 또는 여자 자매 중 65세 이전에 심근 경색, 관상 동맥 혈관 재형성술 및 급사한 가족이 있음
흡연	현재 흡연자, 6개월 이내에 금연자, 흡연 환경에 노출
신체 활동 부족	최소 3개월 동안 주당 최소 3일, 중강도의 신체 활동을 30분 이상 참여하지 않음
비만	체질량 지수 ≥ $30\,kg/m^2$, 허리둘레 남자 > 102 cm (40 inch), 여자 > 88 cm (35 inch)
고혈압	최소 2회 이상 측정하여 수축기 혈압 ≥ 140 mmHg 또는 이완기 혈압 ≥ 90 mmHg 또는 항고혈압제 복용
이상 지질 혈증	• 저밀도 지단백 콜레스테롤 ≥ 130 mg/dL • 고밀도 지단백 콜레스테롤 < 40 mg/dL • 총콜레스테롤 ≥ 200 mg/dL
당뇨병	• 공복 혈당 ≥ 126 mg/dL • 경구 혈당 강하제 투여 2시간 후 ≥ 200 mg/dL • 당화 혈색소(HbA1C) ≥ 6.5%

음성 위험 요인	기준의 정의
고밀도 지단백 콜레스테롤	≥ $60\,mg \cdot dL^{-1}$

＊음성 위험 요인이 해당되면 양성 심혈관 질환 위험 요인의 합계에서 하나의 위험 요인을 제외함

19 근골격계 질환 운동 프로그램

골다공증	• 정의: 낮은 골밀도와 뼈 조직의 미세구조 변화에 따라 나타나는 골격계 질환
	• 운동 프로그램
	  - 체중 부하 운동이나 균형감을 증진시키는 운동 권장
	  - 걷기, 등산과 같은 유산소성 운동과 저항성 근력 운동 병행
	  - 수영, 수중 운동, 자전거 타기 등은 체중이 부하로 작용하지 않기 때문에 뼈에 대한 효과는 별로 없지만, 근육에 대한 효과가 있어 도움이 될 수 있음

관절염	• 구분
	  - 골관절염: 가동 관절에 있는 뼈 바깥 부분의 연골 조직이 얇아지며 나타남
	  - 류머티스성 관절염: 통증, 조조강직, 환부의 가동 범위 축소 등의 증상이 발생함
	• 운동 프로그램
	  - 가벼운 유산소 운동과 근력 운동을 권장
	  - 수영 및 자전거 타기 등을 이용한 운동 치료 및 물리 치료를 초기 치료로 병행
	  - 수중 운동 시 수온은 29~32℃가 적정

20 신경계 질환 운동 프로그램

파킨슨병	• 정의: 도파민의 감소로 인한 운동 완서, 근육 경직, 휴식 시 진전, 자세 불안정, 균형 감각 장애
	• 운동 프로그램
	  - 눕고, 앉고, 서고, 걷는 동안 다양한 범위의 동작을 통하여 실시되는 느리고 절도 있는 운동을 포함
	  - 트레드밀보다 실내 자전거 타기, 뒤로 기대어 실시하는 스테핑 운동 또는 암 사이클 운동처럼 앉은 자세에서 수행하는 유산소 운동이 안전한 형태

알츠하이머병	• 정의: 신경 장애로서 정신적인 기능을 약화시키는 결과를 가져오며, 노인 치매를 유발하는 가장 흔한 요인
	• 운동 시 주의사항
	  - 신체 및 정신적 건강이 쇠퇴하면서 생기는 문제에 대한 대처가 필요함
	  - 운동 프로그램이나 운동 환경에 흥분할 수도 있는 행동 변화를 배려해야 함
	  - 병이 진행됨에 따라 보호자가 운동 프로그램에 데려오고 싶지 않아 하는 것에 대처해야 함
	  - 적합한 운동 형태로는 계단 오르내리기, 밴드를 이용한 저항 운동, 물건 들고 안전하게 보행하기, 대근육군을 사용하는 자전거 타기 등이 있음
	  - 꾸준함과 인내심을 가지고 운동 프로그램에 대한 흥미를 계속 유지할 수 있도록 용기를 주어야 함
	  - 지도자나 보호자를 동반하여 운동 실시
	  - 복잡하고 새로운 운동보다는 단순하고 반복적인 운동 실시
	  - 중증 치매 노인의 경우 그룹 운동보다 개별 운동으로 진행하는 것이 더 효과적
	  - 매일 하루 30분씩만 걸어도 치매가 예방된다고 할 만큼 규칙적이고 적당한 운동이 필수임
	  - 적절한 영양 섭취가 병행되어야 함

21 지도자의 의사소통 기술 및 원칙

효과적인 의사소통에는 언어적, 비언어적, 자기주장 기술 등이 있음
• 내용을 명확하고 간결하게 전달하기
• 전문 용어나 어려운 단어 사용하지 않기
• 참여자와 눈을 자주 마주치고 정면에서 쳐다보기
• 참여자의 말에 공감하며 경청하기
• 시각적 도구는 쉽게 읽을 수 있게 제작하기
• 참여자를 향해 몸을 약간 기울이기

22 응급 처치의 실시

• 의식과 호흡이 없는 경우 심폐 소생술 실시
• 완전 기도 폐쇄 시 복부 밀쳐 올리기 실시
• 골절이 의심되는 경우 움직이지 않고 안정을 취함
• 급성 손상 시 PRICES(Protection: 보호, Rest: 휴식 및 안정, Ice: 냉각, Compression: 압박, Elevation: 거상, Stabilization: 고정) 처치 실시